DIE EINGESCHRÄNKTE REVISION

Karl Renggli, Raphael Kissling, Rico A. Camponovo
Mitarbeit von Christian Feller, Tobias Honold

In Zusammenarbeit mit

© by KLV Verlag AG

Alle Rechte vorbehalten

Ohne Genehmigung des Herausgebers ist es nicht gestattet, das Buch oder Teile daraus in irgendeiner Form zu reproduzieren.

Layout, Satz und Cover: KLV Verlag AG

2. aktualisierte und erweiterte Auflage, 2014

ISBN 978-3-85612-320-8

KLV Verlag AG
Quellenstrasse 4e
9402 Mörschwil
Tel.: 071 845 20 10
Fax: 071 845 20 91
www.klv.ch
info@klv.ch

Vorwort von Treuhand Suisse

Bereits die erste Auflage dieses Buchs wurde in der Branche zum wertvollen Nachschlagewerk und Lehrbuch für die eingeschränkte Revision. Mit der neuen Auflage, für welche die erste komplett überarbeitet und stark erweitert wurde, knüpfen die Autoren an diesem Punkt wieder an. Die Anforderungen bei der eingeschränkten Revision haben sich mittlerweile sehr verändert, und das vorliegende Werk vermittelt Praktikern und Studierenden den neuesten Stand in all seinen Facetten.

Das Buch bietet zum einen die notwendige theoretische Grundlage und hilft zum andern Abschlussprüferinnen und Abschlussprüfern mit praktischen Hilfestellungen, die hohen gesetzlichen Anforderungen bei der Prüfung von KMU-Gesellschaften zu erfüllen.

Im heutigen rechtlichen und regulatorischen Umfeld erweist es sich als anspruchsvoll, die Pflichten des Abschlussprüfers auf qualitativ höchstem Niveau zu erfüllen. So bin ich überzeugt, Studierende und praktisch tätige Revisoren werden die zweite Auflage dieses Werkes ebenso schätzen wie schon die erste Auflage.

Mein grosser Dank gilt den Autoren, die uns allen einen wertvollen Dienst erweisen.

Daniela Schneeberger
Zentralpräsidentin Treuhand Suisse

Vorwort der Autoren

Für die zweite Auflage der «Eingeschränkten Revision» wurde die erste komplett überarbeitet, aktualisiert, mit zahlreichen Ergänzungen versehen und die Thematik ausgeweitet. Studierenden, Praktikern und Interessierten soll damit ein umfassendes Lehrbuch und Nachschlagewerk in die Hand gegeben werden, das die Theorie und die Berufsusanzen vermittelt und auch allfällige unterschiedliche Auffassungen wiedergibt.

Die zahlreichen konstruktiven Anregungen aus der Leserschaft zur ersten, nach zwei Jahren bereits ausverkauften Auflage haben wir dankend aufgenommen. Unsere Bemühungen sind auf verständliche und genaue Formulierungen gerichtet.

Der Aufbau des Lehrbuchs orientiert sich unverändert am verbindlichen Standard zur eingeschränkten Revision (SER 2007). Mittlerweile eingetretene gesetzliche und berufsrechtliche Neuerungen und ihre Auswirkungen auf die Praxis werden ausführlich erläutert.

Namentlich beschäftigen wir uns mit folgenden Fragen:
- Neues Rechnungslegungsrecht und «Schweizer Handbuch der Wirtschaftsprüfung», Band «Buchführung und Rechnungslegung»: Was hat der Abschlussprüfer bei der Erstanwendung zu beachten? Welche Prüfungen sind bei Bedarf zusätzlich durchzuführen?
- Revisionsaufsichtsgesetz und -verordnung: Welche Bestimmungen betreffen den eingeschränkt prüfenden Revisor?
- «Schweizer Handbuch der Wirtschaftsprüfung», Band «Eingeschränkte Revision», Ausgabe 2014: Welche Neuerungen und neue Berufsgrundsätze sind zu beachten?
- Schweizer Prüfungsstandard, Ausgabe 2013: Die neuen Qualitätsanforderungen. Welche Prüfungsstandards haben auf welche Weise Gültigkeit für die eingeschränkte Revision?
- Neuerungen aus der Rechtsprechung, Erfahrungen aus der Wiederzulassung von Revisionsunternehmen und aus der Praxis: Die Anforderungen an die Unabhängigkeit und die organisatorischen Massnahmen bei Doppelmandaten. Inwiefern erscheint bei einem Opting-out der Erstellungsbericht als eine zweckmässige Alternative?

Dieses Buch, das mittlerweile zu einem Standardwerk geworden ist, vermittelt dem eingeschränkt prüfenden Revisor auf dem neuesten Stand alle Informationen, die er für seine Tätigkeit braucht. Es enthält zahlreiche Arbeitshilfen und Mustervorlagen und ist neu auch in elektronischer Version als E-Book erhältlich.

Fragen und die Antworten dazu als Lernkontrolle und zwei umfangreiche Fallstudien mit jeweils einer übungsweisen Durchführung einer kompletten eingeschränkten Revision erscheinen auf vielfachen Wunsch in einem separaten Band. Ebenso besteht erstmals eine Lern-App. Studierende z. B. können sich so noch effizienter auf Prüfungen vorbereiten.

Diese zweite Auflage erscheint neu im KLV Verlag und ist wiederum in Zusammenarbeit mit dem Schweizerischen Institut für die eingeschränkte Revision (Sifer) und Treuhand Suisse entstanden.

Wir wünschen viel Vergnügen bei der Lektüre und der Arbeit mit diesem Buch.

Die Autoren

Inhaltsverzeichnis

1.	Charakteristik einer Revision	20
2.	Das Wesen der eingeschränkten Revision	36
3.	Wechsel zwischen ordentlicher und eingeschränkter Revision	54
4.	Übersicht über den Prüfungsansatz – Roadmap	74
5.	Prüfungsvorbereitung	78
6.	Prüfungsplanung	96
7.	Prüfungsdurchführung	134
8.	Berichterstattung	168
9.	Gefährdete Unternehmensfortführung	256
10.	Kapitalverlust und Überschuldung	272
11.	Erstprüfung – Eröffnungsbestände und Vorjahresangaben	350
12.	Vertiefung zu Bestands- und Bewertungsprüfungen	366
13.	Nahestehende Parteien	384
14.	Stille Reserven	402
15.	Ereignisse nach dem Bilanzstichtag	410
16.	Prüfung des Antrags über die Verwendung des Bilanzgewinns	422
17.	Arbeitspapiere	434
18.	Organisation und Zulassung der Revisionsgesellschaft, Qualitätssicherung	446
19.	Unabhängigkeit	480
20.	Verantwortlichkeit der Revisionsstelle – Konsequenzen von Pflichtverletzungen	536
21.	Eingeschränkte Revision in der Praxis	594
22.	Freiwillige Liquidation	606
23.	Übrige gesetzliche Pflichtprüfungen	632
24.	Übersicht Prüfungsstandards 2013	664
25.	Erstellungsbericht für Jahresrechnungen	688
26.	Gebräuchliche Prüfungshandlungen nach dem neuen Rechnungslegungsrecht	702

Inhaltsverzeichnis

1.	**Charakteristik einer Revision**	20
1.1	Inhalt des Kapitels	20
1.2	Grafische Übersicht	20
1.3	Ziel und Wirkung der Revision	20
1.4	Revisionsrecht	22
1.5	Ziel der eingeschränkten Revision	23
1.6	Ziel der ordentlichen Revision	23
1.7	Ziel der prüferischen Durchsicht	25
1.8	Ziel von vereinbarten Prüfungshandlungen	25
1.9	Grad der Zusicherung	26
1.10	Nutzen der Revision	27
1.11	Eigenschaften des Revisors	28
1.12	Begriffe der Revision	29
1.12.1	Externe Prüfung/Revision	29
1.12.2	Aufsicht	29
1.12.3	Interne Revision	30
1.12.4	Interne Kontrolle	30
1.12.5	Aussagebezogene Prüfungshandlung	30
1.12.6	Funktionsbezogene Prüfungshandlung (Funktionsprüfungen)	31
1.12.7	Begutachtung	31
1.12.8	Beratung	31
1.12.9	Betreuung	31
1.12.10	Prüfungsrisiko	31
1.12.11	Allgemeine Berufsgrundsätze	32
1.13	Zusammenfassung der Anforderungen	34
2.	**Das Wesen der eingeschränkten Revision**	36
2.1	Inhalt des Kapitels	36
2.2	Grafische Übersicht	36
2.3	Gesetzliche Bestimmungen zur eingeschränkten Revision	36
2.4	Was ist eine eingeschränkte Revision?	38
2.4.1	Politischer Hintergrund der eingeschränkten Revision	38
2.4.2	Gegenstand der eingeschränkten Revision	39
2.5	Wann ist eine eingeschränkte Revision durchzuführen?	43
2.6	Das Opting-System	44
2.6.1	Opting-up	44
2.6.2	Opting-out	45
2.6.3	Opting-in	46
2.6.4	Opting-down	46
2.7	Abgrenzung zur ordentlichen Revision und zu anderen gesetzlichen Prüfungen	47
2.8	Übersicht über die anzuwendenden Prüfungsstandards	48
2.9	Die gesetzlichen Pflichten bei der eingeschränkten Revision	49
2.10	Beginn und Ende einer eingeschränkten Revision	51
2.11	Zusammenfassung der Anforderungen	51
3.	**Wechsel zwischen ordentlicher und eingeschränkter Revision**	54
3.1	Inhalt des Kapitels	54
3.2	Grafische Übersicht	54
3.3	Gesetzliche Bestimmungen zur Revisionspflicht und Übersicht zu den Prüfungspflichten	54
3.4	Art. 727 OR – Entstehung der Pflicht zur ordentlichen Revision	54
3.4.1	Einleitung	54
3.4.2	Entstehung der Pflicht zur ordentlichen Revision i. S. v. Art. 727 Abs. 1 Ziff. 1 OR (Publikumsgesellschaften)	55
3.4.3	Entstehung der Pflicht zur ordentlichen Revision i. S. v. Art. 727 Abs. 1 Ziff. 2 OR (wirtschaftlich bedeutende Unternehmen)	55
3.4.3.1	Einleitung	55
3.4.3.2	Berechnung der Referenzgrössen	56
3.4.3.3	Aufschub von zwei oder drei Geschäftsjahren?	57
3.4.3.4	Gründe und Bedeutung des zeitlichen Aufschubs	57
3.4.3.5	Anwendungsbeispiele	58
3.4.4	Entstehung der Pflicht zur ordentlichen Revision i. S. v. Art. 727 Abs. 1 Ziff. 3 OR (Konzernrechnung)	62
3.4.4.1	Einleitung und Gesetzestext	62
3.4.4.2	Pflicht zur Erstellung einer Konzernrechnung i. S. v. Art. 963 OR	63
3.4.4.3	Befreiung von der Pflicht zur Erstellung einer Konzernrechnung i. S. v. Art. 963a OR	64
3.4.4.4	Befreiung von der Pflicht zur ordentlichen Revision infolge Befreiung von der Pflicht, eine Konzernrechnung zu erstellen i. S. v. Art. 963a OR	65
3.4.4.5	Pflicht zur Erstellung einer Konzernrechnung i. S. v. Art. 963a Abs. 2 OR	66
3.4.5	Entstehung der Pflicht zur ordentlichen Revision i. S. v. Art. 727 Abs. 2 OR	66
3.4.6	Entstehung der Pflicht zur ordentlichen Revision i. S. v. Art. 727 Abs. 3 OR	66
3.4.7	Tabellarische Übersicht zur Entstehung der Pflicht zur ordentlichen Revision i. S. v. Art. 727 OR	66
3.5	Art. 727 OR – Beendigung der Pflicht zur ordentlichen Revision	67
3.5.1	Einleitung	67
3.5.2	Beendigung der Pflicht zur ordentlichen Revision in den Fällen von Art. 727 Abs. 1 Ziff. 1 und 3	67
3.5.3	Beendigung der Pflicht zur ordentlichen Revision in den Fällen von Art. 727 Abs. 1 Ziff. 2	68
3.5.4	Beendigung der Pflicht zur ordentlichen Revision in den Fällen von Art. 727 Abs. 2 und 3	68
3.5.5	Tabellarische Übersicht zur Beendigung der Pflicht zur ordentlichen Revision in den Fällen von Art. 727	68
3.6	Verhalten der Revisionsstelle bei Verletzungen der Vorschriften von Art. 727 OR durch den Prüfkunden	69

Inhaltsverzeichnis

3.6.1	Einleitung	69
3.6.2	Berichterstattung an die Generalversammlung bei Wechsel der Revisionsart	69
3.6.3	Meinungsverschiedenheit mit dem Verwaltungsrat bezüglich Wechsel in die ordentliche Revision	70
3.7	**Zusammenfassung der Anforderungen**	71
4.	**Übersicht über den Prüfungsansatz – Roadmap**	74
4.1	**Roadmap**	74
4.2	**Erforderliche Prüfdokumentation**	75
5.	**Prüfungsvorbereitung**	78
5.1	**Inhalt des Kapitels**	78
5.2	**Grafische Übersicht**	78
5.3	**Ziel der Prüfungsvorbereitung**	79
5.4	**Mandatsannahme und -weiterführung**	80
5.4.1	Darf ich das Mandat annehmen bzw. weiterführen (gesetzliche Voraussetzungen)?	80
5.4.1.1	Wählbarkeit	80
5.4.1.2	Zulassung	81
5.4.1.3	Unabhängigkeit	82
5.4.2	Kann ich das Mandat annehmen bzw. weiterführen (organisatorische und fachliche Voraussetzungen)?	83
5.4.3	Will ich das Mandat annehmen bzw. weiterführen (geschäftspolitische Überlegungen)?	84
5.5	**Auftragsbestätigung**	86
5.6	**Wahlannahmeerklärung**	87
5.7	**Zusammenfassung der Anforderungen**	87
5.8	**Beispiele**	88
5.8.1	Auftragsbestätigung eingeschränkte Revision	88
5.8.2	Auftragsbestätigung für die Mitwirkung bei der Buchführung	90
5.8.3	Arbeitspapier mit Checkliste für die Beurteilung einer Mandatsannahme/-fortführung	92
5.8.4	Wahlannahmeerklärung	93
6.	**Prüfungsplanung**	96
6.1	**Inhalt des Kapitels**	96
6.2	**Grafische Übersicht**	96
6.3	**Überblick über die Prüfungsplanung, Risikoansatz**	96
6.3.1	Einleitung	96
6.3.2	Risikoansatz und Risikobegriff in der Planungsphase der eingeschränkten Revision	97
6.4	**Kenntnisse über Tätigkeit und Umfeld des Unternehmens**	99
6.4.1	Einleitung	99
6.4.2	Warum sind solche Kenntnisse über ein Unternehmen notwendig?	99
6.4.3	Welche Kenntnisse muss der Prüfer erlangen?	100
6.4.4	Wie kommt der Prüfer zu seinen Kenntnissen?	101
6.4.5	Dokumentation	102
6.5	**Wesentlichkeit und Fehlertoleranz**	104
6.5.1	Quantitative Wesentlichkeit	104
6.5.2	Qualitative Wesentlichkeit	104
6.5.3	Warum ist die Wesentlichkeit für den Prüfer wichtig, und wann berücksichtigt er sie?	105
6.5.4	Das Konzept der quantitativen Wesentlichkeit	105
6.5.5	Die Wesentlichkeitsgrenze als dynamischer Prozess	108
6.5.6	Andere praktische Fragen zum Wesentlichkeitsmodell bei der Prüfung von KMU	109
6.5.7	Praktisches Beispiel für die Festlegung der Wesentlichkeitsgrenzen	111
6.5.8	Vereinfachte Bestimmung der Wesentlichkeit bei KMU-Prüfungen nach dem Sifer	111
6.6	**Analytische Prüfungshandlungen in der Planungsphase**	112
6.7	**Beurteilung von inhärenten Risiken**	113
6.7.1	Vorgehen	113
6.7.2	Faktoren, die auf ein bedeutsames inhärentes Risiko hindeuten	114
6.7.3	Verknüpfung mit den Aussagen zur Jahresrechnung und Prüfzielen	115
6.7.4	Abgrenzung zur Risikobeurteilung einer Prüfung nach PS bzw. ordentlicher Revision	118
6.8	**Reaktion auf die festgestellten Prüfungsrisiken in der Planungsphase**	118
6.8.1	Grundlegende Reaktionen bzw. Planungsüberlegungen	118
6.8.2	Prüfungshandlungen	119
6.8.3	Allgemeine Prüfungshandlungen zur Jahresrechnung	119
6.8.4	Empfohlene Prüfungshandlungen je Abschlussposten:	120
6.8.5	Weitergehende Prüfungshandlungen je Abschlussposten	120
6.9	**Prüfungsplan und Prüfprogramm**	121
6.10	**Planungsbesprechung intern im Team**	123
6.11	**Kommunikation mit der Unternehmensleitung zur Planung**	124
6.12	**Abschluss der Prüfungsplanung**	124
6.13	**Zusammenfassung der Anforderungen**	125
6.14	**Beispiele und Arbeitshilfen**	127
6.14.1	Mögliche Fragen zur Tätigkeit und zum Umfeld des Unternehmens	127
6.14.2	Auswahl möglicher Kennzahlen zur Analyse der Jahresrechnung als Ganzes	128
6.14.3	Übliche bedeutsame Risiken pro Abschlussposition	129
7.	**Prüfungsdurchführung**	134
7.1	**Inhalt des Kapitels**	134
7.2	**Grafische Übersicht**	134
7.3	**Überblick über die Phase der Prüfungsdurchführung und Beispiel**	134
7.4	**Allgemeines zur Prüftechnik**	136
7.4.1	Kritische Grundhaltung	136
7.4.2	Bildung von Prüffeldern	136
7.4.3	Direkte und indirekte Prüfungen	137

Inhaltsverzeichnis

7.4.4	Die Prüfrichtung (retrograd und progressiv)	137
7.4.5	Prüfungsumfang und Auswahlverfahren	138
7.4.5.1	Übersicht über das Auswahlverfahren und Definition der Grundgesamtheit	138
7.4.5.2	Allgemeine Überlegungen zum Stichprobenumfang bei der eingeschränkten Revision	140
7.4.5.3	Praktisches Konzept zur Bestimmung der notwendigen Anzahl Stichproben	141
7.4.5.4	Schlussfolgerungen aus Stichprobenprüfungen	143
7.4.6	Verwendung von Arbeiten Dritter	144
7.4.7	IT-Prüfung und eingeschränkte Revision	145
7.5	**Befragungen**	**145**
7.5.1	Worüber wird befragt?	146
7.5.2	Wer wird befragt?	146
7.5.3	Wie wird befragt?	147
7.5.4	Wann sind Befragungen nicht geeignet?	148
7.6	**Analytische Prüfungshandlungen**	**148**
7.6.1	Was sind analytische Prüfungshandlungen?	148
7.6.2	Phasen der analytischen Prüfungshandlungen	148
7.6.3	Bildung der Erwartung/Vergleichsinformationen	149
7.6.3.1	Vorjahresvergleich	149
7.6.3.2	Budgetvergleich	149
7.6.3.3	Trendanalyse	150
7.6.3.4	Branchenvergleich	150
7.6.3.5	Zusammenhangsprüfung	150
7.6.4	Beispiele analytischer Prüfungshandlungen je Prüfbereich	151
7.6.5	Analytische Prüfungshandlungen mit resultierender hoher Prüfsicherheit	153
7.6.6	Einfaches praktisches Beispiel für eine analytische Prüfungshandlung mit resultierender hoher Prüfsicherheit	154
7.6.7	Komplexeres praktisches Beispiel für eine analytische Prüfungshandlung mit resultierender hoher Prüfsicherheit	155
7.6.8	Kritische Durchsicht	156
7.6.9	Qualität der erhaltenen Prüfsicherheit bei analytischen Prüfungshandlungen	156
7.7	**Angemessene Detailprüfungen**	**157**
7.7.1	Belegprüfung	157
7.7.2	Rechnerische Prüfung	158
7.7.3	Abstimmungs- und Übertragungsprüfung	158
7.7.4	Aktenstudium	159
7.7.5	Besichtigung	159
7.7.6	Detailprüfungen, die bei der eingeschränkten Revision nicht vorkommen	159
7.8	**Gesamturteil bei Prüfungsbeendigung**	**159**
7.9	**Vollständigkeitserklärung**	**160**
7.9.1	Zweck einer Vollständigkeitserklärung	160
7.9.2	Formale Punkte, die bei einer Vollständigkeitserklärung zu beachten sind	161
7.9.3	Weigerung der Unternehmensleitung, eine Vollständigkeitserklärung zu unterzeichnen	162
7.9.4	Vorlage Vollständigkeitserklärung	163
7.10	**Zusammenfassung der Anforderungen**	**165**
8.	**Berichterstattung**	**168**
8.1	Inhalt des Kapitels	168
8.2	Grafische Übersicht	168
8.3	Gesetzliche Grundlagen	169
8.4	Grundsätze der Berichterstattung	171
8.5	Bestandteile des Berichts	172
8.5.1	Titel des Berichts	172
8.5.2	Adressat des Berichts	172
8.5.3	Stellung des Abschlussprüfers und Bezeichnung des Abschlusses	173
8.5.4	Verantwortung des Verwaltungsrats und der Revisionsstelle	174
8.5.5	Art und Umfang der Abschlussprüfung	175
8.5.6	Negativ formulierte Prüfungsaussage	175
8.5.7	Unterzeichnung und Berichtsdatum	176
8.6	Abweichungen vom Normalwortlaut	177
8.6.1	Sachverhalte, welche die Prüfungsaussage beeinflussen	178
8.6.1.1	Eingeschränkte Prüfungsaussagen	179
8.6.1.2	Abweichung vom Normalwortlaut bei Verstössen hinsichtlich der Jahresrechnung	180
8.6.1.3	Abweichung vom Normalwortlaut bei nicht ausreichenden Prüfungsnachweisen	181
8.6.1.4	Festgestellte oder angenommene Fehler	182
8.6.1.5	Art der Einschränkungen	182
8.6.1.6	Feststellungen zur Gewinnverwendung	186
8.6.2	Sachverhalte, welche die Prüfungsaussage nicht beeinflussen	187
8.6.2.1	Hinweise auf Gesetzes- und Statutenverstösse	187
8.6.2.2	Zusätze	189
8.7	Ergänzende Berichterstattung	191
8.7.1	Finanzielles	192
8.7.2	Materielles	192
8.7.3	Formelles	192
8.8	Berichterstattung bei der Prüfung der Jahresrechnung nach Kern-FER	193
8.9	Berichterstattung bei freiwilligen Prüfungen	195
8.10	Weitergehende Berichterstattung und Zusatzaufträge	195
8.11	Zusammenfassung der Anforderungen	197
8.12	Musterberichte	199
8.12.1	Normalwortlaut Aktiengesellschaft mit redaktionellen Erläuterungen	201
8.12.2	Normalwortlaut Gesellschaft mit beschränkter Haftung	202
8.12.3	Normalwortlaut Genossenschaft	203
8.12.4	Normalwortlaut Verein	204
8.12.5	Normalwortlaut Stiftung	205
8.12.6	Normalwortlaut Stiftung mit Zewo-Bestätigung (Swiss GAAP FER 21)	206
8.12.7	Normalwortlaut Bericht (z. B. Aktiengesellschaft) mit Kern-FER	207
8.12.8	Einschränkung wegen festgestellter Überbewertung	208

Inhaltsverzeichnis

8.12.9	Einschränkung wegen fehlender Offenlegung Auflösung stille Reserven	209
8.12.10	Einschränkung wegen mangelnder Offenlegung Unsicherheit Unternehmensfortführung	210
8.12.11	Einschränkung wegen Verstoss gegen Mindestgliederungsvorschriften	211
8.12.12	Einschränkung wegen fehlenden Inventars	212
8.12.13	Einschränkung wegen Erwerb/Reserve eigene Aktien	213
8.12.14	Einschränkung wegen angenommener Überbewertung Vorräte	214
8.12.15	Einschränkung wegen Beschränkung des Prüfungsumfangs Aktionärsdarlehen	215
8.12.16	Verneinung aufgrund festgestellter Überbewertung	216
8.12.17	Verneinung wegen Bewertung zu Fortführungswerten	217
8.12.18	Verneinung wegen fehlender Offenlegung Unsicherheit Unternehmensfortführung	218
8.12.19	Verneinung wegen fehlender Offenlegung Unsicherheit Bewertung der Rückstellung	219
8.12.20	Verneinung wegen fehlender Offenlegung Auflösung stille Reserven	220
8.12.21	Verneinung wegen Verstoss gegen Verrechnungsverbot, Gewinnverwendung nicht beanstandet	221
8.12.22	Verneinung wegen fehlenden Inventars	222
8.12.23	Verneinung wegen fehlender Rückstellung und nicht möglicher Gewinnverwendung	223
8.12.24	Verneinung wegen bekannt gewordener Sachverhalte nach dem Bilanzstichtag	224
8.12.25	Unmöglichkeit einer Prüfungsaussage wegen angenommener Überbewertung	225
8.12.26	Unmöglichkeit einer Prüfungsaussage wegen fehlender Unterlagen zur Bewertung	226
8.12.27	Unmöglichkeit einer Prüfungsaussage wegen fehlender Unterlagen zur Unternehmensfortführung	227
8.12.28	Zusatz zur im Anhang offengelegten Unsicherheit hinsichtlich Bewertung	228
8.12.29	Zusatz zur im Anhang offengelegten Unsicherheit hinsichtlich Unternehmensfortführung	229
8.12.30	Zusatz zur Überschuldung und zum Vorliegen einer Rangrücktrittsvereinbarung	230
8.12.31	Zusatz zur Überschuldung und sofortigen finanziellen Sanierungsmassnahmen	231
8.12.32	Zusatz zur Überschuldung und zum Vorliegen von Zwischenbilanzen	232
8.12.33	Zusatz zum Kapitalverlust gemäss Art. 725 Abs. 1 OR	233
8.12.34	Zusatz zur Dividendenausschüttung	234
8.12.35	Hinweis auf Untätigkeit des Verwaltungsrats bei Art. 725 Abs. 1 OR	235
8.12.36	Hinweis auf Untätigkeit des Verwaltungsrats bei Art. 725 Abs. 2 OR	236
8.12.37	Hinweis auf verbotene Einlagenrückgewähr gemäss Art. 680 Abs. 2 OR	237
8.12.38	Hinweis auf gesetzwidrigen Antrag über die Gewinnverwendung (fehlende Liquidität)	239
8.12.39	Hinweis auf fehlende Reservezuweisung bei der Gewinnverwendung	240
8.12.40	Hinweis auf nicht zulässigen Erwerb eigener Aktien gemäss Art. 659 Abs. 1 OR	241
8.12.41	Hinweis auf festgestellte Ungleichbehandlung der Aktionäre bei der Verteilung des Bilanzgewinns gemäss Art. 660 OR	242
8.12.42	Hinweis auf festgestellte geldwerte Leistung an Aktionäre, Mitglieder des Verwaltungsrats oder nahestehende Personen gemäss Art. 678 OR	243
8.12.43	Hinweis auf Nichteinhaltung der gesetzlichen Einberufungsfrist gemäss Art. 699 Abs. 2 OR	244
8.12.44	Hinweis auf die Verletzung der Anzeigepflicht gemäss Art. 743 Abs. 2 OR	245
8.12.45	Freiwillige Review Aktiengesellschaft	246
8.12.46	Freiwillige Review Gesellschaft mit beschränkter Haftung	247
8.12.47	Freiwillige Review Genossenschaft	248
8.12.48	Freiwillige Review Verein	249
8.12.49	Freiwillige Review Stiftung	250
8.12.50	Freiwillige Review Stiftung oder Verein mit Zewo-Bestätigung	251
8.12.51	Freiwillige Review bei Bericht mit Kern-FER	252
8.12.52	Freiwillige Ergänzung der Prüfung im Auftrag der Generalversammlung oder der Statuten	253
8.12.53	Freiwillige Ergänzung der Prüfung im Auftrag der Geschäftsleitung oder des Verwaltungsrats	254
9.	**Gefährdete Unternehmensfortführung**	**256**
9.1	**Inhalt des Kapitels**	256
9.2	**Grafische Übersicht**	256
9.3	**Unternehmensfortführung und die Jahresrechnung**	257
9.4	**Ereignisse und Bedingungen für eine gefährdete Unternehmensfortführung**	260
9.5	**Pflichten der Unternehmensleitung zur Einschätzung der Unternehmensfortführung**	261
9.6	**Pflichten des Prüfers in Hinblick auf die Unternehmensfortführung**	262
9.6.1	Prüfungshandlungen zur Frage der Unternehmensfortführung bei der eingeschränkten Revision	262
9.6.2	Abgrenzung zur ordentlichen Revision	266
9.6.3	Berichterstattung des Prüfers zur Unternehmensfortführung	266
9.7	**Zusammenfassung der Anforderungen**	269
10.	**Kapitalverlust und Überschuldung**	**272**
10.1	**Inhalt des Kapitels**	272
10.2	**Grafische Übersichten**	272
10.2.1	Hälftiger Kapitalverlust (Art. 725 Abs. 1 OR)	272
10.2.2	Überschuldung (Art. 725 Abs. 2 OR)	273
10.3	**Stellenwert von Kapitalverlust und Überschuldung**	274
10.4	**Gesetzliche Grundlagen**	274
10.5	**Art. 725 Abs. 1 OR in der Praxis**	276

Inhaltsverzeichnis

10.6	Grundsätze des Berufsstands und Gerichtsentscheide	276
10.7	Hälftiger Kapitalverlust (Art. 725 Abs. 1 OR)	276
10.7.1	Berechnung des hälftigen Kapitalverlusts	277
10.7.2	Pflichten und Vorgehen des Verwaltungsrats und der Revisionsstelle	278
10.7.3	Rückwirkung der Sanierungsmassnahmen	279
10.7.4	Einberufung der Generalversammlung und Beantragung von Sanierungsmassnahmen durch den Verwaltungsrat	279
10.7.5	Einberufung der Generalversammlung durch die Revisionsstelle	280
10.7.6	Berichterstattung der Revisionsstelle bei hälftigem Kapitalverlust	280
10.8	Sanierungsmassnahmen bei Kapitalverlust, Überschuldung und Liquiditätsproblemen	281
10.8.1	Definition und Arten von Sanierungsmassnahmen	281
10.8.2	Beurteilung von Sanierungsmassnahmen	282
10.9	Verhältnis zwischen Liquiditätslage, Art. 725 OR und Überschuldungsanzeige	283
10.9.1	Liquidität und Art. 725 OR	283
10.9.2	Liquiditätsplan	284
10.9.3	Zeitspanne für die Beurteilung der Fortführungsfähigkeit	284
10.10	Überschuldung (Art. 725 Abs. 2 OR)	286
10.10.1	Allgemeines zu den Pflichten und zum Vorgehen von Verwaltungsrat und Revisionsstelle	286
10.10.2	Konkursaufschubbegehren des Verwaltungsrats	287
10.10.3	Antrag des Verwaltungsrats auf Konkursaufschub nicht möglich?	288
10.10.3.1	Offensichtliche Überschuldung	289
10.10.4	Zweifel der Revisionsstelle an der offensichtlichen Überschuldung	290
10.10.5	«Zu frühe» Überschuldungsanzeige der Revisionsstelle	290
10.10.6	Wer prüft die Zwischenbilanz nach Art. 725 Abs. 2 OR?	292
10.10.7	Insolvenzerklärung als Alternative zur Überschuldungsanzeige	293
10.11	Prüfung der Zwischenbilanz Art. 725 Abs. 2 OR	294
10.11.1	Prüfungsniveau ordentliche Revision: Bisherige Praxis	294
10.11.2	Prüfungsniveau eingeschränkte Revision?	297
10.11.3	Zwischenbilanzen ohne Erfolgsrechnung und Anhang	300
10.11.4	Art. 725 Abs. 2 OR und seine verschiedenen Gesichter	300
10.11.5	Ausmass der Sanierung bei Überschuldung	303
10.11.6	Verhältnis der Jahresrevision zu Art. 725 Abs. 2 OR	304
10.12	Rangrücktritt	305
10.12.1	Einleitung	305
10.12.2	Zweck und Definition des Rangrücktritts	305
10.12.3	Grundlagen der Rangrücktrittsvereinbarung	305
10.12.4	Höhe des Rangrücktritts	307
10.12.5	Wirkung des Rangrücktritts	307
10.12.6	Aufhebung des Rangrücktritts	307
10.12.7	Rechnungslegung	308
10.12.8	Rolle und Stellung der Revisionsstelle (PS 290.DD)	308
10.12.9	Eigenkreationen von Rangrücktrittsvereinbarungen durch den Kunden	309
10.12.10	Flexibler Rangrücktritt	309
10.12.11	Gestaffelter Rangrücktritt	309
10.12.12	Künftiger Rangrücktritt (Rangrücktritt auf «Vorrat»)	310
10.12.13	Alternativen zum Rangrücktritt	311
10.12.14	Sanierungsdarlehen	317
10.13	Berichterstattung der Revisionsstelle bei Überschuldung	317
10.14	Benachrichtigung des Richters durch die Revisionsstelle	321
10.14.1	Offensichtliche Überschuldung	321
10.14.2	Fristen	321
10.14.3	Langfristige Sanierung	324
10.14.4	Fazit für die Revisionsstelle	325
10.14.5	Mandatsbeendigung	326
10.14.6	Honorarrisiken der Revisionsstelle	326
10.14.7	Mehraufwand der Revisionsstelle wegen Überschuldung des Prüfkunden	328
10.14.8	Erleichterungen bei der Überschuldungsanzeige für die eingeschränkte Revision?	329
10.15	Praktische Handhabung der Anzeigepflicht durch die Revisionsstelle – Typischer Ablauf einer Überschuldungsanzeige	332
10.15.1	Eintreffen von Informationen (Phase 1)	332
10.15.2	Evaluation der Information/erstes Mahnschreiben (Phase 2)	334
10.15.3	Zweites Mahnschreiben (Phase 3)	335
10.15.4	Erstattung der Überschuldungsanzeige	335
10.15.5	Verfahren vor dem Konkursrichter – Revisionsstelle als Prozesspartei?	336
10.16	Zusammenfassung der Anforderungen	337
10.17	Vorlagen	338
10.17.1	Brief an Verwaltungsrat mit Aufforderung, Zwischenbilanz gemäss Art. 725 Abs. 2 OR zu erstellen	338
10.17.2	Überschuldungsanzeige durch Revisionsstelle (Beispiel 1)	339
10.17.3	Überschuldungsanzeige durch Revisionsstelle (Beispiel 2)	340
10.17.4	Muster Rangrücktrittsvereinbarung	342
10.17.5	Ergänzung zur Mustervereinbarung (flexibler Rangrücktritt) (10.17.4)	344
10.17.6	Prüfbericht zur Reduktion des Rangrücktritts (flexibler Rangrücktritt) PH 10 Grundlage	345
10.17.7	Garantieerklärung, Formulierungsvorschlag als Ergänzung zur Mustervereinbarung der Treuhand-Kammer	346
10.17.8	Muster Sachwalterweisungen	347
10.17.9	Vereinbarung über einen teilweisen Forderungsverzicht	348
11.	**Erstprüfung – Eröffnungsbestände und Vorjahresangaben**	**350**
11.1	**Inhalt des Kapitels**	**350**
11.2	**Grafische Übersicht**	**350**
11.3	**Eröffnungsbilanz bei Erstprüfungsaufträgen**	**350**
11.3.1	Definitionen	350
11.3.2	Gesetzliche Grundlagen	351

Inhaltsverzeichnis

11.3.3	Vorgaben des Berufsstands	352
11.4	Zu empfehlende Prüfungshandlungen für Eröffnungsbestände	352
11.5	Prüfung der Vorjahreszahlen und Vorjahresangaben	354
11.6	Berichterstattung über Eröffnungsbestände und Vorjahresangaben	355
11.7	Zusammenfassung der Anforderungen	363
12.	**Vertiefung zu Bestands- und Bewertungsprüfungen**	366
12.1	Inhalt des Kapitels	366
12.2	Grafische Übersicht	366
12.3	Prüfungsziele bei der eingeschränkten Revision	366
12.4	Bestandsprüfungen	368
12.5	Beispiel einer typischen Bestandsprüfung	372
12.6	Bewertungsprüfungen	373
12.7	Beispiel einer typischen Bewertungsprüfung	379
12.8	Zusammenfassung der Anforderungen	381
13.	**Nahestehende Parteien**	384
13.1	Inhalt des Kapitels	384
13.2	Grafische Übersicht	384
13.3	Zweck der Prüfung von Transaktionen mit nahestehenden Parteien	384
13.3.1	Offenlegung von Transaktionen mit nahestehenden Parteien und deren korrekte Darstellung	385
13.3.2	Geldwerte Leistungen mit wesentlicher Auswirkung auf die Jahresrechnung	387
13.3.3	Beispiele geldwerter Leistungen	388
13.3.4	Risikobeurteilung durch den Prüfer	389
13.4	Was sind nahestehende Parteien?	389
13.5	Prüfungsvorgehen bei Transaktionen mit nahestehenden Parteien	391
13.5.1	Prüfungsplanung	391
13.5.2	Prüfung der Vollständigkeit von nahestehenden Parteien	391
13.5.3	Empfohlene und weitergehende Prüfungshandlungen zu Transaktionen mit nahestehenden Parteien	392
13.5.4	Vollständigkeitserklärung	392
13.6	Vorgehen bei Feststellung verdeckter Gewinnausschüttung	393
13.7	Einlagerückgewähr (Art. 680 Abs. 2 OR)	396
13.7.1	Hintergrund und gesetzliche Bestimmung	396
13.7.2	Einlagerückgewähr bei Aktionärsdarlehen	397
13.7.3	Folgen eines Verstosses gegen die Einlagerückgewähr und Berichterstattung	398
13.8	Prüfungshandlungen, die über die eingeschränkte Revision hinausgehen	400
13.9	Zusammenfassung der Anforderungen	400
14.	**Stille Reserven**	402
14.1	Inhalt des Kapitels	402
14.2	Grafische Übersicht	402
14.3	Bedeutung der stillen Reserven für die Schweizer Rechnungslegung	402
14.4	Begriffe zu den stillen Reserven	403
14.5	Praktisches Beispiel zur Berechnung der Veränderung der stillen Reserven	403
14.6	Inhärente Risiken und Prüfungshandlungen zu den stillen Reserven	405
14.7	Pflicht zur Mitteilung der stillen Reserven an die Revisionsstelle	405
14.8	Berichterstattung bei wesentlichen Feststellungen zu den stillen Reserven	406
14.9	Zusammenfassung der Anforderungen	408
15.	**Ereignisse nach dem Bilanzstichtag**	410
15.1	Inhalt des Kapitels	410
15.2	Grafische Übersicht	410
15.3	Begriffe und Zusammenhänge	410
15.4	Ereignisse nach dem Bilanzstichtag im Rechnungslegungsrecht	411
15.4.1	Abgrenzung von buchungs- und offenlegungspflichtigen Ereignissen	411
15.4.1.1	Grundsatz der Buchungspflicht bei Ursache im alten Jahr	411
15.4.2	Konzequenzen von buchungs- und offenlegungspflichten Ereignissen nach dem Bilanzstichtag	414
15.4.3	Beispiele offenlegungspflichtiger Ereignisse nach dem Bilanzstichtag	415
15.5	Ereignisse nach dem Bilanzstichtag aus Sicht des Prüfers	415
15.5.1	Prüfungshandlungen bei der eingeschränkten Revision	415
15.5.2	Abgrenzung zur ordentlichen Revision	416
15.5.3	Abweichungen vom Normalwortlaut aufgrund von Ereignissen nach dem Bilanzstichtag	416
15.5.4	Ereignisse, die nach Unterzeichnung, aber vor Abgabe des Revisionsstellenberichts bekannt werden	417
15.5.5	Ereignisse, die nach Abgabe des Revisionsstellenberichts bekannt werden	417
15.6	Zusammenfassung der Anforderungen	419
16.	**Prüfung des Antrags über die Verwendung des Bilanzgewinns**	422
16.1	Inhalt des Kapitels	422
16.2	Grafische Übersicht	422
16.3	Gesetzliche Grundlagen und Berechnungsbespiel	422
16.3.1	Gesetzliche Grundlagen	422
16.3.2	Ausschüttungspotenzial	423
16.3.3	Berechnungsbeispiel	424
16.4	Arten von Dividenden	424
16.4.1	Übersicht	424
16.4.2	Ordentliche Dividende	424
16.4.3	Ausserordentliche Dividende	425

Inhaltsverzeichnis

16.4.4	Interimsdividende	425
16.4.4.1	Klassische Interimsdividende	425
16.4.4.2	Neuer Gesetzesvorschlag zur Zulässigkeit der Interimsdividende	425
16.4.4.3	Dividendendurchschüttung im Konzern über mehrere Stufen	426
16.4.5	Akonto-Dividende	426
16.4.6	Dividendenzahlung in fremder Währung	426
16.4.7	Natural-/Sachdividende	427
16.5	**Prüfungspflicht der Revisionsstelle**	427
16.5.1	Gesetzliche Grundlage	427
16.5.2	Prüfung unter zwei Aspekten	427
16.5.2.1	Reservezuweisung – Vermögens- und Liquiditätssituation	427
16.5.2.2	Zusätzliche Zwischenprüfung bei ausserordentlicher Dividende	428
16.5.2.3	Tag des Beschlusses und Tag der Auszahlung	428
16.5.2.4	Prüfungen bei eingeschränkter Revision	428
16.5.3	Auswirkungen auf die Berichterstattung	428
16.5.3.1	Negativ formulierte Prüfungsaussage	428
16.5.3.2	Antrag des Verwaltungsrats entspricht nicht Gesetz und Statuten	429
16.5.3.3	Dividendenausschüttung ohne Revisionsbericht	429
16.6	**Zusammenfassung der Anforderungen**	431
17.	**Arbeitspapiere**	434
17.1	**Inhalt des Kapitels**	434
17.2	**Grafische Übersicht**	434
17.3	**Grundlagen der Dokumentation der Prüfung**	435
17.3.1	Definition	435
17.3.2	Dokumentation und Aufbewahrungspflichten	435
17.3.3	Vorgaben des Berufsstands	435
17.4	**Grundsätze der Dokumentation**	436
17.5	**Gestaltung der Arbeitspapiere**	437
17.6	**Gliederung der Arbeitspapiere**	441
17.6.1	Allgemeine jährliche Arbeitspapiere (in Anlehnung an HWP 2, S. 264 ff.)	441
17.6.2	Auf Bilanz, Erfolgsrechnung und Anhang bezogene jährliche Arbeitspapiere	442
17.6.3	Allgemeine Dauerakten	442
17.6.4	Auf Bilanz, Erfolgsrechnung und Anhang bezogene Dauerakten	443
17.7	**Eigentum der Arbeitspapiere und deren Aufbewahrung**	444
17.8	**Zusammenfassung der Anforderungen**	444
18.	**Organisation und Zulassung der Revisionsgesellschaft, Qualitätssicherung**	446
18.1	**Inhalt des Kapitels**	446
18.2	**Grafische Übersicht**	446
18.3	**Voraussetzungen für die Zulassung**	446
18.4	**Gesetzliche Anforderungen an das Revisionsunternehmen**	448
18.5	**Anforderungen an ein Qualitätssicherungssystem im KMU-Umfeld**	450
18.6	**Anforderungen an ein Qualitätssicherungssystem gemäss QS 1**	451
18.7	**Anforderungen an ein Qualitätssystem gemäss Swiss Quality & Peer Review (SQPR)**	454
18.8	**Personelle und organisatorische Trennung gemäss Art. 729 Abs. 2 OR**	455
18.9	**Aus- und Weiterbildungsanforderungen**	459
18.10	**Zusammenfassung der Anforderungen**	460
18.11	**Beispiele und Arbeitshilfen**	461
18.11.1	Anleitung zur Qualitätssicherung bei KMU-Revisionsunternehmen	461
18.11.2	Checkliste zur Qualitätssicherung bei KMU-Revisionsunternehmen	464
18.11.3	Schutzvorkehrungen gemäss Revisionsaufsichtsbehörde	468
18.11.4	Reglement für die organisatorische Trennung von Revision und Buchführung und das Erbringen von anderen Dienstleistungen	470
18.11.5	Reglement für die abteilungs- und mandatsbezogene Trennung von Revision und Buchführung und das Erbringen von anderen Dienstleistungen	472
18.11.6	Mandatsvertrag als extern beigezogene Person für die Überprüfung von QS 1	475
19.	**Unabhängigkeit**	480
19.1	**Inhalt des Kapitels**	480
19.2	**Grafische Übersicht**	480
19.3	**Einleitung**	481
19.3.1	Eingeschränkte Revision – einzigartiges und massgeschneidertes Produkt für KMU	481
19.3.2	Gefährdung des Produkts «eingeschränkte Revision»	482
19.3.3	Ordentliche und eingeschränkte Revision sind wesensverschieden	482
19.4	**Definition der Unabhängigkeit**	482
19.5	**Gesetzliche Grundlagen**	483
19.5.1	Gesetzestext für die eingeschränkte Revision	483
19.5.2	Gesetzestext zur ordentlichen Revision als Leitlinie	483
19.6	**Grundlagen der Unabhängigkeit**	484
19.6.1	Zielsetzung der Unabhängigkeit	484
19.6.2	Zweisäulenkonzept der Unabhängigkeit	485
19.6.2.1	Gesetzliche Grundlagen	485
19.6.2.2	Gesetzlicher Einbruch in die Wahrung des Anscheins der Unabhängigkeit	485
19.6.2.3	Zweck des Zweisäulenkonzepts	486
19.7	**Voraussetzungen für die Konkretisierung der äusseren Unabhängigkeit bei der eingeschränkten Revision**	489
19.7.1	Einleitung	489
19.7.2	Gesetzgebung im Bereich der Revision und des Rechnungslegungsrechts	489

Inhaltsverzeichnis

19.7.3	Auslegung des Gesetzes aufgrundlage der Botschaft vom 23. Juni 2004	490
19.7.4	Gesetzestext zur Unabhängigkeit bei der alten ordentlichen Revision bis Ende 2007	491
19.7.5	Konkretisierung des Anscheins der Unabhängigkeit durch die Fachbranche	492
19.7.5.1	Verschärfte Vorschriften für die Mitglieder der Fachverbände	492
19.7.5.2	Vorschriften der Fachverbände als Auslegungshilfen?	492
19.7.6	Voraussetzungen für die Konkretisierung der äusseren Unabhängigkeit beim Mitwirken bei der Buchführung sowie beim Erbringen anderer Dienstleistungen	493
19.7.6.1	Einleitung	493
19.7.6.2	Gesetzliche Grundlagen	493
19.7.6.3	Durchführung einer Revision im Vergleich zum Mitwirken bei der Buchführung	495
19.7.6.4	Mitwirken bei der Buchführung bei der ordentlichen Revision auch gestattet	496
19.7.6.5	Erbringen anderer Dienstleistungen unter denselben Prämissen bei beiden Revisionsarten	496
19.7.6.6	Mitwirken bei der Buchführung in Deutschland	497
19.7.6.7	Definition Rechnungswesen – Buchführung – Tätigkeiten mit Risiko der Selbstprüfung	497
19.7.6.8	Personelle und organisatorische Trennung	506
19.7.7	Mögliche Konsequenzen bei Pflichtverletzungen	508
19.7.8	Schlussfolgerungen	508
19.7.9	Auslegung von Art. 729 OR seit dem 1. Januar 2008	509
19.8	**Vorgaben zur Unabhängigkeit im Standard zur eingeschränkten Revision und im HWP-Band «Eingeschränkte Revision»**	**510**
19.8.1	Einleitung	510
19.8.2	Grundsätzliche Vorgaben des Berufsstands	510
19.9	**Konkretisierung des Ausmasses des Anscheins der Unabhängigkeit bei der eingeschränkten Revision**	**512**
19.9.1	Einleitung	512
19.9.2	Konkretisierung bezüglich personeller Beziehungen zum Prüfkunden	512
19.9.2.1	Einsitz im Verwaltungsrat und Arbeitnehmerstellung (Abbildung 94)	512
19.9.2.2	Personelle Beziehungen des leitenden Revisors zum Prüfkunden	514
19.9.3	Konkretisierung bezüglich finanzieller Beziehungen zum Prüfkunden	515
19.9.4	Konkretisierung bezüglich Mitwirkung in der Buchführung und Erbringen anderer Dienstleistungen	516
19.9.5	Konkretisierung bezüglich Aufträgen, die zu wirtschaftlicher Abhängigkeit führen	517
19.9.6	Konkretisierung bezüglich Verträgen zu nicht marktkonformen Bedingungen, mit Interesse der Revisionsstelle am Prüfergebnis und bezüglich Annahme von wertvollen Geschenken oder von besonderen Vorteilen	519
19.10	**Konkretisierung des Anwendungsbereichs des Anscheins der Unabhängigkeit bei der eingeschränkten Revision**	**520**
19.10.1	Konkretisierung bezüglich Geltungsbereich: Definition «Revisionsstelle»	520
19.10.2	Konkretisierung bezüglich Geltungsbereich: Nahestehende der Revisionsstelle	521
19.10.3	Konkretisierung bezüglich Geltungsbereich: Revisionsstelle bzw. Prüfkunde je als Konzern	522
19.11	**Konkretisierung des Anwendungsbereichs des verpönten Anscheins der Abhängigkeit bei der eingeschränkten Revision**	**523**
19.12	**Mögliche Konsequenzen bei Pflichtverletzungen**	**526**
19.12.1	Verweis auf Kapitel 20	526
19.12.2	Personelle Betroffenheit und Zeitpunkt des Verstosses gegen die Unabhängigkeit	526
19.13	**Rotation bei der eingeschränkten Revision**	**527**
19.13.1	Gesetzliche Grundlagen	527
19.13.2	Rotation bei der ordentlichen Revision	527
19.13.3	Rotation beim Wechsel in die ordentliche Revision	527
19.13.4	Rotation bei der eingeschränkten Revision einer Konzerntochter	528
19.14	**Unabhängigkeit bei Spezialprüfungen**	**528**
19.14.1	Einleitung	528
19.14.2	Unabhängigkeit bei Spezialprüfungen gemäss Art. 729 OR	528
19.14.3	Berichterstattung	530
19.15	**Gesamtüberblick und abschliessende Würdigung**	**530**
19.16	**Beispiele und Arbeitshilfen**	**531**
19.16.1	Beispiel eines Besprechungsprotokolls über die Buchführung und Abschlusserstellung	531
19.17	**Zusammenfassung der Anforderungen**	**533**
20.	**Verantwortlichkeit der Revisionsstelle – Konsequenzen von Pflichtverletzungen**	**536**
20.1	**Inhalt des Kapitels**	**536**
20.2	**Grafische Übersicht**	**536**
20.3	**Verschärfung der Haftung**	**536**
20.3.1	Keine Pflichtverletzung – keine Konsequenzen	537
20.3.2	Charakteristik von Pflichtverletzungen der Revisionsstelle	538
20.3.3	Konsequenzen von Pflichtverletzungen und Tendenzen zur Bestrafung des Revisors	539
20.4	**Zivilrechtliche Pflichtverletzungen und ihre Konsequenzen**	**539**
20.4.1	Gesetzliche Pflichten im Obligationenrecht und im Zivilgesetzbuch	539
20.4.2	Grundsätze des Berufsstands	540
20.4.2.1	Allgemeines	540
20.4.2.2	Präzisierungen zu den gesetzlichen Anzeigepflichten	540
20.4.2.3	Hinweiszeitpunkt	542
20.4.2.4	Form des Hinweises	543
20.4.2.5	Entdeckung eigener Pflichtverletzungen	543

Inhaltsverzeichnis

20.4.3	Gerichtsentscheide zu zivilrechtlichen Pflichtverletzungen der Revisionsstelle	544
20.4.3.1	Gerichtspraxis vor dem 30. Juni 1992	544
20.4.3.2	Einleitung	544
20.4.3.3	Gerichtsentscheide zur verspäteten oder unterlassenen Anzeige beim Richter trotz Offensichtlichkeit der Überschuldung	545
20.4.3.4	Gerichtsentscheide zur Einschränkungspflicht	547
20.4.3.5	Gerichtsentscheide zur Hinweispflicht	547
20.4.3.6	Gerichtsentscheide zum adäquaten Kausalzusammenhang	548
20.4.3.7	Gerichtsentscheide zur Festlegung des Schadenersatzes	548
20.4.3.8	Gerichtsentscheide zur Kapitalerhöhungsprüfung	549
20.4.3.9	Gerichtsentscheide zur Gründungsprüfung	550
20.4.3.10	Gerichtsentscheide zur Streitverkündungsklage	550
20.4.4	Grundlagen der Revisionshaftung	550
20.4.4.1	Gesetzliche Grundlagen der Revisionshaftung	550
20.4.4.2	Geltungsbereich der Verantwortlichkeit – Wer ist von der Revisionshaftung betroffen?	550
20.4.4.3	Auswirkung neuer Gesetze auf die Revisionshaftung	552
20.4.4.4	Wer kann die Revisionsstelle einklagen?	555
20.4.4.5	Vier Voraussetzungen für die Revisionshaftung	556
20.4.4.6	Verteilung der Beweislast, insbesondere Art. 42 Abs. 2 OR	565
20.4.4.7	Schadensbemessung	565
20.4.4.8	Verjährung und Gerichtsstand	566
20.5	**Aufsichtsrechtliche Pflichtverletzungen und ihre Konsequenzen**	**567**
20.5.1	Pflichten gemäss Revisionsaufsichtsgesetz	567
20.5.1.1	Meldepflichten	567
20.5.1.2	Mitwirkungspflichten	569
20.5.1.3	Peer Review	569
20.5.2	Konsequenzen aus dem Revisionsaufsichtsgesetz	569
20.5.2.1	Gerichtsentscheide zum Entzug der Zulassung	569
20.5.2.2	Entzug der Zulassung	570
20.5.2.3	Bestrafung für Übertretungen nach Art. 39 RAG	574
20.5.2.4	Strafbarkeit des Revisionsunternehmens	575
20.5.2.5	Bestrafung für Vergehen nach Art. 40 RAG	576
20.5.2.6	Strafbarkeit des Revisionsunternehmens	577
20.5.2.7	Auslöser für eine Strafverfolgung	577
20.5.2.8	Beschwerde	578
20.6	**Pflichtverletzungen gemäss Strafgesetzbuch und ihre Konsequenzen**	**578**
20.6.1	Allgemeines	578
20.6.1.1	Einleitung	578
20.6.1.2	Gerichtsentscheide	580
20.6.2	Art. 165 Abs. 1 StGB: Misswirtschaft	581
20.6.3	Art. 251 StGB: Urkundenfälschung (Falschbeurkundung)	583
20.6.4	Art. 321 StGB Verletzung des Berufsgeheimnisses	587
20.7	**Verbandsrechtliche Pflichtverletzungen und ihre Konsequenzen**	**589**
20.7.1	Standes- und Berufsregeln	589
20.7.2	Standeskommission und unabhängiges Schiedsgericht der Treuhand-Kammer	589
20.7.3	Praxis der Standeskommission der Treuhand-Kammer	590
20.7.4	Standesregeln von Treuhand Suisse	590
20.8	**Pflichten aus Haftpflichtversicherungsvertrag und Konsequenzen daraus**	**590**
20.9	**Zusammenfassung der Anforderungen**	**591**
20.10	**Arbeitshilfen**	**592**
20.10.1	Erklärung zur Entbindung der Revisionsstelle vom Berufsgeheimnis	592
21.	**Eingeschränkte Revision in der Praxis**	**594**
21.1	Inhalt des Kapitels	594
21.2	Grafische Übersicht	594
21.3	Grundsätzliche Überlegungen und Zielsetzungen	594
21.4	Erkenntnisse aus den vorliegenden Untersuchungen und Erfahrungsberichten	595
21.5	Neue Entwicklungen der RAB bei den Vorschriften zur Unabhängigkeit bei Doppelmandaten	601
21.6	Zusammenfassung der Erkenntnisse	602
21.7	Zusammenfassung der Anforderungen	604
22.	**Freiwillige Liquidation**	**606**
22.1	Inhalt des Kapitels	606
22.2	Grafische Übersicht	606
22.3	Gesetzliche Grundlagen	606
22.4	Voraussetzungen der freiwilligen Liquidation	609
22.4.1	Materielle und formelle Voraussetzungen	609
22.4.2	Faktische oder stille Liquidation	609
22.4.3	Andere Auflösungsgründe	610
22.5	Übersicht über den Ablauf einer freiwilligen Liquidation	610
22.5.1	Einleitung	610
22.5.2	Durchführung der freiwilligen Liquidation	610
22.5.3	Aufgaben der Liquidatoren	610
22.5.4	Aufgaben der Revisionsstelle	611
22.6	Abschlussstichtage und Geschäftsperioden	612
22.6.1	Liquidations-Eröffnungsbilanz	612
22.6.1.1	Stichtag der Liquidations-Eröffnungsbilanz	612
22.6.1.2	Verhältnis der Liquidations-Eröffnungsbilanz zum letzten Jahresabschluss	612
22.6.1.3	Verändertes Geschäftsjahr bzw. neue Geschäftsperiode	613
22.6.1.4	Vorjahreszahlen, Erfolgsrechnung und Anhang	614
22.6.2	Liquidations-Zwischenbilanzen	615
22.6.2.1	Pflicht zur Erstellung von Liquidations-Zwischenbilanzen	615
22.6.2.2	Stichtag der Liquidations-Zwischenbilanz	615
22.6.2.3	Neues Geschäftsjahr in der Liquidation	615
22.6.2.4	Vorjahreszahlen, Erfolgsrechnung und Anhang	617
22.6.3	Liquidations-Schlussbilanz	617
22.6.3.1	Pflicht zur Erstellung der Liquidations-Schlussbilanz und ihr Zeitpunkt	617
22.6.4	Welche Buchführungs- und Rechnungslegungsvorschriften haben die Liquidationsbilanzen zu erfüllen?	617

Inhaltsverzeichnis

22.7	Genehmigung der Liquidationsbilanzen durch die Generalversammlung	618
22.8	Verteilung des Liquidationserlöses	618
22.8.1	Genehmigung durch Generalversammlung	618
22.8.2	Verteilung des Vermögens am Ende der Liquidation	618
22.8.3	Vorzeitige Verteilung des Vermögens nach Art. 745 Abs. 3 OR	618
22.8.3.1	Allgemeines	618
22.8.3.2	Vorzeitige Löschung der Gesellschaft?	619
22.8.4	Vorzeitige Verteilung des Vermögens während laufender Liquidation	619
22.8.4.1	Problemstellung	619
22.8.4.2	Lösungsmöglichkeiten	619
22.9	Aufgaben der Liquidatoren bei Überschuldung (Art. 743 Abs. 2 OR)	621
22.9.1	Feststellung der Überschuldung	621
22.9.2	Anwendbarkeit von Art. 725 OR	621
22.10	Aufgaben der Revisionsstelle	622
22.10.1	Stellung der Revisionsstelle	622
22.10.2	Gesetzlich vorgesehene Aufgaben der Revisionsstelle (Art. 745 Abs. 3 OR)	622
22.10.3	Prüfung der Liquidationsbilanzen	623
22.10.3.1	Ausgangslage	623
22.10.3.2	Prüfung der letzten ordentlichen Jahresrechnung und der Liquidations-Eröffnungsbilanz	623
22.10.3.3	Prüfungs- und Berichterstattungsart bei Liquidations-Zwischenbilanzen	623
22.10.3.4	Prüfungsperioden	624
22.10.4	Teilnahme an der Generalversammlung	625
22.10.5	Pflichten der Revisionsstelle bei Kapitalverlust, Besorgnis einer Überschuldung, offensichtlicher Überschuldung und Illiquidität	625
22.10.6	Zulassung der Revisionsstelle und Haftungsgrundlagen	626
22.10.7	Bewertungsfragen bei der Prüfung in der freiwilligen Liquidation	626
22.10.7.1	Grundlegendes zu den Bewertungsvorschriften	626
22.10.7.2	Begriff der Veräusserungswerte und deren Ermittlung	626
22.10.7.3	Anpassungen in den Passiven	627
22.10.8	Auswirkung auf die Konsolidierungspflicht bei Liquidation einer Konzerngesellschaft oder eines Konzerns	627
22.10.9	Löschung im Handelsregister und Aufbewahrung der Geschäftsbücher	628
22.11	Vorlage	629
22.11.1	Prüfbestätigung zur Liquidations-Zwischenbilanz (eingeschränkte Revision)	629
23.	**Übrige gesetzliche Pflichtprüfungen**	632
23.1	Inhalt des Kapitels	632
23.2	Grafische Übersicht	632
23.3	Vorbemerkungen zu den anwendbaren Prüfungsstandards	632
23.3.1	Allgemeines	632
23.3.2	Übrige gesetzliche Pflichtprüfungen bei ordentlich revidierten Gesellschaften	633
23.3.3	Übrige gesetzliche Pflichtprüfungen bei eingeschränkt revidierten Gesellschaften	634
23.4	Gründungsprüfung	635
23.4.1	Allgemeines zur Gründungsprüfung	635
23.4.2	Wann ist eine Gründungsprüfung durchzuführen?	635
23.4.3	Gegebenheiten von qualifizierten Gründungen	635
23.4.3.1	Sacheinlage	635
23.4.3.2	Sachübernahme	636
23.4.3.3	Liberierung durch Verrechnung	636
23.4.3.4	Gründervorteile	636
23.4.4	Anforderungen an die Gründungsprüfung	636
23.4.4.1	Prüfungsplanung	637
23.4.4.2	Prüfung der Sacheinlage- bzw. Sachübernahmefähigkeit	637
23.4.4.3	Erklärung zum Gründungsbericht	638
23.4.4.4	Prüfungsbestätigung betreffend Gründung	638
23.4.5	Prüfung und Berichterstattung bei nachträglicher Liberierung	639
23.5	Kapitalerhöhungsprüfung	639
23.5.1	Allgemeines zur Kapitalerhöhungsprüfung	639
23.5.2	Arten von Kapitalerhöhungen	640
23.5.2.1	Umwandlung von frei verwendbarem Eigenkapital in Nominalkapital	641
23.5.2.2	Einschränkung oder Aufhebung des Bezugsrechts	641
23.5.3	Durchführung der Kapitalerhöhungsprüfung und Berichterstattung	641
23.5.3.1	Ordentliche und genehmigte Kapitalerhöhungen	641
23.5.3.2	Bedingte Kapitalerhöhung	642
23.6	Kapitalherabsetzungsprüfung	643
23.6.1	Allgemeines zur Kapitalherabsetzungsprüfung	643
23.6.2	Allgemeines zur Kapitalherabsetzung	643
23.6.2.1	Gründe für eine Kapitalherabsetzung	643
23.6.2.2	Arten und Formen von Kapitalherabsetzungen	643
23.6.2.3	Ablauf einer Kapitalherabsetzung und Prüfungspflicht	644
23.6.2.4	Durchführung der Kapitalherabsetzungsprüfung	644
23.6.2.5	Berichterstattung Kapitalherabsetzungsprüfung	646
23.7	Aufwertungsprüfung	646
23.7.1	Allgemeines zur Aufwertungsprüfung	646
23.7.2	Hintergrund für die gesetzliche Aufwertung	647
23.7.3	Gesetzliche Bestimmung	647
23.7.4	Voraussetzungen für eine Aufwertung	647
23.7.5	Aufwertungszweck: Beseitigung der Unterbilanz	647
23.7.6	Aufwertungsobjekt: Grundstück oder Beteiligungen	647
23.7.7	Maximale Aufwertung bis zum «wirklichen Wert» bzw. bis Aktienkapital und gesetzliche Reserven wiederhergestellt sind	648
23.7.8	Gesonderter Ausweis: gesetzliche Aufwertungsreserve im Eigenkapital/Anhang	649
23.7.9	Ausschüttungssperre: Erfassung der Aufwertung über eine gesetzliche Aufwertungsreserve	649

Inhaltsverzeichnis

23.7.10	Bestätigung durch zugelassenen Revisor	649
23.8	**Exkurs: Prüfungen gemäss Fusionsgesetz**	**650**
23.9	**Exkurs: Sonderprüfung**	**651**
23.9.1	Wichtige Rechte und Pflichten des Sonderprüfers	651
23.9.2	Einleitung der Sonderprüfung	652
23.9.3	Durchführung und Abschluss einer Sonderprüfung	652
23.9.4	Berichterstattung	654
23.10	**Anforderungen an die Prüfsicherheit bei den übrigen gesetzlichen Pflichtprüfungen**	**654**
23.10.1	Anforderungen für Mitglieder der Treuhand-Kammer	654
23.10.2	Kritische Beurteilung des Masses an Prüfsicherheit bei den übrigen gesetzlichen Prüfpflichten	654
23.10.2.1	Bestehende Gesetzeslücke	654
23.10.2.2	Prüfungsvorschriften bei der Jahresrechnung als Auslegungsmassstab	655
23.10.2.3	Harmonie mit Verfahrensweisen und Gesetzeszweck	655
23.10.2.4	Form der Prüfungsbestätigung	656
23.10.2.5	Schlussfolgerungen	656
23.11	**Vorlagen**	**657**
23.11.1	Erklärung zum Gründungsbericht	657
23.11.2	Erklärung zum Kapitalerhöhungsbericht	659
23.11.3	Vollständigkeitserklärung Kapitalherabsetzung	661
24.	**Übersicht Prüfungsstandards 2013**	**664**
24.1	**Einleitung**	**664**
24.2	**Gesamtübersicht zu den PS**	**665**
24.3	**Übersicht QS 1 Qualitätssicherungsstandard**	**666**
24.4	**Übersicht Allgemeine Grundsätze und Verantwortlichkeiten**	**668**
24.5	**Ablauf der Prüfung**	**670**
24.5.1	Prüfungsvorbereitungen	670
24.5.2	Prüfungsplanung	671
24.5.3	Prüfungsnachweise	674
24.5.4	Berichterstattung	683
25.	**Erstellungsbericht für Jahresrechnungen**	**688**
25.1	**Inhalt des Kapitels**	**688**
25.2	**Grafische Übersicht**	**688**
25.3	**Gesetzliche und berufsrechtliche Rahmenbedingungen**	**688**
25.4	**Berufsrechtliche Bestimmungen für die Erstellung von Abschlüssen in Deutschland**	**690**
25.5	**Der an schweizerische Verhältnisse angepasste Erstellungsbericht**	**691**
25.5.1	Grundlagen für den Erstellungsbericht	691
25.5.2	Der Erstellungsauftrag	692
25.5.3	Der Beauftragte	693
25.5.4	Die Auftragsdurchführung	693
25.5.5	Berichterstattung	694
25.6	**Möglicher Stellenwert des Erstellungsberichts im schweizerischen KMU-Umfeld**	**695**
25.7	**Kosten-Nutzen-Überlegungen**	**696**
25.8	**Muster**	**697**
25.8.1	Auftragsbestätigung	697
25.8.2	Berichtsmuster	698
25.8.2.1	Erstellungsbericht mit Plausibilitätsbeurteilungen	698
25.8.2.2	Erstellungsbericht mit Plausibilitätsbeurteilung bei Mitwirken bei der Buchführung	699
25.8.2.3	Erstellungsbericht mit Plausibilitätsbeurteilung bei Führung der Buchhaltung	700
26.	**Gebräuchliche Prüfungshandlungen nach dem neuen Rechnungslegungsrecht**	**702**
26.1	**Allgemeine Prüfungshandlungen**	**702**
26.2	**Flüssige Mittel und kurzfristig gehaltene Aktiven mit Börsenkurs**	**703**
26.2.1	Empfohlene Prüfungshandlungen	703
26.2.2	Weitergehende Prüfungshandlungen	704
26.2.3	Prüfungshandlungen, welche nicht Bestandteil einer eingeschränkten Revision darstellen (da über die eingeschränkte Revision hinausgehend)	704
26.3	**Forderungen aus Lieferungen und Leistungen**	**705**
26.3.1	Empfohlene Prüfungshandlungen	705
26.3.2	Weitergehende Prüfungshandlungen	706
26.3.3	Prüfungshandlungen, welche nicht Bestandteil einer eingeschränkten Revision darstellen (da über die eingeschränkte Revision hinausgehend)	706
26.4	**Übrige kurzfristige Forderungen**	**707**
26.4.1	Empfohlene Prüfungshandlungen	707
26.4.2	Weitergehende Prüfungshandlungen	707
26.4.3	Prüfungshandlungen, welche nicht Bestandteil einer eingeschränkten Revision darstellen (da über die eingeschränkte Revision hinausgehend)	707
26.5	**Vorräte und nicht fakturierte Dienstleistungen**	**708**
26.5.1	Empfohlene Prüfungshandlungen	708
26.5.2	Weitergehende Prüfungshandlungen	710
26.5.3	Prüfungshandlungen, welche nicht Bestandteil einer eingeschränkten Revision darstellen (da über die eingeschränkte Revision hinausgehend)	711
26.6	**Aktive Rechnungsabgrenzungen**	**711**
26.6.1	Empfohlene Prüfungshandlungen	711
26.6.2	Weitergehende Prüfungshandlungen	711
26.6.3	Prüfungshandlungen, welche nicht Bestandteil einer eingeschränkten Revision darstellen (da über die eingeschränkte Revision hinausgehend)	712
26.7	**Finanzanlagen**	**712**
26.7.1	Empfohlene Prüfungshandlungen	712
26.7.2	Weitergehende Prüfungshandlungen	713
26.7.3	Prüfungshandlungen, welche nicht Bestandteil einer eingeschränkten Revision darstellen (da über die eingeschränkte Revision hinausgehend)	713
26.8	**Beteiligungen**	**714**
26.8.1	Empfohlene Prüfungshandlungen	714

Inhaltsverzeichnis

26.8.2	Weitergehende Prüfungshandlungen	715
26.8.3	Prüfungshandlungen, welche nicht Bestandteil einer eingeschränkten Revision darstellen (da über die eingeschränkte Revision hinausgehend)	715
26.9	**Sachanlagen**	**716**
26.9.1	Empfohlene Prüfungshandlungen	716
26.9.2	Weitergehende Prüfungshandlungen	717
26.9.3	Prüfungshandlungen, welche nicht Bestandteil einer eingeschränkten Revision darstellen (da über die eingeschränkte Revision hinausgehend)	717
26.10	**Immaterielle Anlagen**	**718**
26.10.1	Empfohlene Prüfungshandlungen	718
26.10.2	Weitergehende Prüfungshandlungen	719
26.10.3	Prüfungshandlungen, welche nicht Bestandteil einer eingeschränkten Revision darstellen (da über die eingeschränkte Revision hinausgehend)	719
26.11	**Nicht einbezahltes Grund-, Gesellschafter oder Stiftungskapital**	**720**
26.11.1	Empfohlene Prüfungshandlungen	720
26.11.2	Weitergehende Prüfungshandlungen	720
26.12	**Verbindlichkeiten aus Lieferungen und Leistungen**	**720**
26.12.1	Empfohlene Prüfungshandlungen	720
26.12.2	Weitergehende Prüfungshandlungen	721
26.12.3	Prüfungshandlungen, welche nicht Bestandteil einer eingeschränkten Revision darstellen (da über die eingeschränkte Revision hinausgehend)	722
26.13	**Kurzfristige und langfristige verzinsliche Verbindlichkeiten**	**722**
26.13.1	Empfohlene Prüfungshandlungen	722
26.13.2	Weitergehende Prüfungshandlungen	723
26.13.3	Prüfungshandlungen, welche nicht Bestandteil einer eingeschränkten Revision darstellen (da über die eingeschränkte Revision hinausgehend)	723
26.14	**Übrige kurzfristige und langfristige Verbindlichkeiten**	**723**
26.14.1	Empfohlene Prüfungshandlungen	723
26.14.2	Weitergehende Prüfungshandlungen	724
26.14.3	Prüfungshandlungen, welche nicht Bestandteil einer eingeschränkten Revision darstellen (da über die eingeschränkte Revision hinausgehend)	724
26.15	**Passive Rechnungsabgrenzungen**	**725**
26.15.1	Empfohlene Prüfungshandlungen	725
26.15.2	Weitergehende Prüfungshandlungen	725
26.15.3	Prüfungshandlungen, welche nicht Bestandteil einer eingeschränkten Revision darstellen (da über die eingeschränkte Revision hinausgehend)	725
26.16	**Rückstellungen sowie vom Gesetz vorgesehene ähnliche Positionen**	**726**
26.16.1	Empfohlene Prüfungshandlungen	726
26.16.2	Weitergehende Prüfungshandlungen	726
26.16.3	Prüfungshandlungen, welche nicht Bestandteil einer eingeschränkten Revision darstellen (da über die eingeschränkte Revision hinausgehend)	727
26.17	**Eigenkapital**	**727**
26.17.1	Empfohlene Prüfungshandlungen	727
26.17.2	Weitergehende Prüfungshandlungen	727
26.18	**Umsatzerlöse, Material- und Warenaufwendungen**	**728**
26.18.1	Empfohlene Prüfungshandlungen	728
26.18.2	Weitergehende Prüfungshandlungen	728
26.18.3	Prüfungshandlungen, welche nicht Bestandteil einer Eingeschränkten Revision darstellen (da über die Eingeschränkte Revision hinausgehend)	728
26.19	**Personalaufwand**	**729**
26.19.1	Empfohlene Prüfungshandlungen	729
26.19.2	Weitergehende Prüfungshandlungen	729
26.19.3	Prüfungshandlungen, welche nicht Bestandteil einer Eingeschränkten Revision darstellen (da über die Eingeschränkte Revision hinausgehend)	730
26.20	**Übriger Aufwand und Ertrag (betrieblich und betriebsfremd sowie ausserordentlich oder einmalig)**	**730**
26.20.1	Empfohlene Prüfungshandlungen	730
26.20.2	Weitergehende Prüfungshandlungen	731
26.21	**Abschreibungen und Wertberichtigungen auf Positionen des Sachanlagevermögens**	**731**
26.21.1	Empfohlene Prüfungshandlungen	731
26.21.2	Weitergehende Prüfungshandlungen	732
26.22	**Finanzaufwand und Finanzertrag**	**732**
26.22.1	Empfohlene Prüfungshandlungen	732
26.22.2	Weitergehende Prüfungshandlungen	732
26.23	**Direkte Steuern**	**733**
26.23.1	Empfohlene Prüfungshandlungen	733
26.23.2	Weitergehende Prüfungshandlungen	733
26.24	**Anhang**	**734**
26.24.1	Empfohlene Prüfungshandlungen	734
26.24.2	Weitergehende Prüfungshandlungen	736
	Glossar	**738**
	Literaturverzeichnis	**747**
	Stichwortverzeichnis	**753**
	Nachwort	**762**

1. Charakteristik einer Revision

1.1 Inhalt des Kapitels
1.2 Grafische Übersicht
1.3 Ziel und Wirkung der Revision
1.4 Revisionsrecht
1.5 Ziel der eingeschränkten Revision
1.6 Ziel der ordentlichen Revision
1.7 Ziel der prüferischen Durchsicht
1.8 Ziel von vereinbarten Prüfungshandlungen
1.9 Grad der Zusicherung
1.10 Nutzen der Revision
1.11 Eigenschaften des Revisors
1.12 Begriffe der Revision
1.13 Zusammenfassung der Anforderungen

1. Charakteristik einer Revision

1.1 Inhalt des Kapitels

- Ziel, Wirkung und Nutzen einer Revision
- Die bei einer Revision relevanten Begriffe
- Die Grundzüge des Revisionsrechts
- Die Unterscheidung von eingeschränkter Revision, ordentlicher Revision, Review (prüferische Durchsicht), Kontrolle und Aufsicht (Überwachung)
- Der Unterschied zwischen einer prüferischen Tätigkeit und einer Beratung, Betreuung, Begutachtung und Mitwirkung bei der Buchführung

1.2 Grafische Übersicht

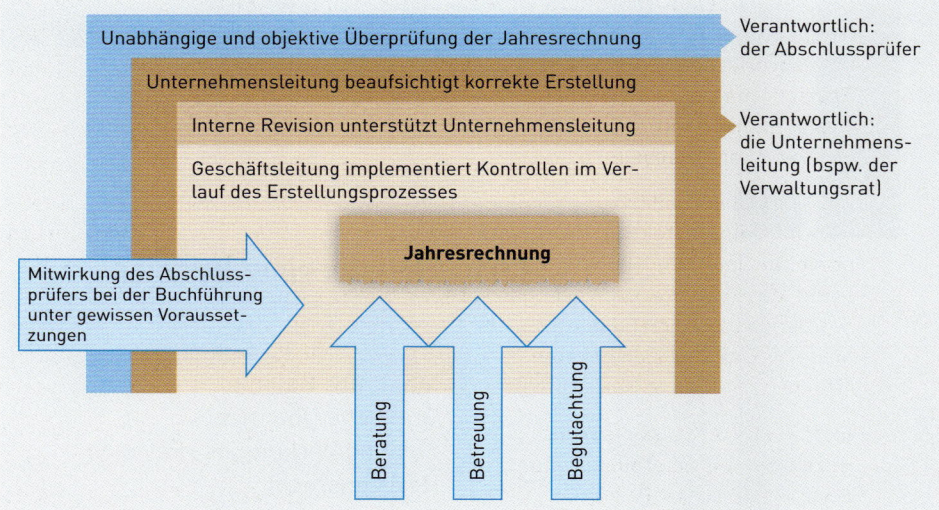

Abbildung 1: Akteure und Begriffe im Zusammenhang mit einer Revision

1.3 Ziel und Wirkung der Revision

Ziel einer Abschlussprüfung ist die Abgabe eines unabhängigen, objektiven und damit vertrauenswürdigen Urteils darüber, ob die Jahresrechnung in allen wesentlichen Punkten den anzuwendenden Rechnungslegungsnormen entspricht.

Die «Schweizer Prüfungsstandards» (2013), «Fachliche Verlautbarung der TREUHAND-KAMMER» Ziffer 48, umschreiben sie folgendermassen: «Die Abschlussprüfung ist eine Anwendungsform einer betriebswirtschaftlichen Prüfung zur Erlangung hinreichender Sicherheit. Der Zweck einer Abschlussprüfung besteht darin, das Mass an Vertrauen der vorgesehenen Nutzer in den Abschluss zu erhöhen. Dies wird dadurch erreicht, dass der Abschlussprüfer in einem schriftlichen Vermerk zum Abschluss ein Prüfungsurteil darüber abgibt, ob der Abschluss in allen wesentlichen Belangen in Übereinstimmung mit einem massgebenden Regelwerk der Rechnungslegung aufgestellt wurde. Eine Abschlussprüfung, die in Überein-

1. Charakteristik einer Revision

stimmung mit den PS und den massgebenden beruflichen Verhaltensanforderungen durchgeführt wird, ermöglicht es dem Abschlussprüfer, dieses Prüfungsurteil abzugeben.»

Bei der Prüfung der Jahresrechnung (Ist-Zustand) geht es vor allem darum, diese mit den gesetzlichen und statutarischen Vorschriften (Soll-Zustand) zu vergleichen. Dabei lassen sich drei Teilaufgaben unterscheiden:

1. Den Ist-Zustand aufnehmen, beispielsweise mittels Gesprächen, Einsichtnahme, Analysen, Beobachtungen, Aufzeichnungen oder Messungen.
2. Den Soll-Zustand als Beurteilungsmassstab aus allgemein anerkannten Normen ableiten, beispielsweise aus dem Gesetz und aus den anzuwendenden Rechnungslegungsnormen.
3. Die Abweichungen zwischen Soll- und Ist-Zustand in ihren Auswirkungen beurteilen und gewichten und darüber Bericht erstatten.

Bei einer Abschlussprüfung wird zuhanden des Bilanzlesers untersucht, ob die Jahresrechnung in allen wesentlichen Punkten ordnungsgemäss erstellt wurde und somit eine zuverlässige Beurteilung der Vermögens-, Finanz- und Ertragslage ermöglicht. Der Revisor liefert damit die Grundlage für eine Genehmigung bzw. Rückweisung der Jahresrechnung (Aktionäre) oder die Entscheidfindung (z. B. Kreditgeber, Lieferanten, Kunden oder Mitarbeiter).

Die Revisionsarbeiten erfolgen in der Regel nach der Erstellung der Jahresrechnung und haben so eine detektivische Wirkung. Als Vorrevision (Zwischenrevision) wirken sie auch präventiv, indem auf mögliche Fehler aufmerksam gemacht wird. Allein schon der Umstand, dass eine Revision erfolgen wird, vermag eine mangelhafte Jahresrechnung wegen des dann zu erwartenden negativen Urteils (das oft mit Sanktionen verbunden ist) zu verhindern. Eine Revision hat somit sowohl einen Vorbeugungs- als auch einen Aufdeckungseffekt.

Eine Zweckmässigkeitsprüfung als Ergänzung zur Beurteilung der Jahresrechnung in Bezug auf die Übereinstimmung mit den gesetzlichen und statutarischen Vorschriften, die die Wirtschaftlichkeit eines Unternehmens beurteilt und Optimierungsmöglichkeiten aufzeigt, ist nicht vorgesehen. Es entspricht jedoch einem allgemeinen Bedürfnis des Revisionskunden, dass der Abschlussprüfer Empfehlungen zur Verbesserung des Rechnungswesens oder beispielsweise Vorschläge im Bereich der Steuern oder generell Best-Practice-Hinweise abgibt.

Bei der eingeschränkten Revision hat der Gesetzgeber die möglichen Tätigkeiten der Revisionsstelle erweitert: Sie darf – unter bestimmten Voraussetzungen – bei der Buchführung mitwirken und andere Dienstleistungen erbringen (Kapitel 19).

Methodisch wird die Revision in zwei Arten aufgeteilt: die aussagebezogene Prüfung und die Funktionsprüfung (HWP 2, S. 190). Erstere richtet die Prüfungshandlungen auf die einzelnen Geschäftsvorfälle und auf das in der Jahresrechnung dargestellte Ergebnis aus. Letztere geht von der Prämisse aus, dass wirksam kontrollierte Rechnungswesenprozesse zu einer korrekten Jahresrechnung führen. Die eingeschränkte Revision ist eine aussagebezogene Prüfungsmethode. Die Prüfung der betrieblichen Abläufe und des internen Kontrollsystems gehört nicht zu dieser Art der Revision (SER, S. 11).

1. Charakteristik einer Revision

Die eingeschränkte Revision erfolgt nicht lückenlos. Sie konzentriert sich auf jene Geschäftsbereiche und jene Aussagen in der Jahresrechnung, die wesentlich und anfällig für Fehlaussagen sind; unwesentliche Jahresabschlussposten können vernachlässigt werden. Aufgrund seiner Risikobeurteilung bestimmt der Abschlussprüfer die Prüfungshandlungen, um ausreichend geeignete Prüfungsnachweise zu erlangen (Darstellung HWP ER, S. 161):

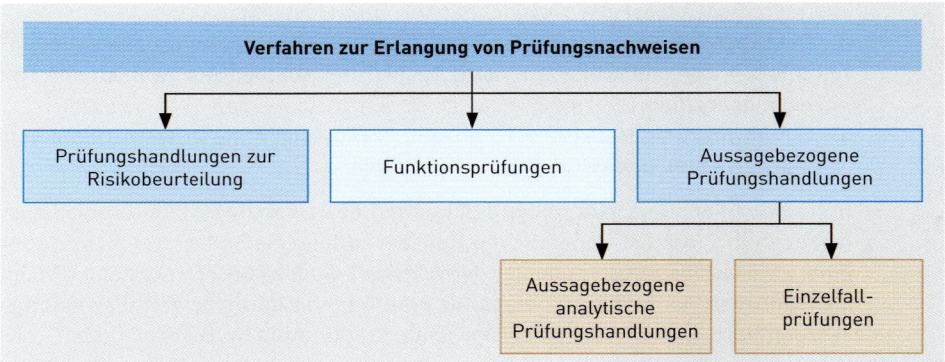

Abbildung 2: Verfahren zur Erlangung von Prüfungsnachweisen

1.4 Revisionsrecht

Im Zusammenhang mit den Verfehlungen auf den internationalen Kapitalmärkten und weltweiten Bilanzskandalen wurde der Ruf nach neuen, verschärften Regeln laut. In der Folge wurde im Jahr 2002 der Sarbanes-Oxley Act (SOX) in den USA eingeführt. Die darin enthaltenen neuen Vorschriften/Anforderungen betreffen insbesondere das Rechnungswesen (z. B. Beeidigung der Jahresrechnung) und das interne Kontrollsystem (z. B. Prüfung durch die Revisionsstelle) sowie die Einführung einer Revisionsaufsichtsbehörde (Public Company Accounting Oversight Board, PCAOB).

Da Letztere eine sogenannte exterritoriale Wirkung auf die Prüfgesellschaften der weltweit tätigen Tochtergesellschaften von an der US-Börse kotierten Gesellschaften entfaltet, lag es für die «übrige Welt» nahe, selbst Revisionsaufsichtsbehörden zu installieren, um nicht von der PCAOB direkt überwacht zu werden.

Der schweizerische Gesetzgeber hat mit der Einführung des neuen Revisionsrechts auf den
1. Januar 2008 und der damit verbundenen Anpassung des Obligationenrechts die Gunst der Stunde genutzt und gleichzeitig zwei volkswirtschaftlich wichtige Ziele verfolgt:
2. die Anforderungen für wirtschaftlich bedeutende Unternehmen mit der Einführung der ordentlichen Revision zu erhöhen und
3. für KMU mit der Schaffung einer eingeschränkten Revision die Anforderungen zu vermindern.

Die Vorlage war in der parlamentarischen Diskussion nicht unumstritten, das Ergebnis war (je nach politischer Würdigung) jedoch historisch und die Geburt der «eingeschränkten Revision» für die gesetzliche Prüfung von Jahresrechnungen im internationalen Ver-

1. Charakteristik einer Revision

gleich einzigartig. Die Diskussionen im Ausland führten zu anderen Lösungen (in der Regel: keine Prüfung oder eine vollständige ordentliche Prüfung; Deutschland, Österreich, England u. a.: Befreiung von der Prüfungspflicht für KMU). Dabei spielten auch die Kosten einer Prüfung eine wesentliche Rolle. So wurde beispielsweise die Abschaffung der KMU-Prüfungspflicht in England damit begründet, dass das Kosten-Nutzen-Verhältnis für die Prüfung einer KMU-Gesellschaft nicht gegeben sei.

In der Schweiz wurde die Möglichkeit zur Anwendung der eingeschränkten Revision mit der Erhöhung der Schwellenwerte von CHF 10 Mio. Bilanzsumme, 20 Mio. Umsatz und 50 Vollzeitstellen auf 20/40/250 per 1. Januar 2012 beträchtlich ausgeweitet, u. a. um die KMU weiter zu entlasten. Die zurzeit bestehende Diskussion über Ziele und Zielerreichung bei der eingeschränkten Revision ist nicht zuletzt in dieser Erhöhung begründet. Kapitel 19 zum Thema der Unabhängigkeit des Abschlussprüfers widmet sich eingehend diesen Fragen.

1.5 Ziel der eingeschränkten Revision

Die Ziele und der Ablauf einer eingeschränkten Revision sind in Art. 727 ff. OR sowie im für Mitglieder der Berufsverbände verbindlichen Standard zur eingeschränkten Revision geregelt (SER, S. 7).

Aufgabe der eingeschränkten Revision einer Jahresrechnung ist gemäss Art. 729a OR eine differenzierte Aussage darüber, ob der Abschlussprüfer auf Sachverhalte gestossen ist, aus denen zu schliessen ist, dass die Jahresrechnung und der Antrag des Verwaltungsrats über die Gewinnverwendung nicht in allen wesentlichen Punkten Gesetz und Statuten entsprechen. Die eingeschränkte Revision liefert damit nur eine begrenzte Urteilssicherheit («limited or moderate assurance») (SER, S. 9), was in einer negativ formulierten Prüfungsaussage zum Ausdruck kommt: »Bei unserer Revision sind wir nicht auf Sachverhalte gestossen, aus denen wir schliessen müssten, dass die Jahresrechnung nicht Gesetz und Statuten entspricht" (SER, S. 70).

Der Abschlussprüfer gibt bei der eingeschränkten Revision keine Empfehlung zur Abnahme oder Rückweisung der Jahresrechnung ab (SER, S. 27). Die mit der eingeschränkten Revision erlangte limitierte Urteilssicherheit reicht dafür nicht aus.

Die eingeschränkte Revision stellt eine limitierte aussagebezogene Prüfung dar. Die Prüfungshandlungen sind auf Befragungen, Analysen und angemessene Detailprüfungen beschränkt. Das interne Kontrollsystem (IKS) ist nicht Gegenstand der Prüfung. Der Abschlussprüfer beschränkt sich auf Unterlagen und Informationen, die er vom Kunden erhalten hat (SER, S. 9).

Die eingeschränkte Revision ist auf die Bedürfnisse der KMU ausgerichtet, indem sie kostengünstig durchgeführt werden kann und aufgrund der zulässigen Dienstleistung «aus einer Hand» zugleich eine hohe Qualität der Jahresrechnung gewährleistet (Kapitel 2).

1.6 Ziel der ordentlichen Revision

Die Ziele und der Ablauf einer ordentlichen Revision sind in Art. 727 ff. OR sowie in den verbindlichen, rund 980 Seiten umfassenden Schweizer Prüfungsstandards geregelt. Diese entsprechen den International Standards on Auditing (ISA), Stand April 2010, er-

1. Charakteristik einer Revision

gänzt um schweizerische Aspekte (z. B. Verhalten der Revisionsstelle bei Kapitalverlust und Überschuldung im Sinne von Art. 725 OR).

Ziel der ordentlichen Revision einer Jahresrechnung gemäss Art. 728a OR ist ein hoher Grad der Zusicherung («high or reasonable assurance») des Abschlussprüfers darüber, dass die Jahresrechnung und der Antrag des Verwaltungsrats über die Gewinnverwendung Gesetz und Statuten entsprechen. Der Revisionsexperte formuliert sein unabhängiges Urteil in einer positiv formulierten Zusicherung «Nach unserer Beurteilung entspricht die Jahresrechnung für das am 31.12.20X1 abgeschlossene Geschäftsjahr dem schweizerischen Gesetz und den Statuten.» (PS 701 Bildung eines Prüfungsurteils und Erteilung eines Vermerks zum Abschluss.)

Bei der ordentlichen Revision hat der Revisionsexperte zusätzlich zur Jahresrechnung und zum Antrag des Verwaltungsrats über die Gewinnverwendung auch das Bestehen eines angemessenen IKS zu prüfen (PS 315 Identifizierung und Beurteilung der Risiken wesentlicher falscher Darstellungen aus dem Verstehen der Einheit und ihres Umfelds und PS 330 Die Reaktionen des Abschlussprüfers auf beurteilte Risiken sowie PS 890 Prüfung der Existenz des internen Kontrollsystems). Dies ist der Fall, wenn das IKS in allen wesentlichen Punkten zweckmässig ausgestaltet, dokumentiert und implementiert ist. Über die effektive Wirksamkeit des IKS muss kein Urteil abgegeben werden. Die Prüfung der Wirksamkeit ist nicht erforderlich, wenn bei der Durchführung der Prüfung nicht auf das IKS abgestützt wird. Diese Eigenschaft der ordentlichen Revision stellt eine wichtige Abweichung von vielen ausländischen Regelwerken (etwa zum Sarbanes-Oxley Act) dar, bei welchen eine Wirksamkeitsprüfung oft zwingend vorgesehen ist. Ebenfalls nicht Aufgabe der ordentlichen Revision (wie auch der eingeschränkten Revision) ist die Prüfung der Geschäftsführung und des Lageberichts (Art. 728a Abs. 3 OR, Art. 729a Abs. 3 OR). Abbildung 3 illustriert, was geprüft und beurteilt werden muss (in Blau) und was von der Prüfungspflicht bei einer ordentlichen Revision ausgenommen ist (in Beige) (gemäss Art 961 OR ff. Rechnungslegung für grössere Unternehmen).

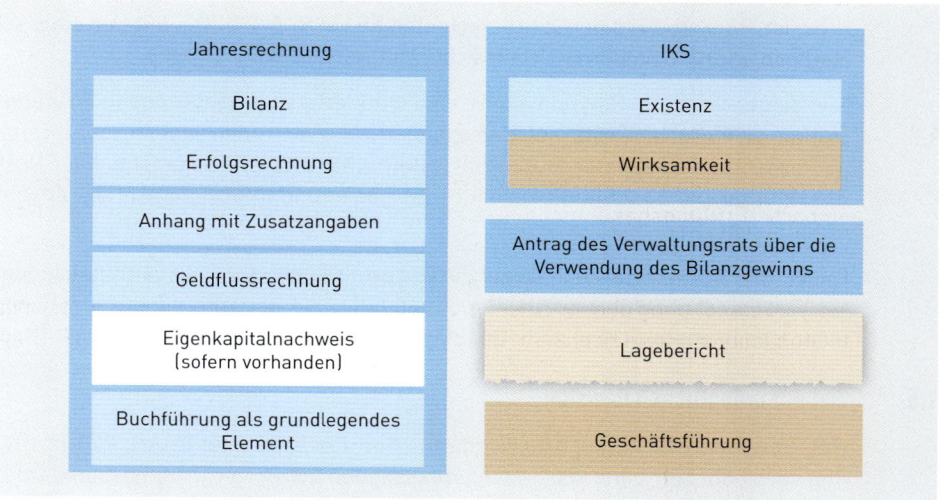

Abbildung 3: Prüfungspflichtige und nicht prüfungspflichtige Komponenten bei der ordentlichen Revision

1. Charakteristik einer Revision

Die ordentliche Revision kombiniert das aussage- und das funktionsbezogene Prüfungsvorgehen. Erhält der Abschlussprüfer keine hinreichenden und angemessenen Prüfungsnachweise aufgrund der Funktionsprüfungen, hat er ergänzende aussagebezogene Prüfungen (analytische Prüfungen und Einzelfallprüfungen) vorzunehmen (HWP 2, S. 190 ff.).

Die Revisionsstelle erstattet dem Verwaltungsrat einen umfassenden Bericht mit Feststellungen über die Rechnungslegung, das interne Kontrollsystem sowie die Durchführung und das Ergebnis der Revision (Art. 728b Abs. 1 OR). Die Generalversammlung erhält einen zusammenfassenden Bericht mit der Empfehlung, die Jahresrechnung mit oder ohne Einschränkung zu genehmigen oder zurückzuweisen (Art. 728b Abs. 2 OR).

1.7 Ziel der prüferischen Durchsicht

Die prüferische Durchsicht (Review) ist im Schweizer Prüfungsstandard PS 910 bzw. im International Standard on Review Engagements ISRE 2400 geregelt.

Das Ziel einer prüferischen Durchsicht ist ein mittelhoher Grad der Zusicherung («moderate level of assurance») des Prüfers, dass er nicht auf Sachverhalte gestossen ist, aus denen er schliessen muss, dass der Abschluss nicht den anzuwendenden Rechnungslegungsnormen entspricht (PS 910.3). Dazu führt er Prüfungshandlungen durch, die weniger stichhaltige und fundierte Nachweise liefern, als bei einer ordentlichen Revision verlangt würden. Kern der prüferischen Durchsicht sind Befragungen und Analysen.

Inhaltlich ist die prüferische Durchsicht mit der eingeschränkten Revision nur bedingt vergleichbar. Im Vergleich zur prüferischen Durchsicht umfasst die eingeschränkte Revision jedoch gemäss Art. 729a OR zusätzlich «angemessene Detailprüfungen».

Die prüferische Durchsicht ist keine gesetzliche Revision. Bei freiwilligen (eingeschränkten) Revisionen von nicht revisionspflichtigen Abschlüssen ist PS 910 Review (prüferische Durchsicht) von Abschlüssen anzuwenden. Eine Ausnahme bildet in der Praxis die Prüfung von Vereinen. Sie können gemäss Auffassung des Berufsstandes ebenfalls eingeschränkt geprüft werden, sofern dies in den Vereinsstatuten ausdrücklich so geregelt ist oder von der GV beschlossen worden ist (HWP ER, S. 50).

1.8 Ziel von vereinbarten Prüfungshandlungen

Die vereinbarten Prüfungshandlungen sind im Schweizer Prüfungsstandard PS 920, «Vereinbarte Prüfungshandlungen bezüglich Finanzinformationen», bzw. im International Standard on Related Service ISRS 4400 geregelt. Ziel ist, darzulegen, zu welchen Ergebnissen die vereinbarten Prüfungshandlungen geführt haben. Es wird keine Zusicherung zur Jahresrechnung abgegeben. Der Bericht über die Feststellungen bei den vereinbarten Prüfungshandlungen richtet sich an deren Auftraggeber und enthält kein Prüfungsurteil.

1. Charakteristik einer Revision

1.9 Grad der Zusicherung

Der Grad der Zusicherung bei Revisionsdienstleistungen kann in folgender Weise dargestellt werden:

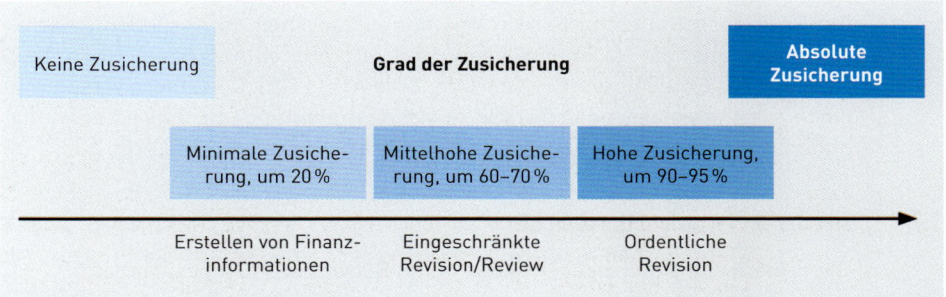

Abbildung 4: Grad der Zusicherung bei Revisionsdienstleistungen

Besteht im Berufsstand Einigkeit über den hohen, aber nicht absoluten Grad der Zusicherung von 90–95 % bei einer ordentlichen Revision, ist dies bei der eingeschränkten Revision noch nicht der Fall. Vernünftigerweise (aufgrund von universitären wissenschaftlichen Untersuchungen) dürfte die mittelhohe Zusicherung bei 60–70 % (Müssig und Blumer: ST 11/2008, S. 947, Isufi 2010, S. 48) liegen. Der Berufsstand sollte den Grad der angestrebten Prüfungszusicherung noch konkretisieren, um allfällige Unsicherheit zu beseitigen.

Das Risiko, dass der Abschlussprüfer eine wesentliche Fehlaussage in der Jahresrechnung nicht erkennt, wird bei einer ordentlichen Revision mit rund 5–10 %, bei einer eingeschränkten Revision mit etwa 30–40 % angenommen. Ein minimaler Grad der Zusicherung ergibt sich, wenn der Prüfer mit dem Erstellen von Finanzinformationen (beispielsweise Erstellung einer Jahresrechnung nach Swiss GAAP FER aufgrund eines OR-Abschlusses und weiteren notwendigen Angaben) beauftragt wird.

Eine absolute Zusicherung ist bei einer Prüfung faktisch ausgeschlossen. Denn der Prüfer stützt sich letztlich auf Prüfungen mittels Stichproben sowie auf das Rechnungswesen bzw. Kontrollsystem ab. Dementsprechend ist die Zusicherung begrenzt, und konsequenterweise besteht die Möglichkeit, dass wesentliche Fehler in der Jahresrechnung unentdeckt bleiben. Gleichzeitig wäre eine Prüfung mit absoluter Zusicherung alleine aus Kosten-Nutzen-Überlegungen auch für die Auftraggeber einer Prüfung nicht zweckmässig.

In der Praxis wird es auch Fälle geben, bei denen bei einer eingeschränkten Revision mit Prüfungshandlungen, die sich auf Befragungen, analytische Prüfungen und angemessene Detailprüfungen beschränken, eine höhere Prüfungssicherheit erreicht werden kann. Dennoch wird die Prüfungsaussage negativ formuliert.

Die Stakeholder (Personengruppe, die an der korrekten Jahresrechnung interessiert ist) haben hohe Erwartungen an die Prüfung. Diese soll z. B. eine absolut fehlerfreie Jahresrechnung garantieren oder eine Bestätigung dafür liefern, dass die Gesellschaft in allen Belangen gesetzeskonform gehandelt hat. Die ungerechtfertigten Erwartungen («Erwartungslücke» oder «Expectation Gap») müssen im Interesse aller Beteiligten vorgängig zur Revision richtiggestellt werden (siehe Kapitel 5.5, Auftragsbestätigung).

1. Charakteristik einer Revision

1.10 Nutzen der Revision

Der Hauptnutzen einer Revision besteht darin, dass das Vertrauen in Informationen und deren Verlässlichkeit erhöht wird. Mit der Prinzipal-Agent-Theorie lässt sich das diesbezüglich bestehende Interesse veranschaulichen:

In deren einfachster Form werden die Anreize und Treiber in der Geschäftsbeziehung zwischen einem Prinzipal und einem Agenten analysiert. Dabei ermächtigt eine Partei (der Prinzipal – z. B. der Aktionär) eine andere Partei (den Agenten – z. B. den Verwaltungsrat), in ihrem Auftrag zu handeln. Der Agent wird daraufhin in eigener Verantwortung Entscheide treffen, welche die Interessen des Prinzipals betreffen. Ein Problem kann dabei naturgemäss auftreten, wenn der Agent Entscheidungen trifft, welche nicht im besten Interesse des Prinzipals liegen. Um hier Vorsorge zu treffen, wird der Prinzipal Massnahmen ergreifen, um den Agenten zu überwachen. Ein wichtiges Instrument dafür ist die Revision, bei welcher eine unabhängige Drittpartei Sachverhalte beim Agenten für den Prinzipal überprüft.

Die Mechanismen einer Prinzipal-Agent-Beziehung bestehen typischerweise, wenn Aktionäre oder Kreditgeber (Prinzipal) der Unternehmensleitung (Agent) finanzielle Mittel zur Verfügung stellen. Das Unternehmen hat diese Mittel so einzusetzen, dass die Interessen der Geldgeber gewahrt werden. Namentlich sollte Substrat für Dividenden erwirtschaftet werden, oder die Gesellschaft hat die Zinsen und Amortisationen zu zahlen sowie die vertraglichen Zusicherungen (Covenants) einzuhalten. Das Unternehmen legt gegenüber den Geldgebern mit der Jahresrechnung Rechenschaft über sein Handeln ab. Indem diese durch einen unabhängigen Revisor geprüft wird, erhöht sich das Vertrauen der Geldgeber in die Jahresrechnung und das Unternehmen, was beispielsweise bessere Kreditkonditionen zur Folge haben kann.

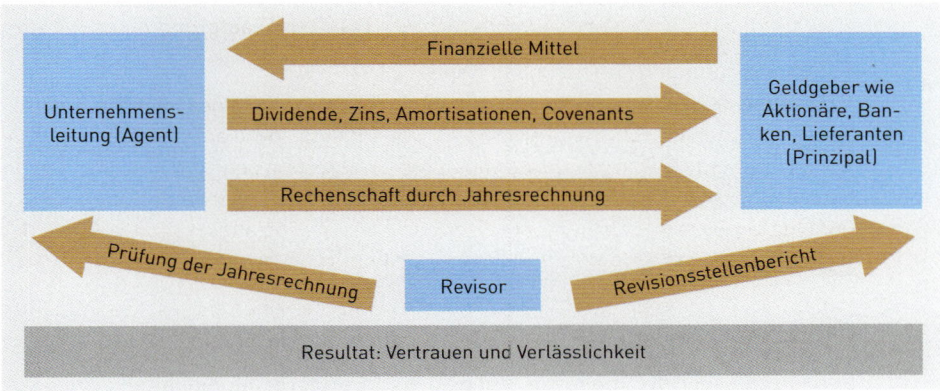

Abbildung 5: Die Prinzipal-Agent-Theorie bei der Revision

Die Prinzipal-Agent-Theorie hat bei KMU-Gesellschaften im Vergleich zu Grossunternehmen eine weniger grosse Bedeutung. Dies primär aus zwei Gründen:
- Personalunion: Der klassische KMU-Unternehmer ist sowohl Geldgeber als auch Geschäftsführer. Er kennt damit die finanzielle Lage der Gesellschaft und die Verwendung seiner Mittel.

1. Charakteristik einer Revision

- Selbstverantwortung der institutionellen Geldgeber: Mit der Einführung der eingeschränkten Revision und dem damit zusammenhängenden tieferen Grad der Prüfungssicherheit nehmen die institutionellen Geldgeber wie etwa Banken vermehrt Eigenverantwortung wahr und stützen sich nicht nur auf die Prüfungsaussage der Revisionsstellen. Sie evaluieren die Ertrags- und Vermögenslage einer Gesellschaft anhand eigener Überwachungsmassnahmen.

Doch auch dort, wo Unternehmensleitung und Geldgeber identisch sind, wird oft eine (de facto meist freiwillige) Revision durchgeführt. Das professionelle Know-how des Revisors wird vom Bilanzleser geschätzt und als wichtige Entscheidungsgrundlage genutzt. Beispiele freiwilliger Prüfungen für wichtige Unternehmensentscheide sind:
- Überprüfung eines Zwischenabschlusses oder einer Jahresrechnung ohne gesetzliche Pflicht
- Prüfung eines Übernahmeobjekts (Unternehmen, Geschäftsteil) im Auftrag des potenziellen Käufers (Due Diligence)
- Prüfung einer finanziellen Information, auf welcher die variable Entlöhnung von Mitarbeitern beruht
- Prüfung der Zweckmässigkeit eines neuen oder bestehender Prozesse
- Prüfung des IKS oder der Kontrollen innerhalb eines neuen oder bestehender Prozesse
- Detaillierte Prüfung bei Verdacht auf deliktische Handlungen oder bei Wissen darum

Mit den gesetzlichen Prüfungen will der Gesetzgeber die Interessen der Gläubiger, Aktionäre sowie der Öffentlichkeit schützen. Beispiele für weitere gesetzliche Prüfungen sind:
- Gründungsprüfung (Vertiefung in Kapitel 23.4)
- Kapitalerhöhungsprüfung (Vertiefung in Kapitel 23.5)
- Kapitalherabsetzungsprüfung (Vertiefung in Kapitel 23.6)
- Prüfung bei vorzeitiger Verteilung des Vermögens (Vertiefung in Kapitel 22.10)
- Aufwertungsprüfung (Vertiefung in Kapitel 23.7)
- Prüfung von Fusionen, Spaltungen und Umwandlungen (Vertiefung in Kapitel 23.8)
- Sonderprüfungen (Vertiefung in Kapitel 23.9)
- Prüfung der Zwischenbilanz gemäss Art. 725 Abs. 2 OR (Vertiefung in Kapitel 10.11)

Indem die Revision das Vertrauen in finanzielle Informationen und deren Verlässlichkeit erhöht, nimmt sie eine wichtige Funktion in Sachen Gläubigerschutz, Aktionärsschutz sowie Schutz der Öffentlichkeit wahr (HWP 2, S. 71 ff.). Im Weiteren kann der Revisor durch seine fachmännische Beurteilung von finanziellen Informationen und Prozessen Mehrwert für die Unternehmensleitung schaffen.

1.11 Eigenschaften des Revisors

Der Abschlussprüfer muss die Standes- und Berufsregeln einhalten sowie gemäss den Zulassungsbestimmungen des Revisionsaufsichtsgesetzes (RAG) Gewähr für eine einwandfreie Prüfung bieten. Er erfüllt das in ihn gesetzte Vertrauen, wenn er über folgende Eigenschaften verfügt (in Anlehnung an SER, S. 9):
- Unabhängigkeit und Objektivität
- Integrität und Vertrauenswürdigkeit
- Professionelle Kompetenz und Sorgfalt, professionelles Verhalten
- Verschwiegenheit

1. Charakteristik einer Revision

- Verantwortungsbewusstsein und die Befolgung der gesetzlichen Vorschriften und Standards

Ein guter Abschlussprüfer besitzt Neugier (in der Prüfungsvorbereitung), Berufserfahrung (in der Prüfungsplanung), Fach- und Branchenkenntnisse (in der Prüfungsdurchführung), Durchsetzungsvermögen und Konzilianz (bei der zusammenfassenden Beurteilung und Berichterstattung). Insbesondere bei den Befragungen der Unternehmensleitung sind gleichermassen Diplomatie, wirtschaftliches Denken, Gespür für das Wesentliche und Überzeugungskraft nötig.

Der Revisor muss während des ganzen Prüfungsprozesses – von der Prüfungsvorbereitung bis zur Berichterstattung – eine kritische Grundhaltung einnehmen und die erhaltenen sowie die selbst erarbeiteten Prüfungsnachweise kritisch hinterfragen. Er achtet auf Informationen, welche die Verlässlichkeit und Plausibilität von Prüfungsergebnissen beeinträchtigen könnten. Liegen keine gegenteiligen Hinweise vor, darf er bei vom Kunden erhaltenen Auskünften und Unterlagen vom Grundsatz von Treu und Glauben ausgehen (SER, S. 39).

1.12 Begriffe der Revision

Im Zusammenhang mit einer Revision verwendet der Berufsstand folgende Begriffe (in Anlehnung an HWP ER, S. 2 ff.):

1.12.1 Externe Prüfung/Revision

Die Begriffe Prüfung und Revision werden in der Schweiz als Synonyme benutzt. Sie bedeuten eine unabhängige Beurteilung der vom Verwaltungsrat (oder vom entsprechenden Organ der Gesellschaft) erstellten Jahresrechnung in Bezug auf die Übereinstimmung mit den gesetzlichen Bestimmungen, den anzuwendenden Rechnungslegungsnormen sowie den Statuten. Aufgrund dieser Beurteilung gibt der Prüfer ein Urteil zur Jahresrechnung ab. Die externe Revision ist vom Verwaltungsrat unabhängig und gegenüber dem Prüfungskunden nicht weisungsgebunden.

Beispiele: Die externe Revisionsstelle prüft als gesetzliche Revisionsstelle die Jahresrechnung des Prüfungskunden; die Revisionsstelle oder ein zugelassener Revisor prüft im Sinne von Art. 725 Abs. 2 OR die Zwischenbilanz zu Fortführungs- und Veräusserungswerten.

1.12.2 Aufsicht

Unter Aufsicht versteht man die überwachende Tätigkeit durch Stellen, die nicht mit der ausführenden, operativen Arbeitstätigkeit betraut sind. Die Aufsichtsorgane haben die Aufgabe, die schutzwürdigen Interessen der Firma zu wahren und für die Einhaltung von Gesetzen und Weisungen besorgt zu sein. Sie verfügen über die notwendigen Kompetenzen, um Korrekturen anzuordnen.

Beispiele: Der Verwaltungsrat überwacht die an die Geschäftsleitung delegierten Aufgaben aufgrund der vorgegebenen Weisungen; die Revisionsaufsichtsbehörde beaufsichtigt die Einhaltung der im Revisionsaufsichtsgesetz enthaltenen Vorschriften.

1. Charakteristik einer Revision

1.12.3 Interne Revision

Die interne Revision nimmt eine vom Unternehmen intern in Auftrag gegebene Prüfung und Beurteilung vor. Sie ist zweckmässigerweise dem Verwaltungsrat unterstellt und gegenüber diesem weisungsgebunden und rechenschaftspflichtig. Die Aufgaben der internen Revision sind vielfältig und je nach Unternehmen verschieden. Während die externe Revision die finanzielle Berichterstattung beurteilt, hat die interne oft zusätzliche Beurteilungsziele zu strategischen oder operativen Themen (inkl. Wirtschaftlichkeit). Eine Zusammenarbeit mit der externen Revision empfiehlt sich aus Gründen der Effizienz und Effektivität.

Beispiele: Die interne Revision der XY-Gruppe überprüft zuhanden des Verwaltungsrats, ob die Weisungen in Bezug auf die Unterzeichnung von Verträgen eingehalten sind; die interne Revision überprüft zuhanden des CFO, ob die an die Konzernleitung gemeldeten Zahlen des Quartalsreports einer Tochtergesellschaft den entsprechenden Richtlinien im Konzernhandbuch entsprechen.

1.12.4 Interne Kontrolle

Die interne Kontrolle ist die arbeitsbegleitende oder der Arbeitsausführung vor- oder nachgelagerte Tätigkeit einer Person (manuelle Kontrolle) oder eines Systems (automatische Kontrolle), mit welcher die Erfüllung der von der Unternehmensleitung vorgegebenen Ziele sichergestellt werden soll. Darunter fallen eine ordnungsmässige und effiziente Geschäftsführung, die Sicherung der Vermögenswerte, die Verhinderung oder Aufdeckung von Verstössen und Fehlern sowie eine korrekte, vollständige, verlässliche und rechtzeitige finanzielle Berichterstattung. Eine Kontrollfunktion ist am betrieblichen Arbeitsprozess beteiligt und gegenüber den Linien- oder Fachvorgesetzten weisungsgebunden.

Beispiele: Der Lohnbuchhalter kontrolliert die vom Sachbearbeiter erstellten Lohnabrechnungen; die Kreditorenbuchhaltung vergewissert sich, ob die von der Warenannahme kontrollierten Lieferscheine mit der Kreditorenrechnung übereinstimmen.

1.12.5 Aussagebezogene Prüfungshandlung

Die aussagebezogene Prüfung ist der Oberbegriff für analytische Prüfungen und Einzelfallprüfungen. Bei der eingeschränkten Revision umfasst sie Befragungen, analytische Prüfungen sowie angemessene Detailprüfungen. Diese Prüfungshandlungen sind darauf ausgerichtet, die vom Prüfungskunden in der Jahresrechnung gemachten impliziten und expliziten Aussagen zu beurteilen (etwa das Vorhandensein von flüssigen Mitteln oder die Vollständigkeit von Verbindlichkeiten, siehe Vertiefung in Kapitel 6.7). Der Revisor prüft damit, ob es Sachverhalte gibt, aus denen zu schliessen ist, dass die Aussagen in der Jahresrechnung nicht den gesetzlichen Vorschriften und den Statuten entsprechen.

Beispiele: Abstimmung der Saldi gemäss Bankauszügen mit den Saldi gemäss Hauptbuch; Einsichtnahme in die Einstandspreise der Warenvorräte gemäss Kreditorenfaktura; Vergleich des Lohnaufwandes gemäss Erfolgsrechnung mit dem Vorjahr und dem Budget.

1. Charakteristik einer Revision

1.12.6 Funktionsbezogene Prüfungshandlung (Funktionsprüfungen)

Funktionsprüfungen betreffen das interne Kontrollsystem. Deren Ziel ist, hinreichende und angemessene Prüfungsnachweise zu erhalten, um die Wirksamkeit der Kontrollmassnahmen zur Sicherstellung einer fehlerfreien Jahresrechnung beurteilen zu können. Bei einer ordentlichen Revision berücksichtigt die Revisionsstelle das IKS bei der Abschlussprüfung, um den Prüfungsumfang zu bestimmen. Bei einer eingeschränkten Revision sind keine Funktionsprüfungen vorgesehen.

Bespiele: Prüfung, ob die Kontrolle der Lieferscheine über die ganze Geschäftsperiode weisungsgemäss durchgeführt wurde; Prüfung, ob die verbuchten Kreditorenrechnungen die vorgesehenen Visa für die Rechnungskontrollen und Zahlungsfreigaben enthalten.

1.12.7 Begutachtung

Eine Begutachtung besteht in einer umfassenden betriebswirtschaftlichen Analyse eines für das Rechnungswesen relevanten Sachverhaltes, um ein fundiertes Ergebnis zu erhalten. Dieses wird meist an finanzwirtschaftlichen Vorgaben oder Modellen gemessen. Eine Begutachtung durch den Abschlussprüfer ist dann nicht zulässig, wenn der Prüfer seine eigene Arbeit überprüfen muss (Vertiefung in Kapitel 19).

Beispiele: Erstellung Unternehmensbewertung im Zusammenhang mit einem möglichen Kauf einer Beteiligung; Erstellung komplexer Steuerkonzepte.

1.12.8 Beratung

Bei einer Beratung geht es um die Abgabe einer Empfehlung oder einer Entscheidungshilfe im Zusammenhang mit dem Finanz- und Rechnungswesens, um die Vorgaben und Ziele des Auftraggebers zu erreichen. Beratungen erfolgen oft spontan und mündlich. Eine schriftliche Zusammenfassung und Bestätigung sind zu empfehlen.

Beispiele: Empfehlung der Abschreibungsmethode zur Optimierung der Steuerbelastung; Empfehlung zum Abschluss einer Versicherung zur Reduktion der Unternehmensrisiken.

1.12.9 Betreuung

Die Betreuung stellt eine typische Tätigkeit im Treuhandwesen dar. Sie umfasst die Mithilfe bei der Buchführung und Abschlusserstellung. Für einen Revisor sind die Mitwirkung bei der Buchführung und das Erbringen anderer Dienstleistungen nur dann zulässig, wenn durch geeignete organisatorische und personelle Massnahmen dem Risiko der Überprüfung eigener Arbeiten vorgebeugt wird. Das Mitwirken bei der Buchführung und der Erstellung der Jahresrechnung muss sich aus Gründen der Unabhängigkeit (Vertiefung in Kapitel 19) auf eine Unterstützung beschränken. Verantwortlich für die Jahresrechnung muss der Verwaltungsrat des geprüften Unternehmens bleiben.

Beispiele: Führung der Lohnbuchhaltung; Kontierung und Verbuchung der Belege aufgrund der Weisungen des Kunden.

1.12.10 Prüfungsrisiko

Das Prüfungsrisiko (HWP ER, S. 148) definiert sich in Abhängigkeit von den zu beurteilenden inhärenten Risiken und Kontrollrisiken sowie in Wechselwirkung mit dem Aufdeckungsrisiko in folgender Weise:

1. Charakteristik einer Revision

Abbildung 6: Bestandteile des Prüfungsrisikos

Das Prüfungsrisiko (PR) ist in dieser Darstellung deshalb eine Konstante, weil der Abschlussprüfer immer die gleiche Sicherheit (ordentliche Revision rund 90–95%, eingeschränkte Revision etwa 60–70%) in seinem Urteil anzustreben hat, dass die geprüfte Jahresrechnung keine unentdeckte wesentliche Fehlaussage enthält bzw. dass er kein falsches Prüfungsurteil (ordentliche Revision) oder keine falsche Prüfungsaussage (eingeschränkte Revision) abgibt.

Das inhärente Risiko (IR) und das Kontrollrisiko (KR) sind variable Risiken, weil der Prüfer sie nicht beeinflussen kann und sie von Fall zu Fall und von Geschäftsbereich zu Geschäftsbereich unterschiedlich zu beurteilen sind. Sie werden als Fehlerrisiko bezeichnet, nämlich als Mass für die Anfälligkeit auf Fehlaussagen in der Jahresrechnung, die vom Kunden verursacht bzw. beeinflusst sind.

Das Aufdeckungsrisiko (AR) steht im inversen Verhältnis zu der vom Prüfer vorgenommenen Beurteilung der inhärenten Risiken und Kontrollrisiken: Je tiefer das festgestellte Fehlerrisiko ist, desto höher ist das akzeptable Aufdeckungsrisiko (bei gleichbleibendem Prüfungsrisiko). Angewendet auf die eingeschränkte Revision, bedeutet dies, dass bei tiefem inhärentem Risiko die empfohlenen gebräuchlichen Prüfungshandlungen anzuwenden sind und auf weitergehende Prüfungen verzichtet werden kann (Vertiefung in Kapitel 6.7).

1.12.11 Allgemeine Berufsgrundsätze

Bei der Durchführung einer Revision muss der Abschlussprüfer die allgemeinen Berufsgrundsätze beachten (siehe 1.11, Eigenschaften des Revisors).

Die Durchführung einer eingeschränkten Revision erfordert die konsequente Einhaltung der gesetzlichen Bestimmungen und des SER. Soweit dieser keine konkreten Vorgaben zu einem bestimmten Sachverhalt enthält, muss der Abschlussprüfer von seinem Ermessensspielraum in einer Weise Gebrauch machen, die den allgemeinen Berufsgrundsätzen entspricht (SER, S. 7).

1. Charakteristik einer Revision

Die nachfolgende Tabelle stellt die möglichen Quellen für die Herleitung eines pflichtgemässen «professional judgement» dar. Dabei ist zu unterstreichen, dass sofern ein Sachverhalt im SER nicht geregelt ist, nicht automatisch die Bestimmungen anderer Quellen (etwa die PS) unverändert beigezogen werden müssen. Diese sind im Einzelfall immer nach «Sinn und Geist» der eingeschränkten Revision anzuwenden:

	Grundlagen	Quellen:
Gesetzgeber	Botschaft zur Änderung des Obligationenrechts (Revisionspflicht im Gesellschaftsrecht) sowie zum Bundesgesetz über die Zulassung und Beaufsichtigung der Revisorinnen und Revisoren vom 23. Juni 2004	www.bj.admin.ch
	Curia Vista: Parlamentarische Diskussion und Protokolle zum Revisionsgesetz	www.parlament.ch
Gesetzliche Bestimmungen	Teil C, Die Revisionsstelle Art. 727 ff. Die kaufmännische Buchführung, Art. 957 OR ff.	www.bj.admin.ch
	Bundesgesetz über die Zulassung und Beaufsichtigung der Revisorinnen und Revisoren (Revisionsaufsichtsgesetz RAG) RAG Änderung vom 20.6.2014 (Vernehmlassungsfrist bis 9.10.14)	www.revisionsaufsichtsbehoerde.ch
	Revisionsaufsichtsverordnung RAV	
	Aufsichtsverordnung RAB	
	Rundschreiben der RAB	
Berufsstand und Prüfungsstandards	*SER*: Standard zur eingeschränkten Revision 2007 (Treuhand-Kammer und Treuhand Suisse)	
	Internationaler Berufsstand: (Standardsetzer: THK ist Mitglied der IFAC und verpflichtet die Standards zu übernehmen)	
	International Federation of Accountants IFAC:	www.ifac.org
	Handbook of International Quality Control, Auditing, Review, Other Assurance, and Related Services Pronouncements, Guidance & Support Tools for SMEs	
	Nationaler Berufsstand:	
	Schweizerische Treuhand-Kammer mit Standes- und Berufsregeln und Fachinformationen	www.treuhand-kammer.ch
	Treuhand Suisse mit Standes- und Berufsregeln	www.treuhandsuisse.ch
	Schweizer Handbuch der Wirtschaftsprüfung 2009: Bände 2–4 (Treuhand-Kammer)	
	Schweizer Handbuch der Wirtschaftsprüfung, Band «Eingeschränkte Revision» 2013; (HWP ER)	
	Schweizer Handbuch der Wirtschaftsprüfung, Band «Buchführung und Rechnungslegung» 2014; (HWP NRLG)	
	Schweizer Prüfungsstandards (PS) 2013 (Treuhand-Kammer)	
Publikationen	Der Schweizer Treuhänder (Treuhand-Kammer)	www.treuhaender.ch
	Der Treuhandexperte (Treuhand Suisse)	www.trex.ch
Institute	Schweizerisches Institut für die eingeschränkte Revision (Sifer) (Treuhand Suisse), mit Arbeitshilfen	www.treuhandsuisse.ch

Ein umfassendes Glossar enthält der Anhang.

1. Charakteristik einer Revision

1.13 Zusammenfassung der Anforderungen

- Der Abschlussprüfer muss die *Charakteristiken einer eingeschränkten Revision* kennen.
- Der Abschlussprüfer soll die *Ziele der ordentlichen* und *der eingeschränkten Revision auseinanderhalten* und bei Bedarf dem Revisionskunden erklären können.
- Der Abschlussprüfer muss die bei einer Revision verwendeten *Begriffe kennen* und *verstehen*.
- Der Abschlussprüfer ist sich der *persönlichen Anforderungen für eine einwandfreie Prüftätigkeit bewusst*.
- Der Abschlussprüfer muss die *Berufsgrundsätze kennen* und diesen *nachkommen*.

2. Das Wesen der eingeschränkten Revision

- 2.1 Inhalt des Kapitels
- 2.2 Grafische Übersicht
- 2.3 Gesetzliche Bestimmungen zur eingeschränkten Revision
- 2.4 Was ist eine eingeschränkte Revision?
- 2.5 Wann ist eine eingeschränkte Revision durchzuführen?
- 2.6 Das Opting-System
- 2.7 Abgrenzung zur ordentlichen Revision und zu anderen gesetzlichen Prüfungen
- 2.8 Übersicht über die anzuwendenden Prüfungsstandards
- 2.9 Die gesetzlichen Pflichten bei der eingeschränkten Revision
- 2.10 Beginn und Ende einer eingeschränkten Revision
- 2.11 Zusammenfassung der Anforderungen

2. Das Wesen der eingeschränkten Revision

2.1 Inhalt des Kapitels

- Die wesentlichen Elemente der eingeschränkten Revision
- Die gesetzlichen Bestimmungen zur eingeschränkten Revision
- Der Standard zur eingeschränkten Revision
- Die allgemeinen Berufsgrundsätze bei einer eingeschränkten Revision

2.2 Grafische Übersicht

Anwendung bei rund 95 % der prüfungspflichtigen Unternehmen in der Schweiz

Urteilssicherheit: 60–70 %

- Entlastung für KMU-Betriebe
- Befragungen
- Analytische Prüfungen
- Angemessene Detailprüfungen
- Zulassung des Abschlussprüfers

Gesetzliche Grundlage (Art. 727 ff. OR) und Standard für die eingeschränkte Revision

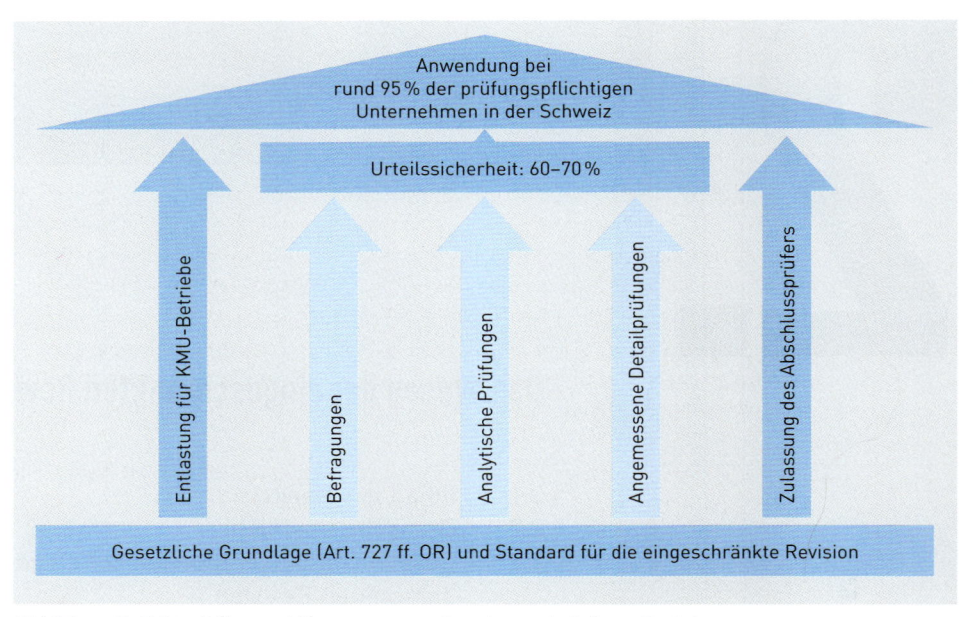

Abbildung 7: Stützpfeiler und Komponenten der eingeschränkten Revision

2.3 Gesetzliche Bestimmungen zur eingeschränkten Revision

Die gesetzlichen Bestimmungen zur eingeschränkten Revision enthalten einerseits die Vorschriften darüber, *wann* eine gesetzliche eingeschränkte Revision durchzuführen ist (Art. 727 ff. OR), und andererseits, *wie* diese durchzuführen ist (Art. 729 ff. OR).

§ *Art. 727 OR: Revisionspflicht, ordentliche Revision*

[1] Folgende Gesellschaften müssen ihre Jahresrechnung und gegebenenfalls ihre Konzernrechnung durch eine Revisionsstelle ordentlich prüfen lassen:
1. Publikumsgesellschaften; als solche gelten Gesellschaften, die:
   a) Beteiligungspapiere an einer Börse kotiert haben,
   b) Anleihensobligationen ausstehend haben,
   c) mindestens 20 Prozent der Aktiven oder des Umsatzes zur Konzernrechnung einer Gesellschaft nach Buchstabe a oder b beitragen;

2. Das Wesen der eingeschränkten Revision

    2. Gesellschaften, die zwei der nachstehenden Grössen in zwei aufeinander folgenden Geschäftsjahren überschreiten:
       a) Bilanzsumme von 20 Millionen Franken,
       b) Umsatzerlös von 40 Millionen Franken,
       c) 250 Vollzeitstellen im Jahresdurchschnitt;
    3. Gesellschaften, die zur Erstellung einer Konzernrechnung verpflichtet sind.

² Eine ordentliche Revision muss auch dann vorgenommen werden, wenn Aktionäre, die zusammen mindestens 10 Prozent des Aktienkapitals vertreten, dies verlangen.

³ Verlangt das Gesetz keine ordentliche Revision der Jahresrechnung, so können die Statuten vorsehen oder kann die Generalversammlung beschliessen, dass die Jahresrechnung ordentlich geprüft wird.

---

§ *Art. 727a OR: Revisionspflicht, eingeschränkte Revision*

¹ Sind die Voraussetzungen für eine ordentliche Revision nicht gegeben, so muss die Gesellschaft ihre Jahresrechnung durch eine Revisionsstelle eingeschränkt prüfen lassen.

² Mit der Zustimmung sämtlicher Aktionäre kann auf die eingeschränkte Revision verzichtet werden, wenn die Gesellschaft nicht mehr als zehn Vollzeitstellen im Jahresdurchschnitt hat.

³ Der Verwaltungsrat kann die Aktionäre schriftlich um Zustimmung ersuchen. Er kann für die Beantwortung eine Frist von mindestens 20 Tagen ansetzen und darauf hinweisen, dass das Ausbleiben einer Antwort als Zustimmung gilt.

⁴ Haben die Aktionäre auf eine eingeschränkte Revision verzichtet, so gilt dieser Verzicht auch für die nachfolgenden Jahre. Jeder Aktionär hat jedoch das Recht, spätestens 10 Tage vor der Generalversammlung eine eingeschränkte Revision zu verlangen. Die Generalversammlung muss diesfalls die Revisionsstelle wählen.

⁵ Soweit erforderlich passt der Verwaltungsrat die Statuten an und meldet dem Handelsregister die Löschung oder die Eintragung der Revisionsstelle an.

---

§ *Art. 727c OR: Anforderungen an die Revisionsstelle bei der eingeschränkten Revision*

Die Gesellschaften, die zur eingeschränkten Revision verpflichtet sind, müssen als Revisionsstelle einen zugelassenen Revisor nach den Vorschriften des Revisionsaufsichtsgesetzes vom 16. Dezember 2005 bezeichnen.

---

§ *Art. 729 OR: eingeschränkte Revision (Review), Unabhängigkeit der Revisionsstelle*

¹ Die Revisionsstelle muss unabhängig sein und sich ihr Prüfungsurteil objektiv bilden. Die Unabhängigkeit darf weder tatsächlich noch dem Anschein nach beeinträchtigt sein.

² Das Mitwirken bei der Buchführung und das Erbringen anderer Dienstleistungen für die zu prüfende Gesellschaft sind zulässig. Sofern das Risiko der Überprüfung eigener Arbeiten entsteht, muss durch geeignete organisatorische und personelle Massnahmen eine verlässliche Prüfung sichergestellt werden.

---

§ *Art. 729a OR: Aufgaben der Revisionsstelle, Gegenstand und Umfang der eingeschränkten Revision*

¹ Die Revisionsstelle prüft, ob Sachverhalte vorliegen, aus denen zu schliessen ist, dass:

2. Das Wesen der eingeschränkten Revision

1. die Jahresrechnung nicht den gesetzlichen Vorschriften und den Statuten entspricht;
2. der Antrag des Verwaltungsrats an die Generalversammlung über die Verwendung des Bilanzgewinns nicht den gesetzlichen Vorschriften und den Statuten entspricht.

² Die Prüfung beschränkt sich auf Befragungen, analytische Prüfungshandlungen und angemessene Detailprüfungen.

³ Die Geschäftsführung des Verwaltungsrats ist nicht Gegenstand der Prüfung durch die Revisionsstelle.

> **§ Art. 729b OR: Aufgaben der Revisionsstelle, Revisionsbericht bei der eingeschränkten Revision**
>
> ¹ Die Revisionsstelle erstattet der Generalversammlung schriftlich einen zusammenfassenden Bericht über das Ergebnis der Revision. Dieser Bericht enthält:
> 1. einen Hinweis auf die eingeschränkte Natur der Revision;
> 2. eine Stellungnahme zum Ergebnis der Prüfung;
> 3. Angaben zur Unabhängigkeit und gegebenenfalls zum Mitwirken bei der Buchführung und zu anderen Dienstleistungen, die für die zu prüfende Gesellschaft erbracht wurden;
> 4. Angaben zur Person, welche die Revision geleitet hat, und zu deren fachlicher Befähigung.
>
> ² Der Bericht muss von der Person unterzeichnet werden, die die Revision geleitet hat.

> **§ Art. 729c OR: Aufgaben der Revisionsstelle, Anzeigepflicht bei der eingeschränkten Revision**
>
> Ist die Gesellschaft offensichtlich überschuldet und unterlässt der Verwaltungsrat die Anzeige, so benachrichtigt die Revisionsstelle das Gericht.

2.4 Was ist eine eingeschränkte Revision?

2.4.1 Politischer Hintergrund der eingeschränkten Revision

Der Gesetzgeber hat mit der eingeschränkten Revision ein für die Bedürfnisse der KMU massgeschneidertes Produkt geschaffen. Den KMU soll eine kostengünstige und fachlich hochstehende Möglichkeit geboten werden, die Dienstleistungen Revision und Mitwirkung bei der Buchführung aus einer Hand zu beziehen. Der Gesetzgeber sanktionierte damit 2008 die jahrzehntealte Praxis des «embedded audit» (eingebettete Revision).

Weder die USA noch die EU kennen eine Revisionspflicht für KMU. Die Schweiz ist damit wohl weltweit einzigartig, unterstellt sie doch rund 97 % der Gesellschaften der eingeschränkten Revision. Die Besonderheit besteht jedoch nicht nur in der flächendeckenden Revisionspflicht, sondern auch darin, dass Revision und Mitwirkung bei der Buchführung kombiniert werden können.

Eine Abschaffung der Revisionspflicht für KMU wurde auch in der Schweiz erwogen. Der Gesetzgeber hat sich, um die Qualität der Rechnungslegung bei KMU-Betrieben zu gewährleisten, jedoch dagegen entschieden. Die KMU-Revisionsstelle in der Schweiz soll mit dem Kunden persönlich vertraut sein und infolge des ausdrücklich erlaubten Mitwirkens bei der Buchführung und dem Erbringen anderer Dienstleistungen mit ihm laufend in Kontakt stehen. Dadurch kann sie – wenn nötig – bei fachlichen Problemen jederzeit

2. Das Wesen der eingeschränkten Revision

eingreifen und die Revision am Jahresende infolge ihrer Kenntnisse zügig durchführen. Der KMU-Gesellschaft erwächst damit auf effiziente Weise ein doppelter Vorteil: Mit der Revisionsstelle als Buchführerin erhält sie nicht nur eine fachliche einwandfreie Buchhaltung, sondern am Jahresende auch eine «second opinion» aus demselben Haus, indem der Revisor eine andere Person ist als die übrigen Dienstleistungserbringer und organisatorisch von diesen getrennt seine Aufgabe erfüllt.

Der Gesetzgeber hat den so entstehenden Anschein der Abhängigkeit pragmatisch in Kauf genommen zugunsten einer Steigerung der Qualität in Rechnungslegung und Revision bei den KMU-Betrieben. Dieser wohlabgewogene Kompromiss erscheint weitsichtig. Er zeigt, dass der Gesetzgeber einer qualitativ hochstehenden Buchhaltung für KMU grosses Gewicht beimisst und ihm verlässliche Zahlen für KMU – das Rückgrat der Volkswirtschaft – unverzichtbar erscheinen, um ihre Prosperität zu fördern.

Bei der Schaffung der eingeschränkten Revision im Jahr 2008 wurde die Revision in allen Belangen vereinfacht: hinsichtlich Prüfungssicherheit, Berichterstattung, Anzeigepflichten, fachlicher Anforderungen/Zulassung und Unabhängigkeit der Revisionsstelle. Zugleich wurden die Anforderungen für die ordentliche Revision erhöht. Die Vorschriften für eine ordentliche und eine eingeschränkte Revision erscheinen in der Folge wesensverschieden.

Die angestrebte hohe Qualität der eingeschränkten Revision bringt es mit sich, dass der eingeschränkt prüfende Revisor bzw. die Revisionsstelle eine Zulassung benötigt, für die persönliche, fachliche und organisatorische Voraussetzungen erfüllt sein müssen.

Die Zielsetzung der neugeschaffenen eingeschränkten Revision lässt sich – nebst der erwähnten «Legalisierung» und Bestätigung der bisherigen KMU-Prüfung (vor 2008) – wie folgt zusammenfassen:
- Förderung der KMU
- Alle Dienstleistungen aus einer Hand
- Hohe Qualität in Buchführung und Rechnungslegung
- Eine «second opinion» vom personell und organisatorisch getrennt arbeitenden Revisor
- Buchführer und Revisor sind mit dem Kunden vertraut
- Geringe Revisionskosten und administrative Aufwendungen für die KMU

2.4.2 Gegenstand der eingeschränkten Revision

Die eingeschränkte Revision basiert auf der international gültigen prüferischen Durchsicht (PS 910 bzw. ISRE 2400). Es geht also nicht um eine eigentliche Prüfung, sondern um eine Review, eine prüferische Durchsicht, die um «angemessene Detailprüfungen» gemäss Art. 729a OR ergänzt wird.

Die eingeschränkte Revision beschränkt sich gemäss dem Standard zur eingeschränkten Revision (SER) auf die Prüfung von Jahresrechnung und Gewinnverwendungsvorschlag nach OR. Sie umfasst nicht die Prüfung von Konzernrechnungen, Jahresrechnungen nach anderen Rechnungslegungsnormen, des internen Kontrollsystems sowie die übrigen gesetzlichen Prüfungen wie bei Gründungen und Kapitalerhöhungen. Diese Prüfungen sind umfassender und vertiefter. Sie erfolgen nach den Schweizerischen Prüfungsstands (PS 2013).

2. Das Wesen der eingeschränkten Revision

Die eingeschränkte Revision nach schweizerischem Recht beschränkt sich gemäss Art. 729a Abs. 2 OR auf folgende Prüfungshandlungen:
- Befragungen (Kapitel 7.5)
- analytische Prüfungshandlungen (Kapitel 7.6)
- angemessene Detailprüfungen (Kapitel 7.7)

Der SER unterscheidet dabei empfohlene und weitergehende Prüfungshandlungen. Letztere haben gemäss SER zu erfolgen, wenn – aufgrund einer Risikobeurteilung – das Risiko von wesentlichen Fehlaussagen in der Jahresrechnung bedeutsam erscheint (siehe Kapitel 6.3).

Der konzeptionelle Rahmen der Schweizer Prüfungsstandards in Übereinstimmung mit den internationalen Prüfstandards (ISA, International Standards on Auditing) unterscheidet zwischen Prüfungen und verwandten Dienstleistungen. Dabei wird die Review (prüferische Durchsicht) nicht als Prüfung behandelt: Gemäss PS 910 heisst es in der Prüfungsaussage: «*Wir haben eine Review, nicht aber eine Prüfung, durchgeführt und geben aus diesem Grund kein Prüfungsurteil ab.*»

Um der schweizerischen Sonderregel gerecht zu werden, wird die gesetzliche eingeschränkte Revision von statutarischen Jahresrechnungen in der nachfolgenden Darstellung der Prüfung zugeordnet.

Der konzeptionelle Rahmen kann wie folgt dargestellt werden:

	Prüfung und prüferische Durchsicht (Audits and Reviews of historical financial information, ISA* and ISRE*)		Verwandte Dienstleistungen (Other engagements ISAE* and related services ISRS*)	
Art der Dienstleistung	umfassende Prüfung/ordentliche Revision (Audit)	Prüferische Durchsicht (Review)/eingeschränkte Revision	Vereinbarte Prüfungshandlungen (Agreed-Upon Procedures)	Erstellung von Informationen (Compilation)
Anwendung CH (International)	Alle PS und PH 50 **) (alle ISA)	PS 910 (ISRE 2400)	PS 920 (ISRS 4400)	PS 930 (ISRS 4410)
Standard eingeschränkte Revision	n/a	Grundlage PS 910 plus angemessene Detailprüfungen	n/a	n/a
Grad der Zusicherung des Prüfers	Hoch, aber nicht absolut («high or reasonable assurance»)	Weniger hoch («moderate or limited assurance»)	Keine Zusicherung	Keine Zusicherung
Berichterstattung	Positiv formulierte Zusicherung: *Gemäss unserer Beurteilung entspricht die Jahresrechnung Gesetz und Statuten.*	Negativ formulierte Zusicherung: *Wir sind nicht auf Sachverhalte gestossen, aus denen wir schliessen müssten, dass die Jahresrechnung nicht Gesetz und Statuten entspricht.*	Festgestellte Fakten; kein Prüfungsurteil	Bezeichnung der erstellten Informationen

2. Das Wesen der eingeschränkten Revision

	Prüfung und prüferische Durchsicht (Audits and Reviews of historical financial information, ISA* and ISRE*)		Verwandte Dienstleistungen (Other engagements ISAE* and related services ISRS*)	
Akzeptables Prüfungsrisiko von wesentlichen Fehlaussagen im Jahresabschluss	5–10 % (angestrebte Urteilssicherheit 90–95 %)	Rund 30–40 % (angestrebte Urteilssicherheit bei rund 60–70 %)	Kein Prüfungsurteil	Kein Prüfungsurteil
Ergänzende schweizerische gesetzliche Bestimmungen	Empfehlung zur Abnahme oder Rückweisung der Jahresrechnung Beurteilung Existenz IKS Umfassende Hinweis- und Anzeigepflichten	Keine Empfehlung zur Abnahme oder Rückweisung IKS ist nicht Prüfungsgegenstand Keine Prüfung zur Aufdeckung deliktischer Handlungen Anzeigepflicht, wenn VR den Richter nicht benachrichtigt	Keine	Keine

*) ISA International Standards on Auditing, ISRE International Standards on Review Engagements, ISAE International Standards on Assurance Engagements, ISRS International Standards on Related Services

**) Treuhand-Kammer, August 2014: Schweizer Prüfungshinweis 50: Besonderheiten bei der Abschlussprüfung kleiner Einheiten nach den Schweizer Prüfungsstandards (PS)

Bei der eingeschränkten Revision prüft die Revisionsstelle und erstattet der Generalversammlung Bericht, ob Sachverhalte vorliegen, aus denen zu schliessen ist,

- dass die Jahresrechnung nicht den gesetzlichen Vorschriften und den Statuten entspricht;
- der Antrag des Verwaltungsrats an die Generalversammlung über die Verwendung des Bilanzgewinns nicht den gesetzlichen Vorschriften und den Statuten entspricht (SER, S. 70).

Es handelt sich um eine sogenannte negativ formulierte Zusicherung.

Stellt die Revisionsstelle wesentliche Gesetzesverstösse zur Jahresrechnung fest, legt sie diese in Form von Einschränkungen im Bericht an die Generalversammlung offen.

Eine eingeschränkte Revision ergibt nur eine begrenzte Urteilssicherheit darüber, ob die Jahresrechnung frei von wesentlichen Fehlaussagen ist («moderate or limited assurance»). Aufgrund der begrenzten Zusicherung enthält der Bericht der Revisionsstelle an die Generalversammlung keine Abnahme- oder Rückweisungsempfehlung sowie kein Prüfungsurteil, sondern nur eine «Prüfungsaussage» (SER, S. 9).

Auswahl, Umfang und Tiefe der Prüfungshandlungen bei der eingeschränkten Revision orientieren sich an der Anfälligkeit der Jahresrechnung auf wesentliche Fehler (Risikoansatz, Kapitel 6.3) sowie an der Wesentlichkeit (Kapitel 6.5). Ziel ist, die erwähnte begrenzte Urteilssicherheit von rund 60–70 % zu erreichen (Kapitel 1.9).

Von Gesetzes wegen ist kein umfassender Bericht zuhanden des Verwaltungsrats zu verfassen. Weitergehende Berichterstattungen (z. B. Management-Letter) sind freiwillig und dementsprechend zu vereinbaren. Es wird jedoch allgemein erwartet, dass die Revisions-

2. Das Wesen der eingeschränkten Revision

stelle bei der Durchführung der Revision festgestellte Gesetzes- und Statutenverstösse im Umfeld der Jahresrechnung der Generalversammlung meldet. Der Berufsstand vertritt die Meinung, dass eine Hinweispflicht für Verstösse besteht, insbesondere bei solchen gegen OR 725 Abs. 1 und 2 (Kapitel 8.6.2).

Die Revisionsstelle muss unabhängig sein und sich ihr Prüfungsurteil objektiv bilden. Die Unabhängigkeit darf weder tatsächlich noch dem Anschein nach beeinträchtigt sein. Im Gegensatz zur ordentlichen Revision sind die Mitwirkung bei der Buchführung und das Erbringen anderer Dienstleistungen zulässig, sofern kein Risiko der Überprüfung eigener Arbeiten entsteht (Kapitel 18 und 19).

Der für die eingeschränkte Revision zuständige leitende Revisor muss mindestens über die Qualifikation des zugelassenen Revisors verfügen (Art. 727c OR). Die Zulassungsbestimmungen sind im Revisionsaufsichtsgesetz (RAG) geregelt:

§ *Art. 4 RAG: Voraussetzungen für Revisionsexpertinnen und Revisionsexperten*

[1] Eine natürliche Person wird als Revisionsexpertin oder Revisionsexperte zugelassen, wenn sie die Anforderungen an Ausbildung und Fachpraxis erfüllt und über einen unbescholtenen Leumund verfügt.

[2] Die Anforderungen an Ausbildung und Fachpraxis erfüllen:
- a) eidgenössisch diplomierte Wirtschaftsprüferinnen und Wirtschaftsprüfer;
- b) eidgenössisch diplomierte Treuhandexpertinnen und Treuhandexperten, Steuerexpertinnen und Steuerexperten sowie Expertinnen und Experten in Rechnungslegung und Controlling, je mit mindestens fünf Jahren Fachpraxis;
- c) Absolventinnen und Absolventen eines Universitäts- oder Fachhochschulstudiums in Betriebs-, Wirtschafts- oder Rechtswissenschaften an einer schweizerischen Hochschule, Fachleute im Finanz- und Rechnungswesen mit eidgenössischem Fachausweis sowie Treuhänderinnen und Treuhänder mit eidgenössischem Fachausweis, je mit mindestens zwölf Jahren Fachpraxis;
- d) Personen, die eine den in den Buchstaben a, b oder c aufgeführten vergleichbare ausländische Ausbildung abgeschlossen haben, die entsprechende Fachpraxis aufweisen und die notwendigen Kenntnisse des schweizerischen Rechts nachweisen, sofern ein Staatsvertrag mit dem Herkunftsstaat dies so vorsieht oder der Herkunftsstaat Gegenrecht hält.

[3] Der Bundesrat kann weitere gleichwertige Ausbildungsgänge zulassen und die Dauer der notwendigen Fachpraxis bestimmen.

[4] Die Fachpraxis muss vorwiegend auf den Gebieten des Rechnungswesens und der Rechnungsrevision erworben worden sein, davon mindestens zwei Drittel unter Beaufsichtigung durch eine zugelassene Revisionsexpertin oder einen zugelassenen Revisionsexperten oder durch eine ausländische Fachperson mit vergleichbarer Qualifikation. Fachpraxis während der Ausbildung wird angerechnet, wenn diese Voraussetzungen erfüllt sind.

§ *Art. 5 RAG: Voraussetzungen für Revisorinnen und Revisoren*

[1] Eine natürliche Person wird als Revisorin oder Revisor zugelassen, wenn sie:
- a) über einen unbescholtenen Leumund verfügt;
- b) eine Ausbildung nach Artikel 4 Absatz 2 abgeschlossen hat;
- c) eine Fachpraxis von einem Jahr nachweist.

2. Das Wesen der eingeschränkten Revision

² Die Fachpraxis muss vorwiegend auf den Gebieten des Rechnungswesens und der Rechnungsrevision erworben worden sein, dies unter Beaufsichtigung durch eine zugelassene Revisorin oder einen zugelassenen Revisor oder durch eine ausländische Fachperson mit vergleichbarer Qualifikation. Fachpraxis während der Ausbildung wird angerechnet, wenn diese Voraussetzungen erfüllt sind.

2.5 Wann ist eine eingeschränkte Revision durchzuführen?

Die Revisionspflicht ist rechtsformunabhängig geregelt und richtet sich nach der wirtschaftlichen Bedeutung und Grösse (Art. 727 OR) einer Gesellschaft. Für sehr kleine Gesellschaften ist ein Opting-out möglich ist. Der folgende Entscheidungsbaum illustriert die notwendige Abklärung:

Prüfpflichtige Gesellschaftsform?
Aktiengesellschaft, Gesellschaft mit beschränkter Haftung, Genossenschaften, Vereine, Stiftungen

↓ Ja

Notwendigkeit einer ordentlichen Revision?
- Publikumsgesellschaften
- Wirtschaftlich bedeutende Gesellschaften
- (2 von 3 in 2 Jahren: 20/40/250)
- Konzerngesellschaften
- Statutarische Bestimmung
- Beschluss GV
- auf Verlangen von 10% des Aktienkapitals

→ Ja → **Ordentliche Revision gemäss Art. 728 OR ff. und PS**

↓ Nein

Verzicht auf eingeschränkte Revision?
- Nicht mehr als 10 Vollzeitstellen
  und
- Einverständnis sämtlicher Aktionäre

→ Ja → **Oping-out mit Verzichtserklärung (HR: KMU-Erklärung)**

↓ Nein

Eingeschränkte Revision
Liegen Sachverhalte vor, aus denen zu schliessen ist, dass die Jahresrechnung nicht Gesetz und Statuten entspricht?

- Eingeschränkte Revision gemäss Art. 729 ff. OR
- Standard zur eingeschränkten Revision

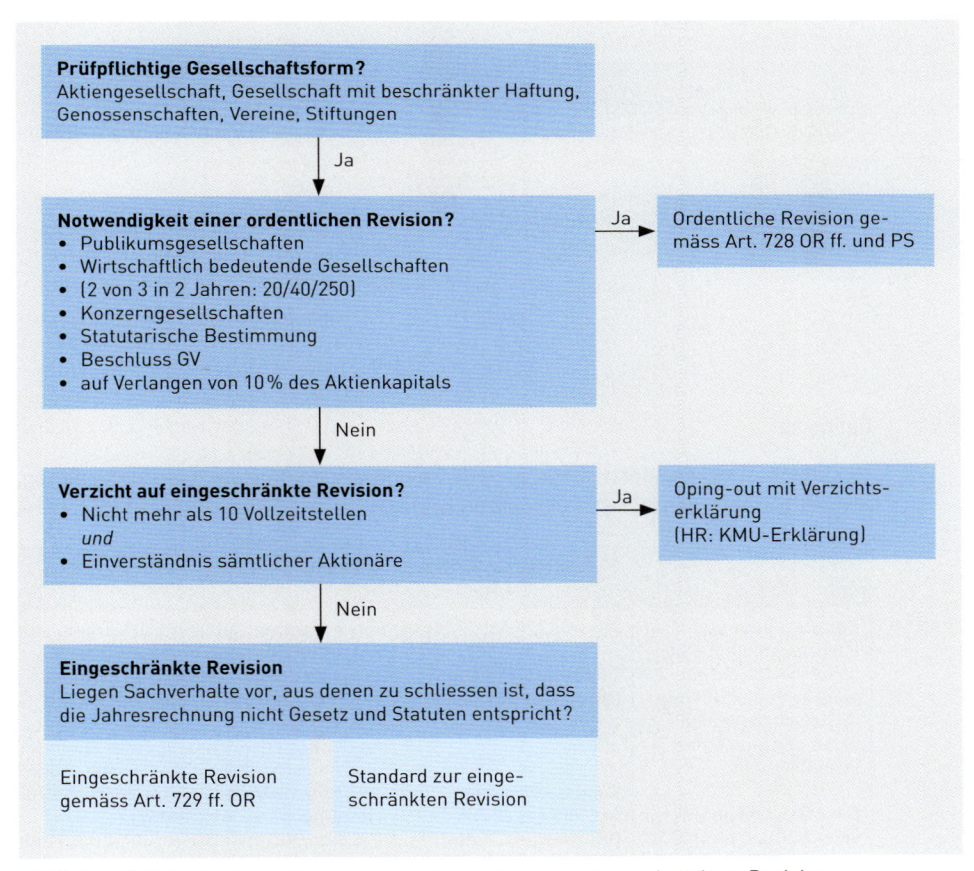

Abbildung 8: Entscheidungsdiagramm zur Anwendung der eingeschränkten Revision

In Kapitel 3 wird ausführlich auf die Schwellenwerte eingegangen und der Wechsel von der eingeschränkten Revision zur ordentlichen Revision und umgekehrt anhand von Beispielen erklärt.

2. Das Wesen der eingeschränkten Revision

2.6 Das Opting-System

Ausser der ordentlichen und der eingeschränkten Revision sieht das Gesetz noch weitere Möglichkeiten für die Prüfung der Jahresrechnung von KMU-Gesellschaften vor: 1. Durchführung einer freiwilligen ordentlichen Revision; 2. Verzicht auf eine Revision oder 3. Durchführung einer freiwilligen Revision gemäss Auftrag.

Die Abweichung von der gesetzlichen Prüfpflicht gemäss nachfolgendem Opting-System gilt nicht für die übrigen gesetzlich vorgeschriebenen Revisionen (Kapitel 23). So muss beispielsweise eine Gesellschaft die Zwischenbilanz gemäss Art. 725 Abs. 2 OR prüfen lassen, obwohl sie ein Opting-out vorgenommen hat.

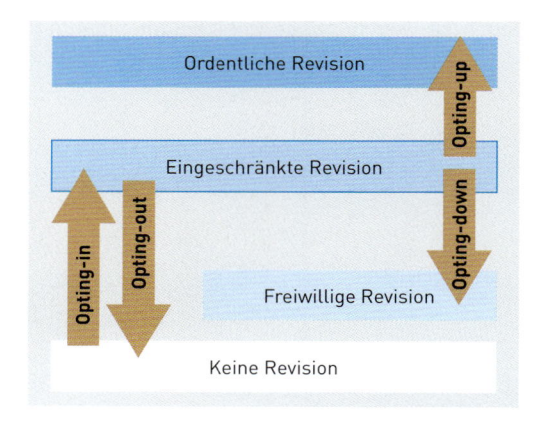

Abbildung 9: Das Opting-System

2.6.1 Opting-up

Gesellschaften, die der Pflicht zu einer eingeschränkten Revision unterliegen, können freiwillig eine ordentliche Revision durchführen lassen. Folgendes ist dabei zu beachten:

Voraussetzung für ein Opting-up	Gesetzliche Grundlage	Wirkung
Gesellschafter und Partizipanten mit einer qualifizierten Beteiligung von über 10 % am Gesellschaftskapital verlangen eine ordentliche Revision. Die Aufsichtsbehörde einer Stiftung fordert eine ordentliche Revision.	AG: Art. 727 Abs. 2 OR GmbH: Art. 818 Abs. 1 OR, zudem Gesellschafter mit Nachschusspflicht Genossenschaften: Art. 906 Abs. 2 Ziff. 2 OR, zudem 10 % der Genossenschafter oder Genossenschafter mit persönlicher Haftung oder Nachschusspflicht	Der Antrag zur Aufnahme des Traktandums hat spätestens 10 Tage vor einer Generalversammlung zu erfolgen (analog zum Verlangen einer eingeschränkten Revision gemäss Art. 727a Abs. 4 OR). An der betreffenden Generalversammlung wird eine neue Revisionsstelle gewählt, wenn die bisherige nicht über die erforderliche Zulassung oder Unabhängigkeit verfügt. Die ordentliche Revision gilt für das dafür bestimmte Geschäftsjahr. Die Rechnungslegung muss nicht nach den Vorschriften für grössere Unternehmen (Art. 961 ff. OR) erfolgen. Hingegen ist die Existenz des IKS zu prüfen, und es gelten auch sonst alle weiteren Pflichten der ordentlichen Revision (z. B. Teilnahme an der Generalversammlung). →

2. Das Wesen der eingeschränkten Revision

Voraussetzung für ein Opting-up	Gesetzliche Grundlage	Wirkung
Die Statuten sehen eine ordentliche Revision vor.	AG und sinngemäss für die übrigen Gesellschaften: Art. 727 Abs. 3 OR.	Die ordentliche Revision gilt so lange, bis die statutarische Bestimmung aufgehoben wird. Die Rechnungslegung muss nicht nach den Vorschriften für grössere Unternehmen (Art. 961 ff. OR) erfolgen. Die Existenz das IKS ist aber zu prüfen, und es gelten auch sonst alle weiteren Pflichten der ordentlichen Revision (z. B. Teilnahme an der Generalversammlung).
Die Generalsammlung beschliesst eine ordentliche Revision.	AG und sinngemäss für die übrigen Gesellschaften: Art. 727 Abs. 3 OR.	Die Generalversammlung fasst ihre Beschlüsse mit absoluter Mehrheit der vertretenen Aktienstimmen (Art. 703; 808; OR). Bei der Genossenschaft hat jeder Genossenschafter eine Stimme (Art. 885 OR). Die ordentliche Revision gilt für das dafür bestimmte Geschäftsjahr. Die Rechnungslegung muss nicht nach den Vorschriften für grössere Unternehmen (Art. 961 ff. OR) erfolgen. Hingegen ist die Existenz des IKS zu prüfen, und es gelten auch sonst alle weiteren Pflichten der ordentlichen Revision (z. B. Teilnahme an der Generalversammlung).

2.6.2 Opting-out

Gesellschaften, die der Pflicht zu einer eingeschränkten Revision unterliegen, können auf eine eingeschränkte Revision verzichten. Folgendes ist dabei zu beachten:

Voraussetzung für ein Opting-up	Gesetzliche Grundlage	Wirkung
Nicht mehr als 10 Vollzeitstellen im Jahresdurchschnitt Zugleich notwendig:	AG: Art. 727a Abs. 1 OR, gilt sinngemäss für die übrigen Gesellschaftsformen	Für die Bestimmung der Anzahl Vollzeitstellen werden Mitarbeiter, Praktikanten und Teilzeitmitarbeiter mit Anstellungsverträgen gezählt, Lehrlinge i. d. R. teilweise, je nach Arbeitspensum (Kapitel 3.4.3).
Zustimmung sämtlicher Aktionäre	AG: Art. 727a Abs. 2 OR, gilt sinngemäss für die übrigen Gesellschaftsformen Art. 727a Abs. 3 und 4 OR	Die Zustimmung sämtlicher Aktionäre erfolgt an der Generalversammlung, oder der Verwaltungsrat ersucht schriftlich um Zustimmung. Er kann für die Beantwortung eine Frist von 20 Tagen ansetzen; das Ausbleiben einer Antwort gilt als Zustimmung. Das Opting-out gilt bis auf Weiteres.

2. Das Wesen der eingeschränkten Revision

2.6.3 Opting-in

Wurde auf eine Revision verzichtet (Opting-out), muss unter folgenden Voraussetzungen wieder eine eingeschränkte Revision durchgeführt werden:

Voraussetzung für ein Opting-in	Gesetzliche Grundlage	Wirkung
Ein Aktionär verlangt spätestens 10 Tage vor der Generalversammlung wieder eine eingeschränkte Revision. Die Generalversammlung wählt in diesem Fall eine Revisionsstelle.	AG: Art. 727a Abs. 4 und 5 OR, gilt sinngemäss für die übrigen Gesellschaftsformen	Nach Ablauf der Überlegungszeit von 10 Tagen nach Vorliegen der Jahresrechnung, spätestens aber 10 Tage vor der Generalversammlung kann ein Aktionär verlangen, dass diese geprüft wird. An der ordentlichen Generalversammlung wird – anstelle der Abnahme der Jahresrechnung – die Revisionsstelle gewählt, die dann an einer a. o. Generalversammlung die geprüfte Jahresrechnung zur Abnahme vorlegen wird. Die Wahl der Revisionsstelle und die Abnahme der Jahresrechnung können gegebenenfalls auch an derselben Generalversammlung stattfinden. Die Wahl hat aber vor der Abnahme stattzufinden. (Die zu wählende Revisionsstelle hat die Jahresrechnung bereits geprüft.)
Kein Opting-in im engeren Sinne besteht, wenn das Opting-out von Gesetzes wegen wieder aufgehoben ist: Die Anzahl der Vollzeitmitarbeiter hat im Jahresdurchschnitt 10 überschritten.	Art. 727a Abs. 2 OR	Es ist von Gesetzes wegen wieder eine eingeschränkte Revision durchzuführen, weil die Bedingung für einen Verzicht darauf am Jahresende nicht mehr erfüllt ist.
Die Kriterien für die Notwendigkeit einer ordentlichen Revision sind erreicht.	Art. 727 Abs. 1 Ziff. 1–3	Es ist von Gesetzes wegen eine ordentliche Revision durchzuführen

2.6.4 Opting-down

Wurde auf eine gesetzliche eingeschränkte Revision verzichtet (Opting-out), kann eine Gesellschaft eine freiwillige, auf ihre besonderen Bedürfnisse ausgerichtete Revision durchführen lassen. Solche Prüfungsaufträge können auch an Nichtberufsangehörige erteilt werden. Diese müssen weder die Zulassungsbedingungen noch die Unabhängigkeitsvorschriften erfüllen.

Berufsangehörige, die solche Prüfungsaufträge im Rahmen ihrer beruflichen Tätigkeit entgegennehmen, haben sich an die allgemeinen Berufsgrundsätze zu halten, namentlich an die Schweizer Prüfungsstandards (PS 2013: Fachliche Verlautbarungen für Mitglieder der Treuhand-Kammer). Die Prüfungsstandards gelten auch für Nichtberufsangehörige, sofern sie sich darauf beziehen.

2. Das Wesen der eingeschränkten Revision

2.7 Abgrenzung zur ordentlichen Revision und zu anderen gesetzlichen Prüfungen

Aufgrund der vorstehenden ersten Übersicht über das Wesen der eingeschränkten Revision können folgende wesentliche Unterschiede zur ordentlichen Prüfung der Jahresrechnung festgehalten werden (Auflistung aus der Sicht der ordentlichen Revision):

- Umfassendere Prüfung gemäss schweizerischen Prüfungsstandards PS.
- Internes Kontrollsystem ist Gegenstand der Jahresabschlussprüfung. Einerseits muss explizit die Existenz (nicht aber die Wirksamkeit) des IKS bestätigt werden, andererseits muss bei der Durchführung und bei der Festlegung des Umfangs der Revision das IKS berücksichtigt werden.
- Berichterstattung: zusammenfassender Bericht zuhanden der Generalversammlung und umfassender Bericht zuhanden des Verwaltungsrats (Bericht über die Feststellungen zur Rechnungslegung, das IKS sowie die Durchführung und das Ergebnis der Revision).
- Formulierung eines Prüfungsurteils (versus eine Prüfungsaussage bei der eingeschränkten Revision) im zusammenfassenden Bericht zuhanden der Generalversammlung.
- Empfehlung zuhanden der Generalversammlung zur Abnahme der Jahresrechnung mit oder ohne Einschränkung bzw. Rückweisung an den Verwaltungsrat.
- Umfassende Hinweispflicht bei Feststellung von Verstössen gegen Gesetz, Statuten oder Organisationsreglement (Meldung an Verwaltungsrat und Information an Generalvesammlung).
- Zulassung des Prüfers als zugelassener Revisionsexperte.
- Keine Opting-Möglichkeiten (Opting-out, Opting-down, Opting-up).
- Höhere Prüfsicherheit und Zusicherung («reasonable» bzw. «high assurance»).

Aus der Sicht der eingeschränkten Revision beschränkt sich die Prüfung auf folgende explizit im Gesetz genannte Prüfungshandlungen (Art. 729a Abs. 2 OR):

- Befragungen
- Analytische Prüfungshandlungen
- Angemessene Detailprüfungen

Gemäss Standard zur eingeschränkten Revision sind namentlich folgende Prüfungshandlungen ausgeschlossen:

- Prüfung des internen Kontrollsystems (SER, S. 11)
- Inventurbeobachtung (SER, S. 48)
- Vertiefte Prüfung im Bereich der Kalkulation von Herstellkosten (SER, S. 48)
- Drittbestätigungen von Banken, Debitoren, Kreditoren (SER, S. 44, 46, 52)
- Anwaltsbestätigungen und Expertengutachten (SER, S. 54)
- Saldobestätigungen für MWSt, AHV, Suva, BVG/PK, Steuerämter (SER, S. 56 und 59)
- Bewertungsgutachten (SER, S. 49)
- Prüfung zur Aufdeckung deliktischer Handlungen (SER, S. 11)
- Repräsentative Stichproben (SER, S. 23)
- Einhaltung arbeitsrechtlicher und verwaltungsrechtliche Vorgaben im Personalbereich (SER, S. 59)

2. Das Wesen der eingeschränkten Revision

Internes Kontrollsystem bestätigen oder bei Prüfung berücksichtigen	Gezielte Prüfungen betreffend deliktische Handlungen	Drittbestätigungen (u. a. von Banken, Kunden, Anwälten) einfordern
Herstellkosten vertieft prüfen	Expertengutachten einfordern	Inventuren beobachten
Repräsentative Stichproben durchführen		

Abbildung 10: Prüfungshandlungen, die im Vergleich zur ordentlichen Revision bei der eingeschränkten Revision nicht vorgesehen sind.

Von der Prüfung der Jahresrechnung sind die übrigen gesetzlichen Prüfungen zu unterscheiden. Zu diesen ist Folgendes festzuhalten:

Verlangt das Gesetz vom zugelassenen Revisor eine andere Prüfung oder eine Bestätigung, ist keine eingeschränkte Revision zulässig (SER, S. 9). Es handelt sich namentlich um folgende vom Gesetz vorgeschriebene Prüfungen:
- Prüfung der Zwischenbilanz gemäss Art. 725 Abs. 2 OR (Kapitel 10.11)
- Gründungsprüfung gemäss Art. 635a OR (Kapitel 23.4)
- Kapitalerhöhungsprüfung nach Art. 652f und 653f OR (Kapitel 23.5)
- Aufwertung nach Art. 670 OR (Kapitel 23.7)

Die Prüfung bei Kapitalherabsetzung (Kapitel 23.6), Fusionen (23.8) und der vorzeitigen Verteilung des Vermögens bei Liquidation (22.10) ist den zugelassenen *Revisionsexperten* vorbehalten. Die vom zugelassenen Revisor durchzuführende Revision erfordert in den vorstehenden Prüfungsfällen die Abgabe eines Prüfungsurteils mit einer positiv formulierten Zusicherung, dass der Prüfungsgegenstand (z. B. Zwischenbilanz nach Art. 725 Abs. 2 OR, Gründungsbericht, Kapitalerhöhungsbericht und Aufwertung) den gesetzlichen Bestimmungen entspricht (klar formuliertes Prüfungsurteil mit hoher Zusicherung).

Diese gesetzlichen Prüfungen verlangen dementsprechend umfassendere Prüfungshandlungen, um hinreichende (Umfang der Prüfung) und angemessene (Qualität der Prüfung) Prüfungsnachweise zu erhalten. Dies schliesst die bei einer eingeschränkten Revision nicht vorgesehenen Prüfungshandlungen mit ein (beispielsweise Einholen einer Liegenschaftsbewertung (Expertengutachten) bei der Aufwertung gemäss Art. 670 OR).

2.8 Übersicht über die anzuwendenden Prüfungsstandards

Die nachfolgende Tabelle fasst die vorgenannten Bestimmungen über die anzuwendenden Prüfungsstandards zusammen. Sie zeigt, dass der Standard zur eingeschränkten Revision nur bei einer gesetzlichen oder statutarischen Abschlussprüfung gemäss Art. 727 ff. OR und der Prüfung einer Jahresrechnung nach Kern-FER anzuwenden ist:

2. Das Wesen der eingeschränkten Revision

Anwendbarer Standard / Art der Prüfung	Standard zur eingeschränkten Revision (SER)	Schweizer Prüfungsstandards (PS)	PS und International Standards on Auditing (ISA)
Abschlussprüfungen	Eingeschränkte Revision der Jahresrechnung nach Art. 727a i. V. m 729 ff. OR	Ordentliche Revision der Jahresrechnung oder Konzernrechnung, erstellt nach dem OR für Gesellschaften, welche die Schwellenwerte von Art. 727 OR übersteigen Jahresrechnung oder Konzernrechnung, erstellt nach Swiss GAAP FER	Ordentliche Revisionen der Jahresrechnung oder Konzernrechnung, erstellt nach den International Financial Reporting Standards (IFRS; IFRS-SME)
	Jahresrechnungen nach Kern-FER oder nach FER 21 (z. B. Stiftungen mit Zewo-Testat)		
Andere gesetzliche Prüfungen		Umfassende Prüfung gemäss PS	

2.9 Die gesetzlichen Pflichten bei der eingeschränkten Revision

Die Revisionsstelle hat bei ihrer eingeschränkten Revision 10 + 1 gesetzliche Pflichten zu erfüllen (in Anlehnung an HWP ER, S. 12):

Quelle / Pflichten	Gesetzliche Grundlagen und Auszüge aus dem Gesetzestext
Prüfpflichten	1. Prüfung der Jahresrechnung gemäss Art. 729a Abs. 1 Ziff. 1 OR *Die Revisionsstelle prüft, ob Sachverhalte vorliegen, aus denen zu schliessen ist, dass die Jahresrechnung nicht den gesetzlichen Vorschriften und den Statuten entspricht.*
	2. Prüfung des Antrags des Verwaltungsrates über die Verwendung des Bilanzgewinns gemäss Art. 729a Abs. 1 Ziff. 2 OR *Die Revisionsstelle prüft, ob Sachverhalte vorliegen, aus denen zu schliessen ist, dass der Antrag des Verwaltungsrates an die Generalversammlung über die Verwendung des Bilanzgewinnes nicht den gesetzlichen Vorschriften und den Statuten entspricht.*
Berichterstattungs- und Anzeigepflichten	3. Erstellung eines zusammenfassenden Berichts zuhanden der Generalversammlung mit negativ formulierter Prüfungsaussage gemäss Art. 729b Abs. 1 OR *Die Revisionsstelle erstattet der Generalversammlung schriftlich einen zusammenfassenden Bericht über das Ergebnis der Revision.*
	4. Auskunftserteilung an der Generalversammlung gemäss Art. 697 Abs. 1 OR, wenn die Revisionsstelle dazu eingeladen ist. Ihre Teilnahme an der Generalversammlung ist jedoch gemäss Art. 731 Abs. 2 OR allgemein nicht vorgesehen. *Jeder Aktionär ist berechtigt, an der Generalversammlung Auskunft von der Revisionsstelle über die Durchführung und das Ergebnis ihrer Prüfung zu verlangen.*
	5. Benachrichtigung des Richters bei offensichtlicher Überschuldung, wenn der Verwaltungsrat die Anzeige unterlässt, gemäss Art. 729c OR *Ist die Gesellschaft offensichtlich überschuldet und unterlässt der Verwaltungsrat die Anzeige, so benachrichtigt die Revisionsstelle das Gericht.*

2. Das Wesen der eingeschränkten Revision

Quelle / Pflichten	Gesetzliche Grundlagen und Auszüge aus dem Gesetzestext
Handlungspflichten	6. Nötigenfalls Einberufung der Generalversammlung gemäss Art. 699 Abs. 1 OR *Die Generalversammlung wird durch den Verwaltungsrat, nötigenfalls durch die Revisionsstelle einberufen.*
	7. Dokumentation der Revisionsdienstleistungen gemäss Art. 730c OR und Aufbewahrung der Unterlagen *Die Revisionsstelle muss sämtliche Revisionsdienstleistungen dokumentieren und Revisionsberichte sowie alle wesentlichen Unterlagen während mindestens 10 Jahren aufbewahren.*
Schweigepflicht	8. Einhaltung der Schweigepflicht gemäss Art. 730b Abs. 2 OR *Die Revisionsstelle wahrt das Geheimnis über ihre Feststellungen, soweit sie nicht von Gesetzes wegen zur Bekanntgabe verpflichtet ist. Sie wahrt bei der Berichterstattung, bei der Erstellung von Anzeigen und bei der Auskunftserteilung an die Generalversammlung die Geschäftsgeheimnisse der Gesellschaft.*
Anforderung an Unabhängigkeit und Zulassung	9. Wahrung der Unabhängigkeit gemäss Art. 729 Abs. 1 OR *Die Revisionsstelle muss unabhängig sein und sich ihr Prüfungsurteil objektiv bilden. Die Unabhängigkeit darf weder tatsächlich noch dem Anschein nach beeinträchtigt sein.*
	10. Einhaltung der Zulassungsvorschriften gemäss OR 727c OR i. V. m. Art. 5 und 6 RAG *Gesellschaften, die zur eingeschränkten Revision verpflichtet sind, müssen als Revisionsstelle einen zugelassenen Revisor gemäss RAG bezeichnen.* *Eine natürliche Personen muss über einen unbescholtenen Leumund verfügen, eine Ausbildung nach Art. 4 Abs. 2 RAG abgeschlossen haben und eine Fachpraxis von einem Jahr nachweisen, unter Beaufsichtigung eines zugelassenen Revisors oder Revisionsexperten.*
Beschränkte Hinweispflicht	11. Der Berufsstand vertritt gemäss HWP ER, S. 219, die Meinung, dass bei Verstössen gegen Art. 725 Abs.1 und 2 OR in Anlehnung an Art. 728c Abs. 2 OR auch bei der eingeschränkten Revision ein Hinweis anzubringen ist. *Ferner weisen wir darauf hin, dass es der Verwaltungsrat unterlassen hat, die Bestimmungen von Art. 725 Abs. 1 oder 2 OR einzuhalten.*

Bei einer ordentlichen Revision sind zusätzliche gesetzliche Pflichten wahrzunehmen:
- Prüfung, ob Jahresrechnung oder Konzernrechnung den gesetzlichen Bestimmungen und dem gewählten Regelwerk entspricht (Art. 728a Abs. 1 Ziff. 1)
- Prüfung der Existenz eines IKS und dessen Berücksichtigung bei der Durchführung der Prüfung (Art. 728a Abs. 1 Ziff. 3 und Abs. 2 OR)
- Erstellen eines umfassenden Berichts an den Verwaltungsrat (Art. 728b Abs. 1 OR)
- Anzeige von wesentlichen Rechtsverstössen beim Verwaltungsrat und zusätzlich bei der Generalversammlung, wenn keine Massnahmen ergriffen wurden (Art. 728c Abs. 1 und 2 OR)
- Teilnahme an der Generalversammlung (Art. 731 Abs. 2 OR)
- Einhaltung weitergehender Unabhängigkeitsvorschriften (Art. 728 OR)
- Einhaltung weitergehender Zulassungsvoraussetzungen (Art. 4 und 6 RAG)
- Einhaltung der Rotationspflicht nach sieben Jahren (Art. 730a Abs. 2 OR)

Die Einhaltung der gesetzlichen Pflichten ist in Hinblick auf die Verantwortlichkeit des Abschlussprüfers und eine allfällige Haftung von zentraler Bedeutung. Weiteres dazu findet sich in Kapitel 20.

2. Das Wesen der eingeschränkten Revision

2.10 Beginn und Ende einer eingeschränkten Revision

Die Funktion als Revisionsstelle beginnt mit der Wahl durch die Generalversammlung; der Eintrag im Handelsregister wirkt deklarativ. Im Innenverhältnis entfaltet die Wahl ihre Wirkung unmittelbar, im Aussenverhältnis mit der Veröffentlichung der Wahl im «Schweizerischen Handelsamtsblatt» (HWP 2, S. 48). Die Generalversammlung wählt den zugelassenen Revisor (als Einzelfirma oder als juristische Personen) für eine Amtsdauer von einem bis maximal drei Geschäftsjahren (Art. 730a OR). Eine Wiederwahl ist möglich. Eine stillschweigende Wiederwahl ohne entsprechendes Traktandum an der Generalversammlung ist nicht zulässig.

Die Generalversammlung kann die Revisionsstelle – mit entsprechender Kostenfolge für bereits erbrachte Revisionsdienstleistungen – jederzeit und ohne Angaben von Gründen mit sofortiger Wirkung abberufen.

Die Revisionsstelle kann ebenfalls jederzeit während der Amtsdauer vom Mandat zurücktreten. Sie hat dafür Gründe anzugeben, welche gemäss Art. 959c Abs. 2 Ziff. 14 OR im Anhang zur Jahresrechnung zuhanden der Generalversammlung zu nennen sind. Nach Ablauf der Amtsdauer kann die Revisionsstelle auf die Wiederwahl verzichten. Die Gründe hierfür sind nicht bekannt zu geben.

Man nimmt in der Praxis an, dass ein Rücktritt oder eine Abwahl der Revisionsstelle einen Rechtsmissbrauch darstellt, wenn damit die Berichterstattung über die bereits durchgeführte Prüfung der Jahresrechnung verhindert oder die subsidiäre Anzeigepflicht bei einer offensichtlichen Überschuldung umgangen werden soll.

Das Amt der Revisionsstelle endet mit der Abnahme der letzten Jahresrechnung, bei einem Rücktritt mit dem Zugang der Rücktrittserklärung beim Verwaltungsrat (Böckli Aktienrecht, S. 263).

Verfügt die Revisionsstelle nicht über die notwendige Zulassung für die eingeschränkte Revision, gelten die durchgeführte Revision und Berichterstattung sowie die sich darauf stützende Abnahme der Jahresrechnung an der Generalversammlung als nichtig (Sanwald und Pellegrini in: ST 2010, S. 640).

2.11 Zusammenfassung der Anforderungen

- Der Abschlussprüfer muss die *Eigenschaften und die gesetzlichen Bestimmungen* der eingeschränkten Revision kennen.
- Der Abschlussprüfer muss die *Unterschiede zwischen einer ordentlichen und einer eingeschränkten Revision* kennen und bei Bedarf dem Revisionskunden erklären können.
- Der Abschlussprüfer muss die Anwendung von *Opting-out, Opting-down, Opting-up und Opting-in* kennen und interpretieren können.
- Der Abschlussprüfer muss die *Anforderungen an die übrigen gesetzlichen Prüfungen* bei eingeschränkt zu prüfenden Gesellschaften kennen.

3.

Wechsel zwischen ordentlicher und eingeschränkter Revision

3.1 Inhalt des Kapitels
3.2 Grafische Übersicht
3.3 Gesetzliche Bestimmungen zur Revisionspflicht und Übersicht zu den Prüfungspflichten
3.4 Art. 727 OR – Entstehung der Pflicht zur ordentlichen Revision
3.5 Art. 727 OR – Beendigung der Pflicht zur ordentlichen Revision
3.6 Verhalten der Revisionsstelle bei Verletzungen der Vorschriften von Art. 727 OR durch den Prüfkunden
3.7 Zusammenfassung der Anforderungen

3. Wechsel zwischen ordentlicher und eingeschränkter Revision

3.1 Inhalt des Kapitels

- Die Bedingungen für die Pflicht zu einer ordentlichen Revision
- Wann von der einen zur anderen Revisionsart gewechselt werden muss

3.2 Grafische Übersicht

Prüfpflichtige Gesellschaftsform?
Aktiengesellschaft, Gesellschaft mit beschränkter Haftung, Genossenschaften, Vereine, Stiftungen

↓ Ja

Notwendigkeit einer ordentlichen Revision?
- Publikumsgesellschaften
- Wirtschaftlich bedeutende Gesellschaften (2 von 3 in 2 Jahren: 20/40/250)
- Konzerngesellschaften
- Statutarische Bestimmung
- Beschluss GV
- Auf Verlangen von 10% des Aktienkapitals

→ Ja → **Ordentliche Revision gemäss Art. 728 OR ff. und PS**

↓ Nein

Verzicht auf eingeschränkte Revision?
- Nicht mehr als 10 Vollzeitstellen
  und
- Einverständnis sämtlicher Aktionäre

→ Ja → **Oping-out mit Verzichtserklärung (HR: KMU-Erklärung)**

↓ Nein

Eingeschränkte Revision

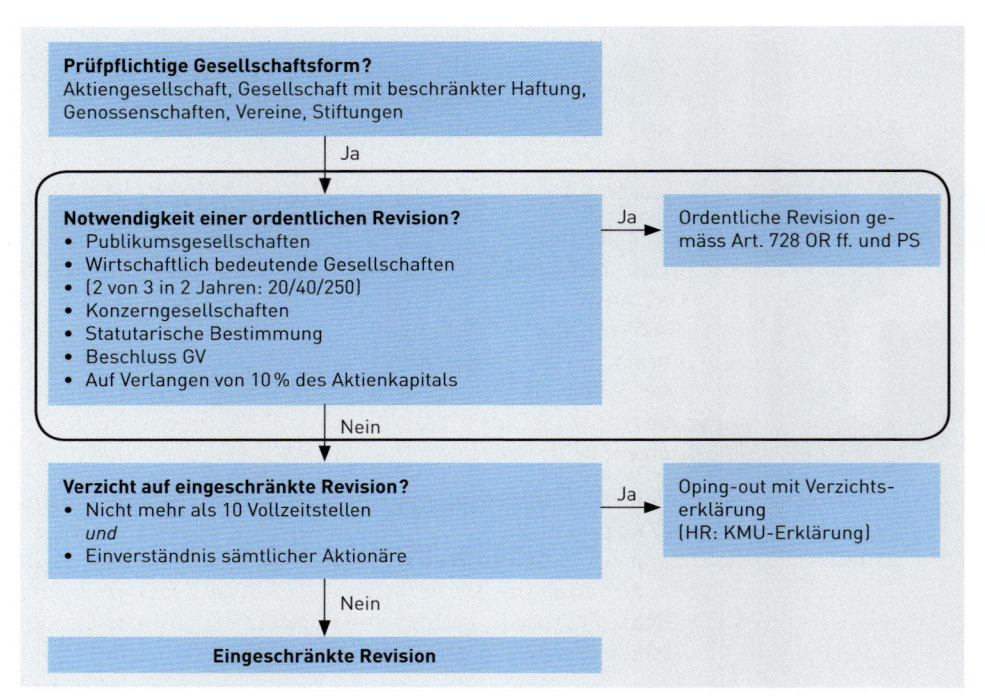

Abbildung 11: Entscheidungsdiagramm zur Anwendung der eingeschränkten Revision

3.3 Gesetzliche Bestimmungen zur Revisionspflicht und Übersicht zu den Prüfungspflichten

Die gesetzlichen Bestimmungen zur eingeschränkten Revision enthalten zugleich die Vorschriften darüber, wann eine gesetzliche eingeschränkte Revision durchzuführen ist (Art. 727 ff. OR) und wie diese durchzuführen ist (Art. 729 ff. OR) (vgl. dazu Kapitel 2.3).

Die Revisionspflicht ist rechtsformunabhängig geregelt und richtet sich nach der wirtschaftlichen Grösse (Art. 727 OR), wobei für sehr kleine Gesellschaften ein Opting-out möglich ist. Gegenstand und Umfang der Abschlussprüfung sind in Art. 728a OR bzw. Art. 729a OR geregelt. Weitere Prüfungsgegenstände ergeben sich aus Spezialgesetzen. Eine Übersicht findet sich in Kapitel 2.3.

3.4 Art. 727 OR – Entstehung der Pflicht zur ordentlichen Revision

3.4.1 Einleitung

Das OR regelt in Art. 727 für wirtschaftlich bedeutende Unternehmen die Pflicht zur ordentlichen Revision. Sobald eines der Kriterien erfüllt wird, besteht unmittelbar eine

3. Wechsel zwischen ordentlicher und eingeschränkter Revision

Pflicht zur ordentlichen Revision. Das Gesetz gewährt nur in Art. 727 Abs. 1 Ziff. 2 OR einen zeitlichen Aufschub von maximal zwei Jahren, selbst wenn die anwendbaren Schwellenwerte überschritten sind.

In der Literatur und der Praxis hat Art. 727 Abs. 1 Ziff. 2 OR zu Diskussionen geführt, weil er keine Bestimmungen für den Übergang von der ordentlichen zur eingeschränkten Revision und umgekehrt enthält. Es erscheint darum offen, ob die Zweijahresregel bei plötzlichen, deutlichen Überschreitungen der Schwellenwerte (z. B. bei Gründung, Kapitalerhöhung, Fusion, Kauf etc.) oder umgekehrt, wenn die Schwellenwerte erstmals unterschritten werden (bei Spaltung, Verkauf, Umsatzrückgang, organische Schrumpfung etc.), anzuwenden ist.

3.4.2 Entstehung der Pflicht zur ordentlichen Revision i. S. v. Art. 727 Abs. 1 Ziff. 1 OR (Publikumsgesellschaften)

Falls eine Gesellschaft im Geschäftsjahr x Beteiligungspapiere kotieren lässt (Art. 727 Abs. 1 Ziff. 1 lit. a OR), Anleihensobligationen ausgibt (Art. 727 Abs. 1 Ziff. 1 lit. b OR) oder mehr als 20 % der Aktiven oder des Umsatzes zur Konzernrechnung einer Gesellschaft nach lit. a oder b beiträgt, muss sie ihre Jahresrechnung ordentlich revidieren lassen. Dies gilt selbst dann, wenn die Gesellschaft die Beteiligungspapiere oder Anleihensobligationen am 31. Dezember des Geschäftsjahres x kotieren lässt oder ausgibt. Die Pflicht zur ordentlichen Revision entsteht für das Geschäftsjahr x.

Die Ausgabe von Anleihensobligationen erhöht zwar auch die Bilanzsumme. Die Schwellenwerte des Art. 727 Abs. 1 Ziff. 2 OR bzw. die Möglichkeit zum Aufschub der ordentlichen Revision spielen hier aber keine Rolle. Auch wenn die Schwellenwerte nicht überschritten werden, gehen die Vorschriften von Art. 727 Abs. 1 Ziff. 1 OR als speziellere Regeln denjenigen von Art. 727 Abs. 1 Ziff. 2 OR vor. Die Gesellschaft muss von einer staatlich beaufsichtigten Revisionsstelle ordentlich geprüft werden.

3.4.3 Entstehung der Pflicht zur ordentlichen Revision i. S. v. Art. 727 Abs. 1 Ziff. 2 OR (wirtschaftlich bedeutende Unternehmen)

3.4.3.1 Einleitung

Auf den 1. Januar 2012 wurden die früheren Schwellenwerte von CHF 10 Mio. Bilanzsumme, CHF 20 Mio. Umsatzerlös und 50 Vollzeitstellen im Jahresdurchschnitt auf CHF 20 Mio. Bilanzsumme, CHF 40 Mio. Umsatzerlös bzw. 250 Vollzeitstellen erhöht. Die neuen Schwellenwerte galten vom ersten Geschäftsjahr an, das mit Inkrafttreten der Änderung oder danach beginnt.

Die Referenzgrössen des früheren Revisionsrechts – Bilanzsumme, Umsatzerlös und Vollzeitstellen – wurden übernommen. Eine ordentliche Revision der Jahresrechnung ist notwendig, wenn zwei der drei Schwellenwerte 20 – 40 – 250 in zwei aufeinanderfolgenden Geschäftsjahren überschritten werden (Abbildung 12). Der Gesetzgeber will mit den Bestimmungen von Art. 727 Abs. 1 Ziff. 2 OR «wirtschaftlich bedeutende Unternehmen» der ordentlichen Revision unterstellen (Botschaft 2004, S. 3991) und damit einen höheren Schutz von Gläubigern und Aktionären bei solchen Unternehmen gewährleisten, Das am 1. Januar 2013 in Kraft getretene neue Rechnungslegungsrecht hat daran nichts geändert.

3. Wechsel zwischen ordentlicher und eingeschränkter Revision

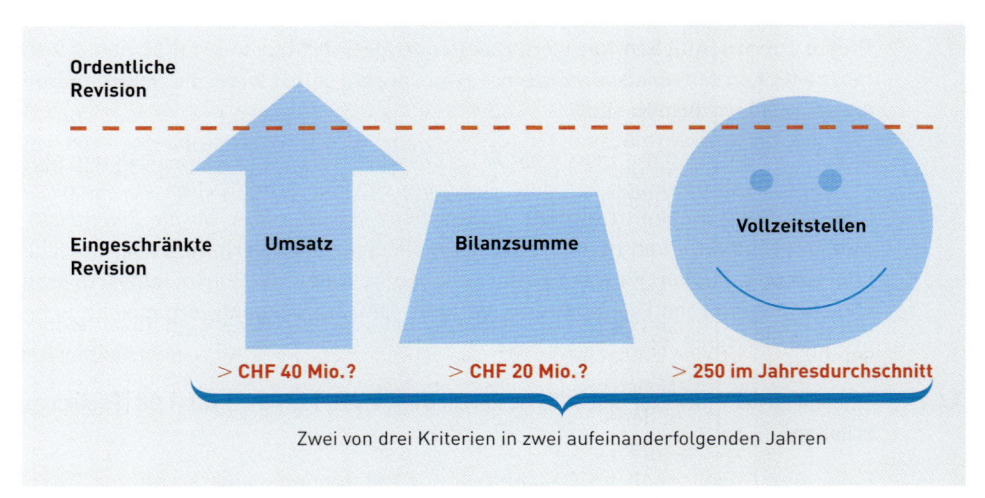

Abbildung 12: Referenzgrössen für den Wechsel der Revisionsart

3.4.3.2 Berechnung der Referenzgrössen

Für die Berechnung der Referenzgrössen ist auf die zu prüfende statutarische Jahresrechnung abzustellen. Nicht massgeblich ist ein abweichender interner Abschluss oder Zwischenabschlüsse. Die Handelsregisterämter verlangen für den Eintrag eines Opting-out ebenfalls handelsrechtliche Abschlüsse.

Für die Berechnung der Referenzgrössen ist die in der statutarischen Jahresrechnung ausgewiesene Bilanzsumme am Stichtag, d.h. am Ende des Geschäftsjahres, massgeblich. Liegt eine Überschuldung vor, d.h. das Fremdkapital übertrifft in der Summe die Aktiven, so ist das Fremdkapital massgeblich. Eine Verrechnung des negativen Eigenkapitals mit dem Fremdkapital wäre für die Bestimmung der Bilanzsumme für die Schwellenwerte nicht sachgerecht.

Beim «Umsatzerlös» wird teilweise nur auf die fakturierten Erlöse aus Lieferungen und Leistungen aus der gewöhnlichen Geschäftstätigkeit abgestellt. Richtigerweise sind alle betrieblichen, betriebsfremden und ausserordentlichen Erträge, insbesondere auch die Finanzerträge (Zins-, Dividenden- und Lizenzerträge, etc.) der Erfolgsrechnung zu berücksichtigen (nach Abzug von Erlösschmälerungen wie Skonti und Rabatte).

Bei Gesellschaften in der Aufbau- oder Sanierungsphase kann die Ertragsseite der Erfolgsrechnung wesentlich geringer sein als die Aufwandsseite. In diesen Fällen bildet die Summe der Aufwandseite die relevante Bezugsgrösse, weil die wirtschaftliche Bedeutung des Unternehmens durch den Aufwand zum Ausdruck kommt.

Ebenfalls aus Sicht dieses Gesetzeszweckes ist die Frage zu beantworten, wann Mitarbeitende im Sinne von Art. 727 Abs. 1 OR in die Berechnung der «Vollzeitstellen» einzubeziehen sind. Entscheidend ist wiederum die wirtschaftliche Bedeutung von Mitarbeitenden für das betreffende Unternehmen und nicht deren rechtliche Stellung. Lehrlinge und Praktikanten sind mithin nicht in die Ermittlung der Anzahl Vollzeitstellen einzubeziehen, Teilzeitmitarbeiter pro rata. Diese Lösung gewährleistet, dass Gesellschaften mit Lehrlingen und Praktikanten nicht allein deswegen revisionspflichtig werden.

3. Wechsel zwischen ordentlicher und eingeschränkter Revision

Gemäss dem neuen Schweizer Handbuch der Wirtschaftsprüfung (HWP ER, 66, dazu auch: Treuhand-Kammer: Ausgewählte Fragen und Antworten zum Revisionsrecht, Ziff. 2.4) ist die rechtliche Stellung der Mitarbeiter massgebend, sodass Lehrlinge und Praktikanten einbezogen werden müssen. Mitarbeiter von Stellenvermittlungsagenturen werden der Agentur zugerechnet und daher nicht in die Berechnung einbezogen. Bei den Handelsregisterämtern hat sich dazu noch keine einheitliche Praxis eingestellt.

Der Jahresdurchschnitt des Personals kann bei stabilen Verhältnissen aus Jahresanfangs- und -endbestand berechnet werden, andernfalls aus Quartals- oder gar Monatsbeständen.

Bei Gründung und Liquidation (u. a. Fällen) sind Lang- oder Kurzgeschäftsjahre üblich. In diesen Fällen wird der Umsatzerlös pro rata temporis auf zwölf Monate umgerechnet. Bei der Bilanzsumme ändert sich nichts; sie wird stichtagbezogen ermittelt. Bei der Berechnung des Jahresdurchschnitts der Vollzeitstellen werden bei überlangen Geschäftsjahren die letzten zwölf Monate einbezogen, bei Kurzjahren wird der Durchschnitt aus dieser Periode ermittelt.

3.4.3.3 Aufschub von zwei oder drei Geschäftsjahren?

Gleichzeitig mit der Anhebung der Schwellenwerte am 1. Januar 2012 wurde die umstrittene Frage geklärt, welche Jahre für die Ermittlung der Schwellenwerte beizuziehen sind bzw. in welchem Geschäftsjahr die ordentliche Revision erstmals durchgeführt werden muss. Es sind das Berichts- und das Vorjahr beizuziehen, d. h., der Aufschub beträgt maximal zwei Geschäftsjahre, wobei das zweite Geschäftsjahr bzw. das Berichtsjahr der ordentlichen Revision unterliegt.

3.4.3.4 Gründe und Bedeutung des zeitlichen Aufschubs

Normalerweise entsteht die Pflicht zur ordentlichen Revision unmittelbar, sobald eines der vom Gesetz in Art. 727 OR aufgeführten Kriterien erfüllt wird. Das Gesetz gewährt nur in Art. 727 Abs. 1 Ziff. 2 OR einen zeitlichen Aufschub, und zwar selbst dann, wenn die anwendbaren Schwellenwerte überschritten sind. Gesellschaften, die die Schwellenwerte erstmals in einem Geschäftsjahr überschreiten, müssen dieses noch nicht ordentlich revidieren lassen. Erst wenn die Schwellenwerte im darauffolgenden Geschäftsjahr erneut überschritten werden, muss dieses zweite Geschäftsjahr ordentlich revidiert werden.

Der Zweck dieser Erleichterung ist, Gesellschaften nicht zur erheblichen Umstellung zu zwingen, die eine ordentliche Revision mit sich bringt, wenn sie zufällig und einmalig über den Schwellenwerten liegen, was z. B. der Fall ist, wenn ein einmaliger grosser Gewinn im einen Jahr anfällt und im Jahr darauf ausgeschüttet wird oder wenn ein grosses Aktivum (z. B. eine Immobilie) im einen Jahr gekauft und im darauffolgenden wiederverkauft wird. Der Gesetzgeber gewährt diese Ausnahme, wenn es sich um einen aussergewöhnlichen Vorfall handelt (Botschaft 2004, S. 4013):

«Der Entwurf stellt auf die Kennziffern in zwei aufeinanderfolgenden Geschäftsjahren ab, um zu vermeiden, dass Gesellschaften, welche die Schwellenwerte aufgrund ausserordentlicher Geschäftsfälle einmalig überschreiten, dazu gezwungen werden, ihre Jahresrechnung ordentlich revidieren zu lassen.»

Bei einer plötzlichen und deutlichen Überschreitung der Schwellenwerte (z. B. bei Gründung, Kapitalerhöhung, Fusion, Kauf etc.) hingegen muss dem Sinn des Gesetzes nach sofort ordentlich revidiert werden, womit aber eine Unklarheit darüber entsteht, wann

3. Wechsel zwischen ordentlicher und eingeschränkter Revision

der Aufschub von zwei Jahren zu gewähren ist und wann nicht. Eine Lösung bestände darin, dass das Budget zur Entscheidung miteinbezogen wird. Werden in einem bestimmten Jahr die Schwellenwerte überschritten, muss für dieses sofort in die ordentliche Revision gewechselt werden, wenn das Budget auf ein Überschreiten der Schwellenwerte auch im folgenden Jahr hinweist (teilweise a. M. HWP ER, S. 66 und S. 73 ff.). Umgekehrt kann mit einer ordentlichen Revision zugewartet werden, wenn das Budget zeigt, dass die Schwellenwerte im nächsten Jahr wieder unterschritten werden.

Die generelle Regel für die Gewährung des zweijährigen Aufschubs lautet daher:

Werden im Geschäftsjahr x zwei von drei Schwellenwerten i. S. v. Art. 727 Abs. 1 Ziff. 2 überschritten und zeigt das Budget für das Geschäftsjahr x + 1 ebenfalls ein Überschreiten der Schwellenwerte, besteht für das Geschäftsjahr x die Pflicht zur ordentlichen Revision.

Kerngehalt dieser Regel ist das Abstützen auf das Budget für das nächste Geschäftsjahr. Sie erscheint logisch und einfach, beseitigt die bisherigen Widersprüchlichkeiten und entspricht den Zielen von Gesetzestext und Botschaft. Sie bietet zudem eine umfassende Lösung für alle denkbaren Fälle (Gründung, Umwandlung von Personen- oder Einzelgesellschaft, Fusion, Abspaltung, Kauf, Verkauf, Kapitalerhöhung, Einlagen direkt ins Eigenkapital, Immigration etc.). Dieselbe Regelung sieht der SER (Ziff. 1.1, und Treuhand-Kammer: Ausgewählte Fragen und Antworten zum Revisionsrecht Ziff. 2.1) für die Neugründung vor. Das HWP ER erweitert deren Anwendungsbereich über die Gründung hinaus auf Ausgliederungen und Fusionen sowie Umwandlungen (HWP ER, S. 73 f.).

3.4.3.5 Anwendungsbeispiele

Liegt eine Gesellschaft im Geschäftsjahr x erstmals knapp über den Schwellenwerten, muss sie für dieses in die ordentliche Revision wechseln, falls das Budget für das Jahr x + 1 wieder höher als die Schwellenwerte ausfällt, denn dann wäre deren Überschreiten im Geschäftsjahr x weder ausserordentlich noch einmalig. Sofern der Budgetwert im Jahr x + 1 erreicht wird, unterliegt auch dieses der ordentlichen Revision. Werden die Schwellenwerte wider Erwarten dann erneut unterschritten, unterliegt das Jahr x + 1 wieder der eingeschränkten Revision (Beispiel 1):

Beispiel 1 – sofortiger Wechsel in die ordentliche Revision

Jahr	Bilanzsumme CHF	Erfolgsrechnung CHF	Ø Mitarbeiter p. a.	Revisionsart
x – 2	19.5 Mio.	39.5 Mio.	10–249	Eingeschränkte Revision
x – 1	19.8 Mio.	39.8 Mio.	10–249	Eingeschränkte Revision
x	20.1 Mio.	40.1 Mio.	10–249	Ordentliche Revision
x + 1 Budget	22.4 Mio.	44.4 Mio.	10–249	Ordentliche Revision, falls Budget erreicht wird. Eingeschränkte Revision, falls es nicht erreicht wird

Es gilt dasselbe, wenn die Gesellschaft in den zwei vorhergehenden Jahren nicht revidiert wurde (Beispiel 2):

3. Wechsel zwischen ordentlicher und eingeschränkter Revision

Beispiel 2 – sofortiger Wechsel in die ordentliche Revision

Jahr	Bilanzsumme CHF	Erfolgsrechnung CHF	Ø Mitarbeiter p. a.	Revisionsart
x – 2	19.5 Mio.	39.5 Mio.	< 10	Opting-out
x – 1	19.8 Mio.	39.8 Mio.	< 10	Opting-out
x	20.1 Mio.	40.1 Mio.	< 10	Ordentliche Revision
x + 1 Budget	22.4 Mio.	44.4 Mio.	< 10	Ordentliche Revision, falls Budget erreicht wird. Eingeschränkte Revision, falls es nicht erreicht wird (oder wieder Opting-out)

Bei Neugründung einer Gesellschaft, z. B. am 1. Oktober des Jahres x – 1, und dem Entscheid zu einem Kurzgeschäftsjahr präsentiert sich die Lage folgendermassen (Beispiel 3):

Beispiel 3 – sofortiger Beginn mit ordentlicher Revision

Jahr	Bilanzsumme CHF	Erfolgsrechnung CHF	Ø Mitarbeiter p. a.	Revisionsart
x – 1 3 Mt	21 Mio.	11 Mio.	10–249	Reale Zahlen des letzten Quartals
x – 1 pro rata	21 Mio.	44 Mio.	10–249	Umrechnung pro rata auf 12 Monate. Ordentliche Revision
x Budget	26 Mio.	46 Mio.	10–249	Ordentliche Revision, falls Budget erreicht wird

Der Umsatzerlös wird pro rata temporis auf zwölf Monate umgerechnet. Bei der Bilanzsumme ändert sich nichts; sie wird stichtagbezogen ermittelt. Das Kurzgeschäftsjahr wird ordentlich revidiert, weil das Budget im Geschäftsjahr x zeigt, dass die Schwellenwerte wieder überschritten werden.

Anders ist es bei einer Neugründung, wenn dieselbe Gesellschaft im Kurzgeschäftsjahr die Schwellenwerte nicht überschreitet (Beispiel 4):

Beispiel 4 – aufgeschobener Wechsel in die ordentliche Revision

Jahr	Bilanzsumme CHF	Erfolgsrechnung CHF	Ø Mitarbeiter p. a.	Revisionsart
x – 1 3 Mt	21 Mio.	9 Mio.	10–249	Reale Zahlen des letzten Quartals
x – 1 pro rata	21 Mio.	36 Mio.	10–249	Umrechnung pro rata auf 12 Monate. Eingeschränkte Revision
x Budget	26 Mio.	46 Mio.	10–249	Wird Budget erreicht, hängt die Revisionsart vom Budget für x + 1 ab.

3. Wechsel zwischen ordentlicher und eingeschränkter Revision

Das Kurzgeschäftsjahr wird eingeschränkt revidiert, weil nach der Pro-rata-Rechnung in diesem die Schwellenwerte nicht überschritten werden. Es spielt dabei keine Rolle, dass das Budget im Geschäftsjahr x eine Überschreitung der Schwellenwerte zeigt.

Liegt eine Gesellschaft im Geschäftsjahr x erstmals über den Schwellenwerten und zeigt ihr Budget für das Geschäftsjahr x + 1 eine Unterschreitung der Schwellenwerte, muss sie für das Geschäftsjahr x nicht in die ordentliche Revision wechseln (Beispiel 5):

Beispiel 5 – aufgeschobener Wechsel in die ordentliche Revision

Jahr	Bilanzsumme CHF	Erfolgsrechnung CHF	Ø Mitarbeiter p. a.	Revisionsart
x – 1	19.8 Mio.	39.8 Mio.	< 10	Opting-out
x	20.1 Mio.	40.1 Mio.	< 10	Opting-out bleibt.
x + 1 Budget	19.8 Mio.	41.4 Mio.	< 10	Opting-out bleibt, falls Budget erreicht wird.

Liegt die Gesellschaft im Jahr x + 1 wider Erwarten doch über den Schwellenwerten, muss sie für das Jahr x + 1 in die ordentliche Revision wechseln, weil sie zwei Jahre in Folge über den Schwellenwerten lag. Dies gilt selbst dann, wenn das Budget für das Jahr x + 2 zeigt, dass sie dann wieder unter den Schwellenwerten liegen wird (Beispiel 6):

Beispiel 6 – Wechsel in die ordentliche Revision

Jahr	Bilanzsumme CHF	Erfolgsrechnung CHF	Ø Mitarbeiter p. a.	Revisionsart
x – 1	19.8 Mio.	39.8 Mio.	< 10	Opting-out
x	20.1 Mio.	40.1 Mio.	< 10	Opting-out bleibt.
x + 1 Real	20.4 Mio.	41.8 Mio.	< 10	Ordentliche Revision, obwohl Budget für x + 2 die Schwellen unterschreitet
x + 2 Budget	19.1 Mio.	39.1 Mio.	< 10	

Überschreitet eine Gesellschaft im Geschäftsjahr x die Schwellenwerte stark, zeigt ihr Budget für das Geschäftsjahr x + 1 aber an, dass sie dann unter den Schwellenwerten liegen wird, muss sie im Geschäftsjahr x nicht in die ordentliche Revision wechseln (Fall einer ausserordentlichen und einmaligen Überschreitung der Schwellenwerte). Dies führt z. B. beim Kauf eines grossen Aktivums im Jahr x (z. B. eine Immobilie für CHF 14 Mio.) dazu, dass die Revisionsart für das Geschäftsjahres x von der Planung für das Geschäftsjahr x + 1 abhängt. Budgetiert die Gesellschaft den Wiederverkauf der Immobilie für das Jahr x + 1, muss sie im Jahr x nicht in die ordentliche Revision wechseln (Beispiel 7):

3. Wechsel zwischen ordentlicher und eingeschränkter Revision

Beispiel 7 – kein Wechsel in die ordentliche Revision

Jahr	Bilanzsumme CHF	Erfolgsrechnung CHF	Ø Mitarbeiter p.a.	Revisionsart
x – 1	18 Mio.	45 Mio.	10–249	Eingeschränkte Revision
x	32 Mio.	50 Mio.	10–249	Eingeschränkte Revision bleibt.
x + 1 Budget	19 Mio.	47 Mio.	10–249	

Verkauft sie die Immobilie dann trotzdem nicht, wird für das zweite Geschäftsjahr eine ordentliche Revision fällig (Beispiel 8):

Beispiel 8 – Wechsel in die ordentliche Revision

Jahr	Bilanzsumme CHF	Erfolgsrechnung CHF	Ø Mitarbeiter p.a.	Revisionsart
x – 1	18 Mio.	45 Mio.	10–249	Eingeschränkte Revision
x	32 Mio.	50 Mio.	10–249	Eingeschränkte Revision bleibt.
x + 1 Real	33 Mio.	47 Mio.	10–249	Ordentliche Revision

Budgetiert die Gesellschaft keinen Wiederverkauf der Immobilie im Jahr x + 1, muss sie im Jahr x sofort in die ordentliche Revision wechseln (Beispiel 9):

Beispiel 9 – sofortiger Wechsel in die ordentliche Revision

Jahr	Bilanzsumme CHF	Erfolgsrechnung CHF	Ø Mitarbeiter p.a.	Revisionsart
x – 1	18 Mio.	45 Mio.	10–249	Eingeschränkte Revision
x	32 Mio.	50 Mio.	10–249	Ordentliche Revision
x + 1 Budget	33 Mio.	47 Mio.	10–249	

Verkauft sie die Immobilie im Geschäftsjahr x + 1 entgegen dem Budget trotzdem, hätte sie im Geschäftsjahr x keine ordentliche Revision durchführen müssen und kann für das Geschäftsjahr x + 1 wieder in die eingeschränkte Revision wechseln (Beispiel 10):

Beispiel 10 – Rückkehr in die eingeschränkte Revision

Jahr	Bilanzsumme CHF	Erfolgsrechnung CHF	Ø Mitarbeiter p.a.	Revisionsart
x – 1	18 Mio.	45 Mio.	10–249	Eingeschränkte Revision
x	32 Mio.	50 Mio.	10–249	Ordentliche Revision
x + 1 Real	19 Mio.	47 Mio.	10–249	Eingeschränkte Revision

3. Wechsel zwischen ordentlicher und eingeschränkter Revision

Hier noch ein Beispiel für eine Spaltung. Die S-AG spaltet sich per 30.6., mitten im Geschäftsjahr x. Gesellschaft N wird dabei neu gegründet und schliesst erstmals mit einem Kurzgeschäftsjahr von 6 Monaten ab (Beispiel 11):

Beispiel 11 – keine Änderung der Revisionsart nach der Spaltung

Jahr	Bilanzsumme CHF	Erfolgsrechnung CHF	Ø Mitarbeiter p. a.	Revisionsart
x – 1 S-AG	200 Mio.	100 Mio.	10–249	Ordentliche Revision
x (30.6.) S-AG	200 Mio.	50 Mio.	10–249	Tag vor der Spaltung
x (1.7.) S-AG	100 Mio.	50 Mio.	10–249	1 Tag nach der Spaltung
x (1.7.) N-AG	100 Mio.	0	10–249	1 Tag nach der Spaltung Neue Gesellschaft
x S-AG	100 Mio.	75 Mio.	10–249	Ordentliche Revision
x N-AG (6 Mt.)	100 Mio.	25 Mio. pro rata 50 Mio.	10–249	Ordentliche Revision
x + 1 N-AG Budget	105 Mio.	55 Mio.	10–249	

Trotz Spaltung ändert sich für die S-AG nichts, weil sie die Schwellenwerte auch danach klar überschreitet.

Die N-AG liegt auch in der Erfolgsrechnung deutlich über den Schwellenwerten, weil man die CHF 25 Mio. pro rata für 12 Mt. auf CHF 50 Mio. hochrechnen muss. Sie hat im Jahr x eine ordentliche Revision durchzuführen.

3.4.4 Entstehung der Pflicht zur ordentlichen Revision i. S. v. Art. 727 Abs. 1 Ziff. 3 OR (Konzernrechnung)

3.4.4.1 Einleitung und Gesetzestext

Gesellschaften, die zur Erstellung einer Konzernrechnung verpflichtet sind, müssen ihre Jahresrechnung und ihre Konzernrechnung durch eine Revisionsstelle ordentlich prüfen lassen. Diese Bestimmung verweist auf Art. 963 und 963a OR, die die Konzernrechnungspflicht regeln.

> *Art. 963 A. Pflicht zur Erstellung*
>
> [1] Kontrolliert eine rechnungslegungspflichtige juristische Person ein oder mehrere rechnungslegungspflichtige Unternehmen, so muss sie im Geschäftsbericht für die Gesamtheit der kontrollierten Unternehmen eine konsolidierte Jahresrechnung (Konzernrechnung) erstellen.
>
> [2] Eine juristische Person kontrolliert ein anderes Unternehmen, wenn sie:
> 1. direkt oder indirekt über die Mehrheit der Stimmen im obersten Organ verfügt;
> 2. direkt oder indirekt über das Recht verfügt, die Mehrheit der Mitglieder des obersten Leitungs- oder Verwaltungsorgans zu bestellen oder abzuberufen; oder

3. Wechsel zwischen ordentlicher und eingeschränkter Revision

    3. aufgrund der Statuten, der Stiftungsurkunde, eines Vertrags oder vergleichbarer Instrumente einen beherrschenden Einfluss ausüben kann.

³ Ein nach Artikel 963b anerkannter Standard kann den Kreis der zu konsolidierenden Unternehmen definieren.

⁴ Vereine, Stiftungen und Genossenschaften können die Pflicht zur Erstellung einer Konzernrechnung an ein kontrolliertes Unternehmen übertragen, wenn das betreffende kontrollierte Unternehmen durch Stimmenmehrheit oder auf andere Weise sämtliche weiteren Unternehmen unter einheitlicher Leitung zusammenfasst und nachweist, dass es die Beherrschung tatsächlich ausübt.

---

§ *Art. 963a Befreiung von der Pflicht zur Erstellung*

¹ Eine juristische Person ist von der Pflicht zur Erstellung einer Konzernrechnung befreit, wenn sie:
1. zusammen mit den kontrollierten Unternehmen zwei der nachstehenden Grössen in zwei aufeinanderfolgenden Geschäftsjahren nicht überschreitet:
    a) Bilanzsumme von CHF 20 Mio.,
    b) Umsatzerlös von CHF 40 Mio.,
    c) 250 Vollzeitstellen im Jahresdurchschnitt;
2. von einem Unternehmen kontrolliert wird, dessen Konzernrechnung nach schweizerischen oder gleichwertigen ausländischen Vorschriften erstellt und ordentlich geprüft worden ist; oder
3. die Pflicht zur Erstellung einer Konzernrechnung an ein kontrolliertes Unternehmen nach Artikel 963 Absatz 4 übertragen hat.

² Eine Konzernrechnung ist dennoch zu erstellen, wenn
1. dies für eine möglichst zuverlässige Beurteilung der wirtschaftlichen Lage notwendig ist;
2. Gesellschafter, die mindestens 20 % des Grundkapitals vertreten oder 10 % der Genossenschafter oder 10 % der Vereinsmitglieder dies verlangen;
3. ein Gesellschafter oder ein Vereinsmitglied, der oder das einer persönlichen Haftung oder einer Nachschusspflicht unterliegt, dies verlangt; oder
4. die Stiftungsaufsichtsbehörde dies verlangt.

3.4.4.2 Pflicht zur Erstellung einer Konzernrechnung i. S. v. Art. 963 OR

Die Pflicht zur Erstellung einer Konzernrechnung wird von Art. 963 OR geregelt. Im Zeitpunkt, in dem der Grund für die Konsolidierungspflicht (gemäss Art. 963 Abs. 2 OR) entsteht, besteht sofort die Pflicht zur ordentlichen Revision. Selbst wenn die Gesellschaft erst am 31. Dezember eines Geschäftsjahres konsolidierungspflichtig wird, entsteht die Pflicht zur ordentlichen Revision für dieses Geschäftsjahr x. Die Schwellenwerte des Art. 727 Abs. 1 Ziff. 2 OR bzw. die Möglichkeit zum Aufschub der ordentlichen Revision spielen hier keine Rolle, selbst wenn die Gesellschaft als neue Holding bei Einzelbetrachtung unter den Schwellenwerten liegen sollte. Die Vorschriften von Art. 727 Abs. 1 Ziff. 3 OR gehen als speziellere Regeln denjenigen von Art. 727 Abs. 1 Ziff. 2 OR vor.

Nur die Holdinggesellschaft ist zur Erstellung einer Konzernrechnung und zur ordentlichen Revision verpflichtet, nicht jedoch die Untergesellschaften. Tochtergesellschaften können eingeschränkt (evtl. Opting-out) geprüft werden, wenn sie nicht selber nach Art. 727 OR zur ordentlichen Revision verpflichtet sind. Für die Zwecke der Konzernprüfung nach PS 600 müssen allenfalls trotzdem in dieser Untergesellschaft zuhanden des Konzernprüfers wesentliche Positionen, Risiken oder wichtige Fragestellungen geprüft werden. Dazu gehört auch die Existenz des IKS als Prüfungsgegenstand für den Konzern, d. h., der Konzernprüfer prüft, ob in Teileinheiten des Konzerns interne Kontrollen bestehen, die die Ableitung der Konzernrechnung aus den Einzelabschlüssen bzw. dem Reporting der Teileinheiten gewährleisten. Es ist deshalb nicht unüblich, dass für wichtige Konzerngesellschaften freiwillig eine ordentliche Revision durchgeführt oder auf das Opting-out verzichtet wird.

3.4.4.3 Befreiung von der Pflicht zur Erstellung einer Konzernrechnung i. S. v. Art. 963a OR

Gemäss Art. 963a Abs. 1 Ziff. 1 OR ist eine juristische Person von der Pflicht zur Erstellung einer Konzernrechnung befreit, wenn sie zusammen mit den kontrollierten Unternehmen zwei der nachstehenden Grössen in zwei aufeinanderfolgenden Geschäftsjahren nicht überschreitet:
a) Bilanzsumme von CHF 20 Mio.
b) Umsatzerlös von CHF 40 Mio.
c) 250 Vollzeitstellen im Jahresdurchschnitt

Diese Grenzwerte entsprechen denjenigen von Art. 727 Abs. 1 Ziff. 2 OR. Allerdings ist die Normierungsidee der beiden Bestimmungen konträr. Art. 727 Abs. 1 Ziff. 2 OR gewährt eine Erleichterung für die betroffene Gesellschaft, indem diese trotz Überschreitung der Schwellenwerte für maximal ein weiteres Geschäftsjahr bei der einfacheren Revisionsart (bzw. beim Opting-out) verbleiben darf. Art. 963a Abs. 1 Ziff. 1 OR bedeutet hingegen eine Erschwerung, weil trotz Unterschreitens der Schwellenwerte Konsolidierungspflicht und Pflicht zur ordentlichen Revision ein weiteres Geschäftsjahr bestehen bleiben.

Der Gesetzgeber hat damit bei der Revision einer Einzelgesellschaft eine KMU-freundliche Regelung geschaffen. Bei der Revision einer Gruppengesellschaft hingegen ist er strenger mit KMU-Konzernen. Dem entpricht auch Art. 963a Abs. 2 Ziff.1 OR, in dem eine Konzernrechnung auch in kleinen Verhältnissen verlangt wird, wenn es für eine möglichst zuverlässige Beurteilung der wirtschaftlichen Lage notwendig erscheint.

Das Gesetz äussert sich nicht dazu, wie diese Regel bei der Neuschaffung eines Konzerns anzuwenden sei (z. B. bei Gründung, Kapitalerhöhung, Fusion, Kauf etc.). Die Konsolidierungspflicht entsteht wie erwähnt gemäss Art. 963 OR sofort und unabhängig von der Grösse. Falls ein Konzern vom Entstehungstag an die Schwellenwerte unterschreitet und das Budget zeigt, dass dies auch im zweiten Geschäftsjahr der Fall sein wird, tritt die Befreiung von der Konsolidierungspflicht sofort ein. Auch die ordentliche Revision entfällt. Es ist nicht der Sinn des Gesetzes, dass neu entstehende Kleinkonzerne zuerst zwei Jahre konsolidieren müssen und erst im dritten Jahr befreit sind.

Eine Probekonzernrechnung ist für die Berechnung der Grössen nicht zu erstellen; die Beträge werden lediglich brutto addiert. Konzerninterne Bestände und Transaktionen können konsolidiert bzw. eliminiert werden. Bei abweichendem Bilanzstichtag einer Untergesellschaft werden deren letzte und vorletzte Jahresrechnung herangezogen. Fremd-

3. Wechsel zwischen ordentlicher und eingeschränkter Revision

währungen werden zum Kurs am Bilanzstichtag (Bilanzsumme) bzw. zu einem Jahresdurchschnitt der Monats- oder Quartalsendkurse (Umsatzerlös) umgerechnet.

Gemäss Art. 963a Abs. 1 Ziff. 2 OR ist eine juristische Person (Zwischenholding) auch dann befreit, wenn sie von einem Unternehmen kontrolliert wird, dessen Konzernrechnung nach schweizerischen oder gleichwertigen ausländischen Vorschriften erstellt und ordentlich geprüft worden ist. Sie muss dann die Konzernrechnung des Oberkonzerns nach den Vorschriften für die eigene Jahresrechnung bekanntmachen. Befreit ist sie gemäss Art. 963a Abs. 1 Ziff. 3 OR auch, wenn sie die Pflicht zur Erstellung einer Konzernrechnung an ein kontrolliertes Unternehmen nach Artikel 963 Absatz 4 übertragen bzw. delegiert hat.

3.4.4.4 Befreiung von der Pflicht zur ordentlichen Revision infolge Befreiung von der Pflicht, eine Konzernrechnung zu erstellen i. S. v. Art. 963a OR

Es stellt sich die Frage, ob die beiden Gründe für eine Befreiung von der Konsolidierungspflicht in Art. 963a Abs. 1 Ziff. 2 und 3 OR diese Gesellschaften auch von der Pflicht zur ordentlichen Revision i. S. v. Art. 727 Abs. 1 Ziff. 3 OR entbinden. Unter dem alten Recht war die Frage umstritten, ob eine Zwischengesellschaft nach Art. 663 f. Abs. 1 aOR (bzw. neu Art. 963a Abs. 1 Ziff. 2 OR) unter der ordentlichen Revisionspflicht verbleiben würde oder nicht.

Art. 727 OR befasst sich mit der Frage, wer ordentlich revidiert werden muss und wer nicht. Die Frage der Konzernrechnungspflicht stellt sich hier nicht direkt. Umgekehrt ist festzuhalten, dass sich die Bestimmungen in Art. 963 und Art. 963a OR mit der Konzernrechnungspflicht befassen und nicht mit der Frage, in welcher Form die Revision der Einzelgesellschaft erfolgen soll.

Die Vorschriften in Art. 727 OR entscheiden demnach die Frage, wann ordentlich revidiert werden muss. Der Gesetzgeber verlangt bei einer bestimmten Grösse oder bei einem bestimmten Verflechtungsgrad der Gesellschaft eine ordentliche Revision, weil er in diesen Fällen aus Gläubiger- und Aktionärsschutzgründen nur eine ordentliche Revision mit dem höheren Qualitätsniveau und damit einem höheren Schutzniveau als angemessen erachtet.

Zwischengesellschaften, Vereine, Stiftungen und Genossenschaften, die selber konzernrechnungspflichtig sind, haben zweifellos die entsprechende Grösse und Verflechtung i. S. v. Art. 727 OR. Die Frage, ob diese Gesellschaften aus einem der beiden anderen zwei Befreiungsgründe von der Konzernrechnungspflicht befreit werden, spielt in diesem Zusammenhang keine Rolle. Bei dieser geht es nur um die Darstellung des wirtschaftlichen Gesamtzusammenhangs, der durch eine Konzernrechnung sichergestellt werden soll. Dabei handelt es sich zwar ebenfalls um eine Gläubiger- und Aktionärsschutzvorschrift. Diese Schutzvorschriften werden aber erfüllt, indem die Zwischengesellschaft in eine Konzernrechnung der Obergesellschaft eingegliedert wird, und bei Vereinen, Stiftungen und Genossenschaften, indem sie die Konsolidierungspflicht an ein kontrolliertes Unternehmen übertragen, das alle weiteren Unternehmen zusammenfasst und beherrscht (Art. 963 Abs. 4 OR).

Damit erscheint klar, dass die Pflicht zur ordentlichen Revision i. S. v. Art. 727 Abs. 1 Ziff. 3 OR auch bei Befreiung von der Konsolidierungspflicht in den Fällen von Art. 963a Abs. 1 Ziff. 2 und 3 OR bestehen bleibt. Auf diese Weise werden auch die verschiedenen Aktionärs- und Gläubigerschutzvorschriften, wie sie für das schweizerische Obligationenrecht typisch sind, berücksichtigt. Das HWP ER (S. 73) geht hingegen davon aus, dass in diesen Fällen eine ordentliche Revision nicht nötig ist, wobei es bei grosser Komplexität und Verflechtung eine solche dennoch empfiehlt.

3.4.4.5 Pflicht zur Erstellung einer Konzernrechnung i. S. v. Art. 963a Abs. 2 OR

Eine Konzernrechnung ist gemäss Art. 963a Abs. 2 OR dennoch zu erstellen, wenn dies für eine möglichst zuverlässige Beurteilung der wirtschaftlichen Lage notwendig ist (Ziff. 1) oder wenn Gesellschafter, die mindestens 20 % des Grundkapitals vertreten, oder 10 % der Genossenschafter oder 10 % der Vereinsmitglieder (Ziff. 2) dies verlangen oder wenn ein Gesellschafter oder ein Vereinsmitglied, der bzw. das einer persönlichen Haftung oder einer Nachschusspflicht unterliegt (Ziff. 3), dies verlangt oder wenn die Stiftungsaufsichtsbehörde dies verlangt (Ziff. 4).

Eine gesetzliche Konsolidierungspflicht wird aber nur durch Ziff. 1 begründet und führt dazu, dass die Gesellschaft ihre Jahresrechnung und ihre Konzernrechnung durch eine Revisionsstelle ordentlich prüfen lassen muss. Die anderen Konsolidierungspflichten entstehen auf Antrag von Berechtigten und lösen für den Einzelabschluss der Gesellschaft keine Pflicht zur ordentlichen Revision aus. Ordentlich revidiert werden muss nur der Konzernabschluss. Das HWP ER (S. 73) erachtet in diesen Fällen eine ordentliche Revision als notwendig.

Weil bei der AG (Art. 727 Abs. 2 OR) und der GmbH (Art. 818 Abs. 1 OR) allerdings die Quoren für das Recht, eine ordentliche Revision bei der Einzelgesellschaft zu verlangen, mit 10 % tiefer liegen als hier, wird in der Praxis wohl ein Antragsteller immer auch eine ordentliche Revision verlangen.

3.4.5 Entstehung der Pflicht zur ordentlichen Revision i. S. v. Art. 727 Abs. 2 OR

Gemäss dieser Bestimmung muss eine ordentliche Revision auch dann vorgenommen werden, wenn Aktionäre, die zusammen mindestens 10 % des Aktienkapitals vertreten, dies verlangen. Diese Vorschrift stärkt die Stellung von Minderheitsaktionären.

3.4.6 Entstehung der Pflicht zur ordentlichen Revision i. S. v. Art. 727 Abs. 3 OR

Gemäss dieser Bestimmung hat eine ordentliche Revision auch dann zu erfolgen, wenn die Statuten es vorsehen oder die Generalversammlung beschliesst, dass die Jahresrechnung ordentlich geprüft wird.

3.4.7 Tabellarische Übersicht zur Entstehung der Pflicht zur ordentlichen Revision i. S. v. Art. 727 OR

Grundsätzlich muss der Wechsel in die ordentliche Revision sofort erfolgen, sobald eine der Bedingungen des Art. 727 OR erfüllt wird. Einzige Ausnahme ist Art. 727 Abs. 1 Ziff. 2 OR (Schwellenwerte).

3. Wechsel zwischen ordentlicher und eingeschränkter Revision

Art. 727 OR	Grund	Wechsel in ordentliche Revision
Abs. 1 Ziff. 1 lit. a	Kotierung Beteiligungspapiere	Sofort im Ereignisjahr
lit. b	Ausgabe Anleihensobligationen	
lit. c	Beitrag von mehr als 20 % zu Aktiven oder Umsatz zur Konzernrechnung gemäss lit. b und c	
Abs. 1 Ziff. 2	Zwei Schwellenwerte in zwei Geschäftsjahren überschreiten	Wechsel bzw. Aufschub hängt vom Budget (Businessplan, Liquiditätsplan etc.) ab, welches die Absehbarkeit der Überschreitung aufzeigt.
	Einmalige Ereignisse: Gründung, Umwandlung, Fusion, Abspaltung, Kauf, Verkauf, Kapitalerhöhung, Einlagen direkt ins EK, Immigration (Art. 162 oder 164 IPRG)	
Abs. 1 Ziff. 3	Pflicht zur Erstellung einer Konzernrechnung	Sofort im Ereignisjahr. Befreiung von der Konsolidierungspflicht gem. Art. 963a Abs. 1 Ziff. 2 oder 3 OR ändert nichts daran.
Abs. 2	Begehren von 10 % des Aktienkapitals	Sofort im Ereignisjahr, gilt nur für 1 Jahr
Abs. 3	Neue Statutenbestimmung	Sofort im Ereignisjahr
Abs. 3	Einmaliger Generalversammlungsbeschluss	Sofort im Ereignisjahr, gilt nur für 1 Jahr

3.5 Art. 727 OR – Beendigung der Pflicht zur ordentlichen Revision

3.5.1 Einleitung

Das OR regelt die Frage nicht, wann Unternehmen aus der Pflicht zur ordentlichen Revision ausscheiden.

Ist eine Gesellschaft ordentlich revisionspflichtig und werden im Geschäftsjahr x erstmals zwei von drei Schwellenwerten i. S. v. Art. 727 Abs. 1 Ziff. 2 unterschritten, so erlischt die Pflicht zur ordentlichen Revision sofort, d. h. für das Geschäftsjahr x (keine Wartefrist). In den Fällen von Art. 727 Abs. 1 Ziff. 1 (Publikumsgesellschaften) oder 3 (Konzernrechnung) erlischt die Pflicht zur ordentlichen Revision erst für das Geschäftsjahr x + 1.

3.5.2 Beendigung der Pflicht zur ordentlichen Revision in den Fällen von Art. 727 Abs. 1 Ziff. 1 und 3

Die Pflicht zur ordentlichen Revision entsteht, wie oben dargelegt, sofort, wenn eine der Bedingungen von Art. 727 OR eintritt. Das gilt selbst dann, wenn die Bedingung erst gegen Ende eines Geschäftsjahres eintritt, d. h., die erhöhte Risikolage eventuell erst seit wenigen Tagen besteht (Bsp. Börsenkotierung/Ausgabe von Anleihensobligationen am 31. Dezember). Diese strenge Regelung zeigt das grosse Gewicht, das Aktionärs- und Gläubigerschutz zukommt. Die einzige Ausnahme bildet Art. 727 Abs. 1 Ziff. 2 OR, der aber auf einmalige «Ausreisser» beschränkt ist und daher keine echte Ausnahme darstellt.

Diese Wertung des Gesetzgebers gilt auch, wenn die Bedingung von Art. 727 OR entfällt. Wenn wenige Tage mit erhöhtem Risiko genügen, damit eine Pflicht zur ordentlichen Revision entsteht, dann reichen bei der Beendigung dieser Pflicht ebenfalls wenige Tage mit erhöhtem Risiko, um das ganze letzte Jahr ordentlich revidieren zu müssen (Bsp. Börsendekotierung/Rückzahlung der Anleihen etc. am 2. Januar). Die Pflicht zur ordentlichen Revision erlischt somit erst für das darauf folgende Geschäftsjahr.

3.5.3 Beendigung der Pflicht zur ordentlichen Revision in den Fällen von Art. 727 Abs. 1 Ziff. 2

Die Erleichterung von Art. 727 Abs. 1 Ziff. 2 OR muss im umgekehrten Fall bei Unterschreitung der Schwellenwerte ebenfalls gelten. Es besteht daher keine zweijährige Wartefrist für den Wechsel in die eingeschränkte Revision, wenn die Gesellschaft erstmalig unter die Schwellenwerte schrumpft. Wenn daher eine Gesellschaft ordentlich revisionspflichtig ist und im Geschäftsjahr X erstmals zwei von drei Schwellenwerten i. S. v. Art. 727 Abs. 1 Ziff. 2 unterschreitet, so erlischt die Pflicht zur ordentlichen Revision sofort, d. h. für das Geschäftsjahr x (keine Wartefrist).

Eine Wartefrist im Schrumpfungsfall wäre eine vom Gesetzgeber nicht gewollte Erschwerung. Er hat eine solche Lösung in Art. 963a Abs. 1 Ziff. 1 OR für das Unterschreiten der Schwellenwerte bei der Konsolidierungspflicht ausdrücklich vorgesehen; im Art. 727 fehlt die analoge Regelung. Zudem reduzieren sich die Schutzinteressen, weil die Gesellschaft kleiner wird.

Diese Regel weicht insofern von derjenigen von Art. 727 Abs. 1 Ziff. 1 und 3 OR ab, als hier die Pflicht zur ordentlichen Revision für das Geschäftsjahr x sofort erlischt. Entfällt eine Bedingung von Art. 727 Abs.1 Ziff.1 oder 3 im Geschäftsjahr x, hört die Pflicht zur ordentlichen Revision erst für das folgende Geschäftsjahr auf.

Diese Beschleunigung des Wechsels ist aber sachgerecht. Anders als bei Art. 727 Abs.1 Ziff.1 oder 3 liegt die Gesellschaft im Fall von Art. 727 Abs. 1 Ziff. 2 tatsächlich bezogen auf das ganze relevante Jahr X unter den Schwellenwerten, weil die Grössekriterien Umsatzerlös und Vollzeitstellen als Durchschnittswerte den ganzen Jahresverlauf repräsentieren. Nur das Grössekriterium der Bilanzsumme wird als einziger der drei Schwellenwerte statisch und nicht durchschnittlich ermittelt und könnte für den Jahresverlauf nicht repräsentativ sein. Dies allein rechtfertigt es aber nicht, von einer Gesellschaft ein weiteres Jahr eine ordentliche Revision zu verlangen.

3.5.4 Beendigung der Pflicht zur ordentlichen Revision in den Fällen von Art. 727 Abs. 2 und 3

Wurde eine ordentliche Revision durchgeführt, weil Aktionäre sie beantragt oder die Generalversammlung sie beschlossen hatte, so entfällt sie im Folgejahr automatisch. Dieses Opting-up hat einmalige Wirkung. Wurde aber die Pflicht zur ordentlichen Revision in den Statuten festgeschrieben, so erlischt sie erst, wenn die Statuten entprechend geändert werden.

3.5.5 Tabellarische Übersicht zur Beendigung der Pflicht zur ordentlichen Revision in den Fällen von Art. 727

Grundsätzlich entfällt die Pflicht zur ordentlichen Revision sofort, wobei in den Fällen von Art. 727 Abs. 1 Ziff. 1 und 3 sowie Abs. 3 das Ereignisjahr selber noch der ordentlichen Revision unterliegt:

3. Wechsel zwischen ordentlicher und eingeschränkter Revision

Art. 727 OR	Grund	Erlöschen ordentliche Revision
Abs. 1 Ziff. 1 lit. a lit. b lit. c	Dekotierung Beteiligungspapiere Rückzahlung Anleihensobligationen Beitrag zu Aktiven oder Umsatz kleiner als 20 %	Im ersten Geschäftsjahr nach dem Ereignisjahr
Abs. 1 Ziff. 2	Zwei Schwellenwerte in einem Geschäftsjahr unterschritten Einmalige Ereignisse: Abspaltung, Verkauf, Kapitalherabsetzung	Sofort im Ereignisjahr
Abs. 1 Ziff. 3	Pflicht zur Erstellung einer Konzernrechnung entfällt.	Im ersten Geschäftsjahr nach dem Ereignisjahr
Abs. 2	Begehren von 10 % des Aktienkapitals wird nicht erneut gestellt.	Entfällt im Folgejahr nach dem Begehren automatisch
Abs. 3	Streichung Statutenbestimmung	Gilt bis zur Streichung aus den Statuten
Abs. 3	Kein Generalversammlungsbeschluss mehr	Gilt nur für ein Jahr

3.6 Verhalten der Revisionsstelle bei Verletzungen der Vorschriften von Art. 727 OR durch den Prüfkunden

3.6.1 Einleitung

Wenn die Revisionsart gewechselt werden muss – v. a. beim Übergang in die ordentliche Revision – verändern sich die Voraussetzungen der Mandatsfortführung. Es sind zusätzliche formelle Vorschriften zu erfüllen und diverse weitere Prüfungen durchzuführen. So muss eine ordentliche Revision durch einen zugelassenen Revisionsexperten (Art. 4 RAG) erfolgen. Die Anforderungen an die Unabhängigkeit sind bei einer ordentlichen Revision wesensverschieden von einer eingeschränkten (vgl. Kapitel 19); es entsteht z. B. beim leitenden Revisor eine Pflicht zur Rotation (Art. 730a Abs. 2 OR). Diese neue Situation ist bei Annahme oder Fortführung eines solchen Mandantes zu beurteilen.

3.6.2 Berichterstattung an die Generalversammlung bei Wechsel der Revisionsart

Im Zusammenhang mit der Berichterstattung an die Generalversammlung ist es empfehlenswert, den Wechsel der Revisionsart im Revisionsbericht mitzuteilen (HWP ER, S. 77).
- Neu eingeschränkte Revision: «*Als Revisionsstelle haben wir die Jahresrechnung (Bilanz, Erfolgsrechnung und Anhang) der [Firma] für das am [Datum] abgeschlossene Geschäftsjahr geprüft. Die Prüfung erfolgte mittels eingeschränkter Revision, die Prüfung der Jahresrechnung des Vorjahres mittels ordentlicher Revision.*»
- Neu ordentliche Revision: «*Als Revisionsstelle haben wir die Jahresrechnung (Bilanz, Erfolgsrechnung und Anhang) der [Firma] für das am [Datum] abgeschlossene Geschäftsjahr geprüft. Die Prüfung erfolgte mittels ordentlicher Revision, die Prüfung der Jahresrechnung des Vorjahres mittels eingeschränkter Revision.*»

3. Wechsel zwischen ordentlicher und eingeschränkter Revision

3.6.3 Meinungsverschiedenheit mit dem Verwaltungsrat bezüglich Wechsel in die ordentliche Revision

Bei einem neuen Mandat muss im Prozess der Mandatsannahme (siehe Kapitel 5.4) abgeklärt werden, ob die Gesellschaft ordentlich revidiert werden muss. Bestehen diesbezüglich Meinungsverschiedenheiten mit dem Verwaltungsrat, müssen diese vor Mandatsannahme geklärt werden. Können diese nicht gelöst werden empfiehlt es sich, das Mandat nicht anzunehmen.

Stellt sich die Frage im Zusammenhang mit der Mandatsfortführung oder taucht sie erst bei Beginn der Prüfungsarbeiten auf, fordert die Revisionsstelle den Verwaltungsrat dazu auf, den notwendigen Wechsel in die ordentliche Revision zu vollziehen.

Es kommt in der Praxis vor, dass nur wenig Zeit verbleibt, die notwendigen Vorbereitungen zur Durchführung einer ordentlichen Revision zu treffen. U. U. steht erst am Ende des zweiten Geschäftsjahres definitiv fest, dass eine ordentliche Revision durchzuführen ist, oder es ist eines der plötzlichen Wachstumsereignisse aufgetreten, die einen sofortigen Wechsel in die ordentliche Revision verlangen (siehe vorstehend). In diesem Fall können Übergangsprobleme vor allem im Zusammenhang mit dem von der Revisionsstelle zu prüfenden Bestehen des IKS auftreten, wenn eine Gesellschaft vorher kein systematisches IKS betrieb oder dieses nicht dokumentiert hat. Eine entsprechende Abweichung vom Normalwortlaut im Revisionsbericht wird dadurch notwendig:

> *Die X-AG war für das Geschäftsjahr Z erstmals von Gesetzes wegen verpflichtet, eine ordentliche Revision durchzuführen. Im Rahmen unserer Prüfung gemäss Art. 728 Abs. 1 Ziff 3 OR und dem Schweizer Prüfungsstandard 890 haben wir deshalb festgestellt, dass es infolge kurzer Vorbereitungszeit dem Verwaltungsrat nicht möglich war, das interne Kontrollsystem vollständig aufzubauen und zu dokumentieren.*
>
> *Nach unserer Beurteilung entspricht das interne Kontrollsystem nicht dem schweizerischen Gesetz, weshalb wir nicht bestätigen können, dass ein internes Kontrollsystem für die Aufstellung der Jahresrechnung bestanden hat.*

Weigert sich der Verwaltungsrat, eine ordentliche Revision durchzuführen (und verlangt stattdessen die Fortführung der eingeschränkten Revision), obwohl die vorgelegte Jahresrechnung eine solche zwingend nahelegt, ist es sachgerecht, wenn die Revisionsstelle die eingeschränkte Revision durchführt. Ihr Revisionsbericht enthält in der Folge einen Hinweis auf diese Gesetzesverletzung. Die Revisionsstelle informiert zudem den Verwaltungsrat, dass Sie vom Mandat zurückzutreten wird, sollte die Gesetzesverletzung sich im folgenden Geschäftsjahr wiederholen.

> *Die X-AG war für das Geschäftsjahr Z erstmals von Gesetzes wegen verpflichtet, eine ordentliche Revision durchzuführen. Der Verwaltungsrat hat deren Durchführung nicht gestattet. Wir weisen auf die Verletzung von Art. 727 OR durch den Verwaltungsrat hin.*

3. Wechsel zwischen ordentlicher und eingeschränkter Revision

In der Literatur wird dieser Fall kontrovers diskutiert. Von der Revisionsstelle wird entweder ein sofortiger Rücktritt oder die Durchführung einer «ordentlichen Revision» verlangt, obwohl der Verwaltungsrat diese weder honoriert noch Unterlagen zur Verfügung stellt (siehe SER, Ziff. 1.4.1).

Es ist jedoch atypisch für eine Revisionsstelle bzw. ihre gesetzliche Aufgabe, dass sie bei Gesetzesverletzungen des Prüfkunden zurücktritt oder Prüfungen auf eigene Faust durchführt. Aus Sicht des Gläubigerschutzes ist die typische Lösung die, dass die Revisionsstelle über die Gesetzesverletzung an die zuständigen Organe berichtet. Durch den Hinweis auf die Gesetzesverletzung im Revisionsbericht wird sichergestellt, dass alle Verwaltungsräte, alle Aktionäre, eine möglicherweise nachfolgende Revisionsstelle und Gläubiger, die allenfalls Einsichtsrechte haben, informiert sind. Diese Vorgehensweise wird auch durch PS 701, RZ A36-1 für den sehr ähnlichen Fall bestätigt, dass der Verwaltungsrat einer konsolidierungspflichtigen Holding sich weigert, eine Konzernrechnung zu erstellen oder prüfen zu lassen. Die Revisionsstelle ist hier ebenfalls gehalten, einen Hinweis im Revisionsbericht anzubringen.

Ein Rücktritt vor dieser Berichtsabgabe könnte ein zusätzliches Haftungsrisiko für die Revisionsstelle bedeuten, wobei der Entscheid auch von der Risikolage im Einzelfall abhängt. Auch nach der Berichtsabgabe hat sie erst dann zurückzutreten, wenn sich herausstellt, dass der Verwaltungsrat seine Meinung nicht ändern will. Im HWP ER (76) wird dazu nicht Stellung genommen.

3.7 Zusammenfassung der Anforderungen

Der Abschlussprüfer muss wissen:
- wann die Pflicht zu einer ordentlichen Revision besteht.
- wann von der ordentlichen in die eingeschränkte Revision zu wechseln ist und umgekehrt.
- wann die Pflicht zur ordentlichen Revision bei Publikumsgesellschaften, bei Konzernen, auf Verlangen von Minderheiten oder der Generalversammlung entsteht.
- wann die Pflicht zur ordentlichen Revision bei wirtschaftlich bedeutenden Unternehmen entsteht und wie die Referenzgrössen zu berechnen sind.
- wann eine juristische Person von der Pflicht zur Erstellung einer Konzernrechnung befreit ist und wie sich das auf die Pflicht zur ordentlichen Revision auswirkt.
- wann die Pflicht zur ordentlichen Revision endet und ob eine eingeschränkte Revision oder ein Opting-out notwendig wird.
- wie sich die Revisionsstelle verhalten muss, wenn der Prüfkunde eine eingeschränkte Revision durchführen will, obschon er zu einer ordentlichen verpflichtet wäre.

4. Übersicht über den Prüfungsansatz – Roadmap

4.1 Roadmap
4.2 Erforderliche Prüfdokumentation

4. Übersicht über den Prüfungsansatz – Roadmap

4.1 Roadmap

	Aktivität	Zweck	Dokumente
Risikobeurteilung (Risk Assessment)	Prüfungsvorbereitung	Entscheid über Mandatsannahme bzw. -weiterführung, Klärung der Verantwortung	Wahlannahmeerklärung, Auftragsbestätigung, Beurteilung ob Mandatsannahme/-fortführung
	Prüfungsplanung	Erkennen der Risiken und Fehleranfälligkeiten	Prüfplan mit Verständnis der Tätigkeit und des Umfelds des Unternehmens, Wesentlichkeit, analytische Prüfungen, identifizierte inhärente Risiken, Prüfungsschwerpunkte
	Analyse Tätigkeit und Umfeld des Unternehmens		
	Bestimmung der Wesentlichkeit	Entwicklung Prüfstrategie und Schwerpunkte	
	Analytische Prüfungen		
	Beurteilung inhärenter Risiken		Prüfprogramm mit geplanten allgemeinen, empfohlenen und weitergehenden Prüfungshandlungen
	Allgemeine Reaktionen bzw. Planungsüberlegungen	Sicherstellung ausreichender Ressourcen	
Reaktion auf festgestellte Risiken (Risk Response)	**Prüfungsdurchführung**		
	Allgemeine Prüfungshandlungen	Beurteilung der Jahresrechnung als Ganzes	Feststellungen zur Jahresrechnung als Ganzes
	Empfohlene Prüfungshandlungen	Beschaffung und Evaluation von Prüfungsnachweisen	Feststellungen zu wesentlichen Posten der Jahresrechnung
	Weitergehende Prüfungshandlungen	Reduktion des Prüfungsrisikos auf ein akzeptables Niveau	Prüfungsfeststellungen bei Positionen mit bedeutsamen Risiken
	Gesamturteil bei Prüfungsbeendigung	Feststellung, ob zusätzliche Prüfungen nötig sind	Gesamturteil des Prüfers und Einholen der Vollständigkeitserklärung
Berichterstattung	Erstellung **Bericht** zuhanden den Generalversammlung, allenfalls Management Letter oder Schlussbesprechungsprotokoll	Kommunikation über Ergebnisse der eingeschränkten Revision	Bericht mit oder ohne Einschränkungen, Hinweise oder Zusätze

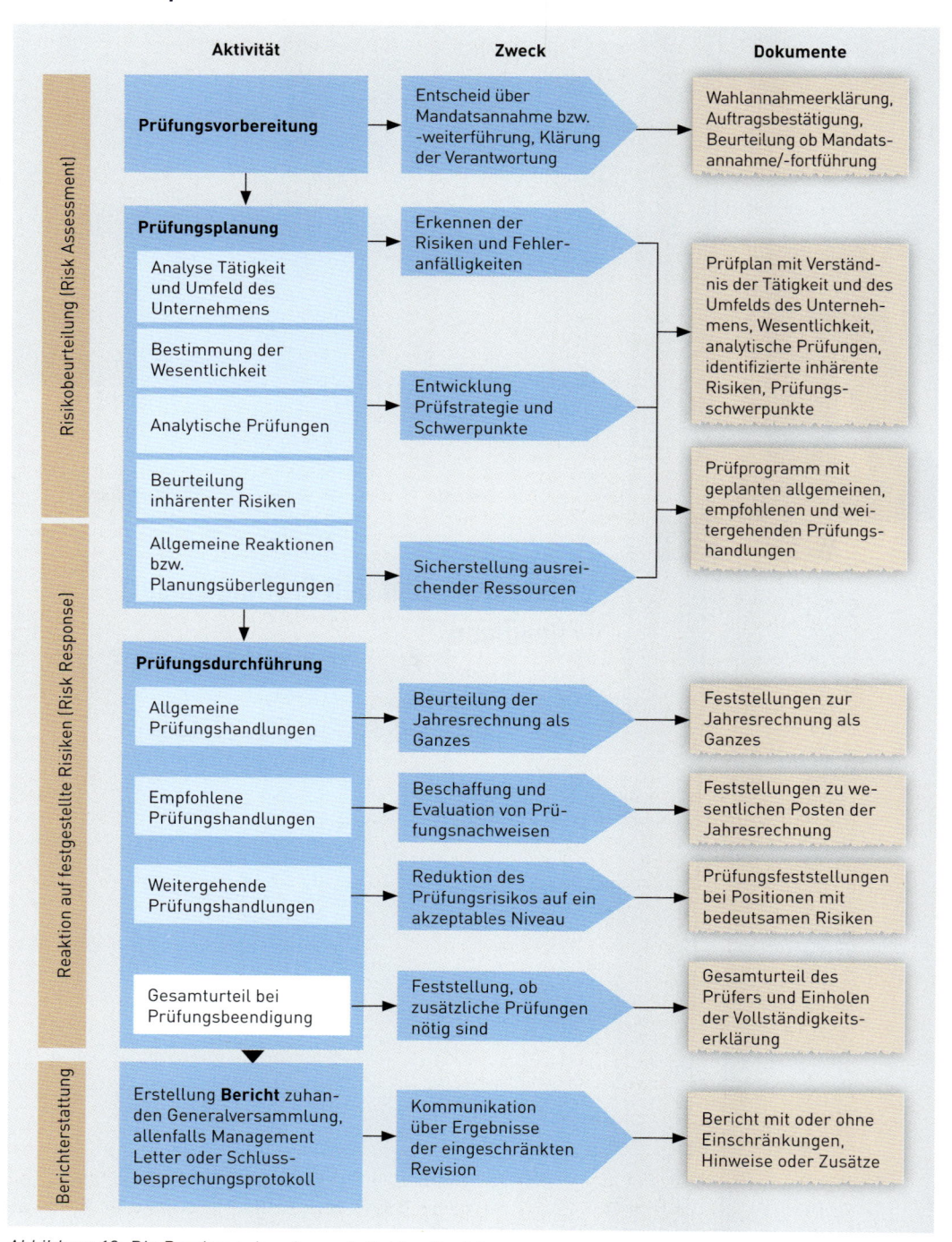

Abbildung 13: Die Roadmap der eingeschränkten Revision

4. Übersicht über den Prüfungsansatz – Roadmap

Die Roadmap fasst die wichtigsten Elemente zusammen, die bei einer eingeschränkten Revision zu beachten sind (in Anlehnung an IFAC SME 1, S. 18). Erfolgen einzelne Aktivitäten oder Dokumentationen nicht oder nicht wie in den Prüfungsstandards vorgesehen, könnte dies möglicherweise als eine Pflichtverletzung ausgelegt werden.

4.2 Erforderliche Prüfdokumentation

Aktivitäten \ Erfordernisse	Dokumentationen	Unterlagen von Kunden	Berichterstattung an Kunden
Prüfungsvorbereitung, Klärung und Beurteilung der Annahme und Weiterführung des Mandates	Überlegungen zur Mandatsannahme und -fortführung: Kann ich, will ich und darf ich das Mandat durchführen? Externe und interne Unterlagen über Kunden und Umfeld Erwartungen des Kunden	Angaben über Aktionäre, Verwaltungsräte, Geschäftsführung und Tätigkeit der Unternehmen Auftragsbestätigung GV-Protokoll bei bestehenden Mandaten	Wahlannahmeerklärung Auftragsbestätigung, Separate Auftragsbestätigung für zusätzliche Dienstleistungen
Prüfungsplanung inklusive Entwicklung Prüfungsstrategie mit Prüfungsplan sowie Prüfprogramm anhand Befragungen des Kunden, Analyse der Jahresrechnung, Beurteilung inhärenter Risiken sowie Festlegung der Wesentlichkeit und Fehlertoleranz	Prüfungsplan, basierend auf den Kenntnissen über Tätigkeit und Umfeld des Unternehmens, Bestimmung der Wesentlichkeit und Fehlertoleranz, analytische Prüfungen in der Planungsphase; Beurteilung inhärenter Risiken Prüfprogramm, basierend auf dem Prüfungsplan mit den geplanten allgemeinen, empfohlenen und weitergehenden Prüfungshandlungen	Umfassende Informationen und Unterlagen vom Kunden für Dauerakten und Jahresakten (Statuten, Verträge, Protokolle, Kontenpläne etc.) inklusive Informationen zu Unternehmensfortführung, Kapitalverlust, Überschuldung sowie nahestehenden Parteien	Kommunikation über die identifizierten wesentlichen Risiken, Prüfungsschwerpunkte sowie Termine
Prüfungsdurchführung und Beurteilung der Prüfungsnachweise	Dokumentation der durchgeführten Befragungen, der analytischen Prüfungshandlung und angemessenen Detailprüfung mit den erforderlichen Prüfungsnachweisen. Gesamturteil über Prüfungsnachweise bei Beendigung der Prüfung	Umfassende Unterlagen zur Jahresrechnung und Buchführung; Erklärung des Kunden über Vollständigkeit der Jahresrechnung	Kommunikation über festgestellte Fehlaussagen und Verstösse gegen Gesetz und Statuten
Berichterstattung gemäss Gesetz und Vereinbarung mit dem Kunden	Beurteilung der Prüfungsnachweise in Bezug auf die Prüfungsaussagen im zusammenfassenden Bericht und in der allenfalls ergänzenden Berichterstattung	Ergänzende Erklärung des Kunden bzw. Behandlung der Prüfungsergebnisse	Testat mit Prüfungsaussage zur Jahresrechnung zuhanden der GV
Durchführung der Qualitätskontrolle	Ergebnisse der Qualitätskontrolle	n/a	n/a

Die Revisionsdienstleistungen sind so zu dokumentieren, dass es einem sachkundigen Dritten möglich ist, die Einhaltung der gesetzlichen Vorschriften in effizienter Weise zu prüfen (Art. 730c OR). Nicht dokumentierte Sachverhalte werden als nicht geprüft beurteilt.

5. Prüfungsvorbereitung

5.1	Inhalt des Kapitels
5.2	Grafische Übersicht
5.3	Ziel der Prüfungsvorbereitung
5.4	Mandatsannahme und -weiterführung
5.5	Auftragsbestätigung
5.6	Wahlannahmeerklärung
5.7	Zusammenfassung der Anforderungen
5.8	Beispiele

5. Prüfungsvorbereitung

5.1 Inhalt des Kapitels

Die wesentlichen Punkte der Prüfungsvorbereitung:
- Darf der Abschlussprüfer ein Mandat annehmen bzw. fortsetzen (gesetzliche Voraussetzungen)?
- Kann er es übernehmen bzw. fortführen (organisatorische und fachliche Voraussetzungen)?
- Will er es annehmen bzw. fortführen (Risiko- und geschäftspolitische Überlegungen)?
- Das Festhalten der Auftragsbedingungen mit dem Kunden zusammen in einer Auftragsbestätigung.
- Die Wahlannahmeerklärung

5.2 Grafische Übersicht

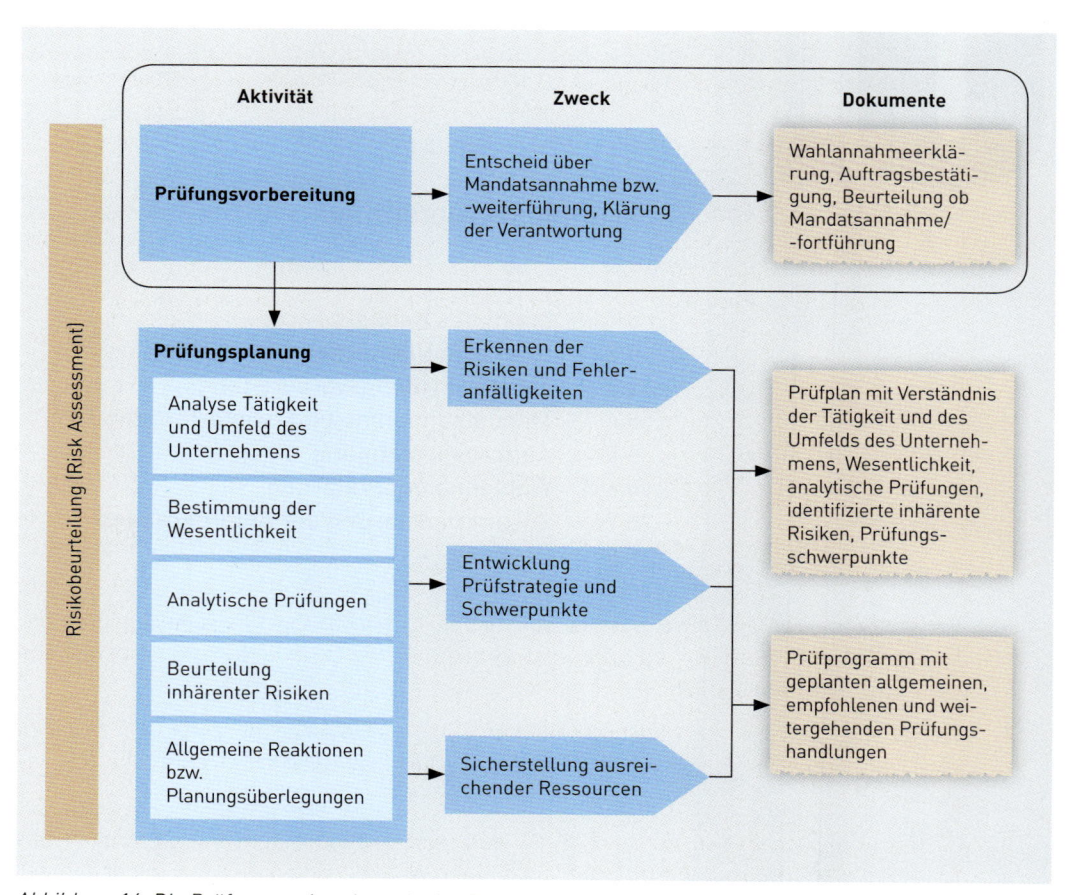

	Aktivität	Zweck	Dokumente
Risikobeurteilung (Risk Assessment)	**Prüfungsvorbereitung**	Entscheid über Mandatsannahme bzw. -weiterführung, Klärung der Verantwortung	Wahlannahmeerklärung, Auftragsbestätigung, Beurteilung ob Mandatsannahme/-fortführung
	Prüfungsplanung Analyse Tätigkeit und Umfeld des Unternehmens Bestimmung der Wesentlichkeit	Erkennen der Risiken und Fehleranfälligkeiten	Prüfplan mit Verständnis der Tätigkeit und des Umfelds des Unternehmens, Wesentlichkeit, analytische Prüfungen, identifizierte inhärente Risiken, Prüfungsschwerpunkte
	Analytische Prüfungen Beurteilung inhärenter Risiken	Entwicklung Prüfstrategie und Schwerpunkte	
	Allgemeine Reaktionen bzw. Planungsüberlegungen	Sicherstellung ausreichender Ressourcen	Prüfprogramm mit geplanten allgemeinen, empfohlenen und weitergehenden Prüfungshandlungen

Abbildung 14: Die Prüfungsvorbereitung in der Roadmap zur eingeschränkten Revision

5. Prüfungsvorbereitung

5.3 Ziel der Prüfungsvorbereitung

Während der Prüfungsvorbereitung beurteilt der Revisor, ob er das Mandat annehmen bzw. weiterführen
- darf
- kann
- will

Hinsichtlich der Frage, ob er das Mandat annehmen *darf*, sollte er die nachfolgenden Aussagen klar mit Ja beantworten können:

Voraussetzungen für die Mandatsannahme und -weiterführung
Persönliche Voraussetzungen
Die Zulassungsvoraussetzungen als zugelassener Revisor sind gegeben (Firma und leitender Revisor sind im Register der Revisionsaufsichtsbehörde eingetragen).
Die Unabhängigkeitsvorschriften sind erfüllt (es liegen keine mit den Unabhängigkeitsvorschriften nicht vereinbaren Sachverhalte vor).
Die Mitwirkung bei der Buchführung und die Erbringung anderer Dienstleistungen sind mit der Unabhängigkeit vereinbar (die organisatorischen und personellen Vorkehrungen sind getroffen).
Der leitende Revisor ist in der Lage, das Mandat professionell durchzuführen (die erforderlichen fachlichen und zeitlichen Ressourcen bestehen).
Mandatsbezogene Voraussetzungen
Das Mandat unterliegt der eingeschränkten Revision (die Voraussetzungen für die ordentliche Revision gemäss Art. 727 OR bestehen nicht).
Das Mandat wird in Bezug auf Umfang und Inhalt der Prüfung nicht in unzulässiger Weise eingeschränkt (Mandant ist gewillt, alle erforderlichen Unterlagen und Informationen im Sinne von Art. 730b OR zu liefern oder Einsicht zu gewähren).
Der leitende Revisor ist mit dem Verantwortlichen für die Abschlusserstellung über die Bedingungen der eingeschränkten Revision einig (Ziele und Umfang der Revision, Verantwortung des Verwaltungsrates, Form und Inhalt der Berichterstattung sowie Honorierung sind geklärt).
Der Mandatsannahme bzw. -weiterführung steht aus ethischen Gründen nichts entgegen (Integrität des Kunden und Ethik der Branche sind gewährleistet).
Der letzte Revisionsstellenbericht sowie die Gründe für den Mandatswechsel sind uns bekannt. Es ergeben sich keine Gründe für eine Ablehnung des Mandates).

Bei der Frage, ob der Revisor das Mandat annehmen *kann,* stehen die fachlichen Kompetenzen und organisatorischen Voraussetzungen (insbesondere zeitliche und personelle Resourcen) im Vordergrund.

Beim Entscheid, ob er das Mandat annehmen *will,* gilt es, Gründe, die dafür oder dagegen sprechen, abzuwägen: die Höhe des Prüfungsrisikos, das Honorar, strategische Überlegungen u. Ä.

Nimmt er das Mandat an, verfasst er eine Auftragsbestätigung an die Unternehmensleitung. Bei einer Erstprüfung muss er zudem eine Wahlannahmeerklärung zuhanden der Gesellschaft ausstellen, die für die spätere Eintragung als Revisionsstelle im Handelsregister notwendig ist.

5. Prüfungsvorbereitung

5.4 Mandatsannahme und -weiterführung

5.4.1 Darf ich das Mandat annehmen bzw. weiterführen (gesetzliche Voraussetzungen)?

5.4.1.1 Wählbarkeit

> **§ Art. 730 OR: Wahl der Revisionsstelle**
>
> [1] Die Generalversammlung wählt die Revisionsstelle.
>
> [2] Als Revisionsstelle können eine oder mehrere natürliche oder juristische Personen oder Personengesellschaften gewählt werden.
>
> [3] Finanzkontrollen der öffentlichen Hand oder deren Mitarbeiter können als Revisionsstelle gewählt werden, wenn sie die Anforderungen dieses Gesetzes erfüllen. Die Vorschriften über die Unabhängigkeit gelten sinngemäss.
>
> [4] Wenigstens ein Mitglied der Revisionsstelle muss seinen Wohnsitz, seinen Sitz oder eine eingetragene Zweigniederlassung in der Schweiz haben.

Nach Art. 730 Abs. 2 OR können eine oder mehrere natürliche oder juristische Personen oder Personengesellschaften gewählt werden. Dass mehr als eine Partei eine Revision durchführt (sogenannte «Joint-Audits»), ist im KMU-Umfeld eher unüblich. Auf Probleme, die sich hier ergeben können, gehen wir darum nicht ein.

Wenigstens ein Mitglied der Revisionsstelle muss in der Schweiz seinen Wohnsitz, seinen Sitz oder eine im schweizerischen Handelsregister eingetragene Zweigniederlassung haben (Art. 730 Abs. 4 OR).

Im Weiteren muss die Gesellschaft die notwendige Zulassung haben und unabhängig sein. Diesbezüglich wird auf die nachfolgenden Kapitel 5.4.1.2 (Zulassung) und 5.4.1.3 (Unabhängigkeit) verwiesen.

Wird eine Revisionsstelle gewählt, welche die genannten gesetzlichen und allfällige statutarischen Voraussetzungen nicht erfüllt, ist die Wahl trotzdem grundsätzlich rechtsgültig. Die entsprechende Revisionsstelle stellt jedoch ein nicht rechtmässig bestelltes Gesellschatsorgan dar, weshalb jeder Aktionär, jeder Gläubiger und der Handelsregisterführer einem Gericht gemäss Art. 731b OR beantragen kann, die erforderlichen Massnahmen zu ergreifen:

> **§ Art. 731b OR: Mängel in der Organisation der Gesellschaft**
>
> [1] Fehlt der Gesellschaft eines der vorgeschriebenen Organe oder ist eines dieser Organe nicht rechtmässig zusammengesetzt, so kann ein Aktionär, ein Gläubiger oder der Handelsregisterführer dem Richter beantragen, die erforderlichen Massnahmen zu ergreifen. Der Richter kann insbesondere:
> 1. der Gesellschaft unter Androhung ihrer Auflösung eine Frist ansetzen, binnen deren der rechtmässige Zustand wieder herzustellen ist;
> 2. das fehlende Organ oder einen Sachwalter ernennen;
> 3. die Gesellschaft auflösen und ihre Liquidation nach den Vorschriften über den Konkurs anordnen.

5. Prüfungsvorbereitung

² Ernennt der Richter das fehlende Organ oder einen Sachwalter, so bestimmt er die Dauer, für die die Ernennung gültig ist. Er verpflichtet die Gesellschaft, die Kosten zu tragen und den ernannten Personen einen Vorschuss zu leisten.

³ Liegt ein wichtiger Grund vor, so kann die Gesellschaft vom Richter die Abberufung von Personen verlangen, die dieser eingesetzt hat.

Wurde eine Revisionsstelle gewählt, die nicht über die richtige Zulassung der RAB verfügt, ist erst dann von Nichtigkeit auszugehen, wenn die Revisionsstelle einen Bericht ohne die richtige Zulassung erstattet hat.

5.4.1.2 Zulassung

Der leitende Revisor und das Revisionsunternehmen, das die Revisionsdienstleistung erbringt, müssen beide mindestens *als zugelassene Revisoren* im Register der Revisionsaufsichtsbehörde eingetragen sein. Die persönliche Zulassung einer Einzelperson, die gesetzliche Revisionsdienstleistungen erbringt, reicht nicht aus. Sie benötigt zur rechtmässigen Erbringung von Revisionsdienstleistungen ebenfalls eine Zulassung für ihre Einzelfirma als Revisionsunternehmen. Diese ist in Art. 6 RAG geregelt.

> § *Art. 6 RAG: Voraussetzungen für Revisionsunternehmen*
>
> ¹ Ein Revisionsunternehmen wird als Revisionsexperte oder als Revisor zugelassen, wenn:
>   a) die Mehrheit der Mitglieder seines obersten Leitungs- oder Verwaltungsorgans sowie seines Geschäftsführungsorgans über die entsprechende Zulassung verfügt;
>   b) mindestens ein Fünftel der Personen, die an der Erbringung von Revisionsdienstleistungen beteiligt sind, über die entsprechende Zulassung verfügt;
>   c) sichergestellt ist, dass alle Personen, die Revisionsdienstleistungen leiten, über die entsprechende Zulassung verfügen;
>   d) die Führungsstruktur gewährleistet, dass die einzelnen Mandate genügend überwacht werden.
>
> ² Finanzkontrollen der öffentlichen Hand werden als Revisionsunternehmen zugelassen, wenn sie die Anforderungen nach Absatz 1 erfüllen. Die Zulassung als staatlich beaufsichtigtes Revisionsunternehmen ist nicht möglich.

Die persönlichen Zulassungsbedingungen sind gemäss Art. 4 und 5 RAG (Näheres dazu in Kapitel 2.4.2):
- *Unbescholtener Leumund* (Gewähr für einwandfreie Prüftätigkeit, u. a. keine Eintragung im Strafregister; kein persönlicher Konkurs)
- *Abgeschlossene Ausbildung* laut abschliessender Aufzählung gemäss Art. 4 Abs. 2 RAG (Diplom oder Fähigkeitsausweis; bei ausländischer Ausbildung analoger Nachweis)
- *1 Jahr Fachpraxis* vorwiegend auf den Gebieten Rechnungswesen und Rechnungsrevision. Die Fachpraxis während der Ausbildung wird angerechnet (tatsächliche Tätigkeit)
- *Beaufsichtigte Fachpraxis* (durch einen zugelassenen Revisor)

Die kumulativen Voraussetzungen für Revisionsunternehmen sind gemäss Art. 6 RAG folgende:
- Mehrheit des obersten Leitungs- und Verwaltungsorganes verfügt über die Zulassung.
- Mehrheit des Geschäftsführungsorganes verfügt über die Zulassung.

- Ein Fünftel der Personen, die Revisionsdienstleistungen erbringen, verfügen über die Zulassung (bezogen auf die Mandatsführung: 20% der geleisteten Stunden sind von einem zugelassenen Revisor zu erbringen).
- Die leitenden Revisoren verfügen über die Zulassung.
- Das Revisionsunternehmen weist eine Führungsstruktur auf, welche sicherstellt, dass die einzelnen Mandate genügend überwacht werden (internes Qualitätssicherungssystem und Überwachung der Qualitätssicherung, Vertiefung in Kapitel 18).

Besitzt die Revisionsstelle bzw. der leitende Revisor die höhere Zulassung als Revisionsexperte, dürfen eingeschränkte Revisionen ebenfalls durchgeführt werden.

Erfüllt das bisher gemäss den gesetzlichen Bestimmungen von Art. 727a OR eingeschränkt geprüfte Mandat neu die Voraussetzungen für eine ordentliche Revision, führt die Revisionsstelle – sofern sie die Zulassung als Revisionsexpertin besitzt – die ordentliche Revision durch. Verweigert die Unternehmensleitung eine ordentliche Revision, so ist es angezeigt, dass die Revisionsstelle unter Angabe der Gründe gemäss Art. 959c Abs. 2 Ziff. 14 OR vom Mandat zurücktritt (SER, S. 11). Eine Ausnahme zu machen von dieser im SER stipulierten Regel, empfiehlt sich nach Ansicht der Autoren im ersten Jahr zur Verhinderung von Haftungsrisiken (vgl. Kapitel 20). Die Revisionsstelle würde dann im Bericht an die Generalversammlung auf die Pflichtverletzung des Verwaltungsrats hinweisen und diesen dahingehend informieren, dass sie vor der nächsten Prüfung zurücktreten wird, falls er seine Meinung nicht ändern sollte.

Die persönliche Zulassung und Registrierung als zugelassener Revisor ist unbefristet, jene als Revisionsunternehmen muss nach 5 Jahren wieder erneuert werden (Art. 3 Abs. 2 RAG). Eine Zulassung kann befristet oder unbefristet entzogen werden, wenn die Zulassungsvoraussetzungen nach Art. 4–6 RAG nicht mehr erfüllt sind (Art. 17 RAG).

Jede Änderung von eingetragenen Tatsachen von registrierten natürlichen Personen und Revisionsunternehmen muss der Revisionsaufsichtsbehörde unverzüglich mitgeteilt werden (Art. 16 Abs. 3 RAG). Dies, um festzustellen, ob die Zulassungsbedingungen weiterhin erfüllt sind.

5.4.1.3 Unabhängigkeit

Nebst den zulassungsrechtlichen Bestimmungen gemäss dem Aufsichtsrecht muss der Abschlussprüfer über die erforderliche Unabhängigkeit gemäss Art. 729 OR verfügen. Die Revisionsstelle darf das Mandat nur annehmen, wenn die Unabhängigkeit weder tatsächlich («independence in fact» / «independence of mind») noch dem Anschein nach («independence in appearance») beeinträchtigt ist (Art. 729 Abs. 1 OR).

Die Mitwirkung bei der Buchführung und das Erbringen anderer Dienstleistungen für die zu prüfenden Unternehmen sind im Rahmen einer eingeschränkten Revision zulässig. Sofern die Gefahr der Überprüfung eigener Arbeiten besteht, muss die Revisionsstelle mit geeigneten organisatorischen und personellen Massnahmen eine verlässliche Prüfung sicherstellen (Art. 729 Abs. 2 OR).

5. Prüfungsvorbereitung

In der Praxis besteht in der Frage der Unabhängigkeit grosse Unsicherheit. Insbesondere die Unabhängigkeit dem Anschein nach sorgt für Diskussionen. Daneben stellt sich die Frage, inwiefern eine «Mitwirkung» bei der Buchführung möglich ist. Die Interpretation der gesetzlichen Bestimmungen durch die Aufsichtsbehörde, die Berufsverbände, die Gerichte und die Lehre erscheint hier teilweise unterschiedlich und hat sich im Verlauf der Zeit immer wieder geändert. Auch verunsichern Zulassungsentzüge aufgrund von Verletzungen der Unabhängigkeitsbestimmungen den Berufsstand. Kapitel 19 legt umfassend dar, was hinsichtlich des Gebots der Unabhängigkeit zu beachten ist.

5.4.2 Kann ich das Mandat annehmen bzw. weiterführen (organisatorische und fachliche Voraussetzungen)?

Der Abschlussprüfer muss die Tätigkeit und das Umfeld des Unternehmens und die inhärenten Risiken kennen, um eine zuverlässige Risikobeurteilung vornehmen zu können. Diese Beurteilung setzt angemessene und allenfalls spezifische Branchen- und Fachkenntnisse voraus. Als solche sind Kenntnisse und Know-how rechnungslegungsrelevanter Eigenheiten und Anfälligkeiten zu verstehen, welche für die ordnungsgemässe Erstellung der Jahresrechnung erforderlich sind (z.B. spezielle Gewährleistungen bei Dienstleistungsunternehmen; Garantieverpflichtungen bei Exporten; Bewertungen von angefangenen Arbeiten, die nach Arbeitsfortschritt auf den Besteller übergegangen sind etc.). Bei Neumandaten muss der Abschlussprüfer über diese Erfahrungen in ausreichendem Masse verfügen oder sich diese Kenntnisse aneignen. Diese können in Seminaren, bei den Branchenverbänden, aus dem Internet etc. beschafft werden. Bei bestehenden Mandaten sind die Kenntnisse laufend zu aktualisieren. Im Rahmen der Qualitätssicherung (siehe Kapitel 18) sind hierzu geeignete Massnahmen vorzusehen (z.B. Weiterbildungen, Studium Branchenentwicklungen).

Ohne diese Branchen- und Fachkenntnisse wird der Abschlussprüfer in der Regel nicht in der Lage sein, hinreichende Prüfungsnachweise zu erlangen, welche ihm eine verlässliche Aussage zur Jahresrechnung ermöglichen.

Im Einzelfall und für spezielle Jahresabschlussposten wird es möglich sein, dass sich der Abschlussprüfer auf Arbeiten eines anderen Wirtschaftsprüfers oder eines Experten abstützen kann, sofern diese Unterlagen beim Kunden bereits vorliegen (vgl. auch Kapitel 7.4.6).

Die personellen Ressourcen und Kompetenzen sind entscheidend bei der Frage, ob ein Prüfungsmandat ordnungsgemäss durchgeführt werden kann. Das Prüfungsunternehmen muss bei der Beurteilung der Mandatsannahme und -weiterführung nebst den gesetzlichen Voraussetzungen auch sicherstellen, dass

- der leitende Revisor über die notwendige Kompetenz und Kapazität verfügt, das Mandat pflichtgemäss zu leiten;
- die Zuweisung von Prüfungsarbeiten an Mitarbeiter erfolgt, welche über die notwendigen Erfahrungen, Kenntnisse und die notwenige Ausbildung verfügen und
- die Überwachung des Mandats gewährleistet ist.

Die personellen Kompetenzen sind eng verbunden mit der Frage der permanenten und systematischen Aus- und Weiterbildung der Mitarbeiter (Vertiefung in Kapitel 18.9).

5. Prüfungsvorbereitung

5.4.3 Will ich das Mandat annehmen bzw. weiterführen (geschäftspolitische Überlegungen)?

Das Prüfungsunternehmen muss im Rahmen seiner Unternehmensstrategie bestimmen, in welchen Märkten es tätig sein will. Beispielsweise wird anhand einer Swot-Analyse das anzustrebende Kundensegment und Kundenprofil definiert und die Strategie entwickelt.

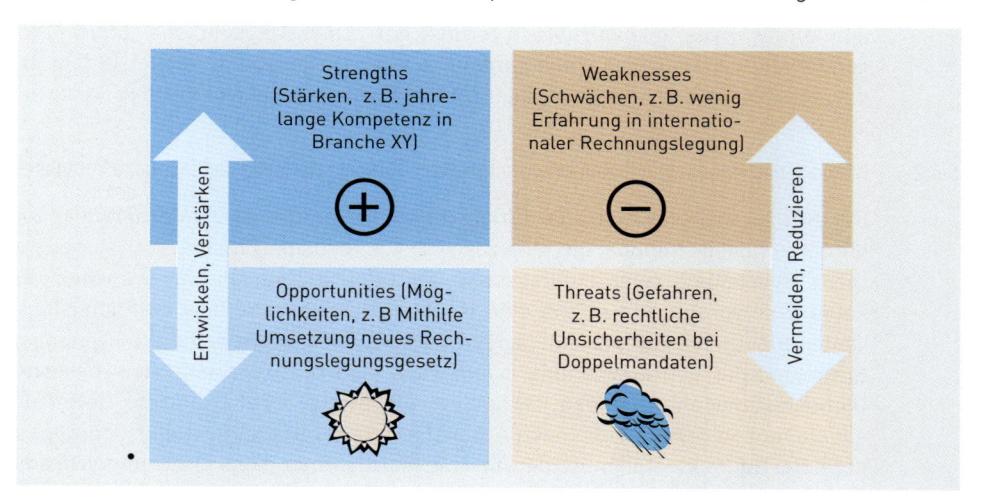

	Entwickeln, Verstärken		Vermeiden, Reduzieren
↑	Strengths (Stärken, z. B. jahrelange Kompetenz in Branche XY) ⊕	Weaknesses (Schwächen, z. B. wenig Erfahrung in internationaler Rechnungslegung) ⊖	↑
↓	Opportunities (Möglichkeiten, z. B. Mithilfe Umsetzung neues Rechnungslegungsgesetz)	Threats (Gefahren, z. B. rechtliche Unsicherheiten bei Doppelmandaten)	↓

Abbildung 15: Swot-Analyse

Auszug aus einer Unternehmensstrategie (Beispiel einer KMU-Treuhandgesellschaft):

> Wir sind eine Revisions- und Beratungsgesellschaft, welche durch unternehmerisches Handeln und persönliches Engagement unsere Mandanten bei der Erreichung ihrer wirtschaftlichen Ziele aktiv unterstützt.
>
> Wir arbeiten kundenorientiert und streben nach umfassenden Dienstleistungen im Bereich der Wirtschaftsprüfung und Wirtschaftsberatung auf hohem fachlichem Niveau und mit persönlichem Engagement zum gegenseitigen Nutzen.
>
> Die bedürfnisgerechte Abwicklung der Mandate basiert auf gegenseitigem Vertrauen. Unsere Mandatsleiter orientieren sich an den ausdrücklichen Bedürfnissen unserer Kunden. Wir achten dabei auf eine unabhängige und objektive Arbeitsweise. Unsere Dienstleistungen zeichnen sich durch Kompetenz und unternehmerisches Denken aus.
>
> Bezüglich der Risikobereitschaft unseres Unternehmens orientieren wir uns an den folgenden strategischen Zielen:
> - Wir gehen Kundenbeziehungen nur mit vertrauenswürdigen Kunden ein, die wir persönlich kennen bzw. bei denen wir die Möglichkeit haben, ihr persönliches und wirtschaftliches Umfeld kennen zu lernen.
> - Wir gehen Kundenbeziehungen nur ein, wenn wir uns unabhängig und ungehindert eine objektive Meinung bilden können.
> - Wir gehen Kundenbeziehungen nur ein, wenn unser Mandant gewillt ist, uns offen über alle wichtigen Aspekte zu orientieren und uns für unsere Dienstleistungen angemessen zu honorieren.

5. Prüfungsvorbereitung

> Unsere Zielkunden definieren wir wie folgt:
> - Wir konzentrieren uns auf lokale KMU-Gesellschaften.
> - Wir übernehmen Mandate ausschliesslich im Bereich des baunahen Gewerbes und baunaher Dienstleistungsunternehmen.
> - Wir übernehmen entweder das Buchführungsmandat oder das Revisionsmandat, nicht aber beides.
> - Wir übergeben bzw. vermitteln die entsprechenden Revisionsmandate der Firma [...].
> - Dafür erhalten wir im Gegenzug Revisionsmandate, welche von der Firma [...] als Treuhänderin begleitet werden.
> - Revisionsmandate, welche einen Honorarumfang von CHF 30 000 übersteigen, nehmen wir nicht an [...].

Die Konzentration der Stärken (besondere Branchenkenntnisse und -erfahrungen) auf ein bestimmtes Marktsegment trägt wesentlich dazu bei, seine eigenen Unternehmensrisiken zu steuern.

Nebst den eigenen strategischen Überlegungen zur Mandatsannahme und -weiterführung sind kundenspezifische Kriterien, namentlich die Risikosituation, zu berücksichtigen. Der folgende Negativkatalog kann wichtige Hinweise für den Verzicht auf ein Revisionsmandat geben:

Risikokriterien, welche eine Mandatsannahme bzw. -weiterführung beeinträchtigen können	Mögliche Aspekte, welche eine Mandatsannahme oder -weiterführung beeinträchtigen können
Vom Hörensagen, von Publikationen	• Schlechter Ruf der Gesellschaft • Schlechter Ruf von Schlüsselpersonen in der Gesellschaft • Schlechte finanzielle Situation der Gesellschaft und/oder ihrer Eigentümer • Verstoss gegen Gesetze und Vorschriften • Häufige Rechtsstreitigkeiten • Eintragungen im Betreibungsregister • Unethisches Verhalten der Gesellschaft und von Schlüsselpersonen • Unprofessionelles, aggressives Geschäftsgebaren • Ausgeprägt renditeorientiert • Hohe Personalfluktuation
Eigene Erfahrungen	• Mangelhafte Integrität und Vertrauenswürdigkeit • Mangelhafte Verlässlichkeit bei Abmachungen • Mangelhafte Zuverlässigkeit bei Zahlen und Fakten • Mangelhafte Kooperationsbereitschaft • Mangelhafte Kenntnisse und Erfahrungen • Mangelhafte Organisation • Mangelhaftes Rechnungswesen • Mangelhaftes Interesse an Buchführung und Revision
Grund für Revisionswechsel	• Fehlende Qualifikation der Revisionsstelle • Meinungsverschiedenheiten mit der Revisionsstelle • Honorarprobleme • Mangelndes Vertrauensverhältnis

5. Prüfungsvorbereitung

Die sensible Wahrnehmung von Risikofaktoren trägt wesentlich dazu bei, Risiken aufgrund der Annahme kritischer Mandate zu vermeiden oder zu reduzieren. Die Revisionsstelle ist Träger der verschiedenen gesetzlichen Pflichten (siehe Kapitel 2.9) und haftet für pflichtwidriges Verhalten (siehe Kapitel 20). So ist eine Prüfgesellschaft gut beraten, die Risikoeinschätzung sorgfälltig vorzunehmen. Denn das Haftungsrisiko kann bei einer überschuldeten Gesellschaft mit einer unkooperativen Unternehmensleitung schnell das Mehrfache des Honorars betragen. Besteht bei einem Unternehmen im Zeitpunkt der Beurteilung der Mandatsannahme Handlungsbedarf im Sinne von OR Art. 725 Abs. 2 (Überschuldung), wird der Prüfer in der Regel auf die Annahme des Mandats verzichten, sollte der Verwaltungsrat die notwendigen Massnahmen nicht ergriffen haben bzw. in der notwendigen Frist zu ergreifen bereit sein.

Handelt es sich um ein Mandat, das im Vorjahr von einer anderen Revisionsstelle oder infolge eines Opting-out gar nicht geprüft wurde, muss sich der Abschlussprüfer im Verlauf der Prüfung vergewissern, dass die Eröffnungsbestände sowie die Vorjahreszahlen keine wesentlichen falschen Angaben enthalten (Vertiefung in Kapitel 11). Die vorstehenden Risikofaktoren können auf mögliche Anfälligkeiten hindeuten.

Die Überlegungen zur Mandatsannahme und -weiterführung sind in den Arbeitspapieren zu dokumentieren. Es eignen sich dazu in der Praxis vordefinierte Checklisten oder Formulare, die sicherstellen sollen, dass an alle kritischen Punkte gedacht wurde. Es ist zweckmässig, wenn der mit der Leitung der eingeschränkten Revision betraute Abschlussprüfer dieses Arbeitspapier erstellt. Im Kapitel 5.8.3 ist ein Muster eines Arbeitspapieres für die Klärung der Mandatsannahme/-weiterführung aufgeführt.

5.5 Auftragsbestätigung

Der Abschlussprüfer muss sich darüber im Klaren sein, dass er die Verantwortung für die Prüfung der Gesetzeskonformität der Jahresrechnung trägt und wesentliche Fehlaussagen in der Jahresrechnung mit einer begrenzten Urteilssicherheit erkennen muss. Der Verwaltungsrat bzw. die entsprechenden Verantwortlichen für die Abschlusserstellung sind dafür verantwortlich, dass aufgrund einer ordnungsgemässen Buchführung und eines angemessenen Kontrollumfeldes eine gesetzeskonforme Rechnungslegung erstellt wird. Dazu gehört, dass der Mandant dem Prüfer alle erforderlichen Unterlagen übergibt und die Auskünfte erteilt, welche für die Prüfung nötig sind, bei Bedarf auch schriftlich (SER, S. 12).

Diese Aufteilung der Verantwortung und der Informationspflicht ist – insbesondere bei kleineren Mandaten – nicht immer klar und deshalb anfällig für Missverständnisse. Es wird in diesem Zusammenhang auch von einer Erwartungslücke gesprochen: Der Kunde kann Erwartungen an den Revisor haben, die im Widerspruch zu seinem gesetzlichen Auftrag stehen. Schon allein deshalb muss der Abschlussprüfer in jedem Fall mit dem Mandanten die Verantwortlichkeiten klären. In Ausnahmefällen, bei kleinsten und übersichtlichen Verhältnissen kann dies mündlich erfolgen.

Es empfiehlt sich jedoch – zur Sicherheit für den Mandanten und den Abschlussprüfer –, die Bedingungen für die gesetzeskonforme Rechnungslegung und Abschlussprüfung schriftlich in einer Auftragsbestätigung festzuhalten. Es sollten insbesondere folgende Punkte schriftlich vereinbart werden:

5. Prüfungsvorbereitung

Themen in der Auftragsbestätigung	Überlegungen, die mit dem Verantwortlichen für die Jahresrechnung zu besprechen sind
Auftraggebende Gesellschaft und Gegenstand der Prüfung	Um welche Gesellschaft, um welche Jahresrechnung und um welche Art der Prüfung handelt es sich?
Feststellung der Verantwortung	Weiss der Verwaltungsrat, dass er für die gesetzeskonforme Rechnungslegung verantwortlich ist?
Umfang der eingeschränkten Revision	Sind sich der Verwaltungsrat und die Aktionäre (Mehrheits- und Minderheitsaktionäre) bewusst, dass die eingeschränkte Revision eine weniger hohe Prüfsicherheit bietet als eine ordentliche Revision und keine Abnahmeempfehlung gemacht wird?
Inhalt der eingeschränkten Revision	Weiss der Verwaltungsrat, dass sich die eingeschränkte Revision auf Befragungen, analytische Prüfungshandlungen und angemessene Detailprüfungen beschränkt? Das IKS, deliktische Handlungen und andere Gesetzesverstösse sind nicht Gegenstand der Prüfung.
Beurteilung der erhaltenen Auskünfte	Ist sich der Verwaltungsrat bewusst, dass sich die Revision auf die vom Kunden vorbereiteten Unterlagen abstützt und keine weiteren Unterlagen (z. B. Drittbestätigungen) einverlangt werden?
Honorierung der Revision	Weiss der Verwaltungsrat, dass das Revisionshonorar nach Aufwand bemessen wird und keine Pauschalen zulässig sind?

Im Kapitel 5.8.1 findet sich das Muster einer Auftragsbestätigung aus dem Standard zur eingeschränkten Revision.

Eine separate Auftragsbetätigung wird dringend empfohlen, wenn zusätzlich bei der Buchführung mitgewirkt wird oder andere Dienstleistungen erbracht werden (siehe Beispiel in Kapitel 5.8.2 und Vertiefung in Kapitel 18.8 bzw. 19.7.6).

5.6 Wahlannahmeerklärung

Bei einer Erstprüfung ist es notwendig, dass die zu wählende Revisionsstelle vor der Wahl eine Wahlannahmeerklärung zuhanden der Gesellschaft abgibt. Zusammen mit dem Generalversammlungsprotokoll, aus dem die Wahl der neuen Revisionsstelle hervorgeht, schickt der Verwaltungsrat diese dem Handelsregister, welches die notwendige Eintragung im Handelsregister vornimmt. Ein Beispiel für eine Wahlannahmeerklärung enthält Kapitel 5.6.

5.7 Zusammenfassung der Anforderungen

- Der Abschlussprüfer muss vor der *Mandatsannahme bzw. Wiederwahl beurteilen,* ob er das Mandat annehmen/weiterführen *darf, kann* und *will.*
- Der Abschlussprüfer muss die *gesetzlichen Bestimmungen für die Durchführung einer eingeschränkten Revision abklären.* Ist eine ordentliche Revision durchzuführen und der Mandant weigert sich, so muss die Revisionsstelle vom Mandat Abstand nehmen (Neumandat) oder zurücktreten.
- Der Abschlussprüfer muss klären, ob die *gesetzlichen Bestimmungen betreffend Unabhängigkeit eingehalten sind.* →

5. Prüfungsvorbereitung

- Der Abschlussprüfer muss sicherstellen, dass bezüglich der *personellen, sachlichen und zeitlichen Ressourcen* die eingeschränkte Revision pflichtgemäss durchgeführt werden kann.
- Der Abschlussprüfer muss sicherstellen, dass *keine unzulässigen Beschränkungen* des Prüfungsumfangs vorliegen.
- Der Abschlussprüfer muss mit dem Mandanten darüber einig sein, *welche Verantwortungen der Verwaltungsrat und die Revisionsstelle haben* und *unter welchen Bedingungen die eingeschränkte Revision durchzuführen ist.* Die Erstellung einer schriftlichen *Auftragsbestätigung* ist zweckmässig.
- Der Abschlussprüfer muss alle wesentlichen Informationen für die Beurteilung der *Mandatsannahme oder -weiterführung dokumentieren.*
- Erkennt der selbstkritische Abschlussprüfer *Defizite* bei der Beurteilung der Mandatsannahme oder -weiterführung, sei dies auf seiner Seite (z. B. mangelhafte Branchenkenntnisse) oder auf Seite des Kunden (z. B. unzulässige Beschränkung des Prüfungsumfanges), so muss er *geeignete Massnahmen ergreifen* (z. B. Beizug eines Fachkollegen) oder von der Mandatsannahme oder -weiterführung absehen.

5.8 Beispiele

5.8.1 Auftragsbestätigung eingeschränkte Revision

Quelle: SER Anhang C

An den Verwaltungsrat [1] der ... [2]

Die Generalversammlung Ihrer Gesellschaft vom [Datum] hat uns [3] als Revisionsstelle im Sinne des Obligationenrechts (Art. 727 ff. OR) der ... [2] gewählt. Gerne erklären wir die Annahme dieser Wahl und legen Ihnen dar, wie wir den Auftrag zur Vornahme einer eingeschränkten Revision der Jahresrechnung [4] für das am ... [5] abgeschlossene Geschäftsjahr [6] verstehen. Diese Auftragsbestätigung gilt auch für die Revision in den nachfolgenden Jahren, sofern das Revisionsmandat verlängert und keine neue Auftragsbestätigung vereinbart wird.

1. Ziel und Grundsätze der eingeschränkten Revision

Die eingeschränkte Revision erfolgt mit dem Ziel einer Aussage darüber, ob wir auf Sachverhalte gestossen sind, die uns zum Schluss veranlassen, dass die Jahresrechnung sowie der Antrag über die Verwendung des Bilanzgewinns [4] nicht in allen wesentlichen Punkten Gesetz und Statuten entsprechen.

Für die Erstellung der Jahresrechnung [4] ist ... [7] verantwortlich. Diese Verantwortung beinhaltet auch eine ordnungsmässige Buchführung, eine angemessene interne Kontrolle, die Auswahl und Anwendung von Regeln ordnungsmässiger Rechnungslegung und die Sicherung der Vermögenswerte des Unternehmens. Mit der Unterzeichnung dieser Auftragsbestätigung erklärt ... [7], dass die gesetzlichen Voraussetzungen für die Durchführung einer eingeschränkten Revision erfüllt sind, insbesondere dass keine ordentliche Revision durchzuführen ist.

→

5. Prüfungsvorbereitung

Wir werden diese eingeschränkte Revision nach dem «Standard zur eingeschränkten Revision» vornehmen. Danach wird die eingeschränkte Revision so geplant und durchgeführt, dass – wenn auch mit deutlich weniger Sicherheit als bei einer ordentlichen Revision – ausgesagt werden kann, ob der Revisor auf Sachverhalte gestossen ist, die ihn zum Schluss veranlassen, dass die Jahresrechnung [4] nicht frei von wesentlichen Fehlaussagen im vorstehenden Sinne ist. Der Revisor kann bei seiner Prüfung von der Richtigkeit der erhaltenen Auskünfte und Unterlagen ausgehen, solange keine gegenteiligen Hinweise vorliegen (Grundsatz von Treu und Glauben).

Entsprechend dem Charakter der eingeschränkten Revision ist der Umfang der Prüfungshandlungen geringer als bei einer ordentlichen Revision. Namentlich werden
- keine Prüfung des internen Kontrollsystems,
- keine Inventurbeobachtung und keine Einholung von Drittbestätigungen – die Prüfung beschränkt sich grundsätzlich auf beim geprüften Unternehmen intern verfügbare Informationen – sowie
- keine gezielten Befragungen oder weiteren Prüfungen zur Aufdeckung von deliktischen Handlungen und weiteren Gesetzesverstössen (z. B. betreffend direkte Steuern, Mehrwertsteuern, Sozialversicherungen, Umweltschutz)

durchgeführt.

Die eingeschränkte Revision besteht in erster Linie aus Befragungen und analytischen Prüfungshandlungen in Bezug auf finanzielle Daten sowie angemessenen Detailprüfungen. Wir werden keine ordentliche Revision vornehmen.

Wir gehen davon aus, dass uns alle Aufzeichnungen, Unterlagen und sonstigen Informationen in der von uns gewünschten Form zur Verfügung stehen werden, die wir für unsere eingeschränkte Revision benötigen. Als Teil der eingeschränkten Revision werden wir bei den Verantwortlichen eine schriftliche Bestätigung der uns bei der eingeschränkten Revision gegebenen Auskünfte einholen.

Sollten die Kriterien gemäss Art. 727 OR für eine ordentliche Revision erfüllt sein, so muss der Auftrag neu definiert werden.

2. Honorar

Unser Honorar basiert auf dem Zeitaufwand der Mitglieder des Prüfungsteams und deren Stundensätzen. Diese richten sich nach dem Grad der Verantwortung, der Erfahrung und den Kenntnissen.

Das Honorar stellen wir Ihnen entsprechend dem Stand unserer Arbeiten in Rechnung. Wir schätzen den Honorarbetrag auf [Betrag] (zuzüglich Barauslagen und Mehrwertsteuer).

Bitte senden Sie uns das beiliegende Doppel zum Zeichen Ihres Einverständnisses mit den Bedingungen des Auftrags zur eingeschränkten Revision gegengezeichnet zurück.

Wir freuen uns auf eine gute Zusammenarbeit mit Ihnen und Ihren Mitarbeitenden.

[Datum / Revisor [2] / Domizil / Unterschrift(en)]

Einverständnis des auftraggebenden Organs:

[Datum / Unternehmen [2] / Domizil / Unterschrift(en)]

5. Prüfungsvorbereitung

Redaktionelle Erläuterungen
[1] Bei andern Rechtsformen durch das entsprechende Organ zu ersetzen.
[2] Firmenbezeichnung.
[3] Ist der Revisor eine natürliche Person, so ist der Wortlaut des Schreibens anzupassen.
[4] Anzugeben ist, um welche Art von Jahresrechnung es sich handelt (Jahresrechnung nach OR oder Kern-FER).
[5] Bilanzstichtag.
[6] Anzupassen, wenn das Geschäftsjahr nicht zwölf Monate umfasst: «für das den Zeitraum vom ... bis ... umfassende Geschäftsjahr». Ferner anzupassen, wenn es sich um einen Zwischenabschluss handelt: «für die Periode vom ... bis ...».
[7] Bezeichnung des für die Jahresrechnung verantwortlichen Organs des Unternehmens (meist identisch mit dem auftraggebenden Organ).

5.8.2 Auftragsbestätigung für die Mitwirkung bei der Buchführung

An den Verwaltungsrat der [Firmenbezeichnung]

Gerne erklären wir die Annahme des nachstehenden Auftrags. Dieses Schreiben soll festhalten, wie wir die Bedingungen, Ziele, Grenzen und Art unseres Auftrags verstehen.

Sie haben uns in Ergänzung zu unserem Mandat als Revisionsstelle gemäss Art. 727a OR (eingeschränkte Revision) mit folgender Dienstleistung beauftragt:
- Auf der Grundlage von Informationen, die Sie uns zur Verfügung stellen, werden wir die Buchhaltung sowie den darauf basierenden Jahresabschluss der [Firma] erstellen.
- Die Verarbeitung der uns zur Verfügung gestellten Unterlagen beinhaltet die Verbuchung nach dem von Ihnen vorgegebenen Kontenplan sowie die systematische Ablage der Buchungsbelege.
- Die Erstellung der Saldobilanz dient als Grundlage für die Abschlussgestaltung, welche Sie aufgrund unserer Empfehlungen bestimmen werden.

Wir werden den Auftrag in Übereinstimmung mit dem Art. 729 OR durchführen. Danach ist das Mitwirken bei der Buchführung und das Erbringen anderer Dienstleistungen durch die Revisionsstelle bei der eingeschränkten Revision zulässig. Sofern das Risiko der Überprüfung eigener Arbeiten entsteht, muss durch geeignete organisatorische und personelle Massnahmen eine verlässliche Prüfung sichergestellt werden.

Das Mitwirken bei der Buchführung setzt deshalb die kumulative Einhaltung der nachfolgenden Aspekte voraus:
- Die Verantwortung für die Jahresrechnung bleibt in jedem Fall bei der [Firma].
- Die Revisionsstelle übernimmt keine Aufgaben, die den Anschein erwecken könnten, sie übernehme die Verantwortung des Managements der Firma.
- Die Mitwirkung bei der Buchführung beinhaltet naturgemäss gewisse Risiken in Bezug auf unterschiedliche Interpretationen und Annahmen bei den zu verarbeitenden Sachverhalten. Dieser Risiken sind sich beide Parteien bewusst.
- Zudem wird die Mitwirkung bei der Buchführung personell und organisatorisch getrennt von der Prüfung erfolgen. Im Bericht der Revisionsstelle werden wir die folgende Anmerkung anbringen: *«Ein Mitarbeiter unserer Gesellschaft hat im Berichtsjahr bei der Buchführung mitgewirkt. An der eingeschränkten Revision war er nicht beteiligt.»* →

5. Prüfungsvorbereitung

Für die Richtigkeit und Vollständigkeit der uns zur Verfügung gestellten Informationen und für die von uns erstellte Buchführung und Jahresrechnung sind Sie verantwortlich. Diese Verantwortung umfasst angemessene Buchungsbelege und interne Kontrollen sowie die Festlegung und Durchsetzung angemessener Rechnungslegungsgrundsätze.

Im Rahmen unserer Mithilfe bei den Buchführungs- und Abschlussarbeiten werden wir allfällige Bewertungen oder Schätzungen auf der Grundlage der erhaltenen Unterlagen und Informationen vorbereiten. Der Verwaltungsrat der Firma oder die hierfür bevollmächtigte Geschäftsleitung wird diese Vorbereitungen verifizieren und ausdrücklich gutheissen.

Wir erbringen ausserdem folgende Dienstleistungen:
- Die Vorbereitung folgender Abrechnungen: AHV-Abrechnung, MWSt-Abrechnung [...]. Der Verwaltungsrat oder die hierfür bevollmächtigte Geschäftsleitung überprüft und unterzeichnet diese Abrechnungen.
- [Evtl. Nennung weiterer Dienstleistungen]

Unsere Dienstleistung bietet keinerlei Gewähr dafür, dass deliktische Handlungen, Fehlaussagen oder andere Rechtsverstösse bei der Mitwirkung bei der Buchführung gegebenenfalls aufgedeckt werden. Falls wir solche feststellen, werden wir Sie jedoch informieren.

Der Abschluss ist in Übereinstimmung mit den Bestimmungen des Obligationenrechtes zu erstellen. Abweichungen davon werden wir, soweit bekannt geworden, angeben und nötigenfalls auch schriftlich darlegen.

Wir gehen davon aus, dass uns alle Aufzeichnungen, Unterlagen und sonstigen Informationen zur Verfügung stehen werden, die wir für unsere Arbeiten benötigen.

Unser Honorar basiert auf dem Zeitaufwand der Teammitglieder und deren Stundensätzen, welche sich nach dem Grad der Verantwortung, der Erfahrung und den Kenntnissen richten. Das Honorar wird Ihnen entsprechend dem Stand unserer Arbeiten in Rechnung gestellt. Wir schätzen es auf [Betrag] zuzüglich Barauslagen und Mehrwertsteuer.

Unsere Dienstleistungen erbringen wir nach den Berufsgrundsätzen [der Treuhand-Kammer/von Treuhand Suisse].

Dieses Bestätigungsschreiben gilt auch in den Folgejahren, solange es nicht widerrufen, geändert oder durch ein neues Schreiben ersetzt wird.

Bitte senden Sie uns das beiliegende Doppel zum Zeichen Ihres Einverständnisses mit den Bedingungen dieses Auftrags gegengezeichnet zurück.

Wir freuen uns auf eine gute Zusammenarbeit mit Ihnen und Ihren Mitarbeiterinnen und Mitarbeitern.

[Datum/Beauftragter]

Einverständnis des auftraggebenden Organs:

[Datum/Firma]

5. Prüfungsvorbereitung

5.8.3 Arbeitspapier mit Checkliste für die Beurteilung einer Mandatsannahme/-fortführung

Quelle: Erarbeitet von den Autoren in Zusammenarbeit mit dem KMU-Kompetenzzentrum der Treuhand-Kammer

Mandant: _____

Klärung der Mandatsannahme und -weiterführung	Ja	Nein	Bemerkungen
Voraussetzungen für eine eingeschränkte Revision			
Haben wir gemäss den gesetzlichen Bestimmungen geklärt, dass es sich um ein Mandat der eingeschränkten Revision handelt? Das Mandat kann nicht angenommen werden, wenn anstelle einer eingeschränkten Revision eine ordentliche Revision durchgeführt werden soll.			
Integrität des Kunden			
Ist die Integrität des Kunden gegeben?			
Sind uns die mit der Leitung der zu prüfenden Unternehmen betrauten Personen bekannt?			
Kennen wir die Eigentumsverhältnisse des Kunden? Sie deuten nicht auf besondere Risiken hin?			
Beurteilen wir die Geschäftstätigkeit des Kunden als gesetzeskonform und ethisch vertretbar?			
Halten wir die Kompetenz und Erfahrung des Kunden im Zusammenhang mit der Rechnungslegung für gegeben?			
Können wir davon ausgehen, dass der Kunde uns alle wichtigen Informationen über sein Unternehmen vorlegt und uns in unserer Tätigkeit nicht einschränkt?			
Finanzielles und organisatorisches Umfeld			
Ist uns die finanzielle und organisatorische Situation des Kunden bekannt, und sind damit nicht besondere Risiken verbunden?			
Schätzen wir das Kontrollbewusstsein und das Rechnungswesen des Kunden als angemessen ein?			
Besteht aufgrund der uns bekannten Informationen kein Handlungsbedarf im Sinne von Art. 725 OR?			
Sollte ein Handlungsbedarf gemäss Art. 725 OR bestehen, bestätigt uns der Verwaltungsrat des Kunden, dass er ohne Verzug die notwendigen Massnahmen ergreift? Wir sind uns der erhöhten Risikolage bewusst.			
Besteht aufgrund der uns bekannten Informationen keine Unsicherheit bezüglich der Unternehmensfortführung?			
Sollte eine solche bestehen, bestätigt uns der Verwaltungsrat des Kunden, dass er alle erforderlichen Massnahmen ergreift? Wir sind uns der erhöhten Risikolage bewusst.			
Falls die Gesellschaft in der Vorperiode von einer anderen Gesellschaft geprüft wurde, liegt uns der Revisionsstellenbericht vor. Sollte dieser vom Standardwortlaut abweichen, sind die daraus für uns ableitbaren Risiken vertretbar?			

5. Prüfungsvorbereitung

Klärung der Mandatsannahme und -weiterführung	Ja	Nein	Bemerkungen
Persönliche Voraussetzungen			
Können wir bestätigen, dass alle im Mandat involvierten Personen, unsere Unternehmensleitung und sonstige den Unabhängigkeitsvorschriften unterliegende Parteien in keiner Weise gegen die Unabhängigkeitsvorschriften verstossen?			
Können wir bestätigen, dass der leitende Revisor die Anforderungen an die Zulassung erfüllt?			
Können wir bestätigen, dass wir im Zusammenhang mit der Honorierung die Berufsgrundsätze einhalten (keine Pauschal- oder Erfolgshonorare)?			
Sind wir sicher, dass wir nicht bei der Buchführung mitwirken oder andere Dienstleistungen erbringen, bei denen die Gefahr besteht, eigene Arbeiten zu überprüfen?			
Wenn wir obige Frage mit Nein beantwortet haben, so haben wir sichergestellt, dass zwischen Buchführung bzw. der anderen Dienstleistungen und der Revision eine organisatorische sowie eine personelle Trennung erfolgt.			
Haben wir dem Kunden mitgeteilt, dass der Grad der Zusicherung weniger hoch ist als bei einer ordentlichen Revision?			
Bisherige Erfahrungen			
Haben wir mit dem Mandanten bisher keine negativen Erfahrungen gemacht, die zu Erwägungen geführt haben, verneinende Prüfungsaussagen zu machen oder vom Mandat zurückzutreten?			
Ist uns der Grund für den Mandatswechsel bekannt? Es deutet nichts darauf hin, dass wir erhöhte Prüfungsrisiken eingehen?			
Auftragsbestätigung			
Haben wir eine unterschriebene Auftragsbestätigung in unseren Akten? Bei Doppelmandaten haben wir eine zusätzliche Auftragsbestätigung für die Mitwirkung bei der Buchführung/andere Dienstleistungen.			

5.8.4 Wahlannahmeerklärung

An [die Generalversammlung/Gründerversammlung] der

[Firma, Domizil]

[Ort, Datum]

Annahmeerklärung als eingeschränkt prüfende Revisionsstelle

Sehr geehrte Damen und Herren

Gerne erklären wir uns bereit, das Mandat als gesetzliche Revisionsstelle Ihrer Gesellschaft anzunehmen. Wir bestätigen, dass wir die Voraussetzungen bezüglich Zulassung und Unabhängigkeit gemäss Art. 727 ff. OR erfüllen.

Für das uns entgegengebrachte Vertrauen danken wir Ihnen.

Freundliche Grüsse

[Rechtsgültige Unterschrift]

6. Prüfungsplanung

6.1	Inhalt des Kapitels
6.2	Grafische Übersicht
6.3	Überblick über die Prüfungsplanung, Risikoansatz
6.4	Kenntnisse über Tätigkeit und Umfeld des Unternehmens
6.5	Wesentlichkeit und Fehlertoleranz
6.6	Analytische Prüfungshandlungen in der Planungsphase
6.7	Beurteilung von inhärenten Risiken
6.8	Reaktion auf die festgestellten Prüfungsrisiken in der Planungsphase
6.9	Prüfungsplan und Prüfprogramm
6.10	Planungsbesprechung intern im Team
6.11	Kommunikation mit der Unternehmensleitung zur Planung
6.12	Abschluss der Prüfungsplanung
6.13	Zusammenfassung der Anforderungen
6.14	Beispiele und Arbeitshilfen

6. Prüfungsplanung

6.1 Inhalt des Kapitels

Die wesentlichen Punkte der Prüfungsplanung:
- Beurteilung der inhärenten Risiken aufgrund von Kenntnissen über Tätigkeit und Umfeld des Unternehmens, der Analyse der Jahresrechnung und von Wesentlichkeitsüberlegungen.
- Erstellen eines entsprechenden Prüfungsplans und Prüfprogramms.
- Die teaminterne Kommunikation und die Kommunikation mit der Unternehmensleitung in der Planungsphase.

6.2 Grafische Übersicht

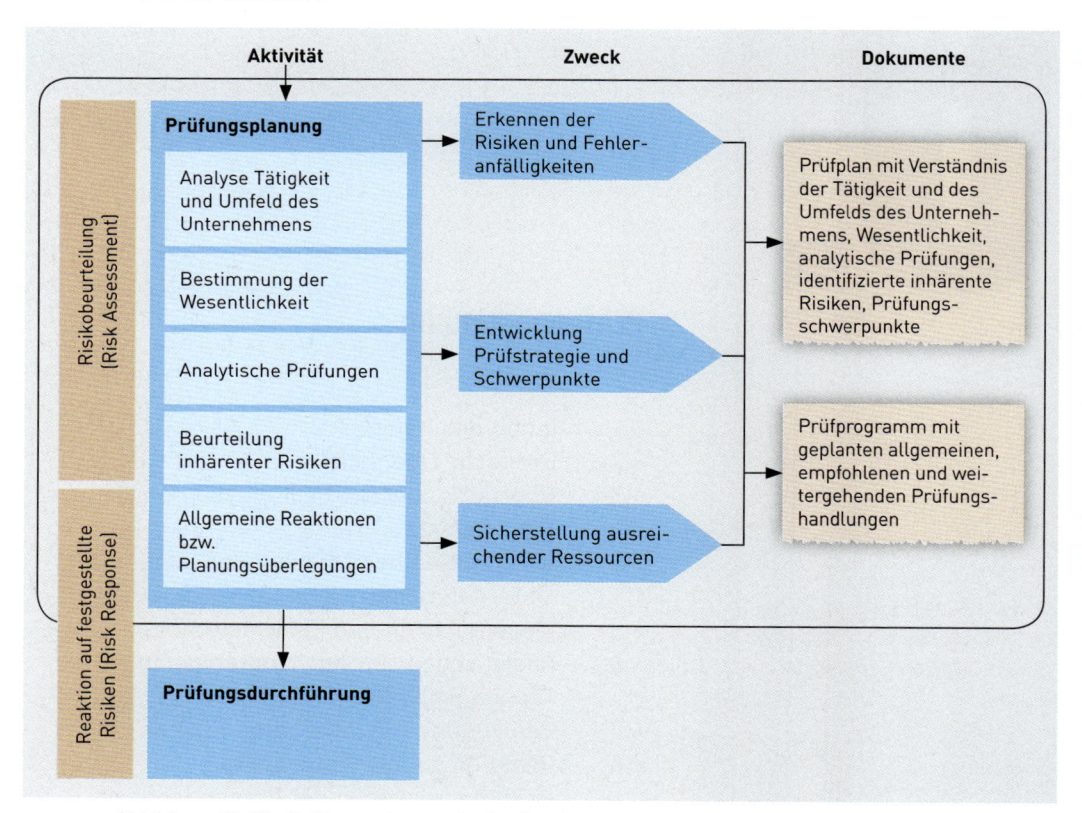

Abbildung 16: Die Prüfungsplanung in der Roadmap zur eingeschränkten Revision

6.3 Überblick über die Prüfungsplanung, Risikoansatz

6.3.1 Einleitung

Mit der Prüfungsplanung soll die Prüfung so ausgerichtet werden, dass wesentliche Fehlaussagen mit einer gewissen Sicherheit (60–70 % bei der eingeschränkten Revision, siehe Kapitel 1.9) in der Jahresrechnung erkannt werden. Der Prüfer wendet zu diesem

6. Prüfungsplanung

Zweck einen risikoorientierten Prüfungsansatz an. Dessen Ziel ist es, die Prüfung auf relevante Risiken auszurichten und mittels gezielter Prüfungshandlungen das Prüfungsrisiko auf ein akzeptables Niveau zu reduzieren.

```
┌─────────────────────────────────────────────────────────────┐
│     Risiken identifizieren und beurteilen (Risk Assessment) │
└─────────────────────────────────────────────────────────────┘
                              ↓
┌─────────────────────────────────────────────────────────────┐
│     Prüfungshandlungen definieren und durchführen (Risk Response) │
└─────────────────────────────────────────────────────────────┘
                              ↓
┌─────────────────────────────────────────────────────────────┐
│ Ziel: Ausreichende Prüfsicherheit zur Reduktion des Prüfungsrisikos auf ein akzeptables Mass │
│ (wesentliche Fehlaussagen in der Jahresrechnung werden mit einer Sicherheit von 60–70 % erkannt) │
└─────────────────────────────────────────────────────────────┘
```

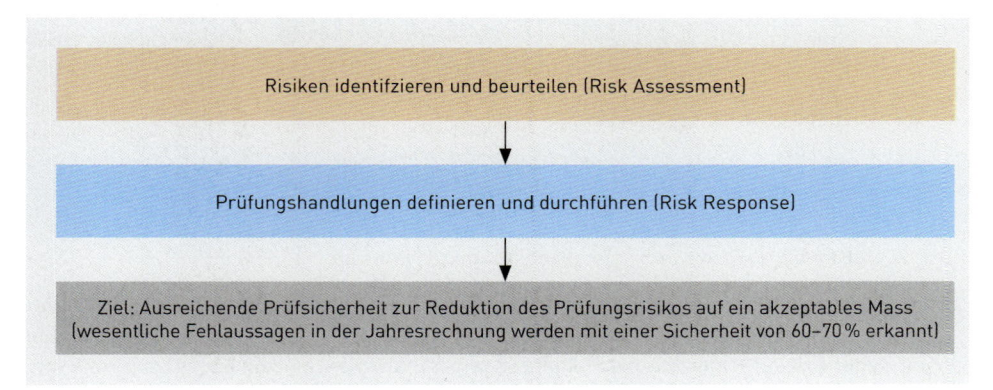

Abbildung 17: Vorgehen und Ziel beim risikoorientierten Prüfungsansatz

Während der Planungsphase stehen das Erkennen und Beurteilen von Risiken, die einen wesentlichen Einfluss auf die Jahresrechnung haben könnten, im Vordergrund (Risikobeurteilung). Zu diesem Zweck muss sich der Abschlussprüfer Kenntnisse über das Unternehmen und dessen Umfeld aneignen, die Wesentlichkeitsgrenzen definieren, analytische Prüfungshandlungen durchführen sowie inhärente Risiken erkennen und beurteilen (SER, S. 13 f.). Der Prüfer konzentriert sich auf die wichtigsten Risiken und bildet entsprechende Prüfungsschwerpunkte (wesentliche Jahresabschlussposten mit hoher Fehleranfälligkeit). Die resultierende Prüfstrategie wird in einem grundsätzlichen Prüfungsplan festgehalten und in einem detaillierten Prüfprogramm konkretisiert (SER, S. 16). Diese beiden Dokumente (in kleinen Verhältnissen in einem Arbeitspapier) zeigen, welche allgemeinen planerischen Massnahmen und konkreten Prüfungshandlungen der Abschlussprüfer trifft, um den Risiken wesentlicher Fehlaussagen in der Jahresrechnung mit geeigneten Prüfungshandlungen zu begegnen (Reaktion auf festgestellte Risiken).

Schliesslich werden wesentliche Aspekte der Planungsphase intern im Team besprochen (HWP 2 2009, S. 574), der Unternehmensleitung kommuniziert (HWP 2, S. 579) und entsprechend dokumentiert (HWP 2009 2, S. 578).

6.3.2 Risikoansatz und Risikobegriff in der Planungsphase der eingeschränkten Revision

Im Vergleich zur ordentlichen Revision sieht der SER bei der eingeschränkten eine vereinfachte Risikobeurteilung vor. Während bei der ordentlichen Revision sowohl inhärente Risiken als auch Kontrollrisiken ermittelt werden, geht es bei der eingeschränkten nur um die inhärenten Risiken (S. 14). Es braucht dazu kein systematisches Verständnis der Schlüsselkontrollen im Unternehmen. Lediglich offensichtliche organisatorische Mängel sind in der Risikobeurteilung zu berücksichtigen, da sie die Fehleranfälligkeit erhöhen. Entsprechend der allgemeinen Risikoformel (PR = IR · KR · AR, siehe Kapitel 1.12.10) lautet sie bei der eingeschränkten Revision folgendermassen:

6. Prüfungsplanung

$$PR = IR \cdot AR$$

Prüfungsrisiko: Risiko, dass Abschluss mit mehr als 30–40 % Wahrscheinlichkeit eine unentdeckte wesentliche Fehlaussage enthält

Inhärentes Risiko: Risiko, dass relevante Jahresabschlussposten unabhängig vom IKS eine wesentliche Fehlaussage enthalten (Fehlerrisiko)

Je höher das Risiko, desto tiefer das akzeptable Aufdeckungsrisiko

Aufdeckungsrisiko: Risiko, dass aussagebezogene Prüfungen wesentliche Fehlaussagen nicht aufdecken können

Abbildung 18: Risikoformel der eingeschränkten Revision

Ausgangslage für die Risikobeurteilung bei der eingeschränkten Revision sind inhärente Risiken. Ein inhärentes Risiko ist die Anfälligkeit darauf, «dass eine bestimmte Abschlussposition oder Art von Transaktionen Fehlaussagen enthält, die – einzeln oder zusammen mit Fehlaussagen anderer Abschlusspositionen oder Arten von Transaktionen – wesentlich sein können, und zwar ungeachtet des Bestehens diesbezüglicher interner Kontrollen» (PS 2010 Glossar). Inhärente Risiken ergeben sich aus der Tätigkeit und dem Umfeld des Unternehmens und können oft auch aus den Geschäftszielen und Geschäftsrisiken – Umständen, die das Erreichen von geschäftlichen Zielen gefährden können – abgeleitet werden. Ein Detailhändler will beispielsweise mit einem möglichst grossen Lagerbestand den Kunden viele Produkte anbieten. Damit geht er das Risiko ein, dass sich Lagerbestände nicht verkaufen lassen, was wiederum zum inhärenten Risiko einer falschen Bewertung des Warenlagers führt.

Naturgemäss gibt es bei jeder Gesellschaft eine Vielzahl inhärenter Risiken, doch nur sehr wenige davon sind wirklich von entscheidender Bedeutung. Um sie zu erkennen, führt der Revisor eine Risikobeurteilung durch. Für die Frage, ob ein inhärentes Risiko bedeutsam ist, sind einerseits die Wahrscheinlichkeit einer Fehlaussage in der Jahresrechnung und andererseits die potenziellen Auswirkungen dieses Fehlers entscheidend. Bei einem bedeutsamen Risiko handelt es sich demnach um ein festgestelltes Risiko mit einer hohen Anfälligkeit für eine wesentlich falsche Darstellung in der Jahresrechnung (in Anlehnung an IFAC SME 2, S. 109 f.). Es erfordert deshalb eine besondere Berücksichtigung bei der Abschlussprüfung (PS Glossar, S. 930).

	Eintrittswahrscheinlichkeit tief	Eintrittswahrscheinlichkeit hoch
Potenzielle Auswirkung hoch	Tiefe Wahrscheinlichkeit und hohe Auswirkung	Hohe Wahrscheinlichkeit und hohe Auswirkung — *Bedeutsames Risiko*
Potenzielle Auswirkung tief	Tiefe Wahrscheinlichkeit und tiefe Auswirkung	Hohe Wahrscheinlichkeit und tiefe Auswirkung

Abbildung 19: Ermittlung bedeutsamer Risiken anhand der Risikobeurteilung (in Anlehnung an IFAC SME 2, S. 110)

6. Prüfungsplanung

Ein Beispiel: Die zu prüfende Gesellschaft produziert technische Produkte mit einem sehr kurzen Produktelebenszyklus. Ein daraus resultierendes Geschäftsrisiko für die Gesellschaft ist die technische Überalterung und damit das Risiko, dass die produzierten Produkte nicht oder nur mit einem Verlust verkauft werden können, was zu einer erhöhten Anfälligkeit darauf führt, dass die Warenvorräte nicht korrrekt bewertet werden (= hohe Eintrittswahrscheinlichkeit eines Fehlers bei der Bewertung). Zugleich ist sie aufgrund ihres Geschäftsmodells auf ein grosses Warenlager angewiesen. So zeigt die Durchsicht der Jahresrechnung, dass die Warenvorräte rund 25 % der Gesamtaktiven betragen (= hohe potenzielle Auswirkung einer fehlerhaften Bewertung). Deshalb besteht ein bedeutsames inhärentes Risiko im Zusammenhang mit der Bewertung der Warenvorräte.

Ein KMU weist üblicherweise nur wenig inhärente Risiken auf, oft nur eine Handvoll, die wirklich bedeutsam sind und deshalb besonders beachtet werden müssen.

6.4 Kenntnisse über Tätigkeit und Umfeld des Unternehmens

6.4.1 Einleitung

Für das Erkennen und Beurteilen der Risiken muss der Abschlussprüfer die wichtigsten Aspekte der Tätigkeit und des Umfelds des Unternehmens kennen. Darum muss er sich mit dem Unternehmen und dessen Umfeld auseinandersetzen und aus seinen Erkenntnissen und bisherigen Erfahrungen bedeutsame inhärente Risiken ableiten (SER, S. 13). Dieses Kapitel bschäftigt sich mit der Frage, wie vorgegangen werden kann, um effizient und effektiv ein Verständnis der Tätigkeit und des Umfelds des Unternehmens zu erlangen. Im Kapitel 6.7 wird erläutert, wie aus diesen Kenntnissen inhärente Risiken erkannt und beurteilt werden.

6.4.2 Warum sind solche Kenntnisse über ein Unternehmen notwendig?

Der Prüfer muss das Unternehmen sowie dessen Umfeld hinsichtlich verschiedener Aspekte kennen (in Anlehnung an PS 2010, 300.9):

- Der Prüfer lässt seine Kenntnisse in die Prüfungsplanung einfliessen. Er identifiziert und beurteilt Risiken und plant entsprechende angemessene Prüfungshandlungen. Die Risiken kann er nur erkennen, wenn er das Tätigkeitsgebiet und das Umfeld des Unternehmens kennt.
- Der Prüfer muss verstehen, wie sich die Tätigkeit des Unternehmens sowie dessen Umfeld auf die Jahresrechnung der Gesellschaft auswirken. Am Ende der Prüfung muss der Revisor in einem Gesamturteil feststellen, ob die Jahresrechnung seinen Kenntnissen über die Tätigkeit und das Umfeld des Unternehmens entspricht (SER, S. 24; Vertiefung in Kapitel 7.8).
- Während der Prüfungsdurchführung erlangt der Revisor Prüfungsnachweise, die er aufgrund seiner Kenntnisse über die Tätigkeit und das Umfeld des Unternehmens würdigen und auf deren Plausibilität hin beurteilen kann. Er hat so die Möglichkeit, widersprüchliche Sachverhalte oder ungewöhnliche Umstände zu erkennen oder etwa Schätzungen der Unternehmensleitung kritisch zu würdigen.
- Während aller Phasen der Prüfung ist der Revisor mit wichtigen Ansprechpersonen der Gesellschaft in Kontakt. Diese erwarten, dass der Prüfer sein Geschäft versteht und

6. Prüfungsplanung

nicht zuletzt auch darum der Gesellschaft einen Mehrwert bieten kann. Dies beispielsweise mit wertvollen Empfehlungen zu Verbesserungen von Prozessen oder Informationen in den Jahresrechnungen.

6.4.3 Welche Kenntnisse muss der Prüfer erlangen?

Welche Kenntnisse sich der Prüfer im Allgemeinen aneignen muss, lässt sich aus den vorgenannten Gründen sowie dem Ziel der eingeschränkten Revision (Vertiefung in Kapitel 2) ableiten. Konkrete Punkte sind im SER beispielhaft enthalten. Genannt werden «das Umfeld» sowie «die Organisation, die wichtigsten Elemente des Geschäftsmodells, das Rechnungswesen, die Standorte, die Eigentümer und sonstige nahestehende Parteien sowie Arten von Vermögenswerten, Verbindlichkeiten, Erträgen und Aufwendungen des Unternehmens». Bei der Erarbeitung dieser Kenntnisse darf jedoch das Ziel nicht aus den Augen verloren gehen: *die Identifikation der Anfälligkeit auf wesentliche Fehlaussagen in der Jahresrechnung!*

Abbildung 20: Wesentliche Komponenten der Analyse der Tätigkeit und des Umfelds des Unternehmens

Für die praktische Arbeit empfehlen die Autoren systematisch und nach Themengebieten vorzugehen. Beispielsweise werden Informationen von «aussen nach innen» erarbeitet. Gestartet wird aussen, mit dem Umfeld des Unternehmens. Dabei werden etwa die gesamtwirtschaftlichen, branchenspezifischen und regulativen Verhältnisse betrachtet. Danach beleuchtet der Prüfer die «Strategie und die Ziele der Unternehmen». Als Drittes wird die «Organisation», mit welcher die Ziele verfolgt werden, erfasst. Dabei spielen die Aufbauorganisation (Organigramm, Hierarchien) und wichtige Aspekte der Ablauforganisation (Prozesse) eine Rolle. Zuletzt wird auf die «finanziellen Gegebenheiten und Berichterstattung» eingegangen. Daraus erhält der Prüfer einen ersten Überblick über die finanzielle Situation der Gesellschaft und wichtige Aspekte der Jahresrechnung.

Eine detaillierte Liste mit möglichen Fragen zur Tätigkeit und zum Umfeld der Unternehmen ist bei den Beispielen, Arbeitshilfen, Kapitel 6.14.1, enthalten. Ein Dokumentationsbeispiel mit möglichen relevanten Informationen findet sich weiter unten in diesem Kapitel.

6. Prüfungsplanung

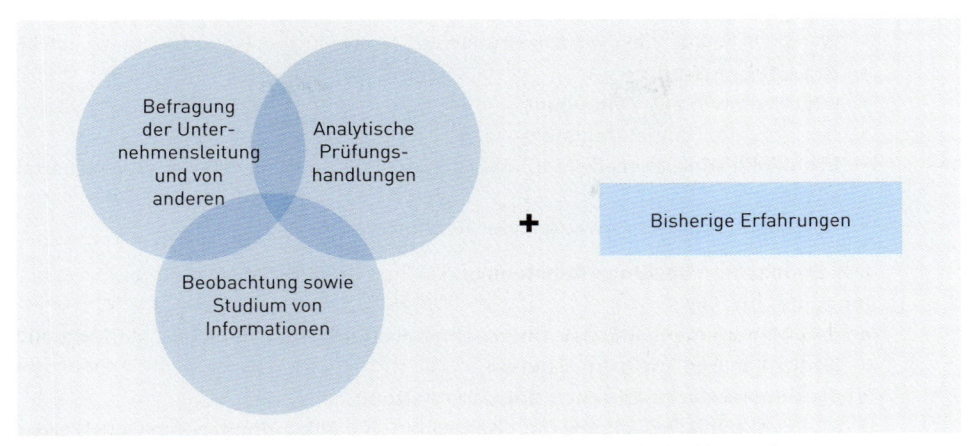

Abbildung 21: Vorgehen bei der Analyse der Tätigkeit und des Umfelds des Unternehmens (in Anlehnung an IFAC SME 1, S. 94)

6.4.4 Wie kommt der Prüfer zu seinen Kenntnissen?

Um die erforderlichen Kenntnisse zu erlangen, wird der Abschlussprüfer Folgendes unternehmen, wobei sich die Tätigkeiten gegenseitig ergänzen:

Befragt werden sollten nicht nur der Buchhalter, die Geschäftsleitung oder der Eigentümer (SER, S. 21). Denn Mitarbeiter in Schlüsselpositionen wie beispielsweise dem Marketing, dem Einkauf oder der Verkaufsabteilung können wichtige Informationen über das Unternehmen und dessen Umfeld inklusive entsprechender Risiken liefern. Für eine zweckmässige Planung der Prüfung muss der Abschlussprüfer zudem Auskünfte von der Unternehmensleitung insbesondere über folgende Themen einfordern:

- *Unternehmensfortführung sowie Kapitalverlust und Überschuldung*
  Um die Prämisse der Unternehmensfortführung zu beurteilen, befragt der Prüfer die Unternehmensleitung nach ihrer Einschätzung. Dabei ist zu beurteilen, ob die Unternehmensfortführung mindestens 12 Monate nach dem Bilanzstichtag sowohl gewollt als auch unter den gegebenen Umständen möglich ist (vgl. Kapitel 9). Liegt eine Notsituation im Sinne von Art. 725 OR vor oder ist eine solche zu erwarten, muss der Verwaltungsrat befragt werden, ob die Gesellschaft und/oder die Gesellschafter in der Lage oder willens sind, erforderliche Sanierungsmassnahmen zu treffen. (SER, S. 81 f., vgl. Kapitel 10.8).
- *Informationen über nahestehende Parteien*
  Der Prüfer befragt die Unternehmensleitung über wesentliche nahestehende Parteien und über wesentliche Transaktionen mit nahestehenden Parteien (SER, S. 14), damit er während der Prüfung beurteilen kann, ob Transaktionen mit nahestehenden Parteien und diesbezügliche Bestände korrekt ausgewiesen werden.

Beim **Studium von Informationen** kommen verschiedene Dokumente in Frage (in Anlehnung an PS 2010, 310.9 und IFAC SME 1, S. 102):

- Firmenbroschüren und die Website des Unternehmens
- Business- oder Finanzpläne
- Budgets und Zwischenabschlüsse

6. Prüfungsplanung

- Wesentliche Verträge wie Kreditverträge, Mietverträge, Kauf-/Verkaufsverträge
- Branchenstudien
- Informationen aus Zeitungen
- Der aktuelle Handelsregisterauszug
- Protokolle von Generalversammlungen und Verwaltungsrats- oder Geschäftsleitungssitzungen
- Korrespondenz mit Anwälten oder Rechtsberatern

Das **Beobachten des Unternehmens** und seines Umfelds ist ein stetiger Prozess. Der Prüfer achtet u. a. auf:

- den Management-Stil der Unternehmensleitung und deren Einstellung zu internen Kontrollen und integrem Handeln,
- die Qualität der finanziellen Berichterstattung,
- das Funktionieren von internen Kontrollen und das Einhalten von Gesetzen und Regulatorien,
- Produktionsstätten, Büros oder Einrichtungen des Unternehmens (v. a. bei Neukunden).

Schliesslich wird der Prüfer seine bisherigen Erfahrungen und Erkenntnisse über das Unternehmen und sein Umfeld in die Analyse einfliessen lassen.

6.4.5 Dokumentation

Der Prüfer hat die Kenntnisse über die Tätigkeit und das Umfeld des Unternehmens zu dokumentieren (SER, S. 25). Er hält damit seine Dokumentationspflichten ein, erlangt sogleich aber auch ein Tool, mit welchem er im Folgejahr die wichtigen Aspekte des Unternehmens auf einen Blick erfassen kann, bzw. ein Dokument, welches er weiteren Teammitgliedern zur Verfügung stellen kann. Nachfolgend ein Beispiel:

Kenntnisse über Tätigkeit und Umfeld der Muster AG, Zürich, Branche: Detailhandel Kleider || Abschluss per 31.12.2014
Bereich	**Kenntnisse**
Umfeld	
Voraussetzungen Gesamtwirtschaft	Der EUR-Kurs hat sich gegenüber dem Vorjahr markant reduziert. Dies ist vorteilhaft für das Unternehmen, da es die Haupteinkäufe in Deutschland tätigt. Die Konjunktur in der Schweiz hat sich seitwärts bewegt, die Konsumentenstimmung tendiert leicht negativ. Die Zinsen sind weiterhin auf tiefem Niveau. Dies ebenfalls zum Vorteil der Gesellschaft. Sie hat einen variablen Betriebskredit.
Branche	Der Detailhandelsmarkt im Bereich Kleider ist hart umkämpft. Im Berichtsjahr hat eine international bekannte Kette eine Filiale unweit der Hauptniederlassung in Zürich eröffnet. Die Absatzpreise der Niederlassung in Zürich haben sich deshalb im Vergleich zum Vorjahr um rund 15 % reduziert. Die tiefen Europreise haben jedoch zu Vorteilen auf dem Beschaffungsmarkt von 10 % geführt. Schliesslich sind die Mietpreise in Stadtzentren in den letzten 5 Jahren um rund 30 % gestiegen.
Gesetzliches und regulatives Umfeld	Im vergangenen Jahr hat es keine für das Unternehmen wesentlichen Gesetzesänderungen gegeben. Die relevanten Hauptregelwerke sind: Steuer- und Sozialversicherungsrecht, OR. →

6. Prüfungsplanung

Kenntnisse über Tätigkeit und Umfeld der Muster AG, Zürich, Branche: Detailhandel Kleider		Abschluss per 31.12.2014
Bereich	**Kenntnisse**	
Strategie und Ziele		
Strategie und Ziele	Die Muster AG bietet qualitativ hochwertige Kleidung von «trendigen» Spitzenmarken an. Das Hauptkundensegment sind Frauen und Männer zwischen 20 und 30 Jahren. Niederlassungen (NL) bestehen in Zürich (Mietvertrag bis Juli 2015), Basel (2017) und ab dem nächsten Jahr in Bern (2023) an zentralen Lagen. Ziele der Geschäftsleitung für das Berichtsjahr: • Umsatzziel: Erreichen des Vorjahresumsatzes von CHF 8 Mio. (Ziel knapp erreicht) • Bruttogewinnmarge: Verbesserung von 26 % im Vorjahr auf 28 % (Ziel knapp erreicht) • Miete eines neuen Ladenlokals in Bern (Ziel erreicht) und Anstellung eines Niederlassungsleiters (Ziel noch nicht erreicht) • Abschluss eines neuen langfristigen Mietvertrages für die NL Zürich (Ziel fehlgeschlagen)	
Anreize	Niederlassungsleiter erhalten einen variablen Lohnbestandteil von 5 % vom DB II. Dies sind rund 20 % der Gesamtentschädigung.	
Organisation		
Rechtsform	Aktiengesellschaft	
Aktionäre	• Peter Muster (Verwaltungsratspräsident und Hauptaktionär) • Claude Meyer (20 %, Minderheitsaktionär)	
Organigramm	Peter Muster (VRP und CEO) ├─ Hans Meier (NL Zürich) ├─ Kurt Müller (NL Basel) └─ Peter Muster (NL Bern a.i.)	
Weitere nahestehende Parteien	Vermietung AG: eine durch Peter Muster beherrschte Gesellschaft, welche Vermieterin der Niederlassung in Basel ist	
Rechnungswesen	Buchhaltung wird erstellt durch Muster Treuhand AG Buchhaltungssoftware: Abacus, inkl. Kreditoren- und Debitorennebenbüchern Steuerberatung durch: Gröflin & Co. Steuerberatung	
Besonderheiten	Samuel Ballmer, ehemaliger Leiter der Niederlassung Basel, musste die Gesellschaft im Berichtsjahr fristlos verlassen. Er hat daraufhin eine Klage beim Arbeitsgericht wegen unrechtmässiger Kündigung eingereicht. Das Verfahren dürfte in den nächsten drei Monaten abgeschlossen sein. Dessen Ausgang ist gemäss Peter Muster noch unklar. Die Klagesumme beträgt CHF 25 000. Die Gesellschaft wird durch das Anwaltsbüro Meier Legal AG vertreten.	
Finanzielle Gegebenheiten und Berichterstattung		
Zeitreihenvergleich Umsatz, Gewinn und Eigenkapital	Balkendiagramm mit Vergleich 2012, 2013, 2014 (prov) für Umsatz NL ZH, Gewinn NL ZH, Umsatz NL BS, Gewinn NL BS, Eigenkapital (Werte von –100 bis 700)	

6. Prüfungsplanung

Kenntnisse über Tätigkeit und Umfeld der Muster AG, Zürich, Branche: Detailhandel Kleider		Abschluss per 31.12.2014
Bereich	**Kenntnisse**	
Rechnungslegung	Nach Aktienrecht	
Wichtigste Aktivpositionen	• Vorräte (60 %, mit Bewertungsunsicherheiten) • Forderungen (20 %) • Flüssige Mittel (15 %)	
Wichtigste Passivpositionen	• Eigenkapital (25 %) • Betriebskredit (40 %) • Kurzfristige Verbindlichkeiten (25 %)	
Informationen zum Betriebskredit	• Limite: bis CHF 150 000 • Laufzeit: bis 31.12.2015 • Sicherheiten: Vorräte • Covenants: Ebit/Zinsen: max. 2.5x (im aktuellen Geschäftsjahr: 1.9)	
Zusammenfassung der erkannten bedeutsamen inhärenten Risiken aus der Analyse der Tätigkeit und des Umfelds der Unternehmen	Die folgenden bedeutsamen inhärenten Risiken wurden festgestellt: • Vorräte (Bewertung) • Rückstellung Klage ehemaliger Arbeitnehmer (Vollständigkeit und Bewertung) • Fremdwährungsumrechnung (Bewertung) • Fortführung der Unternehmenstätigkeit (Verletzung Covenants und auslaufender Mietvertrag der Niederlassung Zürich)	

6.5 Wesentlichkeit und Fehlertoleranz

Die Wesentlichkeit ist ein fundamentaler Bestandteil jeder Prüfung. Der gesetzliche Prüfungsauftrag ist so ausgestaltet, dass die Prüfung so zu planen und durchzuführen ist, dass wesentliche falsche Angaben in der Jahresrechnung erkannt werden. 2013 wurde das Konzept der Wesentlichkeit auch in die Grundsätze der ordnungsmässigen Rechnungslegung aufgenommen (Art. 958c Abs. 1 Ziff. 4). Demnach «muss die Jahresrechnung das Wesentliche enthalten». Doch was wird unter dem Begriff der Wesentlichkeit verstanden?

> «Informationen sind wesentlich, wenn ihr Weglassen oder ihre fehlerhafte Darstellung die auf der Basis des Abschlusses getroffenen wirtschaftlichen Entscheidungen der Adressaten beeinflussen könnte.» (SER, S. 19).

Diese Definition der Wesentlichkeit ist bei der eingeschränkten Revision dieselbe wie bei der ordentlichen Revision (SER, S.19). Deshalb gelten bei beiden auch dieselben prüferischen Aspekte zur Wesentlichkeit. Unterschieden werden dabei die quantitative und die qualitative Wesentlichkeit:

6.5.1 Quantitative Wesentlichkeit

Das Weglassen oder die fehlerhafte Darstellung einer Information kann allein wesentlich sein, weil die absolute Höhe des Betrags die Aussage einer Information signifikant verfälscht.

6.5.2 Qualitative Wesentlichkeit

Doch nicht nur die absolute Höhe eines Fehlers kann auf die Aussage der Jahresrechnung einen wesentlichen Einfluss haben. Selbst ein vermeintlich kleiner Fehler kann einen massgeblichen Einfluss auf die Aussage der Jahresrechnung haben. Beispiele dazu sind etwa, wenn nach der Korrektur eines Fehlers

6. Prüfungsplanung

- das Unternehmen überschuldet wäre (Art. 725 Abs. 2 OR),
- ein Kapitalverlust mit gesetzlichen Folgen vorläge (Art. 725 Abs. 1 OR),
- der vorgesehene Gewinnverwendungsvorschlag nicht gesetzeskonform wäre,
- das Unternehmen die mit Banken vereinbarten Covenants (Kreditvereinbarungen) verletzen würde,
- eine für das Unternehmen oder die Geschäftsleitung wichtige Schwelle knapp überschritten wird (bspw. Mindestumsatz für eine massgebende variable Vergütung an die Unternehmensleitung) oder
- statt ein Gewinn ein Verlust (oder umgekehrt) ausgewiesen wird.

6.5.3 Warum ist die Wesentlichkeit für den Prüfer wichtig, und wann berücksichtigt er sie?

Die Wesentlichkeit ist für den Prüfer sowohl bei der Risikobeurteilung als auch der Planung seiner Prüfungshandlungen und der Beurteilung von Fehlern für die Berichterstattung wichtig:

In der Planungsphase setzt er sich mit der Frage auseinander, welche Abschlusspositionen er überhaupt und, wenn ja, wie tief prüfen muss. Solche, die weder quantitativ noch qualitativ wesentlich sind, muss er nicht prüfen. So kann er eine Bilanzposition «Andere Forderungen gegenüber Dritten» mit einem Saldo von CHF 116, der aus einem Guthaben aus der Verrechnungssteuer resultiert, bedenkenlos nicht berücksichtigen, während andere Positionen, die quantitativ oder qualitativ wesentlich sind, mit empfohlenen oder gar weitergehenden Prüfungshandlungen geprüft werden müssen.

Für die Berichterstattung ist die Frage der Wesentlichkeit dann wichtig, wenn der Prüfer Fehler festgestellt hat oder annehmen muss, dass Fehler bestehen. Unwesentliche muss er im Bericht an die Generalversammlung nicht festhalten, wesentliche bedürfen hingegen einer Erwähnung im Revisionsstellenbericht (vgl. Kapitel 8.6).

6.5.4 Das Konzept der quantitativen Wesentlichkeit

Mit dem Konzept der quantitativen Wesentlichkeit ist der Prüfer in der Lage, systematisch und nach einem einfachen Schlüssel die im vorstehenden Abschnitt erwähnten Ziele der Wesentlichkeit, d.h. die effiziente Planung und die sachgemässe Beurteilung von Fehlern zu erreichen. Er definiert nach einem vorgegebenen Konzept verschiedene Schwellenwerte: Die Gesamtwesentlichkeit zeigt auf, wann Fehler quantitativ wesentlich sind und damit eine Einschränkung im Revisionsstellenbericht zur Folge haben, sofern die Gesellschaft sie nicht korrigiert. Von der Gesamtwesentlichkeit abgeleitet werden die Toleranzwesentlichkeit und die Nichtaufgriffsgrenze. Erstere bildet die Grundlage für den Entscheid, ob eine Abschlussposition geprüft werden muss oder nicht. Sie ist tiefer als die Gesamtwesentlichkeit, um dem Aggregationsrisiko mit einer Sicherheitsmarge Rechnung zu tragen. Die Nichtaufgriffsgrenze zeigt an, ob ein festgestellter oder angenommener Fehler im weiteren Verlauf der Prüfung berücksichtigt werden muss. Alle Fehler über der Nichtaufgriffsgrenze werden gesammelt und addiert. Liegt der kumulierte Fehler über der Gesamtwesentlichkeit, erfolgt eine Einschränkung im Revisionsstellenbericht. In seltenen Fällen, bei denen ein Abschlussadressat über eine wichtige Abschlussposition Genaueres wissen will, wird dazu eine spezifische Wesentlichkeit sowie die dazugehörende Toleranzwesentlichkeit bestimmt.

Zweck und Berechnungsgrundlage der vier genannten Wesentlichkeitsgrenzen zeigt nachstehende Tabelle. Darin ist ersichtlich, dass verschiedene Bandbreiten und Bezugs-

6. Prüfungsplanung

werte empfohlen werden (in Anlehnung an SER, S. 19, IFAC SME 1, S. 89–93, HWP 2, 2009, S. 168 f., und HWP 2, 1998, S. 211, HWP ER, S. 121 ff., sowie PS, S. 323 ff. und S. 377 ff.). Für welchen Wert sich der Prüfer jeweils entscheidet, hängt von den spezifischen Umständen und seiner Beurteilung ab.

Art der Wesentlichkeit	Erklärungen Zweck und Anwendung	Mögliche Richtwerte	Bemerkungen zu den Richtwerten
Gesamtwesentlichkeit («GW»)	Die Gesamtwesentlichkeit bezieht sich auf die Aussage eines oder mehrerer kumulierter Fehler in Bezug auf die Jahresrechnung als Ganzes. Es wird dabei angenommen, dass der Adressat einer Jahresrechnung eine wirtschaftliche Entscheidung anders treffen würde, wenn Fehler, die grösser als die Gesamtwesentlichkeit sind, in der Jahresrechnung korrekt dargestellt wären. Die Gesamtwesentlichkeit ist somit eine quantitative «Übersetzung» der allgemeinen Wesentlichkeitsdefinition.	3–10 % EBT* 3– 5 % Eigenkapital 1– 3 % Bilanzsumme 1– 3 % Bruttoertrag 1– 3 % Total Aufwand * EBT = «Earnings before tax» = Ergebnis vor Steuern, bereinigt um ausserordentliche Effekte. Bei wenigen, langfristig orientierten Eigentümern, einer geringen Fremdverschuldung oder stabilen Ertragsverhältnissen wird der angewendete Prozentsatz eher am oberen Ende der Bandbreite sein (HWP ER, S. 152).	Weil der statutarische Erfolg von Schweizer Gesellschaften oft durch die bewusste Bildung oder Auflösung von stillen Reserven beeinflusst wird, ist es in der Regel zweckmässig, die Veränderung der stillen Reserven in den erwähnten Bezugsgrössen zu eliminieren. In einer Situation mit hälftigem Kapitalverlust (Art. 725 Abs. 1 OR) oder drohender Überschuldung (Art. 725 Abs. 2 OR) ist die Höhe des Eigenkapitals von entscheidender Bedeutung. Die Gesamtwesentlichkeit kann in solchen Fällen als Differenz zwischen dem ausgewiesenen Eigenkapital und der Schwelle zum hälftigen Kapitalverlust oder zur Überschuldung festgelegt werden, sofern die nebenstehenden Richtwerte höher ausfielen. Sinngemässes gilt für die Situation, bei der die Gesellschaft nahe daran ist, Kreditvereinbarungen zu verletzen, oder bei der die geplante Gewinnverwendung nicht mehr möglich wäre.
Toleranzwesentlichkeit («TW»)	Die Toleranzwesentlichkeit wird tiefer angesetzt als die Gesamtwesentlichkeit und für die Planung der Prüfungshandlungen verwendet. Diese reduziert das Risiko, dass die nicht korrigierten Fehler und die nicht aufgedeckten Fehler die Gesamtwesentlichkeit überschreiten. In diesem Zusammenhang wird auch von der Berücksichtigung des Aggregationsrisikos gesprochen.	50–75 % der Gesamtwesentlichkeit	Die Toleranzwesentlichkeit kann durch eine Kürzung («Haircut») der Gesamtwesentlichkeit um 25–50 % errechnet werden. Schätzt der Prüfer das Risiko von enthaltenen Fehlern im Abschluss als hoch ein, wird die Kürzung gegen 50 % streben, andernfalls dürfte sie in der Nähe von 25 % liegen.

6. Prüfungsplanung

Art der Wesentlichkeit	Zweck und Anwendung	Mögliche Richtwerte	Bemerkungen zu den Richtwerten
Spezifische Wesentlichkeit für einzelne Kontensalden, Arten von Geschäftsvorfällen und Abschlussangaben (spezifische Wesentlichkeit) («SW»)	Eine Wesentlichkeitsgrenze für einzelne spezifische Kontensalden, Arten von Geschäftsvorfällen und Abschlussangaben wird dort angesetzt, wo der fehlerhafte Ausweis von Transaktionen, Beständen oder Anhangsangaben den Leser der Jahresrechnung auch dann beeinflussen würde, wenn der entsprechende Fehler tiefer wäre als die Gesamtwesentlichkeit.	Je nach spezifischer Risikosituation, in der Regel tiefer Toleranzwesentlichkeit	Gewisse Bestände, Transaktionen und Offenlegungen benötigen aufgrund ihrer Signifikanz oder Risikoanfälligkeit besondere Beachtung. In einem solchen Fall hat der Prüfer eine separate Wesentlichkeitsgrenze, die auf einer professionellen Beurteilung beruht, anzusetzen.
Nichtaufgriffsgrenze («NAG»)	Sollte ein identifizierter Fehler diese Schwelle überschreiten, wird dies festgehalten. Zusammen mit allenfalls weiteren Fehlern wird im Rahmen des Prüfungsabschlusses beurteilt, ob die verzeichneten Fehler allein oder kumulativ die Gesamtwesentlichkeit überschreiten. Fehler, die die Nichtaufgriffsgrenze unterschreiten, sind zweifelsfrei unbedeutend und müssen im weiteren Verlauf der Revision nicht berücksichtigt werden.	3–10 % der Gesamtwesentlichkeit	Je nach Risikosituation und Bedürfnis des Kunden können auch kleinere festgestellte Fehler gesammelt werden.

Für die Bestimmung der Gesamtwesentlichkeit ist das Prüfungsrisiko bzw. die Fehleranfälligkeit der Jahresrechnung unerheblich. Auf dieser Stufe ist die Frage entscheidend, wann ein Abschlussadressat bei Kenntnis eines Fehlers anders entscheiden würde (siehe auch die allgemeine Definition der Wesentlichkeit). Bei der Festlegung der Toleranzwesentlichkeit wird das Fehlerrisiko hingegen berücksichtigt. Je höher diese festgelegt wird, desto weniger detailliert erfolgen in der Folge die Prüfungshandlungen.

Dementsprechend sollte bei hohem Prüfungsrisiko die Toleranzwesentlichkeit tiefer angesetzt werden und umgekehrt (negative Korrelation zwischen Toleranzwesentlichkeit und Prüfungsrisiko, siehe dazu auch Abbildung 22: Verhältnis der Höhe der Toleranzwesentlichkeit zum Prüfrisiko, in Anlehnung an HWP 2, S. 167).

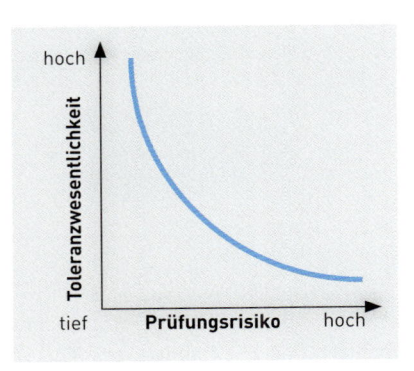

Abbildung 22: Verhältnis der Höhe der Toleranzwesentlichkeit zum Prüfungsrisiko; Quelle: HWP 2, S. 167

6. Prüfungsplanung

Die nachfolgende Grafik fasst die obenstehenden Ausführung zusammen:

Definition der Wesentlichkeit
Informationen in der Jahresrechnung, die, werden sie weggelassen oder falsch dargestellt, den Adressaten der Jahresrechnung in den darauf basierenden Entscheidungen massgeblich beeinflussen. (SER 5.1)

Gesamtwesentlichkeit (GW) für die Jahresrechnung als Ganzes
Zur quantitativen Umsetzung der obenstehenden allgemeinen Defiition der Wesentlichkeit. Bestimmung aufgrund geeigneter Bezugsgrössen und mit pflichtgemässem Ermessen.
- 3–10 % Gewinn vor Steuern
- 3–5 % Eigenkapital
- 1–3 % Umsatz, Aufwendungen, Bilanzsumme

Allgemeine Toleranzwesentlichkeit (TW)
Festlegung zur Bestimmung der Prüfungshandlungen unter Berücksichtigung des Prüfungsrisikos und der Fehleranfällig- keit. Abschlusspositionen unter der TW müssen nicht geprüft werden, sofern keine qualitativen Risiken bestehen.

Aggregationsrisiko
Wahrscheinlichkeit der durch die Prüfung nicht aufgedeckten Fehler
← Sicherheitsmarge 25–50 % →

Spezifische Wesentlichkeit (SW)
Festlegung einer SW zu speziellen Geschäftsvorfällen, Kontensalden oder Abschlussangaben infolge spezifischer Erwartungen des Abschlussadressaten aufgrund besonderer Umstände oder Vorgaben bei diesen Positionen. Ist in der Praxis selten. Beispiele dafür sind: Angaben zu Verfügungen VR/GL, zu nahestehenden Parteien.

Spezifische Toleranzwesentlichkeit
Wird eine SW bestimmt, muss zur Berücksichtigung des Aggregationsrisikos für die entsprechenden Geschäftsvorfälle, Abschlussangaben oder Kotensalden eine spezifische TW festgelegt werden.

Aggregationsrisiko
Wahrscheinlichkeit der durch die Prüfung nicht aufgedeckten Fehler
← Sicherheitsmarge 25–50 % →

Nichtaufgriffsgrenze (NAG) Zweifelsfrei unbeachtliche Fehler ← Sammlung kleinerer Fehler ab 3–10 %

Höhe der Wesentlichkeit

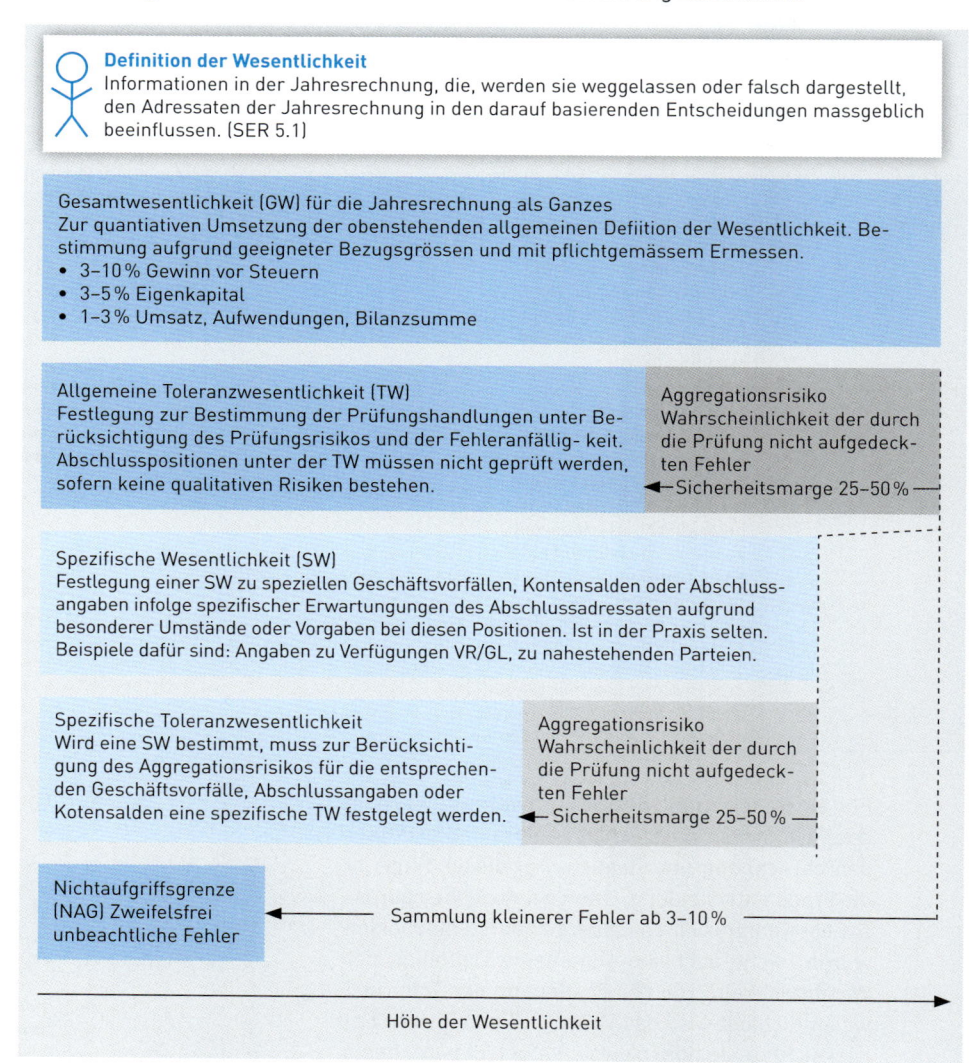

Abbildung 23: Übersicht über das Vorgehen bei der Bestimmung der Wesentlichkeit (teilw. in Anlehnung an IFAC SME 1, S. 89)

6.5.5 Die Wesentlichkeitsgrenze als dynamischer Prozess

Die quantitative Wesentlichkeit wird im Verlauf der Prüfungsplanung erstmals bestimmt. Erhält der Prüfer im Verlauf der Revision jedoch Informationen, die eine bedeutsame Auswirkung auf die Wesentlichkeit haben, so setzt er die Wesentlichkeit neu fest und überprüft seinen Prüfplan und sein Prüfprogramm. Ausserdem notiert er alle Fehler, die den Wert der Nichtaufgriffsgrenze überschreiten. Liegt deren Summe über der Toleranzwesentlichkeit oder nahe dabei, erfolgen zur Reduktion des Aggregationsrisikos weiter-

6. Prüfungsplanung

gehende Prüfungen, die bei der eingeschränkten Revision vorgesehen sind, wenn die Unternehmensleitung die festgestellten Fehler nicht korrigieren will (SER, S. 19 f., sowie in Anlehnung an PS 450.6, S. 379).

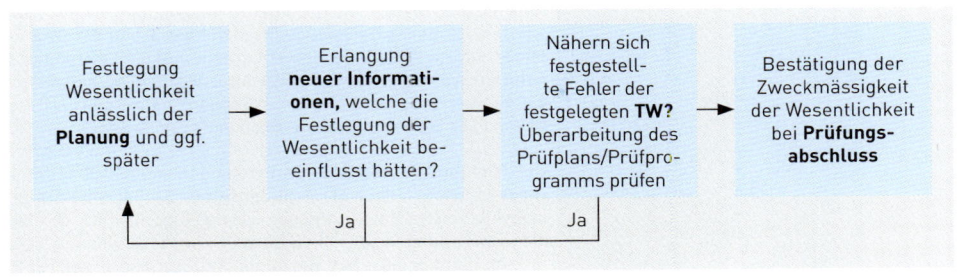

```
Festlegung          Erlangung          Nähern sich        Bestätigung der
Wesentlichkeit   → neuer Informati- → festgestell-   →   Zweckmässigkeit
anlässlich der      onen, welche die   te Fehler der      der Wesentlichkeit
Planung und ggf.    Festlegung der     festgelegten TW?   bei Prüfungs-
später              Wesentlichkeit be- Überarbeitung des  abschluss
                    einflusst hätten?  Prüfplans/Prüfpro-
                                       gramms prüfen
        ↑                    Ja                Ja
        └────────────────────┴─────────────────┘
```

Abbildung 24: Die quantitative Wesentlichkeit als dynamischer Prozess

6.5.6 Andere praktische Fragen zum Wesentlichkeitsmodell bei der Prüfung von KMU

Werden in der Praxis alle vier Arten von Wesentlichkeitsgrenzen bestimmt?	In der Praxis werden oft lediglich drei Wesentlichkeiten bestimmt: die Gesamtwesentlichkeit, die Toleranzwesentlichkeit und die Nichtaufgriffsgrenze.
Wann wird eine spezifische Wesentlichkeit definiert?	Ein Beispiel für einen solchen Fall: Anhangsangaben über die Vergütungen an die Unternehmensleitung: Ein profitables Unternehmen mit rund 200 Mitarbeitern erzielt einen Gewinn vor Steuern von rund CHF 10 Mio. Der Prüfer setzt abgeleitet davon die Gesamtwesentlichkeit bei CHF 1 Mio. fest. Für ihn sind damit Fehler von z.B. CHF 900 000 im Allgemeinen quantitativ nicht wesentlich. Dies mag generell eine zweckmässige Entscheidung sein. Es liegt gleichzeitig auf der Hand, dass ein Fehler bei der Entschädigungen an die Unternehmensleitung über denselben Betrag für den Abschlussadressaten trotzdem wesentlich ist. Hier sollte deshalb eine spezifische Wesentlichkeit, die deutlich unter der allgemeinen Wesentlichkeit liegt (z.B. bei einer Entschädigung von CHF 250 000 eine Gesamtwesentlichkeit von CHF 7 500), und für die Planung daraus abgeleitet eine Toleranzwesentlichkeit zu dieser spezifischen Wesentlichkeit (z.B. 75% von CHF 7 500 = rund CHF 5 600) festgesetzt werden. Weitere Beispiele für die Festsetzung einer spezifischen Wesentlichkeit: • Angaben zu anderen Transaktionen mit nahestehenden Parteien • Aktiven wie Vorräte oder Forderungen aus Lieferungen und Leistungen im Falle einer Verpfändung an einen Gläubiger • Spezielle Informationsbedürfnisse aufgrund von Aktionärsbindungsverträgen, Kreditvereinbarungen oder einer geplanten Ausschüttung (HWP ER, S. 152)
Gibt es eine separate Wesentlichkeit für den Erfolg und eine für Umklassifizierungen innerhalb der Bilanz und Erfolgsrechnung?	Das Konzept der quantitativen Wesentlichkeit kennt keine separaten Wesentlichkeitsgrenzen für den Erfolg und Umgliederungen. In der Planungsphase sind für die Bilanz und Erfolgsrechnung eine Gesamtwesentlichkeitsgrenze und daraus abgeleitet die Toleranzwesentlichkeit und die Nichtaufgriffsgrenze festzulegen. In der Praxis wird oft argumentiert, dass ein Klassifizierungsfehler weniger schwerwiegend sei als einer, der eine Auswirkung auf den Erfolg hat. Dies kann in Einzelfällen tatsächlich so zutreffen. Diesem Umstand kann dann bei der Beurteilung des Fehlers im Sinne der qualitativen Wesentlichkeit Rechnung getragen werden (PS 450.A15). →

6. Prüfungsplanung

Wie wird die Gesamtwesentlichkeit festgesetzt? Welche Referenzgrösse ist die beste?	PS 320.A7 gibt als Beispiel bei einem gewinnorientierten Unternehmen in einer verarbeitenden Branche die Bezugsgrösse mit 5% des Gewinns vor Steuern an. Weil die PS eine Übersetzung der internationalen Prüfungsstandards ISA sind, welche primär zur Prüfung von Abschlüssen dienen, die nach dem True and fair view principle erstellt wurden, ist dieses Beispiel nachvollziehbar. Wenn der Gewinn «den tatsächlichen Verhältnissen» entspricht und die Leistung des Unternehmens von den Analysten und der Öffentlichkeit anhand des in der Erfolgsrechnung ausgewiesenen Gewinns bemessen wird, scheint der Gewinn vor Steuern die beste Bezugsgrösse zu sein. Bei den statutarischen Jahresrechnungen von KMU hat der ausgewiesene Erfolg jedoch oft nicht denselben Stellenwert. Darum ist es sinnvoll, andere Bezugsgrössen wie das Eigenkapital, den Umsatz, die Aufwendungen oder die Bilanzsumme zu verwenden. Das HWP ER empfiehlt beispielhaft die folgenden Bezugsgrössen (S. 152) bei einem gewinnorientierten Unternehmen: • bei stabilen Erträgen und stabilem Ergebnis: den Gewinn vor Steuern • bei volatilem Ergebnis: den Bruttoertrag • in einer Verlustsituation: das Eigenkapital Bei einem nicht gewinnorientierten Unternehmen erwähnt PS 320.A7 als Bezugsgrösse den Bruttoertrag oder die Gesamtaufwendungen. Das HWP ER empfiehlt die Gesamtaufwendungen. Der Erfolg und das Eigenkapital werden in der statutarischen Jahresrechnung oft durch die Veränderung von stillen Reserven beeinflusst. PS 320.A4-1 berücksichtigt die Effekte von stillen Reserven bei der Festlegung der Wesentlichkeit, HWP ER ebenfalls (S. 154). Dementsprechend sollten beide Grössen um den Bestand oder die Veränderung der stillen Reserven bereinigt werden, sofern diese bedeutsam sind. Wird das Ergebnis von einem Eigentümer mittels Lohnbezügen bewusst gesteuert, kann es vor Lohnbezügen des Eigentümers und Steuern festgesetzt werden (PS 320.A8). Für das Eigenkapital als Referenzgrösse spricht, dass dieses in Bezug auf den Gläubigerschutz die wichtigste Grösse ist, für den Umsatz wiederum, dass dieser das Geschäftsvolumen widerspiegelt und in der Regel nicht durch die Bildung von stillen Reserven beeinflusst wird. Schliesslich ist es denkbar, den Durchschnitt einer Grösse über die letzten zwei oder drei Jahre zu bilden (HWP 2, S. 169). So wird eine gewisse Kontinuität in der Bestimmung der Wesentlichkeit einer Gesellschaft im Zeitvergleich erzielt. Ebenfalls denkbar ist eine Mischung aus den vorstehenden Grössen im Sinne eines Kompromisses (HWP 2, S. 172). Zusammenfassend gesagt, gibt es keine «beste» Referenzgrösse. Es ist Aufgabe des Revisors, nach professionellem Ermessen die Wesentlichkeit festzulegen.
Ist die Wesentlichkeit bei der eingeschränkten Revision gleich zu bestimmen wie bei der ordentlichen Revision?	Aus der Sicht des Bilanzlesers ist die Art der Revision in Bezug auf die Aussage der Jahresrechnung und deren Güte für wirtschaftliche Entscheidungen nicht erheblich. Die Wesentlichkeit ist deshalb dieselbe. Allerdings muss sich der Bilanzleser bewusst sein, dass der Grad der Zusicherung (dass die Jahresrechnung frei von wesentlichen Fehlaussagen ist) weniger hoch ist als bei einer ordentlichen Revision.

6. Prüfungsplanung

6.5.7 Praktisches Beispiel für die Festlegung der Wesentlichkeitsgrenzen

Ausgangslage
Ein Gastronomiebetrieb hat im zu prüfenden Geschäftsjahr einen bereinigten Gewinn vor Steuern von CHF 500 000 erwirtschaftet. In den beiden Vorjahren betrug der Gewinn CHF 400 000 und CHF 420 000. Der Betrieb hat im Geschäftsjahr einen Totalumbau durchgeführt und gesamthaft CHF 100 000 als Sachanlagen aktiviert. Der Geschäftsführer hat Sie informiert, dass er am Anfang des Geschäftsjahres einen Buchhalter eingestellt hat, der verschiedene Schwierigkeiten bei der Abschlusserstellung gehabt hat, und zweifelt darum die Kompetenz des Buchhalters an. Bezüglich der Jahresrechnung habe er insbesondere Bedenken, dass allenfalls Posten in den Sachanlagen erfasst worden seien, die nicht aktivierungsfähig seien.

1. Festlegung der Gesamtwesentlichkeit
   Der Abschlussprüfer legt die Gesamtwesentlichkeit aufgrund seines professionellen Ermessens auf 10 % des durchschnittlichen Gewinns vor Steuern der letzten 3 Jahre fest:
   (500 000 + 400 000 + 420 000)/3 × 10 % = CHF 44 000.

2. Festlegung der Toleranzwesentlichkeit
   Im Wissen darum, dass die Gesellschaft einen neuen Buchhalter mit zweifelhafter Kompetenz eingestellt hat, rechnet der Abschlussprüfer für die Toleranzwesentlichkeit eine grössere Sicherheitsmarge (Haircut) von 50 % ein: CHF 44 000 × 50 % = CHF 22 000.

3. Spezifische Wesentlichkeit
   Eine spezifische Wesentlichkeit erscheint in diesem Beispiel als nicht notwendig. Auch das erhöhte Risiko in den Sachanlagen begründet keine spezifische Wesentlichkeit, da es die Erwartung des Abschlussadressaten nicht ändert. Das erhöhte Risiko ist bereits in der vorstehenden Toleranzwesentlichkeit eingerechnet.

4. Festlegung der Nichtaufgriffsgrenze
   Angesichts der zweifelhaften Kompetenz des neuen Buchhalters und des erhöhten Informationsbedürfnisses des Geschäftsführers wird die Nichtaufgriffsgrenze auf 5 % der Gesamtwesentlichkeit festgesetzt: CHF 44 000 × 5 % = CHF 2 200.

6.5.8 Vereinfachte Bestimmung der Wesentlichkeit bei KMU-Prüfungen nach dem Sifer

Das Schweizerische Institut für die eingeschränkte Revision (Sifer) hat für die Bestimmung der Wesentlichkeit bei KMU-Prüfungen ein vereinfachtes Vorgehen empfohlen:
- Normalverhältnisse vorausgesetzt, kann der höhere Betrag aus 10 % des Jahreserfolgs vor Steuern und 5 % des Eigenkapitals als Wesentlichkeitsgrenze herangezogen werden. Diese Bezugsgrösse ist für Sachverhalte anzuwenden, welche einen Einfluss auf den Erfolg und das Eigenkapital der Gesellschaft haben.
- Bei Sachverhalten, die mit der Darstellung und Gliederung der Erfolgsrechnung zu tun haben, können bei einer «mittelstrengen» Beurteilung 3 % des Nettoerlöses aus Lieferungen und Leistungen als Wesentlichkeitsgrenze bestimmt werden; bei Gliederungsfragen in der Bilanz ist die Bezugsgrösse 3 % der Bilanzsumme.
- Für Sachverhalte, die den Anhang betreffen, sind die jeweiligen Wesentlichkeitsgrenzen heranzuziehen, auf welche in der Bilanz oder der Erfolgsrechnung Bezug genommen wird.
- Mehrere kleinere Fehler müssen als Summe beurteilt werden, um die Auswirkung auf die Wesentlichkeit zu bestimmen.

6. Prüfungsplanung

Beispiel	Wesentlichkeit für Aussagen in der Bilanz und der Erfolgsrechnung	Wesentlichkeit für die Darstellung und Gliederung	Wesentlichkeit für den Anhang
Jahresverlust vor Steuern: TCHF 154 Eigenkapital: TCHF 265 Umsatz: TCHF 3 030 Bilanzsumme: TCHF 1 080	10 % von TCHF 154 = TCHF 15 5 % von TCHF 265 = TCHF 13 Resultat: Wesentlichkeit TCHF 15	3 % von TCHF 3 030 = TCHF 91 Wesentlichkeit für die Gliederung der Erfolgsrechnung: TCHF 91 3 % von TCHF 1 080 = TCHF 32 Wesentlichkeit für die Gliederung der Bilanz: TCHF 32	Wertrelevante Aussagen (wie z. B. Auflösung stille Reserven): Wesentlichkeit TCHF 15 Informationsrelevante Aussagen (wie z. B. Versicherungswerte in der Bilanz): Wesentlichkeit TCHF 32

In besonderen Fällen muss die Wesentlichkeitsgrenze tiefer angesetzt werden, oder sie entfällt ganz. Beispiele dazu sind: Wenn aufgrund einer Fehlerkorrektur das Ergebnis negativ wird (Verlust statt Gewinn), so ist dies grundsätzlich wesentlich, oder wenn aus einer Fehlerkorrektur rechtlich relevante Schwellenwerte überschritten werden (z. B. Art. 725 OR), so gilt auch in diesem Fall keine Wesentlichkeitsgrenze.

Es wird zweckmässig sein, bei dieser vereinfachten Bestimmung der Wesentlichkeitsgrenzen auch die stillen Reserven mit einzubeziehen. Die «Strenge» der Beurteilung wird von der Risikosituation der Unternehmung abhängig sein (je grösser die Fehlerwahrscheinlichkeit, desto «strenger» (tiefer) die Wesentlichkeitsgrenze).

Grundsätzlich ist bei der Festlegung der Wesentlichkeit immer das professionelle Ermessen anzuwenden.

6.6 Analytische Prüfungshandlungen in der Planungsphase

> Definition der analytischen Prüfungshandlungen:
> «Verfahren zum Erlangen von Prüfungsnachweisen. Es sind Beurteilungen von Finanzinformationen durch die Analyse plausibler Beziehungen zwischen finanziellen wie auch nichtfinanziellen Daten. Sie umfassen auch Untersuchungen von festgestellten Veränderungen oder Beziehungen, die nicht im Einklang mit anderen relevanten Informationen stehen oder in erheblichem Masse von erwarteten Werten abweichen» (PS 2010 Glossar).

Analytische Prüfungshandlungen in der Planungsphase sind im Vergleich zu detaillierten analytischen Prüfungshandlungen, die später in der Prüfungsdurchführung durchgeführt werden (Kapitel 7.6), breit gehalten. Sie sollen dazu dienen

- einen ersten Überblick über den Prüfungsgegenstand (Jahresrechnung) zu gewinnen,
- erste Anzeichen wesentlicher Fehldarstellungen zu erkennen und
- wesentliche Bestände, Transaktionen und Offenlegungen zu erheben.

Der Ablauf der analytischen Prüfungshandlung in der Planungsphase kann in drei Phasen eingeteilt werden:

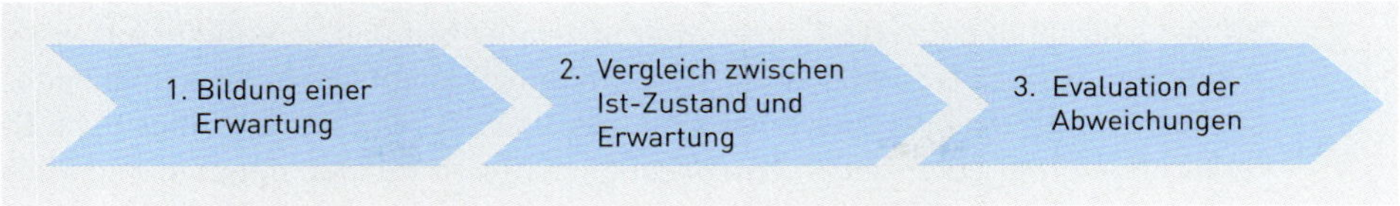

6. Prüfungsplanung

1. Bildung einer Erwartung → 2. Vergleich zwischen Ist-Zustand und Erwartung → 3. Evaluation der Abweichungen

Abbildung 25: Ablauf einer analytischen Prüfungshandlung in der Planungsphase

Bildung einer Erwartung (Schritt 1): Basierend auf den Kenntnissen über das Unternehmen und dessen Umfeld (Abschnitt 6.4), Informationen aus Vorperioden, Zwischenabschlüssen, Budgetvorgaben oder Brancheninformationen, formuliert der Prüfer eine Erwartung (Beispiel: Aufgrund des steigenden Margendrucks in der Branche müsste die Bruttogewinnmarge gegenüber dem Vorjahr um rund 3 % gesunken sein). Diese kann je nach Analyse absolut oder relativ (bspw. Bruttogewinnquote, Personalaufwand pro Mitarbeiter, Betriebskosten in % des Umsatzes) sein.

Vergleich zwischen Ist-Zustand und Erwartung (Schritt 2): Die in Schritt 1 formulierte Erwartung wird mit den Ist-Zahlen verglichen, und die wesentlichen Abweichungen zwischen Soll- (Erwartung) und Ist-Zustand werden festgehalten (Beispiel: Die Bruttogewinnmarge hat sich gegenüber dem Vorjahr um rund 1 % verbessert).

Evaluation der Abweichungen (Schritt 3): Die in Schritt 2 erhobene Abweichung zwischen der Erwartung und den in der Jahresrechnung ausgewiesenen Informationen wird evaluiert. Wesentliche unerwartete Ergebnisse sollten dabei in der Risikobeurteilung und allenfalls im Prüfungsplan berücksichtigt werden (Beispiel: Die Abweichung [Verbesserung] von 4 % bei der Bruttogewinnmarge erscheint nicht plausibel; es sind von der Geschäftsleitung entsprechende Erklärungen und Nachweise zu verlangen und allenfalls weitergehende Prüfungshandlungen einzuplanen).

Die analytischen Prüfungshandlungen zur Risikobeurteilung können auch Aspekte aufdecken, die dem Abschlussprüfer unbekannt waren. Analytische Prüfungshandlungen beinhalten deshalb auch nichtfinanzielle Informationen wie Personalaufwand im Verhältnis zum Personalbestand, Personalfluktuation, Veränderungen in der Finanzierung (z. B. Leasing), Verhältnis Umsatz zu Verkaufsfläche oder Anzahl Verkaufspersonal etc. Wesentliche Veränderungen dieser Kennzahlen können auf mögliche Risikobereiche hindeuten.

In Kapital 6.14.2 sind mögliche zu analysierende Kennzahlen in der Planungsphase zur Liquiditäts-, Ertrags- und Vermögenslage und damit zur Jahresrechnung als Ganzes enthalten.

6.7 Beurteilung von inhärenten Risiken

6.7.1 Vorgehen

Während der Analyse der Tätigkeit und des Umfelds des Unternehmens (Kapitel 6.4) sowie der analytischen Prüfungshandlungen (Kapitel 6.6) bestimmt der Prüfer inhärente Risiken (SER, S. 14 f.).

Mit einer Risikobeurteilung scheidet er aus der Vielzahl der inhärenten Risiken unter Beachtung der definierten Wesentlichkeit (Kapitel 6.5) die bedeutsamen aus. Der Prü-

6. Prüfungsplanung

fer berücksichtigt dabei die Eintrittswahrscheinlichkeit und potentielle Auswirkung eines inhärenten Risikos (vgl. Abbildung 19: Ermittlung bedeutsamer Risiken anhand der Risikobeurteilung). Beispielsweise hat eine Gesellschaft zwar wenige, aber hohe Debitorenforderungen (mit potenzieller Auswirkung hoch) und Kunden mit Zahlungsschwierigkeiten aus Griechenland (Eintrittswahrscheinlichkeit hoch).

6.7.2 Faktoren, die auf ein bedeutsames inhärentes Risiko hindeuten

In der folgenden Tabelle sind Faktoren aufgeführt, die einen wesentlichen Einfluss auf das inhärente Risiko haben und oft zu erhöhter Anfälligkeit für wesentliche Fehlaussagen in der Jahresrechnung führen (in Anlehnung an PS 2010, 400.11 f.):

Faktoren	Beispiele inhärenter Risiken, die zu erhöhter Anfälligkeit für wesentliche Fehlaussagen führen
In Bezug auf den Abschluss als Ganzes	
Integrität, Erfahrung und Kenntnisse der Unternehmensleitung sowie von Mitarbeitern in der Finanzfunktion	• Die Gesellschaft stellt einen neuen, unerfahrenen Leiter Rechnungswesen ein. • Der Prüfer hat in der Vergangenheit festgestellt, dass ihm von der Unternehmensleitung wichtige Informationen, wie beispielsweise Garantieverträge oder Informationen über wertbeeinträchtigte Aktiven, vorenthalten wurden (Anmerkung: Ein solcher Sachverhalt würde die Annahme oder Fortführung des Mandats in Frage stellen).
Unüblich hoher Druck auf die Unternehmensleitung	• Mitglieder der Unternehmensleitung müssen ein bestimmtes Ergebnis erzielen, sonst droht ihnen der Verlust der Stelle oder wesentliche finanzielle Einbussen (welche allenfalls auch privat beträchtliche Konsequenzen haben können). • Die Unternehmensleitung muss ein Resultat erzielen, ansonsten ist die Unternehmensfortführung gefährdet (vgl. unten).
Vermögens-, Ertrags- und Finanzlage der Gesellschaft	• Gefährdete Unternehmensfortführung: • Die Gesellschaft hat Liquiditätsprobleme und kann die Zinsen der Bank nicht mehr bezahlen oder ist im Zahlungsverzug gegenüber den Lieferanten. • Die Gesellschaft steht kurz vor einer Überschuldung oder dem Verstoss gegen Covenants.
Art der Unternehmenstätigkeit wie Komplexität der Produkte, Anforderungen an die Kapitalstruktur, Anzahl Standorte	• Ein Hersteller von Teilen für Mikrochips hat Schwierigkeiten mit der Überalterung der Produkte. • Ein im Anlagebau tätiges Unternehmen muss hohe Investitionen tätigen, um überhaupt am Markt auftreten zu können.
Branchenspezifische Faktoren	• Ein Zulieferer einer Autofabrik leidet unter sinkenden Verkaufszahlen in der Autobranche. • Ein Treuhandbüro, das auf Kunden im Bereich Vermögensverwaltung spezialisiert ist, hat mit den Auswirkungen der Finanzkrise zu kämpfen. • Ein im Bereich Gastronomie und Hotellerie tätiges Unternehmen hat Schwierigkeiten, Kapital für notwendige Sanierungen aufzubringen.
Mangelhafte Organisation und ungenügendes Rechnungswesen	• In der Vergangenheit wurden viele Fehler in der Buchhaltung entdeckt. • Das Buchhaltungssystem der Gesellschaft ist nicht der Geschäftsgrösse angepasst, was zu vielen Differenzen und unklaren Buchungen führt.

6. Prüfungsplanung

Faktoren	Beispiele inhärenter Risiken, die zu erhöhter Anfälligkeit für wesentliche Fehlaussagen führen
In Bezug auf Bestände, Transaktionen und Offenlegungen	
Grad an subjektiven Ermessensentscheiden durch die Unternehmensleitung (beispielsweise bei der Festsetzung von wesentlichen Bewertungsparametern)	• Bewertung von Beteiligungen an Start-up-Unternehmen oder von Tochtergesellschaften mit aktuellen Ertrags- oder Finanzierungsproblemen. • Bewertung von aktivierten Entwicklungskosten für ein Produkt mit ungewissen Erfolgsaussichten. • Bewertung von angefangenen Arbeiten inkl. Festsetzung der Kosten bis Fertigstellung oder des Fertigstellungsgrades.
Komplexität einer Transaktion oder eines Bilanzierungsgrundsatzes	• Einsatz von nichtkotierten derivativen Finanzinstrumenten. • Kauf oder Verkauf von Produkten mit besonderen oder komplexen Vertragsbestimmungen (wie etwa Kombi-Verträge mit einer Verkaufs- und einer langfristigen Servicekomponente, Sale-and-lease-back-Verträge, Akquisition von Niederlassungen, Geschäftsbereichen oder Firmen.
Transaktionen, die nicht routinemässig verarbeitet werden	• Eine Gesellschaft kauft einmalig ein derivatives Finanzinstrument. • Eine Niederlassung wird erstmals erworben. • Eine Gesellschaft verkauft ihre langjährige Betriebsliegenschaft und mietet sie langfristig zurück (Sale-and-lease-back-Geschäft).
Abhängigkeit von äusseren Einflüssen wie Markteinflüssen, Gerichtsentscheiden, dem Verhalten von Abnehmern, Schuldnern oder Geldgebern	• Klumpenrisiko bei Kunden, Lieferanten oder Produkten. • Schätzung einer Rückstellung für einen wesentlichen Rechtsfall. • Die Gesellschaft verstösst gegen die mit einer Bank vereinbarten Covenants, und es ist unklar, wie die Bank auf diesen Verstoss reagieren wird.

6.7.3 Verknüpfung mit den Aussagen zur Jahresrechnung und Prüfzielen

Die Einschätzung der für die Abschlussprüfung relevanten inhärenten Risiken gründet sich immer auf die impliziten oder expliziten Aussagen der Unternehmensleitung zur Jahresrechnung. Gewisse Aussagen beziehen sich auf die Jahresrechnung als Ganzes (Beispiel: Mit der Bilanzierung zu Fortführungswerten macht die Unternehmensleitung die Aussage, dass die Fortführung der Unternehmung für mindestens 12 Monate nach dem Bilanzstichtag möglich ist). Weitere Aussagen, welche sich aus der Jahresrechnung als Ganzes ergeben, betreffen etwa die Gefahr einer Überschuldung oder die Fähigkeit, einen im Branchenvergleich überdurchschnittlichen Gewinn zu erzielen. Darüber hinaus macht die Unternehmensleitung in der Jahresrechnung Aussagen zu Beständen oder Transaktionen wie dem Vorhandensein von Vorräten, der Bewertung von Vorräten oder dem Eintritt eines umsatzrelevanten Geschäfts. (Beispiel: Die Unternehmensleitung bilanziert flüssige Mittel von CHF 1 000 000. Die Grundlage dieses Ausweises sind Euro-Guthaben bei einer deutschen Bank. Mit der Bilanzierung sagt die Unternehmensleitung aus, dass diese flüssigen Mittel tatsächlich vorhanden sind, sie die Rechte daran hat und die Fremdwährungsbestände richtig bewertet wurden.)

Der Revisor hat die Jahresrechnung und damit die einzelnen wesentlichen Aussagen der Unternehmensleitung gezielt anhand von Prüfungszielen zu überprüfen.

Die Prüfungsziele/Aussagen sind in der folgenden Tabelle aufgelistet. Nach dem Standard für die eingeschränkte Revision stehen dabei die bestandes- und bewertungsorientierten Prüfungsziele/Aussagen im Vordergrund (blau schraffiert, SER, S. 13 und S. 16 f.).

6. Prüfungsplanung

		Aussage und Prüfungsziel	Eigenschaft der Information	Beispiele
Bestandes- und bewertungsorientiert		Vorhandensein	Ein Vermögenswert oder eine Verpflichtung existiert tatsächlich.	Die in den Sachanlagen verbuchte Maschine existiert tatsächlich. Die ausgewiesene Schuld gegenüber dem Aktionär besteht wirklich.
		Vollständigkeit	Die in der Jahresrechnung enthaltenen Informationen wie Aktiven, Passiven, Aufwendungen, Erträge und Anhangsangaben sind vollständig.	Die Gesellschaft hat alle Verbindlichkeiten ausgewiesen. Im Anhang sind sämtliche Eventualverbindlichkeiten offengelegt.
		Bewertung	Die Bestände sind in Übereinstimmung mit den gesetzlichen und gegebenenfalls weiteren Erfordernissen bewertet.	Die bei einer Aktiengesellschaft ausgewiesenen Sachanlagen werden in Übereinstimmung mit den aktienrechtlichen Vorschriften maximal zum Anschaffungswert unter Abzug von notwendigen Abschreibungen bewertet.
		Rechte und Verpflichtungen	Das Unternehmen hat am bilanzierten Vermögenswert die Rechte (in der Regel das Eigentum). Das Unternehmen ist die bilanzierte Verpflichtung selber eingegangen (und nicht etwa eine Drittperson).	Die Gesellschaft ist im Grundbuch als Eigentümerin der in den Sachanlagen ausgewiesenen Liegenschaft eingetragen. Vertragspartei beim Kreditvertrag mit der Hausbank ist die Gesellschaft (und nicht deren Eigentümer).
	Transaktionsorientiert	Eintritt	Eine Transaktion ist tatsächlich eingetreten und kann dem Unternehmen zugeordnet werden.	Der im Umsatz erfasste Verkauf an einen Kunden ist tatsächlich erfolgt.
		Erfassung und Periodenabgrenzung	Eine Transaktion ist richtig erfasst und zeitlich und sachlich zutreffend abgegrenzt.	Die Rechnung des Lieferanten «Beispiel AG» ist mit dem richtigen Betrag sowie einem inhaltlich richtigen Buchungstext auf dem sachlich richtigen Konto verbucht. Die vorschüssige Zahlung für ein Serviceabonnement vom Juli X1 bis zum Juni X2 ist im Aufwand des Jahres X1 zeitlich richtig erfasst und abgegrenzt worden.
		Darstellung und Offenlegung	Eine Information ist in Übereinstimmung mit den gesetzlichen und gegebenenfalls weiteren Erfordernissen korrekt dargestellt und offengelegt. Dementsprechend werden die Mindestgliederungsvorschriften beachtet und die Grundsätze der Klarheit und Wahrheit der ordnungsmässigen Rechnungslegung berücksichtigt.	Die langfristige Darlehensforderung gegenüber einem Aktionär wird in Übereinstimmung mit den gesetzlichen Mindestvorschriften im Anlagevermögen als langfristige Forderung gegenüber dem Aktionär ausgewiesen.

6. Prüfungsplanung

In der folgenden Illustration wird dargestellt, wie sich Fehler im Vermögen (z. B. Warenvorräte) zu den obenstehenden Aussagen auf das Eigenkapital auswirken. Ein Fehler im Fremdkapital hätte eine spiegelverkehrte Ausprägung.

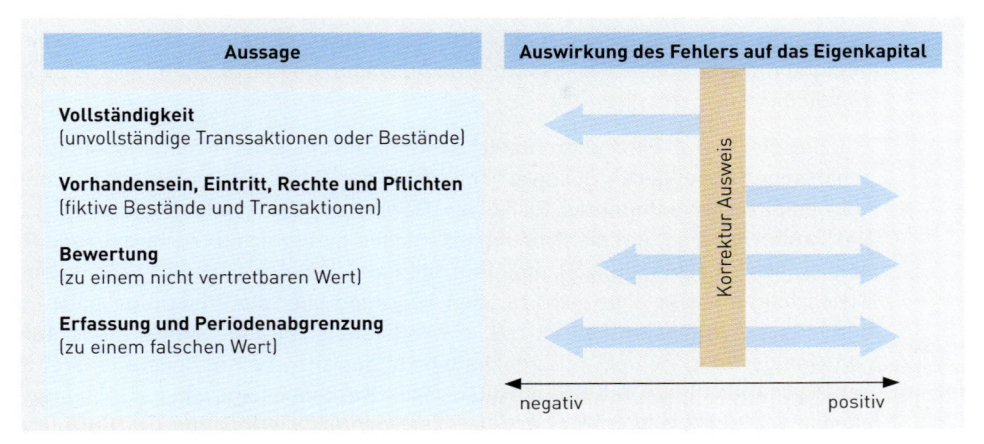

Abbildung 26: Auswirkungen eines Fehlers in einer Aussage über einen Vermögenswert auf das Eigenkapital (in Anlehnung an IFAC SME 1, S. 77)

Basierend auf diesen Grundlagen, muss der Abschlussprüfer die inhärenten Risiken betreffend falsche Angaben in der Jahresrechnung auf Stufe der einzelnen Aussagen über Bestände, Transaktionen und Offenlegungen beurteilen (SER, S. 14). Die dabei festgestellten bedeutsamen Risiken muss er im weiteren Verlauf mit weitergehenden Prüfungshandlungen gezielt überprüfen:

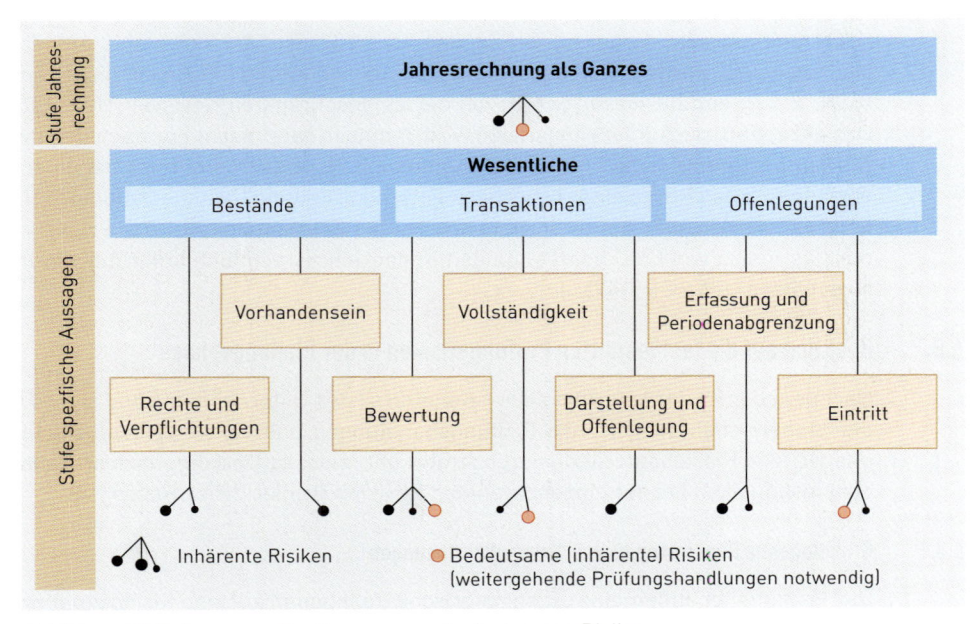

Abbildung 27: Schema zur Bestimmung von bedeutsamen Risiken

6. Prüfungsplanung

Um möglichst gezielt und damit effizient zu prüfen, muss der Prüfer die bedeutsamen Risiken möglichst eng definieren. Die vorstehende Illustration zeigt z. B., dass pro Abschlussposition eine Vielzahl von inhärenten Risiken bestehen können und nicht jede Abschlussposition gleich anfällig ist auf Fehler. Zudem beinhaltet nicht jede Abschlussposition bedeutsame Risiken, und sollte ein solches bestehen, steht es jeweils in Verbindung mit einer oder zwei bestimmten Aussagen und nicht mit allen sieben Aussagen zugleich.

Ein Beispiel dazu: Eine unprofitable Schreinerei mit einer Produktionshalle an unerschlossener Lage, deren Buchwert rund 60 % der Bilanzsumme entspricht, dürfte wohl als bedeutsames inhärentes Risiko die Bewertung der Produktionshalle verzeichnen. Der Prüfer hat also, um die Produktionsanlagen zu bewerten, weitergehende Prüfungshandlungen einzuplanen (z. B. eine Beurteilung des Nutzwertes der Produktionsanlage). Gleichzeitig muss er aber nicht zu allen Aussagen über die Produktionshalle Prüfungen durchführen. In diesem Fall ist z. B. die Vollständigkeit aller aktivierbaren Aufwendungen weniger relevant und muss deshalb nicht geprüft werden. Andere inhärente Risiken der Produktionsfirma, wie z. B. ein bilanzierter Kassenbestand von z. B. 150 Franken, sind ebenso vernachlässigbar. Hier könnte deswegen auf die Prüfung des Kassenbestandes gänzlich verzichtet werden. Obestes Ziel einer Risikobeurteilung ist, die wichtigsten Risiken zu erkennen (hier die Bewertung der Produktionsanlagen) und ebenso Aspekte mit vernachlässigbarem Risiko (hier die Kasse) auszublenden.

6.7.4 Abgrenzung zur Risikobeurteilung einer Prüfung nach PS bzw. ordentlicher Revision

Anders als bei der eingeschränkten Revision muss bei einer Prüfung nach den PS (ordentliche Revision, andere gesetzliche Pflichtprüfung oder freiwillige Prüfung nach den PS) ein Verständnis über die Kontrollen hinsichtlich wesentlicher inhärenter Risiken erreicht und müssen, darauf basierend, das Kontrollrisiko und akzeptable Aufdeckungsrisiko festgelegt werden. Weil das IKS bei der eingeschränkten Revision nicht geprüft wird (SER, S. 11), entfällt dieser Schritt bei der eingeschränkten Revision (HWP ER, S. 148). Das akzeptierbare Aufdeckungsrisiko wird demnach vereinfacht nur nach den inhärenten Risiken bestimmt (siehe hierzu auch Kapitel 6.3.2). Ausserdem muss bei einer Prüfung nach den PS das Risiko einer bewussten Falschdarstellung (deliktische/dolose Handlung) beurteilt werden, was bei einer eingeschränkten Revision entfällt. Der Prüfer muss hier nur das Risiko von Falschdarstellungen in der Jahresrechnung aufgrund von Irrtümern einschätzen (HWP ER, 147).

6.8 Reaktion auf die festgestellten Prüfungsrisiken in der Planungsphase

Nachdem der Prüfer aufgrund seiner Kenntnisse des Unternehmens und seines Umfelds, der planerischen analytischen Prüfungshandlungen und seiner Wesentlichkeitsüberlegungen eine Risikobeurteilung durchgeführt hat, muss er Überlegungen anstellen, wie er auf diese Risiken bei der eingeschränkten Revision reagiert (Risk Response):

6.8.1 Grundlegende Reaktionen bzw. Planungsüberlegungen

Der Prüfer leitet allgemeine organisatorische Reaktionen auf eine Risikosituation ein. Darunter fallen unter anderem (in Anlehnung an IFAC SME, S. 104 ff.):

6. Prüfungsplanung

- Zeitlicher Einsatz von Mitarbeitern
- Höhe der Fachkompetenz von Mitarbeitern
- Höhe der anzuwendenden «kritischen Grundhaltung»
- Laufende Überwachung der eingesetzten Mitarbeiter

Diese grundlegenden Reaktionen setzen quasi den Rahmen für den zweiten Teil der Risk Response, die Prüfungshandlungen.

6.8.2 Prüfungshandlungen

Der Prüfer muss mit Prüfungshandlungen auf die Risikosituation reagieren und sein Prüfrisiko auf ein akzeptables Niveau reduzieren. In Art. 729a Abs. 2 OR legt der Gesetzgeber fest, dass sich die Prüfung bei der eingeschränkten Revision auf Befragungen, analytische Prüfungshandlungen und angemessene Detailprüfungen beschränkt. Zudem hat der Prüfer nur eine negativ formulierte Prüfungsaussage abzugeben. Die vorgenannten Parameter hat der Prüfer bei der Planung seiner Prüfungshandlungen zu berücksichtigen.

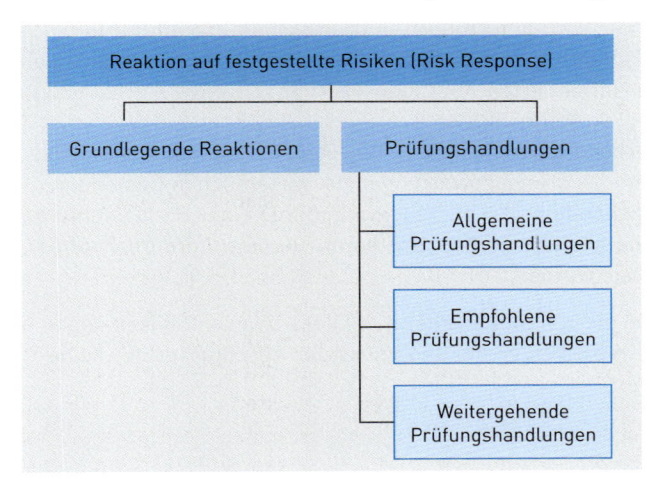

Abbildung 28: Reaktionen auf identifizierte Risiken (Risk Response)

Der SER unterteilt die genannten im Gesetz erwähnten Prüfungshandlungen in drei weitere Kategorien von gebräuchlichen Prüfungshandlungen: allgemeine Prüfungshandlungen zur Jahresrechnung, empfohlene Prüfungshandlungen je Abschlussposition sowie weitergehende Prüfungshandlungen je Abschlussposition.

6.8.3 Allgemeine Prüfungshandlungen zur Jahresrechnung

Um grundlegende Risiken einer Jahresrechnung als Ganzes abdecken zu können, muss der Prüfer allgemeine Prüfungshandlungen durchführen, die nicht zwingend aus der Risikobeurteilung resultieren müssen. Es sind u.a. folgende Aspekte zu berücksichtigen (SER, S. 43):
- Einforderung einer rechtsgültig unterzeichneten Jahresrechnung und von Inventaren
- Prüfung rechnerische Richtigkeit der Jahresrechnung
- Übertragungsprüfung zwischen Buchhaltung und Jahresrechnung

6. Prüfungsplanung

- Überprüfung Eröffnungsbestände (Vertiefung in Kapitel 11.4)
- Beurteilung der Vorjahresangaben (Vertiefung in Kapitel 11.5)
- Prüfung der Einhaltung von Generalversammlungs- und Verwaltungsratsbeschlüssen
- Einforderung von Erklärungen der Unternehmensleitung (inkl. Vollständigkeitserklärung)
- Prüfung von Ereignissen nach dem Bilanzstichtag

Diese allgemeinen Prüfungshandlungen erfolgen bei jeder Revision.

6.8.4 Empfohlene Prüfungshandlungen je Abschlussposten:

Bei allen wesentlichen Abschlussposten hat der Prüfer empfohlene Prüfungshandlungen zu wichtigen Aussagen durchzuführen. Diese werden im SER im Anhang D (S. 42–62) auch unter dem Titel «Beispiele gebräuchlicher Prüfungshandlungen – Empfohlene Prüfungshandlungen» aufgelistet. Sie umfassen vor allem Befragungen, analytische Prüfungshandlungen und kurze, grundlegende Detailprüfungen. Die empfohlenen Prüfungshandlungen sind den konkreten Umständen des Mandates anzupassen und zielen in der Regel auf die bestandesorientierten Aussagen «Vorhandensein», «Vollständigkeit» und «Bewertung» ab. Beispiele dafür sind:

- Abstimmung des verbuchten Bestandes an flüssigen Mitteln mit den Bankauszügen
- Beurteilung von Fremdwährungsbewertungen bei wesentlichen Beständen
- Analytische Prüfungshandlung der Bruttogewinnmarge einer Handelsunternehmung
- Befragung, wie sichergestellt wurde, dass sämtliche Kreditorenrechnungen per Abschlussstichtag erfasst wurden.

Zu Abschlusspositionen die quantitativ unter der Toleranzwesentlichkeit liegen und keine bedeutsamen qualitative Risiken beinhalten, muss der Abschlussprüfer keine Prüfungshandlungen durchführen.

6.8.5 Weitergehende Prüfungshandlungen je Abschlussposten

Bei festgestellten bedeutsamen inhärenten Risiken muss der Prüfer weitergehende Prüfungshandlungen durchführen, um das Prüfrisiko bei bedeutsamen Risiken auf ein vertretbares Mass zu reduzieren (SER, S. 15). Dabei hat er zusätzliche Detailprüfungen, oft vertiefte Belegprüfungen, und/oder verlässliche, substantielle analytische Prüfungen durchzuführen. Beispiele dafür sind (SER, Anhang D, S. 42–62):

- Abstimmung der im Inventar aufgeführten Einstandspreise mit den Lieferantenbelegen
- Prüfung anhand von Zahlungsnachweisen, ob Debitorenforderungen im neuen Jahr bezahlt worden sind
- Prüfung der aktivierten Baukosten bei einer Anlage im Bau anhand von Belegen

6. Prüfungsplanung

Die nachfolgende Grafik illustriert die dargelegten Grundsätze für die zu planenden Prüfungshandlungen:

```
Festgestellte Risiken aus der Planungsphase
    ┌─────────────────────────────┐   ┌─────────────────────────┐
    │ Stufe Jahresrechnung als Ganzes │   │ Stufe spezifische Aussagen │
    └─────────────────────────────┘   └─────────────────────────┘
                        ▼
                  Prüfungshandlungen
    ┌──────────────┐  ┌──────────────────┐  ┌──────────────┐
    │ Allgemeine   │  │ Empfohlene       │  │ Weitergehende│
    │ Prüfungs-    │  │ (Mindest-)       │  │ Prüfungs-    │
    │ handlungen   │  │ Prüfungshandlungen│  │ handlungen   │
    └──────────────┘  └──────────────────┘  └──────────────┘
    ┌──────────────┐  ┌──────────────────┐  ┌──────────────┐
    │ Befragungen  │  │ Analysen         │  │ Angemessene  │
    │              │  │                  │  │ Detailprüfungen│
    └──────────────┘  └──────────────────┘  └──────────────┘

Ziel: Ausreichende Prüfsicherheit zur Reduktion des Prüfungsrisikos auf ein akzeptables Mass

◉ = bedeutsame Risiken
```

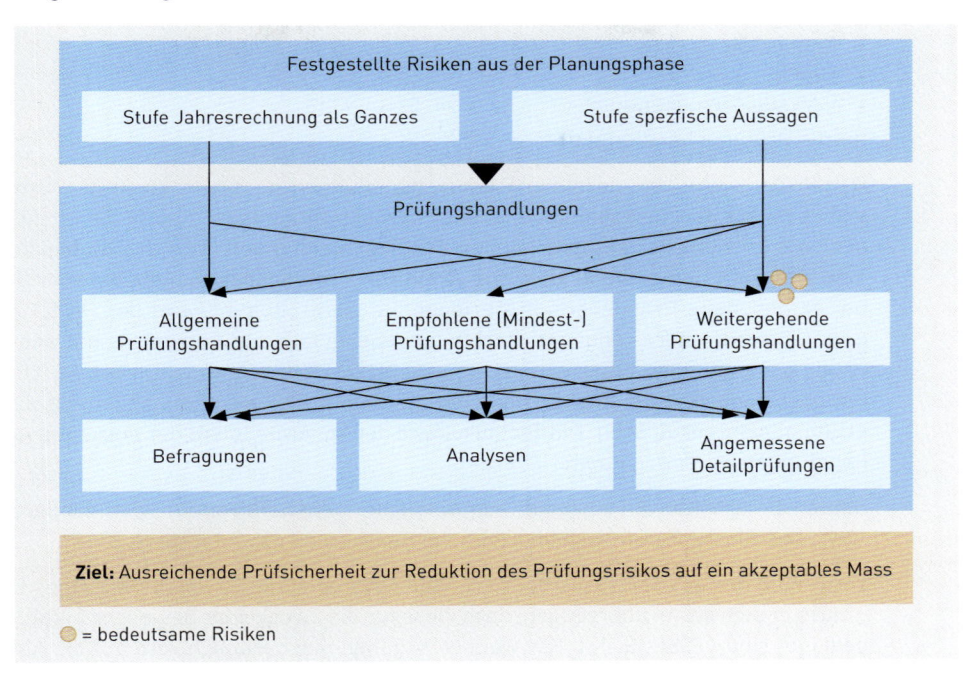

Abbildung 29: Planung der Prüfungshandlungen, basierend auf der spezifischen Risikosituation

6.9 Prüfungsplan und Prüfprogramm

Der Prüfungsplan sowie das Prüfprogramm legen schriftlich dar, wie der Prüfer vorgeht, um das Prüfrisiko auf ein vertretbares Mass zu reduzieren. Er richtet dabei seine Aufmerksamkeit einerseits auf die wesentlichen aussagebezogenen Risiken und anderseits auf Risiken in Bezug auf die Jahresrechnung als Ganzes.

Im Prüfungsplan wird die Prüfstrategie festgehalten, mit dem Prüfprogramm wird diese in konkrete Prüfschritte übersetzt und dokumentiert. Bei einfachen Verhältnissen kann das Prüfprogramm auch direkt ausgearbeitet werden (SER, S. 16).

Im **Prüfungsplan** dokumentiert der Prüfer u. a.
- die Wesentlichkeitsgrenzen,
- welche Positionen, Transaktionen oder Anhangsangaben in den Prüfungsumfang einbezogen werden und welche nicht,
- welche spezifischen Aussagen bei solchen Positionen, Transaktionen oder Anhangsangaben geprüft werden,
- welche erhöhten Risiken in Bezug auf die Jahresrechnung als Ganzes geprüft werden und
- ob die entsprechenden Sachverhalte anhand von Befragungen, analytischen Prüfungshandlungen oder angemessen Detailprüfungen geprüft werden (SER, S. 16–18).

6. Prüfungsplanung

Im **Prüfprogramm** werden, basierend auf dem Prüfungsplan, die einzelnen konkreten Prüfungsschritte festgehalten. Darunter fallen
- Art,
- Zeitpunkt,
- Umfang und
- Verantwortlichkeiten

für die Prüfungshandlungen.

Der Prüfer wählt die einzelnen Prüfungshandlungen nach den konkreten Umständen, insbesondere der Risikosituation, aus. Er berücksichtigt dabei sowohl die Effektivität wie auch die Effizienz der entsprechenden Prüfungshandlungen (SER, S. 18). Meist wird nur eine effiziente Kombination aller drei Arten von Prüfungshandlungen die vom Gesetzgeber vorgesehene Prüfsicherheit erbringen. Je nach Situation wird der Prüfer in einem ersten Schritt mit Befragungen starten, gegebenenfalls die Ergebnisse mit analytischen Prüfungshandlungen erhärten oder umgekehrt. Im Fall von wesentlichen Abschlussposten oder bedeutsamen Risiken und Unsicherheiten sind meistens angemessene Detailprüfungen durchzuführen. Die Technik sowie der konkrete Inhalt der einzelnen Prüfungshandlungen werden in Kapitel 7 vertieft.

Sollten die Arbeiten auf einzelne Teammitglieder aufgeteilt werden, wird auf deren Erfahrung, spezifische Kenntnisse und zeitliche Ressourcen geachtet (SER, S. 18).

Verwendet der Revisor ausserdem Arbeiten eines anderen Revisors oder eines Experten, «muss er sich davon überzeugen, dass diese für die Zwecke der eingeschränkten Revision geeignet sind» (SER, S. 16). Für weitere Angaben diesbezüglich wird auf die Ausführungen in Kapitel 7.4.6 verwiesen.

Konsequente Umsetzung der gebräuchlichen Prüfungshandlungen im Anhang D des SER

Im Anhang D des SER sind gebräuchliche Prüfungshandlungen aufgeführt. Diese sollten – angepasst an die konkreten Risiken und Gegebenheiten – verwendet werden. Die Praxis zeigt, dass die Revisoren viel mehr Prüfungshandlungen durchführen, als das Konzept des SER vorsieht (vgl. u. a. Isufi 2010, S. 160 und 180), was oft damit zusammenhängen dürfte, dass die alten Prüfprogramme aus der Zeit der Einheitsrevision vor 2008 in vielen KMU-Gesellschaften übernommen und zu wenig an die tieferen Sicherheitsanforderungen der eingeschränkten Revision angepasst wurden. Ein anderer Grund könnte darin bestehen, dass Prüfungschecklisten (Prüfprogramme) aus den PS ganz oder teilweise auf die eingeschränkte Revision angewendet werden. Ausserdem werden Revisionsprogramme und -hilfsmittel zur eingeschränkten Revision angeboten, die nicht vollumfänglich nach dem Prüfungsansatz des SER aufgebaut sind. Das Resultat ist, dass die verwendeten Prüfprogramme oft weit über das Ziel der gebräuchlichen Prüfungshandlungen aus Anhang D hinausgehen, obwohl dafür meist keine Notwendigkeit besteht. Die Autoren empfehlen, die «Flughöhe» der eingeschränkten Revision konsequent nach dem Anhang D auszurichten. Nachstehende Tabelle hält in einem einfachen Schema fest, wann keine, empfohlene oder zusätzlich weitergehende Prüfungshandlungen erfolgen müssen.

6. Prüfungsplanung

Art der Prüfungshandlung	Abschlussposition wesentlich?	
	Quantitativ (> Toleranzwesentlichkeit)	**Qualitativ** (bedeutsames Risiko)
Keine Prüfungshandlungen (HWP ER, S. 156)	Nein	Nein
Nur empfohlene Prüfungshandlungen	Ja	Nein
Empfohlene und weitergehende Prüfungshandlungen	Ja	Ja
	Nein	Ja
	Weitergehende Prüfungshandlungen werden auch dann durchgeführt, wenn das Risiko mit empfohlenen Prüfungshandlungen nicht auf eine akzeptierbares Niveau gesenkt werden kann, z. B. wenn bei deren Durchführung unerwartet viele Fehler festgestellt wurden.	
Allgemeine Prüfungshandlungen	Die allgemeinen Prüfungshandlungen werden bei jeder Revision durchgeführt.	

Wie erwähnt, enthält Anhang D des SER die für die eingeschränkte Revision gebräuchlichen Prüfungshandlungen. Der Prüfer kann jedoch Prüfungshandlungen, die in seinem konkreten Fall nicht notwendig sind, weglassen. Wenn bedeutsame Risiken vorliegen, sind die empfohlenen Prüfungshandlungen selten ausreichend. Deshalb muss der Prüfer darauf achten, dass er insbesondere zu den bedeutsamen identifizierten Risiken auf Stufe Aussageebene mit geeigneten Prüfungszielen entsprechende weitergehende Prüfungshandlungen einplant. Stellt beispielsweise die korrekte Bewertung der angefangenen Arbeiten ein bedeutsames Risiko dar, so muss er weitergehende Prüfungshandlungen zu den Bewertungen einplanen. Ein Beispiel dafür wäre die Einsichtnahme in die Kostenträgerrechnung, um zu sehen, ob in den angefangenen Arbeiten fälschlicherweise Gewinnanteile oder Verwaltungs- und Vertriebsgemeinkosten enthalten sind. Auf die weiteren im SER genannten weitergehenden Prüfungshandlungen kann er jedoch verzichten. Findet sich im SER keine gebräuchliche Prüfungshandlung, die im konkreten Fall, bezogen auf die Risikosituation angebracht wäre, ergänzt der Prüfer die Prüfungshandlungen mit eigenen zweckmässigen Prüfungen.

6.10 Planungsbesprechung intern im Team

Setzt der leitende Revisor bei der eingeschränkten Revision Teammitglieder ein, so sollten die wesentlichen Punkte der Planung im Team besprochen werden. In der Regel wird dafür eine Teambesprechung durchgeführt. Bei einfachen Verhältnissen kann dazu eine spontane Besprechung, z. B. in einem Telefongespräch, reichen (HWP 2, S. 574). Es empfiehlt sich, die folgenden Punkte in der Planungsphase zu besprechen (in Anlehnung an IFAC SME 2, S. 72–74) und die Ergebnisse kurz festzuhalten:
- Informationen zum Prüfauftrag
- Unabhängigkeit
- Wesentliche Informationen über die Tätigkeit und das Umfeld des Unternehmens
- Wesentliche Aspekte zur Analyse der Jahresrechnung
- Identifizierte bedeutsame Risiken
- Wesentlichkeit
- Wesentliche Punkte des Prüfungsplans, des Prüfprogramms und der Arbeitszuteilung

- Organisatorische Punkte (bspw. Ort der Prüfungsdurchführung, Termine, Kostenabrechnung)

Nach Möglichkeit sollten alle Teammitglieder an der Planungsbesprechung teilnehmen, damit alle ihre Erfahrungen in die Gruppe einbringen können und das Informationsgefälle im Team klein gehalten wird (HWP 2, S. 574).

6.11 Kommunikation mit der Unternehmensleitung zur Planung

In der Planungsphase muss der Abschlussprüfer feststellen, wer die Gesellschaft gegenüber dem Prüfer vertritt und mit welchen Personen oder Gremien er zu kommunizieren hat (HWP 2, S. 579). Wesentliche Sachverhalte hat der Abschlussprüfer immer dem für die Leitung und Überwachung der Gesellschaft verantwortlichen Organ zu kommunizieren (HWP 2, S. 580). Bei einer Aktiengesellschaft ist dies gemäss Art. 716a OR der Verwaltungsrat. Für die Kommunikation von operativen Themen schaffen bei einer Aktiengesellschaft in der Regel die Bestimmungen des Organisationsreglements gemäss Art. 716b OR für Klarheit. In kleinen, eigentümergeführten Unternehmen ist es zweckmässig mit dem Eigentümer sowie mit dem in der Regel externen Verwaltungsrat zu kommunizieren. In mittleren Betrieben dürfte der Kontakt zum CFO und CEO im Vordergrund stehen.

Geht die Leitungs- und Überwachungsstruktur des Unternehmens weder aus den gesetzlichen oder statutarischen Grundsätzen noch aus den Auftragsbedingungen klar hervor, muss der Abschlussprüfer mit dem Unternehmen vereinbaren, welchen Personen oder Gremien er wesentliche Sachverhalte mitzuteilen hat.

Der Abschlussprüfer muss mit der Unternehmensleitung
- die identifizierten bedeutsamen Risiken,
- die Prüfungsschwerpunkte sowie
- den Terminplan

besprechen (HWP 2, S. 579). Dies kann mündlich oder schriftlich erfolgen. In allen Fällen ist die Kommunikation mit der Unternehmensleitung über die Planung in den Arbeitspapieren zu dokumentieren (HWP 2, S. 581).

Schliesslich erleichtert eine sach- und zeitgerechte Vorbereitung der notwendigen zu prüfenden Unterlagen durch den Kunden die Prüfungsdurchführung wesentlich. Hierzu empfiehlt es sich, dem Kunden vorzeitig eine Liste mit den benötigten Unterlagen und elektronischen Dateien zukommen zu lassen (HWP ER, S. 146).

6.12 Abschluss der Prüfungsplanung

Zum Abschluss der Prüfung sollte der leitende Revisor sicherzustellen, dass die notwendigen Planungsarbeiten zweckmässig und vollständig durchgeführt und dokumentiert wurden. Er hat diese Kontrolle in den Arbeitspapieren festzuhalten.

6. Prüfungsplanung

6.13 Zusammenfassung der Anforderungen

- Der Abschlussprüfer muss einen *risikoorientierten Prüfungsansatz* durchführen, bei welchem sich die *Reaktion des Prüfers* (Risk Response) *nach seiner Risikobeurteilung* (Risk Assessment) richtet.
- Der Abschlussprüfer muss einen *Prüfungsplan entwickeln und dokumentieren* und das voraussichtliche Prüfungsvorgehen aufgrund der kritischen Beurteilung folgender Aspekte bestimmen:
  - Kenntnisse der Tätigkeit und des Umfelds des Unternehmens
  - Analytische Prüfungshandlungen in der Planungsphase
  - Beurteilung inhärenter Risiken
  - Wesentlichkeit und Fehlertoleranz
- Der Abschlussprüfer muss die *Analyse der Tätigkeit und des Umfelds des Unternehmens* in den folgenden Bereichen und anhand der folgenden Tätigkeiten durchführen
  - Zu berücksichtigende Bereiche:
    - Umfeld des Unternehmens inkl. gesamtwirtschaftliche, branchenspezifische und gesetzliche Gegebenheiten
    - Strategie und Ziele des Unternehmens
    - Organisation des Unternehmens
    - Finanzielle Gegebenheiten und Berichterstattung des Unternehmens
  - Die Analyse basiert auf:
    - Berücksichtigung bisheriger Erfahrungen
    - Befragung der Unternehmensleitung und anderer Personen
    - Analytische Prüfungshandlungen
    - Beobachtung und Studium von Informationen
- Der Abschlussprüfer muss die in der Planungsphase durchgeführten *analytischen Prüfungshandlungen* in den folgenden *drei Schritten* durchführen:
  - Bildung einer Erwartung (Schritt 1)
  - Vergleich zwischen Ist-Zustand und Erwartung (Schritt 2)
  - Evaluation der Abweichungen (Schritt 3)

  Unerwartete Ergebnisse muss der Prüfer in der Risikobeurteilung berücksichtigen.
- Der Abschlussprüfer muss in der Planungsphase die folgenden *Wesentlichkeitsschwellen definieren*:
  - Gesamtwesentlichkeit
  - Toleranzwesentlichkeit
  - Spezifische Wesentlichkeiten (sofern anwendbar)
  - Nichtaufgriffsgrenze
- Der Abschlussprüfer muss die Höhe der einzelnen *Wesentlichkeitsschwellen* nach *professionellem Ermessen in Abhängigkeit vom Prüfrisiko bestimmen* und *dokumentieren*. Sollte er von den Richtwerten abweichen, hat er die Gründe dafür in der Dokumentation darzulegen.
- Der Abschlussprüfer muss die *inhärenten Risiken* in Bezug auf *die Jahresrechnung als Ganzes* sowie auf *einzelne Aussagen* zu wesentlichen Beständen, Transaktionen und Offenlegungen erkennen, beurteilen und dokumentieren. →

6. Prüfungsplanung

- Der Abschlussprüfer muss die folgenden *sieben Prüfungsziele bzw. Aussagen* der Unternehmensleitung bei der Risikobeurteilung auf Stufe Jahresrechnung wie auch auf Stufe der einzelnen Bestände, Transaktionen und Offenlegungen berücksichtigen:
    - Vorhandensein
    - Eintritt
    - Rechte und Verpflichtungen
    - Vollständigkeit
    - Bewertung
    - Erfassung und Periodenabgrenzung
    - Darstellung und Offenlegung
- Der Abschlussprüfer hat während der Planungsphase *die Risiken hinsichtlich folgender wichtiger Aspekte in Betracht* zu ziehen:
    - Unsicherheit bezüglich Unternehmensfortführung
    - Kapitalverlust und Überschuldung
    - Nahestehende Parteien und Transaktionen
    - Negative Erfahrungen aus bisherigen Prüfungen
- Der Abschlussprüfer muss *aufgrund der Risikosituation* geeignete *grundlegende Reaktionen* (wie etwa zeitliche oder personelle Ressourcen) sowie *Prüfungshandlungen* planen, die das Prüfrisiko auf ein akzeptables Mass senken.
- Der Abschlussprüfer muss um grundlegende Risiken einer Jahresrechnung als Ganzes abdecken zu können, *allgemeine Prüfungshandlungen* zur Jahresrechnung durchführen, wie etwa die Einforderung einer rechtsgültig unterzeichneten Jahresrechnung oder der Abstimmung zwischen der Buchhaltung und der Jahresrechnung.
- Der Abschlussprüfer muss, bei allen wesentlichen Abschlussposten *empfohlene Prüfungshandlungen* durchzuführen, die vor allem Befragungen, analytische Prüfungshandlungen und kurze, grundlegende Detailprüfungen umfassen.
- Der Abschlussprüfer hat bei identifizierten bedeutsamen Risiken *weitergehende Prüfungshandlungen* vorzunehmen. Dabei hat er zusätzliche Detailprüfungen und/oder verlässliche analytische Prüfungshandlungen durchzuführen.
- Der Abschlussprüfer muss in einem *Prüfungsplan* die Prüfstrategie und in einem *Prüfprogramm* die einzelnen Prüfungshandlungen schriftlich festhalten. In einfachen Verhältnissen kann auf den Prüfungsplan verzichtet werden.
- Der leitende Revisor sollte dem Team alle wesentlichen Aspekte *der Planung kommunizieren*:
    - Informationen zum Prüfauftrag
    - Unabhängigkeit
    - Wesentliche Informationen über die Tätigkeit und das Umfeld des Unternehmens
    - Wesentliche Aspekte zur Analyse der Jahresrechnung
    - Festgestellte bedeutsame Risiken
    - Wesentlichkeit
    - Wesentliche Punkte des Prüfungsplans oder des Prüfprogramms
    - Organisatorische Punkte

→

6. Prüfungsplanung

- Der Abschlussprüfer muss die wesentlichen Punkte der Prüfungsplanung *mit der Unternehmensleitung (nach Möglichkeit mit dem obersten Aufsichtsorgan)* besprechen:
  - Identifizierte bedeutsame Risiken
  - Prüfungsschwerpunkte
  - Terminplan
  - Weitere wesentliche Aspekte der Planung
- Der leitende Revisor muss zum Abschluss der Prüfung sicherzustellen, dass die notwendigen Planungsarbeiten zweckmässig und vollständig durchgeführt und dokumentiert wurden. Er hat diese Kontrolle in den Arbeitspapieren zu dokumentieren.

6.14 Beispiele und Arbeitshilfen

6.14.1 Mögliche Fragen zur Tätigkeit und zum Umfeld des Unternehmens

Bereich	Mögliche Fragen und Themen (in Anlehnung an PS 2010, S. 146–148)
Umfeld:	• Gesamtwirtschaftliche Voraussetzungen: Zinsniveau, Wechselkurse, Wirtschaftspolitik, Konjunkturzyklus? • Branchenspezifische Gegebenheiten: Markt- und Wettbewerbssituation, Veränderung in der Produkttechnologie, Preisentwicklung auf den Absatz- und Beschaffungsmärkten • Gesetzliches und regulatives Umfeld: wichtige oder neue Gesetze oder Regulatorien
Strategie und Ziele:	• Welche Strategie hat das Unternehmen? • Was sind die wichtigsten Elemente des Geschäftsmodells? • Welche operativen Ziele wurden der Geschäftsleitung gesetzt? • Welche Produkte und Dienstleistungen werden angeboten? • Wichtige Kunden oder Lieferanten
Organisation:	• Eigentumsverhältnisse des Unternehmens • Rechtliche Organisation • Aufbauorganisation und Organigramm • Rechnungswesen • IT-Umfeld • Wesentliche Wertschöpfungsaktivitäten und Prozesse • Besonderheiten im Bereich Personal (Abhängigkeiten, Wechsel in wichtigen Positionen, Erfahrung und Integrität von Schlüsselpersonen)
Finanzielle Gegebenheiten und Berichterstattung:	• Vergangene und aktuelle Ertrags-, Vermögens- und Liquiditätslage inklusive Trends und wichtiger Kennzahlen • Wichtige Finanzierungsinstrumente und Kreditvereinbarungen • Besondere Bilanzierungsrichtlinien • Arten von Vermögenswerten, Verbindlichkeiten, Erträgen und Aufwendungen des Unternehmens

6. Prüfungsplanung

6.14.2 Auswahl möglicher Kennzahlen zur Analyse der Jahresrechnung als Ganzes

Kennzahl	Formel	Richtwerte	Interpretation
Beurteilung der Liquiditätslage			
Liquiditätsgrad 1 (Cash Ratio)	$\dfrac{\text{Flüssige Mittel}}{\text{Fremdkapital kurzfr.}}$	15–30 %	Informationen zur statischen Zahlungsbereitschaft
Liquiditätsgrad 2 (Quick Ratio)	$\dfrac{\text{Flüssige Mittel + Forderungen}}{\text{Fremdkapital kurzfr.}}$	> 100 %	Informationen zur statischen Zahlungsbereitschaft
Liquiditätsgrad 3 (Current Ratio)	$\dfrac{\text{Umlaufvermögen}}{\text{Fremdkapital kurzfr.}}$	150–200 %	
Cashflow Ratio	$\dfrac{\text{Cashflow aus Geschäftstätigkeit}}{\text{Fremdkapital kurzfr.}}$	mind. 100 %	Möglichkeit, die kurzfristigen Verbindlichkeiten aus operativem Mittelzufluss bedienen zu können
Cash Burn Rate	$\dfrac{\text{Liquide Mittel}}{\text{Cashdrain}}$	n/a	Wie lange reichen die vorhandenen liquiden Mittel zur Deckung des negativen operativen Geldflusses aus?
Anlagedeckungsgrad 1	$\dfrac{\text{Eigenkapital}}{\text{Anlagevermögen}}$	Je nach Risiko der Anlagen	Einhaltung des Grundsatzes der Fristenkongruenz (goldene Bilanzregel)
Anlagedeckungsgrad 2	$\dfrac{\text{Fremdkapital langfr. + Eigenkapital}}{\text{Anlagevermögen}}$	> 100 %	
Beurteilung der Vermögenslage			
Eigenfinanzierungsgrad (Eigenkapitalquote)	$\dfrac{\text{Eigenkapital}}{\text{Total Passiven}}$	Risikobezogen: Handel: 20–40 % Produktion: 40–60 % Immaterielle Anlagen: 60–90 %	Aussagen zur finanziellen Sicherheit, Unabhängigkeit und Flexibilität
Fremdfinanzierungsgrad (Fremdkapitalquote)	$\dfrac{\text{Fremdkapital}}{\text{Total Passiven}}$	Ableitbar aus den obenstehenden Ausführungen zur Eigenkapitalquote	
Finanzierungsverhältnis	$\dfrac{\text{Fremdkapital}}{\text{Eigenkapital}}$		
Zinsdeckungskoeffizient	$\dfrac{\text{Ebit}}{\text{Zinsaufwand}}$	> 1.5	Inwiefern ist die Gesellschaft in der Lage, die Zinsen durch einen Erfolg zu decken?
Beurteilung der Ertragslage			
Gesamtkapitalrendite	$\dfrac{\text{Gewinn + Zinsen}}{\text{Durchschnittl. Gesamtkapital}}$	Je nach Risiko und Branche	Wie hoch ist die Rentabilität, bezogen auf das gesamtinvestierte Vermögen, das Eigenkapital und den Umsatz?
Eigenkapitalrendite	$\dfrac{\text{Gewinn}}{\text{Durchschnittl. Eigenkapital}}$		
Umsatzrendite	$\dfrac{\text{Gewinn}}{\text{Umsatz}}$		
Bruttogewinnquote	$\dfrac{\text{Bruttogewinn}}{\text{Umsatz}}$	Je nach Handelsgut	Deckungsbeitrag aus dem Warenhandel
Cost/Income Ratio	$\dfrac{\text{Betriebsaufwand}}{\text{Betriebsertrag}}$	Je nach Branche	Wie hoch sind die Betriebskosten im Vergleich zum Umsatz?

6. Prüfungsplanung

6.14.3 Übliche bedeutsame Risiken pro Abschlussposition

Die folgende Aufstellung listet verschiedene in der Praxis vorkommende bedeutsame Risiken auf. Sie ist nicht abschliessend. Der Prüfer hat die bedeutsamen Risiken immer aufgrund der konkreten Risikosituation festzusetzen.

Bilanzpositionen	Übliche bedeutsame Risiken
Flüssige Mittel	• Bilanzierte flüssige Mittel sind nicht vorhanden (fiktive Aktiven). • Fremdwährungsbewertung der flüssigen Mittel ist nicht korrekt. • Verpfändete Mittel werden nicht im Anhang ausgewiesen.
Forderungen inkl. Darlehensguthaben	• Forderungen sind nicht vorhanden: Eine Abstimmung mit den Grundlagenbelegen (Verträge oder Rechnungen, allenfalls via offene Postenliste) ist nicht möglich. • Forderungen sind nicht korrekt bewertet: Fremdwährungsbewertung ist falsch, Ausfallrisiko (Delkredere) ist nicht berücksichtigt. • Forderungen sind nicht in der korrekten (Leistungs-)Periode erfasst. • Forderungen gegenüber Konzerngesellschaften, Aktionären oder übrigen nahestehenden Parteien sind nicht separat ausgewiesen. • Risiken bezüglich der Einlagerückgewähr oder verdeckter Gewinnausschüttungen (Vertiefung in Kapitel 13).
Wertschriften	• Wertschriften sind nicht vorhanden. • Wertschriften sind nicht korrekt bewertet: Ein erhöhtes Risiko besteht insbesondere bei nichtkotierten Wertschriften (subjektive Bewertung) sowie bei nichtkotierten derivativen Finanzinstrumenten (subjektive und komplexe Bewertung, allfälliges Ausfallrisiko der Gegenpartei).
Vorräte	• Vorräte sind nicht vorhanden: Eine Inventur wurde nicht oder nur ungenügend durchgeführt. Im Inventar sind Positionen enthalten, die zum Bilanzstichtag nicht vorhanden waren. • Die Gesellschaft hat kein Recht an den bilanzierten Vorräten (wie etwa bei Waren in Konsignation). • Vorräte sind nicht korrekt bewertet: Sie sind nicht zu Einkaufspreisen oder Herstellungskosten, sondern etwa zu Verkaufspreisen bewertet. Wesentliche negative Preisentwicklungen auf dem Absatzmarkt sind nicht berücksichtigt worden (verlustfreie Bewertung). Verwaltungs- und Vertriebsgemeinkosten sind in der Kalkulation der Herstellungskosten enthalten. Unkurante Waren (Ladenhüter) sind nicht wertberichtigt worden.
Angefangene Arbeiten	• Aktivierte Kosten für angefangene Arbeiten sind nicht aktivierungsfähig. • Angefangene Arbeiten sind überbewertet: Es ist keine Wertberichtigung für Projekte mit absehbaren Verlusten erfasst (Achtung: Langfristige Projekte mit Pauschalpreisen unterliegen einem erhöhten Risiko). Die Gewinnrealisierung bei der Percentage-of-Completion (PoC)-Methode wird nicht korrekt kalkuliert (Achtung: Fertigungsgrad und Schätzung der noch anfallenden Kosten unterliegen oft einer subjektiven Einschätzung).
Sachanlagen	• Bilanzierte Sachanlagen sind tatsächlich nicht vorhanden oder nicht im Eigentum der Gesellschaft: Bilanzierte Vermögenswerte sind nicht aktivierungsfähig. • Sachanlagen sind nicht korrekt bewertet: Wertbeeinträchtigungen etwa aufgrund von dauerhaften vergangenen oder budgetierten Betriebsverlusten, Betriebs- oder Produktestilllegungen oder Beschädigungen sind nicht erfasst; Abschreibungen sind nicht korrekt kalkuliert, die angenommene Nutzungsdauer ist nicht vertretbar. • Leasinggüter sind nicht korrekt ausgewiesen. →

6. Prüfungsplanung

Bilanzpositionen	Übliche bedeutsame Risiken
Beteiligungen	• Eine Beteiligung ist überbewertet: Eine Tochtergesellschaft ist überschuldet oder hat Ertrags- oder Liquiditätsprobleme.
Immaterielle Anlagen	• Bilanzierte immaterielle Anlagen sind nicht aktivierungsfähig. • Die Bewertung der immateriellen Anlagen ist nicht vertretbar.
Verbindlichkeiten	• Verbindlichkeiten sind nicht vollständig erfasst. • Verbindlichkeiten sind nicht in der korrekten (Leistungs-)Periode verbucht. • Verbindlichkeiten sind tatsächlich nicht vorhanden (fiktive Passiven). • Verbindlichkeiten gegenüber Konzerngesellschaften, Aktionären oder übrigen nahestehenden Parteien sind nicht separat ausgewiesen.
Passive Rechnungsabgrenzung	• Umsätze oder Aufwendungen sind nicht periodengerecht abgegrenzt.
Rückstellungen	• Rückstellungen sind nicht vollständig erfasst, wie etwa laufende Rechtsverfahren, Ferien- und Überzeitansprüche, Risiken aus Garantieverpflichtungen oder sonstigen Eventualverbindlichkeiten, Steuerrückstellungen, Rückstellungen für vertragliche Kosten ohne Gegenleistung (bspw. für freigestellte Mitarbeiter, vorzeitiger Auszug aus einer Geschäftsliegenschaft mit längerer fixen Mietdauer), Rückstellungen für rechtliche oder faktische Verpflichtungen gegenüber der Vorsorgeeinrichtung.
Eigenkapital	• Gewinnverwendung ist nicht vollständig und richtig erfasst. • Die Unterteilung der gesetzlichen und freien Reserven aus Gewinnen und Kapitalleistungen ist nicht korrekt. • Transaktionen mit eigenen Aktien sind nicht korrekt erfasst oder offengelegt.
Allgemein	• Mindestgliederung von Art. 959a OR wird nicht eingehalten. • Fremdwährungsumrechnung erfolgt nicht gesetzeskonform. • Eine gefährdete, verunmöglichte oder nicht mehr gewollte Unternehmensfortführung wird nicht korrekt in der Jahresrechnung berücksichtigt (Vertiefung in Kapitel 9).

Erfolgsrechnung	Übliche bedeutsame Risiken
Allgemeine Überlegungen zur Prüfung der Erfolgsrechnung	• Die Prüfungen bei der eingeschränkten Revision sind gemäss dem SER primär bestandes- und bewertungsorientiert. Die systematische Aufdeckung von deliktischen Handlungen – wie beispielsweise der Verbuchung von fiktiven Umsätzen oder Aufwendungen – ist nach dem SER nicht vorgesehen.
Umsatz und Materialaufwand	• Umsatz und Materialaufwand sind nicht in der korrekten Periode verbucht oder (noch) nicht eingetreten. • Für die Mehrwertsteuer wird die Umsatzsteuer falsch ermittelt, beispielsweise weil keine Umsatzabstimmung durchgeführt wird.
Personalaufwand	• Variable Vergütungen sind nicht vollständig abgegrenzt worden. • Der Aufwand für Sozialversicherungen ist nicht korrekt abgegrenzt und damit in der richtigen Periode erfasst.
Direkte Steuern	• Der Steueraufwand ist nicht korrekt abgegrenzt. • Der Steueraufwand ist – u. a. aufgrund von geldwerten Leistungen – nicht vollständig erfasst.
Allgemein	• Mindestgliederung von Art. 959b OR wird nicht eingehalten.

6. Prüfungsplanung

Anhang (Art. 959c OR)	Übliche bedeutsame Risiken
Allgemein	• Die Angaben von Art. 659c OR werden nicht vollständig offengelegt, insbesondere die folgenden Punkte:
959c Abs. 1 Ziff. 3: Nettoauflösung stiller Reserven	• Eine Nettoauflösung von stillen Reserven wird nicht offengelegt. • Die Berechnung der Nettoauflösung stiller Reserven ist nicht korrekt erfolgt (namentlich die Unterscheidung zwischen Willkür-, Zwangs- und Ermessensreserven).
959c Abs. 2 Ziff. 4 und 5: Eigene Anteile	• Die Transaktionen mit eigenen Anteilen werden nicht vollständig oder falsch dargestellt.
959c Abs. 2 Ziff. 6: Leasing	• Nicht bilanzierte Leasingverbindlichkeiten werden nicht vollständig oder falsch ausgewiesen.
959c Abs. 2 Ziff. 8: Verpfändete Aktiven	• Verpfändete Aktiven sind nicht vollständig ausgewiesen.
959c Abs. 2 Ziff. 8: Eventualverbindlichkeiten	• Eventualverbindlichkeiten sind nicht vollständig ausgewiesen..
Andere vom Gesetz vorgeschriebene Angaben	• Abweichungen vom Grundsatz der Stetigkeit (Art. 959c Abs. 1 OR) und der Unternehmensfortführung (Art. 958a Abs. 3 OR) sind nicht vollständig offengelegt.

7.

Prüfungsdurchführung

7.1 Inhalt des Kapitels
7.2 Grafische Übersicht
7.3 Überblick über die Phase der Prüfungsdurchführung und Beispiel
7.4 Allgemeines zur Prüftechnik
7.5 Befragungen
7.6 Analytische Prüfungshandlungen
7.7 Angemessene Detailprüfungen
7.8 Gesamturteil bei Prüfungsbeendigung
7.9 Vollständigkeitserklärung
7.10 Zusammenfassung der Anforderungen

7. Prüfungsdurchführung

7.1 Inhalt des Kapitels

- Prüfungsdurchführung, Prüfungstechnik, das Vorgehen bei der Befragung, bei den analytischen Prüfungen und den angemessenen Detailprüfungen
- Die wichtigsten Punkte bei der abschliessenden Gesamtbeurteilung und der Vollständigkeitserklärung
- Das Erlangen ausreichend geeigneter Prüfungsnachweise und die Reduktion des Prüfungsrisikos auf ein vertretbares Niveau

7.2 Grafische Übersicht

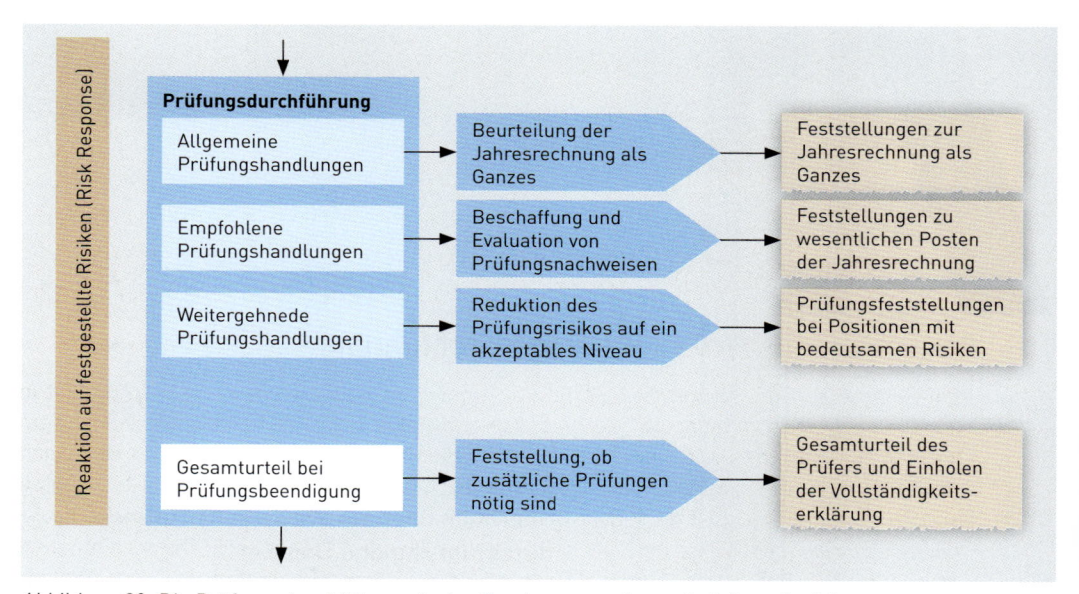

Abbildung 30: Die Prüfungsdurchführung in der Roadmap zur eingeschränkten Revision

7.3 Überblick über die Phase der Prüfungsdurchführung und Beispiel

Nachdem der Prüfer in der Planungsphase aufgrund der Risikobeurteilung in einem Prüfprogramm entsprechende Prüfungshandlungen mit Prüfungszielen definiert hat, gilt es, dieses Prüfprogramm bei der Prüfungsdurchführung umzusetzen. Mit einer optimalen Prüfungstechnik kann der Prüfer die Prüfungen zielgerichtet und effizient durchführen.

Ausgangspunkt ist die im Prüfprogramm definierte Prüfungshandlung mit den entsprechenden Prüfungszielen. Die Prüfungshandlung führt der Prüfer nach den Regeln des Berufsstandes durch und erlangt dadurch Prüfungsnachweise, d. h. alle Dokumente, Belege, Aufzeichnungen und sonstigen Informationen, auf denen seine Prüfungsaussage basiert.

Die erhaltenen Prüfungsnachweise evaluiert der Prüfer und beurteilt, ob die entsprechenden Prüfungsziele erreicht worden sind oder ob er zusätzliche Prüfungen im Prüfprogramm einzuplanen hat.

7. Prüfungsdurchführung

```
┌─────────────────────────────────────────────────────────────┐
│          Festgestellte Risiken aus der Planungsphase        │
│  ┌─────────────────────────────┐  ┌─────────────────────┐   │
│  │ Stufe Jahresrechnung als    │  │ Stufe spezifische   │   │
│  │ Ganzes                      │  │ Aussagen            │   │
│  └─────────────────────────────┘  └─────────────────────┘   │
└─────────────────────────────────────────────────────────────┘
                              ▼
┌─────────────────────────────────────────────────────────────┐
│                      Prüfungshandlungen                     │
│  ┌──────────────┐  ┌──────────────┐  ┌──────────────┐       │
│  │ Allgemeine   │  │ Empfohlene   │  │ Weitergehende│       │
│  │ Prüfungs-    │  │ Prüfungs-    │  │ Prüfungs-    │       │
│  │ handlungen   │  │ handlungen   │  │ handlungen   │       │
│  └──────────────┘  └──────────────┘  └──────────────┘       │
│  ┌──────────────┐  ┌──────────────┐  ┌──────────────┐       │
│  │ Befragungen  │  │ Analysen     │  │ Angemessene  │       │
│  │              │  │              │  │ Detailprüf.  │       │
│  └──────────────┘  └──────────────┘  └──────────────┘       │
│                                                             │
│              ┌─────────────────────────┐                    │
│         ┌──▶│  Planung mit Prüfziel    │──┐                 │
│         │   └─────────────────────────┘   ▼                 │
│  ┌──────────────┐              ┌──────────────┐             │
│  │ Evaluation   │◀─────────────│ Beschaffung  │             │
│  │ Prüfungs-    │              │ Prüfungs-    │             │
│  │ nachweise    │              │ nachweise    │             │
│  └──────────────┘              └──────────────┘             │
└─────────────────────────────────────────────────────────────┘
                              ▼
┌─────────────────────────────────────────────────────────────┐
│ Ziel: Ausreichende Prüfsicherheit zur Reduktion des         │
│       Prüfungsrisikos auf ein akzeptables Mass              │
└─────────────────────────────────────────────────────────────┘
```

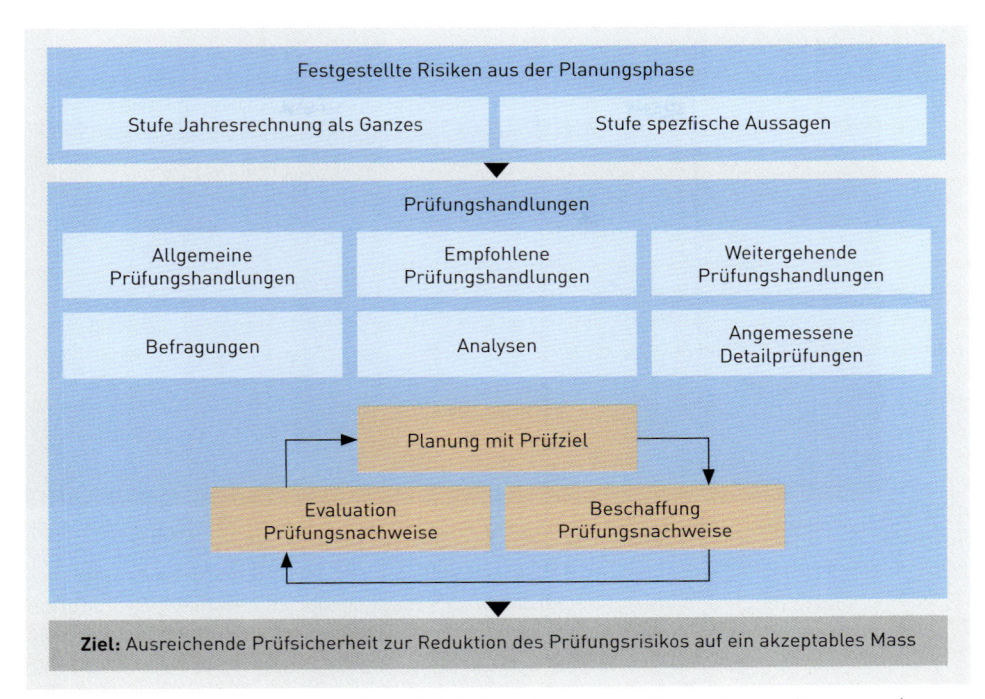

Abbildung 31: Erlangung von ausreichend Prüfsicherheit je nach Risikosituation (Allgemein)

Ein Beispiel soll das Vorgehen illustrieren: Der Prüfer eines Kleidungsgeschäftes hat in der Planungsphase festgestellt, dass der ausgewiesene Umsatz um 40 % gegenüber dem Vorjahr zugenommen hat. Mit seinen Kenntnissen über das Unternehmen und dessen Umfeld kann er sich diese erhebliche Zunahme nicht erklären und bestimmt den «Ertrag aus Lieferungen und Leistungen» zusammen mit den Aussagen «Eintritt» und «Erfassung und Periodenabgrenzung» als bedeutsames Risiko. Er plant im Prüfprogramm eine entsprechende Befragung des Buchhalters und des Verkaufsleiters sowie eine analytische Prüfung der Ertragsveränderung je Produktesparte gegenüber dem Vorjahr. Mit den Prüfungshandlungen erlangt er Prüfungsnachweise. Bei der Befragung des Verkaufsleiters fertigt er ein Protokoll mit den hauptsächlichen Besprechungspunkten an; bei der analytischen Prüfung vergleicht er die einzelnen tatsächlichen Erträge pro Produktsparte mit seinen Erwartungen und bespricht erhebliche unerklärliche Abweichungen mit dem Verkaufsleiter. Darüber erstellt er ebenfalls ein Arbeitspapier. Danach evaluiert er seine Prüfungsnachweise und beurteilt, ob die Prüfungsziele (Feststellen, ob die im Ertrag aus Lieferungen und Leistungen verbuchten Transaktionen tatsächlich eingetreten sowie korrekt erfasst und richtig abgegrenzt worden sind) erreicht wurden. In diesem Fall kann er sich aufgrund der erhaltenen Prüfungsnachweise eine Zunahme von 10–15 % des Umsatzes gegenüber dem Vorjahr erklären. Die Differenz zur effektiv erfassten Zunahme von 40 % ist jedoch weiterhin wesentlich. Der Prüfer ergänzt darum sein Prüfprogramm mit einer erweiterten angemessenen Detailprüfung (stichprobenweises Überprüfen der verbuchten Erträge anhand der Umsatzjournale).

Wie dieses Beispiel zeigt, werden oft unterschiedliche Prüfungshandlungen durchgeführt, die sich gegenseitig ergänzen. Ob die erhaltenen Prüfungsnachweise zur Abdeckung der

7. Prüfungsdurchführung

Risiken bzw. Prüfungsziele ausreichend sind, liegt *im professionellen Ermessen* des Prüfers. Seine Aufgabe kann auch anhand des folgenden Bildes dargestellt werden:

Abbildung 32: Erlangung von ausreichend Prüfsicherheit je nach Risikosituation (Kesselmodell)

Der Prüfer hat verschiedene Kessel vor sich. Sie repräsentieren die einzelnen Risiken und entsprechenden Prüfungsziele. Die roten Kessel enthalten gefährliche Inhalte und stellen die bedeutsame Risiken dar. Die grünen verkörpern derzeit keine bedeutende Gefahr und können vernachlässigt werden. Um das hohe Risiko in den roten Kesseln zu eliminieren, ist es nun die Aufgabe des Prüfers (Prüfungshandlung), diese mit ausreichend Wasser (Prüfungsnachweise, um bei einer eingeschränkten Revision eine begrenzte Prüfsicherheit zu erreichen) zu füllen. Das Wasser befindet sich in Tontöpfen, die unterschiedlich einfach zu erreichen sind. Je nach Grösse der Kessel (Risiken) und Menge des Wassers in den Tontöpfen (erhaltene Prüfungsnachweise aus den Prüfungshandlungen) muss der Prüfer unterschiedlich viele Male den Weg zu einem Tontopf gehen und Wasser holen (Prüfungen durchführen).

7.4 Allgemeines zur Prüftechnik

7.4.1 Kritische Grundhaltung

«Der Revisor muss die eingeschränkte Revision mit einer kritischen Grundhaltung planen und durchführen. Er muss sich bewusst sein, dass es Umstände geben kann, die dazu führen, dass die Jahresrechnung wesentliche Fehlaussagen enthält» (SER, S. 9). Eine kritische Grundhaltung bedeutet, dass der Revisor die Stichhaltigkeit erlangter Informationen und Unterlagen hinterfragt (HWP 2, S. 149) sowie auf Hinweise achtet, die die Verlässlichkeit von Dokumenten oder Erklärungen der Unternehmensleitung infrage stellen. Dieser kritischen Grundhaltung bedarf es während des ganzen Prüfungsprozesses.

7.4.2 Bildung von Prüffeldern

Um effizient und sachlogisch vorzugehen, sollten inhaltlich zusammenhängende Bestände, Transaktionen oder Offenlegungen in Prüffelder eingeteilt werden. Dieses Vorgehen ist zweckmässig, weil in der Regel die verschiedenen Ansprechpartner zu «ihrem Thema» fundierte Auskunft geben können. Im Weiteren hängt oft die eine Abschlussposition von

7. Prüfungsdurchführung

der anderen ab. So haben die Abschreibungen eine direkte Auswirkung auf den Buchwert der Sachanlagen, oder eine fehlende Lieferantenrechnung in den Kreditoren beeinflusst den Waren- oder Materialaufwand. Beispiele für Prüffelder sind:

- Einkauf: Waren- und Materialaufwand, Kreditoren, Vorräte
- Verkauf: Warenertrag, Debitoren, Mehrwertsteuern
- Finanzierung: Zinsaufwand, Finanzschulden, Ausweis der verpfändeten Aktiven
- Personal: Personalaufwand, Guthaben und Verbindlichkeiten gegenüber Sozialversicherungen und Personal
- Steuern: Steueraufwand, Guthaben und Verbindlichkeiten gegenüber Steuerbehörden
- Sachanlagen: Abschreibungen, Sachanlagen
- Dienstleistungen: Dienstleistungsertrag, nicht fakturierte Dienstleistungen, Forderungen aus Leistungen

7.4.3 Direkte und indirekte Prüfungen

Informationen können direkt oder indirekt geprüft werden. Bei der direkten Prüfung wird eine Information aus der Buchhaltung direkt mit dem der Buchung zugrunde liegenden Beleg verglichen. Bei direkten Prüfungen kann immer nur ein Sachverhalt geprüft werden. Es sind deshalb auch immer Einzelfallprüfungen. Bei einer indirekten Prüfung wird dagegen eine Information ohne die entsprechenden Belege geprüft. Dies kann beispielsweise mit einem analytischen Vorjahresvergleich, summarischen Kontrollrechnungen, Globalabstimmungen oder einer Kennzahlenanalyse erfolgen. Dementsprechend gehören auch die analytischen Prüfungshandlungen (Kapitel 7.6) zur Kategorie der indirekten Prüfungen (HWP 2, S. 196).

7.4.4 Die Prüfrichtung (retrograd und progressiv)

Für die Unterscheidung einer retrograden von einer progressiven Prüfungshandlung ist ausschlaggebend, ob der Ausgangspunkt die Jahresrechnung/Buchhaltung oder die zugrunde liegende Transaktion ist. Welche Prüfrichtung angewendet werden soll, richtet sich massgeblich nach dem Prüfungsziel (HWP 2, S. 197).

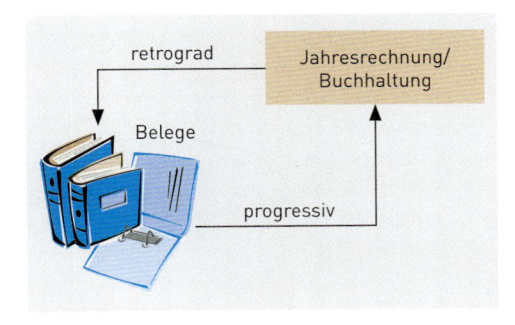

Abbildung 33: Die retrograde und die progressive Prüfrichtung

Bei einer retrograden Prüfrichtung ist die Jahresrechnung/Buchhaltung Ausgangspunkt der Prüfung. Die in der Buchhaltung erfassten Bestände und Transaktionen werden zuerst ausgewählt und dann anhand von Belegen oder anderen Prüfungsnachweisen überprüft. Die retrograde Prüfungshandlung bietet sich insbesondere dann an, wenn die Prüfungs-

7. Prüfungsdurchführung

ziele «Vorhandensein» und «Eintritt» abgedeckt werden sollen. Als Beispiel kann der Prüfer in einem ersten Schritt die verbuchten Bankguthaben bestimmen und das Vorhandensein dieser verbuchten Bestände in einem zweiten Schritt anhand der Bankauszüge prüfen. Als weiteres Beispiel kann der Prüfer die verbuchten Verkaufserträge durchsehen und bei den grössten Transaktionen anhand der Rechnungen oder Lieferscheine prüfen, ob die Transaktionen tatsächlich erfolgt sind.

Bei der progressiven Prüfungshandlung wird vom Beleg auf die Buchhaltung/Jahresrechnung geschlossen. Die Prüfrichtung ist dazu geeignet, das Prüfungsziel «Vollständigkeit» zu erreichen. So kann durch einen Vergleich mit der Buchhaltung (Kreditoren-offene-Posten-Liste) beispielsweise der Prüfer die im Folgejahr bezahlten Kreditorenrechnungen durchsehen und überprüfen, ob es unter diesen Belegen solche hat, die eigentlich noch im zu prüfenden Berichtsjahr hätten in der Buchhaltung/Jahresrechnung erfasst werden müssen.

7.4.5 Prüfungsumfang und Auswahlverfahren

7.4.5.1 Übersicht über das Auswahlverfahren und Definition der Grundgesamtheit

Unter dem Prüfungsumfang wird das Ausmass der definierten Prüfungshandlungen verstanden. Dieses ist einerseits von der Anzahl und der Art der durchgeführten Prüfungshandlungen und andererseits von deren Tiefe abhängig.

Für die Tiefe der Detailprüfungen ist das Auswahlverfahren ausschlaggebend. Darunter wird die Methode verstanden, wie der Abschlussprüfer die einzelnen zu prüfenden Positionen aus einer Grundgesamtheit auswählt. Diese kann dabei Folgendes darstellen (HWP 2, S. 245):
- Alle Bestände eines Abschlusspostens
- Alle Transaktionen eines Abschlusspostens
- Alle Konti in einem Abschlussposten
- Alle Kontengruppen in einem Abschlussposten

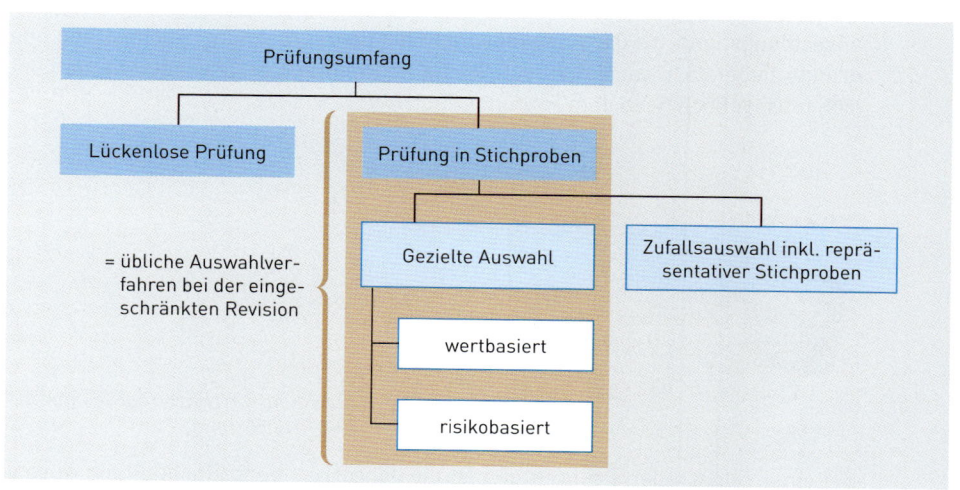

Abbildung 34: Klassifizierung des Prüfungsumfangs (in Anlehnung an HWP 2, S. 244)

Grundsätzlich kann der Prüfer einen Abschlussposten lückenlos (vollständig) oder in Stichproben (partiell) prüfen (HWP 2, S. 244 ff.). Bei der Prüfung in Stichproben wählt

7. Prüfungsdurchführung

der Abschlussprüfer aus einer Grundgesamtheit einzelne Elemente aus. Diese Stichprobenauswahl dient der Bestätigung oder Widerlegung einer Annahme, beispielsweise der korrekten Periodenabgrenzung des Umsatzes. Die zu prüfenden Positionen werden bei der eingeschränkten Revision anhand einer gezielten Auswahl selektiert. Diese kann werte- oder risikobasiert erfolgen.

Nebst der gezielten Auswahl kennt die Revisionslehre die zufällige Auswahl mit repräsentativen Stichproben. Um von den Stichproben auf die Grundgesamtheit schliessen zu können, müssten die einzelnen Stichprobenelemente die typischen Merkmale der Grundgesamtheit aufweisen, und zwar so, dass systematische Verzerrungen vermieden werden. Bei einer eingeschränkten Revision muss der Abschlussprüfer ausdrücklich keine repräsentative Stichprobenauswahl erheben (SER, S. 23). Die zufällige Auswahl mit repräsentativen Stichproben kommt demnach bei der eingeschränkten Revision nicht vor.

Eine lückenlose Prüfung ist bei der eingeschränkten Revision aufgrund der angestrebten begrenzten Prüfsicherheit in der Regel nicht zweckmässig.

In der folgenden Tabelle werden die verschiedenen Formen des Auswahlverfahrens dargestellt und deren Vor- und Nachteile erläutert. Die beiden Auswahlformen bei der eingeschränkten Revision sind blau schraffiert:

Beschreibung des Auswahlverfahrens und Anwendung	Vor- und Nachteile der Methode
Wertbasierte Auswahl: Der Prüfer selektiert die wertmässig grössten Positionen eines Abschlusspostens. Das Konzept folgt dem «Pareto-Prinzip» (dieses stützt sich auf das statistische Phänomen, dass eine *kleine* Anzahl von *hohen* Werten einer Wertemenge mehr zu deren Gesamtwert beiträgt als die *hohe* Anzahl der *kleinen* Werte dieser Menge; es wird auch von einer 80/20-Regel gesprochen, beispielsweise weil oft 80 % des Gesamtwertes durch 20 % der Anzahl Transaktionen zustande kommt). Anwendbar bei fast allen Abschlussposten, insbesondere für die Aussagen über Vorhandensein, Eintritt und Bewertung	+ Effektive und effiziente wertmässige Abdeckung eines Abschlusspostens – Gefährlich bei hohem Fehlerpotenzial von kleineren Positionen – Methode bedingt, dass sich die Positionen in einem Abschlussposten wertmässig unterscheiden
Risikobasierte Auswahl: Der Prüfer selektiert die zu prüfenden Positionen anhand von Risiken (Positionen mit erfahrungsgemäss hohem Fehlerpotenzial; Transaktionen ausserhalb des ordentlichen Geschäftes; Abschlussbuchungen; Transaktionen nahe am Bilanzstichtag; spezielle Aufträge, Produkte, Kunden, Lieferanten). Anwendbar bei fast allen Abschlussposten, besonders bei solchen mit spezifischen Risiken	+ Effektive und effiziente Abdeckung von Risiken in einem Abschlussposten – Benötigt vertiefte Fachkenntnisse und Erfahrung betreffend die Risikoanfälligkeit – Methode bedingt, dass sich die Positionen in einem Abschlussposten risikomässig unterscheiden
Zufällige Auswahl mit repräsentativen Stichproben: Der Abschlussprüfer wählt nach dem Zufallsprinzip repräsentative Stichproben aus, um von den Ergebnissen der Stichproben auf die Grundgesamtheit schliessen zu können. Bei der eingeschränkten Revision sind repräsentative Stichproben ausdrücklich nicht vorgesehen.	+ Alternative bei der ordentlichen Revision im Falle von vielen ähnlichen Transaktionen – Aufwendiges Auswahlverfahren – Nicht risikoorientiert
Lückenlose Prüfung: Sämtliche Positionen eines Abschlusspostens werden geprüft. Bei der eingeschränkten Revision in Ausnahmefällen, beispielsweise bei sehr wenigen und sehr risikobehafteten Positionen, anwendbar	+ Hohe Prüfsicherheit – Tiefe Effizienz – Hohe Kosten

7. Prüfungsdurchführung

7.4.5.2 Allgemeine Überlegungen zum Stichprobenumfang bei der eingeschränkten Revision

Die Höhe des Stichprobenumfangs definiert der Prüfer nach seinem professionellen Ermessen und in Abhängigkeit vom Fehlerrisiko und von der Grundgesamtheit. Allgemeinverbindliche Vorgaben zum Stichprobenumfang gibt es nicht. Nach dem SER sollen einzig keine repräsentativen Stichproben genommen werden (SER, S. 23). Das HWP ist der Meinung, dass wenig Stichproben genügen (HWP 2., S. 577). Wie viele braucht es also bei einer eingeschränkten Revision?

- Ihrer Zielsetzung gemäss Kapitel 2 müssen im Vergleich zur ordentlichen Revision deutlich weniger Prüfungshandlungen erfolgen, um ausreichend geeignete Prüfungsnachweise zu erhalten.
- Die Ergebnisse von anderen Prüfungshandlungen sind zu berücksichtigen. Die angemessenen Detailprüfungen sollen die Ergebnisse aus den Befragungen und Analysen erhärten. Wurden bereits andere Prüfungen zur infrage stehenden Aussage durchgeführt, reduziert sich der notwendige Stichprobenumfang.
- Deckt eine kleine Stichprobe aufgrund der hohen Werte von bestimmten Elementen (Schlüsselposten) rund 60–70 % des ganzen Abschlusspostens ab, sind keine weiteren Stichproben mehr notwendig.
- Ist eine Grundgesamtheit mit vielen kleinen Elementen zu prüfen, liefern z.B. 2–3 Stichproben nicht ausreichend geeignete Prüfungsnachweise für wesentliche Abschlussposten mit bedeutsamen Risiken. Zur Bestimmung des Stichprobenumfangs empfiehlt sich, nach folgender Faustregel zu verfahren:

$$\frac{\text{Wert Grundgesamtheit} - \text{Wert der Schlüsselposten}}{\text{Toleranzwesentlichkeit der GW oder SW}} = \frac{\text{Zusätzliche Stichproben}}{\text{(nebst den Schlüsselposten)}}$$

Grundgesamtheit = Wert eines Abschlusspostens (z.B. Personalaufwand)
Schlüsselposten = bereits geprüfte, wichtige Elemte (z.B. infolge hohen Werts) in der Grundgesamtheit
GW = Gesamtwesentlichkeit; SW = Spezialwesentlichkeit

Die Anzahl zusätzlicher Stichproben kann verringert werden, wenn zusammen mit den Schlüsselposten bereits 60–70 % des Gesamtwerts erreicht sind. Ein praktisches Beispiel hierzu bringt das nachfolgende Kapitel.

Werden aufgrund weniger Stichproben wesentliche Fehler festgestellt und ist aufgrund der Umstände anzunehmen, dass jede weitere Stichprobe ebenfalls Abweichungen aufzeigen wird (z.B. mangelhafte Kalkulationsgrundlagen für die Herstellkosten, alte anstatt aktuelle Einstandspreise usw.), kann auf weitere Stichproben verzichtet werden. Stellt der Kunde in der Folge keine weiteren geeigneten korrigierten Grundlagen zur Verfügung, ist von einem angenommenen Sachverhalt oder von einer Beschränkung des Prüfungsumfangs auszugehen. Da die eingeschränkten Revision nur begrenzte Prüfungshandlungen und eine niedrigere Prüfungssicherheit verlangt, muss nicht die nötige Anzahl Stichproben gezogen werden, um die weiteren möglichen Fehler quantifizieren zu können. In diesem Fall ist vom Instrument der Einschränkung infolge angenommener Sachverhalte (vgl. Kapitel 8.6.1) oder dem der Beschränkung des Prüfungsumfangs Gebrauch zu machen.

Bestehen bei einer Stichprobe wenige kleine Fehler, erscheint es zweckmässig, die Stichprobe etwas zu vergrössern, um das Aggregationsrisiko zu reduzieren oder besser einschätzen zu können.

7. Prüfungsdurchführung

7.4.5.3 Praktisches Konzept zur Bestimmung der notwendigen Anzahl Stichproben

Das folgende Schema gibt anhand eines Zahlenbeispiels eine Hilfestellung, wie die Anzahl Stichproben bei der eingeschränkten Revision systematisch bestimmt werden kann.

Vorgehen	Überlegungen zum Anwendungsbeispiel für die Position Forderungen	Zahlenbeispiel (in Mio. CHF ausser anders angegeben)
1. Kenntnisse über Tätigkeit und Umfeld, analytische Prüfungshandlungen, inhärente Risiken	Eine Handelsgesellschaft mit einer Bilanzsumme von CHF 10 Mio., wovon CHF 4 Mio. ausländische Forderungen (im Vorjahr: CHF 3.7 Mio.), nach Abzug eines Delkrederes von 10%, mit einem Warenlager von CHF 4 Mio. nach Erfassung eines Warendrittels und einem buchmässigen Eigenkapital von CHF 5 Mio. Das Risiko bei der Bewertung der Forderungen wird aufgrund der bisherigen Erfahrungen, von Problemen im Mahnwesen, personellen Absenzen, einer Zunahme der offenen Ausstände, einer Verschlechterung der durchschnittlichen Zahlungsfrist sowie Währungsrisiken ausserhalb des Euro-Raums als bedeutsam eingestuft.	Bj. Vj. Bruttoforderung 4,4 4,0 Delkredere – 0,4 – 0,3 Nettoforderung 4,0 3,7 Durchschnittliche Zahlungsfrist 51 Tage (Vorjahr 48 Tage). Verbuchte Debitorenverluste: 0,3
2. Gesamtwesentlichkeit (GW) bestimmen	Erwartung der Abschlussadressaten geschätzt bei rund 5% des Eigenkapitals. Deshalb Bezugsgrösse Eigenkapital inklusive des Bestands stiller Reserven	Bj. Eigenkapital 5,0 Stille Reserven 2,0 Eigenkapital effektiv 7,0 davon 5% = 0,35
3. Toleranzwesentlichkeit (TW) bestimmen	Aufgrund der Risikobeurteilung und der Fehleranfälligkeit tiefere TW, weil höheres Aggregationsrisiko	50% von GW 0,35 = 0,18 gerundet
4. Nichtaufgriffsgrenze (NAG) bestimmen	Einzelne Fehler und Mängel – sofern sie nicht systematisch (anomal, nicht wiederkehrend) sind – können vernachlässigt werden: 5% der GW	5% von GW 0,35 = 0,02 gerundet
5. Prüfplan/-programm festlegen	Es sind empfohlene und weitergehende Prüfungshandlungen gemäss SER Anhang D Ziffer c) zu den Forderungen aus Lieferungen und Leistungen (vgl. auch Kapitel 26.3) mit Schwergewicht Bewertung und Vorhandensein durchzuführen.	Wichtige Prüfungshandlung zur Bewertung und zum Vorhandensein: 1. Zahlungseingänge im neuen Jahr einsehen und die Bonität der Schuldner beurteilen, sofern die Zahlung bis zur Prüfung noch nicht erfolgte. 2. Prüfung der Belege zu Lieferscheinen und Rechnungen hinsichtlich korrekter Umsatzerfassung (Vorhandensein, Eintritt sowie Erfassung und Periodenabgrenzung)
6. Nachweise aus allfälligen anderen Prüfungshandlungen beurteilen	Aus den aussagebezogenen analytischen Prüfungen oder Detailprüfungen ergeben sich keine Prüfungsnachweise. Es sind deshalb weitergehende Detailprüfungen notwendig.	n/a

7. Prüfungsdurchführung

Vorgehen	Überlegungen zum Anwendungsbeispiel für die Position Forderungen	Zahlenbeispiel (in Mio. CHF ausser anders angegeben)
7. Grundgesamtheit segmentieren	Klärung der Zusammensetzung der Stichprobenelemente im Gesamtbestand der Forderungen, die im Zeitpunkt der Revision noch nicht bezahlt sind*: Wie viele Elemente sind grösser als die TW, wie viele kleiner als die NAG? * Es macht in der Praxis Sinn, zuerst die Offene-Posten-Liste mit den Zahlungseingängen im neuen Jahr zu verlangen und erst dann mittels weitergehender Belegprüfungen zu ermitteln, ob Forderungen bestehen, und diese allenfalls zu bewerten.	Bruttoforderungen 4,4 Zahlungen neues Jahr – 2,1 Offene Forderungen 2,3 Über diesen Saldo haben wir noch nicht ausreichend geeignete Prüfungsnachweise. Segmentierung des Restsaldos: 03 Kunden > TW 0,18 = 0,8 30 Kunden > NAG 0,02 = 1,1 35 Rest < NAG 0,02 = 0,4 Total offene Forderungen 2,3
8. Schlüsselposten prüfen	Rund die Hälfte des Umsatzes wird mit langjährigen Stammkunden erzielt. Bei denen bestehen die grössten Ausstände, teilweise auch überfällige. Die Detailprüfung der offenen Posten der drei grössten Kunden ergibt geeignete Prüfungsnachweise für weitere CHF 0,8 Mio.	Geprüft 3 Schlüsselposten 0,8 Zahlungseingänge 2,1 Total Nachweise 2,9 = erreichte Abdeckung durch Schlüsselposten rund 66 % des Bruttobilanzwertes
9. Weitere Stichprobenelemente auswählen, sofern notwendig	Liegt die geplante Abdeckung der Prüfungsnachweise unter dem angestrebten Sicherheitsgrad von 60–70 %, sind aufgrund des erhöhten Risikos weitere Stichproben vorzusehen.	Es sind zusätzliche Stichproben zu wählen (der Revisor strebt in diesem Beispiel 70 % Prüfungssicherheit an, in anderen Fällen können auch 60 % zweckmässig sein): Zwei weitere Stichproben der nächst grösseren Posten 0,2 Total Nachweise neu 3,1 = erreichte Abdeckung durch alle Prüfungshandlungen rund 70 % des Bruttobilanzwertes
10. Schlussfolgerungen aus dem Ergebnis der Stichprobenprüfungen ziehen	Fall 1: Die 5 Einzelfallprüfungen (3 Schlüsselposten und 2 weitere Stichproben) haben keine Abweichungen ergeben.	Die empfohlenen und die weitergehenden Prüfungshandlungen ergeben einen ausreichenden Prüfungsnachweis.
	Fall 2: Die 5 Einzelfallprüfungen haben einen Fehler mit einer Abweichung von CHF 0,09 sowie drei weitere Fehler über der NAG ergeben: Summe der festgestellten Fehler beträgt CHF 0,15. Aufgrund der Umstände ist davon auszugehen, dass weitere Fehler nicht auszuschliessen sind.	Es sind weitere Stichproben (z. B. 4) zu ziehen. Zeigen diese a) keine weiteren Fehler auf: Die festgestellte (nicht korrigierte) Abweichung in Höhe von CHF 0,15 führt zu keiner modifizierten Prüfungsaussage, weil die Summe der festgestellten Fehler kleiner ist als die GW, b) weitere Fehler auf: Ist anzunehmen, dass unter Berücksichtigung des Aggregationsrisikos die Summe der festgestellten und der angenommenen Fehler die GW übersteigt, ist eine modifizierte Prüfungsaussage zu machen (Kapitel 8.6.1).
Anwendung der Faustregel bei vielen kleineren Stichprobenelementen	Bestünden im vorliegenden Fall viele kleinere Stichprobenelemente, könnte die im vorstehenden Kapitel erwähnte Faustregel angewendet werden: $$\frac{4,4 \text{ Mio.} - 0,8 \text{ Mio.}}{0,18 \text{ Mio.}} =$$ Zusätzliche 20 Stichproben übrige Posten (nebst den 3 Schlüsselposten, wobei die Anzahl Stichproben reduziert werden kann, wenn vorher 60–70 % des Gesamtbetrags erreicht sind).	

7. Prüfungsdurchführung

Letztlich hängt es von der Risikosituation, den bereits erhaltenen Prüfungsnachweisen und allfälligen weiteren geplanten Prüfungshandlungen ab, wie viele Stichproben für eine Prüfungshandlung notwendig sind. Nachfolgend einige weitere praktische Überlegungen zur Höhe des Stichprobenumfangs:

Nr.	Ausgangslage	Überlegungen zu Stichprobenumfang
1	Die angefangenen Arbeiten wurden als bedeutsames Risiko beurteilt. Der Finanzleiter wurde zum Bewertungsverfahren ohne negative Feststellungen befragt. Das Inventar der angefangenen Arbeiten zeigt insgesamt 10 Projekte mit einem Bilanzwert von total CHF 500 000. Zwei Projekte davon haben einen Wert von total CHF 275 000, acht einen solchen von total CHF 225 000. Der Revisor muss angemessene Detailprüfungen zur Bewertung der Projekte durchführen.	Der Prüfer wählt die beiden grossen Projekte aus. Diese entsprechen über 55 % des Gesamtwertes der Bilanzposition. Die Ergebnisse der Detailprüfung bestätigen jene aus anderen Prüfungshandlungen sowie die Erkenntnisse aus Vorjahresprüfungen. Der Prüfer hat nach seinem professionellen Ermessen ausreichend Prüfsicherheit über die Bilanzposition erlangt.
2a	Die Periodenabgrenzung und die Vollständigkeit der Verbindlichkeiten aus Lieferungen und Leistungen wurde als bedeutsames Risiko bestimmt. Der Prüfer hat aus den Vorjahren Kenntnis davon, dass die wichtigsten drei Lieferanten (rund 60% aller Transaktionen) Monats- oder Quartalsrechnungen ausstellen. Die Kreditorenliste per Bilanzstichtag zeigt offene Positionen gegenüber rund 50 Lieferanten. Der Revisor prüft die Kreditoren aus Lieferungen und Leistungen Mitte April vor Ort beim Kunden. Die grobe Durchsicht des Zahlungsverkehrs zeigt seit dem Jahresbeginn rund 300 Zahlungen von Lieferantenrechnungen.	Der Prüfer wählt sämtliche Rechnungen der drei Hauptlieferanten aus, die bis zum Bilanzstichtag noch nicht bezahlt wurden (in diesem Beispiel sind dies 9), und überprüft, ob diese in den Verbindlichkeiten aus Lieferungen und Leistungen oder der passiven Rechnungsabgrenzung erfasst sind. Weil mit den drei Hauptlieferanten rund 60% aller Transaktionen getätigt werden in Kombination mit weiteren Prüfungshandlungen (wie etwa der Analyse wichtiger Erfolgsrechnungspositionen), erlangt der Prüfer ausreichende Prüfsicherheit.
2b	Die Periodenabgrenzung der Verbindlichkeiten aus Lieferungen und Leistungen wurde als bedeutsames Risiko bestimmt. Die Gesellschaft hat eine Niederlassung in Zürich und eine in Basel. Jede Niederlassung hat je ein Euro- und ein Schweizerfrankenkonto. Die Einkäufe der Niederlassung in Basel machen rund 80% der gesamten Einkäufe der Gesellschaft aus. Die Lieferanten fakturieren ihre Leistungen zeitnah innerhalb von 15 Tagen nach dem Lieferdatum. Die Lieferantenrechnungen werden durchschnittlich 30 Tage nach Rechnungsdatum bezahlt. Der Revisor ist Mitte Mai vor Ort beim Kunden am Prüfen. Es gibt keine Hauptlieferanten, jedoch sind alle wichtigen Lieferanten aus dem Euroraum. Die Nichtaufgriffsgrenze ist CHF 5000.	Der Prüfer beschränkt sich bei seinen Stichproben auf die Niederlassung Basel (80% der gesamten Einkäufe). Er geht davon aus, dass alle wesentlichen Rechnungen des alten Jahres bis spätestens Mitte März, d. h. nach 75 Tagen (15 Tage für Rechnungsstellung, 30 Tage für Bezahlung und 30 Tage Reserve), bezahlt werden. Er überprüft alle Zahlungen auf dem Eurokonto, die grösser sind als die Nichtaufgriffsgrenze von CHF 5000 bis Mitte März des neuen Jahres. Die Transaktionen auf dem Schweizerfrankenkonto werden nicht geprüft, da aufgrund der Lieferantenstruktur keine wesentlichen Zahlungen zu erwarten sind.

7.4.5.4 Schlussfolgerungen aus Stichprobenprüfungen

Der Abschlussprüfer formuliert am Ende der Prüfung in Stichproben eine auf seinen Prüfungsfeststellungen basierende Schlussfolgerung. Folgende Szenarien sind bei der eingeschränkten Revision denkbar:

7. Prüfungsdurchführung

1. *Keine negativen Feststellungen.* Der Prüfer wird in diesem Fall aufgrund der geprüften Stichproben zum Schluss kommen, dass sich die zugrunde liegende Annahme (bspw. die korrekte Periodenabgrenzung der Lieferantenrechnungen) bestätigt hat.
2. *Negative Feststellungen.* Macht der Prüfer in den Stichproben negative Feststellungen, so muss er diese evaluieren. Er beurteilt die Wesentlichkeit des Fehlers. Im Weiteren muss er sich die Frage stellen, ob er aufgrund des festgestellten Fehlers zusätzliche, noch unentdeckte Fehler annehmen muss. Dabei sind Art und Umstände des Fehlers zu berücksichtigen. Insbesondere bei systematischen Fehlern und einem hohen Risiko muss der Abschlussprüfer davon ausgehen, dass weitere Fehler vorliegen. Hingegen sind bei anomalen Fehlern, d. h. Fehlern, die aufgrund von isolierten Ereignissen oder speziellen Gegebenheiten geschahen, keine weiteren Fehler anzunehmen. Es können dabei drei Arten von Fehlern unterschieden werden:
    a) Tatsächliche, aber unwesentliche Fehler
    b) Tatsächliche wesentliche Fehler:
       unbestrittene tatsächliche Fehler, die festgestellt wurden
    c) Angenommene Fehler:
       Fehler, die aufgrund von tatsächlich festgestellten systematischen Fehlern in Kombination mit einem hohen Risiko angenommen werden müssen

7.4.6 Verwendung von Arbeiten Dritter

Hat der zu prüfende Kunde Unterlagen eines anderen Abschlussprüfers oder Experten eingefordert, ist es oft effektiv und effizient, sich auf diese Unterlagen abzustützen. Beispiele sind in der Praxis etwa folgende:

Mögliche Unterlagen zu	Anderer Abschlussprüfer	Arbeiten eines Experten
Warenvorräte	Anderer Prüfer bestätigt Existenz der Warenvorräte bei einem Outsourcing-Partner oder Kommissionär	Gutachten über die Bewertung der Warenvorräte, beispielsweise im Zusammenhang mit einem Schadenfall
Angefangene Arbeiten (inkl. Arbeitsgemeinschaften, ARGEs)	Prüfbericht des Abschlussprüfer der Arbeitsgemeinschaft, an welcher der Mandant beteiligt ist	Bauabrechnungen von Generalunternehmern oder Architekten, beispielsweise bei Teilabrechnungen
Beteiligungen	Prüfbericht des Abschlussprüfers der Beteiligungsgesellschaft	Gutachten über die Bewertung der Beteiligung, beispielsweise bei Kauf-/Verkaufsabsichten
Sachanlagen wie Maschinen und Immobilien	Anderer Prüfer bestätigt Existenz der Maschinen bei einem Outsourcing-Partner	Gutachten über die Bewertung der Maschinen und Immobilien, beispielsweise bei Versicherungsfragen oder im Rahmen von Finanzierungen von Banken
Garantieverpflichtungen	n/a	Juristisches Gutachten über allgemeine Vertragsbedingungen und die Wirkung der Garantieklausel
Prozessrisiken	n/a	Juristisches Gutachten über möglichen Prozessausgang

7. Prüfungsdurchführung

Die Verantwortung für die Prüfung der Jahresrechnung als Ganzes verbleibt in jedem Fall beim Abschlussprüfer (unabhängig davon, ob es sich um eine eingeschränkte oder ordentliche Prüfung handelt). Dieser muss über ausreichend Fach- und Branchenkenntnisse verfügen und in der Lage sein, die vorliegenden Unterlagen selber kritisch zu beurteilen. Ist der Prüfbericht des anderen Abschlussprüfers bzw. die Arbeit des Experten für die Prüfungsaussage wesentlich, sind folgende Aspekte kritisch zu beurteilen, bevor man sich darauf abstützt:

- Ist der Experte kompetent, fähig und objektiv, d. h. gegenüber der Unternehmensleitung unabhängig?
- Ist die Expertise für die erforderliche Aussage relevant oder nur von allgemeiner Natur?
- Ist sie nachvollziehbar und plausibel?

Mitglieder der Treuhand-Kammer haben ausserdem dafür zu sorgen, dass beigezogene Parteien den Prinzipien des IESBA-Kodexes (Integrität, Objektivität, Kompetenz und Sorgfalt, Verschwiegenheit und professionelles Verhalten) genügen (HWP ER, S. 121). Diesbezüglich ist es zweckmässig, sich dies mit einem kurzen Schreiben bestätigen zu lassen. Ist die beigezogene Partei Mitglied der Treuhand-Kammer, kann man davon ausgehen, dass diese Anforderungen erfüllt werden, da der IESBA-Kodex in den für Treuhand-Kammer-Mitglieder verbindlichen Berufs- und Standesregeln wie auch in der Richtlinie zur Unabhängigkeit und zur Weiterbildung umgesetzt wurde. Eine separate Bestätigung erübrigt sich.

7.4.7 IT-Prüfung und eingeschränkte Revision

Weil die eingeschränkte Revision keine IKS-Prüfungen vorsieht, muss der Prüfer im Gegensatz zur ordentlichen Revision nicht automatische Applikationskontrollen (z. B. automatische Kontrollen zur Umsatzerfassung) und allgemeine IT-Kontrollen (z. B. hinsichtlich Datensicherheit und Datenschutz) prüfen. Der Stellenwert der IT-Prüfung bei der eingeschränkten Revision ist deshalb bedeutend tiefer als bei einer ordentlichen.

Bei wichtigen Prüfungshandlungen, die auf einer automatischen, vom Buchhaltungssystem erstellten Auswertung basieren, darf der Prüfer nicht unbesehen von deren Vollständigkeit und Richtigkeit ausgehen (HWP ER, S. 184), insbesondere dann, wenn er aufgrund seiner Kenntnisse über die Systemlandschaft im Rechnungswesen bedeutsame inhärente Risiken für möglich halten muss. Wichtige Auswertungen hat er mit den Grunddaten aus der Finanzbuchhaltung oder Nebenbüchern abzustimmen und bedeutsame Informationen mit analytischen Prüfungen zu plausibilisieren (ebd.).

7.5 Befragungen

In der Prüfungsplanung wurde bereits erläutert, wie mit der Befragung der Unternehmensleitung und von wichtigen Mitarbeitern Informationen über das Unternehmen und dessen Umfeld gewonnen werden können.

In der Phase der Prüfungsdurchführung sind Befragungen ein wertvolles Mittel, um Prüfungsnachweise zu erlangen. Folgende Aspekte sind zu beachten:

7. Prüfungsdurchführung

7.5.1 Worüber wird befragt?

Bevor der Prüfer mit der Befragung beginnt, muss er sich über das Prüfungsziel im Klaren sein. Er macht sich Gedanken, welche wesentlichen Bestände, Transaktionen und Offenlegungen er zu prüfen hat und welche Aussagen er verifizieren möchte. Das Prüfungsziel bildet dementsprechend die Ausgangslage der Befragung, und danach richtet sich im Wesentlichen deren Inhalt.

7.5.2 Wer wird befragt?

Der Prüfer führt die Befragungen mit jenen Personen durch, welche Fach- oder Entscheidungskompetenz ausweisen und bei denen die Ehrlichkeit/Integrität nicht infrage gestellt ist (SER, S. 21). Aus der Natur der Sache ergibt sich, dass der Prüfer verschiedene Besprechungen mit dem Buchhalter hat. Für eine sachgemässe Prüfung ist es wichtig, dass noch weitere Personenkreise einbezogen werden:

- Aufsichtsgremium (Verwaltungsrat, Stiftungsrat etc.):
  Das Aufsichtsgremium ist letztlich verantwortlich für die Unternehmensleitung und damit auch für die Jahresrechnung und das Rechnungswesen. Bei einer Aktiengesellschaft ist diese Verantwortung gesetzlich in Art. 716a OR festgehalten. So hat der Verwaltungsrat die unübertragbare Aufgabe, das Rechnungswesen und die Finanzkontrolle auszugestalten sowie den Geschäftsbericht (inkl. Jahresrechnung) zu erstellen. Das Aufsichtsgremium sollte in jenen Fällen befragt werden, bei welchen die Geschäftsleitung keine oder nur eine unbefriedigende Antwort auf wichtige Fragen geben kann.

- Geschäftsleitung:
  Sind das Aufsichtsgremium und die Geschäftsleitung personell getrennt, so ist die Geschäftsleitung ebenfalls in die Prüfung einzubeziehen. Sie ist für die operative Umsetzung der Vorgaben des Aufsichtsgremiums verantwortlich. Formal wird diese Verantwortung bei einer Aktiengesellschaft im Organisationsreglement festgehalten. Auf Stufe Geschäftsleitung wird der Finanzchef (CFO) der wichtigste Ansprechpartner des Prüfers sein. Mit ihm werden in der Regel ein Kick-off-Meeting und eine Schlussbesprechung durchgeführt. Er ist ebenfalls zu kontaktieren, wenn die für die Buchhaltung verantwortliche Person oder andere befragte Personen keine oder nur eine unbefriedigende Auskunft geben können. Nach demselben Prinzip sind die weiteren Mitglieder der Geschäftsleitung nach Bedarf während der Prüfung zu befragen. Es erscheint zweckmässig, zumindest einmal pro Prüfung mit dem CEO die vergangenen und die anstehenden Herausforderungen der Gesellschaft im Hinblick auf die Prüfung der Jahresrechnung sowie die wesentlichsten Prüfresultate zu thematisieren.

- Weitere Schlüsselmitarbeiter:
  Andere wichtige Mitarbeiter können während der Prüfung wichtige Informationen und damit Prüfungsnachweise liefern, beispielsweise ein Einkaufsleiter. Er kennt die aktuelle Preissituation von Materialien und Gütern und ist zuständig für die Beziehungen zu den Lieferanten. Er kann damit Auskünfte über die Bewertung der Warenvorräte und Aspekte der Kreditoren liefern. Ein Projektleiter einer Anlage kennt den Fortschritt und die Risiken seines Projektes am besten und wird Angaben zur Bewertung des unter den angefangenen Arbeiten bilanzierten Projektes machen können.

Im Gegensatz zur ordentlichen Revision beschränkt sich die Befragung bei der eingeschränkten auf Personen innerhalb des Unternehmens (HWP ER, S. 163).

7. Prüfungsdurchführung

7.5.3 Wie wird befragt?

Beim zeitlichen Ablauf einer Befragung sind folgende drei Phasen zu unterscheiden:

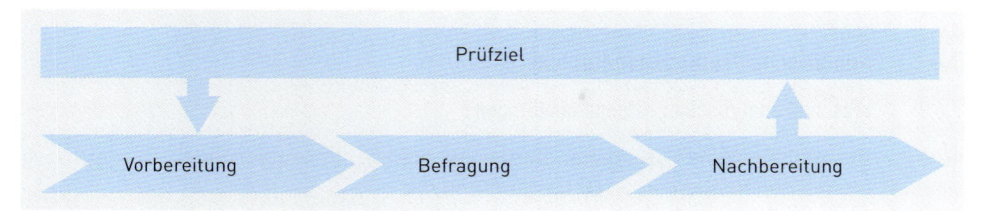

Abbildung 35: Der Prozess einer Befragung

In der Vorbereitungsphase macht sich der Prüfer Gedanken zum Ziel der Befragung und klärt insbesondere die angestrebten Prüfungsziele. Anschliessend wird er mit dem Ansprechpartner einen Termin vereinbaren und nach Möglichkeit ihm eine Liste mit den zu besprechenden Punkten zukommen lassen, was es dem Gesprächspartner erlaubt, genügend Zeit für die Besprechung zu reservieren und das Gespräch vorzubereiten.

Während der Befragung stellt der Prüfer offene oder geschlossene Fragen. Offene Fragen dienen der Informationsbeschaffung und erlauben es der befragten Person, sehr breit zu antworten. Eingeleitet werden offene Fragen mit «W-Fragen»: Welche? Wie? Wo? Wann? oder Warum? Offene Fragen werden in der Regel am Anfang einer Besprechung eingesetzt und helfen, ein Verständnis über die Umstände und einzelne Sachverhalte zu erlangen. Im Gegensatz zu den offenen Fragen sind die geschlossenen Fragen sehr eng gefasst. Sie lassen in der Regel nur eine Ja- oder Nein-Antwort zu. Geschlossene Fragen können beispielsweise zur Bestätigung des Verständnisses eines Sachverhaltes eingesetzt werden. Beispiele sind: «Habe ich richtig verstanden, dass [...]?» oder «Sind Sie ebenfalls der Meinung, dass die Bewertung in diesem Falle um CHF 150 000 zu hoch ist?». Bei wichtigen Aussagen des Befragten, insbesondere solchen, welche als Prüfungsnachweis für bedeutsame Risiken dienen sollen, hat der Prüfer die Aussagen anhand weitergehender Prüfungshandlungen (beispielsweise Studium eines Vertrages oder von Korrespondenzen) zu prüfen und zu dokumentieren.

Zu Beginn einer Besprechung empfiehlt es sich, die Ansprechperson nach dem allgemeinen Geschäftsverlauf, positiven und negativen Besonderheiten und besonderen Transaktionen zu befragen. Am Schluss sollten die wichtigsten Punkte und allfällige Pendenzen nochmals zusammengefasst werden.

Die letzte Phase einer Besprechung ist die Nachbereitung. In dieser werden die wichtigsten Aspekte des Gesprächs in einem Arbeitspapier als Prüfungsnachweis festgehalten. Der Prüfer dokumentiert und evaluiert seine Erkenntnisse und passt gegebenenfalls sein Prüfprogramm mit zusätzlichen Prüfungshandlungen an. In wichtigen Fällen wird er ein Gespräch protokollieren und das Protokoll seinem Geschäftspartner zur Genehmigung zustellen oder direkt von diesem eine schriftliche Antwort verlangen (SER, S. 21).

Während des gesamten Ablaufs der Befragung nimmt der Prüfer eine kritische Grundhaltung ein (Kapitel 7.4.1). Die Antworten des Befragten sind kritisch zu würdigen. Bei nicht plausiblen Antworten oder Diskrepanzen zu seinem Verständnis des Unternehmens und seines Umfelds muss der Abschlussprüfer sich vergewissern, ob ein Missverständnis vorliegt. Bei Meinungsverschiedenheiten sind weitergehende Prüfungen nötig.

7. Prüfungsdurchführung

7.5.4 Wann sind Befragungen nicht geeignet?

Sollte der Prüfer wesentliche Zweifel an der Kompetenz oder Integrität/Ehrlichkeit der zu befragenden Person haben, sind Befragungen nicht als Prüfungsnachweise zu verwenden.

7.6 Analytische Prüfungshandlungen

7.6.1 Was sind analytische Prüfungshandlungen?

Bei analytischen Prüfungshandlungen werden Schlussfolgerungen aus dem Vergleich von Finanzinformationen des Unternehmens mit
- vergleichbaren Informationen aus Vorperioden,
- Erwartungen der Unternehmensleitung (wie etwa Budgets, Prognosen) oder
- Erwartungen des Abschlussprüfers (wie etwa kalkulatorische Abschreibungen)

gezogen (SER, S. 22).

Diese Vergleiche können sich auf absolute oder relative Werte beziehen. Beispiele für einen Vergleich von absoluten Werten sind:
- der Vergleich der einzelnen wesentlichen Posten in den transitorischen Passiven mit den Posten des Vorjahres,
- der Vergleich des Personalaufwandes des Berichtsjahres mit dem Budget.

Beispiele für einen Vergleich von relativen Werten sind:
- der Vergleich der Bruttogewinnmarge pro Produktsparte des Berichtsjahres mit den entsprechenden Bruttogewinnmargen des Vorjahres,
- der Vergleich der durchschnittlichen Verzinsung der Finanzschulden mit der Erwartung des Abschlussprüfers aufgrund der Einsichtnahme in den Kreditvertrag.

7.6.2 Phasen der analytischen Prüfungshandlungen

Folgende Phasen können bei den analytischen Prüfungshandlungen unterschieden werden:

Prüfziel
1. Definition Erwartung bzw. Vergleichsinfo
2. Definition tolerierbare Abweichung
3. Identifikation wesentlicher Abweichungen
4. Untersuchung wesentlicher Abweichungen
5. Schlussfolgerungen

Abbildung 36: Der Prozess einer analytischen Prüfungshandlung (in Anlehnung an HWP 2, S. 209)

Ausgangslage Prüfungsziel: Bevor der Prüfer mit der Prüfungshandlung beginnt, klärt er das angestrebte Prüfungsziel und evaluiert, ob die geplante analytische Prüfung tatsächlich geeignet ist, um dieses zu erreichen. Danach geht er wie folgt vor:

1. Definition der Erwartung/Vergleichsinformation
   Der erste Schritt ist, eine Erwartung zu bilden oder eine verlässliche Vergleichsinformation (wie etwa Budget, Prognose) zu verwenden. Je verlässlicher und je unabhängiger diese Erwartung/Vergleichsinformation ist, desto höher ist die am Schluss erhaltene Prüfsicherheit.

7. Prüfungsdurchführung

2. **Definition tolerierbare Abweichung**
   Der Prüfer definiert einen Grenzwert, ab welchem eine Abweichung zwischen der Erwartung/Vergleichsinformation und dem effektiven Ergebnis für ihn nicht mehr ohne weitere Abklärungen tolerierbar ist. Gemäss den Überlegungen zur Wesentlichkeit entspricht die tolerierbare Abweichung maximal der Toleranzwesentlichkeit. Wird eine Abschlussposition segmentiert analysiert (z. B. Abweichungsanalyse nach Anlageklassen oder Produktgruppen), sollten die kumulierten tolerierbaren Abweichungen die Toleranzwesentlichkeit pro Abschlussposition nicht überschreiten, womit dem Aggregationsrisiko Rechnung getragen wird.
3. **Identifikation wesentlicher Abweichungen**
   Der Prüfer kalkuliert die Abweichung zwischen den erwarteten und den effektiven Werten. Anschliessend werden alle Abweichungen herausgefiltert, die den im Schritt 2 definierten tolerierbaren Wert überschreiten.
4. **Untersuchung wesentlicher Abweichungen**
   Die in Schritt 3 erhobenen wesentlichen Abweichungen werden abgeklärt. Dies erfolgt situativ mittels Befragungen oder angemessener Detailprüfungen.
5. **Ziehen von Schlussfolgerungen**
   Als letzter Schritt zieht der Prüfer seine Schlussfolgerungen aus den Prüfungsresultaten und evaluiert die erhaltene Prüfsicherheit aufgrund der durchgeführten analytischen Prüfungshandlungen. Sollte die Prüfung nicht die gewünschte Prüfsicherheit ergeben haben, ist das Prüfprogramm mit weiteren Prüfungshandlungen zu ergänzen (SER, S. 22), soweit sie bei der eingeschränkten Revision vorgesehen sind.

7.6.3 Bildung der Erwartung/Vergleichsinformationen

Wie oben erwähnt, ist es für die Qualität der Prüfungshandlung von entscheidender Bedeutung, wie verlässlich die Erwartung bzw. der Vergleichswert ist. Dabei kann der Prüfer u. a. auf die folgenden Informationen zurückgreifen (HWP 2, S. 220–224, 226):

7.6.3.1 Vorjahresvergleich

Beim Vorjahresvergleich werden die Angaben der Berichtsperiode mit (geprüften) Informationen des Vorjahres verglichen. Der grosse Vorteil dieser Methode ist, dass die Vergleichsinformation bereits vorliegt (Ausnahme: Neugründungen, Fusionen). Hat der Prüfer verlässliche Informationen über Veränderungen gegenüber dem Vorjahr, kann er diese in die Erwartung einfliessen lassen. Der Vorjahresvergleich ist denn auch die analytische Prüfungshandlung, die in der Praxis am meisten angewandt wird (Horat 2012, S. 40).

7.6.3.2 Budgetvergleich

Beim Budgetvergleich werden die Angaben der Berichtsperiode mit den Zielvorgaben des Unternehmens verglichen. Dies ist insofern eine Besonderheit, als der Prüfer nicht seine eigene Erwartung in die analytische Prüfungshandlung einfliessen lässt, sondern jene der Unternehmensleitung. Dies hat er zu beachten. Er muss sich insbesondere ein Bild über die Qualität des Budgetierungsprozesses machen und die Verlässlichkeit der Budgetzahlen als Vergleichswerte evaluieren.

7. Prüfungsdurchführung

7.6.3.3 Trendanalyse
Die Trendanalyse ist ein statistisches Instrument, um von vergangenheitsbezogenen Werten auf die Zukunft zu schliessen. Entsprechend vergleicht der Prüfer die Angaben der Berichtsperiode mit einem statistisch ermittelten Erwartungswert.

7.6.3.4 Branchenvergleich
Beim Branchenvergleich werden die Angaben des Unternehmens mit Informationen von anderen Unternehmen derselben Branche verglichen. Die Schwierigkeit bei diesem Vorgehen liegt darin, die Brancheninformation zu erhalten. Wertvolle Informationen finden sich beim Bundesamt für Statistik (www.bfs.admin.ch) oder bei Branchenverbänden.

7.6.3.5 Zusammenhangsprüfung
Bei der Zusammenhangsprüfung werden Bestände und/oder Transaktionen und/oder Offenlegungen, die sachlich miteinander verbunden sind, zusammen analysiert. Oft handelt es sich dabei um Positionen desselben Prüffelds (Kapitel 7.4.2), zu welchen via Kennzahlen ein Zusammenhang hergestellt wird. Das nachfolgende Beispiel soll dies illustrieren:

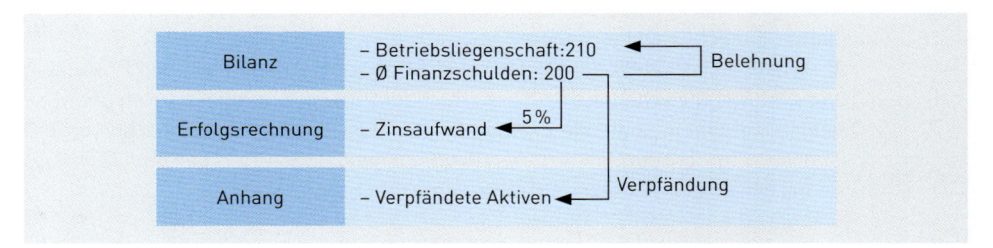

Bilanz	– Betriebsliegenschaft: 210 ← Belehnung
	– Ø Finanzschulden: 200
Erfolgsrechnung	– Zinsaufwand ← 5%
Anhang	– Verpfändete Aktiven ← Verpfändung

Abbildung 37: Illustration zur Zusammenhangsprüfung

Eine Gesellschaft hat von einer Bank einen Investitionskredit für den Bau einer Betriebsliegenschaft von TCHF 200 erhalten. Der Revisor studiert während seiner Prüfung den Kreditvertrag und stellt fest, dass mit der Bank ein Zinssatz von 5 % vereinbart wurde. Im Gegenzug wurde die Betriebsliegenschaft verpfändet. Der Abschlussprüfer entscheidet während der Planungsphase, den Zinsaufwand mit einer Zusammenhangsprüfung (Zinsaufwand in Prozent der durchschnittlichen Finanzschulden) zu prüfen.

In einem ersten Schritt bildet er eine Erwartung von TCHF 10 (durchschnittliche Finanzschulden von TCHF 200 × 5 % Zinssatz).

Im zweiten Schritt definiert er, basierend auf der Toleranzwesentlichkeit, eine tolerierbare Abweichung von TCHF 2.

Im dritten Schritt stellt er die Differenz von TCHF 1 zwischen dem erwarteten Zinsaufwand von TCHF 10 und dem effektiven Zinsaufwand von TCHF 11 fest.

Die Abweichung von TCHF 1 ist tiefer als die tolerierbare Abweichung und entsprechend unwesentlich.

Im Weiteren überprüft der Revisor, ob die verpfändete Betriebsliegenschaft korrekt im Anhang zur Jahresrechnung ausgewiesen wird. Schliesslich kann er, basierend auf der Belehnung des Investitionskredites im Verhältnis zur Betriebsliegenschaft, gewisse Rückschlüsse zur Bewertung der Betriebsliegenschaft sowie von weiteren potenziellen Liquiditätsquellen und zur Unternehmensfortführung ziehen.

7. Prüfungsdurchführung

7.6.4 Beispiele analytischer Prüfungshandlungen je Prüfbereich

Die folgende Tabelle listet mögliche analytische Prüfungen je Prüfbereich auf:

	Vorhandensein, Rechte und Verpfl.	Vollständigkeit	Bewertung	Eintritt	Vollständigkeit	Erfassung und Periodenabgrenzung	Darstellung und Offenlegung
	Bestände	Bestände	Bestände	Transaktionen	Transaktionen	Transaktionen	
Verkaufsbereich							
Forderungen aus Lieferungen und Leistungen							
Beurteilung der durchschnittlichen Debitorenzahlungsfrist oder des Debitorenumschlags	●	●	●	●	●	●	
Debitoren in Prozent des Umsatzes	●	●		●	●	●	
Debitorenfälligkeitsliste, abgestuft nach Alter, Branchen oder Länder			●			●	
Debitorenverlust in Prozent des Umsatzes			●				
Delkredere in Prozent des Umsatzes oder der Forderungen			●				
Ertrag aus Lieferungen und Leistungen							
Umsatz pro Niederlassung und/oder Periode (Quartal, Monat, Woche), Kunde, Produkt				●	●	●	
Bruttogewinnmarge pro Produkt, Niederlassung, Periode, Branche, Land oder Region				●	●	●	
Erlösminderungen im Vergleich zum Umsatz				●	●	●	
Einkaufs-/Produktionsbereich							
Vorräte							
Vorräte in Prozent des Umsatzes	●	●	●	●	●	●	
Unkurante Vorräte in Prozent des Umsatzes			●			●	
Vorräte pro Produkt und/oder Niederlassung	●	●	●	●	●	●	
Durchschnittliche Einkaufs- und Verkaufspreise pro Vorratskategorie im Zeitreihenvergleich	●	●	●	●	●	●	
Warenumschlag oder durchschnittliche Lagerdauer gesamthaft und pro Vorratskategorie	●	●	●	●	●	●	
Segmentierung der Vorräte nach Alter			●			●	
Produktions-/Materialaufwand							
Produktionsaufwand pro Produkt, Niederlassung und/oder Periode				●	●	●	
Anteil Material-, Forschungs-, Verwaltungsaufwand pro Produkt und/oder Produktionsstandort				●		●	
Standardkosten im Vergleich zu Ist-Kosten pro Produkt oder Kostenart	●	●	●	●	●	●	
Aufwand für Garantiearbeiten im Vergleich zur Abgrenzung für Garantiearbeiten		●	●	●	●	●	

7. Prüfungsdurchführung

	Bestände			Transaktionen			
	Vorhandensein, Rechte und Verpfl.	Vollständigkeit	Bewertung	Eintritt	Vollständigkeit	Erfassung und Periodenabgrenzung	Darstellung und Offenlegung
Anteil der als Vorräte aktivierten Produktionskosten im Vergleich zu den Gesamtkosten	●		●	●	●	●	
Betriebsaufwand							
Betriebsaufwand pro Niederlassung oder Sparte				●	●	●	
Übriger Betriebsaufwand im Vergleich zum Gesamtaufwand oder im Vergleich zum Vorjahr				●	●	●	
Sachanlagen							
Abschreibungsaufwand in Prozent der Buchwerte pro Anlagekategorie			●	●	●	●	
Beurteilung der Nutzungsdauer pro Anlagekategorie oder Objekt (Abschreibungsaufwand/Anlagebestand)			●	●	●	●	
Aufwand für Unterhalt, Reparaturen und Ersatz pro Anlagekategorie, Niederlassung, Geschäftsbereich			●	●	●	●	
Kreditoren aus Lieferungen und Leistungen							
Bestand an Kreditoren pro Lieferanten und/oder Geschäftsbereich bzw. Cost Center	●	●	●	●	●	●	
Bestand an Kreditoren im Vergleich zum Total der Einkäufe	●	●	●	●	●	●	
Rabatte im Vergleich zum Warenaufwand			●			●	
Finanzierungs- und Vermögensbereich							
Kritische Durchsicht der Konti nach ungewöhnlichen Transaktionen (Betrag und Art) kurz vor und nach Bilanzstichtag	●	●	●	●	●	●	
Zinsaufwand im Vergleich zu den durchschnittlichen Finanzschulden				●	●	●	
Wertschriftenertrag im Vergleich zum Bestand der Wertschriften				●	●	●	
Abgrenzungen und Steuerbereich							
Abgrenzungsposten im Vergleich zum Vorjahr	●	●	●	●	●	●	
Gewinnsteuer im Vergleich zum Gewinn vor Steuern	●	●	●		●	●	
Personalbereich							
Personalaufwand pro Mitarbeiter im Vergleich zum Vorjahr unter Berücksichtigung von durchschnittlichen Lohnerhöhungen oder ausserordentlichen Zahlungen	●	●	●	●	●	●	
Löhne pro Abteilung, Produktsparte, Cost Center und Zeitperiode	●	●	●	●	●	●	
Anteil Sozialversicherungsaufwand im Vergleich zu den Löhnen/Gehältern	●	●	●	●	●	●	

7. Prüfungsdurchführung

7.6.5 Analytische Prüfungshandlungen mit resultierender hoher Prüfsicherheit

Aus gewissen fundiert durchgeführten analytischen Prüfungshandlungen können substantielle Prüfungsnachweise gewonnen werden. Wir nennen solche Prüfungshandlungen hier «substantielle analytische Prüfungshandlungen».

Für substantielle analytische Prüfungshandlungen und entsprechend qualifizierte Prüfungsnachweise müssen folgende Voraussetzungen bestehen (in Anlehnung an HWP 2, S. 207):

Verlässlichkeit/Relevanz der Daten: Der Abschlussprüfer muss ein zweifelsfreies Urteil über die Verlässlichkeit der Grundlagendaten fällen können. Folgende Punkte können dabei berücksichtigt werden: Ist es eine interne, externe oder geprüfte Information? Ist ein Budget, Forecast oder eine (Excel-)Tabelle oder Statistik fundiert und realistisch aufbereitet worden und in sich konsistent? Bestehen weitere Vergleichsdaten, mit welchen die Plausibilität geprüft werden kann?

Vergleichbarkeit der Daten: Sind die Daten vergleichbar (derselbe Kontoinhalt, gleich lange Zeitperiode usw.)?

Verfügbarkeit der Daten: Liegen adäquate Vergleichsinformationen überhaupt vor, oder können diese kurzfristig erstellt werden?

Vorhersagbarkeit: Es ist eine Grundvoraussetzung, dass der Prüfer eine verlässliche Erwartung bilden kann. Ist er dazu nicht in der Lage, beispielsweise weil er zu wenig Kenntnisse über einen Bereich hat oder weil ein Sachverhalt inhärent nicht oder zu wenig präzise vorhersehbar ist, ist er nicht imstande, hohe Prüfsicherheit aus der analytischen Prüfung zu ziehen. Beispiele sind etwa die Prüfung von ausserordentlichen oder sehr unregelmässigen Erträgen oder Aufwendungen.

Aggregation der Daten: Werden Informationen auf einer zu verdichteten Basis analysiert, besteht die Gefahr, dass sie sich nicht mehr auswerten lassen. Allfällige wichtige Besonderheiten oder enthaltene Fehler verschwinden quasi in der Masse. Wird beispielsweise die Bruttogewinnmarge eines grösseren Detailhandelsunternehmens anhand eines Vorjahresvergleichs geprüft, sollten die Margen einzelner Produktsparten analysiert werden und nicht nur die Gesamtmarge des Unternehmens. Weitere Aufteilungsmöglichkeiten sind: nach Kunde, Produkt, Produktgruppen, Land, Region, Lieferant, Zeit (nach Jahren, Quartalen, Daten) und/oder Konto.

Erkenntnisse aus früheren Prüfungen: Der Abschlussprüfer muss ebenfalls seine Erkenntnisse aus vergangenen Prüfungen einfliessen lassen. Hat er beispielsweise Kenntnis von massgeblichen und regelmässigen Korrekturbuchungen oder unvollständigen Informationen in einem Prüfbereich, ist es nicht zweckmässig, ausschliesslich analytische Prüfungshandlungen durchzuführen.

Die Voraussetzungen für analytische Prüfungen, die zu einer hohen Prüfungssicherheit führen, können oft bei Zusammenhangsprüfungen erfüllt werden. Dagegen sind die Voraussetzungen in der Praxis beim Vorjahres- oder Budgetvergleich, bei der Trendanalyse und dem Branchenvergleich nur beschränkt gegeben.

7. Prüfungsdurchführung

7.6.6 Einfaches praktisches Beispiel für eine analytische Prüfungshandlung mit resultierender hoher Prüfsicherheit

Ausgangslage
Ein in der Maschinenindustrie tätiges Unternehmen hat einen hohen Bestand an Sachanlagen und Fahrzeugen. Der Prüfer hat in der Planungsphase die Sachanlagen und die Abschreibungen mit dem Prüfungsziel «Bewertung» als bedeutsames Risiko identifiziert. Die Sachanlagen werden linear über die Nutzungsdauer abgeschrieben. Es liegen keine Anzeichen für Wertbeeinträchtigungen vor. Der Revisor prüft die Abschreibungen. Aus der Buchhaltung ist Folgendes ersichtlich:

	Maschinen	Fahrzeuge	Total
Anschaffungswerte			
Bestand per 1.1.	1 000	600	1 600
+ Zugänge	110	0	110
– Abgänge	– 10	0	– 10
Bestand per 31.12.	1 100	600	1 700
Nutzungsdauer in Jahren	10	6	

Die Gesamtwesentlichkeit wurde auf 100 festgelegt. Die Toleranzwesentlichkeit beträgt 50 und die Nichtaufgriffsgrenze 10.

1. **Definition der Erwartung/Vergleichsinformation**
   Der Prüfer bildet seine Erwartung über die Abschreibungen wie folgt:
   ø Bestand Anschaffungswerte/Nutzungsdauer in Jahren

	Maschinen	Fahrzeuge	Total
Erwartung Abschreibungen	105	100	205

2. **Definition tolerierbare Abweichung**
   Der Abschlussprüfer entscheidet sich, die tolerierbare Abweichung pro Anlageklasse auf Höhe der Nichtaufgriffsgrenze zu definieren: 10. (Anmerkung: Die maximale tolerierbare Abweichung pro Anlageklasse wäre hier auf 25 festzulegen. Damit würde die Toleranzwesentlichkeit von 50 (2 · 25 = 50) nicht überschritten.)

3. **Identifikation wesentlicher Abweichungen**
   Basierend auf der Erwartung und den effektiven Zahlen, werden folgende Abweichungen berechnet:

	Maschinen	Fahrzeuge	Total
Erwartung Abschreibungen	105	100	205
Verbuchte Abschreibungen	101	101	202
Abweichungen	+ 4	– 1	+ 3

4. **Untersuchung wesentlicher Abweichungen**
   n/a, die verbuchten Abschreibungen sind im Rahmen der Erwartungen. Es sind keine weiteren Untersuchungen durchzuführen.

5. **Schlussfolgerungen**
   Der Abschlussprüfer ist nicht auf Sachverhalte gestossen, aus denen er schliessen müsste, dass die Sachanlagen nicht richtig bewertet oder die Abschreibungen nicht richtig kalkuliert wurden.

7. Prüfungsdurchführung

7.6.7 Komplexeres praktisches Beispiel für eine analytische Prüfungshandlung mit resultierender hoher Prüfsicherheit

Ausgangslage

Das zu prüfende Beratungsunternehmen hat Niederlassungen in Basel und Zürich und eine hohe Wachstumsrate von 15–25%. Die Mitarbeiter werden sowohl fix wie auch variabel nach dem subjektiven Ermessen des Verwaltungsrats entlöhnt. In der Planungsphase wurde der Personalaufwand zusammen mit den Prüfungszielen «Vollständigkeit» und «Eintritt» als bedeutsames Risiko eingestuft. Der Prüfer hat darum in der Planungsphase entschieden, den fixen Teil der Entlöhnung analytisch zu prüfen. Der variable Teil wird mit angemessenen Detailprüfungen separat geprüft, weil in der Vergangenheit über diese Komponente keine zuverlässige Erwartung gebildet werden konnte. Es sind folgende Informationen bekannt:

	Basel	Zürich	Total
Vorjahr (VJ)			
Total Löhne/Gehälter	500	600	1 100
davon variabel	100	50	150
davon fix	400	550	950
ø Anzahl Mitarbeiter	40	50	90
ø Fixlohn pro Mitarbeiter	10	11	10.6
Berichtsjahr (BJ)			
ø Anzahl Mitarbeiter	47	62	109
ø Lohnerhöhung gegenüber dem Vorjahr	1.5%	2%	

Die Vorjahresangaben hat der Abschlussprüfer aus seinen Arbeitspapieren aus dem Vorjahr. Die Informationen über das Berichtsjahr stammen aus einer Befragung der für das Personal zuständigen Mitarbeiterin und werden als verlässlich eingestuft.

Die Gesamtwesentlichkeit wurde auf 300 festgelegt. Die Toleranzwesentlichkeit ist 150 und die Nichtaufgriffsgrenze bei 30.

1. **Definition der Erwartung/Vergleichsinformation**
   Der Prüfer bildet seine Erwartung über die Fixlöhne wie folgt:
   ø Anzahl Mitarbeiter BJ × ø Fixlohn pro Mitarbeiter VJ × ø Lohnerhöhung ggü. VJ:

	Basel	Zürich	Total
Erwartung Löhne/Gehälter fix	477	696	1 173

2. **Definition tolerierbare Abweichung**
   Der Abschlussprüfer entscheidet sich, die tolerierbare Abweichung auf Höhe der Nichtaufgriffsgrenze zu definieren: 30. (Anmerkung: Die maximale tolerierbare Abweichung pro Niederlassung wäre hier bei 75 festzulegen. Damit würde die Toleranzwesentlichkeit von 150 (2 · 75 = 150) nicht überschritten.)

3. **Identifikation wesentlicher Abweichungen**
   Basierend auf der Erwartung und den effektiven Zahlen, werden folgende Abweichungen berechnet:

	Basel	Zürich	Total
Erwartung Löhne/Gehälter fix	477	696	1 173
Effektive Löhne/Gehälter fix	485	660	1 145
Abweichungen	+ 8	– 36	– 28

> **4. Untersuchung wesentlicher Abweichungen**
> Bei den Fixlöhnen der Niederlassung Zürich besteht eine wesentliche Abweichung von – 36 zwischen der Erwartung des Abschlussprüfers und den effektiven Zahlen. Er untersucht diese Differenz. Er bespricht sie mit dem Finanzchef und vergleicht die detaillierten Lohnlisten des Berichtsjahres und des Vorjahres. Dabei stellt er fest, dass zwei Projektleiter mit hohen Fixlöhnen das Unternehmen verlassen haben und durch Mitarbeiter mit weniger Erfahrung und tieferem Salär ersetzt wurden. Der Abschlussprüfer kann sich eine Abweichung von 20 von der gesamthaften Abweichung von 36 erklären. Die Differenz von 16 beurteilt er als unwesentlich.
>
> **5. Schlussfolgerungen**
> Der Abschlussprüfer ist nicht auf Sachverhalte gestossen, aus denen er schliessen müsste, dass die verbuchten fixen Löhne/Gehälter nicht vollständig sind oder nicht tatsächlich eingetreten sind. Den variablen Anteil der Löhne/Gehälter prüft er separat mittels angemessener Detailprüfungen.

7.6.8 Kritische Durchsicht

Die kritische Durchsicht ist ebenfalls eine Form der analytischen Prüfung. Der Prüfer sieht dabei Unterlagen wie etwa ein Kontoblatt oder Bank-, Debitoren- oder Kreditorenbelege durch. Bevor er damit beginnt, macht er sich Gedanken über seine Erwartung bzw. Positionen, welche er gezielter überprüfen möchte. Dies können z. B. aussergewöhnliche Buchungen (etwa solche mit hohem Betrag oder auffallendem Buchungstext, Forderungen mit längerem Ausstand, Debitoren mit Haben- oder Kreditoren mit Sollsaldi usw.) oder Verträge mit besonderen Vertragsbestimmungen sein.

Eine kritische Durchsicht ist, sofern sie für die Prüfungsaussage wesentlich ist, zu dokumentieren. Ein allgemeiner Text «Konto kritisch, ohne negative Feststellungen durchgesehen» erscheint in solchen Fällen als nicht zweckmässig. Folgende Punkte sollten dokumentiert werden:
- Kriterium, auf das bei der kritischen Durchsicht geachtet wurde
- Festgestellte Positionen, welche diesem Kriterium entsprochen haben
- Fazit zu diesen festgestellten Positionen

Beispiel: Der Sachaufwand wird kritisch durchgesehen. Der Prüfer achtet dabei darauf, ob periodische Leistungen vollständig erfasst wurden (Miete oder Löhne sind z. B. für zwölf Monate zu erfassen). Die kritische Durchsicht ergibt jedoch, dass die Miete für ein Lager nur für 9 Monate (Januar bis September) enthalten ist. Wie weitere Abklärungen ergeben, ist der Mietvertrag für das Lager per Ende September gekündigt worden. Fazit: Keine negativen Feststellungen aus der kritischen Durchsicht des Sachaufwandes.

7.6.9 Qualität der erhaltenen Prüfsicherheit bei analytischen Prüfungshandlungen

Mit analytischen Prüfungshandlungen können verschiedentlich Fehler aufgedeckt werden, die der Prüfer mit Einzelfallprüfungen nicht erkannt hätte (Horat 2012, S. 23). Nach empirischen Untersuchungen konnten 40 % der entdeckten Fehler auch anhand von analytischen Prüfungen erkannt werden (ebd.). Analytische Prüfungen liefern zur Plausibilisierung von Antworten bei Befragungen sowie bei der Prüfung der Erfolgsrechnung wertvolle Prüfungsnachweise. Bei wesentlichen Bilanzpositionen sind sie in der Regel mit angemessenen Detailprüfungen zu ergänzen, insbesondere wenn die Analysen nicht plausible Relationen oder Entwicklungen hervorbringen (SER, S. 22) oder die Voraussetzungen für analytische Prüfungshandlungen mit hoher Prüfsicherheit nicht gegeben sind.

Kann eine analytische Prüfung mit hoher Prüfsicherheit durchgeführt werden und sind die Ergebnisse plausibel, so hat der Prüfer in der Regel auch für bedeutsame Risiken und wesentliche Abschlussposten ausreichende Prüfsicherheit erhalten.

7.7 Angemessene Detailprüfungen

Angemessene Detailprüfungen werden in Art. 729a OR nebst den Befragungen und analytischen Prüfungen als dritte Art von Prüfungshandlungen genannt. Welche spezifischen Detailprüfungen «angemessen» sind, definiert der verantwortliche Prüfer nach seinem professionellen Ermessen gemäss der konkreten Sach- und Risikolage. Der SER empfiehlt in Anhang D gebräuchliche Prüfungshandlungen, die den konkreten Umständen anzupassen sind. Zudem nennt der SER Prüfungshandlungen, die ausdrücklich *nicht* zur eingeschränkten Revision gehören:
- Einforderung von Drittbestätigungen von Banken (SER, S. 44), Debitoren (SER, S. 46), Kreditoren (SER, S. 52), Steuerbehörden, Sozialversicherungsbehörden (SER, S. 56 und 59) und Anwälten (SER, S. 54 und 59)
- Einfordern von Bewertungsgutachten und anderen Expertengutachten (SER, S. 54)
- Inventurteilnahme (SER, S. 48)
- Vertiefte Prüfungen im Bereich der Kalkulation von Herstellkosten (SER, S. 48)
- Prüfungen zur Aufdeckung deliktischer Handlungen (SER, S. 11)
- Prüfung, ob arbeitsrechtliche und verwaltungsrechtliche Vorgaben im Personalbereich eingehalten werden (SER, S. 59)

Im Gegensatz zur ordentlichen Revision beschränkt sich die Prüfung bei der eingeschränkten auf Unterlagen, die im Unternehmen verfügbar sind bzw. bei ordnungsmässiger Buchführung und Rechnungslegung in einem Unternehmen verfügbar sein sollten.

Folgende Arten von Detailprüfungen können unterschieden werden (in Anlehnung an HWP 2, S. 216–220):

7.7.1 Belegprüfung

Bei der Belegprüfung wird die in der Buchhaltung erfasste Buchung mit dem Inhalt des Originalbelegs verglichen. Nebst Belegen von Dritten sind auch interne Belege (Umbuchungen, Abschlussbuchungen, automatisch generierte Buchungen, Lohnabrechnungen etc.) zu prüfen.

Dabei kann auf folgende Aspekte geachtet werden:
- Wirtschaftlicher Grundsachverhalt und Kontierung auf das sachlich richtige Konto
- Korrekte Erfassung des Belegbetrags
- Rechnerische Richtigkeit des Belegs (inkl. Umrechnung Fremdwährungen und Beurteilung Mehrwertsteuern)
- Datierung
- Echtheit des Belegs
- Grundsatz «Keine Buchung ohne Beleg»

7. Prüfungsdurchführung

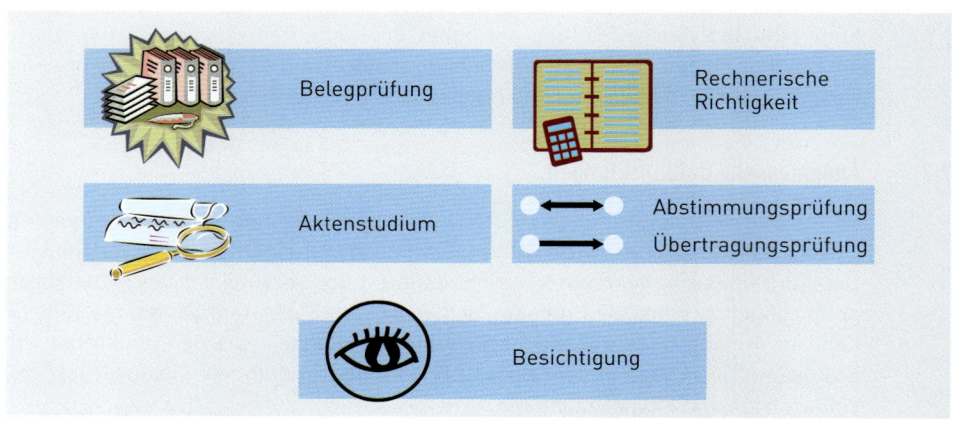

Abbildung 38: Arten von Detailprüfungen bei der eingeschränkten Revision

7.7.2 Rechnerische Prüfung

Bei Prüfung der rechnerischen Richtigkeit wird geprüft, ob die im Grundbeleg erfassten Zahlen und Resultate mathematisch richtig ermittelt wurden. Die Kalkulationen können dabei von einfachen Additionen bis hin zu komplexen Berechnungsmodellen reichen, die manuell in einer Tabellenkalkulation oder von einer spezifischen Software erstellt worden sind. Je komplexer die Berechnungsmodelle aufgebaut sind, desto höher ist auch die Fehleranfälligkeit. Der Prüfer hat folgende Möglichkeiten, die rechnerische Richtigkeit zu prüfen:

- Die Kalkulation, beispielsweise eine Addition, selber durchführen und das Resultat mit dem vom Unternehmen kalkulierten Resultat vergleichen
- Nachvollzug der vom Unternehmen berechneten Kalkulationen
- Indirekte Prüfung des vom Unternehmen berechneten Resultats anhand einer eigenen analytischen Prüfung

7.7.3 Abstimmungs- und Übertragungsprüfung

Bei der Abstimmungsprüfung wird verifiziert, ob gewisse Informationen mit anderen Informationen übereinstimmen. Man unterscheidet dabei folgende zwei Arten von Abstimmungen:

Einzelabstimmung: Abstimmung einer einzelnen Information mit einer anderen einzelnen Information, beispielsweise Abstimmung der einzelnen in den Wertschriften bilanzierten Aktien mit den im Depotauszug der Bank ausgewiesenen Aktien

Gesamtabstimmung: Abstimmung des einen Totals mit einem andern Total, beispielsweise Abstimmung der im Hauptbuch erfassten Kreditoren mit dem Total der Kreditorenliste

Bei der Übertragungsprüfung wird verifiziert, ob ein Wert unverändert von einer Quelle zu einem Ziel übertragen wurde, beispielsweise ob das Total des Inventarblatts einer Warengruppe korrekt auf die Inventargesamtliste übertragen wurde.

7. Prüfungsdurchführung

7.7.4 Aktenstudium

Das Studium von Akten begleitet den Prüfer während der ganzen Prüfung. Je nach Risikosituation studiert er beispielsweise folgende Unterlagen und erlangt dadurch Prüfsicherheit:

Verträge:	Kaufverträge, Verkaufsverträge, Kreditverträge, Arbeitsverträge, Lizenzverträge, Mietverträge, langfristige Lieferverträge, Bauverträge
Dokumente zur Gesellschaft:	Statuten, Organisationsreglement, Weisungen, Organigramm, Protokolle von Generalversammlungen, Verwaltungsratssitzungen und Geschäftsleitungssitzungen
Dokumente zur Tätigkeit des Unternehmens:	Businesspläne, Bewertungsgutachten, Gerichtsentscheide, Korrespondenz mit Kunden, Lieferanten, Rechtsanwälten

7.7.5 Besichtigung

Auch etwas anzuschauen, kann zu wertvollen Prüfungsnachweisen führen. Beispiele dazu sind die Besichtigung des Maschinenparks oder ein Besuch der neu eröffneten Niederlassung. Bei beidem geht es um das Prüfungsziel «Vorhandensein».

7.7.6 Detailprüfungen, die bei der eingeschränkten Revision nicht vorkommen

Im Vergleich zu einer Revision nach den PS kommen die folgenden Arten von Detailprüfungen bei der eingeschränkten Revision nicht vor:

Drittbestätigungen:	Eine Bestätigung Dritter ist ein Prüfungsnachweis, der in Papierform oder auf einem elektronischen Medium als direkte schriftliche Antwort eines Dritten an den Prüfer erlangt wird (PS 505.6a). Weil die Antwort von einer unabhängigen Quelle direkt an den Prüfer gesandt wird, erscheint ein solcher Prüfungsnachweis verlässlicher als einer aus dem Unternehmer selber (PS 505.2).
Beobachtung:	Eine «Beobachtung besteht darin, sich von anderen Personen durchgeführte Prozesse oder Verfahren anzusehen (bspw. die vom Abschlussprüfer vorgenommene Beobachtung der Inventur durch die Mitarbeiter der Einheit oder der Durchführung von Kontrollaktivitäten)» (PS 500.A.17).
Nachvollziehen (IKS):	«Nachvollziehen bedeutet die unabhängige Durchführung von Verfahren oder Kontrollen durch den Abschlussprüfer, die ursprünglich als Teil des internen Kontrollsystems (IKS) der Einheit durchgeführt wurden» (PS 500.A20).

7.8 Gesamturteil bei Prüfungsbeendigung

Der Revisor muss sich gegen Ende der Prüfung ein Gesamturteil über die Jahresrechnung und das Mass der erhaltenen Prüfsicherheit bilden. Dadurch kann er seine zuvor in den einzelnen Prüfungshandlungen erlangten Erkenntnisse erhärten und feststellen, ob er ausreichend Prüfsicherheit über die Jahresrechnung als Ganzes erhalten hat (SER, S. 24).

7. Prüfungsdurchführung

Diese Gesamtbeurteilung führt der Prüfer anhand einer abschliessenden analytischen Prüfung durch. Diese verläuft in denselben drei Schritten wie die analytische Prüfung in der Planungsphase.

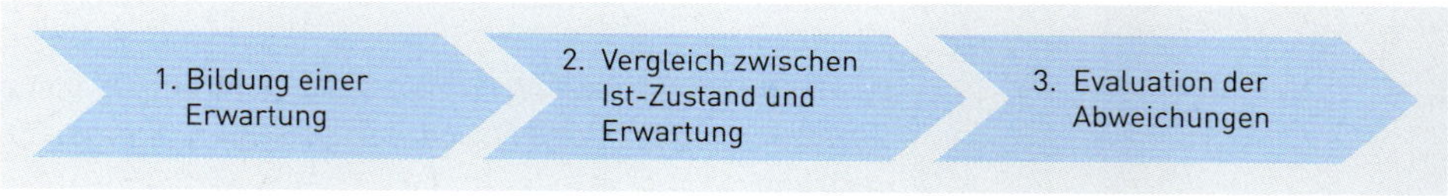

1. Bildung einer Erwartung → 2. Vergleich zwischen Ist-Zustand und Erwartung → 3. Evaluation der Abweichungen

Abbildung 39: Prozess für ein Gesamturteil bei der Prüfungsbeendigung

Bildung einer Erwartung (Schritt 1)
Basierend auf den Erkenntnissen aus den durchgeführten Prüfungshandlungen, formuliert der Prüfer eine Erwartung.

Vergleich zwischen Ist-Zustand und Erwartung (Schritt 2)
Die in Schritt 1 formulierte Erwartung wird mit den effektiven Zahlen verglichen.

Evaluation der Abweichungen (Schritt 3)
Der Prüfer stellt in einem Gesamturteil fest,
- ob die Jahresrechnung als Ganzes seinen Kenntnissen über Tätigkeit und Umfeld des Unternehmens entspricht und
- ob und in welchen Bereichen weitere Prüfungshandlungen nötig sind (SER, S. 24).

In einfachen Fällen kann die analytische Prüfung aus der Planungsphase auch als Grundlage für die Gesamtbeurteilung bei Prüfungsbeendigung dienen.

Ist der Abschlussprüfer selbst nach weitergehenden Prüfungen nicht in der Lage, die notwendigen Prüfungsnachweise zu erlangen, so ist die Prüfungsaussage einzuschränken oder nicht möglich (siehe Kapitel 8.6.1). Auf keinen Fall wird vom Prüfer im Rahmen einer eingeschränkten Revision verlangt, Prüfungshandlungen durchzuführen, welche nur bei einer ordentlichen Revision notwendig sind (wie etwa Einholung von Drittbestätigungen oder Expertengutachten). Bestehen nach den bei der eingeschränkten Revision durchzuführenden Prüfungshandlungen stichhaltige Indizien, aber keine quantifizierbaren Nachweise, dass wesentliche Fehler vorhanden sein könnten, so liegt ein angenommener Fehler vor. Diesbezüglich wird auf die Ausführungen in Kapitel 8.6.1 verwiesen.

Nebst den vorstehenden prüferischen Aspekten können die Erkenntnisse aus der abschliessenden analytischen Prüfung dem Abschlussprüfer als Grundlage für allfällige Gespräche mit der Unternehmensleitung dienen (HWP 2, S. 319).

7.9 Vollständigkeitserklärung

Der Revisor muss zum Schluss der Prüfung eine unterzeichnete Vollständigkeitserklärung sowie eine unterzeichnete Jahresrechnung von der Unternehmensleitung verlangen (SER, S. 24, 63 ff.).

7.9.1 Zweck einer Vollständigkeitserklärung

Der Zweck einer Vollständigkeitserklärung liegt in den folgenden Punkten (HWP 2, S. 328 ff. und HWP ER, S. 198 ff.):

7. Prüfungsdurchführung

- Checklistenartig wird der Verwaltungsrat auf wichtige Punkte zur Jahresrechnung aufmerksam gemacht.
- Die Verantwortung der Unternehmensleitung wird klargestellt.
- Die Unternehmensleitung bestätigt die Genehmigung, Vollständigkeit und Richtigkeit der Jahresrechnung.
- Es besteht so eine Beweissicherung für den Abschlussprüfer, insbesondere dann, wenn keine anderen hinreichenden und angemessenen Prüfungsnachweise möglich sind. Ein Beispiel hierzu ist etwa eine Aussage des Verwaltungsrats zu sichern, wo die Bewertungsmethode von der Strategie der Unternehmensleitung abhängt. Zum Beispiel wenn die Art der Bewertung bei einer Immobiliengesellschaft von der Absichtserklärung der Unternehmensleitung abhängt, wie eine Immobilie in Zukunft genutzt werden soll, z. B. zur Eigennutzung, zum Verkauf, als Anlageobjekt usw.. Prüfsicherheit hinsichtlich dieser Absicht kann der Revisor nur direkt von der Unternehmensleitung erhalten.

Wichtig erscheint jedoch, dass eine schriftliche Bestätigung der Unternehmensleitung zu wesentlichen Sachverhalten keinesfalls einen Ersatz für nicht durchgeführte Prüfungshandlungen darstellt und für sich allein keine Prüfsicherheit bietet. Die entsprechenden Aussagen bilden eine Ergänzung zu den Prüfungshandlungen, und Inkonsistenzen im Vergleich zu anderen Aussagen sind zu klären (in Anlehnung an PS 2010, 580.9). Zu erwähnen ist, dass im Jahr 2005 das Bundesgericht entschied, dass die Vollständigkeitserklärung im Gegensatz zur Jahresrechnung keine Urkunde i.S. des Strafgesetzbuches ist und Falschaussagen keine Urkundenfälschung (Art. 251 StGB) bedeuten. Verantwortlichkeitsprozesse haben bisher gezeigt, dass sich der Revisor zu seiner Verteidigung jeweils nicht auf die Unwahrheit von Aussagen des Verwaltungsrats in der Vollständigkeitserklärung berufen kann. Ihr praktischer Wert für ihn erscheint deshalb limitiert. Immerhin stellt sie eine Aufforderung an den Verwaltungsrat dar, sich nochmals wichtige Punkte durch den Kopf gehen zu lassen, und kann ein Mittel dafür sein, dass er sich an wichtige und allenfalls vergessene Punkte erinnert.

7.9.2 Formale Punkte, die bei einer Vollständigkeitserklärung zu beachten sind

Formal sind folgende Punkte wichtig:
- Die Vollständigkeitserklärung muss schriftlich erfolgen (SER, S. 63).
- Deren Datum
  - bildet, wie dies Überlegungen im Zusammenhang mit den Prüfungen zu den Ereignissen nach dem Bilanzstichtag (Kapitel 15) nahelegen, zugleich das Datum des Prüfungsabschlusses sowie normalerweise des Revisionsstellenberichts (Kapitel 8.5.7),
  - darf aufgrund der Natur der Vollständigkeitserklärung nicht vor dem Zeitpunkt der Genehmigung der Jahresrechnung durch den Verwaltungsrat liegen.
- Die Vollständigkeitserklärung muss von den Verantwortlichen unterzeichnet werden. Gemäss Art. 716a OR ist der Verwaltungsrat für die Jahresrechnung verantwortlich. Nach Art. 958 Abs. 3 OR müssen bei einer Aktiengesellschaft Vollständigkeitserklärung und Jahresrechnung vom Vorsitzenden des obersten Leitungs- oder Verwaltungsorgans, also z. B. dem Verwaltungsratspräsidenten einer Aktiengesellschaft, und von der im Unternehmen für die Rechnungslegung zuständigen Person (z. B. der Leiter Rechnungswesen oder das in der Geschäftsleitung für die Finanzen zuständige Mitglied, je nach Organisationsstruktur) unterzeichnet werden.

7. Prüfungsdurchführung

7.9.3 Weigerung der Unternehmensleitung, eine Vollständigkeitserklärung zu unterzeichnen

Nach Art. 730b Abs. 1 OR hat der Verwaltungsrat der Revisionsstelle alle Auskünfte, die sie für die Erfüllung ihrer Aufgaben benötigt, zu erteilen, auf Verlangen auch schriftlich. Dementsprechend muss dieser von Gesetzes wegen die Vollständigkeitserklärung unterzeichnen.

Weigert sich die Unternehmensleitung trotzdem, eine Vollständigkeitserklärung zu unterzeichnen, sollte man sich fragen, warum sie das tut. Werden Sachverhalte verheimlicht? Kann man sich noch auf andere von der Unternehmensleitung im Verlauf der Prüfung abgegebene Erklärungen abstützen (SER, S. 64)? Unter Umständen ist ein Rücktritt vom Mandat zu erwägen.

Wird die Vollständigkeitserklärung nicht unterzeichnet, besteht auch eine Beschränkung des Prüfumfangs, was zu einer eingeschränkten Prüfungsaussage führt, sofern überhaupt eine solche möglich ist (SER, S. 64). Zudem wird der Abschlussprüfer auf den Gesetzesverstoss gemäss Art. 730b Abs. 1 OR (Auskunftspflicht) in seinem Revisionsstellenbericht hinweisen (Vertiefung in Kapitel 8.6.2.1).

Ein Beispiel einer Vollständigkeitserklärung für die eingeschränkte Revision zeigt der nachfolgende Anhang. Es ist wichtig, dass bei Bedarf die Vollständigkeitserklärung an die konkreten Umstände angepasst wird.

7. Prüfungsdurchführung

7.9.4 Vorlage Vollständigkeitserklärung

Quelle: SER Anhang E, angepasst an das neue Rechnungslegungsrecht

Firma [1]

An [2]

Die vorliegende Vollständigkeitserklärung geben wir Ihnen im Zusammenhang mit Ihrer eingeschränkten Revision der Jahresrechnung (Bilanz, Erfolgsrechnung und Anhang [3]) der Firma [1] für das am [4] abgeschlossene Geschäftsjahr [5] ab. Ziel Ihrer Prüfung ist es festzustellen, ob Sachverhalte vorliegen, die zur Schlussfolgerung führen könnten, dass die Jahresrechnung sowie der Antrag über die Verwendung des Bilanzgewinns nicht in allen wesentlichen Punkten dem schweizerischen Gesetz und den Statuten entsprechen.

Wir anerkennen die Verantwortung des Verwaltungsrats [6] für diese Jahresrechnung. Der *Verwaltungsrat hat diese Jahresrechnung zur Bekanntgabe an die Generalversammlung gutgeheissen*. Wir bestätigen, dass die *gesetzlichen Voraussetzungen für eine eingeschränkte Revision erfüllt* sind.

Wir bestätigen Ihnen hiermit nach bestem Wissen Folgendes:
- Die Jahresrechnung *entspricht dem schweizerischen Gesetz* und den *Statuten* und ist in diesem Sinne *frei von wesentlichen Fehlaussagen* (wozu nebst fehlerhafter Erfassung, Bewertung, Darstellung oder Offenlegung auch unterlassene Angaben gehören können).
- Wir haben Ihnen *alle Informationen* sowie Aufzeichnungen und Buchungsbelege gemäss Art. 957a Abs. 3 OR sowie die Protokolle aller Generalversammlungen und Sitzungen des Verwaltungsrats zur Verfügung gestellt.
- Die Firma [1] hat alle vertraglichen *Vereinbarungen und gesetzlichen Vorschriften* (z. B. betreffend direkte Steuern, Mehrwertsteuern, Sozialversicherungen oder Umweltschutz) eingehalten, deren Nichteinhaltung eine wesentliche Auswirkung auf die Jahresrechnung hat [7].
- Die Ihnen gegebenen Informationen zur Identifizierung *nahestehender Personen* sind vollständig, und der Ausweis von Guthaben und Verbindlichkeiten gegenüber direkt oder indirekt Beteiligten und Organen sowie gegenüber Unternehmen, an denen direkt oder indirekt eine Beteiligung besteht, ist vollständig und richtig.
- Wir haben keine Pläne oder Absichten, und es sind uns keine Ereignisse bekannt, die erhebliche Zweifel an der Fähigkeit der Firma [1] zur Fortführung ihrer Tätigkeit («*Going Concern*") zur Folge haben.
- Die Bildung, Auflösung und Bestand *stiller Reserven* haben wir Ihnen im Einzelnen mitgeteilt [8].
- Wir haben keine *Pläne oder Absichten*, durch die sich die Bilanzierung, Bewertung oder Darstellung von Vermögenswerten oder Verbindlichkeiten in der Jahresrechnung wesentlich ändern.

7. Prüfungsdurchführung

> - Die Firma [1] ist nachweislich *Verfügungsberechtigte über alle aktivierten Vermögenswerte*. Auf diesen liegen keine anderen Belastungen als die in der Jahresrechnung (Anmerkung [...] im Anhang) [3] offengelegten.
> - Wir haben *alle gegenwärtigen Verbindlichkeiten sowie Eventualverbindlichkeiten* (Garantien, Bürgschaften und vergleichbare Erklärungen gegenüber Dritten) in der Jahresrechnung ordnungsgemäss erfasst bzw. offengelegt.
> - Sämtliche wesentlichen *Ereignisse nach dem Bilanzstichtag* sind in der Jahresrechnung erfasst bzw. offengelegt.
> - Ansprüche aus *Rechtsstreitigkeiten oder anderen Auseinandersetzungen*, die für die Beurteilung der Jahresrechnung des Unternehmens von wesentlicher Bedeutung sind, bestanden nicht / sind in der Beilage aufgeführt. [9, 10]
> - Wir haben Ihnen gegenüber sämtliche *Kreditvereinbarungen* offengelegt. Die entsprechenden Bedingungen waren am Bilanzstichtag – und sind zum Zeitpunkt dieser Vollständigkeitserklärung – eingehalten.
> - Betrag und Verwendungszweck *nicht frei verwendbarer Bestandteile des Eigenkapitals* (z. B. Reserven gemäss Art. 671 ff. OR) sind in der Jahresrechnung ordnungsgemäss erfasst bzw. offengelegt. [8]
> - [11]
>
> [Datum/Domizil/Unterschriften]
>
> Beilage:
> - Unterzeichnetes Exemplar der Jahresrechnung
> - Oben erwähnte Unterlagen

Redaktionelle Erläuterungen

[1] Briefkopf mit Firmenbezeichnung der Aktiengesellschaft bzw. Namen der Organisation
[2] Firmenbezeichnung der Revisionsstelle
[3] Anhang streichen, sofern kein solcher erforderlich ist
[4] Bilanzstichtag
[5] Anzupassen, wenn das Geschäftsjahr nicht zwölf Monate umfasst: «für das den Zeitraum vom [...] bis [...] umfassende Geschäftsjahr"
[6] Falls Verwaltungsrat nicht zutreffend: das für die Jahresrechnung verantwortliche Organ einsetzen
[7] Nach Bedarf anpassen. Evtl. bestimmte Tatbestände (z. B. verdeckte Gewinnausschüttung, Verbuchung von Privatauslagen als Geschäftsaufwand) eigens erwähnen. Indessen sind auch alle anderen Vorschriften des öffentlichen Rechts, des Strafrechts, des Privatrechts oder aufgrund vertraglicher Abmachungen gemeint
[8] Nur wenn gesetzlich erforderlich
[9] Allfällige Rechtsstreitigkeiten sind in einer Beilage anzuführen
[10] Evtl. Erklärung zu laufenden oder drohenden Prozessen oder anderen Verfahren anbringen
[11] In die Vollständigkeitserklärung aufzunehmen sind Erklärungen zu jedem Sachverhalt, der für die Jahresrechnung wesentlich ist und für den es andere hinreichende und angemessene Prüfungsnachweise nicht gibt. Weitere Erklärungen können an-

7. Prüfungsdurchführung

dere in der Jahresrechnung ordnungsgemäss erfasste bzw. angemessen offengelegte Positionen wie etwa derivative Finanzinstrumente aller Art (Forwards, Futures, Swaps, Optionen usw.) oder andere Positionen betreffen.

7.10 Zusammenfassung der Anforderungen

- Der Abschlussprüfer muss die Prüfungshandlungen durchgehend mit einer *kritischen Grundhaltung* durchführen.
- Der Abschlussprüfer muss zu den in der Planungsphase definierten Prüfungshandlungen und Prüfungszielen *ausreichend geeignete Prüfungsnachweise erlangen*.
- Der Abschlussprüfer muss diese *Prüfungsnachweise* entsprechend *quantitativ und qualitativ evaluieren* sowie nötigenfalls weitere Prüfungshandlungen vorsehen, um das Prüfrisiko auf ein vertretbares Niveau zu reduzieren.
- Der Abschlussprüfer muss die Prüfungsnachweise via *Befragungen, analytische Prüfungshandlungen* oder *angemessene Detailprüfungen* erlangen.
- Der Abschlussprüfer muss zur Kenntnis nehmen, dass folgende Prüfungshandlungen *nicht Gegenstand der eingeschränkten Revision* sind:
    - Einforderung von Drittbestätigungen von Banken, Debitoren, Kreditoren, Steuerbehörden, Sozialversicherungsbehörden und Anwälten
    - Einfordern von Bewertungsgutachten
    - Inventurteilnahme
    - Vertiefte Prüfungen im Bereich der Kalkulation von Herstellkosten
    - Prüfungen zur Aufdeckung deliktischer Handlungen
    - Prüfung, ob arbeitsrechtliche und verwaltungsrechtliche Vorgaben im Personalbereich eingehalten werden
- Der Abschlussprüfer muss bei *Befragungen* sicherstellen, dass folgende Voraussetzungen erfüllt sind, damit verlässliche Prüfungsnachweise erbracht werden können:
    - Die Fragen sind auf die Prüfungsziele auszurichten.
    - Die Kompetenz und Integrität/Ehrlichkeit der Befragten sind zu berücksichtigen.
    - Wichtige Fragen und Antworten müssen dokumentiert werden.
    - Die Antworten des Befragten sind kritisch zu würdigen. Bei nicht plausiblen Antworten oder Diskrepanzen zu seinem eigenen Verständnis des Unternehmens und seines Umfelds muss der Revisor bei wichtigen Sachverhalten weitergehende Prüfungen vornehmen.
- Der Abschlussprüfer muss bei *analytischen Prüfungshandlungen*, mit denen er erhöhte Prüfsicherheit erzielen möchte, sicherstellen, dass die im Folgenden genannten Voraussetzungen erfüllt sind:
    - Die analytische Prüfungshandlung wird in fünf Schritten durchgeführt:
        1. Definition der Erwartung/Vergleichsinformation
        2. Definition der tolerierbaren Abweichung
        3. Erkennen wesentlicher Abweichungen
        4. Untersuchung wesentlicher Abweichungen
        5. Ziehen von Schlussfolgerungen

7. Prüfungsdurchführung

- Folgende Voraussetzungen für die Vergleichsinformationen bzw. Erwartungen bestehen:
  - Verlässlichkeit/Relevanz ausreichend
  - Vergleichbarkeit ausreichend
  - Vorhersagbarkeit ausreichend
  - Aggregation nicht zu hoch
  - Erkenntnisse aus früheren Prüfungen nicht negativ
- Sollte die analytische Prüfung nicht die gewünschte Prüfsicherheit ergeben, muss der Revisor weitergehende Prüfungshandlungen (Befragungen, zusätzliche analytische Prüfungen und/oder angemessene Detailprüfungen) durchführen.
- Der Abschlussprüfer kennt die im Folgenden genannten Aspekte der *angemessenen Detailprüfungen:*
  - Arten von Detailprüfungen
    - Belegprüfung
    - Rechnerische Prüfung
    - Abstimmungs- und Übertragungsprüfung
    - Aktenstudium
    - Besichtigung
  - Umfang bzw. Tiefe der Detailprüfung
    - Lückenlose Prüfung
    - Prüfung in Stichproben (Zufallsauswahl und bewusste Auswahl, basierend auf Werten und Risiken)
  - Prüfrichtung (retrograde und progressive)
- Der Abschlussprüfer muss *weitergehende Prüfungshandlungen* (Befragungen, analytische Prüfungen und angemessene Detailprüfungen) unter den folgenden Voraussetzungen vornehmen:
  - Geplant gemäss Prüfungsprogramm, wenn aufgrund der Risikobeurteilung wesentliche Fehlaussagen angenommen werden müssen (bedeutsame Risiken).
  - Aufgrund der Feststellungen anderer Prüfungshandlungen, wenn keine angemessenen und hinreichenden Prüfungsnachweise erbracht werden konnten und wesentliche Fehlaussagen nicht ausgeschlossen werden können.
- Der Abschlussprüfer muss aufgrund der durchgeführten Prüfungshandlungen und der erarbeiteten Prüfungsnachweise am Ende ein *Gesamturteil über die Angemessenheit der Jahresrechnung* formulieren und feststellen,
  - dass die Jahresrechnung als Ganzes seinen Kenntnissen über Tätigkeit und Umfeld des Unternehmens entspricht und
  - keine weiteren Prüfungshandlungen mehr nötig sind.

  Ist er – auch nach weiterführenden Prüfungshandlungen – nicht zu einem solchen Gesamturteil in der Lage, muss er eine eingeschränkte oder verneinende Prüfungsaussage abgeben oder deren Unmöglichkeit feststellen.
- Der Revisor muss zum Schluss der Prüfung von der Unternehmensleitung eine *unterzeichnete Vollständigkeitserklärung* zusammen mit einer unterzeichneten Jahresrechnung verlangen.

8. Berichterstattung

8.1	Inhalt des Kapitels
8.2	Grafische Übersicht
8.3	Gesetzliche Grundlagen
8.4	Grundsätze der Berichterstattung
8.5	Bestandteile des Berichts
8.6	Abweichungen vom Normalwortlaut
8.7	Ergänzende Berichterstattung
8.8	Berichterstattung bei der Prüfung der Jahresrechnung nach Kern-FER
8.9	Berichterstattung bei freiwilligen Prüfungen
8.10	Weitergehende Berichterstattung und Zusatzaufträge
8.11	Zusammenfassung der Anforderungen
8.12	Musterberichte

8. Berichterstattung

8.1 Inhalt des Kapitels

- Die gesetzlichen Bestimmungen zur Berichterstattung
- Die Berichtsvorlagen des Berufsstands
- Die Offenlegung von Gesetzesverstössen in Form von Einschränkungen und Hinweisen
- Bemerkungen zum besseren Verständnis in Form von Zusätzen

8.2 Grafische Übersicht

Der Abschlussprüfer berichtet schriftlich über das Ergebnis der Prüfung. Er bringt eine negativ formulierte Prüfungsaussage über die Jahresrechnung und den Gewinnverwendungsantrag zum Ausdruck

Feststellung wesentlicher berichtsrelevanter Sachverhalte?
- Nein → Standardwortlaut
- Ja

Sachverhalte, die die Prüfungsaussage nicht beeinflussen

- Zum besseren Verständnis der Prüfungsaussage, wie etwa:
  - Offenlegung,
  - Unsicherheit,
  - Erläuterung zu Art. 725 OR,
  - freiwillige Offenlegungen

  → Zusatz

- Gesetzesverstösse ohne unmittelbaren Einfluss, jedoch mit einem gewissen direkten Bezug zur Jahresrechnung, wie etwa:

  Zwingend:
  - Verstösse gegen Art. 725 OR (Kapitalverlust/Überschuldung)

  Empfohlen:
  - Art. 680 OR (Einlagerückgewähr)

  → Hinweis

Sachverhalte, die die Prüfungsaussage beeinflussen

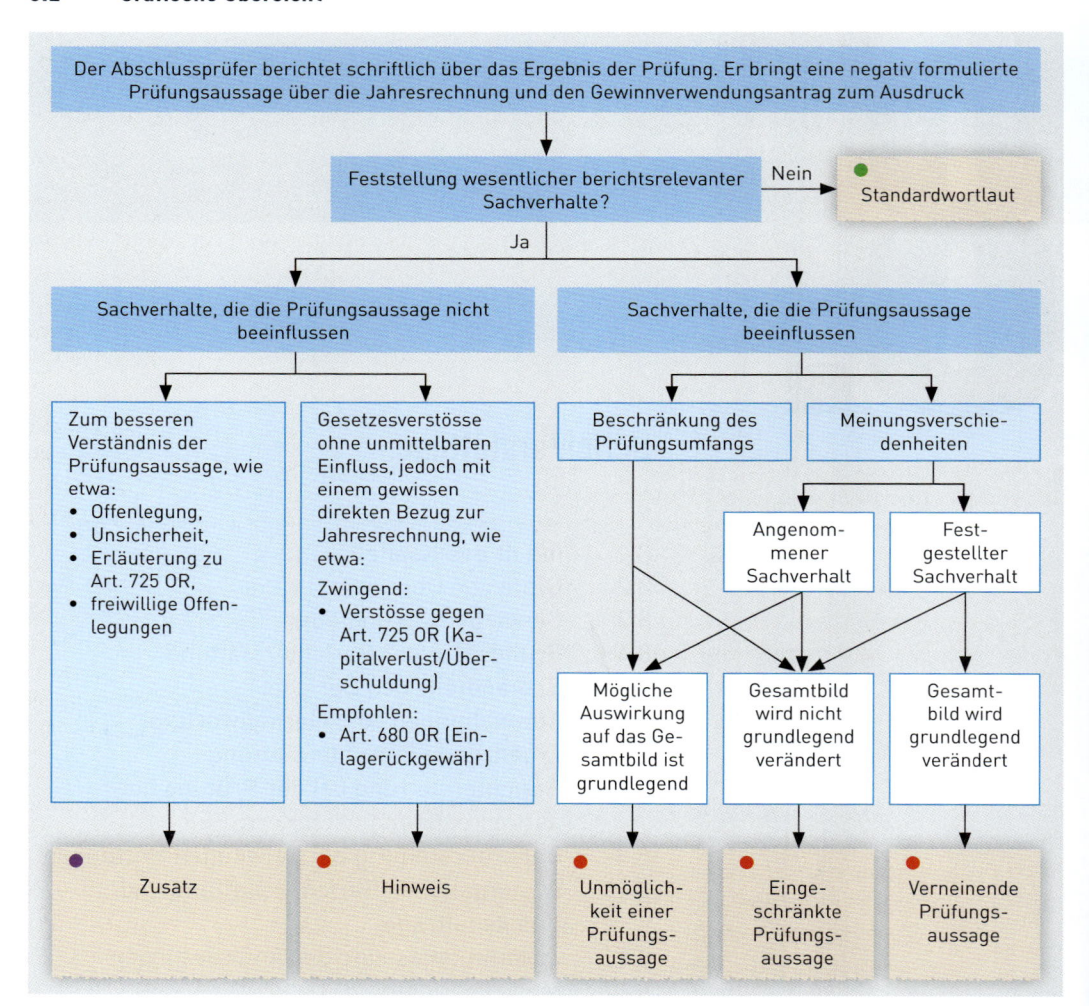

- Beschränkung des Prüfungsumfangs
- Meinungsverschiedenheiten
  - Angenommener Sachverhalt
  - Festgestellter Sachverhalt

  - Mögliche Auswirkung auf das Gesamtbild ist grundlegend → Unmöglichkeit einer Prüfungsaussage
  - Gesamtbild wird nicht grundlegend verändert → Eingeschränkte Prüfungsaussage
  - Gesamtbild wird grundlegend verändert → Verneinende Prüfungsaussage

Abbildung 40: Das Berichterstattungskonzept der eingeschränkten Revision, in Anlehnung an die Arbeitshilfe der Treuhand-Kammer und von Treuhand Suisse vom 24.6.2011 *)

* Im Nachgang zur Publikation des neuen Schweizer Handbuchs der Wirtschaftsprüfung, Band «Eingeschränkte Revision», hat die Treuhand-Kammer die Arbeitshilfen zur Berichterstattung vom 24. Juni 2011 und vom 24. November 2011 einseitig ausser Kraft gesetzt. Für Mitglieder von Treuhand Suisse gelten sie unverändert, da keine wesentlichen Veränderungen vorgenommen wurden. Die Anpassungen werden hier ausführlich erläutert. Die Arbeitshilfen zur Berichterstattung in Französisch und in Italienisch bleiben unverändert.

8. Berichterstattung

8.3 Gesetzliche Grundlagen

Die Berichterstattung des Abschlussprüfers über die eingeschränkte Revision der Jahresrechnung ist im Gesetz nur knapp und allgemein geregelt:

> **Art. 729b OR: Revisionsbericht bei der eingeschränkten Revision**
>
> [1] Die Revisionsstelle erstattet der Generalversammlung schriftlich einen zusammenfassenden Bericht über das Ergebnis der Revision. Dieser Bericht enthält:
> 1. einen Hinweis auf die eingeschränkte Natur der Revision;
> 2. eine Stellungnahme zum Ergebnis der Prüfung;
> 3. Angaben zur Unabhängigkeit und gegebenenfalls zum Mitwirken bei der Buchführung und zu anderen Dienstleistungen, die für die zu prüfende Gesellschaft erbracht wurden;
> 4. Angaben zur Person, welche die Revision geleitet hat, und zu deren fachlicher Befähigung.
>
> [2] Der Bericht muss von der Person unterzeichnet werden, die die Revision geleitet hat.

Gemäss den gesetzlichen Vorschriften muss die zusammenfassende Berichterstattung zuhanden der Generalversammlung die folgenden Elemente enthalten (Formulierungen nach Mustertext in SER, S. 70):

- *Hinweis auf die eingeschränkte Natur der Revision.* Dieser Hinweis wird mit folgender Formulierung angebracht: «Unsere Revision erfolgt nach dem Schweizer Standard zur eingeschränkten Revision.»
- *Stellungnahme zum Ergebnis der Prüfung.* In Übereinstimmung mit dem Prüfungsauftrag, dass zu prüfen ist, ob Sachverhalte vorliegen, aus denen zu schliessen ist, dass die Jahresrechnung und der Gewinnverwendungsvorschlag nicht den gesetzlichen Vorschriften und Statuten entsprechen, ist sinngemäss eine negativ formulierte Zusicherung anzubringen: «Bei unserer Revision sind wir nicht auf Sachverhalte gestossen, aus denen wir schliessen müssten, dass die Jahresrechnung sowie der Antrag über die Verwendung des Bilanzgewinns nicht Gesetz und Statuten entsprechen.» Ist der Abschlussprüfer jedoch auf wesentliche Sachverhalte gestossen, die seine Prüfungsaussage beeinflussen, sind diese im Bericht offenzulegen (Modifizierung Prüfungsaussage).
- *Angaben zur Unabhängigkeit und gegebenenfalls zum Mitwirken bei der Buchführung und zu anderen Dienstleistungen*, die für die zu prüfende Gesellschaft erbracht wurden. Diese Angaben sind wie folgt zu formulieren: «Wir bestätigen, dass wir die gesetzlichen Anforderungen hinsichtlich (Zulassung und) Unabhängigkeit erfüllen. Ein Mitarbeiter unserer Gesellschaft hat im Berichtsjahr bei der Buchführung mitgewirkt. An der eingeschränkten Revision war er nicht beteiligt.»
- *Angaben zur Person, welche die Revision geleitet hat,* und zu deren *fachlicher Befähigung.* Diese Person hat zudem den Bericht zu unterzeichnen. Diese Elemente werden wie folgt zum Ausdruck gebracht: «Wir bestätigen, dass wir die gesetzlichen Anforderungen hinsichtlich Zulassung (und Unabhängigkeit) erfüllen.» Am Schluss des Berichts steht:
    - Name und Vorname des leitenden Revisors
    - Art der Zulassung des leitenden Revisors
    - Unterschrift des leitenden Revisors
    - Datum und Domizil der Revisionsstelle

Die Berichterstattung muss zwingend in schriftlicher Form erfolgen.

8. Berichterstattung

Zu beachten sind ferner folgende gesetzlichen Bestimmungen im Zusammenhang mit der Berichterstattung zuhanden der Generalversammlung:

> **§** *Art. 731 OR: Abnahme der Rechnung und Gewinnverwendung*
>
> [1] Bei Gesellschaften, die verpflichtet sind, ihre Jahresrechnung und gegebenenfalls ihre Konzernrechnung durch eine Revisionsstelle prüfen zu lassen, muss der Revisionsbericht vorliegen, bevor die Generalversammlung die Jahresrechnung und die Konzernrechnung genehmigt und über die Verwendung des Bilanzgewinns beschliesst.
>
> [2] Wird eine ordentliche Revision durchgeführt, so muss die Revisionsstelle an der Generalversammlung anwesend sein. Die Generalversammlung kann durch einstimmigen Beschluss auf die Anwesenheit der Revisionsstelle verzichten.
>
> [3] Liegt der erforderliche Revisionsbericht nicht vor, so sind die Beschlüsse zur Genehmigung der Jahresrechnung und der Konzernrechnung sowie zur Verwendung des Bilanzgewinns nichtig. Werden die Bestimmungen über die Anwesenheit der Revisionsstelle missachtet, so sind diese Beschlüsse anfechtbar.

Die Revisionsstelle wird auf die Einhaltung folgender formeller Punkte achten müssen:
1. Die Berichterstattung liegt in schriftlicher Form vor.
2. Sie enthält alle gesetzlich vorgeschriebenen Elemente.
3. Sie wird ohne Verzug nach Beendigung der Revision abgegeben.

Zur Erklärung sind folgende Ergänzungen hilfreich:

Ad 1
Liegt kein schriftlicher Revisionsbericht vor, sind die Beschlüsse zur Jahresrechnung nichtig (Böckli, Revisionsstelle, S. 286). Das heisst, dass ein Aktionär, nachdem er den Verwaltungsrat erfolglos dazu aufgefordert hat, beim Richter die Wiederholung der Generalversammlung zu den Traktanden «Genehmigung der Jahresrechnung» und «Gewinnverwendung» *verlangen* kann. Liegt das Verschulden der fehlenden Schriftlichkeit bei der Revisionsstelle, wird sie die Kosten für die Wiederholung der Generalversammlung tragen müssen.

Ad 2
Fehlen wesentliche Elemente im Bericht der Revisionsstelle (z. B. die klar formulierte negative Zusicherung), kann ein Aktionär beim Richter die Wiederholung der Generalversammlung *beantragen* (Anfechtungsklage, Böckli, Revisionsstelle, S. 286). Er wird die Anfechtung damit begründen, dass er deshalb nicht in der Lage war, über den Antrag zur Genehmigung der Jahresrechnung und/oder Gewinnverwendung korrekt zu entscheiden. Nebst dem Imageschaden, den sie erleidet, wird die Revisionsstelle die Kosten für die Wiederholung tragen müssen.

Ad 3
Nach der Durchführung der Prüfung klärt der Abschlussprüfer die Prüfungspendenzen, verlangt die unterzeichnete Jahresrechnung sowie die Vollständigkeitserklärung und erstattet umgehend Bericht zuhanden der Generalversammlung. Die Durchführung der Prüfung gilt dann als beendet, wenn die Pendenzen erledigt sind. Die Zeitspanne zwischen dem letzten Revisionstag und der Abgabe des Berichts soll sich auf wenige Tage beschränken. Der Revisionsbericht trägt dann in der Regel das Datum, an dem die eingeschränkte Revision beendet wurde (SER, S. 27). Dauert die Klärung allfälliger Pendenzen länger als üblich (mehr als zwei bis drei Wochen), sind die im Kapitel 8.5.7 gemachten Angaben zu beachten.

8. Berichterstattung

Der Gesetzgeber sieht bei der eingeschränkten Revision nur die schriftliche, zusammengefasste Berichterstattung an die Generalversammlung vor. Ein umfassender Bericht zuhanden des Verwaltungsrats (in Anlehnung an Art. 728b Abs. 1 OR bei der ordentlichen Revision) sowie eine mündliche Berichterstattung sind auf freiwilliger Basis jedoch möglich. Es empfiehlt sich, im Rahmen der Auftragsbestätigung (siehe Kapitel 5.5) diese ergänzenden Aufträge in Bezug auf Art, Umfang und Inhalt zu regeln. In jedem Fall muss die freiwillige ergänzende Berichterstattung auf die gesetzliche Berichterstattung abgestimmt sein und darf keine Widersprüche enthalten.

Ein weiterer gesetzlicher Unterschied zur ordentlichen Revision ist, dass die Teilnahme der Revisionsstelle an der Generalversammlung bei der eingeschränkten Revision nicht vorgesehen ist. Auch hier kann festgehalten werden, dass auf Wunsch des Mandanten die Revisionsstelle freiwillig an der Generalversammlung teilnehmen kann. Die Auskunftspflicht beschränkt sich auch in diesem Falle auf die Erläuterung der Durchführung und das Ergebnis der Revision – im Prinzip auf das, was im Revisionsbericht steht. Erklärungsbedürftig sind in der Praxis oft die Gründe und Auswirkungen von Einschränkungen, Hinweisen oder Zusätzen. In diesen Fällen erscheint es zweckmässig, dass sich die Revisionsstelle mit dem Verwaltungsrat vorgängig abspricht, um Widersprüche zu vermeiden oder auf Einwände vorbereitet zu sein. Auf jeden Fall achtet sie auf die Wahrung der Geschäftsgeheimnisse (Art. 730b Abs. 2 OR).

Führt ein nicht zugelassener Revisor die eingeschränkte Prüfung durch und erstattet Bericht zuhanden der Generalversammlung, wird ebenfalls Nichtigkeit angenommen, d. h., diese Revision ist im juristischen Sinn nicht erfolgt (Sanwald und Pellegrini in: ST 2010, S. 640 ff.). Bestätigt der Abschlussprüfer gemäss vorstehendem Standardwortlaut wider besseres Wissen, dass er über die notwendige gesetzliche Befähigung verfügt, macht er sich wegen Falschbeurkundung strafbar (siehe Kapitel 20).

8.4 Grundsätze der Berichterstattung

Die Form und der Inhalt der Berichterstattung für die eingeschränkte Revision sowie für die anderen gesetzlichen Prüfungen, welche der zugelassene Revisor durchzuführen hat, sind vom Berufsstand mit **verbindlichen** Standardformulierungen (Normalwortlaute) vorgegeben (SER, S. 67 ff.). Diese Texte basieren, in Verbindung mit den schweizerischen gesetzlichen Bestimmungen, auf den vom internationalen Berufsstand vorgegebenen Wortlauten (z. B. Review-Bericht gemäss PS 910 bzw. ISRE 2400). Die Standardtexte sind nicht nur für Mitglieder der Treuhand-Kammer und von Treuhand Suisse verbindlich, sondern für alle Abschlussprüfer, welche sich auf den Standard zur eingeschränkten Revision beziehen.

Die zusammenfassende Berichterstattung zuhanden der Generalversammlung betrifft den Verwaltungsrat gleichermassen, insbesondere dann, wenn der Abschlussprüfer seine Prüfungsaussage modifizieren muss, z. B. bei festgestellten oder angenommenen Gesetzesverstössen in der Jahresrechnung. Es empfiehlt sich in jedem Fall, den Revisionsbericht vorgängig mit dem Verwaltungsrat zu besprechen und allfällige Abweichungen vom Normalwortlaut zu erläutern (HWP 2, S. 454).

Ebenfalls zu den Grundsätzen der Berichterstattung gehört, dass nur bezüglich wesentlicher Sachverhalte vom Normalwortlaut abgewichen wird.

8. Berichterstattung

8.5 Bestandteile des Berichts

Der Normalwortlaut des Berichts an die Generalversammlung über die eingeschränkte Revision enthält folgende Teile und Gliederungen (in Anlehnung an HWP ER, S. 203):

Teile des Berichts	Norminhalte des Berichts
Titel des Berichts	Bericht der Revisionsstelle zur eingeschränkten Revision
Adressat	an die Generalversammlung der [Firmenbezeichnung], [Domizil]
Stellung des Abschlussprüfers und Bezeichnung des Abschlusses	Als Revisionsstelle haben wir die Jahresrechnung (Bilanz, Erfolgsrechnung und Anhang) der [Firmenbezeichnung], [Domizil], für das am [Bilanzstichtag] abgeschlossene Geschäftsjahr geprüft.
Verantwortung des Verwaltungsrats und der Revisionsstelle	Für die Jahresrechnung ist der Verwaltungsrat verantwortlich, während unsere Aufgabe darin besteht, die Jahresrechnung*) zu prüfen. Wir bestätigen, dass wir die gesetzlichen Anforderungen hinsichtlich Zulassung und Unabhängigkeit erfüllen.
Art und Umfang der Abschlussprüfung	Unsere Revision erfolgte nach dem Schweizer Standard zur eingeschränkten Revision. Danach ist diese Revision so zu planen und durchzuführen, dass wesentliche Fehlaussagen in der Jahresrechnung erkannt werden. Eine eingeschränkte Revision umfasst hauptsächlich Befragungen und analytische Prüfungshandlungen sowie den Umständen angemessene Detailprüfungen der beim geprüften Unternehmen vorhandenen Unterlagen. Dagegen sind Prüfungen der betrieblichen Abläufe und des internen Kontrollsystems sowie Befragungen und weitere Prüfungshandlungen zur Aufdeckung deliktischer Handlungen oder anderer Gesetzesverstösse nicht Bestandteil dieser Revision.
Negativ formulierte Prüfungsaussage	Bei unserer Revision sind wir nicht auf Sachverhalte gestossen, aus denen wir schliessen müssten, dass die Jahresrechnung sowie der Antrag über die Verwendung des Bilanzgewinns nicht Gesetz und Statuten entsprechen.
Unterzeichnung und Berichtsdatum	Name und Vorname des leitenden Revisors Art der Zulassung des leitenden Revisors Unterschrift des leitenden Revisors Datum und Domizil der Revisionsstelle

* Anpassung: «diese» wurde durch «die Jahresrechnung» ersetzt, weil sich in bestimmten Fällen (z. B. bei einer GmbH) «diese» auf die Geschäftsführung anstatt auf die Jahresrechnung beziehen kann.

Zu den einzelnen Teilen des Berichts ist Folgendes zu bemerken (SER, S. 67 ff., sowie Arbeitshilfe der Treuhand-Kammer und von Treuhand Suisse vom 24.6.2011):

8.5.1 Titel des Berichts

Die Überschrift des Berichts bringt klar zum Ausdruck, dass es sich um die gesetzliche Berichterstattung der Revisionsstelle handelt. Bei nicht gesetzlichen, d. h. freiwilligen oder statutarischen Berichten wird «Revisionsstelle» durch «Wirtschaftsprüfer» oder «Abschlussprüfer» ersetzt (siehe Berichtsmuster in Abschnitt 8.12.45 ff.).

8.5.2 Adressat des Berichts

Der Bericht der gesetzlichen Revisionsstelle richtet sich an das für die Genehmigung der Jahresrechnung und des Gewinnverwendungsantrags zuständige Organ:
- Aktiengesellschaft: Generalversammlung
- Gesellschaft mit beschränkter Haftung: Gesellschafterversammlung
- Genossenschaft: Generalversammlung

8. Berichterstattung

- Verein: Mitgliederversammlung oder Vereinsversammlung
- Stiftung: Stiftungsrat

8.5.3 Stellung des Abschlussprüfers und Bezeichnung des Abschlusses

Die Bezeichnung und die Stellung des Abschlussprüfers als «Revisionsstelle» sind von Gesetzes wegen vorgegeben. Bei einer nicht gesetzlichen, freiwilligen Revision ist hier der Auftraggeber zu nennen (z. B. im Auftrag des Verwaltungsrats) und an diesen ist der Bericht zu adressieren (Kapitel 8.9).

Gegenstand der eingeschränkten Revision sind immer und nur die Jahresrechnung und gegebenenfalls der Antrag über die Verwendung des Bilanzgewinns. Inhalt der Jahresrechnung sind die Bilanz, die Erfolgsrechnung und der Anhang. Die Jahresrechnungen von Akitengesellschaften, Gesellschaften mit beschränkter Haftung, Genossenschaften, Vereinen und Stiftungen enthalten gemäss neuem Rechnungslegungsrecht Art. 957 ff. OR die gleichen Bestandteile (Bilanz, Erfolgsrechnung und Anhang). Vereine und Stiftungen, die nicht verpflichtet sind, sich im Handelsregister einzutragen, müssen nur eine Einnahmen- und Ausgabenrechnung sowie eine Vermögensrechnung erstellen (Art. 957 Abs. 2 Ziff. 2 OR). Dasselbe gilt für Stiftungen, die nach Art. 83b Abs. 2 ZGB von der Pflicht zur Bezeichnung einer Revisionsstelle befreit sind (Art. 957 Abs. 2 Ziff. 3 OR).

Integriert eine Gesellschaft zusätzlich zu Bilanz, Erfolgsrechnung und Anhang (z. B. aufgrund einer staturarischen Bestimmung) noch weitere Teile in die Jahresrechnung, wie beispielsweise eine Mittelflussrechnung oder einen Anlagespiegel, werden diese Bestandteile der Jahresrechnung und damit ebenfalls Gegenstand der Prüfung. Eine entsprechende Offenlegung ist erforderlich: «Als Revisionsstelle haben wir die Jahresrechnung (Bilanz, Erfolgsrechnung, Anhang und Mittelflussrechnung) [...] geprüft.» Im Weiteren integriert der Prüfer die geprüfte Jahresrechnung als Beilage in seinen Bericht. Damit wird klargestellt, aufgrund welcher Jahresrechnung und welchen Gewinnverwendungsvorschlags der Revisor seine Prüfungsaussage formuliert hat. Am Ende des Revisionsberichts wird die Beilage erwähnt: «Beilagen: Jahresrechnung 2014 und Antrag des Verwaltungsrats über die Gewinnverwendung».

In der Praxis kommt es vor, dass der Bericht der Revisionsstelle in einen umfassenden Geschäftsbericht mit sonstigen Informationen integriert wird und die geprüfte Jahresrechnung nicht unmittelbar nach dem Testat folgt. In diesem Fall erscheint es zweckmässig, im Revisionstext klarzustellen, um welche Jahresrechnung es sich handelt und wo im Geschäftsbericht sie aufgeführt ist:

«Als Revisionsstelle haben die wir die Jahresrechnung (Bilanz, Erfolgsrechnung und Anhang) auf Seite [Angabe der Seitenzahlen zur Jahresrechnung im Geschäftsbericht] der [Firma] für das am [Datum] abgeschlossene Geschäftsjahr geprüft»;
[...]
«Bei unserer Revision sind wir nicht auf Sachverhalte gestossen, aus den wir schliessen müssten, dass die Jahresrechnung mit einer Bilanzsumme von [Betrag] und einem Ergebnis von [Betrag] sowie der Antrag über die Verwendung des Bilanzgewinns nicht Gesetz und Statuten entsprechen».

Umfasst das Geschäftsjahr ausnahmsweise nicht 12 Monate (unter- und überjährige Geschäftsjahre), ist die Periode entsprechend anzugeben: «Als Revisionsstelle haben wir die

Jahresrechnung (Bilanz, Erfolgsrechnung und Anhang) für das den Zeitraum vom [Datum] bis [Datum] umfassende Geschäftsjahr geprüft.» Da die geprüfte Jahresrechnung die Vorjahreszahlen enthält, braucht es eine klare Offenlegung der ungleichen Geschäftsjahre in der Jahresrechnung. Beispiel:

Bilanz per	31. Dezember 2014	30. Juni 2013
[...]	[...]	[...]

Erfolgsrechnung vom	1. Juli 2013 bis 31. Dezember 2014 (18 Monate)	1. Juli 2012 bis 30. Juni 2013 (12 Monate)
[...].	[...].	[...].

Verzögert sich die Abgabe des Revisionsberichts um mehr als zwei, drei Wochen, weil nach Beendigung der Revision noch Revisionspendenzen (z. B. unterzeichnete Jahresrechnung und Vollständigkeitserklärung) bestanden, ist es zweckmässig, auf diesen Umstand wie folgt hinzuweisen: «Die Revisionsarbeiten wurden am [Datum] beendet.» Die Revisionsstelle macht damit klar, bis zu welchem Zeitpunkt sie Ereignisse nach dem Bilanzstichtag berücksichtigt hat.

Ebenfalls einer redaktionellen Anpassung des Wortlauts bedarf der Umstand, dass im Vorjahr die Jahresrechnung nicht oder von einer anderen Revisionsstelle geprüft wurde: «Die Vergleichszahlen in der Jahresrechnung wurden nicht geprüft» oder «Die eingeschränkte Revision der Vorjahresangaben ist von einer anderen Revisionsstelle vorgenommen worden. In ihrem Bericht vom [Datum] hat diese eine nicht modifizierte Prüfungsaussage abgegeben» oder «Die ordentliche Revision der Jahresrechnung des Vorjahres wurde von einer anderen Revisionsstelle durchgeführt. In ihrem Bericht vom [Datum] hat diese ein nicht modifiziertes Prüfungsurteil abgegeben». Für die eingeschränkte Revision heisst das aber nicht, dass die Eröffnungsbestände und die Vorjahrszahlen unbesehen übernommen werden dürfen und nicht beurteilt werden müssen (siehe Kapitel 11).

8.5.4 Verantwortung des Verwaltungsrats und der Revisionsstelle

Für die Erstellung der Jahresrechnung in Übereinstimmung mit den gesetzlichen und statutarischen Vorschriften ist der Verwaltungsrat (bzw. das entsprechende Organ bei anderen Gesellschaftsformen [Aktiengesellschaft: Verwaltungsrat, Gesellschaft mit beschränkter Haftung: Geschäftsführung, Genossenschaft: Verwaltungsrat, Verein: Vorstand, Stiftung: Stiftungsrat]) verantwortlich. Bei der Klärung der Mandatsannahme und -weiterführung ist dies mit dem Verwaltungsrat bereits besprochen und mittels einer Auftragsbestätigung schriftlich festgehalten worden (siehe Kapitel 5.5).

Die Verantwortung des Verwaltungsrats umfasst, auch wenn die Revisionsstelle in erlaubter Weise bei der Buchführung mitwirkt, die Erstellung der Jahresrechnung in Übereinstimmung mit den Rechnungslegungsvorschriften auf der Grundlage einer ordnungsgemässen Buchführung. Die Verantwortung des Verwaltungsrats für die Rechnungslegung beinhaltet insbesondere die Entscheidung über gesetzeskonforme Bewertungen sowie die Darstellungen und Offenlegungen.

8. Berichterstattung

Die Aufgabe der Revisionsstelle liegt darin, die Revision so zu planen und durchzuführen, dass wesentliche Fehlaussagen in der Jahresrechnung (mit moderater Sicherheit) festgestellt werden. Als Ergebnis der Revision hat sie eine Aussage darüber zu machen, ob sie auf Sachverhalte gestossen ist, aus denen zu schliessen ist, dass die Jahresrechnung nicht den gesetzlichen Vorschriften und den Statuten entspricht.

Führt die Revisionsstelle ihre Prüfung nicht pflichtgemäss nach den vom Berufsstand vorgegebenen Regeln durch (Standard zur eingeschränkten Revision), so trägt sie die Verantwortung für den absichtlich oder fahrlässig verursachten Schaden gegenüber der Gesellschaft, Aktionären oder Gläubigern (Art. 755 Abs. 1 OR, Vertiefung zur Haftung in Kapitel 20).

Die formelle Bestätigung, dass die Revisionsstelle über die erforderliche Zulassung und Unabhängigkeit verfügt, ist zwingend (Art. 729b Abs. 1 Ziff. 3 und 4 OR). Wenn die Revisionsstelle neben der Prüfung der Jahresrechnung in erlaubter Weise bei der Buchführung mitgewirkt und/oder andere Dienstleistungen für das geprüfte Unternehmen erbracht hat, ist, wie bereits erwähnt, anzugeben: «Ein Mitarbeiter unserer Gesellschaft hat im Berichtsjahr bei der Buchführung mitgewirkt. An der eingeschränkten Revision war er nicht beteiligt.» In der Praxis ist man der Meinung, dass die Mitwirkung bei der Buchführung und die anderen Dienstleistungen nicht im Einzelnen oder im Detail aufzulisten sind.

8.5.5 Art und Umfang der Abschlussprüfung

Diese Textpassage des Normalwortlauts bleibt in der Regel unverändert. Anhand der Umschreibung der Art und des Umfangs der Abschlussprüfung sieht der Bilanzleser, dass es sich um eine eingeschränkte Revision handelt. Namentlich wird festgehalten, was nicht Gegenstand der eingeschränkten Revision ist. Gemäss SER (Beispiel 6, S. 75) wird der Normalwortlaut in diesem Textabschnitt abgeändert, wenn der Abschlussprüfer die Jahresrechnung wegen Beschränkung des Prüfungsumfangs nicht standardgemäss prüfen konnte («Mit Ausnahme des im nachstehenden Absatz dargelegten Sachverhalts erfolgte unsere Revision nach dem Schweizer Standard zur eingeschränkten Revision […]»). Damit wir offengelegt, dass nicht ausreichend geeignete Prüfungsnachweise als Grundlage für die Prüfungsaussage erlangt werden konnten.

Gemäss HWP ER (Beispiel 15 und 16, Seite 255 und 256) wird der Normalwortlaut in diesem Textabschnitt ohne Angabe von Gründen nicht mehr abgeändert.

Die Autoren empfehlen, den Originalwortlaut gemäss SER, Beispiel 6, weiterhin zu verwenden, insbesondere wenn wegen der Beschränkung des Prüfungsumfangs die Jahresrechnung als Ganzes nicht beurteilt werden kann und die möglichen Auswirkungen deren Gesamtbild grundlegend verändern könnten.

8.5.6 Negativ formulierte Prüfungsaussage

Der gesetzliche Prüfungsauftrag, dass bei der eingeschränkten Revision zu prüfen ist, ob Sachverhalte vorliegen, aus denen zu schliessen ist, dass die Jahresrechnung und der Antrag über die Verwendung des Bilanzgewinns nicht den gesetzlichen Vorschriften und den Statuten entsprechen, führt zur Feststellung, dass «wir nicht auf Sachverhalte gestossen sind, aus denen wir schliessen müssten, dass die Jahresrechnung sowie der Antrag über die Verwendung des Bilanzgewinns nicht Gesetz und Statuten entsprechen».

Die in der Praxis oft gewünschte (traditionelle) Formulierung «Wir bestätigen, dass die Jahresrechnung Gesetz und Statuten entspricht, und empfehlen, die Jahresrechnung zu genehmigen» ist nicht zulässig (SER, S. 27). Dieses positiv formulierte Prüfungsurteil ist nicht Ziel der eingeschränkten Revision (siehe Kapitel 2.7).

Stellt die Revisionsstelle Gesetzesverstösse bei der Jahresrechnung fest, sind diese – sofern wesentlich – offenzulegen (Einschränkung): Die negativ formulierte Prüfungsaussage ist entsprechend zu modifizieren (z.B. «Bei unserer Revision sind wir – mit Ausnahme des im vorstehenden Absatz dargelegten Sachverhalts zu den Eröffnungsbeständen und den Vorjahresangaben – nicht auf Sachverhalte gestossen, aus denen wir schliessen müssten, dass die Jahresrechnung sowie der Antrag über die Verwendung des Bilanzgewinns nicht Gesetz und Statuten entsprechen.» (Vertiefung zu den Abweichungen vom Normalwortlaut in Kapitel 8.6).

Zu beachten sind die folgenden beiden Ausnahmen, welche auch bei der eingeschränkten Revision zu einer positiv formulierten Prüfungsaussage (allerdings bei einem negativen Sachverhalt) führen:
1. Feststellung, dass die Jahresrechnung grundlegend falsch ist: «Wegen der Auswirkung des im vorstehenden Absatz dargelegten Sachverhalts entspricht die Jahresrechnung nicht Gesetz und Statuten.»
2. Feststellung einer subjektiven oder Annahme einer objektiven Unüberprüfbarkeit: «Wegen der möglichen Auswirkung des im vorstehenden Absatz dargelegten Sachverhalts sind wir nicht in der Lage, eine Prüfungsaussage zu machen.»

8.5.7 Unterzeichnung und Berichtsdatum

Der Bericht der Revisionsstelle ist von der Person zu unterzeichnen, welche die Revision geleitet hat. Falls der leitende Revisor in der Revisionsgesellschaft über eine Kollektivunterschrift zu zweien verfügt, muss eine zweite unterschriftsberechtigte Person den Revisionsbericht mit unterzeichnen. Die zweite Person muss nicht zugelassener Revisor sein.

Die mitunterzeichnende Person wird mit ihrer Unterschrift und der damit verbundenen Kontrollfunktion faktisch in die Revision mit einbezogen. Diese bei der Revision mitwirkende Person kann somit nicht gleichzeitig bei der Buchführung für dieses Revisionsmandat mitwirken. Die personelle Trennung für die Mitwirkung bei der Buchführung wäre nicht erfüllt.

Zu den vorstehenden Erläuterungen im Zusammenhang mit der verspäteten Berichtsabgabe nach Beendigung der Revision ist noch zu ergänzen: Der Bericht wird auf den Zeitpunkt datiert, zu welchem die Prüfungsarbeiten beendet und die Pendenzen erledigt wurden. In der Regel wird er dann umgehend zuhanden der Generalversammlung versandt. Bei der Datierung ist darauf zu achten, dass die formelle Genehmigung und Unterzeichnung der Jahresrechnung durch den Verwaltungsrat unmittelbar vor oder am Berichtsdatum erfolgt. Dies gilt auch für die Unterzeichnung der Vollständigkeitserklärung durch die Unternehmensleitung (siehe Kapitel 7.9). Verspätet sich die Abgabe des Berichts (letzter Revisionstag und die spätere Erledigung aller Pendenzen sowie der Versand des Berichts liegen zwei, drei Wochen auseinander), trägt er das Datum der Berichtsabgabe mit einer Bemerkung zum früheren Abschluss der Revision. («Die Revisionsarbeiten wurden am [Datum] beendet.») Eine Rückdatierung des Berichts ist grundsätzlich nicht zulässig.

8. Berichterstattung

8.6 Abweichungen vom Normalwortlaut

Abweichungen vom Normalwortlaut im weiteren Sinne sind die vorstehend beschriebenen redaktionellen Anpassungen im Revisionsbericht. Sie haben keine Auswirkungen auf die Prüfungsaussage zur Jahresrechnung und dienen der Präzisierung und Ergänzung der im Normalwortlaut ausgeführten Erläuterungen, nicht aber zu deren Widerspruch oder Einschränkung.

Abweichungen vom Normalwortlaut im engeren Sinne sind Prüfungsfeststellungen, welche die Prüfungsaussage beeinflussen («Einschränkungen») und solche, die die Prüfungsaussage nicht beeinflussen, aber die Jahresrechnung betreffen. Letztere werden unterteilt in festgestellte Verstösse im Umfeld der Jahresrechnung («Hinweise») und in Offenlegungen von weiteren Informationen («Zusätze»).

Diese Abweichungen vom Normalwortlaut können so dargestellt werden (SER, S. 26 ff.):

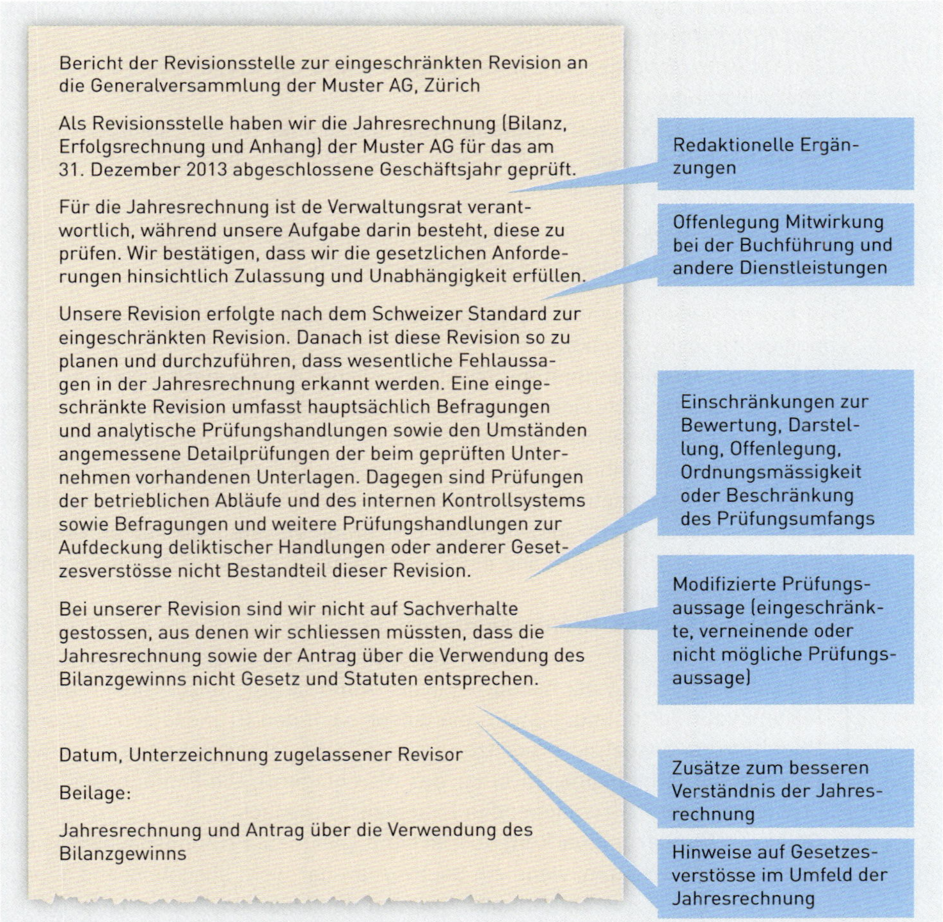

Abbildung 41: Mögliche Abweichungen vom Normalwortlaut im Bericht der Revisionsstelle

8. Berichterstattung

8.6.1 Sachverhalte, welche die Prüfungsaussage beeinflussen

Eine uneingeschränkte, das heisst, eine nicht modifizierte Prüfungsaussage gibt der Abschlussprüfer ab, wenn er zum Schluss kommt, dass die Jahresrechnung in allen wesentlichen Punkten mit den anzuwendenden Rechnungslegungsvorschriften übereinstimmt und er für die Prüfung alle notwendigen Informationen und Unterlagen erhalten hat.

Für die Abgabe einer uneingeschränkten Prüfungsaussage benötigt der Abschlussprüfer für folgende Aussagen ausreichend geeignete Prüfungsnachweise:

- Die Jahresrechnung ist auf der Grundlage **ordnungsmässiger Buchführung** gemäss Art. 957a OR und nach den Grundsätzen **ordnungsmässiger Rechnungslegung** in Übereinstimmung mit Art. 958 Abs. 1 OR so erstellt worden, dass sich der Bilanzleser ein zuverlässiges Bild über die wirtschaftliche Lage (Vermögens-, Finanzierungs- und Ertragslage) bilden kann.
- Die **Bewertungsvorschriften** gemäss Art. 960 bis 960e OR sind eingehalten.
- Die Bestimmungen über die **Darstellungs- und Gliederungsvorschriften** gemäss Art. 959a und 959b OR sind eingehalten.
- Die im Anhang vorgeschriebenen **Angaben und Offenlegungen** gemäss Art. 959c OR sind vollständig und richtig.
- Die Revision ist in ihrem **Umfang nicht beschränkt** worden, und/oder die Revisionsstelle hat alle gemäss Art. 730b Abs. 1 OR erforderlichen Unterlagen und Auskünfte erhalten.

Müssen gemäss den Statuten weitere Prüfungsinhalte bestätigt werden, sind entsprechend ausreichend geeignete Nachweise erforderlich.

Sind ausreichend geeignete Prüfungsnachweise nicht zu erlangen, sind dafür drei verschiedene Ursachen denkbar:

- **Meinungsverschiedenheiten:** Nicht ausreichend geeignete Prüfungsnachweise zu erlangen, kann auch eine Folge der eingeschränkten Revision sein, weil sie vertiefte Prüfungshandlungen gemäss SER (z. B. Einholen von Saldobestätigungen oder Bewertungsgutachten, Teilnahme an der Inventur) nicht vorsieht. Können in der Folge nicht ausreichend geeignete Prüfungsnachweise erlangt werden und sind nach Auffassung des Abschlussprüfers aufgrund der Umstände wesentliche Fehlaussagen anzunehmen, ist die Prüfungsaussage einzuschränken oder ist eine solche in grundlegenden Fällen nicht möglich.
- **Beschränkung des Prüfungsumfangs:** Eine Beschränkung des Prüfungsumfangs ergibt sich aus einer unvollständigen Dokumentation. Der Prüfungskunde hat dem Abschlussprüfer – trotz nachdrücklicher Aufforderung dazu – keine geeigneten Unterlagen zur Verfügung gestellt, die dieser nach den Grundsätzen ordnungsmässiger Buchführung besitzt oder besitzen müsste (z. B. Jahresrechnung einer wesentlichen Beteiligung, vollständiges Inventar des Warenlagers). Die Prüfungsaussage ist einzuschränken oder in grundlegenden Fällen nicht möglich.
- **Objektive Unüberprüfbarkeit:** Ausreichend geeignete Prüfungsnachweise sind ebenso dann nicht zu erhalten, wenn ein Sachverhalt gar nicht abschliessend geprüft werden kann, indem die korrekte Beurteilung von der Zukunft abhängt (z. B. die Bewertung einer Liegenschaft hängt von der vorgesehenen Auszonung ab, der Ausgang eines Prozesses ist nicht bekannt). Ist diese objektive Unsicherheit im Anhang zur Jahres-

rechnung angemessen offengelegt, muss die Prüfungsaussage nicht eingeschränkt werden. Im Bericht der Revisionsstelle wird ein Zusatz angebracht, der auf diese Anmerkung im Anhang aufmerksam macht.

8.6.1.1 Eingeschränkte Prüfungsaussagen

Die Revisionsstelle hat im Umkehrschluss zu den vorstehend aufgeführten Bedingungen ihre Prüfungsaussage einzuschränken, wenn wesentliche Fehlaussagen oder Verstösse hinsichtlich der Jahresrechnung bestehen. Gemäss dem pflichtgemässen Ermessen des Abschlussprüfers («professional judgement») sind folgende Arten von Einschränkungen möglich (in Anlehnung an HWP 2, S. 423):

1. Verstösse gegen die Ordnungsmässigkeit beeinträchtigen die Durchführung der Revision und die Möglichkeit, ausreichend geeignete Prüfungsnachweise zu erlangen (z. B. anstelle von Inventaren liegen nur Schätzungen vor).
2. Verstösse gegen die Ordnungsmässigkeit beeinträchtigen die Durchführung der Revision stark, und ausreichend geeignete Prüfungsnachweise sind nicht möglich (z. B. kein Inventar, Rekapitulation nicht möglich).

Ursache der Einschränkung / Art der Einschränkung	Einschränkung aufgrund wesentlicher Verstösse (= eingeschränkte Prüfungsaussage)	Einschränkung aufgrund wesentlicher Verstösse, die das Gesamtbild der Jahresrechnung grundlegend verändern (= unmögliche oder verneinende Prüfungsaussage)
Ordnungsmässigkeitsvorschriften sind nicht eingehalten.	Es liegt kein Inventar, sondern nur eine Schätzung des Warenlagers vor.	Es gibt weder ein Inventar noch eine Schätzung.
Bewertungsvorschriften sind nicht eingehalten.	Die Summe der festgestellten Fehler liegt über der Toleranzwesentlichkeit, wenn das Aggregationsrisiko bedeutsam ist, oder über der Gesamtwesentlichkeit.	Die Summe der festgestellten Fehler liegt in erheblichem Ausmass über der Gesamtwesentlichkeit.
Darstellungsvorschriften sind nicht eingehalten.	Die Darstellung ist falsch, beeinträchtigt die Aussage der Jahresrechnung aber nicht grundlegend.	Die Darstellung ist zweifelsfrei wesentlich falsch und beeinträchtigt die Aussage der Jahresrechnung grundlegend.
Offenlegungsvorschriften sind nicht eingehalten.	Die Offenlegung im Anhang ist falsch, beeinträchtigt die Aussage der Jahresrechnung jedoch nicht grundlegend.	Die Offenlegung im Anhang ist zweifelsfrei wesentlich falsch und beeinträchtigt die Aussage der Jahresrechnung grundlegend.
Es besteht eine Beschränkung des Prüfungsumfangs.	Die Beschränkung des Prüfungsumfangs bezieht sich auf einen wesentlichen, aber nicht grundlegenden Sachverhalt.	Nicht mögliche Prüfungsaussage: Die Beschränkung des Prüfungsumfangs bezieht sich auf einen grundlegenden Sachverhalt.

Die Beurteilung, ob ein Aggregationsrisiko (Kapitel 6.5) bedeutsam ist (und deshalb zu einer eingeschränkten Prüfungsaussage bereits bei Überschreitung der Toleranzwesentlichkeit führen kann), hängt vom Ermessen des Prüfers ab.

8. Berichterstattung

Indizien und Beispiele für bedeutsame Aggregationsrisiken:
- Die festgestellten Fehler sind Rechnungs- und Berechnungsfehler bei der Fakturierung der Verwaltungs- und Vertriebsgemeinkosten, begründet durch die hohe Personalfluktuation. Das Risiko weiterer Fehler ist bedeutsam.
- Die festgestellten Fehler von Lagerabweichungen infolge der Verbuchung von nicht korrekten Lieferscheinen sind begründet durch fehlerhafte Lieferungen (falsche Mengen und falsche Produkte) des Lieferanten oder durch periodische Arbeitsüberlastungen beim Einkauf oder generell fehlender Kontrollen.

Nicht bedeutsame Aggregationsrisiken enthalten beispielsweise die folgenden eher «einfacheren» Fehler:
- Die Inventarliste ist infolge eines Additionsfehlers falsch.
- Der Verkaufsleiter hat vergessen, die Umsatzrückvergütungen zu melden, was bei einem Vergleich mit dem Vorjahr festgestellt wurde.

In der Praxis wird der Prüfer den Entscheid, ob das Aggregationsrisiko bedeutsam ist, aufgrund seiner Risikoeinschätzung fällen. Bei Kunden, bei denen er aufgrund seiner Erfahrungen mit ihnen weitere Fehler vermuten muss, wird er, bereits wenn die Toleranzwesentlichkeit erreicht ist, seine Prüfungsaussage in Bezug auf diese Position einschränken. Bei anderen, deren Buchhaltung normalerweise in Ordnung ist und bei denen sich ausnahmsweise ein Flüchtigkeitsfehler eingeschlichen hat, der aus Effizienzgründen nicht korrigiert wird, erscheint eine Einschränkung erst bei der Überschreitung der Gesamtwesentlichkeit angezeigt.

Zu den Ursachen für eine Abweichung vom Normwortlaut und die Art der Einschränkung ist Folgendes in Betracht zu ziehen (in Anlehnung an die Ausführungen zur Berichterstattung bei der ordentlichen Revision in HWP 2, S. 423 ff.):

8.6.1.2 Abweichung vom Normalwortlaut bei Verstössen hinsichtlich der Jahresrechnung

Die Rechnungslegungsvorschriften gemäss dem 32. Titel des Obligationenrechts zur kaufmännischen Buchführung gelten für die gesamte Jahresrechnung, unabhängig von der Rechtsform, aber abhängig von der wirtschaftlichen Bedeutung eines Unternehmens. Kleinere Unternehmen werden hinsichtlich der Buchführungspflicht weniger belastet, indem sie nur die Mindestvorschriften einhalten müssen; von Unternehmen, die ordentlich revidiert werden müssen, werden zusätzlich eine Geldflussrechnung und weitere Angaben im Anhang zur Jahresrechnung sowie ein separater Lagebericht verlangt.

Die Erstellung einer Jahresrechnung bleibt – trotz klareren, umfassenderen und systematischeren Regeln als nach dem alten Aktienrecht und den bisherigen allgemeinen Buchführungsvorschriften – von subjektiven Überlegungen des Erstellers und Verfassers bestimmt. Es liegt in der Natur der Sache, dass die Jahresrechnung keine exakte Wissenschaft darstellt, sondern von Schätzvorgängen und Ermessensentscheiden abhängig ist. Unter solchen Umständen prüft der Revisor als Aussenstehender die Jahresrechnung (Ist-Zustand) und vergleicht sie mit den gesetzlichen Vorgaben (Soll-Zustand). Kommt er nach sorgfältiger Beurteilung der Prüfungsnachweise zum Schluss, dass Ist- und Soll-Zustand nicht übereinstimmen (der Kunde hat offenbar eine andere Meinung über den Soll-Zustand), geht er folgendermassen vor:

8. Berichterstattung

1. Beurteilung der Abweichungen in Bezug auf die festgelegten Wesentlichkeitsgrenzen: Gesamtwesentlichkeit und spezifische Wesentlichkeit, bei hohem Aggregationsrisiko auch die entsprechende Toleranzwesentlichkeit (siehe Kapitel 6.5).
2. Besprechen der ins Gewicht fallendend Meinungsverschiedenheiten mit dem Prüfungskunden; Klärung der strittigen Punkte unter Berücksichtigung zusätzlicher Informationen und Erklärungen des Kunden; Empfehlung zur allfälligen Korrektur von verbleibenden wesentlichen Fehlaussagen in der Jahresrechnung; gegebenenfalls schriftliche Darlegung des Kunden verlangen, weshalb er keine Korrekturen vornehmen will.
3. Erläuterung der Konsequenz im Bericht der Revisionsstelle bei nicht korrigierten wesentlichen Fehlern und Mängeln in der Jahresrechnung (eingeschränkte oder verneinende Prüfungsaussage).

8.6.1.3 Abweichung vom Normalwortlaut bei nicht ausreichenden Prüfungsnachweisen

Kann eine wesentliche Position der Jahresrechnung oder die Jahresrechnung als Ganzes nicht oder nicht ausreichend geprüft werden, sind je nach Sachverhalt die folgenden Modifizierungen der Prüfungsaussage denkbar:

Gründe / Auswirkung:	... weil ausreichend geeignete Prüfungsnachweise aufgrund verlangter, aber nicht erhaltener Unterlagen und Informationen nicht erlangt werden konnten (subjektive Unüberprüfbarkeit)	... weil ausreichend geeignete Prüfungsnachweise aufgrund der im SER vorgesehenen (eingeschränkten) Prüfungshandlungen nicht erlangt werden konnten und Indizien für wesentliche Fehler bestehen (angenommener Sachverhalt)	.... weil die Prüfungsnachweise abhängig sind von einer künftigen Entwicklung, die heute – angesichts aller bekannten Umstände – (wirklich) nicht verlässlich beurteilt werden kann (objektive Unüberprüfbarkeit)	
			Die Jahresrechnung bringt diesen Sachverhalt nicht oder nicht ausreichend zum Ausdruck.	Dieser Sachverhalt wird im Anhang angemessen zum Ausdruck gebracht.
Eingeschränkte Prüfungsaussage	Die mögliche Auswirkung ist wesentlich, aber nicht grundlegend.	Die mögliche Auswirkung ist wesentlich, aber nicht grundlegend.	Eine Offenlegung besteht, ist aber nicht ausreichend klar oder unvollständig.	n/a
Nicht mögliche Prüfungsaussage	Die mögliche Auswirkung ist wesentlich und grundlegend.	Die mögliche Auswirkung ist wesentlich und grundlegend.	n/a	n/a
Verneinende Prüfungsaussage	n/a	n/a	Die Offenlegung fehlt gänzlich; das Gesamtbild der Jahresrechnung wird deshalb grundlegend beeinträchtigt und ist so nicht gesetzeskonform.	n/a
Zusatz	n/a	n/a	n/a	Ohne Einschränkung wird auf den Sachverhalt aufmerksam gemacht.
Berichtsbeispiele	8.12.15 8.12.26	8.12.14 8.12.25	8.12.10 8.12.18	8.12.28

8. Berichterstattung

Eine subjektive Unüberprüfbarkeit besteht in seltenen Fällen auch, wenn dem Abschlussprüfer die notwendige Sachkenntnis für eine Beurteilung der erhaltenen Informationen zu einem konkreten Sachverhalt fehlt (beispielsweise ein komplizierter Werkvertrag, der nach der PoC-Methode bewertet werden soll). In solchen Fällen muss er die notwendigen Prüfungshandlungen ersatzweise durch einen fachkundigen Prüfer im Revisionsteam durchführen lassen oder sich auf die bereits vorliegende Arbeit eines Experten oder anderen Wirtschaftsprüfers abstützen (vgl. Kapitel 7.4.6).

8.6.1.4 Festgestellte oder angenommene Fehler

In aller Regel wird der Revisor aufgrund der durchgeführten Befragungen, analytischen Prüfungen und angemessenen Detailprüfungen eine begründete Aussage über die festgestellten Fehler und Mängel in der Jahresrechnung machen können und beispielsweise die Überbewertung einer bestimmten Bilanzposition quantifizieren können («Die Warenvorräte enthalten unkurante Handelswaren, die nicht wertberichtigt worden sind. Hierdurch sind sie um rund [Betrag] überbewertet; dementsprechend sind das Ergebnis und das Eigenkapital zu günstig ausgewiesen»).

Aufgrund der eingeschränkten Natur der Revision sind weniger weit gehende Prüfungen als bei einer ordentlichen Revision vorzunehmen und verschiedene substanzielle Prüfungshandlungen nicht vorgesehen (z.B. Teilnahme an der Inventur oder umfassende Bestands- und Bewertungsprüfungen). Es ist deshalb möglich, dass stichhaltige Indizien, aber keine quantifizierbaren Nachweise dafür bestehen, dass wesentliche Fehler vorliegen (z.B. im Branchenvergleich sind hohe Lagerbestände mit Wertberichtigungsbedarf auszumachen, die von der Geschäftsleitung nicht stichhaltig begründet werden können). Ein solcher angenommener Sachverhalt ist einzuschränken.

> Zur Bewertung ist Folgendes zu bemerken: Aufgrund unserer Revision *müssen wir annehmen*, dass die Warenvorräte unkurante Handelswaren enthalten, die nicht wertberichtigt worden sind. Hierdurch wären die Warenvorräte in einem nicht näher bezifferbaren Ausmass wesentlich überbewertet; dementsprechend wären das Ergebnis sowie das Eigenkapital zu günstig dargestellt.
>
> *Quelle: Arbeitshilfe der Treuhand-Kammer und von Treuhand Suisse vom 24.6.2011, S. 9*

Die Unterscheidung zwischen festgestellten und angenommenen Fehlern und Mängeln ist wegen der gesetzlich vorgesehenen Beschränkung der möglichen Prüfungshandlungen bei der eingeschränkten Revision folgerichtig. Es liegt jedoch meist nicht im Interesse des Prüfungskunden, aufgrund von Annahmen des Abschlussprüfers einen vom Normalwortlaut abweichenden Revisionsbericht zu erhalten, weshalb er darum besorgt sein dürfte, zusätzliche Unterlagen, Analysen, Informationen beizubringen, damit eine konkrete und quantifizierbare Prüfungsfeststellung möglich ist.

8.6.1.5 Art der Einschränkungen

Die Bezeichnung «Einschränkung» wird in Art. 728b Abs. 2 Ziff. 4 OR bei der ordentlichen Revision verwendet und bedeutet die Offenlegung von (wesentlichen) Fehlern und Mängeln in der Jahresrechnung. Dies ist für die eingeschränkte Revision in analoger Weise zu

8. Berichterstattung

verstehen. Gemäss nachstehender Darstellung werden drei Intensitäten von Einschränkungen unterschieden, die in wesentlichem Ausmass vom prüferischen Ermessen («professional judgement») des Revisors abhängen (SER, S. 26 f.).

Die Modifizierung der Prüfungsaussage geschieht in folgender Weise:

1. Eingeschränkte Prüfungsaussage

Begründungen:
- Festgestellte Sachverhalte
- Angenommene Sachverhalte
- Beschränkung Prüfungsumfang

Sie sind wesentlich, aber nicht grundlegend und haben keine weiteren Rechtsfolgen.

2. Nicht mögliche Prüfungsaussage

Begründungen:
- Angenommene Sachverhalte
- Beschränkung Prüfungsumfang

Sie sind wesentlich und beeinträchtigen Bilanzbild möglicherweise grundlegend.

3. Verneinende Prüfungsaussage

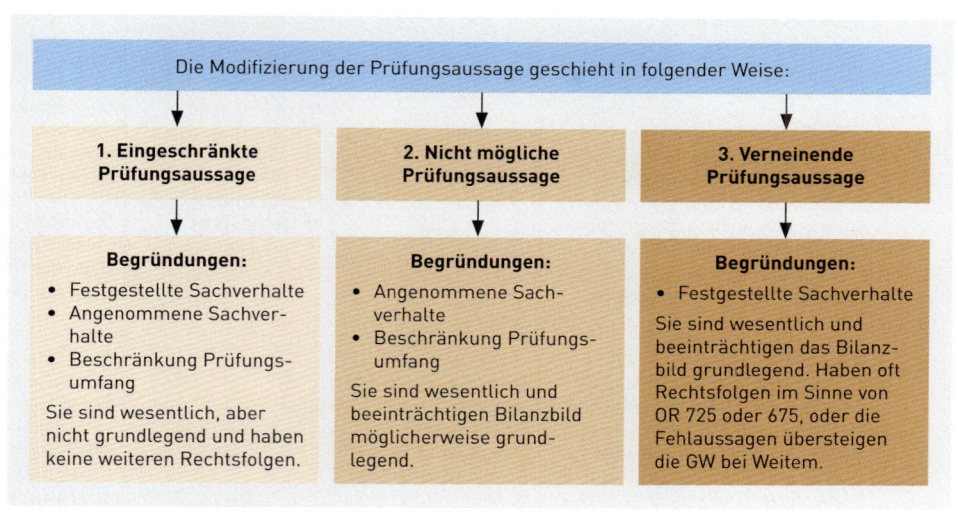

Begründungen:
- Festgestellte Sachverhalte

Sie sind wesentlich und beeinträchtigen das Bilanzbild grundlegend. Haben oft Rechtsfolgen im Sinne von OR 725 oder 675, oder die Fehlaussagen übersteigen die GW bei Weitem.

Abbildung 42: Arten von Einschränkungen

Auswirkung auf die Berichterstattung / Was beeinflusst das Gesamtbild der Jahresrechnung grundlegend?	Verneinende Prüfungsaussage	Nicht mögliche Prüfungsaussage	Prüferisches Ermessen
Eine Korrektur des festgestellten, nicht korrigierten Fehlers hätte eine Rechtsfolge gemäss Art. 725 Abs. 1 oder 2 OR.	Verneinende Prüfungsaussage zwingend		Kein prüferisches Ermessen
Eine Korrektur des festgestellten, nicht korrigierten Fehlers verunmöglichte die vorgesehene Gewinnverwendung gemäss Art. 675 Abs. 2 OR.	Verneinende Prüfungsaussage zwingend		Kein prüferisches Ermessen
Eine Korrektur des angenommenen, nicht korrigierten Fehlers hätte eine Rechtsfolge gemäss Art. 725 OR oder Art. 675 OR.		Nicht mögliche Prüfungsaussage	Das prüferische Ermessen liegt in der Höhe des angenommenen Fehlers.
Eine Korrektur des festgestellten, nicht korrigierten Fehlers würde das ausgewiesene Ergebnis in einen Verlust drehen.	Verneinende Prüfungsaussage		Kein prüferisches Ermessen

8. Berichterstattung

Auswirkung auf die Berichterstattung Was beeinflusst das Gesamtbild der Jahresrechnung grundlegend?	Verneinende Prüfungsaussage	Nicht mögliche Prüfungsaussage	Prüferisches Ermessen
Eine Korrektur des angenommenen, nicht korrigierten Fehlers würde das ausgewiesene Ergebnis in einen Verlust drehen.		Nicht mögliche Prüfungsaussage	Das prüferische Ermessen liegt in der Höhe des angenommenen Fehlers.
Die Beschränkung des Prüfungsumfanges einer für die Jahresrechnung wesentlichen und bedeutenden Jahresabschlussposition		Nicht mögliche Prüfungsaussage	Das prüferische Ermessen liegt in der Höhe des möglichen Fehlers.
Aufgrund der fehlenden Offenlegung eines wesentlichen Sachverhalts wird die wirtschaftliche Lage der Unternehmung falsch dargestellt (Auflösung wesentlicher stiller Reserven, Leasingverbindlichkeiten, Eventualverbindlichkeit u. Ä.)	Verneinende Prüfungsaussage, wenn fehlende Offenlegung eine zuverlässige Beurteilung der Jahresrechnung verunmöglicht		Das prüferische Ermessen liegt in der Einschätzung der Höhe der Wesentlichkeit (Quantität), der Art des Fehlers (Qualität) und ob dieser für die Beurteilung der Jahresrechnung grundlegend ist.

1. **Eingeschränkte Prüfungsaussage:** Die Jahresrechnung oder Teile davon enthalten wesentliche Fehler und Mängel, d. h. die Summe der feststellten oder angenommenen Fehler übersteigt entweder die Toleranzwesentlichkeit, und das Aggregationsrisiko ist bedeutsam oder die Spezialwesentlichkeit für einen besonderen Jahresabschlussposten oder die Gesamtwesentlichkeit. Die Jahresrechnung als Ganzes entspricht mit Ausnahme dieser Einschränkung dem Gesetz und den Statuten, da sich dadurch das Gesamtbild nicht grundlegend verändert. Die Offenlegung des mangelhaften Sachverhaltes in der Jahresrechnung und die modifizierte eingeschränkte Prüfungsaussage kann beispielsweise in folgender Weise erfolgen:

> ● Zur Bewertung ist Folgendes zu bemerken: Unsere Revision hat ergeben, dass die Forderungen aus Lieferungen und Leistungen schwer einbringliche Guthaben enthalten, die nicht wertberichtigt worden sind. Hierdurch sind die Forderungen aus Lieferungen und Leistungen um rund [Betrag] überbewertet; dementsprechend sind das Ergebnis und das Eigenkapital zu günstig ausgewiesen.
>
> Bei unserer Revision sind wir – mit Ausnahme der im vorstehenden Absatz dargelegten Einschränkung – nicht auf Sachverhalte gestossen, aus denen wir schliessen müssten, dass die Jahresrechnung [sowie der Antrag über die Verwendung des Bilanzgewinns] nicht Gesetz und Statuten entspricht [entsprechen].
>
> *Quelle: Arbeitshilfe der Treuhand-Kammer und von Treuhand Suisse vom 24.6.2011, S. 8*

8. Berichterstattung

2. **Nicht mögliche Prüfungsaussage:** Die Jahresrechnung oder Teile davon enthalten *angenommene* Fehler und Mängel, die deren Gesamtbild als Ganzes grundlegend beeinträchtigen oder die Jahresrechnung oder Teile davon können infolge der *Beschränkung des Prüfungsumfangs* nicht beurteilt werden, und die mögliche Auswirkung könnte ihr Gesamtbild grundlegend beeinträchtigen. Der Abschlussprüfer ist mangels ausreichend geeigneter Prüfungsnachweise nicht in der Lage, eine Prüfungsaussage über die Jahresrechnung zu machen. Eine Formulierung einer nicht möglichen Prüfungssausage wegen Beschränkung des Prüfungsumfangs könnte so lauten:

> ●
>
> Zur Bewertung ist Folgendes zu bemerken: Unsere Revision hat ergeben, dass die [Firmenbezeichnung] ein bedeutsames Darlehensguthaben gegenüber deren Hauptaktionär über [Betrag] hat. Wir haben die Bonität des Schuldners nicht prüfen können, da uns dafür – trotz nachdrücklicher Aufforderung dazu – keine geeigneten Unterlagen zur Verfügung gestellt wurden.
>
> Wegen der möglichen Auswirkung des im vorstehenden Absatz dargelegten Sachverhalts sind wir nicht in der Lage, eine Prüfungsaussage zu machen.
>
> *Quelle: Arbeitshilfe der Treuhand-Kammer und von Treuhand Suisse vom 24.6.2011, S. 13*

3. **Verneinende Prüfungsaussage:** Die Jahresrechnung oder Teile davon enthalten Fehler und Mängel, die deren Gesamtbild als Ganzes grundlegend beeinträchtigen. Dies wird meistens der Fall sein, wenn die Summe der festgestellten Fehler und Mängel die Gesamtwesentlichkeit in erheblichem Ausmass übersteigt und die Aktionäre veranlassen würde, die Jahresrechnung anders zu beurteilen und ihre Rechte anders wahrzunehmen. Dies trifft auch zu, wenn die Behebung der (nicht korrigierten) Fehler und Mängel zu einer Rechtsfolge führte (Korrektur würde beispielsweise zu einem Kapitalverlust nach Art. 725 Abs. 1 OR oder zu einer Überschuldung nach Art. 725 Abs. 2 OR führen, oder die vorgeschlagene Gewinnverwendung wäre nicht möglich (Art. 675 OR)). Nachstehend eine mögliche Formulierung für eine verneinende Prüfungsaussage:

> ●
>
> Zur Bewertung ist Folgendes zu bemerken: Unsere Revision hat ergeben, dass die Forderungen aus Lieferungen und Leistungen stark gefährdete Guthaben enthalten, die nicht wertberichtigt worden sind. Hierdurch sind die Forderungen aus Lieferungen und Leistungen um rund [Betrag] überbewertet; dementsprechend sind das Ergebnis und das Eigenkapital zu günstig ausgewiesen.
>
> Wegen der Auswirkung des im vorstehenden Absatz dargelegten Sachverhalts entspricht [entsprechen] die Jahresrechnung [sowie der Antrag über die Verwendung des Bilanzgewinns] nicht Gesetz und Statuten.
>
> *Quelle: Arbeitshilfe der Treuhand-Kammer und von Treuhand Suisse vom 24.6.2011, S. 10*

Aufbau einer Einschränkung

	Formulierung	Erklärung
Einschränkung	Zur **Bewertung** ist Folgendes zu bemerken:	Bezugnahme auf die Art des Gesetzesverstosses (Bewertung, Darstellung, Offenlegung, Ordnungsmässigkeit und Beschränkung Prüfungsumfang)
	Unsere Revision hat ergeben, dass die Warenvorräte **unkurante Warenbestände** enthalten, die nicht wertberichtigt worden sind.	Erklärung des Sachverhaltes, wenn dieser relevant, unter Angabe der gesetzlichen Bestimmung
	Hierdurch sind die Warenvorräte um **[Betrag]** überbewertet.	Quantifizierung oder Grössenordnung des Bewertungsfehlers oder Darstellungsfehlers
	Dementsprechend sind das Ergebnis und das Eigenkapital zu günstig ausgewiesen.	Auswirkung der Überbewertung in allgemeiner Form
Modifizierte Prüfungsaussage	Bei unserer Revision sind wir – **mit Ausnahme vorstehender Einschränkung** – nicht auf Sachverhalte gestossen, aus denen wir schliessen müssten, dass die Jahresrechnung sowie der Antrag über die Verwendung des Bilanzgewinnes nicht Gesetz und Statuten entsprechen.	Eingeschränkte Prüfungsaussage mit negativer Formulierung

8.6.1.6 Feststellungen zur Gewinnverwendung

Der Antrag des Verwaltungsrats an die Generalversammlung über die Verwendung des Bilanzgewinns ist gemäss Art. 729a Abs. 1 Ziff. 2 OR ebenfalls Gegenstand der Prüfung und der Berichterstattung.

Stellt der Abschlussprüfer fest, dass der Gewinnverwendungsvorschlag den Bestimmungen von Gesetz und Statuten entspricht, bringt er dies im Revisionsbericht zusammen mit der negativ formulierten Prüfungsaussage wie folgt zum Ausdruck:

> Bei unserer Revision sind wir nicht auf Sachverhalte gestossen, aus denen wir schliessen müssten, dass die Jahresrechnung **sowie der Antrag über die Verwendung des Bilanzgewinns** nicht Gesetz und Statuten entsprechen.
>
> *Quelle: SER, S. 70*

Stellt der Abschlussprüfer jedoch fest, dass die Jahresrechnung und damit auch der Gewinnverwendungsvorschlag nicht den Bestimmungen von Gesetz und Statuten entsprechen, hat er vom Normalwortlaut abzuweichen. Die Formulierung könnte folgendermassen lauten:

> Wegen der Auswirkung des im vorstehenden Absatz dargelegten Sachverhalts entsprechen die Jahresrechnung sowie der Antrag über die Verwendung des Bilanzgewinns nicht Gesetz und Statuten.
>
> *Quelle: SER, S. 73*

8. Berichterstattung

Kommt der Abschlussprüfer zum Schluss, dass lediglich der Gewinnverwendungsvorschlag (nicht aber die Jahresrechnung) nicht den Bestimmungen vom Gesetz entspricht, hat er vom Normalwortlaut wie folgt abzuweichen:

> • Bei unserer Revision sind wir nicht auf Sachverhalte gestossen, aus denen wir schliessen müssten, dass die Jahresrechnung nicht Gesetz und Statuten entspricht. Da der Antrag über die Verwendung des Bilanzgewinns keine Zuweisung an die allgemeine Reserve vorsieht, entspricht er nicht Gesetz und Statuten.
>
> Quelle: Arbeitshilfe der Treuhand-Kammer und von Treuhand Suisse vom 24.6.2011, S. 17

Weiteres zur Prüfung des Gewinnverwendungsvorschlags findet sich in Kapitel 16.

8.6.2 Sachverhalte, welche die Prüfungsaussage nicht beeinflussen

8.6.2.1 Hinweise auf Gesetzes- und Statutenverstösse

Bei der Durchführung der ordentlichen Revision sind gemäss Art. 728c OR festgestellte Verstösse gegen Gesetz, Statuten oder Organisationsreglement dem Verwaltungsrat schriftlich mitzuteilen. Die Verstösse gegen Gesetz und Statuten sind zudem der Generalversammlung zu melden, wenn die Feststellungen wesentlich sind bzw. der Verwaltungsrat trotz schriftlicher Meldung der Revisionsstelle keine geeigneten Massnahmen ergriffen hat. Im Gegensatz zur ordentlichen Revision findet sich bei der eingeschränkten Revision keine gesetzliche Anzeigepflicht der Revisionsstelle bei Verstössen gegen Gesetz, Statuten oder Organisationsreglement. Es stellt sich deshalb die Frage, ob bzw. welche Gesetzesverstösse bei der eingeschränkten Revision durch die Revisionsstelle anzuzeigen sind.

Die Berufsverbände folgen der Meinung von Juristen, dass auch bei der eingeschränkten Revision eine «beschränkte Hinweispflicht» besteht. Die Bestimmung von Art. 729b Abs. 1 Ziffer 2 OR, «*Dieser Bericht enthält: [...] 2. eine Stellungnahme zum Ergebnis der Prüfung [...]*», kann bei sinngemässer Auslegung so verstanden werden, dass Gesetzesverstösse, die einen direkten Zusammenhang mit der Jahresrechnung haben, wesentlich sind und bei der Revision festgestellt wurden, im Revisionsbericht der Generalversammlung zu melden sind.

Die Treuhand-Kammer (HWP ER, S. 219 ff.) präzisiert für ihre Mitglieder in dieser Weise:
- Folgende Gesetzesverstösse sind **zwingend** in Form von Hinweisen im Revisionsbericht offenzulegen:
  - Art. 725 Abs. 1 OR: Der Verwaltungsrat hat bei hälftigem Kapitalverlust keine Sanierungsmassnahmen ergriffen (in eigener Kompetenz) und nicht unverzüglich eine Generalversammlung mit Anträgen zu Sanierungsmassnahmen einberufen. (Berichtsbeispiel 8.12.35)
  - Art. 725 Abs. 2 OR: Der Verwaltungsrat hat bei Besorgnis einer Überschuldung keine Zwischenbilanz zu Fortführungs- und Veräusserungswerten erstellt oder bei einer festgestellten Überschuldung keine sofortige Sanierung durchgeführt, keine genügenden Rangrücktritte vereinbart oder die Anzeigepflicht unterlassen. (Berichtsbeispiel 8.12.36).

8. Berichterstattung

- Bei folgenden Gesetzesverstössen werden Hinweise empfohlen, wenn dies für die Meinungsbildung des Berichtsempfängers wichtig ist:
  - Art. 659 OR: Eigene Aktien (Berichtsbeispiel 8.12.40)
  - Art. 660 OR: Recht auf Gewinn- und Liquidationsanteil (Berichtsbeispiel 8.12.41)
  - Art. 678 OR: Geldwerte Leistungen (Berichtsbeispiel 8.12.42)
  - Art. 680 OR: Einlagenrückgewähr (Berichtsbeispiel 8.12.37)
  - Art. 699 OR: Einberufung Generalversammlung (Berichtsbeispiel 8.12.43)
  - Art. 743 OR: Aufgaben der Liquidatoren (Berichtsbeispiel 8.12.44)

Die nachfolgende Tabelle zeigt den Unterschied zwischen einer Einschränkung und einem Hinweis:

	Einschränkungen	**Hinweise**
Art der Verstösse	Festgestellte oder angenommene Verstösse gegen die *zu prüfenden gesetzlichen und statutarischen Rechnungslegungsvorschriften* (Bewertung, Darstellung, Offenlegung und Ordnungsmässigkeit) *oder eine Beschränkung des Prüfungsumfangs*	Während der Revision festgestellte Verstösse gegen gesetzliche Bestimmung *ausserhalb der Rechnungslegungsvorschriften*
Offenlegung durch Revisionsstelle	Einschränkungen zu Sachverhalten, welche die Prüfungsaussage beeinflussen • eingeschränkte Prüfungsaussage • unmögliche Prüfungsaussage • verneinende Prüfungsaussage	Orientierung an den Verwaltungsrat; Hinweise zuhanden der Generalversammlung über die festgestellten Gesetzesverstösse im Umfeld der Jahresrechnung, die *keinen* Einfluss auf die Prüfungsaussage, aber einen Bezug zur Jahresrechnung haben

In Ergänzung zu den vorstehend beschriebenen Pflichthinweisen (Art. 725 Abs. 1 und 2 OR) und den empfohlenen Hinweisen ist zu beachten:
- *Orientierung des Verwaltungsrats*: Verstösse des Verwaltungsrats gegen die Kapitalschutzvorschriften nach Art. 725 OR sind für die Unternehmensfortführung kritisch (siehe Kapitel 9 und 10). Stellt der Abschlussprüfer bei der Revision fest, dass Sachverhalte betreffend Art. 725 Abs. 1 OR (die zur Prüfung vorgelegte Jahresbilanz zeigt einen hälftigen Kapitalverlust) oder Art. 725 Abs. 2 OR (in der zur Prüfung vorgelegten Jahresbilanz ist eine Überschuldung sichtbar) vorliegen, ohne dass der Verwaltungsrat die im Gesetz vorgesehenen Massnahmen ergriffen hat, empfehlen die Autoren dieses Buchs diesen schriftlich auf seine Pflichten aufmerksam machen.
Der Abschlussprüfer wird – obwohl er keine Überwachungspflicht hat – den Verwaltungsrat auch unter dem Jahr auf seine Pflichten nach Art. 725 Abs. 2 OR aufmerksam machen, wenn er von kompetenter Seite Kenntnis über eine mögliche Überschuldung erhalten hat (SER, S. 29, i. V. m. S. 86 ff.).
Es ist zu empfehlen, auch bei den übrigen festgestellten Gesetzesverstössen im Umfeld der Jahresrechnung den Verwaltungsrat schriftlich zu orientieren. In KMU-Verhältnissen sind sich die Verantwortlichen beim Kunden begangener Gesetzesverstösse (z. B. Darlehen an Aktionäre ohne entsprechende freie und stille Reserven) meist nicht bewusst. Sie sind darum in den meisten Fällen aufgrund der entsprechenden Hinweise und Empfehlungen durch die Revisionsstelle bereit, diese Verstösse zu beseitigen. Ist der Abschlussprüfer der Meinung, dass im konkreten Falle eine mündliche Orientie-

8. Berichterstattung

rung ausreichend ist und sich eine formelle schriftliche Orientierung erübrigt, muss sichergestellt sein, dass die Kommunikation mit dem Kunden ausreichend in den Arbeitspapieren dokumentiert ist (z. B. Gesprächsthema, Gesprächspartner, Antworten, Beurteilung, Datum, Ort).

Der Verwaltungsrat ist auf die Folgen des festgestellten Gesetzesverstosses im Umfeld der Jahresrechnung (z. B. das Aktionärsdarlehen ist nicht zurückbezahlt worden) für den Revisionsbericht aufmerksam zu machen, wenn keine geeigneten Massnahmen ergriffen werden.

- *Hinweis an die Generalversammlung.* Wenn die festgestellten Verstösse im Umfeld der Jahresrechnung wesentlich sind und der Verwaltungsrat trotz schriftlicher oder allenfalls mündlicher Mitteilung der Revisionsstelle keine geeigneten Massnahmen ergreift, hat diese die Generalversammlung zu orientieren. Die entsprechende Anzeige in ihrem Bericht zuhanden der Generalversammlung wird «Hinweis» genannt.

Die schriftliche Mitteilung an den Verwaltungsrat ersetzt den Hinweis an die Generalversammlung nicht, auch wenn die Personen in diesen Gremien identisch sind. Die Aufforderung bzw. die Berichterstattung erfolgt formell an die Organe, unabhängig von ihrer Zusammensetzung.

Wie bei den Einschränkungen ist es zweckmässig, die Hinweise in einer standardisierten Form zu geben. In der Praxis hat sich folgende Formulierung bewährt (HWP 2, S. 428 ff., und Beispiel S. 472):

> Wir weisen darauf hin, dass entgegen der Vorschrift von [Angabe Gesetzes- oder Statutenartikel] der Verwaltungsrat [Angabe des Gesetzesverstosses].

Die «beschränkte Hinweispflicht» bei der eingeschränkten Revision beschränkt sich nur für die während der Durchführung der Prüfung festgestellten Gesetzesverstösse, die einen direkten Bezug zur Jahresrechnung aufweisen. Im Gegensatz dazu gilt bei der ordentlichen Revision eine umfassende Meldepflicht. Das sind beispielsweise im Rahmen der Prüfungsdurchführung festgestellte Zuwiderhandlungen gegen gesetzliche Bestimmungen des Sozial-, Fiskalabgaberechts oder des Strafrechts. Eine materielle Beurteilung dieser Gesetzesverstösse ausserhalb der Folgen für die Jahresrechnung ist auch bei der ordentlichen Revision nicht vorgesehen.

Der Abschlussprüfer muss abwägen, ob auch ein festgestellter wesentlicher Gesetzesverstoss ohne direkten Bezug zur Jahresrechnung zu melden ist, von dem er annehmen muss, dass die Kenntnisnahme für den Verwaltungsrat und die Generalversammlung von entscheidender Bedeutung ist.

Eine nähere Würdigung der beschränkten Hinweispflicht in Bezug auf eine mögliche Haftung erfolgt in Kapitel 20.

8.6.2.2 Zusätze

Die Revisionsstelle darf in ihrem Bericht weitere Angaben zur Prüfung und zu ergebnis machen, um mögliche Fehlinterpretationen der Jahresrechnung

8. Berichterstattung

oder um bestimmte Sachverhalte in der Jahresrechnung explizit hervorzuheben (HWP 2, S. 430 ff. und HWP ER, S. 221). Diese Angaben werden als «Zusätze» bezeichnet und beziehen sich auf Sachverhalte, welche die Jahresrechnung beeinflussen oder Geschäftsangelegenheiten betreffen, welche für die Beurteilung der Jahresrechnung von Bedeutung sind. Sie müssen für die Beurteilung des Aktionärs und Bilanzlesers erheblich sein und dürfen keine Geschäftsgeheimnisse verletzen.

Sachverhalte, die die Jahresrechnung beeinflussen

Für Zusätze, welche die Jahresrechnung beeinflussen, kommen folgende Sachverhalte in Frage:
- Wesentliche Umstände, welche die Fähigkeit zur Fortführung der Unternehmenstätigkeit beeinträchtigen und im heutigen Zeitpunkt nicht abschliessend beurteilt werden können,

oder
- andere wesentliche Unsicherheiten, deren Ausgang von künftigen Ereignissen und Entwicklungen oder hängigen Verfahren abhängen kann und die möglicherweise den Abschluss beeinflussen können.

Diesen Sachverhalten ist gemein, dass der Abschlussprüfer – trotz vorliegender Informationen und Unterlagen – kein abschliessendes Urteil bilden kann, weil die gegenwärtige Unsicherheit erst durch Ereignisse in der Zukunft beseitigt werden kann (SER, S. 27). Dieser Sachverhalt wird wie bereits erwähnt als *objektive Unüberprüfbarkeit* bezeichnet (im Gegensatz zur subjektiven Unüberprüfbarkeit).

Da die Jahresrechnung nach den Grundsätzen der ordnungsmässigen Rechnungslegung so aufgestellt sein muss, dass die Vermögens- und Ertragslage der Gesellschaft möglichst zuverlässig beurteilt werden kann, ist der Verwaltungsrat dafür verantwortlich, dass die Unsicherheiten zur Unternehmensfortführung oder zu einzelnen wesentlichen Jahresabschlussposten im Anhang zur Jahresrechnung angemessen offengelegt werden (Art. 958a OR i. V. m. Art. 958 Abs. 1 OR, vgl. Kapitel 9.3).

Der Abschlussprüfer macht mit dem Zusatz den Aktionär und Bilanzleser ausdrücklich auf die im Anhang offengelegte Unsicherheit «zusätzlich» aufmerksam. Die Formulierung des Zusatzes geschieht – soweit möglich – ebenfalls standardmässig:

> ●
> Ohne unsere Prüfungsaussage einzuschränken, machen wir auf die Anmerkung [Nummer/Bezeichnung] im Anhang der Jahresrechnung aufmerksam, in der eine wesentliche Unsicherheit hinsichtlich eines Gerichtsverfahrens dargelegt ist. Der definitive Ausgang des Verfahrens ist derzeit ungewiss, weshalb für möglicherweise resultierende Verpflichtungen keine Rückstellungen gebildet worden sind.
>
> *Quelle: Arbeitshilfe der Treuhand-Kammer und von Treuhand Suisse vom 24.6.2011, S. 14*

Eine Vertiefung zu den Prüfungspflichten und der Berichterstattung bei gefährdeter Unternehmensfortführung findet sich in Kapitel 9.

8. Berichterstattung

Sachverhalte, die die Jahresrechnung nicht beeinflussen

In der Praxis beschränken sich diese Offenlegungen zum besseren Verständnis der Prüfungsaussagen auf folgende nicht abschliessend aufgezählte Sachverhalte:
- Eine Überschuldung, die durch einen werthaltigen Rangrücktritt abgedeckt ist
- Eine Überschuldung, bei der der Verwaltungsrat sofortige Sanierungsmassnahmen ergriffen hat
- Eine buchmässige Überschuldung, welche bei der erstellten Zwischenbilanz nicht mehr vorhanden ist

Die Formulierung eines Zusatzes für die Offenlegung zum besseren Verständnis der Jahresrechnung und der Prüfungsaussage könnte so lauten:

> •
>
> Wir machen darauf aufmerksam, dass die [Firmenbezeichnung] im Sinne von Art. 725 Abs. 2 OR überschuldet ist. Da Gläubiger der Gesellschaft im Betrage von [Betrag] Rangrücktritt erklärt haben, hat der Verwaltungsrat von der Benachrichtigung des Richters abgesehen.
>
> Quelle: Arbeitshilfe der Treuhand-Kammer und von Treuhand Suisse vom 24.6.2011, S. 13

8.7 Ergänzende Berichterstattung

Als Abschluss der Prüfung und vor der schriftlichen Berichterstattung an die Generalversammlung und allfälligen ergänzenden Berichterstattungen an die Geschäftsleitung oder den Verwaltungsrat empfiehlt es sich, die Prüfungsergebnisse und -feststellungen mit den Verantwortlichen für den Abschluss zu besprechen (Abschlussbesprechung).

Die mündliche Berichterstattung kann von einer spontanen Diskussion bis zu einer formellen, traktandierten Versammlung reichen. Der verantwortliche Abschlussprüfer muss aufgrund der Umstände und der Gesprächspartner abschätzen, welche Form im konkreten Fall zweckmässig ist.

Sind kritische Prüfungsergebnisse zu kommunizieren oder sind Feststellungen gemacht worden, die Massnahmen erfordern, erwartet der Prüfungskunde eine frühzeitige Bekanntgabe. Es ist zu empfehlen, über die mündliche Berichterstattung ein Gesprächsprotokoll zu führen und in die Prüfungsdokumentation zu legen.

Im Gegensatz zur ordentlichen ist bei der eingeschränkten Revision keine schriftliche, umfassende Berichterstattung zuhanden des Verwaltungsrats vorgesehen. Wird eine ergänzende Berichterstattung gewünscht, sind die Modalitäten hinsichtlich Art, Umfang und Inhalt mit dem Auftraggeber zu regeln. Ein möglicher Auftrag des Verwaltungsrats könnte in der Auftragsbestätigung (siehe Kapitel 5.5) sinngemäss wie folgt formuliert werden:

8. Berichterstattung

> Auszug aus dem Bestätigungsschreiben:
>
> An den Verwaltungsrat der [Firmenbezeichnung], [Ort]
>
> In Ergänzung zum zusammenfassenden Bericht zuhanden der Generalversammlung gemäss Art. 729b OR wünschen Sie eine ergänzende Berichterstattung mit folgenden Ausführungen:
> 1. Erläuterung der wesentlichen Positionen der Jahresrechnung und analytische Beurteilung der Jahresrechnung als Ganzes
> 2. Beurteilung des finanziellen und betrieblichen Rechnungswesens
> 3. Nachweis über den Bestand und die Veränderung der stillen Reserven
> 4. Vorschläge zu Verbesserungen im Rechnungswesen
>
> [...]
>
> Sie wünschen, dass diese Themen mit der Geschäftsleitung vorgängig besprochen werden und ihr Kommentar im Bericht enthalten ist.

Zur freiwilligen, ergänzenden Berichterstattung sind folgende Aspekte zu beachten:

8.7.1 Finanzielles

Die approximativen Kosten für eine ergänzende Berichterstattung sollten kalkuliert und in der Auftragsbestätigung entsprechend quantifiziert werden. Wird ein ausformulierter Bericht (im Gegensatz zu einem Stichwortbericht) gewünscht, ist mit einem höheren Aufwand für einen qualifizierten Revisor zu rechnen.

8.7.2 Materielles

Die in der ergänzenden Berichterstattung gemachten Feststellungen und Erläuterungen dürfen in keiner Weise dem Ergebnis der Revision gemäss Bericht zuhanden der Generalversammlung widersprechen (z.B. Aussage im ergänzenden Bericht: «Die Warenvorräte sind infolge ungenügender Wertberichtigung bei strenger Auslegung überbewertet. Wir haben auf eine Einschränkung im Bericht zuhanden der Generalversammlung verzichtet, da uns die Geschäftsleitung glaubhaft versichert hat, im nächsten Jahr entsprechende Anpassungen vorzunehmen»). Diese bewusst fehlende Offenlegung der Falschbilanzierung (Einschränkung) stellte eine Pflichtverletzung der Revisionsstelle und im Zusammenhang mit der Berichterstattung eine strafbare Falschbeurkundung dar.

8.7.3 Formelles

Wesentliche Feststellungen aus den Prüfungsarbeiten, welche keinen Einfluss auf die Berichterstattung an die Generalversammlung haben, jedoch für die Geschäftsleitung und den Verwaltungsrat zu Handlungsbedarf führen könnten, sind frühzeitig zu kommunizieren. Eine nachträgliche Berichterstattung zuhanden des Verwaltungsrats könnte u.U. dazu führen, dass zweckdienliche Massnahmen nicht rechtzeitig ergriffen werden.

Es ist grundsätzlich zu empfehlen, ergänzende Berichterstattungen in Entwurfsform mit den betroffenen Mitarbeitern und dem Auftraggeber vorzubesprechen, um allfällige Fehlinterpretationen zu vermeiden.

8. Berichterstattung

8.8 Berichterstattung bei der Prüfung der Jahresrechnung nach Kern-FER

Gemäss SER Kapitel 1.6 ist eine eingeschränkte Revision für Jahresrechnungen zulässig, welche nach dem Regelwerk der Kern-FER erstellt wurden (Rahmenkonzept und Swiss GAAP FER 1-6). Diese Jahresrechnungen vermitteln ein den tatsächlichen Verhältnissen entsprechendes Bild der Vermögens-, Finanz- und Ertragslage. Dementsprechend nimmt die Berichterstattung an die Generalversammlung zu den Kern-FER Stellung. In Bezug auf Einschränkungen, Hinweise und Zusätze gelten dieselben Überlegungen wie bei einem handelsrechtlichen Abschluss. Der angepasste Bericht an die Generalversammlung kann wie folgt formuliert werden (Anpassungen sind fett markiert):

> Bericht der Revisionsstelle zur eingeschränkten Revision an die Generalversammlung der [Firmenbezeichnung], [Ort]
>
> Als Revisionsstelle haben wir die Jahresrechnung (Bilanz, Erfolgsrechnung, **Geldflussrechnung, Eigenkapitalnachweis** und Anhang) der [Firmenbezeichnung] für das am [Bilanzstichtag] abgeschlossene Geschäftsjahr geprüft.
>
> Für die Aufstellung der **Jahresrechnung in Übereinstimmung mit den Kern-FER und den gesetzlichen Vorschriften** ist der Verwaltungsrat verantwortlich, während unsere Aufgabe darin besteht, diese zu prüfen. Wir bestätigen, dass wir die gesetzlichen Anforderungen hinsichtlich Zulassung und Unabhängigkeit erfüllen.
>
> Unsere Revision erfolgte nach dem Schweizer Standard zur eingeschränkten Revision. Danach ist diese Revision so zu planen und durchzuführen, dass wesentliche Fehlaussagen in der Jahresrechnung erkannt werden. Eine eingeschränkte Revision umfasst hauptsächlich Befragungen und analytische Prüfungshandlungen sowie den Umständen angemessene Detailprüfungen der beim geprüften Unternehmen vorhandenen Unterlagen. Dagegen sind Prüfungen der betrieblichen Abläufe und des internen Kontrollsystems sowie Befragungen und weitere Prüfungshandlungen zur Aufdeckung deliktischer Handlungen oder anderer Gesetzesverstösse nicht Bestandteil dieser Revision.
>
> Bei unserer Revision sind wir nicht auf Sachverhalte gestossen, aus denen wir schliessen müssten, dass die **Jahresrechnung kein den tatsächlichen Verhältnissen entsprechendes Bild der Vermögens-, Finanz- und Ertragslage in Übereinstimmung mit den Kern-FER vermittelt.** Ferner sind wir nicht auf Sachverhalte gestossen, aus denen wir schliessen müssten, dass die Jahresrechnung sowie der Antrag über die Verwendung des Bilanzgewinns nicht Gesetz und Statuten entsprechen.
>
> Datum/leitender Revisor (Zulassung)/Domizil/Unterschrift/en
>
> Beilage: Jahresrechnung und Antrag über die Verwendung des Bilanzgewinns
>
> *Quelle: Arbeitshilfe der Treuhand-Kammer und von Treuhand Suisse vom 18.3.2011 (überarbeitet am 24.11.2011), S. 14*

8. Berichterstattung

Bei der Prüfung der Jahresrechnung nach dem Regelwerk Kern-FER ist Folgendes zu beachten:

- Wird nur die nach Kern-FER erstellte Jahresrechnung der Generalversammlung vorgelegt, muss diese Jahresrechnung sowohl den gesetzlichen Rechnungslegungsvorschriften nach OR *als auch* den Empfehlungen des Regelwerkes entsprechen. (Bemerkung: Nach dem Massgeblichkeitsprinzip ist diese Jahresrechnung auch Grundlage für die Steuern.)
- Die *jeweils strengeren Vorschriften* für die beiden Regelwerke sind zu erfüllen (z. B. Geldflussrechnung ist nach OR nicht erforderlich, nach Kern-FER jedoch Bestandteil der Jahresrechnung; Sachanlagen dürfen gemäss OR höchstens zu Anschaffungs- oder den Herstellkosten abzüglich der notwendigen Abschreibungen bewertet werden, nach Swiss GAAP FER 2.10 ist für nicht betriebliche Sachanlagen der aktuelle Wert zulässig).
- Die Bildung von *stillen Willkürreserven* ist nach Kern-FER nicht zulässig. Allerdings ist eine vorsichtige Bewertung gestattet, sofern nicht bewusst die Aktiven zu tief und die Passiven zu hoch eingesetzt werden.
- Im Anhang zur Jahresrechnung sind sowohl die Angaben gemäss Art. 959c OR als auch jene gemäss Swiss GAAP FER 6 offenzulegen.

In der Praxis ist es oft schwierig, in der Jahresrechnung beide Vorschriften zugleich zu erfüllen. In diesen Fällen werden zwei Jahresrechnungen erstellt, geprüft und der Generalversammlung vorgelegt: der handelsrechtliche Abschluss zur Genehmigung sowie der Kern-FER Abschluss zur Kenntnisnahme. Der Bericht des Abschlussprüfers zum Kern-FER-Abschluss ist im Vergleich zum vorstehenden kombinierten Bericht folgendermassen zu korrigieren:

●

Bericht der Revisionsstelle zur eingeschränkten Revision an die Generalversammlung der [Firma AG], [Ort]

Als Revisionsstelle haben wir die Jahresrechnung (Bilanz, Erfolgsrechnung, Geldflussrechnung, Eigenkapitalnachweis und Anhang) der [Firma AG] für das am [Bilanzstichtag] abgeschlossene Geschäftsjahr geprüft.

Für die Aufstellung der Jahresrechnung in Übereinstimmung mit den Kern-FER ~~und den gesetzlichen Vorschriften~~ ist der Verwaltungsrat verantwortlich, während unsere Aufgabe darin besteht, diese zu prüfen. Wir bestätigen, dass wir die gesetzlichen Anforderungen hinsichtlich Zulassung und Unabhängigkeit erfüllen.

Unsere Revision erfolgte nach dem Schweizer Standard zur eingeschränkten Revision. Danach ist diese Revision so zu planen und durchzuführen, dass wesentliche Fehlaussagen in der Jahresrechnung erkannt werden. Eine eingeschränkte Revision umfasst hauptsächlich Befragungen und analytische Prüfungshandlungen sowie den Umständen angemessene Detailprüfungen der beim geprüften Unternehmen vorhandenen Unterlagen. Dagegen sind Prüfungen der betrieblichen Abläufe und des internen Kontrollsystems sowie Befragungen und weitere Prüfungshandlungen zur Aufdeckung deliktischer Handlungen oder anderer Gesetzesverstösse nicht Bestandteil dieser Revision. →

8. Berichterstattung

> Bei unserer Revision sind wir nicht auf Sachverhalte gestossen, aus denen wir schliessen müssten, dass die Jahresrechnung kein den tatsächlichen Verhältnissen entsprechendes Bild der Vermögens-, Finanz- und Ertragslage in Übereinstimmung mit den Kern-FER vermittelt. ~~Ferner sind wir nicht auf Sachverhalte gestossen, aus denen wir schliessen müssten, dass die Jahresrechnung sowie der Antrag über die Verwendung des Bilanzgewinns nicht Gesetz und Statuten entsprechen.~~
>
> Datum/leitender Revisor (Zulassung)/Domizil/Unterschrift/en
>
> Beilage: Jahresrechnung und Antrag über die Verwendung des Bilanzgewinns

8.9 Berichterstattung bei freiwilligen Prüfungen

Erfolgt eine Prüfung im Auftragsverhältnis für nicht revisionspflichtige Unternehmen oder im Falle eines Opting-out, richtet sich die Berichterstattung an den Auftraggeber (siehe Kapitel 8.5). Der Inhalt der Prüfung ist mit diesem zu vereinbaren. Gemäss den Schweizer Prüfungsstandards stehen den Berufsangehörigen folgende Prüfungsarten zur Verfügung:
- PS 700 Anhang : Freiwillige Abschlussprüfung im Auftragsverhältnis in Übereinstimmung mit den PS
- PS 800: Prüfung von Abschlüssen für einen besondern Zweck
- PS 910: Review (prüferische Durchsicht) von Abschlüssen
- PS 920: Vereinbarte Prüfungshandlungen bezüglich Finanzinformationen
- PS 950: Betriebswirtschaftliche Prüfungen, die weder Prüfungen noch Reviews von vergangenheitsorientierten Finanzinformationen darstellen

Die Review (prüferische Durchsicht) von Abschlüssen kommt der eingeschränkten Revision in Bezug auf den Prüfungsinhalt und die Berichterstattung am nächsten. Es wird deshalb in der Praxis zweckmässig sein, im Rahmen eines Opting-out eine Review nach PS 910 durchzuführen und entsprechend darüber Bericht zu erstatten.

Wie erwähnt, ist eine freiwillige eingeschränkte Revision nicht vorgesehen. In den bereits zitierten Ausführungen der Treuhand-Kammer zu «Ausgewählten Fragen und Antworten zum Revisionsrecht» (Punkt 3.9) wird im Zusammenhang mit der Prüfung von Vereinsrechnungen erwähnt, dass eine freiwillige eingeschränkte Revision durchgeführt werden kann, wenn in den Vereinsstatuten ausdrücklich eine solche vorgesehen ist oder die Mitgliederversammlung dies beschliesst (Opting-in). In diesem Falle muss die Revisionsstelle zwingend bei der RAB zugelassen sein; eine eingeschränkte Revision durch einen Laienrevisor ist nicht zulässig.

8.10 Weitergehende Berichterstattung und Zusatzaufträge

Von den freiwilligen Prüfungen zu unterscheiden ist die Erweiterung des Prüfungsauftrages bei einer eingeschränkten Revision. Die folgende Darstellung zeigt zwei möglichen Erweiterungen:

8. Berichterstattung

Die Erweiterung des Prüfungsauftrags gemäss den Bedürfnissen des Kunden ist grundsätzlich zulässig, eine Reduktion des gesetzlichen Auftrags gemäss OR 729a hingegen nicht.

Wird der gesetzliche Auftrag reduziert (z. B. hinsichtlich Prüfungsumfang)?
- Ja → Eingeschränkte Revision «minus» ist nicht zulässig.
- Nein → Eingeschränkte Revision «plus» ist zulässig.

Veranlassung durch:

Linke Seite:
- Statuten
- Generalversammlung

Bestandteil der gesetzlichen bzw. statutarischen Revisionspflicht

Ergänzung im Revisionsbericht an GV:
- Verantwortung
- Prüfungsaussage oder -bestätigung

Revisionshaftung

Beispiel für **Ergänzung** im Bericht der Revisionsstelle:
Unsere Revision erfolgt nach dem Standard zur eingeschränkten Revision […] Aufgrund des GV-Beschlusses vom [Datum] wurde die Aufgabe der Revisionsstelle um [Angabe der Aufgabe] erweitert.
[…]
Ferner bestätigen wir, dass […] eingehalten ist.

Rechte Seite:
- Geschäftsleitung
- Verwaltungsrat

Zusätzlicher Auftrag ausserhalb der gesetzlichen Bestimmungen

Zusätzlicher Bericht an den Auftraggeber (z. B. VR oder GL)

Auftragshaftung

Beispiel für **separate Berichterstattung** (in Ergänzung zur eingeschränkten Revision):
Beispiel PS 920
Sie haben uns damit beauftragt, folgende Prüfungen [Auflistung der Prüfungshandlungen] durchzuführen. Wir stellen fest: [Angabe der Feststellungen].
Beispiel PS 950
Sie haben uns damit beauftragt, in Ergänzung zur eingeschränkten Revision zu prüfen, ob ein IKS besteht. Gemäss unserer Beurteilung […]

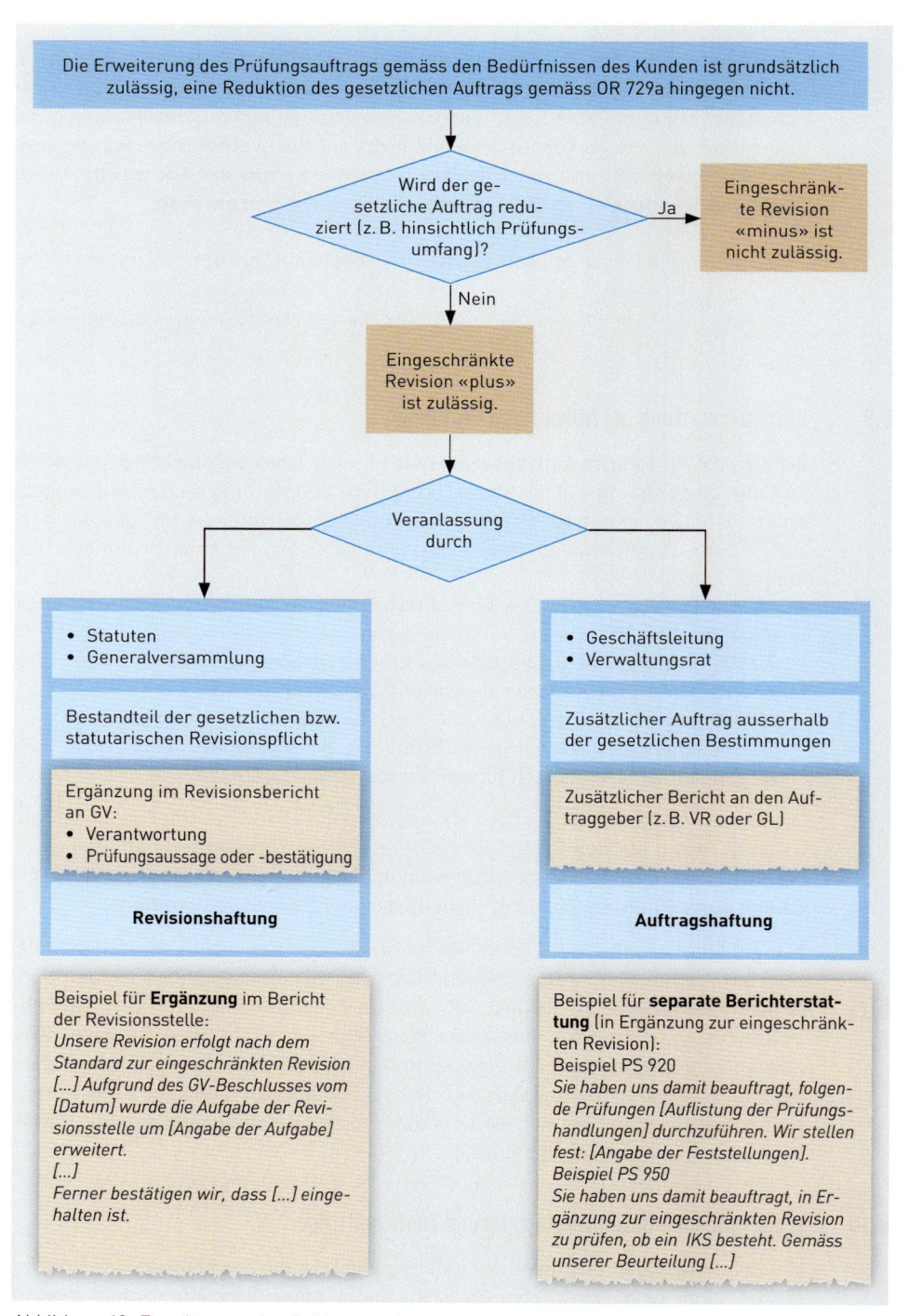

Abbildung 43: Erweiterung des Prüfungsauftrags

8. Berichterstattung

Erweiterung des Prüfungsauftrags durch die Statuten oder die Generalversammlung:

Die Revisionsstelle übernimmt in ihrer Funktion als gesetzlicher Abschlussprüfer einen Zusatzauftrag, den Sie im Rahmen der eingeschränkten Revision erfüllt. Ein Auftrag zur Reduktion der Prüfung ist nicht zulässig.

Ergänzende Aufträge mit einem zusätzlichen Nutzen für den Bilanzleser aufgrund von weitergehenden Prüfungsaussagen oder sogar -urteilen zu einem bestimmten Sachverhalt sind u. a. denkbar zur:
- Bestätigung, dass ein internes Kontrollsystem besteht
- Bestätigung, dass die VR- und GL-Bezüge dem Reglement vom [Datum] entsprechen
- Prüfung, ob die Investitionen im Betrag von mehr als CHF 1 Mio. dem VR zur Genehmigung vorgelegt wurden

Über diese meist umfassenden Zusatzaufträge informiert und berichtet die Revisionsstelle im Bericht an die Generalversammlung unmittelbar nach der Berichterstattung über die Jahresrechnung und den Gewinnverwendungsvorschlag. Berichtsbeispiele finden sich in Kapitel 8.12.52.

Erweiterung des Prüfungsauftrags durch die Geschäftsleitung oder den Verwaltungsrat:

Die Revisionsstelle führt in diesem Falle einen Zusatzauftrag **ausserhalb** der gesetzlichen Revision durch. Die Geschäftsleitung und der Verwaltungsrat möchten in der Regel eine Aussage oder ein Prüfungsurteil zu einem speziellen Sachverhalt, der mit der Prüfungsaussage zur Jahresrechnung oder zum Gewinnverwendungsvorschlag in keinem direkten Zusammenhang steht. Denkbare Zusatzaufträge sind:
- Die Prüfung, ob die Rückvergütungen von Lieferanten vollständig erfasst sind
- Die Prüfung, ob die Kassabestände in den Filialen vorhanden sind und die Kassaführung weisungsgerecht erfolgt (z.B. durch unangemeldete Prüfungen)
- Die Teilnahme an der Inventur für eine Bestätigung, dass die Inventurrichtlinien eingehalten wurden

Über diese Aufträge wird der auftraggebenden Stelle separat Bericht erstattet. Beispiele dafür enthält Kapitel 8.12.53.

8.11 Zusammenfassung der Anforderungen

- Der Abschlussprüfer muss für die Abgabe seiner Prüfungsaussage die Schlussfolgerungen aus den erlangten *Prüfungsnachweisen durchsehen und werten*.
- Der Bericht des Abschlussprüfers über die eingeschränkte Revision muss eine *klar formulierte negative Zusicherung* über die Jahresrechnung enthalten.
- Hat ein Mitarbeiter *bei der Buchführung* in zulässiger Weise *mitgewirkt* oder andere Dienstleistungen erbracht, muss dies im Bericht offengelegt werden.
- Der Bericht des Abschlussprüfers muss eine *eingeschränkte Prüfungsaussage* enthalten, wenn Sachverhalte vorliegen oder angenommen werden müssen, aus denen zu schliessen ist, dass die Jahresrechnung wesentliche Fehlaussagen enthält.

→

8. Berichterstattung

- Der Bericht des Abschlussprüfers muss eine *verneinende Prüfungsaussage* enthalten, wenn Sachverhalte vorliegen oder angenommen werden müssen, aus denen zu schliessen ist, dass die Jahresrechnung grundlegende Fehlaussagen enthält.
- Der Bericht des Abschlussprüfers darf *keine Prüfungsaussage* enthalten, wenn infolge der Beschränkung des Prüfungsumfangs eine *solche nicht möglich ist*.
- Der Bericht des Abschlussprüfers enthält einen *Hinweis*, wenn bei der Durchführung der Prüfung Verstösse gegen das Gesetz im Umfeld der Jahresrechnung festgestellt wurden. Hinweise sind gemäss HWP ER zwingend erforderlich für Gesetzesverstösse bei Art. 725 Abs. 1 und 2 OR; bei den übrigen Gesetzesverstössen in Bezug auf die Jahresrechnung werden Hinweise empfohlen.
- Der Bericht des Abschlussprüfers enthält einen *Zusatz*, wenn zur Vermeidung von Missverständnissen oder zum besseren Verständnis der Prüfungsaussagen ein solcher zweckmässig ist.
- Bevor der Abschlussprüfer in seinem Bericht eine Einschränkung oder einen Hinweis anbringt, sollte er *mit dem Prüfungskunden den Sachverhalt klären* und die Möglichkeit einer Korrektur offenlassen.
- Der Bericht des Abschlussprüfers muss in Bezug auf die Struktur und den Inhalt die *Vorgaben des Berufsstands erfüllen*.
- Zusatzaufträge gemäss den Statuten oder von der Generalversammlung sind im Rahmen der eingeschränkten Revision zu erfüllen und deren Ergebnisse in den Revisionsbericht zuhanden der Generalversammlung zu integrieren.

8. Berichterstattung

8.12 Musterberichte

Normalwortlaute:
8.12.1 Normalwortlaut Aktiengesellschaft mit redaktionellen Erläuterungen 201
8.12.2 Normalwortlaut Gesellschaft mit beschränkter Haftung 202
8.12.3 Normalwortlaut Genossenschaft 203
8.12.4 Normalwortlaut Verein 204
8.12.5 Normalwortlaut Stiftung 205
8.12.6 Normalwortlaut Stiftung mit Zewo-Bestätigung (Swiss GAAP FER 21) 206
8.12.7 Normalwortlaut Bericht (z. B. Aktiengesellschaft) mit Kern-FER 207

Eingeschränkte Prüfungsaussagen wegen **festgestellter Sachverhalte,** die das Gesamtbild der Jahresrechnung **nicht grundlegend** verändern
8.12.8 Einschränkung wegen festgestellter Überbewertung 208
8.12.9 Einschränkung wegen fehlender Offenlegung Auflösung stille Reserven 209
8.12.10 Einschränkung wegen mangelnder Offenlegung Unsicherheit Unternehmensfortführung 210
8.12.11 Einschränkung wegen Verstoss gegen Mindestgliederungsvorschriften 211
8.12.12 Einschränkung wegen fehlenden Inventars 212
8.12.13 Einschränkung wegen Erwerb/Reserve eigene Aktien 213

Eingeschränkte Prüfungsaussage wegen **angenommener Sachverhalte,** die das Gesamtbild der Jahresrechnung **nicht grundlegend** verändern
8.12.14 Einschränkung wegen angenommener Überbewertung Vorräte 214

Eingeschränkte Prüfungsaussage wegen **Beschränkung des Prüfungsumfangs,** die das Gesamtbild der Jahresrechnung **nicht grundlegend** verändert
8.12.15 Einschränkung wegen Beschränkung des Prüfungsumfangs Aktionärsdarlehen 215

Verneinende Prüfungsaussagen wegen Sachverhalten, die das Gesamtbild der Jahresrechnung **grundlegend** verändern
8.12.16 Verneinung aufgrund festgestellter Überbewertung 216
8.12.17 Verneinung wegen Bewertung zu Fortführungswerten 217
8.12.18 Verneinung wegen fehlender Offenlegung Unsicherheit Unternehmensfortführung ... 218
8.12.19 Verneinung wegen fehlender Offenlegung Unsicherheit Bewertung der Rückstellung . 219
8.12.20 Verneinung wegen fehlender Offenlegung Auflösung stille Reserven 220
8.12.21 Verneinung wegen Verstoss gegen Verrechnungsverbot,
Gewinnverwendung nicht beanstandet 221
8.12.22 Verneinung wegen fehlenden Inventars 222
8.12.23 Verneinung wegen fehlender Rückstellung und nicht möglicher Gewinnverwendung .. 223
8.12.24 Verneinung wegen bekannt gewordener Sachverhalte nach dem Bilanzstichtag 224

Unmöglichkeit einer Prüfungsaussage wegen **angenommener Sachverhalte,** die das Gesamtbild der Jahresrechnung **grundlegend** verändern
8.12.25 Unmöglichkeit einer Prüfungsaussage wegen angenommener Überbewertung 225

Unmöglichkeit von Prüfungsaussagen wegen der **Beschränkung des Prüfungsumfangs**
8.12.26 Unmöglichkeit einer Prüfungsaussage wegen fehlender Unterlagen zur Bewertung .. 226

8. Berichterstattung

8.12.27   Unmöglichkeit einer Prüfungsaussage wegen fehlender Unterlagen
zur Unternehmensfortführung 227

Zusätze aufgrund festgestellter **Sachverhalte, welche die Prüfungsaussagen nicht beeinflussen**
8.12.28   Zusatz zur im Anhang offengelegten Unsicherheit hinsichtlich Bewertung 228
8.12.29   Zusatz zur im Anhang offengelegten Unsicherheit hinsichtlich
Unternehmensfortführung 229

Zusätze zum **besseren Verständnis der Prüfungsaussage**
8.12.30   Zusatz zur Überschuldung und zum Vorliegen einer Rangrücktrittsvereinbarung 230
8.12.31   Zusatz zur Überschuldung und sofortigen finanziellen Sanierungsmassnahmen 231
8.12.32   Zusatz zur Überschuldung und zum Vorliegen von Zwischenbilanzen 232
8.12.33   Zusatz zum Kapitalverlust gemäss Art. 725 Abs. 1 OR 233
8.12.34   Zusatz zur Dividendenausschüttung 234

Hinweise auf **Gesetzesverstösse im Umfeld der Jahresrechnung**
8.12.35   Hinweis auf Untätigkeit des Verwaltungsrats bei Art. 725 Abs. 1 OR 235
8.12.36   Hinweis auf Untätigkeit des Verwaltungsrats bei Art. 725 Abs. 2 OR 236
8.12.37   Hinweis auf verbotene Einlagenrückgewähr gemäss Art. 680 Abs. 2 OR 237
8.12.38   Hinweis auf gesetzwidrigen Antrag über die Gewinnverwendung (fehlende Liquidität) . 238
8.12.39   Hinweis auf fehlende Reservezuweisung bei der Gewinnverwendung 240
8.12.40   Hinweis auf nicht zulässigen Erwerb eigener Aktien gemäss Art. 659 Abs. 1 OR 241
8.12.41   Hinweis auf festgestellte Ungleichbehandlung der Aktionäre bei der Verteilung
des Bilanzgewinns gemäss Art. 660 OR 242
8.12.42   Hinweis auf festgestellte geldwerte Leistung an Aktionäre,
Mitglieder des Verwaltungsrats oder nahestehende Personen gemäss Art. 678 OR 243
8.12.43   Hinweis auf Nichteinhaltung der gesetzlichen Einberufungsfrist
gemäss Art. 699 Abs. 2 OR 244
8.12.44   Hinweis auf die Verletzung der Anzeigepflicht gemäss Art. 743 Abs. 2 OR 245

Normalwortlaute für **freiwillige Reviews** (prüferische Durchsichten)
8.12.45   Freiwillige Review Aktiengesellschaft 246
8.12.46   Freiwillige Review Gesellschaft mit beschränkter Haftung 247
8.12.47   Freiwillige Review Genossenschaft 248
8.12.48   Freiwillige Review Verein 249
8.12.49   Freiwillige Review Stiftung 250
8.12.50   Freiwillige Review Stiftung oder Verein mit Zewo-Bestätigung 251
8.12.51   Freiwillige Review bei Bericht mit Kern-FER 252
8.12.52   Freiwillige Ergänzung der Prüfung im Auftrag der Generalversammlung
oder der Statuten 253
8.12.53   Freiwillige Ergänzung der Prüfung im Auftrag der Geschäftsleitung
oder des Verwaltungsrats 254

8. Berichterstattung

8.12.1 Normalwortlaut Aktiengesellschaft mit redaktionellen Erläuterungen

Quellen: SER, S. 70 und 79

> Bericht der Revisionsstelle zur eingeschränkten Revision an die Generalversammlung [1] der Firma [2], Ort [3]
>
> Als Revisionsstelle haben wir [4] die Jahresrechnung (Bilanz, Erfolgsrechnung und Anhang [6]) der Firma [2] für das am Datum [7] abgeschlossene Geschäftsjahr [8] geprüft. [9] [10] [11]
>
> Für die Jahresrechnung ist der Verwaltungsrat [5] verantwortlich, während unsere Aufgabe darin besteht, die Jahresrechnung zu prüfen. Wir bestätigen, dass wir die gesetzlichen Anforderungen hinsichtlich Zulassung und Unabhängigkeit erfüllen. [12]
>
> Unsere Revision erfolgte nach dem Schweizer Standard zur eingeschränkten Revision. Danach ist diese Revision so zu planen und durchzuführen, dass wesentliche Fehlaussagen in der Jahresrechnung erkannt werden. Eine eingeschränkte Revision umfasst hauptsächlich Befragungen und analytische Prüfungshandlungen sowie den Umständen angemessene Detailprüfungen der beim geprüften Unternehmen vorhandenen Unterlagen. Dagegen sind Prüfungen der betrieblichen Abläufe und des internen Kontrollsystems sowie Befragungen und weitere Prüfungshandlungen zur Aufdeckung deliktischer Handlungen oder anderer Gesetzesverstösse nicht Bestandteil dieser Revision.
>
> Bei unserer Revision sind wir nicht auf Sachverhalte gestossen, aus denen wir schliessen müssten, dass die Jahresrechnung sowie der Antrag über die Verwendung des Bilanzgewinns [13] nicht Gesetz und Statuten entsprechen.
>
> Datum/Revisor [2]/Domizil/Unterschrift/en
>
> Beilage: Jahresrechnung und Antrag über die Verwendung des Bilanzgewinns

Redaktionelle Erläuterungen für alle Berichtsbeispiele
[1] Bezeichnung des Berichtsadressaten (für die Genehmigung der Jahresrechnung zuständiges Organ, für die Jahresrechnung verantwortliches Organ, Auftraggeber oder anderer Adressat)
[2] Firmenbezeichnung
[3] Domizil
[4] Ist der Revisor eine natürliche Person, ist der Berichtswortlaut entsprechend anzupassen.
[5] Bezeichnung des verantwortlichen Organs (z. B. Verwaltungsrat)
[6] Wenn die Jahresrechnung weitere Bestandteile enthält (z. B. Geldflussrechnung bei Kern-FER), sind diese anzufügen.
[7] Bilanzstichtag
[8] Anzupassen, wenn das Geschäftsjahr nicht zwölf Monate umfasst: «für das den Zeitraum vom [...] bis [...] umfassende Geschäftsjahr». Ferner anzupassen, wenn es sich um einen Zwischenabschluss handelt: «für die Periode vom [...] bis [...]»

8. Berichterstattung

[9] Wird der Bericht mehrere Wochen nach Beendigung der Prüfung unterzeichnet, ist es zweckmässig, hier folgenden Satz einzufügen: «Die Prüfungsarbeiten wurden am [Datum] beendet.»

[10] Ist die eingeschränkte Revision der vorhergehenden Jahresrechnung von einer andern Revisionsstelle vorgenommen worden, ist hier folgender Satz einzufügen: «Die eingeschränkte Revision der Vorjahresangaben ist von einer andern Revisionsstelle vorgenommen worden. In ihrem Bericht vom [Datum] hat diese eine nicht modifizierte Prüfungsaussage abgegeben» (oder Begründung der modifizierten Prüfungsaussage).

[11] Wurde im Vorjahr aufgrund eines Opting-out keine Prüfung durchgeführt, ist hier einzufügen: «Die Vergleichszahlen in der Jahresrechnung wurden nicht geprüft.»

[12] Falls eine oder mehrere bei der Revisionsstelle angestellte Personen bei der Buchführung mitgewirkt oder andere Dienstleistungen für die geprüfte Gesellschaft erbracht hat (Steuerberatung, MWSt-Abrechnung erstellen etc.), ist dies hier anzugeben, z. B. wie folgt: «Ein Mitarbeitender unserer Gesellschaft hat im Berichtsjahr bei der Buchführung mitgewirkt. An der eingeschränkten Revision war er nicht beteiligt.»

[13] Die Bestätigung entfällt, wenn kein Bilanzgewinn besteht. Die Formulierung ist sinngemäss anzupassen, wenn die Verwendung von Reserven beantragt wird.

8.12.2 Normalwortlaut Gesellschaft mit beschränkter Haftung

Quelle: Arbeitshilfe der Treuhand-Kammer und von Treuhand Suisse vom 18.3.2011 (überarbeitet am 24.11.2011), S. 8

Bericht der Revisionsstelle zur eingeschränkten Revision an die **Gesellschafterversammlung** der [Firma GmbH], [Domizil]

Als Revisionsstelle haben wir die Jahresrechnung (Bilanz, Erfolgsrechnung und Anhang) der [Firma GmbH] für das am [Bilanzstichtag] abgeschlossene Geschäftsjahr geprüft.

Für die Jahresrechnung ist die **Geschäftsführung** verantwortlich, während unsere Aufgabe darin besteht, die Jahresrechnung zu prüfen. Wir bestätigen, dass wir die gesetzlichen Anforderungen hinsichtlich Zulassung und Unabhängigkeit erfüllen.

Unsere Revision erfolgte nach dem Schweizer Standard zur eingeschränkten Revision. Danach ist diese Revision so zu planen und durchzuführen, dass wesentliche Fehlaussagen in der Jahresrechnung erkannt werden. Eine eingeschränkte Revision umfasst hauptsächlich Befragungen und analytische Prüfungshandlungen sowie den Umständen angemessene Detailprüfungen der beim geprüften Unternehmen vorhandenen Unterlagen. Dagegen sind Prüfungen der betrieblichen Abläufe und des internen Kontrollsystems sowie Befragungen und weitere Prüfungshandlungen zur Aufdeckung deliktischer Handlungen oder anderer Gesetzesverstösse nicht Bestandteil dieser Revision.

Bei unserer Revision sind wir nicht auf Sachverhalte gestossen, aus denen wir schliessen müssten, dass die Jahresrechnung sowie der Antrag über die Verwendung des Bilanzgewinns nicht Gesetz und Statuten entsprechen.

Datum/leitender Revisor (Zulassung)/Domizil/Unterschrift/en

Beilage: Jahresrechnung und Antrag über die Verwendung des Bilanzgewinns

8. Berichterstattung

8.12.3 Normalwortlaut Genossenschaft

Quelle: Arbeitshilfe der Treuhand-Kammer und von Treuhand Suisse vom 18.3.2011 (überarbeitet am 24.11.2011), S. 9 von den Autoren dieses Buchs ergänzt mit den Bestimmungen des neuen Rechnungslegungsrechts gemäss Art. 957 ff. OR

> Bericht der Revisionsstelle zur eingeschränkten Revision an die Generalversammlung [1] der [Name Genossenschaft], [Domizil]
>
> Als Revisionsstelle haben wir die Jahresrechnung (Bilanz, Erfolgsrechnung und Anhang) der [Name Genossenschaft] für das am [Bilanzstichtag] abgeschlossene Geschäftsjahr geprüft.
>
> Für die Jahresrechnung ist **die Verwaltung** verantwortlich, während unsere Aufgabe darin besteht, die Jahresrechnung zu prüfen. Wir bestätigen, dass wir die gesetzlichen Anforderungen hinsichtlich Zulassung und Unabhängigkeit erfüllen.
>
> Unsere Revision erfolgte nach dem Schweizer Standard zur eingeschränkten Revision. Danach ist diese Revision so zu planen und durchzuführen, dass wesentliche Fehlaussagen in der Jahresrechnung erkannt werden. Eine eingeschränkte Revision umfasst hauptsächlich Befragungen und analytische Prüfungshandlungen sowie den Umständen angemessene Detailprüfungen der beim geprüften Unternehmen vorhandenen Unterlagen. Dagegen sind Prüfungen der betrieblichen Abläufe und des internen Kontrollsystems sowie Befragungen und weitere Prüfungshandlungen zur Aufdeckung deliktischer Handlungen oder anderer Gesetzesverstösse nicht Bestandteil dieser Revision.
>
> Bei unserer Revision sind wir nicht auf Sachverhalte gestossen, aus denen wir schliessen müssten, dass die Jahresrechnung sowie der **Antrag über die Verteilung des Reinertrags** nicht Gesetz und Statuten entsprechen.
>
> Ferner bestätigen wir, dass das Genossenschaftsverzeichnis korrekt geführt wird. [2]
>
> Datum/leitender Revisor (Zulassung)/Domizil/Unterschrift/en
>
> Beilage: Jahresrechnung und Antrag über die **Verteilung des Reinertrags**

Anmerkungen

[1] Zu ersetzen durch Delegiertenversammlung, wenn Art. 892 OR zutrifft:

§ *Art. 892 OR: Delegiertenversammlung*
[1] Genossenschaften, die mehr als 300 Mitglieder zählen oder bei denen die Mehrheit der Mitglieder aus Genossenschaften bestehen, können durch die Statuten die Befugnisse der Generalversammlung ganz oder teilweise einer Delegiertenversammlung übertragen.

[2] Ist zu ergänzen, wenn Art. 907 OR zutrifft:

§ *Art. 907 OR: Prüfung des Genossenschafterverzeichnisses*
Bei Genossenschaften mit persönlicher Haftung oder Nachschusspflicht der Genossenschafter hat die Revisionsstelle festzustellen, ob das Genossenschafterverzeichnis korrekt geführt wird. Verfügt die Genossenschaft über keine Revisionsstelle, so muss die Verwaltung das Genossenschafterverzeichnis durch einen zugelassenen Revisor prüfen lassen.

8. Berichterstattung

8.12.4 Normalwortlaut Verein

Quelle: Arbeitshilfe der Treuhand-Kammer und von Treuhand Suisse vom 18.3.2011 (überarbeitet am 24.11.2011), S. 10 ergänzt durch die Autoren mit den Bestimmungen des neuen Rechnungslegungsrechts gemäss Art. 957 ff. OR

Bericht der Revisionsstelle zur eingeschränkten Revision an die **Mitgliederversammlung** des [Name Verein], [Domizil]

Als Revisionsstelle haben wir die Jahresrechnung (Bilanz, Erfolgsrechnung und Anhang) des [Name Verein] für das am [Bilanzstichtag] abgeschlossene Geschäftsjahr geprüft.

Für die Jahresrechnung ist **der Vorstand** verantwortlich, während unsere Aufgabe darin besteht, die Jahresrechnung zu prüfen. Wir bestätigen, dass wir die gesetzlichen Anforderungen hinsichtlich Zulassung und Unabhängigkeit erfüllen.

Unsere Revision erfolgte nach dem Schweizer Standard zur eingeschränkten Revision. Danach ist diese Revision so zu planen und durchzuführen, dass wesentliche Fehlaussagen in der Jahresrechnung erkannt werden. Eine eingeschränkte Revision umfasst hauptsächlich Befragungen und analytische Prüfungshandlungen sowie den Umständen angemessene Detailprüfungen der bei der geprüften Einheit vorhandenen Unterlagen. Dagegen sind Prüfungen der betrieblichen Abläufe und des internen Kontrollsystems sowie Befragungen und weitere Prüfungshandlungen zur Aufdeckung deliktischer Handlungen oder anderer Gesetzesverstösse nicht Bestandteil dieser Revision.

Bei unserer Revision sind wir nicht auf Sachverhalte gestossen, aus denen wir schliessen müssten, dass die Jahresrechnung nicht Gesetz und Statuten entspricht.

Datum/leitender Revisor (Zulassung)/Domizil/Unterschrift/en

Beilage: Jahresrechnung

Anmerkung

Relevanter Gesetzesartikel zur Prüfungspflicht:

> § *Art. 69b ZGB: Revisionsstelle*
>
> [2] Der Verein muss seine Buchführung durch eine Revisionsstelle eingeschränkt prüfen lassen, wenn ein Vereinsmitglied, das einer persönlichen Haftung oder einer Nachschusspflicht unterliegt, dies verlangt.

8. Berichterstattung

8.12.5 Normalwortlaut Stiftung

Quelle: Arbeitshilfe der Treuhand-Kammer und von Treuhand Suisse vom 18.3.2011 (überarbeitet am 24.11.2011), S. 11 ergänzt durch die Autoren mit den Bestimmungen des neuen Rechnungslegungsrechts gemäss Art. 957 ff. OR

Bericht der Revisionsstelle zur eingeschränkten Revision an den **Stiftungsrat** der [Name Stiftung], [Ort]

Als Revisionsstelle haben wir die Jahresrechnung (Bilanz, Erfolgsrechnung und Anhang) der [Name Stiftung] für das am [Bilanzstichtag] abgeschlossene Geschäftsjahr geprüft.

Für die Jahresrechnung ist der **Stiftungsrat** verantwortlich, während unsere Aufgabe darin besteht, die Jahresrechnung zu prüfen. Wir bestätigen, dass wir die gesetzlichen Anforderungen hinsichtlich Zulassung und Unabhängigkeit erfüllen.

Unsere Revision erfolgte nach dem Schweizer Standard zur eingeschränkten Revision. Danach ist diese Revision so zu planen und durchzuführen, dass wesentliche Fehlaussagen in der Jahresrechnung erkannt werden. Eine eingeschränkte Revision umfasst hauptsächlich Befragungen und analytische Prüfungshandlungen sowie den Umständen angemessene Detailprüfungen der bei der geprüften Einheit vorhandenen Unterlagen. Dagegen sind Prüfungen der betrieblichen Abläufe und des internen Kontrollsystems sowie Befragungen und weitere Prüfungshandlungen zur Aufdeckung deliktischer Handlungen oder anderer Gesetzesverstösse nicht Bestandteil dieser Revision.

Bei unserer Revision sind wir nicht auf Sachverhalte gestossen, aus denen wir schliessen müssten, dass die Jahresrechnung nicht Gesetz und **Stiftungsurkunde** [2] entspricht.

Datum/leitender Revisor (Zulassung)/Domizil/Unterschrift/en

Beilage: Jahresrechnung

Anmerkungen

[1] Sind die Bestimmungen zur Rechnungslegung in einem Reglement enthalten, ist entsprechend auf dieses zu verweisen.

8. Berichterstattung

8.12.6 Normalwortlaut Stiftung mit Zewo-Bestätigung (Swiss GAAP FER 21)

Quelle: Arbeitshilfe der Treuhand-Kammer und von Treuhand Suisse vom 18.3.2011 (überarbeitet am 24.11.2011), S. 12

> Bericht der Revisionsstelle zur eingeschränkten Revision an den **Stiftungsrat** der [Name Stiftung], [Domizil] [1]
>
> Als Revisionsstelle haben wir die Jahresrechnung (Bilanz, **Betriebsrechnung, Geldflussrechnung, Rechnung über die Veränderung des Kapitals** und Anhang) der [Name Stiftung] für das am [Datum] abgeschlossene Geschäftsjahr geprüft. **In Übereinstimmung mit Swiss GAAP FER 21 unterliegen die Angaben im Leistungsbericht keiner Prüfungspflicht der Revisionsstelle.**
> Für die Aufstellung der Jahresrechnung in Übereinstimmung mit **Swiss GAAP FER 21, den gesetzlichen Vorschriften und den Statuten** [2] ist der Stiftungsrat verantwortlich, während unsere Aufgabe darin besteht, die Jahresrechnung zu prüfen. Wir bestätigen, dass wir die gesetzlichen Anforderungen hinsichtlich Zulassung und Unabhängigkeit erfüllen.
>
> Unsere Revision erfolgte nach dem Schweizer Standard zur eingeschränkten Revision. Danach ist diese Revision so zu planen und durchzuführen, dass wesentliche Fehlaussagen in der Jahresrechnung erkannt werden. Eine eingeschränkte Revision umfasst hauptsächlich Befragungen und analytische Prüfungshandlungen sowie den Umständen angemessene Detailprüfungen der bei der geprüften Einheit vorhandenen Unterlagen. Dagegen sind Prüfungen der betrieblichen Abläufe und des internen Kontrollsystems sowie Befragungen und weitere Prüfungshandlungen zur Aufdeckung deliktischer Handlungen oder anderer Gesetzesverstösse nicht Bestandteil dieser Revision.
>
> Bei unserer Revision sind wir nicht auf Sachverhalte gestossen, aus denen wir schliessen müssten, dass die Jahresrechnung **kein den tatsächlichen Verhältnissen entsprechendes Bild der Vermögens-, Finanz- und Ertragslage in Übereinstimmung mit Swiss GAAP FER 21 vermittelt** und nicht Gesetz und Statuten [2] entspricht.
>
> **Ferner bestätigen wir, dass die gemäss Ausführungsbestimmungen zu Art. 12 des Reglements über das Zewo-Gütesiegel zu prüfenden Bestimmungen der Stiftung Zewo [3] eingehalten sind.**
>
> Datum/leitender Revisor (Zulassung)/Domizil/Unterschrift/en
>
> Beilage: Jahresrechnung

Anmerkungen

[1] Sofern ein Verein der gesetzlichen Prüfungspflicht unterliegt und die Zewo-Bestimmungen zu bestätigen sind, ist der Berichtswortlaut entsprechend anzupassen. Vereine, welche die Grössenkriterien für eine ordentliche Revision gemäss Art. 69b rev. ZGB nicht erreichen, sind in den meisten Fällen von der Pflicht, ihre Jahresrechnung prüfen zu las-

8. Berichterstattung

sen, befreit. Die im ZGB vorgesehenen Grössenkriterien haben sich mit den am 1. Januar 2012 in Kraft getretenen Schwellenwerterhöhungen im Aktienrecht nicht verändert.

[2] Sofern die Statuten Ausführungen zur Rechnungslegung machen. Sind die Bestimmungen zur Rechnungslegung bei einer Stiftung in einer Stiftungsurkunde oder einem Reglement enthalten, ist dementsprechend auf dieses zu verweisen.

[3] Reglement über das Zewo-Gütesiegel für gemeinnützige Organisationen sowie Ausführungsbestimmungen zu Artikel 12 dieses Reglements (Ziffer 4: Die von der Revisionsstelle zu prüfenden Bestimmungen der Stiftung Zewo).

8.12.7 Normalwortlaut Bericht (z. B. Aktiengesellschaft) mit Kern-FER

Quelle: Arbeitshilfe der Treuhand-Kammer und von Treuhand Suisse vom 18.3.2011 (überarbeitet am 24.11.2011), S. 14

Bericht der Revisionsstelle zur eingeschränkten Revision an die Generalversammlung der [Firmenbezeichnung], [Domizil]

Als Revisionsstelle haben wir die Jahresrechnung (Bilanz, Erfolgsrechnung, **Geldflussrechnung**, **Eigenkapitalnachweis** und Anhang) der [Firmenbezeichnung] für das am [Bilanzstichtag] abgeschlossene Geschäftsjahr geprüft.

Für die Aufstellung der Jahresrechnung in Übereinstimmung **mit den Kern-FER und den gesetzlichen Vorschriften** ist der [Verwaltungsrat] verantwortlich, während unsere Aufgabe darin besteht, die Jahresrechnung zu prüfen. Wir bestätigen, dass wir die gesetzlichen Anforderungen hinsichtlich Zulassung und Unabhängigkeit erfüllen.

Unsere Revision erfolgte nach dem Schweizer Standard zur eingeschränkten Revision. Danach ist diese Revision so zu planen und durchzuführen, dass wesentliche Fehlaussagen in der Jahresrechnung erkannt werden. Eine eingeschränkte Revision umfasst hauptsächlich Befragungen und analytische Prüfungshandlungen sowie den Umständen angemessene Detailprüfungen der beim geprüften Unternehmen vorhandenen Unterlagen. Dagegen sind Prüfungen der betrieblichen Abläufe und des internen Kontrollsystems sowie Befragungen und weitere Prüfungshandlungen zur Aufdeckung deliktischer Handlungen oder anderer Gesetzesverstösse nicht Bestandteil dieser Revision.

Bei unserer Revision sind wir nicht auf Sachverhalte gestossen, aus denen wir schliessen müssten, dass die Jahresrechnung kein den tatsächlichen Verhältnissen entsprechendes Bild der Vermögens-, Finanz- und Ertragslage in Übereinstimmung mit den Kern-FER vermittelt. Ferner sind wir nicht auf Sachverhalte gestossen, aus denen wir schliessen müssten, dass die Jahresrechnung sowie der Antrag über die Verwendung des Bilanzgewinns nicht Gesetz und Statuten entsprechen.

Datum/leitender Revisor (Zulassung)/Domizil/Unterschrift/en

Beilage: Jahresrechnung (und Antrag über die Verwendung des Bilanzgewinns)

8. Berichterstattung

8.12.8 Einschränkung wegen festgestellter Überbewertung

Quelle: In Anlehnung an die Arbeitshilfe der Treuhand-Kammer und von Treuhand Suisse vom 24.6.2011

Bericht der Revisionsstelle zur eingeschränkten Revision an die Generalversammlung der [Firmenbezeichnung], [Domizil]

Als Revisionsstelle haben wir die Jahresrechnung (Bilanz, Erfolgsrechnung und Anhang) der [Firmenbezeichnung] für das am [Bilanzstichtag] abgeschlossene Geschäftsjahr geprüft.

Für die Jahresrechnung ist der Verwaltungsrat verantwortlich, während unsere Aufgabe darin besteht, die Jahresrechnung zu prüfen. Wir bestätigen, dass wir die gesetzlichen Anforderungen hinsichtlich Zulassung und Unabhängigkeit erfüllen.

Unsere Revision erfolgte nach dem Schweizer Standard zur eingeschränkten Revision. Danach ist diese Revision so zu planen und durchzuführen, dass wesentliche Fehlaussagen in der Jahresrechnung erkannt werden. Eine eingeschränkte Revision umfasst hauptsächlich Befragungen und analytische Prüfungshandlungen sowie den Umständen angemessene Detailprüfungen der beim geprüften Unternehmen vorhandenen Unterlagen. Dagegen sind Prüfungen der betrieblichen Abläufe und des internen Kontrollsystems sowie Befragungen und weitere Prüfungshandlungen zur Aufdeckung deliktischer Handlungen oder anderer Gesetzesverstösse nicht Bestandteil dieser Revision.

Zur Bewertung ist Folgendes zu bemerken: Unsere Revision hat ergeben, dass die Warenvorräte unkurante Warenbestände enthalten, die nicht wertberichtigt worden sind. Hierdurch sind die Warenvorräte um rund [Betrag] [1] überbewertet; dementsprechend sind das Ergebnis und das Eigenkapital zu günstig ausgewiesen.

Bei unserer Revision sind wir – mit Ausnahme der im vorstehenden Absatz dargelegten Einschränkung – nicht auf Sachverhalte gestossen, aus denen wir schliessen müssten, dass die Jahresrechnung sowie der Antrag über die Verwendung des Bilanzgewinns nicht Gesetz und Statuten entsprechen.

Datum/Revisor/Domizil/Unterschrift/en

Beilage: Jahresrechnung und Antrag über die Verwendung des Bilanzgewinns

---

Anmerkung:

[1] Den Betrag nach Möglichkeit angeben, eine Bandbreite nennen oder umschreiben (z. B. in einem erheblichen Ausmass).

8. Berichterstattung

8.12.9 Einschränkung wegen fehlender Offenlegung Auflösung stille Reserven

Quelle: Arbeitshilfe der Treuhand-Kammer und von Treuhand Suisse vom 24.6.2011, S. 8 ergänzt durch die Autoren mit den Bestimmungen des neuen Rechnungslegungsrechts gemäss Art. 959c Abs. 1 Ziffer 3

Bericht der Revisionsstelle zur eingeschränkten Revision an die Generalversammlung der [Firmenbezeichnung], [Domizil]

Als Revisionsstelle haben wir die Jahresrechnung (Bilanz, Erfolgsrechnung und Anhang) der [Firmenbezeichnung] für das am [Bilanzstichtag] abgeschlossene Geschäftsjahr geprüft.

Für die Jahresrechnung ist der Verwaltungsrat verantwortlich, während unsere Aufgabe darin besteht, die Jahresrechnung zu prüfen. Wir bestätigen, dass wir die gesetzlichen Anforderungen hinsichtlich Zulassung und Unabhängigkeit erfüllen.

Unsere Revision erfolgte nach dem Schweizer Standard zur eingeschränkten Revision. Danach ist diese Revision so zu planen und durchzuführen, dass wesentliche Fehlaussagen in der Jahresrechnung erkannt werden. Eine eingeschränkte Revision umfasst hauptsächlich Befragungen und analytische Prüfungshandlungen sowie den Umständen angemessene Detailprüfungen der beim geprüften Unternehmen vorhandenen Unterlagen. Dagegen sind Prüfungen der betrieblichen Abläufe und des internen Kontrollsystems sowie Befragungen und weitere Prüfungshandlungen zur Aufdeckung deliktischer Handlungen oder anderer Gesetzesverstösse nicht Bestandteil dieser Revision.

Zur Offenlegung ist Folgendes zu bemerken: Unsere Revision hat ergeben, dass im Berichtsjahr stille Reserven in Höhe von rund [Betrag] netto aufgelöst wurden. Obwohl dadurch das erwirtschaftete Ergebnis wesentlich günstiger dargestellt wird, als es tatsächlich ist, ist diese Auflösung entgegen der Bestimmung von Art. 959c Abs. 1 Ziff. 3 OR im Anhang nicht offengelegt.

Bei unserer Revision sind wir – mit Ausnahme der im vorstehenden Absatz dargelegten Einschränkung – nicht auf Sachverhalte gestossen, aus denen wir schliessen müssten, dass die Jahresrechnung sowie der Antrag über die Verwendung des Bilanzgewinns nicht Gesetz und Statuten entsprechen.

Datum/Revisor/Domizil/Unterschrift/en

Beilage: Jahresrechnung und Antrag über die Verwendung des Bilanzgewinns

8. Berichterstattung

8.12.10 Einschränkung wegen mangelnder Offenlegung Unsicherheit Unternehmensfortführung

Quelle: Arbeitshilfe der Treuhand-Kammer und von Treuhand Suisse vom 24.6.2011, S. 8 f.

Bericht der Revisionsstelle zur eingeschränkten Revision an die Generalversammlung der [Firmenbezeichnung], [Domizil]

Als Revisionsstelle haben wir die Jahresrechnung (Bilanz, Erfolgsrechnung und Anhang) der [Firmenbezeichnung] für das am [Bilanzstichtag] abgeschlossene Geschäftsjahr geprüft.

Für die Jahresrechnung ist der Verwaltungsrat verantwortlich, während unsere Aufgabe darin besteht, die Jahresrechnung zu prüfen. Wir bestätigen, dass wir die gesetzlichen Anforderungen hinsichtlich Zulassung und Unabhängigkeit erfüllen.

Unsere Revision erfolgte nach dem Schweizer Standard zur eingeschränkten Revision. Danach ist diese Revision so zu planen und durchzuführen, dass wesentliche Fehlaussagen in der Jahresrechnung erkannt werden. Eine eingeschränkte Revision umfasst hauptsächlich Befragungen und analytische Prüfungshandlungen sowie den Umständen angemessene Detailprüfungen der beim geprüften Unternehmen vorhandenen Unterlagen. Dagegen sind Prüfungen der betrieblichen Abläufe und des internen Kontrollsystems sowie Befragungen und weitere Prüfungshandlungen zur Aufdeckung deliktischer Handlungen oder anderer Gesetzesverstösse nicht Bestandteil dieser Revision.

Zur Offenlegung ist Folgendes zu bemerken: Unsere Revision hat ergeben, dass die [Firmenbezeichnung] wegen des unbefriedigenden Geschäftsverlaufs im Berichtsjahr in Liquiditätsschwierigkeiten geraten ist. Ihre Fähigkeit zur Fortführung der Unternehmenstätigkeit hängt davon ab, ob sie die Budgetziele erreicht, die damit zusammenhängenden verschärften Kreditbedingungen einhält und ihr die benötigten Mittel für die Refinanzierung der kurzfristigen Verbindlichkeiten zur Verfügung gestellt werden. Diesbezüglich besteht eine wesentliche Unsicherheit, die erhebliche Zweifel an der Fähigkeit der [Firmenbezeichnung] zur Fortführung der Unternehmenstätigkeit aufwirft. Die Anmerkung [Nummer/Bezeichnung] im Anhang der Jahresrechnung bringt diese Unsicherheit nicht hinreichend zum Ausdruck.

Bei unserer Revision sind wir – mit Ausnahme der im vorstehenden Absatz dargelegten Einschränkung – nicht auf Sachverhalte gestossen, aus denen wir schliessen müssten, dass die Jahresrechnung [...] nicht Gesetz und Statuten entsprechen.

Datum/Revisor/Domizil/Unterschrift/en

Beilage: Jahresrechnung [und Antrag über die Verwendung des Bilanzgewinns]

8. Berichterstattung

8.12.11 Einschränkung wegen Verstoss gegen Mindestgliederungsvorschriften

Quelle: Arbeitshilfe der Treuhand-Kammer und von Treuhand Suisse vom 24.6.2011, S. 9

Bericht der Revisionsstelle zur eingeschränkten Revision an die Generalversammlung der [Firmenbezeichnung], [Domizil]

Als Revisionsstelle haben wir die Jahresrechnung (Bilanz, Erfolgsrechnung und Anhang) der [Firmenbezeichnung] für das am [Bilanzstichtag] abgeschlossene Geschäftsjahr geprüft.

Für die Jahresrechnung ist der Verwaltungsrat verantwortlich, während unsere Aufgabe darin besteht, die Jahresrechnung zu prüfen. Wir bestätigen, dass wir die gesetzlichen Anforderungen hinsichtlich Zulassung und Unabhängigkeit erfüllen.

Unsere Revision erfolgte nach dem Schweizer Standard zur eingeschränkten Revision. Danach ist diese Revision so zu planen und durchzuführen, dass wesentliche Fehlaussagen in der Jahresrechnung erkannt werden. Eine eingeschränkte Revision umfasst hauptsächlich Befragungen und analytische Prüfungshandlungen sowie den Umständen angemessene Detailprüfungen der beim geprüften Unternehmen vorhandenen Unterlagen. Dagegen sind Prüfungen der betrieblichen Abläufe und des internen Kontrollsystems sowie Befragungen und weitere Prüfungshandlungen zur Aufdeckung deliktischer Handlungen oder anderer Gesetzesverstösse nicht Bestandteil dieser Revision.

Zur Darstellung ist Folgendes zu bemerken: Unsere Revision hat ergeben, dass im Berichtsjahr Guthaben gegenüber Nahestehenden in Höhe von rund [Betrag] nicht gesondert ausgewiesen wurden, sondern in den Forderungen aus Lieferungen und Leistungen enthalten sind. Dies ist ein wesentlicher Verstoss gegen die Grundsätze ordnungsmässiger Rechnungslegung und die gesetzlichen Gliederungsvorschriften.

Bei unserer Revision sind wir – mit Ausnahme der im vorstehenden Absatz dargelegten Einschränkung – nicht auf Sachverhalte gestossen, aus denen wir schliessen müssten, dass die Jahresrechnung sowie der Antrag über die Verwendung des Bilanzgewinns nicht Gesetz und Statuten entsprechen.

Datum/Revisor/Domizil/Unterschrift/en

Beilage: Jahresrechnung und Antrag über die Verwendung des Bilanzgewinns

8. Berichterstattung

8.12.12 Einschränkung wegen fehlenden Inventars

Quelle: Arbeitshilfe der Treuhand-Kammer und von Treuhand Suisse vom 24.6.2011, S. 9 ergänzt durch die Autoren mit den Bestimmungen des neuen Rechnungslegungsrechts gemäss Art. 958c Abs. 2 OR

> Bericht der Revisionsstelle zur eingeschränkten Revision an die Generalversammlung der [Firmenbezeichnung], [Domizil]
>
> Als Revisionsstelle haben wir die Jahresrechnung (Bilanz, Erfolgsrechnung und Anhang) der [Firmenbezeichnung] für das am [Bilanzstichtag] abgeschlossene Geschäftsjahr geprüft.
>
> Für die Jahresrechnung ist der Verwaltungsrat verantwortlich, während unsere Aufgabe darin besteht, die Jahresrechnung zu prüfen. Wir bestätigen, dass wir die gesetzlichen Anforderungen hinsichtlich Zulassung und Unabhängigkeit erfüllen.
>
> Unsere Revision erfolgte nach dem Schweizer Standard zur eingeschränkten Revision. Danach ist diese Revision so zu planen und durchzuführen, dass wesentliche Fehlaussagen in der Jahresrechnung erkannt werden. Eine eingeschränkte Revision umfasst hauptsächlich Befragungen und analytische Prüfungshandlungen sowie den Umständen angemessene Detailprüfungen der beim geprüften Unternehmen vorhandenen Unterlagen. Dagegen sind Prüfungen der betrieblichen Abläufe und des internen Kontrollsystems sowie Befragungen und weitere Prüfungshandlungen zur Aufdeckung deliktischer Handlungen oder anderer Gesetzesverstösse nicht Bestandteil dieser Revision.
>
> **Zur Buchführung ist Folgendes zu bemerken: Unsere Revision hat ergeben, dass kein Inventar der Warenvorräte erstellt und die Bilanzierung aufgrund einer Schätzung vorgenommen wurde. Dies ist ein wesentlicher Verstoss gegen die gegen die Grundsätze ordnungsmässiger Rechnungslegung von Art. 958c Abs. 2 OR.**
>
> **Bei unserer Revision sind wir – mit Ausnahme der im vorstehenden Absatz dargelegten Einschränkung – nicht auf Sachverhalte gestossen, aus denen wir schliessen müssten, dass die Jahresrechnung sowie der Antrag über die Verwendung des Bilanzgewinns nicht Gesetz und Statuten entsprechen.**
>
> Datum/Revisor/Domizil/Unterschrift/en
>
> Beilage: Jahresrechnung und Antrag über die Verwendung des Bilanzgewinns

8. Berichterstattung

8.12.13 Einschränkung wegen Erwerb/Reserve eigene Aktien

Quelle: In Anlehnung an HWP 2, S. 503 ergänzt durch die Autoren gemäss den Bestimmungen des neuen Rechnungslegungsrechts in Art. 959a Abs. 2 Ziff. 3 Bst. e OR

> Bericht der Revisionsstelle zur eingeschränkten Revision an die Generalversammlung der [Firmenbezeichnung], [Domizil]
>
> Als Revisionsstelle haben wir die Jahresrechnung (Bilanz, Erfolgsrechnung und Anhang) der [Firmenbezeichnung] für das am [Bilanzstichtag] abgeschlossene Geschäftsjahr geprüft.
>
> Für die Jahresrechnung ist der Verwaltungsrat verantwortlich, während unsere Aufgabe darin besteht, die Jahresrechnung zu prüfen. Wir bestätigen, dass wir die gesetzlichen Anforderungen hinsichtlich Zulassung und Unabhängigkeit erfüllen.
>
> Unsere Revision erfolgte nach dem Schweizer Standard zur eingeschränkten Revision. Danach ist diese Revision so zu planen und durchzuführen, dass wesentliche Fehlaussagen in der Jahresrechnung erkannt werden. Eine eingeschränkte Revision umfasst hauptsächlich Befragungen und analytische Prüfungshandlungen sowie den Umständen angemessene Detailprüfungen der beim geprüften Unternehmen vorhandenen Unterlagen. Dagegen sind Prüfungen der betrieblichen Abläufe und des internen Kontrollsystems sowie Befragungen und weitere Prüfungshandlungen zur Aufdeckung deliktischer Handlungen oder anderer Gesetzesverstösse nicht Bestandteil dieser Revision.
>
> **Zur Darstellung ist Folgendes zu bemerken: Unsere Prüfung hat ergeben, dass die [Firmenbezeichnung] im Berichtsjahr eigene Aktien von insgesamt nominal [Betrag] erworben hat. Entgegen der Bestimmung von Art. 959a Abs. 2 Ziff. 3 Bst. e OR wurde der Anschaffungswert nicht als Minusposten für eigene Kapitalanteile bilanziert. Zudem erfolgt der Erwerb in Ermangelung frei verwendbarer Reserven gemäss Art. 659a Abs. 1 OR. [1]**
>
> **Bei unserer Revision sind wir – mit Ausnahme der im vorstehenden Absatz dargelegten Einschränkung – nicht auf Sachverhalte gestossen, aus denen wir schliessen müssten, dass die Jahresrechnung sowie der Antrag über die Verwendung des Bilanzgewinns nicht Gesetz und Statuten entsprechen.**
>
> Datum/Revisor/Domizil/Unterschrift/en
>
> Beilage: Jahresrechnung und Antrag über die Verwendung des Bilanzgewinns

Anmerkung:
[1] Es ist zweckmässig, den Gesetzesverstoss wegen der frei verwendbaren Reserven zusammen mit der Einschränkung zu formulieren, da es sich um einen Vorgang handelt.

8. Berichterstattung

8.12.14 Einschränkung wegen angenommener Überbewertung Vorräte

Quelle: Arbeitshilfe der Treuhand-Kammer und von Treuhand Suisse vom 24.6.2011, S. 9

Bericht der Revisionsstelle zur eingeschränkten Revision an die Generalversammlung der [Firmenbezeichnung], [Domizil]

Als Revisionsstelle haben wir die Jahresrechnung (Bilanz, Erfolgsrechnung und Anhang) der [Firmenbezeichnung] für das am [Bilanzstichtag] abgeschlossene Geschäftsjahr geprüft.

Für die Jahresrechnung ist der Verwaltungsrat verantwortlich, während unsere Aufgabe darin besteht, die Jahresrechnung zu prüfen. Wir bestätigen, dass wir die gesetzlichen Anforderungen hinsichtlich Zulassung und Unabhängigkeit erfüllen.

Unsere Revision erfolgte nach dem Schweizer Standard zur eingeschränkten Revision. Danach ist diese Revision so zu planen und durchzuführen, dass wesentliche Fehlaussagen in der Jahresrechnung erkannt werden. Eine eingeschränkte Revision umfasst hauptsächlich Befragungen und analytische Prüfungshandlungen sowie den Umständen angemessene Detailprüfungen der beim geprüften Unternehmen vorhandenen Unterlagen. Dagegen sind Prüfungen der betrieblichen Abläufe und des internen Kontrollsystems sowie Befragungen und weitere Prüfungshandlungen zur Aufdeckung deliktischer Handlungen oder anderer Gesetzesverstösse nicht Bestandteil dieser Revision.

Zur Bewertung ist Folgendes zu bemerken: Aufgrund unserer Revision müssen wir annehmen, dass die Vorräte unkurante Handelswaren enthalten, die nicht wertberichtigt worden sind. Hierdurch wären die Vorräte in einem Betrag von mindestens [Betrag] überbewertet; dementsprechend wären das Ergebnis und das Eigenkapital zu günstig ausgewiesen.

Bei unserer Revision sind wir – mit Ausnahme der im vorstehenden Absatz dargelegten Einschränkung – nicht auf Sachverhalte gestossen, aus denen wir schliessen müssten, dass die Jahresrechnung sowie der Antrag über die Verwendung des Bilanzgewinns nicht Gesetz und Statuten entsprechen.

Datum/Revisor/Domizil/Unterschrift/en

Beilage: Jahresrechnung und Antrag über die Verwendung des Bilanzgewinns

8. Berichterstattung

8.12.15 Einschränkung wegen Beschränkung des Prüfungsumfangs Aktionärsdarlehen

Quelle: Arbeitshilfe der Treuhand-Kammer und von Treuhand Suisse vom 24.6.2011, S. 10

> Bericht der Revisionsstelle zur eingeschränkten Revision an die Generalversammlung der [Firmenbezeichnung], [Domizil]
>
> Als Revisionsstelle haben wir die Jahresrechnung (Bilanz, Erfolgsrechnung und Anhang) der [Firmenbezeichnung] für das am [Bilanzstichtag] abgeschlossene Geschäftsjahr geprüft.
>
> Für die Jahresrechnung ist der Verwaltungsrat verantwortlich, während unsere Aufgabe darin besteht, die Jahresrechnung zu prüfen. Wir bestätigen, dass wir die gesetzlichen Anforderungen hinsichtlich Zulassung und Unabhängigkeit erfüllen.
>
> **[1] Mit Ausnahme des im nachstehenden Absatz dargelegten Sachverhalts erfolgte unsere Revision** nach dem Schweizer Standard zur eingeschränkten Revision. Danach ist diese Revision so zu planen und durchzuführen, dass wesentliche Fehlaussagen in der Jahresrechnung erkannt werden. Eine eingeschränkte Revision umfasst hauptsächlich Befragungen und analytische Prüfungshandlungen sowie den Umständen angemessene Detailprüfungen der beim geprüften Unternehmen vorhandenen Unterlagen. Dagegen sind Prüfungen der betrieblichen Abläufe und des internen Kontrollsystems sowie Befragungen und weitere Prüfungshandlungen zur Aufdeckung deliktischer Handlungen oder anderer Gesetzesverstösse nicht Bestandteil dieser Revision.
>
> **Zur Bewertung ist Folgendes zu bemerken: Unsere Revision hat ergeben, dass die [Firmenbezeichnung] ein Darlehensguthaben gegenüber dem Hauptaktionär in Höhe von [Betrag] aufweist. Wir haben die Bonität des Schuldners nicht prüfen können, da uns dafür – trotz unserer nachdrücklichen Aufforderung dazu – keine geeigneten Unterlagen und Informationen zur Verfügung gestellt wurden.**
>
> Bei unserer Revision sind wir – mit Ausnahme der im vorstehenden Absatz dargelegten Einschränkung – nicht auf Sachverhalte gestossen, aus denen wir schliessen müssten, dass die Jahresrechnung sowie der Antrag über die Verwendung des Bilanzgewinns nicht Gesetz und Statuten entsprechen. [2]
>
> Datum/Revisor/Domizil/Unterschrift/en
>
> Beilage: Jahresrechnung und Antrag über die Verwendung des Bilanzgewinns

Anmerkung:
[1] Im HWP ER S. 246 wird diese Einschränkung ohne Modifizierung von Absatz 3 formuliert. Die Autoren dieses Buchs vertreten die Ansicht, dass diese wesentliche Postition wegen der Beschränkung des Prüfungsumfangs nicht gemäss SER Anhang D Bst f) «Finanzanlagen» geprüft werden konnte. Eine Offenlegung dieses Sachverhalts erscheint zweckmässig.
[2] Im vorliegenden Falle verstösst das Darlehen nicht gegen Art. 680 OR Einlagenrückgewähr. Siehe weitergehende Erklärungen bei Beispiel 8.12.37.

8. Berichterstattung

8.12.16 Verneinung aufgrund festgestellter Überbewertung

Quelle: Arbeitshilfe der Treuhand-Kammer und von Treuhand Suisse vom 24.6.2011, S. 10

> Bericht der Revisionsstelle zur eingeschränkten Revision an die Generalversammlung der [Firmenbezeichnung], [Domizil]
>
> Als Revisionsstelle haben wir die Jahresrechnung (Bilanz, Erfolgsrechnung und Anhang) der [Firmenbezeichnung] für das am [Bilanzstichtag] abgeschlossene Geschäftsjahr geprüft.
>
> Für die Jahresrechnung ist der Verwaltungsrat verantwortlich, während unsere Aufgabe darin besteht, die Jahresrechnung zu prüfen. Wir bestätigen, dass wir die gesetzlichen Anforderungen hinsichtlich Zulassung und Unabhängigkeit erfüllen.
>
> Unsere Revision erfolgte nach dem Schweizer Standard zur eingeschränkten Revision. Danach ist diese Revision so zu planen und durchzuführen, dass wesentliche Fehlaussagen in der Jahresrechnung erkannt werden. Eine eingeschränkte Revision umfasst hauptsächlich Befragungen und analytische Prüfungshandlungen sowie den Umständen angemessene Detailprüfungen der beim geprüften Unternehmen vorhandenen Unterlagen. Dagegen sind Prüfungen der betrieblichen Abläufe und des internen Kontrollsystems sowie Befragungen und weitere Prüfungshandlungen zur Aufdeckung deliktischer Handlungen oder anderer Gesetzesverstösse nicht Bestandteil dieser Revision.
>
> **Zur Bewertung ist Folgendes zu bemerken: Unsere Revision hat ergeben, dass die Forderungen aus Lieferungen und Leistungen stark gefährdete Guthaben enthalten, die nicht wertberichtigt worden sind. Hierdurch sind die Forderungen aus Lieferungen und Leistungen um rund [Betrag] überbewertet; dementsprechend sind das Ergebnis und das Eigenkapital zu günstig ausgewiesen.**
>
> **Wegen der Auswirkung des im vorstehenden Absatz dargelegten Sachverhalts entspricht [entsprechen] die Jahresrechnung [sowie der Antrag über die Verwendung des Bilanzgewinns] nicht Gesetz und Statuten.**
>
> Datum/Revisor/Domizil/Unterschrift/en
>
> Beilage: Jahresrechnung und Antrag über die Verwendung des Bilanzgewinns

Anmerkung

Unter Umständen bedarf es eines Hinweises darauf, dass der Verwaltungsrat nicht im Sinne von Art. 725 Abs. 1 OR gehandelt hat, wenn die notwendige Korrektur zu einem hälftigen Kapitalverlust führt. Dieser Hinweis könnte z.B. wie folgt lauten: «Wir weisen darauf hin, dass die Jahresrechnung bei Vornahme der unterlassenen Wertberichtigungen einen hälftigen Kapitalverlust ausweist. Somit ist Art. 725 Abs. 1 OR zu befolgen und die Generalversammlung unverzüglich über den Kapitalverlust zu orientieren. Ebenso sind ihr Sanierungsmassnahmen zu beantragen. Der Verwaltungsrat hat dies unterlassen» (in Anlehnung an die Arbeitshilfe der Treuhand-Kammer und von Treuhand Suisse vom 24.6.2011, S. 11 ff.).

8. Berichterstattung

8.12.17 Verneinung wegen Bewertung zu Fortführungswerten

Quelle: In Anlehnung an die Arbeitshilfe der Treuhand-Kammer und von Treuhand Suisse vom 24.6.2011, S. 10 f.

> Bericht der Revisionsstelle zur eingeschränkten Revision an die Generalversammlung der [Firmenbezeichnung], [Domizil]
>
> Als Revisionsstelle haben wir die Jahresrechnung (Bilanz, Erfolgsrechnung und Anhang) der [Firmenbezeichnung] für das am [Bilanzstichtag] abgeschlossene Geschäftsjahr geprüft.
>
> Für die Jahresrechnung ist der Verwaltungsrat verantwortlich, während unsere Aufgabe darin besteht, die Jahresrechnung zu prüfen. Wir bestätigen, dass wir die gesetzlichen Anforderungen hinsichtlich Zulassung und Unabhängigkeit erfüllen.
>
> Unsere Revision erfolgte nach dem Schweizer Standard zur eingeschränkten Revision. Danach ist diese Revision so zu planen und durchzuführen, dass wesentliche Fehlaussagen in der Jahresrechnung erkannt werden. Eine eingeschränkte Revision umfasst hauptsächlich Befragungen und analytische Prüfungshandlungen sowie den Umständen angemessene Detailprüfungen der beim geprüften Unternehmen vorhandenen Unterlagen. Dagegen sind Prüfungen der betrieblichen Abläufe und des internen Kontrollsystems sowie Befragungen und weitere Prüfungshandlungen zur Aufdeckung deliktischer Handlungen oder anderer Gesetzesverstösse nicht Bestandteil dieser Revision.
>
> **Zur Fortführung und zur Wertbasis ist Folgendes zu bemerken: Unsere Revision hat ergeben, dass die [Firmenbezeichnung] wegen des unbefriedigenden Geschäftsverlaufs im Berichtsjahr in Liquiditätsschwierigkeiten geraten ist. Sie kann die kurzfristigen Verbindlichkeiten nicht fristgerecht begleichen, da ihr die dafür benötigten Mittel nicht zur Verfügung stehen. Die Zahlungsfähigkeit ist jedoch Voraussetzung für die Fähigkeit zur Fortführung der Unternehmenstätigkeit. Die Jahresrechnung hätte deshalb nicht unter der Annahme der Fortführung der Unternehmenstätigkeit erstellt werden dürfen.**
>
> **Wegen der Auswirkung des im vorstehenden Absatz dargelegten Sachverhalts entspricht die Jahresrechnung nicht Gesetz und Statuten.**
>
> Datum/Revisor/Domizil/Unterschrift/en
>
> Beilage: Jahresrechnung

Anmerkung
Unter Umständen bedarf es eines Hinweises darauf, dass der Verwaltungsrat nicht im Sinne von Art. 725 Abs. 2 OR gehandelt hat, wenn die notwendige Korrektur zu einer buchmässigen Überschuldung führt. Dieser Hinweis könnte z.B. wie folgt lauten: «Wir weisen darauf hin, dass die Jahresrechnung bei Vornahme der unterlassenen Wertberichtigungen eine buchmässige Überschuldung ausweist. Somit ist Art. 725 Abs. 2 OR zu befolgen und insbesondere eine Zwischenbilanz auf Basis von Fortführungs- und Veräusserungswerten zu erstellen. Der Verwaltungsrat hat dies unterlassen.»

8. Berichterstattung

8.12.18 Verneinung wegen fehlender Offenlegung Unsicherheit Unternehmensfortführung

Quelle: Arbeitshilfe der Treuhand-Kammer und von Treuhand Suisse vom 24.6.2011, S. 11

> Bericht der Revisionsstelle zur eingeschränkten Revision an die Generalversammlung der [Firmenbezeichnung], [Domizil]
>
> Als Revisionsstelle haben wir die Jahresrechnung (Bilanz, Erfolgsrechnung und Anhang) der [Firmenbezeichnung] für das am [Bilanzstichtag] abgeschlossene Geschäftsjahr geprüft.
>
> Für die Jahresrechnung ist der Verwaltungsrat verantwortlich, während unsere Aufgabe darin besteht, die Jahresrechnung zu prüfen. Wir bestätigen, dass wir die gesetzlichen Anforderungen hinsichtlich Zulassung und Unabhängigkeit erfüllen.
>
> Unsere Revision erfolgte nach dem Schweizer Standard zur eingeschränkten Revision. Danach ist diese Revision so zu planen und durchzuführen, dass wesentliche Fehlaussagen in der Jahresrechnung erkannt werden. Eine eingeschränkte Revision umfasst hauptsächlich Befragungen und analytische Prüfungshandlungen sowie den Umständen angemessene Detailprüfungen der beim geprüften Unternehmen vorhandenen Unterlagen. Dagegen sind Prüfungen der betrieblichen Abläufe und des internen Kontrollsystems sowie Befragungen und weitere Prüfungshandlungen zur Aufdeckung deliktischer Handlungen oder anderer Gesetzesverstösse nicht Bestandteil dieser Revision.
>
> **Zur Offenlegung ist Folgendes zu bemerken: Unsere Revision hat ergeben, dass die [Firmenbezeichnung] wegen des unbefriedigenden Geschäftsverlaufs im Berichtsjahr in Liquiditätsschwierigkeiten geraten ist. Ihre Fähigkeit zur Fortführung der Unternehmenstätigkeit hängt davon ab, ob sie die Budgetziele erreicht, die damit zusammenhängenden verschärften Kreditbedingungen einhält und die benötigten Mittel für die Begleichung der kurzfristigen Verbindlichkeiten zur Verfügung gestellt bekommt. Diesbezüglich besteht eine wesentliche Unsicherheit, die erhebliche Zweifel an der Fähigkeit der [Firmenbezeichnung] zur Fortführung der Unternehmenstätigkeit aufwirft. Entsprechende Angaben im Anhang der Jahresrechnung fehlen.**
>
> **Wegen der Auswirkung des im vorstehenden Absatz dargelegten Sachverhalts entspricht die Jahresrechnung nicht Gesetz und Statuten.**
>
> Datum/Revisor/Domizil/Unterschrift/en
>
> Beilage: Jahresrechnung

Anmerkung

Unter Umständen bedarf es eines Zusatzes wegen möglicher Rechtsfolgen gemäss Art. 725 OR (Zusatz wegen eines Sachverhalts, der den Abschluss nicht beeinflusst). Dieser Satz könnte z.B. wie folgt lauten: «Würde die Unternehmensfortführung verunmöglicht, müsste die Jahresrechnung auf Basis von Veräusserungswerten erstellt werden. Damit entstünde zugleich begründete Besorgnis einer Überschuldung im Sinne von Art. 725 Abs. 2 OR, und es wären die entsprechenden Vorschriften zu befolgen.»

8. Berichterstattung

8.12.19 Verneinung wegen fehlender Offenlegung Unsicherheit Bewertung der Rückstellung

Quelle: Arbeitshilfe der Treuhand-Kammer und von Treuhand Suisse vom 24.6.2011, S. 11

> Bericht der Revisionsstelle zur eingeschränkten Revision an die Generalversammlung der [Firmenbezeichnung], [Domizil]
>
> Als Revisionsstelle haben wir die Jahresrechnung (Bilanz, Erfolgsrechnung und Anhang) der [Firmenbezeichnung] für das am [Bilanzstichtag] abgeschlossene Geschäftsjahr geprüft.
>
> Für die Jahresrechnung ist der Verwaltungsrat verantwortlich, während unsere Aufgabe darin besteht, die Jahresrechnung zu prüfen. Wir bestätigen, dass wir die gesetzlichen Anforderungen hinsichtlich Zulassung und Unabhängigkeit erfüllen.
>
> Unsere Revision erfolgte nach dem Schweizer Standard zur eingeschränkten Revision. Danach ist diese Revision so zu planen und durchzuführen, dass wesentliche Fehlaussagen in der Jahresrechnung erkannt werden. Eine eingeschränkte Revision umfasst hauptsächlich Befragungen und analytische Prüfungshandlungen sowie den Umständen angemessene Detailprüfungen der beim geprüften Unternehmen vorhandenen Unterlagen. Dagegen sind Prüfungen der betrieblichen Abläufe und des internen Kontrollsystems sowie Befragungen und weitere Prüfungshandlungen zur Aufdeckung deliktischer Handlungen oder anderer Gesetzesverstösse nicht Bestandteil dieser Revision.
>
> **Zur Bewertung und Offenlegung ist Folgendes zu bemerken: Unsere Revision hat ergeben, dass gegen die [Firmenbezeichnung] ein Prozess wegen Patentverletzungen eingeleitet worden ist, wofür keine Rückstellungen gebildet worden sind. Im heutigen Zeitpunkt ist nicht absehbar, ob und in welchem Ausmass die [Firmenbezeichnung] allfällige Schadenersatzzahlungen leisten muss. In diesem Sinne besteht eine wesentliche Unsicherheit in Bezug auf die Bemessung der Rückstellungen. Entsprechende Angaben im Anhang der Jahresrechnung fehlen.**
>
> **Wegen der Auswirkung des im vorstehenden Absatz dargelegten Sachverhalts entspricht [entsprechen] die Jahresrechnung [sowie der Antrag über die Verwendung des Bilanzgewinns] nicht Gesetz und Statuten.**
>
> Datum/Revisor/Domizil/Unterschrift/en
>
> Beilage: Jahresrechnung [und Antrag über die Verwendung des Bilanzgewinns]

8. Berichterstattung

8.12.20 Verneinung wegen fehlender Offenlegung Auflösung stille Reserven

Quelle: Arbeitshilfe der Treuhand-Kammer und von Treuhand Suisse vom 24.6.2011, S. 12 ergänzt durch die Autoren gemäss den Bestimmungen des neuen Rechnungslegungsrechts in Art. 959c Abs. 1 Ziff. 3 OR

Bericht der Revisionsstelle zur eingeschränkten Revision an die Generalversammlung der [Firmenbezeichnung], [Domizil]

Als Revisionsstelle haben wir die Jahresrechnung (Bilanz, Erfolgsrechnung und Anhang) der [Firmenbezeichnung] für das am [Bilanzstichtag] abgeschlossene Geschäftsjahr geprüft.

Für die Jahresrechnung ist der Verwaltungsrat verantwortlich, während unsere Aufgabe darin besteht, die Jahresrechnung zu prüfen. Wir bestätigen, dass wir die gesetzlichen Anforderungen hinsichtlich Zulassung und Unabhängigkeit erfüllen.

Unsere Revision erfolgte nach dem Schweizer Standard zur eingeschränkten Revision. Danach ist diese Revision so zu planen und durchzuführen, dass wesentliche Fehlaussagen in der Jahresrechnung erkannt werden. Eine eingeschränkte Revision umfasst hauptsächlich Befragungen und analytische Prüfungshandlungen sowie den Umständen angemessene Detailprüfungen der beim geprüften Unternehmen vorhandenen Unterlagen. Dagegen sind Prüfungen der betrieblichen Abläufe und des internen Kontrollsystems sowie Befragungen und weitere Prüfungshandlungen zur Aufdeckung deliktischer Handlungen oder anderer Gesetzesverstösse nicht Bestandteil dieser Revision.

Zur Offenlegung ist Folgendes zu bemerken: Unsere Revision hat ergeben, dass im Berichtsjahr stille Reserven in Höhe von rund [Betrag] netto aufgelöst wurden. Obwohl dadurch das erwirtschaftete Ergebnis wesentlich günstiger dargestellt wird, als es tatsächlich ist, ist diese Auflösung entgegen der Bestimmung von Art. 959c Abs. 1 Ziff. 3 OR im Anhang nicht offengelegt.

Wegen der Auswirkung des im vorstehenden Absatz dargelegten Sachverhalts entspricht [entsprechen] die Jahresrechnung [sowie der Antrag über die Verwendung des Bilanzgewinns] nicht Gesetz und Statuten.

Datum/Revisor/Domizil/Unterschrift/en

Beilage: Jahresrechnung und [Antrag über die Verwendung des Bilanzgewinns]

8. Berichterstattung

8.12.21 Verneinung wegen Verstoss gegen Verrechnungsverbot, Gewinnverwendung nicht beanstandet

Quelle: Arbeitshilfe der Treuhand-Kammer und von Treuhand Suisse vom 24.6.2011, S. 12 ergänzt durch die Autoren gemäss den Bestimmungen des neuen Rechnungslegungsrechts in Art. 959a Abs. 4 OR

Bericht der Revisionsstelle zur eingeschränkten Revision an die Generalversammlung der [Firmenbezeichnung], [Domizil]

Als Revisionsstelle haben wir die Jahresrechnung (Bilanz, Erfolgsrechnung und Anhang) der [Firmenbezeichnung] für das am [Bilanzstichtag] abgeschlossene Geschäftsjahr geprüft.

Für die Jahresrechnung ist der Verwaltungsrat verantwortlich, während unsere Aufgabe darin besteht, die Jahresrechnung zu prüfen. Wir bestätigen, dass wir die gesetzlichen Anforderungen hinsichtlich Zulassung und Unabhängigkeit erfüllen.

Unsere Revision erfolgte nach dem Schweizer Standard zur eingeschränkten Revision. Danach ist diese Revision so zu planen und durchzuführen, dass wesentliche Fehlaussagen in der Jahresrechnung erkannt werden. Eine eingeschränkte Revision umfasst hauptsächlich Befragungen und analytische Prüfungshandlungen sowie den Umständen angemessene Detailprüfungen der beim geprüften Unternehmen vorhandenen Unterlagen. Dagegen sind Prüfungen der betrieblichen Abläufe und des internen Kontrollsystems sowie Befragungen und weitere Prüfungshandlungen zur Aufdeckung deliktischer Handlungen oder anderer Gesetzesverstösse nicht Bestandteil dieser Revision.

Zur Darstellung ist Folgendes zu bemerken: Unsere Revision hat ergeben, dass im Berichtsjahr Darlehen an Nahestehende in Höhe von rund [Betrag] nicht gesondert ausgewiesen wurden, sondern in den Forderungen aus Lieferungen und Leistungen enthalten sind. Dies ist ein wesentlicher Verstoss gegen die Mindestgliederungsvorschriften von Art. 959a Abs. 4 OR

Wegen der Auswirkung des im vorstehenden Absatz dargelegten Sachverhalts entspricht die Jahresrechnung nicht Gesetz und Statuten. Hingegen sind wir nicht auf Sachverhalte gestossen, aus denen wir schliessen müssten, dass der Antrag über die Verwendung des Bilanzgewinns nicht Gesetz und Statuten entspricht.

Datum/Revisor/Domizil/Unterschrift/en

Beilage: Jahresrechnung und Antrag über die Verwendung des Bilanzgewinns

8. Berichterstattung

8.12.22 Verneinung wegen fehlenden Inventars

Quelle: Arbeitshilfe der Treuhand-Kammer und von Treuhand Suisse vom 24.6.2011, S. 12 ergänzt durch die Autoren gemäss den Bestimmungen des neuen Rechnungslegungsrechts in Art. 958c Abs. 2 OR

Bericht der Revisionsstelle zur eingeschränkten Revision an die Generalversammlung der [Firmenbezeichnung], [Domizil]

Als Revisionsstelle haben wir die Jahresrechnung (Bilanz, Erfolgsrechnung und Anhang) der [Firmenbezeichnung] für das am [Bilanzstichtag] abgeschlossene Geschäftsjahr geprüft.

Für die Jahresrechnung ist der Verwaltungsrat verantwortlich, während unsere Aufgabe darin besteht, die Jahresrechnung zu prüfen. Wir bestätigen, dass wir die gesetzlichen Anforderungen hinsichtlich Zulassung und Unabhängigkeit erfüllen.

Unsere Revision erfolgte nach dem Schweizer Standard zur eingeschränkten Revision. Danach ist diese Revision so zu planen und durchzuführen, dass wesentliche Fehlaussagen in der Jahresrechnung erkannt werden. Eine eingeschränkte Revision umfasst hauptsächlich Befragungen und analytische Prüfungshandlungen sowie den Umständen angemessene Detailprüfungen der beim geprüften Unternehmen vorhandenen Unterlagen. Dagegen sind Prüfungen der betrieblichen Abläufe und des internen Kontrollsystems sowie Befragungen und weitere Prüfungshandlungen zur Aufdeckung deliktischer Handlungen oder anderer Gesetzesverstösse nicht Bestandteil dieser Revision.

Zur Buchführung und Bewertung ist Folgendes zu bemerken: Unsere Revision hat ergeben, dass kein Inventar der Warenvorräte erstellt und die Bilanzierung aufgrund einer Schätzung vorgenommen wurde. Dies ist ein wesentlicher Verstoss gegen die Grundsätze ordnungsmässiger Rechnungslegung von Art. 958c Abs. 2 OR. Da im Weiteren diese Schätzung nicht mit dem effektiven Wert der Warenvorräte übereinstimmt, sind das Ergebnis und das Eigenkapital in erheblichem Ausmass zu günstig ausgewiesen.

Wegen der Auswirkung des im vorstehenden Absatz dargelegten Sachverhalts entspricht die Jahresrechnung nicht Gesetz und Statuten.

Datum/Revisor/Domizil/Unterschrift/en

Beilage: Jahresrechnung

8. Berichterstattung

8.12.23 Verneinung wegen fehlender Rückstellung und nicht möglicher Gewinnverwendung

Bericht der Revisionsstelle zur eingeschränkten Revision an die Generalversammlung der [Firmenbezeichnung], [Domizil]

Als Revisionsstelle haben wir die Jahresrechnung (Bilanz, Erfolgsrechnung und Anhang) der [Firmenbezeichnung] für das am [Bilanzstichtag] abgeschlossene Geschäftsjahr geprüft.

Für die Jahresrechnung ist der Verwaltungsrat verantwortlich, während unsere Aufgabe darin besteht, die Jahresrechnung zu prüfen. Wir bestätigen, dass wir die gesetzlichen Anforderungen hinsichtlich Zulassung und Unabhängigkeit erfüllen.

Unsere Revision erfolgte nach dem Schweizer Standard zur eingeschränkten Revision. Danach ist diese Revision so zu planen und durchzuführen, dass wesentliche Fehlaussagen in der Jahresrechnung erkannt werden. Eine eingeschränkte Revision umfasst hauptsächlich Befragungen und analytische Prüfungshandlungen sowie den Umständen angemessene Detailprüfungen der beim geprüften Unternehmen vorhandenen Unterlagen. Dagegen sind Prüfungen der betrieblichen Abläufe und des internen Kontrollsystems sowie Befragungen und weitere Prüfungshandlungen zur Aufdeckung deliktischer Handlungen oder anderer Gesetzesverstösse nicht Bestandteil dieser Revision.

Zur Bewertung und Offenlegung ist Folgendes zu bemerken: Unsere Revision hat ergeben, dass infolge Belangung aus einer Bürgschaft zugunsten der im Berichtsjahr in Liquiditätsschwierigkeiten geratenen [Firmenbezeichnung] mit einer Zahlungsverpflichtung von rund [Betrag] zu rechnen ist. Hierfür wurde keine Rückstellung gebildet. Dementsprechend sind das Ergebnis sowie das Eigenkapital zu günstig ausgewiesen. Bei Bildung der erforderlichen Rückstellung wäre die beantragte Gewinnausschüttung nicht möglich.

Wegen der Auswirkung des im vorstehenden Absatz dargelegten Sachverhalts entsprechen die Jahresrechnung sowie der Antrag über die Verwendung des Bilanzgewinns nicht Gesetz und Statuten.

Datum/Revisor/Domizil/Unterschrift/en

Beilage: Jahresrechnung und Antrag über die Verwendung des Bilanzgewinns

8. Berichterstattung

8.12.24 Verneinung wegen bekannt gewordener Sachverhalte nach dem Bilanzstichtag

> Bericht der Revisionsstelle zur eingeschränkten Revision an die Generalversammlung der [Firmenbezeichnung], [Domizil]
>
> Als Revisionsstelle haben wir die Jahresrechnung (Bilanz, Erfolgsrechnung und Anhang) der [Firmenbezeichnung] für das am [Bilanzstichtag] abgeschlossene Geschäftsjahr geprüft.
>
> Für die Jahresrechnung ist der Verwaltungsrat verantwortlich, während unsere Aufgabe darin besteht, die Jahresrechnung zu prüfen. Wir bestätigen, dass wir die gesetzlichen Anforderungen hinsichtlich Zulassung und Unabhängigkeit erfüllen.
>
> Unsere Revision erfolgte nach dem Schweizer Standard zur eingeschränkten Revision. Danach ist diese Revision so zu planen und durchzuführen, dass wesentliche Fehlaussagen in der Jahresrechnung erkannt werden. Eine eingeschränkte Revision umfasst hauptsächlich Befragungen und analytische Prüfungshandlungen sowie den Umständen angemessene Detailprüfungen der beim geprüften Unternehmen vorhandenen Unterlagen. Dagegen sind Prüfungen der betrieblichen Abläufe und des internen Kontrollsystems sowie Befragungen und weitere Prüfungshandlungen zur Aufdeckung deliktischer Handlungen oder anderer Gesetzesverstösse nicht Bestandteil dieser Revision.
>
> **Zur Bewertung ist Folgendes zu bemerken: Unsere Revision hat ergeben, dass nach dem Bilanzstichtag Sachverhalte bekannt geworden sind, die eine Wertberichtigung der Forderung gegenüber der [Firmenbezeichnung] in Höhe von rund [Betrag] notwendig machen. Diese Wertberichtigung ist unterblieben. Dementsprechend sind das Ergebnis sowie das Eigenkapital zu günstig ausgewiesen.**
>
> **Wegen der Auswirkung des im vorstehenden Absatz dargelegten Sachverhalts entsprechen die Jahresrechnung sowie der Antrag über die Verwendung des Bilanzgewinns nicht Gesetz und Statuten.**
>
> Datum/Revisor/Domizil/Unterschrift/en
>
> Beilage: Jahresrechnung und Antrag über die Verwendung des Bilanzgewinns

8. Berichterstattung

8.12.25 Unmöglichkeit einer Prüfungsaussage wegen angenommener Überbewertung

Quelle: Arbeitshilfe der Treuhand-Kammer und von Treuhand Suisse vom 24.6.2011, S. 13

Bericht der Revisionsstelle zur eingeschränkten Revision an die Generalversammlung der [Firmenbezeichnung], [Domizil]

Als Revisionsstelle haben wir die Jahresrechnung (Bilanz, Erfolgsrechnung und Anhang) der [Firmenbezeichnung] für das am [Bilanzstichtag] abgeschlossene Geschäftsjahr geprüft.

Für die Jahresrechnung ist der Verwaltungsrat verantwortlich, während unsere Aufgabe darin besteht, die Jahresrechnung zu prüfen. Wir bestätigen, dass wir die gesetzlichen Anforderungen hinsichtlich Zulassung und Unabhängigkeit erfüllen.

Unsere Revision erfolgte nach dem Schweizer Standard zur eingeschränkten Revision. Danach ist diese Revision so zu planen und durchzuführen, dass wesentliche Fehlaussagen in der Jahresrechnung erkannt werden. Eine eingeschränkte Revision umfasst hauptsächlich Befragungen und analytische Prüfungshandlungen sowie den Umständen angemessene Detailprüfungen der beim geprüften Unternehmen vorhandenen Unterlagen. Dagegen sind Prüfungen der betrieblichen Abläufe und des internen Kontrollsystems sowie Befragungen und weitere Prüfungshandlungen zur Aufdeckung deliktischer Handlungen oder anderer Gesetzesverstösse nicht Bestandteil dieser Revision.

Zur Bewertung ist Folgendes zu bemerken: Aufgrund unserer Revision müssen wir annehmen, dass die Vorräte unkurante Handelswaren enthalten, die nicht wertberichtigt worden sind. Hierdurch wären die Vorräte in einem Betrag von mindestens [Betrag] überbewertet; dementsprechend wären das Ergebnis und das Eigenkapital in erheblichem Ausmass zu günstig ausgewiesen.

Wegen der möglichen Auswirkung der im vorstehenden Absatz dargelegten Annahme sind wir nicht in der Lage, eine Prüfungsaussage über die Jahresrechnung und über den Antrag über die Verwendung des Bilanzgewinns zu machen.

Datum/Revisor/Domizil/Unterschrift/en

Beilage: Jahresrechnung und Antrag über die Verwendung des Bilanzgewinns

8. Berichterstattung

8.12.26 Unmöglichkeit einer Prüfungsaussage wegen fehlender Unterlagen zur Bewertung

Quelle: Arbeitshilfe der Treuhand-Kammer und von Treuhand Suisse vom 24.6.2011, S. 13

> Bericht der Revisionsstelle zur eingeschränkten Revision an die Generalversammlung der [Firmenbezeichnung], [Domizil]
>
> Als Revisionsstelle haben wir die Jahresrechnung (Bilanz, Erfolgsrechnung und Anhang) der [Firmenbezeichnung] für das am [Bilanzstichtag] abgeschlossene Geschäftsjahr geprüft.
>
> Für die Jahresrechnung ist der Verwaltungsrat verantwortlich, während unsere Aufgabe darin besteht, die Jahresrechnung zu prüfen. Wir bestätigen, dass wir die gesetzlichen Anforderungen hinsichtlich Zulassung und Unabhängigkeit erfüllen.
>
> **[1] Mit Ausnahme des im nachstehenden Absatz dargelegten Sachverhalts** erfolgte unsere Revision nach dem Schweizer Standard zur eingeschränkten Revision. Danach ist diese Revision so zu planen und durchzuführen, dass wesentliche Fehlaussagen in der Jahresrechnung erkannt werden. Eine eingeschränkte Revision umfasst hauptsächlich Befragungen und analytische Prüfungshandlungen sowie den Umständen angemessene Detailprüfungen der beim geprüften Unternehmen vorhandenen Unterlagen. Dagegen sind Prüfungen der betrieblichen Abläufe und des internen Kontrollsystems sowie Befragungen und weitere Prüfungshandlungen zur Aufdeckung deliktischer Handlungen oder anderer Gesetzesverstösse nicht Bestandteil dieser Revision.
>
> **Zur Bewertung ist Folgendes zu bemerken: Unsere Revision hat ergeben, dass die [Firmenbezeichnung] ein bedeutendes Darlehensguthaben gegenüber ihrem Hauptaktionär über [Betrag] hat. Wir haben die Bonität des Schuldners nicht prüfen können, da uns dafür – trotz unserer nachdrücklichen Aufforderung dazu – keine geeigneten Unterlagen und Informationen zur Verfügung gestellt wurden.**
>
> **Wegen der möglichen Auswirkung des im vorstehenden Absatz dargelegten Sachverhalts sind wir nicht in der Lage, eine Prüfungsaussage über die Jahresrechnung und über den Antrag über die Verwendung des Bilanzgewinns zu machen.**
>
> Datum/Revisor/Domizil/Unterschrift/en
>
> Beilage: Jahresrechnung und Antrag über die Verwendung des Bilanzgewinns

Anmerkung:

[1] Im HWP ER S. 255 wird diese Einschränkung ohne Modifizierung von Absatz 3 formuliert. Die Autoren dieses Buchs vertreten die Ansicht, dass diese wesentliche Position wegen der Beschränkung des Prüfungsumfangs nicht gemäss SER Anhang D Bst. f) «Finanzanlagen» geprüft werden konnte. Eine Offenlegung dieses Sachverhalts erscheint zweckmässig.

8. Berichterstattung

8.12.27 Unmöglichkeit einer Prüfungsaussage wegen fehlender Unterlagen zur Unternehmensfortführung

Quelle: In Anlehnung an die Arbeitshilfe der Treuhand-Kammer und von Treuhand Suisse vom 24.6.2011, S. 13

> Bericht der Revisionsstelle zur eingeschränkten Revision an die Generalversammlung der [Firmenbezeichnung], [Domizil]
>
> Als Revisionsstelle haben wir die Jahresrechnung (Bilanz, Erfolgsrechnung und Anhang) der [Firmenbezeichnung] für das am [Bilanzstichtag] abgeschlossene Geschäftsjahr geprüft.
>
> Für die Jahresrechnung ist der Verwaltungsrat verantwortlich, während unsere Aufgabe darin besteht, die Jahresrechnung zu prüfen. Wir bestätigen, dass wir die gesetzlichen Anforderungen hinsichtlich Zulassung und Unabhängigkeit erfüllen.
>
> **[1] Mit Ausnahme des im nachstehenden Absatz dargelegten Sachverhalts** erfolgte unsere Revision nach dem Schweizer Standard zur eingeschränkten Revision. Danach ist diese Revision so zu planen und durchzuführen, dass wesentliche Fehlaussagen in der Jahresrechnung erkannt werden. Eine eingeschränkte Revision umfasst hauptsächlich Befragungen und analytische Prüfungshandlungen sowie den Umständen angemessene Detailprüfungen der beim geprüften Unternehmen vorhandenen Unterlagen. Dagegen sind Prüfungen der betrieblichen Abläufe und des internen Kontrollsystems sowie Befragungen und weitere Prüfungshandlungen zur Aufdeckung deliktischer Handlungen oder anderer Gesetzesverstösse nicht Bestandteil dieser Revision.
>
> **Zur Fortführung und Wertbasis ist Folgendes zu bemerken: Aufgrund unserer Revision müssen wir annehmen, dass die [Firmenbezeichnung] wegen des unbefriedigenden Geschäftsverlaufs in Liquiditätsschwierigkeiten geraten ist. Die Unternehmensleitung hat uns – trotz unserer nachdrücklichen Aufforderung dazu – keine Erklärung darüber abgeben können, ob und unter welchen Voraussetzungen die Fortführung der Unternehmenstätigkeit gegeben ist. Wir haben deshalb nicht überprüfen können, ob die der Jahresrechnung zugrunde gelegte Annahme der Fortführung der Unternehmenstätigkeit vertretbar ist.**
>
> **Wegen der möglichen Auswirkung des im vorstehenden Absatz dargelegten Sachverhalts sind wir nicht in der Lage, eine Prüfungsaussage zu machen. [2]**
>
> Datum/Revisor/Domizil/Unterschrift/en
>
> Beilage: Jahresrechnung

Anmerkung
[1] Im HWP ER S. 256 wird diese Einschränkung ohne Modifikation von Absatz 3 formuliert. Die Autoren vertreten die Ansicht, dass wegen der Beschränkung des Prüfungsumfangs die Revision dieses bedeutenden Sachverhalts nicht nach dem SER durchgeführt werden konnte.
[2] Unter Umständen bedarf es eines Zusatzes wegen möglicher Rechtsfolgen gemäss Art. 725 OR Dieser könnte z. B. so lauten: «Würde die Unternehmensfortführung verunmöglicht, müsste die Jahresrechnung auf Basis von Veräusserungswerten erstellt werden. Damit entstünde zugleich die begründete Besorgnis einer Überschuldung im Sinne von Art. 725 Abs. 2 OR, und es wären die entsprechenden Vorschriften zu befolgen.»

8. Berichterstattung

8.12.28 Zusatz zur im Anhang offengelegten Unsicherheit hinsichtlich Bewertung

Quelle: in Anlehnung an Arbeitshilfe der Treuhand-Kammer und von Treuhand Suisse vom 24.6.2011, S. 14

> Bericht der Revisionsstelle zur eingeschränkten Revision an die Generalversammlung der [Firmenbezeichnung], [Domizil]
>
> Als Revisionsstelle haben wir die Jahresrechnung (Bilanz, Erfolgsrechnung und Anhang) der [Firmenbezeichnung] für das am [Bilanzstichtag] abgeschlossene Geschäftsjahr geprüft.
>
> Für die Jahresrechnung ist der Verwaltungsrat verantwortlich, während unsere Aufgabe darin besteht, die Jahresrechnung zu prüfen. Wir bestätigen, dass wir die gesetzlichen Anforderungen hinsichtlich Zulassung und Unabhängigkeit erfüllen.
>
> Unsere Revision erfolgte nach dem Schweizer Standard zur eingeschränkten Revision. Danach ist diese Revision so zu planen und durchzuführen, dass wesentliche Fehlaussagen in der Jahresrechnung erkannt werden. Eine eingeschränkte Revision umfasst hauptsächlich Befragungen und analytische Prüfungshandlungen sowie den Umständen angemessene Detailprüfungen der beim geprüften Unternehmen vorhandenen Unterlagen. Dagegen sind Prüfungen der betrieblichen Abläufe und des internen Kontrollsystems sowie Befragungen und weitere Prüfungshandlungen zur Aufdeckung deliktischer Handlungen oder anderer Gesetzesverstösse nicht Bestandteil dieser Revision.
>
> Bei unserer Revision sind wir nicht auf Sachverhalte gestossen, aus denen wir schliessen müssten, dass die Jahresrechnung sowie der Antrag über die Verwendung des Bilanzgewinns nicht Gesetz und Statuten entsprechen.
>
> **Ohne unsere Prüfungsaussage einzuschränken, machen wir auf Anmerkung [Nummer/Bezeichnung] im Anhang der Jahresrechnung aufmerksam, in der eine wesentliche Unsicherheit über die Bewertung der angefangenen Arbeiten dargelegt ist. Diese können im heutigen Zeitpunkt objektiv nicht abschliessend beurteilt werden, weil die Bewertung vom Entscheid über die Änderung der Nutzung der Umbauten abhängt. [1] [2]**
>
> Datum/Revisor/Domizil/Unterschrift/en
>
> Beilage: Jahresrechnung und Antrag über die Verwendung des Bilanzgewinns

Anmerkung

[1] Der hier verwendete Zusatz stellt kein Ersatz für eine Einschränkung wegen nicht ausreichend geeigneter Prüfungsnachweise dar. In diesem Beispiel handelt es sich um einen vertretbaren Wert, der von einem künftigen, nicht direkt beeinflussbaren Entscheid abhängig ist. Eine Einschränkung ist deshalb nicht notwendig.

[2] Je nach Sachverhalt ist ein weiterer Absatz einzufügen, worin auf mögliche Rechtsfolgen der wesentlichen Unsicherheit aufmerksam gemacht wird: «Sollte für die angefangenen Arbeiten eine Wertberichtigung wegen Verweigerung der Nutzungsänderung nötig sein, könnte ein Kapitalverlust oder eine Überschuldung im Sinne von Art. 725 OR eintreten, und es wären die entsprechenden Vorschriften zu befolgen.»

8. Berichterstattung

8.12.29 Zusatz zur im Anhang offengelegten Unsicherheit hinsichtlich Unternehmensfortführung

Quelle: Arbeitshilfe der Treuhand-Kammer und von Treuhand Suisse vom 24.6.2011, S. 14

> Bericht der Revisionsstelle zur eingeschränkten Revision an die Generalversammlung der [Firmenbezeichnung], [Domizil]
>
> Als Revisionsstelle haben wir die Jahresrechnung (Bilanz, Erfolgsrechnung und Anhang) der [Firmenbezeichnung] für das am [Bilanzstichtag] abgeschlossene Geschäftsjahr geprüft.
>
> Für die Jahresrechnung ist der Verwaltungsrat verantwortlich, während unsere Aufgabe darin besteht, die Jahresrechnung zu prüfen. Wir bestätigen, dass wir die gesetzlichen Anforderungen hinsichtlich Zulassung und Unabhängigkeit erfüllen.
>
> Unsere Revision erfolgte nach dem Schweizer Standard zur eingeschränkten Revision. Danach ist diese Revision so zu planen und durchzuführen, dass wesentliche Fehlaussagen in der Jahresrechnung erkannt werden. Eine eingeschränkte Revision umfasst hauptsächlich Befragungen und analytische Prüfungshandlungen sowie den Umständen angemessene Detailprüfungen der beim geprüften Unternehmen vorhandenen Unterlagen. Dagegen sind Prüfungen der betrieblichen Abläufe und des internen Kontrollsystems sowie Befragungen und weitere Prüfungshandlungen zur Aufdeckung deliktischer Handlungen oder anderer Gesetzesverstösse nicht Bestandteil dieser Revision.
>
> Bei unserer Revision sind wir nicht auf Sachverhalte gestossen, aus denen wir schliessen müssten, dass die Jahresrechnung [sowie der Antrag über die Verwendung des Bilanzgewinns] nicht Gesetz und Statuten entsprechen.
>
> **Ohne unsere Prüfungsaussage einzuschränken, machen wir auf Anmerkung [Nummer/Bezeichnung] im Anhang der Jahresrechnung aufmerksam, in der dargelegt wird, dass eine wesentliche Unsicherheit besteht, die erhebliche Zweifel an der Fähigkeit der [Firmenbezeichnung] zur Fortführung der Unternehmenstätigkeit aufwirft. Würde die Fortführung der Unternehmenstätigkeit verunmöglicht, müsste die Jahresrechnung auf Basis von Veräusserungswerten erstellt werden.**
>
> Datum/Revisor/Domizil/Unterschrift/en
>
> Beilage: Jahresrechnung

Anmerkung

Unter Umständen bedarf es eines zweiten Zusatzes wegen möglicher Rechtsfolgen gemäss Art. 725 OR (Zusatz wegen eines Sachverhalts, der den Abschluss nicht beeinflusst). Dieser Satz könnte z. B. lauten: «Damit entstünde zugleich begründete Besorgnis einer Überschuldung im Sinne von Art. 725 Abs. 2 OR, und es wären die entsprechenden Vorschriften zu befolgen.»

8. Berichterstattung

8.12.30 Zusatz zur Überschuldung und zum Vorliegen einer Rangrücktrittsvereinbarung

Quelle: Arbeitshilfe der Treuhand-Kammer und von Treuhand Suisse vom 24.6.2011, S. 14

Bericht der Revisionsstelle zur eingeschränkten Revision an die Generalversammlung der [Firmenbezeichnung], [Domizil]

Als Revisionsstelle haben wir die Jahresrechnung (Bilanz, Erfolgsrechnung und Anhang) der [Firmenbezeichnung] für das am [Bilanzstichtag] abgeschlossene Geschäftsjahr geprüft.

Für die Jahresrechnung ist der Verwaltungsrat verantwortlich, während unsere Aufgabe darin besteht, die Jahresrechnung zu prüfen. Wir bestätigen, dass wir die gesetzlichen Anforderungen hinsichtlich Zulassung und Unabhängigkeit erfüllen.

Unsere Revision erfolgte nach dem Schweizer Standard zur eingeschränkten Revision. Danach ist diese Revision so zu planen und durchzuführen, dass wesentliche Fehlaussagen in der Jahresrechnung erkannt werden. Eine eingeschränkte Revision umfasst hauptsächlich Befragungen und analytische Prüfungshandlungen sowie den Umständen angemessene Detailprüfungen der beim geprüften Unternehmen vorhandenen Unterlagen. Dagegen sind Prüfungen der betrieblichen Abläufe und des internen Kontrollsystems sowie Befragungen und weitere Prüfungshandlungen zur Aufdeckung deliktischer Handlungen oder anderer Gesetzesverstösse nicht Bestandteil dieser Revision.

Bei unserer Revision sind wir nicht auf Sachverhalte gestossen, aus denen wir schliessen müssten, dass die Jahresrechnung nicht Gesetz und Statuten entsprechen.

Wir machen darauf aufmerksam, dass die [Firmenbezeichnung] im Sinne von Art. 725 Abs. 2 OR überschuldet ist. Da Gläubiger der Gesellschaft im Betrag von [Betrag] Rangrücktritt erklärt haben, hat der Verwaltungsrat von der Benachrichtigung des Richters abgesehen.

Datum/Revisor/Domizil/Unterschrift/en

Beilage: Jahresrechnung

8. Berichterstattung

8.12.31 Zusatz zur Überschuldung und sofortigen finanziellen Sanierungsmassnahmen

Quelle: Arbeitshilfe der Treuhand-Kammer und von Treuhand Suisse vom 24.6.2011, S. 15

> Bericht der Revisionsstelle zur eingeschränkten Revision an die Generalversammlung der [Firmenbezeichnung], [Domizil]
>
> Als Revisionsstelle haben wir die Jahresrechnung (Bilanz, Erfolgsrechnung und Anhang) der [Firmenbezeichnung] für das am [Bilanzstichtag] abgeschlossene Geschäftsjahr geprüft.
>
> Für die Jahresrechnung ist der Verwaltungsrat verantwortlich, während unsere Aufgabe darin besteht, die Jahresrechnung zu prüfen. Wir bestätigen, dass wir die gesetzlichen Anforderungen hinsichtlich Zulassung und Unabhängigkeit erfüllen.
>
> Unsere Revision erfolgte nach dem Schweizer Standard zur eingeschränkten Revision. Danach ist diese Revision so zu planen und durchzuführen, dass wesentliche Fehlaussagen in der Jahresrechnung erkannt werden. Eine eingeschränkte Revision umfasst hauptsächlich Befragungen und analytische Prüfungshandlungen sowie den Umständen angemessene Detailprüfungen der beim geprüften Unternehmen vorhandenen Unterlagen. Dagegen sind Prüfungen der betrieblichen Abläufe und des internen Kontrollsystems sowie Befragungen und weitere Prüfungshandlungen zur Aufdeckung deliktischer Handlungen oder anderer Gesetzesverstösse nicht Bestandteil dieser Revision.
>
> Bei unserer Revision sind wir nicht auf Sachverhalte gestossen, aus denen wir schliessen müssten, dass die Jahresrechnung nicht Gesetz und Statuten entsprechen.
>
> **Wir machen darauf aufmerksam, dass die Jahresrechnung der [Firmenbezeichnung] eine buchmässige Überschuldung ausweist. Aus den gemäss Art. 725 Abs. 2 OR erstellten Zwischenbilanzen ergibt sich, dass das Fremdkapital weder auf Basis von Fortführungs- noch von Veräusserungswerten gedeckt ist. Da der Hauptaktionär die nachhaltige finanzielle Sanierung innert zwei Wochen schriftlich zugesagt hat, hat der Verwaltungsrat von der Benachrichtigung des Richters abgesehen. Kommt die Sanierung nicht zustande, ist dieser zu benachrichtigen.**
>
> Datum/Revisor/Domizil/Unterschrift/en
>
> Beilage: Jahresrechnung

Anmerkung

Wird die Gesellschaft nicht fristgerecht (ausreichend) saniert und bleibt der Verwaltungsrat untätig, hat die Revisionsstelle die subsidiäre Anzeigepflicht gemäss Art. 729c OR zu beachten.

8. Berichterstattung

8.12.32 Zusatz zur Überschuldung und zum Vorliegen von Zwischenbilanzen

Quelle: Arbeitshilfe der Treuhand-Kammer und von Treuhand Suisse vom 24.6.2011, S. 15

> Bericht der Revisionsstelle zur eingeschränkten Revision an die Generalversammlung der [Firmenbezeichnung], [Domizil]
>
> Als Revisionsstelle haben wir die Jahresrechnung (Bilanz, Erfolgsrechnung und Anhang) der [Firmenbezeichnung] für das am [Bilanzstichtag] abgeschlossene Geschäftsjahr geprüft.
>
> Für die Jahresrechnung ist der Verwaltungsrat verantwortlich, während unsere Aufgabe darin besteht, die Jahresrechnung zu prüfen. Wir bestätigen, dass wir die gesetzlichen Anforderungen hinsichtlich Zulassung und Unabhängigkeit erfüllen.
>
> Unsere Revision erfolgte nach dem Schweizer Standard zur eingeschränkten Revision. Danach ist diese Revision so zu planen und durchzuführen, dass wesentliche Fehlaussagen in der Jahresrechnung erkannt werden. Eine eingeschränkte Revision umfasst hauptsächlich Befragungen und analytische Prüfungshandlungen sowie den Umständen angemessene Detailprüfungen der beim geprüften Unternehmen vorhandenen Unterlagen. Dagegen sind Prüfungen der betrieblichen Abläufe und des internen Kontrollsystems sowie Befragungen und weitere Prüfungshandlungen zur Aufdeckung deliktischer Handlungen oder anderer Gesetzesverstösse nicht Bestandteil dieser Revision.
>
> Bei unserer Revision sind wir nicht auf Sachverhalte gestossen, aus denen wir schliessen müssten, dass die Jahresrechnung nicht Gesetz und Statuten entsprechen.
>
> **Wir machen darauf aufmerksam, dass die Jahresrechnung der [Firmenbezeichnung] eine buchmässige Überschuldung ausweist. In der zu Fortführungswerten erstellten Zwischenbilanz sind die Forderungen der Gesellschaftsgläubiger gedeckt, sodass keine Überschuldung im Sinne von Art. 725 Abs. 2 OR besteht.**
>
> Datum/Revisor/Domizil/Unterschrift/en
>
> Beilage: Jahresrechnung

Anmerkung

Zeigt die Zwischenbilanz zu Fortführungswerten eine Überschuldung, diejenige zu Veräusserungswerten jedoch keine, so ist im vorstehenden Zusatz anstelle der Zwischenbilanz zu Fortführungswerten jene zu Veräusserungswerten zu nennen.

8. Berichterstattung

8.12.33 Zusatz zum Kapitalverlust gemäss Art. 725 Abs. 1 OR

Quelle: Arbeitshilfe der Treuhand-Kammer und von Treuhand Suisse vom 24.6.2011, S. 15

Bericht der Revisionsstelle zur eingeschränkten Revision an die Generalversammlung der [Firmenbezeichnung], [Domizil]

Als Revisionsstelle haben wir die Jahresrechnung (Bilanz, Erfolgsrechnung und Anhang) der [Firmenbezeichnung] für das am [Bilanzstichtag] abgeschlossene Geschäftsjahr geprüft.

Für die Jahresrechnung ist der Verwaltungsrat verantwortlich, während unsere Aufgabe darin besteht, die Jahresrechnung zu prüfen. Wir bestätigen, dass wir die gesetzlichen Anforderungen hinsichtlich Zulassung und Unabhängigkeit erfüllen.

Unsere Revision erfolgte nach dem Schweizer Standard zur eingeschränkten Revision. Danach ist diese Revision so zu planen und durchzuführen, dass wesentliche Fehlaussagen in der Jahresrechnung erkannt werden. Eine eingeschränkte Revision umfasst hauptsächlich Befragungen und analytische Prüfungshandlungen sowie den Umständen angemessene Detailprüfungen der beim geprüften Unternehmen vorhandenen Unterlagen. Dagegen sind Prüfungen der betrieblichen Abläufe und des internen Kontrollsystems sowie Befragungen und weitere Prüfungshandlungen zur Aufdeckung deliktischer Handlungen oder anderer Gesetzesverstösse nicht Bestandteil dieser Revision.

Bei unserer Revision sind wir nicht auf Sachverhalte gestossen, aus denen wir schliessen müssten, dass die Jahresrechnung nicht Gesetz und Statuten entsprechen.

Wir machen darauf aufmerksam, dass die Hälfte des Aktienkapitals und der gesetzlichen Reserven nicht mehr gedeckt ist (Art. 725 Abs. 1 OR).

Datum/Revisor/Domizil/Unterschrift/en

Beilage: Jahresrechnung

Anmerkung

Es wird angenommen, dass der Verwaltungsrat vom Zeitablauf her noch keine Gelegenheit hatte, seinen Pflichten nach Art. 725 Abs. 1 OR nachzukommen, und deshalb noch kein Gesetzesverstoss begangen wurde, auf den hingewiesen werden müsste.

Es ist auch denkbar, dass der Verwaltungsrat in seiner Kompetenz unverzüglich Sanierungsmassnahmen eingeleitet hat (z. B. Forderungsverzicht).

8. Berichterstattung

8.12.34 Zusatz zur Dividendenausschüttung

Quelle: Arbeitshilfe der Treuhand-Kammer und von Treuhand Suisse vom 24.6.2011, S. 15 f.

> Bericht der Revisionsstelle zur eingeschränkten Revision an die Generalversammlung der [Firmenbezeichnung], [Domizil]
>
> Als Revisionsstelle haben wir die Jahresrechnung (Bilanz, Erfolgsrechnung und Anhang) der [Firmenbezeichnung] für das am [Bilanzstichtag] abgeschlossene Geschäftsjahr geprüft.
>
> Für die Jahresrechnung ist der Verwaltungsrat verantwortlich, während unsere Aufgabe darin besteht, die Jahresrechnung zu prüfen. Wir bestätigen, dass wir die gesetzlichen Anforderungen hinsichtlich Zulassung und Unabhängigkeit erfüllen.
>
> Unsere Revision erfolgte nach dem Schweizer Standard zur eingeschränkten Revision. Danach ist diese Revision so zu planen und durchzuführen, dass wesentliche Fehlaussagen in der Jahresrechnung erkannt werden. Eine eingeschränkte Revision umfasst hauptsächlich Befragungen und analytische Prüfungshandlungen sowie den Umständen angemessene Detailprüfungen der beim geprüften Unternehmen vorhandenen Unterlagen. Dagegen sind Prüfungen der betrieblichen Abläufe und des internen Kontrollsystems sowie Befragungen und weitere Prüfungshandlungen zur Aufdeckung deliktischer Handlungen oder anderer Gesetzesverstösse nicht Bestandteil dieser Revision.
>
> Bei unserer Revision sind wir nicht auf Sachverhalte gestossen, aus denen wir schliessen müssten, dass die Jahresrechnung nicht Gesetz und Statuten entspricht.
>
> **Die beantragte Dividendenausschüttung entspricht schweizerischem Gesetz und schweizerischen Statuten. Allerdings beeinflusst sie in der vorgesehenen Höhe die Liquidität der [Firmenbezeichnung] ganz erheblich. Sie ist nur dann vertretbar, wenn gewährleistet ist, dass die für die Betriebstätigkeit notwendige Liquidität auch nach dem Dividendenabgang zur Verfügung stehen wird; andernfalls verstösst der Antrag gegen die Sorgfaltspflicht (Art. 717 Abs. 1 OR).**
>
> Datum/Revisor/Domizil/Unterschrift/en
>
> Beilage: Jahresrechnung

Anmerkung

Im Allgemeinen dürfte die Revisionsstelle zu einer Beurteilung der Vertretbarkeit der vorgesehenen Ausschüttung in der Lage sein. Verneint sie diese, besteht ein Gesetzesverstoss, und es bedarf eines Hinweises (siehe Beispiel 8.12.38).

8. Berichterstattung

8.12.35 Hinweis auf Untätigkeit des Verwaltungsrats bei Art. 725 Abs. 1 OR

Quelle: Arbeitshilfe der Treuhand-Kammer und von Treuhand Suisse vom 24.6.2011, S. 16

Bericht der Revisionsstelle zur eingeschränkten Revision an die Generalversammlung der [Firmenbezeichnung], [Domizil]

Als Revisionsstelle haben wir die Jahresrechnung (Bilanz, Erfolgsrechnung und Anhang) der [Firmenbezeichnung] für das am [Bilanzstichtag] abgeschlossene Geschäftsjahr geprüft.

Für die Jahresrechnung ist der Verwaltungsrat verantwortlich, während unsere Aufgabe darin besteht, die Jahresrechnung zu prüfen. Wir bestätigen, dass wir die gesetzlichen Anforderungen hinsichtlich Zulassung und Unabhängigkeit erfüllen.

Unsere Revision erfolgte nach dem Schweizer Standard zur eingeschränkten Revision. Danach ist diese Revision so zu planen und durchzuführen, dass wesentliche Fehlaussagen in der Jahresrechnung erkannt werden. Eine eingeschränkte Revision umfasst hauptsächlich Befragungen und analytische Prüfungshandlungen sowie den Umständen angemessene Detailprüfungen der beim geprüften Unternehmen vorhandenen Unterlagen. Dagegen sind Prüfungen der betrieblichen Abläufe und des internen Kontrollsystems sowie Befragungen und weitere Prüfungshandlungen zur Aufdeckung deliktischer Handlungen oder anderer Gesetzesverstösse nicht Bestandteil dieser Revision.

Bei unserer Revision sind wir nicht auf Sachverhalte gestossen, aus denen wir schliessen müssten, dass die Jahresrechnung nicht Gesetz und Statuten entspricht.

Wir machen darauf aufmerksam, dass die Hälfte des Aktienkapitals und der gesetzlichen Reserven nicht mehr gedeckt ist (Art. 725 Abs. 1 OR). Ferner weisen wir darauf hin, dass es der Verwaltungsrat unterlassen hat, die Generalversammlung unverzüglich über den Verlust von mehr als der Hälfte des Aktienkapitals und der gesetzlichen Reserven zu orientieren und ihr Sanierungsmassnahmen zu beantragen.

Datum/Revisor/Domizil/Unterschrift/en

Beilage: Jahresrechnung

Anmerkung

Die Annahme ist, dass der Verwaltungsrat vom Zeitablauf her bereits Gelegenheit gehabt hätte, seinen Pflichten nach Art. 725 Abs. 1 OR nachzukommen, und deshalb – im Unterschied zum Beispiel 8.12.33 – ein Gesetzesverstoss vorliegt (z. B. bei grösserem Zeitabstand zwischen Abschlusserstellung und Abgabe dieses Berichts).

8. Berichterstattung

8.12.36 Hinweis auf Untätigkeit des Verwaltungsrats bei Art. 725 Abs. 2 OR

Quelle: Arbeitshilfe der Treuhand-Kammer und von Treuhand Suisse vom 24.6.2011, S. 16

Bericht der Revisionsstelle zur eingeschränkten Revision an die Generalversammlung der [Firmenbezeichnung], [Domizil]

Als Revisionsstelle haben wir die Jahresrechnung (Bilanz, Erfolgsrechnung und Anhang) der [Firmenbezeichnung] für das am [Bilanzstichtag] abgeschlossene Geschäftsjahr geprüft.

Für die Jahresrechnung ist der Verwaltungsrat verantwortlich, während unsere Aufgabe darin besteht, die Jahresrechnung zu prüfen. Wir bestätigen, dass wir die gesetzlichen Anforderungen hinsichtlich Zulassung und Unabhängigkeit erfüllen.

Unsere Revision erfolgte nach dem Schweizer Standard zur eingeschränkten Revision. Danach ist diese Revision so zu planen und durchzuführen, dass wesentliche Fehlaussagen in der Jahresrechnung erkannt werden. Eine eingeschränkte Revision umfasst hauptsächlich Befragungen und analytische Prüfungshandlungen sowie den Umständen angemessene Detailprüfungen der beim geprüften Unternehmen vorhandenen Unterlagen. Dagegen sind Prüfungen der betrieblichen Abläufe und des internen Kontrollsystems sowie Befragungen und weitere Prüfungshandlungen zur Aufdeckung deliktischer Handlungen oder anderer Gesetzesverstösse nicht Bestandteil dieser Revision.

Bei unserer Revision sind wir nicht auf Sachverhalte gestossen, aus denen wir schliessen müssten, dass die Jahresrechnung nicht Gesetz und Statuten entspricht.

Wir machen darauf aufmerksam, dass die Jahresrechnung der [Firmenbezeichnung] eine buchmässige Überschuldung ausweist. Ferner weisen wir darauf hin, dass es der Verwaltungsrat unterlassen hat, eine Zwischenbilanz gemäss Art. 725 Abs. 2 OR zu erstellen. Sollte diese zeigen, dass auch zu Veräusserungswerten eine Überschuldung besteht, sind die Vorschriften von Art. 725 Abs. 2 OR zu beachten.

Datum/Revisor/Domizil/Unterschrift/en

Beilage: Jahresrechnung

Anmerkung

Bleibt der Verwaltungsrat weiterhin untätig, hat die Revisionsstelle die subsidiäre Anzeigepflicht gemäss Art. 729c OR zu beachten.

8. Berichterstattung

8.12.37 Hinweis auf verbotene Einlagenrückgewähr gemäss Art. 680 Abs. 2 OR

Quelle: Arbeitshilfe der Treuhand-Kammer und von Treuhand Suisse vom 24.6.2011, S. 16 f.

> Bericht der Revisionsstelle zur eingeschränkten Revision an die Generalversammlung der [Firmenbezeichnung], [Domizil]
>
> Als Revisionsstelle haben wir die Jahresrechnung (Bilanz, Erfolgsrechnung und Anhang) der [Firmenbezeichnung] für das am [Bilanzstichtag] abgeschlossene Geschäftsjahr geprüft.
>
> Für die Jahresrechnung ist der Verwaltungsrat verantwortlich, während unsere Aufgabe darin besteht, die Jahresrechnung zu prüfen. Wir bestätigen, dass wir die gesetzlichen Anforderungen hinsichtlich Zulassung und Unabhängigkeit erfüllen.
>
> Unsere Revision erfolgte nach dem Schweizer Standard zur eingeschränkten Revision. Danach ist diese Revision so zu planen und durchzuführen, dass wesentliche Fehlaussagen in der Jahresrechnung erkannt werden. Eine eingeschränkte Revision umfasst hauptsächlich Befragungen und analytische Prüfungshandlungen sowie den Umständen angemessene Detailprüfungen der beim geprüften Unternehmen vorhandenen Unterlagen. Dagegen sind Prüfungen der betrieblichen Abläufe und des internen Kontrollsystems sowie Befragungen und weitere Prüfungshandlungen zur Aufdeckung deliktischer Handlungen oder anderer Gesetzesverstösse nicht Bestandteil dieser Revision.
>
> Bei unserer Revision sind wir nicht auf Sachverhalte gestossen, aus denen wir schliessen müssten, dass die Jahresrechnung [sowie der Antrag über die Verwendung des Bilanzgewinns] nicht Gesetz und Statuten entsprechen.
>
> **Wir weisen darauf hin, dass das Darlehen an Aktionäre von [Betrag] in Ermangelung frei verwendbarer Reserven eine nach Art. 680 Abs. 2 OR verbotene Kapitalrückzahlung darstellt.**
>
> Datum/Revisor/Domizil/Unterschrift/en
>
> Beilage: Jahresrechnung [und Antrag über die Verwendung des Bilanzgewinns]

Anmerkung
Eine verbotene Kapitalrückzahlung setzt kumulativ voraus, dass der Aktionär weder in der Lage noch willens ist, das Kapital zurückzubezahlen, und die Darlehensgewährung faktisch zulasten des Aktienkapitals erfolgt ist. Bestehen offene und stille Reserven in der Höhe des Aktionärsdarlehens, liegt kein Verstoss gegen Art. 680 Abs. 2 OR vor (Vertiefung in Kapitel 13.6 ff.).
Ist der Aktionär weder in der Lage noch willens das Darlehen zurückzubezahlen, stellt es ein Nonvaleur dar und muss entsprechend wertberichtigt werden. Das Darlehen erfüllt den Tatbestand einer steuerbaren Leistung; es fallen zusätzlich (zurückzustellende) Gewinnsteuern an. Fehlende Wertberichtigungen und Rückstellungen führen in Anbetracht der Bedeutung in der Regel zu einer verneinenden Prüfungsaussage. Sie folgendes Beispiel auf der nächsten Seite.

8. Berichterstattung

8.12.37 Fortsetzung

Das Aktionärsdarlehen verstösst gemäss vorstehender Anmerkung gegen Art. 680 Abs. 2 OR. Es wurde keine Wertberichtigung vorgenommen und für die Steuerfolgen wurde keine Rückstellung gebildet.

Diesem Hinweis sind eine Einschränkung zur Bewertung und eine verneinende Prüfungsaussage voranzustellen. Führt die notwendige Korrektur zu einem Kapitalverlust oder zu einer Überschuldung, ist zusätzlich auf Art. 725 OR hinzuweisen.

> [...]
>
> **Zur Bewertung ist Folgendes zu bemerken: Unsere Revision hat ergeben, dass das Darlehen in Höhe von [Betrag] gegenüber dem Aktionär nicht werthaltig ist, da er weder in der Lage noch willens ist, dieses zurückzuzahlen. Ferner wurden für die Steuerfolgen in Höhe von [Betrag] keine Rückstellungen gebildet. Dementsprechend sind das Ergebnis sowie das Eigenkapital zu günstig ausgewiesen.**
>
> **Wegen der Auswirkung des im vorstehenden Absatz dargelegten Sachverhalts entsprechen die Jahresrechnung und der Antrag über die Verwendung des Bilanzgewinns nicht Gesetz und Statuten.**
>
> Wir weisen darauf hin, dass das Darlehen an den Aktionär von [Betrag] in Ermangelung frei verwendbarer Reserven eine nach Art. 680 Abs. 2 verbotene Kapitalrückzahlung darstellt.
>
> [1]

Anmerkung:

[1] Unter Umständen bedarf es eines Hinweises darauf, dass der Verwaltungsrat nicht im Sinne von Art. 725 Abs. 1 oder Abs. 2 OR gehandelt hat. Es ist der entsprechende Hinweis gemäss Beispiel 8.12.16 oder 8.12.17 anzubringen.

8. Berichterstattung

8.12.38 Hinweis auf gesetzwidrigen Antrag über die Gewinnverwendung (fehlende Liquidität)

Quelle: In Anlehnung an die Arbeitshilfe der Treuhand-Kammer und von Treuhand Suisse vom 24.6.2011, S. 17

Bericht der Revisionsstelle zur eingeschränkten Revision an die Generalversammlung der [Firmenbezeichnung], [Domizil]

Als Revisionsstelle haben wir die Jahresrechnung (Bilanz, Erfolgsrechnung und Anhang) der [Firmenbezeichnung] für das am [Bilanzstichtag] abgeschlossene Geschäftsjahr geprüft.

Für die Jahresrechnung ist der Verwaltungsrat verantwortlich, während unsere Aufgabe darin besteht, die Jahresrechnung zu prüfen. Wir bestätigen, dass wir die gesetzlichen Anforderungen hinsichtlich Zulassung und Unabhängigkeit erfüllen.

Unsere Revision erfolgte nach dem Schweizer Standard zur eingeschränkten Revision. Danach ist diese Revision so zu planen und durchzuführen, dass wesentliche Fehlaussagen in der Jahresrechnung erkannt werden. Eine eingeschränkte Revision umfasst hauptsächlich Befragungen und analytische Prüfungshandlungen sowie den Umständen angemessene Detailprüfungen der beim geprüften Unternehmen vorhandenen Unterlagen. Dagegen sind Prüfungen der betrieblichen Abläufe und des internen Kontrollsystems sowie Befragungen und weitere Prüfungshandlungen zur Aufdeckung deliktischer Handlungen oder anderer Gesetzesverstösse nicht Bestandteil dieser Revision.

Bei unserer Revision sind wir nicht auf Sachverhalte gestossen, aus denen wir schliessen müssten, dass die Jahresrechnung nicht Gesetz und Statuten entspricht.

Wir weisen darauf hin, dass im Antrag über die Verwendung des Bilanzgewinns eine Dividende in Höhe von [Betrag] enthalten ist. Diese Ausschüttung ist aufgrund der derzeitigen Liquiditätslage der Gesellschaft nicht vertretbar. Der Antrag des Verwaltungsrats verstösst deshalb gegen die Sorgfaltspflicht (Art. 717 Abs. 1 OR) und damit gegen Gesetz und Statuten.

Datum/Revisor/Domizil/Unterschrift/en

Beilage Jahresrechnung und Antrag über die Verwendung des Bilanzgewinns

8. Berichterstattung

8.12.39 Hinweis auf fehlende Reservezuweisung bei der Gewinnverwendung

Quelle: Arbeitshilfe der Treuhand-Kammer und von Treuhand Suisse vom 24.6.2011, S. 17

Bericht der Revisionsstelle zur eingeschränkten Revision an die Generalversammlung der [Firmenbezeichnung], [Domizil]

Als Revisionsstelle haben wir die Jahresrechnung (Bilanz, Erfolgsrechnung und Anhang) der [Firmenbezeichnung] für das am [Bilanzstichtag] abgeschlossene Geschäftsjahr geprüft.

Für die Jahresrechnung ist der Verwaltungsrat verantwortlich, während unsere Aufgabe darin besteht, die Jahresrechnung zu prüfen. Wir bestätigen, dass wir die gesetzlichen Anforderungen hinsichtlich Zulassung und Unabhängigkeit erfüllen.

Unsere Revision erfolgte nach dem Schweizer Standard zur eingeschränkten Revision. Danach ist diese Revision so zu planen und durchzuführen, dass wesentliche Fehlaussagen in der Jahresrechnung erkannt werden. Eine eingeschränkte Revision umfasst hauptsächlich Befragungen und analytische Prüfungshandlungen sowie den Umständen angemessene Detailprüfungen der beim geprüften Unternehmen vorhandenen Unterlagen. Dagegen sind Prüfungen der betrieblichen Abläufe und des internen Kontrollsystems sowie Befragungen und weitere Prüfungshandlungen zur Aufdeckung deliktischer Handlungen oder anderer Gesetzesverstösse nicht Bestandteil dieser Revision.

Bei unserer Revision sind wir nicht auf Sachverhalte gestossen, aus denen wir schliessen müssten, dass die Jahresrechnung nicht Gesetz und Statuten entspricht. Da der Antrag über die Verwendung des Bilanzgewinns keine Zuweisung an die allgemeine Reserve vorsieht, entspricht er nicht Gesetz und Statuten.

Datum/Revisor/Domizil/Unterschrift/en

Beilage: Jahresrechnung und Antrag über die Verwendung des Bilanzgewinns

8. Berichterstattung

8.12.40 Hinweis auf nicht zulässigen Erwerb eigener Aktien gemäss Art. 659 Abs. 1 OR

> Bericht der Revisionsstelle zur eingeschränkten Revision an die Generalversammlung der [Firmenbezeichnung], [Domizil]
>
> Als Revisionsstelle haben wir die Jahresrechnung (Bilanz, Erfolgsrechnung und Anhang) der [Firmenbezeichnung] für das am [Bilanzstichtag] abgeschlossene Geschäftsjahr geprüft.
>
> Für die Jahresrechnung ist der Verwaltungsrat verantwortlich, während unsere Aufgabe darin besteht, die Jahresrechnung zu prüfen. Wir bestätigen, dass wir die gesetzlichen Anforderungen hinsichtlich Zulassung und Unabhängigkeit erfüllen.
>
> Unsere Revision erfolgte nach dem Schweizer Standard zur eingeschränkten Revision. Danach ist diese Revision so zu planen und durchzuführen, dass wesentliche Fehlaussagen in der Jahresrechnung erkannt werden. Eine eingeschränkte Revision umfasst hauptsächlich Befragungen und analytische Prüfungshandlungen sowie den Umständen angemessene Detailprüfungen der beim geprüften Unternehmen vorhandenen Unterlagen. Dagegen sind Prüfungen der betrieblichen Abläufe und des internen Kontrollsystems sowie Befragungen und weitere Prüfungshandlungen zur Aufdeckung deliktischer Handlungen oder anderer Gesetzesverstösse nicht Bestandteil dieser Revision.
>
> Bei unserer Revision sind wir nicht auf Sachverhalte gestossen, aus denen wir schliessen müssten, dass die Jahresrechnung sowie der Antrag über die Verwendung des Bilanzgewinns nicht Gesetz und Statuten entsprechen.
>
> **Wir weisen darauf hin, dass der Erwerb eigener Aktien in Höhe von [Betrag] in Ermangelung frei verwendbaren Eigenkapitals einen Verstoss gegen Art. 659 Abs. 1 OR darstellt.**
>
> Datum/Revisor/Domizil/Unterschrift/en
>
> Beilage: Jahresrechnung und Antrag über die Verwendung des Bilanzgewinns

Anmerkung

Wird gegen die zweite Beschränkung des Erwerbs eigener Aktien verstossen, ist folgender Hinweis zweckmässig: «Wir weisen darauf hin, dass der Erwerb eigener Aktien in Höhe von [Betrag] 10 % des gesamten Nennwerts übersteigt und somit einen Verstoss gegen Art. 659 Abs. 2 OR darstellt.»

Im Gegensatz zu Beispiel 8.12.13 hier die eigenen Kapitalanteile als Minusposten im Eigenkapital bilanziert worden.

8. Berichterstattung

8.12.41 Hinweis auf festgestellte Ungleichbehandlung der Aktionäre bei der Verteilung des Bilanzgewinns gemäss Art. 660 OR

> Bericht der Revisionsstelle zur eingeschränkten Revision an die Generalversammlung der [Firmenbezeichnung], [Domizil]
>
> Als Revisionsstelle haben wir die Jahresrechnung (Bilanz, Erfolgsrechnung und Anhang) der [Firmenbezeichnung] für das am [Bilanzstichtag] abgeschlossene Geschäftsjahr geprüft.
>
> Für die Jahresrechnung ist der Verwaltungsrat verantwortlich, während unsere Aufgabe darin besteht, die Jahresrechnung zu prüfen. Wir bestätigen, dass wir die gesetzlichen Anforderungen hinsichtlich Zulassung und Unabhängigkeit erfüllen.
>
> Unsere Revision erfolgte nach dem Schweizer Standard zur eingeschränkten Revision. Danach ist diese Revision so zu planen und durchzuführen, dass wesentliche Fehlaussagen in der Jahresrechnung erkannt werden. Eine eingeschränkte Revision umfasst hauptsächlich Befragungen und analytische Prüfungshandlungen sowie den Umständen angemessene Detailprüfungen der beim geprüften Unternehmen vorhandenen Unterlagen. Dagegen sind Prüfungen der betrieblichen Abläufe und des internen Kontrollsystems sowie Befragungen und weitere Prüfungshandlungen zur Aufdeckung deliktischer Handlungen oder anderer Gesetzesverstösse nicht Bestandteil dieser Revision.
>
> Bei unserer Revision sind wir nicht auf Sachverhalte gestossen, aus denen wir schliessen müssten, dass die Jahresrechnung sowie der Antrag über die Verwendung des Bilanzgewinns nicht Gesetz und Statuten entsprechen.
>
> **Wir weisen darauf hin, dass die beiden Hauptaktionäre in Ermangelung einer statutarischen Bestimmung zusätzliche Gewinnanteile in Höhe von je [Betrag] in Form von Bonuszahlungen bezogen haben. Dadurch wurde gegen die Bestimmungen zur Gleichbehandlung der Aktionäre gemäss Art 660 Abs. 1 OR verstossen.**
>
> Datum/Revisor/Domizil/Unterschrift/en
>
> Beilage: Jahresrechnung und Antrag über die Verwendung des Bilanzgewinns

Anmerkung:

Ausserordentliche Gewinnausschüttungen bedürfen der Zuweisung an die gesetzliche Reserve. Bei Bedarf ist ein Hinweis zum nicht korrekten Antrag über die Verwendung des Bilanzgewinns anzubringen (Kapitel 13.6).

Im vorliegenden Beispiel wird angenommen, dass die allgemeine gesetzliche Reserve bereits mit 50 % des Aktienkapitals geäufnet wurde und somit seine weitere Zuweisung mehr erforderlich ist (Art. 671 Abs. 2 OR).

8. Berichterstattung

8.12.42 Hinweis auf festgestellte geldwerte Leistung an Aktionäre, Mitglieder des Verwaltungsrats oder nahestehende Personen gemäss Art. 678 OR

> Bericht der Revisionsstelle zur eingeschränkten Revision an die Generalversammlung der [Firmenbezeichnung], [Domizil]
>
> Als Revisionsstelle haben wir die Jahresrechnung (Bilanz, Erfolgsrechnung und Anhang) der [Firmenbezeichnung] für das am [Bilanzstichtag] abgeschlossene Geschäftsjahr geprüft.
>
> Für die Jahresrechnung ist der Verwaltungsrat verantwortlich, während unsere Aufgabe darin besteht, die Jahresrechnung zu prüfen. Wir bestätigen, dass wir die gesetzlichen Anforderungen hinsichtlich Zulassung und Unabhängigkeit erfüllen.
>
> Unsere Revision erfolgte nach dem Schweizer Standard zur eingeschränkten Revision. Danach ist diese Revision so zu planen und durchzuführen, dass wesentliche Fehlaussagen in der Jahresrechnung erkannt werden. Eine eingeschränkte Revision umfasst hauptsächlich Befragungen und analytische Prüfungshandlungen sowie den Umständen angemessene Detailprüfungen der beim geprüften Unternehmen vorhandenen Unterlagen. Dagegen sind Prüfungen der betrieblichen Abläufe und des internen Kontrollsystems sowie Befragungen und weitere Prüfungshandlungen zur Aufdeckung deliktischer Handlungen oder anderer Gesetzesverstösse nicht Bestandteil dieser Revision.
>
> Bei unserer Revision sind wir nicht auf Sachverhalte gestossen, aus denen wir schliessen müssten, dass die Jahresrechnung sowie der Antrag über die Verwendung des Bilanzgewinns nicht Gesetz und Statuten entsprechen.
>
> **Wir weisen darauf hin, dass die Gesellschaft Lohnentschädigungen in Höhe von [Betrag] an die Aktionäre ohne entsprechende Gegenleistungen ausgerichtet hat. Der Verwaltungsrat hat es unterlassen, diese Entschädigungen gemäss Art. 678 Abs. 2 OR zurückzufordern.**
>
> Datum/Revisor/Domizil/Unterschrift/en
>
> Beilage: Jahresrechnung und Antrag über die Verwendung des Bilanzgewinns

Anmerkung:

Geldwerte Leistungen bedürfen ebenfalls der Zuweisung an die gesetzliche Reserve. Bei Bedarf ist ein Hinweis zum nicht korrekten Antrag über die Verwendung des Bilanzgewinns anzubringen (Kapitel 13.6).

Im vorliegenden Beispiel wird angenommen, dass die allgemeine gesetzliche Reserve bereits mit 50% des Aktienkapitals geäufnet wurde und somit seine weitere Zuweisung mehr erforderlich ist (Art. 671 Abs. 2 OR).

8. Berichterstattung

8.12.43 Hinweis auf Nichteinhaltung der gesetzlichen Einberufungsfrist gemäss Art. 699 Abs. 2 OR

> Bericht der Revisionsstelle zur eingeschränkten Revision an die Generalversammlung der [Firmenbezeichnung], [Domizil]
>
> Als Revisionsstelle haben wir die Jahresrechnung (Bilanz, Erfolgsrechnung und Anhang) der [Firmenbezeichnung] für das am [Bilanzstichtag] abgeschlossene Geschäftsjahr geprüft.
>
> Für die Jahresrechnung ist der Verwaltungsrat verantwortlich, während unsere Aufgabe darin besteht, die Jahresrechnung zu prüfen. Wir bestätigen, dass wir die gesetzlichen Anforderungen hinsichtlich Zulassung und Unabhängigkeit erfüllen.
>
> Unsere Revision erfolgte nach dem Schweizer Standard zur eingeschränkten Revision. Danach ist diese Revision so zu planen und durchzuführen, dass wesentliche Fehlaussagen in der Jahresrechnung erkannt werden. Eine eingeschränkte Revision umfasst hauptsächlich Befragungen und analytische Prüfungshandlungen sowie den Umständen angemessene Detailprüfungen der beim geprüften Unternehmen vorhandenen Unterlagen. Dagegen sind Prüfungen der betrieblichen Abläufe und des internen Kontrollsystems sowie Befragungen und weitere Prüfungshandlungen zur Aufdeckung deliktischer Handlungen oder anderer Gesetzesverstösse nicht Bestandteil dieser Revision.
>
> Bei unserer Revision sind wir nicht auf Sachverhalte gestossen, aus denen wir schliessen müssten, dass die Jahresrechnung sowie der Antrag über die Verwendung des Bilanzgewinns nicht Gesetz und Statuten entsprechen.
>
> **Wir weisen darauf hin, dass entgegen der Bestimmung von Art. 699 Abs. 2 OR die Generalversammlung nicht innerhalb von 6 Monaten einberufen wurde. [1]**
>
> Datum/Revisor/Domizil/Unterschrift/en
>
> Beilage: Jahresrechnung und Antrag über die Verwendung des Bilanzgewinns

Anmerkung:

[1] Im Normalfall (keine Einschränkungen und keine Beanstandungen) dürfte dieser Hinweis auf die Verletzung der Einberufungsfrist keine Bedeutung für den Aktionär haben und kann weggelassen werden. Im Zusammenhang mit Pflichtverletzungen nach Art. 725 OR erscheint er hingegen empfehlenswert.

8. Berichterstattung

8.12.44 Hinweis auf die Verletzung der Anzeigepflicht gemäss Art. 743 Abs. 2 OR

> Bericht der Revisionsstelle zur eingeschränkten Revision der **Liquidations-Zwischenbilanz** an die Generalversammlung der [Firmenbezeichnung **in Liquidation**], [Domizil]
>
> Als Revisionsstelle haben wir die **Liquidations-Zwischenbilanz** (Bilanz, Erfolgsrechnung und Anhang) der [Firmenbezeichnung **in Liquidation**], **bewertet zu Veräusserungswerten,** für das am [Bilanzstichtag] abgeschlossene Geschäftsjahr geprüft.
>
> Für die Jahresrechnung ist der **Liquidator** verantwortlich, während unsere Aufgabe darin besteht, die **Liquidations-Zwischenbilanz** zu prüfen. Wir bestätigen, dass wir die gesetzlichen Anforderungen hinsichtlich Zulassung und Unabhängigkeit erfüllen.
>
> Unsere Revision erfolgte nach dem Schweizer Standard zur eingeschränkten Revision. Danach ist diese Revision so zu planen und durchzuführen, dass wesentliche Fehlaussagen in der **Liquidations-Zwischenbilanz** erkannt werden. Eine eingeschränkte Revision umfasst hauptsächlich Befragungen und analytische Prüfungshandlungen sowie den Umständen angemessene Detailprüfungen der beim geprüften Unternehmen vorhandenen Unterlagen. Dagegen sind Prüfungen der betrieblichen Abläufe und des internen Kontrollsystems sowie Befragungen und weitere Prüfungshandlungen zur Aufdeckung deliktischer Handlungen oder anderer Gesetzesverstösse nicht Bestandteil dieser Revision.
>
> Bei unserer Revision sind wir nicht auf Sachverhalte gestossen, aus denen wir schliessen müssten, dass die **Liquidations-Zwischenbilanz** nicht Gesetz und Statuten entspricht.
>
> **Wir weisen darauf hin, dass der Liquidator entgegen den Bestimmungen von Art. 743 Abs. 2 OR i. V. m. Art. 725 Abs. 2 OR die Benachrichtigung des Richters unterlassen hat.**
>
> Datum/Revisor/Domizil/Unterschrift/en
>
> Beilage: Liquidations-Zwischenbilanz

Anmerkung:

Im Kapitel 22 sind der Ablauf einer freiwilligen Liquidation und die Pflichten der Revisionsstelle ausführlich beschrieben.

8. Berichterstattung

8.12.45 Freiwillige Review Aktiengesellschaft

Quelle: Arbeitshilfe der Treuhand-Kammer und von Treuhand Suisse vom 18.3.2011 (überarbeitet am 24.11.2011), S. 15

Bericht des **Wirtschaftsprüfers [oder Abschlussprüfers]** an den **Verwaltungsrat** der [Firma AG], [Domizil]

Auftragsgemäss haben wir eine Review der Jahresrechnung (Bilanz, Erfolgsrechnung und Anhang) der [Firma AG] für das am [Bilanzstichtag] abgeschlossene Geschäftsjahr vorgenommen.

Für die Jahresrechnung ist der Verwaltungsrat verantwortlich, während unsere Aufgabe darin besteht, aufgrund unserer Review einen Bericht über die Jahresrechnung abzugeben.

Unsere Review erfolgte nach dem **Schweizer Prüfungsstandard 910**. Danach ist eine Review so zu planen und durchzuführen, dass wesentliche Fehlaussagen in der Jahresrechnung erkannt werden, wenn auch nicht mit derselben Sicherheit wie bei einer Prüfung. Eine Review besteht hauptsächlich aus der Befragung von Mitarbeiterinnen und Mitarbeitern sowie analytischen Prüfungshandlungen in Bezug auf die der Jahresrechnung zugrunde liegenden Daten. Wir haben eine Review, nicht aber eine Prüfung, durchgeführt und geben aus diesem Grund kein Prüfungsurteil ab.

Bei unserer **Review** sind wir nicht auf Sachverhalte gestossen, aus denen wir schliessen müssten, dass die Jahresrechnung nicht Gesetz und Statuten entspricht.

Datum/Wirtschaftsprüfer/Domizil/Unterschrift/en

Beilage: Jahresrechnung

8. Berichterstattung

8.12.46 Freiwillige Review Gesellschaft mit beschränkter Haftung

Quelle: Arbeitshilfe der Treuhand-Kammer und von Treuhand Suisse vom 18.3.2011 (überarbeitet am 24.11.2011), S. 16

Bericht des **Wirtschaftsprüfers [oder Abschlussprüfers]** an die **Geschäftsführung** der [Firma GmbH], [Domizil]

Auftragsgemäss haben wir eine Review der Jahresrechnung (Bilanz, Erfolgsrechnung und Anhang) der [Firma GmbH] für das am [Bilanzstichtag] abgeschlossene Geschäftsjahr vorgenommen.

Für die Jahresrechnung ist die Geschäftsführung verantwortlich, während unsere Aufgabe darin besteht, aufgrund unserer Review einen Bericht über die Jahresrechnung abzugeben.

Unsere Review erfolgte nach dem **Schweizer Prüfungsstandard 910**. Danach ist eine Review so zu planen und durchzuführen, dass wesentliche Fehlaussagen in der Jahresrechnung erkannt werden, wenn auch nicht mit derselben Sicherheit wie bei einer Prüfung. Eine Review besteht hauptsächlich aus der Befragung von Mitarbeiterinnen und Mitarbeitern sowie analytischen Prüfungshandlungen in Bezug auf die der Jahresrechnung zugrunde liegenden Daten. Wir haben eine Review, nicht aber eine Prüfung, durchgeführt und geben aus diesem Grund kein Prüfungsurteil ab.

Bei unserer **Review** sind wir nicht auf Sachverhalte gestossen, aus denen wir schliessen müssten, dass die Jahresrechnung nicht Gesetz und Statuten entspricht.

Datum/Wirtschaftsprüfer/Domizil/Unterschrift/en

Beilage: Jahresrechnung

8. Berichterstattung

8.12.47 Freiwillige Review Genossenschaft

Quelle: Arbeitshilfe der Treuhand-Kammer und von Treuhand Suisse vom 18.3.2011 (überarbeitet am 24.11.2011), S. 17

> Bericht des **Wirtschaftsprüfers [oder Abschlussprüfers]** an die **Verwaltung** der [Name Genossenschaft], [Domizil]
>
> **Auftragsgemäss** haben wir eine Review der Jahresrechnung (Bilanz, Erfolgsrechnung und Anhang) der [Name Genossenschaft] für das am [Bilanzstichtag] abgeschlossene Geschäftsjahr vorgenommen.
>
> Für die Jahresrechnung ist die Verwaltung verantwortlich, während unsere Aufgabe darin besteht, aufgrund unserer Review einen Bericht über die Jahresrechnung abzugeben.
>
> Unsere Review erfolgte nach dem **Schweizer Prüfungsstandard 910**. Danach ist eine Review so zu planen und durchzuführen, dass wesentliche Fehlaussagen in der Jahresrechnung erkannt werden, wenn auch nicht mit derselben Sicherheit wie bei einer Prüfung. Eine Review besteht hauptsächlich aus der Befragung von Mitarbeiterinnen und Mitarbeitern sowie analytischen Prüfungshandlungen in Bezug auf die der Jahresrechnung zugrunde liegenden Daten. Wir haben eine Review, nicht aber eine Prüfung, durchgeführt und geben aus diesem Grund kein Prüfungsurteil ab.
>
> Bei unserer **Review** sind wir nicht auf Sachverhalte gestossen, aus denen wir schliessen müssten, dass die Jahresrechnung nicht Gesetz und Statuten entspricht.
>
> [1]
>
> Datum/Wirtschaftsprüfer/Domizil/Unterschrift/en
>
> Beilage: Jahresrechnung

Anmerkungen

[1] Verfügt die Genossenschaft über keine Revisionsstelle, hingegen das Genossenschaftsverzeichnis nach Art. 907 OR zu prüfen ist, erfolgt die Prüfung des Genossenschaftsverzeichnisses nach PS 800 Berichte über Spezialprüfungen. In solchen Fällen sind folglich zwei Testate abzugeben (Reviewbericht und Testat PS 800).

§ *Art. 907 OR: Prüfung des Genossenschafterverzeichnisses*

> Bei Genossenschaften mit persönlicher Haftung oder Nachschusspflicht der Genossenschafter hat die Revisionsstelle festzustellen, ob das Genossenschafterverzeichnis korrekt geführt wird. Verfügt die Genossenschaft über keine Revisionsstelle, so muss die Verwaltung das Genossenschafterverzeichnis durch einen zugelassenen Revisor prüfen lassen.

8. Berichterstattung

8.12.48 Freiwillige Review Verein

Quelle: Arbeitshilfe der Treuhand-Kammer und von Treuhand Suisse vom 18.3.2011 (überarbeitet am 24.11.2011), S. 18

> Bericht des **Wirtschaftsprüfers [oder Abschlussprüfers]** an den **Vorstand** [1] des [Name Verein], [Domizil]
>
> **Auftragsgemäss** haben wir eine Review der Jahresrechnung (Bilanz, Erfolgsrechnung und Anhang) des [Name Verein] für das am [Bilanzstichtag] abgeschlossene Geschäftsjahr vorgenommen.
>
> Für die Jahresrechnung ist der Vorstand verantwortlich, während unsere Aufgabe darin besteht, aufgrund unserer Review einen Bericht über die Jahresrechnung abzugeben.
>
> Unsere Review erfolgte nach dem **Schweizer Prüfungsstandard 910**. Danach ist eine Review so zu planen und durchzuführen, dass wesentliche Fehlaussagen in der Jahresrechnung erkannt werden, wenn auch nicht mit derselben Sicherheit wie bei einer Prüfung. Eine Review besteht hauptsächlich aus der Befragung von Mitarbeiterinnen und Mitarbeitern sowie analytischen Prüfungshandlungen in Bezug auf die der Jahresrechnung zugrunde liegenden Daten. Wir haben eine Review, nicht aber eine Prüfung, durchgeführt und geben aus diesem Grund kein Prüfungsurteil ab.
>
> Bei unserer **Review** sind wir nicht auf Sachverhalte gestossen, aus denen wir schliessen müssten, dass die Jahresrechnung nicht Gesetz und Statuten entspricht.
>
> Datum/Wirtschaftsprüfer/Domizil/Unterschrift/en
>
> Beilage: Jahresrechnung

Anmerkung

[1] Eine freiwillige eingeschränkte Revision gemäss Art. 729 ff. OR ist zulässig, wenn sie in den Statuten explizit verlangt oder durch die Generalversammlung beschlossen wird.

8. Berichterstattung

8.12.49 Freiwillige Review Stiftung

Quelle: Arbeitshilfe der Treuhand-Kammer und von Treuhand Suisse vom 18.3.2011 (überarbeitet am 24.11.2011), S. 19

Bericht des **Wirtschaftsprüfers [oder Abschlussprüfers]** an den **Stiftungsrat** der [Name Stiftung], [Domizil]

Auftragsgemäss haben wir eine Review der Jahresrechnung (Bilanz, Erfolgsrechnung und Anhang) der [Name Stiftung] für das am [Bilanzstichtag] abgeschlossene Geschäftsjahr vorgenommen.

Für die Jahresrechnung ist der Stiftungsrat verantwortlich, während unsere Aufgabe darin besteht, aufgrund unserer Review einen Bericht über die Jahresrechnung abzugeben.

Unsere Review erfolgte nach dem **Schweizer Prüfungsstandard 910**. Danach ist eine Review so zu planen und durchzuführen, dass wesentliche Fehlaussagen in der Jahresrechnung erkannt werden, wenn auch nicht mit derselben Sicherheit wie bei einer Prüfung. Eine Review besteht hauptsächlich aus der Befragung von Mitarbeiterinnen und Mitarbeitern sowie analytischen Prüfungshandlungen in Bezug auf die der Jahresrechnung zugrunde liegenden Daten. Wir haben eine Review, nicht aber eine Prüfung, durchgeführt und geben aus diesem Grund kein Prüfungsurteil ab.

Bei unserer **Review** sind wir nicht auf Sachverhalte gestossen, aus denen wir schliessen müssten, dass die Jahresrechnung nicht Gesetz und Stiftungsurkunde [1] entspricht.

Datum/Wirtschaftsprüfer/Domizil/Unterschrift/en

Beilage: Jahresrechnung

Anmerkung

[1] Sind die Bestimmungen zur Rechnungslegung in einem Reglement enthalten, ist dementsprechend auf dieses zu verweisen.

8. Berichterstattung

8.12.50 Freiwillige Review Stiftung oder Verein mit Zewo-Bestätigung

Quelle: Arbeitshilfe der Treuhand-Kammer und von Treuhand Suisse vom 18.3.2011 (überarbeitet am 24.11.2011), S. 20

Bericht des **Wirtschaftsprüfers [oder Abschlussprüfers]** an den [Stiftungsrat der Muster-Stiftung, Domizil/an den Vorstand des Muster-Vereins, Zürich]

Auftragsgemäss haben wir eine Review (prüferische Durchsicht) der Jahresrechnung (Bilanz, Betriebsrechnung, Geldflussrechnung, Rechnung über die Veränderung des Kapitals und Anhang) der [Muster-Stiftung/des Muster-Vereins] für das am [Datum] abgeschlossene Geschäftsjahr vorgenommen. **In Übereinstimmung mit Swiss GAAP FER 21 unterliegen die Angaben im Leistungsbericht keiner Prüfungspflicht des Wirtschaftsprüfers.**

Für die Aufstellung der Jahresrechnung **in Übereinstimmung mit Swiss GAAP FER 21** ist der [Stiftungsrat/Vorstand] verantwortlich, während unsere Aufgabe darin besteht, aufgrund unserer Review einen Bericht über die Jahresrechnung abzugeben.

Unsere Review erfolgte nach dem **Schweizer Prüfungsstandard 910**. Danach ist eine Review so zu planen und durchzuführen, dass wesentliche Fehlaussagen in der Jahresrechnung erkannt werden, wenn auch nicht mit derselben Sicherheit wie bei einer Prüfung. Eine Review besteht hauptsächlich aus der Befragung von Mitarbeiterinnen und Mitarbeitern sowie analytischen Prüfungshandlungen in Bezug auf die der Jahresrechnung zugrunde liegenden Daten. Wir haben eine Review, nicht aber eine Prüfung, durchgeführt und geben aus diesem Grund kein Prüfungsurteil ab.

Bei unserer Review sind wir nicht auf Sachverhalte gestossen, aus denen wir schliessen müssten, dass die Jahresrechnung **kein den tatsächlichen Verhältnissen entsprechendes Bild der Vermögens-, Finanz- und Ertragslage in Übereinstimmung mit Swiss GAAP FER 21 vermittelt.**

Ferner bestätigen wir, dass die gemäss Ausführungsbestimmungen zu Art. 12 des Reglements über das Zewo-Gütesiegel zu prüfenden Bestimmungen der Stiftung Zewo [1] eingehalten sind.

Datum/Wirtschaftsprüfer/Domizil/Unterschrift/en

Beilage: Jahresrechnung

Anmerkung

[1] Reglement über das Zewo-Gütesiegel für gemeinnützige Organisationen sowie Ausführungsbestimmungen zu Artikel 12 des Reglements über das Zewo-Gütesiegel für gemeinnützige Organisationen (Ziffer 4: Die von der Revisionsstelle zu prüfenden Bestimmungen der Stiftung Zewo).

8. Berichterstattung

8.12.51 Freiwillige Review bei Bericht mit Kern-FER

Quelle: Arbeitshilfe der Treuhand-Kammer und von Treuhand Suisse vom 18.3.2011 (überarbeitet am 24.11.2011), S. 23

Bericht des **Wirtschaftsprüfers [oder Abschlussprüfers]** an den Verwaltungsrat der [Firma AG], [Domizil]

Auftragsgemäss haben wir eine Review der Jahresrechnung (Bilanz, Erfolgsrechnung, Geldflussrechnung, Eigenkapitalnachweis und Anhang) der [Firma AG] für das am [Bilanzstichtag] abgeschlossene Geschäftsjahr vorgenommen.

Für die Aufstellung der Jahresrechnung in Übereinstimmung mit den Kern-FER ist der Verwaltungsrat verantwortlich, während unsere Aufgabe darin besteht, aufgrund unserer Review einen Bericht über die Jahresrechnung abzugeben.

Unsere Review erfolgte nach dem **Schweizer Prüfungsstandard 910**. Danach ist eine Review so zu planen und durchzuführen, dass wesentliche Fehlaussagen in der Jahresrechnung erkannt werden, wenn auch nicht mit derselben Sicherheit wie bei einer Prüfung. Eine Review besteht hauptsächlich aus der Befragung von Mitarbeiterinnen und Mitarbeitern sowie analytischen Prüfungshandlungen in Bezug auf die der Jahresrechnung zugrunde liegenden Daten. Wir haben eine Review, nicht aber eine Prüfung, durchgeführt und geben aus diesem Grund kein Prüfungsurteil ab.

Bei unserer **Review** sind wir nicht auf Sachverhalte gestossen, aus denen wir schliessen müssten, dass die Jahresrechnung **kein den tatsächlichen Verhältnissen entsprechendes Bild der Vermögens-, Finanz- und Ertragslage in Übereinstimmung mit den Kern-FER vermittelt.**

Datum/Wirtschaftsprüfer/Domizil/Unterschrift/en

Beilage: Jahresrechnung

8. Berichterstattung

8.12.52 Freiwillige Ergänzung der Prüfung im Auftrag der Generalversammlung oder der Statuten

> Bericht der Revisionsstelle zur eingeschränkten Revision an die Generalversammlung der [Firmenbezeichnung], [Domizil]
>
> Als Revisionsstelle haben wir die Jahresrechnung (Bilanz, Erfolgsrechnung und Anhang) der [Firmenbezeichnung] für das am [Bilanzstichtag] abgeschlossene Geschäftsjahr geprüft. **Gemäss Art. Y der Statuten vom [Datum] haben wir in Ergänzung dazu die Existenz des internen Kontrollsystems geprüft.**
>
> Für die Jahresrechnung ist der Verwaltungsrat verantwortlich, während unsere Aufgabe darin besteht, die Jahresrechnung zu prüfen. Wir bestätigen, dass wir die gesetzlichen Anforderungen hinsichtlich Zulassung und Unabhängigkeit erfüllen.
>
> Unsere Revision erfolgte nach dem Schweizer Standard zur eingeschränkten Revision. Danach ist diese Revision so zu planen und durchzuführen, dass wesentliche Fehlaussagen in der Jahresrechnung erkannt werden. Eine eingeschränkte Revision umfasst hauptsächlich Befragungen und analytische Prüfungshandlungen sowie den Umständen angemessene Detailprüfungen der beim geprüften Unternehmen vorhandenen Unterlagen. Dagegen sind Prüfungen der betrieblichen Abläufe und des internen Kontrollsystems sowie Befragungen und weitere Prüfungshandlungen zur Aufdeckung deliktischer Handlungen oder anderer Gesetzesverstösse nicht Bestandteil dieser Revision.
>
> Bei unserer Revision sind wir nicht auf Sachverhalte gestossen, aus denen wir schliessen müssten, dass die Jahresrechnung sowie der Antrag über die Verwendung des Bilanzgewinns nicht Gesetz und Statuten entsprechen.
>
> **Ferner bestätigen wir, dass in Übereinstimmung mit dem Schweizer Prüfungsstandard PS 890 ein gemäss den Vorgaben des Verwaltungsrats ausgestaltetes internes Kontrollsystem existiert. [1]**
>
> Datum/Revisor/Domizil/Unterschrift/en
>
> Beilage: Jahresrechnung und Antrag über die Verwendung des Bilanzgewinns

Anmerkung:
[1] Trifft dies nicht oder nur teilweise zu, ist ein eingeschränktes (Existenz IKS wird mit Einschränkung bejaht) oder verneinendes (Existenz IKS wird verneint) Prüfungsurteil abzugeben.

8. Berichterstattung

8.12.53 Freiwillige Ergänzung der Prüfung im Auftrag der Geschäftsleitung oder des Verwaltungsrats

Bemerkung: In diesem Falle handelt es sich um einen Auftrag ausserhalb der gesetzlichen eingeschränkten Revision. Es sind die im Berufsstand vorgesehenen Prüfungsstandards anzuwenden: PS 910, «Review (prüferische Durchsichten) von Abschlüssen»; PS 920, «Vereinbarte Prüfungshandlungen bezüglich Finanzinformationen»; PS 950, «Betriebswirtschaftliche Prüfungen, die weder Prüfungen noch Reviews von vergangenheitsorientierten Finanzinformation darstellen»; PS 805, «Besondere Überlegungen bei Prüfungen von einzelnen Finanzaufstellungen und bestimmten Bestandteilen, Konten oder Posten einer Finanzaufstellung».

Beispiel gemäss PS 920, «Vereinbarte Prüfungshandlungen»

Bericht über erfolgte Feststellungen an den Verwaltungsrat der [Gesellschaft]

Auftragsgemäss haben wir die mit Ihnen vereinbarten, unten aufgeführten Prüfungshandlungen bezüglich der Kassaprüfungen in den Filialen in Zürich, Bern, Basel, St. Gallen der [Gesellschaft] per [Datum] vorgenommen.

Unseren Auftrag führten wir nach dem Schweizer Prüfungsstandard 920, «Vereinbarte Prüfungshandlungen bezüglich Finanzinformationen», aus. Wir erlangten angemessene Prüfungsnachweise auf der Basis von Stichproben. Unsere Prüfungen dienten dem Zweck, Ihnen eine Beurteilung des tatsächlichen Bestands der Verbindlichkeiten zu ermöglichen, und lassen sich wie folgt zusammenfassen:

1. Wir erhielten die Kassarapporte der Filialen per [Datum] und verglichen den Saldo mit den entsprechenden Saldi des Hauptbuchkontos (jeweils per [Datum]).
2. Wir haben die Geldbestände durch den verantwortlichen Filialleiter in unserem Beisein zählen lassen und haben den gezählten Bestand mit den Kassarapporten abgeglichen.
3. Sind anstelle von Geldbeständen andere Belege vorhanden (z. B. Checks u. Ä.), haben wir diese mit den hierfür vorgesehenen Abstimmungen abgeglichen.

Wir stellen Folgendes fest:

Zu 1. Die Saldi der Kassenrapporte stimmen mit dem Hauptbuch überein.
Zu 2. Die am [Datum] gezählten Geldbestände stimmen mit den Kassarapporten überein.
Zu 3. n/a es lagen zum Prüfungsstichtag nur Geldbestände vor.

Da die oben aufgeführten Prüfungshandlungen weder eine Prüfung noch eine Review gemäss den Schweizer Prüfungsstandards (PS) darstellen, geben wir keine Zusicherung ab.

Hätten wir zusätzliche Prüfungshandlungen, eine Prüfung oder eine Review des Abschlusses in Übereinstimmung mit den Schweizer Prüfungsstandards (PS) vorgenommen, hätten wir möglicherweise andere Sachverhalte festgestellt und Ihnen darüber berichtet.

Unser Bericht dient einzig dem oben dargelegten Zweck und Ihrer Information. Er darf zu keinem anderen Zweck verwendet und keiner anderen Partei abgegeben werden. Er bezieht sich nur auf die oben bezeichneten Positionen und Konten und nicht auf irgendeinen Abschluss der [Gesellschaft] als Ganzer.

[Datum/Wirtschaftsprüfer/Domizil/Unterschrift/en]

9. Gefährdete Unternehmensfortführung

9.1	Inhalt des Kapitels
9.2	Grafische Übersicht
9.3	Unternehmensfortführung und die Jahresrechnung
9.4	Ereignisse und Bedingungen für eine gefährdete Unternehmensfortführung
9.5	Pflichten der Unternehmensleitung zur Einschätzung der Unternehmensfortführung
9.6	Pflichten des Prüfers in Hinblick auf die Unternehmensfortführung
9.7	Zusammenfassung der Anforderungen

9. Gefährdete Unternehmensfortführung

9.1 Inhalt des Kapitels

- Die Pflicht des Verwaltungsrats, die Unternehmensfortführung gemäss Art. 958a OR zu beurteilen
- Die sich aus der Beurteilung ergebenden Konsequenzen für die Jahresrechnung und die Prüfpflichten
- Die Berichterstattung der Revisionsstelle bei gefährdeter oder nicht mehr möglicher Unternehmensfortführung.

9.2 Grafische Übersicht

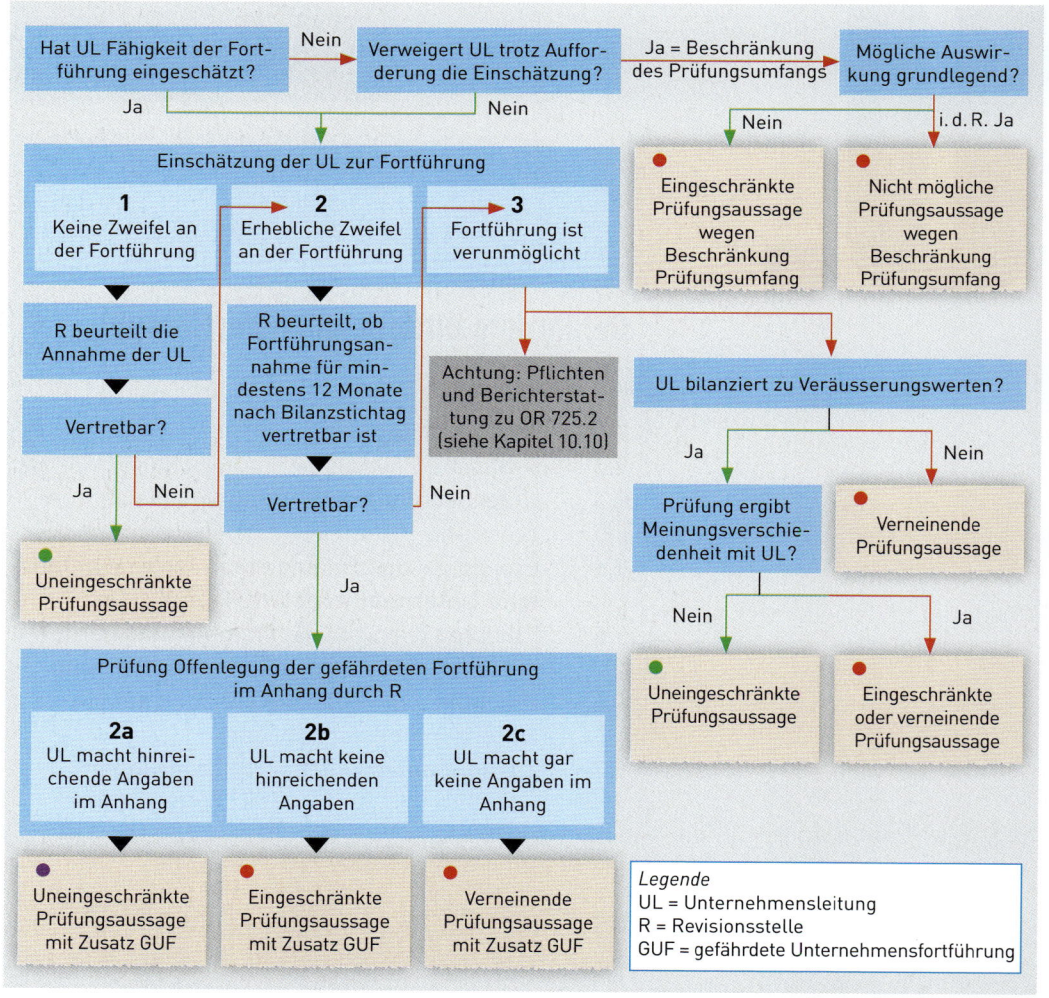

Abbildung 44: Übersicht über die Prüfung und Berichterstattung hinsichtlich der Frage der Unternehmensfortführung

9. Gefährdete Unternehmensfortführung

9.3 Unternehmensfortführung und die Jahresrechnung

> **Art. 958a OR: Unternehmensfortführung als Grundlage der Rechnungslegung**
>
> ¹ Die Rechnungslegung beruht auf der Annahme, dass das Unternehmen auf absehbare Zeit fortgeführt wird.
>
> ² Ist die Einstellung der Tätigkeit oder von Teilen davon in den nächsten zwölf Monaten ab Bilanzstichtag beabsichtigt oder voraussichtlich nicht abwendbar, so sind der Rechnungslegung für die betreffenden Unternehmensteile Veräusserungswerte zugrunde zu legen. Für die mit der Einstellung verbundenen Aufwendungen sind Rückstellungen zu bilden.
>
> ³ Abweichungen von der Annahme der Fortführung sind im Anhang zu vermerken; ihr Einfluss auf die wirtschaftliche Lage ist darzulegen.

Für die Jahresrechnung werden drei relevante Stufen zur Frage der Unternehmensfortführung (Going Concern) unterschieden:

Stufe	1	2	3
	Keine Zweifel an der Fortführung (Art. 958a Abs. 1 OR)	Erhebliche Zweifel an der Fortführung (Art. 958a Abs. 3 OR i. V. mit Art. 958 Abs. 1 OR)	Fortführung ist verunmöglicht (Art. 958a Abs. 2 und 3 OR)
Auswirkung auf Bilanz	Bilanzierung zu Fortführungswerten	Bilanzierung zu Fortführungswerten	Bilanzierung zu Liquidationswerten
Auswirkung auf Anhang		Offenlegung gefährdete Fortführung	Offenlegung Abweichung zur Prämisse der Fortführung

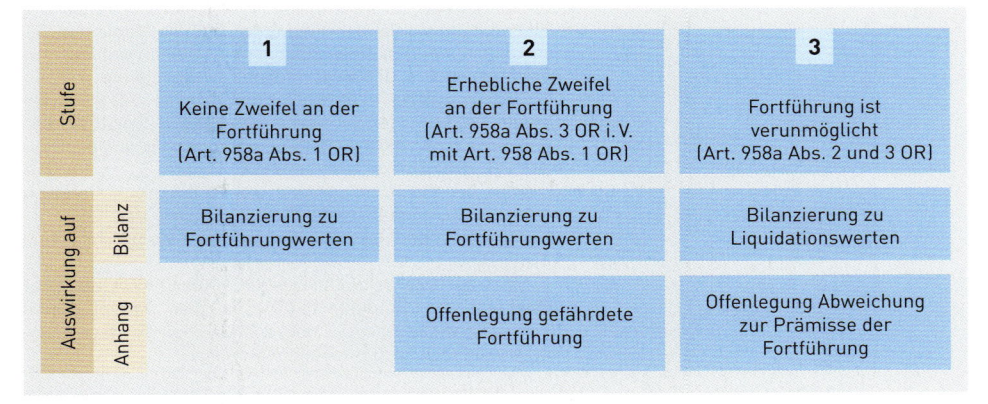

Abbildung 45: Für die Jahresrechnung relevante Stufen zur Frage der Unternehmensfortführung

Stufe 1: Es bestehen keine Zweifel an der Unternehmensfortführung. Der Gesetzgeber sieht für diesen üblicherweise anzuwendenden Fall als Grundlage der Rechnungslegung die Bilanzierung zu Fortführungswerten vor (Art. 958a Abs. 1 OR). Dabei wird davon ausgegangen, dass das Unternehmen innerhalb von 12 Monaten (Art. 958a Abs. 2 OR, SER, S. 80) nach dem Bilanzstichtag weder die Absicht hat noch gezwungen ist, das Unternehmen als Ganzes oder wesentliche Teile davon zu liquidieren. Man spricht in diesem Zusammenhang von der Prämisse der Unternehmensfortführung. Ein besonderer Ausweis zur Unternehmensfortführung im Anhang ist nicht nötig.

Stufe 2: Es bestehen erhebliche Zweifel an der Unternehmensfortführung, sie ist aber nicht verunmöglicht. Es sind Ereignisse eingetroffen oder es liegen Bedingungen vor, welche zu erheblichen Zweifeln führen, ob die Fortführung weiterhin gewährleistet ist (Liste über mögliche Ereignisse/Bedingungen in Kapitel 9.4). Gleichzeitig ist die Unternehmensfortführung jedoch nicht verunmöglicht. Dies setzt voraus, dass es für das Unternehmen ein realistisches Szenario gibt, das Geschäft in den nächsten 12 Monaten nach dem Bilanzstichtag fortzuführen. In diesem Fall kann weiterhin zu Fortführungswerten bilanziert werden. Damit der Bilanzleser in dieser kritischen Phase des Unternehmens

9. Gefährdete Unternehmensfortführung

sich anhand der Jahresrechnung ein möglichst zuverlässiges Urteil über die wirtschaftliche Lage des Unternehmens bilden kann, muss im Anhang offengelegt werden, dass die Unternehmensfortführung gefährdet ist (Art. 958a Abs. 3 OR i.V.m. Art. 958 Abs. 1 OR). In einer separaten Anmerkung hat das Unternehmen folgende drei Punkte offenzulegen (SER, S. 83, in Anlehnung an PS 570.18):

Offenlegung im Anhang	Beispiele
Die hauptsächlichen Ereignisse oder Bedingungen, welche erhebliche Zweifel an der Fortführungsfähigkeit des Unternehmens aufwerfen	• Zahlungsfähigkeit ist gefährdet und hängt vom Zustandekommen einer Finanzierung ab. Bezüglich der wichtigen Frage der Liquidität sei auf Kapitel 10 verwiesen. • Die Bewertung einer wesentlichen Beteiligung hängt von der zukünftigen Geschäftsentwicklung einer Tochtergesellschaft ab; verläuft die Geschäftsentwicklung nicht positiv, muss die Beteiligung abgeschrieben werden, und die Gesellschaft ist überschuldet. • Die Gesellschaft ist in einem laufenden Rechtsverfahren. Sollte die Gegenpartei vollumfänglich recht erhalten, wäre die Gesellschaft überschuldet. • Die Gesellschaft hat wesentliche Mittel in ein Bauprojekt investiert und bangt um die Baubewilligung. Wird sie das Projekt nicht realisieren können, müssen die angefangenen Arbeiten signifikant wertberichtigt werden, und es droht eine Überschuldung. • Die Gesellschaft hat in die Entwicklung eines Produkts investiert. Dessen Zulassung für den Verkauf ist fraglich. Erhält sie diese Zulassung nicht, fielen die erhofften Einnahmen weg, und die Gesellschaft wäre in kurzer Zeit zahlungsunfähig. • Es droht eine Gesetzesänderung, welche die Geschäftstätigkeit wesentlich einschränken oder verunmöglichen würde. • Der Maschinenpark ist überaltert, und die Finanzierung eines neuen ist unsicher. • Ein Start-up-Unternehmen investiert in die Entwicklung der Gesellschaft und deren Produkte und Technologien. Die Unternehmensfortführung ist abhängig vom Erfolg des Geschäftsmodells und von den entsprechenden zukünftigen Einnahmen.
Pläne der Unternehmensleitung zu den vorgenannten wesentlichen Unsicherheiten	• Das Unternehmen ist kurz vor dem Abschluss einer Refinanzierung mit einem Kreditinstitut im Rahmen von CHF 500 000 über die nächsten zwei Jahre. Damit wäre die Zahlungsfähigkeit wiederhergestellt. • Bei der Tochtergesellschaft werden die jährlichen Fixkosten für das laufende Jahr um CHF 700 000 reduziert, indem ein auslaufender Leasingvertrag für eine Maschine nicht mehr erneuert wurde (CHF 200 000) und Überkapazitäten beim Personal (CHF 500 000) abgebaut wurden. Damit sollte wieder ein nachhaltiger Gewinn erzielt werden. • Für das laufende Rechtsverfahren wurde ein Anwaltsbüro beauftragt. Das Urteil wird im Verlauf des nächsten Jahres erwartet. Für weitere Beispiele zu Plänen oder Sanierungsmassnahmen siehe Vertiefung in Kapitel 10.8.
Klarstellung, dass eine wesentliche Unsicherheit besteht und das Unternehmen möglicherweise nicht in der Lage ist, seine Tätigkeit fortzuführen	«Es besteht eine wesentliche Unsicherheit, ob die vorgenannten Pläne und Ereignisse eintreten, weshalb das Unternehmen möglicherweise nicht in der Lage sein wird, seine Tätigkeit fortzuführen.»

Stufe 3: Die Fortführung ist verunmöglicht. In diesem Fall muss zu Veräusserungswerten bilanziert und im Anhang nach Art. 958 Abs. 3 OR offengelegt werden, dass von der Prämisse der Unternehmensfortführung abgewichen wird. Die Rechnungslegung ent-

9. Gefährdete Unternehmensfortführung

spricht dann derjenigen bei einer Liquidation (siehe Kapitel 22, HWP NRLG, S. 317). Ist die Fortführung nur für einen Betriebsteil nicht mehr möglich, werden die Vermögenswerte aufgrund des Vorsichtsprinzips zu Liquidationswerten unter Berücksichtigung des Kostenwertprinzips bewertet (HWP NRLG, S. 317). Bei den Veräusserungswerten sind Verkaufskosten abzuziehen und Rückstellungen für Kündigungen, Stilllegungen, Entsorgungen, Abgangsentschädigungen, Sozialpläne, Steuern (wie Liquidationssteuern), Abfindungen bei Auflösung von Verträgen und für das Liquidationsverfahren zu bilden (in Anlehnung an HWP 1, S. 344, HWP NRLG, S. 323). Beispiele enthält die folgende Tabelle:

Thema	Beispiele für Auswirkungen bei der Umstellung auf Veräusserungswerte
Veräusserungswerte	Beispiel: Betriebsliegenschaft Eine Fabrikliegenschaft wurde vor 5 Jahren gebaut. Darin enthalten sind verschiedene Installationen, welche damals gezielt für den aktuellen Betrieb erstellt und eingebaut wurden. Basierend auf der Prämisse der Unternehmensfortführung, schrieb die Unternehmensleitung die Liegenschaft sowie die Installationen in der Vergangenheit über die angenommene Nutzungsdauer von 20 Jahren linear ab. Der aktuelle Buchwert zu Fortführungswerten ist CHF 3 Mio. Mit der Umstellung auf Veräusserungswerte wurde nun ein Netto-Veräusserungswert geschätzt. Weil die Betriebsliegenschaft sowie die Installationen für einen Dritten einen viel geringeren Wert darstellen, kam die Unternehmensleitung zu einem weit tieferen Veräusserungswert von CHF 2 Mio. Davon müssen die Verkaufskosten abgezogen werden, in diesem Fall angenommene Handänderungskosten und Maklerkosten von CHF 100 000. Der Netto-Veräusserungswert ist dementsprechend CHF 1,9 Mio.
	Beispiel Aktivierte Entwicklungskosten: Vor drei Jahren wurde eine Gesellschaft zur Entwicklung von Apps für Tablets und Smartphones gegründet. Für die Entwicklung von Apps in Arbeit wurden Kosten von CHF 200 000 als immaterielle Anlagen aktiviert. Die Entwicklung war nicht erfolgreich, und die Gesellschaft steht vor der Zahlungsunfähigkeit. Sanierungsmassnahmen sind keine geplant. Die Prämisse der Unternehmensfortführung ist nicht mehr gegeben. Für die angefangenen Apps wird die Gesellschaft voraussichtlich CHF 120 000 von einem Konkurrenten erhalten. Die Verkaufskosten in Form der Erstellung und Ausfertigung der Verkaufsverträge betragen CHF 5 000. Dementsprechend können die immateriellen Anlagen zu einem Netto-Veräusserungswert von CHF 115 000 bilanziert werden.
Vorzeitige Kündigungen, Stilllegungen und Abfindungen bei Auflösung von Verträgen	Eine Handelsgesellschaft hat einen langfristigen Liefervertrag abgeschlossen. Weil der Betrieb aufgrund von Zahlungsschwierigkeiten auf Ende Monat eingestellt werden muss, kann dieser nicht eingehalten werden. Gemäss der Kündigungsklausel im Vertrag ist bei vorzeitiger Kündigung eine einmalige Zahlung von CHF 20 000 fällig. Bei einer Bilanzierung zu Veräusserungswerten ist diese in den Rückstellungen zu berücksichtigen.
	Mit dem Geschäftsführer der vorgenannten Gesellschaft wurde ein langfristiger Arbeitsvertrag abgeschlossen. Dieser hat eine Restlaufzeit von 3 Jahren. Pro Jahr verdient der Geschäftsführer CHF 200 000. Für 3 Jahre entspricht dies CHF 600 000. Die kalkulatorischen Sozialabgaben betragen 20 % vom Bruttoeinkommen. Bei der Bilanzierung zu Veräusserungswerten ist dementsprechend eine Rückstellung von CHF 720 000 (CHF 600 000 × 1.2) zu bilanzieren. Die übrigen Mitarbeiter können bei einer Schwestergesellschaft weiterbeschäftigt werden. Dort fallen keine Kosten an, und es muss für diese Mitarbeiter keine Rückstellung gebildet werden.
Liquidation des Rechtsträgers	Die Kosten für die handelsrechtliche Liquidation der Gesellschaft inklusive der Einberufung der Liquidations-Generalversammlung, Durchführung des Schuldenrufs, Erstellung der Liquidationsbilanzen, Kosten des Handelsregisters etc. müssen als Rückstellungen bei der Umstellung auf Veräusserungswerte erfasst werden. Im vorstehenden Beispiel werden diese Kosten mit CHF 20 000 geschätzt.

9. Gefährdete Unternehmensfortführung

Die Beispiele zeigen, dass eine Umstellung von Fortführungs- auf Veräusserungswerte oft eine grosse negative Auswirkung auf das Bilanzbild hat, da die Veräusserungswerte (Liquidationswerte) häufig deutlich tiefer als die Fortführungswerte sind. Wenn die Wertbasis der gesamten Jahresrechnung von Fortführungs- auf Veräusserungswerte umgestellt werden muss, entsteht häufig eine Überschuldung, und es sind die Bestimmungen von Art. 725 Abs. 2 OR zu beachten (siehe Kapitel 10.10).

9.4 Ereignisse und Bedingungen für eine gefährdete Unternehmensfortführung

Nachfolgend sind Beispiele von Ereignissen oder Bedingungen, die einzeln oder in ihrer Gesamtheit erhebliche Zweifel an der Fortführungsfähigkeit aufwerfen können, aufgeführt (SER, S. 80 f.):

Finanziell	Betrieblich	Sonstiges
• Kapitalverlust und Überschuldung (Kapitel 10) • Negatives Netto-Umlaufvermögen (Liquiditätsgrad 3 < 100 %) • Fälligkeit von Verbindlichkeiten mit fester Laufzeit nähert sich, ohne dass realistische Aussicht auf Verlängerung, Umfinanzierung oder Rückzahlung besteht • Anzeichen für Entzug finanzieller Unterstützung durch Lieferanten und andere Gläubiger • Abfluss von Liquidität aus dem operativen Geschäft («Cashdrain») • Ungünstige finanzielle Kennzahlen • Wesentliche Betriebsverluste oder wesentliche Wertbeeinträchtigung von Aktiven, die der Erzielung von Mittelzuflüssen dienen • Unfähigkeit, Löhne und Sozialversicherungsbeiträge zu begleichen • Unfähigkeit, Lieferanten- und andere Verbindlichkeiten bei Fälligkeit zu bezahlen • Unfähigkeit, die Bedingungen von Kreditvereinbarungen (Covenants) zu erfüllen • Änderung der Zahlungsbedingungen von Lieferanten (Barzahlung anstatt auf Rechnung) • Unfähigkeit, Finanzmittel zu beschaffen, die für wichtige Produktentwicklungen oder für andere wichtige Investitionen benötigt werden	• Abgang wichtiger Personen, für die kein Ersatz vorhanden ist • Verlust eines umsatzstarken Kunden oder bedeutenden Absatzmarkts, eines Franchise, einer Lizenz oder von Lieferanten • Schwerwiegende Engpässe bei wichtigen Ressourcen • Maschinenbruch	• Signifikante Verstösse gegen gesetzliche Vorschriften • Rechtsstreitigkeiten oder Verfahren gegen das Unternehmen, die je nach Ausgang zu Ansprüchen führen können, die dieses nicht erfüllen kann • Änderungen gesetzlicher Vorschriften oder politische Änderungen, die voraussichtlich bedrohlich nachteilige Folgen für das Unternehmen haben • Veruntreuungen oder andere deliktische Handlungen • Verlust von Vertrauen in die Unternehmensleitung

9. Gefährdete Unternehmensfortführung

Der SER hält fest (SER, S. 80), dass die obenstehende Zusammenstellung «weder abschliessend ist noch das Vorliegen eines oder mehrerer dieser Anzeichen zwangsläufig bedeutet, dass eine wesentliche Unsicherheit über die Fortführungsfähigkeit besteht» (SER, S. 80). Die Unternehmensleitung hält in ihrer Erklärung zuhanden der Revisionsstelle ihre Begründung fest, wenn sie trotz dieser Indizien der Meinung ist, dass kein erheblicher Zweifel an der Fortführungsfähigkeit besteht. Die Revisionsstelle dokumentiert ihre Beurteilung.

9.5 Pflichten der Unternehmensleitung zur Einschätzung der Unternehmensfortführung

Die Unternehmensleitung ist für die Jahresrechnung verantwortlich und muss die gesetzlichen Anforderungen an diese Jahresrechnung umsetzen. Deshalb muss sie auch die Fähigkeit zur Fortführung der Unternehmenstätigkeit einschätzen. Aus den Grundsätzen ordnungsmässiger Buchführung und Rechnungslegung ist abzuleiten, dass der entsprechende Entscheid, ob die Fortführung problemlos, kritisch oder unmöglich ist, inklusive dessen Grundlage von der Unternehmensleitung dokumentieren werden muss (siehe auch HWP NRLG, S. 35). Die international anerkannte Zeitperiode von mindestens 12 Monaten nach dem Bilanzstichtag für diese Einschätzung (Art. 958a Abs. 2 OR) hat per 1. Januar 2013 erstmals ausdrücklich Eingang in das Schweizerische Rechnungslegungsgesetz gefunden. Die Frist von 12 Monaten ab Bilanzstichtag ist für Gesellschaften und Revisoren insbesondere dann von praktischer Bedeutung, wenn eine wesentliche Bedrohung besteht, dass eine Gesellschaft ihre Geschäftstätigkeit nicht mindestens so lange weiterführen kann. In solchen Situationen müssen Gesellschaft und Revisor zugleich die Bestimmungen von Art. 725 Abs. 2 OR im Auge behalten, nach denen der Verwaltungsrat bei begründeter Besorgnis einer Überschuldung eine Zwischenbilanz erstellen muss, die die Grundlage für eine allfällige Benachrichtung des Richters bzw. die Eröffnung des Konkurses bilden könnte. Auch für diese Zwischenbilanz gilt die Zwölfmonatsregel, was de facto bedeutet, dass die Zwölfmonatsfrist für die Unternehmensleitung verlängert wird. Erfolgt die Abschlussprüfung einer Gesellschaft mit gefährdeter Unternehmensfortführung z.B. im Juni oder gar verspätet im Dezember, muss sich die Prüfung der Fortführungsfähigkeit auf die folgenden zwölf Monate beziehen (also bis zum Juni oder Dezember des nachfolgenden Geschäftsjahres). Daraus lässt sich für den Revisor bei einer gesetzlichen Abschlussprüfung die einfache Regel ableiten, dass die Unternehmensfortführung für zwölf Monate nach Unterzeichnung des Revisionsstellenberichts zu beurteilen ist.

Die Anforderungen an die Dokumentation sind je nach Stufe der Fähigkeit zur Unternehmensfortführung im Detaillierungsgrad sehr unterschiedlich (in Anlehnung an SER, S. 82):

Stufe	Dokumentation zur Erhärtung des Entscheides bezüglich Unternehmensfortführung
Stufe 1: Keine Zweifel an Fortführung	War ein Unternehmen in der Vergangenheit rentabel und kann es sich rasch Zugang zu finanziellen Mitteln verschaffen, so darf die Unternehmensleitung ihre Einschätzung ohne eine detaillierte Analyse vornehmen. Eine schriftliche Aussage in der Vollständigkeitserklärung der Unternehmensleitung gegenüber der Revisionsstelle (Kapitel 7.9) ist ausreichend. →

9. Gefährdete Unternehmensfortführung

Stufe	Dokumentation zur Erhärtung des Entscheides bezüglich Unternehmensfortführung
Stufe 2: Erhebliche Zweifel an Fortführung	Bestehen erhebliche Zweifel an der Unternehmensfortführung, muss die Unternehmensleitung fundiert darlegen, warum sie der Meinung ist, dass die Unternehmensfortführung für die nächsten 12 Monate nach dem Bilanzstichtag sichergestellt ist. Mögliche Dokumente dafür sind: • Plan-Geldflussrechnung («Liquiditätsplan», siehe unten) • Plan-Erfolgsrechnung oder Plan-Bilanz • Letzte Zwischenbilanz • Auftragsbücher • Ereignisse nach dem Bilanzstichtag Die Planrechnungen sind konsistent mit den strategischen und operativen Plänen der Unternehmensleitung zu erstellen. Annahmen in der Zukunft, die wesentlich von den Resultanten in der Vergangenheit abweichen, sind zu begründen. Dies nach Möglichkeit mit Verträgen, Absichtserklärungen oder anderen Dokumenten, aus denen sich schliessen lässt, dass die Annahme einer Trendänderung begründbar ist. *(Tabelle Plan-Geldflussrechnung und grafische Darstellung siehe unten)*
Stufe 3: Fortführung verunmöglicht	Ist die Fortführung für die nächsten 12 Monate nach dem Bilanzstichtag verunmöglicht und besteht in der Folge eine offensichtliche oder zumindest begründete Besorgnis einer Überschuldung, sind die Pflichten im Rahmen von Art. 725 Abs. 2 OR zu befolgen (Vertiefung in Kapitel 10.10).

Plan-Geldflussrechnung	1Q2015	2Q2015	3Q2015	4Q2015
Erlös	1 000	950	1 150	1 200
./. Warenausgaben	– 600	– 570	– 690	– 720
./. Übrige Ausgaben	– 510	– 490	– 490	– 480
Geldfluss Geschäftstätigkeit	– 110	– 110	– 30	–
./. Investitionen	–	–	– 50	– 15
+ Devestitionen	–	100	–	–
Geldfluss Investitionstätigkeit	–	100	– 50	– 15
./. Rückzahlung Bankkredit	–	–	– 150	–
+ Erhöhung Darlehen Aktionär	–	–	200	–
Geldfluss Finanzierungstätigkeit	–	–	50	–
Veränderung Flüssige Mittel	– 110	– 10	– 30	– 15
Bestand FlüMi Quartalsbeginn	190	80	70	40
Bestand FlüMi Quartalsende	80	70	40	25

Grafische Darstellung zum Plan-Bestand Flüssige Mittel am Quartalsende

9.6 Pflichten des Prüfers in Hinblick auf die Unternehmensfortführung

9.6.1 Prüfungshandlungen zur Frage der Unternehmensfortführung bei der eingeschränkten Revision

Die Aufgabe des eingeschränkt prüfenden Revisors besteht bekanntlich in der Berichterstattung darüber, ob er bei seiner Prüfung auf Sachverhalte gestossen ist, aus denen er

9. Gefährdete Unternehmensfortführung

schliessen muss, dass die Jahresrechnung nicht Gesetz und Statuten entspricht. Für die Frage der Unternehmensfortführung bedeutet das, dass er Prüfungshandlungen durchführt, aufgrund deren er dem Abschlussadressaten mit einer Sicherheit von 60–70 % folgende Fragen beantworten kann:
- Ist die zugrunde gelegte Annahme der Fortführungsfähigkeit vertretbar?
- Werden allenfalls bestehende erhebliche Zweifel an der Unternehmensfortführung im Anhang hinreichend offengelegt?
- Wird bei nicht möglicher Unternehmensfortführung zu Veräusserungswerten bilanziert und wird dies im Anhang offengelegt (SER, S. 81–83)?

Um diese Fragen beantworten zu können, muss sich der Revisor bei der Prüfungsplanung sowie am Ende der Revision (zur Beurteilung der Jahresrechnung als Ganzes siehe Kapitel 7.8) überlegen, ob es Ereignisse oder Bedingungen (siehe Liste in Kapitel 9.4) gibt, die die Fortführungsfähigkeit des Unternehmens infrage stellen könnten.

Während der Prüfungsplanung schärft der Prüfer sein Verständnis des Unternehmens und seines Umfeldes und befragt die Unternehmensleitung u. a. zu ihrer Einschätzung der Unternehmensfortführung (Vertiefung in Kapitel 6.4). Im Weiteren führt er analytische Prüfungshandlungen zur Jahresrechnung (Vertiefung in Kapitel 6.6) durch. Damit ist er in der Lage, das inhärente Risiko einer Unternehmensfortführung einzuschätzen (Vertiefung in Kapitel 6.7).

Ergeben sich keine Zweifel an der Fortführungsfähigkeit, ist das inhärente Risiko einer Unternehmensfortführung klein. Es genügt die Erklärung der Unternehmensleitung in der Vollständigkeitserklärung als Nachweis der erfolgten Einschätzung und der Beurteilung (SER, S. 82). Stellt der Revisor Ereignisse oder Sachverhalte fest, die zu erheblichen Zweifeln an der Fortführungsfähigkeit Anlass geben, besteht in der Regel ein bedeutsames Risiko. Dementsprechend fordert er die Unternehmensleitung zu einer detaillierteren schriftlichen Einschätzung (HWP ER, S. 180) auf und führt zu dieser weitergehende Prüfungshandlungen durch. Dazu gehören z. B. (SER, S. 82):
- Analyse und Besprechung der geplanten Geldflüsse und Ergebnisse sowie anderer zukunftsbezogener Informationen mit der Unternehmensleitung
- Analyse und Besprechung des letzten Zwischenabschlusses
- Kritische Durchsicht der Bedingungen von Finanzverbindlichkeiten (Covenants) zur Feststellung allfälliger Verstösse gegen Vereinbarungen
- Studium der Sitzungsprotokolle der Unternehmensorgane (Anteilseigner: z. B. Generalversammlung; Leitungs- und Überwachungsorgane: z. B. Verwaltungsrat, Ausschüsse) zwecks Hinweisen auf finanzielle Besonderheiten
- Beurteilung des Vorhandenseins, der Gültigkeit und der Durchsetzbarkeit von Vereinbarungen mit nahestehenden Parteien sowie Dritten über eine finanzielle Unterstützung des Unternehmens; Beurteilung der Fähigkeit solcher Parteien, zusätzliche Mittel bereitzustellen
- Beurteilung der Pläne des Unternehmens zur Abwicklung unerledigter Kundenaufträge
- Beurteilung der Ereignisse nach dem Bilanzstichtag zwecks Feststellung von Ereignissen, welche die Fortführungsfähigkeit des Unternehmens beeinträchtigen können
- Schriftliche Bestätigung der Unternehmensleitung über deren Pläne in der Vollständigkeitserklärung (Vertiefung in Kapitel 7.9)

9. Gefährdete Unternehmensfortführung

Der Prüfer nimmt seine Beurteilung aufgrund der Einschätzung der Unternehmensleitung sowie seiner weiteren Kenntnisse des geprüften Unternehmens vor. Um die Einschätzung der Unternehmensleitung zu beurteilen, zieht er folgende Aspekte in Betracht (in Anlehnung an PS 2010, 570.20 f.):

Aspekte zur Einschätzung der UL	Praktische Beispiele und Probleme
Ist die gewählte Vorgehensweise (Methode) zweckmässig?	Positives Beispiel: Die Gesellschaft steht kurz vor der Zahlungsunfähigkeit. Die Unternehmensleitung erstellt eine Plan-Geldflussrechnung. In dieser werden alle wesentlichen voraussichtlichen Geldflüsse dargestellt. Mit diesem Plan wird aufgezeigt, dass die Zahlungsfähigkeit voraussichtlich mindestens für die nächsten 12 Monate gewährleistet ist. Die gewählte Methode ist zweckmässig, um die Fortführung der Gesellschaft – in diesem Fall insbesondere die Zahlungsbereitschaft – beurteilen zu können. Negative Beispiele: • Die Unternehmensleitung argumentiert über die Fortführung anhand des letzten Zwischenabschlusses. Seit diesem sind jedoch wesentliche negative Ereignisse eingetreten, die in keiner Form in der Einschätzung der Fortführung berücksichtigt worden sind. Die Argumentationsweise ist in diesem Fall nicht zweckmässig. • Die Unternehmensleitung begründet die Fortführung mit einem neuen, sehr gewinnbringenden Auftrag. Andere wesentliche Neuaufträge oder bestehende Aufträge mit teils negativen Margen werden jedoch nicht berücksichtigt. Die Einschätzung ist darum unvollständig.
Sind die Annahmen – zumindest bei einer optimistischen Betrachtungsweise – vertretbar?	Positive Beispiele: • Ein Kleidergeschäft hat Ertragsprobleme. Für die Unternehmensfortführung ist es notwendig, den Bruttogewinn zu steigern. Dieser hängt vom Umsatz sowie von der Marge ab. Aufgrund der scharfen Konkurrenzsituation sieht die Unternehmensleitung keine Möglichkeit, den Umsatz zu steigern. Sie geht davon aus, dass lediglich der Umsatz des Vorjahres erreicht werden kann, was auch im Einklang mit dem letzten Zwischenabschluss vom 1. Quartal des Folgejahres stehe. Bei der Marge zeichnet sich eine Verbesserung ab: Die Gesellschaft steht kurz vor dem Abschluss eines neuen Liefervertrages mit dem Hauptlieferanten. Dieser sieht verbesserte Lieferkonditionen vor, welche voraussichtlich zu einer um 5% höheren Marge führen werden. Dies würde die Fortführung der Gesellschaft für mindestens 12 Monate nach dem letzten Bilanzstichtag mit grosser Wahrscheinlichkeit gewährleisten. Die Annahmen sind aufgrund des gegenwärtigen Informationsstands erzielbar und somit vertretbar. • Ein Vermögensverwalter wurde von einem seiner Kunden wegen Verletzung der Sorgfaltspflichten eingeklagt. Die beklagte Summe beträgt CHF 2 Mio. Die Gesellschaft selber hat ein Eigenkapital von rund CHF 0.5 Mio. Nach Einschätzung des konsultierten Anwalts ist nicht auszuschliessen, dass die Gesellschaft zur Zahlung verurteilt wird. Zugleich erscheint auch die Abweisung der Klage als möglich. Die Unternehmensleitung vertritt das optimistische Szenario. Der Prüfer kann diese Sicht ebenfalls vertreten. Negatives Beispiel: Eine wichtige Tochtergesellschaft hat in den letzten beiden Jahren einen signifikanten operativen Verlust ausgewiesen und hat Liquiditätsprobleme. Es droht ein Konkurs der Tochter innerhalb der nächsten 4 Monate. Die Muttergesellschaft ist aufgrund der eigenen finanziellen Situation nicht in der Lage, eine Sanierungszahlung an die Tochter zu leisten. Der bei der

9. Gefährdete Unternehmensfortführung

Aspekte zur Einschätzung der UL	Praktische Beispiele und Probleme
	Muttergesellschaft erfasste Beteiligungswert der Tochtergesellschaft entspricht weiterhin den Anschaffungskosten. Aufgrund der Situation bestehen offensichtliche Anzeichen für eine Wertbeeinträchtigung. Müsste die Beteiligung wertberichtigt werden, wäre die Muttergesellschaft überschuldet und die Fortführung verunmöglicht. Nach Aufforderung des Prüfers hat die Unternehmensleitung eine Bewertung der Tochtergesellschaft vorgenommen (anhand einer DCF-Bewertung). Die Planeinnahmen für die nächsten Monate und Jahre sind stetig und markant steigend bei gleichen oder teils reduzierten Kosten. Das entsprechende Endergebnis der Bewertung ist ein Wert, der den aktuellen Buchwert leicht übersteigt. Auf Nachfragen des Prüfers ist die Unternehmensleitung jedoch nicht in der Lage, die Wahrscheinlichkeit eines Turnarounds aufgrund von konkreten geplanten oder realistischen Massnahmen zu begründen. Der Prüfer kommt zum Schluss, dass die Annahmen – selbst bei optimistischer Einschätzung – nicht vertretbar sind. Die Beteiligung wäre abzuschreiben, und eine Fortführung der Gesellschaft wäre ohne kurzfristige finanzielle Sanierungsmassnahmen nicht mehr möglich.
Sind die Pläne der Unternehmensleitung konsistent mit der Einschätzung zur Unternehmensfortführung für die Jahresrechnung («a consistent story»)?	Positives Beispiel: Die Unternehmensleitung hat an ihrer letzten Sitzung beschlossen, ein stark verlustträchtiges Werk zu schliessen. Wegen dieses Werks ist das Gesamtunternehmen in finanzielle Not geraten, und es stellt sich die Frage der Unternehmensfortführung. An derselben Sitzung wurde auch über die strategische Neuausrichtung und deren operative Umsetzung gesprochen. Die Einschätzung der Unternehmensfortführung stützt sich auf diese neuen Pläne. Der Ertrag ist nun zwar wesentlich tiefer, jedoch fällt ein umso grösserer Kostenblock weg. Die Restrukturierungskosten für die Schliessung des Werks sind ebenfalls berücksichtigt. Die Pläne der Unternehmensleitung sind in diesem Fall konsistent mit der Einschätzung über die Unternehmensfortführung für die Jahresrechnung.

Negatives Beispiel: Eine Gesellschaft hat Liquiditätsprobleme. Die Unternehmensleitung hat darum eine Plan-Geldflussrechnung für die nächsten 12 Monate nach dem Bilanzstichtag erstellt. Darin ist ein wesentlicher Zufluss aus dem Verkauf einer Betriebsliegenschaft enthalten. Aufgrund der Durchsicht des Berichts zur letzten Geschäftsleitungssitzung stellt der Prüfer eine Einschätzung des Geschäftsführers fest, wonach der Verkauf dieser Betriebsliegenschaft operativ gar nicht möglich sei. Die Gesellschaft wäre nicht mehr in der Lage, ihre bestehenden Aufträge abzuwickeln. Es wäre mit Klagen von Kunden zu rechnen, weil den Verpflichtungen nicht nachgekommen werden kann. In diesem Fall ist die Eischätzung der Unternehmensfortführung nicht konsistent mit den tatsächlichen Plänen der Unternehmensleitung. |
| Alle wesentlichen relevanten Informationen, die der Prüfer bei seinen Prüfungshandlungen erhalten hat, sind in der Einschätzung der Unternehmensleitung in Betracht gezogen worden. | Beispiel: Zum Abschluss kommt der Prüfer zum Schluss, dass die Jahresrechnung als Ganzes der Einschätzung der Unternehmensleitung sowie seinen Kenntnissen über Tätigkeit und Umfeld des Unternehmens entspricht (Vertiefung in Kapitel 7.8). |

Kommt der Revisor zum Schluss, die Fortführungsprämisse weiterhin anzuwenden, sei vertretbar, stellt dies selbstredend keine Garantie dafür dar, dass die Gesellschaft ihre Tätigkeit auch tatsächlich weiterführen kann. Wie das HWP ER richtig ausführt (S. 179), «ist es nicht Aufgabe des Revisors, zu beurteilen, inwieweit alle denkbaren zukünftigen Entwicklungen das Unternehmen beeinflussen können. Die Bejahung der Fortführungsfä-

9. Gefährdete Unternehmensfortführung

higkeit durch den Abschlussprüfer stellt eine Momentaufnehme dar und ist keine Garantie für die Zukunft, da negative Entwicklungen mitunter sehr schnell eintreten können.»

Aus der Sicht des Prüfers – aber auch des Verwaltungsrats – ist es zweckmässig, lieber einmal zu viel als zu wenig auf die Offenlegung einer wesentlichen Unsicherheit zu pochen. Die Unternehmensleitung kann damit in der entsprechenden Anmerkung im Anhang auch ausführlich ihre Sicht der Dinge darlegen und nach Möglichkeit für eine Weiterführung sprechende Fakten auflisten. Der Abschlussadressat wird so in die Lage versetzt, sich selber einen Überblick über die wirtschaftliche Lage des Unternehmens zu verschaffen. Zugleich ist er vor einem gewissen Risiko bei einer Unternehmensfortführung gewarnt. Im KMU-Umfeld kennen meist sowohl das Aktionariat als auch die wichtigsten Gläubiger, die auch Einsicht in den Revisionsstellenbericht erhalten, diesen Sachverhalt ohnehin und die Organe haben mit der Offenlegung ihre Pflicht in der Regel erfüllt. Eine Pflichtverletzung bestünde bei einer Offenlegung der wesentlichen Unsicherheit nur dann, wenn die Revisionsstelle aufgrund der erhaltenen Informationen zweifelsfrei hätte zum Schluss kommen müssen, dass im Zeitpunkt der Berichtsabgabe eine Unternehmensfortführung nicht mehr möglich war, d. h. die Unternehmensleitung keine Chance mehr hatte, das Ruder herumzureissen.

9.6.2 Abgrenzung zur ordentlichen Revision

Wie die eingeschränkte Revision ihrem Charakter nach im Vergleich zur ordentlichen bzw. zur Prüfung nach den PS zu einer sehr viel geringeren Prüfungssicherheit führt (Kapitel 1.9 und 2), so ist dies bei einem Urteil über die Unternehmensfortführung nicht anders (siehe auch HWP ER, S. 181).

Der Standard zur eingeschränkten Revision erscheint diesbezüglich konsistent: Die Prüfungen zur Unternehmensfortführung ausserhalb der vorgeschriebenen allgemeinen Prüfungshandlungen (z. B. das Studium von VR-Protokollen oder das Einholen der Vollständigkeitserklärung) bestehen mit Ausnahme der Prüfung von Finanzierungszusicherungen nahestehender Parteien nur aus Befragungen und analytischen Prüfungen. So hat gemäss SER für die Überprüfung der in der Praxis wohl wichtigsten Dokumente, des Liquiditätsplans oder des Budgets, als Prüfungshandlung nur eine Besprechung und eine analytische Beurteilung zu erfolgen. Eine vertiefte Prüfung von Detailinformationen und die Abstimmung mit wichtigen Verträgen oder Offerten, wie sie für eine Prüfung nach den PS typisch sind, sind nicht vorgesehen. Solche Prüfungshandlungen gingen über die in Art. 729a Abs. 2 OR geforderte Angemessenheit der Detailprüfungen hinaus.

9.6.3 Berichterstattung des Prüfers zur Unternehmensfortführung

Die Berichterstattung des Revisors bei gefährdeter oder unmöglicher Unternehmensfortführung folgt den allgemeinen Berichterstattungsgrundsätzen (Vertiefung in Kapitel 8).

Nimmt die Unternehmensleitung trotz Aufforderung durch den Prüfer keine oder lediglich eine ungenügende Einschätzung der Fortführungsfähigkeit des Unternehmens vor, obschon daran erhebliche Zweifel bestehen, liegt eine Beschränkung des Prüfungsumfangs vor (SER, S. 83). Die mögliche Auswirkung auf den Abschluss dürfte in nahezu allen solchen Fällen grundlegend sein. Dementsprechend ist eine Prüfungsaussage nicht möglich (Unmöglichkeit einer Prüfungsaussage):

9. Gefährdete Unternehmensfortführung

> **[Beschränkung Prüfungsumfang zur Einschätzung Unternehmensfortführung, vgl. auch Kapitel 8.12.27]**
>
> Zur Fortführung und Wertbasis ist Folgendes zu bemerken: Aufgrund unserer Revision müssen wir annehmen, dass die [Firmenbezeichnung] wegen des unbefriedigenden Geschäftsverlaufs in Liquiditätsschwierigkeiten geraten [ist/wird]. Die Unternehmensleitung hat uns – trotz unserer nachdrücklichen Aufforderung dazu – keine Erklärung darüber abgeben können, ob und unter welchen Voraussetzungen eine Fortführung der Unternehmenstätigkeit gegeben ist. Wir haben deshalb nicht überprüfen können, ob die der Jahresrechnung zugrunde gelegte Annahme der Fortführung der Unternehmenstätigkeit vertretbar ist.
>
> **[Unmöglichkeit einer Prüfungsaussage]** Wegen der möglichen Auswirkung des im vorstehenden Absatz dargelegten Sachverhalts sind wir nicht in der Lage, eine Prüfungsaussage zu machen.
>
> *Quelle: Arbeitshilfe der Treuhand-Kammer und von Treuhand Suisse vom 24.6.2011, S. 13*

Nimmt die Unternehmungsleitung eine Einschätzung der Fortführungsfähigkeit vor mit dem Ergebnis, dass zwar erhebliche Zweifel an der Fortführungsfähigkeit bestehen, aber eine Fortführungsannahme gleichwohl vertretbar ist und die diesbezügliche wesentliche Unsicherheit in der Jahresrechnung hinreichend vermerkt wird, macht der Revisor eine uneingeschränkte Prüfungsaussage mit einem Zusatz, in welchem die Unsicherheit offengelegt wird (SER, S. 83):

> **[Zusatz gefährdete Unternehmensfortführung, vgl. auch Kapitel 8.12.29]**
>
> Ohne unsere Prüfungsaussage einzuschränken, machen wir auf Anmerkung [Nummer/Bezeichnung] im Anhang der Jahresrechnung aufmerksam, in der dargelegt wird, dass eine wesentliche Unsicherheit besteht, die erhebliche Zweifel an der Fähigkeit der [Firmenbezeichnung] zur Fortführung der Unternehmenstätigkeit aufwirft. Würde die Fortführung der Unternehmenstätigkeit verunmöglicht, müsste die Jahresrechnung auf Basis von Veräusserungswerten erstellt werden.
>
> *Quelle: Arbeitshilfe der Treuhand-Kammer und von Treuhand Suisse vom 24.6.2011, S. 14*

Ist die Fortführungsproblematik in der Jahresrechnung nicht hinreichend offengelegt, muss der Revisor eine eingeschränkte Prüfungsaussage machen (SER, S. 83):

> **[Meinungsverschiedenheit mit Unternehmensleitung – Unsicherheit nicht ausreichend offengelegt, vgl. auch Kapitel 8.12.10]**
>
> Zur Offenlegung ist Folgendes zu bemerken: Unsere Revision hat ergeben, dass die [Firmenbezeichnung] wegen des unbefriedigenden Geschäftsverlaufs im Berichtsjahr in Liquiditätsschwierigkeiten geraten ist. Ihre Fähigkeit zur Fortführung der Unternehmenstätigkeit hängt davon ab, ob sie die Budgetziele erreicht, die damit zusammenhängenden

9. Gefährdete Unternehmensfortführung

> verschärften Kreditbedingungen einhält und ihr die benötigten Mittel für die Refinanzierung der kurzfristigen Verbindlichkeiten zur Verfügung gestellt werden. Diesbezüglich besteht eine wesentliche Unsicherheit, die erhebliche Zweifel an der Fähigkeit der [Firmenbezeichnung] zur Fortführung der Unternehmenstätigkeit aufwirft. Die Anmerkung [Nummer/Bezeichnung] im Anhang der Jahresrechnung bringt diese Unsicherheit nicht hinreichend zum Ausdruck.
>
> **[Eingeschränkte Prüfungsaussage]** Bei unserer Revision sind wir – mit Ausnahme der im vorstehenden Absatz dargelegten Einschränkung – nicht auf Sachverhalte gestossen, aus denen wir schliessen müssten, dass die Jahresrechnung sowie der Antrag über die Verwendung des Bilanzgewinns nicht Gesetz und Statuten entsprechen.
>
> *Quelle: Arbeitshilfe der Treuhand-Kammer und von Treuhand Suisse vom 24.6.2011, S. 8 f.*

Fehlen die Angaben zur gefährdeten Unternehmensfortführung im Anhang gar, muss der Prüfer eine verneinende Prüfungsaussage machen (SER, S. 83):

> ● **[Meinungsverschiedenheit mit Unternehmensleitung – Unsicherheit gar nicht offengelegt, vgl. auch Kapitel 8.12.18]**
>
> Zur Offenlegung ist Folgendes zu bemerken: Unsere Revision hat ergeben, dass die [Firmenbezeichnung] wegen des unbefriedigenden Geschäftsverlaufs im Berichtsjahr in Liquiditätsschwierigkeiten geraten ist. Ihre Fähigkeit zur Fortführung der Unternehmenstätigkeit hängt davon ab, ob sie die Budgetziele erreicht, die damit zusammenhängenden verschärften Kreditbedingungen einhält und die benötigten Mittel für die Begleichung der kurzfristigen Verbindlichkeiten zur Verfügung gestellt bekommt. Diesbezüglich besteht eine wesentliche Unsicherheit, die erhebliche Zweifel an der Fähigkeit der [Firmenbezeichnung] zur Fortführung der Unternehmenstätigkeit aufwirft. Entsprechende Angaben im Anhang der Jahresrechnung fehlen.
>
> **[Verneinende Prüfungsaussage]** Wegen der Auswirkung des im vorstehenden Absatz dargelegten Sachverhalts entspricht die Jahresrechnung nicht Gesetz und Statuten.
>
> *Quelle: Arbeitshilfe der Treuhand-Kammer und von Treuhand Suisse vom 24.6.2011, S. 18*

Kommt der Revisor aufgrund seiner Prüfungshandlungen zur Auffassung, dass die der Jahresrechnung zugrunde liegende Fortführungsannahme nicht vertretbar ist, muss er wegen der falschen Wertbasis eine verneinende Prüfungsaussage machen (SER, S. 83):

> ● **[Meinungsverschiedenheit mit Unternehmensleitung – Fortführungsprämisse nicht vertretbar aufgrund Liquiditätssituation, vgl. auch Kapitel 8.12.17]**
>
> Zur Fortführung und Wertbasis ist Folgendes zu bemerken: Unsere Revision hat ergeben, dass die [Firmenbezeichnung] wegen des unbefriedigenden Geschäftsverlaufs im Berichtsjahr in Liquiditätsschwierigkeiten geraten ist. Sie kann die kurzfristigen Verbindlichkeiten nicht fristgerecht begleichen, da ihr die dafür benötigten Mittel nicht zur

9. Gefährdete Unternehmensfortführung

> Verfügung stehen. Die Zahlungsfähigkeit ist jedoch Voraussetzung für die Fähigkeit zur Fortführung der Unternehmenstätigkeit. Die Jahresrechnung hätte deshalb nicht unter der Annahme der Fortführung der Unternehmenstätigkeit erstellt werden dürfen.
>
> **[Verneinende Prüfungsaussage]** Wegen der Auswirkung des im vorstehenden Absatz dargelegten Sachverhalts entspricht die Jahresrechnung nicht Gesetz und Statuten.
>
> *Quelle: Arbeitshilfe der Treuhand-Kammer und von Treuhand Suisse vom 24.6.2011, S. 10 f.*

> ●
> **[Meinungsverschiedenheit mit Unternehmensleitung – Fortführungsprämisse nicht vertretbar aufgrund Überbewertung, daraus resultierender Überschuldung und fehlender Sanierungsmöglichkeit]**
>
> Zur Bewertung, Fortführung und Wertbasis ist Folgendes zu bemerken: Unsere Revision hat ergeben, dass die Gesellschaft entgegen Art. 960a Abs. 3 OR keine notwendigen Wertberichtigungen für Beteiligungen vorgenommen hat. Hierdurch sind die Beteiligungen um rund [Betrag] zu hoch bilanziert. Unter Berücksichtigung der Wertberichtigung ist die Gesellschaft gemäss Art. 725 Abs. 2 OR überschuldet. Die Gesellschaft hat zum heutigen Zeitpunkt keine konkreten Sanierungspläne. Eine Sanierung ist jedoch Voraussetzung für die Fähigkeit zur Fortführung der Unternehmenstätigkeit. Die Jahresrechnung hätte deshalb nicht unter der Annahme der Fortführung der Unternehmenstätigkeit erstellt werden dürfen.
>
> **[Verneinende Prüfungsaussage]** Wegen der Auswirkung des im vorstehenden Absatz dargelegten Sachverhalts entspricht die Jahresrechnung nicht Gesetz und Statuten.

Bei allen Szenarien/Beispielen ist zudem ein ergänzender Zusatz über mögliche Folgen oder ein Hinweis über Pflichtverletzungen bezüglich Art. 725 Abs. 2 OR denkbar. Diesbezüglich wird auf Kapitel 10, «Kapitalverlust und Überschuldung», verwiesen.

9.7 Zusammenfassung der Anforderungen

- Der Abschlussprüfer muss im Rahmen der *Prüfungsplanung* beurteilen, ob Sachverhalte vorliegen, welche die *Unternehmensfortführung beeinträchtigen könnten.*
- *Bestehen Zweifel an der Fortführungsfähigkeit* des Unternehmens, muss der Abschlussprüfer von der Unternehmensleitung eine *schriftliche Einschätzung der Fortführungsfähigkeit verlangen.*
- Der Abschlussprüfer muss die *Einschätzung der Unternehmensleitung beurteilen* und feststellen, ob die *Fortführungsfähigkeit für die nächsten 12 Monate ab Bilanzstichtag* bzw. dem Datum des Revisionsberichts (vgl. Kapitel 9.5) *möglich erscheint.* →

9. Gefährdete Unternehmensfortführung

- Ist die Unternehmensfortführung gefährdet, muss der Abschlussprüfer überprüfen, ob die *Gründe* dafür, die *Pläne* der Unternehmensleitung zur Sicherstellung einer Unternehmensfortführung sowie eine *Klarstellung*, dass eine wesentliche Unsicherheit besteht und das Unternehmen möglicherweise nicht in der Lage ist, seine Tätigkeit fortzuführen, im Anhang ausreichend dargelegt sind. *Andernfalls hat er die Prüfungsaussage einzuschränken.*
- *Fehlen die Angaben im Anhang zur* Jahresrechnung bei einer gefährdeten Unternehmensfortführung gänzlich, gibt der Abschlussprüfer eine *verneinende Prüfungsaussage ab*.
- Ist die Unternehmensfortführung *verunmöglicht*, muss der Abschlussprüfer überprüfen, ob die *Bilanzierung der Jahresrechnung zu Veräusserungswerten* erfolgt. Andernfalls hat er eine verneinende Prüfungsaussage abzugeben.

10. Kapitalverlust und Überschuldung

10.1	Inhalt des Kapitels
10.2	Grafische Übersichten
10.3	Stellenwert von Kapitalverlust und Überschuldung
10.4	Gesetzliche Grundlagen
10.5	Art. 725 Abs. 1 OR in der Praxis
10.6	Grundsätze des Berufsstands und Gerichtsentscheide
10.7	Hälftiger Kapitalverlust (Art. 725 Abs. 1 OR)
10.8	Sanierungsmassnahmen bei Kapitalverlust, Überschuldung und Liquiditätsproblemen
10.9	Verhältnis zwischen Liquiditätslage, Art. 725 OR und Überschuldungsanzeige
10.10	Überschuldung (Art. 725 Abs. 2 OR)
10.11	Prüfung der Zwischenbilanz Art. 725 Abs. 2 OR
10.12	Rangrücktritt
10.13	Berichterstattung der Revisionsstelle bei einer Überschuldung
10.14	Benachrichtigung des Richters durch die Revisionsstelle
10.15	Praktische Handhabung der Anzeigepflicht durch die Revisionsstelle – Typischer Ablauf einer Überschuldungsanzeige
10.16	Zusammenfassung der Anforderungen
10.17	Vorlagen

10. Kapitalverlust und Überschuldung

10.1 Inhalt des Kapitels

- Prüfung der gesetzlichen Pflichten von Verwaltungsrat und Revisionsstelle bei hälftigem Kapitalverlust und bei Überschuldung gemäss Art. 725 OR
- Prüfung der wesentlichen Aspekte von Sanierungsmassnahmen sowie die quantitativen und qualitativen Erfordernisse bei einem Rangrücktritt Bescheid
- Berechnung des hälftigen Kapitalverlusts sowie der Höhe einer Überschuldung und Zwischenbilanzen gemäss Art. 725 Abs. 2 OR
- Prüfung der Auswirkungen von Kapitalverlust und Überschuldung auf die Berichterstattung der Revisionsstelle
- Prüfung der Pflichten der Revisionsstelle hinsichtlich einer Anzeige beim Richter sowie den typischen Ablauf einer Überschuldungsanzeige

10.2 Grafische Übersichten

10.2.1 Hälftiger Kapitalverlust (Art. 725 Abs. 1 OR)

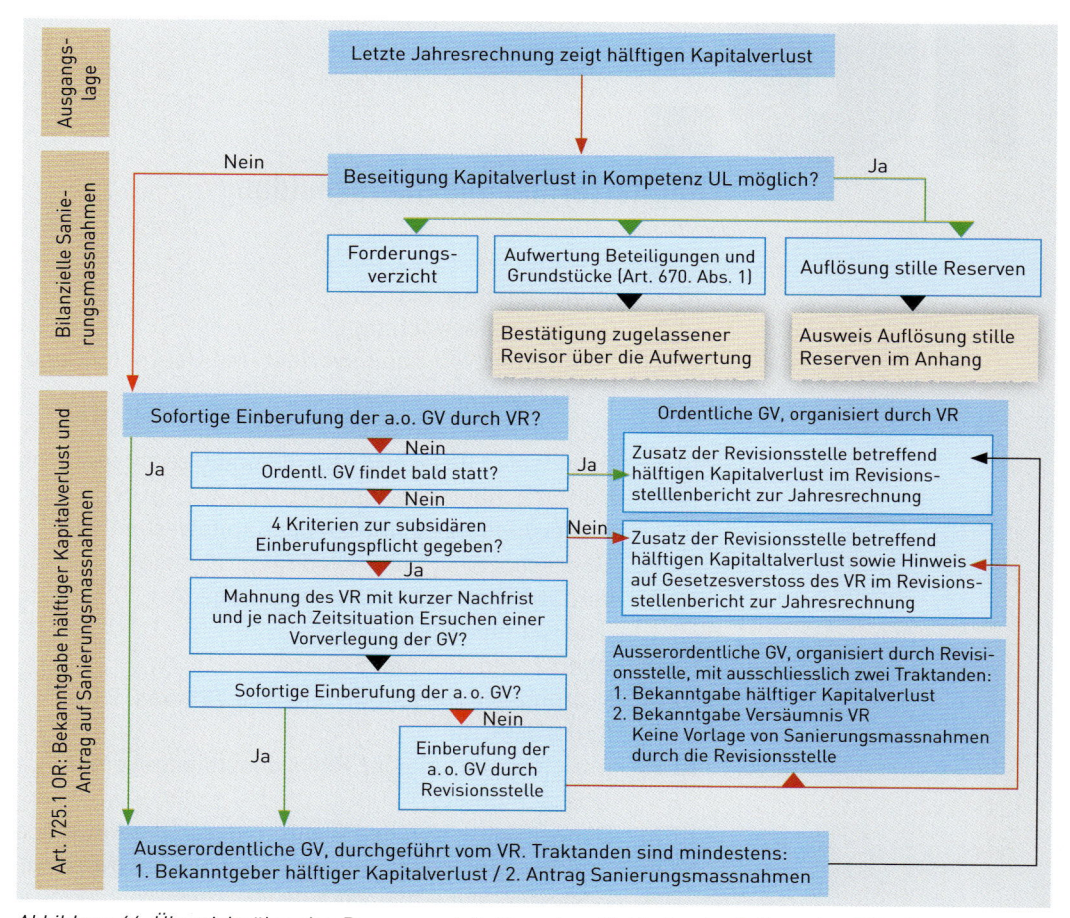

Abbildung 46: Übersicht über den Prozess und die Verantwortlichkeiten im Fall von Art. 725. Abs. 1

10. Kapitalverlust und Überschuldung

10.2.2 Überschuldung (Art. 725 Abs. 2 OR)

Quelle: SER Anhang H (ergänzt durch die Autoren)

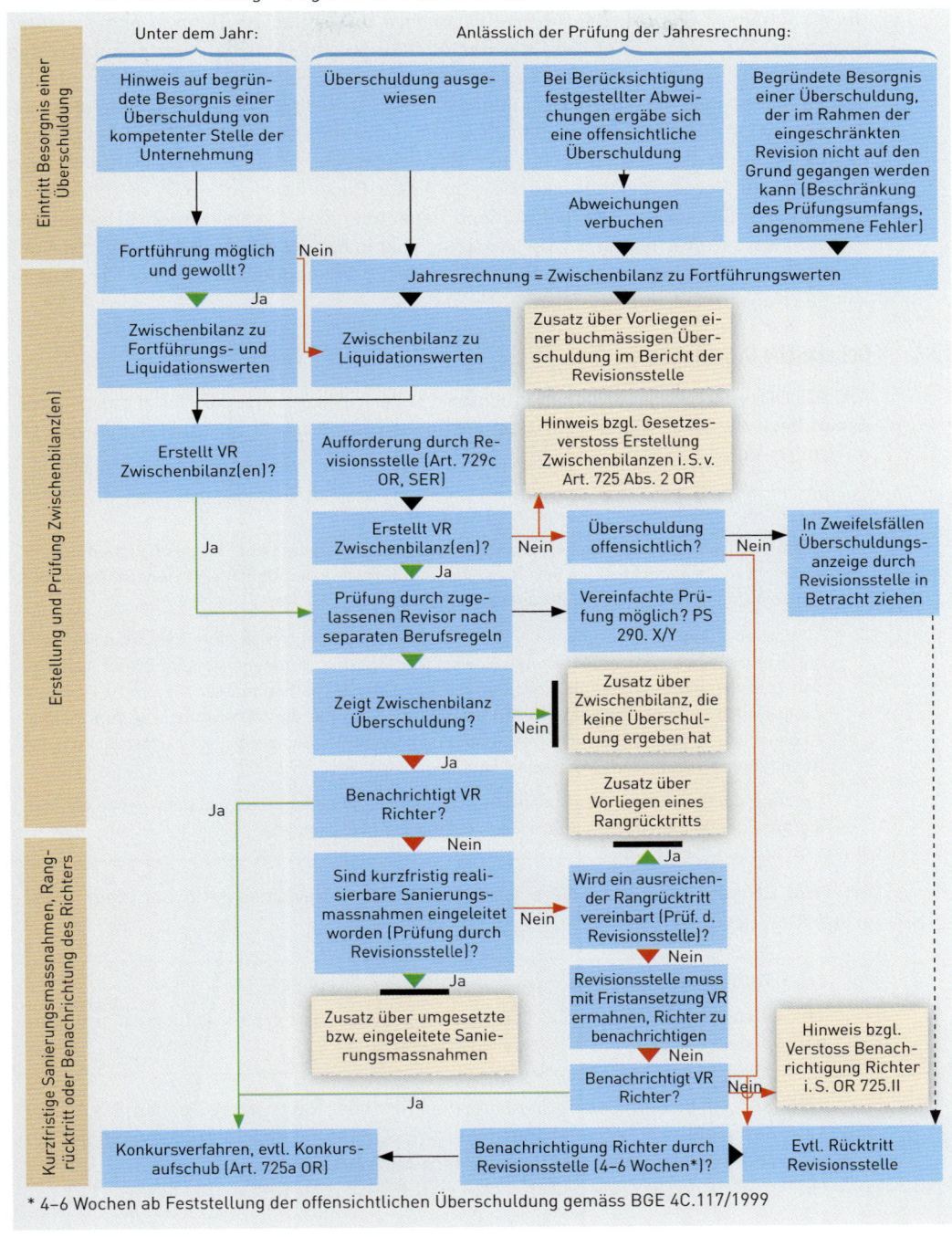

Abbildung 47: Übersicht über den Prozess und die Verantwortlichkeiten im Falle von Art. 725. Abs. 2 OR

10. Kapitalverlust und Überschuldung

10.3 Stellenwert von Kapitalverlust und Überschuldung

Den Pflichten der Revisionsstelle kommt im Zusammenhang mit Kapitalverlust und Überschuldung i. S. v. Art. 725 OR eine besondere Bedeutung zu. Denn in angespannter finanzieller Situation nimmt nicht nur das Ausfallrisiko für Aktionäre und Gläubiger des Prüfkunden erheblich zu, sondern es besteht auch die Gefahr von unzulässigen Gläubigerbegünstigungen. Ist die Überschuldung offensichtlich, muss die Revisionsstelle Anzeige beim Richter erstatten. Sie wird in dieser Phase zeitlich und sachlich über das Übliche hinaus gefordert. Handelt sie nicht sach- und zeitgerecht, erhöht sich ihr Haftungsrisiko erheblich. Ihr Honorarausfallrisiko steigt in dieser Phase markant an. Wird schliesslich die Zwangsvollstreckung eröffnet, können gegenüber den Organen Ansprüche geltend gemacht werden (Vertiefung zur Verantwortlichkeit in Kapitel 20). Auf Konzerne bzw. konsolidierte Abschlüsse gemäss Art. 963 OR ist Art. 725 OR mangels juristischer Persönlichkeit des Konzerns nicht anwendbar.

10.4 Gesetzliche Grundlagen

Art. 725 OR regelt die gesetzlichen Pflichten des Verwaltungsrats, die Pflicht des zugelassenen Revisors zur Prüfung der Zwischenbilanzen sowie zur Anzeige bei Gesellschaften mit Opting-out:

> § *Art. 725 OR: Kapitalverlust und Überschuldung – Anzeigepflichten*
>
> [1] Zeigt die letzte Jahresbilanz, dass die Hälfte des Aktienkapitals und der gesetzlichen Reserven nicht mehr gedeckt ist, so beruft der Verwaltungsrat unverzüglich eine Generalversammlung ein und beantragt ihr Sanierungsmassnahmen.
>
> [2] Wenn begründete Besorgnis einer Überschuldung besteht, muss eine Zwischenbilanz erstellt und diese einem zugelassenen Revisor zur Prüfung vorgelegt werden. Ergibt sich aus der Zwischenbilanz, dass die Forderungen der Gesellschaftsgläubiger weder zu Fortführungs- noch zu Veräusserungswerten gedeckt sind, so hat der Verwaltungsrat den Richter zu benachrichtigen, sofern nicht Gesellschaftsgläubiger im Ausmass dieser Unterdeckung im Rang hinter alle anderen Gesellschaftsgläubiger zurücktreten.
>
> [3] Verfügt die Gesellschaft über keine Revisionsstelle, so obliegen dem zugelassenen Revisor die Anzeigepflichten der eingeschränkt prüfenden Revisionsstelle.

Art. 729c OR regelt die subsidiäre Anzeigepflicht der Revisionsstelle bei einer eingeschränkten Revision:

> § *Art. 729c OR: Anzeigepflicht der Revisionsstelle bei eingeschränkter Revision*
>
> Ist die Gesellschaft offensichtlich überschuldet und unterlässt der Verwaltungsrat die Anzeige, so benachrichtigt die Revisionsstelle das Gericht.

Zu erwähnen ist in diesem Zusammenhang die Pflicht der Revisionsstelle, gemäss Art. 699 Abs. 1 OR nötigenfalls eine Sanierungsgeneralversammlung einzuberufen, wenn der Verwaltungsrat dies nicht selbst tut (siehe weitere Ausführungen Kapitel 10.7.5).

10. Kapitalverlust und Überschuldung

> **§** *Art. 699 OR: Einberufung der Generalversammlung*
> 1 Die Generalversammlung wird durch den Verwaltungsrat, nötigenfalls durch die Revisionsstelle einberufen.

> **Der Ausdruck «subsidiäre Anzeigepflicht» der Revisionsstelle**
> Der Verwaltungsrat hat nach den vorstehenden Gesetzesartikeln die primäre Pflicht, eine Überschuldung beim Richter zu melden. Bleibt der er untätig, kommt der Revisionsstelle gemäss Art. 729c OR eine (ersatzweise, subsidiäre) Anzeigepflicht zu.

Dieses Kapitel konzentriert sich auf die Vorschriften bei der Aktiengesellschaft. Sie gelten aber auch für die Kommanditaktiengesellschaft (Art. 764 Abs. 2 OR) und die GmbH (Art. 818 Abs. 1 i. V. m. Art. 820 Abs. 1 OR) entsprechend. Für Genossenschaften gilt die Regelung von Art. 903 OR und für Stiftungen Art. 84a Abs. 1 ZGB.

Das Vereinsrecht sieht eine zwingende Revisionspflicht nur für wirtschaftlich bedeutsame Vereine vor (Bilanzsumme CHF 10 Mio., Umsatzerlös CHF 20 Mio., 50 Vollzeitstellen im Jahresdurchschnitt). Für kleinere Vereine besteht keine Pflicht zu einer eingeschränkten Revision, ausser wenn ein Vereinsmitglied, das einer persönlichen Haftung oder einer Nachschusspflicht unterliegt, dies verlangt (Art. 69b Abs. 2 ZGB). Diese Vereine dürfen aber freiwillig entweder eine frei gestaltbare auftragsrechtliche Revision oder eine der beiden gesetzlichen Revisionen beschliessen.

Sobald eine der beiden gesetzlichen Revisionsarten durchgeführt wird, finden die Vorschriften über die Revisionsstelle bei Aktiengesellschaften auch für Vereine entsprechend Anwendung (Art. 69b Abs. 3 OR). Die gesetzliche Verweisung bezieht sich fraglos (s. Botschaft des Bundesrats, BBl 2004, 4051) auf die gesamte Regelung der Art. 727 bis 731a OR und umfasst auch die Anzeigepflicht der Revisionsstelle bei offensichtlicher Überschuldung (Art. 728c Abs. 3 bzw. Art. 729c OR i. V. m. Art. 69b Abs. 3 ZGB). Der Vorstand eines Vereins ist verpflichtet, die Geschäfte des Vereins nach kaufmännischer Vorsicht zu führen und alles vorzukehren, damit die Vermögensrechte der Vereinsmitglieder gewahrt und die Gläubiger nicht zu Verlust kommen. Diese Selbstverständlichkeit ergibt sich aus Art. 69 ZGB und, weil der Verein buchführungspflichtig ist, auch aus den Vorschriften der Art. 957 ff. OR. Der Vorstand muss ebenso die Vorschriften von Art. 725 Abs. 2 OR analog beachten, auch wenn das Gesetz dies nicht explizit erwähnt. Erstattet der Vereinsvorstand keine Überschuldungsanzeige muss die Revisionsstelle daher handeln, wenn dieser den Verein nicht innert Frist saniert.

Diese Anzeigepflicht der Revisionsstelle entspricht dem typischen Fokus des Gläubiger- und Eigentümerschutzes der Revisionsstelle und harmoniert mit den Pflichten der Revisionsstelle bei allen anderen Gesellschaftsformen. Wenn eine gesetzliche Revisionsstelle eine offensichtliche Überschuldung feststellt, der Vorstand untätig bleibt und das neue Recht eindeutig die Anzeigepflicht vorschreibt, ist sie gut beraten, wenn sie die Anzeige beim Richter erstattet (a. M. HWP ER, S. 32 f.).

10. Kapitalverlust und Überschuldung

10.5 Art. 725 Abs. 1 OR in der Praxis

Der Gesetzgeber wollte mit Art. 725 Abs. 1 OR eine Warnschwelle schaffen. Aus Sicht der Praxis ist er jedoch keine wirksame Sanierungshilfe. Denn viele Gesellschaften haben ein minimales Eigenkapital und geraten direkt in die Überschuldung, ohne je die Situation von Art. 725 Abs. 1 OR feststellen zu können. Wird diese in seltenen Fällen aktuell, ist eine Sanierungsgeneralversammlung meist nicht nötig. Daher wird sie praktisch nie einberufen, schon gar nicht durch die Revisionsstelle (PS 290.I), auch wenn das in der Literatur regelmässig anders geschildert wird. Art. 725 Abs. 1 OR löst darum vor allem formalistisches Handeln aus: In Beschlüssen des Verwaltungsrats wird festgehalten, welche Sanierungsmassnahmen man ergriffen habe, oder wenn sowieso eine Generalversammlung bevorsteht, wird bestenfalls ein Traktandum «Sanierung» mit Informationen über die vollzogene Sanierung vorgesehen. Viele Gesellschaften benötigen jedoch keine Sanierungsmassnahmen, weil sie die Situation als vorübergehend erachten oder weil sie im Voraus in die Planung miteinbezogen wurden.

Letztlich geht es um die Frage, wie früh der Verwaltungsrat mit der Sanierung beginnen soll. Das Gesetz äussert sich dazu nicht. Sanierungsmassnahmen sollten u. U. schon einsetzen, wenn die Gewinne schrumpfen oder spätestens wenn das Eigenkapital unter das betriebsnotwendige Mass sinkt, nicht erst wenn das Aktienkapital angegriffen ist und nicht erst bei einem hälftigen Kapitalverlust. Art. 725 Abs. 1 OR erfüllt seinen Zweck praktisch nur bei Gesellschaften mit grossem Aktienkapital und gesetzlichen Reserven.

Die Vorschrift dient heute vor allem Klägern im Verantwortlichkeitsfall, weil sie einen vorprogrammierten formellen Stolperstein für Verwaltungsrat und Revisionsstelle darstellt. Die sorgfältige Einhaltung der nachfolgend erläuterten Pflichten von Art. 725 Abs. 1 OR ist deshalb nach wie vor von Bedeutung.

10.6 Grundsätze des Berufsstands und Gerichtsentscheide

Das Gesetz ist äusserst knapp formuliert. Für die Revisionsstelle bilden daher die Grundsätze des Berufsstandes (v.a. PS 290, «Pflichten der gesetzlichen Revisionsstelle bei Kapitalverlust und Überschuldung») und Gerichtsentscheide die wichtigsten Leitlinien. Die Schweizer Prüfungsstandards sind zwar auf die eingeschränkte Revision nicht anwendbar. Das HWP nimmt allerdings PS 290 davon aus (HWP 2, S. 53/HWP ER, S. 80). Für die Pflichten der gesetzlichen Revisionsstelle bei Kapitalverlust und Überschuldung ist daher bei einer eingeschränkten Revision sowie bei der Prüfung durch einen zugelassenen Revisor bei einer Gesellschaft mit Opting-out PS 290 beizuziehen. Die massgebenden Gerichtsentscheide werden in diesem Kapitel angeführt, wenn vom betreffenden Thema die Rede ist und meist in Kapitel 20, Verantwortlichkeit, rekapituliert.

10.7 Hälftiger Kapitalverlust (Art. 725 Abs. 1 OR)

> **Definition der «Unterbilanz»**
> Von einer «Unterbilanz» spricht man, wenn das Aktien-/Partizipationskapital nur noch zum Teil gedeckt ist. Das buchmässige Eigenkapital ist kleiner als das nominelle Aktienkapital (PS 290.B).

10. Kapitalverlust und Überschuldung

> **Definition des «hälftigen Kapitalverlusts»**
> Ein «hälftiger Kapitalverlust» besteht, wenn der kumulierte Verlust (bisher «Bilanzverlust») (Art. 959a Abs. 2 Ziff. 3 lit. d) die Summe von Aktien-/Partizipationskapital und gesetzlichen Reserven mindestens zur Hälfte, aber nicht vollständig aufzehrt (qualifizierte Form der Unterbilanz, PS 290.B). Der hälftige Kapitalverlust stellt dementsprechend eine kritische gesetzliche Schwelle dar, bei deren Überschreiten die Aktionäre unverzüglich davon Kenntnis erhalten und über Sanierungsmassnahmen befinden müssen.

Die Unterbilanz ist Oberbegriff des Kapitalverlusts, d.h. der Kapitalverlust ist eine qualifizierte Form der Unterbilanz. Der Begriff wird im Gesetz nur bei der speziellen Kapitalherabsetzung zur Verlustbeseitigung (Art. 735 OR) und der Aufwertung (Art. 670 Abs. 1 OR) erwähnt, wobei bei der Aufwertung die qualifizierte Unterbilanz gemeint ist. In der Praxis wird der Begriff der Unterbilanz unterschiedlich verwendet. Insbesondere wird manchmal davon ausgegangen, dass zuerst alle freien und gesetzlichen Reserven mit den kumulierten Verlusten verrechnet werden. Erst wenn dann das Aktien-/Partizipationskapital nicht gedeckt ist, wird von Unterbilanz gesprochen.

10.7.1 Berechnung des hälftigen Kapitalverlusts

Gemäss gesetzlicher Grundlage und PS 290.0 wird der hälftige Kapitalverlust mit einer Vergleichsrechnung wie folgt ermittelt:

1. Die Bezugsgrösse des hälftigen Aktienkapitals und der hälftigen gesetzlichen Reserven wird folgendermassen berechnet: Sowohl nach dem Wortlaut des Gesetzes wie auch nach dem Sinn dieser Norm müssen aus der letzten Jahresbilanz unverändert das nominelle Aktienkapital (unabhängig davon ob eigene Kapitalanteile als Minusposten i.S.v. Art. 959a Abs. 2 Ziff. 3 Bst. e OR ausgewiesen werden oder nicht), das nominelle Partizipationsscheinkapital und die gesetzliche Reserve, bestehend aus den Gesamtbeträgen der allgemeinen gesetzlichen Reserve (Art. 671 Abs. 1 OR plus «Superdividende» nach Art. 671 Abs. 2 Ziff. 3 OR, Agio und Kaduzierungsgewinne nach Art. 671 Abs. 2 Ziff. 1 und 2 OR), der Reserve für eigene Aktien diese Spezialnorm von Art. 659a Abs. 2 OR ist immer noch in Kraft, beschränkt sich jedoch nur noch auf indirekt durch ein mehrheitlich beherrschtes Unternehmen gehaltene eigene Aktien (Art. 659b Abs. 3 OR) und der Aufwertungsreserve (Art. 670 Abs. 2 i.V.m. Art, 671b OR) addiert werden. Anschliessend wird diese Summe halbiert (B).
2. Diese Bezugsgrösse B wird nun verglichen mit dem Eigenkapital (vorhandene Aktiven minus vorhandenes Fremdkapital, A).
3. Ist das Eigenkapital (A) grösser oder gleich 0, aber kleiner als die Bezugsgrösse B, dann besteht ein hälftiger Kapitalverlust gemäss Art. 725 Abs. 1 OR.

Die Vorschriften von Art. 671–673 sind nach wie vor in Kraft, obwohl das neue Rechnungslegungsrecht in Art. 959a Abs. 2 Ziff. 3 neue Bezeichnungen für die Reserven eingeführt hat. An den «allgemeinen gesetzlichen Reserven» ändert sich aber für die Berechnung des Kapitalverlusts nichts. Dazu gehören erstens die erste Zuweisung von 5% gemäss Art. 671 Abs. 1 OR sowie die «Superdividende» nach Art. 671 Abs. 2 Ziff. 3 OR, wobei diese neu auch als gesetzliche Gewinnreserve nach Art. 959a Abs. 2 Ziff. 3 lit. c ausgewiesen

10. Kapitalverlust und Überschuldung

sein können. Ferner zählen, zweitens, Agio und Kaduzierungsgewinne nach Art. 671 Abs. 2 Ziff. 1 und 2 OR dazu, wobei diese neu auch als gesetzliche Kapitalreserve nach Art. 959a Abs. 2 Ziff. 3 lit. b ausgewiesen sein können.

Wurde der Ausweis des Eigenkapitals ganz auf die neuen Normen umgestellt, bestehen die gesetzlichen Reserven aus der gesetzlichen Kapitalreserve (Art. 959a Abs. 2 Ziff. 3 lit. b OR), der gesetzlichen Gewinnreserve (Art. 959a Abs. 2 Ziff. 3 lit. c OR), der Aufwertungsreserve (Art. 670 Abs. 2 i. V. m. Art. 671b OR) und der Reserve für eigene Aktien.

Die nachstehende Grafik illustriert das aufgezeigte Vorgehen. In diesem Beispiel liegt ein hälftiger Kapitalverlust im Sinne von Art. 725 Abs. 1 OR vor.

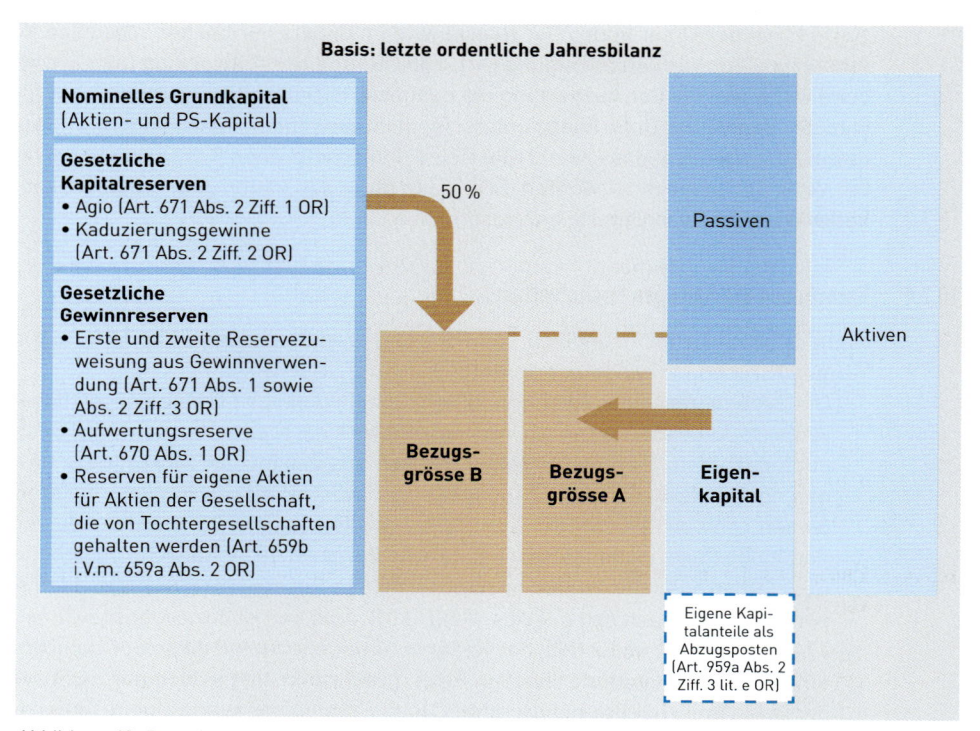

Abbildung 48: Berechnung des hälftigen Kapitalverlusts nach Art. 725 Abs. 1 OR für Aktiengesellschaften

10.7.2 Pflichten und Vorgehen des Verwaltungsrats und der Revisionsstelle

Ausgangspunkt für die gesetzlichen Pflichten ist gemäss dem Gesetzeswortlaut die letzte Jahresbilanz. In der juristischen Literatur wird allerdings die Ansicht vertreten, dass bei einem vermuteten Kapitalverlust auch unter dem Jahr ein Zwischenabschluss zu erstellen sei (BSK OR II 2012, Wüstiner Hanspeter, Art. 725 N 21). Der Berufsstand hat sich dieser Ansicht nicht angeschlossen (PS 290.I und T), da der Gesetzeswortlaut klar ist, der Verwaltungsrat bei sorgfältiger Geschäftsführung sowieso früher als bei Kapitalverlust Sanierungsmassnahmen zu ergreifen hat (Art. 717 Abs. 1 OR) und in der Praxis unterjährig kaum «Jahresbilanzen» dieser Abschlussqualität erstellt werden. Unter dem Jahr greift im Übrigen auch Art. 725 Abs. 2 OR, der bei Besorgnis einer Überschuldung sofortige Massnahmen verlangt.

10. Kapitalverlust und Überschuldung

Zeigt die Jahresrechnung einen hälftigen Kapitalverlust, muss der Verwaltungsrat handeln. Sanierungsmassnahmen, welche in seiner Kompetenz liegen, können in vielen Fällen sofort umgesetzt werden. Bestehen z. B. stille Willkürreserven, so kann er diese unter Berücksichtigung der Offenlegungspflichten von Art. 959c Abs. 1 Ziff.3 OR auflösen. Die Beschaffung von A-fonds-perdu-Zuschüssen oder Gläubigerverzichten gehören auch dazu. Massnahmen in der Kompetenz der Generalversammlung (z. B. Kapitalerhöhung, -herabsetzung) benötigen meistens mehr Zeit. Zwangsreserven auf Beteiligungen oder Grundstücken können unter den Voraussetzungen der Aufwertung nach Art. 670 OR aufgelöst werden (Vertiefung zur Aufwertungsprüfung in Kapitel 23.7).

Kapitaleinlagereserven sind gesetzliche Reserven und in die Berechnung von Art. 725 Abs. 1 einzubeziehen. In der Praxis werden sie infolge ihrer steuerlichen Vorteile mit Bilanzverlusten nicht verrechnet. Das bedeutet, dass solche Gesellschaften u. U. jahrelang einen Kapitalverlust ausweisen und der Revisionsbericht regelmässig einen Zusatz enthält. Will der Verwaltungsrat diesen vermeiden und doch die Bilanzverluste nicht verrechnen, wäre es z. B. möglich, zusätzliche Mittel einzuschiessen.

10.7.3 Rückwirkung der Sanierungsmassnahmen

Sanierungsmassnahmen können regelmässig nicht rückwirkend auf den Bilanzstichtag vorgenommen werden. Dies gilt für alle in der nachfolgenden Tabelle erwähnten Sanierungsmassnahmen und auch für die Verrechnung der vom Gesetz ausdrücklich für die Abfederung von Verlusten vorgesehenen allgemeinen gesetzlichen Reserve, welche einen Beschluss der Generalversammlung benötigt. Die Revisionsstelle kann jedoch durchgeführte oder zumindest traktandierte Verrechnungs- und andere Beschlüsse in ihrer Berichterstattung berücksichtigen. Je nach Sachlage muss der Verwaltungsrat oder die Revisionsstelle in der Situation von Art. 725 Abs. 1 OR der Frage nachgehen, ob nicht eine begründete Besorgnis einer Überschuldung i. S. v. Art. 725 Abs. 2 OR besteht (PS 290.S).

10.7.4 Einberufung der Generalversammlung und Beantragung von Sanierungsmassnahmen durch den Verwaltungsrat

Das Gesetz verlangt vom Verwaltungsrat im Fall von Art. 725 Abs. 1 OR unabhängig von Sanierungen eine unverzügliche Einberufung der Generalversammlung und Beantragung von Sanierungsmassnahmen. Der Gesetzgeber möchte damit die Information der Aktionäre über die kritische Lage sicherstellen. Da die meisten Gesellschaften in der Praxis direkt eine Überschuldung feststellen (Art. 725 Abs. 2 OR), wäre dieselbe Pflicht auch in diesem (noch kritischeren) Fall sinnvoll. In der Praxis wird dies vom Verwaltungsrat jedoch – vor allem wenn er Kapitalverlust oder Überschuldung selber beseitigt hat – kaum befolgt.

Dieses Verhalten ist nachvollziehbar und in zahlreichen Fällen wohl auch rechtskonform. Wurde die Gesellschaft bereits saniert, ist der Hauptzweck der Schutznorm von Art. 725 OR erreicht. Zudem besteht oft eine Identität von Verwaltungsrat und Aktionären. Steht eine ordentliche Generalversammlung kurz bevor, kann der Verwaltungsrat die «Beantragung von Sanierungsmassnahmen» an dieser als eigenes Traktandum vorsehen. Die Revisionsstelle wird in ihrem Bericht an die Generalversammlung in diesem Fall lediglich mit einem Zusatz bemerken, dass ein hälftiger Kapitalverlust bzw. eine Überschuldung vorliegt.

10. Kapitalverlust und Überschuldung

10.7.5 Einberufung der Generalversammlung durch die Revisionsstelle

Die ersatzweise Einberufung der Generalversammlung durch die Revisionsstelle ist regelmässig kein «Notfall» i.S.v. Art. 699 Abs. 1 OR. PS 290.Q sieht daher diese Einberufungspflicht nur unter vier restriktiven Kriterien vor:
1. Der Verwaltungsrat ergreift keine oder offensichtlich unzureichende Sanierungsmassnahmen (es droht ohne solche Massnahmen kurzfristig eine Überschuldung).
2. Der Verwaltungsrat will keine Sanierungsgeneralversammlung einberufen.
3. Die Aktionäre (oder Minderheitsaktionäre) sind nicht informiert.
4. Es kann davon ausgegangen werden, dass eine Information der Aktionäre durch die Revisionsstelle Auswirkungen auf deren Sanierungswillen hätte.

Tritt dieser seltene Fall ein, beruft die Revisionsstelle die Generalversammlung nach den statutarischen Bestimmungen ein. Sie traktandiert nur die Bekanntgabe des hälftigen Kapitalverlusts sowie das Versäumnis des Verwaltungsrats, seine Pflichten gemäss Art. 725 Abs. 1 OR wahrzunehmen (PS 290.R). Es ist Aufgabe des Verwaltungsrats und nicht der Revisionsstelle, der Generalversammlung konkrete Sanierungsmassnahmen vorzulegen.

Bei der eingeschränkten Revision geht aber die ersatzweise Einberufung der Generalversammlung durch die Revisionsstelle i.S.v. PS 290.Q zu weit. Solche Massnahmen übersteigen den Rahmen der vom Gesetzgeber für die eingeschränkte Revision vorgesehenen Pflichten. Der Prüfungsumfang und die wenigen Kontakte erlauben es der Revisionsstelle nicht, die notwendigen Informationen zu beschaffen. Es ist Aufgabe des Verwaltungsrats und nicht der Revisionsstelle, eine solche Generalversammlung einzuberufen und konkrete Sanierungsmassnahmen vorzulegen.

10.7.6 Berichterstattung der Revisionsstelle bei hälftigem Kapitalverlust

Die Situation des Kapitalverlusts i.S.v. Art. 725 Abs. 1 OR ist keine Gesetzesverletzung, auf welche hingewiesen werden müsste. Erst wenn der Verwaltungsrat die daraus fliessenden Pflichten nicht erfüllt, kann eine Hinweispflicht entstehen. Das Bestehen eines hälftigen Kapitalverlusts ist allerdings eine wichtige Information für den Bilanzleser. Deshalb wird ein solcher im Bericht der Revisionsstelle in Form eines Zusatzes hervorgehoben:

> **[Zusatz Vorliegen eines hälftigen Kapitalverlusts, vgl. auch Kapitel 8.12.33]**
>
> Wir machen darauf aufmerksam, dass die Hälfte des Aktienkapitals und der gesetzlichen Reserven nicht mehr gedeckt ist (Art. 725 Abs. 1 OR).
>
> *Quelle: Arbeitshilfe der Treuhand-Kammer und von Treuhand Suisse vom 24.6.2011, S. 15*

Hat der Verwaltungsrat die gesetzlichen Pflichten nicht eingehalten (vgl. Ausführungen in Kapitel 8.12.35) dieser Gesetzesverstoss im Bericht der Revisionsstelle mit einem Hinweis offenzulegen:

10. Kapitalverlust und Überschuldung

> **[Hinweis Gesetzesverstoss Art. 725 Abs. 1 OR, vgl. auch Kapitel 8.12.35]**
>
> Ferner weisen wir darauf hin, dass es der Verwaltungsrat unterlassen hat, die Generalversammlung unverzüglich über den Verlust von mehr als der Hälfte des Aktienkapitals und der gesetzlichen Reserven zu orientieren und ihr Sanierungsmassnahmen zu beantragen.
>
> *Quelle: Arbeitshilfe der Treuhand-Kammer und von Treuhand Suisse vom 24.6.2011, S. 16*

10.8 Sanierungsmassnahmen bei Kapitalverlust, Überschuldung und Liquiditätsproblemen

10.8.1 Definition und Arten von Sanierungsmassnahmen

> **Definition «Sanierungsmassnahmen»**
> Sanierungsmassnahmen sind alle finanziellen und organisatorischen Massnahmen zur Gesundung eines Unternehmens (SER S. 85, PS 290.H).

Im Allgemeinen können die folgenden drei Arten von innergesellschaftlichen Sanierungsmassnahmen (d. h. ohne Fusion nach Art. 6 FusG, Liquidation, Verkauf etc.) unterschieden werden:

Finanzielle Massnahmen Kurz- bis mittelfristige Wirkung	Organisatorische Massnahmen Mittel- bis langfristige Wirkung	Bilanzielle Massnahmen Buchmässige Veränderungen
Kompetenz Generalversammlung: • Kapitalerhöhungen (evtl. kombiniert mit Kapitalherabsetzung «Harmonika») Kompetenz Aktionäre: • A-fonds-perdu-Zuschüsse • Neue Darlehen (nur liquiditätswirksam) • Neue Darlehen mit Rangrücktritt • Zahlungsgarantien (nur liquiditätswirksam) Kompetenz Verwaltungsrat: • Desinvestitionen wie Verkauf nicht betriebsnotwendiger Vermögenswerte mit Realisierung stiller Reserven • Neue Bankkredite oder Erhöhung bestehender Limiten (nur liquiditätswirksam) • Kürzere Zahlungsziele für Debitoren (nur liquiditätswirksam) • Sale and lease back Kompetenz Gläubiger: • Forderungsverzicht • Umwandlung von Fremdkapital in Eigenkapital (Zustimmung Aktionäre) • Gewährung befristeter Zahlungsaufschub (nur liquiditätswirksam)	Kompetenz Generalversammlung: • Änderung des Geschäftszwecks • Personelle Änderungen im Verwaltungsrat Kompetenz Verwaltungsrat: • Abbau von Überkapazitäten wie etwa Stilllegung einer Betriebsstätte • Fokussierung auf das Kerngeschäft und Verkauf von Nebenbereichen • Verhandlungen mit Lieferanten über Kostensenkungen • Änderungen in der Produktpalette (neue Produkte lancieren, schlechte Produkte stoppen) • Erschliessung eines neuen Absatzkanals (bspw. Online-Verkauf oder neue Vertreter) • Absicherung oder Vermeidung von Geschäften mit hohen Risiken • Personelle Änderungen bei Schlüsselfunktionen • Verbesserung von EDV-Systemen	Kompetenz Generalversammlung: • Verrechnung des Bilanzverlusts mit den allgemeinen gesetzlichen Reserven • Kapitalherabsetzung mit Verrechnung des Bilanzverlusts Kompetenz Verwaltungsrat: • Aufwertung gemäss Art. 670 OR • Auflösung von stillen Reserven Kompetenz Gläubiger: • Darlehen mit Rangrücktritt versehen (unbefristeter Zahlungsaufschub bzw. bedingter Forderungsverzicht im Falle der Insolvenz) • Vertiefung Rangrücktritt in Kapitel 10.12.

10. Kapitalverlust und Überschuldung

10.8.2 Beurteilung von Sanierungsmassnahmen

Anders als bei einer Überschuldung (dazu unten) hat die Revisionsstelle beim hälftigen Kapitalverlust nicht unmittelbar die Pflicht, die der Generalversammlung beantragten Sanierungsmassnahmen zu prüfen. Sind diese jedoch ungenügend, hält sie dies im Bericht der Revisionsstelle mit einem Hinweis fest. Zur Beurteilung der Unternehmensfortführung sind Art und zeitliche Wirkung der Sanierungsmassnahmen jedoch genauer anzusehen (Abbildung 49: Auswirkung von Sanierungsmassnahmen).

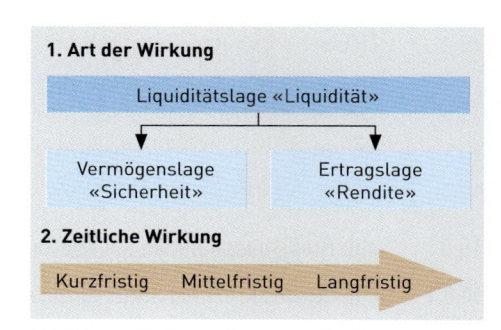

1. Art der Wirkung

Liquiditätslage «Liquidität»

Vermögenslage «Sicherheit» — Ertragslage «Rendite»

2. Zeitliche Wirkung

Kurzfristig — Mittelfristig — Langfristig

Abbildung 49: Auswirkung von Sanierungsmassnahmen

Wie im «magischen Dreieck» aufgezeigt, bewegt sich jedes Unternehmen im Spannungsfeld zwischen Liquidität, Sicherheit und Rendite. Je nach Situation des Unternehmens sind Massnahmen nötig, die sich auf eines, zwei oder gar alle diese Felder auswirken. Die nachfolgend beschriebenen Massnahmen können sowohl in der Situation von Art. 725 Abs. 1 wie auch 2 eingesetzt werden:

	Liquiditätslage «Liquidität»	Vermögenslage «Sicherheit»	Ertragslage «Rendite»
Bedeutung	Eine angespannte Liquiditätslage ist das alarmierenste Anzeichen für eine unmittelbar bevorstehende bedrohliche Unternehmenskrise. Demnach gilt die Zahlungsunfähigkeit auch als die häufigste Ursache für den Konkurs eines Unternehmens. In Krisenzeiten kommt deshalb der Zahlungsfähigkeit meist die grösste Beachtung zu.	Bei einer guten Vermögenslage ist das Unternehmen in der Lage, mittel- oder zumindest kurzfristig Verluste durch ein finanzielles Polster abzufedern. Wird ihm Substanz entzogen, beispielsweise durch hohe Dividenden oder mit einer «Leverage-Strategie» (kreditfinanzierte Käufe), fehlt dem Unternehmen das Polster in Krisenzeiten. Es besteht schon dann bei geringen Verlusten die Gefahr einer Überschuldung.	Ertragsschwierigkeiten sind wohl der Ursprung einer jeden Unternehmenskrise. Sinkende Umsätze oder Margen sowie höhere Kosten sind Auslöser von Verlusten. Diese setzen schliesslich der Vermögens- und Liquiditätslage zu. Es kommt zur Unternehmenskrise.
Wichtige Kennzahlen	• Cash Ratio • Quick Ratio • Current Ratio • Anlagedeckungsgrad 1 • Anlagedeckungsgrad 2 • Free Cashflow	• Eigenfinanzierungsgrad • Verschuldungsgrad • Finanzierungsverhältnis • Zinsdeckungsfaktor	• Gesamtkapitalrendite • Eigenkapitalrendite • Umsatzrendite • Bruttogewinnquote • Cost/Income Ratio
Präventive Massnahmen	• Liquiditätsbewirtschaftung (Liquiditätsplan) • Aktive Lager- und Forderungsbewirtschaftung • Frühzeitige Sicherung von verbindlichen offenen Kreditlimiten	• Ausreichende Eigenfinanzierung • Vorsichtig tiefe Ausschüttungsquote	• Analyse der Profitabilität von Produkten, Produktgruppen oder Niederlassungen • Aktives Kostenmanagement
Typische Sanierungsmassnahmen	Primär kurzfristige finanzielle Sanierungsmassnahmen	Mischung aus finanziellen, organisatorischen und bilanziellen Sanierungsmassnahmen	Primär organisatorische Massnahmen

10. Kapitalverlust und Überschuldung

Der Zeithorizont der Sanierungsmassnahmen ist ebenfalls von zentraler Bedeutung:
- Die bilanziellen Massnahmen wirken *kurzfristig* bzw. unmittelbar auf das Bilanzbild, oder sie beseitigen sofort den formell bestehenden Handlungsbedarf von Verwaltungsrat (Einberufung der Sanierungsgeneralversammlung, Bilanzdeponierung) oder Revisionsstelle (Anzeige beim Richter). Weil sie aber keine unmittelbare finanzielle Gesundung des Unternehmens herbeiführen, gelten sie nicht als Sanierungsmassnahmen i. S. der Definition. Sie wirken dennoch unterstützend bei einer Sanierung.
- Die meisten finanziellen Massnahmen wirken *kurz- bis mittelfristig*. A-fonds-perdu-Zuschüsse, Forderungsverzichte oder Kapitalerhöhungen sind Massnahmen, um dem Unternehmen die dringend benötigte Liquidität zuzuführen oder eine Überschuldung abzuwenden. Solche kurzfristigen Massnahmen sind vor allem notwendig, um sicherzustellen, dass das Unternehmen kurzfristig fortbestehen kann (Muster einer Vereinbarung über einen teilweisen Forderungsverzicht in Kapitel 10.17.9).
- Organisatorische Massnahmen wirken *mittel- bis langfristig*. Sie zielen darauf ab, zuerst die Ertragslage und dann die Substanz- und Liquiditätslage zu verbessern. Dementsprechend sind die organisatorischen Massnahmen zentral, um eine nachhaltige Sanierung durchzuführen und zu verhindern, dass in Kürze (weitere) finanzielle Sanierungsmassnahmen durchgeführt werden müssen.

Befindet sich die Gesellschaft in der Situation von Art. 725 Abs. 2 OR muss die Revisionsstelle die getroffenen Sanierungsmassnahmen auf ihre Wirksamkeit hin überprüfen, weil ihre Pflicht zur Anzeige beim Richter davon abhängt, ob die Überschuldung beseitigt ist (PS 290.M).

Weil Deckungsgarantien und Patronatserklärungen keine unmittelbare finanzielle Gesundung des Unternehmens bewirken und weil sie oft unverbindlich formuliert werden, gelten sie nicht als Sanierungsmassnahmen. Als verbindlich formulierte Zahlungsverpflichtungen (z. B. Liquiditätsgarantien) sind sie aber hilfreich (Kapitel 10.8.1). Als Ersatz für Rangrücktrittsvereinbarungen, d.h. als Instrument zur Abdeckung einer Überschuldung i. S. v. Art. 725 Abs. 2 OR, taugen sie allerdings nicht (Kapitel 10.12.13 Alternativen zum Rangrücktritt), weil Zahlungsversprechen nie die gleiche Sicherheit bieten wie erfolgte Zahlungen (ungeachtet der Bonität des Garanten).

> **Beispiel – Deckungsgarantien sind keine Alternativen zum Rangrücktritt**
> Die X AG war überschuldet. Die Revisionsstelle unterliess infolge von Deckungsgarantien die Anzeige. Das Bundesgericht sieht hier eine Pflichtverletzung der Revisionsstelle. Es schliesst «Deckungsgarantien» bzw. Garantien und Patronatserklärungen als Alternativen zum Rangrücktritt aus (BGE vom 14. Dezember 1999 in RJJ-2000-135 ff.).

Der Rangrücktritt wird in Kapitel 10.12 besprochen.

10.9 Verhältnis zwischen Liquiditätslage, Art. 725 OR und Überschuldungsanzeige

10.9.1 Liquidität und Art. 725 OR

Die Liquidität wird in Art. 725 OR nicht ausdrücklich angesprochen. Allerdings stellt PS 290.K eine Verbindung her und verlangt, dass der Verwaltungsrat vor der Erstellung einer Zwischenbilanz und auch die Revisionsstelle vor Aufnahme ihrer Prüfungsarbeiten die vordringliche Frage zu klären haben, ob die Voraussetzungen für eine Fortführung

10. Kapitalverlust und Überschuldung

der Gesellschaft überhaupt gegeben sind. Ist die Fortführung der Unternehmenstätigkeit verunmöglicht (z. B. zufolge fehlender Liquidität), kommen als Bewertungsbasis für die Zwischenbilanz von vornherein nur Veräusserungswerte infrage. Auch das Bundesgericht hat sich dazu in einem Entscheid im Jahr 2000 geäussert:

> «Wenn sich bei einem Unternehmen ein starker Kapitalverlust oder eine Überschuldung abzeichnet, wenn unabwendbare Liquiditätsengpässe bestehen oder das Unternehmen seinen Verpflichtungen nicht mehr vertragskonform nachzukommen vermag und eine Sanierung praktisch als aussichtslos erscheint, bestehen ernsthafte Zweifel, dass die Fortführung des Unternehmens noch möglich ist. In einer solchen Situation rechtfertigt sich die Bilanzierung zu Fortführungswerten nicht mehr; vielmehr wird die Bilanzierung zu Veräusserungswerten aktuell, weil die Liquidation nicht deshalb verzögert werden darf, weil nach der zu Fortführungswerten erstellten – und damit praktisch belanglosen – Bilanz keine Überschuldung ausgewiesen ist» (BGer 5C.29/2000 E 4 b) aa).

Eine Gesellschaft mit Liquiditätsproblemen, die zu Fortführungswerten nicht überschuldet ist, besitzt keinen Anspruch auf Erstellung der Zwischenbilanz zu Fortführungswerten. Sie darf nur zu Liquidationswerten bilanzieren und ist dann meistens überschuldet, ja offensichtlich überschuldet. Das bedeutet für die Praxis, dass einzig die Bilanz zu Liquidationswerten massgeblich wird. Wird die Liquiditätsproblematik bereinigt, kommt sofort die Bilanz zu Fortführungswerten wieder ins Spiel. Die Frage der Liquidität bzw. die Illiquidität muss daher von der Revisionsstelle in Bezug auf eine evtl. offensichtliche Überschuldung speziell beachtet werden.

10.9.2 Liquiditätsplan

Die wichtigste Rolle bei der Beurteilung der Liquidität spielt der kurzfristige Finanzplan einer Gesellschaft. Er muss als kategorischer Imperativ die jederzeitige Gewährleistung der Zahlungsfähigkeit garantieren (Boemle 1995, S. 110). Diese muss eine Gesellschaft im Normalfall allein aus den Verkaufseinnahmen sicherstellen können (ebd.). Sofern diese nicht ausreichen, können Aussenfinanzierungsmassnahmen vorgesehen werden. Diese müssen aber für den kurzfristigen Finanzplan von 12 Monaten rechtlich verbindlich abgeschlossen und für die Gesellschaft bedingungslos abrufbar sein. Auch muss die Bonität des Aussenfinanzierers über jeden Zweifel erhaben sein.

Der Verwaltungsrat ist in solchen Fällen geneigt, die Liquidität gemäss «praxistauglichen» Kriterien zu berechnen. Er verlängert z. B. im Liquiditätsplan die Zahlungsziele für die (sog. unwichtigen) Kreditoren oder erstellt ein überoptimistisches Budget etc. Die Revisionsstelle muss den Liquiditätsplan demnach kritisch begutachten und auf gesetzeskonformen Vorgaben (z. B. Kreditoren nach Fälligkeit) und realistischen Zahlen beharren.

10.9.3 Zeitspanne für die Beurteilung der Fortführungsfähigkeit

In der Prüfungspraxis wird für den Normallfall einer gesunden Unternehmung bzw. beim ordentlichen Jahresabschluss eine Zeitspanne von 12 Monaten als Beurteilungsgrundlage betrachtet (PS 570.12 ff.). Dies gilt auch bei einer eingeschränkten Revision, geht es doch um die Fortführungsfähigkeit der Gesellschaft, die nicht von der Art der Revision ab-

10. Kapitalverlust und Überschuldung

hängt (PS 570.13): «Wenn die vom Management vorgenommene Einschätzung der Fähigkeit der Einheit zur Fortführung der Unternehmenstätigkeit weniger als zwölf Monate ab dem Abschlussstichtag abdeckt, wie dieser in PS 560(6) definiert ist, muss der Abschlussprüfer das Management auffordern, seinen Einschätzungszeitraum auf mindestens zwölf Monate ab diesem Stichtag auszudehnen.»

In der Literatur findet sich nichts zur Frage, ob an eine Unternehmung in finanziellen Problemen dieselben Massstäbe angelegt werden müssen, wie wenn sie keine Finanzprobleme hätte. Die Praxis zeigt allerdings, dass das nicht möglich ist. Gesellschaften in Sanierungsphasen können nur selten eine für 12 Monate gesicherte Liquidität nachweisen. Würde man normale Massstäbe anlegen, müssten die meisten zu sanierenden Gesellschaften als illiquide bezeichnet werden und Konkurs anmelden.

Eine gewisse Sicherung der Liquidität ist auch in einer Sanierungsphase unverzichtbar. In der Praxis hat sich gezeigt, dass eine Mindestsicherstellung der Liquidität von 4–6 Monaten unerlässlich ist. Beträgt sie weniger als 4 Monate, ist das Überleben der Gesellschaft akut gefährdet. Kann eine Gesellschaft dieses Minimalkriterium nicht erfüllen, muss sie als illiquide gelten; ihre Fortführungswerte werden bedeutungslos. Mittels Garantie eines bonitätsmässig einwandfreien Gläubigers lässt sich das Problem lösen (siehe Muster 10.17.7). Die Revisionsstelle wird mit einem Zusatz auf diese Garantieerklärung aufmerksam machen:

> Wir machen ferner darauf aufmerksam, dass die Gesellschaft im Sinne von Art. 725 Abs. 2 OR zu Liquidationswerten (nicht jedoch zu Fortführungswerten) überschuldet ist. Da die Gesellschaft für die ausreichende Sicherstellung der Liquidität eine Garantieerklärung im Maximalbetrag von [Betrag] erhalten hat, kann der Verwaltungsrat von der Benachrichtigung des Richters absehen.

Die pendente Aktienrechtsrevision sieht dazu einen Art. 725a E-OR mit einer neuen Prüf- und Anzeigepflicht der Revisionsstelle bei Zahlungsunfähigkeit der geprüften Gesellschaft vor. Er wird die vorstehenden Erwägungen auf eine klare Grundlage stellen. Die in Abs. 2 vorgesehene neue Prüfpflicht gilt für alle Gesellschaften. Hat die Gesellschaft eine Revisionsstelle muss sie diese mit der Prüfung betrauen. Die Anzeigepflicht gilt bei ordentlicher Revision und evtl. auch für die eingeschränkte Revision. Sie richtet sich an den Verwaltungsrat und/oder die Generalversammlung und nicht an den Konkursrichter.

§ *Art. 725a E-OR*

[1] Besteht die begründete Besorgnis, dass die Gesellschaft zahlungsunfähig ist, so muss der Verwaltungsrat unverzüglich einen Liquiditätsplan erstellen. Dieser stellt den aktuellen Bestand der flüssigen Mittel fest und enthält eine Aufstellung der zu erwartenden Einzahlungen und Auszahlungen in den nächsten zwölf Monaten.

[2] Der Verwaltungsrat muss den Liquiditätsplan durch einen zugelassenen Revisor prüfen lassen. Diesem obliegen die Anzeigepflichten der Revisionsstelle.

[3] Ist die Gesellschaft zahlungsunfähig, so muss der Verwaltungsrat unverzüglich eine Generalversammlung einberufen und ihr Sanierungsmassnahmen beantragen.

10. Kapitalverlust und Überschuldung

10.10 Überschuldung (Art. 725 Abs. 2 OR)

> **Definition der «Überschuldung»**
> «Der Bilanzverlust hat das Aktienkapital vollständig aufgezehrt; die vorhandenen Aktiven decken das Fremdkapital nur noch teilweise» (SER, S. 84). Das Eigenkapital ist negativ.

Aus der vorstehenden Definition und aus Abbildung 50 ergibt sich, dass die Aktiven der Gesellschaft kleiner sind als das Fremdkapital. Gemäss PS 290.C hat bei einer «Überschuldung» im Sinne von Art. 725 Abs. 2 OR der Bilanzverlust das Aktien- bzw. Partizipationskapital vollständig aufgezehrt. Deshalb dürften Gläubiger bei einem Konkurs ganz oder zumindest teilweise Zahlungsausfälle erleiden. Für Verwaltungsrat und Revisionsstelle ist die sorgfältige Pflichterfüllung daher von entscheidender Bedeutung (vgl. Kapitel 20).

10.10.1 Allgemeines zu den Pflichten und zum Vorgehen von Verwaltungsrat und Revisionsstelle

Die Pflichten bei einer Überschuldung beginnen für den Verwaltungsrat, sobald eine begründete Besorgnis in dieser Hinsicht besteht. Der Begriff der «begründeten Besorgnis» führt ein psychologisches Element in die Überschuldungsdiskussion ein. Ein Gefühl der Besorgnis soll den Verwaltungsrat dazu bringen, die Sanierungsaktivitäten auslösen. Die Kriterien dafür sind daher nicht exakt fassbar. Verschiedene betriebsinterne oder -externe Ereignisse können diese Besorgnis begründen, z. B. überraschende Einzelereignisse (Garantiefälle u. a.) oder schleichende (konjunkturelle, politische) Entwicklungen u. Ä. Bei KMU ist es sehr häufig, dass der Verwaltungsrat erst bei der Erstellung des Jahresabschlusses zu einer solchen Besorgnis gelangen kann. Eine Überschuldung ist nicht wie beim Kapitalverlust an die Jahresrechnung geknüpft. Sie kann jederzeit auftreten. Manchmal zeichnet sie sich ab, manchmal trifft sie unerwartet ein.

Primär ist in einer solchen Situation der Verwaltungsrat gefordert. Denn es ist nicht Aufgabe der Revisionsstelle, die Besorgnis einer Überschuldung zu erkennen. Der Prüfer muss dementsprechend keine unterjährigen Überwachungsinstrumente zur Erkennung einer Überschuldung implementieren (PS 290.U). In der Praxis ist es oft die Revisionsstelle, welche bei den Prüfungsarbeiten den Verwaltungsrat auf diese Situation aufmerksam macht. Weil die Prüfungsarbeiten regelmässig bis zu sechs Monaten nach dem Bilanzstichtag stattfinden, ist es auch in dieser Situation nicht Aufgabe der Revisionsstelle die Besorgnis zu verifizieren. Aus Vorsichtsgründen muss sie allerdings in klaren Fällen trotzdem selber aktiv werden (Kapitel 20.3.2).

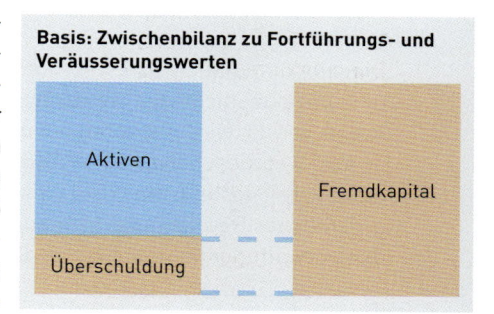

Abbildung 50: Darstellung Überschuldung nach Art. 725 Abs. 2 OR

Der Verwaltungsrat hat nach Art. 725 Abs. 2 OR bei begründeter Besorgnis einer Überschuldung umgehend eine Zwischenbilanz zu Fortführungs- und Veräusserungswerten zu erstellen und diese einem zugelassenen Revisor zur Prüfung vorzulegen. Zweck dieser Bestimmung sind die Bestätigung, dass eine Überschuldung besteht, und die Angabe, wie hoch sie ist. Ergibt sich aus der Zwischenbilanz, dass die Forderungen der Gesellschaftsgläubiger weder zu Fortführungs- noch zu Veräusserungswerten gedeckt sind, so hat der Verwaltungsrat den Richter zu benachrichtigen, es sei denn, es können kurzfristig realisierbare Sanierungsmassnahmen eingeleitet oder ein ausreichender Rangrücktritt vereinbart werden (PS 290.L). In diesem Fall hat die Revisionsstelle (wegen ihrer eigenen Anzeigepflicht) die Wirksamkeit dieser Sanierungsmassnahmen bzw. des Rangrücktritts zu beurteilen (PS 290.M).

In der Praxis kommt es nur selten vor, dass der Revisionsstelle eine Zwischenbilanz zur Prüfung zugestellt wird. In den meisten Fällen stellt sie eine Überschuldung im Verlauf der Prüfung der Jahresrechnung fest. Erhält sie aber unterjährig klare und stichhaltige Informationen von kompetenter Seite aus dem Unternehmen, dass dieses überschuldet ist (Geschäftsleitung, CFO oder Verwaltungsrat), muss sie den Verwaltungsrat auf seine Pflichten aufmerksam machen und gegebenenfalls Anzeige erstatten, wenn der Verwaltungsrat die Meldung beim Konkursrichter unterlässt. Erhält die Revisionsstelle jedoch Hinweise auf Vorkommnisse mit möglicherweise negativer Auswirkung auf die finanzielle Lage eines Unternehmens, sei es aus öffentlich zugänglichen Quellen, sei es von Dritten (z. B. Banken oder Lieferanten), von Aktionären oder von Mitarbeitern des Unternehmens, ist sie nicht verpflichtet, Massnahmen zu ergreifen (PS 290.U).

Sollte der Verwaltungsrat keine Zwischenbilanz erstellen, muss die Revisionsstelle im Hinblick auf ihre subsidiäre Anzeigepflicht diesen auffordern, seinen Pflichten nachzukommen und eine Zwischenbilanz zu erstellen. Unterlässt er dies weiterhin und ist die Überschuldung offensichtlich, muss die Revisionsstelle den Richter benachrichtigen und ihm die Überschuldung auf andere Art, etwa anhand einer Fortschreibung der letzten Bilanz, glaubhaft machen (PS 290.Z).

Hierin liegt der Grund, weshalb der Bundesrat 1983 dem Parlament die Anzeige beim Richter durch die Revisionsstelle vorschlug (Botschaft vom 23. Februar 1983, Bundesblatt 1983 II 745 ff., S. 847, 927, insb. 932.). Diese neue, besonders geartete Anzeigepflicht der Revisionsstelle solle, so der Bundesrat, Konkursverschleppungen verhindern und die Gläubiger vor neuen Schulden der Gesellschaft und vor Gläubigerbevorzugung schützen. Die Erfahrung habe nämlich gelehrt, dass der Verwaltungsrat alles daransetze, den schweren Gang zum Richter zu vermeiden. Dies führe nicht selten dazu, dass die Konkurseröffnung um Monate hinausgeschoben und der Gläubigerausfall stark vergrössert werde. Der Bundesrat wollte die Revisionsstelle als letzten Rettungsanker der Gläubiger einsetzen. An dieser Zielsetzung hat sich bis heute nichts geändert.

Es ist zweifelhaft, dass dieses Ziel erreicht wurde. Im Gegenteil hat diese Pflicht den Gläubigern evtl. mehrheitlich geschadet (s. dazu: Rico A. Camponovo, Benachrichtigung des Konkursrichters durch die Revisionsstelle – Schaden oder Nutzen für die Gläubiger? Rückblick, praktische Erfahrungen, Probleme, in: Jahrbuch zu Treuhand und Revision 2012, Andrea Mathis & Rolf Nobs [Hrsg], WEKA 2012)

10.10.2 Konkursaufschubbegehren des Verwaltungsrats

Der Verwaltungsrat kann einen Konkursaufschub beantragen, falls er die Gesellschaft nicht kurzfristig sanieren kann.

10. Kapitalverlust und Überschuldung

> **§** *Art. 725a Abs. 1 OR Eröffnung oder Aufschub des Konkurses*
> 1. Der Richter eröffnet auf die Benachrichtigung hin den Konkurs. Er kann ihn auf Antrag des Verwaltungsrats oder eines Gläubigers aufschieben, falls Aussicht auf Sanierung besteht; in diesem Falle trifft er Massnahmen zur Erhaltung des Vermögens.
> 2. Der Richter kann einen Sachwalter bestellen und entweder dem Verwaltungsrat die Verfügungsbefugnis entziehen oder dessen Beschlüsse von der Zustimmung des Sachwalters abhängig machen. Er umschreibt die Aufgaben des Sachwalters.
> 3. Der Konkursaufschub muss nur veröffentlicht werden, wenn dies zum Schutze Dritter erforderlich ist.

Allerdings trifft man in der Praxis häufig Widerstände des Verwaltungsrats gegen dieses vom Gesetzgeber angebotene aktienrechtliche Moratorium. Gründe für die Abneigung sind die drohende Unterstellung unter die Aufsicht eines Sachwalters, Befürchtungen über mögliche Einschränkungen in den Befugnissen oder Zweifel an der Wirksamkeit der Geheimhaltung des Aufschubs (Art. 725a Abs. 3 OR). Auch ist die Ausarbeitung des Antrags auf Konkursaufschub aufwendig und kompliziert. Sie erfordert den Beizug anwaltlicher Unterstützung, was KMU Gesellschaften regelmässig scheuen. Der Aufschub wird zudem nur gewährt, wenn man nachweist, dass innert wenigen Monaten eine Gesamtsanierung erreichbar ist. Deshalb bevorzugt der Verwaltungsrat aussergerichtliche Sanierungen (PS 290.GG). Er übt darum häufig Druck auf die Revisionsstelle aus, seine erfolgversprechenden Sanierungsversuche nicht dadurch zu torpedieren, dass sie die Gesellschaft in den Konkursaufschub zwingt. Der Verwaltungsrat bevorzugt den schnellen und günstigen «Konkursaufschub» durch Anzeigeverzicht der Revisionsstelle.

Ein Muster einer Sachwalterweisung finden Sie im Kapitel 10.17.8.

10.10.3 Antrag des Verwaltungsrats auf Konkursaufschub nicht möglich?

Entgegen PS 290.LL hat u. a. das Obergericht Zürich im Jahr 2008 entschieden, ein Konkursaufschub auf Antrag des Verwaltungsrats sei nicht mehr möglich, sobald die Revisionsstelle die Überschuldung angezeigt habe (Blätter für Schuldbetreibung und Konkurs, 2009, Heft 4, S. 150). Ein Verwaltungsrat, der pflichtwidrig die Bilanz nicht deponiere, verdiene kein Vertrauen, wenn er erst nach Anzeige der Revisionsstelle ein Aufschubsbegehren stelle. Solche Gesellschaften müssten zum Schutz der Gläubiger rasch aus dem Verkehr gezogen werden.

Diese Ansicht ist fragwürdig. Aus Gläubigerschutzgründen lässt sich gegenteilig argumentieren. Auch ein seriöser Verwaltungsrat kann der Ansicht sein, die Revisionsstelle sei übervorsichtig und solle zumindest vorläufig von der Anzeige beim Richter absehen. Erstattet sie die Anzeige beim Richter dennoch, kann er das Aufschubbegehren erst anschliessend stellen. Auch ist die Frist von vier bis sechs Wochen bzw. 60 Tagen für eine Sanierung meistens zu kurz, sodass der Verwaltungsrat die Revisionsstelle zu Fristverlängerungen drängt. Zudem verdient ein Verwaltungsrat immer Beachtung, wenn er ein begründetes Aufschubbegehren stellt. Die Wertvernichtung bei Konkurseröffnung wiegt für die Gläubiger schwer. Es ist zu hoffen, dass sich diese Gerichtspraxis nicht durchsetzt. Sie erschwert auch die Stellung der Revisionsstelle, weil sie in diesem Fall durch ihre Anzeige beim Richter die «Verantwortung» dafür übernehmen muss, dass dem Verwaltungsrat der Konkursaufschub nicht gewährt wird.

10. Kapitalverlust und Überschuldung

10.10.3.1 Offensichtliche Überschuldung

> **Definition der «offensichtlichen Überschuldung» (Art. 729c OR)**
> Eine Überschuldung ist dann offensichtlich, «wenn sie sich auch bei optimistischer Betrachtungsweise nicht leugnen lässt», d.h., «wenn jeder verständige Mensch ohne weitere Abklärungen sofort sieht, dass die Aktiven die Schulden und notwendigen Rückstellungen nicht zu decken vermögen und keine oder keine genügenden Rangrücktritte erfolgt sind. Offensichtlichkeit der Überschuldung setzt hingegen nicht voraus, dass diese besonders gross ist» (PS 290.D).

In seinem ersten Entscheid zur Anzeigepflicht im Jahr 1999 verwendet das Bundesgericht obige Formel, um diesen neuen, unbestimmten Rechtsbegriff der offensichtlichen Überschuldung zu konkretisieren. Sie klingt aus Sicht der Revisoren vorteilhaft, ist es doch sachgerecht, zeitlich möglichst spät und vor allem erst nach dem Verwaltungsrat zur Anzeige schreiten zu müssen.

> **Beispiel – Offensichtliche Überschuldung erst im Extremfall**
> Der Verwaltungsrat sandte der Revisionsstelle 2 Monate nach Jahresende einen provisorischen Abschluss (mit Überschuldung) zu. 16 Monate nach Jahresende erst legte er definitive Zahlen vor. Der die Überschuldung bestätigende Revisionsbericht wurde weitere 4 Monate später erstattet. Das Bundesgerichtes entschied, dass der provisorische Abschluss Zweifel an der Überschuldung erlaubt habe. Die Revisionsstelle habe auf der Abgabe definitiver Zahlen beharren dürfen. Erst bei Abgabe des die Überschuldung bestätigenden Revisionsberichts habe Sicherheit über die bestehende Überschuldung bestanden bzw. habe sie sich «bei optimistischer Betrachtungsweise nicht mehr leugnen lassen» (BGE 4C.117/1999; Luterbacher 2000, S. 1267 ff.).

Diese Offensichtlichkeitsformel wird bis heute zwar in allen Entscheiden und der Literatur «gebetsmühlenartig» repetiert. In der Gerichtspraxis jedoch wurde sie seit diesem Entscheid nach und nach ins Gegenteil verkehrt und der Revisionsstelle ein strenger Massstab auferlegt. Heute muss im Gegensatz zur obigen Definition schon dann von offensichtlicher Überschuldung ausgegangen werden, wenn die gut informierte, fachlich qualifizierte und kritische Revisionsstelle vermuten muss, dass eine solche vorliegen könnte. Es ist nun keine Rede mehr davon, dass «jeder verständige Mensch ohne weitere Abklärungen sofort sehe [...]» (Vertiefung Kapitel 20).

> **Beispiel – Offensichtliche Überschuldung bei Illiquidität**
> Der Verwaltungsrat weist in der Jahresrechnung Eigenkapital aus. Die Liquidität ist jedoch knapp, sodass dadurch die Fortführungsbasis wegfällt. Resultiert aus der Bilanz zu Liquidationswerten eine Überschuldung, so ist die Gesellschaft offensichtlich überschuldet (oben Ziff. 9.3.8.1 BGer 5C.29/2000 E 4 b) aa).

Dieser Entscheid relativierte die Offensichtlichkeitsformel im Hinblick auf die Liquidität. Bei Illiquidität liegt selbst ohne Überschuldung zu Fortführungswerten eine offensichtliche Überschuldung vor.

10. Kapitalverlust und Überschuldung

> **Beispiel – Offensichtliche Überschuldung bei Einschränkungen**
> Die Revisionsstelle weist während dreier Jahre mit Einschränkungen in ihren Berichten auf das Fehlen von Abschreibungen und Rückstellungen hin. Das Gericht stellt fest, dass die Revisionsstelle bereits im ersten der drei Revisionsberichte die offensichtliche Überschuldung hätte feststellen können, wenn sie die Einschränkungen quantifiziert und sofort vom ausgewiesenen Eigenkapital abgezogen hätte. Aus der Nichtüberschuldung wäre dadurch eine «offensichtliche Überschuldung» geworden (BGer 4A_478/2008; PS 700 37A).

Dieser Entscheid relativierte die Offensichtlichkeitsformel in Bezug auf Einschränkungen. Offensichtliche Überschuldung liegt selbst dann vor, wenn der Verwaltungsrat Eigenkapital ausweist und die Revisionsstelle in Einschränkungen Überbewertungen thematisiert.

Eine Überschuldung ist offensichtlich:
- Zu Fortführungswerten allein (Normalfall, Liquidationswerte tiefer)
- Zu Liquidationswerten allein (bei Illiquidität)
- Wenn beide Wertansätze eine Überschuldung zeigen
- Wenn quantifizierte Einschränkungen eine Überschuldung ergeben
- Bei Prüffehlern der Revisionsstelle, welche den Eigenkapitalverzehr nicht feststellen und aufdecken (z. B. falsche Bewertungen)

10.10.4 Zweifel der Revisionsstelle an der offensichtlichen Überschuldung

Hegt die Revisionsstelle Zweifel, ob die Überschuldung offensichtlich sei, sollte sie die Meldung an den Konkursrichter zur eigenen Entlastung trotzdem erstatten. Dadurch entsteht nämlich der Gesellschaft noch kein Schaden, da der Verwaltungsrat die Gelegenheit hat, dem Konkursrichter seinen Standpunkt darzulegen. Auch die Möglichkeit der Gesellschaft, einen Antrag auf Konkursaufschub zu stellen, wird dadurch gemäss PS 290.LL nicht beeinträchtigt (siehe aber Kapitel 10.10.3, «Antrag Verwaltungsrat auf Konkursaufschub nicht möglich?»).

10.10.5 «Zu frühe» Überschuldungsanzeige der Revisionsstelle

Eine mit dem Richter drohende, Fristen setzende, ultimativ Wertkorrekturen verlangende Revisionsstelle wird nicht geschätzt. Sie wird als anmassend wahrgenommen; streitbare oder schlecht informierte, aber auch sanierungsoptimistische Verwaltungsräte opponieren. Die Reaktionen des Verwaltungsrats fallen z. T. heftig aus, nicht selten setzt er die Revisionsstelle mit einem eigens dafür engagierten Rechtsanwalt unter Druck. Er bezichtigt den Prüfer der Überängstlichkeit, der Fehleinschätzung der Lage, der Kreditschädigung etc., hält Informationen zurück, liefert verlangte Zahlen nicht mehr, ignoriert Vorschussforderungen, bezahlt selbst unbestrittene Honorarausstände nicht, droht mit sofortiger Abwahl und Schadenersatzklagen, falls die Sanierung «wegen der Revisionsstelle» scheitere. Erfahrungsgemäss droht der Verwaltungsrat in der Hälfte aller Fälle mit Schadenersatzklage, wobei bis jetzt keine solchen Klagen bekannt sind. Im nachfolgenden Gerichtsentscheid wird dieser Vorwurf klar zurückgewiesen.

10. Kapitalverlust und Überschuldung

> **Beispiel – Bewertungsunsicherheit – Eigenkapital intakt – Offensichtliche Überschuldung**
> Die provisorische Jahresrechnung der X AG zeigt als einziges Aktivum eine Forderung gegenüber der sich in finanziellen Schwierigkeiten befindenden Muttergesellschaft von CHF 540 000 und ein Eigenkapital von CHF 280 000. Die Revisionsstelle erhält trotz wiederholter Mahnung, das Hauptaktivum müsse evtl. abgeschrieben werden, keine Unterlagen zur Beurteilung der Werthaltigkeit. Der Verwaltungsrat weigert sich, die Bilanz selber zu deponieren, weil die Bewertungsbedenken der Revisionsstelle grundlos seien. Von Offensichtlichkeit der Überschuldung könne keine Rede sein. Bei einer Anzeige wird eine Klage auf Schadenersatz angedroht.
> Die Revisionsstelle begründet ihre Anzeige damit, dass die X offensichtlich überschuldet sein könnte, weil das Hauptaktivum evtl. ganz oder teilweise abgeschrieben werden müsste, was sie infolge subjektiver Unmöglichkeit nicht habe prüfen können. Unter dem Druck des Konkursrichters liefert der Verwaltungsrat dann Unterlagen, die zeigen, dass die Gesellschaft nicht offensichtlich überschuldet ist. Der Richter hält im Urteil hinsichtlich der Schadenersatzdrohung ausdrücklich fest, die Revisionsstelle habe ihre Überschuldungsanzeige zu Recht gemacht (Tribunal 1ère Instance Genf vom 14. November 2002, nicht publiziert).

Der Entscheid ist ein Beispiel für die Relativierung der Offensichtlichkeitsformel. Eine nicht prüfbare Bewertungsunsicherheit bei an sich intaktem Eigenkapital kann eine offensichtliche Überschuldung sein. In diesem Zusammenhang wird auf die Ausführungen in Kapitel 8 (8.6.1 Sachverhalte, welche die Prüfungsaussage beeinflussen und 8.6.2 Sachverhalte, welche die Prüfungsaussage nicht beeinflussen) verwiesen. Darin wird festgehalten, dass wesentliche nicht überprüfbare Sachverhalte im Zusammenhang mit der Unsicherheit der Unternehmungsfortführung oder bei einzelnen, wesentlichen Jahresabschlussposten) im Anhang zur Jahresrechnung sowie im Revisionsstellenbericht dargelegt werden müssen.

> **Beispiel – offensichtliche Überschuldung unsicher – abgewählte Revisionsstelle erstattet Überschuldungsanzeige – Legitimation dazu bejaht – Verwaltungsrat kann nicht nachweisen, dass Eigenkapital intakt – Konkurseröffnung**
> Jahresrechnungen 2002, 2003 und 2004 nicht fertiggestellt und nicht fertig geprüft. Revisionsstelle vermutet, dass Vermögens- und Liquiditätslage äusserst angespannt ist. Mittel für normalen Geschäftsgang nur kurzfristig vorhanden. Offensichtliche Überschuldung wahrscheinlich. Revisionsstelle setzt dem Verwaltungsrat eine Frist. Dieser setzt die Revisionsstelle ab. Revisionsstelle erstattet trotz Unsicherheit Überschuldungsanzeige beim Richter. Verwaltungsrat spricht der Revisionsstelle Legitimation zur Anzeige ab, bestätigt Überschuldung im Umfang von CHF 14 500, die aber durch eine Garantie des Verwaltungsrats abgedeckt sei. Appellationsgericht BS bejaht Legitimation der Revisionsstelle und zweifelt an der Behauptung des Verwaltungsrats bezüglich der Höhe der Überschuldung und Wirksamkeit der Garantie. Konkurs wird eröffnet. (Basler Juristische Mitteilungen, 6/2008, S. 321 ff.)

10. Kapitalverlust und Überschuldung

> **Beispiel – Eigenkapital intakt - Verweigerung Aktenübergabe zur Prüfung betriebener Forderungen - Notwendigkeit und Höhe Rückstellung unsicher – Überschuldungsanzeige Revisionsstelle erfolgt zu Recht**
> Die Revisionsstelle prüft die Jahresrechnung 2010. Das Eigenkapital beträgt CHF 3.7 Mio. Der Verwaltungsrat erwähnt im Anhang zwei neue Betreibungen von total CHF 8.841 Mio. zwecks Rückforderung von vereinnahmten Provisionen. Die Revisionsstelle tendiert nach pauschalen Prüfungen dazu, dass Rückstellungen erforderlich sein könnten, und verlangt vom Aktionär Unterlagen zur genaueren Prüfung. Dieser verweigert die Herausgabe, weil die Beweislast für die Forderungen nicht bei ihm, sondern bei den Ansprechern der Forderungen liege. Revisionsstelle erstattet trotz Unsicherheit Überschuldungsanzeige beim Richter. Dieser eröffnet den Konkurs, weil der Aktionär die Unterlagen auch vor Gericht nicht aushändigt. Bundesgericht bestätigt, dass die Revisionsstelle bei Unsicherheit Recht zur Anzeige beim Richter besitzt (BGer 5A_517/2011).

Der Verwaltungsrat begründet seine Opposition meist folgendermassen: Die Sanierung der Gesellschaft sei «kein Problem», sei praktisch «gesichert», Kostensenkungsmassnahmen seien im Gang und wirkten sich bereits aus, neue Partner und Geldgeber seien gefunden, «nur» die Verträge müssten noch unterzeichnet werden, und wenn bekannt werde, dass die Revisionsstelle eine Anzeige einreiche, würden die neuen Investoren abspringen etc. Die Argumentation der Revisionsstelle, dass die Rechtslage es ihr nur begrenzt erlaube, Sanierungschancen zu beurteilen, dass der Verwaltungsrat seine Argumente vor dem Konkursrichter vorbringen müsse, allenfalls das eigens dafür vorgesehene Instrument des Konkursaufschubs benützen solle, geht meist ins Leere. Auch hier ist eine Anzeige beim Richter nicht zu frühzeitig.

10.10.6 Wer prüft die Zwischenbilanz nach Art. 725 Abs. 2 OR?

Art. 725 Abs. 2 OR verlangt, dass die Zwischenbilanzen von einem zugelassenen Revisor geprüft werden. Der SER postuliert (S. 29), dass die Gesellschaft gesetzlich nicht verpflichtet sei, die Zwischenbilanzen von der Revisionsstelle prüfen zu lassen. Vielmehr könne sie dazu einen anderen zugelassenen Revisor ihrer Wahl beiziehen. Im Falle einer offensichtlichen Überschuldung müsse sich die Revisionsstelle jedoch von der umgehenden Prüfung der Zwischenbilanzen überzeugen (z. B. in dem sie sich ein Exemplar des Prüfungsberichts aushändigen lasse), weil die Pflicht zur ersatzweisen Benachrichtigung des Richters bei der statutarischen Revisionsstelle bleibe. Solange sie in gutem Glauben davon ausgehen könne, dass die Prüfung der Zwischenbilanzen stattfindet und die Organe der Gesellschaft ihren Obliegenheiten nachkommen, treffe sie keine weiteren Pflichten. Allerdings werde sie sich bei dieser Sachlage stets überlegen, ob sie zurücktreten soll.

Diese vom SER vorgeschlagene Wahlfreiheit schafft eine problematische Funktionsspaltung im zeitkritischsten Moment. Es trifft zwar zu, dass die Pflicht zur Überschuldungsanzeige trotzdem die Revisionsstelle trifft, falls der Verwaltungsrat die Bilanzdeponierung unterlässt. Wie soll sie aber erfahren, dass ein anderer Revisor eine Überschuldung bestätigt hat? Trifft den zugelassenen Revisor eine Informationspflicht (Geheimhaltung)? Die Regel öffnet die Tür für Missbräuche mittels Umgehung der u. U. gut über die Finanzlage der Gesellschaft informierten Revisionsstelle.

10. Kapitalverlust und Überschuldung

Auch rechtlich ist die Lösung des SER fraglich (in HWP ER, S. 89 wurde die Auffassung korrigiert). Das Gesetz hat ab 2008 nicht nur bei Art. 725 Abs. 2 OR, sondern an vielen Stellen den Ausdruck «Revisionsstelle» durch «zugelassenen Revisor» ersetzt (z. B. Kapitalerhöhungsprüfung in Art. 652f OR, Aufwertungsprüfung in Art. 670 Abs. 2 OR). Diese Änderungen bedeuten nicht, dass die Gesellschaft für diese Prüfungen neu frei einen Revisor wählen kann. Die rein textlichen Änderungen wurden nur deshalb vorgenommen, weil diese Prüfungen auch von Gesellschaften ohne Revisionsstelle mit Opting-out gemacht werden müssen (vgl. dazu BBl 2004, 4038). Für diese hätte der alte Gesetzestext keinen Sinn ergeben.

Erfährt eine Revisionsstelle davon, dass der Verwaltungsrat die Prüfung der Zwischenbilanz – wie vom SER vorgeschlagen – durch einen zugelassenen Revisor vornehmen lässt, tut sie gut daran, sich eine laufende Orientierung auszubedingen. Wird dies verweigert, sollte sie ohne Berücksichtigung des parallel laufenden Prozesses eine Frist für die Prüfung der Zwischenbilanzen ansetzen und, falls eine solche verweigert wird, mit der Anzeige beim Richter drohen. Der im SER empfohlene Rücktritt sollte erst nach einer Anzeige beim Richter erfolgen. Nur so kann sie ihrer Verantwortlichkeit gerecht werden.

10.10.7 Insolvenzerklärung als Alternative zur Überschuldungsanzeige

Eine Alternative zur Überschuldungsanzeige ist die Insolvenzerklärung. Es braucht dazu einen öffentlich beurkundeten Auflösungsbeschluss der Generalversammlung (Art. 736 Ziff. 2 OR). Es muss weder behauptet noch glaubhaft gemacht werden, dass Zahlungsunfähigkeit vorliegt und auch ein Revisionsbericht ist nicht erforderlich. Es muss aber ein Kostenvorschuss geleistet werden.

	Insolvenzerklärung	**Überschuldungsanzeige**
Zweck	Rechtswohltat des Neubeginns	Schutz der Gläubiger und potenziellen Gläubiger
Gesetzliche Grundlage	Art. 191 SchKG	Art. 192 SchKG
Rechtsnatur	Die Insolvenzerklärung ist ein Recht des Schuldners.	Die Überschuldungsanzeige ist eine Anzeigepflicht.
Antragsberechtigte	• AG/Kommandit AG • GmbH • Genossenschaft • Stiftung • Verein	• AG/Kommandit AG • GmbH • Genossenschaft • Stiftung • Verein i. S. v. Art. 69b ZGB
Interne Legitimation	Aktiengesellschaft: gemäss Art. 736 Ziff. 2 OR ein unübertragbarer Beschluss der Generalversammlung	Aktiengesellschaft: • Gesamtverwaltungsrat (Art. 716a Abs. 1 Ziff. 7 OR). Einzelzeichnungsberechtigte Mitglieder sind dazu nicht befugt. Es gibt in der Rechtsprechung eine Tendenz zum Mehrheitsbeschluss. • Eine unübertragbare und unentziehbare Aufgabe des Verwaltungsrats • Im Falle der Liquidation die Liquidatoren →

10. Kapitalverlust und Überschuldung

	Insolvenzerklärung	Überschuldungsanzeige
Materielle Voraussetzungen	• Öffentlich beurkundeter Auflösungsbeschluss der Generalversammlung • Es muss weder behauptet noch glaubhaft gemacht werden, dass Zahlungsunfähigkeit vorliegt.	• Effektives Vorhandensein der Überschuldung. Wird vom Richter geprüft aufgrund der eingereichten Bilanz zu Fortführungswerten und Liquidationswerten. • Prüfungsbericht der Revisionsstelle (Art. 725 Abs. 2 OR). In klaren Fällen verzichtet die Praxis auf den Prüfungsbericht.
Kostenvorschuss	Kostenvorschuss (Art. 169 SchKG i. V. mit Art. 191 SchKG)	Kein Kostenvorschuss
Ergebnis	Konkurseröffnung Ausnahme: Wenn Aussicht auf Schuldenbereinigung nach Art. 333 ff. SchKG besteht	Konkurseröffnung Ausnahme: Der Richter kann die Konkurseröffnung aufschieben, sofern die Verwaltung oder ein Gläubiger einen Sanierungsantrag stellt und begründete Aussicht auf eine Sanierung besteht.
Zuständigkeit	Konkursrichter am Gesellschaftssitz	Konkursrichter am Gesellschaftssitz

10.11 Prüfung der Zwischenbilanz Art. 725 Abs. 2 OR

10.11.1 Prüfungsniveau ordentliche Revision: Bisherige Praxis

Wie in Kapitel 10.10 eingehend beschrieben, hat der Verwaltungsrat bei begründeter Besorgnis einer Überschuldung eine Zwischenbilanz zu Fortführungs- und Veräusserungswerten zu erstellen und einem zugelassenen Revisor zur Prüfung vorzulegen.

Zweck der Prüfung	Feststellung einer Überschuldung
Prüfungsgegenstand	Zwischenbilanz(en) zu Fortführungs- und Veräusserungswerten
Prüfungsaussage/ (Grad der Zusicherung)	Positiv formulierte Prüfungsurteile («reasonable assurance», Urteilssicherheit 90–95%)
Massgebende Gesetzesartikel	Art. 725 Abs. 2 OR
Anzuwendende Prüfungsstandards	Schweizerische Prüfungsstandards (insbesondere PS 290)
Qualifikation des Prüfers	Zugelassener Revisor bzw. zugelassener Revisionsexperte bei ordentlich revidierten Gesellschaften
Berichtsadressat	Verwaltungsrat
Haftung für Pflichtverletzungen	Revisionshaftung (Art. 755 OR)

Prüfungsgegenstand ist die gesetzliche Zwischenbilanz zu Fortführungs- und Veräusserungswerten gemäss Art. 725 Abs. 2 OR:
- Die Erstellung einer Zwischenbilanz zu *Fortführungswerten* erfolgt in Anwendung der Bewertungsvorschriften des Rechnungslegungsrechts (Art. 960 ff. OR), namentlich des Anschaffungswertprinzips (inkl. Vorsichts- und damit Niederstwert-, Realisations- und Imparitätsprinzips), und unter Befolgung des Grundsatzes der korrekten zeitlichen Abgrenzung.
- Der Zwischenbilanz zu *Veräusserungswerten* hingegen liegen andere Bewertungsprinzipien zugrunde (Art. 958a Abs. 2 OR): An die Stelle der Bewertung zu Anschaffungs- bzw. Herstellungskosten treten Tages- oder Veräusserungswerte, und es sind gege-

10. Kapitalverlust und Überschuldung

benenfalls die Liquidationskosten (u.a. Kosten für Stilllegungen, Vertragsrücktritte, Kündigungen, die Liquidation der Gesellschaft usw. sowie Verkaufskosten) zu berücksichtigen (SER S. 84 /PS 290.E).

Wird die Überschuldung kurz nach dem Bilanzstichtag, z.B. bei der Prüfung der Jahresrechnung, festgestellt, kann als Zwischenbilanz die Bilanz der Jahresrechnung verwendet werden.

Bei der Prüfung der Zwischenbilanz handelt es sich weder um eine ordentliche noch um eine eingeschränkte Revision (SER S. 29). Stattdessen sind die schweizerischen Prüfungsstandards zu berücksichtigen, um positiv formulierte Prüfungsurteile mit hoher Zusicherung («reasonable assurance») abgeben zu können. Der Standardwortlaut im Prüfungsbericht enthält folgende Aussagen (das Berichtsmuster aus PH 10 kann aus politischen Gründen nicht abgedruckt werden).

> Nach unserer Beurreilung entspricht die Zwischenbilanz zur Fortführungs- und zu Veräusserungswerten per [Datum] dem schweizerischen Gesetz und den Statuten.
>
> **Variante 1 – keine Überschuldung:** Gemäss dieser Zwischerbilanz sind die Forderungen der Gläubiger der [Firma] zu Fortführungs- und zu Veräusserwerten [Fortführungswerten]/[Veräusserungswerten] gedeckt, sodass keine Überschuldung im Sinne von Art. 725 Abs. 2 OR besteht.
>
> **Variante 2 – Überschuldung:** Gemäss dieser Zwischerbilanz sind die Forderungen der Gläubiger der [Firma] weder zu Fortführungs- und noch zu Veräusserwerten gedeckt, so dass eine Überschuldung im Sinne von Art. 725 Abs. 2 OR besteht. Daher hat der Verwaltungsrat den Richter zu benachrichtigen, sofern nicht Gesellschaftsgläubiger im Aussmass der Unterdeckung im Rang hinter alle andern Gläubiger zurücktreten.
>
> **Hervorhebung eines Sachverhalts:** Wir machen auf die Anmerkung XY im Anhang der Zwischenbilanz aufmerksam, in welcher erläutert wird, dass die Bewertung der Bilanzpositionen aufgrund von Schätzungen und Annahmen des Verwaltungsrats vorgenommen wurde. Aufgrund dieser Unsicherheiten können die realisierbaren Werte von den bilanzierten Veräusserungswerten abweichen. Unser Prüfungsurteil ist im Hinblick auf diesen Sachverhalt nicht eingeschränkt.

Die Erstellung und Prüfung der Zwischenbilanzen ist anspruchsvoll und unterliegt einem hohen Zeitdruck. So sind etwa die Liquidationswerte für eine Betriebsliegenschaft, eine Beteiligung oder immaterielle Vermögenswerte wie Marken oder Lizenzen verschiedentlich objektiv nicht oder nur schwer zu ermitteln, weil kein transparenter und liquider Markt für solche Gegenstände vorhanden ist. Stattdessen müssen diese Werte subjektiv, basierend auf Annahmen, geschätzt werden. Es ist Aufgabe des Verwaltungsrats und gehört zu dessen Sorgfaltspflichten, solche subjektiven Schätzungen in einem realistischen Rahmen vorzunehmen.

Mit zunehmender Bewertungsunsicherheit wird die Aufgabe des Prüfers schwieriger. Er muss jedoch trotzdem zu einem Urteil kommen, ob die Schätzungen vertretbar sind (Vertiefung zu Bewertungsprüfungen siehe Kapitel 12.6). Kommt er zum Schluss, dass sie ausserhalb der vertretbaren Ermessensspielräume liegen, besteht eine Meinungsverschiedenheit mit der Unternehmensleitung. Ist die Bewertungskorrektur wesentlich, weil sich eine (höhere) Überschuldung ergäbe, gibt der Prüfer ein eingeschränktes Prüfungs-

10. Kapitalverlust und Überschuldung

urteil ab. Er muss dabei eine eindeutige Aussage über die Überschuldung treffen. Auch hier Beispiele dazu:

> ●
>
> **[Eingeschränktes Prüfungsurteil aufgrund einer Meinungsverschiedenheit bei Zwischenbilanz gemäss Art. 725 Abs. 2 OR, sodass neu eine (evtl. höhere) Überschuldung vorliegt]**
>
> **[Urteil über Zwischenbilanz]** Die Gesellschaft weist Vorräte mit einem Liquidationswert in Höhe von CHF 1 Mio. aus. Deren Bewertung basiert auf den historischen Kosten mit einem Abschlag für Verkaufskosten von 2% der historischen Kosten. Aufgrund vergangener Sonder-/Liquidationsverkäufe der Gesellschaft kommen wir zum Schluss, dass die Bewertung der Vorräte nicht vertretbar ist. Nach unserer Beurteilung sind sie demnach zu Liquidationswerten in einem Betrag von mindestens CHF 200 000 überbewertet; dementsprechend beträgt die Überschuldung mindestens CHF 400 000.
>
> Nach unserer Beurteilung entspricht die Zwischenbilanz zu Fortführungs- und zu Veräusserungswerten mit Ausnahme des im vorstehenden Absatz dargelegten Sachverhalts dem schweizerischen Gesetz und den Statuten.
>
> **[Aussage, ob Überschuldung vorliegt]** Gemäss der Zwischenbilanz sind die Forderungen der Gesellschaftsgläubiger zu Fortführungs- und zu Veräusserungswerten nicht gedeckt, sodass eine Überschuldung im Sinne von Art. 725 Abs. 2 OR besteht. Daher hat der Verwaltungsrat den Richter zu benachrichtigen, sofern nicht Gesellschaftsgläubiger im Ausmass der Unterdeckung im Rang hinter alle anderen Gesellschaftsgläubiger zurücktreten.

> ●
>
> **[Verneinendes Prüfungsurteil aufgrund nicht ausgewiesener Überschuldung]**
> **[Urteil über Zwischenbilanz]**
>
> Die [Gesellschaft] weist eine Beteiligung mit einem Liquidationswert in Höhe von CHF 4 Mio. aus. Die Bewertung dieser Beteiligung basiert auf einer Ertragswertbewertung mit einem angenommenem nachhaltigen Ertrag von CHF 100 000 und einem Kapitalisierungssatz von 2.5%. Basierend auf den vergangenen Ergebnissen sowie dem aktuellen Geschäftsplan dieser Beteiligung, kommen wir zum Schluss, dass die Bewertung der Beteiligung nicht vertretbar ist. Nach unserer Beurteilung sind die Beteiligungen demnach zu Liquidationswerten in einem Betrag von mindestens CHF 1 Mio. überbewertet; dementsprechend ist das Eigenkapital zu Liquidationswerten zu günstig ausgewiesen.
>
> Nach unserer Beurteilung entspricht die Zwischenbilanz zu Fortführungs- und zu Veräusserungswerten per [Datum] wegen der Auswirkung des im vorstehenden Absatz dargelegten Sachverhalts nicht dem schweizerischen Gesetz und den Statuten.
>
> **[Aussage, ob Überschuldung vorliegt]** Unter Berücksichtigung der vorgenannten Bewertungskorrektur der Beteiligung zu Liquidationswerten sind gemäss der Zwischenbilanz per [Datum] die Forderungen der Gesellschaftsgläubiger weder zu Fortführungs- noch zu Veräusserungswerten gedeckt, sodass eine Überschuldung im Sinne von Art. 725 Abs. 2 OR besteht. Daher hat der Verwaltungsrat den Richter zu benachrichtigen, sofern nicht Gesellschaftsgläubiger im Ausmass der Unterdeckung im Rang hinter alle anderen Gesellschaftsgläubiger zurücktreten.

10. Kapitalverlust und Überschuldung

Ist die festgestellte Bewertungskorrektur zwar wesentlich, aber nicht grundlegend (insbesondere, weil die Korrektur keine Überschuldung ergäbe), gibt der Prüfer ein eingeschränktes Prüfungsurteil ab. Auch hier ein Beispiel dazu:

> **[Eingeschränktes Prüfungsurteil aufgrund einer Meinungsverschiedenheit bei der Zwischenbilanz gemäss Art. 725 Abs. 2 OR ohne Überschuldung]**
>
> Die Gesellschaft weist Vorräte mit einem Liquidationswert in Höhe von CHF 1 Mio. aus. Deren Bewertung basiert auf den historischen Kosten mit einem Abschlag für Verkaufskosten von 2 % der historischen Kosten. Aufgrund vergangener Sonder-/Liquidationsverkäufe der Gesellschaft kommen wir zum Schluss, dass die Bewertung der Vorräte nicht vertretbar ist. Nach unserer Beurteilung sind sie demnach zu Liquidationswerten in einem Betrag von mindestens CHF 200 000 überbewertet; dementsprechend ist das Eigenkapital zu günstig ausgewiesen.
>
> Nach unserer Beurteilung entspricht die Zwischenbilanz zu Fortführungs- und zu Veräusserungswerten mit Ausnahme des im vorstehenden Absatz dargelegten Sachverhalts dem schweizerischen Gesetz und den Statuten.
>
> **[Aussage, ob Überschuldung vorliegt]** Gemäss der Zwischenbilanz sind die Forderungen der Gesellschaftsgläubiger zu Fortführungswerten gedeckt, sodass keine Überschuldung im Sinne von Art. 725 Abs. 2 OR besteht.

10.11.2 Prüfungsniveau eingeschränkte Revision?

Die Prüfung der Zwischenbilanz nach Art. 725 Abs. 2 OR orientiert sich bei Gesellschaften, die zur ordentlichen Revision verpflichtet sind, an den Schweizer Prüfungsstandards und soll dieselbe Prüfungssicherheit wie bei einer ordentlichen Revision erreichen. Sie müssen dafür einen zugelassenen Revisionsexperten (bzw. die Revisionsstelle) beiziehen (Art. 727b Abs. 2 OR).

Die bisherige Praxis ging ohne weitere Diskussion davon aus, dass die Prüfung der Zwischenbilanzen bei Gesellschaften mit eingeschränkter Revision wie bei der ordentlichen Revision nach den Schweizer Prüfungsstandards zu erfolgen hat, was bedeutet, dass dieselbe Prüfungssicherheit wie bei der ordentlichen Revision zu erlangen ist. Nach dieser Auffassung verlangt das Gesetz für die Zwischenbilanz trotz Einführung der eingeschränkten Revision und des Opting-out im Jahr 2008 eine Einheitsrevision mit einem Prüfungsniveau, das dem der ordentlichen Revision entspricht. Diese Meinung findet im Gesetz keine Stütze; der Gesetzgeber hat jedoch das Problem auch nicht thematisiert, wodurch es nun zu diesem Widerspruch kommt.

Ein weiterer Widerspruch besteht darin, dass ein zugelassener Revisor plötzlich das Prüfniveau einer ordentlichen Revision garantieren muss. Dieser «Klassenwechsel» muss zudem ausgerechnet in der schwierigsten Situation stattfinden, wenn Risiken und Zeitdruck wegen finanzieller Probleme stark steigen. Das Problem lässt sich auch nicht z. B. dadurch lösen, dass das Gesetz für diese Prüfung den Beizug eines zugelassenen Revisionsexperten vorschreibt. In diesem zeitkritischen Moment dürfte sich kein neuer Revisor finden las-

10. Kapitalverlust und Überschuldung

sen, und angesichts der heutigen Rechtsprechung zur Revisionshaftung wird kein Revisionsexperte ein solches Mandat annehmen (analog zur Problematik von Art. 725 Abs. 3 OR).

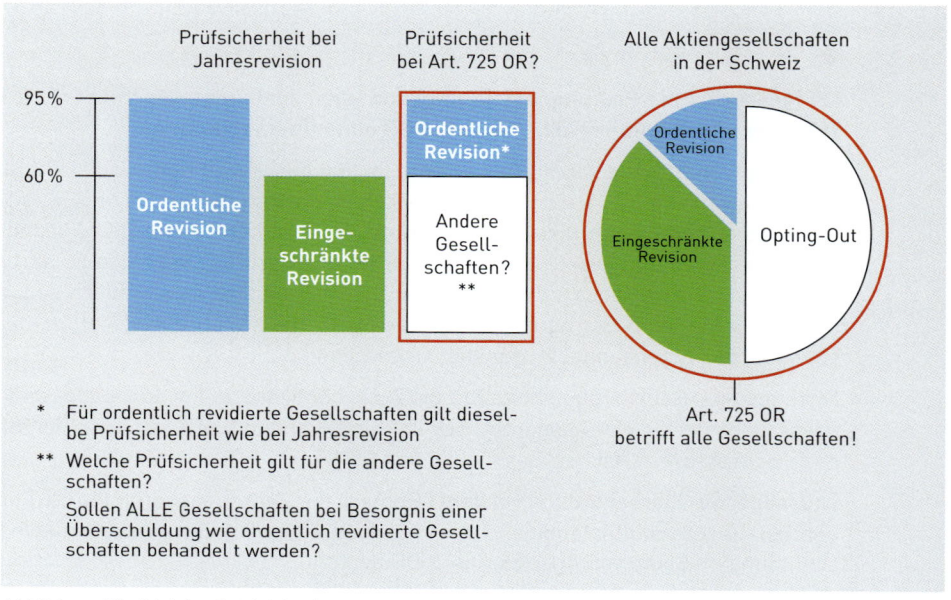

Abbildung 51: Welche Prüfsicherheit bei Art. 725 Abs. 2 OR?

Das Problem liesse sich lösen, indem sich diese Prüfung nach Art. 725 Abs. 2 OR bei Gesellschaften, die zur eingeschränkten Revision verpflichtet oder von der Jahresrevision befreit sind (Opting-out), an den wesentlich reduzierten Anforderungen für die Prüfung der Jahresrechnung gemäss Art. 729a Abs. 1 Ziff. 1 und Abs. 2 OR orientiert. Dabei soll dieselbe Prüfungssicherheit wie bei einer eingeschränkten Revision erreicht werden. Der Gesetzgeber hat mit deren Einführung einen geringeren Gläubigerschutz nicht nur bei der Prüfung der Jahresrechnung, sondern auch bei der wesensverwandten Prüfung der Zwischenbilanzen bei Besorgnis einer Überschuldung statuiert, was bedeutet, dass die Prüfpflicht von Art. 725 Abs. 2 OR auch zwei Prüfniveaus kennt. Auf diese Weise würde auch der oben erwähnte Widerspruch des «Klassenwechsels» beseitigt.

Für diese Lösung lassen sich weitere praktische und systemische Gründe anführen:

In der Praxis kommt es nur selten vor, dass die Revisionsstelle eine Zwischenbilanz zu prüfen hat. Sie stellt eine Überschuldung meist im Verlauf der Prüfung der Jahresrechnung fest, die bei der eingeschränkten Revision oft nur einen bis wenige Tage dauert. Im Jahreslauf bedeutet das den einzigen wichtigen Kontakt mit dem Kunden. Die Revisionsstelle ist zudem bei der eingeschränkten Revision bezüglich Informationen völlig vom Verwaltungsrat des betreffenden Unternehmens abhängig. Ihr Informationsstand ist also im Vergleich zur ordentlichen Revision wesentlich geringer. Dazu kommt, dass die Prüfungstiefe bei der Jahresrechnung reduziert ist, sieht Art. 729a Abs. 2 OR doch eine Beschränkung der Prüfung auf Befragungen, analytische Prüfungshandlungen und angemessene Detailprüfungen vor, was ebenso zu einem oberflächlichen Informationsstand führt.

10. Kapitalverlust und Überschuldung

Es erscheint daher systemimmanent, dass bei der eingeschränkten Revision bei der Prüfung der Jahresrechnung eine Überschuldung oft unentdeckt bleibt, insbesondere wenn diese im Verhältnis zur Bilanzsumme nicht gross ist. Aber selbst wenn die Prüfung Hinweise auf eine allenfalls vorhandene Überschuldung liefert, sind die Ermessensspielräume wesentlich grösser als bei einer ordentlichen Revision, so dass die eingeschränkt prüfende Revisionsstelle gegen die Überzeugung des gut informierten Verwaltungsrats kaum stichhaltige Argumente ins Feld führen kann.

Daran vermögen auch die in Art. 729a Abs. 2 OR vorgesehenen angemessenen Detailprüfungen nichts zu ändern. Sie gehören zum Konzept der eingeschränkten Revision und liefern, selbst wenn sie sorgfältig durchgeführt werden, weniger weitgehende Nachweise, als im Rahmen einer ordentlichen Revision verlangt würden. So beschränkt der SER in Ziff. 6.1.3 die angemessenen Detailprüfungen auf Bestands- und Bewertungsprüfungen, wobei erstens auf die Anwendung repräsentativer Stichprobenverfahren verzichtet wird, zweitens Bestandesprüfungen auf die Abstimmung mit detaillierten Listen und Auszügen, die Einsicht in Belege, die Durchsicht von Belegen in neuer Rechnung u.Ä. beschränkt bleiben und drittens Bewertungsprüfungen auf Belegprüfungen, die Abstimmung mit Preislisten u.a. reduziert werden.

Prüfungen zur Aufdeckung deliktischer Handlungen und andere wichtige Prüfungen wie Drittbestätigungen einholen, der Beizug von Expertengutachten u.a., die die Lücke bei der Prüfsicherheit zwischen eingeschränkter Revision (60–70%) und ordentlicher Revision (90–95%) schliessen würden, sind im SER explizit ausgenommen.

Insbesondere wurden die angemessenen Detailprüfungen nicht ins Gesetz aufgenommen, um eine allfällige Überschuldung des Kunden erkennen zu können. Sie haben nicht den Sinn, die eingeschränkte Revision derart auszuweiten, dass das Niveau einer ordentlichen Revision erreicht wird. Dies gilt auch für den Fall, dass der Verwaltungsrat von der Revisionsstelle mitten in einem laufenden Geschäftsjahr die Prüfung einer Zwischenbilanz verlangt. Meist besitzt dann die Revisionsstelle noch weniger Informationen als bei einem Jahresabschluss und die Prüfinstrumente sind dieselben.

Manchmal präsentiert der Verwaltungsrat selber in der zur Prüfung unterbreiteten Jahresrechnung eine Überschuldung, oder er offenbart diese in der Befragung. Oder dann will er mitten im Geschäftsjahr eine Zwischenbilanz i.S.v. Art. 725 Abs. 2 OR mit ausgewiesener Überschuldung von der Revisionsstelle geprüft haben. Bei einer eingeschränkten Revision ist es aus den erwähnten Gründen auch in diesen Fällen systemimmanent, dass eine allenfalls bestehende noch grössere Überschuldung als die ausgewiesene unentdeckt bleibt oder eine Entdeckung von grossen Ermessensspielräumen abhängt, so dass die Revisionsstelle kaum stichhaltige Argumente gegen die Aussagen des Verwaltungsrats zur Überschuldungshöhe vorzubringen vermag. Sie kann bei einer Anzeige beim Richter darum auch nicht beurteilen, ob die Sanierungsmassnahmen des Verwaltungsrats realisiert wurden und ob diese für die Abdeckung einer allenfalls höheren Überschuldung ausreichen.

Es stellt sich die Frage, ob die übrigen gesetzlichen Pflichtprüfungen (Gründung, Kapitalerhöhung, -herabsetzung, Aufwertung usw.) auch zwei Prüfniveaus aufweisen. Sofern für diese Pflichtprüfung (z.B. Kapitalherabsetzung, bedingte Kapitalerhöhung) ein zugelassener Revisionsexperte vorgeschrieben wird, ist dies der Fall. Verlangt das Gesetz jedoch einen zugelassenen Revisor, muss die Zulassung in Übereinstimmung mit Art. 727b OR stehen. Dann ist davon auszugehen, dass das Gesetz ebenfalls zwei verschiedene Prüfniveaus vorschreibt.

Die gemachten Verbesserungsvorschläge bedeuten im Vergleich zu einer ordentlichen Revision eine Abschwächung des Gläubigerschutzes. Dies stellt aber eine Konsequenz der eingeschränkten Prüfung dar, mit der der Gesetzgeber den Gläubigerschutz gewollt reduziert hat. Aus praktischer Sicht erscheint es aber aus Gründen der Vorsicht unerlässlich, zurzeit die bisherige Praxis weiterzuverfolgen. Bevor die Branchenverbände sich des Themas annehmen, ist damit zu rechnen, dass der eingeschränkt prüfende Revisor bei verspäteter Anzeige beim Richter oder bei den Spezialprüfungen genauso haftet wie der Revisor einer ordentlichen Revision.

10.11.3 Zwischenbilanzen ohne Erfolgsrechnung und Anhang

Art. 725 Abs. 2 OR verlangt eine Zwischenbilanz und damit weder Erfolgsrechnung noch Anhang wie bei einer Jahresrechnung. Die Zwischenbilanzen nach Art. 725 Abs. 2 OR sollen Klarheit schaffen, ob und inwieweit eine Überschuldung besteht. In den meisten Fällen ist dies ohne Erfolgsrechnung und Anhang möglich. So hält PS 290.AA richtig fest, «dass die Erfolgsrechnung in diesem Status von zweitrangiger Bedeutung ist. Insbesondere bei der Zwischenbilanz zu Veräusserungswerten verliert die dazugehörige Erfolgsrechnung ihre Aussagekraft zur Ertragslage des Unternehmens weitgehend, weil naturgemäss die Einflüsse aus der Umstellung der Bewertungsbasis dominieren.» Allerdings sind in der Praxis die Anforderungen zu differenzieren.

10.11.4 Art. 725 Abs. 2 OR und seine verschiedenen Gesichter

Art. 725 Abs. 2 OR hat aber in der Praxis unterschiedliche Gesichter. Am bedeutungsvollsten ist Art. 725 Abs. 2 OR vor allem durch den häufigen Rangrücktritt. Der Rest von Abs. 2 wird kaum gelebt. Selten werden Zwischenbilanzen erstellt (und wenn, dann nur zu Fortführungswerten), noch seltener werden sie geprüft. In einem künftigen Gesetz sollte Art. 725 Abs. 2 OR eine Prüfpflicht nur für sanierungswillige, ordentlich revidierte Gesellschaften statuieren. Für die Liquidationszwischenbilanz sollte die Prüfung freiwillig sein.

1. Szenario: Vereinfachtes Verfahren bei offensichtlicher Überschuldung

In diese Richtung gehen deshalb auch PS 290.X. Konkursreife Gesellschaften, bei welchen niemand mehr von Fortführung ausgeht, gehen meist direkt, d. h. ohne Prüfung und auch ohne Zwischenbilanz, in Konkurs, weil die Richter einsehen, dass die Mittel sogar dafür fehlen und für den Gläubigerschutz einzig die rasche Konkurseröffnung sinnvoll ist. Manchmal müssen aus formellen Gründen mit minimalstem Aufwand die Zwischenbilanzen (ohne Erfolgsrechnung und Anhang) mit Prüfbericht erstellt werden, um Verzögerungen beim Gericht zu vermeiden. Dafür sieht PS 290.X eine vereinfachte Prüfung vor. Die Voraussetzungen dafür sind, dass

- die Überschuldung offensichtlich und erheblich ist,
- eine Sanierung der Gesellschaft weder möglich noch beabsichtigt ist und
- Verwaltungsrat und Revisionsstelle sich einig sind.

10. Kapitalverlust und Überschuldung

In diesem Fall sollte auch eine Zwischenbilanz zu Veräusserungswerten genügen, weil die Prämisse der Unternehmensfortführung weggefallen ist. Ein Berichtsmuster aus PH 10 kann aus politischen Gründen nicht abgedruckt werden. Die Kernaussagen im Testat lauten wie folgt:

> [...]
>
> Nach diesem Standard [PS 290.X] ist es vertretbar, bei Zwischenabschlüssen gemäss Art. 725. Abs. 2 OR **dann Vereinfachungen bei der Prüfung und Bewertung vorzunehmen, wenn die Überschuldung offensichtlich und erheblich ist und eine Sanierung der Gesellschaft nicht möglich und nicht beabsichtigt ist.** [...]
>
> [...]
>
> Nach unserer Beurteilung ist die Überschuldung der [Firma] gemäss der Zwischenbilanz auf den [Datum] zu Fortführungs- und Veräusserungswerten offensichtlich. Daher hat der Verwaltungsrat den Richter zu benachrichtigen, sofern nicht Gesellschaftsgläubiger im Ausmass der Unterdeckung im Rang hinter alle anderen Gesellschaftsgläubiger zurücktreten.

2. Szenario: Meinungsverschiedenheiten zwischen Verwaltungsrat und Revisionsstelle

Ganz anders ist die Bedeutung von Art. 725 Abs. 2 OR, wenn Meinungsverschiedenheiten zwischen Verwaltungsrat und Revisionsstelle bestehen. Häufig sind dann mehr oder weniger zeitnahe Zahlen, evtl. sogar eine (meist provisorische) Zwischenbilanz zu Fortführungswerten, vorhanden. Sobald die Zahlen umstritten sind und die Revisionsstelle entgegen dem Verwaltungsrat die Möglichkeit einer Überschuldung (oder eines grösseren Schuldenausmasses) in Betracht zieht, wird der Verwaltungsrat zurückhaltend sein mit der Lieferung weiterer Informationen, und die Zwischenbilanz wird weder finalisiert, noch kann sie geprüft werden (PS 290.Z). Die Revisionsstelle muss dann die Anzeige beim Richter auf den vorhandenen Zahlen aufbauen, wobei hier Erfolgsrechnung und Anhang soweit vorhanden verwendet werden sollten. Der Revisionsstelle steht aber keine geprüfte Zwischenbilanz zur Begründung ihrer Anzeige zur Verfügung.

3. Szenario: Selbstständige Sanierung durch den Verwaltungsrat

Wieder anders ist die Bedeutung von Art. 725 Abs. 2 OR, wenn der Verwaltungsrat die überschuldete Gesellschaft in Eigenregie, d.h. ohne Konkursrichter oder Sachwalter, aber unter Einbezug der Revisionsstelle, sanieren will. Die Zwischenbilanz zu Fortführungswerten spielt hier eine grosse Rolle, weil sie das Ausmass der erforderlichen Sanierung aufzeigen kann. Auch deren Prüfung ist hier wesentlich, weil sie die Position der Revisionsstelle klar macht und der Verwaltungsrat einen Dissens mit der Revisionsstelle vermeiden will. In Abhängigkeit von der Komplexität des Zahlenwerks – vor allem bei diffizilen Bewertungsfragen – und auch aus Kostengründen wird auch hier allerdings die Zwischenbilanz meist weder finalisiert noch (fertig) geprüft. Es genügt den Beteiligten, wenn die Überschuldung vorsichtig, d.h. überschiessend, ermittelt und das finanzielle Sanierungsziel damit konsensual definiert werden kann. In diesen Fällen kann die Erfolgsrechnung wichtig sein. Anhang und Zwischenbilanz zu Liquidationswerten spielen kaum eine Rolle.

10. Kapitalverlust und Überschuldung

Oft besitzt eine Gesellschaft ein Rangrücktrittspotenzial in Form von schon bestehenden Darlehen von Aktionären. Zeigt sich, dass die nur grob geschätzte Überschuldung wesentlich geringer ist, wird auch keine Zwischenbilanz erstellt und geprüft. Der Betrag des Rangrücktritts wird so bemessen, dass er die Überschuldung zweifelsfrei abdeckt.

4. Szenario: Anrufung des Richters durch sanierungswillige Gesellschaft

Hier entfaltet Art. 725 Abs. 2 OR seine gesetzlich vorgesehene Bedeutung. Der Verwaltungsrat will die Gesellschaft sanieren, benötigt dafür aber mehr Zeit, als ihm die Revisionsstelle oder die Gläubiger zugestehen wollen. Er strebt einen (evtl. faktischen) Konkursaufschub an und muss den Richter davon überzeugen, dass die Sanierung aussichtsreich ist. In solchen Fällen werden mindestens Zwischenbilanzen zu Fortführungswerten erstellt und geprüft. Auch die Erfolgsrechnung ist hier unerlässlich, und ein Rumpfanhang ist erforderlich. Dieser enthält die Angaben, die für die Beurteilung von Zwischenbilanz und Sanierungschancen notwendig sind. Die Zwischenbilanz zu Liquidationswerten wird nicht oder nur rudimentär erstellt und geprüft. PS 290.Y sieht ein vereinfachtes Verfahren vor, wenn
- eine Sanierung und Fortführung der Gesellschaft möglich und beabsichtigt ist und
- die Überschuldung zu Fortführungswerten unbestrittenermassen kleiner ist als diejenige zu Veräusserungswerten.

Das exakte Ausmass der Überschuldung zu Liquidationswerten spielt eine untergeordnete Rolle, weil es von Gesetzes wegen genügt, die Überschuldung zu Fortführungswerten abzudecken. Schwierig zu ermittelnden Liquidationswerten (z. B. Betriebsliegenschaften, Vorräte) wird nur eine Schätzung von Höchstwerten (Passiven: Mindestwerte) zugeordnet. Der Prüfer kann im Prüfbericht festhalten, dass die Überschuldung zu Liquidationswerten mindestens diesen Betrag erreiche und deshalb zweifellos höher sei als die Überschuldung zu Fortführungswerten.

Sehr anspruchsvoll wird es für die Revisionsstelle, wenn ausnahmsweise eine realistische Bilanz zu Liquidationswerten für die Sanierung wichtig ist und der Verwaltungsrat eine Prüfungsbestätigung verlangt. Sind die Aktiven komplex (grosse Vorräte, Immaterialgüter etc.), ist unter hohem Zeitdruck die Bestätigung eines realistischen Zerschlagungswerts kaum machbar. Selbst eine Revisionsstelle, die den Kunden gut kennt, kann ohne Zuzug von externen Dritten diese Werte i. d. R. nicht bestätigen.

Ein Musterbericht für das vereinfachte Verfahren bei beabsichtigter Sanierung aus PH 10 kann aus politischen Gründen nicht abgedruckt werden.

> [...]
>
> Nach diesem Standard [PS 290.Y] ist es vertretbar, bei Zwischenabschlüssen gemäss Art. 725. Abs. 2 OR **dann Vereinfachungen bei der Prüfung und Bewertung vorzunehmen, wenn die Überschuldung offensichtlich und erheblich ist und eine Sanierung und Fortführung der Gesellschaft möglich und beabsichtigt ist.** [...]
>
> [...]
>
> Nach unserer Beurteilung ist die Überschuldung der [Firma] gemäss der Zwischenbilanz zu Veräusserungswerten offensichtlich. Da die Sanierung und Fortführung der Gesellschaft möglich und ernsthaft beabsichtigt ist und die Überschuldung zu Fortführungswerten offensichtlich kleiner ist als diejenige zu Veräusserungswerten, verzichtet der Verwaltungsrat auf die Benachrichtigung des Richters.

10. Kapitalverlust und Überschuldung

Die Abgabe des Prüfberichts gemäss Art. 725 Abs. 2 OR ist für die Revisionsstelle eine grosse und völlig anders geartete Herausforderung als die Jahresrevision. Sie muss unter erheblichem Zeitdruck eine aktuelle Aussage zur Finanzlage der Gesellschaft machen. Diese hat zudem kurzfristig einschneidende Folgen und kann entweder das Schicksal des Prüfkunden besiegeln oder unzulässige Konkursverschleppungen ermöglichen. Zudem darf sie sich in diesem Prüfbericht nicht darauf beschränken, über bestehende Unsicherheiten mit Zusätzen, Hinweisen, Einschränkungen nur zu informieren, sondern er muss eine eindeutige Aussage darüber machen (PS 290.AA und KK), «ob und wie hoch die Gesellschaft überschuldet ist oder nicht. Bei Bewertungsunsicherheiten muss die Revisionsstelle deshalb das ihr zustehende Bewertungsermessen wertmässig konkretisieren.» Die akute Lage verlangt von der Revisionsstelle eine «Schwarz-oder-Weiss-Aussage».

Liegen objektiv nicht beurteilbare Sachverhalte vor (Bewertungsunsicherheiten), sind diese im Anhang zur Zwischenbilanz offenzulegen. Die Revisionsstelle wird auf diese Bewertungsunsicherheit mit einem Zusatz aufmerksam machen.

> **Hervorhebung eines Sachverhalts**
>
> Wir machen auf die Anmerkung XY im Anhang der Zwischenbilanz aufmerksam, in welcher erläutert wird, dass die Bewertung der Bilanzpositionen aufgrund von Schätzungen und Annahmen des Verwaltungsrats vorgenommen wurde. Aufgrund dieser Unsicherheiten können die realisierbaren Werte von den bilanzierten Veräusserungswerten abweichen. Unser Prüfungsurteil ist im Hinblick auf diesen Sachverhalt nicht eingeschränkt.

5. Szenario: Offensichtliche Überschuldung nur zu Fortführungswerten

Selten hat eine Gesellschaft stille Reserven in einem Umfang, dass die Zwischenbilanz zu Liquidationswerten ausreichend Eigenkapital zeigt. Besteht zu Fortführungswerten die Besorgnis einer Überschuldung, ist der Verwaltungsrat nicht bereit, Zwischenbilanzen zu erstellen und prüfen zu lassen. Er verweist auf die der Revisionsstelle bekannten stillen Reserven und verlangt von ihr einen Verzicht auf Anzeige beim Richter. Wird die Situation kritisch, erstellt der Verwaltungsrat meist nur die Zwischenbilanz zu Liquidationswerten und lässt diese prüfen, um die Revisionsstelle von einer Anzeige beim Richter abhalten zu können. Können stille Reserven aufgelöst werden (z. B. nach Art. 670 OR), muss allerdings der Verwaltungsrat dazu angehalten werden, den Weg zur Bereinigung der Bilanz zu Fortführungswerten zu gehen soweit dies möglich ist (z. B. stille Zwangsreserven in den immateriellen Aktiven).

10.11.5 Ausmass der Sanierung bei Überschuldung

Das gesetzlich geforderte Ausmass der Sanierung bei Überschuldung ist nicht definiert. Die Frage kann nicht einfach «spiegelbildlich» zur Feststellung der Überschuldung bei Art. 725 Abs. 2 OR beantwortet werden. Hier liegt nämlich eine Überschuldung schon dann vor, wenn die Deckungslücke theoretisch nur einen Franken beträgt. Umgekehrt würde eine Sanierung im Umfang von einem Franken der Situation nicht gerecht, produziert die Gesellschaft doch meistens Verluste, sodass sie schon tags darauf wieder überschuldet wäre. Auch muss meist ein neues Kapitalpolster geschaffen werden.

10. Kapitalverlust und Überschuldung

Die Frage wird in der Praxis in erster Linie aus Sicht der Überlebensfähigkeit der notleidenden Gesellschaft angegangen. Die Sanierung der Deckungslücke zu Fortführungswerten ist dabei nur ein erster Schritt. Dazu muss zweitens ein angemessenes Sicherheitspolster zur Deckung der in den nächsten 12 Monaten, mindestens aber bis zum nächsten Prüfungszeitpunkt noch zu erwartenden Verluste kommen. In Frage steht auch, ob zumindest die Hälfte des Aktienkapitals zusätzlich wiederhergestellt werden soll. Falls dieses nominal nur CHF 100 000 beträgt, ist allerdings der Betrag von CHF 50 000 u. U. zu bescheiden. Ist es jedoch nominal hoch, ist diese Hürde oft zu hoch. Es empfiehlt sich dann, einen Teil des nominellen Kapitals wiederherzustellen und evtl. eine nominelle Kapitalherabsetzung durchzuführen. Ist im Vorhinein klar, dass die Sanierung länger als 12 Monate dauert, muss das Kapitalpolster evtl. höher angesetzt werden (Rangrücktritt auf Vorrat, Kapitel 10.12.12).

10.11.6 Verhältnis der Jahresrevision zu Art. 725 Abs. 2 OR

Weil die Revisionsstelle die Situation von Art. 725 Abs. 2 OR meistens bei der Jahresrevision entdeckt, stellt sich die Frage, ob diese ordentlich mit dem Revisionsbericht und der Abhaltung der ordentlichen Generalversammlung abgeschlossen werden kann, obwohl parallel der Sanierungsprozess läuft.

Die Erfordernisse von Art. 725 Abs. 2 OR sind zeitlich eng und drängen sich in den Vordergrund (Zwischenbilanz errichten und prüfen, Sanierungsmassnahmen, Fristansetzungen etc.). Der Abschluss der Jahresrevision wird dabei regelmässig faktisch unterbrochen. Hauptgrund dafür ist, dass bei ungewissen Sanierungschancen mit kurzfristiger Konkurseröffnung zu rechnen ist. Die Jahresrevision verliert damit ihren Zweck, und der (voreilige) Abschluss der Revision verursacht unnötige Kosten. Der andere Grund ist, dass der Revisionsbericht in einer solchen Lage bei eingeschränkter Revision eine verneinende Aussage enthalten müsste, weil die Jahresrechnung den aktuellen Zustand nicht abbildet und gravierende Bewertungsprobleme vorliegen. Nach erfolgter Sanierung sind diese Probleme gelöst, und der Jahresrevisionsbericht kann erstattet werden.

Selten wird der Revisionsbericht für den Sanierungsprozess dringend benötigt. Das ist dann der Fall, wenn neue Investoren oder Kreditgeber die Sanierung unterstützen, von der Revisionsstelle jedoch eine von den Schilderungen des Verwaltungsrats unabhängige Stellungnahme zur Finanzlage, z. B. durch Finalisierung der Jahresrevision, verlangen.

Die Revisionsstelle kann in einem solchen Fall die Berichtsabgabe nicht einfach aus Risikoüberlegungen heraus verweigern. Der Verwaltungsrat muss allerdings die Jahresbilanz meist so weit anpassen, dass die Revisionsstelle überhaupt eine Prüfungsaussage machen kann. Im Bericht muss diese eine bewertungskritische Haltung einnehmen und auf alle bekannten Risiken hinweisen. Solche Berichte weichen regelmässig erheblich vom Normalwortlaut ab.

Trotzdem muss die Revisionsstelle darauf achten, dass sie nicht zum »Garanten« für die Investoren wird. Direktkontakt zu den Investoren ist nicht erforderlich oder sollte auf ein Minimum beschränkt werden. Auch sollen Verlautbarungen und Berichte nur an den Verwaltungsrat gerichtet werden. Die Revisionsstelle darf zudem die parallel laufenden Fristen für die Sanierung nicht vernachlässigen. Gelingt nämlich die Sanierung nicht, muss sie Anzeige beim Richter erstatten.

10. Kapitalverlust und Überschuldung

Diese Vorgehensweise hat zudem den «Makel», dass bei Konkurseröffnung ein kurz zuvor erstatteter Revisionsbericht zur Jahresrechnung vorliegt. Wenn die parallel laufenden Fristen zur Anzeige beim Richter aber eingehalten werden, wirkt sich das nicht nachteilig aus. Zudem ist der Revisionsbericht so abgefasst, dass die reale Situation klar aufgezeigt wird, und es lässt sich anführen, dass die Berichtsabgabe im Interesse der Sanierung geboten war.

> **[Hinweis aufgrund Unterlassung Anzeige beim Richter gemäss Art. 725 Abs. 2 OR]**
>
> Wir machen darauf aufmerksam, dass die Jahresrechnung der [Firmenbezeichnung] eine buchmässige Überschuldung ausweist. Aus den gemäss Art. 725 Abs. 2 OR erstellten Zwischenbilanzen per [Datum] ergibt sich, dass das Fremdkapital weder auf der Basis von Fortführungs- noch von Veräusserungswerten gedeckt ist.
>
> Wir weisen darauf hin, dass es der Verwaltungsrat unterlassen hat, den Richter gemäss Art. 725 Abs. 2 OR über die Überschuldung zu benachrichtigen, weil intensive Sanierungsbemühungen im Gange sind. Sollten diese nicht kurzfristig erfolgreich verlaufen muss der Verwaltungsrat die Bilanz deponieren.

10.12 Rangrücktritt

10.12.1 Einleitung

Der Rangrücktritt ist seit Jahrzehnten in der Praxis verbreitet und wurde bei der Aktienrechtsreform am 1. Juli 1992 durch das Gesetz (Art. 725 Abs. 2 OR) anerkannt. Seine bis heute ungeschmälerte Popularität verdankt er vor allem seiner rechtlichen Bewährtheit und der kurzfristigen Verfügbarkeit in zeitkritischen Sanierungssituationen (HWP 1, Änderung 4, 7.4.3.1).

10.12.2 Zweck und Definition des Rangrücktritts

Gemäss Art. 725 Abs. 2 OR gibt der Rangrücktritt dem Verwaltungsrat die Möglichkeit, trotz festgestellter Überschuldung auf die Benachrichtigung des Richters zu verzichten, sofern Gesellschaftsgläubiger im Ausmass dieser Unterdeckung im Rang hinter alle anderen Gesellschaftsgläubiger zurücktreten.

> **Definition des «Rangrücktritts»**
> Der Rangrücktritt ist ein Vertrag zugunsten Dritter, in welchem ein Gläubiger unbedingt, unbefristet und unwiderruflich sowohl den Rücktritt im Rang für den Insolvenz- oder Liquidationsfall als auch eine Stundung der Kapitalforderung erklärt.

10.12.3 Grundlagen der Rangrücktrittsvereinbarung

Der Rangrücktritt wird im HWP ausführlich vorgestellt. An dieser Stelle seien die wesentlichen Grundlagen rekapituliert.
- Art. 725 Abs. 2 OR gibt dem Verwaltungsrat die Möglichkeit, trotz festgestellter Überschuldung auf die Benachrichtigung des Richters zu verzichten, sofern Gesellschafts-

gläubiger im Ausmass dieser Unterdeckung im Rang hinter alle anderen Gesellschaftsgläubiger zurücktreten.
- Ein Rangrücktritt muss unbedingt und unwiderruflich sowohl den Rücktritt im Rang für den Insolvenz- oder Liquidationsfall als auch eine Stundung der Kapitalforderung, eventuell auch eine Stundung der Zinsen, erklären.
- Es handelt sich um einen Vertrag zugunsten Dritter i. S. v. Art. 112 OR.
- Nicht nur die Gesellschaftsgläubiger verpflichten sich, sondern auch die Gesellschaft, indem Letztere die Forderung des oder der Gesellschaftsgläubiger(s) nicht tilgen darf. Der Rangrücktritt ist daher als zweiseitiges Rechtsgeschäft auszugestalten.
- Der Rangrücktritt sollte aus Beweisgründen schriftlich abgefasst sein.
- Der Gesellschaftsgläubiger verzichtet im Insolvenzfall des Schuldners auf die rangrücktrittsbelastete Forderung.
- Der Zinsenlauf wird durch den Rangrücktritt weder gehemmt, noch unterliegen die Zinsen automatisch ebenfalls dem Rangrücktritt. Soll dies der Fall sein, muss dies ausdrücklich vereinbart werden.
- Der Rangrücktritt darf an keine Bedingungen geknüpft sein, die einer zeitlichen Beschränkung oder einer Kündigung vor einer nachhaltigen Beseitigung der Überschuldung gleichzusetzen sind.
- Der Rangrücktritt muss mit der Bedingung verknüpft sein, dass er erst dann wieder aufgehoben werden kann, wenn sich aus einer gemäss den Schweizer Prüfungsstandards geprüften Bilanz ergibt, dass unter Berücksichtigung aller im Rang zurückgestellten Forderungen sämtliche Verbindlichkeiten der Gesellschaft durch Aktiven gedeckt sind.
- Bis zu diesem Zeitpunkt ist keine Tilgung der mit Rangrücktritt ausgestatteten Forderungen gestattet, auch nicht eine solche durch Verrechnung. Einzig im Konkurs des Gesellschaftsgläubigers muss die Verrechnung zugunsten der überschuldeten Gesellschaft möglich sein.
- Lautet die mit Rangrücktritt belastete Forderung auf eine fremde Währung, kann sich durch einen Kursrückgang der Betrag in CHF vermindern. Um dem Kursrisiko Rechnung zu tragen, ist die Höhe des Rangrücktritts vom Verwaltungsrat zu überwachen.
- Gestattet ist der Verzicht auf eine im Rang zurückgestellte Forderung oder deren Umwandlung in Eigenkapital der Gesellschaft.
- Gestattet ist zudem eine Aufhebung der Vereinbarung in dem Umfang, in welchem sich ein anderer Gesellschaftsgläubiger bereit erklärt, einen Rangrücktritt abzugeben.
- Ohne gegenteilige Vereinbarung sind alle im Rang zurückgestellten Forderungen gleichgestellt.
- Besondere Probleme können sich auch ergeben, wenn die Forderung ausländischem Recht unterliegt bzw. der im Rang zurücktretende Gesellschaftsgläubiger seinen Sitz im Ausland hat.
- Nach den Bestimmungen von Art. 117 IPRG (Bundesgesetz über das internationale Privatrecht) untersteht der Rangrücktritt dem Recht des Gesellschaftsgläubigers, soweit die Parteien nicht eine andere Rechtswahl getroffen haben (Art. 116 IPRG).
- Bei Rangrücktrittsvereinbarungen mit ausländischen Gläubigern ist daher zu empfehlen, die Vereinbarung schweizerischem Recht zu unterstellen.
- Keinen Ersatz für einen Rangrücktritt bilden «Deckungsgarantien» bzw. Garantien und Patronatserklärungen. Sie befreien nicht von der Pflicht der Benachrichtigung des Richters.

10. Kapitalverlust und Überschuldung

10.12.4 Höhe des Rangrücktritts

Gemäss Art. 725 Abs. 2 OR hat der Rangrücktritt mindestens im Ausmass der Unterdeckung zu erfolgen. Ob die Unterdeckung zu Fortführungs- oder zu Liquidationswerten gemeint ist, geht aus dem Gesetz nicht hervor. Steht die Fortführung nicht infrage und bestehen gute Sanierungschancen, genügt es, auf die Deckungslücke zu Fortführungswerten abzustellen. Sind weitere Verluste absehbar, genügt ein Rangrücktritt im Umfang der Deckungslücke zu Fortführungswerten nicht. Es ist ein angemessenes Sicherheitspolster mit einzurechnen. Die Situation ist analog wie oben ausgeführt (Kapitel 10.11.5).

10.12.5 Wirkung des Rangrücktritts

Der Rangrücktritt beseitigt weder die Überschuldung, noch stärkt er die Liquidität. Einzig die Pflicht einer Benachrichtigung des Richters durch den Verwaltungsrat im Sinne von Art. 725 Abs. 2 OR entfällt (PS 290.BB). Der Rangrücktritt dient dem Zeitgewinn für die Durchführung einer umfassenden Sanierung.

In der Literatur ist die Ansicht verbreitet, der Rangrücktritt sei «keine Sanierungsmassnahme» oder ein Rangrücktritt sei nur dann sinnvoll, wenn er «in ein Sanierungspaket eingebettet sei». Beide Ansichten greifen zu kurz. Aktionäre ziehen es häufig vor, das für ihre Gesellschaft betriebsnotwendige Eigenkapital mittels Darlehen statt mit Gesellschaftskapital aufzubringen. Bei minimalem Gesellschaftskapitals fallen diese Gesellschaften rasch in die Überschuldung, ohne ein Sanierungsfall zu sein. Diese «Überschuldungen» sind also geplant und keine Sanierungsfälle und werden mittels Rangrücktritt abgedeckt. In solchen Fällen ist der Rangrücktritt nicht nur die einzige «Sanierungsmassnahme», er ist auch ausreichend.

10.12.6 Aufhebung des Rangrücktritts

Der Rangrücktritt muss zeitlich unbefristet abgeschlossen und mit der Bedingung verknüpft sein, dass er erst dann wieder aufgehoben werden kann, wenn sich aus einer im Sinne der Schweizer Prüfungsstandards geprüften Bilanz ergibt, dass unter Berücksichtigung aller im Rang zurückgestellten Forderungen sämtliche Verbindlichkeiten der Gesellschaft durch Aktiven gedeckt sind. Wird die Gesellschaft ordentlich geprüft, so genügt es, wenn der zusammenfassende Bericht der Revisionsstelle ohne Erwähnung von Art. 725 Abs. 2 OR vorliegt. Ein separater Revisionsbericht ist erforderlich für Gesellschaften, die nicht der ordentlichen Revision unterliegen oder wenn der Beurteilung eine (Zwischen-)Bilanz zu Fortführungswerten zugrunde gelegt wird:

Situation	Revisionsbericht für die Aufhebung einer Rangrücktrittsvereinbarung
Gesellschaft wird ordentlich geprüft.	Normaler zusammenfassender Bericht der Revisionsstelle an die Generalversammlung, aus welchem ersichtlich ist, dass die Gesellschaft nicht mehr überschuldet ist, ist ausreichend.
Gesellschaft wird eingeschränkt geprüft.	Ein separater Revisionsstellenbericht ist notwendig (das Berichtsmuster aus PH 10 kann aus politischen Gründen nicht abgedruckt werden).
Gesellschaft wird nicht periodisch geprüft (aufgrund eines Opting-out).	Ein separater Revisionsstellenbericht ist notwendig (das Berichtsmuster aus PH 10 kann aus politischen Gründen nicht abgedruckt werden).

Der Revisionsbericht bei eingeschränkter Revision genügt zur Aufhebung einer Rangrücktrittsvereinbarung deshalb nicht, weil er nur eine negative Zusicherung zur Jahresrechnung abgibt und weil die Prüfungssicherheit tiefer liegt als bei der ordentlichen Revision bzw. beim separaten Revisionsbericht.

Der Rangrücktritt entfällt automatisch, sobald der entsprechende Revisionsbericht feststellt, dass die Überschuldung beseitigt ist. Der Gläubiger stundet ja seine Forderung nur, solange nicht alle Verbindlichkeiten durch Aktiven gedeckt sind. Sobald der Revisionsbericht eine Deckung bestätigt, entfällt diese Bedingung. Der Gläubiger besitzt allerdings oft keine einschlägigen Informationen dazu und muss benachrichtigt werden. Die Formulierung in Ziff. 1 des Mustertextes zur Rangrücktrittsvereinbarung spricht allerdings von einer «Aufhebung des Rangrücktritts durch die Parteien». Das bedeutet nicht, dass Gesellschaft und Gläubiger eine Aufhebungsvereinbarung abzuschliessen haben. Es gibt keinen Grund, eine zusätzliche Zustimmung der Gesellschaft vorzusehen.

10.12.7 Rechnungslegung

Trotz Fehlens expliziter gesetzlicher Bestimmungen empfiehlt es sich nach dem Grundsatz der Klarheit, die vom Rangrücktritt erfasste Verbindlichkeit in der Bilanz des Schuldners getrennt oder im Anhang auszuweisen (Art. 959a Abs. 3 OR). Auch in der Bilanz des Gläubigers ist ein gesonderter Ausweis der mit Rangrücktritt belasteten Forderung zu empfehlen (HWP 1, Änderung 4, 7.4.3.1). Im Insolvenzfall ist die Forderung abzuschreiben.

10.12.8 Rolle und Stellung der Revisionsstelle (PS 290.DD)

Die Revisionsstelle hat sich davon zu überzeugen, dass der Rangrücktritt in qualitativer und quantitativer Hinsicht ausreichend ist. Ergibt die Prüfung, dass er in qualitativer wie in quantitativer Hinsicht genügend ist und ist er für den Gläubiger nicht offensichtlich finanziell untragbar, so kann die Revisionsstelle die Genehmigung der Jahresrechnung ohne Einschränkung empfehlen. Auf das Vorliegen eines Rangrücktritts wird sie in der Regel in einem Zusatz hinweisen.

Ein Gläubiger wird den Rangrücktritt nur erklären, wenn er einen ausreichenden wirtschaftlichen Grund dafür hat. Zudem muss er den Verlust der gesamten Forderung ohne Risiko der eigenen Überschuldung tragen können. Im Konkursfall der Gläubigergesellschaft könnten deren Gläubiger versuchen, den Rangrücktritt mittels Klage (Pauliana) anzufechten. In der Praxis ist eine solche Anfechtungsklage äusserst selten (HWP 1, Änderung 4, 7.4.3.2).

Stellt die Revisionsstelle fest, dass dem Rangrücktritt unterstellte Forderungen trotz andauernder Überschuldung ganz oder teilweise getilgt worden sind (beispielweise durch Verrechnung), hat sie einen Hinweis im Revisionsbericht anzubringen (HWP 1, Änderung 4, 7.4.3.8; HWP ER, S. 95). Das gilt auch dann, wenn sich die Überschuldung reduziert hat und die Rückzahlung im gleichen Ausmass erfolgt ist (BGE 129 III 129 ff. 133).

Die Gesellschaft hat gemäss Art. 112 OR einen Rückforderungsanspruch für den vorzeitig zurückbezahlten Betrag. Dieser wird normalerweise nicht verbucht, weil die Gesellschaft einen Anspruch ausweisen würde, den sie gar nicht zurückfordern will.

10. Kapitalverlust und Überschuldung

> **[Hinweis vorzeitige Rückzahlung]**
>
> Wir weisen darauf hin, dass eine Rückzahlung auf dem Darlehen mit Rangrücktritt von [Betrag] im Umfang von [Betrag] an den betreffenden Gläubiger erfolgte, obwohl die vertraglichen und die gesetzlichen Voraussetzungen von Art. 725 OR nicht erfüllt waren.

10.12.9 Eigenkreationen von Rangrücktrittsvereinbarungen durch den Kunden

In der Praxis wird die Revisionsstelle oft mit Eigenkreationen des Prüfkunden oder seiner Berater konfrontiert. Die Mustertexte der Treuhand-Kammer sind seit Jahrzehnten erprobt, gewähren optimale Rechtssicherheit und sind zudem mehrsprachig und gratis erhältlich. Besteht der Kunde auf seiner Eigenkreation, provoziert dies erheblichen Zusatzaufwand, weil die Revisionsstelle alle wichtigen Differenzen zum Mustertext eruieren und entsprechende Anpassungen verlangen muss. Es empfiehlt sich in solchen Fällen, dem Kunden das Muster der Treuhand-Kammer zuzustellen und eine nochmalige Unterzeichnung zu verlangen.

10.12.10 Flexibler Rangrücktritt

Manchmal verlangen Kunden nach einem flexiblen Rangrücktritt, der bei nachhaltiger Reduktion der Überschuldung entsprechend reduziert werden darf. Das Gesetz regelt den Rangrücktritt nicht im Detail. Aufgrund der Vertragsfreiheit könnte dieser daher anders ausgestaltet werden. Allerdings müssen die Anforderungen an die Gläubigersicherheit entsprechend Art. 725 Abs. 2 OR als Mindestanforderungen beachtet werden. Zudem muss die Änderung schon in der ursprünglichen Rangrücktrittsvereinbarung vorgesehen sein, und im Anhang zur Jahresrechnung muss dementsprechend informiert werden.

Ein Muster für eine Ergänzung der Rangrücktrittsvereinbarung ist in Kapitel 10.17.5 und für die Reduktion dieses Rangrücktritts in Kapitel 10.17.6 aufgeführt.

10.12.11 Gestaffelter Rangrücktritt

In der Praxis werden auch gestaffelte Rangrücktrittsvereinbarungen abgeschlossen. Sie werden dann eingesetzt, wenn die Gesellschaft bereits Rangrücktritte aus Vorjahren mitbringt (z. B. von Aktionären/Gläubigern), die Überschuldung im Jahr darauf jedoch wieder angestiegen ist und andere Gläubiger nur dann bereit sind, einen zusätzlichen Rangrücktritt abzugeben, wenn sie bezüglich der alten Rangrücktritte «vorrangig» bleiben. Der Mustertext gemäss Kapitel 10.17.4 erwähnt diesen Fall in Ziffer 1: «Ohne gegenteilige Vereinbarung sind alle im Rang zurückgestellten Forderungen gleichgestellt.»

10. Kapitalverlust und Überschuldung

Der Mustertext gemäss Vorlage Kapitel 10.17.4 ist wie folgt zu ergänzen:

> [...]
>
> Zwei Gläubiger der Darlehensnehmerin beabsichtigen, der Darlehensnehmerin je ein anteilsmässiges und im Rang zurückgestelltes Darlehen in der Gesamthöhe von [Betrag] zu geben, damit der Verwaltungsrat der Darlehensnehmerin nicht den Richter im Sinne von Art. 725 Abs. 2 OR benachrichtigen muss. Sämtliche Aktionäre der Darlehensnehmerin haben bereits am [Datum] ein Darlehen von [Betrag] gewährt und darauf einen Rangrücktritt abgegeben. Die Rangrücktrittsvereinbarungen vom [Datum] sind nachrangig zu den nun abgeschlossenen neuen Darlehens- und Rangrücktrittsverträgen im Umfang von [Betrag].
>
> Die Parteien schliessen deshalb folgende Darlehens- und Rangrücktrittsvereinbarung ab: [Es folgen die Vertragsformulierungen für die Rangrücktrittsvereinbarung der Treuhand-Kammer.]

10.12.12 Künftiger Rangrücktritt (Rangrücktritt auf «Vorrat»)

Es kommt vor, dass der Prüfkunde bei der Jahresrevision weder am Bilanzstichtag noch im Prüfungszeitpunkt überschuldet, das Eigenkapital jedoch knapp ist. Das optimistische Budget zeigt ein ausgeglichenes Resultat für das laufende Jahr. Wird es nicht erreicht, fällt die Gesellschaft rasch in die Überschuldung. Zudem unterliegen z. B. die Aktiven grossen Wertschwankungen. Der Verwaltungsrat möchte einen Rangrücktritt «auf Vorrat» abschliessen. Ein Aktionär hat ein ausreichendes Darlehen gewährt, ist zum Rangrücktritt aber nur bereit, falls eine Überschuldung effektiv eintritt.

Die Berichterstattung gemäss Kapitel 10.11.1 ist wie folgt zu ergänzen:

> [...]
>
> Die aufgrund von Fortführungswerten errichtete Bilanz der Gesellschaft per [Datum] weist nur ein geringes Eigenkapital aus, und die Gesellschaft ist unterkapitalisiert. Die Zwischenbilanzen zu Fortführungs- und Veräusserungswerten würden aller Voraussicht nach nicht beide eine Überschuldung zeigen, sodass gemäss Art. 725 Abs. 2 OR der Richter nicht benachrichtigt werden müsste. Die Bilanz enthält Aktiven mit erheblichen Bewertungsrisiken, die zu einer Überschuldung führen könnten. Die vorliegenden Rangrücktritte dienen dazu, die Basis des risikotragenden Kapitals zu verbreitern und in einem Überschuldungsfalle nicht sofort den Richter benachrichtigen zu müssen.
>
> Daher vereinbaren die Parteien wie folgt: [...]
>
> 6. Diese Vereinbarung kann nur aufgehoben werden
>   - solange die Gesellschaft nicht überschuldet ist, frühestens am [Frist]. Diese Bestimmung erfolgt im Sinne von Art. 112 OR zugunsten der Gläubiger der Gesellschaft
>   - sobald die Gesellschaft überschuldet ist (einstimmiger Verwaltungsratsbeschluss genügt), wenn sich aus einer im Sinne der Schweizer Prüfungsstandards geprüften (Zwischen-)Bilanz ergibt, dass [...]
>
> [Es folgen die Vertragsformulierungen für die Rangrücktrittsvereinbarung der Treuhand-Kammer.]

10. Kapitalverlust und Überschuldung

10.12.13 Alternativen zum Rangrücktritt

Fehlt es an geeigneten Gläubigern mit Rangrücktrittspotenzial, sind Ersatzlösungen gefragt. In der Praxis wird die Revisionsstelle mit einer Vielfalt von Alternativen konfrontiert. Es stellt sich die Frage, ob alle Alternativvorschläge den Anforderungen von Art. 725 Abs. 2 OR genügen. Das Gesetz äussert sich nicht zu deren Zulässigkeit. Es ist daher nicht davon auszugehen, dass Alternativen a priori untersagt sind. Genauso wie der Rangrücktritt einst ohne explizite gesetzliche Grundlage aus der Praxis heraus entstand, können neue Alternativinstrumente sich bilden und mit der Zeit gesetzliche Anerkennung finden. Allerdings ist bei der Beurteilung von neuen Instrumenten Vorsicht geboten. Die Überschuldung ist ein sensitiver Bereich, in dem der Gesetzgeber und die Gerichte traditionell den Gläubigerschutz hoch gewichten.

Für die nachfolgende Beurteilung der Alternativen ist die Schutzwirkung für die Gläubiger der Massstab für die Beurteilung der Zulässigkeit. Sie muss mindestens dem Rangrücktritt nach Art. 725 Abs. 2 OR gleichwertig sein. Die Risiken für die nicht zurücktretenden Gesellschaftsgläubiger beim Rangrücktritt sind klein und bestehen v. a. darin, dass dieser z. B. von der Konkursverwaltung des Rangrücktrittsgläubigers paulianisch (Art. 285 ff. SchKG) angefochten wird, was allerdings kaum vorkommt. Zudem reduziert sich dieses Risiko im Verlauf der Zeit erheblich und entfällt nach 5 Jahren gänzlich.

Beim Rangrücktrittsvertrag bestehen zusätzlich das Risiko der Nichtigkeit (Art. 20 OR) und dasjenige der Anfechtung infolge von Vertragsmängeln i. S. v. Art. 23 ff. OR. In der Praxis sind solche Fälle jedoch äusserst selten, weshalb sie in der Abbildung 52 auch nicht erfasst sind.

Weit verbreitet sind in der Praxis fünf klassische, bewährte Alternativen: Kapitalerhöhung (Bar- oder Sacheinlage/-übernahme), Umwandlung von Fremdkapital in Eigenkapital, Gläubigerverzicht, A-fonds-perdu-Zuschuss und Gewährung eines neuen Darlehens mit gleichzeitigem Rücktritt im Rang. Diese Alternativen 1–5 bilden einen rechtlich vollwertigen Ersatz für den Rangrücktritt. Abbildung 52 stellt sie dar.

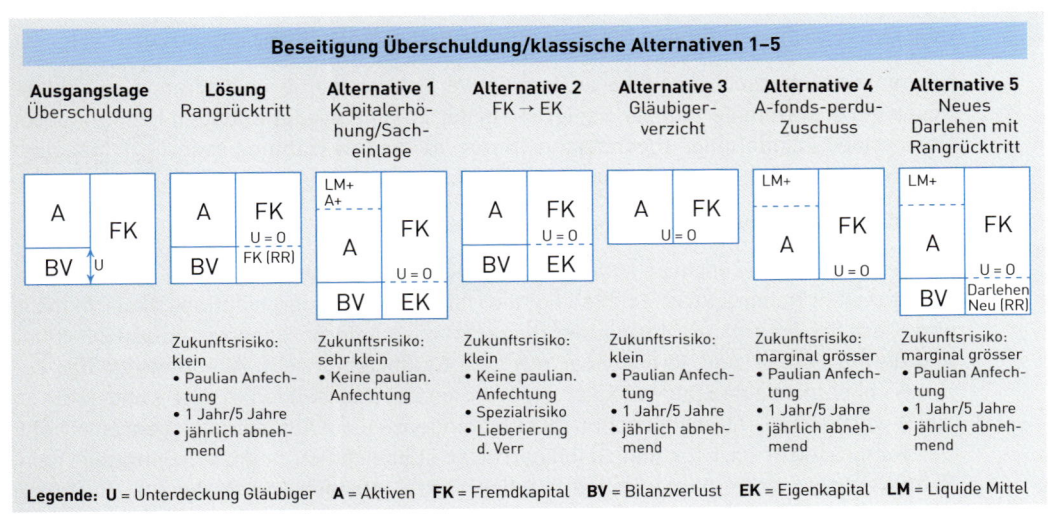

Beseitigung Überschuldung/klassische Alternativen 1–5						
Ausgangslage Überschuldung	**Lösung** Rangrücktritt	**Alternative 1** Kapitalerhöhung/Sacheinlage	**Alternative 2** FK → EK	**Alternative 3** Gläubigerverzicht	**Alternative 4** A-fonds-perdu-Zuschuss	**Alternative 5** Neues Darlehen mit Rangrücktritt
A / FK / BV ↓U	A / FK / BV / U=0 / FK (RR)	LM+ A+ / A / BV / U=0 / EK	A / FK / BV / U=0 / EK	A / FK / BV / U=0	LM+ / A / BV / FK / U=0	LM+ / A / BV / FK / U=0 / Darlehen Neu (RR)
Zukunftsrisiko: klein • Paulian. Anfechtung • 1 Jahr/5 Jahre • jährlich abnehmend	Zukunftsrisiko: sehr klein • Keine paulian. Anfechtung	Zukunftsrisiko: klein • Keine paulian. Anfechtung • Spezialrisiko • Lieberierung d. Verr	Zukunftsrisiko: klein • Paulian. Anfechtung • 1 Jahr/5 Jahre • jährlich abnehmend	Zukunftsrisiko: marginal grösser • Paulian. Anfechtung • 1 Jahr/5 Jahre • jährlich abnehmend	Zukunftsrisiko: marginal grösser • Paulian. Anfechtung • 1 Jahr/5 Jahre • jährlich abnehmend

Legende: U = Unterdeckung Gläubiger   A = Aktiven   FK = Fremdkapital   BV = Bilanzverlust   EK = Eigenkapital   LM = Liquide Mittel

Abbildung 52: Beseitigung Überschuldung

Alternative 1: Kapitalerhöhung mit Bar- oder Sacheinlage (Abbildung 52)

Die Kapitalerhöhung mit Liberierung durch Barmittel oder Sacheinlage oder -übernahme ist aus Gläubigersicht die beste Alternative zum Rangrücktritt. Sie beseitigt die Überschuldung durch Zufluss neuer Aktiven, ohne dass das Fremdkapital zunimmt. Da Kapitalerhöhungen nach der Eintragung im Handelsregister selten nichtig oder anfechtbar sind, ist hier die Risikolage für die Gläubiger noch günstiger als beim eigentlichen Rangrücktritt.

Alternative 2: Umwandlung von Fremdkapital in Eigenkapital (Abbildung 52)

Die Kapitalerhöhung mit Liberierung durch Verrechnung ist aus Gläubigersicht ebenso valabel wie Alternative 1. Sie beseitigt die Überschuldung durch Abgang von Verbindlichkeiten, ohne dass Aktiven abfliessen. Da Kapitalerhöhungen – wie bei Alternative 1 erwähnt – nach der Eintragung im Handelsregister kaum wegfallen können, sind hier die Risiken für die Gläubiger ebenfalls geringer als beim eigentlichen Rangrücktritt.

In der Literatur wird diese Alternative kritisiert, weil in diesen Fällen das Aktienkapital nicht zu 100 % liberiert sei. Im Überschuldungsfalle sei nämlich das Fremdkapital nicht voll gedeckt, die zur Liberierung verwendete Forderung sei daher nicht «werthaltig», womit eine Nachliberierungspflicht entstehe. Diese Begründung ist allerdings nicht stichhaltig (Camponovo, Rico; Aktienkapitalerhöhung durch Verrechnungsliberierung, in: Der Schweizer Treuhänder 10/99, S. 885 ff). In der Praxis wird dieses für alle Betroffenen attraktive Sanierungsinstrument nach wie vor problemlos akzeptiert. Es ist sinnvoll, wenn die Revisionsstelle den Verwaltungsrat auf diese abweichende Ansicht aufmerksam macht. Der Entwurf des neuen Aktienrechts erklärt in Art. 634b Abs. 2 E-OR 2007 diese Alternative ausdrücklich für zulässig.

Alternative 3: Gläubigerverzicht (Abbildung 52)

Der Verzicht des Gläubigers auf seine Forderung ist aus Gläubigersicht eine sehr gute Alternative zum Rangrücktritt. Er beseitigt die Überschuldung durch Abgang von Verbindlichkeiten, ohne dass Aktiven abfliessen. Die Verzichtserklärung muss unwiderruflich und aus Beweisgründen schriftlich sein. Es genügt eine einseitige Erklärung des Verzichtenden. Der Verzicht darf für den Gläubiger nicht offensichtlich finanziell untragbar sein.

Ein minimer Unterschied liegt darin, dass der Verzicht endgültig ist, ein Rangrücktritt hingegen bei positivem Verlauf der Sanierung in der Zukunft wieder entfallen könnte. Dieser Unterschied ist allerdings theoretischer Natur, da die Rückzahlung rangrücktrittsbelasteter Schulden in der Praxis äusserst selten ist.

Alternative 4: A-fonds-perdu-Zuschuss (Abbildung 52)

Der A-fonds-perdu-Zuschuss ist aus Sicht der Gesellschaftsgläubiger eine sehr gute Alternative zum Rangrücktritt. Er beseitigt die Überschuldung durch Zufluss neuer Aktiven, ohne dass das Fremdkapital zunimmt. Die rechtlichen Anforderungen an diesen Zuschuss und die Risikolage sind vergleichbar mit dem Gläubigerverzicht. Allerdings ist der Zuschuss nochmals eine Spur radikaler, weil er dem Zuschiessenden frische – und damit zu 100 % werthaltige – Mittel entzieht und damit tendenziell die Anfechtungschancen erhöht. Der Rangrücktritt darf für den Gläubiger nicht offensichtlich finanziell untragbar sein. Beim Verzicht werden ihm ja keine frischen Mittel entzogen, die Darlehensgewährung

10. Kapitalverlust und Überschuldung

kann weit zurückliegen, und das Darlehen ist deshalb meist nicht mehr voll werthaltig. Je näher die Darlehenshingabe aber zeitlich bei der Verzichtserklärung liegt, desto vergleichbarer wird die Risikolage mit dem A-fonds-perdu-Zuschuss.

Alternative 5: Neues Darlehen mit Rangrücktritt (Abbildung 52)

Ein neues Darlehen mit Rangrücktritt ist – sofern vollzogen – aus Gläubigersicht eine sehr gute Alternative zum Rangrücktritt auf alten Verbindlichkeiten. Es beseitigt das Problem der Überschuldung durch Zufluss neuer Aktiven, ohne dass das unbedingte Fremdkapital zunimmt. Die rechtlichen Anforderungen an diesen Geldzugang sind analog zum normalen Rangrücktritt. Das Risiko liegt zwischen demjenigen beim Gläubigerverzicht und dem A-fonds-perdu-Zuschuss. Im Gegensatz zum Verzicht werden hier neue Mittel zugeschossen. Gegenüber dem A-fonds-perdu- Zuschuss wird nicht voll auf die Rückzahlung verzichtet. Der Rangrücktritt darf für den Gläubiger nicht offensichtlich finanziell untragbar sein. Auch diese Alternative stellt einen rechtlich vollwertigen Ersatz für den Rangrücktritt dar.

Alternative 6: Neues Darlehen mit Rangrücktritt und Rückdarlehen (Abbildung 53)

Für Alternative 6 wird die Überschuldung in einem ersten Schritt durch Gewährung eines neuen Darlehens mit Rangrücktritt i. S. v. Art. 725 Abs. 2 OR beseitigt (Abbildung 52 oder Abbildung 53/Altern. 5).

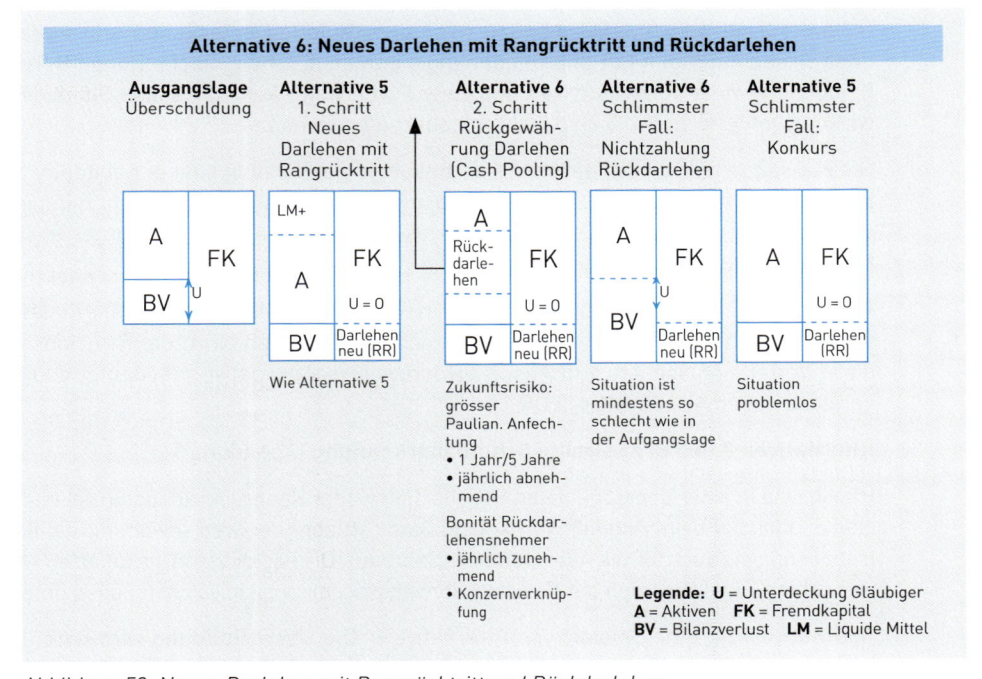

Abbildung 53: Neues Darlehen mit Rangrücktritt und Rückdarlehen

Ein Stehenbleiben beim ersten Schritt wird vom Rangrücktrittgeber dann abgelehnt, wenn die überschuldete Gesellschaft liquiditätsmässig dieser neuen Mittel nicht sofort bedarf. Deshalb werden die Mittel im zweiten Schritt umgehend abgeführt (Abbildung 53, Al-

10. Kapitalverlust und Überschuldung

tern. 6/2. Schritt). Durch diese zweite Transaktion wird die Lösung des Überschuldungsproblems wieder infrage gestellt. Der Rangrücktrittgeber/Aktionär verneint dies regelmässig. Er beruft sich darauf, dass die beiden Schritte nicht verknüpft werden dürfen. Schritt eins beseitige die Überschuldung i.S.v. Alternative 5 in rechtlich einwandfreier Weise. Schritt zwei habe mit dieser Frage nichts mehr zu tun.

Die Analyse der Risikolage der Gläubiger bei Alternative 6 zeigt zwar, dass die Anfechtungsrisiken aus der Darlehensgewährung (Abbildung 53/1. Schritt) nicht anders sind als bei Alternative 5. Ein eklatanter Unterschied zu den Alternativen 1–5 bzw. ein erhebliches zusätzliches Risiko erwächst jedoch aus dem Rückdarlehen. Die Bonität des Rückdarlehensnehmers ist entscheidend dafür, ob im Zwangsvollstreckungsfall die Überschuldung plötzlich wieder «auflebt», weil deren Beseitigung von der Zahlungsfähigkeit des Rückdarlehensnehmers in der Zukunft abhängt. Anders ist es bei Alternative 5, bei der die Beseitigung der Überschuldung abgeschlossen ist und nicht von der künftigen Zahlungsfähigkeit abhängt. Künftige Verschlechterungen der Bonität können einem gesetzeskonform vollzogenen Rangrücktritt kaum schaden.

Das Gegenteil gilt für das Rückdarlehen. Die Bonität im heutigen Zeitpunkt ist nur eine Minimalanforderung. Für die zu schützenden Gläubiger ist entscheidend, wie die Rückzahlungsfähigkeit sich in der Zukunft entwickelt. Risikoabschätzungen für die künftige Entwicklung der Bonität sind an sich risikobehaftet. Damit wird aber die von Art. 725 Abs. 2 OR geforderte sofortige Beseitigung der Überschuldung unterlaufen und materiell von ungewissen künftigen Ereignissen abhängig gemacht. Eine einfache Doppeltransaktion – Einbuchung einer Verbindlichkeit und einer Forderung – kann die solide Gläubigerschutzwirkung von Alternative 5 also nicht annähernd erreichen.

Die Konsequenzen dieser gesetzlich nicht konformen Lösung sind in Abbildung 53 in den beiden «Schlimmster-Fall-Szenarien» dargestellt. In Alternative 6 taucht mindestens die ursprüngliche Überschuldung «plötzlich» wieder auf. Bei Alternative 5 ergeben sich keine für Rangrücktritte unüblichen Probleme.

Aus Sicht der Gläubiger zeigt sich: Alternative 6 ist rechtlich kein Ersatz für den Rangrücktritt. Wählt der Verwaltungsrat dennoch diese Lösung, wird die Revisionsstelle auf diese Verletzung von Art. 725 Abs. 2 OR hinweisen. Alternative 6 bedeutet zudem einen Verstoss gegen Art. 680 Abs. 2 OR.

Alternativen 7 und 8: Abstrakte Schuldanerkennung (Abbildung 54)

Häufig sind in einer überschuldeten Gesellschaft weder Rangrücktrittspotenzial noch ausreichend Liquidität beim Aktionär vorhanden. Damit ist aber der Weg sowohl für die Rangrücktrittslösung als auch für die Alternativen 1–5 verbaut. Die nachfolgend diskutierten Alternativvorschläge 7 und 8 werden der Revisionsstelle typischerweise in solchen Fällen unterbreitet.

Alternative 7 ist eine Spielart von Alternative 6. Die Überschuldung wird durch eine abstrakte konzerninterne Schuldanerkennung (Art. 17 OR) beseitigt. Dabei erwirbt die Gesellschaft eine Forderung ohne Gegenleistung; ihre Aktiven nehmen zu, ohne dass die Passiven grösser werden. Auf den ersten Blick ist die Sachlage grafisch betrachtet ähnlich wie beim A-fonds-perdu-Zuschuss (Abbildung 52 Alternative 4). Aus Gläubigersicht ist der Unterschied zwischen dem Zuführen flüssiger Mittel beim A-fonds-perdu-Zuschuss und dem Erwerb einer Forderung zwecks Beseitigung einer Überschuldung jedoch erheblich.

10. Kapitalverlust und Überschuldung

Alternativen 7 und 8: Abstrakte Schuldanerkennung

Ausgangslage
Überschuldung

A / FK
BV / U

Alternative 7
Abstrakte, konzerninterne Schuldanerkennung

A / FK
A+ / U = 0

Zukunftsrisiko: grösser
Paulian Anfechtung
- 1 Jahr/5 Jahre
- jährlich abnehmend

Bonität
- jährlich zunehmend
- Konzernverknüpfung

Alternative 8
Externe Garantie für Rückzahlung (erstklassige Bank)

A / FK
A+ / Garantie / U = 0

Zukunftsrisiko: klein
Paulian Anfechtung
- 1 Jahr/5 Jahre
- jährlich abnehmend
- Risiko unwichtig, da Garantie bedingungslos

Bonität Schuldnerin
- abgesichert

Bonität Garantin
- jährlich zunehmend, aber klein
- Konzernverknüpfung entfällt

Legende:
U = Unterdeckung Gläubiger
A = Aktiven
FK = Fremdkapital
BV = Bilanzverlust

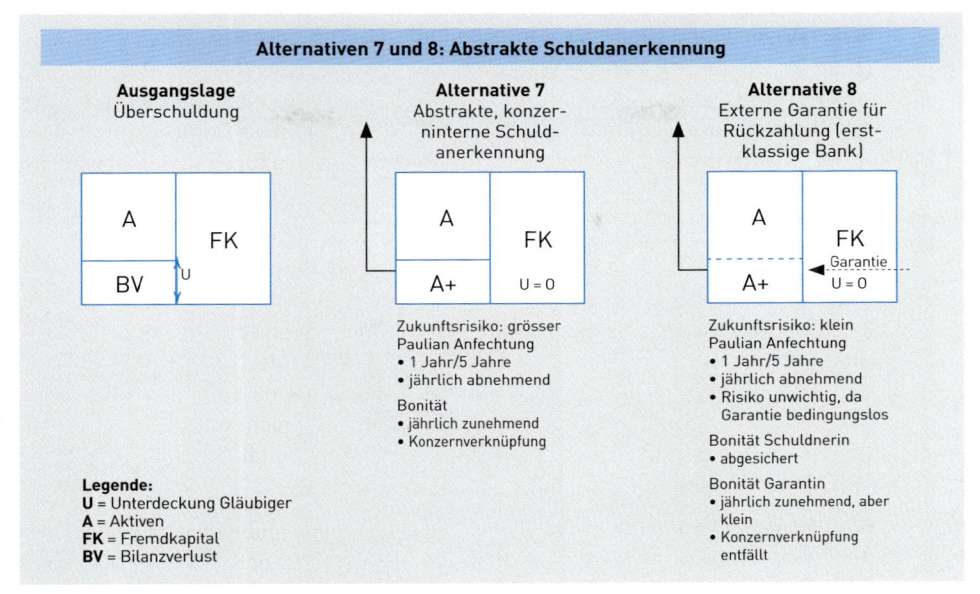

Abbildung 54: Abstrakte Schuldanerkennung

Die Risikolage ist analog zu derjenigen von Alternative 6. Die unentgeltliche Begründung einer Verbindlichkeit ist bei der Schuldnerin paulianisch anfechtbar. Die Fähigkeit zur Bezahlung der Forderung hängt von künftigen Entwicklungen ab. Wie bei Alternative 6 wird damit die von Art. 725 Abs. 2 OR geforderte sofortige Beseitigung der Überschuldung unterlaufen und materiell von ungewissen künftigen Ereignissen abhängig gemacht. Eine einfache Einbuchung einer Forderung kann die solide Gläubigerschutzwirkung von Alternative 5 nicht annähernd erreichen.

Aus Sicht der Gläubiger zeigt sich: Alternative 7 stellt rechtlich keinen Ersatz für den Rangrücktritt dar. Wählt der Verwaltungsrat dennoch diese Lösung, wird die Revisionsstelle auf diese Verletzung von Art. 725 Abs. 2 OR hinweisen.

Alternative 8 (Abbildung 54) entspricht genau Alternative 7; der einzige Unterschied besteht darin, dass die Zahlungsfähigkeit der Schuldnerin durch eine konzernexterne Garantie einer erstklassigen Bank abgedeckt wird. Die Bank erklärt unbedingt und unwiderruflich, die Forderung auf erste Aufforderung hin selber zu bezahlen. Das Anfechtungsrisiko bei dieser Variante ist dasselbe wie bei Alternative 7. Da die Garantie bedingungslos ausgestaltet ist, spielt dieses Risiko aus Sicht der Gläubiger jedoch keine Rolle. Auch das Bonitätsrisiko der Schuldnerin wird durch die Garantie abgesichert. Das einzige verbleibende normalerweise kleine Risiko besteht in der Zahlungsfähigkeit der Bank.

Diese Risikolage präsentiert sich ähnlich wie beim Rangrücktritt oder bei den Alternativen 1–5. Alternative 8 stellt einen rechtlich vollwertigen Ersatz dar. Fehlt es an freien Mitteln beim Aktionär, so scheitert diese Lösung allerdings regelmässig daran, dass die externe Garantin nicht sichergestellt werden kann.

10. Kapitalverlust und Überschuldung

Alternativen 9 und 10: Konzerninterne und -externe Garantie (Abbildung 55)

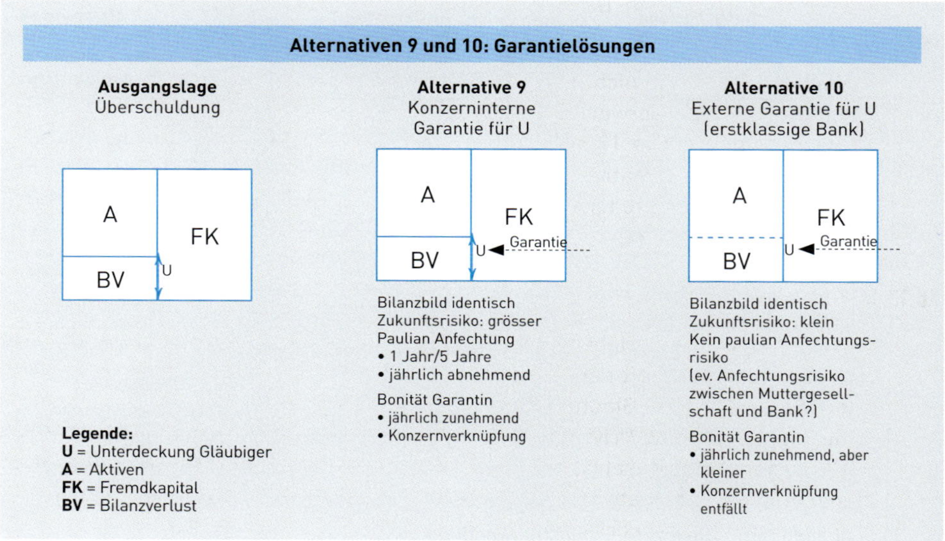

Alternativen 9 und 10: Garantielösungen

Ausgangslage
Überschuldung

Alternative 9
Konzerninterne Garantie für U

Bilanzbild identisch
Zukunftsrisiko: grösser
Paulian Anfechtung
- 1 Jahr/5 Jahre
- jährlich abnehmend

Bonität Garantin
- jährlich zunehmend
- Konzernverknüpfung

Alternative 10
Externe Garantie für U
(erstklassige Bank)

Bilanzbild identisch
Zukunftsrisiko: klein
Kein paulian Anfechtungsrisiko
(ev. Anfechtungsrisiko zwischen Muttergesellschaft und Bank?)

Bonität Garantin
- jährlich zunehmend, aber kleiner
- Konzernverknüpfung entfällt

Legende:
U = Unterdeckung Gläubiger
A = Aktiven
FK = Fremdkapital
BV = Bilanzverlust

Abbildung 55: Garantielösungen

Bei Alternative 9 handelt es sich um eine Spielart von Alternative 7. Die Überschuldung wird allerdings im Bilanzbild nicht beseitigt, was ein zusätzliches Problem bei dieser Variante bildet. Die Gesellschaft erwirbt hier keine Forderung, die eingebucht werden könnte. Sie erhält lediglich ein unbedingtes und unwiderrufliches Zahlungsversprechen, nach dem die Garantin die Überschuldung jederzeit abzudecken bereit sei. Diese Verpflichtung kann später auch von der Konkursverwaltung geltend gemacht werden und bezieht sich daher auf eine unbestimmte Anzahl Gläubiger. Zudem ist sie betraglich nach oben offen.

Die Risikolage stellt sich analog zu derjenigen von Alternative 7 dar. Die unentgeltliche Abgabe eines Garantieversprechens ist bei der Schuldnerin paulianisch anfechtbar. Die Zahlungsfähigkeit für die Garantieleistung hängt von künftigen Entwicklungen ab. Wie bei Alternative 7 wird damit die von Art. 725 Abs. 2 OR geforderte sofortige Beseitigung der Überschuldung unterlaufen und materiell von ungewissen künftigen Ereignissen abhängig gemacht. Eine Garantierklärung kann die solide Gläubigerschutzwirkung eines Rangrücktritts oder einer der Alternativen 1–5 nicht annähernd erreichen.

Aus Sicht der Gläubiger zeigt sich: Alternative 9 bedeutet rechtlich keinen Ersatz für den Rangrücktritt. Wählt der Verwaltungsrat dennoch diese Lösung, wird die Revisionsstelle auf die Verletzung von Art. 725 Abs. 2 OR hinweisen.

Alternative 10 (Abbildung 55) entspricht genau Alternative 9, mit dem einzigen Unterschied, dass die Garantin eine erstklassige Bank ist. Diese erklärt unbedingt und unwiderruflich, die Zahlung der Garantieforderung auf erste Aufforderung hin selber vorzunehmen.

Bei Alternative 10 wird wiederum die Überschuldung im Bilanzbild nicht beseitigt, was auch hier ein zusätzliches Problem darstellt. Ein Anfechtungsrisiko entfällt hier ganz, weil konzernintern keine Versprechungen gemacht werden. Das Anfechtungspotenzial auf der

Stufe Garantin – wenn überhaupt bestehend – muss hier nicht berücksichtigt werden. Dementsprechend entfällt gegenüber Alternative 9 auch das Bonitätsrisiko der konzerninternen Schuldnerin. Das einzige Risiko besteht in der Zahlungsfähigkeit der Bank.

Diese Risikolage erscheint ähnlich wie beim Rangrücktritt oder bei den Alternativen 1–5. Weil das Bilanzbild nicht bereinigt ist, wird der Verwaltungsrat im Anhang und die Revisionsstelle beim Verweis auf Art. 725 Abs. 2 OR auf diese Garantielösung aufmerksam machen. Alternative 10 stellt einen rechtlich vollwertigen Ersatz für den Rangrücktritt oder eine der Alternativen 1–5 dar. Fehlt es an freien Mitteln beim Aktionär, so scheitert allerdings auch diese Lösung regelmässig daran, dass die externe Garantin nicht sichergestellt werden kann.

10.12.14 Sanierungsdarlehen

Beim Sanierungsdarlehen geht es im Grundsatz darum, dass in einer finanziellen Krise einer Gesellschaft neue Darlehen gewährt werden mit dem Zweck der Unterstützung der Sanierung. Der Gläubiger möchte dafür meist einen höheren Zins und bei Misserfolg der Sanierung eine Privilegierung der Darlehensrückzahlungen gegenüber den anderen Gläubigern. Eine gesetzliche Regelung dafür fehlt heute, wobei erst kürzlich in der Botschaft des Bundesrats zum neuen Sanierungsrecht vom September 2010 die Einführung dieses Instituts verworfen wurde.

Es ist heute eher umgekehrt. Ein solches Darlehen würde sogar benachteiligt, wenn die Sanierung misslingt, entweder indem es kurzerhand in Eigenkapital «umqualifiziert» oder «automatisch» als Darlehen mit Rangrücktritt behandelt wird, obwohl der Gläubiger nie einen Rangrücktritt wollte («gesetzlicher» Rangrücktritt genannt). Das Zürcher Obergericht hat im Jahr 1993 (SZW 1993, S. 299) z. B. einem solchen Darlehen die Kollokation verweigert, wie wenn es mit Rangrücktritt belastet gewesen wäre. Das Gericht stützte sich auf einen sog. «Drittmannstest» ab, wonach ein Aktionärsdarlehen dann in «Reserven/Rangrücktritt/Eigenkapital» umqualifiziert werden darf, wenn ein unabhängiger Dritter dieses Darlehen in diesem Zeitpunkt nicht mehr gewährt hätte.

Für die Revisionsstelle genügt diese Rechtsprechung allerdings nicht, um von einem Aktionärsdarlehen im Sanierungsfall «automatisch» annehmen zu dürfen, es unterstehe auch dann dem Rangrücktritt, wenn der Aktionär sich weigert, eine Rangrücktrittsvereinbarung zu unterzeichnen.

Kürzlich hat das Bundesgericht in einem Entscheid vom 29. Mai 2008 genau umgekehrt angedeutet, dass eine privilegierte Sonderbehandlung für solche Sanierungsdarlehen möglich sei, wobei es sich um Zahlungsmittel handeln müsse, die «zum besonderen Zweck der Sanierung gewährt worden sein müssen und nicht bloss mit der Absicht, Geld kurzfristig und zu hohem Zins anzulegen» (BGE 134 III 452 E 5.2).

10.13 Berichterstattung der Revisionsstelle bei Überschuldung

Das Vorliegen einer Situation nach Art. 725 Abs. 2 OR ist eine wichtige Information für den Bilanzleser. Entsprechend ist hier eine Offenlegung im Revisionsstellenbericht in Form eines Zusatzes angebracht.

10. Kapitalverlust und Überschuldung

- **[Art. 725.2 OR: Zusatz aufgrund Vorliegen eines Rangrücktritts, vgl. auch Kapitel 8.12.30]**

  Wir machen darauf aufmerksam, dass die [Firmenbezeichnung] im Sinne von Art. 725 Abs. 2 OR überschuldet ist. Da Gläubiger der Gesellschaft im Betrag von [Betrag] Rangrücktritt erklärt haben, hat der Verwaltungsrat von der Benachrichtigung des Richters abgesehen.

  Quelle: Arbeitshilfe der Treuhand-Kammer und von Treuhand Suisse vom 24.6.2011, S. 14

- **[Art. 725.2 OR: Zusatz aufgrund erfolgter Kapitaleinlage als finanzielle Sanierungsmassnahme]**

  Wir machen darauf aufmerksam, dass die [Firmenbezeichnung] im Sinne von Art. 725 Abs. 2 OR überschuldet ist. Da Aktionäre der Gesellschaft am [Datum] eine Kapitaleinlage von [Betrag] geleistet haben, hat der Verwaltungsrat von der Benachrichtigung des Richters abgesehen.

- **[Art. 725.2 OR: Zusatz aufgrund beabsichtigter kurzfristiger finanzieller Sanierung, vgl. auch Kapitel 8.12.31]**

  Wir machen darauf aufmerksam, dass die Jahresrechnung der [Firmenbezeichnung] eine buchmässige Überschuldung ausweist. Aus den gemäss Art. 725 Abs. 2 OR erstellten Zwischenbilanzen ergibt sich, dass das Fremdkapital weder auf der Basis von Fortführungs- noch von Veräusserungswerten gedeckt ist. Da der Hauptaktionär die nachhaltige finanzielle Sanierung innert zwei Wochen zugesagt hat, hat der Verwaltungsrat von der Benachrichtigung des Richters abgesehen. Kommt die Sanierung nicht zustande, ist der Richter zu benachrichtigen.

  Quelle: Arbeitshilfe der Treuhand-Kammer und von Treuhand Suisse vom 24.06.2011, S. 15

- **[Art. 725.2 OR: Zusatz aufgrund positiver Ergebnisse der Zwischenbilanz, vgl. auch Kapitel 8.12.32]**

  Wir machen darauf aufmerksam, dass die Jahresrechnung der [Firmenbezeichnung] eine buchmässige Überschuldung ausweist. In der zu Veräusserungswerten erstellten Zwischenbilanz sind die Forderungen der Gesellschaftsgläubiger gedeckt, sodass keine Überschuldung im Sinne von Art. 725 Abs. 2 OR besteht.

  Quelle: Arbeitshilfe der Treuhand-Kammer und von Treuhand Suisse vom 24.6.2011, S. 15

Ist der Verwaltungsrat nicht allen gesetzlichen Pflichten nachgekommen, muss ein Hinweis zum Gesetzesverstoss im Bericht angebracht werden.

10. Kapitalverlust und Überschuldung

> **[Hinweis aufgrund Unterlassung Erstellung der Zwischenbilanzen gemäss Art. 725 Abs. 2 OR, vgl. auch Kapitel 8.12.36]**
>
> Wir machen darauf aufmerksam, dass die Jahresrechnung der [Firmenbezeichnung] eine buchmässige Überschuldung ausweist. Ferner weisen wir darauf hin, dass es der Verwaltungsrat unterlassen hat, eine Zwischenbilanz gemäss Art. 725 Abs. 2 OR zu erstellen.
>
> Sollte diese zeigen, dass auch zu Veräusserungswerten eine Überschuldung besteht, sind die Vorschriften von Art. 725 Abs. 2 OR zu beachten.
>
> *Quelle: Arbeitshilfe der Treuhand-Kammer und von Treuhand Suisse vom 24.6.2011, S. 16*

> **[Hinweis aufgrund Unterlassung Anzeige beim Richter gemäss Art. 725 Abs. 2 OR]**
>
> Wir machen darauf aufmerksam, dass die Jahresrechnung der [Firmenbezeichnung] eine buchmässige Überschuldung ausweist. Aus den gemäss Art. 725 Abs. 2 OR erstellten Zwischenbilanzen per [Datum] ergibt sich, dass das Fremdkapital weder auf der Basis von Fortführungs- noch von Veräusserungswerten gedeckt ist.
>
> Wir weisen darauf hin, dass es der Verwaltungsrat unterlassen hat, den Richter gemäss Art. 725 Abs. 2 OR über die Überschuldung zu benachrichtigen.

Bei der Bewertung zu Fortführungswerten mit einer wesentlichen Unsicherheit über die Unternehmensfortführung führt der spätere Wegfall der Fortführungsprämisse und die damit zusammenhängende Umstellung auf Liquidationswerte in der Regel zu einer Situation gemäss Art. 725 Abs. 2 OR. Hier ist es wichtig, dass im Revisionsstellenbericht nebst dem Zusatz wegen objektiver Unüberprüfbarkeit auch ein solcher über die möglichen Rechtsfolgen beim Wegfall der Fortführungsprämisse steht.

> **[Zusatz gefährdete Unternehmensfortführung mit Eventualzusatz hinsichtlich Art. 725 Abs. 2 OR, vgl. auch Kapitel 8.12.29]**
>
> Ohne unsere Prüfungsaussage einzuschränken, machen wir auf Anmerkung [Nummer/Bezeichnung] im Anhang zur Jahresrechnung aufmerksam, in der dargelegt wird, dass eine wesentliche Unsicherheit besteht, die erhebliche Zweifel an der Fähigkeit der [Firmenbezeichnung] zur Fortführung der Unternehmenstätigkeit aufwirft. Würde die Fortführung der Unternehmenstätigkeit verunmöglicht, müsste die Jahresrechnung auf Basis von Veräusserungswerten erstellt werden. [Eventualhinweis Art. 725 OR] Damit entstünde zugleich begründete Besorgnis einer Überschuldung im Sinne von Art. 725 Abs. 2 OR, und es wären die entsprechenden Vorschriften zu befolgen.
>
> *Quelle: Arbeitshilfe der Treuhand-Kammer und von Treuhand Suisse vom 24.6.2011, S. 14*

Im Weiteren gibt es Fälle, in welchen festgestellt wird, dass die Jahresrechnung nicht Gesetz und Statuten entspricht und eine korrekte Darstellung des Sachverhalts (Verstoss

10. Kapitalverlust und Überschuldung

gegen die Bewertungsvorschriften) zu einer Überschuldung führen würde. Das Gesamtbild der Jahresrechnung wird durch diesen Sachverhalt grundlegend verändert. Eine verneinende Prüfungsaussage ist deshalb anzubringen:

> **[Meinungsverschiedenheiten aufgrund festgestellten Sachverhalts und daraus resultierende Überschuldung]**
>
> Zur Bewertung ist Folgendes zu bemerken: Unsere Revision hat ergeben, dass die Forderungen aus Lieferungen und Leistungen stark gefährdete Guthaben enthalten, die nicht wertberichtigt worden sind. Hierdurch sind diese Forderungen um rund [Betrag] überbewertet; dementsprechend sind das Ergebnis und das Eigenkapital zu günstig ausgewiesen.
>
> **[Verneinende Prüfungsaussage]** Wegen der Auswirkung des im vorstehenden Absatz dargelegten Sachverhalts entsprechen die Jahresrechnung sowie der Antrag über die Verwendung des Bilanzgewinns nicht Gesetz und Statuten.
>
> **[Hinweis]** Wir weisen darauf hin, dass die Jahresrechnung bei Vornahme der unterlassenen Wertberichtigungen eine buchmässige Überschuldung ausweist. Somit ist Art. 725 Abs. 2 OR zu befolgen und insbesondere eine Zwischenbilanz auf Basis von Fortführungs- und Veräusserungswerten zu erstellen. Der Verwaltungsrat hat dies unterlassen.
>
> *Quelle: Arbeitshilfe der Treuhand-Kammer und von Treuhand Suisse vom 24.6.2011, S. 10, 16, sowie in Anlehnung an HWP 2, S. 519*

Schliesslich sind Abschlussprüfungen denkbar, bei welchen ein wesentlicher Fehler angenommen werden muss. Sind solche Fehler so gravierend, dass die korrekte Darstellung des Sachverhalts zu einer Überschuldung führte, ist die mögliche Auswirkung des angenommenen Fehlers grundlegend. In einer solchen Situation ist die Revisionsstelle nicht in der Lage, eine Prüfungsaussage abzugeben:

> **[Meinungsverschiedenheiten aufgrund angenommenen Sachverhalts und daraus resultierende mögliche Überschuldung]**
>
> Zur Bewertung ist Folgendes zu bemerken: Aufgrund unserer Revision müssen wir annehmen, dass die Vorräte unkurante Handelswaren enthalten, die nicht wertberichtigt worden sind. Hierdurch wären die Vorräte in einem Betrag von mindestens [Betrag] überbewertet; dementsprechend wären das Ergebnis und das Eigenkapital in erheblichem Ausmass zu günstig ausgewiesen.
>
> **[Unmöglichkeit einer Prüfungsaussage]** Wegen der möglichen Auswirkung der im vorstehenden Absatz dargelegten Annahme sind wir nicht in der Lage, eine Prüfungsaussage über die Jahresrechnung und über den Antrag über die Verwendung des Bilanzgewinns zu machen.
>
> **[Hinweis]** Wir weisen darauf hin, dass die Jahresrechnung bei Vornahme der angenommenen Wertberichtigung eine buchmässige Überschuldung ausweist. Somit ist Art. 725 Abs. 2 OR zu befolgen und insbesondere eine Zwischenbilanz auf Basis von Fortführungs- und von Veräusserungswerten zu erstellen. Der Verwaltungsrat hat dies unterlassen [unter der Annahme, dass dieser vom Zeitablauf her Gelegenheit gehabt hat, seinen Pflichten nach Art. 725 Abs. 2 OR nachzukommen].
>
> *Quelle: Unter Verwendung der Arbeitshilfe der Treuhand-Kammer und von Treuhand Suisse vom 24.6.2011, S. 13, sowie in Anlehnung an HWP 2, S. 519*

10. Kapitalverlust und Überschuldung

10.14 Benachrichtigung des Richters durch die Revisionsstelle

10.14.1 Offensichtliche Überschuldung

Am 1. Januar 2008 wurde die Abschlussprüfung nach Grössenkriterien abgestuft. Trotz Zweiteilung der Revision mit verändertem Informationsstand und reduzierter Prüfungstiefe wurde die Anzeigepflicht bei der eingeschränkten Revision (Art. 729c OR), ja gar beim Opting-out (Art. 725 Abs. 3 OR) beibehalten.

Art. 725 Abs. 3 OR ist ein Beispiel unsorgfältiger Gesetzgebung und ist toter Buchstabe. Es ist kein Fall bekannt, wo ein Revisor einen solchen Prüfbericht erstattet hätte. Ein solches Mandat sollte nur unter sehr restriktiven Bedingungen überhaupt angenommen werden. Der Revisor muss vorgängig abklären, ob eine Sanierung betriebswirtschaftlich und finanziell plausibel ist. Die Mandatsannahme müsste zudem von der Bezahlung eines angemessenen Vorschusses abhängen, welcher nicht nur Prüfung der Zwischenbilanz sondern auch Prüfung und Überwachung der Sanierungsmassnahmen und die allfällige Anzeige beim Richter umfasst.

Die Revisionsstelle tut unter diesen Umständen gut daran, bei der Annahme einer offensichtlichen Überschuldung vorsichtig zu sein. In der Gerichtspraxis wurde eine solche auch in Fällen bejaht, wo einzig die Revisionsstelle dank ihrer kritischen Haltung vermuten musste, dass eine offensichtliche Überschuldung vorliegen könnte. So z. B. wenn der Verwaltungsrat in der Jahresrechnung Eigenkapital ausweist und die Liquidität kritisch ist oder die Revisionsstelle in Einschränkungen Bewertungsbedenken anmeldet. Die Revisionsstelle muss die Einschränkungen quantifizieren (ungeachtet dessen, wie schwierig das evtl. ist) und vom Eigenkapital gedanklich abziehen. Resultiert eine «Überschuldung», gilt diese als offensichtliche Überschuldung. Dasselbe gilt bei Liquiditätsproblemen, wenn dadurch die Fortführungsbasis wegfällt (Vertiefung dazu in Kapitel 10.8 und Kapitel 20).

10.14.2 Fristen

Unklarheit existiert bei den Fristen. Manchmal werden der Revisionsstelle vier bis sechs Wochen, manchmal 60 Tage bis zur Anzeige beim Richter gewährt. Es gibt aber zeitlich auch grosszügige Gerichtsentscheide, die ihr trotz offensichtlicher Überschuldung bis zu eineinhalb Jahre Frist zugestehen, wenn der Verwaltungsrat realistische Sanierungsaussichten hat.

> **Beispiel – BGE 16. November 1999 – Frist vier bis sechs Wochen bzw. 60 Tage**
> Bei Abgabe des die Überschuldung bestätigenden Revisionsberichts habe Sicherheit über die bestehende Überschuldung bestanden. Das Bundesgericht bezeichnet ab diesem Zeitpunkt eine Frist von vier bis sechs Wochen für die Revisionsstelle als angemessen. Für den Verwaltungsrat hält das Bundesgericht fest, dass er nach Feststellung der Überschuldung die finanzielle Sanierung innert einer Frist von maximal 60 Tagen zu erwirken habe (Luterbacher 2000, S. 1270).

In diesem ersten Bundesgerichtsentscheid von 1999 werden die Fristen zwar klar bestimmt. Schon hier stellte sich erstens die Frage, weshalb der Revisionsstelle eine kürzere Frist zugeteilt wird als dem Verwaltungsrat und zweitens wie dieser die Sanierung in

10. Kapitalverlust und Überschuldung

nur 18 Tagen mehr (als sechs Wochen) bewerkstelligen und die Revisionsstelle die Sanierungschancen prüfen soll, damit sie die Verlängerung gewähren kann.

> **Beispiel – BGE 9. Juni 2001 – Unbeschränkte Frist für den Verwaltungsrat**
> Schon eineinhalb Jahre später entscheidet das Bundesgericht in einem analogen Fall, dass trotz offensichtlicher Überschuldung die Benachrichtigung des Konkursrichters nach Art. 725 Abs. 2 OR durch den Verwaltungsrat nicht erforderlich sei, wenn rechtzeitig Sanierungsmassnahmen eingeleitet würden. Es erwähnt den gegenteiligen Entscheid von 1999 nicht, sondern verweist auf seine alte Rechtsprechung vor 1992 (BGE 116 II 533). Neu ist es allerdings der Meinung, es müssten nicht nur konkrete Sanierungsaussichten vorliegen, sondern es «[...] müssen die Voraussetzungen für einen Konkursaufschub nach Art. 725a OR gegeben sein, da die Gläubiger nicht schlechter gestellt werden dürfen, als wenn der Richter benachrichtigt würde» (BGer 4C.366/2000 E 2a).

Der Entscheid aus dem Jahr 2001 geht in eine andere Richtung als derjenige von 1999. Jener Fall gibt sowohl der Revisionsstelle wie auch dem Verwaltungsrat ein enges zeitliches Korsett für die Überschuldungsanzeige vor. In diesem Entscheid wird viel mehr Gewicht auf die Sanierung gelegt. Solange sie realistisch ist, darf mit der Bilanzdeponierung zugewartet werden. Das Bundesgericht äussert sich aber nur zum Verwaltungsrat. Es lässt zudem die Frage offen, ob die Revisionsstelle in diesem Falle so lange warten darf, bis der Verwaltungsrat keine realistischen Sanierungschancen mehr sieht. Der Entscheid verträgt sich jedenfalls nicht mit den Fristen für die Revisionsstelle von 4–6 Wochen oder 60 Tagen.

> **Beispiel – BGE 18. April 2007 – Unbeschränkte Frist für die Revisionsstelle**
> Die Revisionsstelle stellt in ihrem Bericht eine offensichtliche Überschuldung fest und verweist auf vorhandene, aber unzureichende Rangrücktrittsvereinbarungen. Erst 15 Monate später findet die Konkurseröffnung statt. Das Bundesgericht entschied, die Revisionsstelle dürfe mit der Überschuldungsanzeige so lange zuwarten, wie der Verwaltungsrat realistische Sanierungschancen habe. Dies gelte selbst dann, wenn die Revisionsstelle im Revisionsbericht klar die offensichtliche Überschuldung (selbst mit unzureichenden Rangrücktritten) festgehalten habe. Es genüge, wenn die Revisionsstelle den rechtlich und wirtschaftlich versierten Verwaltungsrat auf dessen Pflichten gemäss Art. 725 OR hinweise. Dieser darf aber anschliessend nicht untätig bleiben, sondern muss Sanierungsbemühungen unternehmen (BGer 4C.436/2006).

Dieser noch sanierungsfreundlichere Entscheid bestätigte denjenigen von 2001 und erwähnt sogar das «Warterecht» der Revisionsstelle ausdrücklich. Die Frage, was die Pflicht zur Anzeige beim Richter unter dieser liberalen Rechtsprechung noch bedeutet, bleibt aber offen. Will das Bundesgericht die Revisionsstelle zu einer gesetzlichen Sanierungsbegleiterin machen? Kommt die Frist von vier bis sechs Wochen erst dann zum Zug, wenn die Revisionsstelle Sanierungschancen verneint?

10. Kapitalverlust und Überschuldung

> **Beispiel – BGE 8. Februar 2008 – 60 Tage für die Revisionsstelle**
> Die Abgabe des Revisionsberichts erfolgte am 14. April 1997. Das Bundesgericht schliesst sich der Vorinstanz an, wonach der Konkurs spätestens am 15. Juni 1997, nach exakt 60 Tagen, eröffnet worden wäre (BGer 4A_505/2007).

> **Beispiel – BGE 16. Dezember 2008 – 54 Tage für die Revisionsstelle**
> Die Abgabe des Revisionsberichts erfolgte am 7. November 1996. Das Bundesgericht schliesst sich der Vorinstanz an, wonach der Konkurs spätestens am 31. Dezember 1996, nach 54 Tagen, hätte eröffnet werden sollen (BGer 4A_478/2008).

> **Beispiel – BGE 18. Januar 2010 – 60 Tage für den Verwaltungsrat**
> Das Bundesgericht ist der Auffassung, die maximale Frist für Sanierungsbemühungen des Verwaltungsrats betrage 60 Tage. Die Konkurseröffnung nach 94 Tagen bedeute eine unzulässige und strafbare Fristüberschreitung von 34 Tagen, obwohl der Verwaltungsrat argumentiert, er habe in diesen 34 Tagen Sanierungsbemühungen unternommen (BGer 6B_492/2009).

Im letzten Entscheid gilt die Frist von 60 Tagen selbst für einen Verwaltungsrat, der intensive Sanierungsbemühungen unternimmt.

Fristen						
Entscheid	16.11.1999	19.6.2001	18.4.2007	8..2.2008	16.12.2008	18.1.2010
Revisionsstelle	4–6 Wochen	nicht erwähnt	unbeschränkt	60 Tage	54 Tage	nicht erwähnt
Fristverlängerung für Revisionsstelle	Ja, bis 60 Tage	nicht erwähnt	unbeschränkt	nicht erwähnt	Nein	Nein
Verwaltungsrat	60 Tage	unbeschränkt	unbeschränkt	nicht erwähnt	nicht erwähnt	60 Tage
Realistische Sanierungsmassnahmen als Voraussetzung?	Ja	Ja	Ja	nicht erwähnt	nicht erwähnt	Nein
Voraussetzung Konkursaufschub	nicht erwähnt	Ja	nicht erwähnt	nicht erwähnt	nicht erwähnt	Nein

Es besteht ein «Fristensalat». Die primäre Anzeigepflicht des Verwaltungsrats wird zwar betont. Es ist aber erstens widersprüchlich, der Revisionsstelle mit vier bis sechs Wochen eine kürzere Frist als dem Verwaltungsrat mit 60 Tagen zu gewähren. Zweitens schwankt das Gericht hin und her zwischen strenger Fristanwendung und unbeschränkter Zeitgewährung. Für beide Organe ist dies unbefriedigend.

10. Kapitalverlust und Überschuldung

Dieser neuere Entscheid tendiert wieder auf eine höhere Gewichtung der realistischen Sanierungschancen hin.

> **Beispiel – BGE 11. November 2013 – Spätere Bilanzdeponierung bei realistischem Sanierungskonzept gestattet**
>
> Holding H führt eine Woche vor Konkurseröffnung Kapitalerhöhung CHF 95 Mio. mit Liberierung durch Verrechnung bei 100 %-Tochtergesellschaft T durch. Abtretungsgläubiger im Konkurs der H verlangen vom Verwaltungsrat der H aus Verantwortlichkeit Schadenersatz CHF 84 Mio., weil Überschuldung der T schon ein Jahr früher offensichtlich gewesen sei und er Bilanzdeponierung zu spät vollzogen habe.
>
> Verwaltungsrat hat Sanierungsmassnahmen ergriffen: Personalreduktion (von 3 000 auf 1 200 auf 850 Personen), Verkauf versch. Gesellschaften/Stilllegung von Produktionsstätten, Abbau Warenvorrat/Konzentration von Forschungsaufgaben, Umstrukturierung in vier Geschäftsbereiche, Lancierung neuer Produkte/Allianzen mit Konkurrenten, Forderungsverzichte in dreistelliger Millionenhöhe eingeholt und Kapitalerhöhung CHF 95 Mio. Vorinstanz erachtet die getroffenen Sanierungsmassnahmen als ernsthaftes und realistisches Sanierungskonzept und verneint das Vorliegen einer Pflichtverletzung. Bundesgericht geht auf dieses Argument nicht ein, weil die Klage schon mangels Schadensnachweis abgewiesen wird (BGer 4A_251/2013).

Liegt eine Überschuldung vor, steht auch der sanierungswillige Verwaltungsrat vor einer heiklen Aufgabe. Die sinnvolle alte Gerichtspraxis vor 1992 erlaubte dem Verwaltungsrat bei realistischen Sanierungschancen Sanierungen ohne zeitliche Beschränkung. Die Anzeigepflicht der Revisionsstelle kam quer dazu in die Landschaft. Das Bundesgericht schwankt seither zwischen dieser alten Praxis und einer rigoroser Fristanwendung selbst für den sanierungsaktiven Verwaltungsrat. Sanierungswilligen Gesellschaften wird das Leben schwergemacht.

10.14.3 Langfristige Sanierung

Mit Hinweis auf den zeitlich grosszügigen Teil der Rechtsprechung drängt der Verwaltungsrat die Revisionsstelle hie und da zum Verzicht auf die Anzeige beim Richter. Der sanierungsoptimistische Verwaltungsrat versucht sie davon zu überzeugen, dass er z. B. innert sechs Monaten die Überschuldung beseitigen und die Fortführungsfähigkeit wiederherstellen könne, und erwartet, dass die Revisionsstelle den Richter nicht benachrichtigt. Selbst für den Verwaltungsrat ist in diesem Fall das Risiko hoch, das zeigen die Gerichtsentscheide, die selbst dem Verwaltungsrat eine maximale Frist von 60 Tagen für die Deponierung der Bilanz gewähren.

Besonders akzentuiert sich diese Frage bei einmaligen Verlusten. Eine Gesellschaft erzielt z. B. seit Jahren stets jährliche Gewinne, und das realistische Budget zeigt weitere Gewinne. Nun fällt ein unerwarteter einmaliger Verlust an (z. B. bei einer missglückten Ausdehnung des Kerngeschäfts in ein anderes Land), der zu einer Überschuldung führt. Die Sanierungsmassnahmen (Beendigung der neuen Aktivitäten) sind abgeschlossen, und es fallen keine weiteren Verluste an.

Aus eigener Kraft kann sich die Gesellschaft mit den geplanten Gewinnen erst in zwei Jahren aus der Überschuldung herausarbeiten. Andere Sanierungsmöglichkeiten (Zuschüsse

10. Kapitalverlust und Überschuldung

von Aktionären, Rangrücktritt) bestehen nicht. Die Liquidität kann für diese zwei Jahre sichergestellt werden. Der Verwaltungsrat tritt für die Fortführung des erfolgreichen Geschäfts ein. Er will auch keinen Konkursaufschub beantragen, weil das Risiko, dass dieser verweigert wird, gross ist, da ein Konkursaufschub nur für wenige Monate gewährt wird und kein Sanierungsplan vorhanden ist.

Die Revisionsstelle müsste aber in 60 Tagen Anzeige beim Richter erstatten, weil die Gesellschaft offensichtlich überschuldet ist und der Verwaltungsrat die Überschuldung nicht durch kurzfristige Massnahmen beseitigen kann und will. In solchen Fällen verlangt der Verwaltungsrat ultimativ, dass die Revisionsstelle auf eine Anzeige verzichtet, und bietet ihr an, dass sie ausnahmsweise z. B. quartalsweise Zwischenbilanzen zur Prüfung erhalte, um die Gewinnermittlung erhärten zu können. Er begründet seine Einstellung damit, dass die Revisionsstelle ohne weiteres zuwarten könne, weil die Überschuldung laufend zurückgehe und in einem Haftungsfall daher kein Verschleppungsschaden, sondern ein Verschleppungsnutzen für die Gläubiger anfalle. Stimmt die Revisionsstelle dem Vorschlag zu, geht sie ein erhebliches Haftungsrisiko ein.

10.14.4 Fazit für die Revisionsstelle

Ein Fazit für die Revisionsstelle zu ziehen ist nicht einfach. In Anbetracht der Haftungssituation ist Vorsicht angezeigt. Die Revisionsstelle sollte sich nach Kenntnis der offensichtlichen Überschuldung i. d. R. an PS 290.HH (4–6 Wochen) bzw. an der Frist von maximal 60 Tagen orientieren. Will sie ausnahmsweise eine längere Sanierungsphase unterstützen, geht sie ein erhebliches Risiko ein. Sie muss dann zumindest sicherstellen, dass der Kunde eine realistische Sanierungschance hat, der Verwaltungsrat professionell vorgeht (evtl. mit externer Unterstützung) und vertrauenswürdig ist, eine detaillierte Sanierungsplanung zeitnah einhält, in der Sanierungsphase die Überschuldung nicht wesentlich weiter ansteigt und das Management bei Verschlechterung der Sanierungschancen die Bilanz sofort deponiert oder sie die Anzeige beim Richter erstatten kann. Wichtig ist auch das Vorhandensein von potenziellen Geldgebern und dass die Liquidität minimal sichergestellt ist.

Das Dilemma der Revisionsstelle erscheint aber nicht nur wegen der inkonsistenten Rechtsprechung als unlösbar. Ein stures Anzeigeerstatten nach 60 Tagen brächte ihr zwar maximalen Schutz vor einer Haftung. Erstattet sie jedoch auch dann Anzeige, wenn realistische Sanierungschancen bestehen, erzürnt sie nicht nur den Kunden, sondern schädigt die Gläubiger, die sie eigentlich schützen sollte.

Verlässt sie sich hingegen auf die sanierungsfreundliche Rechtsprechung und verzichtet auf eine Anzeige beim Bestehen von realistischen Sanierungschancen, rutscht sie unfreiwillig in die Rolle eines «Sachwalters/Sanierungsberaters». Die Pflicht zur Anzeige beim Richter verschwindet ja nicht; sie lebt sofort wieder auf, wenn die Sanierungschancen sich verschlechtern und eine Sanierung nicht mehr realisierbar erscheint. Die Revisionsstelle muss nun im klaren Widerspruch zu ihrer eigentlichen Rolle während der ganzen Sanierung einerseits die getroffenen Massnahmen überprüfen und andererseits die Einschätzung des Verwaltungsrats hinsichtlich der Chancen der noch ausstehenden Sanierungen kritisch beurteilen. Sie wird damit gleichsam in die Rolle eines «Superverwaltungsrats» hineingedrängt.

10.14.5 Mandatsbeendigung

Die Revisionsstelle kann der Pflicht zur Anzeige beim Richter nicht durch Mandatsbeendigung ausweichen. Ein Rücktritt der Revisionsstelle in einem derart heiklen Moment wäre zwar rechtswirksam, könnte aber dennoch zur Revisionshaftung führen (Art. 755 OR). Ein Rücktritt ist daher nicht zu empfehlen, auch wenn absehbar ist, dass erhebliche Aufwendungen und Konfliktpotenzial mit dem Prüfkunden bevorstehen.

Auch der Verwaltungsrat, dem der bevorstehende Gang der Revisionsstelle zum Konkursrichter missliebig ist, kann dies nicht verhindern, indem er die Generalversammlung zur Abwahl der Revisionsstelle drängt. Dieser Mandatsentzug müsste als Rechtsmissbrauch eingestuft werden. Die Legitimation der Revisionsstelle zur Anzeige bleibt daher erhalten, wobei die Anzeige kurzfristig erfolgen muss, auch wenn z. B. die dem Verwaltungsrat gesetzte Frist noch nicht abgelaufen ist.

Auch die sofortige Neuwahl einer anderen Revisionsstelle enthebt die alte Revisionsstelle nicht von der Verpflichtung zur Anzeige beim Richter. Meist ist unklar, wann die neue Revisionsstelle die finanzielle Situation erkennen kann und wie viel Zeit sie sich für die Anzeige ihrerseits lassen wird. Die alte Revisionsstelle kann eine Pflichtverletzung nur durch zeitgerechte Anzeige vermeiden (PS 290.MM und NN / ZR 94 (1995) Nr. 50/BlSchK, 2009 Heft 4, S. 148 ff.).

Bei Erstattung der Anzeige beim Richter besteht das Vertrauensverhältnis mit dem Prüfkunden meist nicht mehr. Es empfiehlt sich daher, einen Tag nach Versand der Anzeige vom Amt als Revisionsstelle zurückzutreten und dies dem Richter mitzuteilen. Dadurch lassen sich weitere (meist nicht erstattete) Kosten verhindern, weil mangelnde Buchhaltungskenntnis zu aufwendigen Rückfragen des Richters führen kann.

Fällt eine Gesellschaft in Konkurs, veranlasst normalerweise die Revisionsstelle ihre Löschung im Handelsregister nicht auch noch, weil ihr Amt mit der Konkurseröffnung sowieso endet. Erscheint aber unklar, ob der Richter den Konkurs eröffnen wird, sollte sie die Löschung im Handelsregister ebenfalls sofort anbegehren.

10.14.6 Honorarrisiken der Revisionsstelle

Die Aufwendungen der Revisionsstelle steigen beträchtlich an, wenn sie in die aus Art. 725 Abs. 2 OR fliessenden Pflichten und Turbulenzen einbezogen wird. Sie können ein Mehrfaches des mit dem Kunden vereinbarten Honorars für die Jahresrevision betragen. Zudem werden die Interventionen der Revisionsstelle vom Verwaltungsrat meist nicht geschätzt, evtl. sogar bekämpft. Vorschussforderungen werden ignoriert. Misslingt die Sanierung, geht die Revisionsstelle leer aus. Gelingt sie, wird das Honorar häufig nur mit Einschlag beglichen.

Das Problem liegt darin, dass das Gesetz der Revisionsstelle in der Situation von Art. 725 Abs. 2 OR eine besonders wichtige Funktion für den Gläubigerschutz zuspricht. Die Gerichte auferlegen ihr aus demselben Grund bei Vernachlässigung der Pflicht eine strenge Haftung. Dies führt dazu, dass die Revisionsstelle selbst ohne Aussicht auf Bezahlung den erheblichen Aufwand auf sich nehmen muss, der in der Frist von 4–6 Wochen/60 Tagen anfällt. Falls der Verwaltungsrat sanierungsaktiv ist, kann das selbst in KMU-Verhältnis-

10. Kapitalverlust und Überschuldung

sen Beträge über CHF 50 000 ausmachen. Es stellt sich die Frage, wie die Revisionsstelle dieser Falle entkommen könnte, ohne den Gläubigerschutz zu vernachlässigen. Eine Möglichkeit wäre, dass die Revisionsstelle ihre Vorschussforderungen mit der Androhung versieht, dass sie bei ausbleibender Zahlung z. B. innert 3 Tagen die Anzeige beim Richter erstattet und vom Mandat zurücktreten wird. Die Frist von 4–6 Wochen/60 Tagen würde entsprechend verkürzt.

Sehr viel Aufwand entsteht der Revisionsstelle, wenn eine Sanierung, evtl. unter verlängerter Frist, gelingt. Neben der Prüfung der Zwischenbilanzen und der Sanierungsmassnahmen mit meist umfangreichen formellen Korrespondenzen und Sitzungen werden nach der Sanierung die unterbrochenen Prüfungsarbeiten für die Jahresrechnung wieder aufgenommen. Ist der Prüfkunde zudem obstruktiv und die Sanierung schwierig, wachsen die Kosten weiter an.

Die Faktura beläuft sich in solchen Fällen regelmässig auf ein Mehrfaches des für die Prüfung der Jahresrechnung vereinbarten Honorars. Der Prüfkunde beruft sich auf diese Abmachung und verweigert Mehrzahlungen mit der Begründung, dass er der Revisionsstelle keine Zusatzaufträge erteilt habe, es sei «ihr Problem», wenn sie sich derart extensiv in die Sanierungsprobleme einmische. Oft ist zudem das Vertrauensverhältnis erschüttert, und der Prüfkunde kündigt einen Wechsel der Revisionsstelle an.

Die Revisionsstelle darf in solchen Fällen die Abgabe der Jahresrevisionsberichte von einer Zahlung der Faktura Zug um Zug abhängig machen. Die gleichzeitige Erbringung der Leistung ist im Vertragsrecht anerkannt. Die Leistung der Revisionsstelle hat hier auftragsrechtlichen Charakter, weil sie für die Erstellung des Revisionsberichtes aufwendig tätig sein muss. Der Auftragnehmer ist nicht verpflichtet, das fertige Produkt abzuliefern, wenn die Gegenpartei fällige Vorschusszahlungen nicht entrichtet hat und ankündigt, die Bezahlung zu verweigern. Es kann sein, dass der Kunde mit Schadenersatzforderungen droht, mit der Begründung, dass die Verweigerung der Abgabe des Revisionsberichts zu einer Verschiebung der Generalversammlung führe oder ein Kauf- oder Kreditgeschäft dadurch nicht zustande komme. Das sind jedoch Folgen, die der Prüfkunde selber zu tragen hat.

Das Verhalten der Revisionsstelle enthält auch keine strafrechtliche Komponente. Ihre Haltung, die Herausgabe der Berichte notfalls zu verweigern, ist weder erpresserisch noch nötigend. Sie ist im Gegenteil sachgerecht und steht in direktem Zusammenhang mit der fälligen Rechnung für diese Berichte.

Mitglieder der Treuhand-Kammer sind bei Beendigung des Mandates verpflichtet, der geprüften Gesellschaft alle von ihr (oder Dritten) erhaltenen Dokumente zurückzugeben, und dürfen daran kein Retentionsrecht für Honoraransprüche geltend machen (HWP ER, S. 46). Der Revisionsbericht zählt nicht zu diesen Dokumenten. Kundenakten gehören im Gegensatz zum Revisionsbericht nicht der Revisionsstelle, und sie hat dafür meist auch keine eigenen Leistungen erbracht. Die bedingungslose Rückgabe von Kundenakten erscheint darum selbstverständlich. Retentionsrechte am Revisionsbericht geltend zu machen, ist hingegen zulässig.

Bis vor kurzem haben die Gerichte sogar für Revisionsstellen, deren Honorare kurz vor Konkurs noch bezahlt wurden, die Lage zusätzlich erschwert. Sie bewilligten mehrmals Begehren von Konkursämtern auf Rückerstattung des Revisionshonorars, weil diese Zah-

10. Kapitalverlust und Überschuldung

lungen eine Benachteiligung der anderen Gläubiger bedeuteten. Sie begründeten dies damit, dass der Revisionsstelle erstens im Zahlungszeitpunkt die offensichtliche Überschuldung des Kunden klar gewesen sei, zweitens der Verwaltungsrat diese Zahlungen in der Absicht der Schädigung der Gläubiger vorgenommen habe und drittens für die Revisionsstelle diese Absicht erkennbar gewesen sei. Alle Voraussetzungen für die paulianische Anfechtung nach Art. 288 SchKG seien erfüllt.

Erst im Jahr 2008 (BGE 134 III 615 ff.) ändert das Bundesgericht seine Rechtsprechung. Es ging zwar immer noch davon aus, dass durch die Zahlung an die Revisionsstelle tatsächlich für die anderen Gläubiger eine Verminderung der Aktiven und damit eine Schädigung erfolge. Es ging dabei indirekt davon aus, dass die Leistungen der Revisionsstelle bzw. des Sanierungsberaters «keinen Wert haben», insoweit «Wert» nur das haben könne, was im Liquidationsfalle tatsächlich verwertet werden könne. Diese Ansicht ist fraglich. Immerhin geht das Bundesgericht bei der Schädigungsabsicht neu davon aus, dass durch die gesetzlich gebotenen Handlungen der Revisionsstelle bzw. die Sanierungsberatung der Verwaltungsrat die Absicht bezeuge, zugunsten der anderen Gläubiger die Gesellschaft noch zu retten. Es handle sich um ein pflichtgemässes Verhalten des Verwaltungsrats. Somit fehle es an einer Voraussetzung für die paulianische Anfechtung. Das Bundesgericht hat diese Rechtsprechung im Jahre 2011 (BGE 137 III 268) auch für die Sanierungsberatung nochmals bestätigt.

10.14.7 Mehraufwand der Revisionsstelle wegen Überschuldung des Prüfkunden

Aus der Besorgnis einer Überschuldung, die sich bei einem Prüfkunden i. S. v. Art. 725 Abs. 2 OR ergibt, resultieren gesetzlich gebotene Pflichten und Bemühungen der Revisionsstelle.

Die Dienstleistungen einer gesetzlichen Revisionsstelle besitzen keinen typisch auftragsrechtlichen Charakter (HWP 2, Teil I Ziff. 2.4.8). Es besteht im Gegenteil ein gesetzliches Zwangsverhältnis zwischen Revisionsstelle und dem Prüfkunden, das nicht vertraglich, sondern bei der Wahl der Revisionsstelle (Art. 730 OR) zustande kommt.

Der schweizerische Gesetzgeber auferlegt dem Prüfkunden nicht nur jährlich zu wiederholende Revisionen für die Jahresrechnungen (Art. 727 und 727a OR), sondern zusätzlich diverse Spezialprüfungen bei speziellen Vorkommnissen, z. B. bei Besorgnis einer Überschuldung (Art. 725 Abs. 2 OR). Hauptziel des Gesetzgebers ist der Schutz von Gläubigern und Aktionären der geprüften Gesellschaft durch die unabhängige Prüfarbeit der Revisionsstelle (z. B. Böckli, Aktienrecht, §15 N 12 ff.).

Eine Auswirkung dieses gesetzlichen Zwangsverhältnisses ist z. B., dass es insbesondere auch dann weiter andauert, wenn bei der Revision Meinungsverschiedenheiten zur finanziellen Lage des Prüfkunden auftreten. Auch in diesen Situationen ist es die Pflicht der Revisionsstelle, ihre gesetzliche Schutzfunktion sorgfältig wahrzunehmen. Der Prüfkunde ist selbst dann für diese Aufwendungen der Revisionsstelle entschädigungspflichtig, wenn er sie ablehnt.

Das Problem tritt besonders bei finanziellen Nöten des Prüfkunden auf, insbesondere wenn die geprüfte Gesellschaft in die Situation einer Besorgnis einer Überschuldung i. S. v. Art. 725 Abs. 2 OR gerät. Das Gesetz regelt in Art. 725 Abs. 2 OR die gesetzliche Pflicht des Verwaltungsrats zur Erstellung von Zwischenbilanzen sowie die Pflicht der Revisionsstelle zu deren Prüfung. Zudem enthält Art. 729c OR die subsidiäre Pflicht der Revisionsstelle zur Anzeige beim Konkursrichter, wenn die Gesellschaft offensichtlich überschuldet ist und der Verwaltungsrat seiner Anzeigepflicht nicht nachkommt.

Den Pflichten der Revisionsstelle kommt im Zusammenhang mit Kapitalverlust und Überschuldung i.S.v. Art. 725 OR eine besondere Bedeutung zu. Denn in angespannter finanzieller Situation nimmt nicht nur das Ausfallrisiko für Aktionäre und Gläubiger des Prüfkunden erheblich zu, sondern es besteht auch die Gefahr von unzulässigen Gläubigerbegünstigungen. Die gesetzlichen Schutzfunktionen der Revisionsstelle kommen in solchen Situationen besonders zum Tragen.

Die gesetzlichen Pflichten der Revisionsstelle erschöpfen sich aber nicht in der Prüfung der Zwischenbilanzen. Sie muss, wegen ihrer eigenen Anzeigepflicht, alle vom Verwaltungsrat innert dieser Zeitspanne unternommenen Sanierungsmassnahmen bezüglich deren Wirksamkeit und Ausmass beurteilen (HWP ER, S. 221 f./PS 290.M). Die Pflicht des Prüfkunden zur Entschädigung der in dieser Phase anfallenden Aufwendungen ergibt sich daher aus den gesetzlichen Pflichten.

Meist besteht zwischen der Revisionsstelle und dem Prüfkunden auch teilweise ein vertragliches Verhältnis, indem eine Auftragsbestätigung (Engagement Letter, Mandatsvertrag), manchmal mit allgemeinen Geschäftsbedingungen, für die gesetzliche jährliche Revision der Jahresrechnung erfolgt.

Ein solcher Mandatsvertrag wird in der Regel jährlich für die bevorstehende Jahresrevision neu abgeschlossen. Er enthält jedoch oft auch ausdrücklich eine vertragsperpetuierende Klausel (empfohlen im SER S. 12 und Anhang C), dass er auch für künftige gesetzliche Prüfungshandlungen zur Anwendung kommt, soweit kein abgeänderter oder neuer Vertrag abgeschlossen oder soweit er nicht widerrufen wird. Eine solche vertragsperpetuierende Klausel ist zulässig und geboten. Sie schafft klare Verhältnisse hinsichtlich der vom Gesetzgeber nicht im Detail konkretisierten Aspekte, wie z.B. der zu leistenden Honorare. Dieser Mandatsvertrag enthält daher meist eine Honorarvereinbarung, die eine Bezahlung der Aufwendungen durch den Prüfkunden auf der Basis der aufgewendeten Zeit und eines individualisierten Honorarrahmens für die eingesetzten Revisoren festhält.

10.14.8 Erleichterungen bei der Überschuldungsanzeige für die eingeschränkte Revision?

Die Pflicht des Verwaltungsrats, bei Überschuldung den Richter zu benachrichtigen, gilt für alle Gesellschaften gleichermassen. Die bisherige Praxis ging für die Revisionsstelle ohne weitere Diskussion davon aus, dass die Anzeige beim Richter bei Gesellschaften mit eingeschränkter Revision nach denselben Kriterien wie bei der ordentlichen Revision zu erfolgen hat.

Der Gesetzgeber hat zwar die Anzeigepflicht der Revisionsstelle im Falle einer offensichtlichen Überschuldung in Art. 729c OR für die eingeschränkte Revision gleich formuliert wie in Art. 728c Abs. 3 OR für die ordentliche Revision. Er hat gar verlangt, dass Gesellschaften, die über keine Revisionsstelle verfügen, eigens einen zugelassenen Revisor beiziehen, der die Anzeigepflicht der eingeschränkt prüfenden Revisionsstelle wahrnimmt (Art. 725 Abs. 3 OR). Diese beiden Vorschriften widersprechen dem System der weniger weit gehenden Prüfpflichten. Dieser Widerspruch wird weder in den Materialien

10. Kapitalverlust und Überschuldung

noch sonst wo thematisiert. Es handelt sich um eine Unzulänglichkeit der Gesetzgebung, die ebenso klar bei der gesetzgeberischen Totgeburt Art. 725 Abs. 3 OR zum Ausdruck kommt. Die Anzeigepflicht der eingeschränkt prüfenden Revisionsstelle müsste ersatzlos gestrichen werden oder zumindest deutlich weniger umfangreich sein als bei einer ordentlichen Revision.

Die Schwierigkeiten gründen darin, dass die typische Aufgabe der Revisionsstelle bei der Prüfung der Jahresrechnung retrospektiv ist. Erhält sie Informationen zur Überschuldung, so sind diese daher meistens bis zu sechs Monate veraltet (Art. 699 Abs. 2 OR). Die Anzeigepflicht verlangt aber aktuelle Daten, weil eine Überschuldungsanzeige aufgrund veralteter Zahlen die Gesellschaft unverhältnismässigen Risiken und Kosten aussetzen würde. Wird tatsächlich aktuell eine bestehende Überschuldung festgestellt, muss die Revisionsstelle dem Verwaltungsrat eine Sanierungsfrist gewähren. In dieser Zeit hat er Sanierungsmassnahmen zu ergreifen und in die Zukunft gerichtete Entscheide zu fällen, die von der Revisionsstelle zu prüfen sind. Im Gegensatz zu allen anderen Prüfungsaufgaben muss sich die Revisionsstelle dazu auf das Informationsniveau der Geschäftsführung bringen. Der Gesetzgeber befördert die Revisionsstelle in der finanziellen Krise der Gesellschaft gleichsam zum Verwaltungsrat mit Vetorecht. Ihre Aufgaben übersteigen hier den Rahmen der vom Gesetzgeber vorgesehenen Pflichten für die eingeschränkte Revision deutlich.

Die gesetzliche Pflicht der Revisionsstelle zur Anzeige beim Richter bei einer eingeschränkten Revision sollte daher nur dann zur Anwendung kommen, wenn sie vom Verwaltungsrat direkt über die Überschuldung informiert wurde, d. h., wenn sie klare und stichhaltige Informationen von kompetenter Stelle (auch CEO oder CFO) aus der Unternehmung erhalten hat, dass die Gesellschaft offensichtlich überschuldet ist und dass keine Aussicht auf eine Sanierung besteht. Bei einer eingeschränkten Revision wäre darum nur die Gesellschaft zur Entscheidung über eine offensichtliche Überschuldung bzw. deren Ausmass befugt.

Konkret bedeutet das, dass eine Überschuldung für die Revisionsstelle bei der eingeschränkten Revision nur dann offensichtlich ist, wenn der Verwaltungsrat diese – z. B. in der zur Prüfung unterbreiteten Jahresrechnung oder in der Befragung – offenbart oder wenn er mitten im Geschäftsjahr eine Zwischenbilanz i. S. v. Art. 725 Abs. 2 OR mit ausgewiesener Überschuldung zur Prüfung zustellt. Nur in solchen Fällen setzt die Revisionsstelle dem Verwaltungsrat eine Frist von 60 Tagen (bzw. 4–6 Wochen) zur Beseitigung der Überschuldung und droht mit der Anzeige beim Richter, falls dieser die Bilanz nicht selber deponiert.

Der sanierungswillige Verwaltungsrat hat neben der Bilanzdeponierung zwei Möglichkeiten, innert Frist zu reagieren und die Revisionsstelle von der Anzeige beim Richter abzuhalten: Entweder er beseitigt die Überschuldung durch kurzfristige, von der Revisionsstelle zu prüfende Sofortmassnahmen (A-fonds-perdu-Zuschüsse, Rangrücktrittsvereinbarungen, Kapitalerhöhungen u. a.), oder er überzeugt die Revisionsstelle davon, dass auch ohne diese Sofortmassnahmen konkrete Aussichten auf eine Sanierung bestehen. Diese muss er der Revisionsstelle plausibel darlegen. Er muss zeigen, dass er mittelfristig sowohl die Überschuldung beseitigen als auch die Fortführungsfähigkeit wiederherstellen kann. Das Bestehen dieser konkreten Aussichten auf eine Sanierung ist von der Revisionsstelle jedoch nicht eingehend zu prüfen. Es genügt, wenn die vorgeschlagenen Massnahmen plausibel, d. h. im Allgemeinen als geeignet erscheinen, eine derartige Sanierung zu erreichen. Die Revisionsstelle ist zudem nicht gehalten, den Erfolg dieser

10. Kapitalverlust und Überschuldung

Massnahmen laufend zu überwachen. Es genügt, wenn sie die Situation anlässlich der nächsten Jahresrevision erneut evaluiert.

Dies gilt auch dann, wenn sie aufgrund ihrer Prüfung eine grössere Überschuldung als vom Verwaltungsrat ausgewiesen vermutet. Es liegt am Verwaltungsrat, diesen Befund im Rahmen seiner Sorgfaltspflichten abzuwägen und entsprechende Zusatzmassnahmen zu ergreifen. Auch hier kommt die Anzeige beim Richter erst dann zum Zug, wenn keine oder zu geringe bilanzielle Sofortmassnahmen umgesetzt werden oder wenn die Revisionsstelle konkrete Aussichten auf eine Sanierung verneint.

Diese bedeutet, dass der Revisionsstelle bei der eingeschränkten Revision die Rolle einer Wächterin über die Frist zur Bilanzdeponierung durch den Verwaltungsrat zukommt. Eine Überschuldung ist für die Revisionsstelle erst dann offensichtlich, wenn
- die Gesellschaft selber die Überschuldung anerkennt und konkrete Sanierungsaussichten verneint oder wenn
- die Gesellschaft selber die Überschuldung anerkennt, konkrete Sanierungsaussichten bejaht, die vorgeschlagenen Sanierungsmassnahmen der Revisionsstelle aber nicht plausibel erscheinen.

Eine noch weitergehende Reduktion der Pflichten bei einer eingeschränkten Revision erscheint nicht möglich. Denn der Gesetzeswortlaut geht klar von einer Anzeigepflicht aus. Deren Abschaffung bei der eingeschränkten Revision sollte sobald als möglich ins Gesetz eingefügt werden.

Es trifft zu, dass diese Auffassung im Vergleich zur ordentlichen Revision eine Abschwächung des Gläubigerschutzes bei der Anzeige beim Richter bedeutet. Dies stellt aber eine Konsequenz der eingeschränkten Prüfung, mit welcher der Gesetzgeber den Gläubigerschutz gewollt reduziert hat, dar. Aus praktischer Sicht erscheint es aber aus Gründen der Vorsicht unerlässlich, zurzeit die bisherige Praxis weiterzuverfolgen. Solange dieses Thema von den Branchenverbänden nicht aufgenommen wird, ist damit zu rechnen, dass der Revisor bei einer eingeschränkten Revision bei verspäteter Anzeige beim Richter genauso haftet wie der Revisor bei einer ordentlichen Revision.

10. Kapitalverlust und Überschuldung

10.15 Praktische Handhabung der Anzeigepflicht durch die Revisionsstelle – Typischer Ablauf einer Überschuldungsanzeige

10.15.1 Eintreffen von Informationen (Phase 1)

Die Bedeutung der Überschuldungsanzeige in Verantwortlichkeitsklagen – es gibt kaum noch Verantwortlichkeitsklagen ohne den Vorwurf der unterlassenen oder verspäteten Anzeige – zwingt die Revisionsstellen zu einer vorsichtigen Umsetzung der Aufgabe.

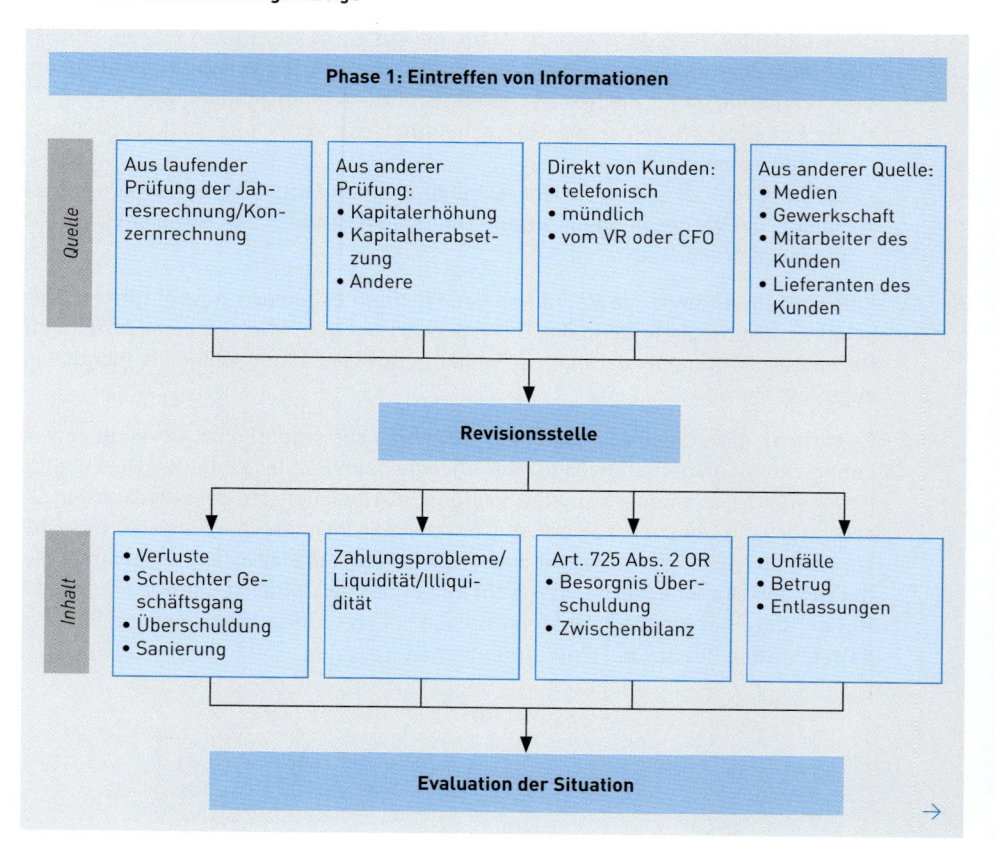

Ablauf einer Überschuldungsanzeige

```
Phase 1: Eintreffen von Informationen

Quelle:
- Aus laufender Prüfung der Jahresrechnung/Konzernrechnung
- Aus anderer Prüfung:
  • Kapitalerhöhung
  • Kapitalherabsetzung
  • Andere
- Direkt von Kunden:
  • telefonisch
  • mündlich
  • vom VR oder CFO
- Aus anderer Quelle:
  • Medien
  • Gewerkschaft
  • Mitarbeiter des Kunden
  • Lieferanten des Kunden

            ↓
      Revisionsstelle
            ↓

Inhalt:
- • Verluste
  • Schlechter Geschäftsgang
  • Überschuldung
  • Sanierung
- Zahlungsprobleme/Liquidität/Illiquidität
- Art. 725 Abs. 2 OR
  • Besorgnis Überschuldung
  • Zwischenbilanz
- • Unfälle
  • Betrug
  • Entlassungen

            ↓
   Evaluation der Situation  →
```

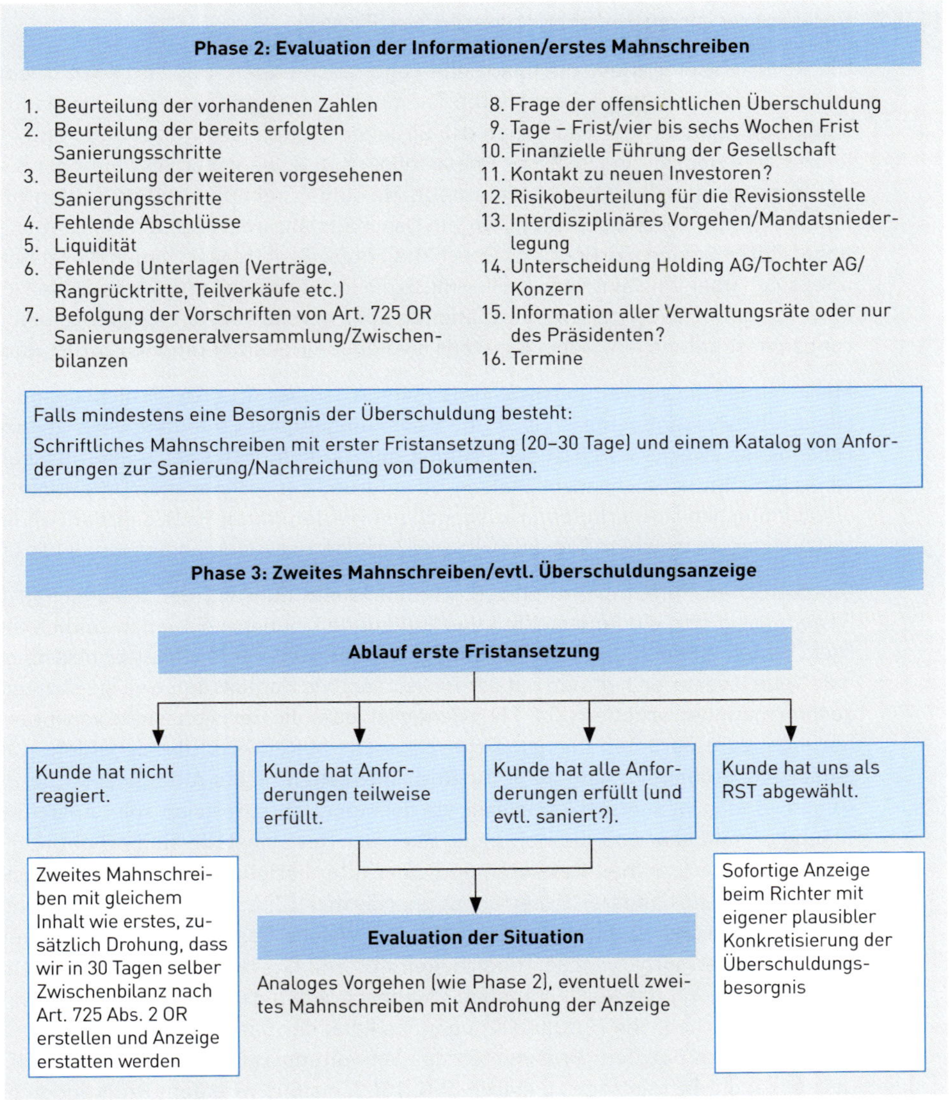

10. Kapitalverlust und Überschuldung

Phase 2: Evaluation der Informationen/erstes Mahnschreiben

1. Beurteilung der vorhandenen Zahlen
2. Beurteilung der bereits erfolgten Sanierungsschritte
3. Beurteilung der weiteren vorgesehenen Sanierungsschritte
4. Fehlende Abschlüsse
5. Liquidität
6. Fehlende Unterlagen (Verträge, Rangrücktritte, Teilverkäufe etc.)
7. Befolgung der Vorschriften von Art. 725 OR Sanierungsgeneralversammlung/Zwischenbilanzen
8. Frage der offensichtlichen Überschuldung
9. Tage – Frist/vier bis sechs Wochen Frist
10. Finanzielle Führung der Gesellschaft
11. Kontakt zu neuen Investoren?
12. Risikobeurteilung für die Revisionsstelle
13. Interdisziplinäres Vorgehen/Mandatsniederlegung
14. Unterscheidung Holding AG/Tochter AG/Konzern
15. Information aller Verwaltungsräte oder nur des Präsidenten?
16. Termine

Falls mindestens eine Besorgnis der Überschuldung besteht:
Schriftliches Mahnschreiben mit erster Fristansetzung (20–30 Tage) und einem Katalog von Anforderungen zur Sanierung/Nachreichung von Dokumenten.

Phase 3: Zweites Mahnschreiben/evtl. Überschuldungsanzeige

Ablauf erste Fristansetzung

Kunde hat nicht reagiert.	Kunde hat Anforderungen teilweise erfüllt.	Kunde hat alle Anforderungen erfüllt (und evtl. saniert?).	Kunde hat uns als RST abgewählt.
Zweites Mahnschreiben mit gleichem Inhalt wie erstes, zusätzlich Drohung, dass wir in 30 Tagen selber Zwischenbilanz nach Art. 725 Abs. 2 OR erstellen und Anzeige erstatten werden	**Evaluation der Situation** Analoges Vorgehen (wie Phase 2), eventuell zweites Mahnschreiben mit Androhung der Anzeige		Sofortige Anzeige beim Richter mit eigener plausibler Konkretisierung der Überschuldungsbesorgnis

Abbildung 56: Ablauf einer Überschuldungsanzeige

Am häufigsten erhält die Revisionsstelle Informationen über eine eventuelle Überschuldung bei laufender Abschlussrevision. Selten ist dies bei anderen Prüfungshandlungen wie Kapitalerhöhung oder -herabsetzung, bei telefonischen Kontakten oder von Dritten der Fall (Lieferant des Prüfkunden informiert, weil seine Rechung nicht bezahlt wird). Inhaltlich sind die Informationen heterogen. Sie reichen von Bilanzen mit klar ausgewiesenen Überschuldungen bis zu vagen Aussagen, wie «der Geschäftsgang sei schlecht» oder «die Liquidität sei angespannt».

10. Kapitalverlust und Überschuldung

10.15.2 Evaluation der Information/erstes Mahnschreiben (Phase 2)

Die Revisionsstelle muss die finanzielle Lage rasch klären. Das Vorgehen orientiert sich an den 16 in Abbildung 56 erwähnten Themen. Zentral sind die ersten sechs Punkte bezüglich zahlenmässiger Evaluation der Situation. Selten ist eine zeitnahe und klare zahlenmässige Beurteilung in dieser Phase möglich, z. B. wenn der Verwaltungsrat aus eigener Initiative eine Zwischenbilanz erstellt. Meistens sind nur veraltete Zahlen vorhanden. Findet z. B. die Abschlussprüfung für ein Geschäftsjahr im folgenden Mai statt, sind es die ungeprüften Zahlen per Ende des Geschäftsjahres. Regelmässig liegen die letzten geprüften Zahlen über ein Jahr zurück. Hier muss die Revisionsstelle fehlende Zahlen kurzfristig einverlangen. Häufig treffen Informationen über bereits vollzogene oder geplante Sanierungsmassnahmen ein, wobei meistens die nötigen Dokumentationen zur Prüfung fehlen.

Meist kennen die Verwaltungsräte ihre Pflichten gemäss Art. 725 OR nicht genau. Die Revisionsstelle verlangt gemäss Ziff. 7 und 8 eine umgehende Erstellung einer zeitnahen Zwischenbilanz zwecks kurzfristiger Prüfung und Durchführung der Sanierungsgeneralversammlung. Sie versucht abzuschätzen, ob aufgrund der vorhandenen Unterlagen von einer offensichtlichen Überschuldung ausgegangen werden muss. Falls dies der Fall ist, hat sie festzulegen, an welchem Tag die 60-tägige Anzeigefrist zu laufen begonnen hat (Ziff. 9).

Die restlichen Punkte betreffen z. B. die finanzielle Führung der Gesellschaft (Ziff. 10). Regelmässig sind die Angestellten des Prüfkunden in dieser Situation zeitlich überlastet. Nicht selten ist die finanzielle Führung gefährdet, weil der Buchhalter bereits gekündigt hat. Neue Investoren nehmen mit der Revisionsstelle Kontakt auf, weil sie sich unabhängige Informationen erhoffen (Ziff. 11). Wichtig ist, dass die Revisionsstelle von ihrer Funktion her nicht zum Garanten für neu eingeschossene Mittel wird. Überschuldete Kunden mit Sanierungsproblemen sind auch für Revisionsstellen nichts Alltägliches. Die Prüfungsfragen können wesentlich komplexer als bei einer Jahresrevision sein, Ausfallrisiken für Gläubiger sind akut und die Haftungsrisiken der Revisionstelle sind erhöht (Ziff. 12). Der Beizug eines erfahrenen Revisoren und einer interdisziplinären Unterstützung, meist eines Anwalts oder anderer Experten ist unerlässlich (Ziff. 13). In Konzernen sind die Gesellschaften exakt zu unterscheiden (Ziff. 14). Welche Gesellschaft wird mit welchen Informationen versorgt, welchen finanziellen Zustand hat jede einzelne Gesellschaft unter Berücksichtigung der Verflechtungen? Mahnschreiben der Revisionsstelle können beim Prüfkunden erhebliche Unruhe erzeugen. Es kann der Sanierung dienen, wenn das erste Mahnschreiben nur dem Präsidenten des Verwaltungsrats zugestellt wird (Ziff. 15). Als Letztes ist die Terminfrage zu klären (Ziff. 16). Meistens wird dem Prüfkunden eine erste Frist von 20–30 Tagen zur Beibringung der erforderlichen Unterlagen gewährt.

Eine mit dem Richter drohende Revisionsstelle wird nicht geschätzt. Der Verwaltungsrat droht dann oft mit sofortiger Abwahl und Schadenersatzklagen (vgl. dazu Kapitel 10.10.5, «Zu frühe Überschuldungsanzeige der Revisionsstelle»).

Anders verhält es sich, wenn der Verwaltungsrat mit allen Mitteln eine Sanierung anstrebt. Dann benutzt er den Druck der Revisionsstelle und versucht, damit neue (und alte) Investoren von der Dringlichkeit neuer Zuschüsse zu überzeugen. Die bewertungskritische Haltung der Revisionsstelle schmerzt den Verwaltungsrat u. U. trotzdem, sie kann aber umgekehrt Vertrauen bei den zögernden Investoren schaffen. Die Revisionsstelle tut jedenfalls gut daran, sich nicht in die Interessen der Investoren einbinden zu lassen. Die nachhaltige Beseitigung der offensichtlichen Überschuldung ist keine Garantie, dass das Investment künftig die erwarteten Renditen erzielt.

10.15.3 Zweites Mahnschreiben (Phase 3)

Manchmal reagiert der Kunde nicht auf das erste Schreiben. In diesen Fällen wird es ein zweites Mal versandt und mit der Drohung ergänzt, dass bei Nichtantwort von einer offensichtlichen Überschuldung ausgegangen werde. Der Nachweis dieser Überschuldung gegenüber dem Richter werde durch eigenhändige Erstellung einer provisorischen Zwischenbilanz erbracht. Diese werde sich auf die letzten geprüften Zahlen und alle Informationen über die zwischenzeitliche Entwicklung abstützen, wobei das Eigenkapital vorsichtig geschätzt werde. Die Gesellschaft wird damit nicht benachteiligt, der Verwaltungsrat kann beim Konkursrichter dazu Stellung nehmen. Manchmal trifft als Antwort dann einzig ein Generalversammlungsprotokoll des Prüfkunden mit dem Inhalt ein, man sei als Revisionsstelle abgewählt worden. In diesen Fällen wird die Revisionsstelle ohne Rücksicht auf die laufende 60-Tage-Frist umgehend Anzeige beim Richter erstatten.

Reagiert der Prüfkunde materiell auf das erste Schreiben, wird die Situation wiederum entlang den 16 Punkten (Phase 2) evaluiert. Das zweite Schreiben reicht von der Bestätigung, dass keine Überschuldung bestehe oder dass sie bereits beseitigt sei, bis zur letzten Fristansetzung von weiteren ca. 30 Tagen mit ergänztem Anforderungskatalog. Die Revisionsstelle kann eine dritte, über die 60 Tage hinausreichende Frist gewähren, wenn bei Ablauf der 60 Tage ein erheblicher Teil der Überschuldung beseitigt ist und begründete Aussicht auf eine kurzfristige Deckung der restlichen Überschuldung besteht (PS 290 HH).

In der Praxis sind manchmal kurze Verlängerungen der sechzigtägigen Frist um bis zu ca. 30 Tage sinnvoll, weil es in komplexen Fällen zur Beseitigung der Überschuldung mehrere finanzielle Massnahmen braucht, die jedoch nicht alle gleichzeitig vollzogen werden können. Eine Fristverlängerung kann gerechtfertigt sein, sofern bei Ablauf der ursprünglichen Frist ein erheblicher Teil der Überschuldung bereits beseitigt oder durch einen vorbehaltlosen Rangrücktritt gedeckt ist und begründete Aussicht auf eine kurzfristige Beseitigung resp. Deckung der restlichen Überschuldung besteht (PS 290.HH).

10.15.4 Erstattung der Überschuldungsanzeige

Die Überschuldungsanzeige besteht in der Regel aus einem Handelsregisterauszug der Gesellschaft, einer kurzen Schilderung der Ereignisse, evtl. unterlegt mit Revisionsberichten und Bilanzen, den Schreiben mit Fristansetzung an den Verwaltungsrat, seinen allfälligen Reaktionen darauf sowie evtl. der revidierten Zwischenbilanz und/oder eigenen Aufstellungen der Revisionsstelle. Oft tritt diese am Tag nach der Anzeige beim Richter zurück. Manchmal ist das Vertrauensverhältnis mit dem Verwaltungsrat zerrüttet, oder die ungedeckten Kosten sind so hoch, dass die Revisionsstelle weitere faktisch unentgeltliche Tätigkeit während des Konkurseröffnungsverfahrens vermeiden möchte.

10.15.5 Verfahren vor dem Konkursrichter – Revisionsstelle als Prozesspartei?

Der Richter schickt umgehend eine Vorladung an den Verwaltungsrat und lädt ihn zur Stellungnahme ein. In einfachen Fällen dauert es nur etwa vier Wochen bis zum Abschluss des Verfahrens, wenn z. B. der Verwaltungsrat mit einer neuen Rangrücktrittsvereinbarung den Richter sofort von der Eröffnung des Konkurses abbringen kann. Eine Zeitspanne von zwei Monaten bis zur Konkurseröffnung ist jedoch selbst in klaren Fällen zu erwarten. Meist dauert es länger. Bringt nämlich der Verwaltungsrat für die Sanierungsfähigkeit der Gesellschaft Argumente bei, findet er meist Gehör beim Richter. Faktisch hat sich ein informeller «Konkursaufschub» eingebürgert, der je nach Aktivität des Verwaltungsrats (relativ zeitaufwendige Sanierungsbestrebungen, Nachreichen von Unterlagen) über ein halbes Jahr dauern kann.

Es gibt Gerichte, die eine Anzeige durch die Revisionsstelle als strittiges Verfahren zwischen Revisionsstelle und Verwaltungsrat beurteilen. Der Revisionsstelle werden dann Kosten auferlegt, wenn sie «unterliegt». Das ist nicht gesetzeskonform. Die Anzeige der Revisionsstelle ist lediglich eine Vorstellungsäusserung bzw. eine Information. Es handelt sich um eine Ersatzvornahme anstelle des säumigen Verwaltungsrats. Kosten und Entschädigungsfolgen zulasten der Revisionsstelle entfallen selbstredend. Natur und Aufgabe der Revisionsstelle zeigen klar, dass diese kein eigenes Interesse an der finanziellen Lage des Prüfkunden haben darf. Sie hat Schutzfunktionen wahrzunehmen. Strittige Verfahren mit dem Verwaltungsrat sind im Bereich der gesamten Revisionsstellentätigkeit nicht vorgesehen. Meinungsverschiedenheiten zwischen Verwaltungsrat und Revisionsstelle sind zwar systemimmanent. Diese werden jedoch regelmässig durch den Entscheid der Revisionsstelle beendet, sei es, dass sie ihren Bericht in einer für den Verwaltungsrat nicht genehmen Weise erstattet (Einschränkungen, Hinweise oder Zusätze), sei es, dass sie die Berichtsabgabe verweigert (z. B. bei Kapitalerhöhungen oder -herabsetzungen), sei es, dass sie eine entsprechende Anzeige an die Generalversammlung oder den Richter macht. Konsequent ist das Gesetz auch darin, dass gegen solche Massnahmen der Revisionsstelle nie Rechtsmittel vorgesehen sind.

10. Kapitalverlust und Überschuldung

10.16 Zusammenfassung der Anforderungen

Hälftiger Kapitalverlust (Art. 725 Abs. 1 OR)
- Der Abschlussprüfer muss mit einem Zusatz im Revisionsstellenbericht *auf den hälftigen Kapitalverlust aufmerksam machen*.
- Der Abschlussprüfer muss im Sinne der beschränkten Hinweispflicht bei Vorliegen eines hälftigen Kapitalverlusts überprüfen, ob der *Verwaltungsrat seine Informations- und Beantragungspflichten gemäss Art. 725 Abs. 1 OR eingehalten hat*.
- Der Abschlussprüfer muss – sofern der Verwaltungsrat seinen Pflichten gemäss Art. 725 Abs. 1 OR trotz vorgängiger Mahnung nicht nachkommt –
  - im Revisionsstellenbericht auf diesen *Gesetzesverstoss* im Sinne der beschränkten Hinweispflicht *hinweisen*,
  - *in Notsituationen eine Sanierungsgeneralversammlung* nach Art. 699 Abs. 1 OR einberufen.

Überschuldung (Art. 725 Abs. 2 OR)
- Der Abschlussprüfer muss mit einem Zusatz im Revisionsstellenbericht *auf die Überschuldung und* die vom Unternehmen in Übereinstimmung mit Art. 725 Abs. 2 OR *getroffenen Massnahmen aufmerksam machen*.
- Der Abschlussprüfer muss aufgrund seiner *subsidiären Anzeige- und beschränkten Hinweispflicht* überprüfen, ob der Verwaltungsrat seine Pflichten gemäss Art. 725 Abs. 2 OR einhält, namentlich
  - die Erstellung und Überprüfung der Zwischenbilanzen durch einen zugelassenen Revisor zu Fortführungs- und Veräusserungswerten,
  - getroffene Sanierungsmassnahmen (quantitativ und qualitativ),
  - vereinbarte Rangrücktritte (quantitativ und qualitativ) oder falls notwendig
  - die Benachrichtigung des Gerichts.
- Der Abschlussprüfer muss – sofern der Verwaltungsrat seinen Pflichten gemäss Art. 725 Abs. 2 OR trotz vorgängiger Mahnung nicht nachkommt –
  - bei offensichtlicher Überschuldung das Gericht benachrichtigen,
  - im Revisionsstellenbericht im Sinne der beschränkten Hinweispflicht auf den Gesetzesverstoss aufmerksam machen.

10. Kapitalverlust und Überschuldung

10.17 Vorlagen

10.17.1 Brief an Verwaltungsrat mit Aufforderung, Zwischenbilanz gemäss Art. 725 Abs. 2 OR zu erstellen

[Absender: Revisionsstelle]

EINSCHREIBEN
An den Verwaltungsrat der
[Gesellschaft]
[Domizil]

[Ort, Datum]

Aufforderung, eine Zwischenbilanz gemäss Art. 725 Abs. 2 OR zu erstellen

Sehr geehrte Damen und Herren

Am [Datum] haben wir von der [Gesellschaft] die Jahresrechnung [Jahr] erhalten. Daraus ist ersichtlich, dass die [Gesellschaft] per [Datum] zu Fortführungswerten überschuldet ist. Nach Art. 725 Abs. 2 OR muss der Verwaltungsrat umgehend eine Zwischenbilanz erstellen. Ergibt sich daraus, dass die Forderungen der Gesellschaftsgläubiger weder zu Fortführungs- noch zu Veräusserungswerten gedeckt sind, so hat der Verwaltungsrat den Richter zu benachrichtigen, sofern nicht Gesellschaftsgläubiger im Ausmass dieser Unterdeckung im Rang hinter alle anderen Gesellschaftsgläubiger zurücktreten.

Ist die Gesellschaft offensichtlich überschuldet und unterlässt der Verwaltungsrat die Anzeige, so hat die Revisionsstelle gemäss Art. 729c OR das Gericht zu benachrichtigen.

Mit diesem Schreiben weisen wir Sie auf die obenstehenden Pflichten hin und fordern Sie auf, unverzüglich eine Zwischenbilanz gemäss Art. 725 Abs. 2 OR zu erstellen. Sollten Sie dieser Pflicht bis spätestens am [Frist: max. 4–6 Wochen] nicht nachkommen, werden wir als Revisionsstelle unsere subsidiären Anzeigepflichten wie oben erwähnt erfüllen müssen und das Gericht benachrichtigen.

Freundliche Grüsse

Rechtsgültige Unterschrift
[Name Vorname, Funktion]

Beilagen:
- [Bilanz, aus welcher die Überschuldung zu Fortführungswerten hervorgeht]

10. Kapitalverlust und Überschuldung

10.17.2 Überschuldungsanzeige durch Revisionsstelle (Beispiel 1)

[Absender: Revisionsstelle der offensichtlich überschuldeten Gesellschaft]

EINSCHREIBEN
An den Konkursrichter des
[zuständigen Konkursgerichts]
[Ort]

[Ort, Datum]

Anzeige der offensichtlichen Überschuldung der [Gesellschaft] durch die Revisionsstelle im Sinne von Art. 729c OR

Sehr geehrtes Gericht

Die letzte [ordentliche Jahresbilanz / Zwischenbilanz] vom [Datum] der [Gesellschaft] hat ergeben, dass die Gesellschaft offensichtlich überschuldet ist. Der Verwaltungsrat der [Gesellschaft] hat entgegen den Bestimmungen von Art. 725 Abs. 2 OR den Richter trotz unserer Aufforderung dazu nicht benachrichtigt.

Aufgrund dieser Sachlage informieren wir Sie in Übereinstimmung mit Art. 729c OR darüber, dass die [Gesellschaft] offensichtlich überschuldet ist.

Für allfällige Fragen stehen wir Ihnen gerne zur Verfügung.

Freundliche Grüsse

[Rechtsgültige Unterschrift, Name, Vorname, Funktion]

Beilagen:
- Bilanzen per [Datum] mit Anhang, aus dem die offensichtliche Überschuldung zu Veräusserungswerten und Liquidationswerten ersichtlich ist.
- Prüfungsbericht von [Name der Revisionsgesellschaft, *sofern vorhanden*]

10.17.3 Überschuldungsanzeige durch Revisionsstelle (Beispiel 2)

[Absender: Revisionsstelle der offensichtlich überschuldeten Gesellschaft]

EINSCHREIBEN
An den Konkursrichter
des [zuständigen Konkursgerichts]
[Ort]

[Ort, Datum]

Sehr geehrter Herr Konkursrichter

In Sachen

[Firma]
betreffend

Überschuldungsanzeige gemäss Art. 729c OR

zeigen wir Ihnen hiermit die offensichtliche Überschuldung, i. S. v. Art. 729c OR an.

I. Formelles

1. Die [Firmenbezeichnung] (im folgenden «Gesellschaft») hat ihren Sitz in [Ort], sodass die vorliegende Anzeige in örtlicher Hinsicht an den angerufenen Richter zu richten ist (Art. 46 Abs. 2 SchKG). **BO**: Handelsregisterauszug der Gesellschaft vom [Datum] (Beilage 1)
2. Der Konkursrichter ist sachlich für die Entgegennahme der Anzeige zuständig (Art. 729c OR und Art. 192 SchKG).
3. Die [Firmenbezeichnung] in [Sitz] ist Revisionsstelle i. S. v. Art. 727 ff. OR der Gesellschaft, weshalb sie zur vorliegenden Anzeige legitimiert ist (Art. 729c OR).
   BO: Handelsregisterauszug der Revisionsgesellschaft vom [Datum] (Beilage 2)

II. Materielles

1. Der letzte geprüfte Abschluss der Gesellschaft datiert...
   BO: Revisionsbericht vom [Datum] der gesetzlichen Revisionsstelle zu Handen der Generalversammlung der Gesellschaft für den Abschluss vom [Datum] (Beilage 3)
   [...] VORGESCHICHTE BIS ZUR ANZEIGE BEIM RICHTER]

Gemäss unseren Schätzungen beträgt die offensichtliche Überschuldung der Gesellschaft per [Datum] daher folgende Summe:

10. Kapitalverlust und Überschuldung

Ausgewiesene Überschuldung ungeprüft am [Datum]	CHF	[Betrag]
Nicht verbuchte [...]	CHF	[Betrag]
Geschätzte zusätzliche Verluste vom [Datum] – [Datum]	CHF	[Betrag]
Abzüglich vorhandener Rangrücktrittserklärungen von Aktionären	CHF	[Betrag]
Total offensichtliche Überschuldung	**CHF**	**[Betrag]**

III. Rechtliches

[ALLFÄLLIGE RECHTLICHE BEMERKUNGEN]

Wir werden umgehend nach Versand dieser Überschuldungsanzeige von unserem Mandat zurücktreten.

Wir bitten Sie um Ihre geschätzte Kenntnisnahme.

Mit freundlichen Grüssen

[Unterschrift/en]

Beilagen: Siehe separats Beilagenverzeichnis
Kopie: Gesellschaft

10. Kapitalverlust und Überschuldung

10.17.4 Muster Rangrücktrittsvereinbarung

Quelle: Treuhand-Kammer 2011, Rangrücktrittsvereinbarung. Muster nach Änderung vom 14.11.2011

Rangrücktrittsvereinbarung

zwischen [Firma A] (nachfolgend «Gläubiger»)
und
[Firma B] (nachfolgend «Gesellschaft»)

Der in der Bilanz per [Stichtag] ausgewiesene Bilanzverlust und der schlechte Geschäftsgang der Gesellschaft geben Anlass zur Besorgnis, dass eine Zwischenbilanz eine Überschuldung ausweisen könnte.

[Variante: Die aufgrund von Fortführungswerten errichtete Bilanz (Variante: Zwischenbilanz) der Gesellschaft per (Stichtag) weist eine Überschuldung von CHF (Betrag) aus.]

Der Verwaltungsrat der Gesellschaft erwartet jedoch, dass es ihm in absehbarer Zeit gelingt, die [mögliche] Überschuldung durch geeignete Massnahmen zu beseitigen.

Um zu vermeiden, dass der Verwaltungsrat der Gesellschaft den Richter im Sinne von Art. 725 Abs. 2 OR benachrichtigen muss, vereinbaren die Parteien das Folgende:

1. Forderungen des Gläubigers im Gesamtbetrag von [Betrag] werden gegenüber allen bereits bestehenden und zukünftig entstehenden Forderungen gegen die Gesellschaft im Rang zurückgestellt: Für den Fall der Konkurseröffnung (Art. 175 SchKG, Art. 192 SchKG) und für den Fall der Bestätigung eines Nachlassvertrages mit Vermögensabtretung (Art. 317 SchKG) verzichtet der Gläubiger auf die genannten Forderungen in dem Umfang, in dem das Verwertungsergebnis zur vollen Befriedigung der übrigen Gesellschaftsgläubiger und zur Deckung allfälliger Liquidations-, Stundungs- oder Konkurskosten benötigt wird. Ohne gegenteilige Vereinbarung sind alle im Rang zurückgestellten Forderungen gleichgestellt. Eingeschlossen in den Rangrücktritt sind auch alle auf den hier genannten Forderungen aufgelaufenen und künftig auflaufenden Zinsen. [Variante: Nicht eingeschlossen in den Rangrücktritt sind auf den hier genannten Forderungen aufgelaufene und künftig auflaufende Zinsen.]
2. Die vom Rangrücktritt erfassten Forderungen und Zinsen sind während der Dauer der vorliegenden Vereinbarung gestundet.
3. Die vom Rangrücktritt erfassten Forderungen dürfen weder vollständig noch teilweise bezahlt, noch durch Verrechnung oder Neuerung getilgt, noch neu sichergestellt werden.
4. Im Falle des Konkurses oder der Nachlassliquidation des Gläubigers darf die Gesellschaft eigene Forderungen gegen den Gläubiger mit den vom Rangrücktritt erfassten Forderungen verrechnen.

10. Kapitalverlust und Überschuldung

5. Falls für die vom Rangrücktritt erfassten Forderungen Sicherheiten bestellt wurden, wird das Recht des Gläubigers, aus diesen Sicherheiten Befriedigung zu verlangen, während der Dauer des Rangrücktritts ausgeschlossen. Vorbehalten bleiben durch Dritte bestellte Sicherheiten, für die kein Regressrecht gegenüber der Gesellschaft besteht.
6. Diese Vereinbarung kann durch die Parteien nur aufgehoben werden,
   - wenn sich aus einer nach den Schweizer Prüfungsstandards geprüften (Zwischen-)Bilanz ergibt, dass unter Berücksichtigung aller im Rang zurückgestellten Forderungen sämtliche Verbindlichkeiten der Gesellschaft durch Aktiven gedeckt sind; wird die Gesellschaft ordentlich geprüft, so genügt es, wenn dazu ein zusammenfassender Bericht der Revisionsstelle ohne Erwähnung von Art. 725 Abs. 2 OR vorliegt; oder
   - wenn die vorliegende Vereinbarung durch einen anderen in Höhe und Ausgestaltung genügenden Rangrücktritt ersetzt wird (sei dies durch denselben oder durch einen andern Gläubiger).
7. Diese Vereinbarung fällt dahin,
   - wenn der Gläubiger auf die im Rang zurückgestellten Forderungen endgültig verzichtet oder
   - wenn die im Rang zurückgestellten Forderungen zur Liberierung von Aktienkapital oder von Partizipationskapital der Gesellschaft verwendet werden.
8. Diese Vereinbarung ist vom Verwaltungsrat der Gesellschaft in Würdigung der Bonität des Gläubigers genehmigt worden.
9. Der Gläubiger hat keinen Anspruch darauf, dass der Verwaltungsrat der Gesellschaft während der Dauer dieser Vereinbarung die Benachrichtigung des Richters wegen Überschuldung unterlässt.
10. Diese Vereinbarung untersteht ausschliesslich dem schweizerischen Recht.
11. Gerichtsstand für alle aus dieser Vereinbarung erwachsenden Streitigkeiten ist [Domizil].

[Ort], [Datum]

[Unterschrift Gläubiger]   [Unterschrift Gesellschaft]

Das Textbeispiel «Rangrücktrittsvereinbarung» der Treuhand-Kammer sieht in Ziff. 1 vor, dass der Gesellschaftsgläubiger im Insolvenzfall des Schuldners auf die rangrücktrittsbelastete Forderung verzichtet. Dies ist eine Reaktion auf die Praxis des Bundesgerichts (BGer 4A_277/2010; BGer 4A_478/2008; BGer 4C.58/2007), welche den verantwortlichen Organen die erhaltenen Rangrücktritte betraglich bei der Berechnung des von ihnen verursachten Schadens hinzurechnet (HWP 1, Änderung 4, 7.4.3.3).

10. Kapitalverlust und Überschuldung

10.17.5 Ergänzung zur Mustervereinbarung (flexibler Rangrücktritt) (10.17.4)

[...]
3. Die vom Rangrücktritt erfassten Forderungen dürfen weder vollständig noch teilweise bezahlt, noch durch Verrechnung oder Neuerung getilgt, noch neu sichergestellt werden. Vorbehalten bleibt die Bestimmung zu Ziffer 8.
[...]
8. Der Rangrücktritt entfällt auf einem Teil der Forderung, wenn
   - die Flexibilität des Rangrücktritts im Bilanzanhang von Anfang an dargestellt wird;
   - sich aus einer im Sinne der Schweizer Prüfungsstandards geprüften (Zwischen-)Bilanz ergibt, dass sich die Überschuldung reduziert hat;
   - sich aus demselben Prüfbericht ergibt, dass sich zur Aktivposition in der Bilanz [genaue Bezeichnung einfügen] weder eine Einschränkung noch ein Zusatz wegen objektiver Unüberprüfbarkeit findet;
   - wenn der dadurch frei gewordene Betrag des vorliegenden Rangrücktritts um einen allfällig geplanten Verlust aus dem Budget des nächsten Geschäftsjahres reduziert wurde.
   - Sind alle diese Bedingungen erfüllt, entfällt der Rangrücktritt auf 80 % des frei gewordenen Betrages. Die Betragshöhe muss von der Revisionsstelle schriftlich bestätigt werden. Der Gläubiger verpflichtet sich, den Rangrücktritt in der ursprünglichen Höhe wiederherzustellen, sofern die Überschuldung wieder zunimmt.

[Es folgen die Vertragsformulierungen für die Rangrücktrittsvereinbarung der Treuhand-Kammer.]

10. Kapitalverlust und Überschuldung

10.17.6 Prüfbericht zur Reduktion des Rangrücktritts (flexibler Rangrücktritt)

BERICHT DER REVISIONSSTELLE
an den Verwaltungsrat der
[Name der Gesellschaft], [Ort]

Auftragsgemäss haben wir die auf den [Datum] zu Fortführungswerten erstellte Bilanz der [Name der Gesellschaft] dahin gehend geprüft, ob die Bedingungen gemäss der Rangrücktrittsvereinbarung vom [Datum] erfüllt sind, um den bestehenden Rangrücktritt in Höhe von [Betrag] zu reduzieren.

Verantwortung des Verwaltungsrats
Der Verwaltungsrat ist verantwortlich für die Erstellung dieser Bilanz zu Fortführungswerten und für die Beurteilung sowie für die internen Kontrollen, die der Verwaltungsrat als notwendig erachtet, um die Erstellung einer Bilanz zu ermöglichen, die frei von wesentlichen – beabsichtigten oder unbeabsichtigten – falschen Darstellungen ist.

Verantwortung des Prüfers
Unsere Aufgabe ist es, auf der Grundlage unserer Prüfung ein Prüfungsurteil darüber abzugeben, ob die **Voraussetzungen für die Reduktion der Rangrücktrittsvereinbarung** gegeben sind. Wir haben unsere Prüfung in Übereinstimmung mit den Schweizer Prüfungsstandards durchgeführt. Nach diesen Standards haben wir die beruflichen Verhaltensanforderungen einzuhalten und die Prüfung so zu planen und durchzuführen, dass wir hinreichende Sicherheit darüber erlangen, ob die Voraussetzungen für die Reduktion der Rangrücktrittsvereinbarung gegeben sind.
Eine Prüfung beinhaltet die Durchführung von Prüfungshandlungen, um Prüfungsnachweise für die in der Bilanz enthaltenen Wertansätze und sonstigen Angaben zu erlangen. Die Auswahl der Prüfungshandlungen liegt im pflichtgemässen Ermessen des Prüfers. Dies schliesst die Beurteilung der Risiken wesentlicher – beabsichtigter oder unbeabsichtigter – falscher Darstellungen in der Bilanz ein. Bei der Beurteilung dieser Risiken berücksichtigt der Prüfer das für die Erstellung der Bilanz durch die Einheit relevante interne Kontrollsystem, um Prüfungshandlungen zu planen, die unter den gegebenen Umständen angemessen sind, jedoch nicht mit dem Ziel, ein Prüfungsurteil zur Wirksamkeit des internen Kontrollsystems der Einheit abzugeben. Eine Prüfung umfasst auch die Beurteilung der Angemessenheit der angewandten Rechnungslegungsmethoden und der Vertretbarkeit der vom Verwaltungsrat ermittelten geschätzten Werte in der Rechnungslegung sowie die Beurteilung der Gesamtdarstellung der Bilanz.
Wir sind der Auffassung, dass die von uns erlangten Prüfungsnachweise ausreichend und geeignet sind, um als Grundlage für unser Prüfungsurteil zu dienen.

Prüfungsurteil
Nach unserer Beurteilung sind gemäss der zu Fortführungswerten erstellten Bilanz per [DATUM], mit einer Überschuldung in Höhe von [Betrag] zusammen mit dem reduzierten Rangrücktritt in Höhe von [Betrag], sämtliche Verbindlichkeiten durch Aktiven gedeckt. Die Bestimmungen gemäss Rangrücktrittsvereinbarung zur Reduktion des Rangrücktrittes sind nach unserer Auffassung erfüllt.

[Name Revisionsunternehmen]
[Name Erstunterzeichner]   [Titel oder Funktion]
[Name Zweitunterzeichner]   [Titel oder Funktion]

[Ort], [Datum]

Beilage: Bilanz zu Fortführungswerten

10. Kapitalverlust und Überschuldung

10.17.7 Garantieerklärung, Formulierungsvorschlag als Ergänzung zur Mustervereinbarung der Treuhand-Kammer

Garantieerklärung

Die X AG (im Folgenden «Gesellschaft» oder Garantienehmerin) ist illiquide und wäre zu Liquidationswerten, nicht aber zu Fortführungswerten überschuldet. Als Konsequenz hätte der Verwaltungsrat der Gesellschaft den Richter zu benachrichtigen.

Durch Abgabe der nachfolgenden Garantieerklärung wird es der Gesellschaft ermöglicht, von einer solchen Benachrichtigung abzusehen. Die Garantin und die Garantienehmerin nehmen zur Kenntnis, dass ein Zusatz in den Revisionsbericht aufgenommen wird, wonach der Verwaltungsrat der Garantienehmerin aufgrund der nunmehr abgegebenen Garantieerklärung gemäss den Bestimmungen von Art 725 Abs. 2 OR auf die Benachrichtigung des Richters verzichtet.

Daher verpflichtet sich die Garantin hiermit unwiderruflich und bedingungslos gegenüber der Gesellschaft, Ausfälle aller ihrer Gläubiger vollumfänglich bis zum

Maximalbetrag von CHF [Betrag]

[Betrag in Worten]

auf eigene Rechnung zu übernehmen, das heisst, auf erste Aufforderung der Gesellschaft oder im Zwangsvollstreckungsfalle der entsprechenden Konkurs- oder Nachlassorgane umgehend an die Gesellschaft zu bezahlen. Die Gesellschaft ist frühestens 10 Tage vor Fälligkeit der zu begleichenden Verbindlichkeit zur Zahlungsaufforderung berechtigt.

Guthaben, die der Garantin aus der Inanspruchnahme der Garantie erwachsen, werden einschliesslich auflaufender Zinsen zugunsten aller bestehenden und zukünftigen Forderungen anderer Gläubiger der Gesellschaft im Rang zurückgestellt. Diese Garantieerklärung ist unwiderruflich und unkündbar. Sie kann nur aufgehoben werden [Es folgen die Vertragsformulierungen für die Rangrücktrittsvereinbarung der Treuhand-Kammer.]

[Ort], [Datum]

[Unterschrift Garant]

10. Kapitalverlust und Überschuldung

10.17.8 Muster Sachwalterweisungen

Sachwalterweisungen (an die Geschäftsführung)

1. Während des Konkursaufschubs ist die Sachwalterin beauftragt, Ihre Geschäftsführung zu überwachen. Sie können die Geschäfte unter Aufsicht der Sachwalterin weiter betreiben. Die von Ihnen eingegangenen Verpflichtungen bleiben verbindlich. Wenn Sie diesen Weisungen zuwiderhandeln, kann die Sachwalterin den Konkursrichter benachrichtigen. Dieser kann den Konkursaufschub widerrufen oder die Verfügungsbefugnis über das Vermögen entziehen.
2. Folgende Rechtsgeschäfte sind während des Konkursaufschubs ohne Bewilligung der Sachwalterin nicht gestattet:
    - Anlagevermögen verkaufen oder belasten
    - Pfänder bestellen
    - Bürgschaften eingehen
    - Unentgeltlichen Verfügungen treffen
3. Sämtliche Transaktionen müssen über die mit der Sachwalterin definierten Konti abgewickelt werden. Sie stellen der Sachwalterin Kopien der Kontoauszüge direkt zu. Von einer Änderung der Unterschriftenregelung ist abzusehen.
4. Das Reporting wird an das bereits vorhandene Reporting angelehnt. Es ist wöchentlich auch der Sachwalterin zuzustellen. Es ist ein Kreditoren- und Debitorenstatus per [Datum] zu erstellen.
5. Während des Konkursaufschubs sind die Ausgaben auf ein Minimum zu reduzieren. Verpflichtungsgeschäfte mit einem Gegenwert von über [Betrag] müssen von der Sachwalterin genehmigt sein (Verpflichtungen, die mit Einverständnis der Sachwalterin eingegangen wurden, stellen in einem allfälligen anschliessenden Konkurs- oder Nachlassverfahren Masseverbindlichkeiten dar). Ausnahmen sind Verpflichtungen zur sofortigen Abwendung von Schaden; diese müssen der Sachwalterin unmittelbar nachher zur Genehmigung vorgelegt werden.
6. Während des Konkursaufschubs sind Aufwendungen für Repräsentationen und Werbung zu vermeiden.
7. Eine Bezahlung von Verbindlichkeiten, die vor Gewährung des Konkursaufschubs entstanden sind, ist nur mit Genehmigung der Sachwalterin gestattet. Die Genehmigung wird erteilt für Rechnungen von Lieferanten, die weitere Lieferungen von einer Bezahlung abhängig machen, sowie für andere Leistungen im Interesse der Fortführung des Betriebs.

Diese Sachwalterweisungen können jederzeit abgeändert, ergänzt oder widerrufen werden. Sie dienen dazu, klare Verhältnisse zwischen Ihnen und der Sachwalterin zu schaffen. Wir freuen uns auf eine vertrauensvolle Zusammenarbeit.

10. Kapitalverlust und Überschuldung

10.17.9 Vereinbarung über einen teilweisen Forderungsverzicht

Vereinbarung über einen teilweisen Forderungsverzicht

zwischen:

A AG, [Domizil]

(nachfolgend: **«Gläubigerin»**)

und

B AG, [Domizil]

(nachfolgend: **«Schuldnerin»**)

Feststellungen:
Die Schuldnerin schuldet der Gläubigerin aufgrund eines Darlehens den Betrag von [Betrag] gemäss Bilanz vom [Datum]. Mit Rangrücktrittsvereinbarung vom [Datum] über den Betrag von [Betrag] wurde dieser Betrag zugunsten aller bestehenden und zukünftigen Forderungen aller anderen Gläubiger der Schuldnerin dem Rangrücktritt unterstellt.
Im Zuge der notwendigen Sanierungsmassnahmen, zu welchen die Schuldnerin aufgrund der Bilanz vom [Datum] und gemäss Art. 725 OR verpflichtet ist, treffen die Parteien folgende

Vereinbarung:
1. Die Gläubigerin verzichtet hiermit bedingungslos, unwiderruflich und endgültig auf die oben umschriebene Forderung bis zu einem Betrag von [Betrag], einschliesslich aufgelaufener und bis zum Datum der Unterzeichnung dieser Vereinbarung auflaufender Zinsen. Die Schuldnerin akzeptiert diesen Verzicht.
2. Der gegenüber der Rangrücktrittserklärung im Umfang von [Betrag] bestehende Differenzbetrag von [Betrag] bleibt als mit einem Rangrücktritt belastetes Darlehen gegenüber der Gläubigerin bestehen.
3. Sowohl der Forderungsverzicht wie auch diese Vereinbarung sind unwiderruflich.
4. Der Verwaltungsrat der Schuldnerin hat die finanziellen Verhältnisse der Gläubigerin im Zusammenhang mit dieser Vereinbarung gewürdigt und berücksichtigt.
5. Diese Vereinbarung untersteht schweizerischem Recht.
6. Als Gerichtsstand wird der Sitz der Schuldnerin vereinbart.

Ort, Datum   A AG

Ort, Datum   B AG

11. Erstprüfung – Eröffnungsbestände und Vorjahresangaben

11.1 Inhalt des Kapitels
11.2 Grafische Übersicht
11.3 Eröffnungsbilanz bei Erstprüfungsaufträgen
11.4 Zu empfehlende Prüfungshandlungen für Eröffnungsbestände
11.5 Prüfung der Vorjahreszahlen und Vorjahresangaben
11.6 Berichterstattung über Eröffnungsbestände und Vorjahresangaben
11.7 Zusammenfassung der Anforderungen

11. Erstprüfung – Eröffnungsbestände und Vorjahresangaben

11.1 Inhalt des Kapitels

- Die Vorkehrungen, wenn das Vorjahr von einer anderen Revisionsstelle oder gar nicht geprüft wurde (Opting-out)
- Die Notwendigkeit, zu erkennen, ob die Eröffnungsbestände wesentliche Fehlaussagen enthalten
- Die Berichterstattung, wenn zu den Eröffnungsbeständen etwas festzuhalten ist

11.2 Grafische Übersicht

```
┌─────────────────────────┐  ┌─────────────────────────┐  ┌─────────────────────────┐
│ Jahresrechnung der Vor- │  │ Jahresrechnung der Vor- │  │ Jahresrechnung enthält  │
│ periode wurde nicht     │  │ periode wurde von einer │  │ die Vorjahreszahlen     │
│ geprüft (Opting-out)    │  │ anderen Revisionsstelle │  │                         │
│                         │  │ geprüft                 │  │                         │
└───────────┬─────────────┘  └───────────┬─────────────┘  └───────────┬─────────────┘
            ▼                            ▼                            ▼
┌───────────────────────────────────────────────────────────────────────────────────┐
│ Abschlussprüfer muss den Eröffnungsbeständen und den Vorjahreszahlen              │
│ besondere Beachtung schenken                                                      │
└───────────────────────────────────────┬───────────────────────────────────────────┘
            ┌──────────────────────────┴──────────────────────────┐
            ▼                                                     ▼
      Eröffnungsbestände                                    Vorjahresangaben

 Abstimmung des Vortrags der Vorjahres-         Abstimmung, ob Bilanz, Erfolgsrechnung
 bestände auf neue Rechnung mit den             und Anhang der genehmigten
 Unterlagen des Vorjahres                       Jahresrechnung des Vorjahres entsprechen

 Beurteilung, ob Eröffnungsbestände             Beurteilung, ob Vergleichszahlen den
 keine falschen Angaben enthalten, die          gleichen Rechnungslegungsgrundsätzen
 den Abschluss der Berichtsperiode              entsprechen und keine wesentlichen
 wesentlich beeinflussen                        Fehlaussagen enthalten

 Beurteilung, ob Eröffnungsbestände
 den gleichen Rechnungslegungsgrund-
 sätzen entsprechen wie die der
 Berichtsperiode
```

Abschlussprüfer hat durch geeignete Prüfungshandlungen ausreichend Sicherheit darüber zu erlangen, dass Eröffnungsbestände und Vorjahreszahlen keine wesentlichen falschen Angaben enthalten.

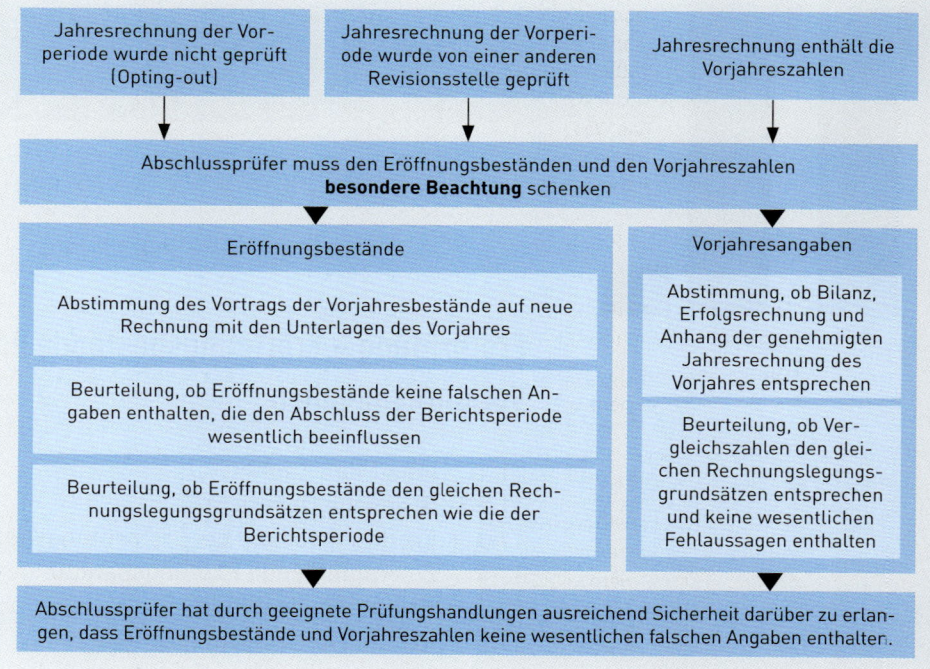

Abbildung 57: Übersicht zur Erstprüfung und zu den Prüfungspflichten betreffend die Eröffnungsbestände

11.3 Eröffnungsbilanz bei Erstprüfungsaufträgen

11.3.1 Definitionen

Eröffnungsbestände sind die Salden der Bilanzkonti bei Beginn einer neuen Rechnungsperiode. Sie basieren auf den Schlussbeständen des Vorjahres und entsprechen den genehmigten Werten und den angewandten Rechnungslegungsgrundsätzen der Vorperiode.

Erstprüfungsaufträge sind neue Prüfungsaufträge, bei denen
- der Abschluss des Vorjahres nicht geprüft wurde oder
- der Abschluss des Vorjahres von einer anderen Revisionsstelle geprüft wurde.

11. Erstprüfung – Eröffnungsbestände und Vorjahresangaben

11.3.2 Gesetzliche Grundlagen

Die gesetzlichen Bestimmungen nehmen nicht direkt Bezug auf die Frage, ob die Eröffnungsbestände sowie die Vorjahreszahlen Gegenstand der eingeschränkten Revision sind. Nach den Grundsätzen der ordnungsmässigen Rechnungslegung sind Eröffnungsbestände und Vorjahresangaben jedoch Bestandteile bzw. grundlegende Elemente der Jahresrechnung und damit Prüfungsgegenstand bei der eingeschränkten Revision (siehe auch die nachfolgend hervorgehobenen Bestimmungen zur Ordnungsmässigkeit der Jahresrechnung):

§ Art. 958c: Ordnungsmässige Rechnungslegung

¹ Für die Rechnungslegung sind insbesondere die folgenden Grundsätze massgebend:
1. Sie muss klar und verständlich sein.
2. **Sie muss vollständig sein.**
3. Sie muss verlässlich sein.
4. Sie muss das Wesentliche enthalten.
5. Sie muss vorsichtig sein.
6. **Es sind bei der Darstellung und der Bewertung stets die gleichen Massstäbe zu verwenden.**
7. Aktiven und Passiven sowie Aufwand und Ertrag dürfen nicht miteinander verrechnet werden.

² Der Bestand der einzelnen Positionen in der Bilanz und im Anhang ist durch ein Inventar oder auf andere Art nachzuweisen.

³ Die Rechnungslegung ist unter Wahrung des gesetzlichen Mindestinhalts den Besonderheiten des Unternehmens und der Branche anzupassen.

§ Art. 958d: Darstellung, Währung und Sprache

¹ Die Bilanz und die Erolgsrechnung können in Konto- oder in Staffelform dargestellt werden. Positionen, die keinen oder nur einen **unwesentlichen Wert aufweisen, brauchen nicht separat** aufgeführt zu werden.

² **In der Jahresrechnung sind neben den Zahlen für das Geschäftsjahr die entsprechenden Werte des Vorjahres anzugeben.**

³ Die Rechnungslegung erfolgt in der Landeswährung oder in der für die Geschäftstätigkeit wesentlichen Währung. Wird nicht die Landeswährung verwendet, so müssen die Werte zusätzlich in der Landeswährung angegeben werden. Die verwendeten Umrechnungskurse sind im Anhang offenzulegen und gegebenenfalls zu erläutern.

⁴ Die Rechnungslegung erfolgt in einer der Landessprachen oder in Englisch.

§ Art. 729a: Gegenstand und Umfang der Prüfung

¹ Die Revisionsstelle prüft, ob Sachverhalte vorliegen, aus denen zu schliessen ist, dass
1. **die Jahresrechnung** nicht den gesetzlichen Vorschriften und den Statuten entspricht,
2. der Antrag des Verwaltungsrates an die Generalversammlung über die Verwendung des Bilanzgewinns nicht den gesetzlichen Vorschriften und den Statuten entspricht.

11. Erstprüfung – Eröffnungsbestände und Vorjahresangaben

² Die Prüfung **beschränkt sich auf Befragungen, analytische Prüfungshandlungen und angemessene Detailprüfungen.**

³ Die Geschäftsführung des Verwaltungsrates ist nicht Gegenstand der Prüfung durch die Revisionsstelle.

Die Vorjahresangaben sind integraler Bestandteil der Jahresrechnung (Art. 958d Abs. 2 OR) und darum durch die Revisionsstelle ebenfalls zu prüfen (Art. 729a Abs. 1 Ziff. 1 OR).

11.3.3 Vorgaben des Berufsstands

Im Standard zur eingeschränkten Revision wird das Thema der Erstprüfung nicht behandelt. Im HWP ER S. 147 wird darauf hingewiesen, dass der neue Abschlussprüfer den Eröffnungsbilanzwerten und den sonstigen Vorjahresangaben «besondere Aufmerksamkeit» schenken muss. Er hat sich zu vergewissern, dass die Eröffnungsbilanzwerte keine Fehlaussagen enthalten, die auf die zu prüfende Jahresrechnung wesentlichen Einfluss haben könnten, und dass die Rechnungslegungsgrundsätze immer gleich angewandt wurden. Allfällige Abweichungen oder Korrekturen fehlerhafter Eröffnungswerte sind im Anhang offenzulegen.

Für die Prüfung der Eröffnungsbilanzwerte gelten bei der eingeschränkten Revision die allgemein gültigen Risiko- und Wesentlichkeitsüberlegungen (Kapitel 6.3). Erfolgt die Erstprüfung nach einem Opting-out, hat der neue Abschlussprüfer bei der Risikobeurteilung die Qualität des Rechnungswesens und die Kompetenz und Zuverlässlichkeit der für die Rechnungslegung Verantwortlichen kritisch zu beurteilen. Wurde die Vorjahresrechnung von einer anderen Revisionsstelle geprüft, wird er sich Gedanken über die fachliche Kompetenz und die Unabhängigkeit der bisherigen Revisionsstelle machen.

Die umfassenden Bestimmungen der Schweizer Prüfungsstandards PS 510, «Eröffnungsbilanzwerte bei Erstprüfungsaufträgen», müssen nicht angewandt werden. Allerdings erscheint es hilfreich, sich daran zu orientieren, im Bewusstsein der eingeschränkten Natur der Revision.

Bei der eingeschränkten Revision beschränkt sich die Prüfung auf Befragungen, analytische Prüfungshandlungen und angemessene Detailprüfungen.

11.4 Zu empfehlende Prüfungshandlungen für Eröffnungsbestände

Die Prüfungshandlungen für die Eröffnungsbestände sind integraler Bestandteil der eingeschränkten Revision. Es handelt sich nicht um eine andere gesetzliche Prüfung, sodass der Standard für die eingeschränkte Revision sinngemäss anzuwenden ist.

Der Prüfungsansatz orientiert sich grundsätzlich an der Wesentlichkeit sowie am Prüfungsrisiko, d.h. daran, dass der Abschlussprüfer wesentliche Fehlaussagen – mit einer weniger hohen Sicherheit als bei der ordentlichen Revision – in der Jahresrechnung erkennt. Der risikoorientierte Prüfungsansatz setzt eine angemessene Risikobeurteilung (Beurteilung der Anfälligkeit für wesentliche Fehlaussagen mittels Beurteilung von Tätigkeit und Umfeld der Unternehmen, analytischer Prüfungshandlungen und Beurteilung der inhärenten Risiken) und eine entsprechende Prüfungsdurchführung voraus (weitergehende Prüfungshandlungen bei erhöhten Risiken).

11. Erstprüfung – Eröffnungsbestände und Vorjahresangaben

Die durchzuführenden Prüfungen beschränken sich auf die in Art. 729a Abs. 2 OR genannten Befragungen, analytische Prüfungshandlungen und angemessene Detailprüfungen.

Im Standard zur eingeschränkten Revision werden im Anhang D die folgenden gebräuchlichen Prüfungshandlungen empfohlen, welche einen Bezug zum Vorjahr haben:
- Befragung über allfällige Änderungen der Darstellung der Jahresrechnung oder der Bewertungsgrundsätze,
- Abstimmung des Vortrages der Vorjahresbestände auf neue Rechnung mit Unterlagen des Vorjahres (von der Generalversammlung genehmigte Jahresrechnung).

Diese Prüfungshandlungen reichen aus, um zu bestätigen, dass die Eröffnungsbestände gleichlautend auf die Berichtsperiode übertragen wurden. Sie genügen in der Regel jedoch nicht, um ausreichende Prüfungssicherheit darüber zu erlangen, dass die Eröffnungsbestände keine wesentlichen Fehlaussagen enthalten und den Anforderungen der anzuwendenden Rechnungslegungsvorschriften entsprechen. Die für einen solchen Prüfungsnachweis darüber hinaus durchzuführenden Prüfungen hängen von der Risikobeurteilung ab.

Ergibt eine Risikobeurteilung keine besonderen Anfälligkeiten für wesentliche Fehlaussagen in den Eröffnungsbeständen, z.B. weil die Prüfung der Vorjahresrechnung durch eine unabhängige und kompetente Revisionsgesellschaft durchgeführt wurde und keine Abweichung vom Standardwortlaut im Revisionsbericht vorgenommen werden musste, wird sich der Abschlussprüfer auf minimale Prüfungshandlungen beschränken können:
- Befragung über allfällig festgestellte Fehler in den Vorjahreszahlen, welche im Berichtjahr korrigiert wurden oder noch zu korrigieren sind,
- Befragung über wesentliche Veränderungen bei den Eröffnungsbeständen gegenüber den Endbeständen im Berichtsjahr.

Ist von erhöhten Risiken auszugehen, z.B. weil die Vorjahresrechnung nicht oder möglicherweise unsorgfältig geprüft wurde und/oder die Ergebnisse anderer Prüfungen auf mögliche Abweichungen hindeuten, wird der Abschlussprüfer noch weiter prüfen, um ausreichend geeignete Prüfungsnachweise darüber zu erlangen, dass in den Eröffnungsbeständen keine wesentlichen Fehlaussagen enthalten sind. Dies können folgende Prüfungen sein, die in der Regel Teil der Prüfungshandlungen für das laufende Jahr sein können.

- Umlaufvermögen und kurzfristige Verbindlichkeiten:
  Weitergehende analytische Prüfungen:
  - Plausibilisierung der Abweichungen zwischen den abgestimmten Eröffnungsbeständen und den zu prüfenden Endbeständen im Berichtsjahr.

  Weitergehende Detailprüfungen:
  - Abstimmung der Bestandesnachweise (Bankauszüge, Offen-Posten-Listen, Inventare des Vorjahres) mit den Eröffnungsbeständen.
  - Beurteilung der Angemessenheit der Bewertungsansätze und Beurteilen der Fremdwährungsumrechnungen der Eröffnungsbestände.
  - Durchsicht der entsprechenden Hauptbuchkonti (inkl. Gegenkonti) auf ungewöhnliche Buchungen hin.

- Anlagevermögen und langfristige Verbindlichkeiten:
  Weitergehende analytische Prüfung:
  - Plausibilisierung der Abweichungen zwischen den abgestimmten Eröffnungsbeständen und den zu prüfenden Endbeständen im Berichtsjahr.

11. Erstprüfung – Eröffnungsbestände und Vorjahresangaben

Weitergehenden Detailprüfungen:
- Abstimmung der Bestandesnachweise (Anlagespiegel, Inventare, Offen-Posten-Listen, Verträge des Vorjahres) mit den Eröffnungsbeständen.
- Durchsicht der entsprechenden Hauptbuchkonti (inkl. Gegenkonti) auf ungewöhnliche Buchungen hin.

Prüfungshandlungen, die nicht Bestandteil der eingeschränkten Revision sind (u. a. Saldobestätigungen einholen, Teilnahme an der Inventur usw., vgl. Kapitel 2.7), gehören nicht zu einer Erstprüfung – auch wenn die Jahresrechnung der Vorperiode ordentlich geprüft wurde. Unterlagen aus dem Vorjahr, welche bei der eingeschränkten Revision nicht einverlangt werden müssen (z. B. Bankbestätigungen, Bewertungsgutachten), können bei der Beurteilung der Eröffnungsbestände mitberücksichtigt werden.

Die Einsichtnahme in die Arbeitspapiere eines anderen Prüfers ist bei der eingeschränkten Revision gemäss SER im Gegensatz zur ordentlichen Revision nach PS 510, Erstprüfungen – Eröffnungsbestände, nicht vorgesehen. Gemäss HWP ER S.174 ist der Entscheid dazu dem Abschlussprüfer überlassen.

11.5 Prüfung der Vorjahreszahlen und Vorjahresangaben

Die Vergleichszahlen der Vorperiode sind nach Art. 958d Abs. 2 OR Bestandteil der Jahresrechnung. Die betragsmässigen und anderen Angaben über die Vorperiode sind darum Bestandteil der zu prüfenden Jahresrechnung der Berichtsperiode und für eine zuverlässige Beurteilung der Vermögens- und Ertragslage nach den Grundsätzen ordnungsmässiger Rechnungslegung unerlässlich und deshalb Prüfungsgegenstand (HWP 2, S. 581). Der Abschlussprüfer muss dementsprechend – analog der Beurteilung der Eröffnungsbestände – ebenfalls ausreichend geeignete Prüfungsnachweise darüber erlangen, dass
- die Jahresrechnung (und damit die Vorjahreszahlen) nach den Grundsätzen der ordnungsmässigen Rechnungslegung aufgestellt ist,
- allfällige zulässige Abweichungen von den Rechnungslegungsgrundsätzen im Anhang offengelegt und begründet sind (Art. 959c Abs. 1 OR),
- die Vergleichszahlen der von der Generalversammlung genehmigten Jahresrechnung des Vorjahres entsprechen,
- die Vergleichszahlen und Informationen in allen wesentlichen Punkten den anzuwendenden Rechnungslegungsnormen des geprüften Abschlusses entsprechen.

Ergibt die Risikobeurteilung keine besonderen Anfälligkeiten für wesentliche Fehlaussagen in den Vorjahreszahlen und den anderen Angaben, z. B. weil hinreichende Prüfungsnachweise für die korrekten Eröffnungsbestände bestehen, beschränkt sich die Prüfung der Korrektheit der Vorjahreszahlen und der anderen Angaben auf die Abstimmung der Vergleichszahlen und der anderen Angaben mit der von der Generalversammlung genehmigten Jahresrechnung.

Ist jedoch davon auszugehen, dass die Vorjahreszahlen und die anderen Angaben nicht in allen wesentlichen Punkten den anzuwendenden Rechnungslegungsnormen entsprechen und damit den Bilanzleser in seinen Entscheidungen negativ beeinflussen könnten, wird der Abschlussprüfer weitergehende Prüfungen vornehmen müssen. Dies erfolgt mittels Abstimmung der Vergleichszahlen mit den in der Vorperiode gemachten Angaben und mittels Beurteilung, ob die Rechnungslegungsgrundsätze für die Vergleichsperiode mit denen der Berichtsperiode übereinstimmen (HWP 2, S. 581).

11. Erstprüfung – Eröffnungsbestände und Vorjahresangaben

11.6 Berichterstattung über Eröffnungsbestände und Vorjahresangaben

Bei der Prüfung von Eröffnungsbeständen und den Vorjahreszahlen werden folgende festgestellte Sachverhalte zu Abweichungen vom Standardwortlaut im Revisionsbericht führen:

Abweichungen vom Normalwortlaut	Beispiel
Die Jahresrechnung im Vorjahr wurde von einer anderen Revisionsstelle geprüft.	1
Im Bericht der Revisionsstelle des Vorjahres wurde vom Standardwortlaut abgewichen.	2
Die Jahresrechnung im Vorjahr wurde aufgrund eines Opting-out nicht geprüft.	3
Einschränkungen	
Die Eröffnungsbestände konnten trotz Prüfung nicht beurteilt werden.	4
Die Eröffnungsbestände und Vorjahresangaben enthalten *wesentliche* Fehlaussagen, die im Berichtsjahr ohne weitere Angaben im Anhang korrigiert wurden.	5
Die Eröffnungsbestände und Vorjahresangaben enthalten *grundlegende* Fehlaussagen, die im Berichtsjahr ohne weitere Angaben im Anhang korrigiert wurden.	6
Die Eröffnungsbestände, Vorjahresangaben und Werte der Berichtsperiode enthalten wesentliche Fehlaussagen – das Vorjahr ist ungeprüft oder geprüft, aber ohne Abweichung vom Normalwortlaut.	7
Im Bericht des Vorjahres wurde vom Standardwortlaut abgewichen (Einschränkung); der Grund für die Abweichung besteht im Berichtsjahr immer noch.	8
Der Bericht des Vorjahres weicht vom Standardwortlaut ab (Einschränkung); der Grund für die Abweichung besteht im Berichtsjahr nicht mehr.	9
Zusätze	
Im Bericht des Vorjahres wurde vom Standardwortlaut abgewichen (Einschränkung); die nötigen Korrekturen wurden im Berichtsjahr vorgenommen.	10
Im Berichtsjahr festgestellter Fehler im Vorjahresabschluss, zu dem keine Einschränkung gemacht wurde; dieser wurde im Berichtsjahr korrigiert, und es wurden dazu sachgemässe Angaben im Anhang gemacht.	11

Bei den folgenden Berichtsbeispielen handelt es sich um Vorlagen in Anlehnung an SER S. 79 und HWP ER, S. 228, «Redaktionelle Anpassungen».

1. Die Jahresrechnung im Vorjahr wurde von einer anderen Revisionsstelle geprüft

> Bericht der Revisionsstelle zur eingeschränkten Revision an die Generalversammlung der [Firma], [Ort]
>
> Als Revisionsstelle haben wir die Jahresrechnung (Bilanz, Erfolgsrechnung und Anhang) für das am [Stichtag] abgeschlossene Geschäftsjahr geprüft. **Die eingeschränkte Revision der Vorjahresangaben ist von einer anderen Revisionsstelle vorgenommen worden. In ihrem Bericht vom [Datum] hat diese eine uneingeschränkte Prüfungsaussage gemacht.**

11. Erstprüfung – Eröffnungsbestände und Vorjahresangaben

2. Im Bericht der Revisionsstelle des Vorjahres wurde vom Standardwortlaut abgewichen

> ●
>
> Bericht der Revisionsstelle zur eingeschränkten Revision an die Generalversammlung der [Firma], [Ort]
>
> Als Revisionsstelle haben wir die Jahresrechnung (Bilanz, Erfolgsrechnung und Anhang) für das am [Stichtag] abgeschlossene Geschäftsjahr geprüft. **Die eingeschränkte Revision der Vorjahresangaben ist von einer anderen Revisionsstelle vorgenommen worden. In ihrem Bericht vom [Datum] hat diese infolge ungenügender Wertberichtigungen in Höhe von rund [Betrag] eine eingeschränkte Prüfungsaussage zur Bewertung der Warenvorräte gemacht.** [...]

Bemerkungen:
- Wurden die Fehlaussagen aus dem Vorjahr nicht korrigiert, sodass der Grund für eine Einschränkung immer noch besteht, erfolgt die weitere Berichterstattung nach Beispiel Nr. 8.
- Wurden die Fehlaussagen aus dem Vorjahr korrigiert und im Anhang erläutert, sollte zum besseren Verständnis ein Zusatz gemäss Beispiel Nr. 10 angebracht werden.

3. Die Jahresrechnung im Vorjahr wurde aufgrund eines Opting-out nicht geprüft

> ●
>
> Bericht der Revisionsstelle zur eingeschränkten Revision an die Generalversammlung der [Firma], [Ort]
>
> Als Revisionsstelle haben wir die Jahresrechnung (Bilanz, Erfolgsrechnung und Anhang) für das am [Stichtag] abgeschlossene Geschäftsjahr geprüft. **Die Vergleichszahlen in der Jahresrechnung wurden im Vorjahr aufgrund eines Opting-out nicht geprüft.** [...]

Die folgenden Berichtsbeispiele, enthalten Vorschläge für zweckmässige Offenlegungen

4. Die Eröffnungsbestände konnten trotz Prüfung nicht hinreichend beurteilt werden

> ●
>
> Bericht der Revisionsstelle zur eingeschränkten Revision an die Generalversammlung der [Firma], [Ort]
>
> Als Revisionsstelle haben wir die Jahresrechnung (Bilanz, Erfolgsrechnung und Anhang) für das am [Stichtag] abgeschlossene Geschäftsjahr geprüft. **Die Vergleichszahlen in der Jahresrechnung wurden im Vorjahr aufgrund eines Opting-out nicht geprüft.** [...] **[Variante: Die eingeschränkte Revision der Vorjahresangaben ist von einer anderen Revisionsstelle vorgenommen worden.]**
>
> Für die Jahresrechnung ist [...].

11. Erstprüfung – Eröffnungsbestände und Vorjahresangaben

> **Mit Ausnahme des im nachstehenden Absatz dargelegten Sachverhalts erfolgte** unsere Revision nach dem Schweizer Standard zur eingeschränkten Revision. [...]
>
> **Zur Beurteilung der Eröffnungsbestände ist Folgendes zu bemerken: Wir haben die Eröffnungsbestände zu wesentlichen Positionen nicht prüfen können, da uns dafür – trotz unserer nachdrücklichen Aufforderung dazu – keine geeigneten Unterlagen zur Verfügung gestellt wurden.**
>
> Bei unserer Revision sind wir – mit Ausnahme der möglichen Auswirkung des im vorstehenden Absatz dargelegten Sachverhalts zu den Eröffnungsbeständen bzw. Vorjahresangaben – nicht auf Sachverhalte gestossen, aus denen wir schliessen müssten, dass die Jahresrechnung sowie der Antrag über die Verwendung des Bilanzgewinns nicht Gesetz und Statuten entsprechen. [...]

Variante: Unmöglichkeit einer Prüfungsaussage, wenn die mögliche Auswirkung auf die Jahresrechnung grundlegend ist: «Wegen der möglichen Auswirkung des im vorstehenden Absatz dargelegten Sachverhalts sind wir nicht in der Lage, eine Prüfungsaussage zu machen.»

5. Die Eröffnungsbestände und Vorjahresangaben enthalten wesentliche Fehlaussagen, die im Berichtsjahr ohne weitere Angaben im Anhang korrigiert wurden

> Bericht der Revisionsstelle zur eingeschränkten Revision an die Generalversammlung der [Firma], [Ort]
>
> Als Revisionsstelle haben wir die Jahresrechnung (Bilanz, Erfolgsrechnung und Anhang) für das am [Stichtag] abgeschlossene Geschäftsjahr geprüft. **Die Vergleichszahlen in der Jahresrechnung wurden nicht geprüft. [Variante: Die eingeschränkte Revision der Vorjahresangaben ist von einer anderen Revisionsstelle vorgenommen worden. In ihrem Bericht vom (Datum) hat diese eine uneingeschränkte Prüfungsaussage gemacht.]**
>
> Für die Jahresrechnung ist [...].
>
> Unsere Revision erfolgte nach [...].
>
> **Zur Beurteilung der Eröffnungsbestände und der Vorjahrsangaben ist Folgendes zu bemerken: Der Eröffnungsbestand der Warenvorräte enthält infolge ungenügender Wertberichtigungen eine Überbewertung in Höhe von rund [Betrag]. Die erforderliche Korrektur wurde im Berichtsjahr – ohne sachgemässe Angaben im Anhang – vorgenommen.**
>
> Bei unserer Revision sind wir – mit Ausnahme des im vorstehenden Absatz dargelegten Sachverhalts zu den Eröffnungsbeständen und den Vorjahresangaben – nicht auf Sachverhalte gestossen, aus denen wir schliessen müssten, dass die Jahresrechnung sowie der Antrag über die Verwendung des Bilanzgewinns nicht Gesetz und Statuten entsprechen.

11. Erstprüfung – Eröffnungsbestände und Vorjahresangaben

6. Die Eröffnungsbestände und Vorjahresangaben enthalten grundlegende Fehlaussagen, die im Berichtsjahr ohne weitere Angaben im Anhang korrigiert wurden

> 🔴
>
> Bericht der Revisionsstelle zur eingeschränkten Revision an die Generalversammlung der [Firma], [Ort]
>
> Als Revisionsstelle haben wir die Jahresrechnung (Bilanz, Erfolgsrechnung und Anhang) für das am [Stichtag] abgeschlossene Geschäftsjahr geprüft. **Die Vergleichszahlen in der Jahresrechnung wurden nicht geprüft. [Variante: Die eingeschränkte Revision der Vorjahresangaben ist von einer anderen Revisionsstelle vorgenommen worden. In ihrem Bericht vom (Datum) hat diese eine uneingeschränkte Prüfungsaussage gemacht.]**
>
> Für die Jahresrechnung ist [...].
>
> Unsere Revision erfolgte nach [...].
>
> **Zur Beurteilung der Eröffnungsbestände und der Vorjahresangaben ist Folgendes zu bemerken: Der Eröffnungsbestand der Warenvorräte enthält infolge ungenügender Wertberichtigungen eine Überbewertung in Höhe von rund [Betrag]. Dementsprechend sind das Ergebnis und das Eigenkapital im Vorjahr grundlegend falsch dargestellt. Die erforderliche Korrektur wurde im Berichtsjahr – ohne sachgemässe Angaben im Anhang – vorgenommen.**
>
> Bei unserer Revision sind wir – mit Ausnahme des im vorstehenden Absatz dargelegten Sachverhalts zu den Eröffnungsbeständen und den Vorjahresangaben – nicht auf Sachverhalte gestossen, aus denen wir schliessen müssten, dass die Jahresrechnung sowie der Antrag über die Verwendung des Bilanzgewinns nicht Gesetz und Statuten entsprechen.

Bemerkungen:
Da die Fehlaussage im Eröffnungsbestand den Abschluss in der Berichtsperiode nicht mehr beeinflusst, weil eine entsprechende Korrektur vorgenommen wurde, ist eine eingeschränkte (anstelle einer verneinenden) Prüfungsaussage ausreichend.

11. Erstprüfung – Eröffnungsbestände und Vorjahresangaben

7. Die Eröffnungsbestände, Vorjahresangaben und Werte der Berichtsperiode enthalten wesentliche Fehlaussagen – das Vorjahr ist ungeprüft oder geprüft aber ohne Abweichung vom Normalwortlaut

● Bericht der Revisionsstelle zur eingeschränkten Revision an die Generalversammlung der [Firma], [Ort]

Als Revisionsstelle haben wir die Jahresrechnung (Bilanz, Erfolgsrechnung und Anhang) für das am [Stichtag] abgeschlossene Geschäftsjahr geprüft. **Die Vergleichszahlen in der Jahresrechnung wurden nicht geprüft. [Variante: Die eingeschränkte Revision der Vorjahresangaben ist von einer anderen Revisionsstelle vorgenommen worden. In ihrem Bericht vom (Datum) hat diese eine uneingeschränkte Prüfungsaussage gemacht.]**

Für die Jahresrechnung ist [...].

Unsere Revision erfolgte nach [...].

Zur Beurteilung der Eröffnungsbestände, der Vorjahresangaben und zur Bewertung ist Folgendes zu bemerken: Der Eröffnungsbestand der Warenvorräte enthält infolge fehlender Wertberichtigungen eine Überbewertung in Höhe von rund [Betrag]; dementsprechend sind das Ergebnis und das Eigenkapital im Vorjahr zu günstig ausgewiesen.

Im Berichtsjahr enthalten die Warenvorräte weiterhin unkurante Handelswaren, die nicht wertberichtig worden sind. Hierdurch sind die Warenvorräte um rund [Betrag] überbewertet; dementsprechend sind das Ergebnis und das Eigenkapital zu günstig ausgewiesen.

Bei unserer Revision sind wir – mit Ausnahme der im vorstehenden Absatz dargelegten Sachverhalte – nicht auf Sachverhalte gestossen, aus denen wir schliessen müssten, dass die Jahresrechnung sowie der Antrag über die Verwendung des Bilanzgewinns nicht Gesetz und Statuten entsprechen.

Variante: Verneinende Prüfungsaussage, wenn die Auswirkungen der Fehlaussagen auf die Jahresrechnung grundlegend sind:
«Wegen der Auswirkung der im vorstehenden Absatz dargelegten Sachverhalte entsprechen die Jahresrechnung sowie der Antrag über die Verwendung des Bilanzgewinns nicht Gesetz und Statuten.»

11. Erstprüfung – Eröffnungsbestände und Vorjahresangaben

8. Im Bericht des Vorjahres wurde vom Standardwortlaut abgewichen (Einschränkung); der Grund für die Abweichung besteht im Berichtsjahr immer noch

Bericht der Revisionsstelle zur eingeschränkten Revision an die Generalversammlung der [Firma], [Ort]

Als Revisionsstelle haben wir die Jahresrechnung (Bilanz, Erfolgsrechnung und Anhang) für das am [Stichtag] abgeschlossene Geschäftsjahr geprüft. **Die eingeschränkte Revision der Vorjahresangaben ist von einer anderen Revisionsstelle vorgenommen worden. In ihrem Bericht vom [Datum] hat diese eine eingeschränkte Prüfungsaussage zur Bewertung der Warenvorräte infolge ungenügender Wertberichtigungen in Höhe von rund [Betrag] gemacht.**

Für die Jahresrechnung ist [...].

Unsere Revision erfolgte nach [...].

Zur Beurteilung der Eröffnungsbestände, der Vorjahresangaben und zur Bewertung ist Folgendes zu bemerken: Der Eröffnungsbestand der Warenvorräte enthält infolge fehlender Wertberichtigungen eine Überbewertung in Höhe von rund [Betrag]; dementsprechend sind das Ergebnis und das Eigenkapital im Vorjahr zu günstig ausgewiesen.

Im Berichtsjahr enthalten die Warenvorräte weiterhin unkurante Handelswaren, die nicht wertberichtigt worden sind. Hierdurch sind die Warenvorräte um rund [Betrag] überbewertet; dementsprechend sind das [Ergebnis] und das Eigenkapital zu günstig ausgewiesen.

Bei unserer Revision sind wir – mit Ausnahme der im vorstehenden Absatz dargelegten Sachverhalte – nicht auf Sachverhalte gestossen, aus denen wir schliessen müssten, dass die Jahresrechnung sowie der Antrag über die Verwendung des Bilanzgewinns nicht Gesetz und Statuten entsprechen.

Variante: Verneinende Prüfungsaussage, wenn die Auswirkungen der Fehlaussagen auf die Jahresrechnung grundlegend sind:
«Wegen der Auswirkung der im vorstehenden Absatz dargelegten Sachverhalte entsprechen die Jahresrechnung sowie der Antrag über die Verwendung des Bilanzgewinns nicht Gesetz und Statuten.»

11. Erstprüfung – Eröffnungsbestände und Vorjahresangaben

9. Im Bericht des Vorjahres wurde vom Standardwortlaut abgewichen (Einschränkung); der Grund für die Abweichung besteht im Berichtsjahr nicht mehr

> ● Bericht der Revisionsstelle zur eingeschränkten Revision an die Generalversammlung
> [Firma], [Ort]
>
> Als Revisionsstelle haben wir die Jahresrechnung (Bilanz, Erfolgsrechnung und Anhang) für das am [Stichtag] abgeschlossene Geschäftsjahr geprüft. **Die eingeschränkte Revision der Vorjahresangaben ist von einer anderen Revisionsstelle vorgenommen worden. In ihrem Bericht vom [Datum] hat diese eine eingeschränkte Prüfungsaussage zur Bewertung der Warenvorräte infolge ungenügender Wertberichtigungen in Höhe von rund [Betrag] gemacht.**
>
> Für die Jahresrechnung ist [...].
>
> Unsere Revision erfolgte nach [...].
>
> **Zu den Vorjahreszahlen ist Folgendes zu bemerken: Im Vorjahr wurden die Warenvorräte mangels ausreichender Wertberichtigungen um rund [Betrag] überbewertet; dementsprechend sind das Ergebnis und das Eigenkapital im Vorjahr zu günstig ausgewiesen. Da im Berichtsjahr keine Warenvorräte mehr bilanziert sind, besteht der Grund dieser Einschränkung zur Bewertung der Warenvorräte im Berichtsjahr nicht mehr.**
>
> Bei unserer Revision sind wir – mit Ausnahme des im vorstehenden Absatz zu den Vorjahreszahlen dargelegten Sachverhalts – nicht auf Sachverhalte gestossen, aus denen wir schliessen müssten, dass die Jahresrechnung sowie der Antrag über die Verwendung des Bilanzgewinns nicht Gesetz und Statuten entsprechen.

11. Erstprüfung – Eröffnungsbestände und Vorjahresangaben

10. Im Bericht des Vorjahres wurde vom Standardwortlaut abgewichen (Einschränkung); die erforderlichen Korrekturen wurden im Berichtsjahr vorgenommen

> Bericht der Revisionsstelle zur eingeschränkten Revision an die Generalversammlung der [Firma], [Ort]
>
> Als Revisionsstelle haben wir die Jahresrechnung (Bilanz, Erfolgsrechnung und Anhang) für das am [Stichtag] abgeschlossene Geschäftsjahr geprüft. **Die eingeschränkte Revision der Vorjahresangaben ist von einer anderen Revisionsstelle vorgenommen worden. In ihrem Bericht vom [Datum] hat diese eine eingeschränkte Prüfungsaussage zur Bewertung der Warenvorräte infolge ungenügender Wertberichtigungen in Höhe von rund [Betrag] gemacht.**
>
> Für die Jahresrechnung ist […].
>
> Unsere Revision erfolgte nach […].
>
> Bei unserer Revision sind wir nicht auf Sachverhalte gestossen, aus denen wir schliessen müssten, dass die Jahresrechnung sowie der Antrag über die Verwendung des Bilanzgewinns nicht Gesetz und Statuten entsprechen.
>
> **Wir machen darauf aufmerksam, dass die im Vorjahr bestehende Überbewertung der Warenvorräte gemäss den Angaben im Anhang erfolgswirksam korrigiert worden ist.**

11. Erstprüfung – Eröffnungsbestände und Vorjahresangaben

11. Im Berichtsjahr festgestellter Fehler im Vorjahresabschluss, zu dem keine Einschränkung gemacht wurde; dieser wurde in der Jahresrechnung der Berichtsperiode korrigiert, und es wurden dazu sachgemässe Angaben im Anhang gemacht

> Bericht der Revisionsstelle zur eingeschränkten Revision an die Generalversammlung der [Firma], [Ort]
>
> Als Revisionsstelle haben wir die Jahresrechnung (Bilanz, Erfolgsrechnung und Anhang) für das am [Stichtag] abgeschlossene Geschäftsjahr geprüft. **Die eingeschränkte Revision der Vorjahresangaben ist von einer anderen Revisionsstelle vorgenommen worden. In ihrem Bericht vom [Datum] hat diese eine uneingeschränkte Prüfungsaussage gemacht.**
>
> Für die Jahresrechnung ist [...].
>
> Unsere Revision erfolgte nach [...].
>
> Bei unserer Revision sind wir nicht auf Sachverhalte gestossen, aus denen wir schliessen müssten, dass die Jahresrechnung sowie der Antrag über die Verwendung des Bilanzgewinnnicht Gesetz und Statuten entsprechen.
>
> **Wir machen auf die Anmerkung [Nummer/Bezeichnung] im Anhang aufmerksam, nach der im Berichtsjahr eine ungenügende Wertberichtigung der Warenvorräte im Vorjahr feststellt wurde. Gemäss den Angaben im Anhang ist die Korrektur erfolgswirksam vorgenommen worden.**

11.7 Zusammenfassung der Anforderungen

- Der Abschlussprüfer muss *bei Erstprüfungen den Eröffnungsbeständen in der Bilanz besondere Aufmerksamkeit* schenken.
- Wurden die Vorjahreszahlen (*Opting-out*) nicht oder von einer anderen Revisionsstelle möglicherweise unsorgfältig geprüft, muss der Abschlussprüfer von einer *erhöhten Anfälligkeit für Fehlausagen in den Eröffnungsbeständen* sowie in den Vorjahresangaben ausgehen.
- Der Abschlussprüfer muss *hinreichende Prüfungsnachweise dafür haben*, dass die *Eröffnungsbestände und die Vorjahresangaben* keine wesentlichen Fehlaussagen enthalten.
- Der Abschlussprüfer muss bei der eingeschränkten Revision *Befragungen, analytische Prüfungen und angemessene Detailprüfungen* zu den Eröffnungsbeständen und den Vorjahresangaben durchführen.

12. Vertiefung zu Bestands- und Bewertungsprüfungen

12.1 Inhalt des Kapitels
12.2 Grafische Übersicht
12.3 Prüfungsziele bei der eingeschränkten Revision
12.4 Bestandsprüfungen
12.5 Beispiel einer typischen Bestandsprüfung
12.6 Bewertungsprüfungen
12.7 Beispiel einer typischen Bewertungsprüfung
12.8 Zusammenfassung der Anforderungen

12. Vertiefung zu Bestands- und Bewertungsprüfungen

12.1 Inhalt des Kapitels

- Die Aussagen zur Jahresrechnung (Prüfungsziele)
- Die erforderlichen Prüfungshandlungen für ausreichend geeignete Prüfungsnachweise
- Im Vordergrund stehen Bestands- und Bewertungsprüfungen

12.2 Grafische Übersicht

Prüfungsziele der eingeschränkten Revision

- Vorhandensein
- Rechte und Verpflichtungen
- Eintritt
- Vollständigkeit
- Bewertung
- Erfassung und Periodenabgrenzung
- Darstellung und Offenlegung

Konzept der Bestands- und Bewertungsprüfungen:
Schwerpunkt: Detailprüfungen.
Plausibilisierung durch analytische Prüfungshandlungen.
Bestätigung durch Befragungen.
Bei erhöhten Risiken: weitergehende Prüfungshandlungen.

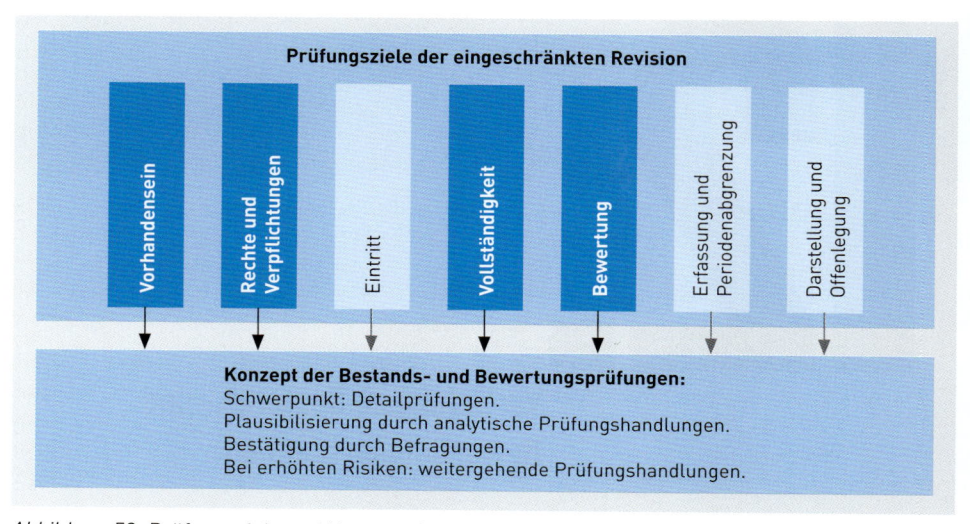

Abbildung 58: Prüfungsziele und Konzept der bestands- und bewertungsorientierten Prüfungen

12.3 Prüfungsziele bei der eingeschränkten Revision

Ziel der eingeschränkten Revision ist, mit einer mittelhohen Zusicherung (Kapitel 1.9) den Nachweis zu erbringen, dass die Jahresrechnung frei von wesentlichen Fehlaussagen ist. Der Abschlussprüfer wird ausreichend geeignete Prüfungsnachweise darüber erlangen,

- ob ein Vermögenswert bzw. eine Verpflichtung am Stichtag wirklich vorhanden ist (Vorhandensein),
- ob ein Vermögenswert bzw. eine Verpflichtung am Stichtag dem Unternehmen zuzuordnen ist (Rechte und Pflichten),
- ob eine Transaktion oder ein Ereignis in der Berichtsperiode tatsächlich stattgefunden hat und dem Unternehmen zuzuordnen ist (Eintritt),
- ob sämtliche Verpflichtungen, Vermögenswerte, Abgrenzungen, Transaktionen und Angaben bilanziert und abgebildet sind (Vollständigkeit),
- ob ein Vermögenswert bzw. eine Verpflichtung mit einem angemessenen Wert bilanziert ist (Bewertung),
- ob eine Transaktion oder ein Ereignis mit dem korrekten Betrag in der richtigen Periode erfasst ist (Erfassung und Periodenabgrenzung),
- ob die Jahresrechnung als Ganzes korrekt dargestellt und offengelegt ist (Darstellung und Offenlegung).

12. Vertiefung zu Bestands- und Bewertungsprüfungen

Detaillierte Ausführungen zu den einzelnen Prüfungszielen/Aussagen der Jahresrechnung sind ebenfalls in Kapitel 6.7 enthalten.

Neben Befragungen und analytischen Prüfungen sind auch angemessene Detailprüfungen durchzuführen, um die erforderlichen Prüfungsnachweise zu erlangen. Entsprechend dem Charakter der eingeschränkten Revision handelt es sich dabei hauptsächlich um Bestands- und Bewertungsprüfungen (SER, S. 13, 23, in der folgenden Tabelle hellblau schraffiert). Bestandsprüfungen umfassen die Prüfungsziele Vorhandensein, Rechte und Verpflichtungen und Vollständigkeit, Bewertungs- und Schätzungsprüfungen das Prüfungsziel Bewertung.

Prüfungsziele		Im SER empfohlene Prüfungshandlungen für den Regelfall (summarische Zusammenfassung)
Vorhandensein		Elementare Detailprüfungen (Abstimmungen) und Plausibilisierung durch Vorjahresvergleiche
Rechte und Verpflichtungen		Einsicht in Auszüge über Eigentum sowie Befragungen und Plausibilisierung durch Vorjahresvergleiche
Eintritt		Befragungen, analytische Prüfungen sowie Detailprüfungen zu den verbuchten Transaktionen hinsichtlich ihres tatsächlichen Eintritts (hat die verbuchte Transaktion tatsächlich stattgefunden?)
Vollständigkeit		Befragungen, analytische Prüfungen sowie Detailprüfungen zu den Kreditoren, Abgrenzungen und Rückstellungen; Befragung nach Ereignissen nach Bilanzstichtag
Bewertung	Monetäre Aktiven (Nominalbeträge)	Elementare Detailprüfungen (Prüfung der Anwendung der gesetzlichen Bewertungsvorschriften)
	Nichtmonetäre Aktiven	Befragungen und analytische Beurteilung der Schätzungen
	Monetäre Verbindlichkeiten (Nominalbeträge)	Einfache Detailprüfungen (Prüfung der Anwendung der gesetzlichen Bewertungsvorschriften) und analytische Beurteilung der Schätzungen
	Rückstellungen	Befragungen und analytische Beurteilung der Schätzungen
Erfassung und Periodenabgrenzung		Befragungen, analytische Prüfungen sowie Detailprüfungen zu den Abgrenzungen; Befragung nach Ereignissen nach dem Bilanzstichtag
Darstellung und Offenlegung		Befragungen und Analysen zur Darstellung der Jahresrechnung. Abstimmung der Saldi der Hauptbuchkonten mit der geprüften Jahresrechnung. Gesamtbeurteilung, ob die Jahresrechnung den Kenntnissen des Prüfers über Tätigkeit und Umfeld des Unternehmens entspricht

Es ist zu beachten, dass die Zuordnung der Prüfungsziele zur Erreichung der Prüfungsnachweise für den Bestand und die Bewertung einer Bilanzposition fliessend ist. Beispielsweise ist der Bestand einer Maschine anhand einer Anlagekartei nachprüfbar (Prüfungsziel: Vorhandensein); wenn die Anlage jedoch nicht im Eigentum der Firma ist, muss sie – sofern sie überhaupt bilanziert wird – gesondert bilanziert werden (Prüfungsziele: Rechte und Verpflichtungen sowie Darstellung und Offenlegung). Oder wenn ein Be-

12. Vertiefung zu Bestands- und Bewertungsprüfungen

standsnachweis einer Forderung in Form einer Faktura- und Lieferscheinkopie vorliegt (Prüfungsziel: Bestand), heisst das nicht, dass die Forderung auch werthaltig ist (Bewertung).

Im Folgenden werden die Überlegungen zu den Bestands- und Bewertungsprüfungen vertieft.

12.4 Bestandsprüfungen

Die folgende Darstellung zeigt die für eine eingeschränkte Revision empfohlenen und weitergehenden Bestandsprüfungen zu den einzelnen Positionen der Jahresrechnung. Die weitergehenden Prüfungshandlungen sind nur dann durchzuführen, wenn bei der Risikobeurteilung eine erhöhte Anfälligkeit für wesentliche Fehlaussagen festgestellt wird.

Zu den Bestandsprüfungen gehört insbesondere die Abstimmung der vom Kunden vorbereiteten Bestandsnachweise (Inventare, OP-Listen, Auszüge u.a.) mit dem Hauptbuch. Dabei überprüft der Revisor die Verlässlichkeit der erhaltenen Unterlagen, wozu ihm die Befragung des für die Abschlusserstellung Verantwortlichen (z. B. Durchsicht der OP-Listen und zugleich Befragung über wesentliche Inhalte) und ein kritischer Vergleich mit dem Vorjahr (analytische Beurteilung) dienen.

Positionen	Bestandsprüfungen (SER, Anhang D)
Flüssige Mittel	• Abstimmung der Bestände mit Kassenbüchern, Bank- und PC-Auszügen (oder Einsichtnahme in die vom Kunden erstellten Abstimmungen) (Kein Einholen von Bankbestätigungen bei der eingeschränkten Revision)
Forderungen aus Lieferungen und Leistungen	• Durchsicht der OP-Liste und Befragung über die Gründe für alte, ungewöhnlich hohe Ausstände sowie Habensaldi • Vergleich des Bestands der Forderungen mit dem Vorjahr • Abstimmung des Totals der Debitoren-Offen-Posten-Liste mit dem Hauptbuch • Durchsicht von Versandpapieren, Zahlungen in neuer Rechnung und Verträgen, um festzustellen, ob noch Forderungen bestehen (zusätzlich durchzuführen bei erhöhten Risiken) (Kein Einholen von Debitorenbestätigungen bei der eingeschränkten Revision)
Vorräte und angefangene Arbeiten	• Befragung über die Methode der (physischen) Bestandsermittlung • Besprechen von Korrekturen aufgrund der letzten physischen Bestandsaufnahme • Wenn per Bilanzstichtag keine physische Bestandsaufnahme erfolgte: abklären, ob ein System der permanenten Inventur eingesetzt wird und ein periodischer Vergleich mit tatsächlichen vorhandenen Mengen stattfindet • Vergleich des Lagerbestands und -umschlags bei einzelnen Produktekategorien mit denen früherer Perioden • Plausibilisierung von Bestand und Veränderung der stillen Reserven • Abstimmen des Totals der Inventarlisten mit dem Hauptbuch • Vergleich der mengenmässigen Bestände bedeutender Vorratskategorien mit den Beständen und Abgängen vorangegangener Perioden und den für die laufende Periode erwarteten Bestandsmengen. Befragung über bedeutende Schwankungen und Abweichungen (weitergehend) • Stichprobenweise die angefangenen Arbeiten anhand geeigneter Dokumente prüfen (weitergehend) (Wareneingangsfakturen, Arbeitsfortschrittsaufzeichnungen, Kalkulation- und Kostenrechnungsunterlagen usw.) (Keine Teilnahme an der Inventur bei der eingeschränkten Revision)

12. Vertiefung zu Bestands- und Bewertungsprüfungen

Positionen	Bestandsprüfungen (SER, Anhang D)
Sach- und immaterielle Anlagen und Abschreibungen	• Befragung über Anschaffung und Verkäufe von Anlagen (und über die Erfassung realisierter Gewinn und Verluste aus Abgängen) • Vergleich der Bestände, Anschaffungen, Verkäufe sowie der Abschreibungssätze mit dem Vorjahr • Plausibilisierung von Bestand und Veränderung der stillen Reserven • Abstimmung der Inventarliste mit der Angabe der Anschaffungs- bzw. Herstellkosten und der kumulierten Abschreibungen der einzelnen Anlagen bzw. Anlagekategorien der Jahresrechnung • Befragung über Eigentumsbeschränkungen • Durchsicht von Einkaufsfakturen, Leasingverträgen und weiteren Dokumenten im Zusammenhang mit der Anschaffung bzw. Veräusserung von Anlagen, um festzustellen ob die bilanzierten Anlagen vorhanden sind (weitergehend) • Physische Bestandsaufnahme (weitergehend). Im Gegensatz zur nicht vorgesehenen Teilnahme an der Wareninventur geht es hier darum, das Vorhandensein einzelner wesentlicher Anlagen und deren Nutzung nachzuprüfen. (Kein Einholen von Bewertungsgutachten bei der eingeschränkten Revision)
Finanzanlagen	• Befragung über die angewandten Bilanzierungs-(Bestand) und Bewertungsgrundsätze • Aufstellung der Finanzanlagen per Bilanzstichtag mit der Jahresrechnung abstimmen • Feststellen des Bestands an eigenen Aktien und Stammanteilen • Überprüfen der im Hauptbuch verzeichneten Geschäftsfälle und Wertveränderungen anhand der Unterlagen und der Gegenbuchungen (weitergehend)
Rechnungsabgrenzung und andere Aktiven	• Abstimmung einer Detailaufstellung mit der Jahresrechnung • Vergleich mit den Beständen des Vorjahres • Abstimmung der Bestände mit geeigneten Unterlagen (Verträge usw.) (weitergehend)
Verbindlichkeiten aus Lieferungen und Leistungen	• Kritische Durchsicht der offenen Posten. Befragung über die Gründe für alte, ungewöhnlich hohe sowie Soll-Salden • Besprechung von wesentlichen Abweichungen einzelner Kontensalden von denen früherer Perioden oder gegenüber den Erwartungen • Vergleich des Bestands der Verbindlichkeiten mit dem Vorjahr • Abstimmung des Totals der Kreditoren-Offen-Posten-Liste mit der Jahresrechnung • Durchsicht von Wareneingangsbelegen für erhaltene Lieferungen kurz vor oder nach dem Jahresende (weitergehend) (Kein Einholen von Kreditorenbestätigungen bei der eingeschränkten Revision)
Finanzverbindlichkeiten	• Befragung zu den Darlehensverträgen mit Dritten, Konzerngesellschaften und Aktionären • Beurteilen, ob Zinsaufwand im Verhältnis zu den Darlehenssalden plausibel erscheint • Abstimmen einer Aufstellung der Verbindlichkeiten mit der Jahresrechnung • Einsicht in Kredit- und Darlehensverträge • Einsicht in Rangrücktrittsvereinbarungen (weitergehend)
Rückstellungen, Rechnungsabgrenzung und andere Passiven	• Befragung über pendente Risiken (Rechtsfälle, angedrohter Schadenersatz- und andere Ansprüche u.a.), die eine Rückstellung erfordern • Vergleich mit den Beständen des Vorjahres • Abstimmen einer Detailaufstellung mit der Jahresrechnung und kritische Durchsicht • Abstimmen der Bestände mit geeigneten Unterlagen (Verträge usw.) (weitergehend) • Plausibilisierung von Bestand und Veränderung der stillen Reserven (weitergehend) (Kein Einholen von Anwaltsbestätigungen und Expertengutachten bei der eingeschränkten Revision) →

12. Vertiefung zu Bestands- und Bewertungsprüfungen

Positionen	Bestandsprüfungen (SER, Anhang D)
Mehrwertsteuer und direkte Steuern	• Befragung, ob alle direkten Steuern aus früheren Abschlussperioden bezahlt oder abgegrenzt sind • Abstimmen der MWSt-Forderungen und -Verbindlichkeiten mit den Abrechnungen • Vorhandensein der MWSt-Umsatz-Abstimmung • Beurteilen des Steueraufwandes im Vergleich zum Periodenergebnis und zum Vorjahr • Befragung, inwieweit Steuerveranlagungen definitiv sind (weitergehend) • Nachvollzug der MWSt-Umsatz-Abstimmung (weitergehend) • Abstimmen der Steuererklärung mit der zugrundeliegenden Jahresrechnung (weitergehend) (Kein Einholen von Saldobestätigungen bei Steuerämtern u. Ä. bei der eingeschränkten Revision)
Eigenkapital	• Abstimmen des Grundkapitals mit den gültigen Statuten oder dem Handelsregisterauszug • Abstimmen der Reserven und des Bilanzgewinns/-verlusts mit der Jahresrechnung und den Generalversammlungsprotokollen • Bei Änderungen im Grundkapital (und der Ausgabe von Optionen): kritische Durchsicht • Ergänzung: Einsichtnahme in Verträge bei Erwerb eigener Aktien

Es sei nochmals darauf hingewiesen, dass bei einer eingeschränkten Revision keine Drittbestätigungen und Inventurbeobachtungen vorgesehen sind. Die Prüfung beschränkt sich grundsätzlich auf die beim geprüften Unternehmen intern verfügbaren Unterlagen und Informationen (SER, S. 11).

Stellt der Kunde dem Abschlussprüfer die für die Prüfung der Bestände notwendigen Unterlagen nicht vollständig zur Verfügung (beispielsweise fehlt das Inventar oder eine Bestandsliste wesentlicher Sachanlagen), bedeutet dies eine Beschränkung des Prüfungsumfangs. Das gilt ebenfalls für den nicht vorhandenen Nachweis der stillen Reserven. Für die prüferischen Konsequenzen und die Auswirkung auf die Berichterstattung der Revisionsstelle siehe Kapitel 7 und 8 (eingeschränkte oder nicht mögliche Prüfungsaussage bei nicht ausreichenden Prüfungsnachweisen).

Bei der eingeschränkten Revision ist vorgesehen, dass die Revisionsstelle dem Kunden bei der Zusammenstellung der Unterlagen für den Bestandesnachweis helfen kann, sofern die Mitwirkung bei der Buchführung personell und organisatorisch von der Revision getrennt ist (Kapitel 18 und 19).

Wie bereits im alten Aktienrecht (Art. 663b OR) sind im Anhang nach neuem Rechnungslegungsrecht (Art. 959c OR) Positionen zu beurteilen, die Bestandesprüfungen erfordern. Die folgende Tabelle enthält mögliche Prüfungshandlungen zu den einzelnen Anhangsangaben, sofern diese gemäss Art. 958c Abs. 1 Ziff. 5 OR wesentlich sind:

Anhangsangaben gemäss Art. 959c OR	Mögliche Prüfungshandlungen, um ausreichend geeignete Prüfungsausweise zu erhalten
Gesamtbetrag und Veränderung der stillen Reserven (Abs. 1 Ziff. 3)	• Einsichtnahme in Aufstellung stiller Reserven (Kapitel 14), Abstimmung Betrag der Nettoauflösung mit der Anhangsangabe (Die inhaltliche Prüfung betreffend Bestand und Veränderung der stillen Reserven erfolgt bei den Bestands- und Bewertungsprüfungen der wesentlichen Jahresabschlussposten. →

12. Vertiefung zu Bestands- und Bewertungsprüfungen

Anhangsangaben gemäss Art. 959c OR	Mögliche Prüfungshandlungen, um ausreichend geeignete Prüfungsausweise zu erhalten
Anzahl Vollzeitstellen im Jahresdurchschnitt (Abs. 2 Ziff. 2)	• Einsichtnahme in AHV-Aufstellung mit versicherten Personen, Abstimmung mit Anhangsangabe weniger 10, über 50 oder über 250 Vollzeitmitarbeiter (Mitarbeiter, die keinen Anstellungsvertrag mit der Gesellschaft haben (z. B. Leiharbeiter), sind in der Aufstellung nicht enthalten und sind deshalb nicht mit zu berücksichtigen.)
Kapital- und Stimmanteile direkt und indirekt gehaltener Beteiligungen (Abs. 2 Ziff. 3)	• Einsichtnahme in die im Hauptbuch einzeln aufgeführten (direkten) Beteiligungen oder in die gesonderte Aufstellung (Beteiligungsverzeichnis, Anlagespiegel). Beteiligungen definieren sich grundsätzlich nach Art. 960d Abs. 3 OR, aber nicht zwingend: Auch Anteile von weniger als 20 % können die Merkmale einer Beteiligung aufweisen (z. B. über 5 % einer börsenkotierten Beteiligung). • Einsichtnahme in die Aufstellung wesentlicher indirekter Beteiligungen (dies sind in der Regel wesentliche Beteiligungen von bedeutenden Tochtergesellschaften, die die Kriterien von Art. 960d Abs. 3 OR erfüllen: mindestens 20 % stimmberechtigte Anteile am Kapital eines Unternehmens mit der Absicht der dauernden Anlage und mit massgeblichem Einfluss) • Abstimmung der Anhangsangaben Firma, Rechtsform, Sitz, Kapital- und Stimmrechtsanteile
Anzahl und Veränderung eigene Anteile (Abs. 2 Ziff. 4 und 5)	• Einsichtnahme in das Aktienregister und in die Rückkaufsverträge zur Feststellung des Kaufpreises, Einsichtnahme in Rückkaufverträge bei den Tochtergesellschaften, Abstimmung mit den Anhangsangaben Bestand, Erwerb und Veräusserung sowie die entsprechenden Bedingungen (Die Beurteilung des Erwerbs und der Bilanzierung als Minusposten bzw. als Reserve für eigene Aktien bei Erwerb durch mehrheitlich gehaltene Tochtergesellschaft erfolgt bei der Prüfung des Eigenkapitals.)
Restbetrag der Verbindlichkeiten aus Leasinggeschäften (Abs. 2 Ziff.6)	• Sofern die Leasingverbindlichkeiten gesondert bilanziert sind, erübrigt sich die Offenlegung im Anhang, sie wird jedoch empfohlen (HWP NRLG, S. 288). • Einsichtnahme in Aufstellung aller Leasingverpflichtungen, die nicht innerhalb von 12 Monaten gekündigt werden können, sowie aller langfristigen Mietverträge • Plausibilisierung der kumulierten noch zu leistenden Nominalbeträge inkl. Zinsen und Kosten (auch für die nächsten 12 Monate) • Abstimmen der Anhangsangaben mit Detailaufstellungen
Verbindlichkeiten gegenüber Vorsorgeeinrichtungen (Abs. 2. Ziff. 7)	• Sofern die Verbindlichkeiten gegenüber Vorsorgeeinrichtungen gesondert bilanziert sind, erübrigt sich die Offenlegung im Anhang; bestehen unterschiedliche Arten von wesentlichen Verpflichtungen, ist eine Offenlegung zu empfehlen (HWP NRLG, S 287). • Einsichtnahme in Abrechnungen/Saldomeldungen der Vorsorgeeinrichtungen, Abstimmen mit den Anhangsangaben je Vorsorgeform (Die Beurteilung der Vollständigkeit der Verpflichtungen erfolgt bei der Prüfung übrigen Verpflichtungen.)
Gesamtbetrag der Sicherheiten für Verpflichtungen Dritter (Abs. 2 Ziff. 8)	• Einsichtnahme in die Aufstellung der Bürgschaften, Garantieverpflichtungen, Pfandbestellungen, Sicherungszessionen und Sicherungsübereignungen • Abstimmung des Gesamtbetrags der vollen Haftungssummen mit der Anhangsangabe (es ist zu empfehlen, bestimmte Sicherungsgeschäfte im Interesse der Adressaten gesondert auszuweisen, z. B. Dividendengarantie für Tochtergesellschaften)
Gesamtbetrag der Sicherheiten für eigene Verpflichtungen, Eigentumsvorbehalte (Abs. 2 Ziff. 9)	• Einsichtnahme in die Aufstellung der auszuweisenden verpfändeten Aktiven oder Gegenstände für die eigenen Verpflichtungen. In der Praxis sind dies: Debitorenbestand (Debitorenzession), Warenlager (Faustpfand), Wertschriften (Lombardkredit), Guthaben bei einer Bank (Sicherheit für Bankkredit), Liegenschaft (Hypotheken, Grundpfanddarlehen), Leasinggegenstände →

12. Vertiefung zu Bestands- und Bewertungsprüfungen

Anhangsangaben gemäss Art. 959c OR	Mögliche Prüfungshandlungen, um ausreichend geeignete Prüfungsausweise zu erhalten
	(Leasingverpflichtung), Beteiligungen (Kredite und Darlehen). Einsichtnahme in die entsprechenden Kreditverträge, Geschäftsbedingen, Leasingverträge usw.] • Abstimmung der Aufstellungen mit den Anhangsangaben (Die Sicherungen werden in der Regel bei der Prüfung der entsprechenden Aktiven und der Kredite und Darlehen beurteilt.)
Eventualverbindlichkeiten (Abs. 2 Ziff. 10)	• Rechtliche oder tatsächliche Verpflichtungen: Ein Mittelabfluss ist unwahrscheinlich oder in der Höhe nicht verlässlich schätzbar. • Einsichtnahme in die Aufstellung der wirtschaftlich verpflichtenden Ereignisse, die trotz bestmöglicher Schätzung nicht bemessen werden können oder bei denen das Risiko einer Zahlung als wenig wahrscheinlich beurteilt wird. • Kritische Beurteilung des Abschlussprüfers, ob die Anhangsangaben den Sachverhalt angemessen wiedergeben, weshalb keine Rückstellung gebildet wurde und wie die Eintrittswahrscheinlichkeit beurteilt wird.
	(Die Vollständigkeit der Rückstellungen wird bei der Prüfung der entsprechenden Bilanzpositionen beurteilt. Es besteht ein erhöhtes Risiko, dass der Kunde anstelle einer notwendigen Rückstellung das Instrument der Eventualverpflichtungen anwenden will).
Anzahl Beteiligungsrechte und Optionen (Abs. 2 Ziff. 11)	• Einsichtnahme in die Aufstellung der im Geschäftsjahr allen Leitungs- und Verwaltungsorganen sowie den Mitarbeitern zugeteilten Beteiligungsrechte und Optionen (auf solche) der Gesellschaft zum Kurswert (berechnet nach der Wegleitung der Steuerverwaltung oder aufgrund analoger finanzmathematischer Berechnungen) • Abstimmung der Aufstellung mit den Anhangsangaben, aufgeteilt in Leitungs- und Verwaltungsorgane sowie Mitarbeitende

Der veb.ch empfiehlt, die Anhangsangaben in den Kontenplan zu integrieren. Den Anhang zu erstellen, ist naturgemäss eine schwierige Aufgabe, insbesondere wenn dies erstmals nach neuem Rechnungslegungsrecht erfolgt. So liegt die Frage nahe, ob der Abschlussprüfer, der aufgrund seiner Prüfung der Bilanz und der Erfolgsrechnung mit den meisten der offenlegungspflichtigen Sachverhalte vertraut ist, diese Aufgabe übernehmen kann. Weil er dabei eigene Arbeiten überprüfen würde, ist das nicht bzw. nur mit Einschränkungen (organisatorische und personelle Trennung) erlaubt. In Kapitel 18 und 19 werden Massnahmen erläutert, die ein Mitwirken bei der Erstellung des Anhangs ermöglichen.

12.5 Beispiel einer typischen Bestandsprüfung

Aktiven — Bilanz per 31.12.
- Flüssige Mittel ...
- Forderungen ...
- Warenvorräte 900 ✓
- Aktive Rechnungsabgrenzung ...
- **Total Aktiven 2 000**

Retrograde Prüfungsrichtung

Inventar per 31.12.			
Anzahl	Position	Einstandspreis	Inventarwert
100	XYZ	1.5	150
:	:	:	:
90	ZZZ	3	270
Total Warenvorräte			900 ✓

✓ = Abstimmung korrekt

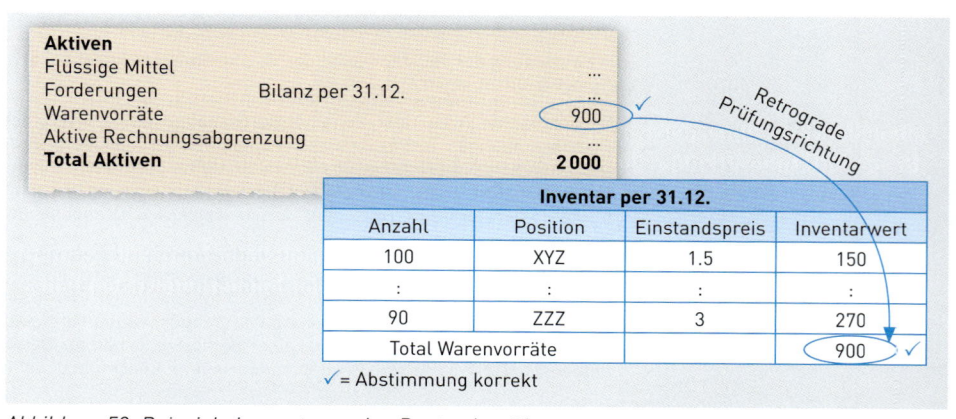

Abbildung 59: Beispiel einer retrograden Bestandsprüfung

12. Vertiefung zu Bestands- und Bewertungsprüfungen

Nebst der blossen Abstimmung der Bestände ergeben sich zusätzliche Fragen zum Bestandsnachweis, die im SER nicht explizit thematisiert sind:
- Muss die Inventarliste rechnerisch nachgeprüft werden (Menge x Preis, Addition)?
- Sind die Bestände aufgrund einer einfachen Bestandsdifferenzrechnung (Anfangsbestand + Zukäufe – Verkäufe = Endbestand) zu verifizieren?
- Muss die Höhe der einzelnen Bestände beurteilt werden (Überbestände)?
- Welche Prüfungen sind vorzunehmen bei Aussenbeständen (Outsourcing-Lager oder Konsignationslager)?

usw.

Diese Fragen müssen bei einer Risikobeurteilung im konkreten Fall beantwortet werden:
1. Ist aufgrund der Risikobeurteilung in der Planungsphase (Kapitel 6.3) davon auszugehen, dass obenstehende Fragen auf eine erhöhte Anfälligkeit für wesentliche Fehlaussagen hindeuten (z. B. komplexe Excel-Tabellen des Kunden haben in der Vergangenheit fehlerhafte Formeln enthalten)? → Falls Ja: Es liegt im prüferischen Ermessen, ob weitergehende Prüfungshandlungen vorzunehmen sind – bei erhöhten Risiken ist dies der Fall.
2. Sind im SER alle weitergehenden Prüfungen enthalten, die dem konkreten Sachverhalt und der Risikosituation entsprechen? → Nein: Die weitergehenden Prüfungen müssen den Umständen des konkreten Falls entsprechend angepasst und durchgeführt werden. Im vorstehenden Fall (bei erhöhter Anfälligkeit auf wesentliche Fehlaussagen im Bestand der Warenvorräte) müssten folgende weitergehende Prüfungen in Betracht gezogen werden:
   - Rechnerische Prüfung der Inventarliste (Detailprüfung).
   - Die Fragen zu den Bestandsdifferenzen und zur Höhe der Bestände sind in allgemeiner Form in den weitergehenden Prüfungshandlungen bereits enthalten. Konkrete Anpassung sind nötig (Befragungen und analytische Prüfungen).
   - Die Frage zu den Aussenbeständen (Outsourcing und Konsignation) ist eine elementare Bestandsprüfung, die, wenn solche vorhanden sind, durchgeführt werden muss (weitergehende Befragung und Abstimmung der Inventarliste der Aussenbestände mit dem Hauptbuch).

Bei der Durchführung der weitergehenden Prüfungen sind selbstredend die Überlegungen zur Wesentlichkeit zu berücksichtigen.

12.6 Bewertungsprüfungen

Vermögenswerte und Verpflichtungen müssen in Übereinstimmung mit den gesetzlichen Normen bewertet werden. Ausgangsbasis für die Bewertung sind oft objektive Sachverhalte. Bei monetären Aktiven (z. B. Geldbestände, Forderungen gemäss Fakturen) oder Passiven (z. B. Verpflichtungen gemäss Lieferantenrechnungen) handelt es sich in der Regel um Nominalwerte. Bei nicht monetären Aktiven sind es oft Kostenwerte (Anschaffungs- oder Herstellungskosten). Solche objektiven Sachverhalte können meist einfach – mittels Einsichtnahme in Verträge, Saldobestätigungen oder Rechnungen – festgestellt werden. Weitergehende Bewertungsüberlegungen sind hingegen oft subjektiv geprägt und basieren auf Schätzungen. Beispiele dazu sind:
- Die Schätzung des Ausfallrisikos bei Forderungen (Wertberichtigung/Delkredere)

12. Vertiefung zu Bestands- und Bewertungsprüfungen

- Nutzwertüberlegungen im Zusammenhang mit Beeinträchtigungen des Wertes von Sachanlagen, Finanzanlagen oder immaterielle Anlagen
- Verlustfreie Bewertung von Vorräten und angefangenen Arbeiten
- Rückstellungen für Prozesskosten, Garantiearbeiten, schwebende Geschäfte

Ein geschätzter Wert in der Jahresrechnung stellt einen approximativen Geldbetrag dar, für den es kein exaktes Ermittlungsverfahren oder keine Möglichkeit einer genauen Bewertung gibt (HWP 2, S. 15). Aufgrund dieser Definition ist es offensichtlich, dass Bewertungen, die von künftigen Entwicklungen und Ereignissen sowie von Schätzungen abhängig sind, eine erhöhte Unsicherheit in Bezug auf die Angemessenheit der Bilanzierung enthalten.

Der Abschlussprüfer muss ausreichend geeignete Prüfungsnachweise darüber erlangen, dass die vom Kunden vorgenommenen Bewertungen und Schätzungen plausibel sind. Die folgende Tabelle fasst deren Grundlagen zusammen:

Positionen	Bewertungsvorgang	Schätzungsvorgänge mit erhöhter Unsicherheit	Berechnungsgrundlage
Flüssige Mittel und kurzfristige Bankschulden	Umrechnung von Fremdwährungen (Selten: Bonitätsproblem der Bank)	Selten, allenfalls bei nicht konvertierbaren Währungen möglich	Devisenkurs am Bilanzstichtag (Geldkurs für Guthaben, Briefkurs für Verbindlichkeiten) Kursgewinne und -verluste gelten als realisiert (HWP NRLG, S. 44) → Tageswert
Forderungen aus Lieferungen und Leistungen	Summe der Nominalwerte abzüglich Werteinbussen (Wertberichtigung/Delkredere) für Bonitätsrisiken, Währungsrisiken und Zinsrisiken für verspätete Zahlungen Umrechnung von Fremdwährungen	Höhe der notwendigen Werteinbussen bzw. der Wertberichtigung für Ausfallrisiken	Einzelwertberichtigungen aufgrund bekannter Sacherhalte; pauschale Wertberichtigungen aufgrund angenommener Sachverhalte und Erfahrungswerte Geldkurs; Kursgewinn und -verluste gelten als realisiert (bei hoher Umschlagshäufigkeit) (HWP NRLG S. 44) → Tageswert
Vorräte und nicht fakturierte Dienstleistungen, angefangene Arbeiten	Summe der Anschaffungs- oder Herstellkosten abzüglich Werteinbussen für unkurante Waren und nicht verrechenbare Dienstleistungen In der Folgebewertung höchstens zum Veräusserungswert abzügl. der noch anfallenden Kosten, wenn dieser unter den Anschaffungs- oder Herstellkosten liegt Bei Anwendung der PoC-Methode ist die Offenlegung im Anhang erforderlich	Höhe der notwendigen Werteinbussen Insbesondere bei längerfristigen Projekten besteht bezüglich der noch anfallenden Kosten und des kalkulierten Erfolgs oft eine Unsicherheit Beurteilung der Nachhaltigkeit bereits erfasster Verwaltungs- und Vertriebsgemeinkosten sowie Gewinne (PoC-Methode)	Anschaffungs- bzw. Herstellkosten oder tieferer voraussichtlicher Nettoveräusserungswert, ermittelt aufgrund de-Rückrechnung (→ Verlustfreie Bewertung) Keine Aufwertung durch höhere FW-Kurse am Bilanzstichtag (HWP NRLG S. 44) → Historische Werte

12. Vertiefung zu Bestands- und Bewertungsprüfungen

Positionen	Bewertungsvorgang	Schätzungsvorgänge mit erhöhter Unsicherheit	Berechnungsgrundlage
Sachanlagen und immaterielle Anlagen	Höchstens zu Anschaffungs- oder Herstellkosten unter Abzug der notwendigen Abschreibungen aufgrund der Nutzungsdauer	Bei Anzeichen einer dauerhaften Wertbeeinträchtigung: Kalkulation des tieferen Nutzwertes mittels eines Bewertungsmodells, basierend auf Annahmen (Ertragswertmodell, Discounted-Cash-flow-Modell usw.)	Abschreibung aufgrund der angenommenen Nutzungsdauer und der Abschreibungsmethode Bei Anzeichen einer Wertbeeinträchtigung: Kalkulation eines Nutzwertes → Anschaffungs- bzw. Herstellkosten oder tieferer Nutzwert
Aktiven mit Börsenkurs oder einem anderen beobachtbaren Marktpreis	Zum Anschaffungswert und in der Folgebewertung Aufwertung auf den Börsenkurs oder Marktpreis am Bilanzstichtag zulässig (Wahlrecht) Anwendungsbereiche: • kotierte Wertschriften • nicht kotierte Wertschriften mit liquidem Handel (OTC) • strukturierte Produkte • Vorräte (z. B. Rohstoffe) • In Ausnahmefällen Immobilien (bei einem aktiven Markt mit grosser Anzahl von Angeboten und grosser Nachfrage)	Bei der Anwendung beobachtbarer Marktpreise besteht die Unsicherheit in der Beurteilung, ob überhaupt ein «aktiver Markt» und «ein beobachtbarer Marktpreist» vorhanden sind. Eine Schätzung des allgemeinen Marktpreis aufgrund weniger Transaktionen ist nicht zulässig (HWP NRLG, S. 62).	Börsenkurse am Bilanzstichtag (mit Fremdwährungen), Kursgewinne und -verluste gelten als realisiert Beobachtbarer Marktwert am Bilanzstichtag aufgrund des Nachweises einer unabhängigen Handelsplattform mit gestellten, nicht verhandelbaren Preisen (HWP NRLG, S. 62) → alle Aktiven mit Kurswerten und Marktpreisen müssen so bewertet werden
Beteiligungen	Höchstens zu Anschaffungskosten unter Abzug der notwendigen Abschreibungen	Höhe der notwendigen Abschreibungen bzw. Wertberichtigungen für Ausfallrisiken; Bewertung Goodwill, Gruppen- oder Einzelbewertung	Wertberichtigungen aufgrund der tieferen Marktwerte oder Nutzwerte (innere Werte) → Anschaffungswert oder tieferer Nutzwert, Einzelbewertung – Ausnahmen sind zu begründen (z. B. Beteiligungen bilden eine wirtschaftliche Einheit) (HWP NRLG, S. 177)
Rechnungsabgrenzung und andere Aktiven	Zeitliche und sachliche Abgrenzungen von Erträgen und Vorauszahlungen zu Nominalwerten	n/a – allenfalls in ihrer Höhe nicht bestimmbare andere Aktiven	Abgrenzungen aufgrund von nachvollziehbaren Transaktionen oder sonstigen Ereignissen → Tageswerte
Verbindlichkeiten aus Lieferungen und Leistungen	Summe der Nominalwerte Umrechnung von Fremdwährungen zum Stichtagsbriefkurs	n/a	Vollständige Erfassung der Nominalwerte aufgrund der nachvollziehbaren Transaktionen, Umrechnungsgewinne gelten als realisiert → Tageswerte

12. Vertiefung zu Bestands- und Bewertungsprüfungen

Positionen	Bewertungsvorgang	Schätzungsvorgänge mit erhöhter Unsicherheit	Berechnungsgrundlage
Finanzverbindlichkeiten	Summe der Nominalwerte Umrechnung von Fremdwährungen zum Stichtagsbriefkurs	Selten, allenfalls bei nicht konvertierbaren Währungen möglich	Vollständige Erfassung der Nominalwerte aufgrund von Verträgen Fremdwährung: Imparitätsprinzip → Umrechnungsgewinne sind nicht realistiert – Verluste sind erfolgswirksam zu erfassen (HWP NRLG, S. 44) → Tageswerte
Rechnungsabgrenzungen	Zeitliche und sachliche Abgrenzungen von Aufwendungen und erhaltenen Anzahlungen	n/a	Abgrenzungen aufgrund von nachvollziehbaren Transaktionen oder sonstigen Ereignissen
Rückstellungen	Rückstellung für eine auf einem Ereignis in der Vergangenheit beruhende rechtliche oder faktisch wahrscheinliche Verpflichtung, deren Höhe und/oder Fälligkeit ungewiss, aber abschätzbar ist	Höhe der möglichen Verpflichtung sowie die Wahrscheinlichkeit des Eintreffens der Verpflichtung Abgrenzung zu Eventualverbindlichkeit (Art. 959c Abs. 2 Ziff. 10 OR)	Beurteilung der Plausibilität der vorgenommenen Schätzungen aufgrund von Erfahrungswerten → Tageswerte

Gemäss den Vorgaben im Standard zur eingeschränkten Revision umfassen die Bewertungsprüfungen in der Regel eine Kombination von Befragungen und Detailprüfungen sowie einer Plausibilisierung mittels analytischer Prüfungen (SER, Anhang D):

Befragungen: Welche Überlegungen und Abklärungen wurden gemacht, um eine angemessene, gesetzeskonforme Bilanzierung zu gewährleisten? Welche Überlegungen liegen den Schätzungen zugrunde?

Detailprüfungen: Kritische Beurteilung der Angemessenheit von Wertberichtigungen und Rückstellungen anhand von Detailunterlagen des Kunden.

Analytische Prüfungen: Vorjahresvergleiche, Benchmarks u. dgl. sowie kritische Beurteilung der Schätzungsgrundlagen aufgrund von voraussichtlichen Ergebnissen wie Budgets oder Prognosen.

Es handelt sich dabei um die Abstimmung und Beurteilung von Unterlagen, die der Kunde bei einer angemessen dokumentierten Abschlusserstellung notwendigerweise erstellen muss (z. B. Berechnungen, Statistiken u. dgl.).

In Kapitel 26 «gebräuchliche Prüfungshandlungen» sind weitere Prüfungshandlungen aufgeführt, welche das neue Rechnungsrecht mit berücksichtigen.

Werden Bewertungsmodelle für die Bilanzierung eingesetzt, sollte man sich folgende Fragen stellen (in Anlehnung an HWP 2, S. 231 ff.):

12. Vertiefung zu Bestands- und Bewertungsprüfungen

Bewertungsaspekt	Fragestellungen
Zweckmässigkeit des angewendeten Modells	Ist das angewendete Bewertungsmodell anerkannt und für die Bilanzierung des entsprechenden Vermögenswertes zweckmässig? Wird das Modell richtig angewendet oder bestehen systematische Fehler?
Rechnerische Richtigkeit	Werden die Ergebnisse korrekt kalkuliert? Insbesondere bei komplexeren Tabellenkalkulationen bestehen hier erhöhte Risiken.
Vertretbarkeit der Annahmen	Sind die angewendeten wesentlichen Bewertungsparameter innerhalb einer vertretbaren Bandbreite? Sind sie auch im Hinblick auf vergangene Bewertungen und Ereignisse realistisch?

Bei einer eingeschränkten Revision sind bekanntlich keine Bewertungsgutachten von Dritten zu verlangen (SER, S. 49, 54). Benötigt hingegen der Kunde selber eine unabhängige Drittmeinung in Bezug auf einen wesentlichen Bewertungsansatz, ist es zweckmässig, in diese Unterlagen Einsicht zu nehmen (z. B. Immobilienbewertung, rechtliche Beurteilung einer Prozessverpflichtung u. dgl.).

Im Zusammenhang mit den vorstehenden Bewertungsvorgängen ist im Sinne von Art. 960a Abs. 4 und 960e Abs. 3 OR zu beachten, dass zu Wiederbeschaffungszwecken zusätzliche Abschreibungen, Wertberichtigungen und Rückstellungen gebildet werden dürfen und überflüssige Rückstellungen nicht aufgelöst werden müssen. Diese stillen Reserven sind zulässig, sofern das dauerhafte sichere Gedeihen des Unternehmens gewährleistet ist (Vertiefung zu den stillen Reserven in Kapitel 14). Der Abschlussprüfer hat den Bestand und die Veränderung der stillen Reserven zu prüfen.

Zu diesen Bewertungsvorgängen stellt sich im Zusammenhang mit der Einführung des neuen Rechnungslegungsrechts die Frage, ob Gruppenbewertung oder Einzelbewertung anzuwenden ist. Bei Ersterer besteht die Möglichkeit, Unter- und Überbewertungen in der gleichen Bilanzposition miteinander zu verrechnen. Bei Letzterer werden die Vermögensgegenstände und die Verbindlichkeiten einzeln bewertet; innerhalb der Bilanzposition gilt das Niederstwertprinzip.

Gemäss Art. 960 Abs. 1 OR gilt «in der Regel» die Einzelbewertung:

§ *Art. 960 Abs. 1: Bewertung Grundsätze*

[1] Aktiven und Verbindlichkeiten werden in der Regel einzeln bewertet, sofern sie wesentlich sind und aufgrund ihrer Gleichartigkeit für die Bewertung nicht üblicherweise als Gruppe zusammengefasst werden.

Die Gleichartigkeit ist normalerweise bei Einzelpositionen, die einer eng definierten Gruppe von Aktiven und Verbindlichkeiten angehören und die üblicherweise (z. B. Branchen-Usanz) zusammengefasst dargestellt und beurteilt werden, anzunehmen. In der Praxis dürften dies folgende ohne Einzelwertberichtigungen, gemeinsam mit pauschalen Wertberichtungen bilanzierte Positionen sein:
- Warenlager mit kuranten gleichartigen Elementen und Produkten
- Forderungen aus Lieferungen und Leistungen
- Gleichartige Maschinen für denselben Produktionsprozess

12. Vertiefung zu Bestands- und Bewertungsprüfungen

- Beteiligungen als betriebswirtschaftliche Einheit (Beteiligungen für Beschaffung, Produktion, Vertrieb)
- Garantierückstellungen aufgrund des Umsatzvolumens

Ob vom Regelfall von der «Einzelbewertung» abgewichen werden darf, bleibt letztlich eine Ermessensfrage. Umfassende Branchenkenntnisse und fundierte Kenntnisse über die Tätigkeit und das Umfeld der betreffenden Unternehmung helfen dem Abschlussprüfer, die richtigen Fragen zu stellen und einen vertretbaren Entscheid zu fällen (einen branchenkundigen Kollegen zu konsultieren, wäre nicht ein Zeichen der Schwäche, sondern der Stärke). (Siehe Kapitel 18)

Bei der Anwendung der Gruppenbewertung ist zu beachten, dass die Verrechnung von Unterbewertungen mit Überbewertungen zur Auflösung von stillen Reserven führen kann.

Folgende Darstellung zeigt die erforderlichen Abklärungen auf (in Anlehnung an Q&A NRLG, S. 20):

```
                    Nein
        ┌─────────────── Sind die Positionen wesentlich?
        │                        │ Ja
        │                        ▼
        │ Ja        Handelt es sich um Warenlager oder Forderungsbestände?
        │◄───────────             │
        │                        │ Nein (Anlagevermögen)
        │                        ▼
        │                Sind die Positionen gleichartig?  ─── Nein ───┐
        │                        │ Ja                                  │
        │                        ▼                                     │
        │        Werden die Positionen üblicherweise zusammengefasst?  │
        │ Ja ┌──────────┬──────────────┬──────────┐  Nein              │
        │◄───│Branchen- │ Geschäfts-   │ «Pakete» │──────────────┐     │
        │    │ usanz    │ modell (CGU) │          │              │     │
        ▼    └──────────┴──────────────┴──────────┘              ▼     ▼
   Gruppenbewertung möglich                              Einzelbewertung zwingend
```

Mögliche Gründe für Gruppenbewertungen:

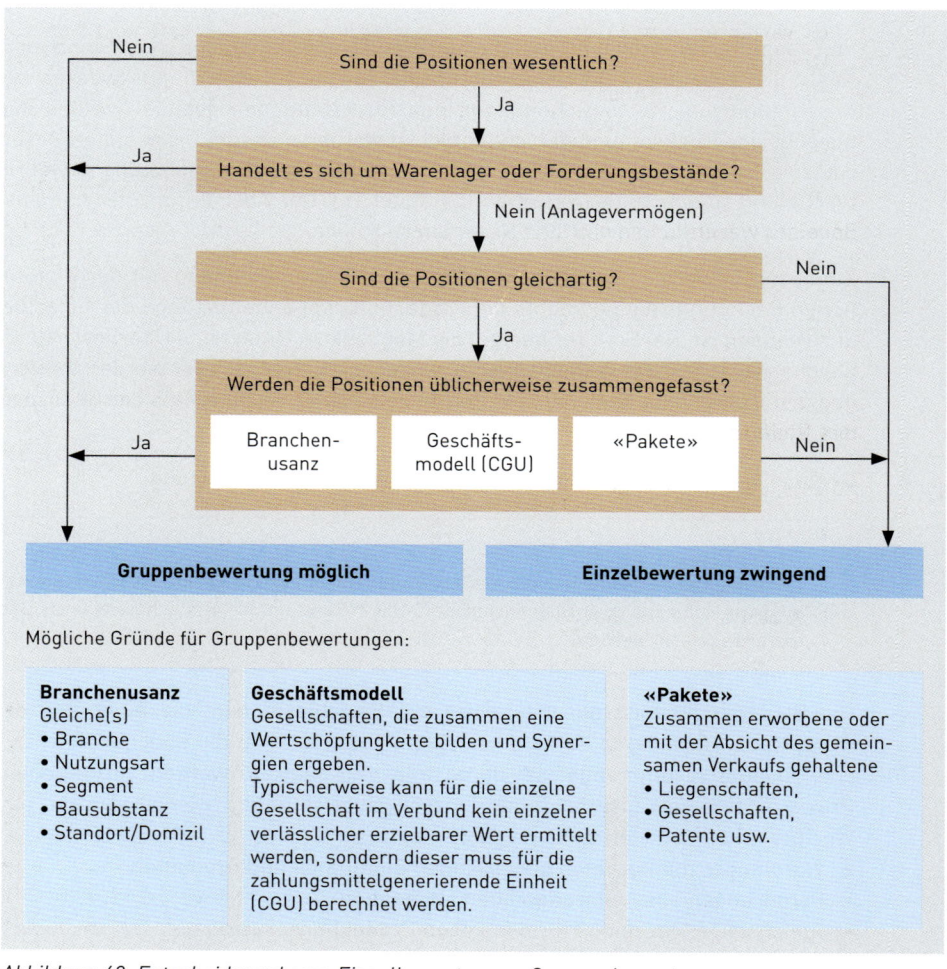

Branchenusanz
Gleiche(s)
- Branche
- Nutzungsart
- Segment
- Bausubstanz
- Standort/Domizil

Geschäftsmodell
Gesellschaften, die zusammen eine Wertschöpfungskette bilden und Synergien ergeben.
Typischerweise kann für die einzelne Gesellschaft im Verbund kein einzelner verlässlicher erzielbarer Wert ermittelt werden, sondern dieser muss für die zahlungsmittelgenerierende Einheit (CGU) berechnet werden.

«Pakete»
Zusammen erworbene oder mit der Absicht des gemeinsamen Verkaufs gehaltene
- Liegenschaften,
- Gesellschaften,
- Patente usw.

Abbildung 60: Entscheidungsbaum Einzelbewertung vs Gruppenbewertung

12. Vertiefung zu Bestands- und Bewertungsprüfungen

Objektive Unüberprüfbarkeit

Wird eine Unsicherheit in Bezug auf die Jahresrechnung als Ganzes oder auf den entsprechenden Jahresabschlussposten als wesentlich beurteilt, muss die (objektive) Unsicherheit für die zuverlässige Beurteilung der Vermögens- und Ertragslage in Übereinstimmung mit Art. 958 OR. offengelegt werden. Die Offenlegung solcher Bewertungsunsicherheiten ist insbesondere dann nötig, wenn bei ungünstiger zukünftiger Entwicklung die Fortführung der Gesellschaft unsicher erscheint. Beispiele für offenlegungspflichtige Sachverhalte sind etwa:

- Bewertung von Rückstellungen: Eine Gesellschaft mit einem Eigenkapital von CHF 500 000 ist in einen Prozess involviert, dessen Ausgang unsicher ist. Es bestehen Chancen, dass die Klage abgewiesen wird; hingegen ist es auch möglich, dass der Kläger für die ganze Klagesumme von CHF 2 Mio. Recht bekommt. Bei diesem Szenario wäre die Gesellschaft überschuldet. Die Bewertung der Rückstellung ist in diesem Fall abhängig von der zukünftigen, objektiv unüberprüfbaren Entwicklung.
- Bewertung von immateriellen Anlagen: Eine Biotechgesellschaft entwickelt ein neues Verfahren zum Erkennen von Krebszellen. Die Gesellschaft wird erst dann einen Umsatz erzielen können, wenn die Entwicklung dieses Verfahrens abgeschlossen ist. Der erfolgreiche Abschluss ist unsicher, aber nicht unmöglich. Die bisher aufgelaufenen aktivierten Kosten betragen CHF 5 Mio., das aktuelle Eigenkapital CHF 1 Mio. Die Bewertung der immateriellen Anlagen wie auch die Fortführung des Unternehmens ist abhängig von der zukünftigen und damit objektiv nicht überprüfbaren Entwicklung.

Bei einer wesentlichen objektiven Unsicherheit muss der Abschlussprüfer überprüfen, ob die notwendigen Angaben zur Schätzung oder Bewertung im Anhang angemessen offengelegt werden, so dass der Bilanzleser die Vermögens- und Ertragslage der Gesellschaft möglichst zuverlässig beurteilen kann (SER, S. 27).

Weitere Ausführungen zum Thema objektive Unüberprüfbarkeit (und zur subjektiven Unüberprüfbarkeit) mit den entsprechenden Berichterstattungspflichten des Abschlussprüfers finden sich im Kapitel 8.6 sowie im Kapitel 9.

12.7 Beispiel einer typischen Bewertungsprüfung

Bewertung der Warenvorräte per 31.12. (basierend auf der Inventur vom 30.12.)

Anzahl	Position	Einstandspreis	Inventarwert	Warenumschlag	Wertberichtigung	Effektiver Wert
100	XYZ	1.5	150	10–12 x	keine ɸ	150
:	:	:	:			
200	ZZZ	2	400	1 x	80 % ɸ	80
Total Warenvorräte			900			230

ɸ = Bewertung basierend auf Warenumschlag vertretbar

Grundlage: Analyse nach der Theorie der ABC-Güter: Einschätzung der Verkäuflichkeit

Abbildung 61: Dokumentation einer Bewertungsprüfung (Ausschnitt)

12. Vertiefung zu Bestands- und Bewertungsprüfungen

Prüfungshandlung und (Prüfungsziel)	Prüfungsfeststellungen
Befragung, ob die Bilanzierungs- und Bewertungsgrundsätze stetig angewandt wurden	Antwort des CFO vom 26. März: Es erfolgt eine stetige Anwendung zu Anschaffungswerten abzüglich notwendiger Abschreibungen aufgrund von Vorräten mit geringem Lagerumschlag; vom effektiven Wert in Höhe von TCHF 230 wurde unverändert eine Reserve von THCF 30 gebildet: Bilanzwert TCHF 200.
Befragung über die angewandte Methode zur Feststellung von Vorräten mit geringem Lagerumschlag und überalterten Vorräten	Antwort des CFO vom 26. März: Der Lagerumschlag wird quartalsweise aufgrund der ABC-Analyse ermittelt (ABC-Analyse per 31.12.beiliegend); die Wertberichtigung in Höhe von 80 % des Anschaffungswertes ist plausibel, da diese Produkte nur noch in beschränktem Umfang verkauft werden können. Sollte der Lagerumschlag in Zukunft noch weiter sinken, müsste voraussichtlich eine weitere Wertberichtigung erfolgen.
Befragung, wie die verlustfreie Bewertung von Produktkategorien mit geringer Marge sichergestellt ist	Antwort des CFO vom 26. März: Alle Produkte werden mit einer Zuschlagskalkulation von 25 % berechnet; die realisierten Verkaufspreise entsprechen der Kalkulation; die Marge gemäss Erfolgsrechnung entspricht dem Budget und ist branchenüblich.
Abstimmung des Totals der Inventarlisten mit dem Hauptbuch	Ergebnis: Werte übereinstimmend.
Vergleich des Lagerbestands und -umschlags einzelner Produktekategorien mit jenen früherer Perioden	Ergebnis: ABC-Analyse zeigt vergleichbare Umschläge wie im Vorjahr. Die Umschlagszahlen sind branchenüblich. Ausnahme: Das Produkt ZZZ zeigt einen nicht typischen Umschlag von 1 x (üblich ist: 10–12 x). Die notwendige Wertberichtigung von 80 % bzw. TCHF 320 wurde erfasst.
Analytischer Vergleich der Margen einzelner Produktekategorien mit dem Vorjahr	Ergebnis: Verbuchte Einheitsmargen entsprechen der Kalkulation.
Plausibilisierung von Bestand und Veränderung der stillen Reserven.	Ergebnis: Unveränderter Bestand in Höhe von TCHF 30 kann anhand Vorjahresvergleich nachvollzogen werden.
Schlussfolgerungen/Konklusion	Aufgrund der durchgeführten Prüfungen kann die Schlussfolgerung gezogen werden, dass keine Sachverhalte vorliegen, aus denen zu schliessen ist, dass die Warenvorräte nicht stetig und nicht in Übereinstimmung mit den Bewertungsvorschriften bilanziert sind.

12. Vertiefung zu Bestands- und Bewertungsprüfungen

12.8 Zusammenfassung der Anforderungen

- Der Abschlussprüfer muss sicherstellen, dass er für die wesentlichen Jahresabschlussposten ausreichend geeignete Prüfungsnachweise erarbeitet hat, *namentlich in Bezug auf den Bestand und die Bewertung*.
- Der Abschlussprüfer muss die Bestandsprüfungen so auswählen, dass er – abhängig von der Wesentlichkeit und der Risikobeurteilung – angemessene Prüfungssicherheit darüber erlangt, dass die bilanzierten Werte *tatsächlich vorhanden und im Eigentum* des Prüfkunden sind.
- Der Abschlussprüfer muss die Bewertungsprüfungen so auswählen, dass er – abhängig von der Wesentlichkeit und der Risikobeurteilung – ausreichend Prüfungssicherheit darüber erlangt, dass die *Bewertungsvorgänge angemessen und die resultierenden Schätzungen plausibel sind*.
- Der Abschlussprüfer muss die Prüfungshandlungen, namentlich die Bestands- und Bewertungsprüfungen, *angemessen dokumentieren*, damit seine Beurteilungen gut nachvollziehbar sind.

13.

Nahestehende Parteien

- 13.1 Inhalt des Kapitels
- 13.2 Grafische Übersicht
- 13.3 Zweck der Prüfung von Transaktionen mit nahestehenden Parteien
- 13.4 Was sind nahestehende Parteien?
- 13.5 Prüfungsvorgehen bei Transaktionen mit nahestehenden Parteien
- 13.6 Vorgehen bei Feststellung verdeckter Gewinnausschüttung
- 13.7 Einlagerückgewähr (Art. 680 Abs. 2 OR)
- 13.8 Prüfungshandlungen, die über die eingeschränkte Revision hinausgehen
- 13.9 Zusammenfassung der Anforderungen

13. Nahestehende Parteien

13.1 Inhalt des Kapitels

- Der Zweck der Prüfung von Transaktionen mit nahestehenden Parteien
- Das Erkennen von Personen und Gesellschaften, die als nahestehende Parteien gelten und von inhärenten Risiken von Transaktionen mit solchen Parteien
- Die Prüfung in Hinblick auf nahestehende Parteien
- Die Berichterstattung bei Beanstandungen von Transaktionen mit nahestehenden Parteien
- Gesetzesbestimmungen zur verdeckten Gewinnausschüttung und zur Einlagerückgewähr nach Art. 680 OR sowie ihre praktischen Auswirkungen

13.2 Grafische Übersicht

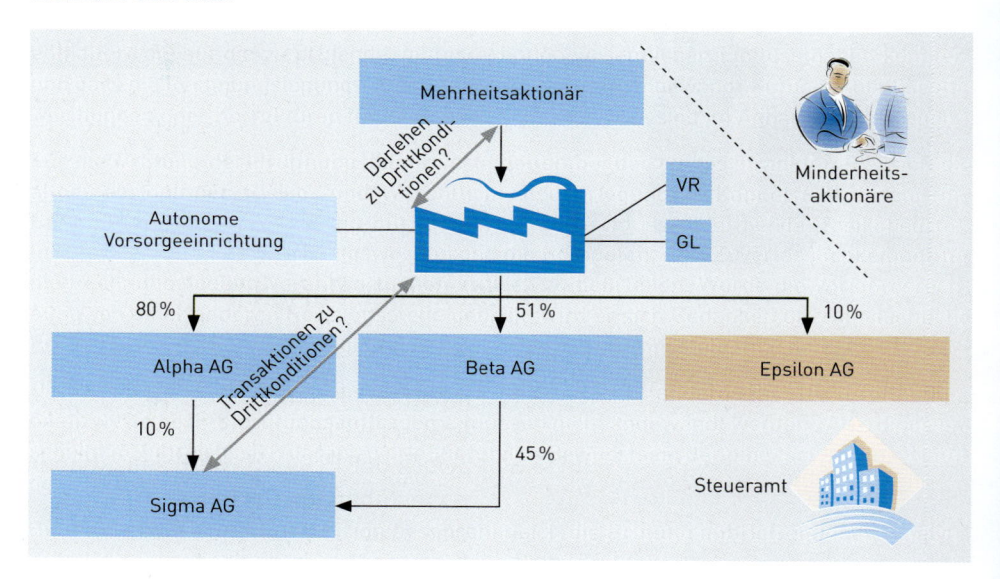

Abbildung 62: Diese Grafik stellt die möglichen Verhältnisse und Parteien einer zu prüfenden Gesellschaft (Fabrik-Symbol) dar. Es ist in der Folge zu klären, ob es sich dabei um «nahestehende» Parteien handelt.

13.3 Zweck der Prüfung von Transaktionen mit nahestehenden Parteien

Die Prüfung von Transaktionen mit nahestehenden Parteien bei einer eingeschränkten Revision dient vor allem zwei Zielen:
- Offenlegung von Transaktionen mit nahestehenden Parteien und deren korrekte Darstellung
- Feststellen verdeckter Gewinnausschüttungen mit wesentlicher Auswirkung auf die Jahresrechnung. Transaktionen mit nahestehenden Parteien sollen vollständig und richtig erfasst und bewertet werden, unter Einbezug möglicher Steuerfolgen (Eintritt, Rechte und Verpflichtungen sowie Erfassung und Periodenabgrenzung der einzelnen Transaktionen sowie Vollständigkeit und Bewertung der Steuerverbindlichkeiten).

13. Nahestehende Parteien

Bei den Prüfungen zur Jahresrechnung können ausserdem Verstösse gegen das Gebot der Gleichbehandlung der Aktionäre, gegen die Zuweisung an die gesetzlichen Reserven, die Bestimmung zur Auszahlung von Dividenden und die Einlagerückgewähr erkannt werden.

13.3.1 Offenlegung von Transaktionen mit nahestehenden Parteien und deren korrekte Darstellung

Der Abschlussprüfer muss für die Prüfungsaussage zur eingeschränkten Revision ausreichend geeignete Prüfungsnachweise darüber erlangen, dass die Unternehmensleitung nahestehende Parteien sowie die Auswirkung von Transaktionen mit solchen Parteien – sofern für den Abschluss wesentlich – erkannt und offengelegt hat.

Für einen Bilanzleser kann die Information über solche Transaktionen aus folgenden Gründen wichtig sein:
- Transaktionen mit nahestehenden Parteien werden möglicherweise nicht zu marktkonformen Konditionen («at arm's length») abgewickelt.
- Die Qualität eines Ertrags, des Aufwands oder von Aktiven und Passiven gegenüber einer nahestehenden Partei kann eine andere sein als gegenüber einer unabhängigen Drittpartei.
- Der Ausfall von wesentlichen nahestehenden Parteien kann weitreichende finanzielle Folgen für ein Unternehmen haben. So besteht z. B. bei einer Beteiligung mit finanziellen Schwierigkeiten ein bedeutsames Risiko, dass auch Aktivguthaben gegenüber der betreffenden Tochtergesellschaft wertberichtigt werden müssen.

Nach dem Aktienrecht muss die Unternehmensleitung verschiedene Informationen über Transaktionen mit nahestehenden Parteien gesondert in der Jahresrechnung offenlegen:

> § *Art. 959a OR: Mindestgliederung Bilanz*
>
> [...]
>
> ⁴ Forderungen und Verbindlichkeiten gegenüber direkt oder indirekt Beteiligten und Organen sowie gegenüber Unternehmen, an denen direkt oder indirekt eine Beteiligung besteht, müssen jeweils gesondert in der Bilanz oder im Anhang ausgewiesen werden.

> § *Art. 959c OR: Mindestgliederung Anhang*
>
> ¹ [...]
>
> ² Der Anhang muss weiter folgende Angaben enthalten, sofern diese nicht bereits aus der Bilanz oder der Erfolgsrechnung ersichtlich sind:
> [...]
> 3. Firma, Rechtsform und Sitz der Unternehmen, an denen direkte oder wesentliche indirekte Beteiligungen bestehen, unter Angabe des Kapital- und des Stimmenanteils;
> 4. Anzahl eigener Anteile, die das Unternehmen selbst und die Unternehmen, an denen es beteiligt ist, halten;
> 5. Erwerb und Veräusserung eigener Anteile und die Bedingungen, zu denen sie erworben oder veräussert wurden;
> 11. Anzahl und Wert von Beteiligungsrechten oder Optionen auf solche Rechte für alle Leitungs- und Verwaltungsorgane sowie für die Mitarbeitenden;
> [...]

13. Nahestehende Parteien

Nachfolgend sind einige Beispiele zu den entsprechenden Offenlegungen aufgeführt:

OR Art.	Notwendige Offenlegung	Beispiele
959a Abs. 4	Forderungen und Verbindlichkeiten gegenüber direkt oder indirekt Beteiligten und Organen sowie gegenüber Unternehmen, an denen direkt oder indirekt eine Beteiligung besteht, müssen jeweils gesondert ausgewiesen werden	• Forderungen aus Lieferungen und Leistungen gegenüber einer Tochtergesellschaft • Andere Forderungen (wie etwa Lohnvorauszahlungen) gegenüber einem Aktionär • Darlehen an einen oder von einem Aktionär • Verbindlichkeiten aus Lieferungen und Leistungen gegenüber einer Schwestergesellschaft • Andere (verzinsliche) Verbindlichkeiten (wie etwa ein Kontokorrent) gegenüber einer Tochtergesellschaft • Langfristige Darlehensschuld gegenüber einer Schwestergesellschaft Der Name der einzelnen Partei muss nicht offengelegt werden, Forderungen und Verbindlichkeiten können in derselben Abschlussposition teilweise aggregiert werden. Es empfiehlt sich, mindestens die Summen der Forderungen und Verbindlichkeiten gegenüber den folgenden Segmenten auszuweisen (in Anlehnung an HWP NRLG, S. 149): • demselben Teilkonzern (direkte und indirekte Tochtergesellschaften) • Gesellschaften höherer Konzernstufen oder Aktionären • benachbarten Teilkonzernen (Schwestergesellschaften)
959c Abs. 2 Ziff. 3	Beteiligungen: Firma, Rechtsform und Sitz der Unternehmen, an denen direkte oder wesentliche indirekte Beteiligungen bestehen, unter Angabe des Kapital- und des Stimmenanteils	<table><tr><th>Firma, Rechtsform</th><th>Sitz</th><th>Stimmanteil</th><th>Kapitalanteil</th><th>Grundkapital</th></tr><tr><td>Muster AG</td><td>Zürich</td><td>60 %</td><td>50 %</td><td>CHF 1 Mio.</td></tr><tr><td>Beispiel GmbH</td><td>Bern</td><td>30 %</td><td>30 %</td><td>CHF 1.5 Mio.</td></tr><tr><td>Example Ltd.</td><td>Dublin, Irland</td><td>100 %</td><td>100 %</td><td>CHF 0.5 Mio.</td></tr></table> Im Berichtsjahr wurde die Example Ltd. erworben und die GEEVA AG, Olten verkauft. Am Abschlussstichtags des Vorjahres betrug der Stimm- und Kapitalanteil an der GEEVA AG 60 % und ihr Grundkapital CHF 0.2 Mio.
Ziff. 4 und 5	Eigene Aktien: Bestand, Erwerb und Veräusserungen unter Angabe der Bedingungen. (Achtung: Eigene Aktien sind in jedem Falle offenlegungspflicht, d. h. auch betragsmässig unbedeutende.)	<table><tr><th>Eigene Aktien</th><th>Datum:</th><th>Anzahl:</th><th>Preis/Stück</th></tr><tr><td>Anfangsbestand</td><td>1.1.</td><td>20</td><td>ø 150</td></tr><tr><td>Kauf Namenaktien</td><td>16.2.</td><td>5</td><td>180</td></tr><tr><td>Verkauf Namenaktien</td><td>30.9.</td><td>–7</td><td>155</td></tr><tr><td>Endbestand</td><td>31.12.</td><td>18</td><td>ø 156</td></tr></table> Im Vorjahr wurden keine eigenen Aktien gekauft oder verkauft.
Ziff. 11	Mitarbeiterbeteiligungsprogramm: Anzahl und Wert von Beteiligungsrechten oder Optionen auf solche Rechte für alle Leitungs- und Verwaltungsorgane sowie für die Mitarbeitenden	<table><tr><th rowspan="2">Im Berichtsjahr zugeteilte Aktien und Optionen</th><th colspan="2">Aktien</th><th colspan="2">Optionen</th></tr><tr><th>Anzahl:</th><th>ø Wert/A.</th><th>Anzahl</th><th>ø Wert/O.</th></tr><tr><td>Verwaltungsrat</td><td>50</td><td>1 000</td><td>20</td><td>600</td></tr><tr><td>Geschäftsleitung</td><td>250</td><td>5 000</td><td>40</td><td>2 000</td></tr><tr><td>Andere Mitarbeiter</td><td>100</td><td>2 000</td><td>30</td><td>350</td></tr></table> Im Vorjahr wurden keine Aktien oder Optionen dem Verwaltungsrat, der Geschäftsleitung oder anderen Mitarbeitern zugeteilt.

13. Nahestehende Parteien

Auch im neuen Rechnungslegungsgesetz müssen bei KMU Transaktionen mit nahestehenden Parteien, die in der Erfolgsrechnung erfasst werden, z. B. Einkäufe, Verkäufe, Management-Fees, Vergütungen an Organe, grundsätzlich nicht separat offengelegt werden. Dies ist im internationalen Vergleich erwähnenswert, sind doch die Offenlegungspflichten bei anderen Regelwerken, wie z. B. IFRS für KMU, für die Erfolgsrechnung viel umfassender. Immerhin stellt Art. 959b OR (Mindestgliederung Erfolgsrechnung) in Abs. 5 fest: «Weitere Positionen müssen in der Erfolgsrechnung oder im Anhang einzeln ausgewiesen werden, sofern dies für die Beurteilung der Ertragslage durch Dritte wesentlich oder aufgrund der Tätigkeit des Unternehmens üblich ist.» Dies kann z. B. in folgenden Situationen angebracht sein:
- Eine Gesellschaft, die für ihr langfristiges Bestehen dringend auf Umsätze von Dritten angewiesen ist, erzielt in der Start-up-Phase nur Erträge von der Muttergesellschaft.
- Im Personalaufwand eines 30-Personen-Unternehmens ist nebst dem Personalaufwand gegenüber Dritten von CHF 3,5 Mio. noch ein Verwaltungsratshonorar an einen nicht operativ tätigen Verwaltungsrat von CHF 1 Mio. erfasst.

In die gleiche Richtung geht die neue Bestimmung von Art. 959c Abs. 1 Ziff. 2 OR im neuen Rechnungslegungsrecht, nach der wesentliche Erfolgsrechnungspositionen aufgeschlüsselt und erläutert werden müssen. Die Anwendung dieser beiden Gesetzesartikel erscheint aus Sicht des Wirtschaftsprüfers insbesondere dann angebracht, wenn Transaktionen über oder nahe an der Schwelle von geldwerten Leistungen erfolgen. Ein Minderheitsaktionär oder andere Nutzer der Jahresrechnung sind so in der Lage, sich Gedanken über die Marktüblichkeit der Konditionen zu machen.

13.3.2 Geldwerte Leistungen mit wesentlicher Auswirkung auf die Jahresrechnung

Transaktionen mit nahestehenden Parteien können auch zu Überbewertungen oder wesentlichen steuer-, abgabe-, sozialversicherungs- oder stafrechtlichen Folgen führen und so einen massgeblichen Einfluss auf die Bilanz und die Erfolgsrechnung haben. Dies geschieht insbesondere bei geldwerten Leistungen, die z. B. dadurch entstehen, dass direkte oder indirekte Leistungen von Kapitalgesellschaften an Aktionäre oder andere nahestehende Parteien nicht zu marktkonformen Bedingungen erfolgen. Man unterscheidet zwei Unterkategorien von geldwerten Leistungen:
- verdeckte Gewinnausschüttungen (zu hoher Aufwand), etwa durch überhöhte Saläre oder Personalspesen, unangemessene Transferpreise oder Verzinsung von Guthaben und Schulden, Übernahme von privatem Aufwand, fiktivem Aufwand oder fiktiven Passiven,
- Gewinnvorwegnahmen (zu tiefer Ertrag oder auch «unterlassene Vermögensvermehrung»). Die Gesellschaft erhält von nahestehenden Parteien gar keinen oder einen im Vergleich mit Dritten zu tiefen Ertrag für erbrachte Leistungen (HWP NRLG, S. 249).

Die vorgenannten Begriffe stammen aus dem Steuerrecht. Im Aktienrecht wird der Begriff verdeckte Gewinnausschüttung mit der Rückerstattungspflicht von Art. 678 Abs. 1 und 2 OR in Zusammenhang gebracht:

13. Nahestehende Parteien

> § *Art. 678 OR: Rückerstattung von Leistungen*
>
> ¹ Aktionäre und Mitglieder des Verwaltungsrates sowie diesen nahestehende Personen, die ungerechtfertigt und in bösem Glauben Dividenden, Tantiemen, andere Gewinnanteile oder Bauzinsen bezogen haben, sind zur Rückerstattung verpflichtet.
>
> ² Sie sind auch zur Rückerstattung anderer Leistungen der Gesellschaft verpflichtet, soweit diese in einem offensichtlichen Missverhältnis zur Gegenleistung und zur wirtschaftlichen Lage der Gesellschaft stehen.
>
> [...]

Der steuerrechtliche und der handelsrechtliche Begriff der geldwerten Leistung bzw. der verdeckten Gewinnausschüttung sind nicht deckungsgleich (HWP NRLG, S. 252). Nachfolgend zwei Beispiele dazu: Bei geldwerten Leistungen wird steuerrechtlich primär beurteilt, ob ein geschäftsmässig begründeter Aufwand besteht oder nicht. Nach Handelsrecht geht es darum, ob der Gewinn aus gesetzlicher und statutarischer Optik richtig ermittelt und ausgewiesen wird. Im Weiteren ist handelsrechtlich ein «offensichtliches» Missverhältnis und steuerrechtlich lediglich «Erkennbarkeit» notwendig. Rechnen die Steuerbehörden also Aufwendungen als geldwerte Leistungen auf, muss nicht zwingend eine handelsrechtliche Rückerstattungspflicht gemäss Art. 678 Abs. 2 OR bestehen.

13.3.3 Beispiele geldwerter Leistungen

Folgende geldwerte Leistungen an Aktionäre kommen regelmässig bei Familien- und Einmannaktiengesellschaften vor (teilweise in Anlehnung an HWP NRLG, S. 250):
- Im Drittvergleich zu hohe Löhne oder sonstige Entschädigungen
- Im Rahmen eines Mitarbeiterbeteiligungsplans zu viele oder zu günstig abgegebene Optionen (z. B. zu tiefer Ausübungspreis) oder Mitarbeiteraktien
- Private Aufwendungen werden dem Geschäft belastet (z. B. für private Zwecke gekaufter Wein, Flug- und Hotelkosten bei Ferien)
- Der Zins auf Aktivdarlehen ist im Drittvergleich zu tief (es ist eine Verzinsung in Übereinstimmung mit dem Rundschreiben der Eidg. Steuerverwaltung über die anerkannten Steuersätze notwendig).
- Kauf von Sachwerten, z. B. einem Auto, vom Aktionär zu einem günstigen Preis (Achtung: Bei einer Gründung oder Kapitalerhöhung sind hier zudem die Bestimmungen zur Sachübernahme, siehe Kapitel 23.4.3.2 zu beachten).
- Verkauf eines betrieblich nicht mehr benötigten Gebäudes zu einem zu tiefen Wert
- Sachwertdividende, z. B. von Wertschriften zum tieferen Buchwert anstatt zum höheren Marktwert
- Unentgeltliche Nutzung von Anlagen der Unternehmung durch einen Aktionär

Bei einer Konzernstruktur sind z. B. folgende verdeckte Gewinnausschüttungen denkbar (ebd.):
- Lieferungen innerhalb des Konzerns, die einem Drittvergleich nicht standhalten
- Überhöhte Mangement-Fees, Lizenzgebühren, Zinsen auf Guthaben
- Sachwertdividenden zum Buchwert, wenn der tatsächliche Marktwert höher ist

13. Nahestehende Parteien

13.3.4 Risikobeurteilung durch den Prüfer

Gemäss dem allgemeinen Ziel der eingeschränkten Revision, wesentliche Fehler in der Jahresrechnung festzustellen, hat der Abschlussprüfer das inhärente Risiko aus Transaktionen mit nahestehenden Parteien bei seiner Prüfung zu berücksichtigen. Im Folgenden ein paar Gründe für das erhöhte inhärente Risiko bei Transaktionen mit nahestehenden Parteien:
- Beziehungen zwischen nahestehenden Parteien sind oft komplex und für ausstehende Dritte schwierig zu beurteilen.
- Transaktionen zwischen nahestehenden Parteien finden oft informell statt. Eine solche Transaktion ist möglicherweise ungenügend oder gar nicht dokumentiert.
- Geschäftsbeziehungen zu nahestehenden Parteien werden oft nicht zu marktkonformen Konditionen («at arm's length») abgewickelt. Dies kann zu Steuerfolgen führen.

13.4 Was sind nahestehende Parteien?

Nach Art. 959a OR müssen Forderungs- und Schuldverhältnisse gegenüber direkt oder indirekt Beteiligten oder Beteiligungen separat ausgewiesen werden. Bestände mit Schwestergesellschaften gehören nach dem Gesetzeswortlaut nicht dazu (HWP NRLG, S. 149), es hat sich jedoch als zweckmässig erwiesen, infolge einer möglichen Einflussnahme der an der zu prüfenden Gesellschaft Beteiligten auch Bestände mit wesentlichen Schwestergesellschaften unter diesem Titel auszuweisen:

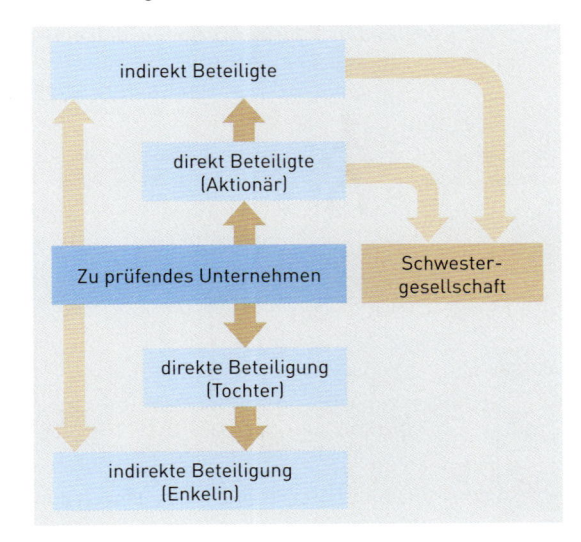

Abbildung 63: Nahestehende Gesellschaften gemäss Art. 959c Abs. 4 OR

Ferner sind Bestände mit Organen auszuweisen, wozu nebst dem obersten Leitungs- und Verwaltungsorgan auch die Forderungen und Verbindlichkeiten gegenüber der Revisionsgesellschaft zu zählen sind.

In Swiss GAAP FER 15 ist die Definition weiter gefasst. Da gilt als nahestehende Person (natürliche oder juristische), wer direkt oder indirekt einen bedeutenden Einfluss auf finanzielle oder operative Entscheidungen einer Organisation ausüben kann (Konzept der Einflussnahme). Organisationen, welche direkt oder indirekt ihrerseits von nahestehenden Personen beherrscht werden, gelten ebenfalls als nahestehend.

13. Nahestehende Parteien

Von einer Beherrschung wird in der Regel gesprochen, wenn eine Partei mehr als 50 % der Stimmrechte besitzt, von einem bedeutsamen Einfluss bei 20–50 % der Stimmrechte. Massgebend ist dabei nicht der Kapitalanteil, sondern der Stimmrechtsanteil, welcher letztlich dafür entscheidend ist, ob Entscheidungen einer Organisation bestimmt oder beeinflusst werden können. In diesem Zusammenhang können auch Aktionärsbindungsverträge und das vertragliche Recht auf einen Sitz im Verwaltungsrat bedeutsam sein. In der Praxis hat sich für die Prüfung von Transaktionen mit nahestehenden Parteien die umfassende Definition internationaler Normen durchgesetzt, nicht zuletzt auch wegen der steuerlichen Beurteilung. Nachstehend einige Beispiele nahestehender Parteien (nach einer umfassenden Definition, in Anlehnung an IAS 24.9 und Art. 959a Abs. 4 OR):

- Organisationen, an denen die berichterstattende Organisation massgeblich beteiligt ist (Tochtergesellschaften, assoziierte Gesellschaften)
- Aktionäre mit mehr als 20 % der Stimmrechtsanteile (direkt oder indirekt)
- Verwaltungsräte (VR)
- Geschäftsleitungsmitglieder (GL)
- Naher Familienangehöriger eines Aktionärs, Verwaltungsrats- oder Geschäftsleitungsmitglieds
- Vorsorgeeinrichtungen (VE)
- Organisationen, die von nahestehenden Personen kontrolliert werden
- Revisionsstelle (RST)

Anhand des folgenden Beispiels der zu prüfenden Fabrik AG sollen diese Grundsätze praktisch erklärt werden:

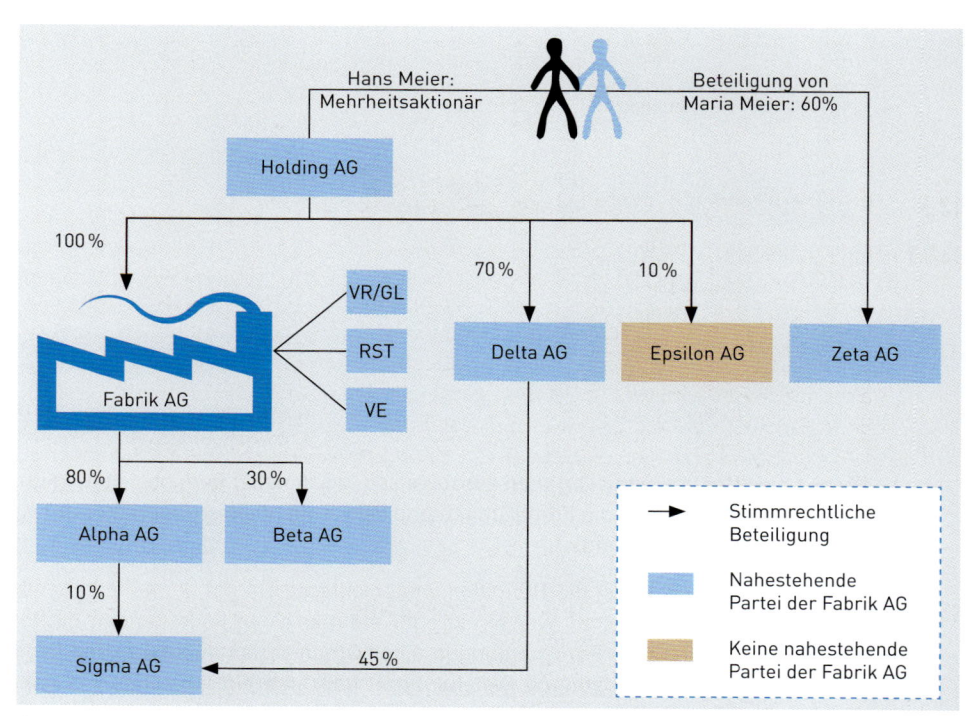

Abbildung 64: Praktisches Beispiel für nahestehende Parteien

13. Nahestehende Parteien

Partei	Nahe-stehend?	Begründung
Holding AG	Ja	Die Holding AG ist die alleinige Aktionärin der Fabrik AG und beherrscht sie damit.
Hans Meier	Ja	Hans Meier beherrscht die Holding AG und damit indirekt auch die Fabrik AG.
Maria Meier	Ja	Maria Meier ist Ehefrau und damit nahes Familienmitglied einer nahestehenden Person, nämlich des Hauptaktionärs der Gruppe, Hans Meier.
Delta AG	Ja	Die Delta AG wird durch die Muttergesellschaft der Fabrik AG, die Holding AG, beherrscht. Sie ist damit eine Schwestergesellschaft der Fabrik AG.
Epsilon AG	Nein	Die Muttergesellschaft der Fabrik AG, die Holding AG. hat zwar ein kleines finanzielles Engagement bei der Epsilon AG von 10% der Stimmrechte. Diese kann jedoch damit keinen bedeutsamen Einfluss auf die strategischen und operativen Entscheide geltend machen.
Zeta AG	Ja	Die Zeta AG wird durch Maria Meier, die Ehefrau des Hauptaktionärs und damit eine nahestehende Person, beherrscht.
Alpha AG	Ja	Die Alpha AG wird durch die Fabrik AG beherrscht. Diese bestimmt damit die strategischen und operativen Entscheide der Tochtergesellschaft.
Sigma AG	Ja	Die Sigma AG wird durch die Delta AG zu 45% und die Alpha AG zu 10% gehalten. Sowohl die Delta AG als auch die Alpha AG werden letztlich durch die Holding AG beherrscht. Damit kann die Holding AG faktisch 55% der Stimmrechte ausüben und die Sigma AG kontrollieren. Dies, obwohl der Kapitalanteil nur 39,5% beträgt (10% × 80% + 45% × 70%).
Beta AG	Ja	Die Fabrik AG hat ein 30%iges Engagement bei der Beta AG. Sie kann auf die Entscheide des Unternehmens wesentlich Einfluss nehmen.
VR/GL	Ja	Die Verwaltungsrats- wie auch die Geschäftsleitungsmitglieder treffen finanzielle oder operative Entscheide für die Gesellschaft.
VE	Ja	Via Arbeitgebervertretung kann eine Gesellschaft bedeutenden Einfluss auf die Vorsorgeeinrichtung ausüben.
RST	Ja	Die Revisionsstelle ist Organ der Fabrik AG.

13.5 Prüfungsvorgehen bei Transaktionen mit nahestehenden Parteien

13.5.1 Prüfungsplanung

In der Planungsphase erlangt der Prüfer Kenntnis über die Tätigkeit und das Umfeld des Unternehmens (Kapitel 6.4). Er befragt dazu auch die Unternehmensleitung darüber, welche Personen und Organisationen als nahestehend zu gelten haben, sowie über die Transaktionen, welche mit ihnen getätigt werden (in Anlehnung an SER, S. 14, und PS 2010, PS 505). Er dokumentiert die einzelnen nahestehenden Parteien in seinen Arbeitspapieren (SER S. 25). Zudem beurteilt er bei den inhärenten Risiken (Kapitel 6.7) auch die Transaktionen mit nahestehenden Parteien. Kommt der Prüfer zum Schluss, es bestehe ein bedeutsames Risiko bei Transaktionen mit nahestehenden Parteien, plant er weitergehende Prüfungen dazu im Prüfprogramm ein.

13.5.2 Prüfung der Vollständigkeit von nahestehenden Parteien

Besteht ein bedeutsames Risiko, dass die Unternehmensleitung bei der Besprechung in der Planungsphase nicht alle nahestehenden Parteien offenlegt, haben weitergehende Prüfungen zu erfolgen. Als solche sind denkbar (in Anlehnung an HWP ER, S. 176 und PS 2010, PS 505.7):

13. Nahestehende Parteien

- Durchsicht der Arbeitspapiere aus dem Vorjahr
- Studium des Aktienbuchs und/oder Handelsregisterauszugs
- Einsicht in die Sitzungsprotokolle der Unternehmensorgane (als allgemeine Prüfungshandlung ohnehin durchzuführen)
- Durchsicht der Steuererklärungen und der Korrespondenz mit Behörden

Der Prüfer muss während der gesamten Prüfung in einer kritischen Grundhaltung auf Transaktionen achten, die ihm ungewöhnlich erscheinen und auf die Existenz noch nicht erkannter nahestehender Parteien hindeuten (SER, S. 9). Beispiele gemäss PS 2010, 550.11 dazu sind etwa Transaktionen
- mit unüblichen Konditionen (Preise, Zinssätze, Garantien, Rückzahlungsbedingungen),
- für die kein einleuchtender geschäftlicher Grund ersichtlich ist,
- deren wirtschaftlicher Gehalt von der formalen Ausgestaltung abweicht,
- die unerfasst bleiben (wie etwa unentgeltliche Management-Leistungen).

Ein Beispiel aus der Praxis: Der Prüfer einer grösseren KMU stellt eine hohe langfristige Forderung gegenüber einer natürlichen Person fest. Die Gegenpartei ist dem Prüfer unbekannt. Der Vertrag bezweckt die Finanzierung von Bauland, sieht eine minimale Verzinsung von 0.1 % pro Jahr vor, hat eine Laufzeit von 10 Jahren, und es fehlen Sicherheiten. Aus Sicht des Prüfers sind dies offensichtlich keine Marktkonditionen, und er bespricht den Sachverhalt mit dem Geschäftsführer. In diesem Gespräch stellt sich heraus, dass der Betrag an die Frau des Hauptaktionärs ausgeliehen wurde. Dieses Guthaben ist in der Jahresrechnung separat offenzulegen und damit für Minderheitsaktionäre, die Steuerbehörden oder andere Anspruchsgruppen erkennbar zu machen. Allfällige Risiken für geldwerte Leistungen müssen beurteilt werden, insbesondere ob ausreichende Rückstellungen dafür vorliegen. Schliesslich stellt sich die Frage einer verdeckten Gewinnausschüttung (Kapitel 13.6) und der Einlagerückgewähr (Kapitel 13.7).

13.5.3 Empfohlene und weitergehende Prüfungshandlungen zu Transaktionen mit nahestehenden Parteien

Im SER findet sich bei den Forderungen aus Lieferungen und Leistungen eine empfohlene Prüfungshandlung zur «Feststellung von Forderungen gegenüber Aktionären bzw. Aktionä, Mitgliedern der Unternehmensleitung und anderen nahe stehenden Personen». Es erscheint zweckmässig diese empfohlene Prüfungshandlung auch bei anderen Forderungs- und Verbindlichkeitspositionen durchzuführen (z. B. Verbindlichkeiten aus Lieferungen und Leistungen, verzinsliche Verbindlichkeiten, übrige Forderungen und Verbindlichkeiten, aktive und passive Rechnungsabgrenzung).

Bei bedeutsamen Risiken mit nahestehenden Parteien prüft der Revisor die Notwendigkeit weitergehender Prüfungshandlungen hinsichtlich der entsprechenden risikobehafteten Aussage, z. B. der richtigen Erfassung und Periodenabgrenzung oder der Bewertung (z. B. Transferpreise) von Transaktionen, der Vollständigkeit von Steuerverbindlichkeiten oder der korrekten Darstellung und Offenlegung von Beständen und Anhangsangaben. Er wendet dazu die allgemein gültigen Prüfungstechniken an (Vertiefung in Kapitel 7).

13.5.4 Vollständigkeitserklärung

Bei der eingeschränkten Revision lässt sich der Abschlussprüfer mit der Vollständigkeitserklärung Folgendes bestätigen:

13. Nahestehende Parteien

«Die Ihnen gegebenen Informationen zur Identifizierung nahestehender Personen sind vollständig, und der Ausweis von Guthaben und Verbindlichkeiten gegenüber direkt oder indirekt Beteiligten und Organen sowie gegenüber Unternehmen, an denen direkt oder indirekt eine Beteiligung besteht, ist vollständig und richtig» (SER, S. 65, angepasst an das neue Rechnungslegungsrecht).

13.6 Vorgehen bei Feststellung verdeckter Gewinnausschüttung

Stellt der Abschlussprüfer bei der eingeschränkten Revision verdeckte Gewinnausschüttungen fest, kann er das folgende Handlungsschema anwenden (in Anlehnung an HWP NRLG, S. 176 ff. sowie Desax, Isler, Spiess in: ST 1999, S. 581 ff.).

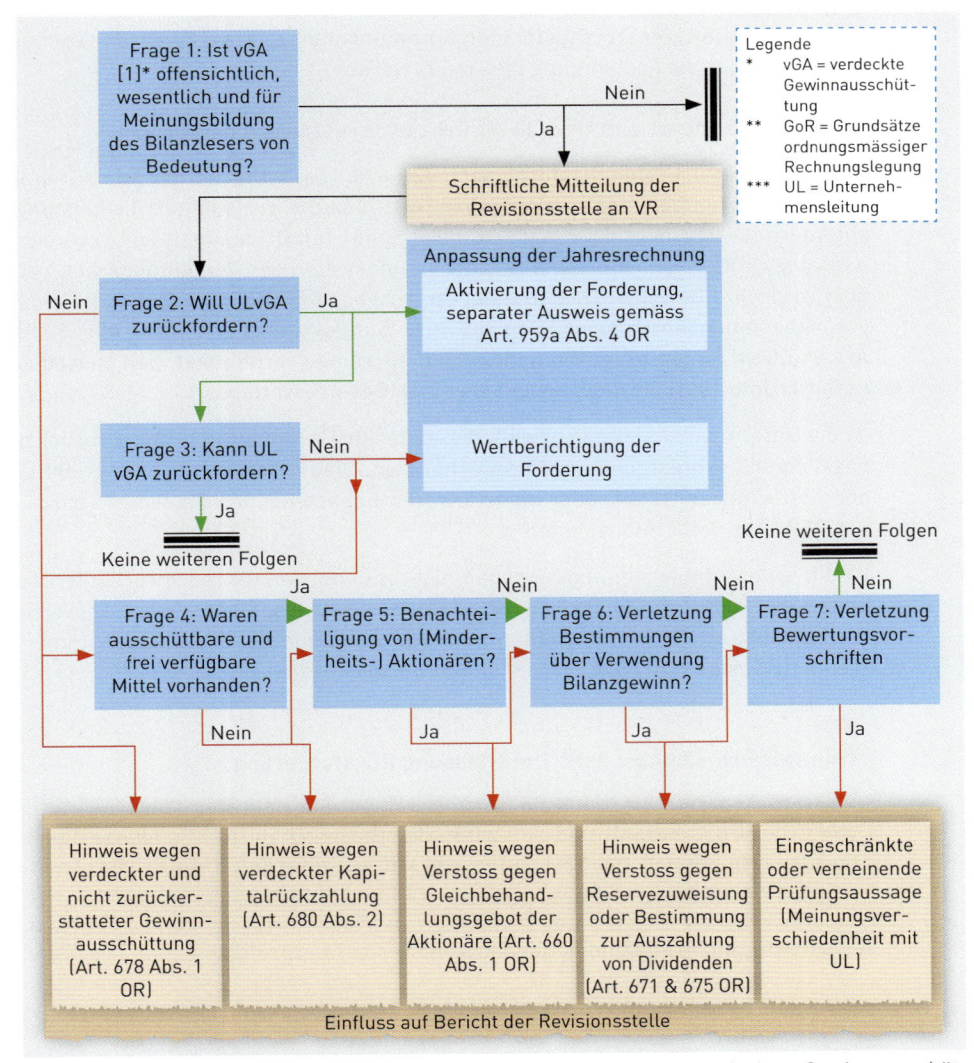

Abbildung 65: Handlungsschema des Prüfers bei der Feststellung von verdeckten Gewinnausschüttungen (in Anlehnung an HWP NRLG, S. 176 ff. sowie Desax, Isler, Spiess in: ST 1999, S. 581 ff.)

13. Nahestehende Parteien

Frage 1: Offensichtlichkeit, Wesentlichkeit und Relevanz für Bilanzleser

Als Erstes stellt sich die Frage, ob ein offensichtliches Missverhältnis zwischen einer Leistung und der Gegenleistung nach Art. 678 Abs. 2 OR besteht. Hier gibt es in der Praxis einen sehr grossen Ermessensspielraum. Zudem muss die verdeckte Gewinnausschüttung wesentlich und für die Meinungsbildung des Bilanzlesers von Bedeutung sein, damit der eingeschränkt prüfende Revisor den Sachverhalt weiterverfolgen muss. Werden diese Punkte bejaht, empfiehlt es sich, den Verwaltungsrat schriftlich über den Sachverhalt zu informieren. Im Gegensatz zur ordentlichen Revision hat die Revisionsstelle bei der eingeschränkten Revision zwar keine Pflicht, den Verwaltungsrat über festgestellte Gesetzesverstösse zu informieren. Bei verdeckten Gewinnausschüttungen empfiehlt der Berufsstand jedoch, auf den Gesetzesverstoss hinzuweisen (Vertiefung in Kapitel 8.6.2.1). Allein schon aufgrund einer stufengerechten Kommunikation sollte deshalb der Verwaltungsrat schriftlich über die Feststellung informiert werden.

Frage 2: Will die Unternehmensleitung die Leistung oder deren Gegenwert zurückfordern?

Besteht eine Rückzahlungspflicht nach Art. 678 Abs. 2 OR, ist der Verwaltungsrat aufgrund seiner unübertragbaren Aufgaben (Art. 716a OR) verpflichtet, die Leistung zurückzufordern (Desax, Isler, Spiess in: ST 1999, S. 581 ff.). Oft mangelt es bei verdeckten Gewinnausschüttungen jedoch am Rückforderungswillen des Verwaltungsrats. Schliesslich sind verdeckte Gewinnausschüttungen in den meisten Fällen bewusste Begünstigungen von nahestehenden Parteien. Gemäss ihrer Sorgfaltspflicht, Art. 717 Abs. 2 OR (GmbH: Art. 813 OR), ist die Unternehmensleitung allerdings verpflichtet, den Betrag zurückzufordern. Unterlässt sie dies, begeht sie einen Gesetzesverstoss.

Ist die Unternehmensleitung gewillt, die verdeckte Gewinnausschüttung zurückzufordern, passt sie die Jahresrechnung entsprechend an. Die Forderung gegenüber dem Aktionär, der Konzerngesellschaft oder einer anderen nahestehenden Partei ist separat gemäss Art. 959a Abs. 4 OR offenzulegen.

Ist die Unternehmensleitung hingegen nicht willens, den Betrag zurückzufordern, so erläutert der Prüfer im Sinne seiner beschränkten Hinweispflicht diesen Sachverhalt in seinem Bericht an die Generalversammlung (Arbeitshilfe der Treuhand-Kammer und von Treuhand Suisse vom 24.6.2011, S. 4). Ein Beispiel dazu:

> **[Hinweis Art. 678 Abs. 2 OR, Unterlassung Rückforderung]**
>
> Wir weisen darauf hin, dass die Gesellschaft private Unkosten eines Verwaltungsrats von CHF 50 000 bezahlt und zu Lasten der Gesellschaft im «Sonstigen Betriebsaufwand» verbucht hat. Der Verwaltungsrat hat es unterlassen, diese Unkosten gemäss Art. 678 Abs. 2 OR zurückzufordern.

Ausserdem sind die nachfolgenden Fragen 4–7 zu überprüfen.

Frage 3: Kann die Unternehmensleitung die Leistung oder deren Gegenwert zurückfordern?

Als Nächstes stellt sich die Frage, ob der Verwaltungsrat die Leistung oder deren Gegenwert überhaupt wieder einbringen kann. Dafür sind die Bonität des Leistungsemp-

13. Nahestehende Parteien

fängers und die Verjährungsfrist ausschlaggebend. Im günstigen Fall wird die Forderung beglichen. Wird die Transaktion zeitnah komplett rückgängig gemacht, dürfte die Angelegenheit bei der eingeschränkten Revision für den Prüfer weitgehend erledigt sein. Dieser muss sich aufgrund der begrenzten Prüfungssicherheit, die er zu erlangen hat, nicht mit weitergehenden steuer-, abgabe-, sozialversicherungs- oder stafrechtlichen Fragen auseinandersetzen.

Muss die Unternehmensleitung jedoch davon ausgehen, dass der Schuldner die Forderung nicht oder nur teilweise begleichen kann, hat sie im Sinne der Bewertungsvorschriften eine Wertberichtigung auf der Forderung zu bilden. Ferner sind die nachfolgenden Fragen 4–7 zu klären.

Frage 4: Waren ausschüttbare und frei verfügbare Mittel vorhanden?

Falls keine ausschüttbaren und frei verfügbaren Mittel vorhanden waren, liegt ein Fall der Einlagerückgewähr vor (Vertiefung im nächsten Kapitel). Auch hier wird ein Hinweis im Revisionsstelenbericht empfohlen (siehe Kapitel 8.6.2.1):

> ●
> **[Hinweis Art. 680 Abs. 2 OR, Einlagerückgewähr, vgl. Kapitel 8.12.37]**
>
> Wir weisen darauf hin, dass das Darlehen an Aktionäre von [Betrag] mangels frei verwendbarer Reserven eine nach Art. 680 Abs. 2 OR verbotene Kapitalrückzahlung darstellt.
>
> *Quelle: Arbeitshilfe der Treuhand-Kammer und von Treuhand Suisse vom 24.6.2011, S. 16 f.*

Frage 5: Benachteiligung von (Minderheits-)Aktionären?

Wurden Aktionäre (GmbH: Gesellschafter) benachteiligt, wird gegen das Gleichbehandlungsgebot (u. a. Art. 660 Abs. 1 und 717 Abs. 2 bzw. 813 OR) verstossen. Der Prüfer sollte dies zusätzlich zu den vorgenannten Verstössen im Bericht an die Generalversammlung gemäss der beschränkten Hinweispflicht erläutern. Nachfolgend ein Beispiel:

> ●
> **[Hinweis Art. 660 Abs. 1 und 717 Abs. 2 OR, Benachteiligung Aktionäre]**
>
> Wir weisen darauf hin, dass die Gesellschaft eine private Lebensversicherung von Verwaltungsrat und Aktionär Müller in wesentlichem Umfang bezahlt und im Versicherungsaufwand zu Lasten der Gesellschaft verbucht hat. Der Verwaltungsrat hat es unterlassen, diese Kosten gemäss Art. 678 Abs. 2 OR zurückzufordern. Dadurch wurde ebenfalls gegen das Gebot der Gleichbehandlung der Aktionäre (Art. 660 Abs. 1 und 717 Abs. 2 OR) verstossen.

Frage 6: Verletzung der Bestimmungen zur Verwendung des Bilanzgewinns?

Nach Art. 675 Abs. 2 OR (GmbH: Art. 798 Abs. 1 OR) dürfen Dividenden nur aus dem Bilanzgewinn und den hierfür gebildeten Reserven ausgerichtet werden. Offensichtliche und betragsmässig wesentliche verdeckte Gewinnausschüttungen verstossen gegen diese Bestimmungen.

13. Nahestehende Parteien

Sollte die allgemeine gesetzliche Reserve nach Art. 671 OR die Minimalquote von 50 % bzw. 20 % (Holdinggesellschaften) des Aktienkapitals noch nicht überschreiten, können verdeckte Gewinnausschüttungen eine Umgehung der Reservepflicht von Art. 671 OR darstellen. Der Prüfer hat dies bei seiner Prüfung des Antrags des Verwaltungsrats über die Verwendung des Bilanzgewinns zu beachten (Vertiefung in Kapitel 16). Beantragt die Unternehmensleitung – unter Berücksichtigung der verdeckten Gewinnausschüttung – eine wesentlich zu tiefe Zuweisung an die allgemeine gesetzliche Reserve, muss der Revisor im Bericht an die Generalversammlung die Prüfungsaussage zum Antrag der Verwendung des Bilanzgewinns verneinen. Ein Beispiel dazu:

> **[Verneinung Antrag über die Verwendung des Bilanzgewinns aufgrund verdeckter Gewinnausschüttung]**
>
> Da der Antrag über die Verwendung des Bilanzgewinns keine Zuweisung an die allgemeine Reserve vorsieht, entspricht er angesichts der im nachstehenden Absatz aufgezeigten verdeckten Gewinnausschüttung nicht Gesetz und Statuten.
>
> [Hinweis verdeckte Gewinnausschüttung].

Frage 7: Verletzung der Bewertungsvorschriften / Grundsätze ordnungsmässiger Rechnungslegung?

Mit der verdeckten Gewinnausschüttung können die Bewertungsvorschriften nach Art. 960 ff. OR oder die Grundsätze ordnungsmässiger Buchführung und Rechnungslegung nach Art. 957a und 958c OR verletzt werden (insbesondere das Verrechnungsverbot, das Gebot der Vollständigkeit [Steuerverpflichtungen!], Klarheit und Wahrheit bzw. der «möglichst zuverlässigen Beurteilung der wirtschaftlichen Lage»).

Ein Beispiel einer möglichen Verletzung der Bewertungsrichtlinien im Zusammenhang mit geldwerten Leistungen ist das folgende: Eine Gesellschaft kauft von einem Aktionär ein Fahrzeug zu einem nachweislich übertreuerten Preis. Damit handelt es sich um eine verdeckte Gewinnausschüttung. Das Fahrzeug wird in den Sachanlagen zum überhöhten Preis aktiviert. Der Prüfer stellt eine wesentliche Überbewertung fest. Ist die Unternehmensleitung nicht bereit, die Bewertung der Sachanlagen anzupassen, besteht eine Meinungsverschiedenheit mit der Unternehmensleitung. Der Prüfer hat eine eingeschränkte oder verneinende Prüfungsaussage abzugeben (Vertiefung zur Berichterstattung, Kapitel 8.6.1).

13.7 Einlagerückgewähr (Art. 680 Abs. 2 OR)

13.7.1 Hintergrund und gesetzliche Bestimmung

Bei einer Kapitalgesellschaft haftet ausschliesslich das Gesellschaftsvermögen. Der Kapitalgeber kann nicht persönlich belangt werden. Dies ist nicht zuletzt ein wichtiges Kriterium für den Entscheid eines Unternehmers, das Rechtskleid einer Kapitalgesellschaft für ein Unternehmen zu wählen. Für die Gläubiger der Gesellschaft ist es darum umso wichtiger, dass die notwendige gesetzliche Substanz in die Gesellschaft eingebracht (siehe Vertiefung zur Gründungsprüfung in Kapitel 23.4) und beibehalten wird. Das Aktienrecht sieht diesbezüglich verschiedene Kapitalschutzbestimmungen vor. Art. 680 Abs. 2 OR (GmbH: 793 Abs. 2 OR) ist eine davon:

13. Nahestehende Parteien

> **§** *Art. 680 OR Leistungspflicht des Aktionärs*
> ² Ein Recht, den eingezahlten Betrag zurückzufordern, steht dem Aktionär nicht zu.

Dem Unternehmen ist damit untersagt, dem Aktionär den einbezahlten Betrag zurückzubezahlen. Dieser setzt sich aus dem Nominalkapital sowie allenfalls einem Aufgeld (Agio) zusammen. Freie offene sowie stille Reserven im aktienrechtlichen Sinne sind von Art. 680 Abs. 2 OR nicht betroffen (HWP NRLG, S. 152). Diese können letztlich auch via Gewinnausschüttungen an den Aktionär zurückgeführt werden. Vom Rückzahlungsverbot ebenfalls ausgenommen ist das ordentliche Kapitalherabsetzungs- und Liquidationsverfahren.

Mit Art. 680 Abs. 2 OR wird etwa verhindert, dass ein finanzschwacher Aktionär sich kurzfristig Geld ausleiht, mit diesem Geld eine Aktiengesellschaft gründet, sich das Geld umgehend in Form eines Darlehens wieder auszahlen lässt und damit seine private Schuld begleicht. Die Gesellschaft wäre in einem solchen Fall ausgehöhlt und die Gläubiger einem hohen Ausfallrisiko ausgesetzt.

13.7.2 Einlagerückgewähr bei Aktionärsdarlehen

Sofern der statutarische Zweck der Gesellschaft eine Kreditvergabe vorsieht, ist es grundsätzlich möglich, den Aktionären sowie diesen nahestehenden Parteien (etwa Konzerngesellschaften) ein Darlehen zu gewähren. Es ist jedoch aufgrund der vorstehenden Bestimmungen Vorsicht geboten.

Darlehen an Aktionäre und diesen nahestehende Parteien verstossen gegen Art. 680 Abs. 2 OR, wenn gewisse quantitative und qualitative Voraussetzungen zugleich erfüllt sind, wenn z. B. der Aktionär das Darlehen nicht zurückzahlen kann oder will (qualitatives Kriterium) und das Aktionärsdarlehen zugleich grösser ist als das Zuwachskapital, d.h. die Summe aus freien, stillen und gesetzlichen Reserven (ohne Agioreserven) (quantitatives Kriterium), weshalb die Auszahlung an den Aktionär de facto zulasten des Aktienkapitals geht. Die praktische Anwendung der beiden Kriterien soll im Folgenden erläutert werden:

Quantitative Voraussetzung
- Das Darlehen ist grösser als die Differenz zwischen den Eigenmitteln der Gesellschaft (ausgewiesenes Eigenkapital ./. nicht einbezahltes Aktienkapital + stille Reserven ohne Zwangsreserven) und dem einbezahlten Betrag aller Aktionäre (Nominalkapital und Agio).
- Vom Darlehen können verrechenbare Verbindlichkeiten abgezogen werden. Dazu gelten die Voraussetzungen zur Verrechnung nach Art. 120 OR.
- Hat eine Tochtergesellschaft eigene Aktien zurückgekauft, und sind sie dort als Aktivum erfasst, muss dieser Buchwert aus sachlogischen Gründen von den Eigenmitteln der Muttergesellschaft abgezogen werden.
- Über das einbezahlte Agio herrscht in der Lehre Uneinigkeit (HWP NRLG, S. 235 f.). Wurde es im Sinne von Art. 671 OR den allgemeinen gesetzlichen Reserven zugewiesen und sind diese Reserven höher als die Mindestquote gemäss Art. 671 OR (20 % vom Nominalkapital bei Holdinggesellschaften, 50 % bei übrigen Gesellschaften), stellt sich die Frage, ob dieser Überschussanteil ausbezahlt werden darf. Die Praxis toleriert dies

13. Nahestehende Parteien

nach dem heutigen Aktienrecht teilweise. Deshalb kann argumentiert werden, dass dieser Überschussanteil für die Berechnung der möglichen Einlagerückgewähr ausgeklammert werden kann.

Qualitative Voraussetzung

Wenn aus den Umständen geschlossen werden muss, dass der Darlehensnehmer nicht, nicht mehr oder von Anfang an nicht in der Lage gewesen ist, das Darlehen zurückzubezahlen, ist auch die qualitative Voraussetzung erfüllt (HWP NRLG, S. 152). Das Fehlen eines schriftlichen Vertrags mit Zins- und Rückzahlungskonditionen und allenfalls notwendigen Sicherheiten kann ein mögliches Anzeichen für diesen Tatbestand sein (ebd.). Dies ebenfalls, wenn Zins- und Rückzahlungskonditionen zwar vereinbart wurden, aber diese nicht geleistet oder fortlaufend verlängert oder vorgetragen werden.

	TCHF	TCHF
Darlehen an Aktionär	500	
./. Verrechnung Darlehen von Aktionär	−300	
Nettodarlehen an Aktionär	**200**	**200**
Buchmässiges Eigenkapital	250	
./. Nicht einbezahltes Aktienkapital	−20	
+ Stille Reserven	50	
./. Buchwert eigener Aktien bei Tochtergesellschaften	−20	
Eigenmittel	**260**	**260**
Einbezahltes Aktienkapital	100	
Einbezahltes Agio	60	
Einbezahlter Betrag	160	
Korrektur Agio aufgrund Art. 671 OR	−10	
Einbezahlter Betrag korrigiert	150	150
Maximale Höhe des Darlehens	**110**	**110**
= Quantitative Voraussetzung		−90
+ Qualitative Voraussetzung: Darlehensnehmer kann nicht oder wollte nie Darlehen zurückbezahlten		Ja
∑ Verstoss gegen die Einlagerückgewähr Art. 680 Abs. 2 OR		Ja

Abbildung 66: Quantitative und qualitative Kriterien einer Einlagerückgewähr im Sinne von Art. 680 OR

13.7.3 Folgen eines Verstosses gegen die Einlagerückgewähr und Berichterstattung

Werden die Bestimmungen zur Einlagerückgewähr verletzt, führt dies zur Nichtigkeit des Vertrages und zum Wiederaufleben der Liberierungspflicht des betroffenen Aktionärs (HWP NRLG, S. 152). Die Gesellschaft hat einen Rückerstattungsanspruch gegenüber dem Zahlungsempfänger (Art. 678 Abs. 2 OR), allenfalls einen Anspruch aus ungerechtfertig-

13. Nahestehende Parteien

ter Bereicherung (Art. 62 ff. OR) und möglicherweise einen Anspruch auf Schadenersatz, gemäss Art. 41 OR (ebd.). Die Auswirkungen eines gegen die Einlagerückgewähr verstossenden Darlehens auf die Jahresrechnung sind in der Regel grundlegend. Das Darlehen dürfte wesentlich sein (quantitatives Kriterium), und dass das qualitative Kriterium (der Aktionär kann oder will das Darlehen nicht zurückzahlen) zugleich erfüllt ist, führt dazu, dass es nach Art. 960a Abs. 3 OR wertberichtigt werden muss. Daraus ergeben sich meist Verrechnungssteuerfolgen. Weil die Verrechnungssteuer von 35 % nicht überwälzt werden kann, wird diese ins Hundert gerechnet, weshalb in solch einem Fall nebst der Wertberichtigung auch noch eine zusätzliche Steuerverpflichtung im Umfang von 53.8 % des Darlehens anfällt. Dies führt üblicherweise zu einer verneinenden Prüfungsaussage, weil das Gesamtbild ohne die notwendigen Korrekturen in der Jahresrechnung (Wertberichtigung des Darlehens und Erfassung einer Steuerverbindlichkeit) grundlegend falsch sein dürfte. Im angeführten Beispiel (Abbildung 66) würden die Wertberichtigung des Nettodarlehens von 200 sowie die resultierende Steuerverbindlichkeit von rund 108 das um die Auflösung der stillen Reserven von 50 korrigierte buchmässige Eigenkapital von 300 (250 + 50) um 8 übersteigen, womit die Gesellschaft überschuldet wäre. Unterlässt der Kunde die notwendigen Korrekturen in der Jahrechnung, müsste der Prüfer eine Einschränkung in Hinsicht auf die fehlende Wertberichtigung des Darlehen und die fehlende resultierende Steuerverbindlichkeit machen sowie eine verneinenden Prüfungsaussage und einen Hinweis auf einen Verstoss gegen Art. 680 Abs. 2 OR und gegebenenfalls weitere Gesetzesverstösse abgeben (siehe u. a. Berichterstattungsmuster 8.12.37). Schliesslich stellte sich in diesem Fall die Frage der Unternehmensfortführung (Kapitel 9) sowie der Werthaltigkeit eines nicht einbezahlten Aktienkapitals, und es wären die Pflichten gemäss Art. 725 Abs. 2 OR zu beachten (Kapitel 10.10).

	TCHF
Buchmässiges Eigenkapital vor Korrekturen	250
+ Auflösung stille Reserven (ggf. im Anhang offenzulegen)	+ 50
./. Wertberichtigung Nettodarlehen an Aktionär	− 200
./. Verrechnungssteuer auf dem wertberichtigten Darlehen im Hundert (53.8 %)	− 108
Überschuldung	− 8

Abbildung 67: Berechnung der Kosequenzen eines Darlehens mit einem Verstoss gegen die Einlagerückgewähr auf das Eigenkapital

Wie aufgezeigt, müssen verschiedene, z. T. erhebliche quantitative und qualitative Voraussetzungen gegeben sein, dass ein Darlehen gegen die Bestimmungen der Einlagerückgewähr verstösst. Der Prüfkunde tut deshalb gut daran, vor der Gewährung eines Darlehens an nahestehende Parteien sowohl die formalen (z. B. schriftlicher Vertrag) als auch die materiellen Voraussetzungen (z. B. Prüfung der Kreditfähigkeit und -würdigkeit, Vereinbarung von Rückzahlungsterminen, Zinsbestimmungen usw.) dafür zu schaffen, weil ein Verstoss gegen die Vorschrift der Einlagerückgewähr, wie aufgezeigt, weitreichende finanzielle und rechtliche Konsequenzen haben könnte.

Bei der Feststellung von verdeckten Gewinnausschüttungen soll der Prüfer so wie im vorhergehenden Kapitel beschriebenen verfahren.

13. Nahestehende Parteien

13.8 Prüfungshandlungen, die über die eingeschränkte Revision hinausgehen

Auf die folgenden Prüfungshandlungen, die bei einer Prüfung nach den Schweizerischen Prüfungsstandards zu erfolgen haben, kann eine eingeschränkte Revision aufgrund ihres Status verzichten:

- Prüfung der Kontrollen im Zusammenhang mit Transaktionen mit nahestehenden Parteien, z. B. zur Erkennung, Bewertung und Offenlegung solcher Transkaktionen
- Prüfungen zur Aufdeckung deliktischer Handlungen im Zusammenhang mit nahestehenden Parteien, z. B. hinsichtlich möglicher Fälschungen von Spesenbelegen, bewusster Verheimlichung von Verträgen und Belegen, fehlender Offenlegung, bewusster Fehlkalkulation von Optionspreisen bei Mitarbeiterbeteiligungen
- Einfordern von Bestätigungen von möglichen nahestehenden Parteien, dass sie nicht nahestehende sind, im Sinne einer Drittbestätigung
- Einfordern von Saldo- und sonstigen Bestätigungen von nahestehenden Parteien über Transaktionen und Bestände im Sinne einer Drittbestätigung
- Bewertungsgutachten zu verlangen, z. B. bei Käufen und Verkäufen an nahestehende Parteien oder bei der Bewertung von an nahestehende Parteien gewährten Rechten im Rahmen von Mitarbeiterbeteiligungsprogrammen
- Detaillierte Prüfung der Kalkulation von Transferpreisen, z. B. anhand einer vertieften Prüfung des Aufbaus der Kostenrechnung.

13.9 Zusammenfassung der Anforderungen

- *Abhängig von seiner Risikobeurteilung* muss der Abschlussprüfer die Prüfung von Transaktionen mit nahestehenden Parteien im Rahmen der empfohlenen oder weitergehenden Prüfungshandlungen vornehmen und angemessen dokumentieren.
- Der Abschlussprüfer muss für seine Risikobeurteilung die *Unternehmensleitung* über die wesentlichen *nahestehenden Parteien* sowie die wesentlichen *Transaktionen* mit solchen Parteien befragen.
- Der Abschlussprüfer muss von der Unternehmensleitung eine *Vollständigkeitserklärung verlangen*, in der bestätigt wird, dass die Informationen zum Erkennen nahestehender Parteien vollständig sind und der Ausweis von Forderungen und Verbindlichkeiten gegenüber direkt und indirekt Beteiligten und Organen sowie gegenüber Unternehmen, an denen direkt oder indirekt eine Beteiligung besteht, vollständig und wahrheitsgemäss ist.
- Der Abschlussprüfer soll bei der Feststellung von *verdeckten Gewinnausschüttungen* nach dem Schema in Abbildung 65 (Handlungsschema des Prüfers bei der Feststellung von verdeckten Gewinnausschüttungen) vorgehen und die sich allenfalls ergebenden Handlungspflichten wahrnehmen.
- Der Abschlussprüfer hat bei einem Risiko bezüglich der *Einlagerückgewähr* gemäss der beschränkten Hinweispflicht die quantitativen und qualitativen Kriterien zur Einlagerückgewähr zu beurteilen.

14.

Stille Reserven

14.1 Inhalt des Kapitels
14.2 Grafische Übersicht
14.3 Bedeutung der stillen Reserven für die Schweizer Rechnungslegung
14.4 Begriffe zu den stillen Reserven
14.5 Praktisches Beispiel zur Berechnung der Veränderung der stillen Reserven
14.6 Inhärente Risiken und Prüfungshandlungen zu den stillen Reserven
14.7 Pflicht zur Mitteilung der stillen Reserven an die Revisionsstelle
14.8 Berichterstattung bei wesentlichen Feststellungen zu den stillen Reserven
14.9 Zusammenfassung der Anforderungen

14. Stille Reserven

14.1 Inhalt des Kapitels

- Bedeutung der stillen Reserven für die Schweizer Rechnungslegung
- Die Unterscheidung von Zwangs- und Willkürreserven
- Systematik und Risiken bei der Berechnung der stillen Reserven
- Erstellen bzw. Überprüfen eines Status zu den stillen Reserven
- Die inhärenten Risiken, Prüfungshandlungen und die Besonderheiten der Berichterstattung bei wesentlichen negativen Feststellungen zu den stillen Reserven oder bei Weigerung der Unternehmensleitung, der Revisionsstelle stille Reserven mitzuteilen

14.2 Grafische Übersicht

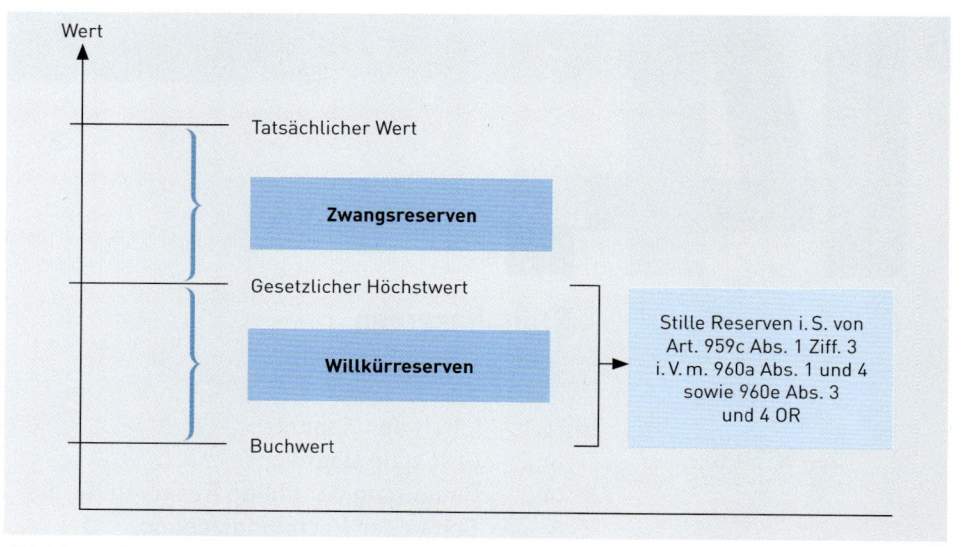

Abbildung 68: Begriffe zu den stillen Reserven (in Anlehnung an HWP NRLG, S. 245)

14.3 Bedeutung der stillen Reserven für die Schweizer Rechnungslegung

In der Schweizer Rechnungslegungspraxis sind die stillen Reserven tief verwurzelt. Dies vor allem aus zwei Gründen:
- Gläubigerschutz: Das Schweizer Rechnungslegungsgesetz ist auf den Gläubigerschutz ausgerichtet. Dies im Gegensatz zu den internationalen Ansätzen, bei welchen es, basierend auf einer «true and fair view», primär um Informationen für die Investoren geht.
- Massgeblichkeitsprinzip: Die Festsetzung der Gewinnsteuern folgt im Allgemeinen dem Ergebnis der handelsrechtlichen Jahresrechnung. Mit dem Instrument der stillen Reserven kann so das Unternehmen steuerplanerisch seine Ergebnisse – mit gewissen Einschränkungen – beeinflussen.

Das primär steuerlich begründete Instrument der stillen Reserven wird in der Schweiz höher gewichtet als eine tatsächlich aussagekräftige Jahresrechnung. Aus Transparenzgründen sind bei einer Nettoauflösung von stillen Reserven diese im Anhang offenzulegen (Art. 959c Abs. 1 Ziff. 3 OR).

14.4 Begriffe zu den stillen Reserven

Wie in der grafischen Übersicht dargestellt, unterscheidet man:

Zwangsreserven. Die Differenz zwischen dem tatsächlichen Wert und dem gesetzlichen Höchstwert nennt man Zwangsreserven. Sie kommen aufgrund von Wertsteigerungen im Zusammenhang mit dem Kostenwertprinzip zustande. Zwangsreserven dürfen vor der Realisation bis auf die Ausnahme von Art. 670 OR (Aufwertung von Grundstücken und Beteiligungen unter gewissen Voraussetzungen) nicht aufgelöst werden.

Willkürreserven. Diese Reserven werden bewusst zur Unterbewertung von Aktiven oder Überbewertung von Rückstellungen gebildet. Sie stehen im Gegensatz zu den Grundsätzen einer ordnungsmässigen Rechnungslegung, werden jedoch durch die Möglichkeit einer überhöhten Rückstellung gemäss Art. 960e Abs. 3 und 4 OR oder der erlaubten Minderbewertung von Aktiven gemäss Art. 960a Abs. 1 und 4 OR ausdrücklich erlaubt.

Für die Berechnung, ob netto stille Reserven aufgelöst worden sind und der entsprechende Betrag darum nach Art. 959c Abs. 1 Ziff. 3 OR offengelegt werden muss, sind nur die Willkürreserven massgeblich. Die Zwangsreserven bleiben dabei ausgeklammert (HWP NRLG, S. 247 ff.).

14.5 Praktisches Beispiel zur Berechnung der Veränderung der stillen Reserven

Folgendes Beispiel zeigt, wie die Veränderung der stillen Reserven in der Praxis kalkuliert wird:

Übersicht zu den stillen Reserven						
Bilanzposition		Gesetzlicher Höchstwert 31.12.X1 CHF	Bilanzwert am 31.12.X1 CHF	Stille Reserven 31.12.X1 CHF	Stille Reserven Vorjahr CHF	Veränderung CHF
Forderungen		100 000	90 000	10 000	20 000	– 10 000
Vorräte		50 000	45 000	5 000	7 500	– 2 500
Total brutto		150 000	135 000	15 000	27 500	– 12 500
./. latente Steuern	20.0 %			– 3 000	– 5 500	– 2 500
Total netto				12 000	22 000	– 10 000
Netto handelt es sich um die			Bildung stiller Reserven	[Gesellschaft]		
		✓	Auflösung stiller Reserven			
Ort/Datum:						

Abbildung 69: Beispiel einer Übersicht zu den stillen Reserven («Status der stillen Reserven»)

14. Stille Reserven

Der gesetzliche Höchstwert wird je Bilanzposition mit dem jeweiligen Bilanzwert verglichen. Daraus ergeben sich die stillen Reserven zum Bilanzstichtag pro Abschlussposition. Diese werden mit den stillen Reserven im Vorjahr verglichen und die Veränderung gegenüber diesen ermittelt. Zum Schluss wird der latente Steuereffekt aus der Bildung oder Auflösung von stillen Reserven berechnet. Dieser beruht darauf, dass mit der Veränderung der stillen Reserven das handelsrechtliche Ergebnis und damit die Steuerbasis beeinflusst wird und dadurch mehr oder weniger laufende Steuern anfallen. Das nachfolgende Beispiel illustriert das: Ein handelsrechtliches Ergebnis vor Steuern von 10 würde bei einem Steuersatz von 20% zu Steuern von 2 und einem Nettoergebnis von 8 führen. Nun wurden gesamthaft 12.5 stille Reserven aufgelöst, und das Ergebnis vor Steuern erhöhte sich auf 22.5 bzw. auf 18 nach Steuern. Die Auflösung stiller Reserven von 12.5 hat demnach das Ergebnis tatsächlich nur um 10 verbessert. Die Differenz von 2.5 sind laufende Steuern, welche aufgrund der Auflösung von 12.5 stillen Reserven bei einem anwendbaren Steuersatz von 20% angefallen sind. Die wesentliche Nettoauflösung von stillen Reserven von 10 müsste in diesem Beispiel im Anhang ausgewiesen werden.

Wie oben gezeigt, bestehen auf dem Bestand der stillen Reserven latente Steuerschulden. Demgegenüber wird in der Praxis auch die weitverbreitete Meinung vertreten, dass die verlangte Offenlegung als reiner Betrag der Nettoauflösung zur Ergebnisverbesserung ohne Steuereffekt darzustellen ist (HWP NRLG, S. 249). Nach Meinung der Autoren dieses Buchs erscheint es sachgemäss, die latenten Steuern zu berücksichtigen, wenn aufgrund der Auflösung der stillen Reserven tatsächlich laufende Steuern fällig werden. Hingegen sind sie nicht zu berücksichtigen, wenn infolge der Verrechnung von Verlustvorträgen keine laufenden Steuern anfallen und deshalb die Auflösung der stillen Reserven das Ergebnis in vollem Umfang verändert.

In der Praxis stellt sich oft die Frage, ob im konkreten Fall stille Reserven gebildet oder aufgelöst wurden:

Kritischer Sachverhalt	Bildung oder Auflösung von stillen Reserven?
Die Muster AG hat für eine Produktelinie aufgrund langjähriger Erfahrungen eine Garantierückstellung in Höhe von 500 000 gebildet. Infolge der Aufgabe dieser Produktelinie fallen ab sofort keine Garantieansprüche mehr an.	Die Garantierückstellung war bisher handelsrechtlich begründet und stellte keine stille Reserve dar. Neu ist die Rückstellung nicht mehr erforderlich und wird zu einer stillen Reserve, wenn sie nicht aufgelöst wird. Wird die Rückstellung hingegen in diesem Jahr aufgelöst, besteht keine Auflösung von stillen Reserven.
Der Bestand und die Veränderung der stillen Reserven in den Warenvorräten präsentieren sich folgendermassen: 1.1. 31.12. Bruttowert 300 150 Warenreserve (33.3%) 100 (50%) 75 Buchwert 200 75	Im laufenden Geschäftsjahr wurden infolge des Abbaus der Warenvorräte stille Reserven im Betrage von 25 aufgelöst. Die prozentuale Zunahme der Reserven von 33.3% auf 50% ist nicht erheblich. Die tatsächliche betragsmässige Veränderung ist zu beurteilen und offenzulegen (Nettoauflösung).
Die Wertschriften im Umlaufvermögen sind zu Anschaffungswerten bilanziert. Der Kunde hat vom Recht zur Bilanzierung zum Börsenkurs gemäss Art. 960b OR nicht Gebrauch gemacht. 1.1. 31.12. Anschaffungswert 500 250 Aktueller Kurswert 700 350 Mehrwert 200 100	Grundlage für die Beurteilung der Bildung und Auflösung von stillen Reserven sind der gesetzlicher Höchstwert und der tiefere Buchwert. Im vorliegenden Falle ist der Anschaffungswert als gesetzlicher Höchstwert zu bestimmen (nicht der mögliche Börsenkurs gemäss Wahlrecht). Es bestehen somit keine stillen Reserven im Sinne von Art. 959c Abs. 1 Ziff. 3 OR, sondern Zwangsreserven.

14. Stille Reserven

14.6 Inhärente Risiken und Prüfungshandlungen zu den stillen Reserven

Das wichtigste Risiko im Zusammenhang mit der Prüfung der Jahresrechnung und der stillen Reserven ist, dass eine allfällige wesentliche Nettoauflösung in der Jahresrechnung gar nicht oder mit einem falschen Wert offengelegt wird. Damit wäre aus der Jahresrechnung nicht ersichtlich, dass das Ergebnis in der Erfolgsrechnung ohne die Auflösung der stillen Reserven schlechter ausgefallen wäre. Das inhärente Risiko bei den stillen Reserven erscheint insbesondere dann erhöht, wenn die Gesellschaft wesentliche Aktiven mit stillen Reserven veräussert oder z. B. bei einer bilanziellen Sanierung wiedereingebrachte Abschreibungen erfasst.

Zur Prüfung der stillen Reserven bieten sich in der Praxis oft die folgenden Möglichkeiten an:
- Befragung nach der Nettoauflösung von stillen Reserven (SER, empfohlene Prüfungshandlung zum Anhang, S. 61) und allfälligen Änderungen der Bewertungsgrundsätze (allgemeine Prüfungshandlung gemäss SER Anhang D, S. 43).
- Analytische Prüfung: Feststellen von Veränderungen und Analyse von wesentlichen Abweichungen zwischen Berichts- und Vorjahr.
- Detailprüfung: Prüfung von wesentlichen Positionen innerhalb des Status zu den stillen Reserven anhand von geeigneten Unterlagen (Nachweise über die gesetzlichen Höchstwerte, Abstimmungsprüfung der Buchwerte u. dgl.).

Zu beachten ist, dass bei bedeutsamen Risiken Bilanzpositionen im Hinblick auf die stillen Reserven selbst dann zu prüfen sind, wenn deren Betrag unter der Toleranzwesentlichkeit liegt, was z. B. bei den Sachanlagen, die bereits vollständig abgeschrieben sind, regelmässig der Fall ist.

14.7 Pflicht zur Mitteilung der stillen Reserven an die Revisionsstelle

Im Rechnungslegungsrecht vor dem 1.1.2013 war in Art. 669 Abs. 4 aOR festgehalten: «Bildung und Auflösung von Wiederbeschaffungsreserven und darüber hinausgehenden stillen Reserven sind der Revisionsstelle im Einzelnen mitzuteilen.» Dieser Passus fehlt im neuen Recht, was aber nicht bedeutet, dass die Unternehmensleitung den Bestand an stillen Reserven und deren Veränderung der Revisionsstelle nicht mehr mitteilen müsste. Im Gegenteil: Sie hat nach Art. 730b Abs.1 OR der Revisionsstelle alle Auskünfte zu erteilen und alle Unterlagen zu übergeben, die diese für die Erfüllung ihrer Aufgabe benötigt, auf Verlangen auch schriftlich.

Der Verwaltungsrat ist dementsprechend gehalten, den Bestand und die Veränderung der stillen Reserven zu berechnen und der Revisionsstelle mitzuteilen, da dies zur zuverlässigen Beurteilung der wirtschaftlichen Lage und insbesondere für die Plicht zur Offenlegung von Reserveauflösungen im Anhang unverzichtbar ist. Solche Berechnungen gehören grundsätzlich nicht zu den Aufgaben der Revisionsstelle, zumal sie mit den Unabhängigkeitsbestimmungen nicht vereinbar wären, wenn Bewertungs- und Schätzvorgänge nötig sind.

Teilt der Verwaltungsrat der Revisionsstelle die stillen Reserven nicht mit resultiert eine Beschränkung des Prüfungsumfangs.

Die Revisionsstelle ist im Rahmen ihrer Prüftätigkeit (in Verbindung mit ihrer Sach- und Fachkenntnis) verpflichtet, Bestand und Veränderung der stillen Reserven sorgfältig zu überprüfen und die Vorgaben des Kunden kritisch zu hinterfragen.

14. Stille Reserven

In der KMU-Praxis bei Doppelmandaten wird die Vorgabe vom personell und organisatorisch getrennten Buchalter der Revisionsstelle erarbeitet und dokumentiert. Ein Verstoss gegen die Unabhängigkeitsvorschriften ist in diesem Falle nicht anzunehmen, wenn der Kunde die relevanten Bewertungen und den Status der stillen Reserven (siehe auch Abbildung 69: Beispiel einer Übersicht zu den stillen Reserven) im Zusammenhang mit der Vollständigkeitserklärung unterzeichnet.

14.8 Berichterstattung bei wesentlichen Feststellungen zu den stillen Reserven

Stellt der Revisor während seiner Prüfung fest, dass eine Nettoauflösung von stillen Reserven in der Jahresrechnung nicht oder mit einem falschen Wert offengelegt ist, teilt er dies dem Verwaltungsrat mit. Korrigiert dieser den Fehler nicht, so bringt der Prüfer eine Einschränkung im Revisionsbericht an:

> **[Einschränkung zur Offenlegung der stillen Reserven]**
>
> Zur Offenlegung ist Folgendes zu bemerken: Unsere Revision hat ergeben, dass im Berichtsjahr stille Reserven in Höhe von rund [Betrag] netto aufgelöst wurden. Obwohl dadurch das erwirtschaftete Ergebnis wesentlich günstiger dargestellt wird, als es tatsächlich ist, ist diese Auflösung entgegen der Bestimmung von Art. 959c Abs. 1 Ziff. 3 OR im Anhang nicht offengelegt.
>
> Bei unserer Revision sind wir – mit Ausnahme der im vorstehenden Absatz dargelegten Einschränkung – nicht auf Sachverhalte gestossen, aus denen wir schliessen müssten, dass die Jahresrechnung sowie der Antrag über die Verwendung des Bilanzgewinns nicht Gesetz und Statuten entsprechen.
>
> *Quelle: Arbeitshilfe der Treuhand-Kammer und von Treuhand Suisse vom 24.6.2011, S. 8*

Wird eine Nettoauflösung in einem Ausmass nicht in der Jahresrechnung offengelegt, dass diese dadurch grundlegend falsch wird, bringt der Prüfer eine Verneinung im Revisionsbericht an:

> **[Verneinung zur Offenlegung der stillen Reserven]**
>
> Zur Offenlegung ist Folgendes zu bemerken: Unsere Revision hat ergeben, dass im Berichtsjahr stille Reserven in Höhe von rund [Betrag] netto aufgelöst wurden. Obwohl dadurch das erwirtschaftete Ergebnis wesentlich günstiger dargestellt wird, als es tatsächlich ist, ist diese Auflösung entgegen der Bestimmung von Art. 959c Abs. 1 Ziff. 3 OR im Anhang nicht offengelegt.
>
> Wegen der Auswirkung des im vorstehenden Absatz dargelegten Sachverhalts entspricht [entsprechen] die Jahresrechnung [sowie der Antrag über die Verwendung des Bilanzgewinns] nicht Gesetz und Statuten.
>
> *Quelle: Arbeitshilfe der Treuhand-Kammer und von Treuhand Suisse vom 24.6.2011, S. 12*

14. Stille Reserven

Teilt der Verwaltungsrat der Revisionsstelle die stillen Reserven nicht mit, handelt es sich um eine Beschränkung des Prüfungsumfangs. Kann der Revisor aufgrund seiner Erkenntnisse während der Prüfung annehmen, dass die Jahresrechnung trotz der Beschränkung des Prüfungsumfangs nicht grundlegend falsch ist, bringt er eine eingeschränkte Prüfungsaussage an.

In der nachfolgend formulierten Einschränkung wegen der nicht möglichen Prüfung der stillen Reserven kommt implizit zum Ausdruck, dass dafür die Unterlassung des Verwaltungsrates Ursache ist.

> **[Einschränkung betreffend stille Reserven aufgrund eines beschränkten Prüfungsumfangs]**
>
> Zur Offenlegung ist Folgendes zu bemerken: Unsere Revision hat ergeben, dass die [Firmenbezeichnung] eine grössere Betriebsstätte veräussert hat. Die damit zusammenhängende möglicherweise ausweispflichtige Auflösung von stillen Reserven gemäss Art. 959c Abs. 1 Ziff. 3 OR konnten wir nicht prüfen, weil uns trotz unserer nachdrücklichen Aufforderung dazu keine geeigneten Unterlagen zur Verfügung gestellt wurden.
>
> Bei unserer Revision sind wir – mit Ausnahme der im vorstehenden Absatz dargelegten Einschränkung – nicht auf Sachverhalte gestossen, aus denen wir schliessen müssten, dass die Jahresrechnung [sowie der Antrag über die Verwendung des Bilanzgewinns] nicht Gesetz und Statuten entspricht [entsprechen].

Muss der Revisor aufgrund seiner Erkenntnisse während der Prüfung und der Beschränkung des Prüfungsumfangs wegen der Verletzung der Mitteilungspflicht des Verwaltungsrats gemäss Art. 730b Abs. 1 OR annehmen, dass die Jahresrechnung grundlegend falsch ist, ist eine Prüfungsaussage nicht möglich.

> **[Unmöglichkeit einer Prüfungsaussage aufgrund eines beschränkten Prüfungsumfangs zu den stillen Reserven]**
>
> Zur Offenlegung ist Folgendes zu bemerken: Unsere Revision hat ergeben, dass die [Firmenbezeichnung] mehrere Betriebsstätten veräussert hat. Die damit zusammenhängende möglicherweise ausweispflichtige Auflösung von stillen Reserven gemäss Art. 959c Abs. 1 Ziff. 3 OR konnten wir nicht prüfen, weil uns trotz unserer nachdrücklichen Aufforderung dazu keine geeigneten Unterlagen zur Verfügung gestellt wurden.
>
> Wegen der möglichen Auswirkung des im vorstehenden Absatz dargelegten Sachverhalts sind wir nicht in der Lage, eine Prüfungsaussage zu machen.

14. Stille Reserven

14.9 Zusammenfassung der Anforderungen

- Der Abschlussprüfer muss die Prüfungen zu den stillen Reserven *gemäss seiner Risikobeurteilung im Rahmen der empfohlenen oder weitergehenden Prüfungshandlungen vornehmen* und angemessen dokumentieren.
- Der Abschlussprüfer muss von der Unternehmensleitung eine *Vollständigkeitserklärung verlangen*, in welcher bestätigt wird, dass er über die Bildung, Auflösung und den Bestand stiller Reserven im Einzelnen unterrichtet wurde.
- Der Abschlussprüfer muss bei einer offensichtlichen Beschränkung des Prüfungsumfangs oder bei Meinungsverschiedenheiten mit der Unternehmensleitung zu den stillen Reserven nach den *allgemeinen Grundsätzen der Berichterstattung bei der eingeschränkten Revision* eine eingeschränkte, verneinende oder nicht mögliche Prüfungsaussage abgeben.

15. Ereignisse nach dem Bilanzstichtag

15.1 Inhalt des Kapitels
15.2 Grafische Übersicht
15.3 Begriffe und Zusammenhänge
15.4 Ereignisse nach dem Bilanzstichtag im Rechnungslegungsrecht
15.5 Ereignisse nach dem Bilanzstichtag aus Sicht des Prüfers
15.6 Zusammenfassung der Anforderungen

15. Ereignisse nach dem Bilanzstichtag

15.1 Inhalt des Kapitels

- Der Unterschied zwischen buchungs- und offenlegungspflichtigen Ereignissen nach dem Bilanzstichtag
- Erfassen dieser Ereignisse in der Jahresrechnung durch die Unternehmensleitung
- Die Prüfungs- und Meldepflichten der Revisionsstelle vor und nach der Abgabe ihres Berichts

15.2 Grafische Übersicht

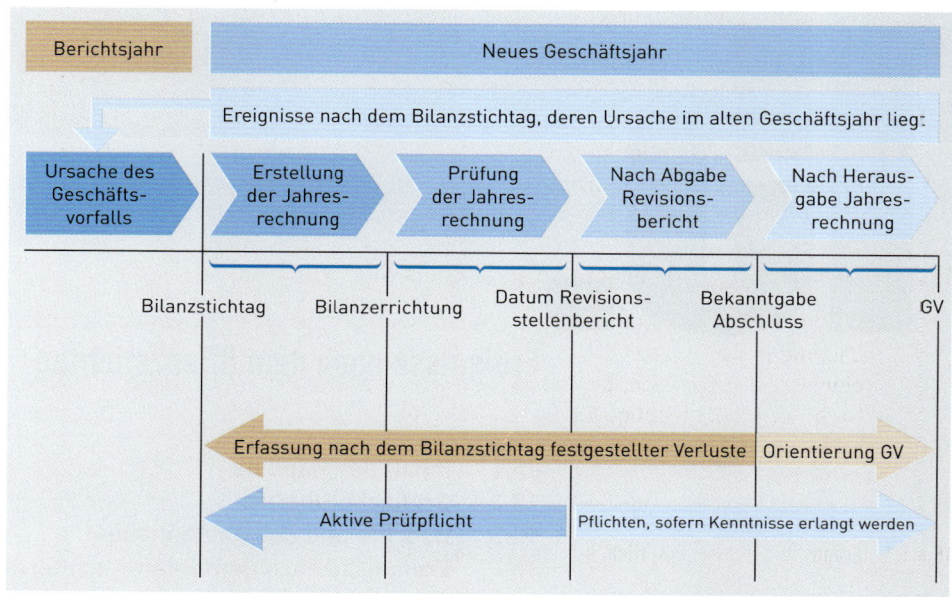

Abbildung 70: Massgebende Zeitpunkte für die Beurteilung von Ereignissen nach dem Bilanzstichtag

15.3 Begriffe und Zusammenhänge

Unter Ereignissen nach dem Bilanzstichtag vesteht man wesentliche positive und negative Sachverhalte, die zwischen dem Bilanzstichtag und der Freigabe der Jahresrechnung durch das zuständige Organ eintreten und den Abschluss beeinflussen (HWP NRLG, S. 295 f.). Man unterscheidet zwischen buchungspflichtigen und offenlegungspflichtigen Ereignissen. Die Freigabe der Jahresrechnung stellt einen mehrstufigen Prozess dar:
1. Erstellung, Kontrolle, Zustellung an den Prüfer (Bilanzerrichtung)
2. Prüfung durch den Revisor. Dieser hat auch ein Augenmerk auf Ereignisse nach dem Bilanzstichtag: Er befragt die Unternehmensleitung dazu und holt eine Vollständigkeitserklärung ein, die ebenso eine Aussage über die Ereignisse nach dem Bilanzstichtag enthält. Das Datum, an dem diese zusammen mit der Jahrsrechnung unterzeichnet wird, ist zugleich das der Prüfungsbeendigung und stimmt in der Regel mit dem Datum des Revisionsstellenberichts überein (siehe Kapitel 8.5.7).

15. Ereignisse nach dem Bilanzstichtag

3. Bekanntgabe durch die Unternehmensleitung, z. B. via Einladung zur Generalversammlung
4. Abnahme durch das oberste Organ (z. B. die Generalversammlung), was bei einer eingeschränkten Revision auch die Freigabe bedeutet

Die Involvierung des obersten Leitungs- und Verwaltungsorgans und die der Revisionsstelle in diesen Prozess sind naturgemäss je nach Phase unterschiedlich. So hat der Prüfer nach der Abgabe seines Berichts seine Prüfungspflichten erfüllt und in der Folge keinen regelmässigen Kontakt mehr zur Unternehmensleitung, zumal er bei der eingeschränkten Revision nicht an der Generalversammlung teilnehmen muss. Je nach Phase, wie sie oben beschrieben werden, obliegen ihm hinsichtlich der Ereignisse nach dem Bilanzstichtag deshalb unterschiedliche Pflichten (siehe auch Kapitel 15.5).

Für die korrekte Erfassung der Ereignisse nach dem Bilanzstichtag ist der Verwaltungsrat verantwortlich. Der Abschlussprüfer muss bis zur Abgabe des Revisionsstellenberichts hinreichende Prüfungsnachweise darüber erlangen, ob sie in der Jahresrechnung angemessen berücksichtigt sind, wofür bei der eingeschränkten Revision nebst allgemeiner Prüfungshandlungen Befragungen der Unternehmensleitung für ausreichend erachtet wird (HWP ER, S. 194).

15.4 Ereignisse nach dem Bilanzstichtag im Rechnungslegungsrecht

Für die Rechnungslegung sind die Ereignisse nach dem Bilanzstichtag aufzuteilen in solche, die in der Bilanz- und Erfolgsrechnung zu erfassen sind («erfassungspflichtige Ereignisse») und solche, die lediglich im Anhang nach Art. 959c Abs. 2 Ziff. 13 offengelegt («offenlegungspflichtige Ereignisse») werden müssen. Unwesentliche Ereignisse werden weder erfasst noch offengelegt.

15.4.1 Abgrenzung von buchungs- und offenlegungspflichtigen Ereignissen

15.4.1.1 Grundsatz der Buchungspflicht bei Ursache im alten Jahr

Grundsätzlich ist für die Erfassung, Bilanzierung und Bewertung der Geschäftsvorfälle der Bilanzstichtag massgebend (Stichtagsprinzip). Deshalb sind negative Preisentwicklungen nach dem Bilanzstichtag für Positionen des Umlaufvermögens wie etwa ein sinkender Dollarkurs bei Bankguthaben in Dollar oder ein sinkender Aktienpreis nicht buchungspflichtig (HWP NRLG, S. 297). Die Ursache der Preisreduktion liegt bei solchen Fällen in Marktverhältnissen, die sich nach dem Bilanzstichtag ergeben haben. Davon zu unterscheiden sind Ereignisse, die zwar nach dem Bilanzstichtag eingetreten sind, deren Ursache jedoch zuvor liegt und die damit erfassungspflichtig werden. Zu erfassen sind nach dem Imparitätsprinzip nur Verlustpositionen, nicht aber Gewinne. Dieses besagt, dass Gewinne erst dann verbucht werden dürfen, wenn sie tatsächlich realisiert sind, Verluste jedoch bereits erfasst werden müssen, wenn sie entstanden oder erkennbar sind. Typische Beispiele dafür sind:
- Eine Wertbeeinträchtigung wird erst nach dem Bilanzstichtag erkannt: Die Forderung aus einer Lieferung im alten Jahr muss wertberichtigt werden, wenn der Kunde im neuen Jahr zahlungsunfähig geworden ist. Hier gilt die Lieferung an einen nichtsolventen Kunden als Ursache. Die Lieferung erfolgte im alten Jahr, weshalb die Abscheibung noch in diesem erfasst werden muss.

15. Ereignisse nach dem Bilanzstichtag

- Ein Rückstellungsbedarf wird erst nach dem Bilanzstichtag erkannt: Garantieansprüche eines Kunden im neuen Jahr für eine Lieferung im alten Jahr müssen im Jahr der Lieferung zurückgestellt werden. Hier ist die Lieferung eines mangelhaften Produkts im alten Jahr die Ursache, weshalb auch hier die Rückstellung erfassungspflichtig ist.
- Negative Prozessentscheide im neuen Jahr für Geschäftsvorfälle aus früheren Perioden: Die Prozessrückstellung muss im alten Jahr gebildet werden.

Buchungspflicht bei Ursache im neuen Jahr in Ausnahmefällen

Vom vorgenannten Stichtagsprinzip sind folgende Sachverhalte ausgenommen, die auch dann in der Jahresrechnung erfassungspflichtig sind, wenn die Ursache im neuen Geschäftsjahr liegt:

- Negative Preisentwicklungen bei Warenvorräten und angefangenen Arbeiten (Grundsatz der verlustfreien Bewertung)
- Wegfall der Fortführungsprämisse oder wesentliche Unsicherheit in dieser Hinsicht
- Vertragsgeschäfte nach dem Bilanzstichtag mit Rückwirkungsklauseln
- Eintragung in öffentlichen Registern

Negative Preisentwicklungen bei Warenvorräten und angefangenen Arbeiten

> **§** *Art. 960c OR: Bewertung von Vorräten und nicht fakturierte Dienstleistungen*
>
> [1] Liegt in der Folgebewertung von Vorräten und nicht fakturierten Dienstleistungen der Veräusserungswert unter Berücksichtigung noch anfallender Kosten am Bilanzstichtag unter den Anschaffungs- oder Herstellungskosten, so muss dieser Wert eingesetzt werden.
>
> [2] Als Vorräte gelten Rohmaterial, Erzeugnisse in Arbeit, fertige Erzeugnisse und Handelswaren.

Warenvorräte und angefangene Arbeiten sind nach Art. 960a OR grundsätzlich zu Anschaffungs- oder Herstellkosten zu bewerten. Sinken die Verkaufspreise, muss nach Art. 960c OR unter Berücksichtigung der noch anfallenden Herstellungs-, Verwaltungs- und Vertriebskosten der Veräusserungspreis für die Bilanzierung verwendet werden, sofern dieser tiefer ist als die Anschaffungs- oder Herstellkosten. Dieser Grundsatz wird auch «verlustfreie Bewertung» genannt.

Rückrechnung nach Art. 960c OR	
Historischer Einstandpreis	100
Kalkulierter Verkaufspreis (in neuer Rechnung)	130
Abzüglich noch anfallender Herstellungs-, Verwaltungs- und Vertriebsgemeinkosten	– 40
Aktienrechtlicher Höchstwert gemäss Art. 960c OR	90
Historischer Einstandpreis	100
Aktienrechtlicher Höchstwert	90
Notwendige Korrektur (erfolgswirksam, zur verlustfreien Bewertung)	– 10

Abbildung 71: Berechnungsbeispiel zur verlustfreien Bewertung

Bestehen allfällige Überbestände im Warenlager, die sich zusätzlich negativ auf den künftigen Verkaufserlös (z. B. zusätzliche Rabatte) auswirken könnten, sind diese Effek-

15. Ereignisse nach dem Bilanzstichtag

te ebenfalls mit einzubeziehen. Wenn andererseits trotz sinkenden Einstandspreisen die Verkaufspreise nicht angepasst werden müssen, wirkt sich dies positiv auf die Warenrechnung aus, und es müssen keine Korrekturen vorgenommen werden.

Naturgemäss kommt es bei einem Handelsunternehmen immer wieder vor, dass sich die Veräusserungspreise von einzelnen Produkten oder Produktkategorien verschlechtern und der Nettoverkaufspreis unter den Anschaffungskosten liegt. Vor der Einführung des neuen Rechnungslegungsrechts konnten solche Verluste unter dem Titel der Gruppenbewertung mit positiven Handelsmargen auf anderen Produktkategorien verrechnet werden. Mit dem neuen Grundsatz der Einzelbewertung gemäss Art. 960 Abs. 1 OR ist eine solche Verrechnung von wesentlichen unkuranten Produkten mit Wertberichtigungsbedarf nicht mehr möglich (HWP NRLG, S. 61). Bei gleichartigen und kuranten Elementen des Warenlagers ist hingegen eine Verrechnung weiterhin möglich (ebd.).

Derselbe Grundsatz gilt für angefangene Arbeiten. Nachfolgend das Beispiel eines langfristigen Werkvertrags:

Lieferverpflichtung Preis gemäss Werkvertrag – Ablieferung in neuer Rechnung	100
Art. 960a OR Aufgelaufene Herstellkosten bis Bilanzstichtag (Höchstgrenze gemäss Art. 960a OR)	70
Art. 960c OR Veräusserungspreis Herstellkosten nach dem Bilanzstichtag Verwaltungs- und Vertriebskosten nach dem Bilanzstichtag Veräusserungspreis nach Abzug noch anfallender Kosten (Art. 960c OR)	100 – 20 – 17 63
Vergleichsrechnung Herstellkosten (Art. 960a OR) Veräusserungspreis nach Abzug noch anfallender Kosten (Art. 960c OR) Notwendige Wertkorrektur	70 63 – 7

Abbildung 72: Berechnungsbeispiel für drohende Verluste bei Lieferverpflichtungen

Die Revisionsstelle dürfte die oben dargestellten Sachverhalte meist als Geschäftstransaktionen mit bedeutsamen Risiken für wesentliche Fehlaussagen in der Jahresrechnung beurteilen, welche weitergehende Prüfungshandlungen notwendig machen.

Wegfall der Fortführungsprämisse oder wesentliche Unsicherheit in dieser Hinsicht

Die Gründe dafür, dass eine Unternehmensfortführung gefährdet oder gar verunmöglicht ist, liegen in den meisten Fällen im Berichtsjahr (negative Ertrags- und Vermögenslage, fehlende Liquidität u. dgl.). In seltenen Fällen offenbaren sie sich unmittelbar nach dem Bilanzstichtag in der neuen Rechnung, bevor die Generalversammlung die Jahresrechnung des alten Geschäftsjahres zur Kenntnis erhalten hat. Gründe für diesen kurzfristig eintretenden und unerwarteten Umstand können z. B. Katastrophen (Brände, Naturkatastrophen) sein, die im normalen Lauf des Geschäfts nicht zu erwarten sind.

In Übereinstimmung mit Kapitel 9, «Gefährdete Unternehmensfortführung», und unter Berücksichtigung der vorstehenden Ausführungen zu den Ereignissen nach dem Bilanzstichtag ist Folgendes zu beachten:

15. Ereignisse nach dem Bilanzstichtag

- Wesentliche Unsicherheiten zur Unternehmensfortführung sind im Anhang offenzulegen, auch wenn die Gründe dafür erst nach dem Bilanzstichtag, aber vor der Generalversammlung erkennbar wurden.
- Ist die Unternehmensfortführung verunmöglicht, hat die Gesellschaft ihre Bilanzierung von Fortführungswerten auf Veräusserungswerte zu ändern, auch wenn die Gründe für die verunmöglichte Unternehmensfortführung erst nach dem Bilanzstichtag, aber vor der Generalversammlung sich zeigten.

Vertragsgeschäfte nach dem Bilanzstichtag mit Rückwirkungsklauseln

Werden Verträge nach dem Bilanzstichtag abgeschlossen, die rückwirkend vor dem Bilanzstichtag gültig sind, sind solche Geschäfte noch im alten Jahr zu erfassen (HWP NRLG, S. 297). Es darf sich dabei jedoch weder um Scheingeschäfte handeln noch darf das Datum des Vertrags zurückdatiert werden (ebd.). Beispiele dazu sind etwa Forderungsverzichte, der Kauf oder Verkauf von Wertschriften, Beteiligungen (ebd.). Es ist aber zu beachten, dass Verfügungsgeschäfte wie z. B. Eigentumsübertragungen rechtlich keine Rückwirkung entfalten können. Für die Bilanzierung kann dies von Bedeutung sein, weil sie bei Wertschriften z. B. auf dem Eigentumsprinzip basiert (Kapitel 20.6.3 zur Urkundenfälschung).

Öffentliche Register bei Liegenschaften und Kapitalerhöhungen

Der Kauf oder Verkauf von Liegenschaften oder Kapitalerhöhungen werden erst mit dem Eintrag in das Hauptbuch des Grundbuchs bzw. des Handelsregisters rechtsgültig. Liegenschaftsgeschäfte können unter Anwendung gewisser Offenlegungspflichten (Darstellung als Anzahlung für Liegenschaften) trotzdem bereits im alten Jahr verbucht werden, obwohl die Eintragung im Hauptbuch des Grundbuchs zum Bilanzstichtag noch nicht erfolgte, sofern die Anmeldung im Tagebuch bis zum Bilanzstichtag geschieht (HWP NRLG, S. 297).

Bei einer Kapitalerhöhung ist die Verbuchung im alten Jahr ebenfalls möglich, auch wenn die Eintragung im Handelsregister erst im neuen Jahr erfolgt, sofern die beschliessende Generalversammlung bereits vor dem Bilanzstichtag stattgefunden hat (ebd.).

15.4.2 Konzsequenzen von buchungs- und offenlegungspflichten Ereignissen nach dem Bilanzstichtag

Die buchungspflichtigen Ereignisse nach dem Bilanzstichtag müssen bis zum Zeitpunkt der *Bilanzerrichtung* in der Bilanz und gegebenenfalls der Erfolgsrechnung erfasst werden. Ein Ausweis im Anhang ohne eine entsprechende Buchung reicht nicht aus. Werden sie erst *während der Prüfung* der Jahresrechnung festgestellt, ist eine entsprechende Nachtragsbuchung vorzunehmen. Wird das Ereignis hingegen erst *nach Abgabe des Revisionsberichts*, aber vor Bekanntgabe der Jahresrechnung an die Aktionäre bekannt, muss der Verwaltungsrat eine neue Jahresrechnung erstellen und prüfen lassen. Wird das Ereignis erst *nach der Herausgabe der Jahresrechnung* bekannt, wird, wenn deren Rückgabe möglich ist, ebenfalls eine neue, geprüfte Jahresrechnung erstellt, mit einer Anmerkung im Anhang über den Grund der nachträglichen Änderung. Sonst muss die Generalversammlung über das Ereignis orientiert werden.

15. Ereignisse nach dem Bilanzstichtag

Für buchungspflichtige Ereignisse braucht es nach Art 959c Abs. 2 Ziff. 13 OR keine zusätzliche Offenlegung im Anhang (HWP NRLG, S. 296).

Soweit für zu erwartende Vermögenseinbussen in einer Abschlussposition ausreichende pauschale Wertberichtigungen oder Rückstellungen vorgenommen wurden, erübrigt sich eine zusätzliche spezifische Wertberichtigung oder Rückstellung. Zu beachten ist jedoch, dass dadurch in diesem Umfang stille Reserven aufgelöst werden.

Alle wesentlichen, nicht buchungspflichtigen Ereignisse nach dem Bilanzstichtag, sowohl positive als auch negative, sind nach Art. 959c Abs. 2 Ziff. 13 im Anhang offenzulegen. Die Art des Ereignisses sowie eine Schätzung der finanziellen Auswirkungen sind anzugeben. Falls eine Schätzung nicht möglich erscheint, ist dies offenzulegen (HWP NRLG, S. 295 f.).

15.4.3 Beispiele offenlegungspflichtiger Ereignisse nach dem Bilanzstichtag

- Ein Fahrzeugbauer wird von einem Kunden verklagt, der wegen eines einmaligen technischen Defekts an einem Lastwagens verunfallt ist, den er nach dem Bilanzstichtag gekauft hat.
- Eine im Wertschriftenhandel tätige Gesellschaft hat nach dem Bilanzstichtag bedeutsame Kursverluste auf leicht handelbaren Wertschriften verbuchen müssen.
- Eine bedeutsame Fabrikationsstätte im Ausland ist nach dem Bilanzstichtag aufgrund eines unvorhersehbaren Ereignisses abgebrannt, was zu grösseren Produktionsausfällen führte.
- Eine neue Tochtergesellschaft oder ein neuer Betriebsteil wird nach dem Bilanzstichtag gekauft.
- Eine Gesellschaft schloss eine wichtige Finanzierung nach dem Bilanzstichtag ab.
- Ein Rangrücktritt konnte nach dem Bilanzstichtag vereinbart werden.
- Eine Sanierung wurde nach dem Bilanzstichtag durchgeführt, etwa durch Forderungsverzichte, eine Kapitalerhöhung oder eine A-fonds-perdu-Zahlung.
- Eine Kapitalherabsetzung erfolgte nach dem Bilanzstichtag.

15.5 Ereignisse nach dem Bilanzstichtag aus Sicht des Prüfers

15.5.1 Prüfungshandlungen bei der eingeschränkten Revision

Speziell zu den Ereignissen nach dem Bilanzstichtag hat der Prüfer gemäss dem Standard zur eingeschränkten Revision folgende Prüfungshandlungen durchzuführen und angemessen zu dokumentieren (SER, S. 62):
- Befragung zu bedeutenden schwebenden Geschäften und anderen Ursachen, die vor dem Bilanzstichtag liegen und welche ein Verlustrisiko beinhalten,
- Befragung, ob die Ereignisse dementsprechend in der Jahresrechnung oder im Anhang offengelegt sind.

Mögliche Inhalte solcher Befragungen sind:
- Der aktuelle Stand von Abschlussposten, die auf der Basis vorläufiger oder unvollständiger Daten erfasst wurden
- Die Entwicklung von eingegangenen Verpflichtungen, Garantien, Bürgschaften oder aufgenommenen Fremdmitteln

15. Ereignisse nach dem Bilanzstichtag

- In Risikobereichen oder bei Fällen möglicher Eventualverbindlichkeiten eingetretene neue Entwicklungen
- Wesentliche realisierte oder beabsichtige Verkäufe von Aktiven, die zu einem Verlust geführt haben bzw. führen dürften
- Enteignete, vernichtete oder zerstörte wesentliche Vermögenswerte
- Beabsichtigte Betriebsschliessungen oder eine Liquidation
- Unerwartete Ereignisse, die die Angemessenheit der Rechnungslegung infrage stellen (wie etwa Zweifel über die Vertretbarkeit der Fortführungsprämisse)

Ausserdem gibt es noch zwei Möglichkeiten, auf indirektem Weg zu Prüfungsnachweisen zu den Ereignissen nach dem Bilanzstichtag zu kommen:

- GV- und VR-Protokolle lesen und wichtige Sachverhalte im Prüfungsplan berücksichtigen (SER, S. 43)
- Vollständigkeitserklärung einholen: Der Verwaltungsrat bzw. der für die Erstellung der Jahresrechnung Verantwortliche hat der Revisionsstelle alle erforderlichen Auskünfte zu erteilen und deren Vollständigkeit schriftlich zu bestätigen (Kapitel 7.9). Damit erfüllt er seine Auskunftspflicht. Die unterzeichnete Vollständigkeitserklärung enthält die folgende Aussage: «Sämtliche wesentlichen Ereignisse nach dem Bilanzstichtag sind in der Jahresrechnung erfasst bzw. offengelegt» (SER, S. 65). Im Berufsstand besteht die Meinung, dass auch bei der eingeschränkten Revision zwischen der Beendigung der Prüfung und dem Tag der Generalversammlung bekannt werdende Ereignisse der Revisionsstelle mitzuteilen sind. Eine Aufforderung dazu in der Vollständigkeitserklärung im SER (S. 63) fehlt jedoch. Es ist zu empfehlen, eine entsprechende Ergänzung anzubringen: «Wir werden Ihnen alle bis zum Zeitpunkt der Generalversammlung bekannt werdenden Ereignisse, die sich auf die Jahresrechnung auswirken, unverzüglich mitteilen.»

15.5.2 Abgrenzung zur ordentlichen Revision

Die einzigen Prüfungen zu den Ereignissen nach dem Bilanzstichtag sind bei der eingeschränkten Revision die erwähnten Befragungen sowie zwei Arten allgemeiner Prüfungshandlungen. Im Vergleich zur ordentlichen Revision bzw. derjenigen nach den PS entfallen insbesondere

- eine Untersuchung darüber, wie die Unternehmensleitung die Erfassung aller wesentlichen Ereignisse nach dem Bilanzstichtag sicherstellt (PS 560.7a), und
- eine Durchsicht und Analyse des Zwischenabschlusses im neuen Jahr, sofern ein solcher besteht (PS 560.7d).

15.5.3 Abweichungen vom Normalwortlaut aufgrund von Ereignissen nach dem Bilanzstichtag

Stellt die Revisionsstelle bei der Prüfung der Jahresrechnung fest, dass wesentliche Ereignisse nach dem Bilanzstichtag nicht korrekt bilanziert worden sind und die Unternehmensleitung auch nicht zu einer Korrektur bereit ist, wird sie eine eingeschränkte (nachfolgendes Beispiel) oder verneinende Prüfungsaussage machen müssen:

15. Ereignisse nach dem Bilanzstichtag

> Zur Bewertung ist Folgendes zu bemerken: Unsere Revision hat ergeben, dass nach dem Bilanzstichtag bei der nahestehenden Gesellschaft [Firmenbezeichnung] Sachverhalte bekannt wurden, welche eine Wertberichtigung der bilanzierten Forderung von [Betrag] erforderlich machen. Die Wertberichtigung in der Höhe von rund [Betrag] ist unterblieben; dementsprechend sind das Ergebnis und das Eigenkapital zu günstig ausgewiesen.
>
> Bei unserer Revision sind wir – mit Ausnahme der im vorstehenden Absatz dargelegten Einschränkung – nicht auf Sachverhalte gestossen, aus denen wir schliessen müssten, dass die Jahresrechnung sowie der Antrag über die Verwendung des Bilanzgewinns nicht Gesetz und Statuten entsprechen.

15.5.4 Ereignisse, die nach Unterzeichnung, aber vor Abgabe des Revisionsstellenberichts bekannt werden

Die Revisionsstelle ist nicht verpflichtet, nach Abgabe des Revisionsberichts weitere Prüfungen vorzunehmen oder das Geschehen zu überwachen (HWP ER, S. 196). Erhält sie jedoch Kenntnis von wesentlichen Ereignissen und ändert der Verwaltungsrat die Jahresrechnung, führt sie die notwendigen ergänzenden Prüfungen durch und erstattet einen neuen zusammenfassenden Bericht mit neuem Datum (HWP ER, S. 196).

Passt der Verwaltungsrat die Jahresrechnung hingegen nicht an und hat der Revisor seinen Bericht noch nicht abgegeben, modifiziert er diesen gemäss seinem jüngsten Kenntnisstand. (HWP ER, S. 197).

15.5.5 Ereignisse, die nach Abgabe des Revisionsstellenberichts bekannt werden

Ist der Bericht bereits dem Verwaltungsrat übergeben worden und erhält die Revisionsstelle Kenntnis von Sachverhalten, die zu einem anderen Bericht geführt hätten, muss sie das oberste Leitungs- und Verwaltungsorgan darüber orientieren, dass der Revisionsbericht in dieser Form nicht den Aktionären oder Dritten bekanntgegeben werden darf und die Exemplare an die Revisionsstelle zurückzusenden sind. Erfolgt die Bekanntgabe trotzdem, so hat die Revisionsstelle Massnahmen zu treffen, um sicherzustellen, dass sich die Aktionäre und Dritte nicht auf diese (falsche) Berichterstattung stützen (HWP ER, S. 197). In der Praxis wird dies eine Mitteilung an alle Verwaltungsräte nötig machen mit dem ausdrücklichen Hinweis auf die Verantwortlichkeit im Sinne von Art. 754 OR (Haftung der Verwaltungsräte).

Wird die Jahresrechnung aufgrund eines wesentlichen Ereignisses nach dem Bilanzstichtag korrigiert, nachdem der Abschluss bereits bekanntgegeben wurde (z. B. mit der Einladung zur Generalversammlung), führt die Revisionsstelle die notwendigen ergänzenden Prüfungen durch und erstattet einen neuen zusammenfassenden Bericht mit neuem Datum (HWP 2, S. 588). Dieser enthält einen Zusatz, der auf die Anmerkung im Anhang verweist, welche den Grund für die Änderung der Jahresrechnung angibt:

15. Ereignisse nach dem Bilanzstichtag

> Bei unserer Revision sind wir nicht auf Sachverhalte gestossen, aus denen wir schliessen müssten, dass die Jahresrechnung sowie der Antrag über die Verwendung des Bilanzgewinns nicht Gesetz und Statuten entsprechen.
>
> Ohne unsere Prüfungsaussage einzuschränken, machen wir auf die Anmerkung [Nummer/Bezeichnung] im Anhang der Jahresrechnung aufmerksam. Darin wird dargelegt, dass nach der ersten Bekanntgabe der Jahresrechnung (mit der Einladung zur ordentlichen Generalversammlung vom [Datum]) eine Wertberichtigung in Höhe von [Betrag] auf der Forderung gegenüber der nahestehenden Gesellschaft [Firmenbezeichnung] erforderlich wurde.

Unterlässt der Verwaltungsrat die Berichtigung der den Aktionären bereits ausgehändigten (falschen) Jahresrechnung, wird die Revisionsstelle diesem mitteilen müssen, dass er dafür verantwortlich ist, dass sich die Aktionäre und Dritte nicht auf ihren Bericht verlassen dürfen. In der Praxis wird auch diese Mitteilung zweckmässigerweise an alle Verwaltungsräte erfolgen, mit dem ausdrücklichen Hinweis auf die Verantwortlichkeit im Sinne von Art. 754 OR (Haftung der Verwaltungsräte).

Die Prüfungs- und Meldepflichten der Revisionsstelle können wie folgt zusammengefasst werden:

Zeitpunkt der Feststellung / Pflichten der Revisionsstelle	Anlässlich der Revision	Nach Abgabe Bericht, vor Bekanntgabe der Jahresrechnung	Nach Bekanntgabe der Jahresrechnung, vor Generalversammlung	Nach der Generalversammlung
1. Prüfungspflichten	Befragungen zu Ereignissen nach dem Bilanzstichtag sowie allgemeine Prüfungshandlungen (z. B. GV- und VR-Protokolle lesen und Vollständigkeitserklärung einholen)	*Grundsätzlich keine Prüfungspflichten nach Abgabe Bericht* Sofern der Abschlussprüfer anderweitig Kenntnisse über Ereignisse n. d. B.S erlangt: ergänzende Prüfung der Nachtragsbuchungen und einer allfälligen Offenlegung	*Grundsätzlich keine Prüfungspflichten nach Abgabe Bericht* Sofern der Abschlussprüfer anderweitig Kenntnis von Ereignissen n. d. B.S erlangt: ergänzende Prüfung der Nachtragsbuchungen und der Offenlegung der nachträglichen Änderung im Anhang	*Grundsätzlich keine Prüfungspflichten nach Abgabe Bericht*

15. Ereignisse nach dem Bilanzstichtag

Zeitpunkt der Feststellung / Pflichten der Revisionsstelle	Anlässlich der Revision	Nach Abgabe Bericht, vor Bekanntgabe der Jahresrechnung	Nach Bekanntgabe der Jahresrechnung, vor Generalversammlung	Nach der Generalversammlung
2. Meldepflichten				
2.1 Korrektur erfolgt	Berichterstattung aufgrund der zusammenfassenden Beurteilung der Jahresrechnung	Berichterstattung mit *neuem Datum* aufgrund der zusammenfassenden Beurteilung der Jahresrechnung	*Neuer Revisionsstellenbericht* mit neuem Datum und *Zusatz* mit Verweis auf die Anmerkung im Anhang zur Änderung der Jahresrechnung	Meldepflichten erst im Folgejahr: vgl. Kapitel 11 zu den Vorjahreszahlen und Eröffnungsbeständen
2.2 Korrektur wird verweigert	Eingeschränkte oder verneinende Prüfungsaussage	Bericht wurde noch nicht abgegeben: Änderung des Berichts mit neuem Datum und eingeschränkter oder verneinender Prüfungsaussage. Bericht wurde bereits abgegeben: Mitteilung an VR, dass (falscher) Bericht nicht verwendet werden darf und die Exemplare dem Prüfer zurückgeschickt werden müssen.	Mitteilung an VR, dass er *verhindern* muss, dass sich die Aktionäre oder Dritte auf den Bericht der Revisionsstelle verlassen	Meldepflichten erst im Folgejahr: vgl. Kapitel 11 zu den Vorjahreszahlen und Eröffnungsbeständen

15.6 Zusammenfassung der Anforderungen

- Der Abschlussprüfer muss *Befragungen* über mögliche Ereignisse nach dem Bilanzstichtag durchführen und deren Ergebnis angemessen dokumentieren.
- Der Abschlussprüfer muss von der Unternehmensleitung eine *Vollständigkeitserklärung verlangen*, in der bestätigt wird, dass sämtliche wesentlichen Ereignisse nach dem Bilanzstichtag in der Jahresrechnung erfasst bzw. offengelegt sind.
- Der Abschlussprüfer muss prüfen, ob *alle bis zur Abgabe des Revisionsberichts festgestellten buchungspflichtigen Ereignisse nach dem Bilanzstichtag erfasst und die offenlegungspflichtigen Sachverhalte im Anhang dargetellt wurden*. Wurde *keine Korrektur* vorgenommen, muss die *Prüfungsaussage eingeschränkt oder verneint* werden.
- Stellt der Abschlussprüfer *nach der Abgabe seines Revisionsberichts* ein wesentliches nicht korrigiertes Ereignis nach dem Bilanzstichtag fest, muss er den Verwaltungsrat darüber orientieren, dass die *Generalversammlung sich nicht auf den Revisionsbericht abstützen darf*.

16. Prüfung des Antrags über die Verwendung des Bilanzgewinns

16.1 Inhalt des Kapitels
16.2 Grafische Übersicht
16.3 Gesetzliche Grundlagen und Berechnungsbespiel
16.4 Arten von Dividenden
16.5 Prüfungspflicht der Revisionsstelle
16.6 Zusammenfassung der Anforderungen

16. Prüfung des Antrags über die Verwendung des Bilanzgewinns

16.1 Inhalt des Kapitels

- Die gesetzliche Pflicht zur Prüfung des Antrags des Verwaltungsrates über die Verwendung des Bilanzgewinns
- Einzelne Aspekte der Prüfung des Antrags
- Die verschiedenen Formen von Dividenden, ihre Voraussetzungen und ihre Zulässigkeit
- Die Auswirkungen auf die Berichterstattung des Prüfers, wenn der Antrag des Verwaltungsrats nicht gesetzes- oder statutenkonform ist

16.2 Grafische Übersicht

Antrag des Verwaltungsrats über die Verwendung des Bilanzgewinns

Gewinnvortrag	2	ϕ
Jahresgewinn	100	ϕ
Bilanzgewinn zur Verfügung der Generalversammlung	**102**	**+**
./. Zuweisung zur allg. gesetzlichen Reserve	20	V
./. Zuweisung an statutarische Reserve	8	ø
./. Dividende (6 % vom Aktienkapital von 1 000)	60	#
Vortrag auf die neue Rechnung	**14**	**+**

ϕ = Abstimmung mit Bilanz und Erfolgsrechnung korrekt
V = Minimum von Art. 671 eingehalten (5 % vom Jahresgewinn + 10 % auf Superdividende)
ø = richtig, gemäss Art. 5 der Statuten
= vertretbar aufgrund aktueller Liquiditäts- und Vermögenslage
+ = rechnerische Richtigkeit geprüft

Abbildung 73: Praktisches Beispiel eines Antrags des Verwaltungsrats über die Verwendung des Bilanzgewinns

16.3 Gesetzliche Grundlagen und Berechnungsbespiel

16.3.1 Gesetzliche Grundlagen

Die Ausrichtung von Dividenden müssen folgenden gesetzlichen Vorschriften genügen:

§ *Art. 675 Abs. 2 OR: Dividenden, Bauzinsen und Tantiemen I. Dividenden*

[1] ...

[2] Dividenden dürfen nur aus dem Bilanzgewinn und aus hierfür gebildeten Reserven ausgerichtet werden.

16. Prüfung des Antrags über die Verwendung des Bilanzgewinns

> **§** *Art. 674 Abs. 1 OR: III. Verhältnis des Gewinnanteils zu den Reserven*
>
> ¹ Die Dividende darf erst festgesetzt werden, nachdem die dem Gesetz und den Statuten entsprechenden Zuweisungen an die gesetzlichen und statutarischen Reserven abgezogen worden sind.

Die gesetzlichen Pflichten über die Reservezuweisung ergeben sich primär aus folgendem Artikel

> **§** *Art. 671 OR: Allgemeine gesetzliche Reserve*
>
> ¹ 5% des Jahresgewinns sind der allgemeinen Reserve zuzuweisen, bis diese 20% des einbezahlten Aktienkapitals erreicht.
>
> ² Dieser Reserve sind, auch nachdem sie die gesetzliche Höhe erreicht hat, zuzuweisen:
> 1. ein bei der Ausgabe von Aktien nach Deckung der Ausgabekosten über den Nennwert hinaus erzielter Mehrerlös, soweit er nicht zu Abschreibungen oder zu Wohlfahrtszwecken verwendet wird;
> 2. was von den geleisteten Einzahlungen auf ausgefallene Aktien übrig bleibt, nachdem ein allfälliger Mindererlös aus den dafür ausgegebenen Aktien gedeckt worden ist;
> 3. 10% der Beträge, die nach Bezahlung einer Dividende von 5% als Gewinnanteil ausgerichtet werden.
>
> ³ Die allgemeine Reserve darf, soweit sie die Hälfte des Aktienkapitals nicht übersteigt, nur zur Deckung von Verlusten oder für Massnahmen verwendet werden, die geeignet sind, in Zeiten schlechten Geschäftsganges das Unternehmen durchzuhalten, der Arbeitslosigkeit entgegenzuwirken oder ihre Folgen zu mildern.
>
> ⁴ Die Bestimmungen in Absatz 2 Ziffer 3 und Absatz 3 gelten nicht für Gesellschaften, deren Zweck hauptsächlich in der Beteiligung an anderen Unternehmen besteht.

Für Gesellschaften, bei welchen die allgemeine gesetzliche Reserve noch nicht 50% bzw. 20% des Aktienkapitals und gegebenenfalls des Partizipationskapitals (Böckli Aktienrecht, S. 947) erreicht hat, führen dementsprechend folgende Punkte zu einer Zuweisung an die allgemeine gesetzliche Reserve:
- 1. Zuweisung: 5% des Jahresgewinns, bis die allgemeine gesetzliche Reserve 20% des einbezahlten Aktienkapitals und allenfalls des Partizipationskapitals erreicht hat, sowie
- 2. Zuweisung: Dividendenzahlungen auf jenem Anteil, welcher die sogenannte Grunddividende überschreitet. Dieser Anteil wird oft auch als «Superdividende» bezeichnet.

16.3.2 Ausschüttungspotenzial

Grundsätzlich sind gesetzliche Reserven nicht den freien und ausschüttbaren Reserven zuzurechnen. Auch Art. 959a Abs. 2 Ziff. 3 OR unterscheidet gesetzliche und freiwillige Reserven. Gemäss Art. 671 Abs. 3 OR darf jedoch die gesetzliche Reserve als freie Reserve betrachtet werden, soweit sie die Hälfte des nominellen Aktienkapitals übersteigt. Formell muss allerdings die Generalversammlung einer Umbuchung dieses Betrages von der gesetzlichen in die freie Reserve zustimmen, weil Gewinne nur aus dem Bilanzgewinn und dafürgebildeten Reserven ausgeschüttet werden dürfen (Art. 675 Abs. 2 OR). Dieser Beschluss kann unmittelbar vor dem Dividendenbeschluss traktandiert werden oder er könnte auch implizite im entsprechenden Ausschüttungsbeschluss der Generalversammlung enthalten sein.

16. Prüfung des Antrags über die Verwendung des Bilanzgewinns

16.3.3 Berechnungsbeispiel

Nachfolgend ein Beispiel zur Kalkulation einer Gewinnverwendung mit einer möglichst hohen ganzzahligen Dividendenquote (Dividende in Prozent des Aktienkapitals):

Detailberechnung	
Gewinnvortrag	50
+ Jahresgewinn	80
= Bilanzgewinn zur Verfügung der Generalversammlung	130
./. 1. Zuweisung: 5% des Jahresgewinns	4
./. Grunddividende: 5% des Aktienkapitals von 1 000	50
= Restlicher zu verteilender Bilanzgewinn	76
./. Superdividende: 6% des Aktienkapitals	60
./. 2. Zuweisung: 10% auf der Superdividende	6
= Gewinnvortrag	**10**

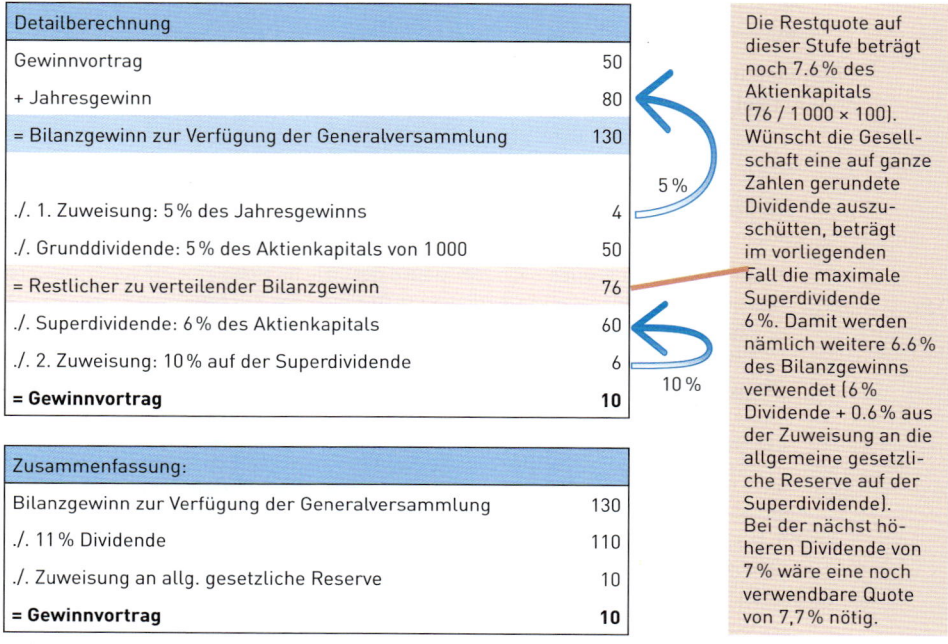

Zusammenfassung:	
Bilanzgewinn zur Verfügung der Generalversammlung	130
./. 11% Dividende	110
./. Zuweisung an allg. gesetzliche Reserve	10
= Gewinnvortrag	**10**

Die Restquote auf dieser Stufe beträgt noch 7.6% des Aktienkapitals (76 / 1 000 × 100). Wünscht die Gesellschaft eine auf ganze Zahlen gerundete Dividende auszuschütten, beträgt im vorliegenden Fall die maximale Superdividende 6%. Damit werden nämlich weitere 6.6% des Bilanzgewinns verwendet (6% Dividende + 0.6% aus der Zuweisung an die allgemeine gesetzliche Reserve auf der Superdividende). Bei der nächst höheren Dividende von 7% wäre eine noch verwendbare Quote von 7,7% nötig.

Abbildung 74: Praktisches Beispiel zur Gewinnverwendung nach Art. 671 OR

Bei einem verlängerten oder verkürzten Geschäftsjahr ist zur Beurteilung, ob eine Grunddividende oder bereits eine Superdividende vorliegt, die Dividendenquote auf ein Jahr umzurechnen.

16.4 Arten von Dividenden

16.4.1 Übersicht

Es können folgende Arten von Dividenden unterschieden werden:
- ordentliche Dividende
- ausserordentliche Dividende
- Interimsdividende
- Akonto-Dividende

16.4.2 Ordentliche Dividende

Die ordentliche Dividende wird aufgrund eines Beschlusses der ordentlichen Generalversammlung auf der Basis des genehmigten Jahresabschlusses aus dem Bilanzgewinn und/oder den freien Reserven ausgeschüttet. Gemäss Art. 698 Abs. 2 Ziff. 4 OR entscheidet die Generalversammlung über die Festsetzung der Dividende. Nach Art. 675 Abs. 2 OR dürfen ordentliche Dividenden nur aus dem Bilanzgewinn und/oder aus hierfür gebildeten Reserven ausgerichtet werden.

16. Prüfung des Antrags über die Verwendung des Bilanzgewinns

16.4.3 Ausserordentliche Dividende

Die ausserordentliche Dividende wird an einer ausserordentlichen Generalversammlung beschlossen. Die Ausschüttung erfolgt gemäss einem bereits früher genehmigten Jahresabschluss aus dem Bilanzgewinn und/oder den freien Reserven. Dies ist auch dann möglich, wenn an einer früheren ordentlichen Generalversammlung bereits eine Dividende ausgeschüttet wurde. Die ausserordentliche Dividende stützt sich also wie die ordentliche auf den Gewinn des Vorjahres, der im bereits genehmigten Jahresabschluss enthalten ist.

Bei einer ausserordentlichen Dividende sind die Reservezuweisungen analog zur ordentlichen Dividende zu berechnen, wobei die bereits erfolgten Zuweisungen zu berücksichtigen sind.

16.4.4 Interimsdividende

16.4.4.1 Klassische Interimsdividende

Eine als Gewinn aus laufender Rechnung beschlossene und ausgeschüttete Dividende nennt man Interimsdividende: Ein erzielter Gewinn soll sofort, ohne das nächste Abschlussdatum abzuwarten, den Aktionären zugutekommen. Die Ausschüttung erfolgt im laufenden Geschäftsjahr oder wenigstens vor Abhaltung der ordentlichen Generalversammlung für das Geschäftsjahr in dem der Gewinn erzielt wurde.

Die Interimsdividende ist heute rechtlich noch nicht zulässig. HWP NRLG (S. 239) lehnt die Interimsdividende ab und bezeichnet sie als Gesetzesverstoss. Beschliesst demnach eine a. o. Generalversammlung eine Interimsdividende, hat dies einen Hinweis im Bericht der Revisionsstelle an die ordentliche Generalversammlung zur Folge.

16.4.4.2 Neuer Gesetzesvorschlag zur Zulässigkeit der Interimsdividende

Ein neuer Gesetzesentwurf (Botschaft 2007, Ziff. 2.1.13, S. 1662 f. Camponovo/Moser, S. 48 ff.) wird die Interimsdividende erlauben und auf eine klare rechtliche Grundlage stellen:

> *Art. 675a EOR (neu) II. Zwischendividenden*
>
> ¹ Die Generalversammlung kann die Ausrichtung einer Zwischendividende beschliessen, sofern:
> 1. die Statuten dies vorsehen; und
> 2. eine Zwischenbilanz vorliegt, die nicht älter als sechs Monate ist.
>
> ² Bei Gesellschaften, die eine Revision durchführen, muss die Zwischenbilanz vor dem Beschluss der Generalversammlung durch die Revisionsstelle geprüft werden. Die Prüfung erfolgt nach den Vorschriften zur eingeschränkten Revision.
>
> ³ Die Bestimmungen zu den Dividenden finden Anwendung (Art. 660 Abs. 1 und 3, 661, 671–674, 675 Abs. 2, 677, 678 sowie 958e OR).»

Der neue Art. 675a I EOR erlaubt also Interimsdividenden unter drei Bedingungen:
- Statutenklausel
- Errichtung einer «Zwischenbilanz»
- Prüfung durch die Revisionsstelle

16. Prüfung des Antrags über die Verwendung des Bilanzgewinns

Der Ständerat hat in der Sommersession 2009 in Abs. 2 den letzten Satz, «*Die Prüfung erfolgt nach den Vorschriften zur eingeschränkten Revision*», zu Recht ersatzlos gestrichen. Denn es ist nicht sinnvoll, bei Interimsdividenden in ordentlich geprüften Gesellschaften geringere Anforderungen an die Prüfung zu stellen als bei der Jahresdividende.

16.4.4.3 Dividendendurchschüttung im Konzern über mehrere Stufen

Das HWP NRLG (S. 180 f.) sieht ein Dividendendurchschüttungsverfahren vor, das es unter gewissen Bedingungen erlaubt, die Dividende der Tochtergesellschaft bei der Muttergesellschaft zeitgleich im Jahresabschluss zu erfassen und auszuschütten.

Dieses Verfahren stellt keine typische Interimsdividende dar. Die Gewinne wurden regulär nach dem ordentlichen Jahresabschluss ermittelt. Die Ausnahme nimmt Rücksicht auf die Konzernverhältnisse, bei denen die Gewinne bei gleichem Bilanzstichtag sonst nur eine Konzernstufe pro Jahr nach oben transferiert werden könnten.

16.4.5 Akonto-Dividende

Eine Akonto-Dividende wird auf Beschluss des Verwaltungsrates als Bevorschussung auf künftige Dividenden als kurzfristiges Darlehen an die Aktionäre ausgezahlt. Sie ist verbunden mit einem geplanten Generalversammlungsbeschluss an der nächsten ordentlichen Generalversammlung, der diese Dividendenzahlung formell korrekt abschliesst.

Daraus entsteht eine Schuld gegenüber den Aktionären, die durch Verrechnung mit dem Guthaben gegenüber diesen Aktionären erfüllt wird. Die Akonto-Dividende erscheint auf den ersten Blick als elegante Lösung, da das Eigenkapital bei diesen Ausschüttungen anscheinend nicht angetastet wird. Es ist aber auf die kritische gesetzliche Ausgangslage bei dieser Lösung hinzuweisen. Solche Vorschüsse können nämlich eine verbotene Rückzahlung des Kapitals (Art. 680 Abs. 2 OR) darstellen. Sie unterliegen den üblichen Bedingungen von Darlehen an die Aktionäre (vgl. Kap. 13.7).

16.4.6 Dividendenzahlung in fremder Währung

Buchführung und Rechnungslegung dürfen neu gemäss Art. 957a Abs. 4 OR und 958d Abs. 3 OR in einer für die Geschäftstätigkeit wesentlichen Fremdwährung erfolgen. Dementsprechend darf die Dividende unter gewissen Bedingungen in der Fremdwährung beantragt und beschlossen werden. Weil die gesetzlichen Bestimmungen zum Eigenkapital (Nominalwerte, Berechnung einer Überschuldung usw.) sich weiterhin am Schweizer Franken orientieren, bleibt jedoch die für Schweizer Franken geltende Regelung für die maximale Ausschüttung massgebend (HWP NRLG, S. 48).

Problematisch erscheint der Fall, bei dem eine Dividende zwar in CHF beschlossen, zugleich aber auch ein fixer Fremdwährungsbetrag festgelegt wird. Dann kann es vorkommen, dass der Fremdwährungsbetrag, der zur Auszahlung gelangt, aufgrund einer Veränderung des Wechselkurses höher ausfällt als der in CHF beschlossene Betrag, was handelsrechtlich nicht zulässig ist.

16. Prüfung des Antrags über die Verwendung des Bilanzgewinns

16.4.7 Natural-/Sachdividende

Dividenden werden normalerweise in Bargeld ausgerichtet, in Ausnahmefällen auch in Sachwerten, sofern die ausgeschütteten Naturalien bargeldnah oder leicht verwertbar sind. In den übrigen Fällen (z. B. nichtkotierte Aktien, Immaterialgüterrechte, Liegenschaften usw.) müssen alle Aktionäre der Art der Aussüttung zustimmen. Bei Naturaldividenden sind die Steuerfolgen zu beachten.

In der Regel wird die Naturaldividende zu Buchwerten ausgeschüttet. Liegt der Verkehrswert höher, kann die Ausschüttung gegen die eingangs erwähnten gesetzlichen Vorschriften verstossen.

16.5 Prüfungspflicht der Revisionsstelle

16.5.1 Gesetzliche Grundlage

Die Pflicht zur Prüfung des Antrags des Verwaltungsrats über die Verwendung des Bilanzgewinns ergibt sich aus Art. 729a Abs. 1 Ziff. 2. OR und bezieht sich auf alle erwähnten Dividendenarten.

> **§** *Art. 729a Abs. 1 OR 2. Aufgaben der Revisionsstelle a. Gegenstand und Umfang der Prüfung*
>
> ¹ Die Revisionsstelle prüft, ob Sachverhalte vorliegen, aus denen zu schliessen ist, dass:
> 1. …;
> 2. der Antrag des Verwaltungsrats an die Generalversammlung über die Verwendung des Bilanzgewinns nicht den gesetzlichen Vorschriften und den Statuten entspricht.

Im zusammenfassenden Bericht an die Generalversammlung muss sich die Revisionsstelle in einer negativ formulierten Prüfungsaussage zur Gesetzes- und Statutenkonformität des Antrags des Verwaltungsrats äussern.

Im Falle eines Opting-out gemäss Art. 727a Abs. 2 OR muss kein Revisionsbericht zur Gewinnverwendung vorliegen.

16.5.2 Prüfung unter zwei Aspekten

16.5.2.1 Reservezuweisung – Vermögens- und Liquiditätssituation

Damit der Prüfer eine Prüfungsaussage im Revisionsstellenbericht abgeben kann, muss er folgende Aspekte berücksichtigen:

Reservezuweisung	Vermögens- und Liquiditätssituation
Sind die gesetzlichen Bestimmungen von Art. 671 OR sowie die statutarischen Vorschriften zur Reservezuweisung eingehalten?	Hat die Gesellschaft ausreichend Liquidität und Vermögen (d. h., ist der Gewinn ist noch vorhanden), um die Dividende zu bezahlen?

Abbildung 75: Aspekte der Prüfung des Antrags über die Verwendung des Bilanzgewinns

Für die Bestätigung, dass der Antrag des Verwaltungsrats gesetzes- und statutenkonform ist, sind bei einer ordentliche Revision die Vermögens- und Liquiditätsverhältnisse der Gesellschaft zu berücksichtigen. Denn brächte eine beantragte Dividende die Gesellschaft aufgrund ihrer Vermögens- und Liquiditätslage in finanzielle Schwierigkeiten, so stellte

16. Prüfung des Antrags über die Verwendung des Bilanzgewinns

der Antrag einen Verstoss gegen die Sorgfalts- und Treuepflicht des Verwaltungsrates dar (Art. 717 Abs. 2 OR, HWP NRLG, S. 237 f.). Für die eingeschränkte Revision gelten reduzierte Anforderungen (Kapitel 16.5.2.4).

16.5.2.2 Zusätzliche Zwischenprüfung bei ausserordentlicher Dividende

Bei einer ausserordentlichen Dividende braucht es genauso eine Prüfung wie bei einer ordentlichen. Gemäss HWP NRLG, (S. 238) setzt sie die Beurteilung der aktuellen Liquiditätslage voraus, weil sich die Liquidität seit der letzten Prüfung der Jahresrechnung wesentlich verändert haben kann.

Es können z. B. auch Verluste eingetreten sein, die eine Ausschüttung nicht mehr als angezeigt erscheinen lassen. Dazu kann die Erstellung und Prüfung einer Zwischenbilanz notwendig sein. Weil der Revisor sich jedoch meist anderweitig Gewissheit über die aktuelle Liquiditäts- und Vermögenslage verschaffen kann, kommt es selten dazu. Erfolgt der Beschluss über die ordentliche Dividende verspätet, also lange nach Durchführung der Prüfung, kann ebenfalls eine Zwischenprüfung nötig sein.

16.5.2.3 Tag des Beschlusses und Tag der Auszahlung

Meist liegt zwischen Generalversammlungsbeschluss und Auszahlung nur eine kurze Zeitspanne, weil die Dividende ohne anderen Beschluss der Generalversammlung sofort fällig wird und damit sofort zu Fremdkapital wird. Liegt eine längere Zeitspanne dazwischen, muss die Revisionsstelle daher die gesetzlichen Voraussetzungen nicht erneut verifizieren, auch wenn z. B. Verluste eingetreten sind.

16.5.2.4 Prüfungen bei eingeschränkter Revision

Bei einer eingeschränkten Revision bestehen weniger Prüfpflichten. Der Revisor prüft die Reservezuweisung und ob die Dividende sich im Rahmen der in der letzten geprüften Jahresrechnung ausgewiesenen ausschüttbaren Mittel bewegt. Ob die in der Jahresrechnung ausgewiesenen Reserven am Tag der Generalversammlung noch vorhanden sind, muss er nicht prüfen. Für die Zeit zwischen dem Bilanzstichtag und dem Zeitpunkt des Revisionsstellenberichts beschränkt sich seine Aufgabe auf die Prüfungshandlungen zu den Ereignissen nach dem Bilanzstichtag (s. Kapitel 15) (HWP ER, S. 182).

Sofern die Fortführungsfähigkeit nicht gefährdet wird, hat er auch nicht zu prüfen, ob die Liquidität ausreichend ist.

16.5.3 Auswirkungen auf die Berichterstattung

16.5.3.1 Negativ formulierte Prüfungsaussage

Bei einer eingeschränkten Revision gibt der Prüfer bekanntlich eine negativ formulierte Prüfungsaussage ab:

> Bei unserer Revision sind wir nicht auf Sachverhalte gestossen, aus denen wir schliessen müssten, dass die Jahresrechnung **sowie der Antrag über die Verwendung des Bilanzgewinns** nicht Gesetz und Statuten entsprechen.

16. Prüfung des Antrags über die Verwendung des Bilanzgewinns

Zu beachten ist, dass auch der blosse Vortrag des Bilanzgewinns einen Antrag über dessen Verwendung darstellt. Eine Prüfung entfällt einzig, wenn ein Bilanzverlust resultiert (HWP 2, S. 433). Der Antrag des Verwaltungsrats und die Jahresrechnung sind dem Revisionsstellenbericht als Beilage anzufügen.

16.5.3.2 Antrag des Verwaltungsrats entspricht nicht Gesetz und Statuten

Kommt der Revisor zum Schluss, dass der Antrag des Verwaltungsrats nicht Gesetz und Statuten entspricht, weist er in seinem Bericht an die Generalversammlung im Sinne von Art. 729a i. V. m. Art. 729b OR darauf hin.

> **[Fall: Fehlende Liquidität mit gefährdeter Fortführungsfähigkeit, vgl. auch Kapitel 8.12.38]**
>
> Bei unserer Revision sind wir nicht auf Sachverhalte gestossen, aus denen wir schliessen müssten, dass die Jahresrechnung nicht Gesetz und Statuten entspricht.
>
> Wir weisen darauf hin, dass im Antrag über die Verwendung des Bilanzgewinns eine Dividende in Höhe von [Betrag] enthalten ist. Diese Ausschüttung ist aufgrund der gegenwärtigen Liquiditätslage der [Gesellschaft] nicht vertretbar. Der Antrag des Verwaltungsrates verstösst deshalb gegen die Sorgfaltspflicht (Art. 717 Abs. 1 OR) und damit gegen Gesetz und Statuten.
>
> *In Anlehnung an die Arbeitshilfe der Treuhand-Kammer und von Treuhand Suisse vom 24.6.2011, S. 17*

> **[Fall: Keine Zuweisung an allgemeine gesetzliche Reserve, vgl. auch Kapitel 8.12.39]**
>
> Bei unserer Revision sind wir nicht auf Sachverhalte gestossen, aus denen wir schliessen müssten, dass die Jahresrechnung nicht Gesetz und Statuten entspricht. Da der Antrag über die Verwendung des Bilanzgewinns keine Zuweisung an die allgemeine gesetzliche Reserve vorsieht, entspricht er nicht Gesetz und Statuten.
>
> *Quelle: Arbeitshilfe der Treuhand-Kammer und von Treuhand Suisse vom 24.6.2011, S. 17*

16.5.3.3 Dividendenausschüttung ohne Revisionsbericht

a) Problematik

In der Praxis kommt es oft vor, dass an der Generalversammlung der vom Verwaltungsrat beantragte (und von der Revisionsstelle geprüfte) Gewinnverwendungsvorschlag, z. B. auf Antrag von Aktionären, erhöht wird. Da die Revisionsstelle an der Generalversammlung nicht anwesend ist, kann sie kein Urteil darüber abgeben, ob die neue Gewinnverwendung Gesetz und Statuten entspricht. Ein ähnliches Problem stellt sich, wenn die Gesellschaft eine ausserordentliche Generalversammlung einberuft, um eine Dividende auszuschütten, den Dividendenantrag der Revisionsstelle jedoch nicht vorgängig zur Prüfung unterbreitet hat.

16. Prüfung des Antrags über die Verwendung des Bilanzgewinns

Art. 731 Abs. 1 OR bestimmt, dass Beschlüsse über die Genehmigung der Jahresrechnung und die Verwendung des Bilanzgewinns nur möglich sind, wenn der Revisionsbericht vorliegt. Zusätzlich ist gemäss dem strengen Gesetzestext von Art. 731 Abs. 3 OR der Beschluss über die Verwendung des Bilanzgewinns nichtig, wenn kein Revisionsbericht vorgelegen hat (wird von der Lehre kritisiert). An der Generalversammlung hätte darum bezüglich der erhöhten bzw. der ausserordentlichen Dividende ein Bericht der Revisionsstelle mit Bestätigung der Zulässigkeit vorgelegt werden müssen. Die Revisionsstelle erfährt davon allerdings meist erst bei der nächsten Jahresrevision.

b) Nachvollzug der Beschlüsse

Es empfiehlt sich, dass der Verwaltungsrat der Generalversammlung vorschlägt, über die erhöhte bzw. ausserordentliche Dividende an der bevorstehenden ordentlichen Generalversammlung erneut und damit in jedem Fall formal richtig zu beschliessen. Die Revisionsstelle erstattet ihren Bericht zu diesem Antrag des Verwaltungsrates.

Die drohende Nichtigkeit ist eine derart gravierende, zudem nicht verjährbare Konsequenz, dass sich ein vorsichtiges Vorgehen aufdrängt. Im Revisionsbericht für das neue Geschäftsjahr wird auf eine Gesetzesverletzung folgendermassen hingewiesen.

> **[Fall: Nachvollzug der Beschlüsse]**
>
> Wir weisen darauf hin, dass an der ausserordentlichen Generalversammlungen vom [Datum] eine Dividende im Umfang von CHF [Betrag] beschlossen und anschliessend ausgeschüttet wurde. Dieser Gewinnverwendungsantrag wurde der Revisionsstelle im Widerspruch zu Art. 731 OR nicht zur Prüfung unterbreitet. Aus heutiger Sicht hätte jener Beschluss im Umfang der Ausschüttung aus dem Bilanzgewinn bzw. den freien Reserven von CHF [Betrag] Gesetz und Statuten entsprochen. Wir weisen auf die gesetzlich vorgesehenen Folgen der Nichtigkeit (Art. 731 Abs. 3 OR) hin.
>
> Der Verwaltungsrat beantragt der Generalversammlung, den Beschluss über eine Dividende von CHF [Betrag] zu wiederholen, damit die Beschlüsse formal richtig nachvollzogen werden. Bei unserer Revision sind wir nicht auf Sachverhalte gestossen, aus denen wir schliessen müssten, dass der Antrag über die Verwendung des Bilanzgewinns im Zeitpunkt der Ausschüttung und im heutigen Zeitpunkt nicht Gesetz und Statuten entspricht.

Mit grosser Wahrscheinlichkeit werden die Folgen der Nichtigkeit durch dieses Vorgehen geheilt. Auf diese Weise sollte es daher möglich sein, in den nächsten Jahren diesen Hinweis im Revisionsbericht nicht wiederholen zu müssen.

Im Normalfall werden solche Probleme durch dieses Vorgehen gelöst. Die Revisionsstelle muss sich jedoch bewusst sein, dass verschiedenste Komplikationen möglich erscheinen. So ist z. B. denkbar, dass die fraglichen Ausschüttungen damals, z. B. aufgrund der Vermögenslage, von der Revisionsstelle als nicht gesetzeskonform hätten beurteilt werden müssen. Dann können die Beschlüsse nicht nachgeholt bzw. geheilt werden, und die Revisionsstelle weist auf die Gesetzesverletzung hin.

16. Prüfung des Antrags über die Verwendung des Bilanzgewinns

> **[Fall: Nachvollzug der Beschlüsse nicht möglich]**
>
> Wir weisen darauf hin, dass an der ausserordentlichen Generalversammlung vom [Datum] eine Dividende im Umfang von CHF [Betrag] beschlossen und anschliessend ausgeschüttet wurde. Dieser Gewinnverwendungsantrag wurde der Revisionsstelle im Widerspruch zu Art. 731 OR nicht zur Prüfung unterbreitet. Aus heutiger Sicht hätte jener Beschluss im Umfang der Ausschüttung aus dem Bilanzgewinn bzw. den freien Reserven von CHF [Betrag] Gesetz und Statuten nicht entsprochen. Wir weisen auf die gesetzlich vorgesehenen Folgen der Nichtigkeit (Art. 731 Abs. 3 OR) hin.

16.6 Zusammenfassung der Anforderungen

- Der Abschlussprüfer gibt zuhanden der Generalversammlung eine negativ formulierte Prüfungsaussage zum Antrag des Verwaltungsrats über die Verwendung des Bilanzgewinns ab.
- Der Abschlussprüfer berücksichtigt für diese Prüfungsaussage die gesetzlichen Bestimmungen über die Reservezuweisung und die Vermögenssituation sowie die Statuten der Gesellschaft. Bei der Liquiditätssituation prüft er, ob die Fortführungsfähigkeit gefährdet wird.
- Der Abschlussprüfer kennt die weniger weit gehenden Prüfpflichten bei eingeschränkter Revision als bei ordentlicher Revision.
- Sollte der Abschlussprüfer zum Schluss kommen, dass der Antrag des Verwaltungsrats über die Verwendung des Bilanzgewinns nicht Gesetz und Statuten entspricht, weist er in seinem Bericht darauf hin.
- Der Abschlussprüfer kann das Ausschüttungspotenzial in der Bilanz berechnen.
- Der Abschlussprüfer kann das Ausschüttungspotenzial in der Bilanz und die notwendigen Reservezuweisungen berechnen.
- Der Abschlussprüfer kennt die verschiedenen Arten und Voraussetzungen von Dividenden und welchen Anforderungen für die Prüfung dieser Dividenden bestehen.
- Der Abschlussprüfer kann die gesetzliche Zulässigkeit der verschiedenen Dividenden beurteilen.
- Der Abschlussprüfer kennt die Folgen von Dividendenausschüttung ohne Revisionsbericht für seine Berichterstattung und allfällig mögliche Korrekturmassnahmen.

17. Arbeitspapiere

17.1	Inhalt des Kapitels
17.2	Grafische Übersicht
17.3	Grundlagen der Dokumentation der Prüfung
17.4	Grundsätze der Dokumentation
17.5	Gestaltung der Arbeitspapiere
17.6	Gliederung der Arbeitspapiere
17.7	Eigentum der Arbeitspapiere und deren Aufbewahrung
17.8	Zusammenfassung der Anforderungen

17. Arbeitspapiere

17.1 Inhalt des Kapitels

- Zweck der Arbeitspapiere
- Gesetzliche Bestimmungen und Vorgaben des Berufsstands
- Gliederung und Inhalt der Arbeitspapiere

17.2 Grafische Übersicht

Aktivität	Zweck	Dokumente (Arbeitspapiere)
Prüfungsvorbereitung	Entscheid über Mandatsannahme bzw. -weiterführung, Klärung der Verantwortung	Wahlannahmeerklärung, Auftragsbestätigung, Beurteilung Mandatsannahme/-fortführung
Prüfungsplanung Analyse Tätigkeit und Umfeld des Unternehmens Bestimmung der Wesentlichkeit Analytische Prüfungen Beurteilung inhärenter Risiken Allgemeine Reaktionen bzw. Planungsüberlegungen	Erkennen der Risiken und Fehleranfälligkeiten Entwicklung Prüfstrategie und Schwerpunkte Sicherstellung ausreichender Ressourcen	Prüfplan mit Verständnis der Tätigkeit und des Umfelds des Unternehmens, Wesentlichkeit, analytische Prüfungen, identifizierte inhärente Risiken, Prüfungsschwerpunkte Prüfprogramm mit geplanten allgemeinen, empfohlenen und weitergehenden Prüfungshandlungen
Prüfungsdurchführung Allgemeine Prüfungshandlungen Empfohlene Prüfungshandlungen Weitergehende Prüfungshandlungen Gesamturteil bei Prüfungsbeendigung	Beurteilung der Jahresrechnung als Ganzes Beschaffung und Evaluation von Prüfungsnachweisen Reduktion des Prüfungsrisikos auf ein akzeptables Niveau Feststellung, ob zusätzliche Prüfungen nötig sind	Feststellungen zur Jahresrechnung als Ganzes Feststellungen zu wesentlichen Posten der Jahresrechnung Prüfungsfeststellungen bei Positionen mit bedeutsamen Risiken Gesamturteil des Prüfers und Einholen der Vollständigkeitserklärung
Erstellung Bericht zuhanden Generalversammlung, allenfalls Management Letter oder Schlussbesprechungsprotokoll	Kommunikation über Ergebnisse der eingeschränkten Revision	Bericht mit oder ohne Einschränkungen, Hinweise oder Zusätze

Linke Spalte (Phasen): Risikobeurteilung (Risk Assessment) – Reaktion auf festgestellte Risiken (Risk Response) – Berichterstattung

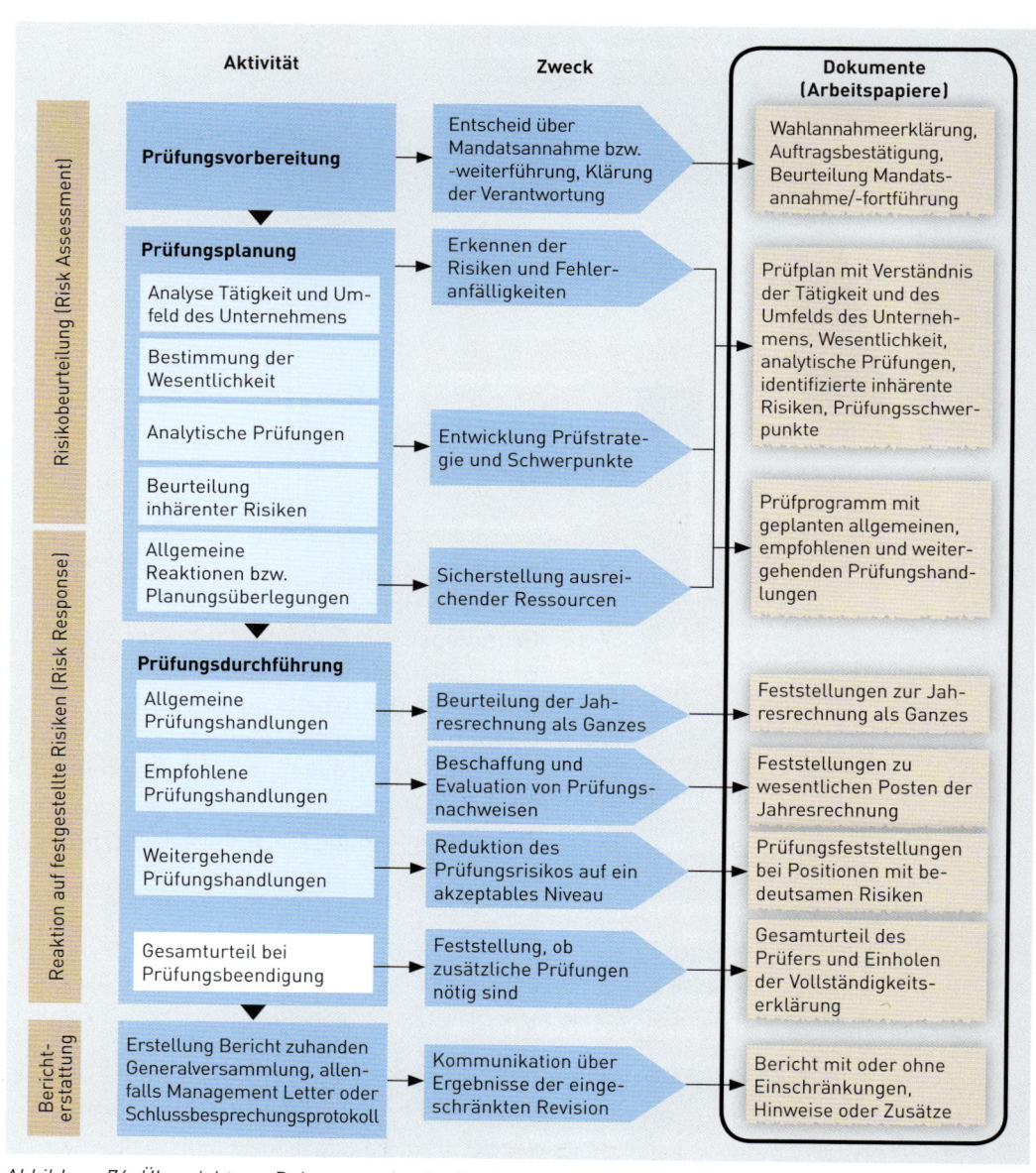

Abbildung 76: Übersicht zur Dokumentation im Prüfungsansatz

17. Arbeitspapiere

17.3 Grundlagen der Dokumentation der Prüfung

17.3.1 Definition

Arbeitspapiere sind schriftliche oder elektronische Aufzeichnungen über die
- Planung der Revision (Risikobeurteilung),
- Art und Umfang der Prüfungshandlungen (Reaktion auf identifizierte Risiken),
- Schlussfolgerungen (Feststellungen aus den Prüfungshandlungen, Berichterstattung)

bei einer Prüfung (HWP 2, S. 7). Sie enthalten Unterlagen und Informationen, welche der Prüfkunde zur Verfügung gestellt hat, und solche, die der Abschlussprüfer zum Nachweis seiner Überlegungen, Prüfungshandlungen, Prüfungsfeststellungen und Beurteilungen selbst erstellt hat.

Die Arbeitspapiere haben folgende Funktion:
- Grundlage für die aktuelle und künftige Prüfungsplanung
- Informationsspeicherung und Prüfungsnachweise
- Kontrolle des Prüfungsablaufes
- Grundlage für die Berichterstattung
- Einarbeitung neuer Mitarbeiter
- Erfüllung der gesetzlichen Pflicht (Art. 730c OR)
- Beweismittel in einem Verantwortlichkeitsfall

17.3.2 Dokumentation und Aufbewahrungspflichten

> **§** *Art. 730c OR: Dokumentation und Aufbewahrung*
>
> ¹ Die Revisionsstelle muss sämtliche Revisionsdienstleistungen dokumentieren und Revisionsberichte sowie alle wesentlichen Unterlagen mindestens während 10 Jahren aufbewahren. Elektronische Daten müssen während der gleichen Zeitperiode wieder lesbar gemacht werden können.
>
> ² Die Unterlagen müssen es ermöglichen, die Einhaltung der gesetzlichen Vorschriften in effizienter Weise zu prüfen.

Die Arbeitspapiere gelten nicht als Geschäftsbücher im Sinne der Verordnung über die Führung und Aufbewahrung der Geschäftsbücher (GeBüV). Diese dienen der Erfassung und Dokumentation von Geschäftsvorfällen bei buchführungspflichtigen Gesellschaften. Arbeitspapiere im Sinne von Art. 730c OR beinhalten die dokumentationspflichtigen Nachweise der Revisionsdienstleistungen.

17.3.3 Vorgaben des Berufsstands

Im Standard zur eingeschränkten Revision beschränken sich die Vorgaben auf allgemein gehaltene Aussagen (SER, S. 25). Demnach soll die Dokumentation den Nachweis enthalten, dass
- die Prüfungsaussage gestützt ist und
- die eingeschränkte Revision in Übereinstimmung mit dem Standard vorgenommen wurde.

Im Schweizer Prüfungsstandard PS 230, Prüfungsdokumentation, wird vertieft auf die Form und den Inhalt der Arbeitspapiere eingegangen. Bei offenen Fragen empfiehlt es

17. Arbeitspapiere

sich, nach den dort genannten Grundsätzen zu verfahren, da bei den Arbeitspapieren kein prinzipieller Unterschied zwischen einer eingeschränkten Revision und ordentlichen Revision besteht.

Die Arbeitspapiere sind so abzufassen, dass sie den Gegebenheiten des Einzelfalls gerecht werden. Es ist in der Regel zweckmässig, standardisierte Arbeitspapiere zu verwenden, um die Effizienz bei der Erstellung und der Durchsicht zu erhöhen. Arbeitspapiere müssen umfassend und detailliert genug sein, um ein nachvollziehbares Gesamtbild der Prüfung in Übereinstimmung mit dem Prüfungsstandard zu vermitteln.

In Bezug auf die Form haben sich in der Praxis verschiedene Systeme etabliert: von der spontanen Aufzeichnung der einzelnen Überlegungen und Handlungen über die systematische und einheitliche Dokumentation anhand von Excel- oder Word-Files bis hin zu komplexen Prüf-Applikationen. Die Ausgestaltung der Arbeitspapiere steht im Ermessen des Abschlussprüfers, soweit die Einhaltung der Pflichten gemäss Art. 730c OR gewährleistet ist.

Zum Inhalt der Arbeitspapiere sei auf die Aufstellungen in Kapitel 4 verwiesen.

Arbeitspapiere geben detailliert und nachvollziehbar Auskunft über folgende Punkte:
- Prüfungsvorbereitung
- Prüfungsplanung
- Risikobeurteilung
- Prüfungsplan
- Prüfprogramm
- Prüfungshandlungen
- Prüfungsfeststellungen
- Schlussfolgerungen
- Berichterstattung
- Kommunikation (intern/extern)

Arbeitspapiere werden üblicherweise in Jahresakten und Dauerakten unterteilt. Erstere umfassen die jährliche Prüfungsdokumentation, Letztere enthalten Verträge und Nachweise, welche über mehrere Jahre Gültigkeit haben.

> **Es gilt der allgemein bekannte Grundsatz:**
> «Was geprüft ist, ist dokumentiert – was nicht dokumentiert ist, ist nicht geprüft.»

17.4 Grundsätze der Dokumentation

Die Nachvollzieh- und Nachprüfbarkeit der Prüfung setzen voraus, dass die Prüfungsdokumentation in einer für einen Berufsangehörigen verständlichen Form erfolgt. Es bestehen folgende Dokumentationsgrundsätze (in Anlehnung an HWP 2, S. 260 ff.):

17. Arbeitspapiere

Grundsätze der Dokumentation	
Ziele	Die Prüfungshandlungen sind in ihrem Detaillierungsgrad so zu beschreiben, dass die jeweiligen **Ziele** der Prüfung klar erkennbar sind.
Ausmass	Das **Ausmass** und der Umfang der Dokumentation sollten einem mit den Sachverhalten nicht vertrauten, erfahrenen Abschlussprüfer in angemessener Zeit einen Überblick über die Prüfungsziele, die Prüfungshandlungen und die gezogenen Schlussfolgerungen ermöglichen.
Herkunft	In die Arbeitspapiere aufgenommene Dokumente sind nach ihrer **Herkunft** zu kennzeichnen («erstellt vom Abschlussprüfer bzw. erstellt vom Kunden/von Drittpartei»).
Eigene Schlussfolgerungen	Für die Prüfungshandlungen hat der Abschlussprüfer eigene **Schlussfolgerungen** festzuhalten.
Nachweise	Die Dokumentation von Prüfungshandlungen im Zusammenhang mit der Einsichtnahme in Dokumente oder Bestätigungen sollte die Nennung des geprüften **Nachweises** (Herkunft des Nachweises und Kriterium seiner Auswahl) enthalten. Bei der Durchsicht wichtiger Verträge oder Vereinbarungen sollte der Nachweis mit Kopien oder Auszügen dieser Dokumente erbracht werden.
Letzte Frist	Es empfiehlt sich, die Dokumentation der Prüfung bis zum Datum des Prüfungsberichts abzuschliessen. Die Prüfungsstandards erwähnen die auch in QS 1 (in Schweizer Prüfungssgandards 2013) genannten 60 Tage als **letzte Frist** ab dem Berichtsdatum für den Abschluss der Prüfungsdokumentation.

Die systematische Anwendung der Dokumentationsgrundsätze führt zu einer Verbesserung der Prüfungsqualität. Vorteile bieten in diesem Zusammenhang standardisierte Arbeitspapiere, weil sie einheitliche Prüfungsanforderungen enthalten.

Es ist die Aufgabe der leitenden Revisoren, die Einhaltung der Dokumentationsgrundsätze auf der Stufe der Mandate zu überwachen und bei Bedarf korrigierend einzugreifen (siehe Kapitel 18.11.2, «Checkliste zur Qualitätssicherung bei KMU-Revisionsunternehmen»).

17.5 Gestaltung der Arbeitspapiere

Eine gute Nachvollzieh- und Nachprüfbarkeit der Prüfungsdokumentation setzt neben den vorstehend aufgeführten Dokumentationsgrundsätzen eine übersichtliche Gestaltung der Arbeitsaufzeichnungen voraus. In der Praxis haben sich folgende Merkpunkte (in Anlehnung an HWP 2, S. 262 ff.) bewährt:

Gestaltung der Arbeitspapiere	
Inhaltsverzeichnisse	Ein umfassendes Inhaltsverzeichnis der Jahres- und Daueraktivitäten gewährleistet die **Vollständigkeit** der Prüfungsdokumentation.
Prüfzeichen	Wiederkehrende Prüfungshandlungen können durch **standardisierte Prüfzeichen** auf den geprüften Dokumenten gekennzeichnet werden. (Beispiele: f = Saldoübertrag geprüft; $\sum$ = Summe geprüft.)
Referenzierung	Mit der **Referenzierung** wird ein Arbeitspapier einer bestimmten Position in der Prüfungsdokumentation zugeordnet. (Beispiel: Kopie des abgestimmten Bankauszuges mit der Referenz C2 wird der Position *Prüfung Flüssige Mittel* C1 als Prüfungsnachweis zugeordnet.) $\rightarrow$

17. Arbeitspapiere

Gestaltung der Arbeitspapiere	
Kennzeichnung	Auf den Arbeitspapieren sind folgende **Kennzeichnungen** enthalten: Allgemeine Angaben: Name der geprüften Firma, Jahr der Prüfung. Spezifische Angaben: Name des Dokuments, Referenzierung, Datum und Name des Verfassers, Datum und Name des Reviewers.
Unterlagen des Prüfungskunden	**Bestätigungen und Erklärungen** des Prüfungskunden im Original sind Bestandteile der Arbeitspapiere (Auftragsbestätigung, Vollständigkeitserklärung, Erklärung zur Unternehmensfortführung, Inventare, unterzeichnete Jahresrechnung usw.). **Detailangaben und Zusammenstellungen** (z. B. Abstimmungen) zuhanden der Revisionsstelle sind zu referenzieren und mit Namen, Datum und Verfasser zu versehen. Bei Bedarf sind die Angaben von der verantwortlichen Stelle visieren lassen. **Kopien** von Geschäftsakten (z. B. Kontoblätter, Detailinventare, Offen-Posten-Listen u. dgl.) sind zu referenzieren und mit Namen, Datum und Verfasser zu versehen. Kopien sind nur zweckmässig, wenn sie Prüfungshandlungen oder Prüfungsaussagen enthalten. Umfangreiche Detaillisten (z. B. IT-Listen wie Inventare) sind in der Regel nicht nötig.
Prüfungshandlungen, -feststellungen, -nachweise und Schlussfolgerungen	Bei den **Prüfungshandlungen** sind Art, Umfang sowie Prüfungsziel zu dokumentieren, bei Befragungen das Datum, die befragte Person sowie die Fragen, bei Detailprüfungen die geprüften Dokumente (etwa die einzelnen Rechnungen oder Zahlungen). Es gilt der Grundsatz, dass ein Dritter die durchgeführte Prüfungshandlung sollte nachvollziehen können. Die **Prüfungsfeststellungen** beinhalten die Ergebnisse der Prüfungshandlungen inklusive konkreter Prüfungsnachweise. Entsprechend dem Charakter der eingeschränkten Revision sind insbesondere die Bestands- und Bewertungsprüfungen umfassend zu dokumentieren. Ein **hinreichender Prüfungsnachweis** verlangt eine klare Antwort auf eine Frage, ein plausibles Ergebnis einer analytischen Prüfung sowie ein positives Ergebnis einer Detailprüfung. Bei Bedarf sind die Prüfungsnachweise vom Prüfkunden unterzeichnen zu lassen. Die **Schlussfolgerungen** enthalten das Fazit des Prüfers, basierend auf den Prüfungsfeststellungen. In einfachen Fällen wird er die Schlussfolgerungen bei den einzelnen Prüfungsfeststellungen festhalten. Bei umfassenderen Arbeitspapieren und Prüfungshandlungen ist es jedoch zweckmässig, die Prüfungsergebnisse am Schluss zusammenzufassen. Ein Prüfungsnachweis mit «i. O.», «o. k.», «erledigt» u. dgl. ist in keinem Fall ausreichend.
Der «rote Faden»	Die Prüfdokumentation hat einem **roten Faden** zu folgen. Inkonsistenzen innerhalb Arbeitspapieren oder zwischen ihnen sind auf jeden Fall zu vermeiden. Es steht in der Verantwortung des leitenden Revisors, dass die Überlegungen zur Prüfung von der Mandatsannahme bis zur Berichterstattung konsistent dokumentiert werden. Wird beispielsweise bei der Mandatsannahme auf ein wesentliches Risiko hingewiesen, so sollte dieses in der Prüfungsplanung sowie bei der Prüfungsdurchführung berücksichtigt und die Überlegungen und Ergebnisse dazu laufend dokumentiert werden. Insbesondere bei negativen Feststellungen ist darauf zu achten, dass Schlussfolgerungen inklusive der Auswirkung auf die Berichterstattung dokumentiert sind.

Im Folgenden der Auszug eines Arbeitspapiers mit den allgemeinen Angaben, welches die Anforderungen an die Dokumentation und die Gestaltung erfüllt:

17. Arbeitspapiere

Referenzen zur gleichen Position		**Rückstellungen** Referenz R 1	
Personalisiert und datiert		**Kunde:** Muster AG	
		Jahr: 31.12.	
Prüfung der Position ist beendet		**Erstellt:** Meier, Datum	
		Kontrolliert: Meister; Datum	
Referenzen auf Detailarbeitspapiere		**Status:** kontrolliert	

Details Rückstellungen (RST)	Vorjahr	Laufendes Jahr	Referenz
RST Garantiearbeiten (tatsächliche)	80 000	90 000	R2
RST Garantiearbeiten (Ermessensreserve)	10 000	10 000	R2
RST Überzeiten	10 000	20 000	R3
Total RST gemäss Bilanz	100 000	120 000	Bi1
Total stille Reserven (Ermessensreserven)	10 000	10 000	stiR1
Total effektive Werte	90 000	110 000	

[Risiken, Prüfungshandlungen, -feststellungen, Schlussfolgerung]

Übersicht über den Abschlussposten

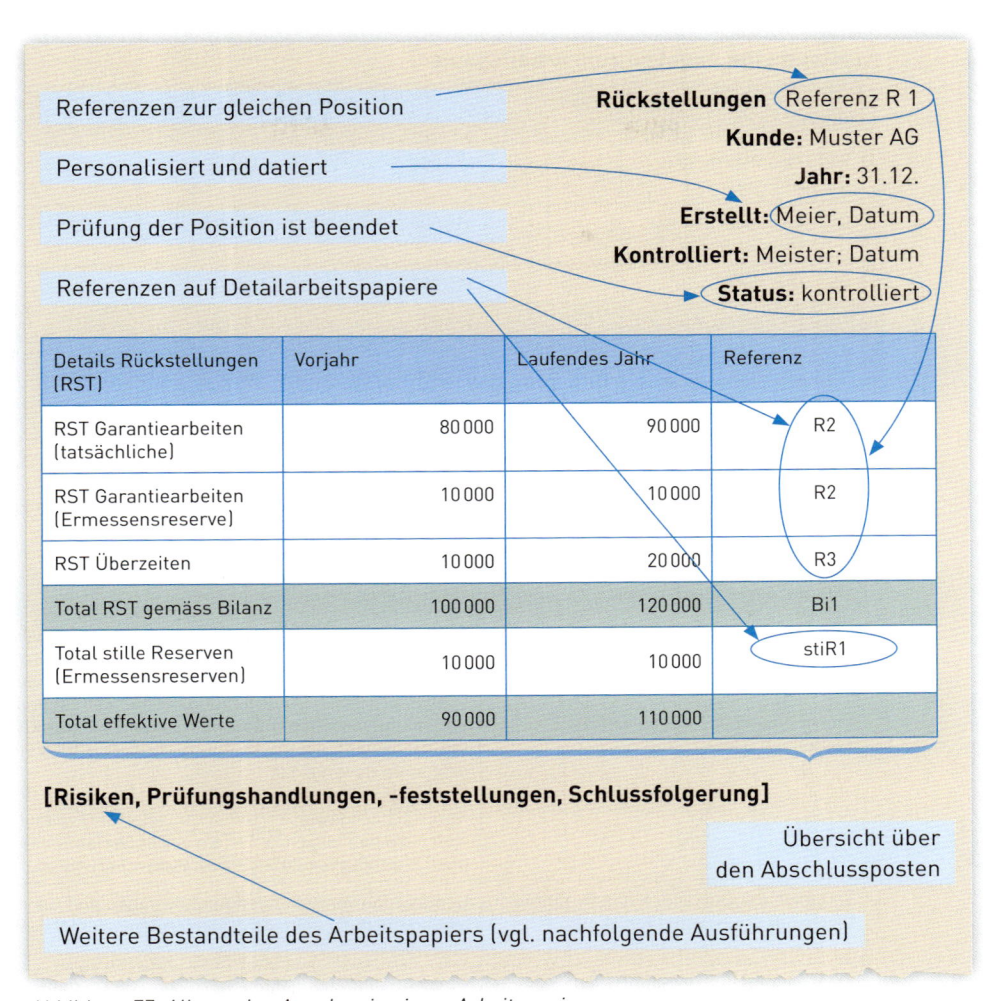

Weitere Bestandteile des Arbeitspapiers (vgl. nachfolgende Ausführungen)

Abbildung 77: Allgemeine Angaben in einem Arbeitspapier

Da die Arbeitspapiere in dieser Vorlage alle gleich aufgebaut sind, ergeben sich nebst den Synergie- und Routineeffekten auch folgende Erkennungsmerkmale:
- Status der Arbeit wechselt je nach Arbeitsfortschritt: «noch nicht bearbeitet» – «in Bearbeitung» – «Pendenz» – «erledigt» – «kontrolliert».
- Die Kontrolle erfolgt in der Regel nach Erledigung sämtlicher Pendenzen.
- Fehlende Referenzen deuten auf fehlende Details hin.
- Die Arbeitspapiere sind personalisiert und datiert.
- Wichtige Bestandteile des Abschlusspostens werden schnell erkannt.

Nachfolgend ein illustratives Beispiel zu den spezifischen Angaben in einem Arbeitspapier:

17. Arbeitspapiere

[Allgemeine Angaben zum Arbeitspapier]

Details Rückstellungen (RST)	Vorjahr	Laufendes Jahr	Referenz
RST Garantiearbeiten (tatsächliche)	80 000	90 000	R2
RST Garantiearbeiten (Ermessensreserve)	10 000	10 000	R2
RST Überzeiten	10 000	20 000	R3
Total RST gemäss Bilanz	100 000	120 000	Bi1
Total stille Reserven (Ermessensreserven)	10 000	10 000	stiR1
Total effektive Werte	90 000	110 000	

Bei der Planung festgesellte Risiken

Vollständigkeit, Vorhandensein und Bewertung der Rückstellungen (Risiko Nr. 1)

Prüfungshandlungen und -feststellungen

Prüfungshandlung (Prüfziel)	Prüfungsfeststellungen
Befragung über pendente Risiken, die eine Rückstellung erfordern (Vorhandensein, Vollständigkeit) Einschätzung der Höhe der Rückstellungen (Bewertung)	CFO erklärt am 15.02., dass Garantiearbeiten unverändert rund 2 % des Umsatzes ausmachen; dies erscheint aufgrund der kritischen Durchsicht der Erlösminderungen plausibel. Die Erhöhung der Rückstellungen für Garantiearbeiten (tatsächliche) um CHF 10 000 ist umsatzbedingt; die Rückstellung von CHF 10 000 stellt eine stille Reserve dar. Die RST für Überzeiten ist gemäss Detailangaben (Referenz R3) nachgewiesen. Die Summe der Überzeitguthaben wird nach dem gleichen System wie im Vorjahr berechnet (inkl. Zuschlag von 20 % für Sozialversicherungen).
Vergleich mit Beständen des Vorjahres (Vorhandensein, Vollständigkeit)	Gemäss den vorstehenden Ausführungen und Überlegungen erscheinen die Veränderungen zum Vorjahr plausibel.
Abstimmung der Detailaufstellungen mit der Jahresrechnung (Vorhandensein, Vollständigkeit)	Detailaufstellungen (siehe Ref. R2 und R3) stimmen mit den Hauptbuchkonti und der Jahresrechnung überein.
Plausibiliserung Bestand und Veränderung stille Reserven (Bewertung)	Stille Reseren sind unverändert. Ermessensreserven für Garantiearbeiten. Vgl. oben.

Schlussfolgerung

«Aufgrund der Befragung des CFO und der kritischen Einsichtnahme in die Detailaufstellungen können der Bestand (Vorhandensein, Vollständigkeit) und die Bewertung der Rückstellungen als angemessen beurteilt werden.»

Roter Faden: nachvollziehbare und verständliche Dokumentation der Risiken, Prüfungshandungen, -feststellungen und der Schlussfolgerung

Abbildung 78: Spezifische Angaben in einem Arbeitspapier

17. Arbeitspapiere

Die Arbeitspapiere enthalten die entsprechend angepassten empfohlenen Prüfungshandlungen. Weitergehende oder zusätzliche Prüfungen sind dann hinzuzufügen, wenn dies aufgrund dokumentierter Risikoüberlegungen (bedeutsame Risiken) notwendig ist.

17.6 Gliederung der Arbeitspapiere

Um die Übersichtlichkeit der Arbeitspapiere zu erhöhen, hat es sich als zweckmässig erwiesen, eine Aufteilung in Jahresakten und Dauerakten vorzunehmen:
- Jahresakten sind systematisch gesammelte Prüfdokumente, die sich auf das Prüfungsjahr beziehen. Dabei werden allgemeine Jahresakten und spezifische Akten mit direktem Bezug auf die Jahresrechnung unterschieden.
- Dauerakten sind systematische Sammlungen von Unterlagen, die für mehrere Prüfperioden Gültigkeit haben.

Die Jahresakten können folgendes Inhaltsverzeichnis aufweisen:

17.6.1 Allgemeine jährliche Arbeitspapiere (in Anlehnung an HWP 2, S. 264 ff.)

Allgemeines und Prüfungsvorbereitung:
- Dokumentation über die Durchsicht der Arbeitspapiere durch Vorgesetzte (wer hat die Durchsicht zu welchem Datum in welchem Umfang durchführt)
- Korrespondenzen, welche die Revision betreffen
- Überlegungen zur Mandatsannahme bzw. -weiterführung
- Auftragsbestätigung
- Liste der vom Kunden für die Prüfung bereitzustellenden Unterlagen
- Liste und Visa der mitwirkenden Prüfer
- Erläuterung der Prüfzeichen
- Instruktionen des Auftraggebers bzw. anderer Prüfer
- Vermerke über die Zusammenarbeit mit anderen Prüfern

Prüfungsplanung:
- Prüfungsplan/Prüfstrategie
  - Analyse von Tätigkeit und Umfeld des Unternehmens und identifizierte inhärente Risiken
  - Analytische Prüfungen in der Planungsphase
  - Beurteilung inhärenter Risiken
  - Wesentlichkeit und Fehlertoleranz für Planungszwecke
  - Prüfungsplan/Prüfstrategie
  - Zeitliche, personelle und Kostenplanung
- Prüfprogramm mit den geplanten allgemeinen, empfohlenen und weitergehenden Prüfungshandlungen

Allgemeine Prüfungen:
- Auf die ganze Jahresrechnung bezogene Prüfungen, wie Kontrolle der richtigen Eröffnung der Bücher anhand der Vorjahresbilanz, Übereinstimmung der Jahresrechnung mit den Büchern oder die rechnerische Addition des Jahresabschlusses Informationen über zukünftige Entwicklung
- GV- und VR-Protokolle

- Ereignisse nach dem Bilanzstichtag
- Budgets
- Besondere Entwicklungen und Transaktionen

Unterlagen für die nächste Prüfung:
- Vorlagen für künftige Berichte
- Bei künftigen Prüfungen zu beachtende Punkte, insbesondere zur Risikobeurteilung
- Erledigungsvermerk zu «bei künftigen Prüfungen zu beachtende Punkte» des Vorjahres

17.6.2 Auf Bilanz, Erfolgsrechnung und Anhang bezogene jährliche Arbeitspapiere

- Positionen der Jahresrechnung
- Festgestellte oder angenommene Fehler
- Nachtragsbuchungen
- Umrechnungsmethode, Umrechnungskurse für Guthaben und Verbindlichkeiten in fremden Währungen
- Zwischenabschlüsse, Budgetvergleiche
- Erläuterungen zu den einzelnen Posten der Jahresrechnung

Bestätigungen der Unternehmensleitung:
- Vollständigkeitserklärung inklusive unterzeichneter Jahresrechnung
- Liste mit den stillen Reserven
- Weitere Erklärungen von Verwaltungsrat/Geschäftsleitung

Prüfungsergebnisse:
- Zusammenfassung und Auswertung
- Ausserordentliche Geschäftsvorfälle (z. B. Prozesse und Streitfälle)
- Punkte, die von vorgesetzter Stelle in der Prüfungsgesellschaft beurteilt werden müssen (im Besonderen Feststellungen, die möglicherweise zu Abweichungen vom Normalwortlaut im Prüfungsbericht führen könnten)

Berichte des Abschlussprüfers und Jahresrechnung:
- Bericht des Abschlussprüfers
- Begründung für Abweichungen vom Normalwortlaut im Bericht des Abschlussprüfers

Ergänzende Berichterstattung:
- Bemerkungen und Empfehlungen, die mit dem Kunden zu besprechen bzw. ihm schriftlich mitzuteilen sind (mit Referenzierung zu den entsprechenden Arbeitsgebieten)
- Notizen/Protokolle der Schlussbesprechung
- Berichte an die Geschäftsleitung (Management Letter) oder den Verwaltungsrat

Die Dauerakten können folgendes Inhaltsverzeichnis aufweisen:

17.6.3 Allgemeine Dauerakten

Angaben über das Unternehmen und dessen Umfeld:
- Tätigkeit, Produkte
- Historische Entwicklung
- Zweigniederlassungen, Tochtergesellschaften
- Gruppenzugehörigkeit

17. Arbeitspapiere

- Organigramm, Personenverzeichnis
- Unterschriftenverzeichnis, Visumverzeichnis
- Kompetenzreglemente, Pflichtenhefte
- Personalvorsorgeeinrichtungen
- Kunden und Lieferanten
- Branchenentwicklung und Märkte

Rechtliche Angaben:
- Gründungsurkunde
- Statuten, Gesellschaftsvertrag
- Handelsregisterauszug, Auszüge aus dem «Schweizerischen Handelsamtsblatt»
- Vereinbarungen über Gewinnbeteiligungen, Gewinnabführungsverträge
- Zusammensetzung des Verwaltungsrats
- Generalversammlungsprotokolle, zumindest auszugsweise, soweit die protokollierten Beschlüsse über mehrere Jahre Gültigkeit besitzen
- Angaben über Aktionäre, Aktienregister, Aktionärsbindungsverträge
- Verwaltungsratsprotokolle, zumindest auszugsweise, soweit sie Rechnungswesen und Jahresabschluss betreffen und über mehrere Jahre gültig sind
- Organisationsreglement, Funktionsdiagramme
- Liste der nahestehenden Parteien

Administrative Hinweise:
- Anzahl Berichte, Berichtsempfänger mit Adresse
- Zusätzliche Dienstleistungen
- Honorarbudget

Organisatorische Angaben und Aufzeichnungen:
- Allgemeine Organisation
- Rechnungswesen
- IT

17.6.4 Auf Bilanz, Erfolgsrechnung und Anhang bezogene Dauerakten

- Kontenplan
- Unternehmensspezifische Rechnungslegungsvorschriften, Bewertungsgrundsätze und Angaben zum betrieblichen Rechnungswesen
- Einzelheiten über IT-Anwendungen
- Inventuranweisungen
- Versicherungsverzeichnisse
- Grundbuchauszüge
- Verträge (z. B. Darlehen, Miete und Leasing)
- Statistische Aufzeichnungen (Reserveentwicklung, Kennziffern und Abschreibungstabellen)
- Steuersituation
- Mehrjährige Prüfungspläne
- Prüfungsschwerpunkte
- Besondere Wünsche des Kunden

17. Arbeitspapiere

17.7 Eigentum der Arbeitspapiere und deren Aufbewahrung

Die Dokumentationspflicht für Revisionsdienstleistungen richtet sich an die Revisionsstelle. Daraus ist abzuleiten, dass diese Eigentümerin ihrer Arbeitsaufzeichnungen ist (HWP 2, S. 269). Dies trifft auch für jene schriftlichen Unterlagen zu, welche sie für die Erfüllung ihrer Aufgaben benötigt und die die Gesellschaft ihr übergibt (Art. 730b Abs. 2 OR).

Gemäss Art. 13 RAG sind nur staatlich beaufsichtigte Revisionsunternehmen verpflichtet, ihre Unterlagen der RAB zur Verfügung zu stellen, die diese für die Erfüllung ihrer Aufgaben benötigt. Eine Editionspflicht für die übrigen zugelassenen Revisionsunternehmen besteht nicht. Im Fall von Verantwortlichkeitsklagen im Sinne von Art. 755 OR werden die Arbeitspapiere der Revisionsstelle als Beweismittel dienen, um die Angemessenheit der durchgeführten Prüfungen und die daraus abgeleiteten Prüfungsaussagen zu belegen.

Nach Beendigung der Prüfung und Fertigstellung der Arbeitsdokumentation sind die Arbeitspapiere bis zum Ablauf der Aufbewahrungsfrist zu archivieren. Die Leitung des Revisionsunternehmens hat durch geeignete organisatorische Massnahmen dafür zu sorgen, dass die Arbeitspapiere «eingefroren» werden, d. h. keine Änderungen mehr daran vorgenommen werden.

Falls Gründe für nachträgliche Änderungen oder Ergänzungen bestehen, sind diese zu dokumentieren (Wer, warum, welche Auswirkung? [HWP 2, S. 270]).

17.8 Zusammenfassung der Anforderungen

- Der Abschlussprüfer muss seine Arbeitspapiere so führen, dass *ein Berufsangehöriger die Einhaltung der gesetzlichen Vorschriften* in effizienter Weise prüfen kann.
- Der Abschlussprüfer muss wichtige Sachverhalte dokumentieren als Nachweis dafür, dass die *Prüfungsaussage gestützt* ist.
- Der Abschlussprüfer muss wissen, dass *nicht dokumentierte Sachverhalte als nicht geprüft* angenommen werden.
- Der Abschlussprüfer muss seine Arbeitspapiere so gestalten, dass die darin enthaltenen Informationen *ohne besondere Kenntnisse nachvollziehbar und verständlich* sind.
- Vor Abgabe des Revisionberichts hat der leitende Revisor die Arbeitspapiere durchzusehen
- Der Abschlussprüfer muss seine *Arbeitspapiere nach Beendigung der Prüfung fertigstellen*. Sie sollten bis spätestens 60 Tage nach Abgabe des Berichtes abgeschlossen sein.
- Die Revisionsunternehmung muss durch geeignete organisatorische Massnahmen dafür Sorge tragen, dass die Arbeitspapiere sicher *archiviert und nicht mehr verändert* werden.

18. Organisation und Zulassung der Revisionsgesellschaft, Qualitätssicherung

- 18.1 Inhalt des Kapitels
- 18.2 Grafische Übersicht
- 18.3 Voraussetzungen für die Zulassung
- 18.4 Gesetzliche Anforderungen an das Revisionsunternehmen
- 18.5 Anforderungen an ein Qualitätssicherungssystem im KMU-Umfeld
- 18.6 Anforderungen an ein Qualitätssicherungssystem gemäss QS 1
- 18.7 Anforderungen an ein Qualitätssystem gemäss Swiss Quality & Peer Review (SQPR)
- 18.8 Aus- und Weiterbildungsanforderungen
- 18.9 Zusammenfassung der Anforderungen
- 18.10 Beispiele und Arbeitshilfen

18. Organisation und Zulassung der Revisionsgesellschaft, Qualitätssicherung

18.1 Inhalt des Kapitels

- Voraussetzungen für die Zulassung
- Erforderliche Massnahmen für die Qualitätssicherung
- Organisatorische und personelle Massnahmen für die Bearbeitung von Doppelmandaten

18.2 Grafische Übersicht

Zulassungsbedingungen für Revisionsunternehmen gemäss Art. 6 RAG und Art. 9 RAV

- Die Mehrheit des Leitungs- und Verwaltungsorgans besitzt die Zulassung.
- Ein Fünftel der Revisionsmitarbeiter verfügen über die Zulassung.
- Leitende Revisoren haben die Zulassung.

Führungsstruktur gewährleistet die Überwachung der Mandate durch

- internes Qualitätssicherungssystem.
- Kontrolle der Angemessenheit und Wirksamkeit der Grundsätze und Massnahmen.

Massnahmen für die Qualitätssicherung zur Sicherstellung

- der fachlichen Qualität der Mitarbeitenden
- der standardkonformen Durchführung der Revision
- der Bildung eines objektiven Urteils und der objektiven Berichterstattung

Qualitätssicherung auf

- Unternehmungsebene (organisatorische Massnahmen)
- Mandatsebene (auftragsbezogene Massnahmen)

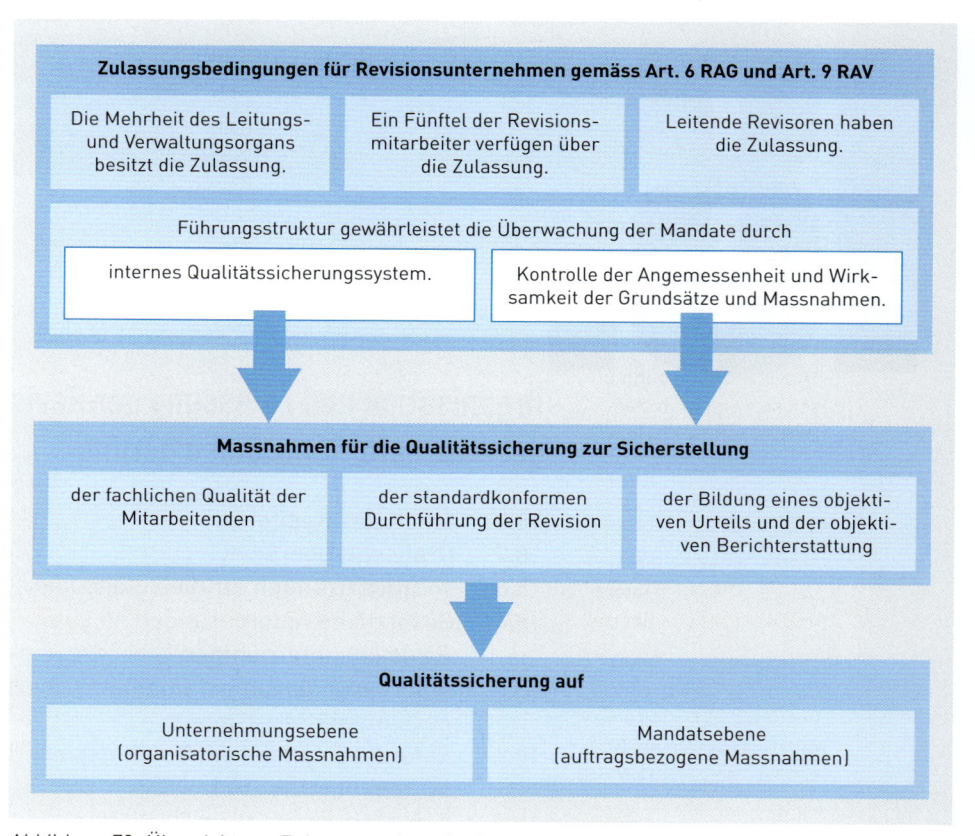

Abbildung 79: Übersicht zur Zulassung eines Revisionsunternehmens

18.3 Voraussetzungen für die Zulassung

Die Durchführung einer eingeschränkten Revision setzt eine Aufnahme in das öffentliche Register über die zugelassenen natürlichen Personen und Revisionsunternehmen der Eidg. Revisionsaufsichtsbehörde (RAB) voraus. Für die persönlichen Voraussetzungen für eine Tätigkeit als Revisor siehe Kapitel 5.4.1.2. Gegenstand dieses Kapitels sind die Voraussetzungen für Revisionsunternehmen zur Erbringung von Revisionsdienstleistungen. Diese sind im Revisionsaufsichtsgesetz (RAG) und in der Revisionsaufsichtsverordnung (RAV) geregelt:

18. Organisation und Zulassung der Revisionsgesellschaft, Qualitätssicherung

> **Art. 6 RAG: Voraussetzungen für Revisionsunternehmen**
>
> ¹ Ein Revisionsunternehmen wird als Revisionsexperte oder als Revisor zugelassen, wenn:
> a) die Mehrheit der Mitglieder seines obersten Leitungs- oder Verwaltungsorgans sowie seines Geschäftsführungsorgans über die entsprechende Zulassung verfügt;
> b) mindestens ein Fünftel der Personen, die an der Erbringung von Revisionsdienstleistungen beteiligt sind, über die entsprechende Zulassung verfügt;
> c) sichergestellt ist, dass alle Personen, die Revisionsdienstleistungen leiten, über die entsprechende Zulassung verfügen;
> d) die Führungsstruktur gewährleistet, dass die einzelnen Mandate genügend überwacht werden.
>
> ² Finanzkontrollen der öffentlichen Hand werden als Revisionsunternehmen zugelassen, wenn sie die Anforderungen nach Absatz 1 erfüllen. Die Zulassung als staatlich beaufsichtigte Revisionsunternehmen ist nicht möglich.

> **Art. 9 RAV: Führungsstruktur**
>
> ¹ Ein Revisionsunternehmen verfügt über eine genügende Führungsstruktur zur Überwachung der einzelnen Mandate, wenn es:
> a) ein internes Qualitätssicherungssystem aufweist;
> b) die Angemessenheit und die Wirksamkeit der Grundsätze und Massnahmen der Qualitätssicherung überwacht.
>
> ² Revisionsunternehmen, in denen nur eine Person Revisionsdienstleistungen erbringt, müssen sich einem System der regelmässigen Beurteilung ihrer Prüftätigkeit durch gleichrangige Berufsleute unterziehen.

> **Art. 49: Qualitätssicherungssystem**
>
> ¹ Revisionsunternehmen, die ordentliche Revisionen durchführen, müssen ab dem 15. Dezember 2013 über ein internes Qualitätssicherungssystem verfügen und dessen Angemessenheit und Wirksamkeit überwachen (Art. 9 Abs. 1).
>
> ² Revisionsunternehmen, die keine ordentlichen, aber eingeschränkte Revisionen durchführen, in denen nur eine Person über die notwendige Zulassung verfügt und die über kein internes Qualitätssicherungssystem verfügen, müssen ab dem 1. September 2016 einem System der regelmässigen Beurteilung ihrer Prüftätigkeit durch gleichrangige Berufsleute angeschlossen sein (Art. 9 Abs. 2).

Die Zulassung für Revisionsunternehmen ist – im Gegensatz zu der für natürliche Personen – befristet und muss nach Ablauf von 5 Jahren nach der definitiven Zulassung im Revisionsregister der RAB wieder neu beantragt werden (Art. 3 RAG). Die RAB hat für die Zulassungserneuerung zwei umfassende Fragebogen für die Einhaltung der Anforderungen an das interne Qualitätssicherungssystem erstellt (Fragebogen A: Beschreibung des Qualitätssicherungssystems für Revisionsunternehmen, die QS 1 oder einen gleichwertigen Standard [z. B. ISQC 1] anwenden; Fragebogen B: Beschreibung des Qualitätssicherungssystems für Revisionsunternehmen, welche die Anleitung der Berufsverbände zur Qualitätssicherung umsetzen).

18. Organisation und Zulassung der Revisionsgesellschaft, Qualitätssicherung

Das Prozedere für die Wiederzulassung ist folgendermassen:
- Das Revisionsunternehmen erhält etwa 6 Monate vor Ablauf der Zulassung eine E-Mail mit der Ankündigung des Ablaufdatums und der Aufforderung, die notwendigen Unterlagen einzureichen.
  Hinweis: Verfügt die RAB nicht über die aktuelle E-Mail-Adresse, erfolgt keine Aufforderung zur Wiederzulassung. Nach Ablauf der Zulassung (Stichtag) erbrachte Revisionsdienstleistungen verstossen gegen Art. 40 RAG (Vergehen).
- Die Zulassungserneuerung geschieht (analog der Erstzulassung) elektronisch anhand der vorgegebenen Datenmasken. Je nach Art der Qualitätssicherung haben die Gesellschaften den Fragebogen für die Anleitung der Berufsverbände zur Qualitätssicherung oder den Fragebogen für QS 1 auszufüllen.
  Hinweis: Stichwortartige Antworten ermöglichen grundsätzlich keine Beurteilung des Qualitätssicherungssystems durch die RAB und werden deshalb zurückgewiesen. Dem Fragebogen sind keine Unterlagen beizulegen. Bei Bedarf werden zusätzliche Unterlagen verlangt.
- Die RAB entscheidet auf Gesuch hin über die Wiederzulassung als Revisionsunternehmen. Sie hat zu beurteilen, ob die Bedingungen von Art. 6 RAG i. V. mit Art. 9 RAV erfüllt sind und ob die Revisionsunternehmung Gewähr dafür bietet, dass die Revisionsdienstleistungen ordnungsgemäss und unter Sicherstellung der Qualität erfolgen. Die RAB überprüft die Richtigkeit der Angaben in den Wiederzulassungsunterlagen.
  Hinweis: Die RAB macht keine Prüfungen vor Ort bei den Revisionsunternehmen – solche finden nur bei staatlich beaufsichtigten Revisionsunternehmen statt.

18.4 Gesetzliche Anforderungen an das Revisionsunternehmen

Die gesetzlichen Zulassungs- bzw. Wiederzulassungsbestimmungen für Revisionsunternehmen gemäss Art. 6 RAG werden in der Praxis wie folgt angewendet:

Gesetzliche Bestimmung RAG Art. 6 Abs. 1, Buchstabe ...	Praktische Anwendung im KMU-Umfeld (am Beispiel einer Treuhand AG)
a) Die Mehrheit der Mitglieder seines obersten Leitungs- oder Verwaltungsorgans sowie seines Geschäftsführungsorgans verfügen über die entsprechende Zulassung.	1. Die Mehrheit des Verwaltungsrats verfügt über die Zulassung (bei 4 VR = 3 VR, bei 3 VR = 2 VR, bei 2 VR = 1 VR) (vgl. RAB 2009: Anforderungen an das oberste Leitungs- oder Verwaltungsorgan sowie an das Geschäftsführungsorgan, o. S.).
	2. Verfügt die Gesellschaft über eine Geschäftsleitung, muss auch die Mehrheit der Geschäftsleitungsmitglieder über die Zulassung verfügen (kumulative Bestimmung – Berechnung wie oben).
b) Mindestens ein Fünftel der Personen, die an der Erbringung von Revisionsdienstleistungen beteiligt sind, verfügen über die entsprechende Zulassung.	1. Verfügt die Treuhand AG über ein Team von Personen, welche an Revisionen beteiligt sind oder dazu beitragen – unabhängig von ihrer organisatorischen Zuteilung oder Anstellung bzw. vom Auftragsverhältnis –, ist bei der Erstregistrierung die Führungsspanne von 1 zu 5 zu wahren (nach Köpfen: bei 6 Personen 2 mit Zulassung, bei 5 Personen 1 mit Zulassung, bei 4 Personen 1 mit Zulassung).
	2. Bei der Rezertifizierung wird auf die 20 %-Klausel abgestellt: pro Kalenderjahr müssen mind. 20 % der Stunden aller gesetzlichen Revisionsdienstleistungen von Personen mit der entsprechenden Zulassung erbracht werden (RAB 2009: Einhaltung der 20 %-Klausel, o. S.). →

18. Organisation und Zulassung der Revisionsgesellschaft, Qualitätssicherung

Gesetzliche Bestimmung RAG Art. 6 Abs. 1, Buchstabe ...	Praktische Anwendung im KMU-Umfeld (am Beispiel einer Treuhand AG)
c) Es ist sichergestellt, dass alle Personen, die Revisionsdienstleistungen leiten, über die entsprechende Zulassung verfügen.	1. Die Person mit der leitenden Funktion ist jene, die für den einzelnen Prüfungsauftrag letztlich verantwortlich zeichnet (leitender Revisor, Mandatsleiter). 2. Die Leitungsfunktion umfasst auch die Einhaltung der projektbezogenen Massnahmen gemäss Qualitätssicherungssystem von der Anleitung, Überwachung und Durchsicht bis zur Unterzeichnung des Revisionsberichts.
d) Die Führungsstruktur gewährleistet, dass die einzelnen Mandate genügend überwacht werden.	1. Das Revisionsunternehmen verfügt über ein verbindliches Qualitätssicherungssystem, das sowohl auf der Stufe der Unternehmung als Ganzes als auch auf der Stufe der einzelnen Mandate durch geeignete Massnahmen sicherstellt, dass die Berufspflichten eingehalten werden. Die Art der Qualitätssicherung wird im Revisorenregister eingetragen. Revisionsunternehmen, die keine ordentlichen Revisionen machen und bei denen nur eine Person über die notwendige Zulassung verfügt, müssen ab 1. September 2016 eine Peer-Review durchführen lassen (siehe folgende Darstellung). 2. Revisionsunternehmen, die ordentliche Revisionen durchführen, verfügen über ein Qualitätssicherungssystem gemäss den Schweizer Prüfungsstandards (PS). Solche, die eingeschränkt revidieren, setzen mindestens die «Anleitung zur Qualitätssicherung bei kleinen und mittelgrossen Revisionsunternehmen» ein (siehe folgende Darstellung).

Es ist die Aufgabe des obersten Leitungs- oder Verwaltungsorgans der Revisionsunternehmung, für ein angemessenes Qualitätssicherungssystem zu sorgen und die Einhaltung der Berufspflichten zu überwachen. Wer Aufgaben im Bereich der internen Qualitätssicherung wahrnimmt (z. B. Überwachung des Qualitätssicherungssystems bzw. interne Nachkontrolle), gilt als Person, die an der Erbringung von Revisionsdienstleistungen beteiligt ist und muss mit der Revisionsstelle im Register der Revisionsaufsichtsbehörde verknüpft sein.

Die folgende Darstellung zeigt, welche Revisionsgesellschaften welche Qualitätsanforderungen erfüllen müssen:

Revisionsunternehmen mit den folgenden Revisionsdienstleistungen	Anzuwendendes Qualitätssicherungssystem
Ordentliche Revisionen gemäss Art. 728 ff. OR und übrige gesetzliche Revisionen	Qualitätssicherung gemäss Schweizer Prüfungsstandards 2013: • Schweizer Qualitätsstandard QS 1 • PS 220 Qualitätssicherung bei einer Abschlussprüfung Werden bei der Revision die International Standards on Auditing (ISA) angewendet, richtet sich die Qualitätssicherung nach den International Standards on Quality Control (ISQC 1) und ISA 200.
Ordentliche Revisionen, verfügen aber nur über einen zugelassenen Revisionsexperten	QS 1 verlangt in der Praxis mindestens zwei Personen (Vieraugenprinzip) mit derselben Zulassung, um die Nachschau oder interne Nachkontrolle (QS 1.48-1) durchführen zu können. Die zweite Person gehört zur Revisionsstelle oder arbeitet im Auftragsverhältnis für sie. Sie muss mit der Revisionsstelle im Register der Revisionsaufsichtsbehörde verknüpft sein. →

18. Organisation und Zulassung der Revisionsgesellschaft, Qualitätssicherung

Revisionsunternehmen mit den folgenden Revisionsdienstleistungen	Anzuwendendes Qualitätssicherungssystem
Nur eingeschränkte Revisionen gemäss Art. 729 ff. OR sowie übrige gesetzliche Revisionen bei eingeschränkt revisionspflichtigen Prüfkunden. Variante 1: Revisionsgesellschaft ist nicht Mitglied der Treuhand-Kammer	«Anleitung zur Qualitätssicherung bei kleinen und mittelgrossen Revisionsunternehmen» vom 4. September 2008 von der Treuhand-Kammer und Treuhand Suisse
Variante 2: Revisionsgesellschaft ist Mitglied der Treuhand-Kammer	Die Anleitung von Teuhand-Kammer und Treuhand Suisse bis 1. September 2016 noch anwendbar, danach gilt QS 1 (QS 1.10-1) für alle Mitglieder der Treuhand-Kammer.
Übrige gesetzliche Revisionen bei eingeschränkt revisionspflichtigen Prüfkunden	Die Anleitung von Treuhand-Kammer und Treuhand Suisse bis 1. September 2016, danach QS 1
Keine ordentlichen Revisionen, nur eine Person der Revisionsgesellschaft mit der notwendigen Zulassung Qualitätssicherungssystem	Derzeit keines. Ab 1. September 2016 Pflicht, einem System der regelmässigen Beurteilung der Prüftätigkeit durch gleichrangige Berufsleute angeschlossen zu sein (Art. 49 Abs. 2 RAV)

Die zeitliche Umsetzung von QS 1 kann vereinfacht wie folgt dargestellt werden (gemäss Entwurf Rundschreiben 1/2014 vom 9. September 2014 der RAB):

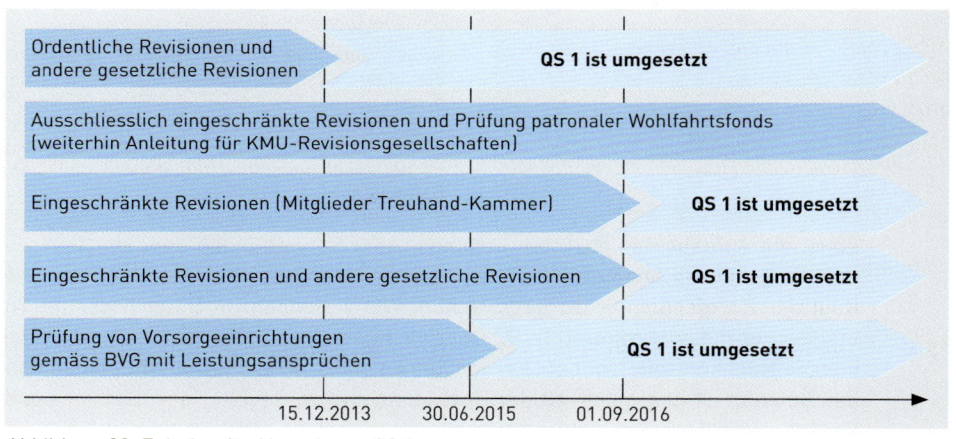

Abbildung 80: Zeitplan für Umsetzung QS 1

Die QS 1 für die übrigen gesetzlichen Pflichtprüfungen bei eingeschränkt zu prüfenden Gesellschaften als verbindlich zu erklären ist fragwürdig. Dasselbe gilt grundsätzlich auch für die umfassende Anwendung der PS, welche für die ordentliche Prüfung von Gesellschaften im öffentlichen Interesse vorgesehen sind (siehe Kapitel 23.10). Die Autoren sind der Auffassung, dass die Einhaltung der Qualitätsrichtlinie «Anleitung zur QS bei kleinen und mittelgrossen Revisionsunternehmen» ausreichend ist.

Bei eingeschränkten Revisionen und anderen gesetzlichen Revisionen stellt die Swiss Quality & Peer Review AG ein der Grösse der Revisionsunternehmung angepasstes Qualitätssicherungssicherungssystem zur Verfügung (siehe Kapitel 18.7).

18.5 Anforderungen an ein Qualitätssicherungssystem im KMU-Umfeld

Für die Umsetzung der gesetzlichen Anforderungen an die Qualitätssicherung bei kleinen und mittelgrossen Revisionsunternehmen haben die Treuhand-Kammer und Treuhand Suisse eine Anleitung zur Schaffung eines Qualitätssicherungssystems verfasst (detaillierte Anleitung in Kapitel 18.11.1). Sie kann weiterhin als Grundlage verwendet werden, solange keine ordentlichen Revisionen durchzuführen sind. Die nachfolgende Übersicht stellt die Elemente dar, die es für eine KMU-Qualitätssicherung braucht.

Qualitätssicherungssystem im Prüfungsunternehmen	
Ziel: Das Prüfungsunternehmen muss im Rahmen seines Risikomanagements Regelungen und Massnahmen zur Qualitätssicherung ergreifen, so dass alle Prüfungsaufträge in Übereinstimmung mit den gesetzlichen Bestimmungen und den Berufspflichten abgewickelt werden (vgl. Art. 6 Abs. 1 lit. d RAG; Art. 9 Abs. 1 RAV).	
I. Allgemeine Organisation des Prüfungsunternehmens	III. Überwachung des Qualitätssystems
A. Anforderungen gemäss Gesetz und Berufsgrundsätzen B. Auftragsannahme/-fortführung und -beendigung C. Befähigung und Information der Mitarbeiter D. Planung der Aufträge E. Fachliche/organisatorische Anweisungen und Hilfsmittel	
II. Abwicklung einzelner Prüfungsaufträge	
F. Anleitung G. Überwachung und Durchsicht H. Dokumentation	

Abbildung 81: Komponenten eines Qualitätssicherungssystems.
Quelle: Treuhand-Kammer und Treuhand Suisse: Anleitung zur Qualitätssicherung bei kleinen und mittelgrossen Revisionsunternehmen

Die Checkliste in Kapitel 18.11.2 zeigt, was bei der Umsetzung eines KMU-gerechten Qualitätssicherungssystems zu beachten ist. Die Qualitätsanforderungen sind in ihrer Gesamtheit zu erfüllen, um den gesetzlichen Ansprüchen zu genügen. Eine selektive Anwendung – beispielsweise nur eine Beurteilung der Unabhängigkeit bei der Auftragsannahme und die Regelung der Durchsicht der Arbeitspapiere – reicht nicht aus. Allenfalls sind die Qualitätsanforderungen der Grösse und Struktur des Unternehmens anzupassen.

18.6 Anforderungen an ein Qualitätssicherungssystem gemäss QS 1

Bei der Ausgestaltung des Qualitätssicherungssystems gibt es gute Gründe für KMU-Revisionsunternehmen, die Übergangsfrist nicht abzuwarten und bereits heute die höherwertigen Anforderungen gemäss QS 1 zu erfüllen. Ein Argument dafür kann die Komplexität der Mandate im Portefeuille sein, ein anderes das höhere Renommee (u.a. weil die Art der Qualitätssicherung im Revisorenregister aufgeführt ist [Art. 20 Bst. f^bis RAV]). Die Darstellung auf der folgenden Seite zeigt das Qualitätssicherungssystem QS 1.

Die **Unternehmensleitung ist verantwortlich für die Qualitätskultur** in der Unternehmung. Sie fördert und überwacht mit geeigneten, der Grösse und Komplexität der Firma und der Mandate angepassten Regelungen und Massnahmen, dass die Arbeiten stets den beruflichen Standards und gesetzlichen Bestimmungen entsprechen. Ziel ist dabei, Haftungsfälle nach Art. 755 OR zu vermeiden.

Die Unternehmungsleitung hat darauf zu achten, dass sie und ihr Fachpersonal die **relevanten beruflichen Verhaltensanforderungen** einhalten. Die Verhaltensgrundsätze sind: Integrität, Objektivität, berufliche Kompetenz, nötige Sorgfalt, Verschwiegenheit und berufswürdiges Verhalten (QS 1.A7). Ein wichtiges Element bildet die Wahrung der inneren und äusseren Unabhängigkeit aller Mandatsbeteiligten (von der Unternehmungsleitung bis zum Mitarbeitenden). Das gesamte Fachpersonal sowie das oberste Leitungs- und Verwaltungsorgan hat einmal jährlich seine Unabhängigkeit schriftlich zu bestätigen.

18. Organisation und Zulassung der Revisionsgesellschaft, Qualitätssicherung

Führungsverantwortung für die Qualität: Bestimmung QS-Verantwortlicher (zwingend)
Schriftliche Regelungen und Massnahmen zur Umsetzung der verbindlichen Vorgaben von QS 1 zur Einhaltung der Gesetze und Berufsstandards

Verhaltensanforderungen: Berufswürdiges Verhalten wie Unabhängigkeit, Integrität etc.	Mandat: Klärung Annahme & Fortführung (darf, kann, will ich?)	Personalwesen: Ausreichend qualifiziertes Fachpersonal inkl. Aus-/Weiterbildung, Leistungsbeurteilung	Auftragsdurchführung in Übereinstimmung mit PS und anderen gesetzlichen und berufsrechtlichen Vorgaben, Umgang mit Verstössen

Auftragsverantwortlicher und Auftragsteam

- Prüfungsvorbereitung
- Prüfungsplanung
- Prüfungsdurchführung
- Berichterstattung

Gleichmässige Qualität
- z. B. mit Prüfungshandbüchern
- z. B. mit Vorlagen/Tools

Auftragsdokumentation
- sichere Aufbewahrung (10 Jahre)
- Abschluss innerhalb 60 Tagen,
- Sicherstellung Unveränderbarkeit,
- Bewahrung Vertraulichkeit,
- sichere Verwahrung, Integrität,
- Zugänglichkeit und Rückholbarkeit

Laufende Überwachung
Arbeitsfortschritt, Einhaltung der Vorgaben

Durchsicht (zwingend)
Überprüfung der Auftragsdokumentation vor Abgabe Prüfungsvermerk

Konsultation (zwingend)
(schwierige/umstrittene Sachverhalte)
–
Interner oder externer Rat von Experten
–
Keine Weisungsbefugnis
–
Inhalt und Schlussfolgerungen sind dokumentiert

Auftragsbegleitende QS*
(risikobehaftete Mandate und Sachverhalte)
–
Nicht an der Prüfung Beteiligter
–
Beurteilung wesentlicher Sachverhalte vor Abgabe Prüfungsvermerk
–
Befugnis gemäss Regelung
–
Meinungsverschiedenheiten geklärt

*) Für börsenkotierte Einheiten zwingend

Nachschau (zwingend)
durch QS-Verantwortlichen oder von ihm bestimmt – nicht an der Revision Beteiligter
–
Laufende Beurteilung der Qualitätssicherung auf der Stufe der Unternehmung als Ganzes (Einhaltung der QS-Richtlinien) und periodische Stichproben pro Mandatsverantwortlichen auf Mandatsstufe

Nachschaubericht (zur Verfügung RAB)

Jährliche schriftliche Bestätigung der Unabhängigkeit aller Fachmitarbeiter sowie des obersten Leitungs- und Verwaltungsorgans

Dokumentation aller Regelungen und Massnahmen und Mitteilung an das ganze Fachpersonal

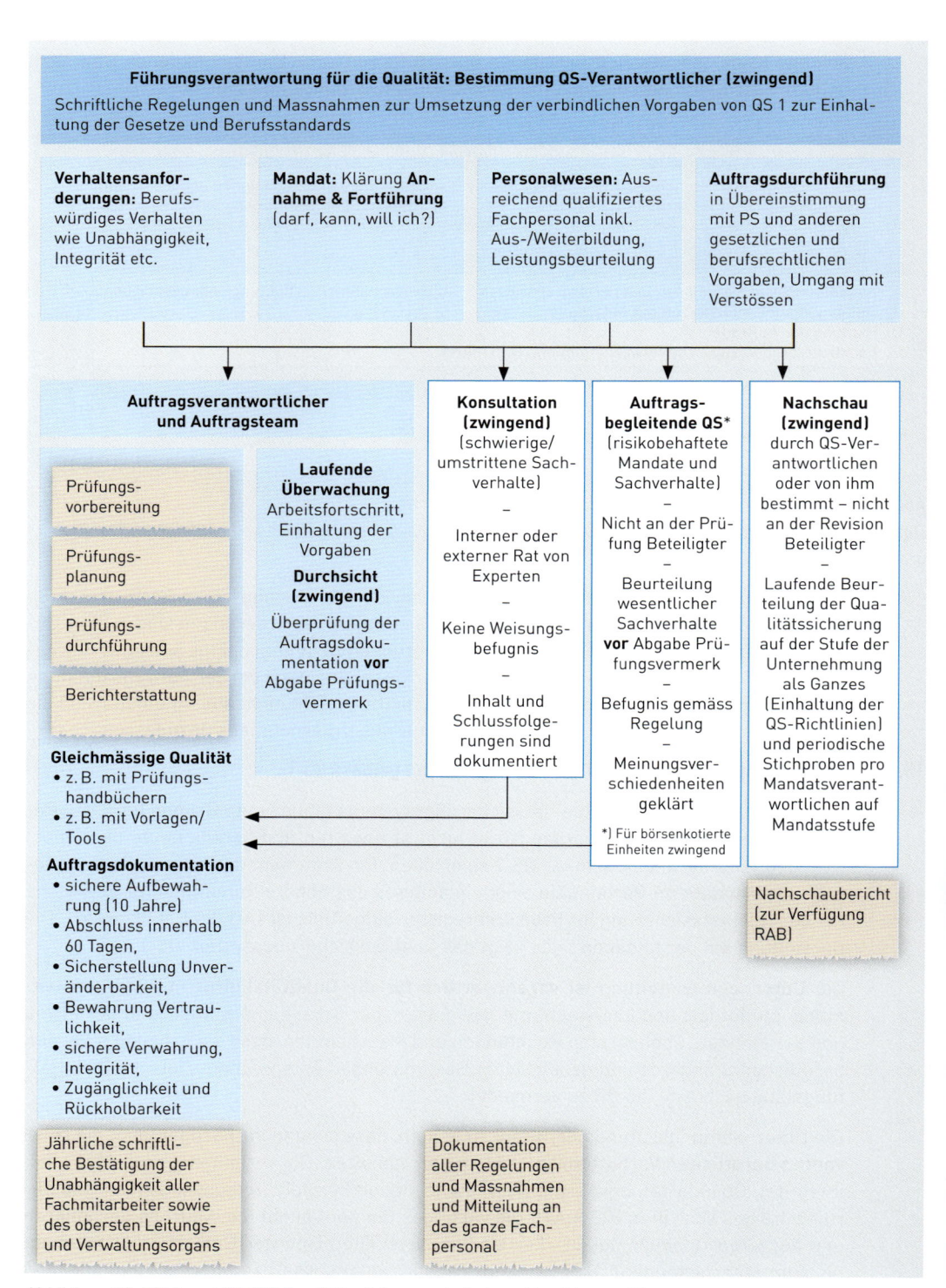

Abbildung 82: QS 1 und PS 220 Qualitätssicherung bei einer Abschlussprüfung

18. Organisation und Zulassung der Revisionsgesellschaft, Qualitätssicherung

Die **Annahme und die Fortführung von Mandatsbeziehungen** und bestimmten Aufträgen richten sich nach Kompetenz, Fähigkeiten und Ressourcen. Verfügt eine Revisionsgesellschaft nicht über ausreichende fachliche und zeitliche Ressourcen, ist die Integrität des Kunden infrage zu stellen oder bestehen andere wichtige Gründe für eine Ablehnung, darf ein Mandat nicht angenommen bzw. weitergeführt werden. Es sind Regelungen zur Mandatsniederlegung vorzusehen.

Das **Personalwesen** stellt in einer Dienstleistungsgesellschaft ein zentrales Element dar. Es sind Vorgaben zur Personalrekrutierung, zur Aus- und Weiterbildung, zur Bestimmung des Auftragsteams, zur Leistungsbeurteilung, Beförderung und Vergütung sowie zu allfälligen Sanktionierungen zu machen. Der leitende Revisor verfügt über die erforderlichen Fähigkeiten und Kompetenzen, um seine Funktion auszuüben.

Die **Aufträge** sollen in Übereinstimmung mit den beruflichen Standards und den relevanten gesetzlichen Bestimmungen ausgeführt werden. Es stellt ein Zeichen von Stärke dar, zu bestimmen, dass bei schwerwiegenden oder umstrittenen Sachverhalten intern oder extern jemand konsultiert wird. Bestehen bei einem Mandat ungewöhnliche Umstände oder Risiken (z. B. eine Notsituation nach Art. 725 Abs. 1 oder 2 OR), empfiehlt es sich, eine auftragsbegleitende Qualitätssicherung vorzusehen. Die Erfüllung eines Auftrags bedeutet auch eine laufende Überwachung der Auftragsabwicklung und eine abschliessende Durchsicht der Mandatsdokumentation.

Eine **Nachschau** hat zu gewährleisten, dass die dargelegten Regelungen und Massnahmen zur Qualitätssicherung ihr Ziel erreichen. Sie hat die Massnahmen auf Stufe Unternehmung und bei stichprobenweise ausgewählten Mandaten zu überprüfen und wird vom Qualitätsverantwortlichen oder einem nicht an der Revision beteiligten Mitarbeiter, der mindestens über die gleiche Zulassung wie der Mandatsleiter verfügt, durchgeführt. Das Ergebnis der Nachschau und allfällige Empfehlungen für Verbesserungen sind in einem Bericht an die Unternehmungsleitung festzuhalten. Die RAB verlangt für die Wiederzulassung einen jährlichen Nachschaubericht.

QS 1 in kleinen Verhältnissen

Unabhängig von der Grösse des Unternehmens ist QS 1 für ordentliche Revisionen vorgeschrieben. Nach einer Übergangsfrist bis zum 1. September 2016 wird QS 1 von Revisionsgesellschaften, die Mitglied der Treuhand-Kammer sind, generell verlangt und von den andern, wenn sie übrige gesetzliche Prüfungen gemäss den Schweizer Prüfungsstandards (z. B. Prüfungen Zwischenbilanz Art. 725 Abs. 2 OR, Kapitalerhöhungen oder Fusionsprüfungen) durchführen.

Kleineren Gesellschaften mit wenigen Revisionsmitarbeitern mit der entsprechenden Zulassung wird es nicht möglich sein, die Regelungen von QS 1 umzusetzen, weil alle Mitarbeitenden der Praxis bei den anspruchsvollen Mandaten mitwirken (oder nur eine Person über die notwendige Zulassung verfügt). Um die Anforderungen von QS 1 zu erfüllen, ist mangels interner Ressourcen ein externer «Reviewer» zuzuziehen:

- Konsultation: Eine objektive Zweitmeinung zu schwierigen oder umstrittenen Sachverhalten braucht es bei Bewertungsfragen (z. B. Gruppenbewertung vs. Einzelbewertung), Darstellungsfragen (z. B. eigene Aktien), Offenlegungsfragen (z. B. Anhangsangaben für Eventualverbindlichkeiten) oder Formulierungsfragen (z. B. Formulierung einer besonderen Einschränkung oder eines Hinweises).

18. Organisation und Zulassung der Revisionsgesellschaft, Qualitätssicherung

- Auftragsbegleitende Qualitätssicherung: Die vorgesehene Regelung verlangt für bestimmte Sachverhalte (z. B. Unsicherheit der Unternehmungsfortführung, Kapitalverlust und Überschuldung) eine objektive Einschätzung der Beurteilung, Schlussfolgerung und Berichterstattung des Mandatsleiters durch einen auftragsbegleitenden Experten.
- Nachschau: Die Überwachung der Qualitätssicherung auf der Stufe der Unternehmung und der Mandate kann nicht durch den QS-Verantwortlichen erfolgen, weil dieser und seine Mitarbeitenden in die Mandate involviert sind.

Wer Aufgaben im Bereich der internen Qualitätssicherung wahrnimmt (z. B. Überwachung des Qualitätssicherungssystems bzw. interne Nachkontrolle), gilt als an der Erbringung von Revisionsdienstleistungen beteiligt und hat sich mit dem Revisionsunternehmen zu verlinken («beigezogene Person QS»). Ein Muster für einen solchen Mandatsvertrag gemäss den Bestimmungen siehe 18.11.6.

Diese Review auf Auftragsbasis ist nicht zu verwechseln mit der für nach dem 1. September 2016 vorgesehenen Beurteilung der Prüftätigkeit durch gleichrangige Berufsleute bei der eingeschränkten Revision (Art. 49 Abs. 2 RAV). Die dazu nötigen Regelungen sind in Bearbeitung.

18.7 Anforderungen an ein Qualitätssystem gemäss Swiss Quality & Peer Review (SQPR)

Das Fehlen einer zweiten Person mit der entsprechenden Zulassung in einer Revisionsgesellschaft bedeutet, dass kein vollständiges internes QS besteht, da die vorgeschriebene Überwachung nicht möglich ist.

Um kleine und mittelgrosse Unternehmen bei der Schaffung und Aufrechterhaltung eines funktionierenden QS zu unterstützen, haben die Berufsverbände Treuhand Suisse und veb.ch die Swiss Quality & Peer Review AG gegründet. Damit soll interessierten Unternehmen die Möglichkeit geboten werden, sämtliche Dienstleistungen im Bereich der eingeschränkten Revision und der Spezialprüfungen aus einer Hand zu beziehen und zugleich die gesetzlichen Qualitätsanforderungen zu erfüllen.

Die Dienstleistungen der SQPR AG umfassen folgende Teilbereiche:

Abbildung 83: Teilbereiche SQPR

18. Organisation und Zulassung der Revisionsgesellschaft, Qualitätssicherung

Es bestehen folgende Teilbereiche:

Anleitung Musterhandbuch QS	Anforderungen an das QS 1 im Bereich KMU-Revisionsunternehmen und Spezialprüfungen
Interne Nachschau	Die interne Nachschau, die durch einen externen Revisionsexperten durchgeführt wird. Festgestellte Mängel und Fehler werden mit der betreffenden Gesellschaft diskutiert und Verbesserungsmassnahmen geplant.
Prüfungssoftware SQA	Bei der Swiss Quality Audit (SQA) handelt es sich um eine massgeschneiderte Prüfungssoftware für die eingeschränkte Revision und Spezialprüfungen. Jährlich erhalten die Mitglieder ein Update, das Gesetzesänderungen und praktische Hinweise enthält. Hohe Anwenderfreundlichkeit für diverse Spezialprüfungen
Qualitätssiegel	Offenlegung über die Mitgliedschaft im Register der Revisionsaufsichtsbehörde. Die Mandanten dürfen das Qualitätssiegel für ihre Kommunikation verwenden.
Weiterbildung	Jährliche Weiterbildungsveranstaltung für die QS-Verantwortlichen von SQPR AG
Beratung/ Ressourcen-Management	Bei Mitgliedschaft werden bei Bedarf zusätzliche Revisionsexperten zur Verfügung gestellt, z. B., um eine Zweitmeinung einzuholen oder aus Unabhängigkeitsüberlegungen.
Betriebshaftpflichtversicherung	Die Versicherung von Haftungsfällen bei der Dienstleistungserbringung durch einen Partner der SQPR AG

Die interne Nachschau gemäss dem Konzept SQPR:

Bei der outgesourcten internen Nachschau («OSIN») handelt es sich um einen spezifischen Auftrag zur Überprüfung der auftragsbezogenen Qualitätssicherung eines Revisionsunternehmens (Prüfungsgegenstand).

Bei der OSIN werden die Regeln und Verfahren eines Revisionsunternehmens in Bezug auf das Qualitätssicherungssystem überprüft und das Ergebnis anschliessend in einem OSIN-Bericht festgehalten. Bei der Prüfung festgestellte und mit Fristansetzung bereinigte Mängel werden ebenfalls dokumentiert. Die OSIN erfolgt bei einer Auftragsprüfung in den Bereichen eingeschränkte Revision und Spezialprüfungen.

Bei der OiN hat der Reviewer mit begrenzter Sicherheit ein Urteil darüber abzugeben, ob die Auftragsteams bei abgeschlossenen Aufträgen die Regelungen des Unternehmens hinsichtlich der Qualitätssicherung eingehalten haben.

18.8 Personelle und organisatorische Trennung gemäss Art. 729 Abs. 2 OR

Ein wichtiger Punkt des Qualitätssicherungssystems und der Aufmerksamkeit der RAB ist, wie die personelle und organisatorische Trennung gemäss Art. 729 Abs. 2 OR sichergestellt wird, sofern das Revisionsunternehmen bei der Buchführung mitwirkt. Die Wichtigkeit unterstreicht auch der Umstand, dass die RAB in einer separaten Stellungnahme dieses Thema ausführlich behandelt hat (FAQ zu Unabhängigkeit der Revisionsstelle bei eingeschränkter Revision 18. Juli 2011): «Darf ein Revisionsunternehmen neben der eingeschränkten Revision auch bei der Buchführung des geprüften Unternehmens mitwirken oder andere Dienstleistungen erbringen?».

In Bezug auf die zulässige Mitwirkung bei der Buchführung und der Erstellung des Jahresabschlusses sowie die Erbringung anderer Dienstleistungen bei der eingeschränkten Revision bestehen in der Praxis Unsicherheiten und dementsprechend unterschiedliche Auslegungen. Aufgrund der vielen Anfragen hat die RAB (auch ohne die entsprechende Regulierungskompetenz) ihre fachliche Meinung zur Mitwirkung bei der Buchführung im vorgenannten FAQ zur Unabhängigkeit der Revisionsstelle bei eingeschränkten Revisionen abgegeben.

Die Meinung und Auslegung der RAB ist deshalb von Bedeutung, weil ihre strenge Auslegung bis heute von den Gerichten gestützt wird. Die Meinung der Autoren, dass diese Haltung nicht haltbar ist, wird in Kapitel 19 zur Diskussion gestellt.

Die RAB äussert sich im genannten FAQ zur personellen und organisatorischen Trennung folgendermassen:

- Sofern das Risiko der Überprüfung eigener Arbeiten besteht, muss die Revisionsstelle geeignete organisatorische oder personelle Massnahmen treffen, um eine verlässliche Prüfung sicherzustellen. «Die operative Leitung der Revisionsabteilung und der Buchführungsabteilung darf nicht durch die gleiche Person oder gemeinsam durch dieselbe Personengruppe erfolgen.»
- Für alle kritischen Ansätze in der Jahresrechnung (Bewertungen, Abschreibungen, Wertberichtigungen etc.) ist zwingend der Verwaltungsrat verantwortlich. «Ein komplettes «Outsourcing» von Buchführung und Rechnungslegung an die Revisionsstelle geht über die gesetzlich erlaubte Mitwirkung hinaus und ist nicht zulässig.»
- Als Faustregel gilt: «Je stärker die Intensität der Mitwirkung bei der Buchführung, desto schwieriger ist es, angemessene Schutzvorkehrungen zu treffen, und umso grösser wird das Haftungsrisiko der Revisionsstelle.»

Als geeignete Schutzvorkehrungen kommen gemäss der RAB («Mögliche Schutzvorkehrungen bezüglich Mitwirkung bei der Buchführung und Erbringung anderer Dienstleistungen für die zu prüfende Gesellschaft», Kapitel 18.11.3) u. a. folgende organisatorische Massnahmen infrage:

- *Operative Leitung:* Im Rahmen der unternehmensbezogenen Qualitätssicherung gewährleistet das Revisionsunternehmen, dass die operative Leitung der Revisionsabteilung und der Abteilung, deren Mitarbeitende an der Buchführung mitwirken oder andere Dienstleistungen erbringen, nicht durch die gleiche Person oder gemeinsam durch dieselbe Personengruppe erfolgt.
- *Linienfunktionen:* Wer an der Buchführung mitwirkt oder andere Dienstleistungen erbringt, darf gegenüber den an der Revision beteiligten Personen nicht weisungsbefugt sein.
- *Konzernbetrachtung:* Die Bestimmungen über die Unabhängigkeit erfassen auch Gesellschaften, die mit der Revisionsstelle unter einheitlicher Leitung stehen (Konzern). Mit anderen Worten können die Vorgaben des Gesetzes nicht dadurch umgangen werden, dass die Tätigkeiten, die mit Blick auf das Selbstprüfungsverbot relevant sind, durch rechtlich voneinander getrennte Gesellschaften durchgeführt werden. Auch in diesem Fall muss eine klare und effektive organisatorische und personelle Trennung bestehen.
- *«Geistiger Vater» der Jahresrechnung:* Die Mitwirkung bei der Buchführung muss sich auf die Unterstützung bei der Erstellung der Jahresrechnung beschränken. Eine unterstützende Tätigkeit bedeutet, dass das geprüfte Unternehmen Urheber und «geistiger Vater» der Jahresrechnung ist. Wird diese vollständig oder in wesentlichen Teilen durch Mitarbeitende der Revisionsstelle erstellt (auch wenn diese gar nicht an der Revision beteiligt sind), wird die Revisionsstelle zum eigentlichen Urheber der Jahresrechnung und übernimmt damit faktisch die Verantwortung.

Die Berufsverbände sind mit dieser strengen Auslegung nicht einverstanden und nehmen dezidiert Stellung zur Meinungsäusserung der RAB (Positionspapier der Treuhand-Kammer, 25. Oktober 2011). Es wird festgehalten, dass nach Art. 716a OR der Verwaltungsrat die unübertragbare Verantwortung für die Jahresrechnung hat. Wie diese Verantwortung wahrzunehmen ist, lässt das Gesetz jedoch offen. Die Berufsverbände vertreten darum die Meinung, dass der quantitative und qualitative Umfang der Mitwirkung bei der Buchführung nicht primär relevant seien. Dies, zumal Art. 729 OR das Mitwirken bei der Buchführung und das Erbringen anderer Dienstleistungen bei einer eingeschränkten Revision durch die Revisionsstelle ausdrücklich erlaubt, sofern beim Risiko einer Selbstprüfung geeignete personelle und organisatorische Massnahmen eine verlässliche Prüfung sicherstellen. Deshalb sind nach den Berufsverbänden folgende Schutzvorkehrungen konsequent einzuhalten, wenn in zulässiger Weise bei der Buchführung mitgewirkt werden soll:

- Durch eine genügende personelle und organisatorische Trennung wird eine verlässliche Prüfung sichergestellt. Dies setzt eine Mehrzahl qualifizierter Fachmitarbeiter voraus, welche das Prüfungs- bzw. das Buchführungsmandat jeweils selbstständig und eigenverantwortlich ausüben.
- Die Buchführung betreffende Arbeiten dürfen nur übertragen werden, sofern der Verwaltungsrat die Ermessensspielräume selbst wahrnimmt und die massgebenden Entscheide selber trifft. Der Verwaltungsrat darf Entscheidungskompetenzen im Zusammenhang mit der Buchführung und der Jahresrechnung nicht delegieren.

Hinsichtlich der organisatorischen Rahmenbedingungen für die Mitwirkung bei der Buchführung besteht demnach kein Konsens. Es ist deshalb angezeigt, in der Praxis bei der Wahrnehmung von Doppelmandaten vorsichtig zu sein.

Folgende organisatorischen Voraussetzungen sind bei Doppelmandaten kumulativ einzuhalten («Mögliche Schutzvorkehrungen der RAB», 18. Juli 2011):

- Die operative Leitung der Revisionsabteilung und der Buchführungsabteilung obliegt nicht der gleichen Person oder der gleichen Personengruppe.
- Mitarbeiter, welche bei der Buchführung mitwirken und/oder andere Dienstleistungen erbringen, dürfen in keiner Weise an den Revisionsarbeiten beteiligt sein.
- Mitarbeiter, welche bei der Buchführung mitwirken und/oder andere Dienstleistungen erbringen, unterstehen nicht der operativen Leitung der Revisionsabteilung.
- Mitarbeiter, welche bei der Buchführung mitwirken und/oder andere Dienstleistungen erbringen, dürfen gegenüber den an der Revision beteiligten Personen nicht weisungsbefugt sein.
- Die Gesellschaft stellt organisatorisch sicher, dass bei der Mitwirkung bei der Buchführung die Verantwortung und alle diesbezüglichen Entscheidungskompetenzen vollumfänglich beim Kunden sind und dies mit einer geeigneten Dokumentation schriftlich festgehalten wird.

Die rechtsgenügenden organisatorischen Voraussetzungen wurden in der Praxis von der RAB weiter konkretisiert:

- Auf der Unternehmungsstufe braucht es zwei Abteilungen, eine «Abteilung Revision» und «Abteilung Buchführung/prüfungsfremde Dienstleistungen» mit jeweils eigenständiger operativer Leitung.
- Mit der Trennung der beiden Funktionen auf Mandatsstufe wird nur das Kriterium der personellen Trennung erfüllt. Die äussere Unabhängigkeit ist damit nicht gewährleistet.

18. Organisation und Zulassung der Revisionsgesellschaft, Qualitätssicherung

- Das selbstständige Zeichnungsrecht des jeweils eine Abteilung Leitenden ist sicherzustellen.

Die folgende Grafik zeigt – nach Auffassung der Autoren und in Überstimmung mit der strikten Auslegung von Art. 729 Abs. 2 OR («Sofern das Risiko eigeneren Arbeiten entsteht, muss durch geeignete organisatorische und personelle Massnahmen eine verlässliche Prüfung sichergestellt werden») – zulässige und nicht zulässige Organisationsformen bei einer Mitwirkung bei der Buchführung (siehe Kaptel 21.5):

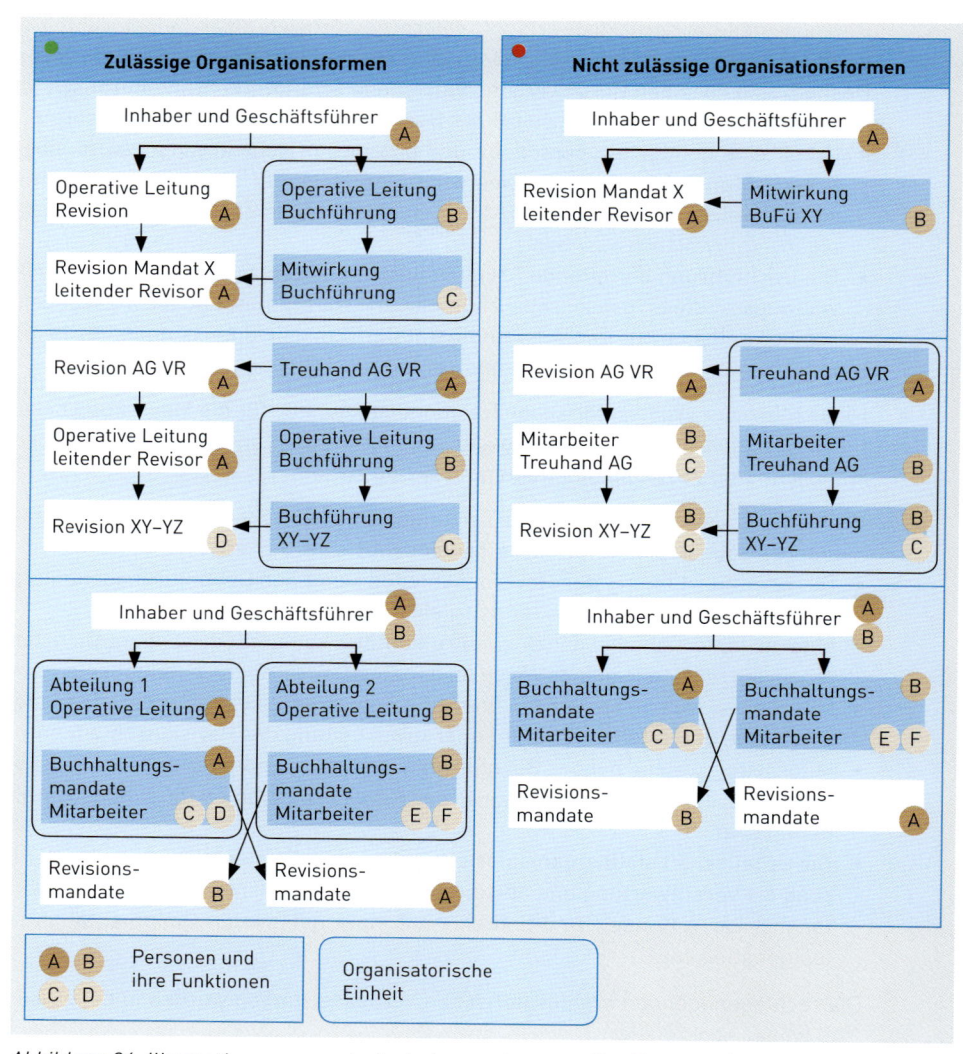

Abbildung 84: Illustration zur organisatorischen und personellen Trennung bei der Mitwirkung bei der Buchführung

Das Schweizerische Institut für die eingeschränkte Revision (Sifer) empfiehlt, für Treuhandunternehmen mit Doppelmandaten ein Reglement für die organisatorische Trennung von Revision und Buchführung und anderen Dienstleistungen zu erstellen (siehe Beispiel bzw. Arbeitshilfe in Kapitel 18.11.4). Die Durchführung von Doppelmandaten in zwei selbstständigen Treuhandabteilungen sollte ebenfalls reglementiert werden (18.11.5).

18.9 Aus- und Weiterbildungsanforderungen

Die Fachkompetenz ist ein kritischer Erfolgsfaktor in der Wirtschaftsprüfung und deshalb Bestandteil eines Qualitätssicherungssystems. Die in Kapitel 1.11 beschriebenen Eigenschaften des Revisors enthalten deshalb explizit die Verpflichtung zu professioneller Kompetenz.

Die persönliche Kompetenz ist im Wesentlichen durch Selbstverantwortung geprägt. Dazu gehören die seriöse Vorbereitung auf ein neues Mandat in einem neuen Umfeld, die Bereitschaft, Fragen zu stellen und neue Erfahrungen zu sammeln, sowie die Disziplin, das Wissen laufend zu vertiefen.

Die Richtlinien der Berufsverbände sehen vor, dass ihre Mitglieder und die bei den Mitgliedfirmen tätigen Berufsangehörigen (zugelassene Revisionsexperten und zugelassene Revisoren) sich im folgenden Umfang im Fachgebiet Wirtschaftsprüfung und -beratung weiterbilden:

> § ⁴ Als minimaler Aufwand für die Weiterbildung werden, im Zweijahresdurchschnitt, 60 Stunden pro Jahr als zwingend erachtet; das gezielte, systematische Selbststudium kann dabei mit höchstens 50% angerechnet werden.
>
> ⁵ Mindestens 15 Stunden pro Jahr müssen auf externe Fachseminare/-referate bzw. auf Fachunterricht gemäss Teil IV Abschnitt A entfallen. Von dieser Regel ausgenommen sind Mitarbeitende von staatlich beaufsichtigten Revisionsunternehmen.
>
> (Auszug aus der Richtlinie zur Weiterbildung der Treuhand-Kammer vom 2. Dezember 2013, II, Ziffer 4 und 5).

> § «Als minimaler Aufwand für die Weiterbildung werden über eine Periode von 3 Jahren durchschnittlich 4 Tage Weiterbildung pro Jahr gefordert (d. h. 12 Tage in 3 Jahren)»
>
> (Auszug aus der Weiterbildungsrichtlinie von Treuhand Suisse vom 26. November 2011, Ziffer 3, Ausmass der Weiterbildung).

Die Einhaltung der Aus- und Weiterbildungsverpflichtungen wird von den Berufsverbänden im Rahmen der Mitgliedschaftsvoraussetzungen periodisch überprüft. Wenn die Vorgaben der Treuhand-Kammer oder von Treuhand Suisse eingehalten sind, sind die Anforderungen an die Weiterbildungspflicht aus der Sicht der RAB erfüllt. Das gilt auch für Revisoren oder Revisionsunternehmen, die keinem der beiden Verbände angehören.

Das Revisionsunternehmen hat in folgenderweise für einen guten Kenntnisstand seiner Mitarbeiter zu sorgen:
- Bei der Einstellung von neuen Mitarbeitern wird nebst den erforderlichen Eigenschaften wie Integrität, Ehrlichkeit und Glaubwürdigkeit insbesondere auf die persönlichen beruflichen Interessen und die Ausbildung und Erfahrung geachtet.
- Die Mitarbeiter werden entsprechend ihren Kenntnissen und ihrer Erfahrung laufend durch Schulungen zielgerichtet aus- und weitergebildet. Dazu gehört ein vertieftes Selbststudium.

18. Organisation und Zulassung der Revisionsgesellschaft, Qualitätssicherung

- Die Mitarbeiter werden nach ihren Kenntnissen und ihrer Erfahrung in den Mandaten eingesetzt. Sie erhalten zusätzliche Verantwortung, wenn sie über das dazu notwendige Wissen verfügen.
- Die Entwicklung der Mitarbeiter wird periodisch von den Vorgesetzten beurteilt. Bei den Mandaten überwacht der leitende Revisor die ausgeführten Arbeiten. Bei Bedarf erfolgt ein konsequentes Training on the Job.

Die Mitarbeitenden ihrerseits können in folgender Weise ihre Fachkompetenz laufend verbessern:

- Studium der Fachliteratur (Standard zur eingeschränkten Revision, «Schweizer Handbuch der Wirtschaftsprüfung», Schweizer Prüfungsstandards)
- Verfolgen der Entwicklung in den Fachpublikationen (z. B. «Schweizer Treuhänder», «Der Treuhandexperte»)
- Teilnahme an Seminaren der Berufsverbände, Teilnahme an ERFA-Gruppen

Die RAB wird bei der Erneuerung der Zulassung von Revisionsunternehmen überprüfen (Stichtag 5 Jahre ab der definitiven 1. Zulassung), mit welchen Massnahmen die Revisionsunternehmen die Einhaltung der Aus- und Weiterbildungsverpflichtung überwachen und ob die Einhaltung der Anforderungen bereits durch den Berufsverband kontrolliert wurde. Die RAB behält sich vor, in Ausnahmefällen die Weiterbildungsnachweise einzelner Mitarbeiter einzufordern. Verantwortlich für die Aus- und Weiterbildung der Mitarbeiter bleibt das zugelassene Revisionsunternehmen. Es führt die notwendige Dokumentation.

18.10 Zusammenfassung der Anforderungen

- Das Revisionsunternehmen muss die *Zulassungsbedingungen jederzeit erfüllen*.
- Das registrierte Revisionsunternehmen muss der Revisionsaufsichtsbehörde *jede Änderung von eingetragenen Tatsachen unverzüglich mitteilen*.
- Das Revisionsunternehmen muss nach Ablauf von 5 Jahren seit der definitiven Registrierung ein *Gesuch um die Zulassungserneuerung stellen*.
- Das Revisionsunternehmen muss über ein *internes Qualitätssicherungssystem* und eine Führungsstruktur verfügen, welche die Angemessenheit und die Wirksamkeit der Grundsätze und Massnahmen der *Qualitätssicherung sicherstellt und überwacht*.
- Das Revisionsunternehmen muss das *Qualitätssicherungssystem angemessen dokumentieren*. Der Leitfaden «Anleitung zur Qualitätssicherung bei kleinen und mittelgrossen Revisionsunternehmen» dient als mögliche Hilfe. Gesellschaften, die ordentliche Revisionen durchführen, haben die Vorgaben von QS 1 zu erfüllen.
- Das oberste Leitungs- und Verwaltungsorgan muss die *Einhaltung des Qualitätssicherungssystems überwachen*.
- Das Revisionsunternehmen muss bei *Doppelmandaten* sicherstellen, dass geeignete *personelle und organisatorische Massnahmen* vorgekehrt wurden, welche die Überprüfung eigener Arbeiten ausschliessen, und die Verantwortung für die Buchführung und Jahresrechnung in jedem Fall beim Kunden bleibt.

18. Organisation und Zulassung der Revisionsgesellschaft, Qualitätssicherung

18.11 Beispiele und Arbeitshilfen

18.11.1 Anleitung zur Qualitätssicherung bei KMU-Revisionsunternehmen

Quelle: Treuhand-Kammer und Treuhand Suisse, Anleitung zur Qualitätssicherung bei kleinen und mittelgrossen Revisionsunternehmen

Die vorliegende Anleitung zur Qualitätssicherung stellt eine Umsetzung der in PS 220 beschriebenen Anforderungen für kleine und mittelgrosse Revisionsunternehmen dar und wurde in diesem Sinne vom Geschäftsleitenden Ausschuss der Treuhand-Kammer am 4. September 2008 verabschiedet.

Inhaltsverzeichnis
1. Einleitung
2. Anforderungen an ein Qualitätssicherungssystem
2.1. Gesetzliche Anforderungen
2.2. Generelle Anforderungen
2.3. Dokumentation des Qualitätssicherungssystems
3. Elemente eines Qualitätssicherungssystems

1. Einleitung

Revisionsunternehmen, welche nach Gesetz Revisionsdienstleistungen erbringen (Art. 6 RAG und Art. 9 RAV), müssen ungeachtet der Art ihrer Zulassung bei der RAB über ein internes Qualitätssicherungssystem verfügen.

Dabei haben Revisionsunternehmen mit Zulassung als Revisionsexperte im Rahmen der ordentlichen Revision sowie bei allfälligen Spezialprüfungen grundsätzlich die Schweizer Prüfungsstandards (PS), insbesondere PS 220, «Qualitätssicherung in der Wirtschaftsprüfung», anzuwenden. Für Revisionsunternehmen mit Zulassung als Revisor, die im Rahmen der eingeschränkten Revision tätig sind, sind die PS (und mithin auch PS 220) hingegen nicht anwendbar.

Diese Anleitung schliesst diese Lücke und stellt eine Umsetzung der in PS 220 beschriebenen Anforderungen in kleinen bzw. überschaubaren Verhältnissen dar. Diese Anleitung ist somit zunächst anwendbar für zugelassene Revisoren bei einer eingeschränkten Revision. Für Revisionsunternehmen mit der Zulassung als Revisionsexperte, d. h. für Revisionsunternehmen, die ordentliche Revisionen durchführen, gilt uneingeschränkt PS 220. Für Gesellschaften, die nur wenige ordentliche Revisionen durchführen, d. h. in kleinen bzw. überschaubaren Verhältnissen tätig sind, kann bei der Umsetzung von PS 220 dieser Leitfaden als Hilfsmittel verwendet werden.

Für staatlich beaufsichtigte Revisionsunternehmen hingegen ist die Anleitung nicht geeignet. Revisionsunternehmen, die bei der Prüfung von Jahres- und Konzernrechnungen die Prüfungsstandards des International Auditing and Assurance Standards Board (IAASB) anwenden, müssen die Qualität ihrer Revisionsdienstleistungen nach den International Standards on Quality Control (ISQCs) des IAASB sichern (Art. 5.2 ASV-RAB). Diese Anleitung ist in diesen Fällen daher ebenfalls nicht geeignet. Sie befasst sich mit der Qualitätssicherung bei gesetzlichen Revisionsdienstleistungen gemäss Art. 2 lit. a RAG. Steuerberatungsleistungen oder anderweitige beratende Tätigkeiten durch Wirtschaftsprüfer werden nicht thematisiert.

18. Organisation und Zulassung der Revisionsgesellschaft, Qualitätssicherung

Das interne Qualitätssicherungssystem muss der Grösse des Revisionsunternehmens und der Komplexität der Mandate angepasst sein, sodass in Kleinstverhältnissen eine entsprechend geringere Formalisierung anzutreffen sein wird. Die konkrete Ausgestaltung liegt in der Eigenverantwortung der Revisionsunternehmen.

Diese Anleitung ist für Mitglieder der Treuhand-Kammer ab dem 1. Oktober 2008 verbindlich anzuwenden. Sie enthält die Anforderungen (inklusive der Dokumentationserfordernisse) an ein internes Qualitätssicherungssystem im KMU-Umfeld. Deren Einhaltung kann im Rahmen der Kontrolle der Einhaltung der Mitgliedschaftsbedingungen überprüft werden.

2. Anforderungen an ein Qualitätssicherungssystem

2.1 Gesetzliche Anforderungen

Damit ein Revisionsunternehmen als Revisionsexperte oder als Revisor zugelassen wird, verlangt das Revisionsaufsichtsgesetz unter anderem, dass «die Führungsstruktur gewährleistet, dass die einzelnen Mandate genügend überwacht werden» (Art. 6 Abs. 1 lit. d RAG).

Art. 9 Abs. 1 RAV präzisiert diese Anforderung wie folgt: Ein Revisionsunternehmen verfügt über eine genügende Führungsstruktur zur Überwachung der einzelnen Mandate, wenn es
a) ein internes Qualitätssicherungssystem aufweist,
b) die Angemessenheit und die Wirksamkeit der Grundsätze und Massnahmen der Qualitätssicherung überwacht.

2.2 Generelle Anforderungen

Oberstes Ziel des internen Qualitätssicherungssystems ist es, die Qualität der Dienstleistungserstellung sicherzustellen. Dies bedeutet insbesondere die Einhaltung bestehender gesetzlicher Vorschriften sowie der einschlägigen Berufsgrundsätze.

Dabei gilt, dass grundsätzlich nur Mandate angenommen werden können, für welche das Revisionsunternehmen aufgrund der Fähigkeiten der Mitarbeiter über die notwendige Kompetenz verfügt und bei denen die Unabhängigkeitsanforderungen erfüllt sind.

Die Führungsstruktur und die Qualitätssicherung des Revisionsunternehmens sollten so ausgestaltet sein, dass
- Ziele definiert werden,
- die Verantwortlichkeiten klar sind,
- die Revisionsdienstleistung nachvollziehbar geführt wird,
- die Einhaltung der Vorgaben kontrolliert wird,
- die Zielerreichung überwacht wird,
- allfällige Verbesserungsmöglichkeiten erkannt und umgesetzt werden.

Diese Anforderungen werden erreicht, wenn
- die für Revisionsdienstleistungen notwendigen Abläufe definiert und beschrieben sind,
- die Verantwortlichkeiten bekannt und Entscheidungsträger benannt sind,
- eine Planung der Mitarbeiter erfolgt ist,
- die Prüfungsarbeiten angemessen überwacht und die Ergebnisse beurteilt und analysiert werden.

18. Organisation und Zulassung der Revisionsgesellschaft, Qualitätssicherung

Die Entscheidung, welche Regelungen und Massnahmen im Einzelnen getroffen werden, liegt in der Eigenverantwortung der Führung des Revisionsunternehmens und orientiert sich letztlich an der Zielsetzung der Qualitätssicherung, d. h. der ordnungsmässigen Erbringung von Revisionsdienstleistungen.

2.3 Dokumentation des Qualitätssicherungssystems

Ausser von der Dokumentation der eigentlichen Prüfungsarbeiten in den Arbeitspapieren ist auch das Qualitätssicherungssystem zu dokumentieren.
Eine Dokumentation ist zwingend, damit:
- der Nachweis der Gesetzeskonformität möglich ist,
- eine konsistente, personenunabhängige Anwendung der Qualitätsmassnahmen erfolgen kann,
- ein Nachvollzug der getroffenen Regelungen ermöglicht wird.

Art und Umfang der Dokumentation richten sich nach der Grösse des Revisionsunternehmens und der Komplexität der betreuten Prüfmandate. In einfachen und überschaubaren Verhältnissen kann auch eine kurze grafische Darstellung der Organisation und der Arbeitsabläufe ausreichend sein.

Die Dokumentation sollte begleitet sein von einer geordneten Ablage der Arbeitspapiere mit Dokumentation der Überwachung und Durchsicht dieser Arbeitspapiere. Auch die systematische Ablage von Mitarbeiterbeurteilungen sowie der Nachweise der Einhaltung von berufsständischen Weiterbildungsverpflichtungen kann Teil der Dokumentation sein.

Auf die einschlägigen Richtlinien der Branchenverbände kann in der Dokumentation des Qualitätssicherungssystems verwiesen werden, sodass eine darüber hinausgehende Dokumentation dieser Grundsätze nicht notwendig ist.

3. Elemente eines Qualitätssicherungssystems

Ein Qualitätssicherungssystem bei einem Prüfungsunternehmen besteht hauptsächlich aus Regelungen und Massnahmen auf folgenden Ebenen:

I. Die allgemeine Organisation des Prüfungsunternehmens umfasst Regelungen, die sicherstellen, dass die Revisionsdienstleistungen angemessen überwacht werden sowie die notwendigen Fachkenntnisse vorhanden sind und die Unabhängigkeit gewährleistet ist (Beispiel: Organisation der Revisionsteams, Regelungen zur Weiterbildung, Entscheidungsprozesse bei Mandatsannahme und -weiterführung, Konsultationen, Einhaltung der Unabhängigkeitsrichtlinien sowie der Berufsgrundsätze der Berufsverbände).

II. Bei der Abwicklung einzelner Prüfungsaufträge ist darauf zu achten, dass die Dienstleistung in Übereinstimmung mit den fachlichen Regelungen erbracht wird. Dazu gehören etwa die Planung der Revision sowie die Durchsicht der Arbeitspapiere durch den Mandatsleiter. Im Falle eines erhöhten Kundenrisikos kann es sinnvoll sein, dass die Arbeitspapiere durch einen weiteren Revisor des Revisionsunternehmens durchgesehen werden. Die Arbeitspapiere sind so zu gestalten, dass sie ein gesamthaftes Verständnis der durchgeführten Abschlussprüfung einschliesslich der getroffenen Prüfungsfeststellungen und -aussagen vermitteln. Dies bedeutet, dass die Revisionsunternehmung intern einheitliche Standards für die Prüfungsdurchführung und -dokumentation vorgeben sollte, damit der Prüfungsablauf personenunabhängig nach einheitlicher Struktur erfolgt.

18. Organisation und Zulassung der Revisionsgesellschaft, Qualitätssicherung

III. Die Überwachung des Qualitätssicherungssystems erfolgt durch eine periodische Überprüfung, ob die Regelungen und Abläufe eingehalten werden und die erbrachten Dienstleistungen angemessen dokumentiert sind. Dadurch kann auch gewährleistet werden, dass allfällige Änderungen bei Prüfungsstandards oder in der Gesetzgebung berücksichtigt werden. Die Dokumentation ist bei Veränderungen entsprechend nachzuführen.

18.11.2 Checkliste zur Qualitätssicherung bei KMU-Revisionsunternehmen

Quelle: Treuhand-Kammer und Treuhand Suisse, Beispiel zur Qualitätssicherung bei kleinen und mittelgrossen Revisionsunternehmen

Die folgende Checkliste kann bei der praktischen Umsetzung der «Anleitung zur Qualitätssicherung bei kleinen und mittelgrossen Revisionsunternehmen» zu Rate gezogen werden.

Sollten einzelne Fragen mit Nein beantwortet werden, kann daraus grundsätzlich noch nicht geschlossen werden, dass das Qualitätssicherungssystem nicht existiert oder unangemessen ist. Allenfalls sind andere Mechanismen und Regeln getroffen worden, mit denen das jeweilige Ziel erreicht wird.

Mit N/A (nicht anwendbar) werden Fragen beantwortet, die im Einzelfall etwa aufgrund der geringen Grösse und Komplexität eines Revisionsunternehmens nicht einschlägig sind. So ist davon auszugehen, dass ein Revisionsunternehmen mit lediglich zwei oder drei Revisoren intern anders aufgestellt und organisiert ist als eines, welches in der Prüfungsabteilung zwanzig oder gar dreissig Revisoren beschäftigt.

Die Checkliste enthält die Spalte »Bemerkungen/Dokumente«. Somit kann sie auch für Zwecke der Dokumentation des Qualitätssicherungssystems dienen.

I. Allgemeine Organisation des Prüfungsunternehmens

A. Anforderungen gemäss Gesetz und den Berufsgrundsätzen

Ziel: Gewährleistung von Unabhängigkeit (Richtlinie zur Unabhängigkeit der Treuhand-Kammer, Standard zur eingeschränkten Revision), Integrität, Objektivität, Verschwiegenheit und eines professionellen Verhaltens (Standes- und Berufsregeln der Treuhand-Kammer, Standesregeln von Treuhand Suisse).

Anforderungen gemäss Gesetz und den Berufsgrundsätzen	Ja	Nein	N/A	Bemerkungen/ Dokumente
1. Sind die leitenden Revisoren über die Berufsgrundsätze und insbesondere über die Standes- und Berufsregeln der Treuhand-Kammer und/oder von Treuhand Suisse informiert und werden diese eingehalten?				
2. Hat das Prüfungsunternehmen durch geeignete und schriftlich dokumentierte Massnahmen sichergestellt, dass die Richtlinien zur Unabhängigkeit und zur Aus- und Weiterbildung eingehalten und allfällige Verstösse rasch erkannt und behoben werden können?				
3. Ist die personelle und organisatorische Trennung gem. Art. 729 Abs. 2 OR sichergestellt, sofern das Revisionsunternehmen bei der Buchführung mitwirkt?				

18. Organisation und Zulassung der Revisionsgesellschaft, Qualitätssicherung

B. Auftragsannahme/-fortführung und -beendigung

Ziel: Sicherstellen, dass Aufträge nur angenommen und fortgeführt werden, wenn die notwendigen Kenntnisse und Erfahrungen zu deren sachgerechter Durchführung bestehen und eine ordnungsmässige Abwicklung möglich ist sowie die Unabhängigkeitsgrundsätze eingehalten werden.

Auftragsannahme/-fortführung und -beendigung	Ja	Nein	N/A	Bemerkungen/ Dokumente
4. Gibt es im Prüfungsunternehmen organisatorische Regelungen zur Auftragsannahme/-fortführung und -beendigung?				
5. Bestehen organisatorische Massnahmen, welche vor der Auftragsannahme sicherstellen, dass die für den Auftrag erforderlichen Kenntnisse und Erfahrungen beim leitenden Revisor vorhanden sind, um den Auftrag sachgerecht ausführen zu können?				
6. Erfolgt eine angemessene Dokumentation über die für die Auftragsannahme entscheidenden Kriterien und Überlegungen?				

C. Befähigung und Information der Mitarbeiter

Ziel: Gewährleistung der Qualität der Arbeit eines Prüfungsunternehmens durch eine hohe Befähigung und einen ausreichenden Informationsstand der Mitarbeiter sowie durch die Übertragung von besonderen Aufgaben und von Verantwortung auf die Mitarbeiter nur dann, wenn sie die erforderliche Befähigung besitzen.

Einstellung von Mitarbeitern	Ja	Nein	N/A	Bemerkungen/ Dokumente
7. Bestehen Stellenbeschreibungen für die Revisionsmitarbeiter (persönliche Eigenschaften und fachliche Qualifikationen)?				
Beurteilung von Mitarbeitern				
8. Werden die Revisionsmitarbeiter regelmässig beurteilt (z. B. einmal jährlich schriftlich), Beurteilungsgespräche geführt und Förder- und Entwicklungsmassnahmen ergriffen?				
9. Werden qualitative Aspekte der Revision in der Leistungsbeurteilung der Mitarbeiter berücksichtigt und ausreichend gewichtet? (Relation von Qualität und Entlöhnung)				
Aus- und Weiterbildung				
10. Werden Aus- und Weiterbildungsmassnahmen (insbesondere für Neu eintretende) geplant und deren Durchführung überwacht und dokumentiert?				

18. Organisation und Zulassung der Revisionsgesellschaft, Qualitätssicherung

D. Planung der Aufträge

Ziel: Gesamtplanung aller Prüfungsaufträge, um sicherzustellen, dass sie unter Beachtung der Berufsgrundsätze ordnungsgemäss durchgeführt und zeitgerecht abgeschlossen werden können.

Planung der Aufträge	Ja	Nein	N/A	Bemerkungen/ Dokumente
11. Wird eine Gesamtplanung aller Prüfungsaufträge vorgenommen um sicherzustellen, dass alle Aufträge sowohl zeitlich als auch personell ordnungsgemäss durchführbar sind?				
12. Werden bei der Planung der einzusetzenden Revisionsmitarbeiter deren Erfahrungen und Spezialisierungen berücksichtigt?				

E. Fachliche/organisatorische Anweisungen und Hilfsmittel

Ziel: Angemessenheit der im Prüfungsunternehmen eingeführten fachlichen und organisatorischen Anweisungen für Abschlussprüfungen.

Fachliche und organisatorische Anweisungen und Hilfsmittel	Ja	Nein	N/A	Bemerkungen/ Dokumente
13. Gibt es im Prüfungsunternehmen fachliche und organisatorische Anweisungen für Abschlussprüfungen, etwa hinsichtlich:				
• der Planung von Abschlussprüfungen,				
• der durchzuführenden Prüfungshandlungen,				
• der Erstellung von Arbeitspapieren,				
• des Beizugs von Checklisten, Musterbestätigungen, Musterberichten, Management-Lettern, Auftragsbestätigung, Vollständigkeitserklärung usw,				
• der Beurteilung der Prüfungsfeststellungen,				
• der Berichterstattung über die Abschlussprüfung?				
14. Ist der Standard zur eingeschränkten Revision in den internen Prüfungsgrundsätzen und firmeninternen Arbeitspapieren berücksichtigt/eingearbeitet? Sofern ordentliche Revisionen durchgeführt werden: Sind die Schweizer Prüfungsstandards (PS) ebenfalls berücksichtigt?				
15. Hat das Prüfungsunternehmen Zugriff auf die relevante Fachliteratur bzw. die fachlichen Quellen?				

II. Abwicklung einzelner Prüfungsaufträge

Ziel: Sicherstellung der ordnungsgemässen Erbringung von Revisionsdienstleistungen auf Stufe des einzelnen Mandats durch Anleitung, Überwachung, Durchsicht der Arbeitspapiere und angemessene Dokumentation der Prüfungstätigkeit.

18. Organisation und Zulassung der Revisionsgesellschaft, Qualitätssicherung

F. Anleitung	Ja	Nein	N/A	Bemerkungen/ Dokumente
16 Bei Delegation von Arbeiten an Revisionsmitarbeiter:				
• Bestehen angemessene Arbeitsanweisungen/Anleitungen?				
• Werden die Revisionsmitarbeiter über die Ziele der von ihnen durchzuführenden Prüfungshandlungen genügend informiert?				
• Haben die Revisionsmitarbeiter ausreichend Kenntnis über die Art der Geschäftstätigkeit des zu prüfenden Unternehmens und die möglichen Probleme der Rechnungslegung?				
• Werden bei der Aufgabenverteilung auf die einzelnen Revisionsmitarbeiter deren Erfahrung und spezifische Kenntnisse berücksichtigt?				

G. Überwachung und Durchsicht	Ja	Nein	N/A	Bemerkungen/ Dokumente
17. Wird der Arbeitsfortschritt überwacht?				
18. Wird auf allfällige neue Erkenntnisse entsprechend reagiert (Neueinschätzung der Wesentlichkeit, Anpassung Prüfungsstrategie)?				
19. Werden die durchgeführten Arbeiten daraufhin durchgesehen:				
• ob sie im Einklang mit dem Prüfungsprogramm stehen,				
• ob sie angemessen dokumentiert sind,				
• ob alle wesentlichen Fragestellungen bearbeitet worden sind?				
20. Werden die Revisionsberichte und allfällige sonstige Berichterstattungen (Management-Letter) vor Auslieferung kritisch durchgesehen (»Berichtskritik«) und wird dies dokumentiert?				

H. Dokumentation	Ja	Nein	N/A	Bemerkungen/ Dokumente
21. Ist sichergestellt, dass die Dokumentation der Prüfung zeitnah abgeschlossen wird und die Arbeitspapiere (physisch und elektronisch) archiviert werden?				
22. Ist sichergestellt, dass die Arbeitspapiere nach deren Archivierung nicht mehr angepasst werden?				
23. Ist sichergestellt, dass alle Arbeitspapiere mind. 10 Jahre aufbewahrt werden? Können allenfalls vorhandene elektronische Daten während dieser Zeit lesbar gemacht werden? (Art. 730c Abs. 1 OR)				

III. Überwachung des Qualitätssicherungssystems

Ziel: Sicherstellung von Angemessenheit und Wirksamkeit der Qualitätssicherung.

Überwachung der Angemessenheit und Wirksamkeit der Qualitätssicherung (interne Qualitätskontrolle)	Ja	Nein	N/A	Bemerkungen/ Dokumente
24. Wird das Qualitätssicherungssystem von der Geschäftsleitung oder anderen qualifizierten Mitarbeitern periodisch auf Wirksamkeit, Angemessenheit und Zweckmässigkeit überprüft? Werden die Ergebnisse dieser Überprüfung ausreichend dokumentiert? Werden bei Bedarf Massnahmen ergriffen?				

Legende:

Ja	Ist umgesetzt und angemessen dokumentiert.
Nein	Ist nicht umgesetzt und/oder nicht angemessen dokumentiert (zusätzliche Begründung und allenfalls Massnahmen erforderlich).
N/A	Ist nicht anwendbar (etwa, weil sich diese Frage aufgrund der Grösse und/oder des Tätigkeitsbereichs des Revisionsunternehmens nicht stellt; auch das sollte ausgeführt werden).

18.11.3 Schutzvorkehrungen gemäss Revisionsaufsichtsbehörde

Die RAB hat für die Mitwirkung bei der Buchführung gemäss den FAQ folgende Massnahmen vorgesehen (Quelle: Revisionsaufsichtsbehörde, Fragen und Antworten zur Unabhängigkeit, 18. Juli 2011):

Unabhängigkeitsvorschrift	Schutzvorkehrungen
Grundsatz: Die Unabhängigkeit darf weder tatsächlich noch dem Anschein nach beeinträchtigt sein (Art. 729 Abs. 1 OR).	Das Revisionsunternehmen sollten Weisungen, Prozesse und Kontrollen in Übereinstimmung mit den Vorgaben des Berufsstandes zur Qualitätssicherung und zur Einhaltung der Unabhängigkeit definieren. In kleineren Verhältnissen kann die externe Überwachung durch einen unabhängigen Dritten zweckmässig sein.
Die unübertragbare Verantwortung für die Jahresrechnung liegt beim Verwaltungsrat des geprüften Unternehmens (Art. 716a OR). Die Revisionsstelle übernimmt keine Aufgaben, die den Anschein erwecken könnten, sie übernehme diese Verantwortung.	Das System zur Qualitätssicherung gewährleistet, dass da, wo dem geprüften Unternehmen ein Ermessen bei Buchführung und Rechnungslegung zusteht (z. B. bei der Bewertung einzelner Bilanzpositionen), die Revisionsstelle das Ermessen nicht selber ausübt, sondern höchstens Grenzen des Ermessens aufzeigt. Die Mitwirkung bei der Buchführung muss sich daher auf die Unterstützung bei der Erstellung der Jahresrechnung beschränken. Eine unterstützende Tätigkeit bedeutet, dass das geprüfte Unternehmen Urheber und «geistiger Vater» der Jahresrechnung sein muss. Wird diese vollständig oder in wesentlichen Teilen davon durch Mitarbeitende der Revisionsstelle erstellt (auch wenn sie gar nicht an der Revision beteiligt sind), wird die Revisionsstelle zum eigentlichen Urheber der Jahresrechnung und übernimmt damit faktisch die Verantwortung.

18. Organisation und Zulassung der Revisionsgesellschaft, Qualitätssicherung

Unabhängigkeitsvorschrift	Schutzvorkehrungen
	Die Mitwirkung bei der Buchführung und das Erbringen anderer relevanter Dienstleistungen erfolgen im Weiteren aufgrund einer separaten Auftragsbestätigung, welche die Verantwortlichkeiten festlegt und das geprüfte Unternehmen über die Risiken aufklärt (Beispiel einer solchen Auftragsbestätigung in Kapitel 5.8.2).
Verbot der Selbstprüfung (Art. 729 Abs. 1 i.V. m. Art. 728 Abs. 2 Ziff. 4 OR, Anhang B. a. zum Standard zur eingeschränkten Revision von Treuhand-Kammer und Treuhand Suisse, Ziff. VIII der Richtlinien zur Unabhängigkeit der Treuhand-Kammer)	Insbesondere bei folgenden Arbeiten für das geprüfte Unternehmen besteht das Risiko der Selbstprüfung: • Mitwirkung in der Buchführung • Erstellen von Bewertungen • Corporate Finance und ähnlichen Aktivitäten • Interessenvertretung und Rechtsberatung • Dienstleistungen im Bereich des Steuer-, Abgabe- und Sozialversicherungsrechts • Dienstleistungen im Bereich der internen Revision • Dienstleistungen im Bereich der Entwicklung oder Umsetzung von Finanzinformationssystemen (Buchführungssysteme) • Temporäre Bereitstellung von Personal • Portfolio-Management für Dritte • Personalvermittlung
Organisatorische Trennung (Art. 729 Abs. 2 OR)	Im Rahmen der unternehmensbezogenen Qualitätssicherung gewährleistet das Revisionsunternehmen, dass die operative Leitung der Revisionsabteilung und jene der Abteilung, deren Mitarbeitende an der Buchführung mitwirken oder andere Dienstleistungen erbringen, nicht durch die gleiche Person oder dieselbe Personengruppe erfolgt. Ferner darf, wer an der Buchführung mitwirkt oder andere Dienstleistungen erbringt, gegenüber den an der Revision Beteiligten nicht weisungsbefugt sein. (Bezüglich allgemeiner Überlegungen zur organisatorischen Trennung siehe die Vertiefung in Kapitel 18.8.)
Personelle Trennung (Art. 729 Abs. 2 OR)	Bei der mandatsbezogenen Qualitätssicherung gewährleistet das Revisionsunternehmen, dass wer Buchführungsarbeiten durchführt oder andere relevante Dienstleistungen für das geprüfte Unternehmen erbringt, nicht an den Revisionsarbeiten für dieses Unternehmen beteiligt ist.
Konzernbetrachtung (Art. 729 Abs. 1 i.V. m. Art. 728 Abs. 6 OR)	Die Bestimmungen über die Unabhängigkeit erfassen auch Gesellschaften, die mit der Revisionsstelle unter einheitlicher Leitung stehen (Konzern). Mit anderen Worten können die Vorgaben des Gesetzes nicht dadurch umgangen werden, dass die Tätigkeiten, die mit Blick auf das Selbstprüfungsverbot relevant sind, durch rechtlich voneinander getrennte Gesellschaften ausgeführt werden. Auch in diesem Fall muss eine klare und effektive organisatorische und personelle Trennung bestehen.
Wirtschaftliche Abhängigkeit aufgrund des Honorarvolumens (Art. 729 Abs. 1 i.V. m. Art. 728 Abs. 2 Ziff. 5 OR; Richtlinie zur Unabhängigkeit der Treuhand-Kammer [RZU], Ziff. IX. B.3)	Bei einer eingeschränkten Revision kann dem geprüften Unternehmen tendenziell mehr Honorar für andere Dienstleistungen in Rechnung gestellt werden als bei einer ordentlichen Revision. Dabei kann allerdings Anlass zur Besorgnis einer wirtschaftlichen Abhängigkeit bestehen, wenn der Honoraranteil eines geprüften Unternehmens (inkl. aller Unternehmen, die zum Konsolidierungskreis gehören), gemessen an den gesamten durchschnittlichen Honorareinnahmen des Revisionsunternehmens der letzten fünf Jahre, 10% übersteigt. Das System zur Qualitätssicherung muss zudem vorsehen, dass Schutzvorkehrungen ergriffen werden, wenn ein bestimmtes Verhältnis zwischen Revisionshonorar und zusätzlichen Honoraren für das geprüfte Unternehmen bzw. die Unternehmensgruppe überschritten wird. Je mehr an zusätzlichen Honoraren im Vergleich zum Revisionshonorar, desto höher das Risiko einer Beeinträchtigung der Unabhängigkeit.

18. Organisation und Zulassung der Revisionsgesellschaft, Qualitätssicherung

18.11.4 Reglement für die organisatorische Trennung von Revision und Buchführung und das Erbringen von anderen Dienstleistungen

Quelle: Treuhand Suisse, 2012

[Firma, Ort]

Der Verwaltungsrat [entscheidungsbefugtes Organ] der [Firmenbezeichnung], [Ort], (im folgenden «Gesellschaft» genannt) erlässt gestützt auf Art. [Nummer] der Statuten in der Fassung vom [Datum] das folgende Reglement:

Grundsätze

Bei der eingeschränkten Revision regelt das Gesetz die Unabhängigkeit der Revisionsstelle in Art. 729 OR:

> [1] Die Revisionsstelle muss unabhängig sein und sich ihr Prüfungsurteil objektiv bilden. Die Unabhängigkeit darf weder tatsächlich noch dem Anschein nach beeinträchtigt sein.

> [2] Das Mitwirken bei der Buchführung und das Erbringen anderer Dienstleistungen für die zu prüfende Gesellschaft sind zulässig. Sofern das Risiko der Überprüfung eigener Arbeiten entsteht, muss durch geeignete organisatorische und personelle Massnahmen eine verlässliche Prüfung sichergestellt werden.

Dieses Reglement ist Teil der geeigneten organisatorischen Massnahmen zur Sicherstellung einer verlässlichen Prüfung für alle Revisionsmandate, bei welchen eine Mitwirkung bei der Buchführung und das Erbringen anderer Dienstleistungen erfolgt (Beilage Doppelmandate).

Organisationsstruktur der Gesellschaft

Die Gesellschaft ist folgendermassen strukturiert [Variante: Beilage Organigramm]:

Die Revisionsabteilung [Bezeichnung] wird von [Name] geleitet. Folgende Mitarbeiter arbeiten zudem in der Revisionsabteilung [Namen].

[evtl. Zeichnungsrechte]

[evtl. leitende Revisoren bezeichnen]

[evtl. Zulassungen]

Die Buchführungsabteilung [Bezeichnung] wird von [Name] geleitet. Folgende Mitarbeiter arbeiten zudem in der Buchführungsabteilung [Namen].

[evtl. Zeichnungsrechte]

Weisungsungebundenheit

Der Leiter der Revisionsabteilung und alle an den Revisionsarbeiten beteiligten Personen sind in ihren Entscheidungen und Beurteilungen im Zusammenhang mit ihren Aufgaben als Revisionsstelle gegenüber dem Leiter und allen anderen Mitarbeitern der Buchführungsabteilung weisungsungebunden.

18. Organisation und Zulassung der Revisionsgesellschaft, Qualitätssicherung

Der Leiter der Buchführungsabteilung und alle anderen Mitarbeiter in der Buchführungsabteilung sind in ihren Entscheidungen zur Buchführung gegenüber dem Leiter der Revisionsabteilung und allen leitenden Revisoren weisungsungebunden. Sie sind nur gegenüber dem Kunden und damit dem Urheber und geistigen Vater der Jahresrechnung weisungsgebunden.

Inkrafttreten und Änderungen des Reglementes
Dieses Reglement tritt am [Datum] in Kraft.

Änderungen des Reglementes oder seiner Anlagen bedürfen eines einstimmigen Beschlusses des Verwaltungsrats [entscheidungsbefugtes Organ].

Anlagen
- Organigramm
- Doppelmandate

18. Organisation und Zulassung der Revisionsgesellschaft, Qualitätssicherung

18.11.5 Reglement für die abteilungs- und mandatsbezogene Trennung von Revision und Buchführung und das Erbringen von anderen Dienstleistungen

[Firma, Ort]

Der Verwaltungsrat [entscheidungsbefugtes Organ] der [Firma, Ort], (im Folgenden «Gesellschaft» genannt) erlässt, gestützt auf Art. [Nummer] der Statuten in der Fassung vom [Datum], das folgende Reglement:

Grundsätze

Bei der eingeschränkten Revision regelt das Gesetz die Unabhängigkeit der Revisionsstelle in Art. 729 OR:

> [1] Die Revisionsstelle muss unabhängig sein und sich ihr Prüfungsurteil objektiv bilden. Die Unabhängigkeit darf weder tatsächlich noch dem Anschein nach beeinträchtigt sein.
>
> [2] Das Mitwirken bei der Buchführung und das Erbringen anderer Dienstleistungen für die zu prüfende Gesellschaft sind zulässig. Sofern das Risiko der Überprüfung eigener Arbeiten entsteht, muss durch geeignete organisatorische und personelle Massnahmen eine verlässliche Prüfung sichergestellt werden.

Dieses Reglement ist Teil der geeigneten organisatorischen Massnahmen zur Sicherstellung einer verlässlichen Prüfung für alle Revisionsmandate, bei denen eine Mitwirkung bei der Buchführung erfolgt und andere Dienstleistungen erbracht werden.

Organisationsstruktur der Gesellschaft

Die Gesellschaft ist folgendermassen strukturiert (Anhang Organigramm):

Die Abteilung Treuhand 1 wird von Inhaber A geleitet. Sie führt die Buchführungsmandate A ff. und die Revisionen der Mandate B ff. (Doppelmandate) durch. Folgende Mitarbeiter arbeiten zudem in der Abteilung Treuhand 1:
- C, Mandatsleiterin
- D, Mitarbeiterin

Die Abteilung Treuhand 2 der Gesellschaft wird von Inhaber B geleitet. Sie führt die Buchführungsmandate B ff. und die Revisionen der Mandate A ff. (Doppelmandate) durch. Folgende Mitarbeiter arbeiten zudem in der Abteilung Treuhand 2:
- E, Mandatsleiterin
- F, Mitarbeiterin

3. Weisungsungebundenheit

Der Leiter der Abteilung Treuhand 1 und seine Mitarbeitenden sind in ihren Entscheidungen zur Buchführung der Mandate A ff. und bei den Revisionsmandaten B ff. gegenüber dem Leiter der Abteilung Treuhand 2 und seinen Mitarbeitenden weisungsungebunden. Die Abteilung Treuhand 1 ist für ihre Buchführungsmandate A ff. sowie für die Revisionsmandate B ff. selbstständig zeichnungsberechtigt.

18. Organisation und Zulassung der Revisionsgesellschaft, Qualitätssicherung

> Der Leiter der Abteilung Treuhand 2 und seine Mitarbeitenden sind in ihren Entscheidungen zur Buchführung der Mandate B ff. und bei den Revisionsmandaten A ff. gegenüber dem Leiter der Abteilung Treuhand 1 und seinen Mitarbeitenden weisungsungebunden. Die Abteilung Treuhand 2 ist für ihre Buchführungsmandate B ff. sowie für die Revisionsmandate A ff. selbstständig zeichnungsberechtigt.
>
> **Inkrafttreten und Änderungen des Reglements**
> Dieses Reglement tritt am [Datum] in Kraft.
>
> Änderungen des Reglements oder seiner Anlagen bedürfen eines einstimmigen Beschlusses des Verwaltungsrats.
>
> **Anlagen:**
> - Organigramm
> - Doppelmandate

Anlage: Organigramm

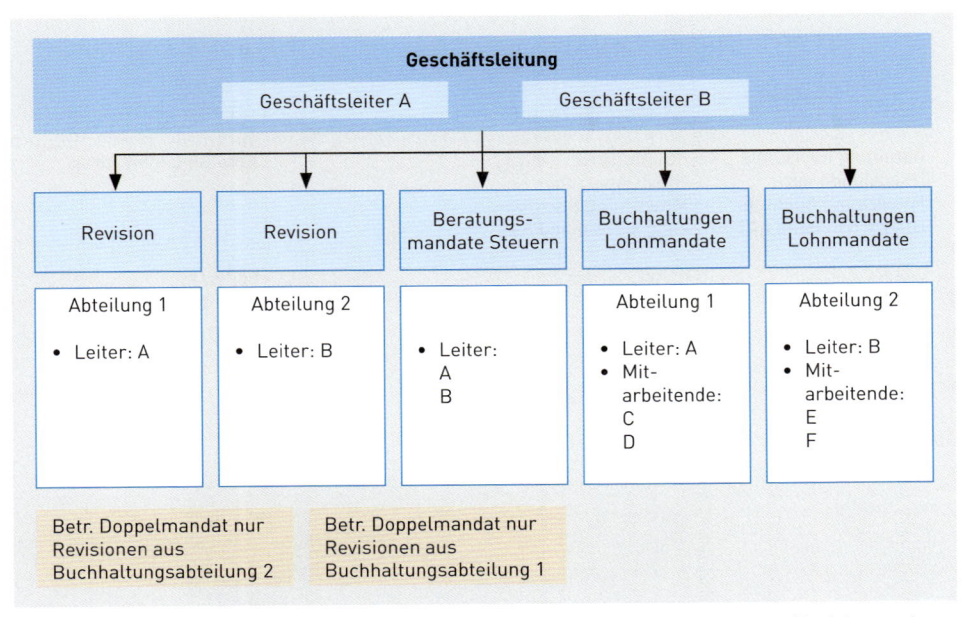

```
                              Geschäftsleitung
                   Geschäftsleiter A        Geschäftsleiter B
     ┌──────────┬──────────┬──────────────┬──────────────┬──────────────┐
     ▼          ▼          ▼              ▼              ▼
  Revision   Revision   Beratungs-    Buchhaltungen   Buchhaltungen
                        mandate Steuern Lohnmandate    Lohnmandate

  Abteilung 1 Abteilung 2                Abteilung 1    Abteilung 2
  • Leiter: A • Leiter: B   • Leiter:    • Leiter: A    • Leiter: B
                              A          • Mit-         • Mit-
                              B            arbeitende:    arbeitende:
                                           C              E
                                           D              F

  Betr. Doppelmandat nur   Betr. Doppelmandat nur
  Revisionen aus           Revisionen aus
  Buchhaltungsabteilung 2  Buchhaltungsabteilung 1
```

Abbildung 85: Organigramm für abteilungs- und mandatsbezogene Trennung von Revision und Buchführung und das Erbringen von anderen Dienstleistungen

18. Organisation und Zulassung der Revisionsgesellschaft, Qualitätssicherung

Organigramm mit zwei Rechtseinheiten (für Doppelmandate)

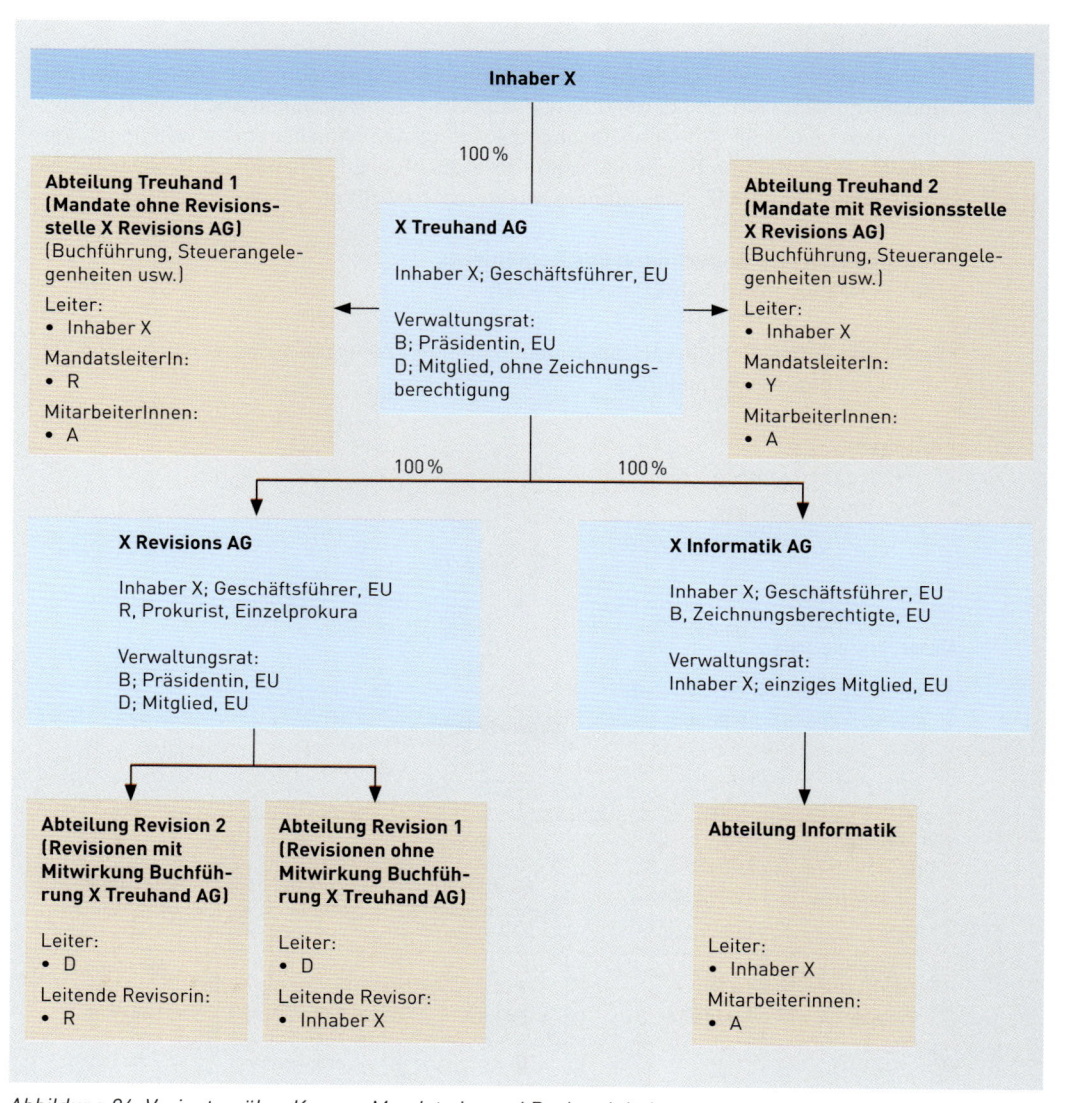

```
                            Inhaber X
                              100%
                              │
        ┌─────────────────────┼─────────────────────┐
        │                     │                     │
Abteilung Treuhand 1     X Treuhand AG      Abteilung Treuhand 2
(Mandate ohne Revisions- Inhaber X;         (Mandate mit Revisionsstelle
stelle X Revisions AG)   Geschäftsführer,   X Revisions AG)
(Buchführung,            EU                 (Buchführung, Steuerangele-
Steuerangelegenheiten                       genheiten usw.)
usw.)                    Verwaltungsrat:
                         B; Präsidentin,    Leiter:
Leiter:                  EU                 • Inhaber X
• Inhaber X              D; Mitglied, ohne
                         Zeichnungs-        MandatsleiterIn:
MandatsleiterIn:         berechtigung       • Y
• R
                                            MitarbeiterInnen:
MitarbeiterInnen:                           • A
• A
                              │
                     100%  ───┴───  100%
                     │               │
             X Revisions AG      X Informatik AG

             Inhaber X;          Inhaber X;
             Geschäftsführer,    Geschäftsführer, EU
             EU                  B, Zeichnungs-
             R, Prokurist,       berechtigte, EU
             Einzelprokura
                                 Verwaltungsrat:
             Verwaltungsrat:     Inhaber X; einziges
             B; Präsidentin, EU  Mitglied, EU
             D; Mitglied, EU
                 │                      │
        ┌────────┴────────┐             │
Abteilung Revision 2  Abteilung Revision 1  Abteilung Informatik
(Revisionen mit       (Revisionen ohne
Mitwirkung Buchfüh-   Mitwirkung Buchfüh-
rung X Treuhand AG)   rung X Treuhand AG)

Leiter:               Leiter:                Leiter:
• D                   • D                    • Inhaber X

Leitende Revisorin:   Leitende Revisor:      Mitarbeiterinnen:
• R                   • Inhaber X            • A
```

Abbildung 86: Variante «über Kreuz»-Mandate in zwei Rechtseinheiten

18. Organisation und Zulassung der Revisionsgesellschaft, Qualitätssicherung

18.11.6 Mandatsvertrag als extern beigezogene Person für die Überprüfung von QS 1

MANDATSVERTRAG

zwischen

Revisionsgesellschaft [R]
[Adresse, PLZ, Ort]
(nachfolgend Auftraggeber)

und

[X] [Reviewer]
[Adresse, PLZ, Ort]
(nachfolgend Auftragnehmer/Reviewer)

VORBEMERKUNG
Der Auftraggeber ist eine Gesellschaft mit einem oder wenigen zugelassenen Revisionsexperten, sodass es nicht möglich ist, die Regelungen und Massnahmen von QS 1 umzusetzen. Alle Mitarbeitenden des Auftraggebers wirken bei dessen Revisionsmandaten («Revisionsmandate») mit.

1. ANFORDERUNGEN AN DEN REVIEWER/AUFTRAGNEHMER
Der Reviewer muss über die notwendige fachliche Befähigung zur Durchführung des Auftrags verfügen und als zugelassener Revisionsexperte registriert sein.
Falls er für die Auftragsdurchführung Informationen über Revisionsmandate erhält, muss er von diesem Revisionskunden des Auftraggebers in derselben Weise (gesetzlich und standesrechtlich) unabhängig sein, wie es der Auftraggeber als Revisionsstelle dieses Revisionsmandates sein muss. Der Reviewer unterzeichnet eine entsprechende Unabhängigkeitserklärung.
Der Reviewer muss im Register der RAB mit dem Auftraggeber als «beigezogene Person QS» verlinkt werden. Damit verpflichtet er sich zur Wahrung des Berufsgeheimnisses (siehe Punkt 6).

2. LEISTUNGEN DES REVIEWERS/AUFTRAGNEHMERS
2.1 Gegenstand des Auftrags
Der Auftragnehmer wird mit folgenden Aufgaben beauftragt:
Konsultationen: Objektive Zweitmeinung zu schwierigen oder umstrittenen Sachverhalten.
Auftragsbegleitende Qualitätssicherung: objektive Einschätzung der Beurteilung, Schlussfolgerung und Berichterstattung des Mandatsleiters bezüglich folgender Sachverhalte: Fortführungsproblematiken und Fälle von OR 725
[weitere]
Nachschau: jährliche Überwachung der Qualitätssicherung auf der Stufe Unternehmung des Auftraggebers und von vom Qualitätsverantwortlichen ausgewählte Mandaten.
Der Auftragnehmer verpflichtet sich zu einer sorgfältigen Erfüllung dieses Auftrags im Interesse des Auftraggebers.

2.2 Die Aufträge im Einzelnen

Die Konsultationen und auftragsbegleitenden Qualitätssicherungen erfolgen spontan, aufgrund der gegebenen Situation. Der QS-Verantwortliche gibt mit einer E-Mail alle für die Auftragserfüllung notwendigen Informationen. Der Auftragnehmer bestätigt den Auftrag innerhalb von [Zeitangabe] und verpflichtet sich zur Durchführung innerhalb von [Zeitangabe]. Abweichende Zeitangaben sind separat zu vereinbaren.

Die jährliche Nachschau findet in der Woche [Angabe] statt. Sie umfasst mindestens [Anzahl] Mandate, ausgewählt vom QS-Verantwortlichen. Der Reviewer erhält eine Liste mit den übrigen Mandaten, aus der er pro Mandatsleiter ein zusätzliches Mandat auswählt.

Die Kundendossiers werden dem Reviewer nach Eingang der Geheimhaltungsentbindungserklärung (oder Auftragsbestätigung gemäss Variante Punkt 6) jedes Prüfkunden (mit einer Kopie davon) zur Verfügung gestellt. Die Nachschau findet beim Auftraggeber statt.

3. PRÜFUNGSINHALT und BERICHTERSTATTUNG

Bei der Durchsicht der Arbeitspapiere des/der ausgewählten Prüfkunden ist zu überprüfen, ob die jeweilige Prüfung in Übereinstimmung mit den Schweizer Prüfungsstandards bzw. dem Standard zur eingeschränkten Revision erfolgt ist und ob die Anforderungen an die Qualitätssicherung gemäss dem QS-Handbuch des Auftragnehmers erfüllt werden.

Für die Konsultationen und die auftragsbegleitende Qualitätssicherung erstellt der Reviewer einen Kurzbericht mit folgenden Angaben:

- Ausgangslage, Sachverhalt und Auftrag
- Beschreibung der durchgeführten Prüfungshandlung und der vorgenommenen Analysen und Abklärungen
- Zusammenfassung der Feststellungen und Beurteilungen
- Zusammenfassung der Kommunikation mit dem Mandatsleiter und weiteren Revisionsmitarbeitern
- Klärung von Meinungsverschiedenheiten mit Mandatsleiter und QS-Verantwortlichem
- Einsicht in die Berichterstattung und deren Freigabe (nur bei auftragsbegleitender QS zwingend)

Für die Nachschau sind die Checklisten 6.1 (unternehmungsbezogene Kontrollaspekte) und 6.2 (mandatsbezogene Kontrollaspekte) zu verwenden. Die Berichterstattung soll nach den Vorgaben der Arbeitshilfe 6.3 gemäss QS-Handbuch der Treuhand-Kammer erfolgen. Sie umfasst folgende Punkte:

- Beschreibung der durchgeführten Nachschauarbeiten
    - Zeitraum
    - Untersuchte Teilbereiche der Praxisorganisation
    - Umfang der durchgeführten Auftragsdokumentation
- Feststellungen
    - Behebung der bei der letzten Qualitätskontrolle festgestellten Mängel
    - Behebung der in früheren Nachschaumassnahmen festgestellten Mängel
    - Im Rahmen der Auftragsprüfungen festgestellte wesentliche Mängel
    - Mängel in den einzelnen Elementen des Qualitätssicherungssystems
- Verbesserungsvorschläge und bereits eingeleitete Massnahmen

18. Organisation und Zulassung der Revisionsgesellschaft, Qualitätssicherung

4. DOKUMENTATION
Der Reviewer hat seine Prüfungshandlungen und Prüfungsfeststellungen zu dokumentieren und die Dokumentation dem Auftraggeber zu übergeben. Diese ist dessen Eigentum.

5. VORAUSSETZUNGEN VONSEITEN DES AUFTRAGGEBERS
Mit der Unterzeichnung dieses Auftrags erklärt der Auftraggeber, dass die zugestellte Liste aller Prüfmandate inkl. der Mandatsleiter (Anhang) vollständig ist und alle Aufzeichnungen, Unterlagen und sonstigen Informationen, die der Reviewer benötigt, vollständig, zeitgerecht und in der von ihm gewünschten Form zur Verfügung stehen werden.

6. BERUFSGEHEIMNIS DER REVISIONSSTELLE (ART. 321 STGB)
Die Offenbarung der Berufsgeheimnisse der Prüfkunden des Auftraggebers wird aufgrund einer schriftlich vorliegenden Einwilligung jedes Prüfkunden des Auftraggebers legitimiert. Die Einwilligung jedes Prüfkunden ist vor Prüfungsdurchführung dem Auftragnehmer zu übergeben.
(Variante: Der Auftraggeber vereinbart im Rahmen der schriftlichen Auftragsbestätigung mit dem Kunden, dass eine jährliche Qualitätskontrolle durch einen im Register eingetragenen QS-Reviewer erfolgt. Es liegt eine unterzeichnete Auftragsbestätigung des Kunden vor.)

7. HONORAR UND AUSLAGEN
Der Auftraggeber verpflichtet sich zur Bezahlung des Honorars und aller Auslagen des Reviewers gemäss folgender Vereinbarung: CHF _____ pro Stunde
Ohne anderslautende schriftliche Vereinbarung wird das Honorar gemäss dem Zeitaufwand berechnet. Auslagen sind effektiv zu erstatten.

10. SCHLUSSBESTIMMUNGEN
Die Haftung des Auftragnehmers für Schäden des Auftraggebers wird auf grobfahrlässige oder absichtliche Schädigungen durch den Auftragnehmer beschränkt.
Diese Vereinbarung kann jederzeit schriftlich von beiden Parteien mit sofortiger Wirkung gekündigt werden, was die sofortige Niederlegung des Mandates durch den Auftragnehmer zur Folge hat.
Anpassungen dieser Vereinbarung oder Ergänzungen dazu haben schriftlich zu erfolgen.
Bei dieser Vereinbarung kommt schweizerisches Recht zur Anwendung, insbesondere die Vorschriften von Art. 394 ff. Obligationenrecht. Für Klagen aus dieser Vereinbarung wird der Sitz des Auftraggebers als Gerichtsstand vereinbart.

_____ _____
Unterschrift Auftraggeber   Unterschrift Auftraggeber

_____ _____
Ort, Datum   Ort, Datum

_____ _____
Unterschrift Auftragnehmer   Unterschrift Auftragnehmer

_____ _____
Ort, Datum   Ort, Datum

19.

Unabhängigkeit

19.1	Inhalt des Kapitels
19.2	Grafische Übersicht
19.3	Einleitung
19.4	Definition der Unabhängigkeit
19.5	Gesetzliche Grundlagen
19.6	Grundlagen der Unabhängigkeit
19.7	Voraussetzungen für die Konkretisierung der äusseren Unabhängigkeit bei der eingeschränkten Revision
19.8	Vorgaben zur Unabhängigkeit im Standard zur eingeschränkten Revision und im HWP-Band «Eingeschränkte Revision»
19.9	Konkretisierung des Ausmasses des Anscheins der Unabhängigkeit bei der eingeschränkten Revision
19.10	Konkretisierung des Anwendungsbereichs des Anscheins der Unabhängigkeit bei der eingeschränkten Revision
19.11	Konkretisierung des Anwendungsbereichs des verpönten Anscheins der Abhängigkeit bei der eingeschränkten Revision
19.12	Mögliche Konsequenzen bei Pflichtverletzungen
19.13	Rotation bei der eingeschränkten Revision
19.14	Unabhängigkeit bei Spezialprüfungen
19.15	Beispiele und Arbeitshilfen
19.16	Zusammenfassung der Anforderungen

19. Unabhängigkeit

19.1 Inhalt des Kapitels

- Die gesetzlichen und berufsrechtlichen Vorschriften zur inneren und äusseren Unabhängigkeit der Revisionsstelle
- Die Besonderheit und die Bedeutung der vom Gesetzgeber vorgesehenen Kombination von Buchführung und Revision und die daraus sich ergebenden Auswirkungen auf die Qualität der Rechnungslegung von KMU
- Die derzeitigen Diskussionen zur Unabhängigkeit
- Risiken und Schutzvorkehrungen bei der Mitwirkung bei der Buchführung und beim Erbringen anderer Dienstleistungen

19.2 Grafische Übersicht

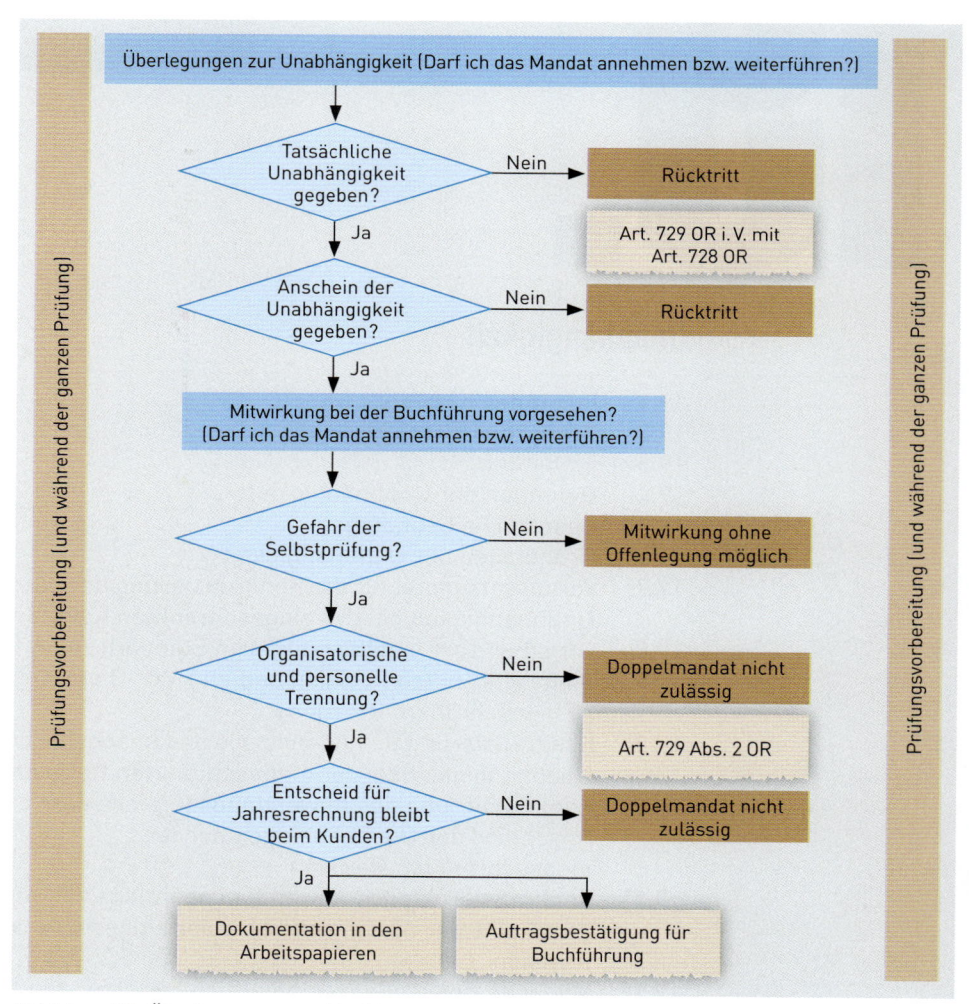

Abbildung 87: Überlegungen zur Unabhängigkeit bei der eingeschränkten Revision

19. Unabhängigkeit

19.3 Einleitung

19.3.1 Eingeschränkte Revision – einzigartiges und massgeschneidertes Produkt für KMU

Der Gesetzgeber hat mit der eingeschränkten Revision ein für die Bedürfnisse der KMU massgeschneidertes Produkt geschaffen. Den KMU soll eine kostengünstige und fachlich hochstehende Möglichkeit geboten werden, Buchhalter und Revisor gleichsam in Personalunion zu vereinen. Der Gesetzgeber sanktionierte und verstärkte damit im Jahr 2008 die jahrzehntealte Praxis des Doppelmandates (heute «embedded audit» genannt) (siehe Kapitel 2).

Die KMU-Revisionsstelle soll mit dem Kunden persönlich vertraut sein und durch das ausdrücklich erlaubte Mitwirken bei der Buchführung und dem Erbringen anderer Dienstleistungen mit dem Kunden in laufendem Kontakt stehen. Dadurch kann sie – wenn nötig – fachlich jederzeit eingreifen und die Revision am Jahresende infolge dieser Kenntnisse zügig abschliessen. Der Gesetzgeber ermöglicht den KMU damit auf effiziente Weise einen doppelten Vorteil: Mit der Revisionsstelle als Buchführerin garantiert er nicht nur eine fachliche einwandfreie Buchhaltung, sondern am Jahresende eine «Second Opinion» aus demselben Hause, von dem von den Mitwirkenden bei der Buchführung personell und organisatorisch getrennten Revisor.

Den dadurch entstehenden Anschein der Abhängigkeit hat der Gesetzgeber pragmatisch in Kauf genommen und die erzielte Qualitätssteigerung in der Rechnungslegung und Revision höher gewichtet als diesen. Die Regelung fügt sich nahtlos an die anderen Regeln zum Anschein der Unabhängigkeit an. Der wohlabgewogene Kompromiss ist das Verdienst eines weitsichtigen Gesetzgebers und zeigt, dass dieser einer qualitativ hochstehenden Buchhaltung für KMU grossen Wert beimisst und verlässliche Zahlen für KMU – das Rückgrat der schweizerischen Volkswirtschaft – als unverzichtbar erachtet, um deren Prosperität zu fördern.

In Kapitel 19.8 wird ausführlich auf die herrschende Lehrmeinung zur Unabhängigkeit bei der eingeschränkten Revision eingegangen, wie sie im SER (Anhang B) und in den Verlautbarungen der Revisionsaufsichtsbehörden vertreten wird. Dieser vom Bundesgericht bisher mitgetragenen Auslegung wird im Folgenden eine differenzierte Ansicht der Autoren dieses Buchs gegenübergestellt. Es wird erstmals und umfassend der Frage nachgegangen, ob der Gesetzgeber – ausgehend vom bisherigen Recht vor 2008 und mit dem Ziel, die Revision für KMU zu vereinfachen und gleichzeitig die Qualität der KMU-Jahresrechnungen zu verbessern – tatsächlich eine Verschärfung der Unabhängigkeitsvorschriften gewollt hat (Camponovo, Rico A.; Camponovo, Sara R./Anschein der Unabhängigkeit bei eingeschränkter Revision, Der Konkretisierungsauftrag des Gesetzgebers, in: Aktuelle Juristische Praxis, 5/2014, S. 627 ff.).

Die Antwort auf diese Frage aus Sicht der Buchautoren soll sowohl Studierende als auch Praktiker in die Lage versetzen, sich mit diesem zentralen Thema ganz allgemein und bei der eingeschränkten Revision im Besonderen eingehend zu beschäftigen.

Dabei kommen naturgemäss neue Aspekte und Überlegungen, die im Widerspruch zur Lehrmeinung und insbesondere zur Gerichtspraxis stehen, zur Sprache. Die Buchautoren sind der Auffassung, dass zum vorliegenden Gesamtwerk zur eingeschränkten Revision eine sachlich geführte Auseinandersetzung zulässig ist, wenn diese der Förderung der Einrichtung der eingeschränkten Revision und der damit verfolgten politischen Zielsetzung dient.

19. Unabhängigkeit

Es gilt (vorerst), dass in kritischen Fällen hinsichtlich der Frage der Unabhängigkeit – bei denen die innere Objektivität und die Integrität des Prüfers nur anhand von äusseren Wahrnehmungen und Merkmalen beurteilt werden kann – nach der strengeren Auslegung zu verfahren ist.

19.3.2 Gefährdung des Produkts «eingeschränkte Revision»

Seit der Einführung der eingeschränkten Revision am 01.01.2008 besteht eine Tendenz, dieser die Vorschriften zur Unabhängigkeit der ordentlichen Revision aufzubürden, obwohl dies zum vom Gesetzgeber angestrebten Ziel, aber auch zum Gesetzeswortlaut, zur Botschaft und zur Historie dieses Produkts klar im Widerspruch steht. Diese Tendenz verkennt die Eigenart des Doppelmandates («embedded audit») und gefährdet den gesetzgeberischen Willen, einen Anreiz für die Qualität der Rechnungslegung und Revision für KMU zu schaffen. Es ist an der Zeit, diese Entwicklung zu stoppen.

19.3.3 Ordentliche und eingeschränkte Revision sind wesensverschieden

Der Gesetzgeber hat im Jahre 2008 bei der Schaffung der eingeschränkten Revision alle Aspekte der Revision vereinfacht: Prüfungssicherheit, Berichterstattung, Anzeigepflichten, fachliche Anforderungen/Zulassung und insbesondere die Frage der Unabhängigkeit. Die Vorschriften zwischen ordentlicher und eingeschränkter Revision sind wesensverschieden.

Weil die vorherrschende Ansicht in der Praxis gravierende Auswirkungen zeigt (z. B. ungerechtfertigte Zulassungsentzüge), soll die andere Meinung der Autoren dieses Buchs hier einlässlich dargestellt und begründet werden. Es ist jedoch zu betonen, dass diese Meinung nicht etwa neu ist. Sie entspricht im Gegenteil der überkommenen Auffassung, musste allerdings noch nie derart eingehend dargelegt werden. Dieses Kapitel 19 bringt darum ausführliche Erläuterungen zu Wesen, Struktur und Geschichte der Vorschriften zur Unabhängigkeit. Weil die bis jetzt von der RAB, im SER und auch im HWP ER vertretenen Ansichten für weiterhin gültig erachtet werden, sollen sie, wie erwähnt, im vorliegenden Kapitel ausführlich zur Darstellung kommen.

19.4 Definition der Unabhängigkeit

Der Abschlussprüfer muss bei der Revision tatsächlich und dem Anschein nach in der Lage sein, ein Prüfungsurteil abzugeben, ohne dass er Einflüssen unterliegt, die dieses beeinträchtigen könnten. Die Unabhängigkeit erhöht die Fähigkeit des Prüfers, integer zu handeln, objektiv zu urteilen und eine kritische Grundhaltung beizubehalten. Die Unabhängigkeit wird im Standard zur eingeschränkten Revision in Anhang B folgendermassen definiert:

«Der Grundsatz der Unabhängigkeit ist für den Berufsstand der Wirtschaftsprüfer von fundamentaler Bedeutung. Der Gesetzgeber und die Öffentlichkeit stellen hohe Anforderungen an die Unabhängigkeit der Revisionsstelle. Können diese Anforderungen nicht erfüllt werden, ist die Annahme oder Weiterführung eines Revisionsmandates nicht möglich. Der Begriff der Unabhängigkeit umfasst:

a) die innere oder tatsächliche Unabhängigkeit (‹independence of mind›), d. h. die innere Einstellung, die eine Prüfungsaussage erlaubt, ohne dabei von Einflüssen beeinträchtigt zu sein, die das berufliche Urteilsvermögen gefährden, und die es dem Einzelnen erlaubt, mit Integrität, Objektivität und der berufsüblichen kritischen Grundhaltung zu handeln;

b) die äussere Unabhängigkeit bzw. die Unabhängigkeit dem Anschein nach («independence in appearance»), d.h. die Vermeidung von Tatsachen und Umständen, die so schwer ins Gewicht fallen, dass ein Dritter daraus schliessen müsste, die Integrität, die Objektivität oder die berufsübliche kritische Grundhaltung des Revisionsunternehmens oder eines Mitglieds des Prüfungsteams sei gefährdet.

Die Unabhängigkeit ist eine zentrale Voraussetzung dafür, dass die Revisionsstelle ihr Prüfungsurteil objektiv und unbeeinflusst abgeben kann. Die Objektivität beinhaltet neben der erforderlichen Fachkompetenz eine Kombination aus Unparteilichkeit, charakterlicher Integrität und dem Fehlen von Interessenkonflikten.»

19.5 Gesetzliche Grundlagen

19.5.1 Gesetzestext für die eingeschränkte Revision

Hauptgrundlage für die Ermittlung der geltenden Regelung bilden der neue Gesetzestext in Art. 729 OR und die Botschaft des Bundesrates zu dieser Gesetzesrevision. Im neuen Gesetzestext beschränkt sich der Gesetzgeber auf die Formulierung eines Grundsatzes in Abs. 1 von Art. 729 OR. Die Konkretisierung der Vorschriften zur Unabhängigkeit überlässt er ausdrücklich der Praxis (Botschaft 2004, Ziff. 1.4.4.2).

§ *IV. Eingeschränkte Revision (Review) – Unabhängigkeit der Revisionsstelle, Art. 729 OR*

[1] Die Revisionsstelle muss unabhängig sein und sich ihr Prüfungsurteil objektiv bilden. Die Unabhängigkeit darf weder tatsächlich noch dem Anschein nach beeinträchtigt sein.

[2] Das Mitwirken bei der Buchführung und das Erbringen anderer Dienstleistungen für die zu prüfende Gesellschaft sind zulässig. Sofern das Risiko der Überprüfung eigener Arbeiten entsteht, muss durch geeignete organisatorische und personelle Massnahmen eine verlässliche Prüfung sichergestellt werden.

19.5.2 Gesetzestext zur ordentlichen Revision als Leitlinie

Falls sich aus diesen Quellen keine sichere Auslegung des Gesetzes ergibt, kann der Katalog von Art. 728 Abs. 2 OR (nachfolgend kursiv) als Leitlinie beigezogen werden.

§ *III. Ordentliche Revision, 1. Unabhängigkeit der Revisionsstelle, Art. 728 OR*

[1] Die Revisionsstelle muss unabhängig sein und sich ihr Prüfungsurteil objektiv bilden. Die Unabhängigkeit darf weder tatsächlich noch dem Anschein nach beeinträchtigt sein.

[2] Mit der Unabhängigkeit nicht vereinbar ist insbesondere:
1. die Mitgliedschaft im Verwaltungsrat, eine andere Entscheidfunktion in der Gesellschaft oder ein arbeitsrechtliches Verhältnis zu ihr;
2. eine direkte oder bedeutende indirekte Beteiligung am Aktienkapital oder eine wesentliche Forderung oder Schuld gegenüber der Gesellschaft;
3. eine enge Beziehung des leitenden Prüfers zu einem Mitglied des Verwaltungsrats, zu einer anderen Person mit Entscheidfunktion oder zu einem bedeutenden Aktionär;
4. das Mitwirken bei der Buchführung sowie das Erbringen anderer Dienstleistungen, durch die das Risiko entsteht, als Revisionsstelle eigene Arbeiten überprüfen zu müssen;
5. die Übernahme eines Auftrags, der zur wirtschaftlichen Abhängigkeit führt;

19. Unabhängigkeit

6. der Abschluss eines Vertrags zu nicht marktkonformen Bedingungen oder eines Vertrags, der ein Interesse der Revisionsstelle am Prüfergebnis begründet;
7. die Annahme von wertvollen Geschenken oder von besonderen Vorteilen.

[3] Die Bestimmungen über die Unabhängigkeit gelten für alle an der Revision beteiligten Personen. Ist die Revisionsstelle eine Personengesellschaft oder eine juristische Person, so gelten die Bestimmungen über die Unabhängigkeit auch für die Mitglieder des obersten Leitungs- oder Verwaltungsorgans und für andere Personen mit Entscheidfunktion.

[4] Arbeitnehmer der Revisionsstelle, die nicht an der Revision beteiligt sind, dürfen in der zu prüfenden Gesellschaft weder Mitglied des Verwaltungsrats sein noch eine andere Entscheidfunktion ausüben.

[5] Die Unabhängigkeit ist auch dann nicht gegeben, wenn Personen die Unabhängigkeitsvoraussetzungen nicht erfüllen, die der Revisionsstelle, den an der Revision beteiligten Personen, den Mitgliedern des obersten Leitungs- oder Verwaltungsorgans oder anderen Personen mit Entscheidfunktion nahestehen.

[6] Die Bestimmungen über die Unabhängigkeit erfassen auch Gesellschaften, die mit der zu prüfenden Gesellschaft oder der Revisionsstelle unter einheitlicher Leitung stehen.

19.6 Grundlagen der Unabhängigkeit

19.6.1 Zielsetzung der Unabhängigkeit

Das Ziel der Unabhängigkeit wird im ersten Satz der Gesetzesartikel wiedergegeben (je Abs. 1 von Art. 728 und Art. 729 OR):

«Die Revisionsstelle muss unabhängig sein und sich ihr Prüfungsurteil objektiv bilden.»

Der Abschlussprüfer muss bei der Revision in der Lage sein, ein objektives Prüfungsurteil abzugeben. Nur ein objektives Urteil ist für die Leser des Revisionsberichts wertvoll. Die Hauptstütze zur Erreichung dieses Ziels sind Fachausbildung und Fachpraxis des Prüfers sowie seine persönliche, innere Integrität (Abbildung 88). Die Unabhängigkeit hat lediglich den Zweck, diese Zielerreichung zusätzlich zu unterstützen. Die innere Unabhängigkeit garantiert Standfestigkeit, die es dem Revisor erlaubt, eine professionelle Meinung auch gegen offenen Widerstand des Prüfkunden zu vertreten und durchzusetzen.

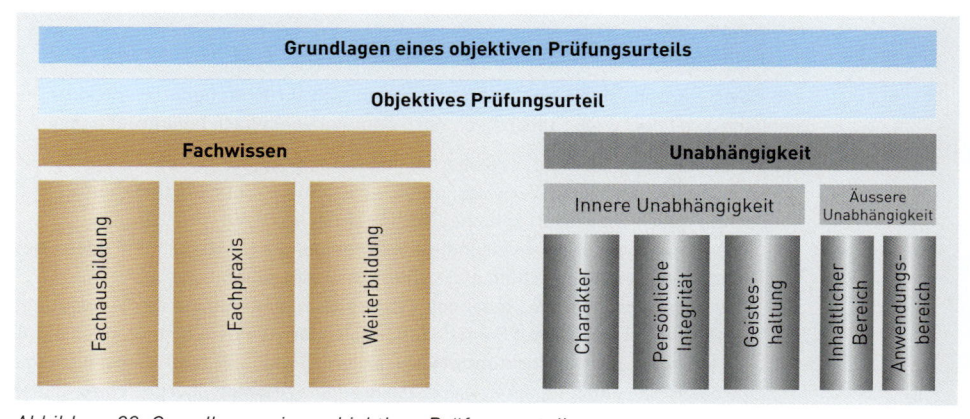

Abbildung 88: Grundlagen eines objektiven Prüfungsurteils

19.6.2 Zweisäulenkonzept der Unabhängigkeit

19.6.2.1 Gesetzliche Grundlagen

Der Gesetzgeber gründet das Erreichen des Ziels auf zwei Säulen, die ebenfalls in der einleitenden Formulierung, je im zweiten Satz von Abs. 1 von Art. 728 und Art. 729 OR, beschrieben werden:

«*Die Unabhängigkeit darf weder tatsächlich noch dem Anschein nach beeinträchtigt sein.*»

Diese wörtlich gleiche Formulierung bei beiden Revisionsarten bildet die Basis des gesetzlichen Zweisäulenkonzeptes für die Unabhängigkeit. Diese Doppelstruktur ist von grundlegender Bedeutung, gilt für beide Revisionsarten und umfasst:

«*a) die innere oder tatsächliche Unabhängigkeit ('independence in fact'/'independence of mind'), d. h. die innere Einstellung, die*
- *eine Prüfungsaussage erlaubt, ohne dabei von Einflüssen beeinträchtigt zu sein, die das berufliche Urteilsvermögen gefährden, und die*
- *es dem Einzelnen erlaubt, mit Integrität, Objektivität und der berufsüblichen kritischen Grundhaltung zu handeln; und*

b) die äussere Unabhängigkeit bzw. die Unabhängigkeit dem Anschein nach (independence in appearance), d. h. die Vermeidung von Tatsachen und Umständen, die so schwer ins Gewicht fallen, dass ein Dritter daraus schliessen müsste, dass die Integrität, die Objektivität oder die berufsübliche kritische Grundhaltung des Revisionsunternehmens oder eines Mitglieds des Prüfungsteams gefährdet sei.» (SER, Anhang B, S. 34)

Im Gesetz werden diese beiden Aspekte der Unabhängigkeit erstmals erwähnt. In der Praxis bildet diese Zweiteilung seit Langem die Grundlage der Unabhängigkeit. Schon das «Revisionshandbuch der Schweiz» unterschied die äussere und die innere Unabhängigkeit (RHB 1987, Ziff. 3.312 von Teil 3):

«*Die Unabhängigkeit [...] beinhaltet zwei Aspekte, nämlich einerseits die äussere Unabhängigkeit, welche das Freisein von rechtlichen und wirtschaftlichen Bindungen bedeutet, andererseits die innere Unabhängigkeit, d. h. die Unbefangenheit des Prüfers.*»

19.6.2.2 Gesetzlicher Einbruch in die Wahrung des Anscheins der Unabhängigkeit

Bei der Diskussion der Frage der Unabhängigkeit ist zu beachten, dass der Gesetzgeber die externe Finanzkontrolle durch die Revisionsstelle marktwirtschaftlich strukturiert hat und von gewinnorientierten, in ständigem Konkurrenzkampf stehenden Marktteilnehmern durchführen lässt.

Das Organ Revisionsstelle wurde als honorar- und auftragsabhängige Institution geschaffen, die den Kunden ständig von ihrer Effizienz, Nützlichkeit und Kundenorientiertheit überzeugen muss, da er sonst eine andere Revisionsstelle wählt. Dieser Umstand bedeutet einen deutlichen – gesetzlich vorgegebenen – Einbruch in den Anschein der Unabhängigkeit. Der Gesetzgeber selber hat die Säule der äusseren Unabhängigkeit dadurch bei beiden Revisionsarten erheblich relativiert.

Dies ist mit ein wichtiger Grund dafür, dass die sogenannte Erwartungslücke («expectation gap») in der Öffentlichkeit beinahe unüberwindlich ist. Hohe Revisionshonorare

19. Unabhängigkeit

erwecken beim Durchschnittsbetrachter den Anschein, dass der Revisor dafür seine Unabhängigkeit aufzugeben bereit sei. Der Prüfer im Solde des Geprüften – dies stellt die Vorstellung von seiner Unabhängigkeit massiv infrage.

Daraus zu schliessen, dem Gesetzgeber sei die Unabhängigkeit der Revisionsstelle nicht wichtig, wäre jedoch verfehlt. Von dieser Gesamtschau aus erscheint die innere Unabhängigkeit als der für den Gesetzgeber entscheidende Punkt. Er hat die Revisionsstelle zwar im wichtigsten Punkt der äusseren Bedingungen als abhängige ausgestaltet. Umso mehr baut er auf die charakterlichen Eigenschaften, die persönliche Integrität und die Geisteshaltung des Revisors.

Die Wahrung des Anscheins der Unabhängigkeit ist deshalb vor allem bei KMU für eine objektive Prüfung kaum von Belang. Der Gesetzgeber hat dies erkannt. Deshalb genügen ihm bei der eingeschränkten Revision die sehr zurückhaltenden Vorgaben zum Anschein der Unabhängigkeit bei KMU.

Der Gesetzgeber ist sich dessen bewusst, was er seit Jahrzehnten für gut befunden hat und auch unter heutigem Recht beibehalten will. Er hat die eingeschränkte Revision auf die Bedürfnisse der KMU zugeschnitten. Diesen Gesellschaften soll eine kostengünstige und fachlich hochstehende Möglichkeit geboten werden. Der wohlabgewogene Kompromissentscheid trägt auf effiziente Weise zur Erhöhung der Qualität der Rechnungslegung bei KMU bei.

Die KMU-Revisionsstelle soll mit dem Kunden persönlich vertraut sein. Sie steht durch ihr Mitwirken bei der Buchführung mit diesem laufend in Kontakt, kann wenn nötig fachlich sofort eingreifen und die Revision am Jahresende infolge ihrer Kenntnisse meist zügig abschliessen. Diese beachtliche Lösung ist das Verdienst eines weitsichtigen Gesetzgebers, der den dadurch entstehenden Anschein der Abhängigkeit pragmatisch in Kauf genommen und die erzielte Qualitätssteigerung in Rechnungslegung und Revision höher gewichtet hat.

19.6.2.3 Zweck des Zweisäulenkonzepts

a) Einleitung

Sinn dieser Zweiteilung ist die optimale Gewährleistung der Unabhängigkeit. Dabei ist unbestritten, dass die erste Säule (innere Unabhängigkeit) der wichtigere Teil ist.

So formulierte das Revisionshandbuch RHB 1987:

«Nach schweizerischer Berufsauffassung ist die Unabhängigkeit im Übrigen weniger eine Frage von formellen Kriterien als vielmehr eine solche der Geisteshaltung des Prüfers.»

b) Innere Unabhängigkeit als Endziel

Die innere Unabhängigkeit ist bis heute das entscheidende Endziel der Norm, weil nur die innere Unabhängigkeit ein objektives und neutrales Prüfungsurteil gewährleisten kann. Auch die Botschaft drückt das klar aus (Botschaft 2004, S. 3999, Ziff. 1.4.4.1, Abs. 1/S. 4018, Ziff. 2.1.3.1 Abs. 1). Die Vorschriften zur äusseren Unabhängigkeit haben einen einzig diesem Endziel dienenden Charakter.

Sie sollen durch Vermeiden gewisser äusserer Umstände dafür sorgen, dass die innere Unabhängigkeit leichter zu wahren ist, weil, wie die Erfahrung zeigt, gewisse äussere Bedingungen den Revisoren die innere Unabhängigkeit erschweren können. Je ungünstiger diese Bedingungen sind, desto grösser erscheint die Gefahr. Das Postulat der äusseren Unabhängigkeit verlangt darum, dass sogenannte schwerwiegende Umstände vermieden werden, weil sie bei einem Dritten den Eindruck erwecken können, dass der Revisor nicht unabhängig sei.

Wenn der Gesetzgeber in Art. 728 Abs. 2 OR bei der ordentlichen Revision explizit zahlreiche Kriterien für die äussere Unabhängigkeit anführt, steht dies nicht im Widerspruch zu dieser Auffassung. Denn diese Kriterien sind nur zur Sicherung der inneren Unabhängigkeit gedacht.

Es versteht sich von selber, dass ein objektives und prüfungstechnisch einwandfreies Urteil auch bei fehlendem Anschein der Unabhängigkeit möglich ist. Zu Recht hält die Botschaft in dieser Hinsicht fest, selbst wenn ein Anschein der Abhängigkeit bestehe, dürfe dies nicht als moralischer Vorwurf einer effektiven inneren Befangenheit verstanden werden (Botschaft 2004, S.4018, Ziff. 2.1.3.1, Abs. 1).

c) Strukturelle Unterschiede zwischen innerer und äusserer Unabhängigkeit

Absolute Struktur der inneren Unabhängigkeit

Die innere Unabhängigkeit ist ein Willensakt. Sie hat als Charaktereigenschaft oder als «psychischer Sachverhalt», wie es die Botschaft (Botschaft 2004, S. 3999) beschreibt, eine absolute Struktur. Das heisst, die innere Unabhängigkeit kann nicht partiell bestehen. Entweder der Revisor will ein objektives Urteil abgeben, oder er will es nicht. Es gibt weder einen halben noch einen schwankenden Willen zur Objektivität; derartige Einstellungen bedeuten automatisch die Bereitschaft zu einem nicht neutralen Prüfurteil.

Graduelle Struktur der äusseren Unabhängigkeit

Im Gegensatz dazu ist die «äussere Unabhängigkeit» gradueller Natur. Sie kennt nicht nur Schwarz und Weiss, sondern alle Farbtöne dazwischen und ist darum, anders als die innere Unabhängigkeit, einer regulatorischen Abstufung zugänglich. Im Grunde ist die Bezeichnung «äussere Unabhängigkeit» irreführend, weil sie im Kern mit «Unabhängigkeit» nichts zu tun hat. Sie beschreibt lediglich Kontaktverhältnisse bzw. Beziehungstatsachen verschiedenen Grades (oder Intensität), wie sie zwischen Menschen existieren.

Das kann von einer sehr weiten Verbindung (der Sohn des Cousins des Revisors spielt im gleichen Fussballklub wie der Neffe des CFO des Prüfkunden oder der Ehemann der Schwester des Revisors besitzt 1 % der Aktien einer 50 %-Enkelgesellschaft des Prüfkunden) bis zu einer sehr nahen (der Revisor sitzt im Verwaltungsrat des Prüfkunden oder er besitzt 100 % der Aktien des Prüfkunden) reichen. Beliebige Stufen dazwischen sind denkbar.

d) Regulierungsfähigkeit der beiden Aspekte innere und äussere Unabhängigkeit

Beschränkte Regulierungsfähigkeit der inneren Unabhängigkeit

Das Gesetz muss für die Regulierung der inneren und äusseren Unabhängigkeit verschiedene Wege gehen. Bei der inneren Unabhängigkeit kann es nichts tun, als gebietend vorzuschreiben, dass der Revisor diese verwirklicht. Eine Konkretisierung oder Überwachung erscheint nicht möglich, sie ist gemäss Botschaft (Botschaft 2004, S. 3999) einer Normierung nur beschränkt zugänglich.

19. Unabhängigkeit

Verantwortlich für die Gewährleistung der inneren Unabhängigkeit ist der einzelne Revisor als Mensch. Dahinter steht letztlich das traditionell positive Menschenbild des schweizerischen Gesetzgebers, das für einen Menschen mit Charakter mit Selbstverständlichkeit davon ausgeht, dass er seine Aufgabe gut und korrekt erfüllen will. Es ist quasi Ehrensache, unter allen Umständen ein objektives Prüfurteil abzugeben. Entsprechend knapp ist der Gesetzestext. Die innere Unabhängigkeit wird nur in Abs. 1 der Art. 728 und 729 OR neu erstmals erwähnt. Im alten Art. 727c OR (gültig bis 31. Dezember 2007) und in noch früheren Fassungen des Gesetzes wurde die innere Unabhängigkeit – weil für selbstverständlich gehalten – nicht erwähnt.

Möglichkeit einer differenzierten Regulierung der äusseren Unabhängigkeit

Anders geht der Gesetzgeber bei der Regulierung der äusseren Unabhängigkeit vor. Man unterscheidet zwei Aspekte, einen inhaltlichen Bereich und einen Ausdehnungsbereich. Beide sind infolge ihres graduellen Charakters beliebig abstufbar, wovon der Gesetzgeber regelmässig Gebrauch gemacht und seit 1991 in beiden die Regulierung ständig ausgebaut hat. Bei der eingeschränkten Revision hingegen hat er 2008 diesen Trend gebrochen und die Anforderungen in beiden Aspekten reduziert.

Inhalt der Vorschriften zur äusseren Unabhängigkeit

Dem inhaltlichen Bereich widmen sich die beiden Absätze 2 von Art. 728 und 729 OR, die sich mit der Regulierung der verpönten Kontaktgrade befassen, d. h., sie stecken den vom Gesetzgeber zurzeit gewollten inhaltlichen Grad des Anscheins der Unabhängigkeit ab. Bei der eingeschränkten Revision hingegen hat der Gesetzgeber auf die Konkretisierung des inhaltlichen Bereichs verzichtet, mit Ausnahme des Selbstprüfungsrisikos bei der Mitwirkung bei der Buchführung oder beim Erbringen anderer Dienstleistungen.

Ausdehnungsbereich der Vorschriften zur äusseren Unabhängigkeit

Die Absätze 3 bis 6 von Art. 728 OR regulieren bei der ordentlichen Revision den Anwendungsbereich der in Abs. 2 verpönten Kontaktgrade, d. h., sie stecken den vom Gesetzgeber derzeit gewollten Ausdehnungsbereich des Anscheins der Unabhängigkeit ab. Dieser trägt nichts mehr zu den Kontaktgraden bzw. zur Konkretisierung des Inhalts des Anscheins der Unabhängigkeit bei. Bei der eingeschränkten Revision hat der Gesetzgeber auf eine Konkretisierung des Anwendungsbereichs gänzlich verzichtet. Die Konkretisierung wird nachfolgend besprochen.

e) Geschichte der Intensität der Regulierung der äusseren Unabhängigkeit

Die Regulierung der äusseren Unabhängigkeit beschränkte sich im OR 1936 in Art. 727 Abs. 2 darauf, dass die Revisoren nicht Mitglied des Verwaltungsrats oder Angestellte der zu revidierenden Gesellschaft sein dürfen. Inhaltlich war damit die äussere Unabhängigkeit auf die Unzulässigkeit zweier verpönter Kontaktformen mit hohem Intensitätsgrad beschränkt, und der Anwendungsbereich wurde auf den engstmöglichen Raum des «Revisors» selber beschränkt.

Bei der Revision des Aktienrechtes von 1991 (ab 1. Juli 1992) hob der Gesetzgeber die verpönten Kontaktgrade an und dehnte den Anwendungsbereich der äusseren Unabhängigkeit aus (Botschaft 2004, S. 3977, 4. Lemma). Er erwähnte in Art. 727c aOR neu fünf ver-

19. Unabhängigkeit

pönte Kontaktformen mit mehr oder weniger weit gehender Intensität: Verwaltungsrat, Mehrheitsaktionär, Arbeitnehmerstellung, Selbstprüfungsverbot und Vorteilsannahme. Der Anwendungsbereich wurde in Art. 727d aOR auf alle juristischen Formen der Revisionsstelle ausgedehnt, sei es als Handelsgesellschaft oder Genossenschaft, sowie auf alle Personen, welche die Prüfung durchführen. Ausgedehnt wurde er auch auf Konzerngesellschaften des Prüfkunden, wobei die Revisionsstelle von diesen nur dann unabhängig sein musste, wenn ein Aktionär oder ein Gläubiger dies verlangte.

Der heutige Umfang und Detaillierungsgrad der gesetzlichen Bestimmungen wurde im Jahr 2008 erreicht. Weil erstmals zwei Revisionsarten geschaffen wurden, splittete der Gesetzgeber die äussere Unabhängigkeit auf die beiden Revisionsarten auf. Dabei regulierte er sowohl Inhalt wie auch Ausdehnungsgrad bei den beiden Revisionsarten in verschiedener Weise. Die Regulierung der verpönten Kontaktgrade wie auch ihres Anwendungsbereichs wurde für die ordentliche Revision verschärft und ausgebaut. Bei der eingeschränkten Revision hingegen reduzierte man die Anforderungen.

19.7 Voraussetzungen für die Konkretisierung der äusseren Unabhängigkeit bei der eingeschränkten Revision

19.7.1 Einleitung

Mit der eingeschränkten Revision schuf der Gesetzgeber erstmals eine Revisionsform, die den einfacheren Verhältnissen in KMU gerecht wird (Botschaft 2004, S. 3984, letzter Absatz). Seit deren Einführung am 1.1.2008 besteht jedoch eine Tendenz, der eingeschränkten Revision die Vorschriften zur Unabhängigkeit der ordentlichen Revision aufzubürden. Gesetzeswortlaut, Botschaft und historische Entwicklung zeigen jedoch klare Vereinfachungen beim Anschein der Unabhängigkeit für KMU. Vereinfacht wurde bei allen Aspekten der Revision: Prüfungssicherheit, Prüfungsinhalt (Art. 729a OR), Berichterstattung (Art. 729b OR), Anzeigepflicht (Art. 729c OR), fachliche Anforderungen/Zulassung (Art. 727c OR), Rotationspflicht (Art. 730a Abs. 2 OR) und insbesondere auch bei den Anforderungen an den Anschein der Unabhängigkeit.

Trotz der verbreiteten Ansicht, dass der Gesetzgeber für die eingeschränkte Revision im Bereich der Unabhängigkeit eine Verschärfung beabsichtigt habe, ist das Gegenteil der Fall: Er hat die Unabhängigkeitsanforderungen für die Revision von KMU in sämtlichen Aspekten reduziert.

19.7.2 Gesetzgebung im Bereich der Revision und des Rechnungslegungsrechts

Der Gesetzestext im Bereich des Revisions- und Rechungslegungsrechts wird traditionell knapp gehalten. Der Gesetzgeber regelt diese Gebiete mit groben Federstrichen und überlässt die Konkretisierung der Praxis. Diese grossen Lücken werden in jahrzehntelanger Erfahrungsarbeit v. a. durch Branchenfachverbände, Judikatur und juristische Literatur gefüllt.

In derselben traditionellen Weise hat der Gesetzgeber für die eingeschränkte Revision nur vier Fundamente zur Abgrenzung von der ordentlichen Revision gelegt: bezüglich Prüfungsinhalt, Art. 729a OR, bezüglich Berichterstattung, Art. 729b OR, bezüglich Anzeigepflicht, Art. 729c OR, und bezüglich Unabhängigkeit, Art. 729 OR. Zahlreiche Fragen blieben offen, so auch das konkrete Ausmass des Anscheins der Unabhängigkeit bei KMU.

Bezüglich Unabhängigkeit beschränkt sich der Gesetzgeber gar auf die Formulierung des erwähnten Grundsatzes in Abs. 1 von Art. 729 OR. Die Konkretisierung der Unabhängigkeit dem Anschein nach überlässt er ausdrücklich der Praxis (Botschaft 2004, S. 3999 f., Ziff. 1.4.4.2). Er konnte sich das erlauben, weil aus den Materialien klar zum Ausdruck kommt, in welche Richtung diese Konkretisierung seiner Ansicht nach gehen soll und weil die bisherige Praxis zum OR von 1991 als Obergrenze für diese Regulierung selbstverständlich war.

Es besteht u. E. kein ernst zu nehmender Zweifel daran, dass der Gesetzgeber mit dieser offengelassenen Konkretisierung nicht die Anwendung der Vorschriften der ordentlichen Revision gemeint hat. Die Annahme einer *«völligen Identität der Vorschriften»* ist ohne Grundlage. Auch aus Abs. 2 von Art. 729 OR lässt sich eine solche Absicht nicht folgern. Dieser nahm nämlich lediglich die jahrzehntelange und erprobte Praxis der Mitwirkung in der Buchführung ins Gesetz auf und bestätigte diese damit. Diese explizite Erlaubnis der Doppelmandate bzw. des sogenannten «embedded audit» bei KMU ist ein weiteres klares Indiz für den Willen des Gesetzgebers. Er zeigt damit, dass in einem weiteren wesentlichen Bereich der Anschein der Abhängigkeit der Revisionsstelle gesetzlich sanktioniert ist und es die innere Unabhängigkeit ist, auf die man sich verlassen kann. Diese Mitwirkung ist zudem der Revisionsstelle ausdrücklich gestattet. Es müssen zwar andere Personen bzw. Personengruppen die Bücher führen, aber sie dürfen derselben juristischen Einheit angehören.

Man kann es wiederholen: Die Revisionsstelle eines KMU darf an Arbeiten mitwirken, die sie selbst überprüfen muss. Diese Doppelrolle, die zweifellos nach aussen den *«Anschein der Abhängigkeit»* der Revisionsstelle erweckt, ist zulässig.

19.7.3 Auslegung des Gesetzes aufgrundlage der Botschaft vom 23. Juni 2004

Weil der Gesetzgeber für die eingeschränkte Revision nur wenige prägnante Leitlinien aufgestellt hat, ist die Botschaft für die Auslegung wichtig. Für die Frage der Unabhängigkeit gilt dies infolge der Knappheit von Art. 729 OR besonders. Die Botschaft zeigt an zahlreichen Stellen auf, dass der Gesetzgeber bei der äusseren Unabhängigkeit Erleichterungen nicht nur in Bezug auf die ordentliche Revision, sondern sogar in Bezug auf die alte Einheitsrevision vorgesehen hat. Er hat das Ausmass der äusseren Unabhängigkeit bewusst nicht selber ausformuliert, jedoch in der Botschaft immerhin aufgezeigt, dass diese sich an den Beispielen «Einsitz im Verwaltungsrat», «Verwandtschaft mit dem Mehrheitsaktionär» und «Annahme bedeutender Geschenke» und damit höchstens am alten Recht als Massstab zu orientieren hat (Botschaft 2004, S. 4026, Abs. 1, Ziff. 2.1.4.1).

So zeigt die Botschaft (Botschaft 2004, Ziff. 1.4.1) im Überblick zur gesamten Revision, dass die Anforderungen an Publikumsgesellschaften und Grossunternehmen in weiten Teilen erhöht, für KMU hingegen reduziert werden (Botschaft 2004, S. 3989 f.). In Ziff. 1.4.1.3 bringt die Botschaft ausführlich zum Ausdruck, dass für KMU in jeder Hinsicht Erleichterungen vorgesehen sind. Diese stehen weniger im öffentlichen Interesse, die Schutzbedürfnisse sind geringer, und zudem müssen die Kosten tief gehalten werden. Ausserdem gibt es für

19. Unabhängigkeit

die Gläubiger neben der Revisionspflicht noch andere Schutzmöglichkeiten (Vorauszahlung, Sicherheiten usw.), weshalb die Botschaft die Revision für KMU als *«von sekundärer Bedeutung»* bezeichnet. In diesem Zusammenhang spricht sie auch von *«weniger weit gehenden Anforderungen an die Unabhängigkeit»* (Botschaft 2004, S. 3993).

Die gegenüber dem alten Recht viel weiter gehende Regelung der Unabhängigkeit in Art. 728 OR wird damit begründet, dass *«Entwicklungen im In- und Ausland»* aufgezeigt hätten, *«dass in der Frage der Unabhängigkeit zumindest für grössere Gesellschaften eingehendere Vorschriften geschaffen werden müssen»* (Botschaft 2004, S. 3999, Ziff. 1.4.4.1, Absatz 2). Die Botschaft lässt keinen Zweifel offen, dass damit der ganze Art. 728 OR gemeint ist, erwähnt sie an dieser Stelle doch ausdrücklich die Liste in Abs. 2 von Art. 728 OR. Die detaillierten Regeln des Art. 728 OR gelten aber für KMU nicht.

Der Kern der Aussagen der Botschaft zu den Vorschriften zur Unabhängigkeit bei der eingeschränkten Revision findet sich in Ziff. 2.1.4.1. Hier zeigt sie, dass die Vorschriften der beiden Revisionsarten wesensverschieden sind. Die Botschaft verlangt an dieser Stelle gewiss nicht Identität der Vorschriften zur äusseren Unabhängigkeit, sondern im Gegenteil steht direkt anschliessend, dass der Katalog von Abs. 2 von Art. 728 OR auf die eingeschränkte Revision nicht anwendbar sei: Die Botschaft verzichtet nämlich (erstens) für die eingeschränkte Revision nicht nur auf die Konkretisierung der äusseren Unabhängigkeit, sondern erklärt (zweitens) auch, dass der Katalog von Abs. 2 von Art. 728 OR *«eine Leitlinie darstellen könne»*, wobei sich (drittens) bei der *«Durchsicht dieser Vorschriften zeigt»*, dass diese für die eingeschränkte Revision von Bedeutung seien, und zwar (viertens) *«beispielsweise»* bezüglich Einsitz im Verwaltungsrat oder der Verwandtschaft mit dem Mehrheitsaktionär oder der Annahme bedeutender Geschenke.

Die Botschaft ist an dieser Stelle konkret und zeigt mit der soeben erwähnten Auswahl von nur drei Beispielen, dass Art. 728 OR für die eingeschränkte Revision nicht anwendbar ist (Botschaft 2004, S. 4026, Abs. 1, Ziff. 2.1.4.1.). Diese drei Beispiele lehnen sich zudem deutlich an Art. 727c aOR an und zeigen Umfang und Richtung für die zu leistende Konkretisierung an. Klarer könnte der Gesetzgeber seinen Willen nicht ausdrücken, dass die bis Ende 2007 gültigen gesetzlichen Vorschriften den Hauptmassstab für die Konkretisierung des Anscheins der Unabhängigkeit bei der eingeschränkten Revision bilden.

19.7.4 Gesetzestext zur Unabhängigkeit bei der alten ordentlichen Revision bis Ende 2007

Für die Konkretisierung der heute geltenden Vorschriften zur Unabhängigkeit ist der alte Gesetzestext in Art. 727c und 727d aOR als Auslegungshilfe zu verwenden.

> § *Art. 727c aOR: Unabhängigkeit*
>
> [1] Die Revisoren müssen vom Verwaltungsrat und von einem Aktionär, der über die Stimmenmehrheit verfügt, unabhängig sein. Insbesondere dürfen sie weder Arbeitnehmer der zu prüfenden Gesellschaft sein noch Arbeiten für diese ausführen, die mit dem Prüfungsauftrag unvereinbar sind. Sie dürfen keine besonderen Vorteile annehmen.
>
> [2] Sie müssen auch von Gesellschaften, die dem gleichen Konzern angehören, unabhängig sein, sofern ein Aktionär oder ein Gläubiger dies verlangt.

19. Unabhängigkeit

> **§** *Art. 727d aOR*
>
> ¹ Das Erfordernis der Unabhängigkeit gilt sowohl für die Handelsgesellschaft oder die Genossenschaft als auch für alle Personen, welche die Prüfung durchführen.

19.7.5 Konkretisierung des Anscheins der Unabhängigkeit durch die Fachbranche

19.7.5.1 Verschärfte Vorschriften für die Mitglieder der Fachverbände

Die Fachbranche hat sich in der kurzen Zeitspanne seit 2008 im «Standard zur eingeschränkten Revision» (SER, Anhang B) und im neuen «Schweizer Handbuch der Wirtschaftsprüfung» (HWP ER, S. 124 ff., das sich wiederum auf den SER beruft) geäussert. Sie erklärte dabei für die eingeschränkte Revision nicht nur die Vorschriften der ordentlichen Revision als anwendbar (Ausnahme: Mitwirken bei der Buchführung und Erbringen anderer Dienstleistungen), sondern erliess auch Vorschriften, die sogar über die ordentliche Revision hinausgehen (dazu unten).

Es ist den Berufsverbänden selbstverständlich unbenommen, für Vereinsmitglieder schärfere als die gesetzlichen Vorschriften zu erlassen. Diese Anforderungen sind jedoch auf Verbandsmitglieder beschränkt. So hält das HWP ER (S. 5) richtigerweise fest, dass diese Vorschriften nur für Mitglieder der Treuhand-Kammer gültig seien.

19.7.5.2 Vorschriften der Fachverbände als Auslegungshilfen?

Bei der Frage der Unabhängigkeit wollen sich die Branchenverbände mit schärferen Vorschriften als gesetzlich verlangt gegenüber der Öffentlichkeit oder konkurrierenden Verbänden als besonders hohen Qualitätsanforderungen genügende Institutionen profilieren.

Die Standards der Berufsverbände stellen jedoch rechtlich gesehen Vereinsreglemente dar und können keine Gesetzeskraft beanspruchen, wie es das Bundesgericht richtig festhält (BGE 131 III 38 E. 4.2.4.). Das gilt selbst dann, wenn sich diese Reglemente nur um eine Auslegung des Gesetzes bemühen. Es gilt umso mehr, wenn sie ihren Mitgliedern Vorschriften machen, die über das Gesetz hinausgehen. Für die Konkretisierung der Vorschriften zur Unabhängigkeit können die Standards daher nur insoweit als Auslegungshilfe herangezogen werden, als sie nicht über die gesetzlichen Vorschriften hinausgehen.

Für die Beurteilung der Zulassungsvoraussetzungen können die Vorschriften der Fachverbände keine Rolle spielen. Die Zulassung kann nur davon abhängig gemacht werden, dass die gesetzlichen Vorschriften eingehalten sind. Allerdings besteht in der Gerichtspraxis bei der Beurteilung der Zulassungsvoraussetzungen die Tendenz, bei Verbandsmitgliedern die strengeren Verbandsregeln anzuwenden. Die Gesetzeskonformität dieser Praxis erscheint fraglich (z. B. BvGer B-1355/2011 vom 5.10.2011).

19. Unabhängigkeit

19.7.6 Voraussetzungen für die Konkretisierung der äusseren Unabhängigkeit beim Mitwirken bei der Buchführung sowie beim Erbringen anderer Dienstleistungen

19.7.6.1 Einleitung

Der Gesetzgeber hat – wie in der Einleitung (Kapitel 19.3) einlässlich beschrieben – mit der eingeschränkten Revision ein für die Bedürfnisse der KMU massgeschneidertes Produkt geschaffen. Den KMU soll eine kostengünstige und fachlich hochstehende Möglichkeit geboten werden, Buchhalter und Revisor fast in Personalunion zu vereinen. Der Gesetzgeber sanktionierte und verstärkte damit 2008 die jahrzehntealte Praxis der Doppelmandate und hat den dadurch entstehenden Anschein der Abhängigkeit pragmatisch in Kauf genommen. Auch die Botschaft (Botschaft 2004, S. 4026) bestätigt die Zulässigkeit der *«Dienstleistungen aus einer Hand»* ausdrücklich (siehe auch HWP ER, S. 127 ff.).

Seit der Einführung der eingeschränkten Revision am 01. 01. 2008 besteht auch beim Mitwirken bei der Buchführung sowie beim Erbringen anderer Dienstleistungen die Tendenz, für die eingeschränkte Revision die Vorschriften zur Unabhängigkeit der ordentlichen Revision anzuwenden, obwohl Gesetzeswortlaut, Botschaft und historische Entwicklung klar zeigen, welche Vereinfachungen zulässig sind. Es ist Zweck dieses Buchs darzulegen und zu begründen, was die Revisionsstelle in diesen Bereichen tun darf.

19.7.6.2 Gesetzliche Grundlagen

a) Vergleich des Gesetzeswortlauts bei ordentlicher und eingeschränkter Revision

Für das Verständnis der gesetzlichen Regeln empfiehlt sich ein Vergleich mit dem Gesetzeswortlaut der ordentlichen Revision:

> ² Mit der Unabhängigkeit nicht vereinbar ist insbesondere:
> [...]
> 4. das Mitwirken bei der Buchführung sowie das Erbringen anderer Dienstleistungen, durch die das Risiko entsteht, als Revisionsstelle eigene Arbeiten überprüfen zu müssen;

Bei der eingeschränkten Revision lautet er:

> ² Das Mitwirken bei der Buchführung und das Erbringen anderer Dienstleistungen für die zu prüfende Gesellschaft sind zulässig. Sofern das Risiko der Überprüfung eigener Arbeiten entsteht, muss durch geeignete organisatorische und personelle Massnahmen eine verlässliche Prüfung sichergestellt werden.

Die wichtigste Basis für die Auslegung der gesetzlichen Regeln ist der Wortlaut des Gesetzes. Die weiter unten dargestellten anderen wichtigen Auslegungsformen werden allerdings die Gesetzesauslegung bestätigen.

b) Unterschiede zwischen ordentlicher und eingeschränkter Revision

Der Gesetzeswortlaut erlaubt folgende Feststellungen:

Revisionsstelle wie auch leitender Revisor dürfen «mitwirken»

Erstens richten sich die Vorschriften in beiden Fällen an die Revisionsstelle, d. h., die Regelung erlaubt in beiden Fällen der Revisionsstelle das Mitwirken bei der Buchführung,

19. Unabhängigkeit

also auch dem leitenden Revisor selber. Er darf nicht Dienstleistungen mit dem Risiko einer Selbstprüfung für den Revisionskunden erbringen. Aber die Revisionsstelle darf dies, sofern die personelle und organisatorische Trennung gegeben ist.

Gegensätzliche Formulierung desselben Gegenstands

Auffällig ist zweitens, dass zwar beide Bestimmungen das Mitwirken bei der Buchführung sowie das Erbringen anderer Dienstleistungen erlauben, die Erlaubnis jedoch gegensätzlich formulieren.

Zuerst gilt es, die Grundsätze festzuhalten:

Bei ordentlicher Revision stellt der Grundsatz ein Verbot dar *([...] nicht vereinbar ist insbesondere [...])*, das allerdings mit einer Beschränkung versehen wird *([...] durch die das Risiko entsteht, als Revisionsstelle eigene Arbeiten überprüfen zu müssen [...])*. Trotz grundsätzlichem Verbot sind also diese Tätigkeiten dann zugelassen, wenn das Risiko nicht entsteht, eigene Arbeiten überprüfen zu müssen. Der Grundsatz lautet in Kürze:

→ Verbot mit Ausnahmeerlaubnis

Bei eingeschränkter Revision bildet der Grundsatz hingegen eine Erlaubnis *([...] sind zulässig [...])*, die allerdings mit einer Beschränkung versehen wird *([...] sofern das Risiko der Überprüfung eigener Arbeiten entsteht [...])*. Der Grundsatz lautet in Kürze:

→ Erlaubnis mit Ausnahmeverbot, das jedoch mit Auflagen aufgehoben werden kann.

Unterschiedliche Behandlung der Ausnahme

Drittens behandelt das Gesetz diese jeweilige Ausnahme vom Grundsatz je nach Revisionsart unterschiedlich. Ist die Ausnahme bei ordentlicher Revision nicht gegeben, entsteht also *«das Risiko, eigene Arbeiten überprüfen zu müssen»*, sind diese Tätigkeiten ganz verboten. Anders als bei eingeschränkter Revision können auch keine Massnahmen getroffen werden, um diese Tätigkeiten dennoch ausüben zu dürfen.

Ist hingegen die Ausnahme bei eingeschränkter Revision nicht gegeben, entsteht also auch hier *«das Risiko, eigene Arbeiten überprüfen zu müssen»*, dann sind die Tätigkeit nicht ausnahmslos verboten, sie dürfen im Gegenteil ausgeführt werden, wenn *«geeignete organisatorische und personelle Massnahmen eine verlässliche Prüfung»* sicherstellen.

Vergleich der gesetzlichen Regeln bei der ordentlichen mit der eingeschränkten Revision Mitwirkung bei der Buchführung und Erbringen anderer Dienstleistungen			
	Grundsatz	Ausnahme	Massnahmen
Ordentliche Revision	Verboten	Erlaubt, wenn das Risiko nicht entsteht, eigene Arbeiten überprüfen zu müssen	Keine Massnahmen möglich
Eingeschränkte Revision	Erlaubt	Verboten, wenn das Risiko entsteht, eigene Arbeiten überprüfen zu müssen	Geeignete organisatorische und personelle Massnahmen

19. Unabhängigkeit

c) Ergebnis und Schlussfolgerungen

Wichtig ist, festzuhalten, was der Grundsatz bedeutet:

Er besagt, dass selbst bei ordentlicher Revision das Mitwirken bei der Buchführung und das Erbringen anderer Dienstleistungen ausdrücklich erlaubt sind, obwohl der Grundsatz als Verbot formuliert ist. Der Umkehrschluss aus der Ausnahme lässt dieses Ergebnis sprachlich eindeutig zu. Dieser Schluss ist vor allem deshalb bedeutsam, weil zurzeit eine nicht gesetzeskonforme Tendenz besteht, bei der ordentlichen Revision von einem «Per se»-Verbot des Mitwirkens bei der Buchführung auszugehen (dazu weiter unten).

Bei der eingeschränkten Revision bedeutet der Grundsatz, dass diese Tätigkeiten der Revisionsstelle umfassend – sogar, wenn das Risiko der Selbstprüfung effektiv entsteht – erlaubt sind. Es braucht dann zusätzlich geeignete organisatorische und personelle Massnahmen.

Die gesetzliche Regelung kann daher – mit umgekehrter Formulierung als üblich – folgendermassen zusammengefasst werden:

> Die Mitwirkung bei der Buchführung und das Erbringen anderer Dienstleistungen für einen Prüfkunden sind der Revisionsstelle bei beiden Revisionsarten erlaubt. Entsteht bei einer Tätigkeit das Risiko, eigene Arbeiten überprüfen zu müssen, ist diese Tätigkeit bei beiden Revisionsarten verboten. Bei der eingeschränkten Revision kann das Verbot durch das Treffen geeigneter organisatorischer und personeller Massnahmen aufgehoben werden.

19.7.6.3 Durchführung einer Revision im Vergleich zum Mitwirken bei der Buchführung

Nichts mit der «Mitwirkung bei der Buchführung» hat der «Prüfungsprozess» des Revisors zu tun. Diese unterschiedlichen Tätigkeiten sind auseinanderzuhalten. Der Revisor muss im Prüfungsprozess intensiven Austausch mit der Unternehmensleitung des Prüfungskunden pflegen. Dabei wird vor allem über kritische Prüfungsgegenstände ausgiebig diskutiert, und es werden Meinungen ausgetauscht und Meinungen gebildet. Aus dieser unerlässlichen Prüfungsdiskussion erhält der Prüfungskunde Informationen und Anregungen zu Rechnungslegungs- und Bilanzierungsgrundsätzen, Bewertungsmethoden, Offenlegungspflichten, z. B. im Anhang, Risikoeinschätzungen, Rückstellungskriterien, Buchungsproblemen, Kontoabstimmungen u. v. a. m.

Ein fachlicher Austausch zwischen Revisor und Unternehmensleitung ist Teil der Prüfung und fördert die Fertigstellung des Abschlusses in einer vom Prüfer letztlich akzeptierbaren und ordnungsgemässen Form. Dabei erscheint es normal, ja geboten, dass zahlreiche Entwurfsvarianten des Abschlusses entstehen und zwischen Revisor und Prüfkunden kursieren. Akzeptiert der Revisor z. B. die Bewertung einer Position nicht, ist es ihm nicht nur erlaubt, sondern geboten, dem Kunden die seiner Ansicht nach rechnungslegungsrechtlich akzeptable Bewertung zu kommunizieren.

Es finden sich in der Literatur Ansichten, die dem Revisor in solchen Fällen unerlaubte Beratung mit anschliessender Selbstprüfung vorwerfen. Sie verkennen den Charakter der Prüfungstätigkeit.

19. Unabhängigkeit

Die Frage der Unabhängigkeit stellt sich bei diesem fachlichen Austausch nicht. Es ist keine Beratung, sondern Teil des Prüfungsprozesses, denn der Abschlussprüfer muss Korrekturvorschläge der Unternehmensleitung mitteilen (HWP ER, S. 190). Eine organisatorische und personelle Trennung dieser «Beratung» ist nicht nötig, ja sie ist nicht gestattet, denn der Prüfer hat seine Aufgabe selber zu erfüllen. Es geht dabei nicht darum, dass der Revisor Entscheidungen für den Prüfkunden trifft. Seine Empfehlung betrifft zwar den Prüfkunden, aber dieser kann sie ablehnen, muss dann allerdings z. B. mit einer Einschränkung im Bericht rechnen.

19.7.6.4 Mitwirken bei der Buchführung bei der ordentlichen Revision auch gestattet

Die gesetzliche Regelung des Mitwirkens bei der Buchführung und des Erbringens anderer Dienstleistungen bei der ordentlichen Revision bestätigt die hier geäusserten Ansichten zur eingeschränkten Revision. Selbst die Botschaft (Botschaft 2004, S. 4019) zählt für die ordentliche Revision Beispiele aus der Buchführung auf, die das Selbstprüfungsverbot betreffen würden («*Erstellung von Jahresabschlüssen, Erbringen von Bewertungsdienstleistungen, Entwicklung und Einführung von Finanzinformationssystemen*»). Eine solche Aufzählung wäre unnötig, wenn das Mitwirken in der Buchführung «Per se» verboten wäre. Sie zeigt klar, dass andere Tätigkeiten als die aufgezählten Beispiele bei der Mitwirkung in der Buchführung erlaubt sind.

Bestätig wird dies auch in den «Richtlinien zur Unabhängigkeit» 2007 (RzU) der Treuhand-Kammer (S. 23 f.), die zeigen, dass das Mitwirken in der Buchführung bei der ordentlichen Revision erlaubt ist. Von einem «Per se»-Verbot kann keine Rede sein. Im Gegenteil sind diverse Dienstleistungen für die Buchführung ausdrücklich zulässig.

19.7.6.5 Erbringen anderer Dienstleistungen unter denselben Prämissen bei beiden Revisionsarten

Die Richtigkeit der hier vertretenen Ansicht zeigt sich auch darin, dass «*das Erbringen anderer Dienstleistungen*» im gleichen Satz von Art. 729 Abs. 2 OR erwähnt und denselben Bedingungen unterworfen wird wie das Mitwirken in der Buchführung. Dabei ist unbestritten, dass Beratungsdienstleistungen durch die Revisionsstelle, unter exakt derselben Prämisse des Selbstprüfungsverbotes, erbracht werden dürfen. So zeigt RzU 2007 den grossen Beratungsspielraum in zahlreichen Geschäftsfeldern auf (z. B. Art. 32–40, Bewertungen, Corporate Finance, Interessenvertretung und Rechtsberatung, Steuer-, Abgabe- und Sozialversicherungsberatung etc.).

Personell und organisatorisch abgetrennt werden müssen wiederum nur jene Dienstleistungen, bei denen die Gefahr einer Selbstprüfung besteht. Ist dies nicht der Fall, sind diese Beratungsdienstleistungen auch bei der ordentlichen Revision zulässig. Auch das HWP ER zählt zahlreiche Tätigkeiten auf, die nicht unter die Selbstprüfung fallen (S. 129):

«*Dienstleistungen im Bereich des Steuer-, Abgabe- und Sozialversicherungsrechts, insbesondere die Unterstützung bei der Erstellung der Steuer- und Abgabedeklarationen, Beratung im Rahmen der Veranlagungen von Steuern, Abgaben und Sozialversicherungsbeiträgen, Unterstützung bei Verhandlungen gegenüber Behörden, allgemeine Steuerplanung, Unterstützung bei spezifischen Geschäftsvorfällen sowie die Entwicklung und Beurteilung von Steuerstrategien, MWSt-Beratung.*»

19. Unabhängigkeit

Zulässig sind zudem auch z. B. die Erarbeitung von Steuerstrategien, Beratung im Sozialversicherungsrecht, Rechtsberatung und Beratung bei vielen weiteren Geschäftsvorfällen. Solche Dienstleistungen dürfen also auch vom leitenden Revisor oder von einem Mitglied des Prüfungsteams erbracht werden und müssen nicht im Revisionsbericht aufgeführt werden.

Selbst z. B. eine Sozialversicherungsdeklaration fällt nicht unter das Selbstprüfungsverbot. Das erscheint jedoch sachlogisch, wenn von der Prämisse ausgegangen wird, dass die Leistung basierend auf einer bereits bestehenden Buchführung (hier die Lohnbuchhaltung) erbracht wird. Die Leistung wird also anhand bestehender Daten ohne wesentliches Ermessen erbracht. Der Kunde profitiert so wiederum vom Wissen des Revisors, der Erfahrung mit solchen Deklarationen hat.

Muss eine Dienstleistung unter Beachtung der organisatorischen und personellen Trennung erbracht werden, ist dies entsprechend im Revisionsbericht offen zu legen (Art. 729b Abs. 1 Ziff. 3 OR). Dienstleistungen ohne Gefahr der Selbstprüfung sind sowohl bei der ordentlichen wie auch bei der eingeschränkten Revision zulässig und müssen im Revisionsbericht nicht offengelegt werden.

19.7.6.6 Mitwirken bei der Buchführung in Deutschland

Selbst in Deutschland (auch in anderen Ländern, z. B. den USA) darf z. B. die Revisionsstelle unmittelbar bei der Buchführung mitwirken. Dabei ist zu beachten, dass in Deutschland nur für Unternehmen mit grosser wirtschaftlicher Bedeutung eine Revisionspflicht besteht. Die Unabhängigkeit der Revisionsstelle wird in den Publikationen der Wirtschaftsprüferkammer, der Standesorganisation der Wirtschaftsprüfer, unter dem Titel «§ 23a Selbstprüfung» (Satzung der Wirtschaftsprüferkammer über die Rechte und Pflichten bei der Ausübung der Berufe des Wirtschaftsprüfers und des vereidigten Buchprüfers/Berufssatzung für Wirtschaftsprüfer/vereidigte Buchprüfer – BS WP/vBP vom 11. Juni 1996, Version vom 12. Oktober 2012, www.wpk.de/rechtsvorschriften, S. 16) geregelt. Die Regelung beschränkt das Mitwirken bei der Buchführung auf Tätigkeiten von «untergeordneter Bedeutung». Von einem «Per se»-Verbot ist keine Rede, im Gegenteil wird deutlich, dass das Mitwirken bei der Buchführung erlaubt ist:

> [1] Die Mitwirkung an der Führung der Bücher oder an der Aufstellung des zu prüfenden Jahresabschlusses begründet unwiderleglich die Besorgnis der Befangenheit, sofern die Tätigkeit nicht von untergeordneter Bedeutung ist.
>
> [2] Dies gilt nur für die unmittelbare Mitwirkung, grundsätzlich aber nicht für Beratungs oder sonstige Leistungen, die sich nur mittelbar auf den Abschluss auswirken.
>
> [3] Auch eine Mitwirkung im Rahmen der prüferischen Aufgaben, etwa durch Vorabbeurteilung von Sachverhalten, begründet im Regelfall keine Befangenheit.

19.7.6.7 Definition Rechnungswesen – Buchführung – Tätigkeiten mit Risiko der Selbstprüfung

a) Einleitung

Die soeben dargestellte gesetzliche Regelung zeigt, dass die Revisionsstelle bei beiden Revisionsarten weitreichende Möglichkeiten hat, in der Buchführung mitzuwirken und an-

19. Unabhängigkeit

dere Dienstleistungen zu erbringen. Es ist wichtig, diese Begriffe hier zu klären, um das Ausmass der erlaubten Mitwirkung in der Buchführung klar umreissen zu können.

Seit der Einführung der eingeschränkten Revision besteht vor allem bezüglich des Begriffs der «Buchführung» eine Tendenz, dieser Tätigkeiten zuzuordnen, die mit «Buchführung» nichts zu tun haben. Damit werden die Möglichkeiten der Revisionsstelle über das Gesetz hinaus eingeschränkt. Meistens werden dabei Buchführung und Rechnungswesen verwechselt.

Eine weitere Tendenz besteht darin, unterschiedslos alle Tätigkeiten, die zur Buchführung gehören, dem Mitwirkungsverbot zu unterstellen. Der Gesetzeswortlaut verpönt hingegen die Mitwirkung in der Buchführung nur dann, wenn dabei das Risiko einer Selbstprüfung entsteht. Zahlreiche Tätigkeiten in der «Buchführung» beinhalten dieses Risiko jedoch nicht. Meistens wird nicht genauer abgeklärt, ob eine Tätigkeit ein Risiko der Selbstprüfung bedeutet.

b) Elemente des Rechnungswesens und Risiken der Selbstprüfung

> **Definition Rechnungswesen**
>
> Das Rechnungswesen ist ein Gesamtkomplex von Zählungen, Berechnungen und darstellenden Auswertungen für eine wirtschaftliche Einheit mit dem Zweck der Beschaffung von Informationen über alle für die Führung dieser Einheit relevanten zahlenbasierten Tatsachen. Zum Rechnungswesen gehören alle für die Erfassung, Speicherung und Archivierung dieser Informationen geschaffenen Geräte und Hilfsmittel. Dieser Gesamtkomplex besteht aus einer Vielzahl von verschiedenen Teilkomplexen mit verschiedenen Graden der Selbstständigkeit, unterschiedlichen Vernetzungsintensitäten und Blickwinkeln zum Gesamtkomplex.

Das Rechnungswesen umfasst auch die Buchhaltung, enthält aber wesentlich mehr zahlenmässige Angaben und Darstellungen zur Unternehmung als diese (Abbildung 89). Die über die Buchhaltung hinausgehenden Informationen werden von der Revisionsstelle nicht geprüft. Wirkt darum die Revisionsstelle beim Rechnungswesen mit, stellt sich die Frage des Risikos der Selbstprüfung nicht, ausser wenn es sich um Buchführung handelt.

So kann das Rechnungswesen reinen Dokumentationszwecken oder dem Zweck der Überwachung (von verantwortlichen Personen) dienen. Es kann Einzelrechnungen oder Gruppenrechnungen, Vergleichsrechnungen, Feststellungsrechnungen statischer, dynamischer oder korrelativer Art enthalten. Auch die Budgetierung als Zukunftsrechnung gehört dazu. Sie enthält Budgeteinzelpläne (Absatzplan, Produktionsplan, Finanzplan, Liquiditätsplan), aber auch die Ergebnisse davon, wie die Planbilanz, Planerfolgsrechnung und die Plankapitalflussrechnung und als wichtiges Element auch die Budgetkontrolle.

Ebenso gehört die Kalkulation mit der Betriebsabrechnung (Kostenarten-, Kostenstellen- und Kostenträgerrechnung) zum Rechnungswesen. Wichtig sind auch statistische Aufstellungen, die den Vergleich und die Verknüpfung all der verschiedenen Rechnungsgebiete aufbereiten. Als Sonderbereiche gehören dazu die Betriebsanalyse und auch ein allfälliger Betriebsvergleich (Käfer 1981, Grundlagen S. 14 ff.) (Käfer 1981, S. 14 ff.).

19. Unabhängigkeit

Zeitliche Blickrichtung

Vergangenheitsrechnungen
- Dokumentationszwecke
- Rechnungslegungszwecke z.B. Jahresrechnung
- Überwachungszwecke

Zukunftsrechnungen
- Entscheidungszwecke z.B. Planbilanz

Systematisch-organisatorische Blickrichtung

Ständige und periodische Rechnungen

Buchhaltung	Vergangenheits-, Zeitabschnitts- und Zeitpunktsrechnung über Geld, Güter und Leistungen
Budget	Zukunfts- Zeitabschnitts- und Zeitpunktsrechnung
Vor- und Nachkalkulation	Zukunfts-und Vergangenheitsrechnung über die mit erworbenen Produktionsgütern und mit verbrauchs- und absatzbestimmten Betriebsleistungen verbundenen Kosten, Erlöse und Gewinne
Statistik	Vergleich inner- und ausserbetrieblicher Zahlengrössen, insb. zum Vergleich der in den anderen Rechnungsbereichen ermittelten Mengen und Werte

Fallweise Rechnungen

Betriebswirtschaftliche Statistik als betriebliche Planungsrechnung

Hauptaufgabe	Vergleich und Verknüpfung der von den übrigen Rechnungsgebieten zur Verfügung gestellten Zahlen
Sondergebiete	
• Betriebsanalyse	Analyse der Grundvorgänge in der Unternehmung
• Finanzanalyse	Analyse der Finanzierung und Investierung
• Liquiditätsanalyse	Analyse von Produktion und Absatz
• Aufwands-, Ertrags- und Erfolgsanalyse	Interne Vergleichsrechnung (Betriebsabteilungen)
• Betriebsvergleich	Externe Vergleichsrechnung (andere Unternehmungen)

Mögliches Risiko der Überprüfung eigener Arbeit

Gegenständliche Blickrichtung

Gesamtrechnungen

Zeitpunktbezogen
- Jahresbilanz
- Monatsbilanz
- Zwischenbilanz

Zeitraumbezogen
- Erfolgsrechnung Jährlich Monatlich

Einzel- Gruppen- Objektsrechnungen
- Immobilienrechnung
- Fahrzeugrechnung
- Reiseabrechnung
- Produktrechnung

Definition Rechnungswesen

Das Rechnungswesen ist ein Gesamtkomplex von Zählungen, Berechnungen und darstellenden Auswertungen für eine wirtschaftliche Einheit mit dem Zweck der Informationsbeschaffung über alle für die Führung dieser Einheit relevanten zahlenbasierten Tatsachen.

Zum Rechnungswesen gehören alle für die Erfassung, Speicherung und Archivierung dieser Informationen geschaffenen Geräte und Hilfsmittel.

Dieser Gesamtkomplex besteht aus einer Vielzahl von verschiedenen Teilkomplexen, mit verschiedenen Graden der Selbständigkeit, unterschiedlicher Vernetzungsintensität und unterschiedlichen Blickwinkeln auf den Gesamtkomplex.

Budget als betriebliche Planungsrechnung

Budgetkontrolle	Vergleich zwischen vorgegebenem «Soll» festgestelltem «Ist» Abweichungsanalyse
Budgeteinzelpläne	Absatzplan Produktionsplan Finanzplan Dazugehörige Teilpläne
Budgetergebnispläne	Planbilanz Planerfolgsrechnung Plankapitalflussrechnung

Zielorientiert Blickrichtung

Feststellungsrechnungen

Statisch
Feststellung von Beständen materieller Art
- nach Menge und/oder
- nach Wert
- z.B. Aktueller Lagerbestand
- z.B. Aufwand für Fahrt mit öffentlichen Verkehrsmitteln

Feststellung von Beständen immaterieller Art
- Guthaben
- Schulden

Dynamisch
Feststellung von Veränderungen
- nach indirekter Bewegungsrechnung und/oder
- nach fortlaufender Bewegungsrechnung

Korrelativ/Kausal
Feststellung von Zuständen/ Veränderungen durch Ermittlung von Beziehungen zwischen Rechnungsobjekten

Feststellung und Zurechnung von Zu- und Abgängen auf Betriebsleistungen und andere Vorgänge, die sie verursacht haben

Vergleichsrechnungen

z.B. Vergleiche Lagerbestand mit früherem Zeitpunkt
z.B. Zunahme Aufwand für Fahrten mit öffentlichen Verkehrsmitteln

Bildung der Differenz zwischen End- und Anfangsbestand Ermittlung aller Zu- und Abgänge

Nutzen- und Kostenrechnung

Kalkulation als Kostenrechnung

Berechnung der Kosten der materiellen und immateriellen Erzeugnisse der Betriebstätigkeit (Kostenträger), die für Absatz oder Eigenverbrauch hergestellt werden

Betriebsabrechnung	• Kostenarten-, • Kostenstellen- und • Kostenträgerrechnung
Kostenbegriff	• Vergangenheits- und Zukunftskosten • tatsächliche und verrechnete Kosten • Ist- und Soll-Kosten • Standardkosten
Nutzenrechnung	Ermittlung der mit Betriebsleistungen verbundenen Sach- und Wertzugänge
Divisionskalkulation	Durchschnittskosten (oder -erlöse) von Produkten
Zuschlagskalkulation	Ermittlung Einzelkosten plus Zuschlag Gemeinkosten Zweck: Herstellungs- oder Selbstkosten ermitteln

Abbildung 89: Bereiche des Rechnungswesens

19. Unabhängigkeit

Einen weiteren Blick auf die Funktionen des Rechnungswesens und die Aufgaben des Chief Financial Officer eröffnet die nachfolgende Abbildung.

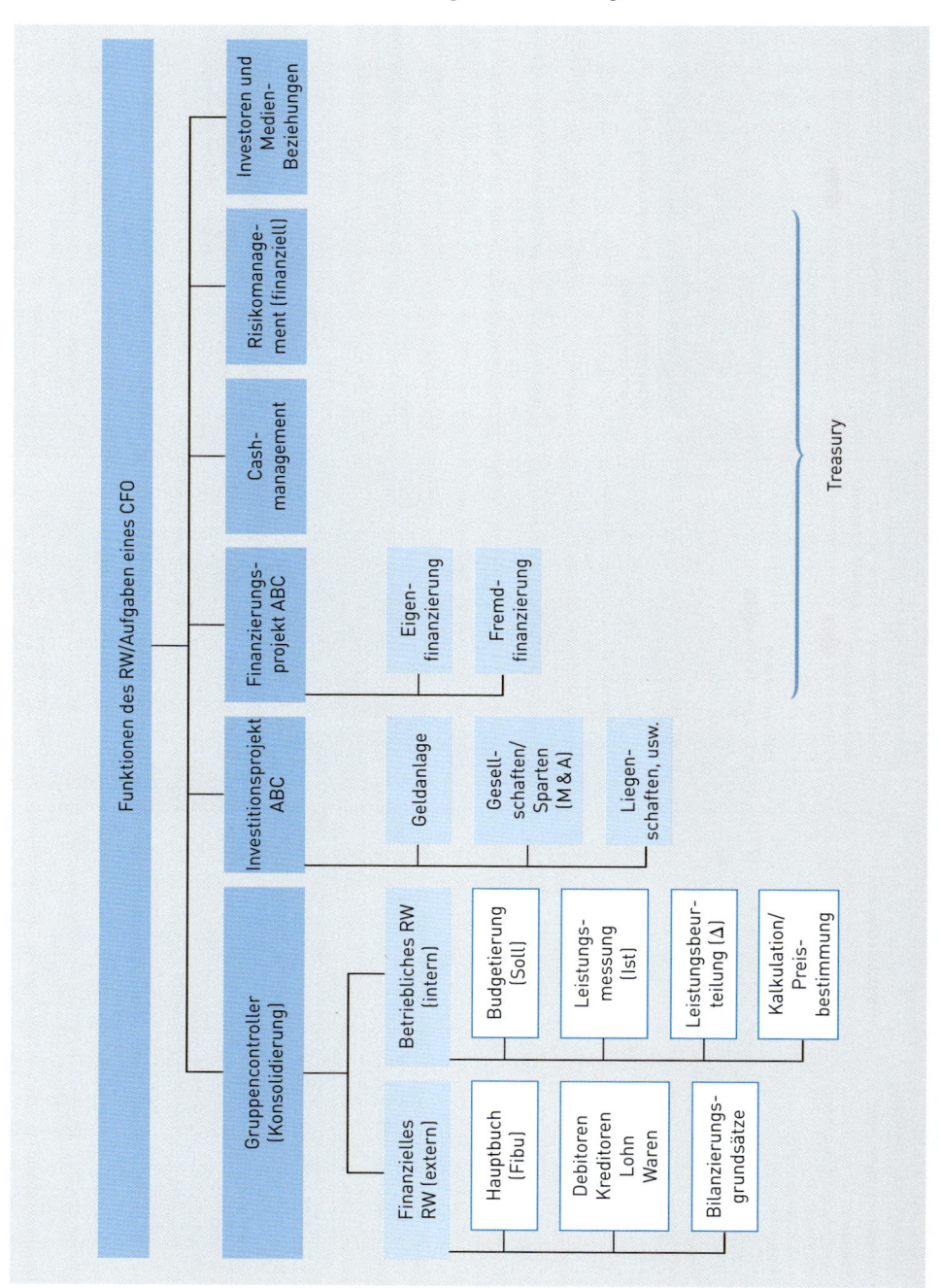

Abbildung 90: Funktionen des Rechnungswesens und des CFO

19. Unabhängigkeit

c) Elemente der Buchhaltung/Buchführung und Risiken der Selbstprüfung

> **Definition Buchführung**
>
> Das Führen der Buchhaltung bedeutet eine Nachrechnung über Geld, Güter und Leistungen einer Wirtschaftseinheit mit dem Ziel der Information über Bestand und Veränderung, Zu- und Abgang dieser zweckfördernden Mittel. Sie verfolgt die tatsächliche und/oder erwartete Bewegung der Mittel von ihrem Zugehen oder Entstehen bis zu ihrem Verschwinden durch Verlust, Verbrauch oder Weitergabe.

Die Buchhaltung besteht aus zahlreichen verschiedenen Elementen, die in ihrer je eigenen Weise einen zahlenmässigen Blick auf die betrachtete Wirtschaftseinheit darstellen (Abbildung 91). Die verschiedenen Elemente haben verschiedene Zwecke und unterschiedliche Bedeutung. Neben den Hauptbüchern bestehen Grundbücher und sonstige Bücher mit verschiedenen Zwecken. Die Buchhaltung kann sich zudem mit innerbetrieblichen und ausserbetrieblichen Vorgängen befassen, sie kann diese in Geldwerten oder Mengeneinheiten erfassen, sie kann Querschnitte und Längsschnitte durch das Unternehmensgeschehen abbilden usw. (Käfer 1981, Grundlagen S. 19 ff. und S. 26 ff.).

Das Mitwirken bei der Erstellung dieser Elemente kann das Risiko einer Selbstprüfung beinhalten. Dieses ist jedoch graduell verschieden, bei gewissen Elementen besteht es nicht, bei anderen erscheint es gering, bei dritten ist es bedeutend. Wirkt die Revisionsstelle bei der Buchführung mit, muss darum hinsichtlich der Frage der Zulässigkeit abgeklärt werden, ob eine Tätigkeit mit dem Risiko einer Selbstprüfung verbunden ist oder nicht. Die roten Pfeile in Abbildung 91 markieren Mitwirkungsarbeiten, die typischerweise kritisch sind für die Überprüfung eigener Arbeiten. Im Einzelfall kann es sein, dass auch Dienstleistungen in anderen Bereichen personell und organisatorisch getrennt werden müssen.

19. Unabhängigkeit

Bücher

Hauptbuch
Konten
- Guthabenkonten
- Schuldenkonten
- Sachkonten
- Eigentümerkonten
- Erfolgskonten

Grundbücher
- Journal
  Buchungsangaben für alle Buchungen in chronologischer Folge
- Kassabuch
- Postcheckbuch
- Wareneingangsjournal
- Wechseljournal
- etc.

Sonstige Bücher
Kontokorrentbuchhaltung
Salärbuchhaltung
Immobilienbuchhaltung
Hypothekenbuchhaltung
Teilhaberregister (Aktionärsbuch);

Aufzeichnungen zu:
- Bürgschaften
- Kautionen
- Garantien
- Regressverpflichtungen
- Verkaufsmengenrapporte
- Ein- und Verkaufskontrakte
- Devisen- und Börsengeschäfte

Gegenstand der Buchhaltung

Gegenstände
- Geld
  In verschiedenen Formen
- Guthaben
- Schulden

Gesamtheit der erfassbaren, relevanten **Wirtschaftsmittel**

Erfassungsformen
- Geldwerte
- Mengen
- Istgrössen
- Sollgrössen
- Plangrössen

Beziehungsformen
- Innerbetrieblich
  Bestand, Zugang und Abgang von Gütern und Leistungen
- Ausserbetrieblich
  Bestand, Zugang und Abgang von Gütern und Leistungen

Definition der Buchhaltung

Buchhaltung ist Nachrechnung über Geld, Güter und Leistungen einer Wirtschaftseinheit, mit dem Ziel der Information über Bestand und Veränderung, Zu- und Abgang dieser zweckfördernden Mittel. Sie verfolgt die tatsächliche und/oder erwartete Bewegung der Mittel von ihrem Zugehen oder Entstehen bis zu ihrem Verschwinden durch Verlust, Verbrauch oder Weitergabe.

Abschlussrechnungen

Inventar
Aufnahme Gesamtbestand an bewerteten materiellen und immateriellen Wirtschaftsmitteln

Bilanz

Aktive
- Umlaufvermögen
- Anlagevermögen
  - Finanzanlagen
  - Betriebsanlagen

Passiven
- Fremdkapital
  - kurzfristig
  - langfristig
- Eigenkapital

Erfolgsrechnung

Aufwand
- Betriebsaufwand
- Neutraler Aufwand
(Positiver) Erfolg
= Unternehmungsgewinn

Ertrag
- Absatzertrag = (Netto-) Erlös
- Übriger Betriebsertrag
- Neutraler Ertrag

Mögliches Risiko der Überprüfung eigener Arbeit

Buchhaltung als Quer- oder Längsschnitt

Querschnitt
- Inventare
- Bilanzen
Erfassung der Situation

Längsschnitt
- Umsatzrechnung
- Erfolgsrechnung
Erfassung der Bewegungsgrösse und -richtung

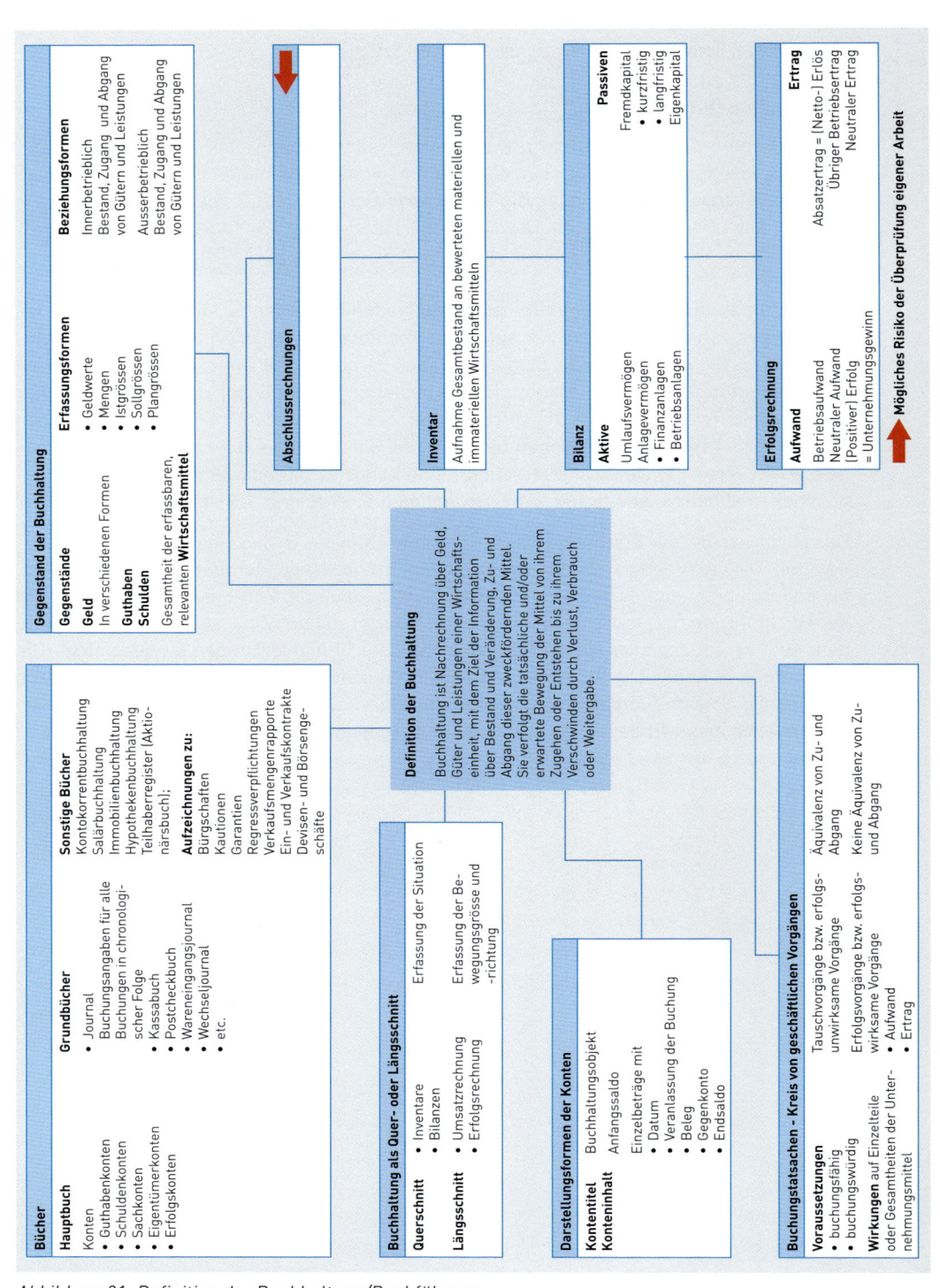

Darstellungsformen der Konten

Kontentitel   Buchhaltungsobjekt
Konteninhalt
- Anfangssaldo
- Einzelbeträge mit
  - Datum
  - Veranlassung der Buchung
  - Beleg
  - Gegenkonto
- Endsaldo

Buchungstatsachen – Kreis von geschäftlichen Vorgängen

Voraussetzungen
- buchungsfähig
- buchungswürdig

Wirkungen auf Einzelteile oder Gesamtheiten der Unternehmungsmittel

Tauschvorgänge bzw. erfolgsunwirksame Vorgänge
Erfolgsvorgänge bzw. erfolgswirksame Vorgänge
- Aufwand
- Ertrag

Äquivalenz von Zu- und Abgang
Keine Äquivalenz von Zu- und Abgang

Abbildung 91: Definition der Buchhaltung/Buchführung

19. Unabhängigkeit

Wenn sich herausstellt, dass eine spezifische Tätigkeit der Revisionsstelle bei der Mitwirkung in der Buchführung oder dem Erbringen anderer Dienstleistungen ein Risiko der Selbstprüfung enthalten könnte, muss analysiert werden, worin diese Tätigkeit genau besteht. Denn jeder Akt in der Buchführung besteht meist aus Dutzenden von einzelnen Arbeitsschritten, die z. T. risikolos, z. T. risikobehaftet sein können.

d) Beispiel Salärbuchhaltung und Risiken der Selbstprüfung

Ein Beispiel soll aufzeigen, wie diese Analyse zu erfolgen hat. Es geht hier um das Umfeld der Salärbuchhaltung und deren Abläufe (Abbildung 92). Dargestellt werden wichtige Schritte und Auswirkungen auf das Rechnungswesen und die Buchhaltung bei der Einstellung eines neuen Arbeitnehmers. Die Einstellung eines neuen Mitarbeiters führt zu Aktivitäten im Rechnungswesen und in der Buchführung. Regelmässig nicht risikobehaftet im Hinblick auf die Selbstprüfung sind Tätigkeiten im Rechnungswesen bzw. im Umfeld der Salärbuchhaltung und im Bereich der Dokumentation.

Tätigkeiten bei der Erfassung von Ereignissen (Arbeitsvertrag entwerfen, Arbeitszeiterfassung einführen, instruieren, systematisieren usw.) sind in der Regel ebenfalls nicht risikobehaftet, weil sie meist technischer Natur sind, d. h., keine Entscheidungsfreiheit bedeuten und daher bei der Prüfung durch die Revisionsstelle nicht «ein zweites Mal» geprüft werden bzw. zu keiner Selbstprüfung führen können. Der Arbeitsvertrag z. B. muss den Vorgaben des Arbeitgebers entsprechen und von ihm unterzeichnet werden, die Arbeitszeiterfassung muss lückenlos, mit Sollzeiten versehen, vom Mitarbeiter visiert usw. sein.

Risikobehaftet sind am ehesten Tätigkeiten bei der Einrichtung der grundsätzlichen Verbuchungslogik in der Lohnbuchhaltung (z. B. Definition der Buchungen pro Lohnart) und der Verarbeitung der Ereignisse in der Buchhaltung (z. B. Erfassung von Monats- oder Stundenlöhnen und Spesen). Auch in diesem Bereich gibt es aber Arbeitsschritte, die nicht risikobehaftet sind, weil sie technischer Natur sind, d. h. keine Entscheidungsfreiheit beinhalten. Die Aufbereitung z. B. der Zahlungsaufträge aus den vom Kunden vorgegebenen Löhnen ist ein rein technischer Vorgang. Auch die Berechnung der Sozialabzüge folgt z. B. meistens vorgegebenen Normen, die kein Ermessen beinhalten und nicht zur Selbstprüfung führen. Dass die Erstellung der jährlichen Sozialversicherungsdeklaration nicht der Selbstprüfung unterliegt, wurde bereits in Kapitel 19.7.6.5 aufgezeigt. Noch mehr gilt dies für die jährlich zu erstellenden Lohnausweise, weil diese Tätigkeit weder zur Salärbuchhaltung noch zur Buchhaltung überhaupt gehört, sondern Teil des Rechnungswesens ist.

Es zeigt sich, dass selbst diese relativ kleine Hilfsbuchhaltung, genannt «Salärbuchhaltung», aus Hunderten von verschiedenen Elementen besteht, von denen jedes zu Tätigkeiten führt, die vom Kunden selber ausgeführt oder ausgelagert werden können. Es besteht kein Zweifel, dass einige dieser Dienstleistungen gar nicht zur Buchführung gehören, andere gehören dazu, enthalten jedoch kein Risiko der Selbstprüfung, wieder andere bedeuteten eine unzulässige Mitwirkung in der Buchführung bei ordentlicher Revision. Die roten Pfeile in Abbildung 92 markieren Mitwirkungsarbeiten, die typischerweise kritisch sind für die Überprüfung eigener Arbeiten. Im Einzelfall kann es sein, dass auch Dienstleistungen in anderen Bereichen personell und organisatorisch getrennt werden müssen.

19. Unabhängigkeit

Tätigkeiten im Umfel

Stellenplanung Budgetierung	Erarbeitung Profil neue Arbeitsstelle	Stellenausschreibung	Bewerbungs- und Auswahlverfahren	Beurteilungsgespräch
Dienstleistung ausserhalb Rechnungswesen möglich	Dienstleistung ausserhalb Rechnungswesen möglich	Dienstleistung ausserhalb Rechnungswesen möglich	Dienstleistung ausserhalb Rechnungswesen möglich	Dienstleistung ausserhalb Rechnungswesen möglich

Ereignis/Tätigkeit im Kernbereic

...	Einrichten Lohnbuchhaltung	Schnupperarbeitstag	Arbeitsvertrag	Arbeitszeiterfassung
				Kontrolle der Arbeitszeiten

Verarbeitung Ereignis Salärbuchhaltun

...	...	Entschädigungszahlung/ Spesen	Erfassung im Mitarbeiterstamm	Kontrolle der erfass Lohnbuchungen
			Berechnung • Bruttolohn • Sozialabzüge • Zulagen • Boni • Spesen	
			Kontierungsrichtlinien	

Tätigkeiten zur Dokumentatio

...	...	Beleg Abrechnung Beleg Auszahlung	Beleg/Ablage	Beleg/Ablage

➡ Mögliches Risiko der Überprüfung eigener Arbeit

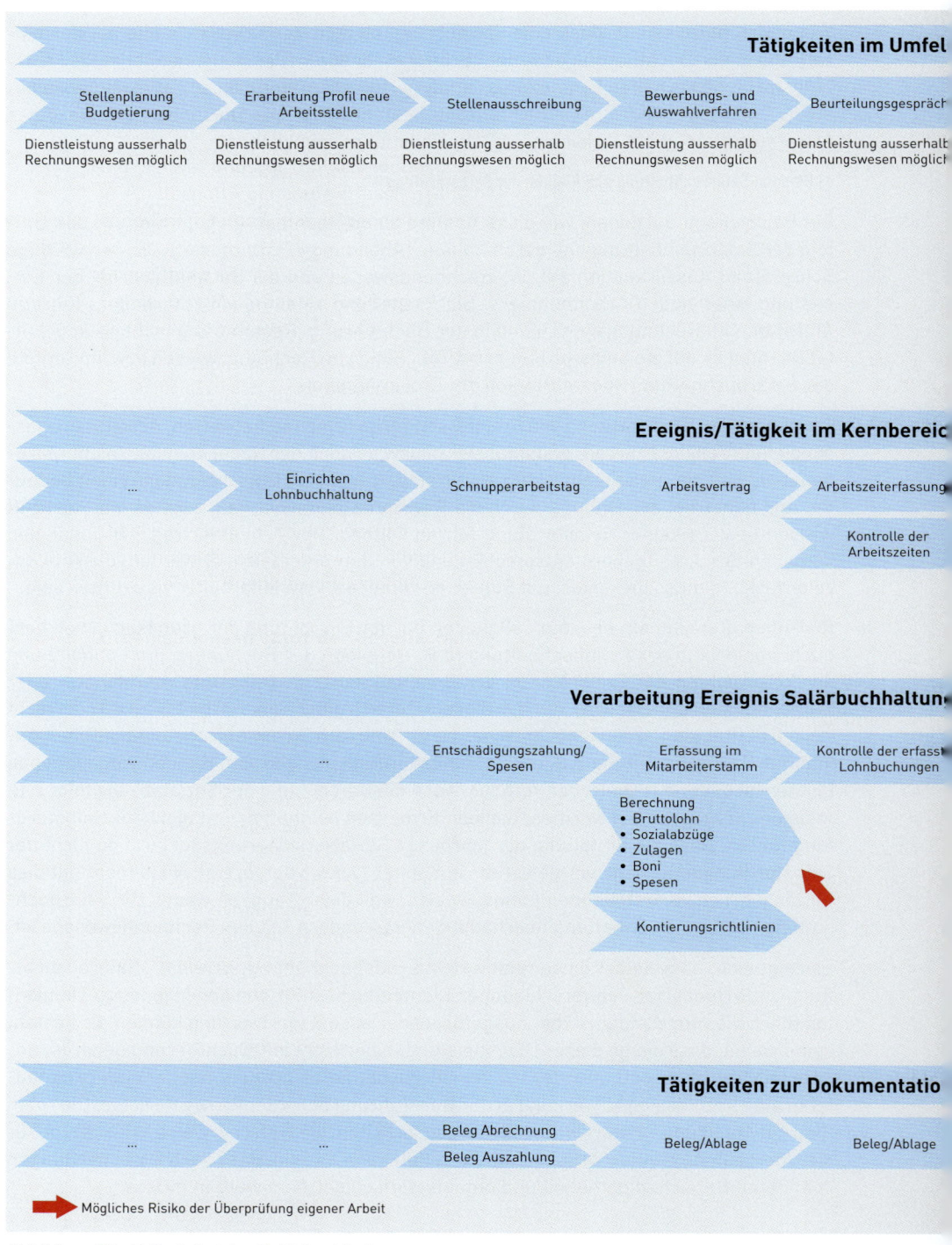

Abbildung 92: Abläufe bei der Salärbuchhaltung

19. Unabhängigkeit

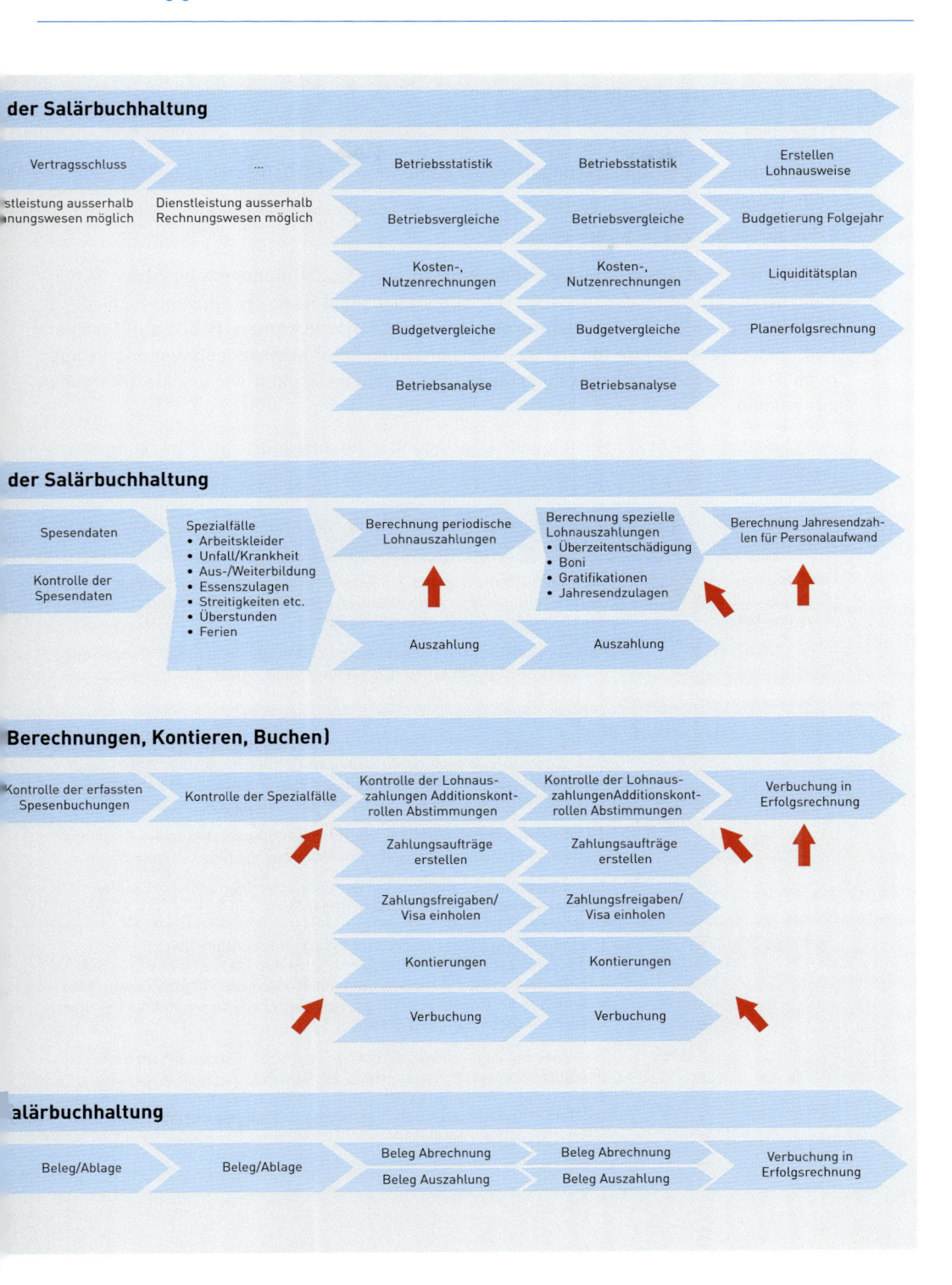

...der Salärbuchhaltung

| Vertragsschluss | ... | Betriebsstatistik | Betriebsstatistik | Erstellen Lohnausweise |

Dienstleistung ausserhalb Rechnungswesen möglich | Dienstleistung ausserhalb Rechnungswesen möglich

- Betriebsvergleiche / Betriebsvergleiche / Budgetierung Folgejahr
- Kosten-, Nutzenrechnungen / Kosten-, Nutzenrechnungen / Liquiditätsplan
- Budgetvergleiche / Budgetvergleiche / Planerfolgsrechnung
- Betriebsanalyse / Betriebsanalyse

...der Salärbuchhaltung

Spesendaten

Kontrolle der Spesendaten

Spezialfälle
- Arbeitskleider
- Unfall/Krankheit
- Aus-/Weiterbildung
- Essenszulagen
- Streitigkeiten etc.
- Überstunden
- Ferien

Berechnung periodische Lohnauszahlungen → Auszahlung

Berechnung spezielle Lohnauszahlungen
- Überzeitentschädigung
- Boni
- Gratifikationen
- Jahresendzulagen

→ Auszahlung

Berechnung Jahresendzahlen für Personalaufwand

(Berechnungen, Kontieren, Buchen)

- Kontrolle der erfassten Spesenbuchungen
- Kontrolle der Spezialfälle
- Kontrolle der Lohnauszahlungen Additionskontrollen Abstimmungen
- Kontrolle der Lohnauszahlungen Additionskontrollen Abstimmungen
- Verbuchung in Erfolgsrechnung

Zahlungsaufträge erstellen / Zahlungsaufträge erstellen

Zahlungsfreigaben/Visa einholen / Zahlungsfreigaben/Visa einholen

Kontierungen / Kontierungen

Verbuchung / Verbuchung

...Salärbuchhaltung

| Beleg/Ablage | Beleg/Ablage | Beleg Abrechnung / Beleg Auszahlung | Beleg Abrechnung / Beleg Auszahlung | Verbuchung in Erfolgsrechnung |

19. Unabhängigkeit

19.7.6.8 Personelle und organisatorische Trennung

a) Einleitung

Die Darstellung der Anforderungen an die personelle und organisatorische Trennung erfolgt in Kapitel 18.

b) Praktische Überlegungen bei Doppelmandaten

Für die Revisions- und Treuhandunternehmen, die Doppelfunktionen ausüben (Mitwirkung bei der Buchführung, sonstige Dienstleistungen und Revision) sind unterschiedliche Auffassungen in Bezug auf die Interpretation nicht förderlich und erhöhen die Unsicherheit. Es ist insbesondere für kleinere Revisions- und Treuhandunternehmen mit wenigen qualifizierten Fachmitarbeitern und flacher Organisationsstruktur wichtig, klare Vorgaben zu erhalten.

Aus praktischer Sicht können folgende Überlegungen für eine zulässige Mitwirkung zweckdienlich sein:

Überlegungen für die zulässige Mitwirkung bei der Buchführung, Abschlusserstellung und weiteren Dienstleistungen	
Abschlussberatung und Empfehlungen für Nachtragsbuchungen	Werden Buchführung und Jahresrechnung selbstständig durch den Kunden erstellt, stellt sich die Frage, wie weit dabei die Abschlussberatung durch den Abschlussprüfer gehen darf.
	Die Revisionstätigkeit umfasst auch Erklärungen und Empfehlungen zur Korrektur festgestellter oder angenommener Fehler (Nachtragsbuchungen) sowie für die Erstellung einer gesetzteskonformen Jahresrechnung (Abschlussberatung) (HWP ER, S. 155).
	Bei den erlaubten Empfehlungen zur Abschlusserstellung im Rahmen der Abschlussprüfung zeigt die Revisionsstelle die Grenzen der Ermessensspielräume auf. Sie muss ihre Meinung klar und detailliert kommunizieren. Die Entscheidung liegt aber beim Verwaltungsrat.
	Es ist zweckmässig, allfällige schriftliche Stellungnahmen der Revisionsstelle als «Empfehlungen für die Nachtragsbuchungen» zu bezeichnen.
	Diese beratenden Tätigkeiten erfordern nach allgemein anerkannter Praxis keine Offenlegung im Bericht der Revisionsstelle.
Auftrag zur Mitwirkung	Die Mitwirkung bei der Buchführung und weitere Dienstleistungen stellen ein zusätzliches Auftragsverhältnis dar. Dieses ist in Bezug auf Art, Umfang, Inhalt, Verantwortung und Honorierung klar zu regeln. Eine schriftliche Auftragsbestätigung ist in jedem Falle zu empfehlen (Beispiel einer Auftragsbestätigung in Kapitel 5.8.2).
	Buchführung ist ein Teil des Rechnungswesens. Tätigkeiten im Bereich des Rechnungswesens ausserhalb der Buchführung sind vorbehaltlos erlaubt. Auch innerhalb der Buchführung unterliegen nicht alle Tätigkeiten dem Mitwirkungsverbot. Dieses gilt nur dann, wenn dabei das Risiko der Selbstprüfung entsteht. →

19. Unabhängigkeit

	Überlegungen für die zulässige Mitwirkung bei der Buchführung, Abschlusserstellung und weiteren Dienstleistungen
Verantwortung für die Jahresrechnung	Es ist klar zu kommunizieren, dass die Verantwortung für die Buchführung und die Jahresrechnung trotz Unterstützung durch die Revisionsstelle bei der Gesellschaft, konkret beim Verwaltungsrat, liegt.
	Um diese tatsächliche Verantwortung zu belegen, reicht es nicht aus, die Jahresrechnung durch den Verwaltungsrat und/oder die Geschäftsleitung formell unterzeichnen zu lassen.
	Es erscheint deshalb angezeigt, in einem Protokoll die von der Revisionsstelle empfohlenen Entscheidungsgrundlagen festzuhalten und die entsprechenden Entscheidungen des Verwaltungsrats und/oder der Geschäftsleitung zu protokollieren und unterzeichnen zu lassen (siehe Muster Besprechungsprotokoll in Kapitel 19.16.1).
Überprüfung eigener Unterlagen (siehe auch hinten in Kapitel 19.11)	Wird bei der Buchführung mitgewirkt bzw. werden Dienstleistungen erbracht, die nicht zur Überprüfung eigener Arbeit führen, besteht kein Sachverhalt, der eine organisatorische und personelle Trennung und eine Offenlegung im Bericht der Revisionsstelle nötig machen würde.
	Arbeiten, die in keinem Zusammenhang mit der Buchführung und der Jahresrechnung stehen, erfordern dementsprechend auch keine Schutzmassnahmen. Solche Arbeiten werden oft nach Beendigung der Prüfung und nach Abgabe des Prüfungsberichts ausgeführt. In vielen Fällen basieren sie auf der genehmigten und geprüften Jahresrechnung wie bspw. eine Unterstützung beim Erstellen von Abrechnungen oder bei Beratungen im Bereich des Steuer-, Abgabe- und Sozialversicherungsrechts.
	Zulässige Tätigkeiten, welche in der Regel nicht zu einer Überprüfung eigener Arbeiten führen und unabhängig vom Zeitpunkt der Revision erbracht werden können, sind etwa: • Bewertungsdienstleistungen, die keinen direkten Niederschlag in der Jahresrechnung finden; • Erstellen von Steuerdeklarationen (nach der Revision), allgemeine Steuerberatung; • Beratungen und Analyse der Auswirkungen von Kapitaltransaktionen; • Rechtsberatungen im Rahmen der allgemeinen Grundsätze (Gesellschaftsrecht, Arbeitsrecht, Steuerrecht u. dgl.); • Beratungen im Rahmen der Personalvorsorge und der Sozialversicherungen u. dgl. • Eine selbstkritische Beurteilung und Dokumentation der Unabhängigkeit ist in jedem Falle notwendig.
Offenlegung	Die Mitwirkung bei der Buchführung und das Erbringen anderer Dienstleistungen, die im Sinne der Schutzvorkehrungen organisatorisch und personell getrennt von der Revision erbracht wurden, sind im Revisionsbericht offenzulegen.
	Keine Offenlegung ist nötig bei Tätigkeiten, die kein Risiko der Überprüfung eigener Arbeiten beinhalten.

19. Unabhängigkeit

19.7.7 Mögliche Konsequenzen bei Pflichtverletzungen

Die Nichteinhaltung der Unabhängigkeitsvorschriften und Unabhängigkeitsrichtlinien stellt eine Pflichtverletzung dar. In Kapitel 20 wird ausführlich auf die Pflichtverletzungen eingegangen.

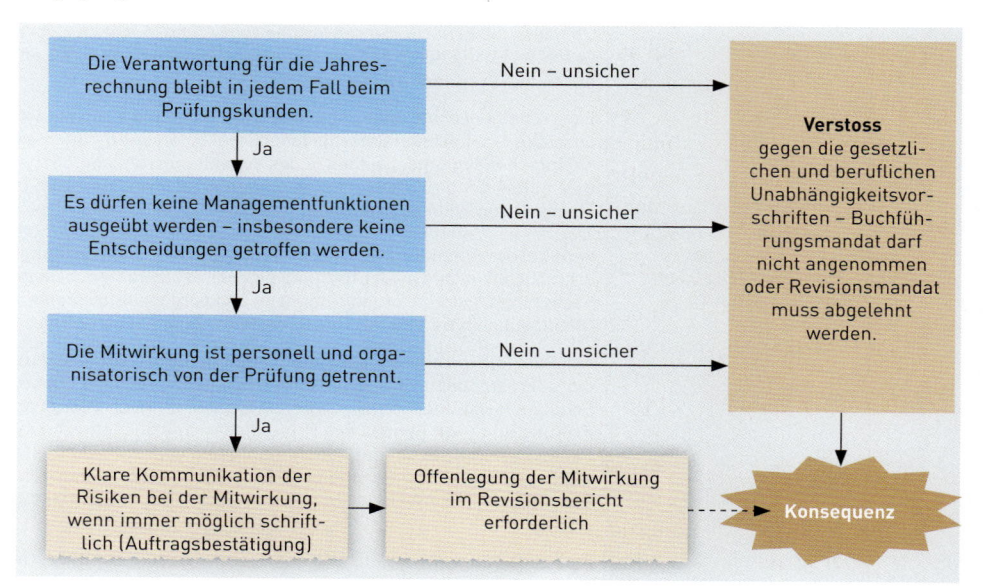

Abbildung 93: Unabhängigkeit und die Mitwirkung bei der Buchführung

19.7.8 Schlussfolgerungen

Der Wille des Gesetzgebers erscheint klar. Ziel der eingeschränkten Revision ist für KMU eine deutliche und umfassende Vereinfachung aller Aspekte der alten Einheitsrevision. Eine Verschärfung war nur für Gesellschaften mit grosser wirtschaftlicher Bedeutung und Publikumsgesellschaften beabsichtigt.

Für die eingeschränkte Revision gelten bei der äusseren Unabhängigkeit eigene Vorschriften, die z. T. gar weniger weit gehen als diejenigen der alten Einheitsrevision. Die Erleichterungen beziehen sich sowohl auf die inhaltlichen Aspekte der Unabhängigkeit wie auch auf den Anwendungsbereich des Anscheins der Unabhängigkeit. Die effektive Unabhängigkeit der Revisionsstelle wird dadurch im Kern nicht gefährdet, weil die innere Unabhängigkeit für den Gesetzgeber das zentrale Element bei beiden Revisionsarten ist.

Beim Mitwirken bei der Buchführung und bei dem Erbringen anderer Dienstleistungen bestätigt sich diese Gewichtung des Gesetzgebers. Sie fügt sich nahtlos an die anderen Regeln zum Anschein der Unabhängigkeit an. Die Revisionsstelle darf an Arbeiten mitwirken, die sie selbst überprüfen muss. Tätigkeiten im Rechnungswesen und in der Buchführung können sogar vom leitenden Revisor selber (bei eingeschränkter Revision ist er meist einziger Revisor) ausgeführt werden, solange das Risiko der Selbstprüfung nicht entsteht. Andernfalls müssen personelle und organisatorische Massnahmen ergriffen werden.

Die abweichende Ansicht der Revisionsaufsichtsbehörde wird in Kapitel 19.7.9 und 19.8 dargestellt.

19. Unabhängigkeit

19.7.9 Auslegung von Art. 729 OR seit dem 1. Januar 2008

Die RAB geht von einer völligen Identität der Vorschriften aus; «*nach der Lehre und Rechtsprechung*» habe der Katalog der Unvereinbarkeitsbestimmungen (Art. 728 Abs. 2 Ziff. 1 bis 7 OR) auch bei der eingeschränkten Revision Geltung. Sie bezeichnet die Mitwirkung in der Buchführung als «*einzige Ausnahme*» (RAB Tätigkeitsbericht 2011, S. 40). Diese Ansicht stützt sich allein auf einen einzelnen Satz in der Botschaft (Botschaft 2004, S. 4026). Auf derselben Seite der Botschaft wird jedoch im Gegenteil betont, dass die Vorschriften der ordentlichen Revision höchstens als «Leitlinie» beigezogen werden dürfen und dass für diese Leitlinie die drei oben erwähnten eng begrenzten Beispiele aus dem alten Recht als Massstab gelten: Einsitz im Verwaltungsrat (ähnlich Art. 728 Abs. 2 Ziff. 1 OR), Verwandtschaft mit Mehrheitsaktionär (ähnlich Ziff. 3), Annahme bedeutender Geschenke (ähnlich Ziff. 7). Diese Seite der Botschaft macht also sogar eine Aussage, die im Widerspruch zur Auffassung der RAB steht.

Zudem geht die RAB davon aus, dass die heutigen Vorschriften in Art. 728 Abs. 2–7 OR «rückwirkend» bis ins Jahr 1992 zurück Anwendung fänden, mit der Begründung, der Anschein der Unabhängigkeit als Konzept habe schon früher bestanden (z.B. BVGer, B-7967/2009 E. 4.4.1 f.). Gewiss existierte bereits früher der Begriff «Anschein der Unabhängigkeit». Diese Ansicht übersieht jedoch die graduelle Komponente des Anscheins der Unabhängigkeit. Dieser war viel weniger umfassend, d.h., der Intensitätsgrad der verpönten Kontakte wurde vom Gesetzgeber (wie auch von den Berufsverbänden und der Lehre) tiefer angesetzt. Eine rückwirkende Anwendung der heutigen Vorschriften entbehrt somit einer gesetzlichen Grundlage.

Die juristische Literatur ist differenzierter und stützt diese Thesen der RAB mehrheitlich nicht. Obwohl sich die meisten Autoren auf dieselbe einzige Stelle der Botschaft (Botschaft 2004, S. 4026) abstützen, kommen sie nicht zum Schluss, die Vorschriften von ordentlicher und eingeschränkter Revision seien identisch.

Viele Gerichtsentscheide haben eine strenge Auslegung des Anscheins der Unabhängigkeit verlangt. Keiner dieser Entscheide hat sich jedoch zu den in diesem Buch präsentierten Fakten geäussert. Die hier angeführten Argumente waren nie ein Thema. Die Rechtsprechung ist darum bezüglich der Vorschriften zur Unabhängigkeit bei der eingeschränkten Revision als noch nicht gefestigt zu bezeichnen.

Es ist Zweck dieses Buchs, diesen Kontrapunkt erstmals umfassend zu begründen und eine ausführliche und begründete Gegenposition zu erarbeiten. Aktuellen Anlass dazu bilden zahlreiche laufende Verfahren bezüglich eines Zulassungsentzugs gegen eingeschränkt prüfende Revisoren, bei denen an ihre Tätigkeit der Massstab der ordentlichen Revision angelegt wird.

Es ist zu beachten, dass die RAB ihre nicht gesetzeskonforme Auffassung bei Neuzulassungen und in laufenden Verfahren zum Entzug der Zulassung meist erfolgreich durchzusetzen vermag. Bis die hier vorgetragene Ansicht in der Praxis vorbehaltlos angewendet werden kann, gilt es darum, die weitere Entwicklung abzuwarten. Auch aus diesem Grund wird nachfolgend die Ansicht des SER und des HWP ER erläutert.

19. Unabhängigkeit

19.8 Vorgaben zur Unabhängigkeit im Standard zur eingeschränkten Revision und im HWP-Band «Eingeschränkte Revision»

19.8.1 Einleitung

Seit der Einführung des neuen Rechts im Jahr 2008 wurden strenge Anforderungen an die Unabhängigkeit gestellt. Diese basieren im Wesentlichen auf der Auffassung einer Identität der Vorschriften für beide Revisionsarten.

Der Standard zur eingeschränkten Revision nimmt die normativen Vorgaben und Beispiele der gesetzlichen Bestimmungen in Art. 728 und 729 OR auf und gibt dazu kurze Erläuterungen ab (SER, Anhang B). Die umfassenden Unabhängigkeitsrichtlinien der Treuhand-Kammer RzU 2007 sind ähnlich aufgebaut. Sie vertieft insbesondere die Unabhängigkeitsvorschriften für die ordentliche Revision sowie die Aspekte der erlaubten Mitwirkung bei der eingeschränkten Revision. Im HWP, Band 2, Teil I werden im Kapitel 3.3 die allgemeinen Grundsätze der Unabhängigkeit erläutert. Die Treuhand-Kammer hat im HWP ER (S. 122 ff.) die Gültigkeit dieser Vorschriften Anfang 2014 bekräftigt.

19.8.2 Grundsätzliche Vorgaben des Berufsstands

Im Standard zur eingeschränkten Revision findet sich im Anhang B eine Zusammenfassung der Unabhängigkeitsrichtlinie RzU 2007. Sie erläutert in verständlicher Form folgende Themen und zulässige/unzulässige Sachverhalte:

a. Buchführung sowie weitere Dienstleistungen
b. Führungs- und Entscheidungsfunktionen
c. Finanzielle Beziehungen
d. Verträge zu nicht marktkonformen Bedingungen
e. Gemeinsame finanzielle Interessen mit dem Prüfungskunden
f. Persönliche und familiäre Beziehungen
g. Längerfristige Tätigkeit für einen Prüfungskunden
h. Beschäftigungsverhältnisse
i. Wirtschaftliche Abhängigkeit
j. Honorargestaltung
k. Geschenk- und Vorteilsannahme
l. Rechtliche Auseinandersetzungen
m. Beherrschung des Revisionsunternehmens

Die nachfolgende Tabelle zeigt beispielhaft auf, welche Sachverhalte vom SER als mit der Unabhängigkeit der Revisionsstelle nicht vereinbar betrachtet werden.

Sachverhalte, die mit der Unabhängigkeit der Revisionsstelle nicht vereinbar sind (SER, S. 35 f.)	
Buchführung und weitere Dienstleistungen	Das Revisionsunternehmen darf – nebst der Revision – in einer Doppelfunktion für den Kunden auch Buchführungsarbeiten und andere Dienstleistungen erbringen. Folgende Bedingungen sind in diesem Falle einzuhalten: • Der Abschussprüfer überprüft keine Unterlagen, an deren Erstellung er selbst oder andere Mitarbeitende des Prüfungsteams entscheidend mitgewirkt haben. • Die Verantwortung für die Jahresrechnung bleibt in jedem Fall beim Prüfungskunden. • Die Revisionsstelle übernimmt keine Aufgaben, die den Anschein erwecken könnten, sie übernehme die Verantwortung des Managements des Prüfungskunden. • Die Mitwirkung bei der Buchführung ist zulässig, sofern die damit verbundenen Risiken dem Prüfungskunden klar kommuniziert werden und sie personell und organisatorisch getrennt von der Prüfung erfolgt.

19. Unabhängigkeit

Sachverhalte, die mit der Unabhängigkeit der Revisionsstelle nicht vereinbar sind (SER, S. 35 f.)	
Führungs- und Entscheidfunktionen	Das Revisionsunternehmen und seine Mitarbeitenden dürfen keine Führungs- oder Entscheidfunktionen beim Prüfungskunden übernehmen. Dies gilt sowohl für die Mitgliedschaft im Verwaltungsrat als auch für die Übernahme von Managementfunktionen (operative und/oder strategische Entscheidfunktionen).
	Für die korrekte Erstellung der Jahresrechnung ist der Verwaltungsrat verantwortlich. Diese Entscheidungsbefugnis darf in keiner Art und Weise an die Revisionsstelle übertragen werden. Die Revisionsstelle darf – personelle und organisatorische Trennung vorausgesetzt – dem Kunden die Ermessensspielräume für die gesetzeskonforme Erstellung der Jahresrechnung aufzeigen.
Finanzielle Beziehungen	Das Revisionsunternehmen darf keine direkte oder wesentliche indirekte finanzielle Beteiligung an einem Prüfungskunden haben. Dazu zählen auch dessen bedeutende Kapitaleigner, Mitglieder des Leitungsorgans, leitende Angestellte und diesen nahestehende Gesellschaften. Zum Revisionsunternehmen zählen auch dessen Leitungsorgane und Mitarbeitende. Von dieser Bestimmung ausgenommen sind unwesentliche indirekte Beteiligungen über Anlagefonds und vergleichbare Anlageeinrichtungen, sofern auf deren Anlagepolitik keinerlei Einfluss genommen werden kann und diese nicht Prüfungskunden sind.
	Wesentliche Forderungen und Schulden gegenüber dem Prüfungskunden sind gleich zu beurteilen. Zu beachten sind in diesem Fall auch über längere Zeit ausstehende Honorare. Dies ist mit dem Verwaltungsrat zu erörtern mit dem Ziel, dass die fälligen Honorare vor Beginn der Prüfung bezahlt sind.
Verträge zu nicht marktkonformen Bedingungen	Das Revisionsunternehmen darf grundsätzlich mit dem Prüfungskunden geschäftliche Beziehungen unterhalten. Die Unabhängigkeit ist jedoch nicht mehr gewährleistet, wenn gegenseitige Bedingungen einem Drittvergleich nicht standhalten würden.
Persönliche Beziehungen	Mit der Unabhängigkeit nicht vereinbar ist insbesondere eine enge Beziehung des leitenden Revisors zu einem Mitglied des Verwaltungsrats, zu einer anderen Person mit Entscheidfunktion oder zu einem bedeutenden Aktionär.
	Der Kreis der Personen umfasst auch nahe Verwandte, unmittelbare Familienangehörige (Lebenspartner, Mitbewohner im gleichen Haushaushalt u. dgl.) sowie Vorgesetzte des leitenden Revisors («chain of command»). Eine enge Freundschaft, welche über eine gute private oder geschäftliche Bekanntschaft hinausgeht, müsste kritisch beurteilt werden. Eine solche Situation könnte tatsächlich und auch dem Anschein nach als nicht unabhängig wahrgenommen werden.
Langfristige Tätigkeit	Das Revisionsunternehmen ist sich bewusst, dass die Vertrautheit zwischen den an der Prüfungsdurchführung beteiligten Personen und dem Prüfungskunden problematisch werden kann, wenn die Tätigkeit über eine lange Zeit dauert.
	Für die eingeschränkte Revision besteht keine Rotationspflicht des leitenden Revisors.
Wirtschaftliche Abhängigkeit	Mit der Unabhängigkeit nicht vereinbar ist insbesondere die Übernahme eines Auftrags, der zur wirtschaftlichen Abhängigkeit führt. Eine zu starke Abhängigkeit von den Aufträgen und den Honoraren eines Prüfungskunden kann infolge der Eigeninteressen zu einer wahrnehmbaren Beeinträchtigung der Objektivität führen.
	Ein Honoraranteil von mehr als 10 % der Gesamthonorare (Durchschnitt der letzten 5 Jahre) deutet auf eine Gefährdung der Unabhängigkeit hin.
Honorargestaltung	Erfolgshonorare für Prüfungsdienstleistungen sind mit dem Grundsatz der Unabhängigkeit nicht zu vereinbaren. Ebenso Erfolgshonorare für Nicht-Prüfungsdienstleistungen, wenn die Höhe des Honorars vom Ergebnis des Prüfungsauftrags abhängig ist.
	Ein im Vergleich zu den Marktpreisen deutlich niedrigeres Honorar ist zulässig, wenn das Mandat in Übereinstimmung mit den Berufsgrundsätzen abgewickelt wird.
Geschenke und besondere Vorteile	Mitarbeiter des Revisionsunternehmens dürfen im Zusammenhang mit ihrer Tätigkeit keine Geschenke, die den üblichen Rahmen einer Aufmerksamkeit übersteigen, vom Prüfungskunden annehmen.
	Die Annahme von besonderen Vorteilen aufgrund von nicht marktkonformen Bedingungen (z. B. ungewöhnliche Rabatte beim Kauf von Gütern oder Dienstleistungen) beim Prüfungskunden ist mit dem Prüfungsauftrag ebenfalls nicht vereinbar.

Sollte diese Ansicht auch in der Zukunft massgebend sein, kann deren Nichtbeachtung für den zugelassenen Revisor weitreichende rechtliche Konsequenzen nach sich ziehen. Das Bundesverwaltungsgericht hat mehrfach entschieden, dass die Missachtung der Unabhängigkeitsvorschriften den beruflichen Leumund und die Glaubwürdigkeit der Prüftätigkeit beeinträchtigt. Ändert es seine Praxis nicht, ist es deshalb unerlässlich, die Unabhängigkeitsvorschriften und -richtlinien konsequent nach dem SER anzuwenden. Andernfalls droht der Entzug der Zulassung.

19.9 Konkretisierung des Ausmasses des Anscheins der Unabhängigkeit bei der eingeschränkten Revision

19.9.1 Einleitung

Die Konkretisierung der erleichterten Anforderungen muss am Anschein der Unabhängigkeit festgemacht werden. Dies steht im Einklang mit der Botschaft, die für die ordentliche Revision verlangt, dass *«jeder Anschein der Abhängigkeit zu vermeiden»* sei (Botschaft 2004, S. 4018), wohingegen für die eingeschränkte Revision nicht der *«Anschein einer offensichtlichen Befangenheit»* (Botschaft 2004, S. 4026) entstehen soll. Folgerichtig ist genauer zu bestimmen, inwiefern die Vorschriften bei der eingeschränkten Revision von denjenigen bei der ordentlichen Revision (bzw. der alten Einheitsrevision) abweichen bzw. wie weit bei der eingeschränkten Revision der verpönte Anschein der Abhängigkeit reicht. Das Vorgehen für diese Konkretisierung orientiert sich an folgenden Elementen:
1. Die alte Regelung von Art. 727c und 727d aOR als «Obergrenze» für die heutige Regelung.
2. Die Botschaft, soweit sie konkrete Beispiele enthält
3. Die Publikationen der Berufsverbände, soweit sie zur Gesetzesauslegung beitragen
4. Art. 728 Abs. 2 OR als Leitlinie, sofern gemäss Ziff. 1 und 2 Unklarheiten bleiben

Die Absätze 3–6 von Art. 728 OR werden in der Botschaft nicht als Leitlinie empfohlen. Sofern sich bei der Auslegung des Ausdehnungsbereichs Unklarheiten ergeben, werden diese Vorschriften ebenfalls als Leitlinie verwendet.

19.9.2 Konkretisierung bezüglich personeller Beziehungen zum Prüfkunden

19.9.2.1 Einsitz im Verwaltungsrat und Arbeitnehmerstellung

a) Prüfteam – Mitgliedschaft im Verwaltungsrat oder Arbeitnehmerstellung

Die Vorschriften von Art. 727c aOR verpönten die Abhängigkeit des Revisors vom Verwaltungsrat und die Stellung als Arbeitnehmer des Prüfkunden. Auch die Botschaft verpönt den Einsitz im Verwaltungsrat (Botschaft 2004, S. 4026, Abs. 1, Ziff. 2.1.4.1). Art. 728 Abs. 2 Ziff. 1 OR erklärt die «Mitgliedschaft» im Verwaltungsrat oder ein arbeitsrechtliches Verhältnis zum Prüfkunden für mit der Unabhängigkeit nicht vereinbar. Für die ordentliche Revision wurden die alten Vorschriften der Einheitsrevision übernommen. Für die eingeschränkte Revision ist hier nicht von einer Reduktion der Anforderungen auszugehen; es handelt sich um zwei intensive Kontaktgrade, die auch bei der eingeschränkten Revision für die Revisionsstelle als verpönt d. h. als nicht zulässig anzusehen sind.

b) Nicht an der Revision beteiligte Arbeitnehmer – Mitgliedschaft im Verwaltungsrat oder Arbeitnehmerstellung

Nicht an der Revision beteiligte Arbeitnehmer der Revisionsstelle (d.h. auch Revisoren, soweit an der betreffenden Revision nicht beteiligt) dürfen bei der eingeschränkten Revision im Verwaltungsrat Einsitz nehmen, sofern sie einen Minderheitssitz bekleiden. Zudem dürfen sie wie bei der ordentlichen Revision (Art. 728 Abs. 4 OR), generell Arbeitnehmer (ohne Entscheidungsfunktion) des Prüfkunden sein. Im Gegensatz zur ordentlichen Revision dürfen sie dabei auch andere Entscheidfunktionen übernehmen, weil dieses explizite Verbot bei der ordentlichen Revision erst unter neuem Recht als Verschärfung geschaffen wurde.

c) Andere Entscheidfunktion beim Prüfkunden

Art. 728 Abs. 2 Ziff. 1 OR verpönt aber neu auch «*eine andere Entscheidfunktion*» beim Prüfkunden (ausserhalb der Buchführung). Art. 727c aOR und auch RzU 1992 hielten diesen Kontaktgrad für möglich, wohingegen die RzU 2001 (Bst. H, Ziff. 2) ihn verpönten. Der SER ist ebenso streng wie die ordentliche Revision in Ziff. 4 von Abs. 2; er untersagt allen Mitarbeitenden der Revisionsstelle den Einsitz im Verwaltungsrat oder die Übernahme einer Entscheidfunktion (SER, Anhang B, Unabhängigkeit, S. 36, b Führungs- und Entscheidfunktion). Diese Verschärfung geht klar über das Gesetz hinaus. Bei der eingeschränkten Revision bedeutet dies, dass Revisoren (und andere Arbeitnehmer der Revisionsstelle), soweit an der betreffenden Revision nicht beteiligt, im Auftragsverhältnis andere Entscheidfunktionen beim Prüfkunden übernehmen dürfen.

Dasselbe gilt für die Stellung als Berater im Auftragsverhältnis. In der Literatur wird zwar vereinzelt eine Gleichsetzung des Arbeitsverhältnisses mit einem Auftragsverhältnis postuliert, was selbst bei der ordentlichen Revision kritisch anzusehen ist, insbesondere weil sie dem klaren Wortlaut des Gesetzes widerspricht. Die Einbindung eines Arbeitnehmers in die Arbeitsorganisation des Arbeitgebers und das dazugehörige Treueverhältnis bedeuten enge und hierarchische Bindungen des Arbeitnehmers. Solche Bindungen fehlen bei einem Auftragsverhältnis weitgehend. Bei der eingeschränkten Revision gilt diese Gleichsetzung daher nicht. Sie käme einer Verschärfung der Vorschriften bei KMU gleich und ist daher vom Gesetzgeber nicht gewollt. Konsequenterweise sehen sie weder die RzU 1992, RzU 2001 noch der SER vor.

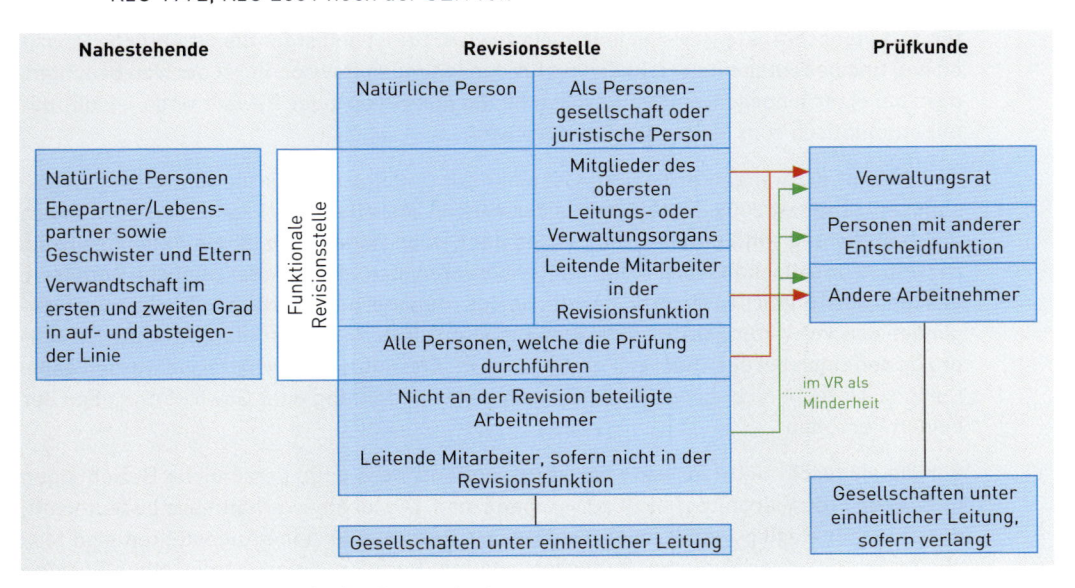

Abbildung 94: Verpönte und erlaubte Personalunionen

19. Unabhängigkeit

19.9.2.2 Personelle Beziehungen des leitenden Revisors zum Prüfkunden

a) Keine Spezialnorm für den leitenden Revisor

Der leitende Revisor ist nach Art. 729b Ziff. 4 OR bzw. Art. 728b Abs. 2 Ziff. 3 OR der verantwortliche Mandatsleiter; diese Funktionsbezeichnung existiert also neu auch bei der eingeschränkten Revision.

Art. 727c aOR und RzU 1992 thematisierten den Kontaktgrad «enge Beziehungen» nicht, wohingegen RzU 2001 den Begriff «enge Beziehung» enthält, allerdings bezogen auf alle an der Prüfung Beteiligten und damit bereits in strengerer Form als heute bei der ordentlichen Revision (Ziff. 1.2 und Begriffe), wobei der «bedeutende Aktionär» nicht erfasst wurde. RzU 2001 war daher in diesem Punkt weniger streng. Strenger ist auch der SER, der für den leitenden Revisor einfach den Wortlaut von Ziff. 3 Abs. 2 von Art. 728 OR wiederholt.

Neu thematisiert Art. 728 Abs. 2 Ziff. 3 OR «eine enge Beziehung des leitenden Prüfers zu einem Mitglied des Verwaltungsrats, zu einer anderen Person mit Entscheidfunktion oder zu einem bedeutenden Aktionär». Inhaltlich handelt es sich um eine Spezialnorm für den leitenden Revisor, der einer noch weitergehenden Reduktion des Kontaktgrades unterliegt als alle anderen «an der Revision beteiligten Personen oder Mitglieder des obersten Leitungs- oder Verwaltungsorgans oder andere Personen mit Entscheidfunktion der Revisionsstelle» (Art. 728 Abs. 3 OR). Er darf natürlich ebenfalls keine der Funktionen i. S. v. Art. 728 Abs. 2 Ziff. 1 OR in Personalunion ausüben, er darf aber gemäss dieser Spezialnorm in Ziff. 3 auch keine «enge Beziehung» zu solchen Funktionären pflegen.

b) «Enge Beziehungen» und eingeschränkte Revision? (Abbildung 95)

Der Begriff der «engen Beziehungen» ist daher für die eingeschränkte Revision grundsätzlich fraglich. Diese Regelung einer «engen Beziehung» geht über die von Art. 727c aOR geforderte «Unabhängigkeit» hinaus. Die Vorschrift von Art. 728 Abs. 2 Ziff. 3 OR geht für die eingeschränkte Revision jedenfalls zu weit. Sie ist selbst für die ordentliche Revision neu und bedeutet eine Verschärfung für den leitenden Revisor. Es ist auch zu beachten, dass bei einer eingeschränkten Revision häufig nur ein einziger Revisor nötig ist, der damit automatisch zum «leitenden Revisor» wird.

Der Vorwurf der «engen Beziehung» ist einer der Hauptgründe für die zahlreichen Zulassungsentzüge seit 2008. Der Nachweis der «engen Beziehung» erfolgt dabei regelmässig durch Auflistung von Kontaktverhältnissen der beiden Personen, z. B. ein Aktienbesitz bei derselben Gesellschaft, Verlinkung im Revisorenregister, gleiche oder ähnliche Adressen, gleiches oder ähnliches Domizil, berufliche Zusammenarbeit in diversen Funktionen (Mitglieder des Verwaltungsrats, der Geschäftsleitung, als Revisionsmitarbeiter etc.), Fachpraxis der einen bei der anderen Person u. v. a. m. Diese Kontaktverhältnisse werden dabei i. d. R. zu Unrecht nicht gewichtet, z. B. nach deren Bedeutung oder Gewicht im Leben der beiden Personen.

Für die eingeschränkte Revision heisst das erstens, dass enge persönliche Beziehungen (d. h. enge Freundschaften) nicht zu verpönen sind. Die lokalen Verhältnisse bedeuten oft, dass in einer Region «jeder jeden kennt». Der Revisor und seine Angestellten sind Mitglieder in denselben Vereinen, Genossenschaften, Parteien, gingen in dieselben Schulen

19. Unabhängigkeit

usw. wie die Prüfkunden und ihre Angestellten. Sehr enge geschäftliche Beziehungen – die auch zwischen juristischen Personen möglich sind – sind dann verpönt, wenn sie zu einer Abhängigkeit führen. Eine Abhängigkeit ist nicht zu vermuten, solange die unten erwähnten geschäftlichen Aspekte der Unabhängigkeit gewahrt bleiben.

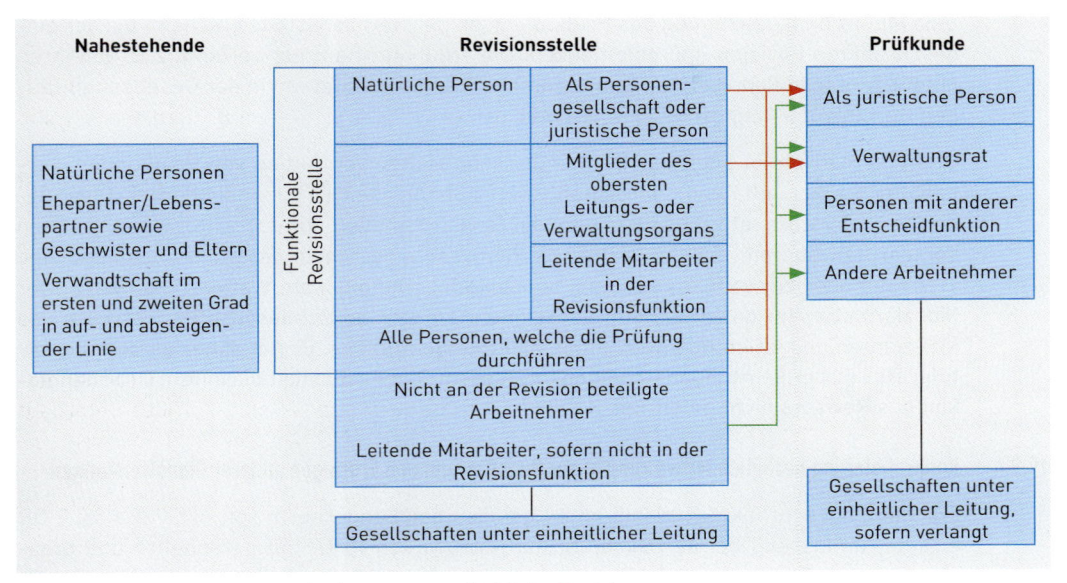

Abbildung 95: Verpönte und erlaubte enge geschäftliche Beziehungen

19.9.3 Konkretisierung bezüglich finanzieller Beziehungen zum Prüfkunden

Für die «Revisoren» forderte Art. 727c aOR Unabhängigkeit vom Mehrheitsaktionär. Die Vorschriften von Art. 728 Abs. 2 Ziff. 2 OR verpönen neu eine «direkte oder bedeutende indirekte Beteiligung am Aktienkapital oder eine wesentliche Forderung oder Schuld gegenüber der Gesellschaft». Diese Vorschrift bringt für die ordentliche Revision eine bedeutende Verschärfung.

Die Regelung in Art. 727c aOR verlangte nur Unabhängigkeit von einem Aktionär mit Stimmenmehrheit und erlaubte damit, dass der Revisor selber Minderheitsbeteiligungen am Prüfkunden hält. Diese Regelung entsprach noch den RzU 1992 (Ziff. 3.6). Sie wurde in der RzU 2001 (Bst. H 1.3.1) und im SER (Anhang B, Unabhängigkeit, S. 36, c Finanzielle Beziehungen) verschärft; der Revisor durfte nur noch nicht wesentliche indirekte Beteiligungen am Prüfkunden halten. Diese Verschärfung betraf aber ausschliesslich die Mitglieder der Berufsverbände. Zu Guthaben oder Schulden äusserte sich das Gesetz nicht. RzU 1992 erlaubte nicht wesentliche Guthaben gegenüber dem Prüfkunden (Ziff. 3.6).

Für die eingeschränkte Revision gelten diese Neuerungen nicht. Der Revisor darf direkt Minderheitsbeteiligungen oder nicht wesentliche Guthaben oder Schulden am Prüfkunden halten. Bei Beteiligungen zwischen 10 und 20 % ist zu vermuten, dass diese die Unabhängigkeit nicht beeinträchtigen. Liegt die Quote darüber, ist es Aufgabe des Revisors, nachzuweisen, dass seine Unabhängigkeit nicht tangiert wird. Als Aktionär wird der Revi-

19. Unabhängigkeit

sor seine vermögensmässigen Rechte und diejenigen auf Beibehaltung der Beteiligungsquote wahrnehmen wollen. Seine Mitwirkungs- und Schutzrechterechte wird er insoweit wahrnehmen, als er sich nicht in einen Konflikt mit seiner Rolle als Revisor begibt. Im Konfliktfall gehen i. d. R. die Interessen als Revisionsstelle denjenigen als Aktionär vor.

Eine Minderheitsbeteiligung des Prüfkunden an der Revisionsstelle erscheint bei der eingeschränkten Revision unproblematisch. Die Treuhand-Kammer verlangt z. B. von ihren Mitgliedern lediglich, dass die Stimmenmehrheit in der Hand von in der Gesellschaft tätigen Berufsleuten liegt (RzU 2007, Art. 49).

Unproblematisch ist auch das treuhänderische Halten von Aktien von Prüfkunden, vorbehältlich einer allfälligen wirtschaftlichen Abhängigkeit (Treuhandhonorar). Diese typische und verbreitete Dienstleistung von Revisionsstellen stimmt mit den gesetzlichen Vorschriften überein. Solche Vertragsverhältnisse sind regelmässig als uneigennützige Treuhand oder Verwaltungstreuhand ausgestaltet (Definitionen: Watter 1995, Rz 12). Der Fiduziar verwaltet dabei das ihm übereignete Treugut ausschliesslich im Interesse des Fiduzianten und ist im Innenverhältnis nicht «Eigentümer». Er hat daher an der Verwaltung als solcher keine eigenständigen Interessen. Damit ist selbst die innere Unabhängigkeit des Revisors nicht gefährdet.

19.9.4 Konkretisierung bezüglich Mitwirkung in der Buchführung und Erbringen anderer Dienstleistungen

Für die eingeschränkte Revision ist es gemäss der Sondernorm von Art. 729 Abs. 2 OR erlaubt, umfassend bei der Buchführung mitzuwirken (u. U. mit personeller und organisatorischer Trennung). Die Mitwirkung bei der Buchführung reicht von der Kontierung der Belege über die Verbuchung bzw. Kontoführung bis zur Erstellung von Saldobilanzen, Zwischenabschlüssen und Jahresrechnungen. Dazu gehören z. B. auch die Berechnung von Steuerrückstellungen und der üblichen Abschreibungen und die Klärung der Beteiligungen auf Wertbeeinträchtigungen. Die Jahresrechnung ist allerdings dem Kunden eingehend zu erläutern, um sicherzustellen, dass dieser deren Inhalt umfassend versteht. Die Verantwortung für die Jahresrechnung verbleibt somit in jedem Fall beim Kunden.

Die Revisionsstelle richtet bei neuen Doppelmandaten (wenn der Kunde z. B. neu gegründet wurde) unter Rücksprache mit dem Kunden z. B. die Buchhaltung ein. Dies beinhaltet u. a. den Aufbau des Kontenplans, die Definition der notwendigen Mehrwertsteuercodes, die Einrichtung der Lohnbuchhaltung, der Fakturierungsapplikation und der Kreditoren- und Debitorenbuchhaltung und aller anderen für die Buchführung notwendigen Nebenbücher. Diese vorbereitenden Handlungen gehören nicht zur Buchführung. Sie sind Teil des Rechnungswesens, das alle für die Strukturierung, Erfassung, Speicherung und Archivierung von Informationen notwendigen Grundbedingungen, Geräte und technischen Hilfsmittel zur Verfügung stellt.

Selbst wenn der Kunde selber die Bücher führt, ist es praxisüblich, dass er der Revisionsstelle eine Saldenbilanz mit allen Einzelkonten übergibt. Die Prüfung basiert auf dieser Saldenbilanz. An deren Ende bespricht die Revisionsstelle mit dem Kunden die notwendigen Anpassungen und Umgliederungen und erstellt anschliessend basierend auf der Saldenbilanz die Jahresrechnung als Beilage zu seinem Revisionsbericht. In der Regel übernimmt dann der Kunde diese Beilage als seine statutarische Jahresrechnung. Wenn er mit den besprochenen Anpassungen einverstanden ist und diese effektiv in seine

19. Unabhängigkeit

Buchhaltung übernimmt (in alter oder neuer Rechnung) sowie die Jahresrechnung unterschreibt und damit explizit die Verantwortung dafür übernimmt, bedeutet diese Praxis keine Beeinträchtigung der Unabhängigkeit. Auch hier geht es letztlich um eine Übertragung der Zahlen von der Saldenbilanz in die Jahresrechnung ohne wesentliche Ermessensentscheide.

Für die Erstellung von Abschlüssen können verschieden Arbeiten durch die Revisionsstelle ausgeführt werden. Einige der nachfolgend beschriebenen Tätigkeiten können derart standardisiert sein, dass kein Risiko der Selbstprüfung entstehen kann. Andernfalls sind diese Aufgaben personell und organisatorisch zu trennen.

Selbstverständlich muss die Verantwortung in beiden Fällen beim Kunden bleiben, und dieser hat zu allen Tätigkeiten das letzte Wort, was sich auch daraus ergibt, dass die Revisionsstelle kein eigenes Interesse am Abschluss hat. Der Unternehmer ist der Kunde. Für die korrekte Schlussfassung der Jahresrechnung ist und bleibt der Verwaltungsrat verantwortlich. Seine Entscheidungsbefugnis kann nicht an die Revisionsstelle übertragen werden. Diese darf – personelle und organisatorische Trennung vorausgesetzt – dem Kunden die Ermessensspielräume für die gesetzeskonforme Erstellung der Jahresrechnung auch dann aufzeigen, wenn sie ein Risiko der Selbstprüfung beinhalten.

Beispielsweise in folgenden Bereichen kann die Revisionsstelle Arbeiten vorbereiten oder Vorschläge für die Abschlusserstellung machen:
- Zeitliche und sachliche Abgrenzung
- Berechnungen von einzelnen Bilanzwerten (Pauschaldelkredere, Abschreibungen Warenlager und Sachanlagevermögen)
- Vornahme von Rückstellungen
- Bildung von stillen Reserven
- Gliederung und Bezeichnung der Konti in der Bilanz und der Erfolgsrechnung
- Inhalt des Anhangs
- Gewinnverwendung

Durch die Revisionsstelle kann daher ein Entwurf von Bilanz und Erfolgsrechnung erarbeitet werden, wie er sich aus der provisorisch fertiggestellten Buchhaltung systematisch ergibt. Die vorstehenden Vorschläge der Abschlussbuchungen werden in diese Entwürfe integriert. Diese Abschlussarbeit erfolgt i.d.R. personell und organisatorisch getrennt von anderen Dienstleistungen.

Das «Erbringen anderer Dienstleistungen» ist weit gefasst (siehe auch Kapitel 19.7.6.5). Darunter fallen neben den obenerwähnten Beratungen zum Rechnungswesen auch andere Beratungsdienstleistungen aller Art, z.B. Strategieberatung, wirtschaftliche und rechtliche Beratung, Informatikberatung, Steuerberatung, Beratung zum Jahresabschluss oder die Gewährung eines Zustelldomizils für den Prüfkunden. Es darf dabei aber keine wirtschaftliche Abhängigkeit entstehen (siehe unten).

19.9.5 Konkretisierung bezüglich Aufträgen, die zu wirtschaftlicher Abhängigkeit führen

Die Vorschriften von Art. 728 Abs. 2 Ziff. 5 OR waren im bisherigen Gesetz nicht zu finden. Diese Regelung entspricht – wenn auch nicht wörtlich – den RzU 1992 (Ziff. 3.13) und 2001 (Bst. H, 4.2), die den Honoraranteil auf 10% begrenzten. Für die eingeschränkte Revision

19. Unabhängigkeit

sind im Vergleich zur ordentlichen und zur alten Einheitsrevision jedenfalls wesentlich geringere Anforderungen zu stellen (siehe unten). Der SER hat diese Vorschrift zu Recht wesentlich erleichtert und schreibt keine Prozentgrenze mehr vor (Anhang B, Unabhängigkeit, S. 37, i Wirtschaftliche Abhängigkeit).

Wirtschaftliche Abhängigkeit des Revisors kann eine Beeinträchtigung der inneren Unabhängigkeit bedeuten und ist daher zu Recht verpönt. Der Begriff erscheint aber sehr unbestimmt und muss für die KMU aufgrund anderer Bilanzverhältnisse als bei GU neu diskutiert werden. Wichtig ist dazu zuerst eine Vergegenwärtigung der laufenden Diskussionen um die Konkretisierung dieser Norm für die ordentliche Revision.

Bei dieser darf das Honorarvolumen der Revisionsstelle bei einem Prüfkunden nicht so gross sein, dass sie dadurch wirtschaftlich abhängig wird. Der zulässige Anteil liegt je nach Fall wohl zwischen 10% und 30%. Zum Honorarvolumen gehören alle Erträge der Revisionsstelle vom Prüfkunden (auch Nichtrevision) inklusive derjenigen von den Gesellschaften unter dessen einheitlicher Leitung. Gemäss den RzU 2007 (IX, Abschnitt B3) wird die Grenze erreicht, wenn der Honoraranteil (für Revision und Beratung) eines Kunden bei mehr als 10% liegt, gemessen an den durchschnittlichen Gesamthonorareinnahmen der Revisionsstelle der letzten fünf Jahre. Das Bundesgericht (BGE 131 III 38, 44) hat sich der Ansicht der Treuhand-Kammer nicht angeschlossen. Es will die Limite nicht starr bei 10% sehen, sondern von Fall zu Fall entscheiden. Der Basler Kommentar sieht die Obergrenze in jedem Fall bei 20% (BSK Revisionsrecht – Watter/Rampini, Art. 728 N 42).

Weil für die eingeschränkte Revision das Recht nicht verschärft wurde, stellt sich die Frage, wie die Vorschrift für diese lauten soll. Die alte Regelung kann dafür nicht einfach übernommen werden, weil sie für alle Revisionsstellen bzw. alle Mandatsgrössen galt. Die Revisionshonorare bei der alten Einheitsrevision erreichten eine Bandbreite von CHF 1000 bis CHF < 100 Mio. Für die eingeschränkte Revision präsentiert sich die Situation vor allem deshalb anders, weil die Revisionshonorare im Durchschnitt bei CHF 4900 (bzw. bei CHF 32 500 bei ordentlicher Revision ohne Publikumsgesellschaften) liegen (Wyss/Schüle 2010, S. 630). Bei vielen eingeschränkten Revisionen beträgt das Honorar z.B. etwa CHF 3000, bei ordentlichen Revision einer GU aber allenfalls bei CHF 100 000, bei einer Publikumsgesellschaft CHF < 100 Mio.

Legt man die Obergrenze bei 20% fest, bedeuten diese Honorare, dass die KMU-Revisionsstelle mindestens einen Umsatz von CHF 15 000, von CHF 500 000 bei GU oder gar CHF 500 Mio. erzielen muss, um «unabhängig» zu sein. Es leuchtet ein, dass bei einem Umsatz von CHF 500 Mio. der Verlust eines Prüfkunden mit Ertrag von CHF 100 Mio. schwerwiegen kann, weil davon Hunderte von Arbeitsplätzen abhängen können. Bereits moderater erscheint die Situation bei einem Umsatz von CHF 500 000 und einem Verlust von CHF 100 000 (davon kann z.B. ein Teilzeitarbeitsplatz abhängen). Der Verlust eines Kunden mit Ertrag von CHF 3000 ist aber unproblematisch, weil ein Revisor, der nur CHF 15 000 Umsatz erzielt, von diesem Kunden per se unabhängig ist. Er arbeitet wohl nur Teilzeit und ist faktisch von allen fünf Prüfkunden (100% des Umsatzes) unabhängig.

Bei der eingeschränkten Revision könnte daher eine Entscheidung von Fall zu Fall sinnvoll sein, weil die Grössen der Revisionsstelle zwischen einer Person und Dutzenden von Angestellten variieren kann. In ganz kleinen Verhältnissen ist wohl eine wirtschaftliche

19. Unabhängigkeit

Unabhängigkeit auch bei hohen %-Anteilen denkbar. Im Normalfall dürfte die Bandbreite zwischen 30–40% liegen. Die Vorschriften von Art. 728 Abs. 2 Ziff. 5 OR sind für die eingeschränkte Revision daher in diesem Sinne zu interpretieren.

Bei der ordentlichen Revision geht die RAB neu von einem maximalen Verhältnis von 1 : 1 zwischen Revisionshonoraren und Beratungshonoraren aus (RAB-Tätigkeitsbericht 2013, S. 4 und 26), was bei der eingeschränkten Revision nicht sinnvoll erscheint. Bei einem Revisionshonorar von z. B. CHF 3000 kann nur schon die erlaubte Mitwirkung in der Buchführung ein Honorar von CHF 20 000 und damit ein Verhältnis von 1 : 6,5 generieren. Erbringt die Revisionsstelle zudem andere Beratungsdienstleistungen im gleichen Ausmass, liegt das Verhältnis bereits bei 1 : 13. Solche Verhältnisse sind bei der eingeschränkten Revision üblich.

19.9.6 Konkretisierung bezüglich Verträgen zu nicht marktkonformen Bedingungen, mit Interesse der Revisionsstelle am Prüfergebnis und bezüglich Annahme von wertvollen Geschenken oder von besonderen Vorteilen

Der bisherige Art. 727c aOR enthält keine Vorschriften i. S. v. Art. 728 Abs. 2 Ziff. 6 OR, die Verträge zu nicht marktkonformen Bedingungen regeln oder solche, die ein Interesse der Revisionsstelle am Prüfergebnis (z. B. Erfolgshonorare) begründen. Art. 728 Abs. 2 Ziff. 7 OR betrifft die Annahme von wertvollen Geschenken oder besonderen Vorteilen und entspricht teilweise Art. 727c aOR, der die Annahme besonderer Vorteile thematisierte. Der Unterschied zwischen den «Verträgen zu nicht marktkonformen Bedingungen» und der «Annahme besonderer Vorteile» liegt darin, dass Ersteres den Charakter eines Austauschs zwischen den Parteien hat, Letzteres eher Geschenkcharakter.

Erfolgshonorare für Prüfungsdienstleistungen wurden schon in den RzU 1992 (Ziff. 3.14), RzU 2001 (Bst. H, 4.1) und im SER (Anhang B, Unabhängigkeit, S. 37, j Honorargestaltung) ausgeschlossen. Denn Erfolgshonorare für Prüfungsdienstleistungen widersprechen der Vorstellung von Neutralität des Revisors und bedeuten eine Gefahr für die innere Unabhängigkeit. Zu Recht sind sie verpönt. Diese Einschränkung ist für die eingeschränkte Revision zu übernehmen.

Andere Erfolgshonorare wurden in der Regel zugelassen (RzU 1992, Ziff. 3.14). Sogar heute sind bei der ordentlichen Revision Erfolgshonorare gemäss den RzU 2007 beschränkt erlaubt, soweit sie transaktionsabhängig und in entsprechenden Märkten üblich sind (RzU 2007, X, Abschnitt B, Art. 44; ebenso SER, Anhang B, Unabhängigkeit, S. 37, j Honorargestaltung). Für die eingeschränkte Revision sind andere Erfolgshonorare zuzulassen.

Verträge zu nicht marktkonformen Bedingungen erwähnen die RzU 1992 und 2001 nicht. Der SER verbietet den Waren- oder Dienstleistungsbezug unter nicht marktüblichen Konditionen (SER, Anhang B, Unabhängigkeit, S. 38, k Geschenk- und Vorteilsannahme). Die RzU 2007 lassen diese für die ordentliche Revision nicht zu (IV, Abschnitt B; XI, Abschnitt B, Art. 47). Für die eingeschränkte Revision sind solche Verträge zu gestatten, solange keine wesentliche Abweichung von den Marktbedingungen besteht.

Geschenke beschränken die RzU 1992 (Ziff. 3.12) auf ein übliches Mass, die RzU 2001 (Bst. H, 1.2.) auf materielle Unwesentlichkeit. Gemäss SER dürfen sie den «üblichen Rahmen einer Aufmerksamkeit nicht übersteigen» (SER, Anhang B, Unabhängigkeit, S. 38,

19. Unabhängigkeit

k Geschenk- und Vorteilsannahme). Bei der ordentlichen Revision gelten nach den RzU 2007 (XI, Abschnitt B, Art. 46) dieselben Kriterien. Bei eingeschränkter Revision ist der Begriff des «besonderen Vorteils» weiter zu fassen. Die erlaubte Nähe in allen anderen Bereichen der Unabhängigkeit legt nahe, auch übliche Geschenke wie unter nahen Bekannten (ohne Nahestehende) zuzulassen.

19.10 Konkretisierung des Anwendungsbereichs des Anscheins der Unabhängigkeit bei der eingeschränkten Revision

19.10.1 Konkretisierung bezüglich Geltungsbereich: Definition «Revisionsstelle»

Das heutige Gesetz adressiert die inhaltlichen Vorschriften zur Unabhängigkeit pauschal an die «Revisionsstelle» (im alten Recht noch an «die Revisoren»). Die Regelung in Art. 727d aOR bestimmte darum den über «die Revisoren» hinausgehenden Anwendungsbereich folgendermassen: «Das Erfordernis der Unabhängigkeit gilt sowohl für die Handelsgesellschaft oder die Genossenschaft als auch für alle Personen, welche die Prüfung durchführen.»

Die Vorschriften zur Unabhängigkeit wurden damit neben natürlichen Personen auch auf juristische Einheiten als Revisionsstellen in Form von Personengesellschaften, AG, GmbH oder Genossenschaft für anwendbar erklärt. Innerhalb dieser Einheiten galten die Vorschriften aber nur für «Personen, welche die Prüfung durchführen». Damit waren andere Angestellte oder der Verwaltungsrat der Revisionsstelle, soweit nicht an der Prüfung beteiligt, nicht erfasst.

Heute regeln die Absätze 3 und 4 von Art. 728 OR den Geltungsbereich der Unabhängigkeitsvorschriften bezüglich der «Revisionsstelle» bei der ordentlichen Revision. Demnach gelten

> § ³ die Bestimmungen über die Unabhängigkeit für alle an der Revision beteiligten Personen. Ist die Revisionsstelle eine Personengesellschaft oder eine juristische Person, so gelten die Bestimmungen über die Unabhängigkeit auch für die Mitglieder des obersten Leitungs- oder Verwaltungsorgans und für andere Personen mit Entscheidfunktion.
>
> ⁴ Arbeitnehmer der Revisionsstelle, die nicht an der Revision beteiligt sind, dürfen in der zu prüfenden Gesellschaft weder Mitglied des Verwaltungsrats sein noch eine andere Entscheidfunktion ausüben.

Diese Vorschriften bringen für die ordentliche Revision eine bedeutende Verschärfung. Neu sind nicht nur der Verwaltungsrat, andere Personen mit Entscheidfunktion und alle Personen im Prüfteam erfasst, sondern es ist auch den anderen Arbeitnehmern (Revisoren oder nicht) untersagt, im Verwaltungsrat des Prüfkunden Einsitz zu nehmen oder eine andere Entscheidfunktion auszuüben.

Die RzU 2001 (Bst. M, Begriffe «Abschlussprüfer», S. 21) weiten zwar den Begriff des Abschlussprüfers (Revisionsstelle) in mehrfacher Hinsicht wesentlich aus. Bezüglich der leitenden Mitarbeiter aber erfolgte nur die Präzisierung, dass auch Nichtwirtschaftsprüfer gemeint sind. «Andere Personen mit Entscheidfunktion» wurden noch immer nicht erfasst. Solche Verschärfungen betrafen aber ausschliesslich die Mitglieder der Treuhand-Kammer, denn das Gesetz wurde im Jahr 2001 nicht geändert.

19. Unabhängigkeit

Die Vorschriften von Art. 728 Abs. 4 OR sind für die eingeschränkte Revision nicht zu übernehmen. Art. 727c oder 727d aOR erfassten andere Arbeitnehmer der Revisionsstelle nicht, ebenso die RzU 1992 und 2001. Im SER hingegen wurde diese Vorschrift wesentlich verschärft. Sie bestimmte neu, dass alle «Mitarbeitenden des Revisionsunternehmens keine Führungs- oder Entscheidfunktion bei einem Prüfungskunden» (Anhang B, Unabhängigkeit, S. 36, b Führungs- und Entscheidfunktion) übernehmen dürfen, was über die Gesetzesbestimmungen für die ordentliche Revision hinausgeht.

Es ist dies ein typisches Beispiel dafür, dass die Fachverbände regelmässig viel schärfere Bestimmungen erlassen, als sie im Gesetz enthalten sind. Hier werden für die eingeschränkte Revision noch strengere Vorschriften gemacht, als nach Gesetz bei der ordentlichen gelten, was wiederum ausschliesslich die Mitglieder der Berufsverbände und Revisoren, die sich auf den SER berufen, betrifft.

Die Verschärfungen von Art. 728 Abs. 3 OR sind für die eingeschränkte Revision nur teilweise zu übernehmen. Das Erfordernis der Unabhängigkeit muss für alle juristischen Formen der Revisionsstelle und auch für alle Personen gelten, die die Prüfung durchführen. Für Führungsorgane ist die Vorschrift nur beschränkt anwendbar. Dieses Verbot war in den RzU 1992 (Ziff. 2.4.) auf «Verwaltungsorgane und leitende Mitarbeiter» beschränkt (wobei nur leitende Mitarbeiter in der Revisionsfunktion gemeint waren), für andere Personen mit Entscheidfunktion galt es nicht. Diese Art der Auslegung des Gesetzes erscheint für die heutige eingeschränkte Revision als adäquat.

19.10.2 Konkretisierung bezüglich Geltungsbereich: Nahestehende der Revisionsstelle

Die Nahestehenden des Revisors wurden in Art. 727c oder 727d aOR nicht erfasst. Der neue Abs. 5 von Art. 728 OR regelt den Geltungsbereich der Unabhängigkeitsvorschriften bezüglich «Personen, die der Revisionsstelle nahestehen»:

> § Die Unabhängigkeit ist auch dann nicht gegeben, wenn Personen die Unabhängigkeitsvoraussetzungen nicht erfüllen, die der Revisionsstelle, den an der Revision beteiligten Personen, den Mitgliedern des obersten Leitungs- oder Verwaltungsorgans oder anderen Personen mit Entscheidfunktion nahe stehen.

Diese Vorschrift bringt für die ordentliche Revision eine doppelte Verschärfung. Der neue Artikel führt erstmals den Begriff der «Nahestehenden» als relevante Grösse ein und bestimmt, dass er auf einen relativ grossen Kreis von Personen der Revisionsstelle (derselbe wie in Abs. 3) anzuwenden ist.

Der Begriff «Nahestehende» findet sich in den RzU 1992 nicht. In Ziff. 3.11 heisst es jedoch: *«Der Abschlussprüfer stellt sicher, dass seine Unabhängigkeit als Folge persönlicher oder familiärer Bindungen und Beziehungen nicht beeinträchtigt wird.»* Damals waren damit aber nur enge Verwandte (Ehepartner, finanziell abhängige Kinder/Verwandte/andere Personen) gemeint, wie der Kreis auch später in den RzU 2001 (Bst. M. Begriffe, «unmittelbare Familienangehörige», S.23) noch definiert wurde. Hinsichtlich persönlicher Beziehungen wurden nur enge Freundschaften oder enge geschäftliche Beziehungen erfasst, was auch zur Bestimmung von «Nahestehenden» und «engen geschäftlichen» Beziehungen bei der heutigen eingeschränkten Revision Sinn ergibt.

19. Unabhängigkeit

In den RzU 2001 (Bst. M., Begriffe, «unmittelbare Familienangehörige», S. 23) wurde der Begriff «familiäre Bindungen» bzw. unmittelbare Familienangehörigen, wie erwähnt, nicht verändert. Die Definition der *«persönlichen Beziehungen»* wurde auf *«enge persönliche und geschäftliche Beziehungen»* differenziert, was aber keine Ausweitung des Kreises der *«Nahestehenden»* bedeutet (RzU 2001, Bst. H, Ziff. 1.2 Abs. 1.). Der SER enthält den Begriff *«Nahestehende»* nicht, erwähnt aber wieder *«persönliche und familiäre Beziehungen»* (Anhang B, Unabhängigkeit, S. 36, f persönliche und familiäre Beziehungen), die er allerdings nur für den leitenden Revisor anwendet. Es erscheint unklar, ob der SER die Gültigkeit der Regel für Nahestehende bei der eingeschränkten Revision auf den leitenden Prüfer reduzieren will.

Die Vorschriften von Art. 728 Abs. 5 OR sind für die eingeschränkte Revision daher nur teilweise zu übernehmen. Nahestehende werden zwar auch bei der eingeschränkten Revision erfasst. Der Kreis beschränkt sich jedoch auf natürliche Personen, wie Ehepartner/Lebenspartner und deren Geschwister und Eltern, die Verwandtschaft im ersten und zweiten Grad in auf- und absteigender Linie. Nahestehende ausserhalb des Anwendungsbereichs «Revisionsstelle» werden nicht erfasst.

19.10.3 Konkretisierung bezüglich Geltungsbereich: Revisionsstelle bzw. Prüfkunde je als Konzern

Der Begriff der einheitlichen Leitung von Aktiengesellschaften wurde am 1. Juli 1992 in Art. 663e OR eingeführt (am 1. Januar 2013 in Art. 963 OR). Eine Regelung des Anwendungsbereichs der Vorschriften zur Unabhängigkeit auf Konzerne bestand bereits in Art. 727c Abs. 2 aOR. Er regelte aber einseitig nur Konzerne aufseiten des Prüfkunden und auch für diese nur in beschränkter Form. Er lautete: Die Revisoren

> ² [...] müssen auch von Gesellschaften, die dem gleichen Konzern angehören, unabhängig sein, sofern ein Aktionär oder ein Gläubiger dies verlangt.

Konzerne aufseiten der Revisionsstelle waren vom Gesetz nicht erfasst. Faktisch war die Unabhängigkeit jedoch auch bei Konzernen aufseiten des Prüfkunden nicht geregelt, weil es sehr selten vorkam, dass ein Aktionär oder ein Gläubiger diese Unabhängigkeit verlangte.

> *Art. 728 Abs. 6 OR*
>
> Die Bestimmungen über die Unabhängigkeit erfassen auch Gesellschaften, die mit der zu prüfenden Gesellschaft oder der Revisionsstelle unter einheitlicher Leitung stehen.

Dieser Artikel stützt sich für den Begriff der einheitlichen Leitung auf die gesetzliche Bestimmung in Art. 663e OR ab (BSK Revisionsrecht – WATTER/RAMPINI, Art. 728 N 66; Botschaft 2004, 4021, setzt das mit der simplen Klammerbemerkung «Konzern» als selbstverständlich voraus). Er bringt für die ordentliche Revision eine bedeutende Verschärfung, weitet er doch den Geltungsbereich der Unabhängigkeitsvorschriften auf Konzerngesellschaften auf beiden Seiten, Revisionsstelle und Prüfkunde, aus.

Schon die RzU 1992 (Ziff. 2.4) gingen in diesem Punkt über den Wortlaut des Gesetzes hinaus und erfassten die auf der Seite der Revisionsstelle unter einheitlicher Leitung stehenden Gesellschaften. RzU 2001 übernahmen die Regel von RzU 1992 und fügten die «*na-*

19. Unabhängigkeit

hestehenden Gesellschaften» hinzu (Bst. M., Abschlussprüfer), womit auch Gesellschaften erfasst wurden, die nicht unter einheitlicher Leitung stehen. Diese strenge Regelung betraf ausschliesslich die Mitglieder der Treuhand-Kammer. RzU 2007 verschärften diese Bestimmung für die ordentliche Revision noch weiter und erfassten sogar «Partner- und Netzwerkunternehmen» (RzU 2007 Art. 6).

Bezüglich Konzernen aufseiten der Prüfkunden gingen RzU 1992 (Ziff. 2.3) nicht über das Gesetz hinaus und schlossen nur alle Prüfkunden derselben Gruppe (wenn man mehrere Mandate hatte) ein. RzU 2001 hingegen bedeuteten in diesem Punkt strengere Bestimmungen als das Gesetz. Sie erfassten nicht nur alle unter einheitlicher Leitung stehenden Gesellschaften des Prüfkunden, sondern auch *«andere nahestehende Gesellschaften, Investoren, Joint Ventures»* des Prüfkunden (RzU 2001, Bst. M., Wesentliche nahestehende Gesellschaften [Nichtkunden] des Prüfungskunden). Diese Regelung war wiederum strenger als die bei der heutigen ordentlichen Revision. Sie betrifft ausschliesslich die Mitglieder der Treuhand-Kammer.

Der SER hingegen erwähnt Konzerne im Zusammenhang mit der Unabhängigkeit nicht. Er geht richtigerweise davon aus, dass bei KMU die Konzernfrage von untergeordneter Bedeutung ist.

Die Vorschriften von Art. 728 Abs. 6 OR sind für die eingeschränkte Revision daher nur teilweise zu übernehmen. Für die Revisionsstelle empfiehlt sich eine Regelung, die sich an RzU 1992 anlehnt und Gesellschaften unter einheitlicher Leitung i. S. v. Art. 963 OR erfasst. Bezüglich Konzernen auf der Seite des Prüfkunden genügt die Regelung des Art. 727c Abs. 2 aOR, nach der die Unabhängigkeit von Gesellschaften, die dem gleichen Konzern angehören, nur Bedingung ist, sofern ein Aktionär oder ein Gläubiger dies verlangt.

19.11 Konkretisierung des Anwendungsbereichs des verpönten Anscheins der Abhängigkeit bei der eingeschränkten Revision

Konkretisierung der Vorschriften zur Wahrung des Anscheins der Unabhängigkeit		
Bereich der Unabhängigkeit	**Zulässigkeit/Anforderungen**	**Bemerkungen**
A Aspekt der inneren Unabhängigkeit		
Innere Unabhängigkeit	Vollumfänglich nötig	
B Aspekt der äusseren Unabhängigkeit		
1. Inhaltliche Anforderungen an den Anschein der Unabhängigkeit		
1.1 Personelle Beziehungen zum Prüfkunden (siehe auch Abbildung 94 und Abbildung 95)		
Einsitz im Verwaltungsrat	Verpönt für die Revisionsstelle	Nicht an der Revision beteiligte Arbeitnehmer dürfen im Verwaltungsrat Einsitz nehmen, soweit es ein Minderheitssitz ist.
Arbeitnehmerstellung	Verpönt für die Revisionsstelle	Nicht an der Revision Beteiligte dürfen Arbeitnehmer sein und als solche auch andere Entscheidfunktionen übernehmen. Dasselbe gilt für die Stellung als Berater im Auftragsverhältnis. →

19. Unabhängigkeit

Konkretisierung der Vorschriften zur Wahrung des Anscheins der Unabhängigkeit		
Bereich der Unabhängigkeit	**Zulässigkeit/Anforderungen**	**Bemerkungen**
Enge Beziehungen der Revisionsstelle	Enge persönliche/private Beziehungen möglich Enge geschäftliche Beziehungen verpönt	Enge Freundschaften sind möglich. Sofern geschäftliche Abhängigkeit vorliegt
Enge Beziehungen des leitenden Prüfers	Analog Revisionsstelle	Für den leitenden Prüfer gibt es bei der eingeschränkten Revision keine Spezialnorm.
1.2 Finanzielle Beziehungen zum Prüfkunden		
Direkte Beteiligungen	Minderheitsbeteiligungen möglich	< 10–20 % Unbedenklichkeitsvermutung > 10–20 %: Umkehr der Nachweispflicht
Guthaben oder Schulden	Nicht wesentliche Guthaben oder Schulden möglich	
1.3 Wirtschaftliche Aspekte der Beziehungen zum Prüfkunden		
Aufträge, die zur wirtschaftlichen Abhängigkeit führen	Entscheidung von Fall zu Fall Normale Bandbreite: 30–40 % In ganz kleinen Verhältnissen den Umständen anzupassen	Unter Einbezug aller Erträge der Revisionsstelle (auch aus Nichtrevision)
Verhältnis Revisionshonorar zu anderen Honoraren	Keine Begrenzung	
Erfolgshonorare für Prüfungsdienstleistungen	Verpönt	
Erfolgshonorare für andere Dienstleistungen	Möglich	
Verträge zu nicht marktkonformen Bedingungen	Nicht möglich, ausser bei unwesentlichen Abweichungen	
Geschenke und besondere Vorteile	Möglich im Rahmen üblicher Geschenke unter nahen Bekannten	
2. Anwendungsbereiche der inhaltlichen Vorschriften des Anscheins der Unabhängigkeit		
2.1 Konkretisierung bezüglich Geltungsbereich: Definition «Revisionsstelle»		
Revisionsstelle	Alle juristischen Formen der Revisionsstelle Verwaltungsorgane und leitende Mitarbeiter in der Revisionsfunktion Alle Personen, die die Prüfung durchführen	Nicht erfasst werden: Arbeitnehmer, die nicht an der Prüfung beteiligt sind (Revisoren oder nicht) Leitende Mitarbeiter in anderen Funktionen ausserhalb der Revisionsabteilung
2.2 Konkretisierung bezüglich Geltungsbereich: Definition «Nahestehende der Revisionsstelle»		
Nahestehende	Nur natürliche Personen: Ehepartner/Lebenspartner und deren Geschwister und Eltern Verwandtschaft im ersten und zweiten Grad in auf- und absteigender Linie	Nicht erfasst werden Nahestehende von • Arbeitnehmern, die nicht an der Prüfung beteiligt sind (Revisoren oder nicht) • leitenden Mitarbeitern in anderen Funktionen ausserhalb der Revisionsabteilung →

19. Unabhängigkeit

Konkretisierung der Vorschriften zur Wahrung des Anscheins der Unabhängigkeit		
Bereich der Unabhängigkeit	**Zulässigkeit/Anforderungen**	**Bemerkungen**
2.3 Konkretisierung bezüglich Geltungsbereich: Revisionsstelle bzw. Prüfkunde je als Konzern		
Auf Seite der Revisionsstelle	Erfasst werden Gesellschaften unter einheitlicher Leitung i. S. v. Art. 963 OR.	
Auf Seite des Prüfkunden	Erfasst werden Gesellschaften, die dem gleichen Konzern angehören, sofern ein Aktionär oder ein Gläubiger dies verlangt.	
3. Mitwirken bei der Buchführung und Erbringen anderer Dienstleistungen		
Mitwirken in der Buchführung	Kontierung und Verbuchung der Belege, Kontoführung, Erstellung Saldobilanzen, Zwischenabschlüsse und Jahresrechnungen	
	Berechnung Steuerrückstellungen, übliche Abschreibungen, Klärung der Beteiligungen auf Wertbeeinträchtigungen, Erstellung der Jahresrechnung	
	Die Jahresrechnung ist dem Kunden eingehend zu erläutern, um sicherzustellen, dass er deren Inhalt umfassend versteht. Die Verantwortung für die Jahresrechnung verbleibt in jedem Fall beim Kunden.	
	Bei Neugründungen: Einrichten der Buchhaltung, das heisst z. B. Aufbau eines Kontenplans, Definition Mehrwertsteuercodes, Einrichtung Lohnbuchhaltung, Einrichtung Fakturierungsapplikation und Kreditoren- und Debitorenbuchhaltung und anderer für die Buchführung notwendiger Nebenbücher	
	Bei Buchführung durch den Kunden (die folgenden Tätigkeiten gelten als Bestandteil des Revisionsprozesses):	
	Prüfung der Saldenbilanz mit Einzelkonten durch die Revisionsstelle. Besprechung der notwendige Anpassungen und Umgliederungen. Erstellung der Jahresrechnung als Beilage zum Revisionsbericht. Kunde übernimmt diese Beilage als statutarische Jahresrechnung.	
	Kunde muss besprochene Anpassungen genehmigen und in seine Buchhaltung übernehmen, die Jahresrechnung unterschreiben und damit explizit die Verantwortung dafür übernehmen.	
	Die Revisionsstelle kann z. B. folgende Arbeiten/Vorschläge für die Abschlusserstellung vorbereiten: • zur zeitlichen und sachlichen Abgrenzung • zu den Berechnungen von einzelnen Bilanzwerten (Pauschaldelkredere, Abschreibungen Warenlager und Sachanlagevermögen) • zur Vornahme von Rückstellungen • zur Bildung von stillen Reserven • zur Gliederung und Bezeichnung der Konti in der Bilanz und Erfolgsrechnung • zum Inhalt des Anhangs • für die Gewinnverwendung	
	Revisionsstelle kann den Entwurf von Bilanz und Erfogsrechnung erarbeiten und Abschlussbuchungen integrieren. Diese Abschlussarbeit ist i. d. R. personell und organisatorisch zu trennen.	
Erbringen anderer Dienstleistungen	Beratungsdienstleistungen aller Art, z. B. zum Rechnungswesen, Strategieberatung, wirtschaftliche und rechtliche Beratung, Informatikberatung, Steuerberatung oder Beratung zum Jahresabschluss oder andere Dienstleistungen wie z. B. Gewährung eines Zustelldomizils	

19. Unabhängigkeit

19.12 Mögliche Konsequenzen bei Pflichtverletzungen

19.12.1 Verweis auf Kapitel 20

Die Nichteinhaltung der Unabhängigkeitsvorschriften stellt eine Pflichtverletzung dar. In Kapitel 20 wird auf diese Pflichtverletzungen eingegangen.

19.12.2 Personelle Betroffenheit und Zeitpunkt des Verstosses gegen die Unabhängigkeit

Die Beurteilung, ob die Unabhängigkeitsvorschriften im konkreten Fall eingehalten sind, obliegt vor allem dem leitenden Revisor, der im Revisionsbericht die Einhaltung der Unabhängigkeitsvorschriften explizit bestätigen muss. Er hat darüber zu wachen, dass alle an der Revision Beteiligten unabhängig sind. Ist die Revisionsstelle eine Personengesellschaft oder eine juristische Person, so liegt es ebenfalls am leitenden Revisor darüber zu wachen, dass die Bestimmungen über die Unabhängigkeit von den Mitgliedern des obersten Leitungs- oder Verwaltungsorgans und von anderen Personen mit Entscheidfunktion eingehalten werden.

Das oberste Leitungs- oder Verwaltungsorgan des Revisionsunternehmens ist für Verletzungen der Unabhängigkeit jedoch nicht direkt sanktionierbar. Das gilt gemäss dem Gesetzestext klar für den Leiter einer Einzelfirma, es gilt aber analog bei juristischen Personen. Das oberste Leitungsorgan hat jedoch für organisatorische Rahmenbedingungen zu sorgen, die es den leitenden Revisoren des Unternehmens ermöglichen, ihre Aufgabe effizient wahrzunehmen. Zusätzlich zum leitenden Revisor können weitere Personen im Revisionsunternehmen sanktioniert werden, wenn sie Zulassungsträger sind und persönlich die Verletzung der Unabhängigkeit verursacht haben.

Verstösst ein leitender Revisor gegen eine Vorschrift zur Unabhängigkeit, stellt sich die Frage von Zeitpunkt und Zeitraum dieser Pflichtverletzung.

Der leitende Revisor bestätigt seine Unabhängigkeit zweifellos dann, wenn er einen Revisionsbericht unterzeichnet. Dieser Bericht richtet sich meistens an eine Generalversammlung (z. B. Art. 729b OR) und wird dieser präsentiert. Besteht in diesem Moment ein Sachverhalt, der die Unabhängigkeit beeinträchtigt, ist dies der massgebliche Zeitpunkt für die Pflichtverletzung. Nur bei gesetzlich relevanten Handlungen fokussiert das Gesetz darauf, dass die Revision in unabhängiger Weise stattfinden muss.

Ein Revisor könnte z. B. eine Minute vor Unterzeichnung des Revisionsberichts von der Unterzeichnung absehen, weil er erfährt, dass Verletzungen der Unabhängigkeit während des geprüften Geschäftsjahres geschahen. Auch wenn er seit einem Jahr gewählt ist und die Revision bereits durchgeführt hat, könnte ihm so keine Verletzung der Unabhängigkeit vorgeworfen werden, weil er ja den Revisionsbericht nicht unterzeichnet hat.

Unterzeichnet er den Revisionsbericht trotzdem, stellt sich die Frage nach dem Zeitraum der Pflichtverletzung. Entdeckt er die Verletzung der Unabhängigkeit z. B. ein Jahr später, wiederum kurz vor Unterzeichnung des Revisionsberichts, und verzichtet er auf eine Unterzeichnung, bleibt es bei einer einmaligen Pflichtverletzung. Es ist nicht davon auszugehen, dass der Revisor die Vorschriften während der «Dauer» eines Jahres verletzt hat.

Unterzeichnet er während mehrerer Jahre (z. B. vier Jahren) trotz Pflichtverletzung den Revisionsbericht, ist für deren Bewertung von einer vierfachen Begehung auszugehen und

19. Unabhängigkeit

nicht von einem Zeitraum von z. B. vier Jahren (die Dauer wäre zudem abhängig vom zufälligen Unterzeichnungsdatum). Erfolgen weitere gesetzlich relevante Äusserungen der Revisionsstelle in diesem Zeitraum, vermehrt sich die Zahl der Pflichtverletzungen entsprechend.

19.13 Rotation bei der eingeschränkten Revision

19.13.1 Gesetzliche Grundlagen

> **OR Art. 730a Amtsdauer der Revisionsstelle**
>
> [1] [...]
>
> [2] Bei der ordentlichen Revision darf die Person, die die Revision leitet, das Mandat längstens während sieben Jahren ausführen. Sie darf das gleiche Mandat erst nach einem Unterbruch von drei Jahren wieder aufnehmen.

> **RAV Art. 51 Rotationspflicht**
>
> Die Frist von sieben Jahren für die Rotation der leitenden Revisorin oder des leitenden Revisors (Art. 730a Abs. 2 OR) beginnt mit dem Inkrafttreten der Änderung des Obligationenrechts vom 16. Dezember 2005 zu laufen. Die leitende Revisorin oder der leitende Revisor darf nach dem Inkrafttreten höchstens noch sieben Jahresrechnungen prüfen.

19.13.2 Rotation bei der ordentlichen Revision

Der Gesetzgeber hat diese Vorschrift geschaffen (Botschaft 2004, S. 4030), um

«[...] Risiken vorzubeugen, die aufgrund einer zu grossen persönlichen Vertrautheit oder eines übermässigen Vertrauens entstehen können».

Diese neue Regelung zeigt eine deutliche Verschärfung der Vorschriften zur Unabhängigkeit bei der ordentlichen Revision. Für die eingeschränkte Revision gilt sie gemäss Botschaft nicht. Der Gesetzgeber erlaubt damit ausdrücklich eine u. U. jahrzehntelange Betreuung eines Prüfkunden durch denselben leitenden Revisor. Diese Lösung erstaunt im Blick auf die hier vertretene Auffassung des Begriffs der Unabhängigkeit nicht. Sie passt nahtlos zur umfassenden Erleichterung bei der eingeschränkten Revision.

19.13.3 Rotation beim Wechsel in die ordentliche Revision

Bei der ordentlichen Revision soll eine zu grosse Vertrautheit der Revisionsstelle mit dem Prüfkunden bei langjährigen Kundenbeziehungen vermieden werden, damit keine Beeinträchtigung der vom Prüfer verlangten kritischen Grundhaltung entstehen kann. Deshalb soll die Person, die die Revision leitet, das Mandat längstens während sieben Jahren ausführen. Die gewählte Revisionsstelle darf das Mandat jedoch über diese sieben Jahre hinaus fortführen.

Wechselt eine Prüfgesellschaft von der eingeschränkten Revision in die ordentliche, darf der leitende Revisor die Prüfung sieben Jahre lang ausführen, unbesehen davon, wie lange er vorher die eingeschränkte Revision geleitet hat. Wechselt die Prüfgesellschaft mehrmals zwischen den Revisionsarten, werden die Jahre mit eingeschränkter Revision nicht in die Berechnung der sieben Jahre einbezogen. Hat er die ordentliche Revision jedoch während mehr als sieben Jahren geleitet, so muss er die Revision abgeben, auch wenn dazwischen mehrere Jahre mit eingeschränkter Revision lagen.

19.13.4 Rotation bei der eingeschränkten Revision einer Konzerntochter

In der Literatur findet sich die Ansicht, dass die Rotationspflicht auch bei eingeschränkter Revision anwendbar sei, wenn es sich um eine Konzerngesellschaft handle und wenn die Revisionsstelle der Konzernmutter dieselbe sei wie bei der Konzerntochter, weil die «Konzernperspektive» ausschlaggebend sei (Sanwald 2014, §13, N 169). Diese Ansicht findet keine Stütze im Gesetz und ist abzulehnen.

19.14 Unabhängigkeit bei Spezialprüfungen

19.14.1 Einleitung

Im Gesetz findet sich keine Regelung zur Unabhängigkeit für die Spezialprüfungen. Es regelt die Unabhängigkeitsvorschriften systematisch klar nur bei der Jahresrevision:
- Art. 728 OR befindet sich in Abschnitt III., Ordentliche Revision
- Art. 729 OR befindet sich in Abschnitt IV., Eingeschränkte Revision (Review).

Die Bedeutung der Unabhängigkeit ist bei den Spezialprüfungen gleich wie bei der Jahresrevision. Es ist darum davon auszugehen, dass sie auch für Prüfungsdienstleistungen gilt, die nicht mit der Jahresrevision zusammenhängen. Allerdings differieren die Anforderungen an die Unabhängigkeit bei der ordentlichen Revision und der eingeschränkte Revision erheblich. Das Gesetz beantwortet die Frage nicht, ob bei Spezialprüfungen die Vorschriften der ordentlichen oder eingeschränkten Revision gelten. In der Literatur äussern sich dazu einzig die RzU 2007 (F, Geltungsbereich, S. 12). Sie schliessen Spezialprüfungen in den Geltungsbereich der RzU 2007 ein, äussern sich jedoch nicht zur hier thematisierten Frage. Zudem hat die Richtlinie nur für Mitglieder der Treuhand-Kammer Gültigkeit.

19.14.2 Unabhängigkeit bei Spezialprüfungen gemäss Art. 729 OR

In Branchendiskussionen wird die Ansicht vertreten, die Spezialprüfungen hätten nach den PS zu erfolgen und es seien daher für alle Spezialprüfungen die Vorschriften von Art. 728 OR zur Unabhängigkeit anzuwenden. Diese Auffassung ist hier zu differenzieren. Eine flächendeckende Anwendung der PS für Spezialprüfungen (i.V.m. Art. 728 OR) erscheint für ordentlich revidierte Gesellschaften vertretbar. Für eingeschränkt revidierte ist die Prüfung nach PS jedoch zweifelhaft (siehe dazu Kapitel 23). Jedenfalls ist nach Meinung der Autoren bei allen Spezialprüfungen für Gesellschaften, die eingeschränkt revidiert werden, Art. 729 OR anwendbar.

Der Gesetzgeber hat für die Jahresrevision bestimmt, dass bei eingeschränkt geprüften Gesellschaften die Vorschriften der Unabhängigkeit von Art. 729 OR ausreichen. Die Jahresrevision ist jedoch die umfassendste Revision. Spezialprüfungen haben maximal denselben Stellenwert wie die Jahresrevision, weil sie regelmässig nur Teilbereiche der Jahresrechnung betreffen. Für sie kommt daher nach Meinung der Autoren ebenfalls Art. 729 OR zur Anwendung.

19. Unabhängigkeit

Spezialprüfungen müssen von der gewählten Revisionsstelle durchgeführt werden, soweit ihre Zulassung mit den Anforderungen für die jeweilige Spezialprüfung übereinstimmt. Gesellschaften mit Opting-out ziehen einen zugelassenen Revisor oder Revisionsexperten bei. Praktisch bedeutet das, dass sich bei ordentlich revidierten Gesellschaften die Unabhängigkeitsanforderungen immer nach Art. 728 OR richten (Art. 727b Abs. 2 OR), bei eingeschränkt revidierten und solchen mit Opting-out nach Art. 729 OR.

Übersicht zu den Spezialprüfungen		
Spezialprüfungen	Zulassungsart	Unabhängigkeit
Gründung Art. 629 ff. OR, insb. Art. 634–635a OR	Zugelassener Revisor	Art. 729 OR
Kapitalerhöhung (ohne bedingte Kapitalerhöhung) Art. 650 ff. OR, insb. Art. 652c–652f OR	Zugelassener Revisor	Art. 729 OR
Bedingte Kapitalerhöhung Art. 653 ff. OR	Zugelassener Revisionsexperte	Art. 728 OR
Kapitalherabsetzung Art. 732 ff. OR	Zugelassener Revisionsexperte	Art. 728 OR
Vorzeitige Verteilung des Vermögens Art. 745 Abs. 3 OR	Zugelassener Revisionsexperte	Art. 728 OR
Aufwertung von Grundstücken oder Beteiligungen Art. 670 OR	Zugelassener Revisor	Art. 729 OR
Zwischenbilanzen zu Fortführungs- und Liquidationswerten Art. 725 Abs. 2 OR	Zugelassener Revisor	Art. 729 OR
Aufhebung des Rangrücktritts bei eingeschränkter Revision Art. 725 Abs. 2 OR	Zugelassener Revisor	Art. 729 OR
Rückzahlung geleisteter Nachschüsse von Gesellschaftern Art. 795b	Zugelassener Revisionsexperte	Art. 728 OR
Auszahlung von Abfindungen für Stammanteile Art. 825a Abs. 2 OR	Zugelassener Revisionsexperte	Art. 728 OR
Genossenschafterverzeichnis Art. 907 OR	Zugelassener Revisor	Art. 729 OR
Einhaltung anerkannter Standards zur Rechnungslegung Art. 962a OR	Zugelassener Revisionsexperte	Art. 728 OR
Fusionen Art. 15 FusG	Zugelassener Revisionsexperte	Art. 728 OR
Spaltungen Art. 40 FusG	Zugelassener Revisionsexperte	Art. 728 OR
Umwandlungen Art. 62 FusG	Zugelassener Revisionsexperte	Art. 728 OR
Umstrukturierungen von Vorsorgeeinrichtungen Art. 92 FusG	Zugelassener Revisionsexperte	Art. 728 OR
Fusion von Stiftungen Art. 81 FusG	Zugelassener Revisor	Art. 729 OR
Verlegung einer Gesellschaft vom Ausland in die Schweiz Art. 162 IPRG	Zugelassener Revisionsexperte	Art. 728 OR
Verlegung einer Gesellschaft von der Schweiz ins Ausland Art. 164 IPRG	Zugelassener Revisionsexperte	Art. 728 OR

19. Unabhängigkeit

19.14.3 Berichterstattung

Art 729b Abs. 1 Ziff. 3 OR verlangt bei der eingeschränkten Revision, dass der Revisionsbericht Angaben zur Unabhängigkeit und gegebenenfalls zum Mitwirken bei der Buchführung und zu anderen Dienstleistungen, die für die zu prüfende Gesellschaft erbracht wurden, enthält. Prüfberichte zu Spezialprüfungen, die den Vorschriften von Art. 729 OR zu genügen haben, haben analoge Angaben zur Unabhängigkeit enthalten.

Zum Beispiel:

Ein Mitarbeiter unserer Gesellschaft hat bei der Erstellung des Kapitalerhöhungsberichts mitgewirkt, an deren Prüfung war er nicht beteiligt.

Ein Mitarbeiter unserer Gesellschaft hat die Bewertung der Sacheinlage erstellt. An der Prüfung des Kapitalerhöhungsberichts hat er nicht mitgewirkt.

Ein Mitarbeiter unserer Gesellschaft hat die Bewertung der Beteiligung erstellt. An der Prüfung der Aufwertung hat er nicht mitgewirkt.

Bei den Spezialprüfungen zeigt sich die Effizienz der Doppelmandate bei der eingeschränkten Revision besonders, weil der KMU-Kunde in der Regel nicht in der Lage ist, die Unterlagen für diese spezielle Transaktion aufzubereiten. Die Revisionsstelle hat hingegen i.d.R. Erfahrung mit diesen Spezialprüfungen.

19.15 Gesamtüberblick und abschliessende Würdigung

Nach fast sieben Jahren Praxis mit der eingeschränkten Revision, mit gegen 100 Zulassungsentzügen und mehr als 100 Verweisen vor allem bei KMU-Revisoren und verbreiteter Unsicherheit im KMU-Umfeld ist eine kritische und sachliche Reflexion zum Thema angebracht und für den Berufsstand unverzichtbar.

Was war die ursprüngliche politische Absicht der Gesetzesrevision von 2008? Es ging für KMU klar um eine Vereinfachung der alten Einheitsrevision durch Einführung der eingeschränkten Revision. Es ging um eine Reduktion der Prüfungssicherheit und aller anderen Anforderungen an die Revision und die Revisionsstelle und nicht zuletzt um Kostensenkungen für KMU. Das Ziel war die Legalisierung der bisherigen KMU-Prüfung mit dem bewährten Dienstleistungskonzept des «Alles aus einer Hand».

Dieses Kapitel und das Buch als Ganzes wollen diese Diskussion konstruktiv nochmals eröffnen und alle Beteiligten auffordern, für das Produkt der eingeschränkten Revision den vom Gesetzgeber angedachten Platz zu finden.

19. Unabhängigkeit

19.16 Beispiele und Arbeitshilfen

19.16.1 Beispiel eines Besprechungsprotokolls über die Buchführung und Abschlusserstellung

Das nachstehende Protokoll ist kein Standardtext, sondern dient der Illustration einer Kommunikation mit dem Kunden, die darauf gerichtet ist, sicherzustellen, dass die Geschäftsleitung bzw. der Verwaltungsrat die Entscheidung über die Buchführung und Rechnungslegung übernimmt.

Kunde: Muster AG
Jahr: 31. 12. 2013
Erstellt: Müller, Datum
Kontrolliert: Meister, Datum

Teilnehmer:
Vertreter des Kunden: Hans Muster, Geschäftsleiter und Verwaltungsrat (HM)
Vertreter der Revisionsstelle: Ernst Meister, Mandatsleiter Buchführung (EM)
Protokollführerin: Martha Müller, Sachbearbeitung Buchführung (MM)

Besprechungsgrundlagen:
- Saldobilanz per 31. Dezember 2013, erstellt am [Datum]
- Vorschlag für die Abschlussbuchungen mit den Pro-forma-Beträgen
- Detailunterlagen
- Offen-Posten-Liste Debitoren, Debitoren-Fälligkeitslisten, darin enthaltene Forderungen gegenüber Nahestehenden, Berechnung Delkredere im Ermessensbereich von [Betrag] bis [Betrag]
- MWSt-Abrechnung 4Q
- Inventar; ABC-Analyse, Bewertungsüberlegungen im Ermessensbereich von [Betrag] bis [Betrag], Nachweis der bisherigen stillen Reserven
- [Weitere Unterlagen nach Bedarf]

Die vorstehenden Unterlagen wurden gemäss separatem Auftrag vom [Datum] erstellt. EM bestätigt ausdrücklich, dass die Revisionsabteilung organisatorisch und personell bei der Buchführung und der Vorbereitung der vorliegenden Jahresrechnung mitgewirkt hat.

Besprechungsprotokoll:
HM begrüsst die Anwesenden und dankt für die Einhaltung der zeitlichen und inhaltlichen Vorgaben gemäss dem separaten Auftrag vom [Datum].
HM bestätigt, dass die Muster AG alle erforderlichen Unterlagen in der vorgegebenen Art und im vorgegebenen Umfang Frau MM am [Datum] zur Verfügung gestellt hat. Alle Pendenzen sind erledigt.
EM erläutert die einzelnen Positionen der Jahresrechnung (Bilanz, Erfolgsrechnung und Anhang). MM ergänzt aufgrund der von ihr erstellten Detailunterlagen.
HM benötigt folgende Ergänzungen:
- Kursverlauf € vom Bilanzstichtag bis zum Bilanzerrichtungstag
  MM 31.12.2013 CHF/€ 1,30 – 1. April CHF/€ 1,20

19. Unabhängigkeit

- Durchschnittliche Zahlungsfristen Debitoren
  MM 2011: 35 Tage; 2012 40 Tage; 2013: 45 Tage
- [Weitere Ergänzungen und Antworten]

HM entscheidet über folgende Bewertungsansätze aufgrund der vorgeschlagenen Ermessensgrössen:
- Debitoren:
  - Umgruppierung Forderungen Nahestehende [Betrag]
  - Erhöhung Delkredere um [Betrag] auf [Betrag]
  - Die stillen Ermessensreserven betragen neu [Betrag] (Vorjahr [Betrag]) – Bildung [Betrag]
- Warenvorräte:
  - ABC-Analyse stimmt mit den Überlegungen von HM überein.
  - Auf dem Inventarwert zu Anschaffungswerten erfolgt eine notwendige Wertberichtigung für C-Waren in Höhe von 50 % (Vorjahr 40 %) [Betrag] (Vorjahr [Betrag]).
  - Auf dem Netto-Warenwert wird eine steuerlich privilegierte Warenreserve von [Betrag] (entsprechend 30 %) gebildet (Vorjahr [Betrag] entsprechend 35 %).
  - Die stillen Reserven entsprechen den Warenreserven; Veränderung gegenüber Vorjahr plus [Betrag].
  - [Weitere Entscheidungen von HM]

HM bestätigt ausdrücklich, dass keine Ereignisse nach dem Bilanzstichtag eingetreten sind, die eine Korrektur der Jahresrechnung nötig machen.

[Weitere Besprechungspunkte]

Die definitive Jahresrechnung weist eine Bilanzsumme von [Betrag] sowie ein bereinigtes Ergebnis von [Betrag] aus. Das Total der vorzunehmenden Korrekturen beträgt [Betrag].

Der Gewinnverwendungsvorschlag des Verwaltungsrats ist wie folgt zu erstellen:
- Allgemeine gesetzliche Reserve [Betrag]
- Dividende 5 % AK [Betrag]

Für die Protokollführung: *MM, Datum*

Bestätigung Besprechungsprotokoll über die Buchführung und Abschlusserstellung:

HM, Datum

19. Unabhängigkeit

19.17 Zusammenfassung der Anforderungen

- Sie können begründen, weshalb die eingeschränkte Revision ein für Bedürfnisse der KMU massgeschneidertes Produkt ist.
- Sie kennen die Hauptunterschiede der Anforderungen an die Unabhängigkeit bei der eingeschränkte Revision zwischen diesem Buch, dem SER und der RAB.
- Sie kennen die Definition der Unabhängigkeit.
- Sie kennen die Grundlagen eines objektiven Prüfungsurteils.
- Sie kennen das Prinzip und den Zweck des Zweisäulenkonzepts der Unabhängigkeit.
- Sie kennen die zwei Aspekte der Differenzierung der äusseren Unabhängigkeit.
- Sie kennen die Definition des «embedded audits».
- Sie kennen den Umfang des erlaubten Mitwirkens bei der Buchführung bei der ordentlichen Revision im Unterschied zur eingeschränkten.
- Sie können die Begriffe Begriffe «Rechnungswesen», «Buchführung» und «Tätigkeiten mit Risiko der Selbstprüfung» unterscheiden.
- Sie kennen die möglichen Konsequenzen bei Nichteinhaltung der Unabhängigkeitsvorschriften.
- Sie kennen die Anforderungen an die Unabhängigkeit bei Spezialprüfungen.
- Das Revisionsunternehmen muss in seinem Qualitätssicherungssystem *Massnahmen zur Einhaltung der Unabhängigkeit* definieren. (siehe «Anleitung zur Qualitätssicherung» Kapitel 18.11.1)
- Das Revisionsunternehmen hat dafür zu sorgen, dass die *Unabhängigkeitsvorschriften allen Mitarbeitern bekannt* sind.
- Der Revisionsunternehmen muss sicherstellen, dass die *Einhaltung der Unabhängigkeitsvorschriften überwacht* wird.
- Der Abschlussprüfer muss sicherstellen, dass bei der *Mitwirkung bei der Buchführung* und beim Erbringen anderer Dienstleistungen kumulativ die folgenden Punkte eingehalten sind:
    - Die Verantwortung für die Jahresrechnung bleibt beim Prüfungskunden.
    - Die Revisionsstelle übernimmt keine Aufgaben, die den Anschein erwecken könnten, sie übernehme die Verantwortung des Managements des Prüfungskunden.
    - Die Mitwirkung bei der Buchführung ist personell und organisatorisch von der Prüfung zu trennen, sobald das Risiko der Selbstprüfung entsteht.
    - Die mit der Mitwirkung bei der Buchführung verbundenen Risiken sind mit dem Prüfungskunden klar kommuniziert.
- Der Abschlussprüfer sollte sich den Auftrag für die Mitwirkung bei der Buchführung in einer *separaten Auftragsbestätigung* bestätigen lassen.
- Der Abschlussprüfer muss die Überlegungen zur Unabhängigkeit in den *Arbeitspapieren dokumentieren*.
- Der Abschlussprüfer muss sicherstellen, dass bei einer Mitwirkung bei der Buchführung eine entsprechende *Offenlegung im Revisionsbericht* erfolgt.

20.

Verantwortlichkeit der Revisionsstelle – Konsequenzen von Pflichtverletzungen

20.1	Inhalt des Kapitels
20.2	Grafische Übersicht
20.3	Verschärfung der Haftung
20.4	Zivilrechtliche Pflichtverletzungen und ihre Konsequenzen
20.5	Aufsichtsrechtliche Pflichtverletzungen und ihre Konsequenzen
20.6	Pflichtverletzungen gemäss Strafgesetzbuch und ihre Konsequenzen
20.7	Verbandsrechtliche Pflichtverletzungen und ihre Konsequenzen
20.8	Pflichten aus Haftpflichtversicherungsvertrag und Konsequenzen daraus
20.9	Zusammenfassung der Anforderungen
20.10	Arbeitshilfen

20. Verantwortlichkeit der Revisionsstelle – Konsequenzen von Pflichtverletzungen

20.1 Inhalt des Kapitels

- Die Pflichten als Revisionsstelle und die Konsequenzen von Pflichtverletzungen
- Die gesetzlichen, berufsrechtlichen (Revisionshaftung Art. 755 OR), aufsichtsrechtlichen, strafrechtlichen, verbandsrechtlichen und versicherungsrechtlichen Bestimmungen dazu
- Die grosse Bedeutung der Verantwortlichkeit für eine Revisionsstelle

20.2 Grafische Übersicht

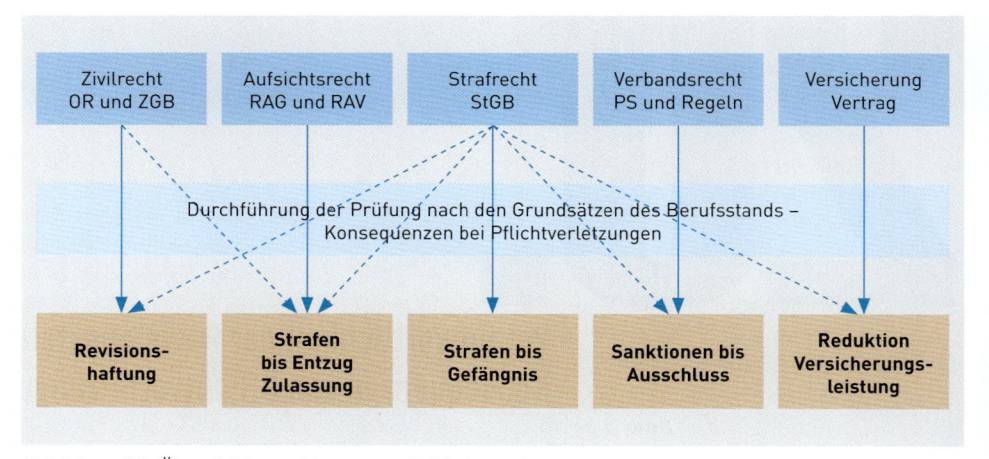

Abbildung 96: Übersicht zum Verantwortlichkeitsrecht

20.3 Verschärfung der Haftung

In der Schweiz besteht seit längerem ein Trend zur Verschärfung der Haftung der Revisionsstelle (Böckli, Aktienrecht, § 18 N 2). Dazu exisitieren keine offiziellen Statistiken. Gemäss einer informellen Umfrage bei den drei grössten Prüfgesellschaften in der Schweiz haben sich die pendenten Ansprüche gegen diese drei Gesellschaften im zehnjährigen Zeitraum von 1990/1995 bis 2000/2005 um den Faktor 3,6 und die hängigen Prozesse um den Faktor 4,9 erhöht. Die Durchschnittsbeträge pro Fall sind in diesem Zeitraum angestiegen. So betrugen z. B. behauptete Forderungen gegen die grössten sechs Prüfgesellschaften in der Schweiz am 30. Juni 2006 CHF 5,6 Mio. Auffällig ist, dass die Schweiz in den letzten zehn Jahren in Europa einen Spitzenplatz eingenommen hat. Sie liegt im 10-Jahres-Durchschnitt 2000–2010 nach den USA und Italien weltweit an dritter Stelle. Die eingeschränkt prüfenden Revisionsstellen werden von diesem Trend ebenfalls betroffen sein.

20. Verantwortlichkeit der Revisionsstelle – Konsequenzen von Pflichtverletzungen

> Zum Vergleich: Im Jahr 2010 sind 1 500 Verwaltungsräte eingeklagt worden. Davon erfolgten 1 275 Klagen wegen unbezahlter Sozialversicherungsbeiträge (Erfolgsquote fast 100 %) und 225 Klagen wegen Sorgfaltspflichtverletzungen inkl. Bilanzdeponierungen, 205 aussergerichtliche Vergleiche, 5 Urteile mit Schadenersatzpflicht und 15 Urteile ohne Schadenersatzpflicht (Daten von Gerichten, Versicherungen und des Bundesamts für Sozialversicherung [Keller in ST 3/2012, S. 166 ff.]).

Ein wichtiger Grund für diese Entwicklung ist die detaillierte und extensive Regelung der Pflichten der Revisionsstelle, die für potenzielle Kläger breite Angriffsflächen schafft. Auch die faktisch absolute Solidarhaftung mit dem Verwaltungsrat in Kombination mit der bei Revisionsstellen häufig vorhandenen Versicherungsdeckung begünstigt diesen Trend. Stossend ist, dass der Verwaltungsrat trotz primärer Haftung seltener belangt wird als die Revisionsstelle. In der momentan pendenten Aktienrechtsrevision ist deshalb eine Durchtrennung der Solidarhaftung vorgesehen.

Die Revisoren werden vermehrt auch strafrechtlich belangt. Neu müssen sie sich wegen Misswirtschaft (Art. 165 StGB) und zunehmend wegen Urkundenfälschung (Art. 251 StGB) verantworten. Zudem sind mit dem RAG im Jahr 2008 neue Pflichten und Strafbestimmungen für die Revisionsstelle eingeführt worden.

20.3.1 Keine Pflichtverletzung – keine Konsequenzen

Konsequenzen müssen Revisoren und die Revisionsstelle nur dann gewärtigen, wenn sie gegen eine Rechtsnorm verstossen. Erst bei Pflichtverletzungen muss untersucht werden, ob Schaden entsteht, ob und wie dieser kausal mit der Pflichtverletzung zusammenhängt, welches Verschulden vorliegt, ob andere Haftpflichtige Teile des Schadens tragen, ob gar eine Bestrafung möglich ist. Die Vermeidung von Pflichtverletzungen hat insofern höchste Priorität.

Aus Sicht der Prävention ist von allen Haftungselementen dasjenige der Pflichtverletzung das wichtigste, weil es als einziges vollständig im Einflussbereich des Prüfers liegt. Nicht beeinflussen kann er, ob Schaden entsteht, ob dieser adäquat kausal aus der Pflichtverletzung erwächst, ob der Kausalzusammenhang durch Dritte unterbrochen wird, ob je Schaden gegen ihn geltend gemacht wird (wo kein Kläger, kein Richter), ob die Strafverfolgungsbehörden von Amtes wegen aktiv werden oder ob jemand Strafanzeige erstattet, ob aufgrund einer anonymen Anzeige ein Zulassungsentzugsverfahren eingeleitet wird.

Das tönt banal, ist es in der Praxis aber nicht. Oft ist der Prüfer versucht, fällige Massnahmen hinauszuschieben, weil er meint, der Schaden könne nicht anwachsen oder die Schadenszunahme sei unproblematisch, da die Gesellschaft saniert werde oder weil die Gläubiger der Gesellschaft die Sanierungsversuche unterstützten und den im Misserfolgsfall entstehenden Verzögerungsschaden genehmigt hätten etc. Die nachfolgend besprochenen Gerichtsentscheide sind Anwendungsbeispiele dazu.

> **Beispiel 1 – Keine Einrede gegen Hauptgläubiger**
> Die Revisionsstelle verzögerte die Konkurseröffnung der X AG um 14 Monate. Das Bundesgericht verpflichtete sie in der Folge zu Schadenersatzzahlung an zwei Banken,

20. Verantwortlichkeit der Revisionsstelle – Konsequenzen von Pflichtverletzungen

Hauptgläubiger der X AG und einzige Abtretungsgläubiger nach Art. 260 SchKG. Die Revisionsstelle argumentierte, die beiden Banken hätten infolge Selbstverschulden (Art. 44 OR) keinen Anspruch auf Schadenersatz, weil der Verwaltungsrat seine Sanierungsmassnahmen erstens nur mit Einverständnis der zwei Hauptgläubiger vollzogen habe. Zweitens hätten die beiden Banken auch gegenüber der Revisionsstelle zwecks Unterstützung der Sanierungsphase Abstand von einer Kreditkündigung/Zwangsverwertung genommen und zudem Verzichtsabsichten kundgetan. Dadurch sei die Pflicht zur Anzeige beim Richter während der Sanierungsphase entfallen. Als die erste Bank ihren Kredit gekündigt habe, habe sie sofort Bilanzdeponierung verlangt.

Die Entgegnung der Revisionsstelle wird vom Bundesgericht abgelehnt. Einreden gegen die beiden Banken seien nicht möglich, weil die Gesellschaft X AG als Klägerin auftrete bzw. die Abtretungsgläubiger aus dem Recht der Gläubigergemeinschaft klagten und daher persönliche Einreden nicht möglich seien (BGE 4C.117/1999; Luterbacher in ST: 11/2000, S. 1267 ff.).

Beispiel 2 – Keine Einrede gegen Alleinaktionär/Hauptgläubiger
Die Revisionsstelle begleitete die Sanierungsbemühungen der überschuldeten X AG während mehrerer Jahre. Verwaltungsrat A war Alleinaktionär und grösster Gläubiger der X AG. Die Revisionsstelle erstattete keine Überschuldungsanzeige, weil sie darauf vertraute, dass A im Falle des Konkurses infolge Selbstverschulden (Art. 44 OR) keinen Schadenersatz geltend machen würde, und weil A wegen seiner Sanierungsbemühungen von ihr den Verzicht auf eine Anzeige beim Richter erwartete. Die Entgegnung der Revisionsstelle wird vom Gericht aus denselben Gründen wie in Beispiel 1 abgelehnt. Sie muss Schadenersatz von ca. CHF 25 Mio. leisten (unpublizierter Obergerichtsentscheid aus dem Jahr 2010).

20.3.2 Charakteristik von Pflichtverletzungen der Revisionsstelle

Typisch für die zivilrechtliche Pflichtverletzung der Revisionsstelle ist, dass diese praktisch nie alleine steht. Regelmässig liegt ihr eine vorausgehende Pflichtverletzung des Verwaltungsrats, und zwar in Form einer Gesetzes- oder Statutenverletzung, zugrunde. Durch die Verletzung von Revisionspflichten allein wird kaum je Schaden entstehen, weil eine ungenügende Prüfung oder Berichterstattung nur dann zu Schaden bzw. einer Vergrösserung eines Schadens führt, wenn eine bereits erfolgte schädigende Pflichtverletzung des Verwaltungsrats zu spät aufgedeckt wird. Die Revisionsstelle verhindert oder unterbricht laufenden Schaden. Dies gilt auch für ihre aktiven Pflichten, wie die Einberufung der Generalversammlung (Art. 699 Abs. 1 OR) oder die Benachrichtigung des Richters bei offensichtlicher Überschuldung der Gesellschaft (Art. 729c OR).

Pflichtverletzungen der Revisionsstelle sind meist Unterlassungen. Sie verzichtet z. B. darauf, im Revisionsbericht eine Pflichtverletzung des Verwaltungsrats in der Buchführung, der Jahresrechnung (Art. 729a Abs. 1 Ziff. 1 OR) oder beim Gewinnverwendungsantrag (Art. 729a Abs. 1 Ziff. 2 OR) zu rügen. Oder sie beanstandet die Verletzung eines anderen schweizerischen Gesetzes nicht (Art. 729c OR i. V. m. Arbeitshilfen der Treuhand-Kammer und von Treuhand Suisse vom 24.6.2011). Sie kann auch die Überschuldungsanzeige

20. Verantwortlichkeit der Revisionsstelle – Konsequenzen von Pflichtverletzungen

(Art. 729c OR) oder die Einberufung der Generalversammlung (Art. 699 Abs. 1 OR) unterlassen.

Pflichtverletzungen der Revisionsstelle durch aktives Tun sind möglich, z.B. durch die Offenbarung eines Geheimnisses (Art. 730b OR), die Verletzung der Unabhängigkeit, beispielsweise durch die Prüfung eigener Arbeit (Art. 729c OR), etc. Auch im Rahmen des RAG oder StGB sind aktive Pflichtverletzungen denkbar, z.B. fehlerhafte Meldungen an die RAB (Art. 15 Abs. 3 RAG und 13 Abs. 1 RAV) oder Unterschriftenfälschungen auf Revisionsberichten (Art. 251 StGB, BGE 137 IV 167).

20.3.3 Konsequenzen von Pflichtverletzungen und Tendenzen zur Bestrafung des Revisors

Pflichtverletzungen des Revisors führten in der Vergangenheit vor allem zur zivilrechtlichen Haftung gemäss Art. 755 OR (Zahlung von Schadenersatz). Das ist auch der Grund, weshalb die meisten Revisoren die Frage der Konsequenzen einer Pflichtverletzung automatisch mit der Revisionshaftung gleichsetzen. Diese ist auch heute die wichtigste und häufigste Form einer Konsequenz, die eine Revisionsstelle zu gewärtigen hat. Selten wurde ein Revisor strafrechtlich verfolgt. Die Zahl der Bestrafungen von Revisoren hat aber in den letzten 20 Jahren zugenommen. Zudem sind Sanktionen und Strafen (z.B. Entzug der Zulassung, Bussen) gemäss dem Revisionsaufsichtsgesetz seit 2008 häufig angeordent worden (2011–2013 ca. 50 Zulassungsentzüge sowie 42 Verweise gemäss Tätigkeitsberichten RAB 2011–2013), wodurch diese Tendenz verstärkt wird.

20.4 Zivilrechtliche Pflichtverletzungen und ihre Konsequenzen

Zivilrecht	
Zivilrechtliche Pflichten	Pflichtverletzungen/Konsequenzen
Obligationenrecht und Zivilgesetzbuch • Aufgaben der Revisionsstelle (siehe Aufstellung 19.3.2.1) Grundsätze des Berufsstands • SER und HWP, PS (teilweise) Gerichtsentscheide	Schadenersatz Revisionshaftung (Art. 755 OR) • Pflichtverletzung • Schaden • Adäquater Kausalzusammenhang • Verschulden

20.4.1 Gesetzliche Pflichten im Obligationenrecht und im Zivilgesetzbuch

Die Pflichten der eingeschränkt prüfenden Revisionsstelle ergeben sich aus gesetzlichen Vorschriften im OR und ZGB. Diese regeln nur Grundpfeiler der Revisionstätigkeit, sind knapp gehalten und offen formuliert. Normalerweise erfolgt die Konkretisierung gesetzlicher Normen in der juristischen Literatur sowie Judikatur. Im Bereich von Rechnungslegung und Revision sind es aber vor allem die Grundsätze des Berufsstands, welche festlegen, wie die gesetzlichen Normen auszulegen und anzuwenden sind.

20. Verantwortlichkeit der Revisionsstelle – Konsequenzen von Pflichtverletzungen

Gesetzliche Pflichten der Revisionsstelle	
Obligationenrecht	Zivilgesetzbuch
• Art. 729 OR: Unabhängigkeit und Mitwirken bei der Buchführung und beim Erbringen anderer Dienstleistungen • Art. 729a OR: Prüfung der Jahresrechnung und der Verwendung des Bilanzgewinns • Art. 729b OR: Berichterstattung an die Generalversammlung • Art. 729c OR: Anzeige beim Richter bei offensichtlicher Überschuldung • Art. 730a OR: Information über die Gründe eines Rücktritts • Art. 730b OR: Wahrung der Geschäftsgeheimnisse der Gesellschaft • Art. 730c OR: Dokumentations- und Aufbewahrungspflicht • Art. 699 Abs. 1 OR: Einberufung der Generalversammlung («nötigenfalls») • Art. 818 und 820 OR: Pflichten bei der GmbH • Art. 906 und 907 OR: Pflichten bei der Genossenschaft • Spezialprüfungen mit verschiedenen Aufgabenbereichen für zugelassene Revisoren (Kapitel 22 und 23)	• Art. 69b ZGB: Pflichten der Revisionsstelle beim Verein • Art. 83b ZGB: Pflichten der Revisionsstelle bei der Stiftung • Art. 83c ZGB: Verhältnis der Revisionsstelle zur Aufsichtsbehörde bei der Stiftung • Art. 84a ZGB: Massnahmen bei Überschuldung und Zahlungsunfähigkeit bei der Stiftung

20.4.2 Grundsätze des Berufsstands

20.4.2.1 Allgemeines

Am wichtigsten für den Praktiker sind die Grundsätze des Berufsstands. Sie legen die gesetzlichen Pflichten aus und zeigen dem Prüfer auf, wie er seine Pflichten konkret zu erfüllen hat.

Diese Grundsätze des Berufsstands haben faktisch umfassende Geltung. Man sieht es einerseits daran, dass Revisionsberichte sich ausdrücklich auf die Berufsgrundsätze beziehen (vgl. Kapitel 8.4 f.). Anderseits stützen sich die Gerichte regelmässig auf die Berufsgrundsätze, wenn sie entscheiden müssen, ob ein Prüfer seine Pflichten korrekt erfüllt hat. Sie werden oft direkt als «gesetzliche Vorschriften» interpretiert (vgl. Kapitel 8.6.2.1, «Hinweis auf Gesetzes- und Statutenverstösse», nach Art. 729c OR i.V.m. der Arbeitshilfe der Treuhand-Kammer und von Treuhand Suisse vom 24.6.2011). Die Standards der Berufsverbände sind rechtlich gesehen allerdings Vereinsreglemente, sie können keine Gesetzeskraft beanspruchen. Ob eine Vorschrift in den Berufsgrundsätzen dem Gesetz entspricht kann von einem Gericht frei beurteilt werden, wie es das kürzlich wieder richtig festgehalten hat (BGE 131 III 38 E. 4.2.4.).

20.4.2.2 Präzisierungen zu den gesetzlichen Anzeigepflichten

In Ergänzung zu den Ausführungen im Kapitel 8 «Berichterstattung», sind folgende Präzisierungen zu den gesetzlichen Anzeigepflichten zu beachten:

20. Verantwortlichkeit der Revisionsstelle – Konsequenzen von Pflichtverletzungen

Bei der eingeschränkten Revision besteht keine gesetzliche Anzeigepflicht der Revisionsstelle bei Verstössen gegen das Gesetz, die Statuten oder das Organisationsreglement (Art. 729c OR). Die Arbeitshilfen empfehlen jedoch eine beschränkte Hinweispflicht in der Berichterstattung, sofern die Gesetzesverstösse für die Meinungsbildung des Bilanzlesers von Bedeutung sind. Verstösse gegen die Statuten oder das Organisationsreglement sind weder Prüfungsgegenstand, noch besteht hierfür eine Hinweispflicht. Dies gilt auch für Verletzungen anderer schweizerischer Gesetze. Die Arbeitshilfen empfehlen folgende Hinweise (vgl. Kapitel 8.6.2.1):

Hinweispflichten der Revisionsstelle		
Art. OR	Bezeichnung	Bei der Durchführung der Prüfung festgestellte Gesetzesverstösse
659	Eigene Aktien	Erwerb eigener Aktien trotz fehlenden freien Reserven. Überschreitung der 10%-Grenze von eigenen Aktien
660	Recht auf Gewinn- und Liquidationsanteil	Festgestellte Ungleichbehandlung der Aktionäre bei der Verteilung des Bilanzgewinns und des Liquidationsergebnisses
678	Geldwerte Leistungen	Gesetzeswidrige oder ungerechtfertigte Leistungen an Aktionäre, Mitglieder des Verwaltungsrats oder nahestehende Personen
680	Verbot der Einlagenrückgewähr	Gesetzeswidrige Gewährung eines Aktionärsdarlehens oder nicht zulässige Rückzahlung des Aktienkapitals
699 Abs. 2	Einberufung der Generalversammlung	Nichteinhaltung der gesetzlichen Einberufungsfrist. Anmerkung: Dieser Hinweis ist insbesondere im Zusammenhang mit den Pflichtverletzungen von Art. 725 OR in Betracht zu ziehen.
725 Abs. 1 und 2	Kapitalverlust und Überschuldung	Pflichtverletzungen des Verwaltungsrats bei Kapitalverlust oder Überschuldung, wenn er die notwendigen Massnahmen nicht ergreift (Nichteinberufung Generalversammlung, Nichterstellung Zwischenbilanz, Anzeigepflicht nicht eingehalten)
743	Übrige Aufgaben der Liquidatoren	Anzeigepflicht bei Überschuldung nicht eingehalten
661	Berechnungsart von Gewinn und Liquidationsanteil	Fehlerhafte Berechnung des zu verteilenden Gewinns und des Liquidationsergebnisses
671	Gewinnverwendung	Verstösse gegen die Bestimmungen zur Reservezuweisung
674	Verhältnis Gewinnanteil zu Reserven	Verstösse gegen die Bestimmungen zur Gewinnverwendung und Reservezuweisung
675–677	Dividenden, Bauzinsen, Tantiemen	Verstösse gegen die Bestimmungen zur Auszahlung von Dividenden, Bauzinsen und Tantiemen

Beispiel 3 – Selbstkontrahieren/Doppelvertretung

Selbstkontrahieren/Doppelvertretung beim Prüfkunden ist wegen evtl. Interessenskollision und Widerspruchs zum Gesellschaftszweck grundsätzlich unzulässig und führt zur Ungültigkeit des Rechtsgeschäfts (BGE 127 III 332 E. 2a; BGE 126 III 361 E. 3a). Ausnahmen: wenn Gefahr der Benachteiligung des Vertretenen von der Natur des Rechtsgeschäfts her ausgeschlossen ist oder eine besondere Ermächtigung des Vertretenen vorliegt oder ein Rechtsgeschäft nachträglich genehmigt wird. Genehmigung gilt auch für eine Vertretung juristischer Personen durch ihre Organe, wobei sie durch ein über- oder nebengeordnetes Organ erfolgen muss. Revisionsstelle muss besonders in

20. Verantwortlichkeit der Revisionsstelle – Konsequenzen von Pflichtverletzungen

> Konzernverhältnissen ein Auge auf Verträge mit Nahestehenden richten (gilt auch für Verträge mit Aktionären – Rangrücktrittsvereinbarungen). Im Konzern wird eine Genehmigung bei vollständig beherrschten Gesellschaften vermutet. Bei «Einpersonen-Gesellschaften» besteht keine Genehmigungsmöglichkeit (BGer 4C.327/2005).

20.4.2.3 Hinweiszeitpunkt

Es stellt sich die Frage des Hinweiszeitpunkts. Das Gesetz äussert sich dazu nicht (Art. 728c Abs. 1 und 2 OR). Bei der ordentlichen Revision geht das HWP davon aus, dass ein Hinweis an die Generalversammlung in den Prüfbericht integriert wird. In den Berufsgrundsätzen steht nicht, ob dieser auch anders erfolgen kann oder u. U. muss (HWP 2, S. 429). Das ist verständlich, weil sich der Zeitpunkt meist von selber ergibt. Die Revisionsstelle ist wenige Tage beim Kunden, und die ordentliche Generalversammlung findet kurz danach statt. Hinweise an diese werden daher regelmässig in den Prüfbericht integriert. Der Hinweis an den Verwaltungsrat ist zeitlich kein Problem, er kann jederzeit, z. B. bei der Schlussbesprechung, erfolgen. Damit ist im Normalfall gewährleistet, dass der Hinweis zeitgerecht erfolgt. Was aber, wenn die Revisionsstelle mitten im Jahr von einer Gesetzesverletzung erfährt oder wenn die Generalversammlung erst in Monaten geplant ist? Darf sie bis zur nächsten Berichtsabgabe bzw. Generalversammlung warten?

In der Literatur finden sich dazu kaum Stellungnahmen. Je nach Bedeutung des Gesetzesverstosses kann die rasche Abgabe des Hinweises zur Vermeidung zusätzlichen Schadens erforderlich sein. Für die eingeschränkte Revision ist davon auszugehen, dass diese Grundsätze im Rahmen der beschränkte Hinweispflicht analog gelten.

> **Beispiel 4 – Erhöhte Sorgfaltspflicht bei Kombination von Buchführung und Revision**
> Der (erlaubterweise) buchführenden Revisionsstelle wurde ein Beleg zur Verbuchung zugestellt, nach dem ein Warenbezug durch den Aktionär/Gläubiger mit seinem rangrücktrittsbelasteten Darlehen verrechnet wurde. Die Revisionsstelle hätte den Hinweis auf eine Verletzung von Art. 725 Abs. 2 OR sofort geben müssen, als sie mitten im Jahr davon Kenntnis erlangte. Die Kombination von Buchführung und Revision führt gemäss diesem Entscheid zu einem aktuellen Informationsstand und einer erhöhten Sorgfaltspflicht der Revisionsstelle (BGE 129 III 129 ff.).

> **Beispiel 5 – Erhöhte Sorgfaltspflicht bei Kombination von Buchführung und Revision**
> Die Revisionsstelle übernahm die Führung der sich in einem desolaten Zustand befindenden Bücher des Prüfkunden X. Sie erkannte bei deren Bereinigung aufgrund des Zustands der Unterlagen nicht, dass die Buchhalterin während Jahren Veruntreuungen begangen hatte. Sie wies jedoch den Verwaltungsrat mehrfach auf fehlende Unterlagen und Unklarheiten hin. Als sie Abschreibungen auf ungeklärten Beträgen verlangte, wurde sie abgewählt. Später kamen die Veruntreuungen zum Vorschein.
>
> Das Bundesgericht bejaht die Pflichtverletzung der Revisionsstelle, weil sie den Verwaltungsrat schriftlich und ausdrücklich auf die Mängel in der Buchführung hätte hinweisen müssen. Es wendet infolge der Kombination von Buchführung und Revision einen erhöhten Sorgfaltsmassstab an (BGer 4C.506/1996).

20. Verantwortlichkeit der Revisionsstelle – Konsequenzen von Pflichtverletzungen

20.4.2.4 Form des Hinweises

Weder Gesetz noch Arbeitshilfen schreiben die Form des Hinweises vor. Denkbar ist neben dem Revisionsbericht eine mündliche oder briefliche Berichterstattung. Die Frage kann brisant sein, wenn der Verwaltungsrat z. B. verlangt, den Hinweis an die Generalversammlung nicht im Revisionsbericht, sondern mündlich zu Protokoll zu geben, weil er den Revisionsbericht Gläubigern aushändigen muss, die gemäss Verwaltungsrat kein Recht hätten, die Hinweise zu sehen. Bei Gesellschaften mit grossem Aktionärskreis akzentuiert sich das Problem. Das Gesetz verlangt nicht ausdrücklich, dass die Information der Generalversammlung im Revisionsbericht erfolgt. Auch ist die Revisionstelle nicht für den bevorzugten Schutz einzelner Gläubiger da. Sie muss abwägen, ob sie evtl. die Schwelle für die Annahme eines wichtigen Falles höher ansetzen darf oder ob der Schutz der (evtl. künftigen) Gläubiger denjenigen der Gesellschaft überwiegt.

> **Beispiel 6 – Verzicht auf Hinweis bzw. Einschränkung**
> Es bestehen Meinungsverschiedenheiten zwischen Verwaltungsrat und Revisionsstelle bezüglich der Notwendigkeit der Bildung einer Steuerrückstellung. Mittels Einschränkung im Revisionsbericht macht die Revisionsstelle die Steuerbehörde darauf aufmerksam (analoges Problem bei Einschränkung).

> **Beispiel 7 – Verzicht auf Hinweis bei Zustimmung der Betroffenen?**
> Die Revisionsstelle entdeckt eine Transaktion, welche den Gleichbehandlungsgrundsatz für Aktionäre verletzt (z. B. Art. 660 OR). Der Verwaltungsrat will den Hinweis vermeiden und erklärt sich bereit, bei allen Minderheitsaktionären die Zustimmung zur Transaktion einzuholen.

20.4.2.5 Entdeckung eigener Pflichtverletzungen

Manchmal ist es die Revisionsstelle selber, die als Erste und (vorerst) Einzige Pflichtverletzungen, z. B. aus der Prüfung der Vorjahresrechnung oder aus noch früherer Zeit, entdeckt. Solche Fehler können vorerst folgenlos bleiben. Es ist zu empfehlen, derartige Pflichtverletzungen soweit noch aktuell zu korrigieren. Allerdings ist dies oft schwierig. Der Prüfer zögert, weil er befürchtet, er könnte «schlafende Hunde wecken» oder er verliere das Gesicht beim Kunden. Verlangt er die Korrektur trotzdem, setzt der Prüfkunde in solchen Fällen die Revisionsstelle unter Druck und wirft ihr Inkonsequenz vor. Er verlangt den Verzicht auf eine Einschränkung oder einen Hinweis, weil die Situation in der Vorperiode auch nicht beanstandet worden sei und sich an der Sachlage nichts verändert habe.

20. Verantwortlichkeit der Revisionsstelle – Konsequenzen von Pflichtverletzungen

20.4.3 Gerichtsentscheide zu zivilrechtlichen Pflichtverletzungen der Revisionsstelle

20.4.3.1 Gerichtspraxis vor dem 30. Juni 1992

Gerichtspraxis zur Revisionsstelle (altes Aktienrecht, gültig bis 30. Juni 1992)
Bestandsprüfung wichtigste Aktiven und Stichprobenkontrollen unterlassen (BGE 116 II 541; BGE 112 II 462)
Höchstbewertungsvorschriften Warenlager als Hauptaktivum nicht geprüft (BGE 93 II 24 ff.)
Erstellung konsolidierte Bilanz vom Kunden nicht verlangt, obwohl Prüfpflicht nur so erfüllbar (Gesetz statuierte noch keine Konsolidierungspflicht). ZR 75 (1976) Nr. 21 S. 75 f.= Schweizerische Aktiengesellschaft 50 (1978) 26 ff.)
Korrekte Würdigung Bewertungsgutachten unterlassen. Revisionsstelle überliess Auswahl Gutachter der Gesellschaft (ZR 78 (1979) Nr. 134 S. 306 ff., 309).
Einberufung Generalversammlung unterlassen, obwohl Verwaltungsrat ohne stichhaltigen Grund darauf verzichtete (BGE 86 II 179, 183; BGE 93 II 28)
Überprüfung Angemessenheit Abschreibungen trotz vermuteter Bewertungsmängel unterlassen und Abgabe vorbehaltloser Bericht (BGE 93 II 24 ff.)
Hinweis Art. 725 OR trotz erkennbarer Überschuldung unterlassen (BGE 86 II 182; BGE 93 II 27 f.)
Beizug Fachmann oder Mandatsniederlegung trotz fehlender Fachkenntnis unterlassen (BGE 93 II 26 f.)

20.4.3.2 Einleitung

Die Judikatur zu den Pflichten der Revisionsstelle ist relativ reichhaltig und präzisiert ihre Pflichten. Die meisten der bisher ergangenen Entscheide sind auch für die eingeschränkte Revision von Bedeutung. Allerdings sind spezifisch zu den Pflichten bei einer eingeschränkten Revision noch keine höchstrichterlichen Entscheide bekannt.

Die nachfolgenden Entscheide bezogen sich vor dem 1. Januar 2008 auf Art. 729b Abs. 2 aOR und damit auf die alte Einheitsrevision. Unter der neuen Revisionsordnung mit ordentlicher und eingeschränkter Revision sowie Opting-out wurde die Überschuldungsanzeige für alle drei Formen unverändert übernommen. Weil Art. 729c und Art. 728c Abs. 3 OR wörtlich gleich lauten, ist vorerst davon auszugehen, dass die bisherige Gerichtspraxis auch für die eingeschränkte Revision massgebend sein wird. Ob die künftige Gerichtspraxis für die eingeschränkte Revision einen weniger strengen Massstab anlegen wird, ist offen (vgl. dazu aber Kapitel 10.14.8, 20.4.4.3 und 20.4.4.5).

§ *Art. 728c Abs. 3 OR Ordentliche Revision*
Ist die Gesellschaft offensichtlich überschuldet und unterlässt der Verwaltungsrat die Anzeige, so benachrichtigt die Revisionsstelle das Gericht.

§ *Art. 729c OR Eingeschränkte Revision*
Ist die Gesellschaft offensichtlich überschuldet und unterlässt der Verwaltungsrat die Anzeige, so benachrichtigt die Revisionsstelle das Gericht.

20. Verantwortlichkeit der Revisionsstelle – Konsequenzen von Pflichtverletzungen

Vonseiten des Gesetzgebers ist jedenfalls keine Unterscheidung zu erwarten. Die hängige Aktienrechtsrevision sieht keine Anpassung der Pflicht zur Anzeige beim Richter vor. Sie statuiert im Gegenteil in Art. 725a E-OR eine neue Anzeigepflicht der Revisionsstelle bei Zahlungsunfähigkeit (auch bei eingeschränkter Revision).

> **Art. 725a E-OR**
>
> ¹ Besteht die begründete Besorgnis, dass die Gesellschaft zahlungsunfähig ist, so muss der Verwaltungsrat unverzüglich einen Liquiditätsplan erstellen. Dieser stellt den aktuellen Bestand der flüssigen Mittel fest und enthält eine Aufstellung der zu erwartenden Einzahlungen und Auszahlungen in den nächsten zwölf Monaten.
>
> ² Der Verwaltungsrat muss den Liquiditätsplan durch einen zugelassenen Revisor prüfen lassen. Diesem obliegen die Anzeigepflichten der Revisionsstelle.
>
> ³ Ist die Gesellschaft zahlungsunfähig, so muss der Verwaltungsrat unverzüglich eine Generalversammlung einberufen und ihr Sanierungsmassnahmen beantragen.

Gerichtsentscheide werden an geeigneter Stelle im Text erläutert. Nachfolgend seien alle Entscheide in Kürzestform rekapituliert.

20.4.3.3 Gerichtsentscheide zur verspäteten oder unterlassenen Anzeige beim Richter trotz Offensichtlichkeit der Überschuldung

Die wichtigsten Entscheide des Bundesgerichts zur Frage, wann eine Überschuldung offensichtlich ist, werden in Kapitel 10.10.3.1, jene zur Frage, innert welcher Frist die Revisionsstelle die Anzeige beim Richter zu erstatten hat, in Kapitel 10.14.2 behandelt.

Überschuldungsanzeige – Gerichtspraxis ab 1. Juli 1992 (neues Aktienrecht)

Die Anzeige ist primär die Aufgabe des Verwaltungsrats, nur in besonderen Fällen die der Revisionsstelle. Revisionsstelle Frist vier bis sechs Wochen, Verwaltungsrat 60 Tage, wenn er finanzielle Sanierungsmassnahmen trifft (BGE 4C.117/1999; Luterbacher in ST: 11/2000, S. 1270)

Revisionsstelle Frist 60 Tage für Anzeige beim Richter (BGer 4A_505/2007)

Revisionsstelle Frist 54 Tage für Anzeige beim Richter (BGer 4A_478/2008)

Verwaltungsrat Frist 60 Tage für Bilanzdeponierung, auch bei Sanierungsbemühungen (BGer 6B_492/2009)

Trotz offensichtlicher Überschuldung Bilanzdeponierung durch Verwaltungsrat nicht erforderlich, wenn rechtzeitig Sanierungsmassnahmen eingeleitet und Voraussetzungen für Konkursaufschub (Art. 725a OR) gegeben, da Gläubiger nicht schlechter gestellt werden dürfen, als wenn Richter benachrichtigt würde (BGer 4C.366/2000 E 2a)

Revisionsstelle darf mit Überschuldungsanzeige zuwarten, solange Verwaltungsrat realistische Sanierungschancen hat, auch wenn im Revisionsbericht offensichtliche Überschuldung (unzureichende Rangrücktritte) festgehalten. Sie muss rechtlich und wirtschaftlich versierten Verwaltungsrat auf Pflichten gemäss Art. 725 OR hinweisen, er muss Sanierungsbemühungen treffen (BGer 4C.436/2006).

Gesellschaft überschuldet, aber bei optimistischer Betrachtungsweise nicht offensichtlich. Revisionsstelle nicht zu laufender Überwachung verpflichtet, um Tag der Offensichtlichkeit nicht zu verpassen. Sie darf bis zur nächsten Prüfung zuwarten (BGE 127 IV 114).

Überschuldung muss nicht gross sein, um offensichtlich zu sein. Es genügt, dass sie sich klar aus den Umständen ergibt (BGE 4C.117/1999; Luterbacher in ST: 11/2000, S. 1267 ff.).

20. Verantwortlichkeit der Revisionsstelle – Konsequenzen von Pflichtverletzungen

Provisorischer Abschluss erlaubt Zweifel an Überschuldung. Abgabetag Revisionsstellenbericht bringt Sicherheit über bestehende Überschuldung (BGE 4C.117/1999; Luterbacher in ST: 11/2000, S. 1267 ff.).

Jahresrechnung mit Eigenkapital, aber ungesicherter Liquidität. Fortführungsfähigkeit entfällt. Zwischenbilanz nur zu Veräusserungswerten. Resultiert Überschuldung, so ist sie offensichtlich (BGer 5C.29/2000 E 4 b) aa).

Abwahl Revisionsstelle zwecks Verhinderung Anzeige ist rechtsmissbräuchlich. Auf Überschuldungsanzeige tritt Richter aus Gläubigerschutzgründen trotz Abwahl ein (ZR 94 [1995] Nr. 50, Blätter für Schuldbetreibung und Konkurs, 2009 Heft 4, S. 148 ff.).

Unterlassene Anzeige beim Richter wegen unzulässiger Alternativen zum Rangrücktritt wie Garantien und Patronatserklärungen (BGE vom 14. Dezember 1999 in RJJ-2000-135 ff.)

Revisionsstelle macht während dreier Jahre Einschränkung wegen fehlender Abschreibungen und fehlender Rückstellung. Bereits im ersten Jahr war offensichtliche Überschuldung feststellbar, wenn sie Einschränkungen quantifiziert und vom Eigenkapital abgezogen hätte (BGer 4A_478/2008; PS 700 37A).

Subjektive Unmöglichkeit, weil Verwaltungsrat Bewertungsunterlagen nicht zustellt, hindert Revisionsstelle an Prüfung Forderung gegen Muttergesellschaft (Hauptaktivum). Trotz Ungewissheit über offensichtliche Überschuldung ist Anzeige beim Richter nicht zu früh (Tribunal 1ère Instance Genf vom 14. November 2002, nicht publiziert).

Bei Unsicherheit ist die Anzeige beim Richter nicht zu früh, wenn die Revisionsstelle Unterlagen zur Prüfung, ob Rückstellungen erforderlich sein könnten, nicht erhält (BGer 5A_517/2011).

Abgewählte Revisionsstelle ist zur Überschuldungsanzeige legitimiert, trotz Unsicherheit über offensichtliche Überschuldung, weil Überschuldung evtl. minim ist und der Aktionär Garantie abgibt (Basler Juristische Mitteilungen, 6/2008, S. 321 ff.).

Gläubiger ist nicht zur Anzeige beim Richter legitimiert, auch wenn er der Ansicht ist, die Revisionsstelle hätte infolge offensichtlicher Überschuldung Anzeige beim Richter erstatten müssen. Legitimiert sind nur Verwaltungsrat, Revisionsstelle und Liquidatoren. Richter darf Konkurs nicht von Amts wegen eröffnen (BGer 5A_587/2011).

Die Substantiierung der Überschuldung durch den Verantwortlichkeitskläger ist mangelhaft, wenn er nur behauptet, bestehende Schulden seien nicht verbucht und Zwischenbilanzen nicht errichtet worden. Er muss konkret die Überschuldung nachweisen und eine Zwischenbilanz nacherstellen (BGer 4A_324/2011).

Rückzug der Bilanzdeponierung durch Geschäftsführer GmbH ist nicht möglich. Nach der Anzeige verliert die Gesellschaft Macht über das Schicksal der Anzeige (Kantonsgericht Neuenburg, ARMC.2011.42, in: Zeitschrift Ius.focus, September 2011, Heft 9).

Richter tritt auf Anzeige durch Revisionsstelle nicht ein, weil die Überschuldung betraglich nicht substantiiert wird. Eine Betonung im Revisionsbericht und in der Anzeige, dass beim Prüfkunden eine «massive» Überschuldung bestehe, ist ungenügend (Konkursrichter Kt. St. Gallen).

Spätere Bilanzdeponierung ist bei realistischem Sanierungskonzept gestattet und bedeutet keine Pflichtverletzung (BGer 4A_251/2013).

Keine Pflicht zur Bilanzdeponierung für faktische Organe, sofern sie den Verwaltungsrat von der Anzeige beim Richter nicht abhalten oder ihn über eine bestehende Überschuldung informieren (BGer 4A_474/ 2011 bezüglich Berater und Geschäftsführer/BGE 136 III 14 ff. bezüglich Hausbank)

20. Verantwortlichkeit der Revisionsstelle – Konsequenzen von Pflichtverletzungen

20.4.3.4 Gerichtsentscheide zur Einschränkungspflicht

Unterlassene Einschränkung – Gerichtspraxis ab 1. Juli 1992 (neues Aktienrecht)
Unterlassene Kontoabstimmungen während mehrerer Jahre. Betrügerische Handlungen nicht frühzeitig entdeckt (BGE 127 III 453 ff. in Pra 2001 Nr. 179)
Unterlassene Bestandsprüfung Warenlager während dreier Jahre. Verhältnis von Bilanzsumme und Lagerwert hätte stichprobenweise Prüfung verlangt und Überbewertung aufgedeckt (Art. 666 OR) (BGer 4C.198/2000 E 4.c) Abs. 3).
Unterlassene Bewertung Liegenschaft bei Jahresrevision. Personalvorsorgestiftung kaufte überbewertete Liegenschaft von Nahestehenden. Revisionsstelle musste beim Kauf Bewertung nicht prüfen (BGer 9C_779/2010).
Unterlassene Einschränkung infolge unentdeckten Wertberichtigungsbedarfs. Revisionshaftung gegenüber Dritten (Käufer aller Aktien einer Gesellschaft) bejaht, weil Revisionsstelle Prüfungsaufgaben «nicht nur im Interesse der Direktbeteiligten, sondern auch zugunsten der Allgemeinheit zu erfüllen» habe (BGer 4C.13/1997 in Pra 1998, Nr. 121)
Prüfung von Steuereinschätzungen durch Revisionsstelle nicht erforderlich, solange Position Steuern nicht Prüfgegenstand ist (Zürcher Handelsgericht, 6. Dezember 2002/Herzog in: ST 4/2003, S. 268 f.)
Unterlassene Rückstellung ungewisse Verpflichtung. Verwaltungsrat schätzt Eintrittswahrscheinlichkeit auf unter 50%. Art. 669 Abs. 1 OR verlangt anteilige Rückstellung (BGer 4A_277/2010).
Unterlassene Rückstellung für nicht ausreichend nachgewiesenen Aufwand für Arbeitsleistungen von nahestehendem Dritten. Geschäftsführer GmbH muss dem Abtretungsgläubiger im Konkurs der GmbH Schadenersatz wegen Verletzung Art. 818 Abs. 1 OR leisten (BGer 4A_127/2013)

20.4.3.5 Gerichtsentscheide zur Hinweispflicht

Unterlassener Hinweis Gesetzesverletzung – Gerichtspraxis ab 1. Juli 1992 (neues Aktienrecht)
Unterlassener Hinweis Verletzung Gründungsvorschriften im ersten Jahresrevisionsbericht nach Gründung. Vorschriften qualifizierte Gründung nicht eingehalten; Mittel aus Bargründung zum Kauf Heizungsgeschäft verwendet (BGE 128 III 180 ff., 183 d). (Art. 729b Abs. 1 aOR) (BGE 128 III 186)
Unterlassener Hinweis Klumpenrisiken Aktivkredite gemäss Art. 4bis BankG bzw. Art. 21 Abs. 1 BankG (Entscheid 4C.53/2003 A.c Abs. 2)
Unterlassener Hinweis nicht ordnungsgemässe Buchführung. Veruntreuung nicht entdeckt. Erhöhter Sorgfaltsmassstab für Revisionsstelle infolge Mitwirken Buchführung (BGer 4C.506/1996)
Unterlassener Hinweis Art. 725 Abs. 2 OR. Unzulässige Alternativen zum Rangrücktritt wie Garantien und Patronatserklärungen (BGE vom 14. Dezember 1999 in RJJ-2000-135 ff.)
Unterlassener Hinweis Art. 725 Abs. 2 OR. Reduktion rangrücktrittsbelastetes Darlehen durch Verrechnung mit Warenbezug. Erhöhter Sorgfaltsmassstab für Revisionsstelle infolge Mitwirken Buchführung (BGE 129 III 129 ff.)
Hinweispflichten bei Selbstkontrahieren/Doppelvertretung, wenn keine Ausnahme (keine Benachteiligungsgefahr, nachträgliche Genehmigung) vorliegt. Besonderes Augenmerk im Konzern nötig (BGer 4C.327/2005)

20.4.3.6 Gerichtsentscheide zum adäquaten Kausalzusammenhang

Adäquater Kausalzusammenhang – Gerichtspraxis ab 1. Juli 1992 (neues Aktienrecht)
Unterlassener Hinweis Art. 725 Abs. 2 OR. Reduktion rangrücktrittsbelastetes Darlehen durch Verrechnung mit Warenbezug. Adäquater Kausalzusammenhang verneint, weil Verrechnung erfolgt, bevor Revisionsstelle /mitwirkende Buchführung den Beleg zur Verbuchung erhielt und weil Pflichtverletzung von Aktionär/Verwaltungsrat einmalig (BGE 129 III 129 ff.)
Unterlassene Kontoabstimmungen während mehrerer Jahre. Betrügerische Handlungen nicht früher entdeckt. Adäquater Kausalzusammenhang bejaht (BGE 127 III 453 ff. in Pra 2001 Nr. 179)
Unterlassene Bewertung Liegenschaft bei Jahresrevision. Personalvorsorgestiftung kaufte überbewertete Liegenschaft von Nahestehenden. Zeitpunkt Berichtsabgabe für Schadensminderung zu spät. Adäquater Kausalzusammenhang verneint (BGer 9C_779/2010)
Fehlerhafter Revisionsbericht wird Generalversammlung/Alleinaktionär vorgelegt, der Probleme allein verursacht hat. Korrekter Revisionsbericht hätte nichts bewirkt. Adäquater Kausalzusammenhang verneint (BGE 119 II 259).
Unterlassener Hinweis hätte im Zeitpunkt der Generalversammlung nichts bewirkt. Eidg. Bankenkommission bereits eingeschaltet. Adäquater Kausalzusammenhang verneint (BGer 4C.53/2003)
Unterbrechung adäquater Kausalzusammenhang verneint. Pflichtverletzung Verwaltungsrat muss so schwerwiegend sein, dass Kausalzusammenhang zwischen Pflichtverletzung und Schaden der Revisionsstelle geradezu als unangemessen erscheint und diesen völlig in den Hintergrund drängt (BGE 127 III 453 ff. in Pra 2001 Nr. 179).
Unterbrechung adäquater Kausalzusammenhang verneint. Pflichtverletzung/Veruntreuung Buchhalterin sowie mangelnde Aufsicht Verwaltungsrats müssen so schwerwiegend sein, dass Kausalzusammenhang zwischen Pflichtverletzung und Schaden Revisionsstelle geradezu als unangemessen erscheint und diesen völlig in den Hintergrund drängt (BGer 4C.506/1996).
Bei der Jahresendprüfung Überbewertung einer Liegenschaft in einer Personalvorsorgestiftung und deshalb Überschuldung übersehen. Fehlender adäquater Kausalzusammenhang mit dem Schaden, weil auch bei rechtzeitiger Entdeckung Chance auf dessen Behebung aus zeitlichen Gründen nicht bestand (Konkurseröffnung kurz danach) (BGer 9C_779/2010).
Revisionsstelle übersieht pflichtwidrig schon zwei Jahre vor Konkurs die Liquiditätsprobleme des Arbeitgebers der Personalvorsorgestiftung. Fehlender adäquater Kausalzusammenhang mit dem Schaden, weil Liquiditätsprobleme bis zum Konkurs ständig andauerten. Rückführung der ausstehenden Schulden wenig aussichtsreich (BGer 9C_779/2010).

20.4.3.7 Gerichtsentscheide zur Festlegung des Schadenersatzes

Festlegung Schadenersatz – Verschulden – Solidarität – Gerichtspraxis ab 1. Juli 1992 (neues Aktienrecht)
Persönliche Einrede infolge Selbstverschulden (Art. 44 OR) gegen klagende Hauptgläubiger nicht möglich, weil Gesellschaft trotz Abtretung nach Art. 260 SchKG Klägerin bleibt (BGE 4C.117/1999; Luterbacher in ST: 11/2000, S. 1267 ff.)
Persönliche Einrede infolge Selbstverschulden (Art. 44 OR) gegen klagenden Alleinaktionär und Hauptgläubiger nicht möglich, weil Gesellschaft trotz Abtretung nach Art. 260 SchKG Klägerin bleibt (unpublizierter Obergerichtsentscheid aus dem Jahr 2010)
Persönliche Einrede infolge Selbstverschulden (Art. 44 OR) gegen klagende Hauptgläubiger nicht möglich, weil Gesellschaft trotz Abtretung nach Art. 260 SchKG Klägerin bleibt (BGE 4C.117/1999; Luterbacher in ST: 11/2000, S. 1267 ff.)

20. Verantwortlichkeit der Revisionsstelle – Konsequenzen von Pflichtverletzungen

Persönliche Einrede infolge Selbstverschulden (Art. 44 OR) gegen klagenden Alleinaktionär und Hauptgläubiger nicht möglich, weil Gesellschaft trotz Abtretung nach Art. 260 SchKG Klägerin bleibt (unpublizierter Obergerichtsentscheid aus dem Jahr 2010)

Vergleich Überschuldung zu Fortführungswerten im Zeitpunkt X von CHF 0.8 Mio. mit Überschuldung zu Liquidationswerten von CHF 1.15 Mio. im zehn Monate späteren Konkurs widerspricht Differenztheorie und beweist eingeklagten Schaden von CHF 0.2 Mio nicht. Vergleich von Liquidationswerten könnte tieferen Schaden ergeben (BGer 4A_555/2009; BGer 4A_561/2009).

Klägerin verlangt Schadenersatz ungedeckte Forderung CHF 60 000. Selbst bei Konkursausfall von CHF 552 500 widerspricht diese Schadensberechnung der Differenztheorie. Korrekte Berechnung könnte tieferen Schaden ergeben (St. Galler Gerichts- und Verwaltungspraxis 2000-42, S. 117 ff.).

Revisionsstelle solidarisch mit Verwaltungsrat für CHF 0.5 Mio. haftbar. Revisionsstelle verlangt infolge leichter Fahrlässigkeit Reduktion auf CHF 0.15 Mio. Grad der Pflichtverletzung Revisionsstelle wird nach eigenem, strengem (vom Verwaltungsrat unabhängigem) Massstab beurteilt, weil Gesetz hohe Anforderungen an Qualifikation stellt. Revisionsstelle beging schwere Pflichtverletzung. Differenziert solidarische Haftung abgelehnt (BGE vom 14. Dezember 1999 in RJJ-2000-135 ff., S. 146)

Unterlassene Bestandsprüfung Warenlager während dreier Jahre. Verhältnis von Bilanzsumme und Lagerwert hätte stichprobenweise Prüfung verlangt und Überbewertung aufgedeckt (Art. 666 OR). Verhalten als schwere Pflichtverletzung qualifiziert. Volle Solidarhaftung bestätigt (BGer 4C.198/2000 E 5.a)

Reduzierte Haftbarkeit infolge tiefer Honorarnoten (Art. 43 Abs. 1 OR). Sorgfaltspflichten bei Gratis- oder Fast-gratis-Aufträgen sind reduziert. «Rabatt» ein Drittel des eingeklagten Betrags (BGE 127 III 459 f. in Pra 2001 Nr. 179)

Reduzierte Haftbarkeit infolge Honorarnoten von CHF 500 bis CHF 990 jährlich (Art. 43 Abs. 1 OR). Sorgfaltspflichten bei Gratis- oder Fast-gratis-Aufträgen sind reduziert. «Rabatt» ein Drittel (ca. CHF 8 Mio) des eingeklagten Betrags (unpublizierter Obergerichtsentscheid aus dem Jahr 2010)

Kapitalerhöhung mit Liberierung durch Verrechnung wirkt bei der Schadensberechnung schadensmindernd (BGer 4A_251/2013).

Direkter Schaden eines Lieferanten infolge Täuschung über finanzielle Verhältnisse muss auf Basis der hypothetischen Entwicklung seiner Ausstände – wie wenn er nicht getäuscht worden wäre – berechnet werden. Reale Entwicklung (in casu Abnahme) seiner Ausstände spielt keine Rolle (BGer 4A_474/2011).

Die Substantiierung der Überschuldung durch den Verantwortlichkeitskläger ist mangelhaft, wenn er nur behauptet, bestehende Schulden seien nicht verbucht und Zwischenbilanzen nicht errichtet worden. Er muss konkret die Überschuldung nachweisen und Zwischenbilanzen nacherstellen (BGer 4A_324/2011).

20.4.3.8 Gerichtsentscheide zur Kapitalerhöhungsprüfung

Kapitalerhöhungsprüfung

Sanierung mit «Harmonika» (Kapitalherabsetzung mit gleichzeitiger Wiedererhöhung) nur zulässig, wenn Gesellschaft gänzlich saniert oder als Teil eines Gesamtsanierungsplanes mit vernünftigen Aussichten auf nachhaltige Sanierung. Harmonika unzulässig, wenn sie eine vorhandene Überschuldung lediglich reduziert. Revisionsstelle hat Vollständigkeit und Richtigkeit des Kapitalerhöhungsberichtes trotzdem bestätigt. Gericht hebt Beschlüsse der Generalversammlung und damit die Harmonika rückwirkend auf (BGer 4A_288/2011 und BGer 4A_290/2011).

20. Verantwortlichkeit der Revisionsstelle – Konsequenzen von Pflichtverletzungen

20.4.3.9 Gerichtsentscheide zur Gründungsprüfung

> **Festlegung des Schadens bei Gründung – Gerichtspraxis ab 2009**
>
> Gründung GmbH mit Übernahme Aktiven (Liegenschaft CHF 660 000), Passiven (CHF 558 000) einer Einzelfirma, Stammkapital CHF 20 000, freie Reserven CHF 82 000. Übertragung Liegenschaft im Grundbuch nie vollzogen. Schadenshöhe von CHF 578 000 berechnet sich als Differenz zwischen dem tatsächlichen Wert der Sacheinlage (null) und dem Wert, zu dem sie an das Gesellschaftskapital angerechnet wurde (CHF 20 000 + CHF 558 000) (BGer 4A_61/2009).

20.4.3.10 Gerichtsentscheide zur Streitverkündungsklage

> **Festlegung Regressquote für solidarisch mit der Revisionsstelle haftende Organe – Gerichtspraxis ab 1. Januar 2011**
>
> Verantwortlichkeitsklage gegen Revisionsstelle („Vergleichsjagd"). Diese kann solidarische Mithaftung von Verwaltungsrat und früherer Revisionsstelle mittels Streitverkündungsklage (Regressklage) direkt im gleichen Prozess geltend machen (BGer 4A_435/2012 vom 4.02.2013 bzw. BGE 139 III 67).

20.4.4 Grundlagen der Revisionshaftung

20.4.4.1 Gesetzliche Grundlagen der Revisionshaftung

Die Haftung der Revisionsstelle stützt sich sowohl bei der ordentlichen als auch bei der eingeschränkten Revision auf Art. 755 OR.

> § *Art. 755 OR: Revisionshaftung*
>
> [1] Alle mit der Prüfung der Jahres- und Konzernrechnung, der Gründung, der Kapitalerhöhung oder Kapitalherabsetzung befassten Personen sind sowohl der Gesellschaft als auch den einzelnen Aktionären und Gesellschaftsgläubigern für den Schaden verantwortlich, den sie durch absichtliche oder fahrlässige Verletzung ihrer Pflichten verursachen.
>
> [2] Wurde die Prüfung von einer Finanzkontrolle der öffentlichen Hand oder von einem ihrer Mitarbeiter durchgeführt, so haftet das betreffende Gemeinwesen. Der Rückgriff auf die an der Prüfung beteiligten Personen richtet sich nach dem öffentlichen Recht.

20.4.4.2 Geltungsbereich der Verantwortlichkeit – Wer ist von der Revisionshaftung betroffen?

a) Revisionshaftung

Die Revisionshaftung trifft neben der Revisionsstelle der AG auch diejenige einer GmbH (Art. 827 OR), einer Personalvorsorgestiftung (Art. 52 Abs. 4 BVG), von Kredit- und konzessionierten Versicherungsgenossenschaften (Art. 920 OR) und die Revisionsstelle mit erweiterten Aufgaben i. S. v. Art. 731a OR. Für die übrigen Genossenschaften findet Art. 916 ff. OR Anwendung. Er gilt auch für die Revisionsstelle des Vereins (Art. 69b Abs. 3 ZGB) und der Stiftung (Art. 83b Abs. 3 ZGB), weil der Verweis auf die «aktienrechtlichen Vorschriften» wohl kaum unter Ausschluss der Haftungsnorm gemeint sein kann.

Neben der Prüfung der Jahres- und Konzernrechnung fallen darunter auch jene bei Gründung, Kapitalerhöhung, -herabsetzung, Aufwertung (Art. 670 Abs. 2 OR) und vorzeitiger

20. Verantwortlichkeit der Revisionsstelle – Konsequenzen von Pflichtverletzungen

Vermögensverteilung (Art. 745 Abs. 3 OR), die Prüfung der Liquidationszwischenbilanzen und bei der Verlegung einer Gesellschaft aus dem Ausland in die Schweiz (Art. 162 Abs. 3 IPRG). Zur Revisionshaftung zählen ferner eine Prüfung der Zwischenbilanzen nach Art. 725 Abs. 2 OR und die Pflicht zur Anzeige beim Richter nach Art. 729c OR. Die Verantwortlichkeit bei Prüfung einer Fusion, Spaltung oder Umwandlung wird in Art. 108 FusG geregelt, welcher in Abs. 3 differenziert auf die aktienrechtliche Verantwortlichkeit hinweist.

b) Auftragshaftung

Die Revisionshaftung trifft die Revisionsstelle nur in der gesetzlich definierten Funktion als Prüferin. Führt sie Aufträge ausserhalb ihrer gesetzlichen Organpflichten aus, z.B. Steuerberatung, Unternehmensberatung oder Rechtsberatung, haftet sie für Sorgfalt nach Auftragsrecht (Art. 398 Abs. 2 OR). Die Auftragshaftung gilt auch für die Sonderprüfung (Art. 697a ff. OR), die freiwillige Review von Zwischenabschlüssen, die interne Revision bei einem Dritten, eine Prüfung von Liquidationseröffnungs- und schlussbilanzen (Art. 742 Abs. 1 und 743 Abs. 5 OR). Es gilt ebenso für die Mitwirkung in der Buchführung (Art. 729b Abs. 1 Ziff. 3 OR), wo sich eine Unsorgfalt nicht direkt auf die Revisionshaftung auswirkt. Indirekt kann sie diese aber akzentuieren, weil sich die Revisionsstelle das dabei erlangte Wissen anrechnen lassen muss (siehe Beispiele 4 und 5).

Art. 755 OR befasst sich mit der Verantwortlichkeit der Revisionsstelle als Organ der Aktiengesellschaft, d.h. mit ihren Tätigkeiten innerhalb der gesetzlich geregelten Prüfungsfunktion. Führt sie Aufträge ausserhalb ihrer gesetzlichen Organpflichten aus, z.B. Steuerberatung, Unternehmensberatung oder Rechtsberatung, haftet sie für Sorgfalt nach Auftragsrecht (Art. 394 ff. OR, insbesondere Art. 398 Abs. 2 OR sowie Art. 97 f. OR).

c) Unterschiede Revisionshaftung und Auftragshaftung

Zwischen der Auftrags- und der Organhaftung bestehen wesentliche Unterschiede, die sich insbesondere in den Bereichen Klageberechtigung, Beweislast, Haftungslimitierung, Gerichtsstand und Verjährung zeigen.

d) Haftung als faktisches Organ

Art. 755 OR bestimmt, dass alle mit der Prüfung der Jahres- und Konzernrechnung, der Gründung, der Kapitalerhöhung oder der Kapitalherabsetzung «sich befassenden» Personen für Schaden verantwortlich gemacht werden können. Dasselbe gilt gemäss Art. 754 OR für die Haftung für Verwaltung, Geschäftsführung und Liquidation. Damit ist auch eine rein faktische Mandatsausübung und Haftung, d.h., ohne formell als Organ bestellt worden zu sein, grundsätzlich denkbar. Faktische Organe sind Personen, die tatsächlichen Organen vorbehaltene Entscheide treffen oder die eigentliche Geschäftsführung besorgen und so die Willensbildung der Gesellschaft massgebend mitbestimmen. Die Revisionsstelle ist in der Praxis sehr selten faktisches Organ des Prüfkunden.

Nichts mit einer faktischen Organstellung hat das Anstellungsverhältnis eines ein bei einer juristischen Person angestellten Revisors zu tun. Wird die juristische Person Revisionsstelle bestellt, ist gemäss Art. 755 OR lediglich sie verantwortlich, nicht dagegen ihre einzelnen Organ- oder Hilfspersonen, welche die Revisionsaufgaben tatsächlich

20. Verantwortlichkeit der Revisionsstelle – Konsequenzen von Pflichtverletzungen

ausführen. Das Bundesgericht hat 1996 diese Frage entschieden und festgehalten, dass die angestellten natürlichen Personen als reine Erfüllungsgehilfen einer Revisionsstelle nicht gemäss Art. 755 OR haften (BGer 4C.455/1995. E. 8.a). Ob der angestellte Revisor für begangene Pflichtverletzungen persönlich zu Schadenersatz verpflichtet werden kann, ist eine interne, meist arbeitsvertragliche Frage.

Die nachfolgenden Entscheide zeigen, dass für faktische Organe (trotz ihrer materiellen Organstellung) keine Pflicht zur Bilanzdeponierung besteht. Sie zeigen jedoch auch, dass die Revisionsstelle sich nicht auf diese faktischen Organe verlassen kann, wenn diese die Bilanz deponieren.

> **Beispiel 8 – Keine Pflicht zur Bilanzdeponierung für faktische Organe (Berater, Geschäftsführer)**
> Ein Abtretungsgläubiger nach Art. 260 SchKG klagt gegen Verwaltungsrat, Berater und Geschäftsführer als faktische Organe und macht eine Pflichtverletzung geltend, weil sie zur Bilanzdeponierung verpflichtet seien und diese unterlassen hätten. Das Bundesgericht entscheidet, dass faktische Organe dazu nicht verpflichtet sind und darum nicht für den Konkursverschleppungsschaden haften, es sei denn, sie halten den Verwaltungsrat von der Anzeige beim Richter ab oder informieren ihn über eine bestehende Überschuldung nicht (BGer 4A_474/ 2011).

> **Beispiel 9 – Keine Pflicht zur Bilanzdeponierung für faktische Organe (Hausbank)**
> Eine einfache Gesellschaft klagt gegen die Hausbank der Konkursitin als faktisches Organ und macht Schadenersatz infolge Pflichtverletzung geltend, weil sie zur Bilanzdeponierung verpflichtet sei und diese unterlassen habe. Die Hausbank habe eine generelle Debitorenzession von der Konkursitin erhalten, sie habe von dieser die laufende Ablieferung von Saldobilanzen und Zahlungsübersichten verlangt, sie habe ständig Zahlungen für diese ausgeführt, konkrete Sanierungsmassnahmen verlangt, sich in zwei Fällen in die Geschäftsführung eingemischt, wobei in einem Fall die Konkursitin die Anweisung befolgt habe (Lohnzahlungen).

Das Bundesgericht befindet, dass das der Hausbank vorgeworfene Verhalten nicht genügt, um eine faktische Organstellung zu begründen. Dazu brauche es ein dauerhaftes und selbstständiges Entscheiden über wichtige, nicht alltägliche Fragen der Gesellschaft. Die Einflussnahme müsse so weit möglich sein, dass die Entstehung eines Schadens beeinflusst werden könne. Das Verhalten der Hausbank sei typisch für eine Gläubigerin, die ihre Interessen vertrete (BGE 136 III 14 ff.).

20.4.4.3 Auswirkung neuer Gesetze auf die Revisionshaftung

a) Bei der ordentlichen Revision

Die Bestimmungen zur Verantwortlichkeit in den Art. 752–763 OR wurden bei der am 1. Januar 2008 in Kraft getretenen Gesetzesrevision nicht angepasst. Es ist nicht einfach zu beurteilen, wie sich dies auf die Haftung der Revisionsstelle auswirken wird. Bei der ordentlichen Revision ist eher mit einer weiteren Verschärfung der Haftung für die Re-

20. Verantwortlichkeit der Revisionsstelle – Konsequenzen von Pflichtverletzungen

visionsstelle zu rechnen. Die zusätzlichen Prüfungen (Bestätigung Existenz und Berücksichtigung des IKS in Art. 728a Abs.1 Ziff. 3 und Abs. 2 OR, erweiterte Hinweispflichten in Art. 728c Abs. 1 und 2 OR) vergrössern die möglichen Angriffsflächen.

b) Reduzierte Haftung bei eingeschränkter Revision

Bei der eingeschränkten Revision ist mit einer Reduktion der Haftung zu rechnen. Auch bei der eingeschränkten Revision haftet die Revisionsstelle grundsätzlich gemäss Art. 755 ff. OR. Der gesetzliche Aufgabenkatalog, für dessen genaue Erfüllung die Revisionsstelle haftet, erscheint aber enger umschrieben als bei einer ordentlichen Revision. So sieht das Gesetz mit der «negative assurance» eine deutlich reduzierte Prüfungssicherheit vor (Art. 729a OR). Die Prüfung wird in Art. 729a Abs. 2 OR auf Befragungen, analytische Prüfungshandlungen und angemessene Detailprüfungen beschränkt, d. h., die Revisionsstelle beschränkt ihre Prüfung auf auffällige Transaktionen, klare Widersprüche und offensichtliche Gesetzesverletzungen. Sie sollte vom System her bei der Prüfungsdurchführung nur noch wesentliche Fehler entdecken müssen. Die vorgeschriebenen «angemessenen Detailprüfungen» in Art. 729a Abs. 2 OR ändern an diesem Grundsatz nichts. Sie erweitern die Prüfungsaufgaben in einem gewissen Umfang, jedoch auf Bestands- und Bewertungsprüfungen beschränkt, und zwar ohne die Anwendung repräsentativer Stichproben (SER, S. 23).

Bei einer eingeschränkten Revision gelten auch bei der Pflicht zur Rotation des leitenden Revisors (Art. 730a Abs. 2 OR), bei der Unabhängigkeit (Art. 729 OR), der Zulassung (Art. 727c OR), der Pflicht, auf Gesetzesverletzungen hinzuweisen (Art. 729b Abs. 1a OR), bei den Spezialprüfungen, bei Kapitalverlust und Überschuldung (Art. 725 OR) sowie hinsichtlich der Anzeige beim Richter (Art. 729c OR) wesentlich geringere Anforderungen als bei einer ordentlichen Revision.

Mit Inkrafttreten des Revisionsaufsichtsgesetzes wurden für Revisoren Gewährskriterien für die Sicherstellung der Qualität von Revisionsdienstleistungen geschaffen (Art. 1 Abs. 2 RAG), welche während der Dauer der Zulassung ständig einzuhalten sind. Auf die Revisionshaftung kann sich dies verschärfend auswirken, weil ein Richter höhere Anforderungen an Berufskenntnisse und Sorgfalt stellen kann. Auch bewirkt die Meldepflicht von Art. 13 RAV, dass die RAB ständig die Zulassungsvoraussetzungen hinterfragen kann. Bei der Eingeschränkten Revision kann dies die Revisionshaftung allerdings kaum beeinflussen, weil sich die Anforderungen an den zugelassenen Revisoren sich von denjenigen der Revisionsexperten erheblich unterscheiden (Art. 5 RAG) und weil sie gegenüber der Bestimmung in Art. 727a aOR nicht wesentlich erhöht worden sind.

Weil vorprozessuale Vergleiche gemäss der Publikation der RAB nicht gemeldet werden müssen, könnte sich auch der Druck in dieser Hinsicht erhöhen (RAB 6.11.2013: Meldepflichten und Ziff. 20.5.1.1 a).

c) Konkretisierung der reduzierten Haftung bei der eingeschränkten Revision

Die Verantwortlichkeit der Revisionsstelle für einen angerichteten Schaden ist aus den erwähnten Gründen bei der eingeschränkten Revision wesentlich geringer als bei der ordentlichen. Konkret bedeutet dies:

20. Verantwortlichkeit der Revisionsstelle – Konsequenzen von Pflichtverletzungen

d) Höhere und individuell zu beurteilende Verschuldensschwelle

Nur grobfahrlässig oder absichtlich begangene Pflichtverletzungen sind verantwortlichkeitsrelevant. Der in der Gerichtspraxis für Revisionsstellen angewendete «objektivierte» Sorgfaltsmassstab, der dazu führt, dass allein schon der Nachweis einer Pflichtverletzung genügt, um ein Verschulden «automatisch» zu vermuten, gilt nicht. Ein allfälliges Verschulden ist bei jeder nachgewiesenen Pflichtverletzung unter Berücksichtigung der geringeren Anforderungen bei einer eingeschränkten Revision individuell zu beurteilen.

e) Kleinere Schadensverantwortung

Gemäss Art. 43 Abs. 1 OR bestimmt der Richter Art und Grösse des Ersatzes für einen eingetretenen Schaden unter Würdigung der Umstände. Die besonderen Umstände bei einer eingeschränkten Revision führen regelmässig dazu, dass die Revisionsstelle nur einen geringen Anteil am Schaden zu verantworten hat.

f) Solidarität mit dem Verwaltungsrat

In der momentan pendenten Aktienrechtsrevision wird in Art. 759 Abs. 1bis E-OR eine Durchtrennung der Solidarhaftung zwischen Verwaltungsrat und Revisionsstelle neu vorgesehen. Dieser auch für die eingeschränkte Revision begrüssenswerte Vorschlag wird aber nur die überschiessende Haftung der Revisionsstellen im Verhältnis zum Verwaltungsrat beseitigen können. Das Verhältnis zwischen der Haftung der Revisionsstelle bei der eingeschränkten und der ordentlichen Revision ist davon nicht betroffen.

g) Verantwortlichkeit im Innenverhältnis zum Verwaltungsrat

Heute beträgt bei der ordentlichen Revision der Schadensanteil der Revisionsstelle gewöhnlich maximal ¼, derjenige des Verwaltungsrats ¾. Dieses Verhältnis reflektiert die systemimmanent unterschiedliche Ausgangslage der beiden Organe, wobei damit selbst für die ordentliche Revision die Bedeutung der Revisionsstelle überbetont wird. Bei der eingeschränkten Revision ist sie noch wesentlich weiter reduziert worden, so dass der Schadensanteil viel geringer ausfallen muss und kaum mehr als einige Prozentpunkte betragen kann.

h) Vergleichsjagd gegen Revisionsstellen

In der Praxis werden gegen Revisoren vermehrt vorprozessual Verantwortlichkeitsansprüche mit Blick einzig auf die (vermutete) Solvenz statt auf Pflichtverletzung und Verschulden erhoben. Der Revisor wird mit Androhung eines aufwendigen Prozesses zu vergleichsweisen Zahlungen gedrängt. In der Literatur werden diese verpönten Schadensliquidationsversuche einhellig kritisiert. Sie haben dazu geführt, dass die hauptverantwortlichen Verwaltungsräte im Konkurs nur gerade 10 % der Schäden regulierten, die Revisionsstellen hingegen 90 % (Böckli, Aktienrecht, § 18 N 191c, 519d). Weil vorprozessuale (und erstinstanzliche) Vergleichsabschlüsse mit potenziellen Klägern der RAB nicht gemeldet werden müssen, wird die reduzierte Schadenshaftung bei der eingeschränkten Revision den Druck in diese Richtung weiter erhöhen.

Am 1. Januar 2011 ist die ZPO in Kraft getreten. Neu stellt diese in Art. 81 und 82 das Institut der Streitverkündungsklage zur Verfügung. Zu häufig wurde aus Gründen der Solvenz einzig die Revisionsstelle eingeklagt, obwohl der Verwaltungsrat die Hauptverantwortung trug. Die Streitverkündungsklage ermöglicht es nun der Revisionsstelle, ein Gesamtver-

20. Verantwortlichkeit der Revisionsstelle – Konsequenzen von Pflichtverletzungen

fahren unter Einbezug aller Verantwortlichen zu erzwingen. Es ist zu hoffen, dass damit eine ausgewogenere Verteilung der Verantwortlichkeit nach Verursacherprinzip statt nach Solvenz möglich wird.

> **Beispiel 10 – Festlegung Regressquote für solidarisch mit der Revisionsstelle Haftende**
> Bei Verantwortlichkeitsklagen gegen eine Revisionsstelle, insbesondere bei einer typischen «Vergleichsjagd» auf die solvente, aber kaum verantwortliche Revisionsstelle, kann diese die solidarische Haftung des Verwaltungsrats und einer früheren Revisionsstelle mittels Streitverkündungsklage (Regressklage) direkt im gleichen Prozess geltend machen. Dies ermöglicht die Beurteilung der Hauptklage unter Berücksichtigung aller tatsächlichen Zusammenhänge und aller individuellen Beiträge der beteiligten Organe (BGer 4A_435/2012 bzw. BGE 139 III 67).

20.4.4.4 Wer kann die Revisionsstelle einklagen?

Gemäss dem Wortlaut von Art. 755 OR kann die Revisionsstelle sowohl von der Gesellschaft selber als auch von einzelnen Aktionären und Gesellschaftsgläubigern belangt werden. Die Klageberechtigung ist abhängig davon, ob ein mittelbarer oder unmittelbarer Schaden vorliegt (vgl. dazu die ausführliche juristische Literatur, z. B. Böckli, Aktienrecht, § 18 N 193 ff., N 214 ff.).

Ein mittelbarer Schaden besteht, wenn die Gesellschafter und Gläubiger indirekt geschädigt werden (Vermögensverlust der Gesellschaft reduziert indirekt den Wert für den Gesellschafter bzw. die Deckungsquote des Gläubigers). Gesellschafter und Gläubiger können bei mittelbarem Schaden keine Individualklage geltend machen. Die direkt geschädigte Gesellschaft (im Konkursfall vertreten durch die Konkursverwaltung) ist in diesem Falle in erster Linie berechtigt, mittels Verantwortlichkeitsklage Schadenersatz zu verlangen.

In der Praxis wird die Revisionshaftung erst im Konkurs der geprüften Gesellschaft aktuell. Theoretisch ist sie auch ausser Konkurs denkbar (Art. 756 OR), wobei Gläubiger kein Klagerecht haben und ein Aktionär als Kläger nur Leistung an die Gesellschaft (nicht an sich selber) begehren könnte.

Es gibt allerdings Gerichtsentscheide, die ausserhalb des Konkurses für unmittelbaren Schaden Aktionären und sogar Dritten ein Klagerecht einräumen. Die Klagegrundlage ist dann Art. 41 OR oder die Vertrauenshaftung. Ein unmittelbarer Schaden besteht, wenn sich dieser nicht im Vermögen der Gesellschaft, sondern direkt beim Gesellschafter oder Gläubiger auswirkt.

> **Beispiel 11 – Revisionshaftung gegenüber Dritten**
> Ein Käufer aller Aktien einer Gesellschaft stützte sich auf eine geprüfte Jahresrechnung, welche einen unentdeckten Wertberichtigungsbedarf enthielt. Er bezahlte deshalb einen zu hohen Kaufpreis. Allerdings hatte die Revisionsstelle keinen direkten Kontakt zum Käufer und wusste auch nicht, dass ihr Revisionsbericht für den Käufer eine Entscheidungsgrundlage für den Kauf war. Das Bundesgericht bejahte das Klagerecht des Käufers und begründete dies damit, dass «die Revisionsstelle ihre Prüfungsaufgaben nicht nur im Interesse der Direktbeteiligten, sondern auch zugunsten der Allgemeinheit zu erfüllen hat» (BGer 4C.13/1997 in Pra 1998, Nr. 121).

20. Verantwortlichkeit der Revisionsstelle – Konsequenzen von Pflichtverletzungen

Der Entscheid geht sehr weit und wurde bisher nicht bestätigt. Er würde bedeuten, dass die Revisionsstelle gegenüber beliebigen Dritten (weder Aktionär noch Gläubiger) für Fehler im Revisionsbericht haftbar werden könnte.

Im nachfolgenden Beispiel korrigiert das Bundesgericht die Berechnungsweise für den direkten Schaden. Dieser muss auf der Basis der hypothetischen Entwicklung der Ausstände des Gläubigers berechnet werden, so wie wenn er nicht getäuscht worden wäre.

> **Beispiel 12 – Schadensberechnung bei direktem Schaden**
> Ein Abtretungsgläubiger nach Art. 260 SchKG klagt gegen Verwaltungsrat, Berater, Geschäftsführer und Revisionsstelle. Er macht einen direkten Schaden infolge einer Täuschung über die finanziellen Verhältnisse geltend, was zur weiteren Belieferung der Gesellschaft und zu grösseren Ausfällen geführt habe. Das Obergericht Appenzell A. Rh. verneinte einen direkten Schaden, weil die Ausstände seit den fraglichen finanziellen Zusicherungen abgenommen hätten.
>
> Das Bundesgericht schliesst sich dieser Ansicht nicht an, weil eine Verminderung der Ausstände nichts darüber aussage, ob der Gläubiger einen Schaden erlitten habe. Es muss eruiert werden, wie sich die Ausstände entwickelt hätten, wenn der Gläubiger über die finanzielle Lage der Gesellschaft nicht getäuscht worden wäre. Das Bundesgericht weist die Sache zwecks Abklärung an die Vorinstanz zurück (BGer 4A_474/2011).

20.4.4.5 Vier Voraussetzungen für die Revisionshaftung

Haftung der Revisionsstelle

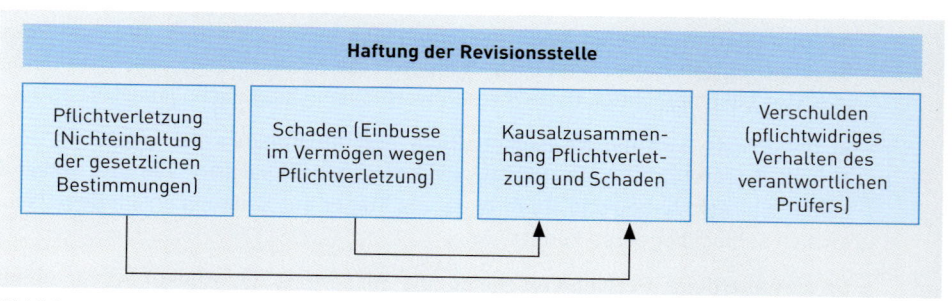

| Pflichtverletzung (Nichteinhaltung der gesetzlichen Bestimmungen) | Schaden (Einbusse im Vermögen wegen Pflichtverletzung) | Kausalzusammenhang Pflichtverletzung und Schaden | Verschulden (pflichtwidriges Verhalten des verantwortlichen Prüfers) |

Abbildung 97: Voraussetzungen für die Haftung der Revisionsstelle

Die Haftung der Revisionsstelle richtet sich nach den folgenden vier Voraussetzungen:

Voraussetzung für die Haftung	Inhalte und Erklärungen
Pflichtverletzung	Siehe die detaillierten Ausführungen vorne in Kap. 20.4.
Schaden	Differenz zwischen dem gegenwärtigen Vermögen und dem Stand des hypothetischen Vermögens ohne Pflichtverletzungen
Adäquater Kausalzusammenhang	Eine Pflichtverletzung (durch Unterlassung) gilt dann als Ursache eines Schadens, wenn ein Schaden unterblieben (oder gestoppt worden) wäre, wenn die Revisionsstelle pflichtgemäss gehandelt hätte.
Verschulden und Solidarität	Persönliches Verschulden des verantwortlichen leitenden Revisors, das ihm auch subjektiv vorgeworfen werden kann. In der Gerichtspraxis genügt faktisch der Nachweis einer Pflichtverletzung, das Verschulden wird «automatisch» angenommen.

20. Verantwortlichkeit der Revisionsstelle – Konsequenzen von Pflichtverletzungen

a) Pflichtverletzung

Die Revisionsstelle haftet nur für Schaden, der infolge Verletzung ihrer aktienrechtlichen Sorgfaltspflichten entsteht. Beweispflichtig im Verantwortlichkeitsprozess ist der Kläger, welcher die Pflichtverletzung substantiiert zu beweisen hat. Für die Revisionsstellentätigkeit ist es typisch, dass die Pflichtverletzung meist nicht in einem tadelnswerten aktives Tun, sondern in einer Unterlassung besteht, die zur Haftung führt.

Zusätzlich zur detaillierten Darlegung der zivilrechtlichen Pflichtverletzungen (Kap. 20.4) ist für die Beurteilung des Verschuldens bei der Revisionshaftung nach Art. 755 OR zu beachten, dass auch aufsichtsrechtliche (Kap. 20.5) und strafrechtliche (Kap. 20.6) Pflichtverletzungen eine Rolle spielen können. Sind Letztere erwiesen, ist zudem die Beweisführung für eine zivilrechtliche Pflichtverletzung leichter. Nachfolgend ein besonderes Beispiel für die Versuche von Prüfkunden, die Revisionsstelle für eigene Probleme haftbar zu machen.

> **Beispiel 13 – Prüfung von Steuereinschätzungen – Fehlende Einschränkung**
> Die X AG unterliess es aus unerklärlichen Gründen jahrelang, Steuererklärungen einzureichen. Die Einschätzungen erfolgten von Amtes wegen und fielen höher aus als gerechtfertigt. X behauptete, dass die Revisionsstelle die Diskrepanz zwischen Ertragslage und Steuersumme hätte entdecken sollen. Auch hätte sie die Einschätzungen überprüfen müssen.
>
> Das Gericht weist die Klage ab. Die Revisionsstelle prüfe nach dem Grundsatz der Wesentlichkeit diejenigen Positionen, die kritisch erscheinen. Gehören die Steuerpositionen nicht dazu, so könne es sein, dass sie sich damit nicht oder nur oberflächlich befasse. Auch handle es sich bei der Nichteinreichung der Steuererklärung nicht um eine Gesetzesverletzung i.S.v. Art. 729b Abs. 1 OR, da die Folge Einschätzung nach Ermessen sei. Im Übrigen müsse die Revisionsstelle nicht nach Gesetzesverletzungen fahnden (Zürcher Handelsgericht, 6. Dezember 2002 / Herzog in: ST 4/2003, S. 268 f.).

Dieser neuere Entscheid tendiert wieder in Richtung einer höheren Gewichtung der realistischen Sanierungschancen.

> **Beispiel 14 – BGE 11. November 2013 – Spätere Bilanzdeponierung bei realistischem Sanierungskonzept gestattet**
> Holdinggesellschaft H führt eine Woche vor Konkurseröffnung Kapitalerhöhung von CHF 95 Mio. mit Liberierung durch Verrechnung bei 100%-Tochtergesellschaft T durch. Abtretungsgläubiger im Konkurs der H verlangen von deren Verwaltungsrat aus Verantwortlichkeit Schadenersatz von CHF 84 Mio., weil Überschuldung der T schon ein Jahr früher offensichtlich gewesen sei und Bilanzdeponierung zu spät erfolgt sei.
>
> Verwaltungsrat hat Sanierungsmassnahmen ergriffen: Personalreduktion (von 3000 auf 1200, auf 850 Personen), Verkauf verschiedener Gesellschaften, Stilllegung von Produktionsstätten, Abbau Warenvorrat, Konzentration von Forschungsaufgaben, Umstrukturierung in vier Geschäftsbereiche, Lancierung neuer Produkte, Allianzen mit Konkurrenten, Forderungsverzichte in dreistelliger Millionenhöhe eingeholt und Kapitalerhöhung von CHF 95 Mio. Vorinstanz erachtet die getroffenen Sanierungsmassnahmen als ernsthaftes und realistisches Sanierungskonzept und verneint das Vorliegen einer Pflichtverletzung. Bundesgericht geht auf diese Argumentation nicht ein, weil die Klage mangels Schadensnachweis abgewiesen wird (BGer 4A_251/2013).

20. Verantwortlichkeit der Revisionsstelle – Konsequenzen von Pflichtverletzungen

b) Schaden

Die Berechnung des Schadens ist ein wichtiges und nicht einfaches Element der Revisionshaftung. Verfahren gegen Revisionsstellen finden zumeist erst nach Insolvenz des Prüfkunden statt. Deshalb basiert die Schadensberechnung gemäss gefestigter Rechtsprechung auf dem Vergleich von Vermögensständen zu Liquidationswerten. Ausserhalb des Konkurses würde der Schaden anders berechnet.

Der Revisionsstelle wird praktisch ausnahmslos ein Fortsetzungsschaden (Verschleppungsschaden) vorgeworfen, weil sie mit ihrer pflichtwidrigen Unterlassung einen bereits laufenden (vom Verwaltungsrat oder von der Geschäftsführung verursachten) Schaden nicht stoppt. Entscheidend für die Schadenshöhe ist daher der hypothetische Zeitpunkt, in welchem die Revisionsstelle bei korrekter Pflichterfüllung hätte handeln sollen. Frühestens in diesem Zeitpunkt kann die Schadensberechnung starten.

Meist kann die pflichtgemässe Handlung der Revisionsstelle allerdings den laufenden Schaden nicht direkt bzw. sofort unterbrechen. Die Gesellschaft, die Aktionäre oder der Richter benötigen eine gewisse Reaktionszeit. So dauert es normalerweise ca. zwei Monate ab Anzeige beim Richter bis zur Konkurseröffnung, oder ein Hinweis im Revisionsbericht wird erst einen Monat später von der Generalversammlung zur Kenntnis genommen, die erst dann entsprechende Massnahmen treffen kann, die wiederum Zeit beanspruchen etc.

Ein Rücktritt oder eine Abberufung nach einer pflichtwidrigen Unterlassung hilft der Revisionsstelle nicht; der ihr zurechenbare Schaden läuft auf unbestimmte Zeit weiter.

Das Bundesgericht hat mehrfach festgehalten, dass der verantwortlichkeitsrechtliche Schaden aus der Differenz zwischen dem gegenwärtigen Vermögensstand und demjenigen Stand besteht, den das Vermögen ohne das schädigende Ereignis, d.h. im früheren, hypothetischen Insolvenzverfahren, gehabt hätte. Verglichen werden also zwei Vermögensstände zu Liquidationswerten, der reale Vermögensstand im Insolvenzverfahren und der hypothetische Vermögensstand im früheren (nicht realen) Insolvenzverfahren. Unter dem neuen Aktienrecht wurde dies regelmässig bestätigt (Luterbacher in ST: 11/2000, S. 1271; BGer 4C.366/2000 E 3.b) bb); BGE 128 III 180 ff.).

> **Beispiel 15 – Vergleich von Liquidationswerten**
> Die Organe der F-SA wurden auf Schadenersatzleistung von CHF 0.2 Mio verklagt, weil sie die Überschuldungsanzeige ab dem Zeitpunkt X um 10 Monate verschleppten. Die Vorinstanz bejahte die Schadenssumme, weil sich die Überschuldung ab dem Zeitpunkt X von CHF 0.8 Mio. bis zum Konkurs auf CHF 1.15 Mio. um mehr als CHF 0.2 Mio vergrössert habe. Das Bundesgericht widersprach dieser Ansicht, weil der Schaden nicht auf der korrekten Wertbasis berechnet wurde. Die Werte im Konkurs entsprechen Liquidationswerten. Die Werte im Zeitpunkt X aber Fortführungswerten. Der effektive Schadenszuwachs könnte beim Vergleich von Liquidationswerten tiefer als CHF 0.2 Mio. liegen. Das Urteil wurde ans Kantonsgericht zurückgewiesen (BGer 4A_555/2009; BGer 4A_561/2009).

> **Beispiel 16 – Forderungsausfall als Schaden**
> Der Konkursausfall bei der X AG belief sich auf CHF 552 500. Die Klägerin verlangte von der Revisionsstelle ohne weitere Berechnungen Schadenersatz für ihre ungedeckte

20. Verantwortlichkeit der Revisionsstelle – Konsequenzen von Pflichtverletzungen

Forderung von CHF 60 000. Das Gericht weist die Klage ab, weil der eigene Ausfall – auch wenn der Betrag kolloziert wurde – keine Schadensberechnung gemäss der Differenztheorie bedeutet. Bei korrekter Berechnung könnte ein tieferer Schaden als CHF 60 000 resultieren (St. Galler Gerichts- und Verwaltungspraxis-2000-42, S. 117 ff.).

Beispiel 17 – Schadensminderung durch Kapitalerhöhung mit Liberierung durch Verrechnung

Holdinggesellschaft H führt eine Woche vor Konkurseröffnung Kapitalerhöhung von CHF 95 Mio. mit Liberierung durch Verrechnung bei 100 %-Tochtergesellschaft T durch. Abtretungsgläubiger im Konkurs der H verlangen von deren Verwaltungsrat aus Verantwortlichkeit Schadenersatz von CHF 84 Mio., weil Überschuldung der T schon ein Jahr früher offensichtlich gewesen sei, der Schaden im letzten Jahr vor Konkurseröffnung um diesen Betrag zugenommen habe und die Kapitalerhöhung nicht schadensmindernd wirke.

Das Bundesgericht verneint Verschleppungsschaden. Kapitalerhöhung reduziert das Fremdkapital. Berechnung des Schadens durch Vergleich der beiden Liquidationswerte ein Jahr vor und bei Konkurseröffnung führt zur Abnahme des Fortführungsschadens (Fortschleppungsnutzen CHF 11 Mio.). Darlehen von CHF 95 Mio. war aus Sicht der H im Zeitpunkt der Kapitalerhöhung ein Nonvaleur, weil T überschuldet. Darum keine Schädigungsabsicht des Verwaltungsrats der H (paulianische Anfechtbarkeit) (BGer 4A_251/2013).

Entdeckt ein Gründungsprüfer z. B. eine Überbewertung einer Sacheinlage nicht (Art. 635 OR), stellt sich die Frage, wie der Schaden zu berechnen ist. Die Berechnung hat gemäss der Formel «Schaden ist die Differenz zwischen dem gegenwärtigen Stand des Vermögens des Geschädigten und dem Stand, den sein Vermögen ohne die den Schaden verursachende rechtswidrige Handlung oder Unterlassung hätte» zu erfolgen (Böckli, Aktienrecht, § 18 N 360). Der Konditionalsatz zeigt, dass eine Hypothese über die Entwicklung des Vermögens aufgestellt werden muss. Die für die Schadensberechnung verwendete sollte möglichst nahe bei der «Realität» liegen, das heisst, sie muss die plausibelste sein.

Am häufigsten wird in solchen Fällen die Höhe des Schadens die Differenz (D) zwischen dem effektiven und dem im Gründerbericht erwähnten Wert (bzw. dem zur Liberierung versprochenen verbindlichen Ausgabebetrag) ausmachen. So einfach liegen die Verhältnisse allerdings nur, wenn die Gesellschaft nach der Gründung ihren Zweck trotz der überbewerteten Sache ohne weiteres verfolgen kann, wenn sich also die Entwicklung ihres hypothetischen und ihres realen Vermögenstands nicht bzw. nur um den Betrag D unterscheiden. Sobald eine Gesellschaft (evtl. infolge der mangelhaften Einlage) in finanzielle Schwierigkeiten und allenfalls gar in Konkurs gerät, verkompliziert sich die Schadensberechnung meistens, weil Überlegungen zum hypothetischen Verlauf angestellt werden müssen.

Es könnte sein, dass die finanziellen Schwierigkeiten (z. B. infolge Garantiefällen, Mehrkosten bei Projekten, unerwarteter Verluste) nach der Gründung durch den fehlenden Betrag D hätten behoben werden können, tatsächlich aber zu hohen Mehrkosten führten. Fällt die Gesellschaft real gar in Konkurs, stellt sich die Frage, ob dieser hypothetisch hätte verhindert werden können. Der Schaden kann in solchen Fällen wesentlich höher als der Betrag D sein. Ähnliche Überlegungen gelten bei Kapitalerhöhungen.

20. Verantwortlichkeit der Revisionsstelle – Konsequenzen von Pflichtverletzungen

Bei Umwandlungen kommt dazu, dass eine Gesellschaft schon vorher existiert hat. Verweigert der Revisor die notwendigen Berichte, entsteht die neue Gesellschaft nicht, und die alte mit den überbewerteten Aktiven besteht unberührt weiter. Für die anzustellenden Hypothesen ist dies von Bedeutung, weil die Inhaber der existierenden Gesellschaft ihre Projekte in der alten und der neuen Gesellschaft (falls der Revisor die Berichte pflichtwidrig abgibt) mit denselben Verlusten weiterbetreiben können. Der Vermögensstand verändert sich infolge des fehlerhaften Revisionsberichts nicht, weil die Gesellschaft auch ohne Umwandlung die gleichen Verluste erleiden würde.

> **Beispiel 18 – Schadensberechnung bei mangelhafter Gründung**
> Gründung GmbH mit Übernahme Aktiven (Liegenschaft CHF 660 000) und Passiven (CHF 558 000) einer Einzelfirma. Stammkapital CHF 20 000, freie Reserven CHF 82 000. Konkurseröffnung sechs Jahre nach Gründung. Abtretungsgläubiger (Art. 260 SchKG) erhebt Verantwortlichkeitsklage (Art. 827 OR i.V.m. Art. 753 OR) gegen Gründer und Organe. Infolge Pflichtverletzung der Gründer (Art. 777c OR i.V.m. Art. 634 OR) wurde GmbH nie als Eigentümerin der Liegeschaft im Grundbuch eingetragen.
>
> Schadenshöhe berechnet sich aus der Differenz zwischen dem tatsächlichen Wert der Sacheinlage und dem Wert, zu dem sie an das Gesellschaftskapital angerechnet wurde. Der Gesellschaft wurden Passiven von CHF 558 000 korrekt übertragen und ein Gesellschaftskapital von CHF 20 000 verbindlich zur Liberierung versprochen. Die «Unterbewertung» der Liegenschaft beträgt daher CHF 578 000. Die freien Reserven gehören nicht zum zu liberierenden Ausgabebetrag bei der Gründung (BGer 4A_61/2009).

c) Adäquater Kausalzusammenhang

Für die Haftbarkeit muss zwischen dem pflichtwidrigen Verhalten und dem Schaden eine Beziehung von Ursache und Wirkung bestehen. Damit ist zuerst ein natürlicher Kausalzusammenhang gemeint, der dann gegeben ist, wenn das fragliche Verhalten nicht weggedacht werden kann, ohne dass auch der eingetretene Erfolg entfällt. Zudem muss der Kausalzusammenhang adäquat sein. Gemäss Bundesgericht (BGE 113 II 57) ist das gegeben, «wenn das Ereignis nach dem gewöhnlichen Lauf der Dinge und nach der Erfahrung des Lebens geeignet war, einen Erfolg von der Art des eingetretenen herbeizuführen, sodass der Eintritt dieses Erfolgs durch jenes Ereignis allgemein begünstigt erscheint [...]»

Kompliziert wird dies bei der Revisionsstelle dadurch, dass ihre Pflichtwidrigkeit regelmässig in einer Unterlassung besteht. Zwischen einer pflichtwidrigen Unterlassung und dem Eintritt eines Schadens kann es aber definitionsgemäss keinen natürlichen Kausalzusammenhang geben. Ein «Nichts» kann nie Ursache für eine Wirkung (z.B. einen Schaden) sein. Es gilt, die hypothetische Frage zu beantworten, ob ein (geringerer) Schaden eingetreten wäre, wenn an der Stelle der Unterlassung korrektes, pflichtgemässes Handeln gestanden hätte. Gemäss BGE 115 II 447 muss zur Feststellung dieser hypothetischen Kausalität i.d.R. auf die allgemeine Lebenserfahrung abgestellt werden. Diese «Komplikation» ist aber sachgerecht, weil ein mangelhafter Bericht über einen Fehler nicht dieselben Auswirkungen haben kann wie der Fehler selber.

20. Verantwortlichkeit der Revisionsstelle – Konsequenzen von Pflichtverletzungen

Beispiel 19 – Einmalige Pflichtverletzung durch Aktionär/Verwaltungsrat
Die Pflichtverletzung der Revisionsstelle bestand darin, dass sie es unterlassen hatte, auf eine rangrücktrittswidrig erfolgte Verrechnung mit einem Warenbezug hinzuweisen. Das Gericht verneinte den adäquaten Kausalzusammenhang zwischen dieser Pflichtverletzung und dem Schaden, weil die Verrechnung durch den Hinweis nicht zu stoppen gewesen wäre. Sie war schon geschehen, als die Revisionsstelle den Beleg zur Verbuchung zugestellt erhielt und sie erstmals darauf aufmerksam wurde. Da bis zur Konkurseröffnung keine weiteren Verrechnungen erfolgten, hätte der Hinweis zudem keine präventive Wirkung entfalten können. Also verneinte das Gericht den adäquaten hypothetischen Kausalzusammenhang (BGE 129 III 129 ff.).

Beispiel 20 – Unterlassene Kontoabstimmung
Die Revisionsstelle unterliess mehrere Jahre lang Kontoabstimmungen. Das Bundesgericht hält fest, dass, wären sie erfolgt, Betrügereien nicht oder nicht so lange hätten begangen werden können. Es bejahte daher den adäquaten hypothetischen Kausalzusammenhang (BGE 127 III 453 ff. in Pra 2001 Nr. 179).

Kann die Revisionsstelle nachweisen, dass sich auch bei Pflichterfüllung nichts am Schadensverlauf geändert hätte, dann haftet sie trotz Pflichtverletzung nicht für den Schaden.

Beispiel 21 – Pflichterfüllung hätte infolge Personalunion Geschäftsführer und Alleinaktionär nichts bewirkt
Selbst ein fehlerhafter (zu günstiger) Revisionsbericht kann nicht adäquat kausal zum entstandenen Schaden sein, wenn er an einer Generalversammlung präsentiert wird, an der nur der Alleinaktionär anwesend ist, der für die ganze Misere verantwortlich ist. Der Revisionsbericht hätte auch in korrekter Form nichts genützt (BGE 119 II 259).

Beispiel 22 – Pflichterfüllung hätte nichts bewirkt, weil Aufsichtsbehörde bereits orientiert war
Der adäquate Kausalzusammenhang zwischen der Pflichtverletzung der Revisoren (fehlender Hinweis) und dem Schaden wurde verneint, weil im Zeitpunkt der Generalversammlung bereits die Eidgenössische Bankenkommission eingeschaltet war. Ein Hinweis der Revisoren an der Generalversammlung hätte daher keine weitere Beschleunigung und keine Schadensminderung bewirken können (BGer 4C.53/2003).

Beispiel 23 – Auch bei Pflichterfüllung zu wenig Zeit zur Schadensbehebung
Personalvorsorgestiftung (PVS) kauft überbewertete Liegenschaft vom Arbeitgeber. Revisionsstelle hat beim Kauf keine Bewertungspflicht. Bei der Jahresendprüfung ein halbes Jahr später hätte sie die Überbewertung entdecken und rügen müssen. Die PVS wäre sofort überschuldet gewesen. Allerdings fehlt der adäquate Kausalzusammenhang mit dem entstandenen Schaden, weil auch bei rechtzeitiger Entdeckung der Überbewertung die Chance auf Rückführung der Liegenschaft bzw. Behebung des Schadens vor der kurz danach erfolgenden effektiven Konkurseröffnung nicht möglich gewesen wäre (BGer 9C_779/2010).

20. Verantwortlichkeit der Revisionsstelle – Konsequenzen von Pflichtverletzungen

> Im gleichen Fall hätte die Revisionsstelle der PVS die finanzielle Lage der X-AG (Arbeitgeber) überwachen müssen und schon zwei Jahre vor dem Konkurs feststellen können, dass X-AG Liquiditätsprobleme hatte. Die Revisionsstelle verlangte weder Abschreibungen auf Kontokorrent-Guthaben der PVS noch eine beschleunigte Rückführung, was eine Pflichtverletzung von ihr bedeutete. Auch hier fehlt der adäquate Kausalzusammenhang, weil die Liquiditätsprobleme der X-AG bis zum Konkurs ständig andauerten. Die Rückführung der ausstehenden Schulden war wenig aussichtsreich (BGer 9C_779/2010).

Manchmal wird argumentiert, dass der nachgewiesene Kausalzusammenhang zwischen Schaden und eigener Pflichtverletzung nicht relevant sei, weil ein anderer Schadensverursacher durch eine viel schwerer wiegende Pflichtverletzung den Schaden allein zu verantworten habe. Der Kausalzusammenhang werde damit quasi unterbrochen. Diese Vorbringen sind allerdings in der Praxis meist erfolglos, denn die Anforderungen der Gerichte für den Nachweis sind hoch.

> **Beispiel 24 – Schwere Pflichtverletzungen des Verwaltungsrats**
> Die Revisionsstelle unterliess mehrere Jahre lang Kontoabstimmungen. Das Bundesgericht hält fest, dass ohne diese Unterlassung Betrügereien nicht oder nicht so lange hätten begangen werden können. Die Revisionsstelle bringt vor, der Verwaltungsrat habe seine Aufsichtspflicht schwer verletzt, indem er die buchführende Treuhandgesellschaft, bei der die Veruntreuungen stattfanden, jahrelang nicht im Geringsten überwacht habe. Der adäquate Kausalzusammenhang zwischen ihrer eigenen Pflichtverletzung und dem Schaden sei durch schwere Pflichtverletzungen des Verwaltungsrats unterbrochen worden.
>
> Das Bundesgericht geht davon aus, dass der Verwaltungsrat seine Aufsichtspflicht tatsächlich verletzt habe. Allerdings müsse eine Pflichtverletzung so schwerwiegend sein, dass der Kausalzusammenhang zwischen der Pflichtverletzung des Prüfers und dem Schaden geradezu als unangemessen erscheine und völlig in den Hintergrund gedrängt werde. Im vorliegenden Fall seien die Verfehlungen des Verwaltungsrats nicht derart gravierend, dass sie den Kausalzusammenhang unterbrächen (BGE 127 III 453 ff. in Pra 2001 Nr. 179).

> **Beispiel 25 – Kriminelles Verhalten der Buchalterin**
> Die Revisionsstelle hatte eine Einschränkung wegen nicht ordnungsgemässer Buchführung unterlassen, weshalb Veruntreuungen unentdeckt blieben. Auf die Revisionsstelle wurde ein erhöhter Sorgfaltsmassstab angewandt, weil sie gleichzeitig (erlaubterweise) zur Buchführung mandatiert war. Die Revisionsstelle bringt vor, infolge des kriminellen Verhaltens der Buchhalterin (Absicht einer Veruntreuung) und infolge mangelnder Aufsicht des Verwaltungsrats, der diese nicht überwacht habe, sei der adäquate Kausalzusammenhang unterbrochen worden. Auch diese Faktoren wertet das Gericht nicht als derart gravierend, dass eine Unterbrechung eingetreten sei (BGer 4C.506/1996).

d) Verschulden und Solidarität

Oft sind die Pflichtverletzungen der Revisionsstelle im Verhältnis zu denjenigen des Verwaltungsrats und auch in einem absoluten Sinne klein. Ihr Verschulden wird daher i. d. R. von den Gerichten als weniger schwerwiegend angenommen als dasjenige der geschäfts-

20. Verantwortlichkeit der Revisionsstelle – Konsequenzen von Pflichtverletzungen

führenden Organe. Aber jedes Verschulden – auch leichte Fahrlässigkeit – ist für die aktienrechtliche Verantwortlichkeit ausreichend. In der Gerichtspraxis wird zudem ein «objektivierter» Sorgfaltsmassstab angewendet. Dieser führt dazu, dass allein schon der Nachweis einer Pflichtverletzung genügt, um das Verschulden «automatisch» zu vermuten.

Die bestehende Solidaritätsregelung wirkt sich zudem zu Ungunsten der Revisionsstelle aus. Eine Revisionsstelle, welche eine leichte Pflichtverletzung begangen hat, haftet gemäss Art. 759 OR im Aussenverhältnis, d.h. gegenüber dem Kläger, nur für denjenigen Schaden, der mit dieser Pflichtverletzung adäquat kausal zusammenhängt (differenzierte Solidarität, Böckli, Aktienrecht, § 18 N 480 ff.). Nur bei schweren Pflichtverletzungen (mittlere sowie grobe Fahrlässigkeit oder Absicht) kommt die volle Solidaritätsregelung zum Zug.

Daher wäre es für die Revisionsstelle von grosser praktischer Bedeutung, bei leichter Fahrlässigkeit im Aussenverhältnis nicht für den ganzen Schaden haften zu müssen. In der Gerichtspraxis wird aber äusserst selten von einer leichten Fahrlässigkeit bei der Revisionsstelle ausgegangen. Das führt dazu, dass sie trotz dieser Regelung fast ausnahmslos voll solidarisch mit dem Verwaltungsrat haftet.

> **Beispiel 26 – Volle Solidarität bei Grobfahrlässigkeit**
> Die Revisionsstelle wurde voll solidarisch mit dem Verwaltungsrat zur Zahlung von CHF 0,5 Mio. verpflichtet. Vor Bundesgericht verlangt sie eine Haftungsreduktion auf CHF 150 000. Sie habe nur leichtfahrlässig gehandelt und hafte nur differenziert solidarisch.
>
> Das Bundesgericht stellt fest, die Revisionsstelle habe jahrelang die Verletzung der Grundsätze ordnungsmässiger Buchführung nicht erkannt, Massnahmen nach Art. 725 Abs. 3a OR nicht gefordert und auch die Rangrücktrittsvereinbarung nicht überprüft (es war nur eine Garantie). Dabei waren grosse Geldsummen im Spiel. Das seien schwerwiegende Pflichtverletzungen, weil der Grad der Pflichtverletzung nach einem eigenen (vom Verwaltungsrat unabhängigen), strengen Massstab beurteilt werde. Das sei gerechtfertigt, weil das Gesetz hohe Anforderungen an ihre Qualifikation stelle. Das Bundesgericht bestätigt eine volle Solidarhaftung (BGE vom 14. Dezember 1999 in RJJ-2000-135 ff., S. 146).

> **Beispiel 27 – Volle Solidarität bei Grobfahrlässigkeit**
> Die Revisionsstelle hat das Warenlager während dreier Jahre nie geprüft, sondern immer den Angaben des Verwaltungsrats vertraut. Das Verhältnis von Bilanzsumme zum Lagerwert hätte eine mindestens stichprobenweise Überprüfung verlangt. Die Revisionsstelle hätte die Verletzung von Art. 666 OR entdecken und eine Einschränkung im Bericht anbringen müssen. Dieses Verhalten wurde ebenfalls als schwere Pflichtverletzung qualifiziert (BGer 4C.198/2000 E 5.a).

Diese Ausführungen können kritisch hinterfragt werden. Denn der Verwaltungsrat bekleidet vom Gesetz her gesehen die wesentlich gewichtigere Position als die Revisionsstelle. Im Gegensatz zu dieser muss er aber keinerlei Befähigung aufweisen. Wieso haben im Verantwortlichkeitsfall seine schweren Fehler nicht zumindest dasselbe Gewicht wie diejenigen der Revisionsstelle?

20. Verantwortlichkeit der Revisionsstelle – Konsequenzen von Pflichtverletzungen

Wie bereits erwähnt (Kapitel 20.4.4.3) ist der Verschuldensmassstab der Revisionsstelle bei der eingeschränkten Revision wesentlich geringer als bei der ordentlichen Revision. Die Verschuldensschwelle liegt höher, muss individualisiert werden und der in der Gerichtspraxis für Revisionsstellen angewendete «objektivierter» Sorgfaltsmassstab ist nicht anwendbar. Die Revisionsstelle tut aber gut daran, sich nach dieser im Vergleich zur Beurteilung des Verhaltens des Verwaltungsrats sehr strengen Gerichtspraxis auszurichten. Im Innenverhältnis (Regress) sollte der Unterschied in der Schwere der Pflichtverletzungen jedenfalls zum Tragen kommen.

In der momentan pendenten Aktienrechtsrevision wird zur Lösung dieses Problems eine Durchtrennung der Solidarhaftung neu vorgesehen:

> § *Art. 759 Abs. 1bis E-OR Differenzierte Solidarität und Rückgriff*
>
> Personen, die der Revisionshaftung unterstehen und die einen Schaden lediglich fahrlässig mitverursacht haben, haften bis zu dem Betrag, für den sie zufolge Rückgriffs aufkommen müssten.

Was sind die Vor- und Nachteile des Gesetzesvorschlags? Die neue Bestimmung erlaubt es der Revisionsstelle, dem Kläger das Innenverhältnis (zum Verwaltungsrat 1 und/oder 2) entgegenzuhalten. Sie trägt nur den Schaden, den sie im Verhältnis zum Verwaltungsrat (nach Durchführung des Regressprozesses) effektiv tragen müsste. Dadurch wird die Corporate Governance auch im Haftungsrecht verwirklicht, weil sie die tatsächlichen Macht- und Verantwortungsverhältnisse deutlich abbildet und die Tatsache konkretisiert, dass die Revisionsstelle ein subsidiäres Organ ist.

Nachteilig könnte sich der «virtuelle Regressprozess» auswirken, in welchem festgelegt werden muss, welchen Anteil die Revisionsstelle im Vergleich zum Verwaltungsrat tragen müsste. Dieser Prozess wird nur gedanklich und nicht real durchgespielt.

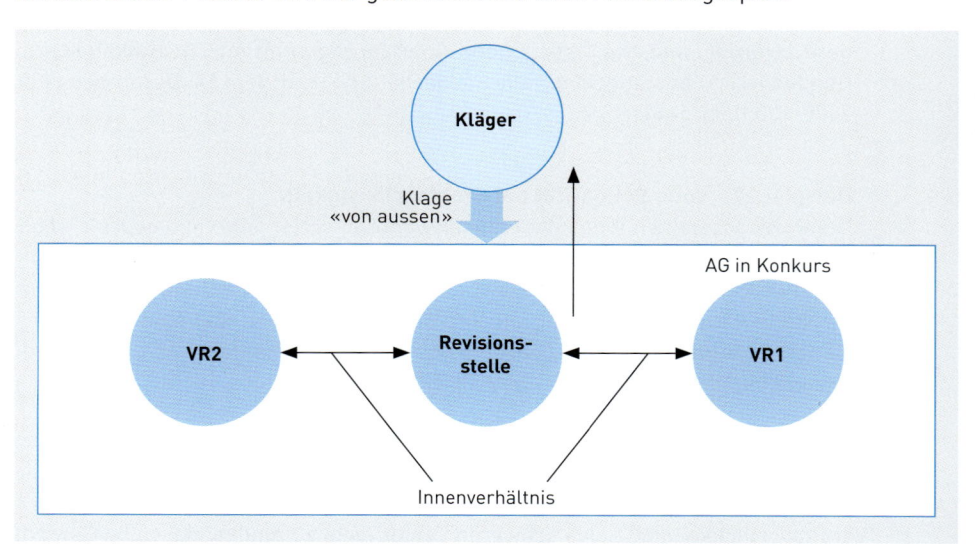

Abbildung 98: Durchtrennung der Solidarhaftung

20. Verantwortlichkeit der Revisionsstelle – Konsequenzen von Pflichtverletzungen

Diese Lösung bedeutet keine Haftungslimite, sodass der Vorwurf nicht zutrifft, die Revisionsstelle erhalte einen «Schadensrabatt», der ihr nicht zustehe. Die neue Norm reduziert lediglich Überschusszahlungen der Revisionsstelle.

20.4.4.6 Verteilung der Beweislast, insbesondere Art. 42 Abs. 2 OR

Die Beweislast liegt beim Kläger. Er muss den Schaden, die Pflichtverletzung und den Kausalzusammenhang beweisen (Art. 42 Abs. 1 OR). Die Revisionsstelle hat das Recht, den Gegenbeweis zu führen. Die Komplexität und der meist offensichtliche und erhebliche Schaden der Gesellschaft bewirken allerdings in der Praxis regelmässig, dass auch die Revisionsstelle eine erhebliche (Gegen-)Beweis-Last trifft.

Besonders beim Schadensnachweis unterlassen die Kläger oft die erforderlichen Berechnungen. Die Quantifizierung des Schadens ist nur mit guten Buchhaltungskenntnissen möglich. So versuchen sie, die Beweislast auf die Revisionsstelle zu verschieben. Sie solle nachweisen, dass kein Schaden entstanden sei oder dass dieser kleiner als eine von den Klägern behauptete Zahl sei. Meist muss der Negativsaldo des abgeschlossenen Konkursverfahrens als «Schaden» herhalten.

Oft wird versucht, die Beweislast über Art. 42 Abs. 2 OR dem Gericht aufzubürden. Schon der Gesetzeswortlaut zeigt, dass der Richter nur denjenigen Schaden schätzen darf, der »nicht ziffernmässig nachweisbar« ist. Art. 42 Abs. 2 OR ist vor allem für immaterielle Schädigungen da, die sich der Quantifizierung entziehen (BGE 102 II 11; BGE 105 II 89 E 3; BGE 118 II 312 f.). Bei einer Schadenersatzklage ist dies nicht der Fall. Schadensberechnungen sind möglich und zumutbar, sodass Gerichte solche Klagen wiederholt mangels Substantiierung abwiesen (siehe Beispiel 15 und Beispiel 16).

Das nachfolgende Beispiel zeigt, dass die Beweislast u. U. umgekehrt werden kann.

> **Beispiel 28 – Umkehr der Beweislast bei Interessenkonflikt**
> Der Geschäftsführer und Eigentümer einer GmbH muss dem Abtretungsgläubiger im Konkurs der GmbH Schadenersatz wegen Verletzung von Art. 818 Abs. 1 OR leisten. Er hat es unterlassen, eine Rückstellung für nicht ausreichend nachgewiesenen Aufwand für fakturierte Arbeitsleistungen von seiner eigenen Einzelfirma zu bilden.
>
> Es liegt ein Fall des unzulässigen Selbstkontrahierens vor. Ein Selbstkontrahieren wäre z. B. dann zulässig, wenn eine Benachteiligung von «der Natur des Geschäfts» her ausgeschlossen werden kann. Diese Voraussetzung ist hier nicht gegeben, weil ein Interessenkonflikt besteht (nachträgliche Genehmigung ist in diesem Fall auch nicht vorstellbar). Bei einem Interessenkonflikt kehrt sich die Beweislast um: Der Geschäftsführer muss beweisen, dass Gegenleistungen erfolgten. Der Beweis gelingt ihm nicht, weil er die Akten dem Gericht ungeordnet in Kartonschachteln abliefert und keine Substantiierung vornimmt (BGer 4A_127/2013).

20.4.4.7 Schadensbemessung

Grundsätzlich hat ein Schädiger regelmässig den vollen Schaden zu ersetzen. Es können jedoch Reduktionsgründe vorliegen. Bei geringem Verschulden des Ersatzpflichtigen (Art. 43 Abs. 1 OR) und bei Selbstverschulden des Geschädigten (Art. 44 Abs. 1 OR) kann der angerichtete und zu ersetzende Schaden reduziert werden.

20. Verantwortlichkeit der Revisionsstelle – Konsequenzen von Pflichtverletzungen

> **Beispiel 29 – Tiefes Honorar der Revisionsstelle**
> Der Revisionsstelle wird ein «Rabatt» von einem Drittel des eingeklagten Betrags gewährt, weil die Honorarnoten des Wirtschaftsprüfers sehr tief gewesen seien, was eine reduzierte Haftbarkeit induziere (Art. 43 Abs. 1 OR). Die Sorgfaltspflichten seien verringert, wenn ein Auftrag gratis oder fast gratis ausgeführt werde (BGE 127 III 459 f. in Pra 2001 Nr. 179).

> **Beispiel 30 – Tiefes Honorar der Revisionsstelle**
> Die Revisionsstelle verlangt eine Reduktion des Schadenersatzes, weil ihre Revisionshonorare jährlich zwischen CHF 500 und CHF 990 betrugen, d.h., die Revisionstätigkeit praktisch unentgeltlich erfolgte. Das Bundesgericht bejaht nach Art. 43 Abs. 1 OR die geringe Vergütung als Reduktionsfaktor. Die Anforderungen an die Sorgfalt seien bei einem unentgeltlich ausgeführten Auftrag weniger hoch und könnten als Beschränkung der Haftung mitberücksichtigt werden. Der Revisionsstelle wurde der berechnete Schaden ebenfalls um einen Drittel (ca. CHF 8 Mio.) reduziert (unpublizierter Obergerichtsentscheid aus dem Jahr 2010).

> **Beispiel 31 – Selbstverschulden der Gläubiger**
> Die Revisionsstelle macht Selbstverschulden der Gläubiger (Art. 44 Abs. 1 OR) geltend. Das Bundesgericht hat es aber schon mehrfach abgelehnt, Selbstverschulden der Gläubiger (Abtretungsgläubiger aus Art. 260 SchKG) anzunehmen, weil Einreden gegen Gläubiger gar nicht möglich seien. Im Verantwortlichkeitsprozess trete die geschädigte Gesellschaft als Klägerin auf; die Abtretungsgläubiger klagten daher aus dem Recht der Gläubigergemeinschaft, was persönliche Einreden ausschliesse (vgl. Beispiele 1 und 2).

20.4.4.8 Verjährung und Gerichtsstand

Die obligationenrechtliche Verjährung des Anspruchs auf Schadenersatz ist wie folgt geregelt:

> § *Art. 760 OR: Verjährung*
>
> [1] Der Anspruch auf Schadenersatz gegen die nach den vorstehenden Bestimmungen verantwortlichen Personen verjährt in fünf Jahren von dem Tage an, an dem der Geschädigte Kenntnis vom Schaden und von der Person des Ersatzpflichtigen erlangt hat, jedenfalls aber mit dem Ablaufe von zehn Jahren, vom Tage der schädigenden Handlung an gerechnet.
>
> [2] Wird die Klage aus einer strafbaren Handlung hergeleitet, für die das Strafrecht eine längere Verjährung vorschreibt, so gilt diese auch für den Zivilanspruch.

> § *Art. 40 ZPO: Gesellschaftsrecht*
>
> Für Klagen aus gesellschaftsrechtlicher Verantwortlichkeit ist das Gericht am Wohnsitz oder Sitz der beklagten Partei oder am Sitz der Gesellschaft zuständig.

20. Verantwortlichkeit der Revisionsstelle – Konsequenzen von Pflichtverletzungen

20.5 Aufsichtsrechtliche Pflichtverletzungen und ihre Konsequenzen

Aufsichtsrecht	
Aufsichtsrechtliche Pflichten	Pflichtverletzungen/Konsequenzen
Revisionsaufsichtsgesetz • Zulassungspflicht (Art. 5 und 6 Abs. 1 RAG) • Melde- und Mitteilungspflicht (Art. 15 Abs. 3 RAG und 13 Abs. 1 RAV) • Mitwirkungspflicht (Art. 14 RAV) • Pflicht zur Peer Review (Art. 9 Abs. 2 RAV) Gerichtsentscheide	Entzug Zulassung Strafe für Übertretungen (Art. 39 RAG) • Busse bis CHF 100 000 Strafe für Vergehen (Art. 40 RAG) • Freiheitsstrafe bis zu drei Jahren oder Geldstrafe Strafbarkeit des Revisionsunternehmens • Busse bis CHF 5 Mio.

20.5.1 Pflichten gemäss Revisionsaufsichtsgesetz

Das Revisionsaufsichtsgesetz regelt die Zulassungspflichten für Personen, die Revisionsdienstleistungen erbringen. Diese sind für natürliche Personen in Kapitel 2.4.2 und für Revisionsgesellschaften in Kapitel 18 beschrieben.

20.5.1.1 Meldepflichten

Nach Art. 13 Abs. 1 RAV (Verordnung über die Zulassung und Beaufsichtigung der Revisorinnen und Revisoren, 221. 302.3, Stand 1. Dezember 2012) muss jeder Umstand unverzüglich mitgeteilt werden, der für die Beurteilung der Zulassungsvoraussetzungen von Belang ist.

a) Gegebenheiten für die Beurteilung der Zulassungsvoraussetzungen

Alle Personen und Revisionsunternehmen sind daher verpflichtet, jede Gegebenheit mitzuteilen, die für die Beurteilung der Zulassungsvoraussetzungen von Belang ist. Die Mitteilungspflicht gilt zeitlich unbegrenzt bis zu dem Zeitpunkt, in dem keine Zulassung mehr besteht. Meldepflichtig sind «insbesondere – auch nicht rechtskräftige – erst- oder höherinstanzliche Urteile und Vergleiche in Straf- und Verwaltungsstrafverfahren, die Ausstellung von Verlustscheinen sowie abgeschlossene und im Zusammenhang mit gesetzlich vorgeschriebenen Revisionsdienstleistungen stehende Verfahren der zivil- oder verwaltungsrechtlichen Verantwortlichkeit und Verfahren vor spezialgesetzlichen Aufsichtsbehörden, börsenrechtlichen Sanktionsorganen oder berufsrechtlichen Standesorganen» (RAB 6.11.2013: Meldepflichten).

Die Formulierungen zeigen, dass laufende vorprozessuale Verhandlungen, z.B. in zivilrechtlichen Verantwortlichkeitsfällen, wie auch aussergerichtliche Vergleichsschlüsse nicht zu melden sind. Ist ein zivilrechtlicher Verantwortlichkeitsfall rechtshängig, müssen auch erstinstanzliche gerichtliche Vergleiche nicht gemeldet werden. Sie werden wie aussergerichtliche Vergleiche privat-autonom abgeschlossen, und es erscheint zeitlich gesehen zufällig, wann der Vergleich erzielt wird. Beide Vergleiche beseitigen bestehende Unsicherheiten unter Verzicht auf deren Klärung. Der gerichtliche Vergleich beendet zwar das Gerichtsverfahren und bewirkt den Eintritt der Rechtskraft. Das bedeutet aber nicht mehr, als dass die Angelegenheit nicht nochmals vor Gericht gebracht werden kann. Pflichtverletzungen oder Verschulden werden damit nicht konkretisiert.

20. Verantwortlichkeit der Revisionsstelle – Konsequenzen von Pflichtverletzungen

Der Verstoss gegen die Meldepflicht von Art. 13 Abs. 1 RAV stellt eine Übertretung dar und kann mit Busse von bis zu CHF 100 000 sanktioniert werden (Art. 39 Abs. 1 Bst. d RAG i. V. m. Art. 45 Bst. c RAV).).

b) Änderung von Gegebenheiten, die im Revisorenregister eingetragen sind

Nach Art. 15 Abs. 3 RAG müssen alle von der RAB zugelassenen Personen und Revisionsunternehmen der RAB jede Änderung einer Gegebenheit mitteilen, die im Revisorenregister eingetragen ist. Dabei sind die gleichen Informationen wie bei Prüfung der Zulassungsvoraussetzungen (Art. 3 Abs. 1 RAV sowie Rz. 7 des Rundschreibens 1/2007 vom 27. August 2007 über die Angaben im Gesuch um Zulassung und die einzureichenden Unterlagen [Rundschreiben 1/2007 der RAB], Fassung vom 1. Dezember 2012) verlangt. Es geht insbesondere um Adresse, Telefon, E-Mail, Firmenänderungen bzw. Name des Revisionsunternehmens (RAB 6.11.2013: Meldepflichten).

Der Verstoss gegen die Meldepflicht gemäss Art. 15 Abs. 3 RAG stellt eine Übertretung dar und kann mit einer Busse von bis zu CHF 100 000 geahndet werden (Art. 39 Abs. 1 Bst. c RAG).

Die Meldepflicht muss innerhalb von 10 Arbeitstagen erfüllt werden. Die Angaben können online im RAB-Benutzerkonto erfasst oder per Post/E-Mail unter Angabe der Registernummer an die RAB übermittelt werden (RAB 6.11.2013: Meldepflichten, Datum der Veröffentlichung: 15. April 2009 [angepasst per 6. November 2013], letztmals besucht am 03. Oktober 2014).

c) Meldung von strafrechtlichen Verurteilungen

Bei der Revision der RAV per 1. Dezember 2012 wurde auch Art. 4 Abs. 2 lit. a geändert. Nach der alten Fassung musste ein Gesuchsteller *«strafrechtliche Verurteilungen, deren Eintrag im Zentralstrafregister nicht entfernt ist»* melden. Der zweite Teil des Satzes wurde gestrichen, so dass neu *«strafrechtliche Verurteilungen»* gemeldet werden müssen. Diese erhebliche und im Ausmass wohl unbedachte Ausweitung bedeutet, dass alle strafrechtlichen Verurteilungen innert 10 Tagen zu melden sind (Art. 13 Abs. 1 RAV). Weil Bussen unter CHF 5000 *im Zentralstrafregister nicht erfasst werden,* waren diese bisher nicht meldepflichtig. Durch die Ausweitung sind nun auch Bagatellbussen, z. B. aus dem Strassenverkehr (Parkbussen oder Geschwindigkeitsübertretungen), Zollbussen, MWST-Bussen etc. meldepflichtig. Eine Rückfrage bei der RAB bestätigt diese Rechtsauffassung. Ein gesetzlicher Grund für diese extensive Meldepflicht ist nicht ersichtlich. Diese Neuerung erscheint nicht durchsetzbar, die RAB erhielte täglich Dutzende von Meldungen, die für die Zulassung bedeutungslos sind. Diese Änderung ist daher in gesetzlich sinnvoller Weise auszulegen, indem die Meldepflicht gegenüber der alten Fassung nur insoweit auf nicht im Zentralstrafregister eingetragene Verurteilungen ausgedehnt wird, als diese in direktem Zusammenhang mit der Ausübung der Revisionstätigkeit stehen.

20.5.1.2 Mitwirkungspflichten

Nach Art. 14 RAV gilt für alle Personen und Unternehmen eine Mitwirkungspflicht, die nach Handelsregistereintragung, Geschäftstätigkeit oder Geschäftswerbung dem RAG unterstehen könnten. Die Aufsichtsbehörde kann alle Unterlagen und Aufschlüsse verlangen, die sie benötigt, um zu beurteilen, ob eine zulassungspflichtige Tätigkeit vorliegt.

> **Beispiel 32 – Nichteinreichung von Unterlagen**
> Die RAB forderte eine provisorisch zugelassene Revisionsexpertin dreimal unter Androhung des Entzugs der Zulassung dazu auf, ihr Gesuch mit diversen zusätzlichen Unterlagen zu ergänzen. Sie entzog ihr schliesslich die Zulassung mit der Begründung, sie habe ihre Mitwirkungspflicht verletzt, indem sie die Unterlagen nicht eingereicht habe. Das Bundesverwaltungsgericht bestätigte diese Verfügung der RAB (BVGer B-703/2010).

20.5.1.3 Peer Review

Nach Art. 9 Abs. 2 RAV können sich Revisionsunternehmen, die keine ordentlichen, aber eingeschränkte Revisionen durchführen und in denen nur eine Person über die nötige Zulassung verfügt, anstatt ein internes Qualitätssicherungssystem zu betreiben und dessen Angemessenheit und Wirksamkeit zu überwachen, bis zum 1. September 2016 (Art. 49 Abs. 2 RAV) einem System der regelmässigen Beurteilung ihrer Prüftätigkeit durch gleichrangige Berufsleute unterziehen (Peer Review). Die Einführung hat sich mehrmals verzögert, weil verschiedene Probleme, z. B. bezüglich Geheimhaltung (Art. 730b OR), Honorierung oder des Vorgehens bei Aufdeckung von Mängeln, aufgetaucht sind. Der Branchenverband Treuhand Suisse und veb.ch bieten seit Anfang 2014 ein solches System in Form der Swiss Quality & Peer Review AG an (www.sqpr.ch).

20.5.2 Konsequenzen aus dem Revisionsaufsichtsgesetz

20.5.2.1 Gerichtsentscheide zum Entzug der Zulassung

Konsequenzen nach Revisionsaufsichtsgesetz
Entzug Zulassung wegen Verletzung Mitwirkungspflicht. RAB fordert von provisorisch zugelassener Revisionsexpertin dreimal erfolglos zusätzliche Unterlagen unter Androhung Entzug Zulassung (BVGer B-703/2010).
Unbefristeter Entzug Zulassung als Revisionsexperte wegen Verletzung Unabhängigkeit bzw. Beeinträchtigung Leumund. Leitender Revisor beteiligte sich jahrelang an Revisionen, bei welchen Revisionsunternehmen gegenseitig Gesellschaften prüften, deren Verwaltung jeweils mit der eigenen Revisionsstelle identisch war. Forderung Revisionsexperte nach milderen Massnahmen wie Verweis oder befristetem Entzug abgelehnt, weil Pflichtverletzung fast zehn Jahre dauerte und Situation erst 15 bzw. 19 Monate nach Hinweis der RAB bereinigt (BGer 2C_927/2011)
Unbefristeter Entzug Zulassung als Revisionsexperte wegen Pflichtverletzungen in mehreren Zivilverfahren (schwere im Kernbereich seiner Aufgaben), in drei inzwischen eingestellten Strafverfahren, wegen bewusster Inkaufnahme Verletzung Anlagevorschriften bei Vorsorgestiftung, Verwicklung in mehrere Schadenfälle bei Vorsorgeeinrichtungen, mehrfacher Verletzungen der Meldepflichten gegenüber Stiftungsaufsichtsbehörde, jahrelanger Verstösse gegen Unabhängigkeitsvorschriften im Zusammenhang mit je reziproker Revisionsstellentätigkeit der dem Revisionsexperten gehörenden Y AG und einer weiteren Gesellschaft. Fehlen unbescholtener Leumund (BGer 2C.591/2010)

20. Verantwortlichkeit der Revisionsstelle – Konsequenzen von Pflichtverletzungen

> Aufhebung provisorische Zulassung wegen Verletzung Unabhängigkeit bzw. Beeinträchtigung Leumund, wegen jahrelanger Durchführung Revision der C AG (Ehefrau Verwaltungsrätin) als leitender Revisor der B GmbH und jahrelanger Auftragsverhältnisse als leitender Revisor für die C AG. BVGer verlangt allerdings, dass RAB für Leumund alle positiven Umstände berücksichtigt (Wiedergutmachung Schaden, Wiederherstellung gesetzmässiger Zustand, Einmaligkeit Verstoss), ebenso, dass Revisor Tätigkeit seit 1. Januar 2008 beanstandungslos ausübt (BVGer B-7967/2009).
>
> Verweigerung Zulassung als Revisionsexperte wegen Beeinträchtigung Leumund und Prüfung ohne Zulassung von 17 Jahresrechnungen (wovon eine ordentlich) gemäss Art. 40 Abs. 1 lit. a RAG (BVGer B-7968/2009 E. 4.3., E. 4.4.2 und E. 4.5.)
>
> Verweigerung Zulassung wegen Erbringen von Revisionsdienstleistungen ohne Zulassung. Der Revisor meinte gestützt auf die Übergangsbestimmung von Art. 43 Abs. 3 RAG Revisionsdienstleistungen erbringen zu dürfen. Das Gesetz äussert sich in Art. 47 Abs. 3 und 4 RAV klar, wie und wann von einer provisorischen Zulassung ausgegangen werden darf. Die Missachtung dieser Bestimmungen ist ein grundlegender Verstoss gegen die Berufsvorschriften und führt zum Verlust des unbescholtenen Leumunds (BGer 2C_505/2010).
>
> Unbefristeter Entzug der Zulassung wegen Verletzung Unabhängigkeit. Direkte (10%) und indirekte (→ 50% bzw. 16%) Beteiligung am Prüfkunden. enge geschäftliche Beziehungen des leitenden Revisors zum Verwaltungsrat des Prüfkunden. Indirekte gegenseitige Revision (BvGer B-1355/2011; BGer 2C_927/2011).

20.5.2.2 Entzug der Zulassung

Nach Art. 17 RAG kann die Aufsichtsbehörde die Zulassung befristet oder unbefristet entziehen, wenn die Zulassungsvoraussetzungen der Art. 4–6 RAG nicht mehr erfüllt werden. Sofern die Zulassungsvoraussetzungen wiederhergestellt werden können, ist der Entzug vorher anzudrohen. Die Aufsichtsbehörde informiert die betroffenen Gesellschaften über den Entzug der Zulassung.

> **Beispiel 33 – Entzug Zulassung – Verletzung Unabhängigkeit**
> Ein Dritter orientierte die RAB, dass gegen X bei der Standeskommission der Treuhand-Kammer eine Anzeige wegen Verletzung der Unabhängigkeit eingereicht worden sei. X bestritt nicht, dass er sich jahrelang als leitender Revisor an Revisionen beteiligte, bei welchen Revisionsunternehmen gegenseitig Gesellschaften prüften, deren Verwaltung jeweils mit der eigenen Revisionsstelle identisch war.
>
> Die RAB verfügte einen unbefristeten Entzug der Zulassung als Revisionsexperte, weil die Verletzungen der Unabhängigkeit seinen Leumund beinträchtigten. X forderte mildere Massnahmen in Form eines Verweises oder eines befristeten Entzugs. Beides wurde ihm vom Gericht verweigert, weil er die Pflichtverletzungen während fast zehn Jahren beging und weil er die Situation erst 15 bzw. 19 Monate nach dem Hinweis der RAB bereinigte (BGer 2C_927/2011).

> **Beispiel 34 – Verweigerung Zulassung – Erbringen von Revisionsdienstleistungen ohne Zulassung**
> X stellte rechtzeitig vor Ablauf der Übergangsfrist das Gesuch um Zulassung seiner Aktiengesellschaft. Sein persönliches Zulassungsgesuch hingegen reichte er verspätet ein. X vertraute darauf, dass er gestützt auf die Übergangsbestimmung von Art. 43 Abs. 3 RAG bis zum Entscheid über die definitive Zulassung Revisionsdienstleistungen erbringen darf. Im September 2009 entdeckte die RAB diese Aktivitäten und verweigerte

20. Verantwortlichkeit der Revisionsstelle – Konsequenzen von Pflichtverletzungen

die Zulassung. Die RAB befand, dass Art. 47 Abs. 3 RAV eine Koordination der Gesuche von natürlichen Personen und ihren Revisionsunternehmen verlangt und dass Art. 47 Abs. 4 besagt, dass die provisorische Zulassung elektronisch bestätigt werden muss. Das Erbringen von Revisionsdienstleistungen ohne Zulassung bedeute zudem einen schweren Verstoss gegen das Gesetz, habe der Gesetzgeber dies doch als Vergehen qualifiziert (Art. 40 Abs. 1 lit. a RAG). Die RAB erachtete die Missachtung dieser Bestimmungen als grundlegenden Verstoss gegen die Berufsvorschriften und beschied X, er erfülle die Anforderungen für einen unbescholtenen Leumund nicht (BGer 2C_505/2010).

Beispiel 35 – Entzug der Zulassung – Pflichtverletzungen Revision, Meldepflicht und Unabhängigkeit

Die Stiftungsaufsichtsbehörde informierte die RAB darüber, dass ein zugelassener Revisionsexperte in mehrere Schadenfälle bei Vorsorgeeinrichtungen verwickelt sei. Die RAB entzog ihm daraufhin die Zulassung auf unbefristete Zeit unter gleichzeitiger Löschung im Revisorenregister. Er habe sich mehrfache Pflichtverletzungen (in einem Fall schwere im Kernbereich seiner Aufgaben als Revisor) in mehreren Zivilverfahren und drei inzwischen eingestellten Strafverfahren zuschulden kommen lassen. So habe er bei einer Vorsorgestiftung die Verletzung von Anlagevorschriften bewusst in Kauf genommen. Auch fielen mehrfache Verletzungen der Meldepflicht gegenüber der Stiftungsaufsichtsbehörde ins Gewicht. Schliesslich sei im Zusammenhang mit je reziproker Revisionsstellentätigkeit der dem Revisionsexperten gehörenden Y AG und einer weiteren Gesellschaft erstellt, dass er mehrfach und über Jahre hinweg gegen die massgebenden Unabhängigkeitsvorschriften verstossen habe. Mithin fehle es am erforderlichen unbescholtenen Leumund (BGer 2C.591/2010).

Beispiel 36 – Entzug der Zulassung – Unabhängigkeit – Umfang der Leumundsprüfung

Die RAB hob die provisorische Zulassung eines Revisors auf, weil er die Anforderungen an den Leumund nicht erfülle. Er habe über mehrere Jahre als leitender Revisor der B GmbH die Revision der C AG durchgeführt, bei welcher seine Ehefrau Verwaltungsrätin sei. Zudem sei er für die C AG mehrere Jahre im Auftragsverhältnis als leitender Revisor tätig gewesen. Dadurch habe er die Unabhängigkeitsvorschriften verletzt. Das Gericht bestätigte, dass er damit während rund zehn Jahren gegen die Unabhängigkeitsbestimmungen verstossen habe.

Allerdings müsse die RAB für die Beurteilung des Leumunds alle Umstände berücksichtigen, auch jene, die sich positiv auf den Leumund auswirkten oder negative Handlungen in einem günstigeren Licht erscheinen liessen (beispielsweise Wiedergutmachung des Schadens, Wiederherstellung des gesetzmässigen Zustands oder Einmaligkeit des begangenen Verstosses). Weil R seine Revisorentätigkeit seit dem 1. Januar 2008 offenbar beanstandungslos ausgeübt hat und ihm weder in beruflicher noch in privater Hinsicht irgendwelche leumundsrelevante Verfehlungen vorgeworfen werden konnten, musste die RAB den Entzug der Zulassung neu beurteilen. Sie musste die Frage beantworten, ob der Leumund zum betreffenden Zeitpunkt noch getrübt sei (BVGer B-7967/2009).

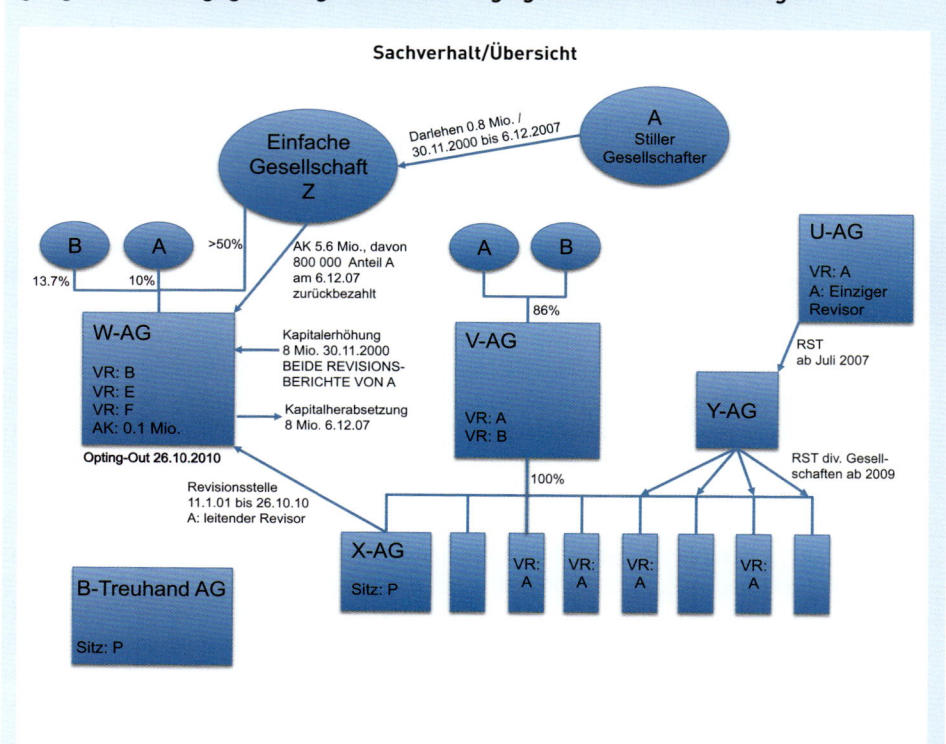

20. Verantwortlichkeit der Revisionsstelle – Konsequenzen von Pflichtverletzungen

Beispiel 37 – Entzug der Zulassung – Unabhängigkeit – direkte und indirekte Beteiligung – indirekte gegenseitige Revision – enge geschäftliche Beziehungen

Sachverhalt/Übersicht

- Einfache Gesellschaft Z
- A Stiller Gesellschafter — Darlehen 0.8 Mio. / 30.11.2000 bis 6.12.2007
- B 13.7%, A 10% → W-AG
  - VR: B, VR: E, VR: F
  - AK: 0.1 Mio.
  - Opting-Out 26.10.2010
- >50% Einfache Gesellschaft Z → W-AG
  - AK 5.6 Mio., davon 800 000 Anteil A am 6.12.07 zurückbezahlt
  - Kapitalerhöhung 8 Mio. 30.11.2000 BEIDE REVISIONSBERICHTE VON A
  - Kapitalherabsetzung 8 Mio. 6.12.07
- Revisionsstelle 11.1.01 bis 26.10.10, A: leitender Revisor
- A, B → V-AG 86%
  - VR: A, VR: B
- V-AG 100% → X-AG, Sitz: P
- B-Treuhand AG, Sitz: P
- U-AG: VR: A, A: Einziger Revisor; RST ab Juli 2007 → Y-AG
- Y-AG → VR: A, VR: A, VR: A, VR: A
- RST div. Gesellschaften ab 2009

Revisor A wird bei der Standeskommission der Treuhand-Kammer und zwei Tage später anonym bei der RAB angezeigt. A wird vorgeworfen, er halte eine direkte Beteiligung von 10% Aktien am Prüfkunden W-AG seit 2000, eine indirekte Beteiligung über eine einfache Gesellschaft an W-AG von → 50% von 2000 bis 2007 (Anteil A in der einfachen Gesellschaft ca. 16%), die U-AG prüfe mit A als leitendem Revisor die Y-AG, welche mehrere Gesellschaften prüfe, in denen A VR sei (indirekte gegenseitige Revision), A sei leitender Revisor der X-AG bei W-AG von 2001 bis 2010 gewesen, obwohl enge geschäftliche Beziehungen von A zu B (VR und Aktionär W-AG) bestünden, die sich darin äusserten, dass A und B 86% der V-AG hielten, A und B VR der V-AG seien, A einen wesentlichen Teil seiner Geschäftstätigkeit über die V-AG bzw. die vielen Tochtergesellschaften abwickle, in welchen A meistens (einziger) VR sei, B in seinem Zulassungsgesuch beaufsichtigte Fachpraxis unter A bei der V-AG seit 1999 geltend gemacht habe und die X-AG denselben Sitz wie die B-Treuhand AG habe.

Die RAB betont den Schweregrad der Gesetzesverletzungen von A, denn A habe sich «schwere, mehrfache und langjährige Verfehlungen (10 Jahre)» zuschulden kommen lassen, die «gepaart seien mit mangelnder Einsicht», weil A die bestmögliche Ausbil-

→

20. Verantwortlichkeit der Revisionsstelle – Konsequenzen von Pflichtverletzungen

> dung im Revisionsbereich habe, Mitglied der Treuhand-Kammer sei, uneinsichtig sei (Behauptung von A, er habe das Gesetz eingehalten), eine Wiederherstellung des ordnungsgemässen Zustandes erst 16 Monate nach der ersten Aufforderung dazu (Löschung der X als Revisionsstelle der W-AG) bzw. 19 Monate nachher (Ersatz der Revisionsstelle der Y-AG) erfolgt sei und die Sitzverlegung nur angekündigt, aber nicht vollzogen worden sei. Die RAB müsse A darum eine ungünstige Prognose stellen und entziehe ihm die Zulassung unbefristet. Die Justiz bestätigt diese Entscheidung (BvGer B-1355/2011; BGer 2C_927/2011).

Dieser Entscheid ist in mehrfacher Hinsicht zu kritisieren. Die RAB setzt die Vorschriften zur Unabhängigkeit bei beiden Revisionsarten gleich, obwohl das Gesetz dies nicht vorsieht. Sie stützt sich auf die Richtlinie zur Unabhängigkeit der Treuhand-Kammer von 2001, wie wenn dieser Gesetzeskraft zukäme. Sie übersieht, dass gemäss ausdrücklicher Bestimmung im Gesetz bis Ende 2007 ein Revisor direkt Aktien am Prüfkunden halten durfte (der 10%-Anteil war und ist auch unter neuem Recht zulässig) und dass indirekte Beteiligungen gänzlich erlaubt waren und sind. Sie wendet zu Unrecht die Vorschriften der ordentlichen Revision bezüglich der engen Beziehung von A zu B an und zeigt nicht auf, was sie unter einer «indirekten gegenseitigen Revision» versteht und inwiefern diese problematisch ist. Eine (direkte) gegenseitige Revision – Revision übers Kreuz (s. Abbildung 99) – liegt jedenfalls nicht vor. Für die Kritik an dieser Praxis der RAB siehe auch Kapitel 19.

Es ist festzustellen, dass die RAB seit 2008 etwa 100 Zulassungen entzogen hat, wovon 2011–2013 allein 50 (sowie 42 Verweise, Tätigkeitsberichte RAB 2011–2013). Der überwiegende Teil der Entzüge erfolgte bei eingeschränkt prüfenden Revisoren mit der Begründung, ihr Leumund sei getrübt. Dabei fällt auf, dass die sogenannt «fehlende Unabhängigkeit des Anscheins» dabei eine Hauptrolle spielt und dass die RAB damit – ohne juristische Begründung – von einer beispiellosen Verschärfung der Unabhängigkeitsvorschriften bei KMU ausgeht. Diese Praxis widerspricht nicht nur dem klaren Gesetzeswortlaut und den ebenso klaren Materialien, sie steht auch im Widerspruch zur Literatur und zur geschichtlichen Entwicklung zur Unabhängigkeit. Für die Kritik an dieser Praxis im Einzelnen siehe Kapitel 19.

Gegenseitige Revision – Revision über Kreuz

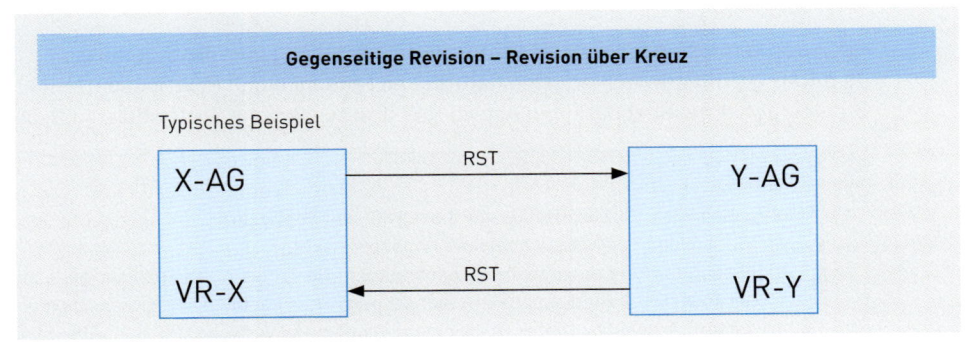

Typisches Beispiel

X-AG — RST → Y-AG
VR-X ← RST — VR-Y

Abbildung 99: Gegenseitige Revision

20. Verantwortlichkeit der Revisionsstelle – Konsequenzen von Pflichtverletzungen

20.5.2.3 Bestrafung für Übertretungen nach Art. 39 RAG

> **Art. 39 RAG: Übertretungen**
>
> ¹ Mit Busse bis zu 100 000 Franken wird bestraft, wer verstösst gegen:
> a) die Grundsätze zur Unabhängigkeit nach Artikel 11 sowie nach Artikel 728 des OR;
> b) die Meldepflichten nach Artikel 14;
> c) die Mitteilungspflicht nach Artikel 15 Absatz 3;
> d) eine Ausführungsbestimmung zu diesem Gesetz, deren Übertretung vom Bundesrat für strafbar erklärt wird;
> e) eine Verfügung oder Massnahme der Aufsichtsbehörde, die unter Hinweis auf die Strafdrohung dieses Artikels erlassen wurde.
>
> ² Wird die Tat fahrlässig begangen, so ist die Strafe Busse bis zu 50 000 Franken.
>
> ³ Die Aufsichtsbehörde verfolgt und beurteilt diese Widerhandlungen nach den Vorschriften des Bundesgesetzes vom 22. März 1974 über das Verwaltungsstrafrecht.
>
> ⁴ Die Verfolgung von Übertretungen verjährt nach sieben Jahren.

Das RAG sieht in Art. 39 für vorsätzlich und fahrlässig begangene Übertretungen eine Busse bis CHF 100 000/CHF 50 000 vor. Diese Übertretungen werden von der Revisionsaufsichtsbehörde selber verfolgt (Art. 39 Abs. 3 RAG). Für natürliche Personen und Revisionsunternehmen kommen jedoch nur Art. 39 Abs. 1 lit. c–e RAG infrage. Lit. a und b betreffen nur staatlich beaufsichtigte Revisionsunternehmen. Das gilt auch für die Verletzung der Grundsätze zur Unabhängigkeit, wobei diese neue Strafbarkeit die Bedeutungssteigerung der letzten Jahre in Bezug auf die Unabhängigkeit zeigt. In einem Entscheid des Bundesverwaltungsgerichts vom 31.05.2011 (BGer B-3988/2010) wird jedoch davon ausgegangen, dass Bussen nach Art. 39 Abs. 1 lit. a) nicht nur gegen Mitarbeiter staatlich beaufsichtigter Revisionsunternehmen möglich seien. Das Gericht statuiert ohne Begründung und entgegen dem Gesetzestext, dass solche Bussen auch bei «nicht staatlich beaufsichtigte Revisionsunternehmen» möglich seien.

Die Verletzung der Mitteilungspflicht nach Art. 15 Abs. 3 RAG trifft jedoch wie gesagt gemäss Art. 39 Abs. 1 lit. c RAG alle registrierten natürlichen Personen und Revisionsunternehmen. Allerdings sieht das RAG keine Frist für diese Meldungen vor. Bei verspäteten Meldungen kann daher ausser in qualifizierten Fällen keine Bestrafung erfolgen (BSK Revisionsrecht, Rashid Bahar, Art. 39 N 9).

Auch der Verstoss gegen eine Ausführungsbestimmung zum RAG gemäss Art. 39 Abs. 1 lit. d RAG betrifft alle registrierten natürlichen Personen und Revisionsunternehmen. Der Bundesrat hat gestützt darauf in Art. 45 RAV drei zusätzliche Straftatbestände bestimmt:

> **Art. 45 RAV**
>
> ¹ Mit Busse bis zu 100 000 Franken wird bestraft, wer vorsätzlich:
> a) im Gesuch um Zulassung falsche Angaben macht;
> b) ohne Zulassung täuschende Bezeichnungen wie «zugelassene Revisorin», «zugelassener Revisor», «zugelassene Revisionsexpertin», «zugelassener Revisionsexperte» oder «staatlich beaufsichtigtes Revisionsunternehmen» verwendet (Art. 12 Abs. 3);

c) gegen die Meldepflicht nach Artikel 13 RAV oder trotz vorgängiger Androhung gegen die Mitwirkungspflicht nach Artikel 14 RAV verstösst.

² Wird die Tat fahrlässig begangen, so ist die Strafe Busse bis zu 50 000 Franken.

Art. 45 lit. a RAV ist eine Erweiterung von Art. 40 Abs. 1 lit. b RAG, welcher sich nur an staatlich beaufsichtigte Revisionsunternehmen richtet. Lit. a betrifft alle Gesuchsteller, es bleibt aber bei einer Übertretung.

Art. 45 lit. b RAV ist eine Erweiterung von Art. 40 Abs. 1 lit. a RAG. Zusätzlich wird die Verwendung der erwähnten Bezeichnungen unter Strafe gestellt, allerdings bleibt es auch hier bei einer Übertretung. Art. 45 lit. b RAV richtet sich an alle Personen, auch Laienrevisoren ohne Zulassung, provisorisch zugelassene Revisoren, die sich als zugelassen, oder zugelassene Revisoren, die sich als Revisionsexperten bezeichnen.

Auch Art. 45 lit. c RAV ist eine Erweiterung, diesmal von Art. 39 Abs. 1 lit. c RAG. Art. 45 lit. c RAV betrifft nicht nur registrierte, sondern alle Personen. Art. 13 RAV erweitert Art. 39 Abs. 1 lit. c RAG über die Mitteilung von eingetragenen Tatsachen hinaus auf «jede Tatsache, die für die Beurteilung der Zulassung von Belang ist». Art. 14 RAV erweitert zudem die Mitwirkungspflicht von Art. 40 Abs. 1 lit. b RAG, der sich nur an staatlich beaufsichtigte Revisionsunternehmen richtet, auf alle Personen. Allerdings bleibt es im Falle von Art. 14 RAV bei einer Übertretung.

Auch der Verstoss gegen eine Verfügung oder Massnahme der Aufsichtsbehörde, die unter Hinweis auf die Strafdrohung von Art. 39 RAG erlassen wurde, richtet sich an alle registrierten natürlichen Personen und Revisionsunternehmen (Art. 39 Abs. 1 lit. e RAG). Die Bestrafung setzt voraus, dass die RAB gegenüber einer bestimmten Person eine rechtsgültige Verfügung mit einer exakt umschriebenen Handlungsanweisung erlassen und dieser unter ausdrücklicher Androhung einer Bestrafung gemäss diesem Artikel zugestellt hat. Diese Bestimmung findet sich auch in Art. 292 StGB. Verstösse gegen Art. 292 StGB werden von den kantonalen Strafverfolgungsbehörden geahndet, diejenigen gegen Art. 39 Abs. 1 lit. e RAG von der RAB selber. Dank dieser Bestimmung kann die RAB Verstösse gegen ihre Verfügungen direkt selber bestrafen (BSK Revisionsrecht, Rashid Bahar, Art. 39 N 11 ff.).

20.5.2.4 Strafbarkeit des Revisionsunternehmens

Bestraft wird nach dem Täterprinzip immer die natürliche Person, die die Tat verübt hat (Art. 6 Abs. 1 VStrR). Das gilt auch dann, wenn die verletzte Pflicht dem Revisionsunternehmen obliegt. Bestraft wird der leitende Revisor, die Person, die eine täuschende Bezeichnung verwendet (Art. 12 Abs. 3 RAV), oder die Person, die für die Meldepflichten nach Art. 15 Abs. 3 RAG zuständig ist. Dazu kommt, dass auch der Geschäftsführer oder das Organmitglied, der bzw. das es in Verletzung einer Rechtspflicht unterlässt, eine Widerhandlung des Untergebenen abzuwenden oder in ihren Wirkungen aufzuheben, nach derselben Bestimmung bestraft werden kann (Art. 6 Abs. 2 und 3 VStrR). Die Strafbarkeit wird damit auf die Geschäftsleitung ausgeweitet, wenn sie ihrer Überwachungspflicht nicht nachkommt.

Falls die Übertretung wegen mangelhafter Organisation keiner bestimmten natürlichen Person zugerechnet werden kann, darf das Revisionsunternehmen selber aber nicht bestraft werden, weil diese Möglichkeit für Übertretungen in Art. 105 Abs. 1 StGB ausgeschlossen wird. In Bagatellfällen mit einer Busse von maximal CHF 5 000 ist es ausnahmsweise trotzdem möglich, das Revisionsunternehmen zu bestrafen, aber nur dann, wenn die Ermittlung gegen eine natürliche Person Untersuchungsmassnahmen bedingte, die im Hinblick auf die Strafe unverhältnismässig erscheinen (Art. 7 Abs. 1 VStrR).

20.5.2.5 Bestrafung für Vergehen nach Art. 40 RAG

> *Art. 40 RAG: Vergehen*
>
> ¹ Mit Freiheitsstrafe bis zu drei Jahren oder Geldstrafe wird bestraft, wer:
> a) eine Revisionsdienstleistung ohne die erforderliche Zulassung oder trotz Verbot zur Ausübung seiner Tätigkeit erbringt;
> b) der Aufsichtsbehörde die verlangten Auskünfte nicht erteilt oder ihr die verlangten Unterlagen nicht herausgibt, ihr gegenüber falsche oder unvollständige Angaben macht oder ihr keinen Zutritt zu seinen Geschäftsräumlichkeiten gewährt (Art. 13);
> c) als staatlich beaufsichtigtes Revisionsunternehmen gegen die Pflichten zur Dokumentation und zur Aufbewahrung verstösst (Art. 730c OR);
> d) während oder nach Beendigung der Tätigkeit als von der Aufsichtsbehörde beauftragte Drittperson (Art. 20) ein Geheimnis offenbart, das ihr in dieser Eigenschaft anvertraut worden ist oder das sie in dieser Eigenschaft wahrgenommen hat; vorbehalten bleiben die eidgenössischen und kantonalen Bestimmungen über die Zeugnispflicht und die Auskunftspflicht gegenüber einer Behörde.
>
> ² Wird die Tat fahrlässig begangen, so ist die Strafe Busse bis zu 100 000 Franken.
>
> ³ Strafverfolgung und Beurteilung sind Sache der Kantone.

Art. 40 RAG sieht für vorsätzlich und fahrlässig begangene Vergehen eine Freiheitsstrafe bis zu drei Jahren oder eine Geldstrafe vor (vgl. auch Art. 10 Abs. 3 StGB). Diese Vergehen werden nicht von der Revisionsaufsichtsbehörde selber, sondern von den kantonalen Strafgerichten verfolgt (Art. 40 Abs. 3 RAG).

> **Beispiel 38 – Revision ohne Zulassung – Geldstrafe**
> Das Kantonsgericht Graubünden (SK1-11-8) verurteilte am 27. April 2011 einen Revisoren für die Revision ohne Zulassung gemäss Art. 40 Abs. 1 lit.a RAG. Der Revisor bracht vor, dass er meinte, Stiftungen mit Bilanzsummen von unter CHF 200 000 könnten ohne Zulassung geprüft werden. Das Gericht ging von Eventualvorsatz aus, gestand dem Revisoren ein leichtes Verschulden zu und verneinte infolge der Revisionshonorare von CHF 300 und CHF 600 eine Bereicherungsabsicht. Die Geldstrafe betrug 10 Tagessätze à je CHF 250, Busse CHF 600 und ersatzweise Freiheitsstrafe von 2 Tagen

Für natürliche Personen und Revisionsunternehmen als zugelassene Revisoren kommt jedoch nur Art. 40 Abs. 1 lit. a RAG infrage. Lit. b und c betreffen nur staatlich beaufsichtigte Revisionsunternehmen und lit. d Drittpersonen.

Art. 40 Abs. 1 lit. a RAG bezieht sich auf die in Art. 2 lit. a RAG definierten Revisionsdienstleistungen und umfasst alle Prüfungen und Bestätigungen, die einer Zulassung bedürfen. Strafbar macht sich z. B. auch ein zugelassener Revisor, der eine Revisionsdienstleistung

20. Verantwortlichkeit der Revisionsstelle – Konsequenzen von Pflichtverletzungen

erbringt, für welche ein Revisionsexperte vorgesehen ist. Für die Strafbarkeit genügt schon die Annahme eines Mandates (BSK Revisionsrecht, Rashid Bahar, Art. 40 N 7).

Zivilrechtlich führt das Erbringen von Revisionsdienstleistungen ohne die erforderliche Zulassung zur Nichtigkeit des entsprechenden Revisionsberichtes und auch des Abnahmebeschlusses für die Jahresrechnung an der entsprechenden Generalversammlung (Sanwald, Pellegrini in: ST 10/2010, S. 646 f.). Es ist nämlich im Sinne von Art. 731 Abs. 3 OR von einem Fehlen des erforderlichen Revisionsberichts auszugehen. Wurde eine Gewinnverwendung beschlossen, ist dieser Beschluss ebenfalls nichtig.

> **Beispiel 39 – Revisionen ohne Zulassung – Verweigerung der Zulassung**
> Ein Revisor hatte ohne Zulassung 17 Jahresrechnungen (wovon 1 ordentlich) geprüft und die Revisionsberichte unterzeichnet. Das Gericht kam zum Schluss, dass Art. 40 Abs. 1 lit. a RAG damit erfüllt war (BVGer B-7968 /2009 E. 4.3.). Dies führe zudem zu einer negativen Beurteilung des Leumundes. Die RAB habe ihm daher zu Recht die Zulassung als Revisionsexperte verweigert (ebd. E. 4.4.2 und E. 4.5.).

Art. 40 Abs. 1 lit. b RAG sieht z. B. eine Bestrafung vor, wenn man der RAB falsche oder unvollständige Angaben macht. Er verweist aber ausdrücklich auf Art. 13 RAG, welcher sich nur an staatlich beaufsichtigte Revisionsunternehmen richtet. Es ist daher davon auszugehen, dass registrierte natürlichen Personen und Revisionsunternehmen, die z. B. der RAB falsche oder unvollständige Angaben aus Art. 15 Abs. 3 RAG (Mitteilung der Änderung von eingetragenen Tatsachen) oder aus den Meldepflichten von Art. 13 RAV machen, nicht nach Art. 40 Abs. 1 lit. b RAG bestraft werden können (A.M. BSK Revisionsrecht, Rashid Bahar, Art. 39 N 10, aber auch Art. 40 N 12).

20.5.2.6 Strafbarkeit des Revisionsunternehmens

Bestraft wird auch hier nach dem Täterprinzip immer die natürliche Person, die die Tat verübt hat (Art. 6 Abs. 1 VStrR). Das gilt auch dann, wenn die verletzte Pflicht dem Revisionsunternehmen obliegt. Siehe dazu die Ausführungen oben zu Art. 39 RAG.

Falls das Vergehen wegen mangelhafter Organisation keiner bestimmten natürlichen Person zugerechnet werden kann, kann das Revisionsunternehmen mit Busse bis CHF 5 Mio. bestraft werden (Art. 102 Abs. 1 StGB). Revisionsunternehmen werden allerdings nur zugelassen, wenn gemäss Art. 6 Abs. 1 lit. d RAG die Führungsstruktur gewährleistet, dass die einzelnen Mandate genügend überwacht werden. Fälle mangelhafter Organisation sollten daher selten sein (BSK Revisionsrecht, Rashid Bahar, Art. 40 N 27).

20.5.2.7 Auslöser für eine Strafverfolgung

Fast alle erwähnten Delikte sind Offizialdelikte. Sie setzen keinen Strafantrag der betroffenen Person voraus und werden verfolgt, sobald sie den Strafverfolgungsbehörden (RAB oder Staatsanwaltschaft) zur Kenntnis gelangen. Jedermann kann eine Strafanzeige, z. B. bei der RAB, einreichen, um eine Strafverfolgung auszulösen. Die RAB hingegen hat eine Anzeigepflicht. Gemäss Art. 24 Abs. 3 RAG benachrichtigt die RAB die zuständigen Strafverfolgungsbehörden, wenn sie in Ausübung ihrer dienstlichen Pflichten Kenntnis von strafbaren Handlungen erhält.

20. Verantwortlichkeit der Revisionsstelle – Konsequenzen von Pflichtverletzungen

20.5.2.8 Beschwerde

Gegen Verfügungen der RAB kann Beschwerde ans Bundesverwaltungsgericht und anschliessend teilweise ans Bundesgericht geführt werden (BSK Revisionsrecht, Urs Bertschinger, Art. 3 N 36).

20.6 Pflichtverletzungen gemäss Strafgesetzbuch und ihre Konsequenzen

Strafgesetzbuch	
Strafrechtliche Pflichten	Pflichtverletzungen/Konsequenzen
Unwahre Angaben über kaufmännische Gewerbe (Art. 152 StGB)	Freiheitsstrafe bis zu drei Jahren oder Geldstrafe
Misswirtschaft (Art. 165 StGB)	Freiheitsstrafe bis zu fünf Jahren oder Geldstrafe
Urkundenfälschung (Art. 251 StGB)	Freiheitsstrafe bis zu fünf Jahren oder Geldstrafe
Verletzung des Berufsgeheimnisses (Art. 321 StGB)	Freiheitsstrafe bis zu drei Jahren oder Geldstrafe
u.a.m.	u.a.m.

20.6.1 Allgemeines

20.6.1.1 Einleitung

Schon 1996 wurde festgestellt, dass sich Strafverfahren gegen Revisoren zu mehren scheinen (Schmid 1996, S. 28 N 3.). Diese Tendenz hat sich seither weiter akzentuiert. Die Revisoren werden im Strafgesetzbuch zwar nur in den ersten drei in der nachfolgenden Tabelle erläuterten Artikeln ausdrücklich erwähnt. Ausser diesen Artikeln haben für die Revisoren Art. 165 StGB, Misswirtschaft (meistens wegen verspäteter Anzeige beim Richter), und Art. 251 StGB, Urkundenfälschung (meistens wegen falscher Revisionsberichte), eine neue Bedeutung gewonnen.

Im Rahmen der Berufsausübung des Revisors könnten auch andere Straftatbestände relevant werden (z.B. Art. 146 StGB – Betrug –, Art. 153 StGB – Unwahre Angaben gegenüber Handelsregisterbehörden –, Art. 158 StGB – Ungetreue Geschäftsbesorgung –, Art. 162 StGB – Verletzung des Fabrikations- oder Geschäftsgeheimnisses –, Art. 251 StGB – Urkundenfälschung –, Art. 253 StGB – Erschleichung einer falschen Beurkundung). Diese werden hier nicht eingehend besprochen. Hinzuweisen ist auf die besondere Tragweite von Art. 251 StGB für Revisoren, weil ihre Tätigkeit regelmässig mit der Ausstellung eines Revisionsberichts – einer Urkunde – zu tun hat. Gibt der Prüfer einen Bericht ab, von dem er weiss, dass dieser unwahre Feststellungen enthält, kann eine Urkundenfälschung vorliegen (dazu Kapitel 20.6.3).

Da alle Delikte Vorsatz oder Eventualvorsatz für die Bestrafung voraussetzen und da praktisch nie ein Revisor seine Pflichtverletzung vorsätzlich begeht, könnte man erwarten, dass nur sehr wenige Verurteilungen erfolgen. Das Gegenteil ist jedoch der Fall. Denn die Gerichte haben die Tendenz, die Absicht aus «Indizien» abzuleiten, die sie in Wertungen des objektiven Tatbestands zu entdecken vermeinen.

20. Verantwortlichkeit der Revisionsstelle – Konsequenzen von Pflichtverletzungen

Der Eventualvorsatz wird dem Vorsatz gleichgestellt. Eventualvorsatz liegt vor, wenn der Täter den Eintritt des verpönten Umstands nicht mit Gewissheit voraussieht, diesen jedoch für möglich hält und die Erfüllung des Tatbestands für den Fall, dass dieser Umstand eintreten sollte, auch will oder zumindest in Kauf nimmt.

Wird der Revisor strafrechtlich verurteilt, so ist das für ihn besonders nachteilig. Er ist «erhöht strafempfindlich», wie das Bundesgericht zu Recht festhält (BGer 6B_772/2008). Ein Strafurteil öffnet zudem der Revisionshaftung die Tür, hat Folgen für die Zulassung nach dem RAG und kann zu guter Letzt den Versicherungsschutz wie auch die Mitgliedschaft in einem Verband beinträchtigen.

Artikel im StGB	Beispiele einer strafbaren Handlung
Art. 152 StGB Unwahre Angaben über kaufmännische Gewerbe	Die Revisionsstelle macht unwahre oder unvollständige Angaben von erheblicher Bedeutung im Jahresrevisionsbericht oder in anderen Revisionsberichten, in anderen schriftlichen oder mündlichen Stellungnahmen, z. B. an der Generalversammlung, in Zeitschriften u. a. (Tatbestände analog zur Urkundenfälschung, siehe unten).
Art. 161 StGB Ausnützen der Kenntnis vertraulicher Tatsachen	Die Revisionsstelle kauft Aktien des Prüfkunden in Hinblick auf eine positive Meldung der Gesellschaft.
Art. 165 StGB Misswirtschaft	Die Revisionsstelle unterlässt oder verzögert die Überschuldungsanzeige beim Richter (Art. 729c OR), oder sie unterlässt eine Einschränkung im Revisionsbericht.
Art. 251 StGB Urkundenfälschung	Der Revisionsbericht bestätigt die Prüfung der Buchhaltung, obwohl das Hauptaktivum nicht geprüft wurde oder die Prüfungsbestätigung zum Gründungsbericht zurückdatiert wurde, oder die Revisionsstelle bestätigt ihre Unabhängigkeit im Revisionsbericht, obwohl diese verletzt wurde.
Art. 321 StGB Verletzung des Berufsgeheimnisses	Die Revisionsstelle gibt Informationen zur Vermögenslage einem Lieferanten des Kunden weiter, oder sie teilt die Gründe für die Mandatsniederlegung einem Gläubiger mit.

Nachfolgend werden die beiden Straftatbestände von Art. 152 StGB, Unwahre Angaben über kaufmännische Gewerbe, und Art. 161, Insiderdelikte, nicht im Detail besprochen. Bei Art. 152 StGB erfolgte seit längerem keine Bestrafung einer Revisionsstelle mehr und Art. 161 StGB betrifft den zugelassenen Revisor nicht.

§ *Art. 152 StGB: Unwahre Angaben über kaufmännische Gewerbe*

> Wer als Gründer, als Inhaber, als unbeschränkt haftender Gesellschafter, als Bevollmächtigter oder als Mitglied der Geschäftsführung, des Verwaltungsrats, der Revisionsstelle oder als Liquidator einer Handelsgesellschaft, Genossenschaft oder eines andern Unternehmens, das ein nach kaufmännischer Art geführtes Gewerbe betreibt, in öffentlichen Bekanntmachungen oder in Berichten oder Vorlagen an die Gesamtheit der Gesellschafter oder Genossenschafter oder an die an einem andern Unternehmen Beteiligten unwahre oder unvollständige Angaben von erheblicher Bedeutung macht oder machen lässt, die einen andern zu schädigenden Vermögensverfügungen veranlassen können, wird mit Freiheitsstrafe bis zu drei Jahren oder Geldstrafe bestraft.

20. Verantwortlichkeit der Revisionsstelle – Konsequenzen von Pflichtverletzungen

> **Art. 161 Abs. 1 und 2 StGB: Ausnützen der Kenntnis vertraulicher Tatsachen (Insiderdelikt)**
>
> ¹ Wer als Mitglied des Verwaltungsrats, der Geschäftsleitung, der Revisionsstelle oder als Beauftragter einer Aktiengesellschaft oder einer sie beherrschenden oder von ihr abhängigen Gesellschaft, als Mitglied einer Behörde oder als Beamter oder als Hilfsperson einer der vorgenannten Personen sich oder einem andern einen Vermögensvorteil verschafft, indem er die Kenntnis einer vertraulichen Tatsache, deren Bekanntwerden den Kurs von in der Schweiz börslich oder vorbörslich gehandelten Aktien, andern Wertschriften oder entsprechenden Bucheffekten der Gesellschaft oder von Optionen auf solche in voraussehbarer Weise erheblich beeinflussen wird, ausnützt oder diese Tatsache einem Dritten zur Kenntnis bringt, wird mit Freiheitsstrafe bis zu drei Jahren oder Geldstrafe bestraft.
>
> ² Wer eine solche Tatsache von einer der in Ziffer 1 genannten Personen unmittelbar oder mittelbar mitgeteilt erhält und sich oder einem andern durch Ausnützen dieser Mitteilung einen Vermögensvorteil verschafft, wird mit Freiheitsstrafe bis zu einem Jahr oder Geldstrafe bestraft.

20.6.1.2 Gerichtsentscheide

Bestrafung Revisionsstelle nach StGB

Unterlassung Überschuldungsanzeige. Misswirtschaft. Revisor kannte offensichtliche Überschuldung seit Abgabe Revisionsbericht. Konkurs eineinhalb Jahre später. Von den Sanierungsbemühungen in dieser Zeit war im Voraus klar, dass nicht ausreichend (BGE 127 IV 110 E 5 b/aa, S. 114 f.)

Unterlassung Überschuldungsanzeige infolge Teilaktivierung (40 %) Schadenersatzforderung (Forderungsprozess im Gange). Gericht bestreitet Aktivierungsfähigkeit. Revisor bejaht gemäss Berufsgrundsätzen Aktivierbarkeit bestrittener Forderungen. Revisionsbericht verweist auf Unsicherheit bezüglich Schadenersatzforderung und Art. 725 Abs. 2 OR. Konkurs nach Prozessverlust und Abschreibung Restforderung. Verurteilung wegen Misswirtschaft erstinstanzlich zu 90 Tagen Gefängnis (Urteil 2009, nicht rechtskräftig)

34 Tage verspätete Bilanzdeponierung. Verwaltungsrat unternahm Sanierungsversuche. Bilanzdeponierung 94 Tage nach Kenntnisnahme Überschuldung überschreite maximale Frist für Sanierungsbemühungen von 60 Tagen und verletze Sorgfaltspflicht (Art. 717 OR). Verwaltungsrat wegen Misswirtschaft verurteilt (BGer 6B_492/2009 E 2.2.)

Falschbeurkundung durch Bestätigung im Revisionsbericht, die Buchführung geprüft zu haben. Unkorrekte Bestands- und Bewertungsprüfungen Debitoren durch falsches Vorgehen bei Einverlangung Saldobestätigungen (Versand durch Verwaltungsrat). Risikomandat: Debitoren Hauptaktivum, ein Debitor Klumpenrisiko und «Ein-Mann-Betrieb» (IKS). Revisor behauptet korrekte Prüfung, da Debitoren regelmässig über erfolgte Zahlungseingänge geprüft (Ersatz für fehlende Saldobestätigungen) und lange problemlose Dauer (9 Revisionsberichte von 1992–1999). Absicht wird aus «Indizien» eruiert (BGer 6B_684/2010)

Falschbeurkundung durch Revisionsbericht im Normalwortlaut (ohne Einschränkung). Revisor hätte aus Jahresbilanz ersehen müssen (fehlende Reduktion des Warenbestands), dass Aufwandbuchung für realisierten Umsatz unterblieben und Erlös zu hoch ausgewiesen (BGer 6B_772/2008)

Falschbeurkundung durch Revisionsbericht im Normalwortlaut (ohne Einschränkung). Bilanz war wegen fehlender Rückstellung falsch, und Revisor gab der Generalversammlung Abnahmeempfehlung ohne Einschränkung ab. Absicht wird aus «Indizien» eruiert (Jugement de première instance dans l affaire de la Banque Cantonale de Genève, Chapuis, in: ST 2012/4, S. 239)

Falschbeurkundung durch Rückdatierung Vertrag. Revisor war Berater der in finanziellen Problemen steckenden Einzelgesellschaft E. Erstellung zurückdatierter Aktienverkaufs- und -sicherungsvertrag (Übertragung werthaltige Tochtergesellschaft der E kurz vor Konkurseröffnung) zwecks Besicherung gefährdetes Darlehen des nahestehenden Gläubigers G. Revisor auch wegen Gläubigerbevorzugung (Art. 167 StGB) verurteilt (BGE 129 IV 130)

20. Verantwortlichkeit der Revisionsstelle – Konsequenzen von Pflichtverletzungen

> Falschbeurkundung durch Rückdatierung Prüfungsbestätigung für beabsichtigte Sacheinlagegründung auf Wunsch Gründer auf 30. Oktober 1996 trotz Erstellung Ende November 1996 (BGer 6B_772/2008)
>
> Urkundenfälschung von nicht zugelassenem Revisor durch Erstellung Collage mit eingescannter Unterschrift von D (D verfügt über Zulassung) als Prüfbericht der B AG für Gründung (BGE 137 IV 167)
>
> Urkundenfälschung durch Erstellen eines Revisionsberichtes im Normalwortlaut. Revisor war über fiktive Buchungen zwecks Steueroptimierung orientiert und wusste, dass die Erfolgsrechnung des betreffenden Geschäftsjahres unwahr ist. Das Bundesgericht sieht die Urkundenfälschung als erwiesen an (BGer 6B_711/2012).

20.6.2 Art. 165 Abs. 1 StGB: Misswirtschaft

§ *Art. 165 Abs. 1 StGB: Misswirtschaft*

¹ Der Schuldner, der in anderer Weise als nach Artikel 164, durch Misswirtschaft, namentlich durch ungenügende Kapitalausstattung, unverhältnismässigen Aufwand, gewagte Spekulationen, leichtsinniges Gewähren oder Benützen von Kredit, Verschleudern von Vermögenswerten oder arge Nachlässigkeit in der Berufsausübung oder Vermögensverwaltung, seine Überschuldung herbeiführt oder verschlimmert, seine Zahlungsunfähigkeit herbeiführt oder im Bewusstsein seiner Zahlungsunfähigkeit seine Vermögenslage verschlimmert, wird, wenn über ihn der Konkurs eröffnet oder gegen ihn ein Verlustschein ausgestellt worden ist, mit Freiheitsstrafe bis zu fünf Jahren oder Geldstrafe bestraft.

§ *Art. 29 StGB: 7. Vertretungsverhältnisse*

Eine besondere Pflicht, deren Verletzung die Strafbarkeit begründet oder erhöht und die nur der juristischen Person, der Gesellschaft oder der Einzelfirma obliegt, wird einer natürlichen Person zugerechnet, wenn diese handelt:
   a) als Organ oder als Mitglied eines Organs einer juristischen Person;
   b) als Gesellschafter;
   c) als Mitarbeiter mit selbstständigen Entscheidungsbefugnissen in seinem Tätigkeitsbereich einer juristischen Person, einer Gesellschaft oder einer Einzelfirma; oder
   d) ohne Organ, Mitglied eines Organs, Gesellschafter oder Mitarbeiter zu sein, als tatsächlicher Leiter.

Neuerdings werden Revisoren wegen Misswirtschaft strafrechtlich verfolgt, wenn ihre Revisionskunden in Konkurs fallen. Das ist z. B. dann der Fall, wenn sie die Überschuldungsanzeige zu spät eingereicht haben oder wenn der Revisionsbericht einen Fehler enthielt. Die Gerichte stützen sich für die Erfüllung des Tatbestands einzig auf die fünf Wörter «arge Nachlässigkeit in der Berufsausübung» in Art. 165 StGB ab. Dies ist ein Beispiel dafür, wie allzu unbestimmte Formulierungen im Strafgesetzbuch eine Eigendynamik in Richtung Ausweitung der Strafbarkeit nach sich ziehen können.

Dabei ist die entscheidende Frage die, ob der Revisor als «Schuldner» i. S. v. Art. 165 StGB gelten kann (Camponovo in ST: 10/2009, S. 744 ff.). Die Gerichte gehen davon aus, dass die Revisionsstelle ein Organ der Gesellschaft und daher ohne weiteres Organ i. S. v. Art. 29 lit. a StGB ist.

Generalversammlung, Verwaltungsrat und Revisionsstelle haben jedoch unterschiedliche Aufgaben und können nicht einfach unbesehen als «Organ» i. S. v. Art. 29 Abs. 1 lit. a StGB

20. Verantwortlichkeit der Revisionsstelle – Konsequenzen von Pflichtverletzungen

angesehen werden. Der Organbegriff im StGB fokussiert auf die Handlungsebene, der Organbegriff im OR u. a. auf eine strukturelle Ebene. Der Revisor kann gar nicht i. S. des Artikels 165 StGB «Schuldner» sein. Die Bestrafung von Revisoren wegen Misswirtschaft verstösst gegen Art. 1 StGB.

Kritisiert wird die strafrechtliche Qualifikation durch das Bundesgericht, weil eine eingehende Beurteilung fehle, welche Kriterien für eine arge Nachlässigkeit in der Berufsausübung gelten sollten, weil eine Strafbarkeit wegen Unterlassung der Überschuldungsanzeige nur in hoffnungslosen Fällen angemessen sei und weil die Auseinandersetzung mit der Frage fehle, ob Art. 165 StGB überhaupt durch Unterlassen erfüllt werden könne bzw. ob dem Revisor eine Garantenstellung gegenüber den Gläubigern zukomme (Imark in ST: 10/2002, S. 901 ff. insb. Ziff. 3).

> **Beispiel 40 – Misswirtschaft – Unterlassen der Überschuldungsanzeige**
> Der Revisor wusste von der Offensichtlichkeit der Überschuldung seit Abgabe des Revisionsberichts. Bis zum Konkurs dauerte es eineinhalb Jahre. In dieser Zeit fanden Sanierungsbemühungen statt. Es war aber im Voraus klar, dass diese nicht ausreichend sind (BGE 127 IV 110 E 5 b/aa, S. 114 f.). Das Gericht bestätigt, dass die Unterlassung der Überschuldungsanzeige in einem Kausalzusammenhang mit der finanziellen Verschlechterung stand (ebd. E. 5 b/bb), S. 115.). Damit habe der Revisor i. S. v. Art. 165 aStGB durch grobe Nachlässigkeit in der Ausübung des Berufes «die Vermögenslage verschlimmert». Er wurde wegen leichtsinnigen Konkurses nach Art. 165 aStGB (neu Misswirtschaft) mit zehn Tagen Gefängnis bestraft.

> **Beispiel 41 – Misswirtschaft – Teilaktivierung bestrittene Forderung – Unterlassen der Überschuldungsanzeige**
> Dem Revisor wird vorgeworfen, eine teilaktivierte Schadenersatzforderung (Forderungsprozess im Gange) in der Jahresrechnung der X AG sei nicht bilanzfähig gewesen. Er hätte dies wissen und die Jahresrechnung zur Rückweisung empfehlen müssen. Der Revisor ist der Ansicht, die Berufsgrundsätze bejahten ausdrücklich die Aktivierbarkeit von bestrittenen Forderungen. Im Revisionsbericht weist er auf die Unsicherheit dieser vorsichtigerweise um 60 % abgeschriebenen Schadenersatzforderung hin und teilt mit, dass für den Fall, dass diese Forderung nicht werthaltig sein sollte, eine begründete Besorgnis einer Überschuldung bestehe. In der Folge geht der Prozess verloren. Die Forderung muss abgeschrieben werden. Die X AG fällt in Konkurs. Der Revisor wird wegen Misswirtschaft («arge Nachlässigkeit in der Berufsausübung») erstinstanzlich zu 90 Tagen Gefängnis verurteilt (Urteil 2009, nicht rechtskräftig).

Eine weitere Ausweitung der Anwendbarkeit von Art. 165 StGB auf die Revisoren ist aus dem Fall von Beispiel 41 zu befürchten (vgl. auch Medienmitteilung der Staatsanwaltschaft des Kt. Zürich, wonach «untätige Revisoren wegen Misswirtschaft bestraft werden sollen», in: Daniel Hunkeler, Projekt «Wegwerfgesellschaften» der Staatsanwaltschaft des Kt. Zürich – strafrechtliche Verantwortlichkeit im Konkurs von Gesellschaften, Jusletter 14. September 2009).

Neuerdings werden auch Verwaltungsräte wegen unterlassener Überschuldungsanzeige für Misswirtschaft bestraft. Der nachfolgende Entscheid bedeutet eine Verschärfung der

20. Verantwortlichkeit der Revisionsstelle – Konsequenzen von Pflichtverletzungen

Pflichten des Verwaltungsrats und kann sich nachteilig auf die Beurteilung von verspäteten Anzeigen beim Richter durch die Revisionsstelle auswirken.

> **Beispiel 42 – Misswirtschaft – Verwaltungsrat – Bilanzdeponierung 34 Tage verzögert**
> Der Verwaltungsrat unternahm Sanierungsversuche. Die Hoffnungen zerschlugen sich. Er deponierte die Bilanz 94 Tage nach Kenntnisnahme von der Überschuldung. Das Gericht hält fest, die maximale Frist für Sanierungsbemühungen betrage 60 Tage. Mit 94 Tagen sei sie in unzulässiger Weise um 34 Tage überschritten worden. Dies sei eine Verletzung der Sorgfaltspflicht nach Art. 717 OR, insbesondere stelle die Unterlassung der Überschuldungsanzeige oder Vernachlässigung der Rechnungslegung eine arg nachlässige Berufsausübung und Misswirtschaft dar. Der Verwaltungsrat wird zu einer bedingten Busse verurteilt (BGer 6B_492/2009 E 2.2).

20.6.3 Art. 251 StGB: Urkundenfälschung (Falschbeurkundung)

> **§ Art. 251 StGB: Urkundenfälschung**
>
> [1] Wer in der Absicht, jemanden am Vermögen oder an andern Rechten zu schädigen oder sich oder einem andern einen unrechtmässigen Vorteil zu verschaffen, eine Urkunde fälscht oder verfälscht, die echte Unterschrift oder das echte Handzeichen eines andern zur Herstellung einer unechten Urkunde benützt oder eine rechtlich erhebliche Tatsache unrichtig beurkundet oder beurkunden lässt, eine Urkunde dieser Art zur Täuschung gebraucht, wird mit Freiheitsstrafe bis zu fünf Jahren oder Geldstrafe bestraft.
>
> [2] In besonders leichten Fällen kann auf Freiheitsstrafe bis zu drei Jahren oder Geldstrafe erkannt werden.

Das Delikt umfasst im Wesentlichen zwei Manipulationsformen (vgl. Kasten). Erstens versteht man darunter die Herstellung einer unechten Urkunde, d. h., man täuscht einen anderen Herausgeber der Urkunde vor (gefälschter Pass, z. B. mit falschem Namen). Solche Urkunden sind unecht (vorgetäuschter Autor) und unwahr (falscher Name). Zweitens versteht man darunter die Falschbeurkundung, d. h. die Herstellung einer unwahren (aber echten) Urkunde (fiktives Generalversammlungsprotokoll, ausgestellt vom zuständigen Verwaltungsrat).

Urkundenfälschung/Falschbeurkundung:

	Echtheit der Urkunde	Autor der Urkunde	Inhalt der Urkunde als schriftliche Lüge	Strafbarkeit
Urkundenfälschung Beispiele:	Nein	Vorgetäuscht	Ja. Zusätzlich falscher Autor	Ja
• Gefälschter CH-Pass	Nein	CH-Eidgenossenschaft	Schriftliche Lüge und falscher Autor	Ja
• Gefälschter Lohnausweis	Nein	Arbeitgeber	Schriftliche Lüge und falscher Autor	Ja
• Revisionsbericht mit gefälschter Unterschrift	Nein	Revisionsstelle	Schriftliche Lüge und falscher Autor	Ja (bei der Veranlagung des Einkommens)

20. Verantwortlichkeit der Revisionsstelle – Konsequenzen von Pflichtverletzungen

	Echtheit der Urkunde	Autor der Urkunde	Inhalt der Urkunde als schriftliche Lüge	Strafbarkeit
Falschbeurkundung Beispiele:	Ja	Echt	Ja. Weil Urkunde echt, ist Lüge evtl. erlaubt	Falls schriftliche Lüge qualifiziert Qualifiziert heisst: erhöhte Glaubwürdigkeit, besonderes Vertrauen erweckend Allg. gültige objektive Garantien gewährleisten Wahrheit geg. Dritten
• VR-Protokoll einer fiktiven GV	Ja	Verwaltungsrat	Schriftliche Lüge qualifiziert?	
• Bilanz mit fehlenden Passiven	Ja	Verwaltungsrat	Schriftliche Lüge qualifiziert?	
• Revisionsbericht bestätigt Unabhängigkeit	Ja	Revisionsstelle	Schriftliche Lüge qualifiziert?	

Beide Manipulationsformen sind im Bereich der Revision denkbar. Eine Urkundenfälschung liegt vor, wenn z. B. ein Revisionsbericht mit gefälschter Unterschrift erstellt wird, eine Falschbeurkundung, wenn z. B. im Revisionsbericht die Unabhängigkeit bestätigt wird, obwohl diese verletzt ist.

Im Bereich der kaufmännischen Buchführung hat das Bundesgericht seit längerem die gefestigte Praxis, dass alle Bestandeile davon (wie Belege, Nebenbücher, Buchhaltungsauszüge über Einzelkonti, Bilanz, Erfolgsrechnung, Anhang usw.) als qualifizierte Urkunden i. S. v. Art. 251 StGB gelten und Manipulationen daran den Tatbestand der Falschbeurkundung erfüllen. Im Bereich der Revision gilt dasselbe für alle Revisionsberichte. Damit sind alle Verlautbarungen gemeint, für welche der Revisor vom Gesetz eingesetzt wurde, in welchen er für andere Organe oder Dritte seinen Bericht erstattet (Schmid 1996, S. 61 N 62). Gewöhnliche Korrespondenzen der Revisionsstelle fallen daher z. B. nicht darunter.

Für die Vollständigkeitserklärung hat das Bundesgericht 2008 in einer Änderung der Rechtsprechung entschieden (BGE 132 IV 12 E 9), dass der vom Verwaltungsrat zuhanden der Revisionsstelle abgegebenen Vollständigkeitserklärung keine erhöhte Glaubwürdigkeit zukommt, sodass der Tatbestand der Falschbeurkundung nicht erfüllt ist.

> **Beispiel 43 – Falschbeurkundung – Bestätigung, Buchführung geprüft zu haben**
> Dem Revisor wird vorgeworfen, er habe bei der A-SA die vom Berufsstand vorgeschriebenen Bestands- und Bewertungsprüfungen für Debitoren nicht korrekt durchgeführt, weil er bei der Einverlangung von Saldobestätigungen falsch vorgegangen sei. Das gelte besonders, wenn die Debitoren Hauptaktivum seien, ein Debitor ein Klumpenrisiko bilde und es sich um einen «Ein-Mann-Betrieb» (IKS) handle. Die Einwände des Revisors, er habe die Debitoren regelmässig über die erfolgten Zahlungseingänge (Ersatz für fehlende Saldobestätigungen) geprüft und die lange Dauer (9 Revisionsberichte von 1992–1999) spreche für die korrekte Prüfung, wurden zurückgewiesen. Das Bundesgericht bezeichnete die Berichte als «Gefälligkeitsberichte».
>
> Der Revisor bestritt, vorsätzlich gehandelt zu haben. Das Gericht eruiert die Absicht aus den «Indizien» des Sachverhalts: Er habe vorsätzlich gehandelt, weil das Risiko der Tatbestandsverwirklichung gross gewesen sei (dass der Revisionsbericht täuschend eingesetzt werde), weil die Sorgfaltspflichtverletzung schwer sei (je schwerer die Pflichtverletzung, desto wahrscheinlicher der Vorsatz), weil er ein langjähriger, erfahrener

20. Verantwortlichkeit der Revisionsstelle – Konsequenzen von Pflichtverletzungen

> Revisor sei, der seine Pflichten gut kenne, weil er die Revisionsberichte mit Wissen und Willen so abgefasst habe und weil ihm das erhöhte Risiko («Ein-Mann-Betrieb», Klumpenrisiko) klar gewesen sei. Der Revisor wird bestraft, weil er im Revisionsbericht bestätigte, «die Buchführung der A-SA geprüft» zu haben (BGer 6B_684/2010).

Es ist bemerkenswert, wie schnell der «Vorsatz» aus «Indizien» konstruiert wird. Fehler passieren in der Revision. Die Revisionstätigkeit ist komplex und enthält vor allem viele Ermessensentscheide, die in der Retrospektive oft zu schnell als Pflichtverletzungen qualifiziert werden. Obwohl praktisch nie ein Revisor einen solchen Fehler absichtlich macht, wird er bei dieser Praxis vermehrt mit «nachgewiesener Absicht» und somit Bestrafung rechnen müssen.

> **Beispiel 44 – Falschbeurkundung – Fehlende Einschränkung**
> Dem Revisor wird vorgeworfen, er hätte aus der Jahresbilanz ersehen müssen (fehlende Reduktion des Warenbestands), dass die Aufwandbuchung für einen realisierten Umsatz unterblieben und der Erlös daher um mindestens ca. CHF 70 000 zu hoch ausgewiesen sei. Durch Abgabe des Revisionsberichtes im Normalwortlaut (ohne Einschränkung) hat er daher nach Meinung des Bundesgerichtes eine Falschbeurkundung begangen.
>
> Bestraft wurde er mangels Vorsatz nicht, weil er aus dem «Text in der Bilanz allein» nicht habe ersehen können, dass der Aufwand fehle. Zudem habe er in einem Memorandum festgehalten, er glaube, der Aufwand sei gebucht (BGer 6B_772/2008).

Das Gericht versucht wiederum den Vorsatz aus den «Indizien» des Sachverhalts zu eruieren. Die Bestrafung hing an einem dünnen Faden und scheiterte nur, weil der «Text in der Bilanz allein» zu wenig deutlich gewesen sei.

> **Beispiel 45 – Falschbeurkundung – fehlende Einschränkung**
> Eine Falschbeurkundung durch Abgabe des Revisionsberichtes im Normalwortlaut sei erfüllt, weil die Bilanz infolge fehlender Rückstellungen falsch gewesen sei und weil der Generalversammlung eine Abnahmeempfehlung ohne Einschränkung abgegeben worden sei. Die Gründe für dieses fehlerhafte Verhalten seien die Vermeidung der Konsequenzen von Art. 725 Abs. 2 OR und vonseiten der Bankenkommission sowie die Mandatserhaltung mit jährlichen Honoraren von CHF 1 Mio. gewesen (Vorteilsabsicht).
>
> Wieder eruiert das Gericht die Absicht aus den «Indizien». Es hält fest, dass Sitzungen mit dem Thema «Höhe der erforderlichen Rückstellung» zwischen Revisor und Geschäftsleitung stattgefunden hätten, allerdings ohne jede schriftliche Dokumentation, was verdächtig sei und dem Prinzip der Dokumentation widerspreche. Man könne aber daraus nicht schliessen, dass sie sich zwecks Fälschung der Rückstellungen abgesprochen hätten. Zudem existierten Aktennotizen des Revisors, die festhielten, die Rückstellungen seien eher tief, aber ausreichend. Zudem habe der Revisor keine spezielle Entschädigung und keinen persönlichen Vorteil erhalten. Mangels Vorsatz spricht das Gericht den Revisor frei (Chapuis in: ST 2012/4, S. 239).

20. Verantwortlichkeit der Revisionsstelle – Konsequenzen von Pflichtverletzungen

Die Aktennotiz war hier evtl. entscheidend für den Freispruch. In Zweifelsfällen zu Bewertungsfragen kann die schriftliche Niederlegung der Überlegungen offenbar sehr hilfreich sein. Eine andere Frage ist, ob man heikle Gespräche nicht protokollieren sollte. Anders als hier führt die Nichtdokumentation von Prüfungshandlungen jedoch normalerweise zum Schluss, dass die Prüfungen unterlassen wurden. Es ist darum nicht zu empfehlen, solche Protokolle zu unterlassen. Auch hier ist bemerkenswert, wie schnell ein Revisionsfehler als strafbares Delikt eingeschätzt wird.

> **Beispiel 46 – Falschbeurkundung – Rückdatierung (Gläubigerbevorzugung)**
> Der Revisor war auch Berater der E Einzelgesellschaft. Als E in finanzielle Probleme geriet, erstellte er einen um ein Jahr zurückdatierten Aktienverkaufs- und Sicherungsvertrag zwecks Besicherung eines gefährdeten Darlehens des nahestehenden Gläubigers G. Damit wurde die werthaltige Tochtergesellschaft der E noch vor Konkurseröffnung der E an G übertragen. Der Revisor wurde in der Folge wegen Falschbeurkundung und wegen Gläubigerbevorzugung (Art. 167 StGB) mit acht Monaten Gefängnis bestraft (BGE 129 IV 130).

> **Beispiel 47 – Falschbeurkundung – Rückdatierung**
> Der Revisor hat die Prüfungsbestätigung für die beabsichtigte Sacheinlagegründung der A AG auf den 30. Oktober 1996 datiert, aber (auf Wunsch eines Gründers) erst Ende November 1996 erstellt. Die Rückdatierung ist gemäss Bundesgericht eine strafbare Falschbeurkundung. Rückdatierungen sind absolut unzulässig.
>
> Das Gericht sieht dann aber von einer Strafzumessung ab (Art. 52 StGB). Die Falschbeurkundung habe weder einen materiellen Schaden bewirkt, noch habe die Revisionsstelle dadurch einen persönlichen Vorteil erlangt oder auch nur angestrebt. Im Zeitpunkt des Bundesgerichtsurteils lägen die Straftaten zwölf Jahre zurück, das sei eine lange Zeit, und in der Zwischenzeit habe sich die Revisionsstelle wohl verhalten. Zudem sei der Revisor dadurch «bestraft» gewesen, dass er als bekannter «Steuerguru» gemäss Berichterstattung in den Medien leicht habe erkannt werden können, und auch im Quervergleich zu anderen Falschbeurkundungen mit Taten ähnlicher Art erscheine die vorliegende Falschbeurkundung als gering.
>
> Der Revisor gelte als erhöht strafempfindlich, weil er bei einer Verurteilung mit disziplinarischen Massnahmen rechnen müsse (RAG). Gegen ein geringes Verschulden spreche allerdings die Tatsache, dass die Revisionsstelle aufgrund ihrer Fachkompetenz und ihres beruflichen Hintergrundes ohne weiteres regelkonform hätte handeln können (BGer 6B_772/2008).

Erstmals bezeichnet ein Gericht die Revisionsstelle als «erhöht strafempfindlich». Die Bestrafung hing an einem seidenen Faden, wobei dieses Urteil wohl trotzdem der RAB gemeldet werden musste (Art. 13 Abs. 1 RAV).

> **Beispiel 48 – Urkundenfälschung – Eingescannte Unterschrift**
> Einem nicht zugelassenen Revisor wird vorgeworfen, er habe auf Briefpapier der B AG eine Collage mit der eingescannten Unterschrift von D (D verfügt über eine Zulassung) und damit einen Prüfbericht der B AG für eine Gründung der C GmbH erstellt. Der

20. Verantwortlichkeit der Revisionsstelle – Konsequenzen von Pflichtverletzungen

Revisor habe mit dieser gefälschten Urkunde das Handelsregisteramt täuschen wollen, wobei das Handelsregister die gefälschte Urkunde erkannt hat. Er habe der C GmbH Zeit und Kosten sparen wollen (Vorteilsabsicht). Der angestrebte Zweck wurde durch die Entdeckung der Fälschung nicht erreicht, aber für die Tatbestandserfüllung reicht die Absicht. Dass die Fälschung leicht erkennbar war, spielte für die Erfüllung des Tatbestands auch keine Rolle. Der Revisor handelte mit Vorsatz und wurde mit einer Geldstrafe belegt (BGE 137 IV 167).

Beispiel 49 – Urkundenfälschung – Gehilfenschaft zum Steuerbetrug – Revisionsbericht im Normalwortlaut

R ist Revisionsstelle und Berater des Prüfkunden P-AG und der Eigentümerfamilie P. R unterstützt den Aufbau einer weltweiten Steueroptimierungsstruktur für die P-Gruppe. P-AG verbuchte Fakturen über CHF 187 593 als «Entwicklungsaufwand». Davon waren $2/3$ fiktiv zwecks Steueroptimierung. P-AG reichte den Revisionsbericht zusammen mit der Jahresrechnung der Steuerverwaltung ein. R wusste zudem, dass bei der P-AG unter «Beratungsaufwand» ein Betrag verbucht war, der eine andere Gesellschaft betraf.

R erstattete den Revisionsbericht für die P-AG im Normalwortlaut, obwohl er diese Mängel kannte und wusste, dass die Erfolgsrechnung des betreffenden Geschäftsjahres unwahr ist. Das Bundesgericht bestätigte die Vorinstanz: Das fragliche Verhalten von R bedeutet Urkundenfälschung und Gehilfenschaft zu Steuerbetrug (BGer 6B_711/2012).

Fazit für die Revisionsstelle

Ein Fazit für die Revisionsstelle ist nicht einfach zu ziehen. Angesichts dessen, dass es immer wieder vorkommt, dass die Gerichte den Vorsatz aus den Indizien konstruieren, ist es empfehlenswert, in den Arbeitspapieren in kritischen Situationen bzw. bei kritischen Ermessensentscheiden festzuhalten, aus welchen Gründen, mit welchen Überlegungen und Abwägungen die Revisionsstelle so und nicht anders entscheidet. Die Entscheidung mag sich dann zwar im Nachhinein als falsch herausstellen, aus der Notiz ersieht man jedoch, dass der Entscheid keineswegs vorsätzlich falsch getroffen wurde.

20.6.4 Art. 321 StGB Verletzung des Berufsgeheimnisses

§ *Art. 321 Verletzung des Berufsgeheimnisses*

[1] Geistliche, Rechtsanwälte, Verteidiger, Notare, Patentanwälte, nach Obligationenrecht zur Verschwiegenheit verpflichtete Revisoren, Ärzte, Zahnärzte, Apotheker, Hebammen sowie ihre Hilfspersonen, die ein Geheimnis offenbaren, das ihnen infolge ihres Berufes anvertraut worden ist oder das sie in dessen Ausübung wahrgenommen haben, werden, auf Antrag, mit Freiheitsstrafe bis zu drei Jahren oder Geldstrafe bestraft. Ebenso werden Studierende bestraft, die ein Geheimnis offenbaren, das sie bei ihrem Studium wahrnehmen. Die Verletzung des Berufsgeheimnisses ist auch nach Beendigung der Berufsausübung oder der Studien strafbar.

[2] Der Täter ist nicht strafbar, wenn er das Geheimnis aufgrund einer Einwilligung des Berechtigten oder einer auf Gesuch des Täters erteilten schriftlichen Bewilligung der vorgesetzten Behörde oder Aufsichtsbehörde offenbart hat.

20. Verantwortlichkeit der Revisionsstelle – Konsequenzen von Pflichtverletzungen

Art. 321 StGB ist ein Antragsdelikt. Er äussert sich nicht zum Umfang des Berufsgeheimnisses. Dieser wird allein von Art. 730b OR definiert, der auch die Entbindung vom Berufsgeheimnis regelt.

> **§ Art. 730b Abs. 2 OR: Auskunft und Geheimhaltung**
> Die Revisionsstelle wahrt das Geheimnis über ihre Feststellungen, soweit sie nicht von Gesetzes wegen zur Bekanntgabe verpflichtet ist. Sie wahrt bei der Berichterstattung, bei der Erstattung von Anzeigen und bei der Auskunftserteilung an die Generalversammlung die Geschäftsgeheimnisse der Gesellschaft.

Dieser Artikel schützt alle Informationen, die dem Revisor im Zusammenhang mit seinem Mandat zugekommen sind, an denen die Gesellschaft ein berechtigtes Interesse hat und deren Offenlegung ihr schaden könnte. Die Schweigepflicht gilt gegenüber einzelnen Aktionären (auch Grossaktionären), gegenüber Gläubigern und auch Dritten. Die Gesellschaft bzw. der Verwaltungsrat kann die Revisionsstelle von der Geheimhaltung entbinden (vgl. Erklärung zur Entbindung der Revisionsstelle vom Berufsgeheimnis, Kapitel 20.10.1).

Art. 321 StGB sieht in Ziff. 2 ausdrücklich vor, dass der Täter sich nicht strafbar gemacht hat, wenn er das Geheimnis aufgrund einer Einwilligung des Berechtigten oder einer auf Gesuch des Täters erteilten schriftlichen Bewilligung der vorgesetzten Behörde oder Aufsichtsbehörde offenbart hat.

In der alten juristischen Literatur findet sich die Bemerkung, die Bedeutung dieser Ziff. 2 für die Revisionsstelle sei unklar, weil sie keine Aufsichtsbehörde habe. Das hat sich mit der RAB geändert. Die Frage ist, ob man eine solche Geheimhaltungsentbindung bei der RAB einverlangen könnte.

Das Gesuch kann jedenfalls nur von der Revisionsstelle (Geheimnisträgerin) ausgehen und sollte die Umstände darlegen, damit die RAB einen Entscheid fällen könnte. Es gibt keine Vorgaben im Gesetz, woran sich die RAB bei diesem Entscheid orientieren muss. Sie wird eine Abwägung der verschiedenen auf dem Spiel stehenden Interessen vornehmen, wobei die grosse Bedeutung des Berufsgeheimnisses wohl oft zu einem negativen Entscheid führen muss. In der Praxis hat sich gezeigt, dass die RAB für gerichtliche Honorareintreibungen der Revisionsstelle bei ehemaligen Prüfkunden eine Entbindung regelmässig erteilt. Müssen in diesem Forderungsprozess besonders kritische Informationen offengelegt werden empfiehlt die RAB im Zweifelsfalle das Gericht entscheiden zu lassen.

Neben den gesetzlich geregelten Ausnahmen zur Schweigepflicht bei den eigentlichen Aufgaben der Revisionsstelle (Berichterstattung und Auskunft, Anzeige beim Richter usw.) können auch kantonale oder eidgenössische Gesetze die Schweigepflicht durchbrechen. Diese Zivil- oder Strafprozessrechte regeln aber auch, wann ein Zeugnis- oder Editionsverweigerungsrecht bestehen bleibt.

Geht die Auskunftserteilung durch die Revisionsstelle ins Ausland, so ist zudem Art. 273 StGB mit dem Verbot des wirtschaftlichen Nachrichtendienstes zu beachten. Demnach wird bestraft, wer ein Fabrikations- oder Geschäftsgeheimnis einer fremden amtlichen Stelle oder einer ausländischen Organisation oder privaten Unternehmung oder ihren Agenten zugänglich macht. Auch hier sollte es aber möglich sein, durch Einwilligung des Geheimnisherrn aus dem Strafbarkeitsbereich dieses Artikels herauszukommen. Eine Entbindung durch die Aufsichtsbehörde ist hier nicht vorgesehen.

20. Verantwortlichkeit der Revisionsstelle – Konsequenzen von Pflichtverletzungen

> **§ Art. 273 Wirtschaftlicher Nachrichtendienst**
>
> [...] wer ein Fabrikations- oder Geschäftsgeheimnis einer fremden amtlichen Stelle oder einer ausländischen Organisation oder privaten Unternehmung oder ihren Agenten zugänglich macht, wird mit Freiheitsstrafe bis zu drei Jahren oder Geldstrafe, in schweren Fällen mit Freiheitsstrafe nicht unter einem Jahr bestraft. Mit der Freiheitsstrafe kann Geldstrafe verbunden werden.

20.7 Verbandsrechtliche Pflichtverletzungen und ihre Konsequenzen

Verbandsrecht Treuhand-Kammer und Treuhand Suisse	
Verbandsrechtliche Pflichten	Pflichtverletzungen/Konsequenzen
Standes- und Berufsregeln der Treuhand-Kammer • Sorgfalt und Verantwortung bezüglich Rechtsvorschriften und fachlicher Regeln • Förderung der Aus- und Weiterbildung • Prüfung von Interessenkonflikten • Intensive Abklärungen mit Kunden vor Annahme Revisionsmandat • Verschwiegenheitspflichten • Einhaltung Richtlinien zur Unabhängigkeit • Verhaltenspflichten bezüglich Berufsangehörigen • Vorschriften bezüglich Honoraren • Abschluss Berufshaftpflichtversicherung	Beurteilung durch Standeskommission und unabhängiges Schiedsgericht der Treuhand-Kammer • Ermahnung • Verweis • Konventionalstrafe bis CHF 200 000 • Ausschluss aus Treuhand-Kammer

20.7.1 Standes- und Berufsregeln

Die Standes- und Berufsregeln verlangen von den Mitgliedern der Treuhand-Kammer die Beachtung folgender Grundsätze (Treuhand-Kammer, Standes- und Berufsregeln 2007):

- Sorgfalt und Verantwortung bei der Beachtung der geltenden Rechtsvorschriften sowie der anerkannten fachlichen Regeln der Treuhand-Kammer
- Förderung der Aus- und Weiterbildung ihrer Mitarbeiter
- Prüfung von Interessenkonflikten vor der Annahme eines Auftrags
- Intensive Zusammenarbeit mit dem obersten Leitungsgremium des potenziellen Kunden vor der Annahme von Revisionsmandaten
- Verschwiegenheitspflichten
- Einhaltung von Unabhängigkeitspflichten gemäss den Richtlinien zur Unabhängigkeit der Treuhand-Kammer
- Verhaltenspflichten bezüglich Beziehungen zwischen den Berufsangehörigen
- Vorschriften bezüglich der Honorare

20.7.2 Standeskommission und unabhängiges Schiedsgericht der Treuhand-Kammer

Zweck und Aufgabe der Standeskommission ist die Beurteilung von Verstössen gegen die Grundsätze der Standes- und Berufsregeln der Treuhand-Kammer (Reglement über die Standeskommission und über das unabhängige Schiedsgericht 2007/zuletzt geändert: 28. Oktober 2011, Art. 1 Abs. 1). Sie kann von Amts wegen oder auf Anzeige hin tätig

20. Verantwortlichkeit der Revisionsstelle – Konsequenzen von Pflichtverletzungen

werden (Standes- und Berufsregeln 2007, VIII Abs. 1). Das Urteil der Standeskommission kann innert 30 Tagen vor einem unabhängigen Schiedsgericht angefochten werden.

Mögliche Sanktionen sind: Ermahnung, Verweis, Konventionalstrafe bis CHF 200 000 oder Ausschluss aus der Treuhand-Kammer. Rechtskräftige Urteile gegen ein Mitglied, das der staatlichen Aufsicht unterliegt, können an die zuständige Aufsichtsbehörde weitergeleitet werden.

20.7.3 Praxis der Standeskommission der Treuhand-Kammer

Der Standeskommission der Treuhand-Kammer werden im Durchschnitt rund ein Dutzend Anzeigen pro Jahr eingereicht, wovon etwa ein Viertel zu einer Verurteilung mit Sanktionen führt.

Vielfach geht es bei den Verurteilungen um Interessenkonflikte und Unabhängigkeitsverstösse oder um unsorgfältige Mandatsführung.

Für Entscheide von allgemeiner Bedeutung sieht das Reglement über die Standeskommission in Art. 16 die Möglichkeit der anonymisierten Publikation vor. (Diese Informationen wurden freundlicherweise von der Treuhand-Kammer zur Verfügung gestellt.)

20.7.4 Standesregeln von Treuhand Suisse

Die Standeskommission von Treuhand Suisse beurteilt Verstösse gegen die Standesregeln und Anzeigen wegen Pflichtverletzungen gegen ihre Mitglieder von Kunden oder anderen Mitgliedern. Die Standeskommission entscheidet nach Anhörung des betroffenen Mitgliedes definitiv. Die möglichen Sanktionsmassnahmen sind: Verweis, Busse bis zu CHF 20 000 und Ausschluss. Eine Meldung an die RAB ist nicht vorgesehen.

20.8 Pflichten aus Haftpflichtversicherungsvertrag und Konsequenzen daraus

Haftpflichtversicherung	
Vertragliche Pflichten	Pflichtverletzungen/Konsequenzen
Gemäss Versicherungsvertrag	Versicherer haftet nicht bei absichtlicher Herbeiführung des Ereignisses (Art. 14 Abs. 1 VVG). Leistungskürzung durch den Versicherer bei grobfahrlässiger Herbeiführung des Ereignisses (Art. 14 Abs. 2 VVG)

Gesetzliche Vorschriften zum Abschluss einer Haftpflichtversicherung gibt es in Art. 9 Abs. 1 lit. c RAG für Revisionsunternehmen, die Revisionsdienstleistungen für Publikumsgesellschaften erbringen wollen. Sie müssen nachweisen, dass sie für die Haftungsrisiken ausreichend versichert sind.

Auch das Mitgliedschaftsreglement der Treuhand-Kammer von 2007 enthält in Art. 9 (1) e für Mitgliedunternehmen (Einzelfirmen, Personengesellschaften und juristische Personen) die Vorschrift, eine Berufs-Haftpflichtversicherung mit einer angemessenen, jedoch mindestens CHF 500 000 betragenden Deckungssumme nachzuweisen.

20. Verantwortlichkeit der Revisionsstelle – Konsequenzen von Pflichtverletzungen

Pflichtverletzungen der Revisionsstelle können sich nachteilig auf diese Versicherungsdeckung auswirken. So sieht Art. 14 VVG in Abs. 1 vor, dass der Versicherer nicht haftet, wenn der Versicherungsnehmer das befürchtete Ereignis absichtlich herbeigeführt hat. Laut Abs. 2 VVG ist der Versicherer zudem berechtigt, seine Leistung in einem dem Grad des Verschuldens des Versicherungsnehmers entsprechenden Verhältnis zu kürzen, wenn er das Ereignis grobfahrlässig herbeigeführt hat. Durch Vereinbarung einer Zusatzprämie kann mit dem Versicherer ein Verzicht auf die Einrede der Grobfahrlässigkeit vereinbart werden.

Die Tendenz der vermehrten Bestrafung des Revisors wegen Misswirtschaft oder Urkundenfälschung hat daher die unerfreuliche Konsequenz, dass die Versicherungsleistungen gänzlich entfallen können.

20.9 Zusammenfassung der Anforderungen

- Der Abschlussprüfer muss sicherstellen, dass er den *Pflichten der Revisionsstelle* bei einer eingeschränkten Revision gemäss den gesetzlichen Bestimmungen und den Grundsätzen des Berufsstands ohne Einschränkung nachkommt.
- Der Abschlussprüfer kennt die wichtigsten Voraussetzungen dafür, *dass eine offensichtliche Überschuldung* vorliegt.
- Der Abschlussprüfer kennt die *Frist*, innert welcher er Anzeige beim Richter erstatten muss.
- Der Abschlussprüfer kennt die Anforderungen an den adäquaten Kausalzusammenhang für die Revisionshaftung.
- Der Abschlussprüfer kennt die *Voraussetzungen der Schadensberechnung* bei der Revisionshaftung.
- Der Abschlussprüfer kennt die wichtigsten *Voraussetzungen der solidarischen Haftung* mit dem Verwaltungsrat.
- Der Abschlussprüfer kennt die *aufsichtsrechtlichen Pflichten* und die Konsequenzen ihrer Verletzung.
- Der Abschlussprüfer kennt die *strafrechtlichen Pflichten* und die Konsequenzen ihrer Verletzung.
- Der Abschlussprüfer kennt insbesondere den Zusammenhang zwischen seiner Pflicht, bei Überschuldung Anzeige beim Richter zu erstatten, und der *Strafbarkeit wegen Misswirtschaft*.
- Der Abschlussprüfer kennt insbesondere den Zusammenhang zwischen seiner Pflicht zur Unabhängigkeit und der *Strafbarkeit wegen Urkundenfälschung*.
- Der Abschlussprüfer kennt die *verbandsrechtlichen Pflichten* und die Konsequenzen ihrer Verletzung.
- Der Abschlussprüfer kennt die *Pflichten aus dem Haftpflichtversicherungsvertrag* und die Konsequenzen ihrer Verletzung.

20. Verantwortlichkeit der Revisionsstelle – Konsequenzen von Pflichtverletzungen

20.10 Arbeitshilfen

20.10.1 Erklärung zur Entbindung der Revisionsstelle vom Berufsgeheimnis

Erklärung zur Entbindung der Revisionsstelle vom Berufsgeheimnis

Gemäss Art. 730b Abs. 2 OR wahren die Revisoren die Geheimnisse über ihre Feststellungen, soweit sie nicht von Gesetzes wegen zur Bekanntgabe verpflichtet sind. Sie wahren bei der Berichterstattung, bei der Erstattung von Anzeigen und bei der Auskunftserteilung an die Generalversammlung die Geschäftsgeheimnisse der Gesellschaft. Es ist ihnen untersagt, von den Wahrnehmungen, die sie bei der Ausführung ihres Auftrages gemacht haben, einzelnen Aktionären oder Dritten Kenntnis zu geben. Gemäss Art. 321 StGB werden zudem die nach Obligationenrecht zur Verschwiegenheit verpflichteten Revisoren sowie ihre Hilfspersonen, die ein Geheimnis offenbaren, das ihnen infolge ihres Berufes anvertraut worden ist oder das sie in dessen Ausübung wahrgenommen haben, auf Antrag mit Freiheitsstrafe bis zu drei Jahren oder Geldstrafe bestraft. Auch bezüglich allfälliger auftragsrechtlicher Komponenten des Revisionsstellenmandats ergibt sich eine Geheimhaltungspflicht aus der auftragsrechtlichen Treuepflicht gemäss Art. 398 Abs. 2 OR.

Diese Pflicht zur Verschwiegenheit bzw. Geheimhaltung entfällt vollständig, wenn die Gesellschaft(en) (Auftraggeber, Geheimnisherr, Revisionskunde) die Revisionsstelle davon entbindet (entbinden).

Der Verwaltungsrat der unterzeichnenden Gesellschaft(en) erklärt daher hiermit, dass er die

[Firma], [Ort], (Geheimnisträgerin)

als Revisionsorgan der Gesellschaft(en) sowie als Beauftragte im Rahmen von Buchführungs-, Steuer-, Consulting-, Immobilien- und anderen Beratungsmandaten von den eingangs erwähnten Schweige- bzw. Geheimnispflichten entbindet. Die Geheimnisträgerin wird daher ausdrücklich ermächtigt, alle Auskünfte zu erteilen sowie Berichte, Bewertungen, Gutachten und jedwelche andere Dokumente zugänglich zu machen und in Fotokopie auszuhändigen.

Diese Erklärung bezieht sich ausschliesslich auf folgendes Projekt:

[Projektbezeichnung]

Die erwähnten Auskünfte und Dokumente dürfen nur

[Empfänger der Auskünfte und Dokumente bezeichnen]

erteilt bzw. ausgehändigt werden.

[Ort, Datum, Unterschriften]

21.

Eingeschränkte Revision in der Praxis

21.1 Inhalt des Kapitels
21.2 Grafische Übersicht
21.3 Grundsätzliche Überlegungen und Zielsetzungen
21.4 Erkenntnisse aus den vorliegenden Untersuchungen und Erfahrungsberichten
21.5 Zusammenfassung der Erkenntnisse
21.6 Zusammenfassung der Anforderungen

21. Eingeschränkte Revision in der Praxis

21.1 Inhalt des Kapitels

- Die bisherigen Erfahrungen mit der eingeschränkten Revision
- Die Konsequenzen für die künftige Praxis daraus

21.2 Grafische Übersicht

Erwartungen des Kunden:
- Effiziente Prüfung
- Unterstützung durch die Revisionsstelle

Politische Zielsetzung:
- Reduktion der Kosten
- Entlastung von Administration
- Erhöhung Qualität KMU-Jahresrechnung
- Alles aus einer Hand

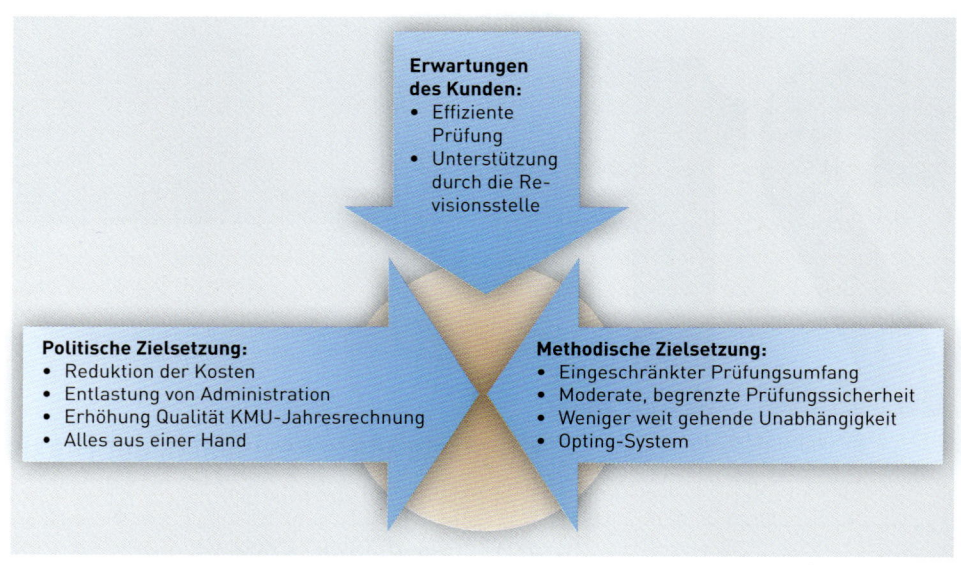

Methodische Zielsetzung:
- Eingeschränkter Prüfungsumfang
- Moderate, begrenzte Prüfungssicherheit
- Weniger weit gehende Unabhängigkeit
- Opting-System

Abbildung 100: Politische Zielsetzungen und methodische Umsetzung der eingeschränkten Revision

21.3 Grundsätzliche Überlegungen und Zielsetzungen

Mit den ab dem 1. Januar 2008 gültigen neuen Bestimmungen des Obligationenrechts (OR) zur Revisionspflicht sowie mit den Vorschriften des Revisionsaufsichtsgesetzes (RAG) wurde ein differenziertes System für die Prüfung der Jahresrechnung von juristischen Personen eingeführt, das die Grösse und wirtschaftliche Bedeutung eines Unternehmens berücksichtigt. Es war der ausdrückliche politische Wille des Gesetzgebers, dass KMU in Bezug auf administrative Umtriebe und Kosten entlastet werden.

Das Konzept der Entlastung der KMU basiert auf den folgenden politischen Vorgaben, welche gegenüber der bisherigen (normalen) Revision geringere Ansprüche stellen:

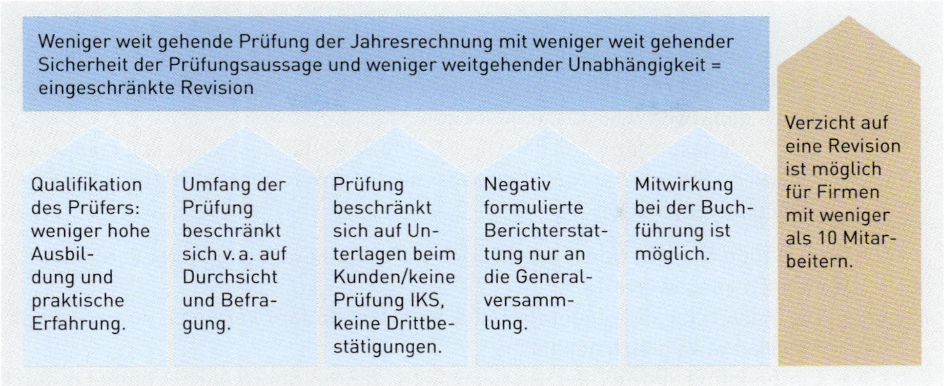

21. Eingeschränkte Revision in der Praxis

Weniger weit gehende Prüfung der Jahresrechnung mit weniger weit gehender Sicherheit der Prüfungsaussage und weniger weitgehender Unabhängigkeit = eingeschränkte Revision

| Qualifikation des Prüfers: weniger hohe Ausbildung und praktische Erfahrung. | Umfang der Prüfung beschränkt sich v. a. auf Durchsicht und Befragung. | Prüfung beschränkt sich auf Unterlagen beim Kunden/keine Prüfung IKS, keine Drittbestätigungen. | Negativ formulierte Berichterstattung nur an die Generalversammlung. | Mitwirkung bei der Buchführung ist möglich. | Verzicht auf eine Revision ist möglich für Firmen mit weniger als 10 Mitarbeitern. |

Abbildung 101: Politische Vorgaben zur eingeschränkten Revision

Die eingeschränkte Revision soll primär dem Schutz der an einem Unternehmen beteiligten Personen dienen. Kapitalgeber oder Lieferanten sollten sich nicht nur auf die Prüfungsaussagen der Revisionsstelle verlassen. Der Gläubigerschutz ist von sekundärer Bedeutung.

21.4 Erkenntnisse aus den vorliegenden Untersuchungen und Erfahrungsberichten

Zurzeit sind vier Studien zur eingeschränkten Revision von 2009 und 2010 sowie eine Regulierungskostenanalyse der Zürcher Hochschule für Angewandte Wissenschaften (ZHAW) und ein Tätigkeitsbericht der Eidgenössischen Revisionsaufsichtsbehörde (RAB), beide 2013, greifbar:

- Staatssekretariat für Wirtschaft (Seco), KMU-Forum (Oktober 2009)
- Experteninterviews des MAS Treuhand und Unternehmensberatung des Schweizerischen Treuhand-Instituts FH (Juli 2010)
- Die Dissertation Isufi, Beurteilung der eingeschränkten Revision aus Sicht der leitenden Revisoren (Universität Zürich 2010)
- Umfrage der Treuhand-Kammer bei ihren Mitgliedern zur Entwicklung der Revisionshonorare (2010)
- Regulierungskostenanalyse im Auftrag des Bundesamts für Justiz mit einem Bericht zum Rechnungslegungs- und Revisions(aufsichts)recht (ZHAW 2013)
- Tätigkeitsbericht der RAB (2013)

Das Ergebnis der vier Berichte von 2009 und 2010 ist kurz gesagt Folgendes:

Seco, Oktober 2009 (nicht repräsentative Umfrage bei geprüften Firmen und Revisionsgesellschaften):
- Die Einführung der eingeschränkten Revision hat keine Reduktion der Kosten und des administrativen Aufwands gebracht.
- Die Zunahme der Revisionskosten erscheint insbesondere deshalb problematisch, weil die neuen gesetzlichen Bestimmungen keinen Mehrwert gebracht haben.

21. Eingeschränkte Revision in der Praxis

Experteninterviews MAS Treuhand und Unternehmungsberatung, Juli 2010 (430 Interviews bei leitenden Revisoren in der Deutschschweiz):
- Mit der Einführung der eingeschränkten Revision sind die Kosten für die KMU-Revision gleich geblieben oder leicht gestiegen.
- Der Prüfungsumfang und der angestrebte Grad der Zusicherung liegen tendenziell höher als im Standard vorgesehen, was mit der unveränderten Haftung der Revisionsstelle begründet wird.

Dissertation S. Isufi, Universität Zürich 2010 (460 Fragebogen bei leitenden Revisoren – statistisch ausgewertet):
- Die Kosten für die eingeschränkte Revision sind im Vergleich zu denen der früheren Revision etwa gleich geblieben.
- Ein bedeutender Teil der Revisionsleiter führen bei Bedarf Prüfungen durch, die bei einer eingeschränkten Revision nicht vorgesehen sind: Einhaltung integraler Regelwerke (PS) (46%); Drittbestätigungen (34%), Prüfung IKS (24%), Inventurbeobachtung (21%), Untersuchungen zu allfälligen deliktischen Handlungen (19%).

Mitgliederumfrage der Treuhand-Kammer, Frühjahr 2010 (Auswertung von 252 Fragebogen bei Mitgliederfirmen):
- Mit der Einführung der eingeschränkten Revision haben sich die Kosten nur leicht erhöht.
- Bei den eingeschränkten Revisionen wurde für das Jahr 2009 ein durchschnittliches Honorar von CHF 4900 pro Mandat ermittelt, bei einem Wachstum des Gesamtumsatzes in diesem Bereich von 1,2%. Zum Vergleich: Eine ordentliche Revision kostet im Durchschnitt rund CHF 32500.

In den Studien von 2013 zeigt sich das Ergebnis nach 4 bis 5 Jahren Praxis mit der eingeschränkten Revision:

Analyse des Rechnungslegungs- und Revisions(aufsichts)rechts der Zürcher Hochschule für Angewandte Wissenschaften (ZHAW), August 2013:

Die Analyse enthält zwei Teile: (ZAHW, August 2013, S. 5)
A) Eine quantitative Zusammenstellung der anfallenden Regulierungskosten, resultierend aus den Gesamtkosten für die Erstellung der Jahresrechnung mit Bilanz, Erfolgsrechnung und Anhangsangaben (inkl. Risikobeurteilung), zuzüglich der Revisionskosten, abzüglich der «Sowieso»-Kosten, die bei einer pflichtgemässen finanziellen Berichterstattung ohnehin anfielen.
B) Eine qualitative Beurteilung der Kostenschätzungen und die Diskussion möglicher Vereinfachungsvorschläge, insbesondere für die KMU.

Die jährlichen Gesamtkosten für die bestehenden Pflichten belasten die Wirtschaft mit rund CHF 12.4 Mrd. Die Regulierungskosten – ermittelt zur Beurteilung möglicher Entlastungen und Vereinfachungen – betragen rund CHF 1.66 Mrd. oder rund 13%.

21. Eingeschränkte Revision in der Praxis

Nr.	Segmentbezeichnung	N	Bruttokosten	Sowieso-Kosten	Nettokosten = Regulierungskosten
1	Eingetragene Einzelunternehmen	156 644	CHF 1.3 Mrd.	CHF 1.2 Mrd.	**CHF 84 Mio.**
2	GmbHs/AGs und Opting-Out	213 426	CHF 4.2 Mrd.	CHF 3.5 Mrd.	**CHF 697 Mio.**
3	GmbHs/AGs und eingeschränkte Revision	118 309	CHF 5.5 Mrd.	CHF 4.9 Mrd.	**CHF 640 Mio.**
4	Mittelgrosse GmbHs/AGs und ordentliche Revision	6 092	CHF 975 Mio.	CHF 827 Mio.	**CHF 148 Mio.**
5/6	Grosse GmbHs/AGs (Konzerne) und ordentliche Revision	1 302	CHF 324 Mio.	CHF 251 Mio.	**CHF 73 Mio.**
7	börsenkotierte Gesellschaften	227	CHF 74 Mio.	CHF 56 Mio.	**CHF 18 Mio.**
8	Revisionsexpertinnen (natürliche Personen)	8 008	ereignisbezogen		
9	Revisionsunternehmen (juristische Personen)	3 614	CHF 1.7 Mio.	CHF 0.5 Mio.	**CHF 1.2 Mio.**
10	Staatlich beaufsichtigte Revisionsunternehmen	21	CHF 4.7 Mio.	CHF 0 Mio.	**CHF 4.7 Mio.**
Total			CHF 12.4 Mrd.	CHF 10.7 Mrd.	**CHF 1.66 Mrd.**

(Quelle: ZAHW, August 2013, S. 9)

Das für uns relevante Segment Nr. 3, «GmbH/AG und eingeschränkte Revision», macht rund CHF 640 Mio. oder knapp 40 % der Regulierungskosten aus.

Die Revisionskosten (Bereitstellung durch den Kunden und die externen Honorare) betragen rund CHF 530.5 Mio. (durchschnittlich CHF 4 500 pro Kunden).

Zum Vergleich: Gesellschaften mit einen Opting-out wenden für Rechnungslegung (ohne Revision) im Durchschnitt rund CHF 20 000 auf.

Handlungspflicht	Gesetzesgrundlage/Erklärung	Bruttokosten	Sowieso-Kosten	Nettokosten = Regulierungskosten
Erstellung Jahresbericht	Art. 662, 663b OR Informationspflicht	CHF 20 Mio.	CHF 0	CHF 20 Mio.
Erstellung Bilanz	Art. 662 OR Informationspflicht	CHF 2.5 Mrd.	CHF 2.42 Mrd.	CHF 78 Mio.
Erstellung Erfolgsrechnung	Art. 662 OR Informationspflicht	CHF 2.5 Mrd.	CHF 2.42 Mrd.	CHF 78 Mio.
Erstellung Anhang (exkl. Risikobeurteilung)	Art. 662, 663b OR Informationspflicht	CHF 24.5 Mio.	CHF 0	CHF 24.5 Mio.
Durchführung Risikobeurteilung	Art. 663b OR Informationspflicht	CHF 55.5 Mio.	CHF 22 Mio.	CHF 33.5 Mio.
Eingeschränkte Revision	Art. 729a OR Bereitstellungspflicht Zahlungspflicht	CHF 530.5 Mio.	CHF 124.5 Mio.	CHF 406 Mio.
Total jährliche Regulierungskosten Segment 3 (N = 118 309)		**CHF 5.5 Mrd.**	**CHF 4.9 Mrd.**	**CHF 640 Mio.**

(Quelle: ZAHW, August 2013, S. 13)

21. Eingeschränkte Revision in der Praxis

Bei der Beurteilung zieht die Studie in Teil B u. a. folgende Schlüsse zur eingeschränkten Revision: (ZAHW, August 2013, Seite 27 ff.)

- Das Segment «GmbH/AG und eingeschränkte Revision» weist – mit Ausnahme der Revisionskosten – geringe Regulierungskosten auf.
- Das Testat der eingeschränkten Revision (Negativbestätigung) ist für den Kunden zumeist schwer verständlich oder nichtssagend, insbesondere im Vergleich zum bisherigen Full Audit. Die eingeschränkte Revision dient aber unbestrittenermassen der Qualitätssicherung im Rechnungswesen und unterstützt die Unternehmungsleitung bei der Wahrnehmung ihrer Verantwortung.
- Kleinere Unternehmen gewichten den Aufwand für eine Revision tendenziell höher als deren internen Nutzen. Der steigende Anteil an Opting-out (zurzeit über 50% aller GmbH und AG) bildet einen Indikator dafür, dass aus Kostenüberlegungen auf eine Revision verzichtet wird. «Auch wenn aus Sicht der Unternehmen das interne Kosten-Nutzen-Verhältnis nicht immer gegeben scheint, gilt es abzuwägen, ob das Verhältnis von Aufwand für das Unternehmen und Nutzen für die Gesellschaft angemessen ist.»
- Mit einer weiteren Erhöhung der Schwellenwerte könnte das Opting-out weiter an Bedeutung gewinnen. «Die damit verbundenen gesamtwirtschaftlichen und gesellschaftlichen Auswirkungen sind aber nur schwer abzuschätzen und nicht Teil dieser Studie.»

Die Studie kommt zum Schluss, dass man trotz der mittleren Regulierungskosten der Revision (subjektive Einstufung auf einer Dreierskala von hoch, mittel und tief) in Anbetracht der fehlenden wissenschaftlichen Studien keine konkreten Vereinfachungsvorschläge zur eingeschränkten Revision machen kann. Eine weitere Erhöhung der Schwellenwerte bleibt in Diskussion, erscheint aber nicht als zweckmässig.

In einer anderen Studie der ZHAW (NZZ, 23. 2. 2014, «Die Ursachen einer Insolvenz sind vielfältig») zum Thema Opting-out finden sich interessante Aussagen. Auf die Frage, ob die fehlende Revisionspflicht für kleine Unternehmen unerwünschte Nebenfolgen habe, insbesondere, ob Firmen ohne Revisionsstelle an einer höheren Sterblichkeit litten als Gesellschaften, die weiterhin ihre Jahreszahlen überprüfen liessen, kommt sie zu folgendem Ergebnis (2011):

- Es besteht eine Korrelation zwischen fehlender Revisionsstelle und Konkursrisiko: Von 1 000 GmbH mit Wirtschaftsprüfern gingen 8 in Konkurs, bei fehlender Revisionsstelle waren es doppelt so viele (bei 1 000 AG 5 zu 9).
- Eine Kausalität wird bezweifelt: Aufgrund der bestehenden Indizien dränge sich der Befund auf, dass die häufigere Insolvenz in einer mangelhaften Organisation (z.B. zu schmale Eigenkapitalbasis) und mangelhaften Businessmodellen (z.B. falsche Beurteilung von Angebot und Nachfrage) begründet ist.

Diese ZHAW-Studie hat weiter untersucht, ob und wie die Banken, Steuerverwaltungen und Lieferanten auf ein Opting-out reagieren. Das klare Ergebnis: eigentlich gar nicht. Die Kredit- und Vertrauenswürdigkeit der Jahresrechnungen wird unabhängig von der Revision beurteilt. Zu ähnlichen Ergebnissen kommt eine Untersuchung von der Zeitschrift «Der Beobachter» in ihrem Artikel «Selbst ist die Firma» (6/2008).

Eidgenössische Revisionsaufsichtsbehörde (RAB), Tätigkeitsbericht 2013:

Zur Bedeutung der eingeschränkten Revision schreibt die RAB im Vorwort zum Tätigkeitsbericht 2013:

21. Eingeschränkte Revision in der Praxis

> «Die eingeschränkte Revision hat sich in der Schweiz grundsätzlich bewährt und aufgrund der per 1. Januar 2012 erhöhten Schwellenwerte stark an Bedeutung gewonnen. Der Standard zur eingeschränkten Revision, der von Treuhand-Kammer und Treuhand Suisse gemeinsam erarbeitet wurde, ist noch unter den alten Schwellenwerten erarbeitet worden. Neben der Bereitstellung von Weiterbildungsseminaren und Prüfungshandbüchern durch die Verbände ist nach Ansicht der RAB der Standard zur eingeschränkten Revision auf allfälligen Anpassungsbedarf hin zu überprüfen. Da die RAB in diesem Bereich keine Regulierungskompetenz hat, können nur die Verbände gemeinsam für eine Modernisierung des Standards und für eine einheitliche Anwendung sorgen.
>
> Damit die eingeschränkte Revision unverändert ein Erfolg bleibt, sind aber auch die Anwender des Standards zur eingeschränkten Revision bzw. die Revisoren gefordert. In der Praxis werden teilweise noch Detailprüfungen vorgenommen, welche weder von den gesetzlichen Bestimmungen noch vom Berufsrecht vorgesehen sind. Die damit zusätzlich gewonnene Prüfungssicherheit geht oft über das vom Gesetzgeber definierte Mass hinaus. Dies widerspricht dem Grundgedanken der eingeschränkten Revision und sollte deshalb vermieden werden.»

Zum Thema eingeschränkte Revision finden sich folgende weitere Ausführungen, die für diese Einrichtung weitreichende Bedeutung haben könnten:
- Die vorgesehene Erleichterung im Vorentwurf zur Änderung des Obligationenrechts (Modernisierung des Handelsregisters), auf die gesetzliche Pflicht zur internen Qualitätssicherung bei eingeschränkt prüfenden Unternehmen zu verzichten (im Gegenzug sind alle Revisionsunternehmen, die ordentliche Revisionen durchführen, der staatlichen Aufsicht zu unterstellen), wird momentan nicht weiterverfolgt, da die Treuhand-Kammer diesen Vorschlag als gefährlichen Rückschritt in die Laienrevision betrachtet. Der Bundesrat hat wegen der unterschiedlichen Stellungnahmen im Vernehmlassungsverfahren beschlossen, die Frage der Qualitätssicherung und Peer-Review separat weiterzuverfolgen.
- Beim Wiederzulassungsverfahren (die Zulassung für Revisionsunternehmen ist auf 5 Jahre beschränkt, die ersten Zulassungen mussten 2013 erneuert werden, 2014 werden mehr als 2'000 Zulassungen ablaufen) mussten verschiedene Wiederzulassungsgesuche beanstandet werden. Kritisch sind folgende Punkte:
  - Dokumentation der Einhaltung des definierten Qualitätssicherungssystems («gelebtes» QS stimmt nicht mit den vorgesehenen Regelungen und Massnahmen überein, eingereichte Dokumentation (z. B. zur Weiterbildung) ist nicht vollständig oder nicht stimmig u. a.)
  - Das Wiederzulassungsgesuch wird zu spät eingereicht.
  - Die Personalsituation (Verlinkungen) stimmt seit längerer Zeit nicht mehr mit der aktuellen Situation überein.
  - Es fehlen Angaben und Nachweise zur Überprüfung der Unabhängigkeit.

Nach der RAB haben knapp ein Viertel der Unternehmen ihre Wiederzulassung nicht mehr beantragt. Einige sind von Amtes wegen nicht mehr zugelassen worden (organisatorische, personelle Mängel).

21. Eingeschränkte Revision in der Praxis

- Zur Unabhängigkeit wird die von der RAB vertretene und vom Bundesgericht bisher gestützte Meinung nochmals bekräftigt. Eine Revision ist aus der Sicht eines Dritten wertlos, wenn die Unabhängigkeit nach aussen hin als beeinträchtig erscheint. «Massgebend ist dabei nicht, was eine durchschnittliche Betrachterin oder ein durchschnittlicher Betrachter tatsächlich weiss, sondern wie ein Sachverhalt mit Blick auf die Unabhängigkeit und aufgrund der allgemeinen Lebenserfahrung beurteilt würde, wenn die durchschnittliche Betrachterin oder der durchschnittliche Betrachter Kenntnis der relevanten Umstände hätte.» (Beachte die Diskussion zu unserer abweichenden Meinung in Kapitel 19).
- Zur Rechtsprechung werden jüngste Gerichtsentscheide kommentiert. Neuere Auslegungen und Praxisänderungen enthalten die folgenden Entscheide:
  - Der Entzug einer Zulassung für kurze Dauer (z.B. unter einem Jahr) ist nicht denkbar, da die Revision jährlich erfolgt (Die Stichhaltigkeit dieses Arguments erscheint zweifelhaft, denn Prüfungen und Spezialprüfungen fallen über das ganze Jahr verteilt an, sodass auch Zulassungsentzüge nach Monaten bemessen werden könnten.) Ein Verweis ist nur für jemand vorgesehen, der bei einem staatlich beaufsichtigten Revisionsunternehmen arbeitet.
  - Betreibungen, Verlustscheine, Konkursandrohungen oder Pfändungen gegen einen zugelassenen Revisor/Revisionsexperten sind Gründe für einen Entzug der Zulassung. Betreibungen, die von einem Privatgläubiger eingeleitet wurden, sind besonders zu beurteilen. Bestehen mehrere Betreibungen von verschiedenen Personen oder von staatlichen Stellen, ist eine finanzielle Notsituation anzunehmen, welche die wirtschaftliche Unabhängigkeit nicht mehr gewährleistet.
  - Das Bundesverwaltungsgericht war der Ansicht, die erworbene Berufserfahrung vor Beginn der anerkannten Ausbildung könne ebenfalls angerechnet werden, ein Entscheid, den das Bundesgericht mit der Begründung aufgehoben hat, der Gesetzestext lasse klar eine solche Anrechnung nicht zu.
- In der Medienmitteilung vom 1. Juli 2014 wird das Ergebnis der RAB-Umfrage zur Anzahl der ordentlichen und eingeschränkten Revisionen publiziert.

Zulassungsart	Anzahl eR	Anzahl oR
Staatlich beaufsichtigte Revisionsunternehmen	14 247	15 905
Übrige zugelassenen Revisionsunternehmen	74 591	3 324
Total durchgeführte Revisionen	**88 838**	**19 229**

Die rund 19 000 ordentlichen Revisionen wurden von rund 660 Revisionsunternehmen durchgeführt. Die übrigen rund 2 300 Revisionsunternehmen (insgesamt haben 2 955 Revisionsunternehmen an der Umfrage teilgenommen, 87 % aller registrierten Unternehmen) haben ausschliesslich eingeschränkt revidiert. Die Umfrage hat weiter gezeigt, dass viele Gesellschaften nur wenig ordentliche Revisionen durchführen:

Revisionsunternehmen, welche 1–5 ordentliche Revisionen durchführen.	455
Revisionsunternehmen, welche 6–10 ordentliche Revisionen durchführen.	104
Revisionsunternehmen, welche < 10 ordentliche Revisionen durchführen.	101
Total Revisionsunternehmen, welche ordentliche Revisionen durchführen	**661**

21. Eingeschränkte Revision in der Praxis

Der im April 2011 in der Zeitschrift «Ktipp» erschienene Artikel «Eine einfache Buchprüfung für 3500 oder auch 14000 Franken» widerspiegelt die noch fehlende Identität und das fehlende «Gesicht» der eingeschränkten Revision. Eine fingierte Offertanfrage bei acht bekannten Revisionsgesellschaften, darunter die fünf Grossen, kommt – bei gleicher Ausgangslage und vorliegender Jahresrechnung – für die gleiche eingeschränkte Revision zu Angeboten von 3500 Franken bis 14500 bzw. zu Abweichungen von über 400 %.

21.5 Neue Entwicklungen der RAB bei den Vorschriften zur Unabhängigkeit bei Doppelmandaten

Bei der Wiederzulassung hat die RAB eine weitere Anforderung bei Doppelmandaten eingeführt. Sie verlangt eine sogenannte «unternehmensweite» personelle und organisatorische Trennung von Revision und Buchführung. Bei KMU Revisionsstellen, welche mehrheitlich Doppelmandate betreuen, bedeutet das, dass einem zugelassenen Revisor verboten wird, Buchhaltungen zu führen, auch wenn er diese Tätigkeiten strikte von seinen Revisionskunden trennt. Dasselbe gilt für einen Treuhänder. Ihm wird verboten Revisionen durchzuführen, auch wenn er diese Tätigkeiten strikte von seinen Buchhaltungskunden trennt. Die RAB begründet diese Praxis damit, dass eine «Verwischung der Verantwortlichkeiten» vermieden werden müsse, oder dass die organisatorische Trennung dies erfordere.

Diese Begründungen sind unklar und finden nach Ansicht der Autoren keine Stütze im Gesetz. Das Gesetz wendet die Vorschriften zur Unabhängigkeit bei beiden Revisionsarten auf die Beziehungen der Revisionsstelle als Organ eines bestimmten Mandanten zu diesem Mandanten an. Es regelt daher die Unabhängigkeit auf Mandatsstufe und nicht «unternehmensweit». Es fokussiert klar auf das Verhältnis Revisionsstelle zu einem bestimmten Mandanten, also z. B. auf das Verhältnis der Revisionsstelle R zum Prüfmandanten P-AG.

Die einzige Ausnahme davon findet sich in Abs. 6 von Art. 728 OR für die ordentliche Revision, welcher Konzerngesellschaften in die Vorschriften zur Unabhängigkeit mit einbezieht. Wenn also der Prüfmandant P-AG zu einem Konzern gehört und z. B. seine Tochtergesellschaft T-AG auch ein Buchhaltungsmandant der R ist, dann müssen die Vorschriften zur Unabhängigkeit, die wie gesagt primär auf der Mandatsstufe R gegenüber der P-AG gelten, auch auf das zweite Mandat R gegenüber der T-AG ausgedehnt werden.

Auch in diesem Fall verlangt das Gesetz aber keine «unternehmensweite» Ausdehnung auf alle anderen Mandate der Revisionsstelle. Das Gesetz bezieht sich nirgends auf die Gesamtunternehmung der Revisionsstelle und ihr Verhältnis zum «Gesamtkundenbestand der Revisionsstelle». Die Mitwirkung in der Buchführung wird als normaler Teil der Unabhängigkeitsvorschriften davon ohne weiteres miterfasst. Dazu kommt, dass es fraglich ist, ob diese Konzernklausel bei der eingeschränkten Revision überhaupt anwendbar ist. Für die vorliegende Frage spielt dies aber keine Rolle.

Dazu verlangt die RAB bei Doppelmandaten neu die Eintragung von «Einzelzeichnungsrechten» im Handelsregister. In kleinen Verhältnissen ist das kollektive Zeichnungsrecht ein wichtiges und effizientes Mittel zur Qualitätssicherung und Prävention für ein Unternehmen. Für die gesetzeskonforme Trennung der Doppelmandate sind Einzelzeichnungsrechte eventuell nützlich, jedenfalls in den meisten Fällen nicht erforderlich, denn die organisatorische Trennung kann meist auf andere Weise sichergestellt werden.

21. Eingeschränkte Revision in der Praxis

21.6 Zusammenfassung der Erkenntnisse

Die bestehenden Studien gründen auf Erkenntnissen aus zwei bzw. vier Prüfungsperioden.

Die Erfahrungsberichte geben folgende wertvolle Hinweise für die pflichtgemässe Durchführung einer eingeschränkten Revision:

- **Umfang der Prüfung**
  Feststellung: Bei der eingeschränkten Revision wird tendenziell mehr und umfassender geprüft als es der SER (siehe Anhang D, Empfohlene und weitergehende Prüfungshandlungen) vorsieht. Gründe dafür sind die fehlende (mentale) Umstellung von der ehemaligen umfassenden KMU-Prüfung auf die eingeschränkte Revision, die unverändert hohen Erwartungen des Kunden, das Bedürfnis, eine höhere Prüfungssicherheit zu erlangen.
  Massnahmen: Konsequente Orientierung an der Risikobeurteilung und der Wesentlichkeit. Positionen unter der Toleranzwesentlichkeit und ohne bedeutsame Risiken werden mit Ausnahme der allgemeinen Prüfungshandlungen nicht geprüft. Weitergehende Prüfungen werden nur hinsichtlich bedeutsamer Risiken durchgeführt. Die «Flughöhe» der Prüfungshandlungen orientiert sich konsequent am Anhang D des SER.

- **Identität der eingeschränkten Revision**
  Feststellung: Die Einrichtung der eingeschränkten Revision und die zu erhöhende Akzeptanz der Berichterstattung erfordern eine vermehrte und verbesserte Kommunikation mit dem Kunden. Das Instrument der Auftragsbestätigung mit der damit verbundenen Diskussion wird zu wenig genutzt und oft nur als Formalie wahrgenommen.
  Massnahmen: Die Vorteile einer auf die KMU-Bedürfnisse zugeschnittenen Revision und die damit verfolgten Ziele (siehe Grafik) bei der Auftragsbestätigung (oder bei anderer Gelegenheit) mit dem Kunden besprechen. Insbesondere die mit der Unterstützung durch die Revisionsstelle angestrebte höhere Qualität der Rechnungslegung – und damit verbesserte Kredit- und Vertrauenswürdigkeit des Unternehmens – soll überzeugend kommuniziert werden.

- **Dienstleistungen aus einer Hand**
  Feststellung: Die Mitwirkung bei der Buchführung und das Erbringen anderer Dienstleistungen, die das Gesetz ausdrücklich erlaubt (das entsprach einer zentralen politischen Zielsetzung), werden zwar angeboten und auch durchgeführt, aber oft mit einen schlechten Gewissen. Es besteht eine grosse Unsicherheit hinsichtlich der mit den Unabhängigkeitsanforderungen zu vereinbarenden Leistungen des Revisors und der Revisionsstelle (siehe dazu Kapitel 2 und 19).
  Massnahmen: Orientieren Sie sich konsequent an dem in Kapitel 18 aufgeführten Katalog personeller und organisatorischer Massnahmen, die beim Risiko der Überprüfung eigener Arbeiten bzw. bei Doppelmandaten zu treffen sind.

- **Qualitätssicherung**
  Feststellung: Bei der Rezertifizierung wurden organisatorische und personelle Mängel festgestellt. Die implementierten Regelungen und Massnahmen stimmen nicht mit

21. Eingeschränkte Revision in der Praxis

den Vorgaben der Berufsverbände und der RAB überein. Es besteht auch Unsicherheit, welche Vorgaben ab wann einzuhalten sind.

Massnahmen: Orientieren Sie sich konsequent an den in Kapitel 18 erläuterten Vorschriften: Wer nur eingeschränkte Revisionen durchführt, muss mindestens die Vorgaben der «Anleitung zur Qualitätssicherung bei kleinen und mittelgrossen Revisionsunternehmen» erfüllen, bei ordentlichen Revisionen gelten die Vorgaben von QS 1, Qualitätssicherung, im Schweizer Prüfungsstandard 2013, die ab 1. September 2016 auch für sonstige gesetzliche Revisionen Gültigkeit haben. Die Berufsverbände haben eigene Vorschriften erlassen.

Der verantwortungsbewusste Abschlussprüfer wird diese Hinweise ernst nehmen und die notwendigen Vorkehrungen – wenn nicht bereits umgesetzt – auf die nächste Revisionssaison hin treffen.

Die stetige Zunahme des Opting-out (bereits 50% aller GmbH und AG verzichten auf die eingeschränkte Revision) hat für die Revisionsgesellschaften auch wirtschaftliche Konsequenten. Eine weitere Erhöhung der Schwellenwerte könnte diese Tendenz weiter verstärken (siehe die vorstehende Regulierungsanalyse). Es stellt sich deshalb die Frage nach Alternativen, wenn der Kunde auf die eingeschränkten Revision verzichten will (Opting-out).

In Kapitel 25 wird das Instrument des Erstellungsberichtes, wie er in Deutschland häufig verwendet wird, vorgestellt. Dieser Bericht basiert auf dem PS 930, Erstellung von Finanzinformationen (Compilation), wird jedoch den besonderen Bedürfnissen des Auftraggebers und des Nutzers der Jahresrechnung angepasst.

Abschliessend möchten wir noch auf den Entwurf des neues Revisionsaufsichtsgesetztes RAG, Datum der Veröffentlichung: 1. Juli 2014; Ablauf der Referendumsfrist: 9. Oktober 2014 hinweisen. Das RAG musste wegen der Prüfungen nach dem Finanzmarktgesetz angepasst werden. Bei dieser Gelegenheit wurde der Art. 40 Vergehen wie folgt ergänzt:

§ *Art. 40 Abs. 1 Bst .a bis und b*

[1] Mit Freiheitsstrafe bis zu drei Jahren oder Geldstrafe wird bestraft, wer
- a[bis.] im Revisionsbericht, im Prüfbericht oder in der Prüfbestätigung zu wesentlichen Tatsachen falsche Angaben macht oder wesentliche Tatsachen verschweigt;
- b der Aufsichtsbehörde den Zutritt zu seinen Geschäftsräumlichkeit nicht gewährt (Art. 13 Abs. 2), ihr die verlangten Auskünfte nicht erteilt oder die verlangten Unterlagen nicht herausgibt (Art. 15a Abs. 21) oder ihr gegenüber falsche oder unvollständige Angaben macht.

Der korrekten Berichterstattung wird in Zukunft noch grössere Bedeutung zukommen. Eine gute Grundlage dazu bietet Ihnen die umfassende Sammlung von Berichtsmustern im Kapitel 8.

21. Eingeschränkte Revision in der Praxis

21.7 Zusammenfassung der Anforderungen

- Der Abschlussprüfer muss sich der *Zielsetzung der eingeschränkten Revision bewusst* sein; er strebt im Sinne des Standards zur eingeschränkten Revision eine Revision an, die den KMU-Bedürfnissen gerecht wird.
- Der Abschlussprüfer soll die *Pflichten der Revisionsstelle* bei einer eingeschränkten Revision gemäss den *gesetzlichen Bestimmungen* und den *Grundsätzen des Berufsstandes einhalten* und keine Prüfungen vornehmen, welche im Standard nicht vorgesehen sind.
- Der Abschlussprüfer vergewissert sich, dass das Instrument der eingeschränkten Revision *den Bedürfnissen des Kunden entspricht*. Er empfiehlt ein Opting-up, wenn dieser einen höheren Prüfungssicherheitsgrad anstrebt, als bei einer eingeschränkten Revision möglich ist.

22.

Freiwillige Liquidation

- 22.1 Inhalt des Kapitels
- 22.2 Grafische Übersicht
- 22.3 Gesetzliche Grundlagen
- 22.4 Voraussetzungen der freiwilligen Liquidation
- 22.5 Übersicht über den Ablauf einer freiwilligen Liquidation
- 22.6 Abschlussstichtage und Geschäftsperioden
- 22.7 Genehmigung der Liquidationsbilanzen durch die Generalversammlung
- 22.8 Verteilung des Liquidationserlöses
- 22.9 Aufgaben der Liquidatoren bei Überschuldung (Art. 743 Abs. 2 OR)
- 22.10 Aufgaben der Revisionsstelle
- 22.11 Vorlagen

22. Freiwillige Liquidation

22.1 Inhalt des Kapitels

- Die gesetzlichen Pflichten der Revisionsstelle und die wichtigsten gesetzlichen Pflichten des Liquidators bei freiwilliger Auflösung einer Aktiengesellschaft mit Liquidation gemäss Art. 739 ff. OR
- Die Buchführungs- und Rechnungslegungsvorschriften sowie die Abschlusserstellungs- und die Prüfungspflichten von der Liquidations-Eröffnungs- bis zur Liquidations-Schlussbilanz
- Die speziellen Bewertungsfragen im Zusammenhang mit der Ermittlung von Veräusserungswerten
- Die Auswirkungen der Liquidationshandlungen auf die verschiedenen Revisionsarten (ordentliche, eingeschränkte Revision oder Opting-out) und die Konzernrechnungspflicht
- Die Aufgaben bei Besorgnis einer Überschuldung und bei offensichtlicher Überschuldung
- Die Pflichten bei vorzeitiger Verteilung des Vermögens

22.2 Grafische Übersicht

Liquidations-*Eröffnungsbilanz* (bei Antritt der Liquidatoren, Prüfung freiwillig)

Liquidations-*Zwischenbilanz* (bei überjährigen Liquidationen)

Liquidations-*Schlussbilanz* (vor Verteilung des Vermögens, Prüfung freiwillig)

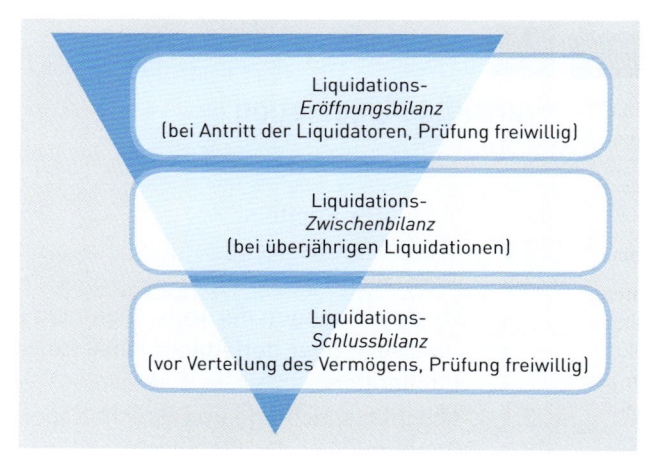

Abbildung 102: Ablauf einer Liquidation

22.3 Gesetzliche Grundlagen

Die gesetzlichen Pflichten bei der freiwilligen Liquidation einer Aktiengesellschaft sind in Art. 739 ff. und Art. 958a OR geregelt. Für die Gesellschaft mit beschränkter Haftung (Art. 826 Abs. 2 OR), die Genossenschaft (Art. 913 OR) und die Stiftung (Art. 58 ZGB i.V.m. Art. 913 OR) gelten diese Vorschriften analog.

Auflösung mit Liquidation

§ *I. Zustand der Liquidation – Befugnisse, Art. 739*

[1] Tritt die Gesellschaft in Liquidation, so behält sie die juristische Persönlichkeit und führt ihre bisherige Firma, jedoch mit dem Zusatz «in Liquidation», bis die Auseinandersetzung auch mit den Aktionären durchgeführt ist.

22. Freiwillige Liquidation

² Die Befugnisse der Organe der Gesellschaft werden mit dem Eintritt der Liquidation auf die Handlungen beschränkt, die für die Durchführung der Liquidation erforderlich sind, ihrer Natur nach jedoch nicht von den Liquidatoren vorgenommen werden können.

II. Bestellung und Abberufung der Liquidatoren – 1. Bestellung, Art. 740

¹ Die Liquidation wird durch den Verwaltungsrat besorgt, sofern sie nicht in den Statuten oder durch einen Beschluss der Generalversammlung anderen Personen übertragen wird.

² Die Liquidatoren sind vom Verwaltungsrat zur Eintragung in das Handelsregister anzumelden, auch wenn die Liquidation vom Verwaltungsrat besorgt wird.

³ Wenigstens einer der Liquidatoren muss in der Schweiz wohnhaft und zur Vertretung berechtigt sein.

⁴ Wird die Gesellschaft durch richterliches Urteil aufgelöst, so bestimmt der Richter die Liquidatoren.

⁵ Im Falle des Konkurses besorgt die Konkursverwaltung die Liquidation nach den Vorschriften des Konkursrechtes. Die Organe der Gesellschaft behalten die Vertretungsbefugnis nur, soweit eine Vertretung durch sie noch notwendig ist.

2. Abberufung, Art. 741

¹ Die Generalversammlung kann die von ihr ernannten Liquidatoren jederzeit abberufen.

² Auf Antrag eines Aktionärs kann der Richter, sofern wichtige Gründe vorliegen, Liquidatoren abberufen und nötigenfalls andere ernennen.

III. Liquidationstätigkeit – 1. Bilanz – Schuldenruf, Art. 742

¹ Die Liquidatoren haben bei der Übernahme ihres Amtes eine Bilanz aufzustellen.

² Die aus den Geschäftsbüchern ersichtlichen oder in anderer Weise bekannten Gläubiger sind durch besondere Mitteilung, unbekannte Gläubiger und solche mit unbekanntem Wohnort durch öffentliche Bekanntmachung im «Schweizerischen Handelsamtsblatt» und überdies in der von den Statuten vorgesehenen Form von der Auflösung der Gesellschaft in Kenntnis zu setzen und zur Anmeldung ihrer Ansprüche aufzufordern.

2. Übrige Aufgaben, Art. 743

¹ Die Liquidatoren haben die laufenden Geschäfte zu beendigen, noch ausstehende Aktienbeträge nötigenfalls einzuziehen, die Aktiven zu verwerten und die Verpflichtungen der Gesellschaft, sofern die Bilanz und der Schuldenruf keine Überschuldung ergeben, zu erfüllen.

² Sie haben, sobald sie eine Überschuldung feststellen, den Richter zu benachrichtigen; dieser hat die Eröffnung des Konkurses auszusprechen.

³ Sie haben die Gesellschaft in den zur Liquidation gehörenden Rechtsgeschäften zu vertreten, können für sie Prozesse führen, Vergleiche und Schiedsverträge abschliessen und, soweit erforderlich, auch neue Geschäfte eingehen.

⁴ Sie dürfen Aktiven auch freihändig verkaufen, wenn die Generalversammlung nichts anderes angeordnet hat.

22. Freiwillige Liquidation

⁵ Sie haben bei länger andauernder Liquidation jährliche Zwischenbilanzen aufzustellen.

⁶ Die Gesellschaft haftet für den Schaden aus unerlaubten Handlungen, die ein Liquidator in Ausübung seiner geschäftlichen Verrichtungen begeht.

§ 3. Gläubigerschutz, Art. 744

¹ Haben bekannte Gläubiger die Anmeldung unterlassen, so ist der Betrag ihrer Forderungen gerichtlich zu hinterlegen.

² Ebenso ist für die nicht fälligen und die streitigen Verbindlichkeiten der Gesellschaft ein entsprechender Betrag zu hinterlegen, sofern nicht den Gläubigern eine gleichwertige Sicherheit bestellt oder die Verteilung des Gesellschaftsvermögens bis zur Erfüllung dieser Verbindlichkeiten ausgesetzt wird.

§ 4. Verteilung des Vermögens, Art. 745

¹ Das Vermögen der aufgelösten Gesellschaft wird nach Tilgung ihrer Schulden, soweit die Statuten nichts anderes bestimmen, unter die Aktionäre nach Massgabe der einbezahlten Beträge und unter Berücksichtigung der Vorrechte einzelner Aktienkategorien verteilt.

² Die Verteilung darf frühestens nach Ablauf eines Jahres vollzogen werden, von dem Tage an gerechnet, an dem der Schuldenruf zum dritten Mal ergangen ist.

³ Eine Verteilung darf bereits nach Ablauf von drei Monaten erfolgen, wenn ein zugelassener Revisionsexperte bestätigt, dass die Schulden getilgt sind, und nach den Umständen angenommen werden kann, dass keine Interessen Dritter gefährdet werden.

§ IV. Löschung im Handelsregister, Art. 746

Nach Beendigung der Liquidation ist das Erlöschen der Firma von den Liquidatoren beim Handelsregisteramt anzumelden.

§ V. Aufbewahrung der Geschäftsbücher, Art. 747

Die Geschäftsbücher der aufgelösten Gesellschaft sind während zehn Jahren an einem sicheren Ort aufzubewahren, der von den Liquidatoren und, wenn sie sich nicht einigen, vom Handelsregisteramt zu bezeichnen ist.

§ II. Grundlagen der Rechnungslegung – 1. Annahme der Fortführung, Art. 958a

¹ Die Rechnungslegung beruht auf der Annahme, dass das Unternehmen auf absehbare Zeit fortgeführt wird.

² Ist die Einstellung der Tätigkeit oder von Teilen davon in den nächsten zwölf Monaten ab Bilanzstichtag beabsichtigt oder voraussichtlich nicht abwendbar, so sind der Rechnungslegung für die betreffenden Unternehmensteile Veräusserungswerte zugrunde zu legen. Für die mit der Einstellung verbundenen Aufwendungen sind Rückstellungen zu bilden.

³ Abweichungen von der Annahme der Fortführung sind im Anhang zu vermerken; ihr Einfluss auf die wirtschaftliche Lage ist darzulegen.

22. Freiwillige Liquidation

22.4 Voraussetzungen der freiwilligen Liquidation

22.4.1 Materielle und formelle Voraussetzungen

Eine freiwillige Auflösung einer Aktiengesellschaft mit Liquidation gemäss Art. 739 ff. OR unterliegt materiellen und formellen Voraussetzungen.

Die materielle Voraussetzung besteht darin, dass es am Willen zur Fortführung der Gesellschaft fehlt. Das bedeutet, dass die Mehrheit der Aktionäre und der Verwaltungsrat die Gesellschaft nicht fortführen wollen. Der fehlende Fortführungswille ist Auslöser für die formelle Auflösung.

Die formellen Voraussetzungen bestehen in einem Beschluss der Generalversammlung, über den eine öffentliche Urkunde zu errichten ist (Art. 736 Ziff. 2 OR). Der Beschluss erfordert ein Quorum von zwei Dritteln der vertretenen Stimmen und die absolute Mehrheit der vertretenen Aktiennennwerte (Art. 704 Abs. 1 Ziff. 8 OR). Der Tag der Generalversammlung ist meist zugleich der Zeitpunkt der Auflösung. Diese ist vom Verwaltungsrat zur Eintragung in das Handelsregister anzumelden (Art. 737 OR). Tritt die Gesellschaft in Liquidation, so behält sie jedoch ihre juristische Persönlichkeit und führt ihre bisherige Firma fort, jedoch mit dem Zusatz «in Liquidation» (Art. 739 Absatz 1 OR). Der Eintritt in die Liquidation bedeutet nicht das Ende dieser Gesellschaft; damit beginnt erst der Auflösungsprozess.

Ein Widerruf des Auflösungsbeschlusses ist nicht beliebig lange möglich. Die Generalversammlung darf den Beschluss so lange widerrufen, wie mit der Verteilung des Vermögens nicht begonnen wurde (BGE 123 III 473 ff., BGE 126 III 283). Der Widerruf der Auflösung muss zur Eintragung ins Handelsregister angemeldet werden (Art. 64 HRegV).

Formelle Voraussetzungen für die freiwillige Liquidation	Gesetzliche Bestimmung
Öffentlich beurkundeter Auflösungsbeschluss der Generalversammlung	Art. 736 Ziff. 2 OR
Zwei Drittel der vertretenen Stimmen und die absolute Mehrheit der vertretenen Aktiennennwerte	Art. 704 Abs. 1 Ziff. 8 OR
Eintragung der Auflösung in das Handelsregister	Art. 737 OR
Firma wird mit Zusatz «in Liquidation» versehen	Art. 739 OR

22.4.2 Faktische oder stille Liquidation

Manchmal stellt die Revisionsstelle fest, dass der Wille zur Fortführung einer Gesellschaft zweifelhaft erscheint oder allenfalls gänzlich fehlt. Sie entdeckt dies meist bei der jährlichen Prüfung der Voraussetzungen der Fortführungsfähigkeit (siehe Kapitel 9) Es ist z. B. dann der Fall, wenn der Verwaltungsrat die Absicht hat, den ganzen Betrieb oder wichtige Teile davon zu veräussern oder wenn diese faktische Liquidation bereits in Gang ist.

Dies bedeutet, dass die materiellen Voraussetzungen für eine freiwillige Liquidation bestehen, aber die formellen Voraussetzungen – evtl. bewusst – nicht eingehalten wurden. Daraus können sich juristische Probleme ergeben, indem solche Handlungen des Ver-

22. Freiwillige Liquidation

waltungsrats den Gesellschaftszweck verletzen (der auf Fortführung gerichtet ist), eine Kompetenzüberschreitung bedeuten, weil für die Liquidation die Generalversammlung zuständig ist, usw.

Auch die Revisionsstelle muss sorgfältig Abklärungen treffen, z. B. ob ganz oder teilweise auf Liquidationswerte umzustellen und ob auf Gesetzes- bzw. Statutenverletzungen hinzuweisen ist. Diese «faktische Liquidation» wird hier nicht weiter behandelt.

22.4.3 Andere Auflösungsgründe

Die freiwillige Liquidation stellt nicht den einzigen Auflösungsgrund dar. Art. 736 OR nennt auch statutarische Auflösungsgründe (Ziff. 1), die Auflösung durch Konkurs (Ziff. 3), durch Urteil des Richters (Ziff. 4, wenn 10 % der Aktionäre dies aus wichtigen Gründen verlangen). Weitere Gründe sind die Auflösung wegen Mängeln in der Organisation (Art. 731b OR), eine Fusion, eine Spaltung oder das Nachlassverfahren. In diesem Kapitel wird nur die freiwillige Liquidation i. S. v. Art. 736 Ziff. 2 i. V. m. Art. 739 ff. behandelt.

22.5 Übersicht über den Ablauf einer freiwilligen Liquidation

22.5.1 Einleitung

Die Revisionsstelle spielt bei der Liquidation eines Prüfkunden aus Sicht des Gesetzes eine untergeordnete Rolle. In der Praxis wird sie trotzdem häufig involviert, weil die Liquidatoren sie um Auskünfte zu den Prüfpflichten oder gar zum ordentlichen Ablauf angehen. Die Revisionsstelle hat meist einige Erfahrung mit Liquidationen, wohingegen die Liquidatoren die Aufgabe erstmals erfüllen. Die verschiedenen Pflichten der Revisionsstelle bringen es zudem mit sich, dass sie den ordnungsmässigen Ablauf sehr gut kennen muss. Dieses Kapitel behandelt die Liquidation v.a. aus der Sicht der Revisionsstelle. Wenn dennoch Fragen erörtert werden, mit denen sich primär die Liquidatoren zu beschäftigen haben, geschieht auch dies aus dem Blickwinkel der Revisionsstelle. Für Liquidatoren eignet sich dieses Kapitel daher nur bedingt als Informationsquelle.

22.5.2 Durchführung der freiwilligen Liquidation

Der Verwaltungsrat besorgt die Liquidation, sofern sie nicht in den Statuten oder durch einen Beschluss der Generalversammlung anderen Liquidatoren übertragen wird. Die Liquidatoren sind vom Verwaltungsrat zur Eintragung in das Handelsregister anzumelden, auch wenn dieser die Liquidation besorgt (Art. 740 OR). Die Organe behalten ihre Kompetenzen auch während der Liquidation. Sie werden lediglich auf diejenigen Handlungen beschränkt, die für die Durchführung der Liquidation erforderlich sind (Art. 739 Abs. 2 OR). Die Generalversammlung muss daher z. B. auch die Abschlüsse abnehmen, von der Liquidations-Eröffnungsbilanz über die Liquidations-Zwischenbilanz (bei überjähriger Liquidation) bis zur Liquidations-Schlussbilanz. Sie kann aber nach einhelliger Lehre z. B. keine Dividendenzahlungen mehr beschliessen, da dies nicht mit dem Liquidationszweck vereinbar erscheint.

22.5.3 Aufgaben der Liquidatoren

Die Liquidatoren haben bei der Übernahme ihres Amtes eine Liquidations-Eröffnungsbilanz aufzustellen.

22. Freiwillige Liquidation

Sie müssen die aus den Geschäftsbüchern ersichtlichen oder in anderer Weise bekannten Gläubiger durch besondere Mitteilung, unbekannte Gläubiger und solche mit unbekanntem Wohnort durch öffentliche Bekanntmachung im «Schweizerischen Handelsamtsblatt» und überdies in der von den Statuten vorgesehenen Form von der Auflösung der Gesellschaft in Kenntnis setzen und zur Anmeldung ihrer Ansprüche auffordern (Schuldenruf, Art. 742 OR).

Die Liquidatoren haben die laufenden Geschäfte zu beenden, die Aktiven zu verwerten und die Verpflichtungen der Gesellschaft zu erfüllen. Sie vertreten die Gesellschaft in den zur Liquidation gehörenden Rechtsgeschäften, können für sie Prozesse führen, Vergleiche abschliessen und, soweit erforderlich, auch neue Geschäfte eingehen. Sie dürfen Aktiven auch freihändig verkaufen, wenn die Generalversammlung nichts anderes angeordnet hat (Art. 743 OR). Auch in der Liquidation ist die Aufrechterhaltung einer ausreichenden Liquidität unerlässlich.

Mit der Liquidations-Eröffnungsbilanz und dem Schuldenruf wird geklärt, ob die Gesellschaft überschuldet ist oder nicht. Solange die Situation zweifelhaft erscheint, sollten wegen des Gleichbehandlungsgebots gegenüber den Gläubigern weder neue Verbindlichkeiten begründet noch bestehende Passiven getilgt werden. Besteht kein Zweifel am Bestand ausreichender Eigenmittel, können die Passiven normal nach Fälligkeit getilgt werden.

Die Liquidatoren haben, sobald sie eine Überschuldung feststellen, den Richter zu benachrichtigen. Die Überschuldung kann sich aus der Liquidations-Eröffnungsbilanz oder später ergeben. Sie müssen diese Bilanz analog zu Art. 725 Abs. 2 OR erstellen und prüfen lassen.

Die Liquidatoren verteilen das Vermögen der aufgelösten Gesellschaft nach Tilgung ihrer Schulden unter die Aktionäre, wobei die Verteilung frühestens nach Ablauf eines Jahres vollzogen werden darf, von dem Tage an gerechnet, an dem der Schuldenruf zum dritten Mal ergangen ist. Eine Verteilung darf bereits nach Ablauf von drei Monaten erfolgen, wenn ein zugelassener Revisionsexperte bestätigt, dass die Schulden getilgt sind, und nach den Umständen angenommen werden kann, dass keine Interessen Dritter gefährdet werden (Art. 745 OR). Vorzeitige Verteilungen während laufender Liquidation werden mittels Kapitalherabsetzung und in beschränktem Umfang durch Akontozahlungen geleistet.

Bestehen Darlehen an die Aktionäre aus der Zeit vor dem Auflösungsbeschluss, muss mit der Verrechnung mit dem mutmasslichen Liquidationserlös bis zum Schluss der Liquidation zugewartet werden.

Die Liquidatoren sorgen für eine sichere Aufbewahrung der Geschäftsbücher der aufgelösten Gesellschaft während zehn Jahren (Art. 747 OR).

22.5.4 Aufgaben der Revisionsstelle

Im Liquidationsverfahren obliegen der Revisionsstelle mit Ausnahme der nicht mehr bestehenden Pflicht der Prüfung des Antrags über die Verwendung des Bilanzgewinns weitgehend die gleichen Pflichten wie bei einer aktiven Gesellschaft. Gesetzlich vorgesehen ist in Art. 745 Abs. 3 OR die Berichterstattung für die vorzeitige Verteilung des Vermögens der Gesellschaft. Die Liquidations-Eröffnungsbilanz wie auch die -Schlussbilanz prüft die

22. Freiwillige Liquidation

Revisionsstelle allerdings freiwillig im Auftragsverhältnis für die Liquidatoren. In der Praxis ist eine solche Prüfung jedoch üblich. Gesetzlich vorgeschrieben ist die Prüfung der Liquidations-Zwischenbilanz.

Die Pflichten der Revisionsstelle im Fall von Art. 725 OR und bei offensichtlicher Überschuldung sind analog wie bei aktiven Gesellschaften.

22.6 Abschlussstichtage und Geschäftsperioden
22.6.1 Liquidations-Eröffnungsbilanz
22.6.1.1 Stichtag der Liquidations-Eröffnungsbilanz

Die Liquidations-Eröffnungsbilanz müsste gemäss dem Gesetzeswortlaut auf den Tag der Amtsübernahme durch die Liquidatoren (Art. 742 Abs. 1 OR) errichtet werden. Dieser Tag entspricht meist dem Tag des Auflösungsbeschlusses durch die Generalversammlung und fällt daher selten auf ein Monatsende. Aus Zweckmässigkeitsgründen erscheint es empfehlenswert, den Stichtag für die Liquidations-Eröffnungsbilanz auf das nächstliegende Monatesende oder Quartalsende vor- oder zurückzuverschieben. Es ist gestattet, im Einzelfall eine möglichst gesellschaftsadäquate Lösung zu treffen. Wird der Stichtag zurückverlegt, müssen allfällige wichtige Ereignisse nach dem Stichtag berücksichtigt werden (z. B. eingetretene Verluste).

Beispiel (Abbildung 103)

Erging der Auflösungsbeschluss z. B. per 10. Mai, so kann die Liquidations-Eröffnungsbilanz auf den 30. April oder den 31. Mai oder gar auf ein Quartalsende (31. März oder 30. Juni) verlegt werden.

Abbildung 103: Stichtag der Liquidations-Eröffnungsbilanz

22.6.1.2 Verhältnis der Liquidations-Eröffnungsbilanz zum letzten Jahresabschluss

Der Tag des Auflösungsbeschlusses und der letzte Tag des ordentlichen Geschäftsjahres fallen praktisch nie zusammen. Der letzte Stichtag des Jahresabschlusses kann bis zu elf Monate zurückliegen. Auch die Errichtung, Prüfung und Genehmigung der letzten ordentlichen Jahresrechnung kann kürzer oder länger zurückliegen oder noch im Gange sein.

22. Freiwillige Liquidation

Es stellt sich daher regelmässig die Frage, welche Geschäftsperiode in der Liquidation beachtet werden soll. Sollte die letzte ordentliche Jahresrechnung noch nicht genehmigt sein stellt sich zusätzlich die Frage, ob dieser Prozess zu Ende geführt werden muss.

22.6.1.3 Verändertes Geschäftsjahr bzw. neue Geschäftsperiode

Das veränderte Geschäftsjahr bzw. die neue Geschäftsperiode/Abrechnungsperiode umfasst i.d.R. den Zeitraum ab dem Beginn des letzten ordentlichen Geschäftsjahres bis zum Auflösungsbeschluss (bzw. dem evtl. vor- oder nachverlegten Stichtag für die Liquidations-Eröffnungsbilanz). Das kann allenfalls ein sehr kurzes Rumpfgeschäftsjahr oder ein überlanges Geschäftsjahr von maximal 18 Monaten sein.

Beispiel (Abbildung 104)

Der Auflösungsbeschluss erging per 10. Mai, und als Stichtag für die Liquidations-Eröffnungsbilanz legt die Gesellschaft den 31. Mai fest. Die Gesellschaft hat die letzte ordentliche Jahresrechnung per 31. Dezember durch die ordentliche Generalversammlung bereits im März genehmigen lassen. Das neue Rumpfgeschäftsjahr umfasst daher den Zeitraum ab dem Beginn des neuen Geschäftsjahres am 1. Januar bis zum neuen Stichtag am 31. Mai (5 Monate).

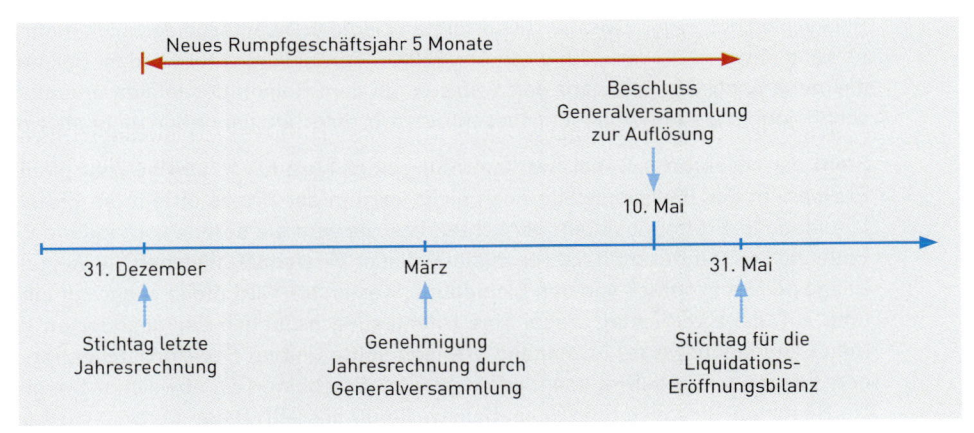

Abbildung 104: Neue Prüfungsperiode/Rumpfgeschäftsjahr

In Abbildung 104 liegt der letzte Jahresabschluss nur einen kurzen Zeitabschnitt zurück. Dennoch kann auf die Liquidations-Eröffnungsbilanz nicht verzichtet werden, weil diese zwei Bilanzen unterschiedlichen Zwecken dienen.

Beispiel (Abbildung 105)

Der Auflösungsbeschluss erging per 10. Mai, und als Stichtag für die Liquidations-Eröffnungsbilanz legt die Gesellschaft den 31. Mai fest. Sie hat die letzte ordentliche Jahresrechnung per 31. Dezember noch nicht durch die ordentliche Generalversammlung genehmigen lassen. Das neue, überlange Geschäftsjahr umfasst daher den Zeitraum ab dem Beginn des letzten Geschäftsjahres am 1. Januar des Vorjahres bis zum neuen Stichtag am 31. Mai (17 Monate).

22. Freiwillige Liquidation

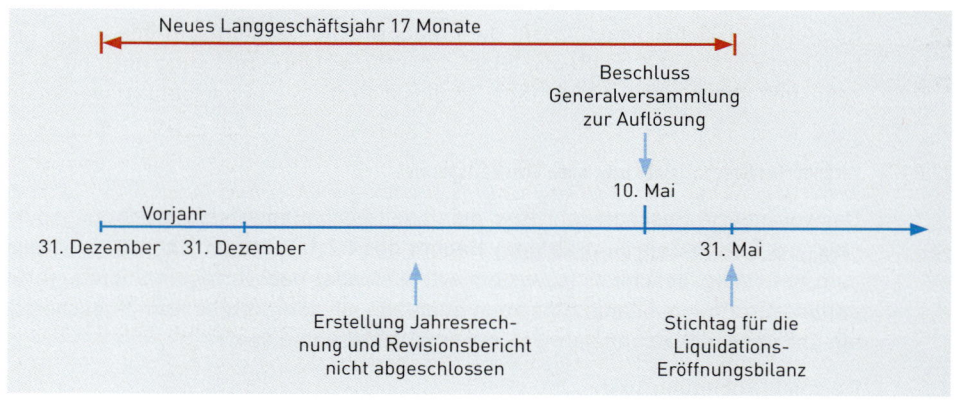

Abbildung 105: Neue Prüfungsperiode/Langgeschäftsjahr

In Abbildung 105 hat die Generalversammlung noch nicht stattgefunden. Es kann sein, dass sie kurz bevorsteht oder dass die letzte Jahresrechnung bereits erstellt, allenfalls schon teilweise oder ganz geprüft ist. Mit dem Auflösungsbeschluss entfällt aber die Pflicht zur Erstellung und Prüfung der letzten Jahresrechnung automatisch. Weil es am Fortführungswillen fehlt, ist die Erstellung eines Abschlusses zu Fortführungswerten aus dem Blickwinkel des in der Zwischenzeit erfolgten Liquidationsentscheides nicht mehr möglich. Es kann daher ohne Verletzung von Art. 958 OR darauf verzichtet werden. Darum umfasst das neue Lang-Geschäftsjahr den Zeitraum ab dem Beginn des letzten ordentlichen Geschäftsjahres bis zum Auflösungsbeschluss, d. h. eine Zeitspanne von mehr als einem Jahr.

Steht die ordentliche Generalversammlung aber kurz bevor und besteht allenfalls der Prüfbericht der Revisionsstelle noch nicht, wird in der Praxis oft auf die Erstellung der Liquidations-Eröffnungsbilanz verzichtet, bzw. es wird die bereits vorhandene Bilanz per Ende des letzten Geschäftsjahres anstelle dieser verwendet. Weichen die Werte in dieser Bilanz nicht wesentlich von den Liquidationswerten ab, wird meist sogar auf die Umstellung auf diese verzichtet, wobei eine Offenlegung bezüglich der geänderten Wertbasis (neu Liquidationswerte) im Anhang erfolgen sollte und im Revisionsstellenbericht in einem Zusatz darauf aufmerksam gemacht wird. Erscheinen die Abweichungen gross, wird die Bilanz nachträglich auf Liquidationswerte umgestellt. Diese Besonderheiten sind im Anhang offenzulegen. Der Revisor ergänzt seine Prüfungshandlungen soweit notwendig und versieht den Bericht mit einem Zusatz.

22.6.1.4 Vorjahreszahlen, Erfolgsrechnung und Anhang

Die Liquidations-Eröffnungsbilanz kann ohne Vorjahreszahlen erstellt werden, da eine Gegenüberstellung von Fortführungs- und Liquidationswerten wenig sinnvoll ist und weil die Perioden meist ungleich lang sind. In der Praxis werden diese aber oft trotzdem gezeigt, wobei im Anhang auf die Änderung der Wertbasis und der Stetigkeit hingewiesen wird.

Für den Zeitraum zwischen dem letzten Jahresabschluss und der Liquidations-Eröffnungsbilanz ist eine Erfolgsrechnung zu erstellen. Dies wird zwar vom Gesetz nicht ausdrücklich verlangt, ist aber ein Erfordernis der Ordnungsmässigkeit. Eine Erfolgsrechnung braucht es auch deshalb, weil sonst der Zustand des Vermögens oder z. B. der steuerbare Erfolg für die Steuererklärung nicht zuverlässig ermittelt werden kann. Zur Liquidations-Eröffnungsbilanz gehört auch der Anhang.

22. Freiwillige Liquidation

22.6.2 Liquidations-Zwischenbilanzen

22.6.2.1 Pflicht zur Erstellung von Liquidations-Zwischenbilanzen

Die Erstellung von Liquidations-Zwischenbilanzen schreibt Art. 743 Abs. 5 OR vor. Erstreckt sich der Liquidationsvorgang über einen längeren Zeitraum als ein Jahr, sind auf das Ende jeden Geschäftsjahres während der Liquidationsperiode Zwischenabschlüsse zu erstellen.

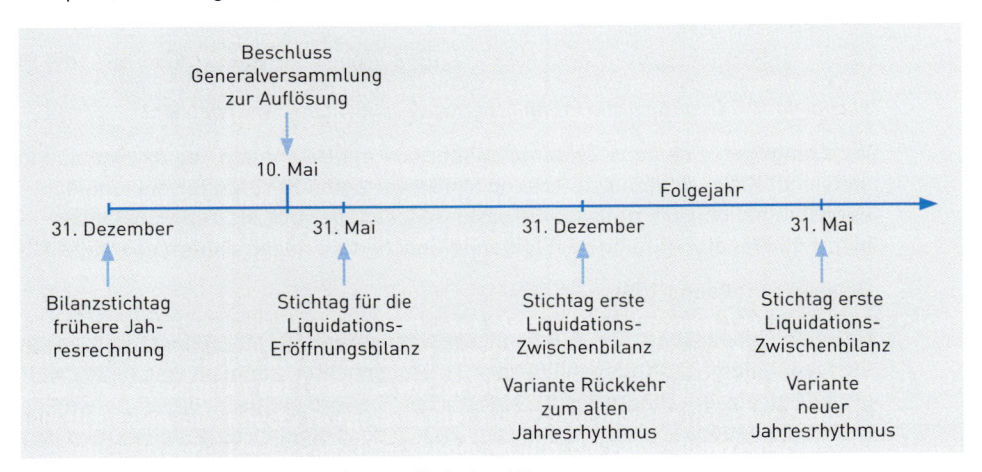

22.6.2.2 Stichtag der Liquidations-Zwischenbilanz

Der Stichtag für diese Zwischenbilanz kann so gewählt werden, dass wieder zum alten Zwölfmonatsrhythmus aus der Zeit vor der Liquidation (Bilanzstichtag der früheren Jahresrechnungen) zurückgekehrt wird. Möglich erscheint auch, eine neue Zwölfmonatsperiode mit Beginn am Tag der Auflösung der Gesellschaft zu initiieren (bzw. ab dem evtl. vor- oder nachverlegten Stichtag für die Liquidations-Eröffnungsbilanz).

Beispiel (Abbildung 106)

Abbildung 106: Stichtag der Liquidations-Zwischenbilanz

22.6.2.3 Neues Geschäftsjahr in der Liquidation

Wird zum alten Zwölfmonatsrhythmus aus der Zeit vor der Liquidation zurückgekehrt, kann die erste Liquidations-Zwischenbilanz mit einem Kurz- oder Langgeschäftsjahr verbunden werden, wobei eine Dauer von 23 Monaten (analog einer Gründung) nicht überschritten werden darf. Für nachfolgende Liquidations-Zwischenbilanzen gilt wieder der normale Zwölfmonatsrhythmus.

Es gilt aber zu beachten, dass überlange Geschäftsjahre aus Gründen der Ordnungsmässigkeit nur ausnahmsweise zulässig sind. Hat eine Gesellschaft bereits mit der Liquidations-Eröffnungsbilanz ein überjähriges Geschäftsjahr abgeschlossen, sollte die neue Geschäftsperiode bis zur ersten Liquidations-Zwischenbilanz höchstens zwölf Monate betragen.

Beispiel (Abbildung 107)

Hat eine Gesellschaft den Auflösungsbeschluss am 10. Mai gefasst und anschliessend die Liquidations-Eröffnungsbilanz per 31. Mai errichtet, kann sie im Jahr darauf wieder

22. Freiwillige Liquidation

auf den ursprünglichen Abschlusstag des 31. Dezember zurückkehren, entweder mittels eines Rumpfgeschäftsjahres von 7 Monaten (1. Juni bis 31. Dezember) oder eines Langgeschäftsjahres von 19 Monaten (1. Juni bis 31. Dezember des Folgejahres).

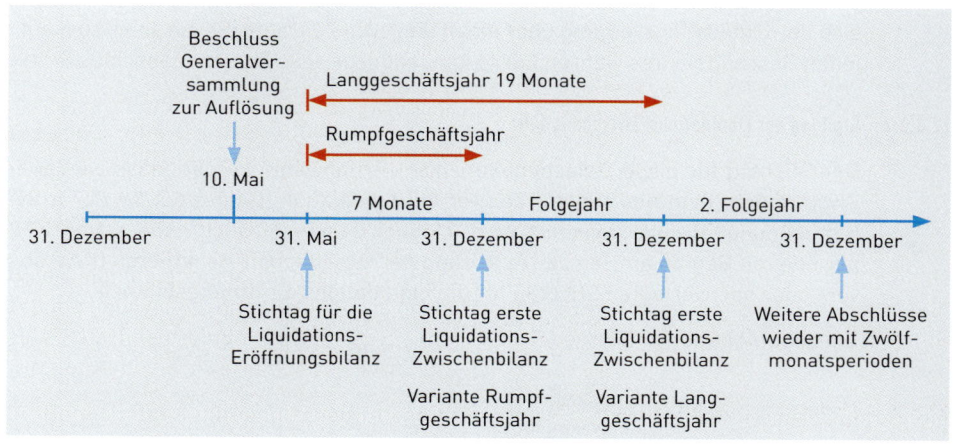

Abbildung 107: Ursprüngliche Prüfungsperiode/Liquidations-Zwischenbilanz

Wird hingegen eine neue Zwölfmonatsperiode mit Beginn am Tag der Auflösung der Gesellschaft (bzw. ab dem evtl. vor- oder nachverlegten Stichtag für die Liquidations-Eröffnungsbilanz) initiiert, umfasst die erste Geschäftsperiode bis zur Liquidations-Zwischenbilanz 12 Monate. Allfällig nachfolgende Geschäftsperioden dauern ebenfalls 12 Monate.

Beispiel (Abbildung 108):

Hat eine Gesellschaft den Auflösungsbeschluss am 10. Mai gefasst und anschliessend die Liquidations-Eröffnungsbilanz per 31. Mai errichtet, kann sie eine neue Zwölfmonatsperiode ab diesem Datum des 31. Mai starten. Sie wird aufgrund dieser neuen Periode ihre erste Liquidations-Zwischenbilanz am 31. Mai des Folgejahres erstellen (und dann wieder am 31. Mai in folgenden Jahren).

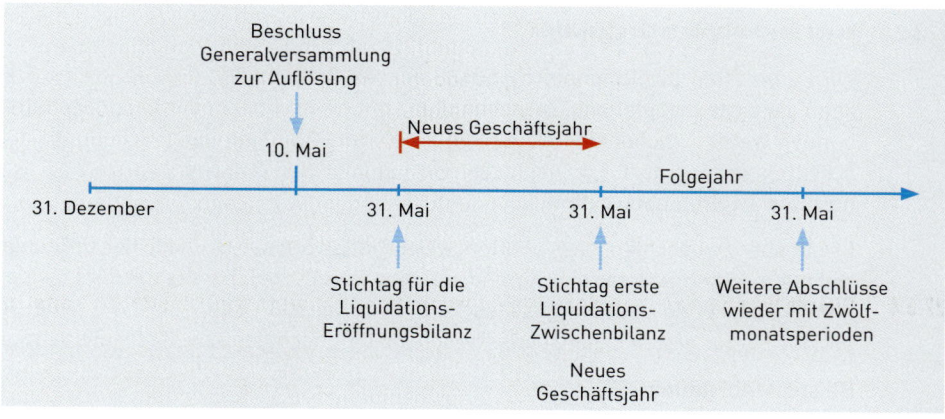

Abbildung 108: Neue Prüfungsperiode/Liquidations-Zwischenbilanz

Es ist gestattet, im Einzelfall eine möglichst gesellschaftsadäquate Lösung zu treffen. Die Wahl der Variante hängt v.a. von der Komplexität und der erwarteten Dauer des Verfahrens ab. Ist ein kurzes und einfaches Verfahren zu erwarten, empfiehlt es sich, die Erstellung von Liquidations-Zwischenbilanzen zu vermeiden. Es ist empfehlenswert, die Dauer des Geschäftsjahres in den Statuten entsprechend anzupassen.

22.6.2.4 Vorjahreszahlen, Erfolgsrechnung und Anhang

Obwohl das Gesetz in Art. 743 Abs. 5 OR von «Zwischenbilanzen» spricht, werden diese Bilanzen in der Praxis durch eine Erfolgsrechnung und einen Anhang ergänzt. Bei den Liquidations-Zwischenbilanzen sind die Vergleichszahlen zur vorgängigen Zwischenbilanz oder zur Liquidations-Eröffnungsbilanz anzugeben, da diese ebenfalls auf Veräusserungswerten beruhen. Die Liquidations-Zwischenbilanzen und Liquidations-Erfolgsrechnungen (mit Periodenangaben) geben den Beteiligten Aufschluss über den bisherigen Verlauf der Liquidation und dienen als Grundlage für eine allfällige Akontozahlung aus dem Liquidationserlös. Im Anhang wird auf die allenfalls noch fehlende Stetigkeit hingewiesen.

22.6.3 Liquidations-Schlussbilanz

22.6.3.1 Pflicht zur Erstellung der Liquidations-Schlussbilanz und ihr Zeitpunkt

Die Liquidations-Schlussbilanz wird im Gesetz nicht erwähnt. Sie erscheint aber von der Ordnungsmässigkeit her geboten und dient dem rechnerischen Abschluss der Liquidation. Sie zeigt auf, welcher Liquidationserlös zur Verteilung an die Aktionäre zur Verfügung steht.

Errichtet wird die Liquidations-Schlussbilanz mit der dazugehörenden Periodenerfolgsrechnung, sobald die Ansprüche sämtlicher Gläubiger (inkl. Steuerbehörden) befriedigt und alle Aktiven verwertet sind. Der Zeitpunkt kann in einfachsten Verhältnissen kurz nach dem Beschluss zur Auflösung bzw. zur Errichtung der Liquidations-Eröffnungsbilanz liegen. In der Praxis ist es in solchen Fällen möglich, dass formell weder eine Liquidations-Eröffnungs- noch -Schlussbilanz erstellt wird und die Löschung nach Ablauf des Sperrjahres erfolgt.

Die Liquidations-Schlussbilanz weist in der Regel nur noch flüssige Mittel, evtl. Forderungen gegen die Aktionäre, Rückstellungen für die Kosten der letzten Liquidationshandlungen (Kosten letzte Generalversammlung, Verteilung des Liquidationserlöses, Schlusshonorar des Liquidators, evtl. Honorar der Revisionsstelle für Prüfung der Liquidations-Schlussbilanz und/oder für den Bericht gemäss Art. 745 Abs. 3 OR, Gebühr Löschung im Handelsregister, Kapitalsteuern bis zur Löschung u.a.), evtl. rangrücktrittsbelastete Darlehen und Positionen im Eigenkapital aus. Der Ausweis der Vergleichszahlen der letzten Zwischenbilanz hat nur dann zu erfolgen, wenn ein Vergleich Sinn macht.

22.6.4 Welche Buchführungs- und Rechnungslegungsvorschriften haben die Liquidationsbilanzen zu erfüllen?

Die Gesellschaft in Liquidation untersteht weiter den gesetzlichen Buchführungs- und Rechnungslegungsvorschriften und errichtet alle Abschlüsse nach diesen Grundsätzen. Die jährlichen Liquidations-Zwischenbilanzen wie auch die Liquidations-Schlussbilanz werden stetig aus der Liquidations-Eröffnungsbilanz fortgeschrieben.

22.7 Genehmigung der Liquidationsbilanzen durch die Generalversammlung

Der Liquidator beruft die Generalversammlung zur Genehmigung jedes erstellten Abschlusses in der Liquidation ein. Deren Aufgaben sind analog denen in einer aktiven Gesellschaft. Die erste Generalversammlung genehmigt die Liquidations-Eröffnungsbilanz und nimmt Kenntnis vom Ergebnis des Schuldenrufes. Weil während der Liquidation keine Dividenden ausgeschüttet werden dürfen, entfallen Reservezuweisungen sowohl nach Art. 671 Abs. 2 wie auch Abs. 1 OR, auch wenn in der Liquidationsphase Gewinne erzielt werden.

22.8 Verteilung des Liquidationserlöses

22.8.1 Genehmigung durch Generalversammlung

Die Genehmigung der Liquidations-Schlussbilanz durch die Generalversammlung ist Bedingung für die rechtmässige Verteilung des verbleibenden Liquidationsergebnisses an die Berechtigten.

22.8.2 Verteilung des Vermögens am Ende der Liquidation

Die Verteilung des Liquidationserlöses an die Berechtigten erfolgt regelmässig durch Barüberweisung der Schlussdividende. Sie kann auch verrechnungsweise mit bestehenden Forderungen erfolgen. Auch Natural-Schlussdividenden sind unter denselben Bedingungen wie bei aktiven Gesellschaften möglich (Gleichbehandlung der Aktionäre, ausgeschüttete Gegenstände sind kurant oder Zustimmung aller Aktionäre).

Bestehen rangrücktrittsbelastete Darlehen, zeigt sich deren Deckungsgrad erst nach Abschluss der Liquidationshandlungen. Werden sie nicht voll durch Aktiven abgedeckt, fliesst der Liquidationsüberschuss an die Gläubiger dieser Darlehen. Sind sie voll abgedeckt, geht der weiter überschiessende Rest an die Aktionäre.

Das Ende einer Liquidation kann erheblich variieren. Als Regelfall sieht das Gesetz vor, dass die Verteilung von den Liquidatoren frühestens nach Ablauf eines Jahres vollzogen werden darf, von dem Tage an gerechnet, an dem der Schuldenruf zum dritten Mal ergangen ist (Art. 745 Abs. 2 OR). Die frühestmögliche Verteilung kann bereits nach Ablauf von drei Monaten erfolgen, wenn ein zugelassener Revisionsexperte bestätigt, dass die Schulden getilgt sind und nach den Umständen angenommen werden kann, dass keine Interessen Dritter gefährdet werden (Art. 745 Abs. 3 OR, dazu sogleich). Die Liquidatoren sind hier auf die Unterstützung durch einen zugelassenen Revisionsexperten angewiesen. Dauert die Liquidation länger als ein Jahr, aber kürzer als zwei Jahre, können die Liquidatoren den Prozess ohne Revisoren abschliessen. Komplexere Liquidationen können jahrelang dauern und bedürfen einer Revisionsstelle.

22.8.3 Vorzeitige Verteilung des Vermögens nach Art. 745 Abs. 3 OR

22.8.3.1 Allgemeines

Die Liquidations-Schlussbilanz bildet ebenfalls die Basis, falls die Verteilung bereits nach Ablauf von drei Monaten erfolgen soll. Allerdings muss die Revisionsstelle bzw. ein zugelassener Revisionsexperte bestätigen, dass die Schulden getilgt sind und nach den Umständen angenommen werden kann, dass keine Interessen Dritter gefährdet werden.

22. Freiwillige Liquidation

In der Praxis ergibt sich eine besondere Schwierigkeit mit den Steuerschulden, weil diese im Zeitpunkt der gewünschten vorzeitigen Verteilung des Vermögens meist nicht definitiv feststehen. Bis zur rechtskräftigen Einschätzung der letzten Steuerschulden vergeht oft ein Jahr oder mehr. In der Praxis sind aber die mutmasslichen Steuerschulden meist relativ genau abschätzbar. Damit die Bestätigung der Revisionsstelle ausnahmsweise dennoch erfolgen kann, muss der mutmassliche Aufwand für die Steuern zurückgestellt und müssen die dafür benötigten Mittel sichergestellt werden. Zu den bereits oben erwähnten Rückstellungen für die Kosten der letzten Liquidationshandlungen kommen daher bei vorzeitiger Verteilung noch diese mutmasslichen Steuerschulden dazu. Bei komplexer Steuersituation sind eine Bestätigung der Schuldentilgung und eine vorzeitige Verteilung darum nicht möglich.

22.8.3.2 Vorzeitige Löschung der Gesellschaft?

Manchmal wird die vorzeitige Verteilung des Vermögens nur angestrebt, um eine vorzeitige Löschung der Gesellschaft zu erreichen. Das Handelsregister vollzieht die Löschung jedoch erst nach Vorliegen der Zustimmung der Steuerbehörden. Weil diese regelmässig erst nach Jahresfrist vorliegt, erscheint die vorzeitige Löschung in der Praxis kaum möglich. Die Revisionsstelle sollte vor Annahme eines Bestätigungsmandates den Liquidator darüber orientieren. Wenn dieser sowieso über ein Jahr bis zur Löschung warten muss, wird der Revisionsbericht weder für die Verteilung noch die Löschung benötigt.

22.8.4 Vorzeitige Verteilung des Vermögens während laufender Liquidation

22.8.4.1 Problemstellung

Das Gesetz verbietet vorzeitige Verteilungen ausserhalb des Verfahrens von Art. 745 Abs. 3 OR. In der Praxis verlangen die Berechtigten jedoch regelmässig nach einer frühzeitigen Verteilung des Vermögens. Dies akzentuiert sich, wenn die Liquidation über ein Jahr dauert und wenn erhebliche Mittel zu verteilen sind, die zunehmend im Verlaufe des Liquidationsprozesses in liquider Form anfallen und u. U. jahrelang blockiert sind.

In solchen Fällen wird vom Liquidator erwartet, dass er diese Mittel laufend an die Berechtigten zurückführt. Auch die Revisionsstelle kann deswegen unter Druck geraten, weil sich der Liquidator absichern will. Obwohl ein solches Bedürfnis in der Praxis in vielen Fällen ausgewiesen erscheint, hat der Gesetzgeber diese Möglichkeit nicht ausdrücklich vorgesehen.

22.8.4.2 Lösungsmöglichkeiten

Das Problem ist einfach zu lösen oder zu lindern, indem die ausschüttbaren Reserven vor dem Auflösungsbeschluss als Dividende ausgeschüttet werden. Weil in diesem Fall die materielle Voraussetzung für eine freiwillige Liquidation bereits besteht, muss diese Dividende auch auf der Basis von Liquidationswerten gerechtfertigt sein. Maximal darf nur die geringere Summe an ausschüttbaren Reserven ausbezahlt werden.

Eine rechtlich zulässige Rückzahlung lässt sich über eine formelle Reduktion des Aktienkapitals bis zum Betrag von CHF 100 000 nach Art. 732 ff. OR erreichen. In diesem Verfahren können gleichzeitig die gesetzlichen Reserven auf das Minimum reduziert werden. Bestehen freie Reserven, können diese im gleichen Verfahren gänzlich zurückgeführt

22. Freiwillige Liquidation

werden. Dieser Weg sollte daher auch Gesellschaften offenstehen, deren Aktienkapital sich auf dem gesetzlichen Minimum befindet. Das Verfahren mit Kapitalherabsetzung ist allerdings im Vergleich zur nachfolgend dargestellten Akontozahlung relativ kompliziert und dauert wegen des Schuldenrufs etwa 3 Monate (Art. 733 OR).

Einfach zu handhaben und in der Praxis am häufigsten vorkommend sind Vorauszahlungen bzw. Akontozahlungen auf die zu erwartende Schlussdividende. Diese Vorauszahlungen sind als Darlehen zu aktivieren und werden am Ende der Liquidation mit dem Anspruch auf die Schlussdividende verrechnet. Sie müssen darum allenfalls zurückgeführt werden, wenn unerwartete Verbindlichkeiten auftauchen. Die Vorschriften in Art. 671 OR zur Bildung von gesetzlichen Reserven kommen nicht zur Anwendung.

Der Liquidator klärt in solchen Fällen die Bonität des Empfängers ab und errichtet im Zweifel eine Zwischenbilanz, um das Vorhandensein von freien Mitteln zu erhärten (oft gehen solche Vorausverteilungen zulasten von gesetzlichen Reserven oder des Aktienkapitals). Dazu wendet er sich auch an die Revisionsstelle und verlangt einen Revisionsbericht zur geplanten Akontozahlung, der entweder die Gesetzes- und Statutenkonformität (analog zum Gewinnverwendungsantrag des Verwaltungsrats bei der Jahresrevision) oder die Zulässigkeit einer Akontozahlung als vorzeitige Verteilung (analog zu Art. 745 Abs. 3 OR) bestätigt. Solche Revisionsberichte entfalten keine gesetzliche Wirkung, indem sie z. B. die Zulässigkeit der Akontozahlungen bewirken. Wünscht der Liquidator einen solchen Bericht zur Dokumentation seiner sorgfältigen Amtsausübung trotzdem, muss dieser auf auftragsrechtlicher Basis erfolgen.

Review Zwischenabschluss zur Bestätigung der aktuellen Vermögenslage

Bericht des Wirtschaftsprüfers an die Liquidatoren der **[Name der Gesellschaft] in Liquidation, [Ort]**

Auftragsgemäss haben wir eine Review des Zwischenabschlusses (ohne Erfolgsrechnung) zu Liquidationswerten per [Datum] durchgeführt.

Für den Zwischenabschluss sind die Liquidatoren verantwortlich, während unsere Aufgabe darin besteht, aufgrund unserer Review einen Bericht über den Zwischenabschluss abzugeben.

Unsere Review erfolgte nach dem Schweizer Prüfungsstandard 910, «Review (prüferische Durchsicht) von Abschlüssen». Danach ist eine Review so zu planen und durchzuführen, dass wesentliche Fehlaussagen im Abschluss [5] erkannt werden, wenn auch nicht mit derselben Sicherheit wie bei einer Prüfung. Eine Review besteht hauptsächlich aus der Befragung von Mitarbeiterinnen und Mitarbeitern sowie analytischen Prüfungshandlungen in Bezug auf die dem Zwischenabschluss zugrunde liegenden Daten. Wir haben eine Review, nicht aber eine Prüfung durchgeführt und geben aus diesem Grund kein Prüfungsurteil ab.

Bei unserer Review sind wir nicht auf Sachverhalte gestossen, aus denen wir schliessen müssten, dass der Zwischenabschluss nicht die tatsächlichen Liquidationswerte in Übereinstimmung mit Art. 958a Abs. 2 OR vermittelt.

22. Freiwillige Liquidation

Die gesetzliche Zulässigkeit von Akontozahlungen erscheint also fraglich. Infolge der oft überschaubaren Verhältnisse und minimaler Risiken werden sie dennoch regelmässig geleistet. Die Risiken lassen sich vermeiden, wenn die Darlehen aus diesen Akontozahlungen nachträglich zeitig durch Kapitalherabsetzungen im gleichen Umfang verrechnet werden können.

Verteilung Liquidationserlös	Voraussetzungen
Letzte Dividendenzahlung vor dem Auflösungsbeschluss	Ermittlung der ausschüttbaren Reserven auf der Basis von Fortführungs- und Liquidationswerten
	Ausschüttung des geringeren der beiden Beträge
	Genehmigung des Antrags des Verwaltungsrats auf Gewinnverwendung durch die Generalversammlung unter Vorlage des Revisionsberichts
Vorzeitige Verteilung des Vermögens am Ende der Liquidation	Voraussetzungen des Art. 745 Abs. 3 OR
Kapitalherabsetzung nach dem Auflösungsbeschluss	Voraussetzungen des Art. 732 ff.
Akontozahlungen/Vorauszahlungen auf die erwartete Schlussdividende	Aktivierung als Darlehen
	Abklärung der Bonität des Darlehensempfängers
	Freiwillige Bestätigung der Revisionsstelle
Ordentliche Schlussdividende am Ende der Liquidation	Genehmigung der Liquidations-Schlussbilanz durch die Generalversammlung

22.9 Aufgaben der Liquidatoren bei Überschuldung (Art. 743 Abs. 2 OR)

22.9.1 Feststellung der Überschuldung

Die Liquidatoren haben, sobald sie eine Überschuldung feststellen, den Richter zu benachrichtigen; dieser hat die Eröffnung des Konkurses auszusprechen. Die Überschuldung kann sich schon aus der Liquidations-Eröffnungsbilanz oder auch erst später ergeben. Artikel 743 Abs. 2 OR erwähnt zwar im Gegensatz zum analogen Art. 725 Abs. 2 OR weder Erstellung noch Prüfung einer Zwischenbilanz bei Besorgnis einer Überschuldung. Die Vorschriften von Art. 725 Abs. 2 OR sind jedoch bei einer Gesellschaft in Liquidation analog anwendbar.

Es spielt darum keine Rolle, in welcher Bilanz die Liquidatoren die Überschuldung entdecken. Die Revisionsstelle muss diese i.S.v. Art. 725 Abs. 2 OR prüfen, anschliessend die Sanierungsmassnahmen überwachen und allenfalls Anzeige beim Richter erstatten (vgl. dazu Kapitel 10).

22.9.2 Anwendbarkeit von Art. 725 OR

Art. 725 Abs. 1 OR verlangt, eine Generalversammlung einzuberufen und Sanierungsmassnahmen zu beantragen, wenn die letzte Jahresbilanz zeigt, dass die Hälfte des Aktienkapitals und der gesetzlichen Reserven nicht mehr gedeckt ist. Die Vorschrift von Art. 670 OR (bzw. Art. 671b OR) ist für freiwillige Liquidationen anwendbar und kann als Sanierungsinstrument eingesetzt werden.

Art. 725 Abs. 2 OR verlangt nicht nur die Erstellung, sondern auch die Prüfung einer Zwischenbilanz bei Besorgnis einer Überschuldung. Zudem erwähnt er die Möglichkeit, mit

22. Freiwillige Liquidation

Rangrücktrittsvereinbarungen den Gang zum Richter zu vermeiden. Diese Regeln gelten auch in der Liquidation. So sind Erstellung und Prüfung der Zwischenbilanz genauso bedeutend wie bei einer aktiven Gesellschaft. Nur aus dieser Zwischenbilanz ist die Höhe einer Überschuldung und des daraus folgenden Sanierungsbedarfs ersichtlich. Diese Informationen sind auch im Blick auf die allfällige Benachrichtigung des Richters unerlässlich.

Die freiwillige Liquidation einer überschuldeten Aktiengesellschaft erscheint daher auch dann möglich, wenn z. B. die Liquidations-Eröffnungsbilanz zeigt, dass die vorhandenen Aktiven nur diejenigen Gläubiger abdecken, die nicht durch Rangrücktrittserklärungen belastet sind. In der Liquidationsphase können insbesondere in Konzernverhältnissen auch neue Rangrücktrittserklärungen abgegeben werden, um das freiwillige Liquidationsverfahren zu ermöglichen.

Auch wenn die Höhe eines vorbestehenden Rangrücktrittes nach der Umstellung auf Liquidationswerte noch immer ausreichend erscheint, muss abgeklärt werden, ob bis zur Beendigung des Liquidationsverfahrens allenfalls operative Verluste anfallen. Solche Verluste müssen bereits in der Liquidations-Eröffnungsbilanz zurückgestellt werden und vom Rangrücktritt abgedeckt sein.

22.10 Aufgaben der Revisionsstelle

22.10.1 Stellung der Revisionsstelle

Die Revisionsstelle bleibt Organ der Gesellschaft, bis diese im Handelsregister gelöscht wird. Ihre Stellung ändert sich daher nicht, und ihre gesetzlichen Pflichten sind dieselben wie bei einer aktiven Gesellschaft. Im Liquidationsverfahren obliegen der Revisionsstelle (mit Ausnahme der Prüfung des Antrags über die Verwendung des Bilanzgewinnes) weitgehend die gleichen Pflichten wie bei einer aktiven Gesellschaft (siehe Kapitel 2.9).

22.10.2 Gesetzlich vorgesehene Aufgaben der Revisionsstelle (Art. 745 Abs. 3 OR)

Explizit wird die Revisionsstelle bzw. ein zugelassener Revisionsexperte in der freiwilligen Liquidation nur in besagtem Art. 745 Abs. 3 OR erwähnt, nach dem eine Verteilung des Vermögens der aufgelösten Gesellschaft bereits nach Ablauf von drei Monaten erfolgen darf, wenn ein zugelassener Revisionsexperte bestätigt, dass die Schulden getilgt sind und nach den Umständen angenommen werden kann, dass keine Interessen Dritter gefährdet werden. Im Zusammenhang mit der Bestätigung, dass alle angemeldeten Schulden getilgt sind, wird auf die Ausführungen weiter oben verwiesen. Ein Muster der Prüfbestätigung aus PH 10 kann aus politischen Gründen nicht abgedruckt werden. Die Kernaussage der notwendigen Prüfbestätigung lautet:

> Nach unserer Beurteilung sind die Schulden der [Firma in Liq.] getilgt und es kann nach den Umständen angenommen werden, dass durch eine vorzeitige Verteilung des Vermögens keine Interessen gefährdet sind.

Die Bestätigung, dass «nach den Umständen angenommen werden kann, dass keine Interessen von Dritten gefährdet werden», bedeutet nur, dass sich der Prüfer davon zu überzeugen hat, dass alle bekannten oder unbekannten Gläubiger von der Auflösung der Gesellschaft in Kenntnis gesetzt sowie zur Anmeldung ihrer Ansprüche aufgefordert wur-

22. Freiwillige Liquidation

den. Es soll nicht mit weiteren Forderungsanmeldungen gerechnet werden müssen. In einfachen Verhältnissen, in denen die Gläubiger in der Regel bekannt sind und schon seit geraumer Zeit keine Geschäfte mehr getätigt wurden, dürfte die Prüfung dieses Sachverhalts mit geringem Aufwand möglich sein.

22.10.3 Prüfung der Liquidationsbilanzen

22.10.3.1 Ausgangslage

Das Gesetz erwähnt keine Prüfungspflichten der Revisionsstelle. Diese muss also weder die Liquidations-Eröffnungsbilanz noch die -Schlussbilanz prüfen (HWP 1, S. 325). In der Praxis ist eine Prüfung jedoch üblich (das Berichtsmuster aus PH 10 kann aus politischen Gründen nicht abgedruckt werden). Die Kernaussage der Prüfbestätigung der Liquidationseröffnungsbilanz lautet:

> Nach unserer Beurteilung entspricht die Liquidations-Eröffnungsbilanz per [Datum] der [Firma] dem schweizerischen Gesetz und den Statuten.

Die Liquidations-Zwischenbilanzen inkl. Erfolgsrechnungen und Anhang hingegen hat die Revisionsstelle zu prüfen und darüber Bericht zu erstatten (HWP 1, S. 325). Der Gesetzgeber verlangt bei aktiven Gesellschaften eine mindestens jährlich erfolgende Prüfung. Für die Liquidationsphase gilt dies analog (siehe Muster Kapitel 22.11.1).

Dauert die Liquidation weniger lang als zwei Jahre, kann es daher vorkommen, dass die Revisionsstelle keine gesetzlichen Prüfungen vornehmen muss. Wünscht der Liquidator dennoch einen Revisionsbericht, muss dieser auf auftragsrechtlicher Basis erfolgen.

Die Prüfung verlagert sich in diesem Fall auf die Prüfung der Bewertung und der Vollständigkeit der Aktiven und Passiven sowie auf den Nachweis, dass das Entgelt für die Veräusserung von Aktiven der Gesellschaft auch zugeflossen ist. Die Bewertung der Bilanzposten erfolgt zu Liquidationswerten (zu den Bewertungsfragen unten).

22.10.3.2 Prüfung der letzten ordentlichen Jahresrechnung und der Liquidations-Eröffnungsbilanz

In der Regel erfährt die Revisionsstelle vor Beginn der Prüfungsarbeiten für die letzte ordentliche Jahresrechnung, dass ein Auflösungsbeschluss geplant ist. Beabsichtigt die Gesellschaft eine Prüfung der Liquidations-Eröffnungsbilanz, kann die Revisionsstelle ihre Arbeit unmittelbar den neuen Umständen anpassen. Soll auf diese Prüfung jedoch verzichtet werden und wird die Revisionsstelle erst nach Abgabe des Revisionsberichts, aber vor Durchführung der Generalversammlung informiert, teilt sie der Gesellschaft mit, dass die Revisionsberichte nicht mehr gültig sind und alle Originale zurückzuerstatten sind. Die ordentliche Generalversammlung kann die geprüfte Jahresrechnung nicht mehr genehmigen (siehe auch Kapitel 15.5.5). Die Gesellschaft hat keinen Anspruch mehr auf Erstellung einer Jahresrechnung zu Fortführungswerten.

22.10.3.3 Prüfungs- und Berichterstattungsart bei Liquidations-Zwischenbilanzen

In der Regel ist die Prüfungsart (ordentliche Revision oder eingeschränkte Revision) nach dem Auflösungsbeschluss dieselbe wie zuvor. Die Definition der Revisionspflich-

22. Freiwillige Liquidation

ten gemäss Art. 727 OR ist auch auf Gesellschaften in Liquidation anwendbar. Durch die Umstellung auf Liquidationswerte oder andere Liquidationsmassnahmen (Dekotierung, Verkäufe, Personalabbau, Schuldenrückzahlungen usw.) können sich aber Bilanzsumme, Umsatzerlös und Anzahl Vollzeitstellen erheblich verändern. Auch kann die Konzernrechnungspflicht i. S. v. Art. 727 Abs. 1 Ziff. 3 OR z. B. durch den Verkauf von Beteiligungen entfallen. Möglicherweise unterliegt eine Gesellschaft mit der Zeit nur noch der eingeschränkten Revision oder hat die Möglichkeit zu einem Opting-out (weniger als 10 Vollzeitstellen, Art 727a Abs.2 OR).

Bei einer eingeschränkten Revision erfolgt die Berichterstattung mit der üblichen Negativformulierung. Hinweise richten sich nach der hier bestehenden beschränkten Hinweispflicht:

Revisionsbericht	Voraussetzungen	Revisor/Zulassung
Prüfung der Liquidations-Eröffnungsbilanz	Freiwillige Prüfung Basis Auftragsrecht	Keine Vorschriften
Prüfung der Liquidations-Zwischenbilanz Siehe Muster 22.11.1	Gesetzliche Prüfung Basis Organstellung	Revisionsstelle Art. 727 b und c OR
Prüfung der Liquidations-Schlussbilanz	Freiwillige Prüfung Basis Auftragsrecht	Keine Vorschriften
Prüfbericht zur vorzeitigen Verteilung des Vermögens	Gesetzliche Prüfung (Art. 745 Abs. 3 OR) Basis Organstellung	Revisionsstelle Zugelassener Revisionsexperte
Prüfung einer Zwischenbilanz bei Besorgnis einer Überschuldung	Gesetzliche Prüfung (Art. 725 Abs. 2 OR) Basis Organstellung	Revisionsstelle Art. 727 b und c OR
Prüfbericht zu Akontozahlungen während laufender Liquidation	Freiwillige Prüfung Basis Auftragsrecht	Keine Vorschriften

22.10.3.4 Prüfungsperioden

Die Prüfungsperiode hängt davon ab, wann der letzte geprüfte Abschluss erstellt wurde. Sie sollte aber nie mehr als 30 Monate umfassen. Diese langen Perioden ohne Revision können deshalb zustande kommen, weil es keine gesetzliche Prüfpflicht für die Liquidations-Eröffnungsbilanz gibt. Der Liquidator darf zwar überlange Geschäftsjahre aus Gründen der Ordnungsmässigkeit nur ausnahmsweise vorsehen. Hat die Gesellschaft z. B. bereits mit der Liquidations-Eröffnungsbilanz ein überjähriges Geschäftsjahr abgeschlossen (maximale Dauer 18 Monate), darf die neue Geschäftsperiode bis zur ersten, prüfpflichtigen Liquidations-Zwischenbilanz höchstens 12 Monate betragen.

Hat eine Gesellschaft daher (z. B. wie in obiger Abbildung 105) die ungeprüfte Liquidations-Eröffnungsbilanz mit einem Langjahr von 17 Monaten abgeschlossen, darf die nächste Geschäftsperiode maximal 12 Monate umfassen. Die erste Revision findet dann nach 29 Monaten statt.

22. Freiwillige Liquidation

22.10.4 Teilnahme an der Generalversammlung

Der Prüfer wird der Revisionsart entsprechend an der Generalversammlung teilnehmen und allenfalls Auskünfte erteilen. Die Generalversammlung hat die Aufgabe, die Liquidations-Zwischenbilanz zu genehmigen.

Bleibt der Liquidator untätig, ist gemäss Art. 699 Abs. 1 OR die Revisionsstelle nicht dazu verpflichtet, nötigenfalls eine Generalversammlung einzuberufen. Ein solche Pflicht wäre nur unter sehr restriktiven und kumulativen Bedingungen denkbar (analog zu Kapitel 10.7.5), z.B. wenn die Gesellschaft Sanierungsmassnahmen ergreifen sollte (ohne Massnahmen würde kurzfristig eine Überschuldung drohen), wenn der Liquidator keine tauglichen Sanierungsmassnahmen ergreift, wenn die Aktionäre (oder Minderheitsaktionäre) nicht informiert sind und wenn davon ausgegangen werden kann, dass eine Information der Aktionäre durch die Revisionsstelle Auswirkungen auf den Sanierungswillen hätte.

22.10.5 Pflichten der Revisionsstelle bei Kapitalverlust, Besorgnis einer Überschuldung, offensichtlicher Überschuldung und Illiquidität

Das Gesetz erwähnt nirgends entsprechende Pflichten der Revisionsstelle, z.B. die Anzeige beim Richter bei offensichtlicher Überschuldung (analog Art. 728c Abs. 3 oder 729c OR). Es stellt sich die Frage, ob diese Pflichten die Revisionsstelle genauso treffen wie bei einer aktiven Gesellschaft.

Die Interessenlage und die Schutzbedürfnisse der Gläubiger sind bei Untätigkeit der Liquidatoren mit denjenigen des pflichtvergessenen Verwaltungsrates in einer Situation gemäss Art. 725 Abs. 1 oder 2 OR vergleichbar. Die Pflichten der Revisionsstelle im Fall von Art. 725 OR sind daher wie in Kapitel 10.3 ff. beschrieben wahrzunehmen. Die Revisionsstelle ist auch im Falle einer Überschuldung (Art. 725 Abs. 2 OR) bzw. einer offensichtlichen Überschuldung verpflichtet, den Richter zu benachrichtigen, wenn der Liquidator die Anzeige unterlässt (BGE 123 III 479 E. 4b). Die Überschuldung der Zwischenbilanz zu Fortführungswerten ist allerdings nicht mehr zu ermitteln. Für die Erfüllung auch dieser Pflichten wird auf die Ausführungen in Kapitel 10.14 f. verwiesen.

> **Hinweis** im Bericht der Revisionsstelle zur Liquidations-Zwischenbilanz (siehe Beispiel 22.11.1 – Hinweis ist im Anschluss an die Prüfungsaussage anzubringen):
>
> Wir machen darauf aufmerksam, dass die Liquidations-Zwischenbilanz der [Name der Gesellschaft] in Liquidation eine Überschuldung aufweist. Wir weisen darauf hin, dass die Liquidatoren entgegen der Bestimmungen von Art. 743 Abs. 2 OR i.V.m. Art. 725 Abs. 2 OR die Benachrichtigung des Richters unterlassen haben.

Im Unterschied zu einer aktiven Gesellschaft ist allerdings zu beachten, dass die Revisionsstelle bei einer freiwilligen Liquidation, wenn sie weniger als 2 Jahre dauert, keinerlei Kontakt mehr zur Gesellschaft haben muss. Sie erfährt u.U. erst aus der Publikation der Löschung der Gesellschaft im Handelsregister, dass die Liquidation abgeschlossen wurde. Die Revisionsstelle ist weder berechtigt noch verpflichtet, sich periodisch bei der Gesellschaft über den Stand der Liquidation oder die finanzielle Lage zu informieren.

22. Freiwillige Liquidation

Fällt eine aktive Gesellschaft in die Illiquidität, entfällt ihre Fortführungsfähigkeit, und sie muss auf Liquidationswerte übergehen. Meist ist die Gesellschaft dann überschuldet und muss die Bilanz deponieren. Wird hingegen eine Gesellschaft in freiwilliger Liquidation illiquid, ergibt sich die Besonderheit, dass diese ihre Bilanz längst auf Liquidationswerte umgestellt hat und zu diesen Werten keine Überschuldung zeigt (sonst hätte sie den Konkursrichter bereits früher benachrichtigen müssen). Eine illiquide Gesellschaft kann jedoch die freiwillige Liquidation nicht lange fortsetzen. Die bilanzierten Veräusserungswerte, die auf der Basis einer geordneten Liquidation ermittelt wurden, müssen in einem solchen Fall auf Konkurs-Veräusserungswerte (Notverkäufe) umgestellt werden. Meist ergibt sich dann eine Überschuldung, und die Bilanz muss deponiert werden.

22.10.6 Zulassung der Revisionsstelle und Haftungsgrundlagen

Die gesetzlich vorgeschriebenen Prüfungen haben von zugelassenen Revisionsstellen zu erfolgen und ziehen die gesetzliche Organhaftung gemäss Art. 755 OR nach sich. Der Revisionsbericht nach Art. 745 Abs. 3 OR ist von der Revisionsstelle bzw. einem zugelassenen Revisionsexperten (falls die Revisionsstelle diese Zulassung nicht besitzt) zu erstatten. Vor der Revisionsstelle hingegen müssen die Liquidations-Zwischenbilanz und die Zwischenbilanz gemäss Art. 725 Abs. 2 OR geprüft werden. Für die beiden freiwilligen auftragsrechtlichen Prüfungen der Liquidations-Eröffnungsbilanz und der Liquidations-Schlussbilanz ist keine Zulassung vorgeschrieben. Die Haftung richtet sich nach Auftragsrecht.

22.10.7 Bewertungsfragen bei der Prüfung in der freiwilligen Liquidation

22.10.7.1 Grundlegendes zu den Bewertungsvorschriften

Das Gesetz enthält keine besonderen Bewertungsvorschriften für die freiwillige Liquidation. Mit dem Eintritt der materiellen Voraussetzungen zur freiwilligen Liquidation entfällt die Going-Concern-Basis und damit die Prämisse der zeitlich nicht begrenzten Fortführung nach Art. 958a OR. Die Bewertung zu Fortführungswerten verliert ihre Grundlage. Daher müssen alle Liquidationsbilanzen auf Veräusserungswerten basieren.

22.10.7.2 Begriff der Veräusserungswerte und deren Ermittlung

Veräusserungswerte bezeichnen den erwarteten Erlös beim Verkauf der Aktiven. Es geht dabei um die Ermittlung der effektiv erzielbaren Preise und nicht mehr um die für die Bewertung bei Fortführung massgebenden Preise. Die neuen Werte können erheblich unter den bisherigen Buchwerten liegen. Weil die aktienrechtlichen Höchstbewertungsvorschriften nicht mehr gelten, können diese auch deutlich darüber und auch über den Anschaffungswerten liegen. Die Bildung oder Beibehaltung von stillen Reserven ist jedoch auch in der Liquidationsphase möglich. Für Bewertungen gilt auch das Vorsichtsprinzip.

Der Zweck der möglichst exakten Bewertung liegt darin, das neue Eigenkapital zu ermitteln und insbesondere eine allfällige Überschuldung aufzudecken. Obwohl diese Aufgabe in der Praxis bei gewissen Bilanzpositionen sehr schwierig sein kann, wäre es nicht richtig, einfach bei den bisherigen Buchwerten zu bleiben eine Totalabschreibung zu verlangen. Erfahrungsgemäss handelt es sich dabei um immaterielle Güter wie Lizenzen,

Patente, Modelle, Kontingente usw., von welchen meist weder Marktpreise noch Erfahrungswerte existieren. Aber auch die Ermittlung von verlässlichen Ertragswerten kann sehr schwierig sein.

Besondere Vorsicht ist für die Revisionsstelle dann am Platz, wenn sie in der freiwilligen Liquidation mit der Prüfung einer Liquidationsbilanz beauftragt wird, weil ein ganzheitlicher Verkauf des Unternehmens geplant ist. Die Bestätigung der Liquidationswerte im Prüfbericht kann zu Haftungsproblemen führen, wenn der Käufer später feststellt, dass die Werthaltigkeit nicht entsprechend gegeben ist.

Plant eine Gesellschaft den Verkauf einer Tochtergesellschaft oder einer ganzen Sparte, erfolgt die Bewertung dieser Nettoaktiven zum Veräusserungswert unter Abzug noch anfallender Verkaufskosten (wie z. B. Vermittlergebühren, Beratungshonorare, allfällige Transaktionssteuern). Das Kostenwertprinzip ist aufgrund des Vorsichtsprinzips weiterhin zu berücksichtigen, weil die Fortführung der Gesellschaft nicht vollständig, sondern nur für einen Teil aufgegeben wird (HWP NRLG, S. 317).

Gemäss HWP 1 (S. 323) kann der Möglichkeit eines ganzheitlichen Verkaufs des Unternehmens Rechnung getragen werden. Das Resultat der Liquidation fällt dabei in der Regel besser aus, als wenn infolge beschleunigter Veräusserung nur noch ein Zerschlagungswert realisiert werden kann. Das gilt sowohl für einzelne Gesellschaften mit ihren verschiedenen Geschäftsbereichen wie auch für die Liquidation einer Konzernmuttergesellschaft mit mehreren Beteiligungen. Kann das Beteiligungspaket als Ganzes veräussert werden, kann die Bewertung höher ausfallen.

Unverkäufliche Aktiven sind abzuschreiben. Ein Goodwill wird i. d. R. nur noch werthaltig sein, wenn ein ganzheitlicher Verkauf des Unternehmens bzw. Geschäftsbetrieb möglich ist und die Ertragslage auch nach dem Verkauf aussichtsreich ist.

Forderungen gegenüber Aktionären aus nicht voll liberiertem Aktienkapital sind zu bewerten. Ist die Gesellschaft in der Lage, ihre Verpflichtungen auch ohne Nachliberierung zu erfüllen, verzichtet sie meist auf Einforderung (HWP 1, S. 324).

22.10.7.3 Anpassungen in den Passiven

In der Liquidation müssen angemessene Rückstellungen für alle damit verbundenen Kosten gebildet werden, wie z. B. Rückstellungen für Stilllegungen, Entsorgungen, Abgangsentschädigungen, Sozialpläne, Steuern (z. B. Liquidationssteuern), Honorare der Liquidatoren und der Revisionsstelle, Abfindungen bei Auflösung von Verträgen (HWP 1, S. 323), angedrohte oder laufende Passivprozesse inkl. Gerichtskosten und Parteientschädigungen (bzw. Wertberichtigungen bei Aktivprozessen) usw.

Weitere Überlegungen zur Bilanzierung zu Veräusserungswerten finden sich in Kapitel 22.10.7.2.

22.10.8 Auswirkung auf die Konsolidierungspflicht bei Liquidation einer Konzerngesellschaft oder eines Konzerns

Wird eine Konzerngesellschaft freiwillig liquidiert, so wird sie weiter konsolidiert werden. Lediglich bei Eröffnung eines Konkursverfahrens wird die Gesellschaft vom Konsolidierungskreis ausgeschlossen, weil die Kontrolle über die Gesellschaft auf die Konkursverwaltung übergeht (HWP NRLG, S. 366).

Betrifft die freiwillige Liquidation die Konzernobergesellschaft selber und bedeutet dies, dass der ganze Konzern liquidiert wird, so besteht die Konsolidierungspflicht gemäss Art. 963 OR weiter, weil i.d.R. weder die Kontrolle entfällt noch die Grössenkriterien von Art. 963a Abs. 1 Ziff. 1 OR sich sofort zurückbilden. Auch für die möglichst zuverlässige Beurteilung der Vermögens- und Ertragslage i.S.v. Abs. 2 Ziff. 1 von Art. 963a OR kann eine Konsolidierung nach wie vor erforderlich sein. Für die Dauer der Liquidation wird diese jedoch auf Veräusserungswerten basieren.

22.10.9 Löschung im Handelsregister und Aufbewahrung der Geschäftsbücher

Das Amt der Revisionsstelle endet erst, wenn die Liquidatoren die Löschung der Gesellschaft beim Handelsregister anmelden (Art. 746 OR). Die Geschäftsbücher der Gesellschaft sind während 10 Jahren aufzubewahren (Art. 747 OR).

Tauchen nach der Löschung der Gesellschaft neue Aktiven oder Verbindlichkeiten auf, kann diese durch die Liquidatoren, den ehemaligen Verwaltungsrat, Aktionäre oder Gläubiger ausnahmsweise wieder im Handelsregister eingetragen werden. Weil die Revisionsstelle bei der Löschung der Gesellschaft normalerweise ihre eigene Löschung nicht auch noch veranlasst, ist sie bei der Wiedereintragung plötzlich – ohne dass sie davon erfährt – wieder als Revisionsstelle dieser Gesellschaft im Handelsregister eingetragen. Ohne neue Mandatsannahmeerklärung kann allerdings die Organstellung der Revisionsstelle nicht wieder aufleben. Es liegt am Handelsregister oder an dem Wiedereintragenden, die Revisionsstelle zu benachrichtigen oder um eine Mandatsannahme zu ersuchen.

22. Freiwillige Liquidation

22.11 Vorlage

22.11.1 Prüfbestätigung zur Liquidations-Zwischenbilanz (eingeschränkte Revision)

> Bericht der Revisionsstelle zur eingeschränkten Revision
> an **[Name der Gesellschaft] in Liquidation, [Ort]**
>
> Als Revisionsstelle haben wir die auf den [Datum] erstellte Liquidations-Zwischenbilanz (Bilanz, Erfolgsrechnung und Anhang), bewertet zu Veräusserungswerten der **[Name der Gesellschaft] in Liquidation, [Ort]** geprüft.
>
> Für die Jahresrechnung sind die Liquidatoren verantwortlich, während unsere Aufgabe darin besteht, diese zu prüfen. Wir bestätigen, dass wir die gesetzlichen Anforderungen hinsichtlich Zulassung und Unabhängigkeit erfüllen.
>
> Unsere Revision erfolgte nach dem Schweizer Standard zur eingeschränkten Revision. Danach ist diese Revision so zu planen und durchzuführen, dass wesentliche Fehlaussagen in der Liquidations-Zwischenbilanz erkannt werden. Eine eingeschränkte Revision umfasst hauptsächlich Befragungen und analytische Prüfungshandlungen sowie den Umständen angemessene Detailprüfungen der beim geprüften Unternehmen vorhandenen Unterlagen. Dagegen sind Prüfungen der betrieblichen Abläufe und des internen Kontrollsystems sowie Befragungen und weitere Prüfungshandlungen zur Aufdeckung deliktischer Handlungen oder anderer Gesetzesverstösse nicht Bestandteil dieser Revision.
>
> Bei unserer Revision sind wir nicht auf Sachverhalte gestossen, aus denen wir schliessen müssten, dass die Liquidations-Zwischenbilanz nicht Gesetz und Statuten entspricht.
>
> [Name Revisionsgesellschaft]
>
> [Name]
> [Unterschrift]
>
> [Ort], [Datum]
>
> Beilage: Liquidations-Zwischenbilanz

23.

Übrige gesetzliche Pflichtprüfungen

23.1 Inhalt des Kapitels
23.2 Grafische Übersicht
23.3 Vorbemerkungen zu den anwendbaren Prüfungsstandards
23.4 Gründungsprüfung
23.5 Kapitalerhöhungsprüfung
23.6 Kapitalherabsetzungsprüfung
23.7 Aufwertungsprüfung
23.8 Exkurs: Prüfungen gemäss Fusionsgesetz
23.9 Exkurs: Sonderprüfung
23.10 Anforderungen an die Prüfsicherheit bei den übrigen gesetzlichen Pflichtprüfungen
23.11 Vorlagen

23. Übrige gesetzliche Pflichtprüfungen

23.1 Inhalt des Kapitels

- Grundlagen der wichtigsten übrigen gesetzlichen Prüfungen, namentlich der Gründungsprüfung, Kapitalerhöhungsprüfung, Kapitalherabsetzungsprüfung, Prüfung von Gesellschaften in Liquidation und der Aufwertungsprüfung
- Gründe für diese Prüfungen, deren wichtigste Anforderungen und die Rechtsstellung der Prüfer
- Die wesentlichen Anforderungen an die Prüfgegenstände sowie die Kernaussagen aus den entsprechenden Prüfberichten

23.2 Grafische Übersicht

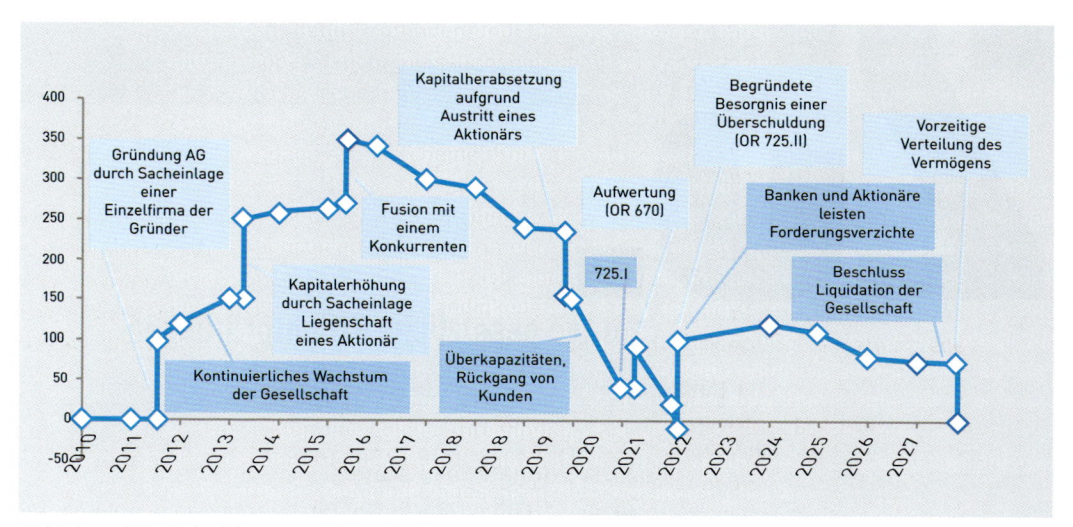

Abbildung 109: Beispiele gesetzlicher Prüfungen im Verlauf des Bestehens einer Gesellschaft

23.3 Vorbemerkungen zu den anwendbaren Prüfungsstandards

23.3.1 Allgemeines

Die Vorschriften zur eingeschränkten Revision beziehen sich auf die Prüfung der gesetzlichen Jahresrechnung. Wo das Gesetz andere Prüfungen vorsieht, ist darum keine eingeschränkte Revision zulässig; das Gesetz äussert sich jedoch nicht zur Frage, nach welchen Standards diese Prüfungen durchzuführen sind. Gemäss Ansichten in der Branche sind für diese Prüfungen generell die Schweizer Prüfungsstandards anzuwenden. Diese Auffassung wird hier jedoch differenziert betrachtet. Eine flächendeckende Anwendung der PS für Spezialprüfungen ist für ordentlich revidierte Gesellschaften vertretbar. Für eingeschränkt geprüfte Gesellschaften stehen jedoch weniger umfassende Prüfungshandlungen im Einklang mit dem Gesetz. Treuhand Suisse (Sifer) beabsichtigt in dieser Hinsicht die Publikation einer Arbeitshilfe für Spezialprüfungen bei KMU.

Für die Anforderungen an die Unabhängigkeit bei den übrigen gesetzlichen Pflichtprüfungen wird auf Kapitel 19.14 und für diejenigen an die Qualitätssicherung auf Kapitel 18 verwiesen.

23. Übrige gesetzliche Pflichtprüfungen

23.3.2 Übrige gesetzliche Pflichtprüfungen bei ordentlich revidierten Gesellschaften

Mit der Anwendung der neuen Schweizer Prüfungsstandards 2013 ist der strengere Grundsatz von PS 240 *Die Verantwortung des Abschlussprüfers bei dolosen Handlungen* zu beachten:

«Die Ziele des Abschlussprüfers sind,
a) die Risiken wesentlicher falschen Darstellungen im Abschluss aufgrund von dolosen Handlungen zu identifizieren und zu beurteilen,
b) durch die Planung und Umsetzung angemessener Reaktionen ausreichend geeignete Prüfungsnachweise in Bezug auf die beurteilten Risiken wesentlicher falscher Darstellungen aufgrund von dolosen Handlungen zu erhalten und
c) in angemessener Weise auf die in einer Abschlussprüfung entdeckten oder vermuteten dolosen Handlungen zu reagieren.» (PS 240.10).

Weiter wird in PS 250 *Berücksichtigung der Auswirkungen von Gesetzen/anderen Rechtsvorschriften* präzisiert: «Der Abschlussprüfer ist dafür verantwortlich, hinreichende Sicherheit darüber zu erlangen, dass der Abschluss als Ganzes frei von einer wesentlichen – beabsichtigen oder unbeabsichtigten – falschen Darstellung ist.» (PS 240.5 und PS 200.5 *Übergreifende Zielsetzungen und Grundsätze einer Prüfung*).

Dieser Grundsatz gilt nicht nur für die Prüfung von Jahresrechnungen sondern, gemäss den übergreifenden Zielsetzungen, auch für die übrigen gesetzlichen Prüfungen. Die (neuen) Prüfungsberichte für die übrigen gesetzlichen Prüfung enthalten deshalb folgende Bestätigung des Prüfers: *«Dies schliesst die Beurteilung der Risiken wesentlicher – beabsichtigter oder unbeabsichtigter – Abweichungen von den gesetzlichen Bestimmungen ein.»*

Bei der Planung und Durchführung der übrigen gesetzlichen Prüfungen sind folgende grundsätzlichen Überlegungen anzustellen:
- Hat der Prüfer die nötige kritische Grundhaltung und ist er sich bewusst, dass – unabhängig von bisherigen Erfahrungen – dolose Handlungen vorliegen können?
- Bestehen Anzeichen und Umstände dafür, welche auf dolose Handlungen hindeuten können?
- Sind die organisatorischen Massnahmen geeignet, um dolose Handlungen zu verhindern, aufzudecken und, sollten sie vorkommen, zu korrigieren?
- Sind die Antworten des Managements authentisch und stimmig?
- Sind die Reaktion des Prüfers angemessen, um mögliche Fehlaussagen aufgrund beabsichtigter oder unbeabsichtigter festzustellen?

Das Ergebnis dieser grundsätzlichen Überlegungen führt zur Feststellung, dass in Bezug auf den konkreten Prüfungsgegenstand (z. B. Sacheinlage einer Maschine zwecks Kapitalerhöhung) dolose Handlungen mit hinreichender Sicherheit ausgeschlossen werden können.

Mit der Anwendung der neuen Schweizer Prüfungsstandards 2013 ist auch die angepasste Berichterstattung zu beachten. Die Treuhand-Kammer hat in den Schweizer Prüfungshinweisen Nr. 10 Prüfungsberichte für die Berichterstattung von besonderen Vorgängen aufgrund anderer gesetzlicher Prüfungen publiziert (13. Dezember 2013, letzte Änderung 29. Januar 2014). Aus politischen Gründen können wir diese Berichtsmuster in diesem Buch nicht wiedergeben.

Die Struktur der neuen Prüfungsberichte orientiert sich an der Berichterstattung gemäss PS 700, *Bildung Prüfungsurteil und Erteilung Vermerk*:

23. Übrige gesetzliche Pflichtprüfungen

- Adressat *(z. B. Bericht des unabhängigen Prüfers an den Verwaltungsrat)*
- Gegenstand der Prüfung *(z. B. Prüfung Kapitalerhöhungsbericht gemäss Art. 652e OR)*
- Verantwortung des Verwaltungsrats *(z. B. ist der Verwaltungsrat für den Kapitalerhöhungsbericht verantwortlich)*
- Verantwortung des Prüfers *(An dieser Stelle wird für alle Prüfungen festgehalten, dass die Prüfung in Übereinstimmung mit den Schweizer Prüfungsstandards durchgeführt wurde und so zu planen und durchzuführen ist, dass hinreichende Sicherheit für die Abgabe des Prüfungsurteils besteht. Die Prüfung schliesst die Beurteilung der Risiken wesentlicher – beabsichtigter und unbeabsichtigter – falscher Darstellungen mit ein.)*
- Prüfungsurteil *(z. B. Feststellung, dass Kapitalerhöhungsbericht gemäss Art. 652e OR vollständig und richtig ist)*

23.3.3 Übrige gesetzliche Pflichtprüfungen bei eingeschränkt revidierten Gesellschaften

Zur Durchführung der übrigen gesetzlichen Prüfungen bei Gesellschaften, die eingeschränkt zu prüfen sind, wird auf Kapitel 23.10 verwiesen.

Treuhand Suisse (Sifer) beabsichtigt, für ihre Mitglieder eine Arbeitshilfe für Spezialprüfungen bei KMU zu erstellen. Das Berichtsmuster für eine Kapitalerhöhung sähe folgendermassen aus:

[Name/Adresse Revisionsgesellschaft]

An den Verwaltungsrat der
[Name der Gesellschaft]
[Ort]

Prüfungsbestätigung betreffend genehmigte Kapitalerhöhung

Gemäss Ihrem Auftrag haben wir den von Ihnen vorgelegten Kapitalerhöhungsbericht vom [Datum] im Sinne von Art. 652f Abs. 1 OR geprüft.

Für den Kapitalerhöhungsbericht ist der Verwaltungsrat verantwortlich, während unsere Aufgabe darin besteht zu prüfen, ob dieser Bericht vollständig und richtig ist. Wir bestätigen, dass wir die gesetzlichen Anforderungen hinsichtlich Zulassung und Unabhängigkeit erfüllen.

Unsere Prüfung erfolgte nach den Grundsätzen des Berufsstands, wonach eine Prüfung so zu planen und durchzuführen ist, dass wesentliche Fehlaussagen im Kapitalerhöhungsbericht mit angemessener Sicherheit erkannt werden. Wir haben die den Umständen entsprechenden Prüfungshandlungen vorgenommen und sind der Auffassung, dass unsere Prüfung eine ausreichende Grundlage für unser Urteil bildet.

Gemäss unserer Beurteilung ist der Kapitalerhöhungsbericht vollständig und richtig und entspricht dem Beschluss des Verwaltungsrats vom [Datum].

[Name Revisionsgesellschaft]

[Name/Unterschrift des Prüfers] [Zugelassener Revisor/Zugelassener Revisionsexperte]

23. Übrige gesetzliche Pflichtprüfungen

23.4 Gründungsprüfung

23.4.1 Allgemeines zur Gründungsprüfung

Massgebende Gesetzesartikel	Art. 629 ff. OR, insbesondere Art. 634–635a OR
Zweck der Prüfung	Verhinderung des *Gründungsschwindels:* Die *fiktive Liberierung des Aktienkapitals* durch die Einbringung von wertlosen oder überbewerteten Vermögenswerten sowie *ungerechtfertigte Gründervorteile* sollen verhindert werden (HWP 3, S. 14)
Prüfungsgegenstand	Gründungsbericht (Richtigkeit und Vollständigkeit)
Prüfungsaussage/ (Grad der Zusicherung)	Positiv formulierte Prüfungsurteile (Reasonable assurance, Urteilssicherheit 90–95% bei ordentlicher Revision)
Bestellung des Prüfers	Der Gründungsprüfer kann ein anderer sein als die spätere Revisionsstelle (ebd.).
Qualifikation des Prüfers	Zugelassener Revisor. Ist bereits bei der Gründung absehbar, dass die Gesellschaft ordentlich zu prüfen ist, muss die Gründungsprüfung durch einen zugelassenen Revisionsexperten erfolgen (HWP 3, S. 14 f.).
Anzuwendende Prüfungsstandards	Schweizerische Prüfungsstandards bei ordentlicher Revision
Haftung des Prüfers	Organhaftung gemäss Art. 755 OR
Prüfungsstichtag	Möglichst nahe am Gründungsdatum (Eintrag im Handelsregister, HWP 3, S. 16)
Berichtsadressat	Gründer (und letztlich das Handelsregisteramt)

23.4.2 Wann ist eine Gründungsprüfung durchzuführen?

Bei den Gründungen wird zwischen einer einfachen und einer qualifizierten Gründung unterschieden. Lediglich bei Letzterer ist eine Gründungsprüfung notwendig. Die nachfolgende Tabelle zeigt die wesentlichen Unterschiede zwischen einer einfachen und einer qualifizierten Gründung (HWP 3, S. 4).

	Einfache Gründung	Qualifizierte Gründung
Liberierung/qualifizierte Tatbestände	Barliberierung	Sacheinlage Sachübernahme Liberierung durch Verrechnung Gewährung von Gründervorteilen
Natur der Einlagen	Monetär	Nicht monetär
Gesetzliche Anforderungen	Gering	Erweitert
Prüfungspflicht	Keine	Prüfung des Gründungsberichtes auf Vollständigkeit und Richtigkeit hin mit schriftlicher Bestätigung

23.4.3 Gegebenheiten von qualifizierten Gründungen

23.4.3.1 Sacheinlage

Das Aktienkapital wird nicht bar, sondern durch die Einbringung von
- Sachen oder
- Forderungen

liberiert (HWP 3, S. 7).

23. Übrige gesetzliche Pflichtprüfungen

23.4.3.2 Sachübernahme

Bei der Sachübernahme ist im Zeitpunkt der Gründung die spätere Einbringung von Sachwerten durch Aktionäre oder eine diesen nahestehende Person vereinbart bzw. beabsichtigt. Anhaltspunkte für eine Sachübernahme sind (gemäss HWP 3, S. 7):
- Die Anschaffung ist Teil des Gründungsplans.
- Ohne die Anschaffung wäre die Gründung nicht durchgeführt worden.
- Es ist eine Anschaffung ausserhalb des ordentlichen Geschäfts.
- Die Anschaffung ist von wirtschaftlicher Bedeutung (keine geringfügigen Werte).

23.4.3.3 Liberierung durch Verrechnung

Bei einer Liberierung durch Verrechnung wird die Liberierungsschuld des Gründers mit einer Forderung von ihm gegenüber der zu gründenden Gesellschaft verrechnet. Organisations- und Gründungskosten an Dritte, die von einem Aktionär bezahlt wurden, können verrechnet werden. Eine Verrechnung von Gründerlohn oder einer Gründungsprovision ist unzulässig, weil dies gemäss der gängigen Praxis einer Rückzahlung des Aktienkapitals oder der Ausgabe von entschädigungslosen Aktien gleichkäme (HWP 3, S. 10 f.).

Für die Verrechenbarkeit gelten ausserdem die Kriterien von Art. 120 Abs. 1 OR (HWP 3, S. 11):
- Gleichartigkeit der Forderungen
- Gegenseitigkeit der Forderung (direktes Verhältnis von Forderung und Verbindlichkeit zwischen Gründer und der zu gründenden Gesellschaft)
- Fälligkeit
- Erfüllbarkeit
- Nicht verjährt

23.4.3.4 Gründervorteile

Bei folgenden Entschädigungen für Leistungen der Gründer oder anderer Personen im Zusammenhang mit der Gründung handelt es sich um zu prüfende Gründervorteile (Art. 628 Abs. 3 OR sowie HWP 3, S. 11 ff.):
- Personenbezogenheit
  - Gründer oder andere Personen erhalten einen persönlichen Vorteil
  - Der persönliche Vorteil ist ein Vermögensrecht, das *nicht* an das erhaltene Wertpapier (bspw. Aktie) geknüpft ist.
- Die belastete Gegenpartei ist die zu gründende Gesellschaft.

Gängige Gründervorteile sind beispielsweise Rechte an
- Gewinn- oder Umsatzbeteiligung,
- Liquidationsanteilen oder
- Benützung von Anlagen der Gesellschaft (HWP 3, S. 12).

Gründervorteile müssen angemessen sein. So sind beispielsweise umfangreiche Einkaufs- und Lieferverpflichtungen zu bewerten, insbesondere wenn solche das Vermögen bzw. das Haftungssubstrat der Gesellschaft gefährden (HWP 3, S. 13).

23.4.4 Anforderungen an die Gründungsprüfung

Im Vergleich zur Abschlussprüfung bestehen insbesondere bei folgenden Themen Unterschiede:

23. Übrige gesetzliche Pflichtprüfungen

23.4.4.1 Prüfungsplanung

Die Prüfungsplanung ist so auszurichten und durchzuführen, dass wesentliche Fehlaussagen im Gründungsbericht mit angemessener Sicherheit erkannt werden. Nach Art. 635 OR müssen die Gründer im Gründungsbericht Rechenschaft über folgende Punkte ablegen:

Bei Sacheinlagen und Sachübernahmen	Art, Zustand und Angemessenheit der Bewertung
Bei Liberierung durch Verrechnung	Bestand und Verrechenbarkeit der Schuld
Bei Gründervorteilen	Begründung besonderer Vorteile für Gründer oder andere Personen sowie deren Angemessenheit

In der Praxis besteht meist ein gewisser Zeitdruck, da ohne die Prüfungsbestätigung die Eintragung der neuen Gesellschaft im Handelsregister nicht erfolgen kann. Es empfiehlt sich, die Termine mit dem Kunden abzusprechen und die einzusetzenden Ressourcen entsprechend zu planen.

23.4.4.2 Prüfung der Sacheinlage- bzw. Sachübernahmefähigkeit

Die Prüfung von Sacheinlagen und Sachübernahmen kann in zwei Schritte eingeteilt werden. Beim ersten geht es um die Bilanzierungsfähigkeit, sprich die Voraussetzungen dafür, dass ein Vermögenswert überhaupt eingebracht werden kann. Sind diese gegeben, wird in einem zweiten Schritt beurteilt, ob die Bewertung der einzubringenden Aktiven angemessen ist:

Schritt 1 – Beurteilung Bilanzierungsfähigkeit	Schritt 2 – Beurteilung der Bewertung
• Feststellbarkeit wirtschaftlicher Wert • Übertragbarkeit • Verfügbarkeit • Verwertbarkeit	Angemessenheit der Bewertung

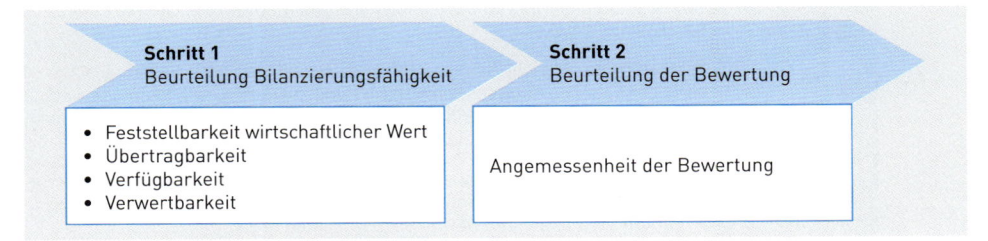

Abbildung 110: Sacheinlage- bzw. Sachübernahmefähigkeit

Die nachfolgende Tabelle enthält weiterführende Informationen zu diesen beiden Schritten:

| Bilanzierungsfähigkeit | Es bestehen folgende vier Kriterien für einen sacheinlage- bzw. sachübernahmefähigen Vermögenswert (in Anlehnung an HWP 3, S. 7 ff.):
• Feststellbarer wirtschaftlicher Wert für das Unternehmen:
Das Objekt hat einen wirtschaftlichen Wert für das Unternehmen.
• Übertragbarkeit:
Das Objekt kann tatsächlich im Eigentum übertragen werden.
• Verfügbarkeit:
Über das Objekt kann die Gesellschaft unmittelbar verfügen (gebrauchen und nutzen).
• Verwertbarkeit:
Das Objekt kann veräussert werden.
Beispiele von einbringbaren Aktiven sind (HWP 3, S. 8):
• Sachen (bspw. Grundstücke, Gebäude, Maschinen, Warenlager, Fahrzeuge)
• Obligatorische Rechte (bspw. Forderungen)
• Immaterialgüterrechte (bspw. Patente, Lizenzen) |

23. Übrige gesetzliche Pflichtprüfungen

	• Wertschriften und Beteiligungen • Selbstständige und dauernde dingliche Rechte (bspw. Baurechte) • Sachgesamtheiten (bspw. Ausgliederung eines Geschäftsbereichs in eine Tochtergesellschaft, Umwandlung einer Einzelfirma in eine Aktiengesellschaft) Beispiele von *nicht* einbringbaren Aktiven sind (HWP 3, S. 9): • Zukünftige Ansprüche (fehlende Verfügbarkeit) • Gebrauchsrechte, wie Miete oder Pacht (fehlende Verwertbarkeit) • Höchstpersönliche Rechte (fehlende Übertragbarkeit) • Objekte mit geringem Wert (fehlender wirtschaftlicher Nutzen) • Periodische Leistungen, wie Arbeitsleistungen, Lieferverträge (fehlende Verfügbarkeit und Verwertbarkeit)
Bewertungsprinzip	Vermögenswerte können maximal zum Verkehrswert und Verpflichtungen zu einem vorsichtigen Wert eingebracht werden (HWP 3, S. 18 f.). Dementsprechend sind *betriebliche Aktiven* maximal zum Wiederbeschaffungszeitwert zu bilanzieren. Für allfällige Wertbeeinträchtigungen sind mindestens Wertberichtigungen bis zum Nutzwert zu bilden. *Nicht betriebsnotwendige Aktiven* sind maximal zum Nettoveräusserungswert einzusetzen. Bei immateriellen Vermögenswerten kann auf den Wiederbeschaffungszeitwert oder auf den Nutzwert (oft der Ertragswert) abgestützt werden. Auch bei der Einbringung einzelner Geschäftsbereiche ist der Nutzwert zu beachten, was eine zukunftsorientierte (Teil-)Unternehmensbewertung erforderlich macht, welche der Gründerprüfer zu beurteilen hat.
Bewertungszeitpunkt	Der massgebende Zeitpunkt für die Bewertung der Sacheinlagen ist theoretisch der des Handelsregistereintrages. Dementsprechend sind etwa bei der rückwirkenden Übernahme von Aktiven und Passiven einer Gesellschaft negative Wertveränderungen zwischen dem ursprünglichen Bewertungsstichtag und dem Handelsregistereintrag zu berücksichtigen bzw. zu antizipieren (HWP 3, S. 17).
Prüfungshandlungen	Der Gründungsbericht ist auf die formelle und materielle Richtigkeit hin zu überprüfen (HWP 3, S. 16). Formell ist der Bericht richtig, wenn er vollständig ist und alle gemäss Art. 635 OR vorgeschriebenen Elemente enthält (Art und Zustand der Sacheinlage/Sachübernahme und die Angemessenheit ihrer Bewertung; Bestand und Verrechenbarkeit der Schuld; Begründung und Angemessenheit besonderer Vorteile) (HWP 3, S. 16).
	Materiell sind die Wertangaben zu überprüfen. Folgende Prüfungsnachweise sind bei Sacheinlagen auf ihre Vertretbarkeit hin zu beurteilen: • Verkehrswerte anhand Bewertungsgutachten etc. • Marktwerte anhand von Preislisten, Offerten, Verträgen etc. • Nutzwerte anhand von Bewertungsgutachten, Barwertberechnungen künftiger Einnahmen • Nettoveräusserungswerte anhand von Kalkulationen, Offerten etc. • Wiederbeschaffungszeitwerte anhand der nachgewiesenen Kaufpreise und der Einschätzung der Abschreibungsmethode inklusive zugrunde liegender Nutzungsdauern und allfälliger Anzeichen für Wertbeeinträchtigungen

23.4.4.3 Erklärung zum Gründungsbericht

Ähnlich wie bei einer Vollständigkeitserklärung ist bei der Gründungsprüfung eine Erklärung über den Gründungsbericht bei den Verantwortlichen (den Gründern) einzufordern (HWP 3, S. 20 f.). Ein Beispiel einer möglichen Erklärung zum Gründungsbericht ist in Kapitel 23.11.1 enthalten.

23.4.4.4 Prüfungsbestätigung betreffend Gründung

Nach Art. 635a OR muss der zugelassene Revisor schriftlich bestätigen, dass der Gründungsbericht vollständig und richtig ist (positiv formuliertes Prüfungsurteil). Dement-

23. Übrige gesetzliche Pflichtprüfungen

sprechend lautet das Prüfungsurteil folgendermassen: «Gemäss unserer Beurteilung ist der Gründungsbericht vollständig und richtig.»

Es ist zu beachten, dass eine uneingeschränkte Prüfungsbestätigung für die Eintragung der Gesellschaft im Handelsregister – und somit für die Gründung – notwendig ist. Der Handelsregisterführer wird die Eintragung der Gesellschaft aufgrund eines eingeschränkten oder gar negativen Prüfungsberichts verweigern (HWP 3, S. 22).

Ein Muster für die Prüfungsbestätigung bei der Gründung aus PH 10 kann aus politischen Gründen nicht abgedruckt werden. Die Kernaussage im Prüfbericht zur Gründung lautet wie folgt:

> Nach unserer Beurteilung ist der Gründungsbericht [Nachliberierungsbericht] der [Name der Gesellschaft] gemäss den gesetzlichen Vorschriften vollständig und richtig.

23.4.5 Prüfung und Berichterstattung bei nachträglicher Liberierung

Im Wesentlichen sind bei einer qualifizierten nachträglichen Liberierung dieselben Prüfungshandlungen durchzuführen wie bei der Gründungsprüfung. Ergänzend bestehen folgende Besonderheiten (HWP 3, S. 23):
- Prüfungsgegenstand ist der Nachliberierungsbericht und nicht der Gründungsbericht.
- Bei der nachträglichen Liberierung aus frei verwendbarem Eigenkapital ist sicherzustellen, dass das Gebot über die Einlagerückgewähr (Art. 680 Abs. 2 OR, Vertiefung in Kapitel 13.7) nicht verletzt wird.
- Adressat im Prüfbericht ist der Verwaltungsrat und nicht die Gründer.

23.5 Kapitalerhöhungsprüfung

23.5.1 Allgemeines zur Kapitalerhöhungsprüfung

Massgebende Gesetzesartikel	Art. 650 ff. OR, insbesondere Art. 652c – 652f OR
Zweck der Prüfung	Verhinderung der *fiktiven Liberierung von Aktienkapital*, *gesetzeswidriger Verwendung* von eingeschränkten oder aufgehobenen *Bezugsrechten* oder *gesetzeswidriger Ausgabe von Aktien* bei einer bedingten Kapitalerhöhung
Prüfungsgegenstand	Kapitalerhöhungsbericht (Richtigkeit und Vollständigkeit) bzw. die Ausgabe von Aktien bei einer bedingten Kapitalerhöhung
Prüfungsaussage/ (Grad der Zusicherung)	Positiv formulierte Prüfungsurteile (Reasonable assurance, Urteilssicherheit 90–95 % bei ordentlicher Revision)
Qualifikation des Prüfers	Zugelassener Revisor bzw. Revisionsexperte bei Gesellschaften, die zur ordentlichen Revision verpflichtet sind. Bei einer bedingten Kapitalerhöhung ist immer ein zugelassener Revisionsexperte erforderlich.
Bestellung des Prüfers	Der Kapitalerhöhungsprüfer kann ein anderer sein als die Revisionsstelle.
Anzuwendende Prüfungsstandards	Schweizerische Prüfungsstandards bei ordentlicher Revision
Haftung des Prüfers	Organhaftung gemäss Art. 755 OR
Prüfungsstichtag	Möglichst nahe am Kapitalerhöhungsdatum (Eintrag im Handelsregister)
Berichtsadressat	Verwaltungsrat (und letztlich das Handelsregisteramt)

23. Übrige gesetzliche Pflichtprüfungen

23.5.2 Arten von Kapitalerhöhungen

Es werden folgende Kapitalerhöhungen unterschieden:

	Ordentliche Kapitalerhöhung	**Genehmigte Kapitalerhöhung**	**Bedingte Kapitalerhöhung**
Kurzbeschrieb	Erhöhungsbeschluss durch GV; VR wird ermächtigt, das Kapital innerhalb von 3 Monaten in einem Schritt zu erhöhen.	GV ermächtigt den VR innerhalb von 2 Jahren, das Kapital in einem oder mehreren Schritten zu erhöhen.	GV beschliesst Kapitalerhöhung und gibt gleichzeitig bestimmten Personen das Recht auf Bezug neuer Aktien. Das Kapital erhöht sich nur, wenn von diesen Konversionsrechten Gebrauch gemacht wird.
Wirtschaftlicher Zweck	Gezielte, kurzfristige Kapitalerhöhung	VR kann schnell auf neue Kapitalbedürfnisse reagieren und das Kapital selbstständig im Rahmen der Vorgaben erhöhen.	Ermöglicht die Ausgabe von Finanzinstrumenten mit Konversionsrechten, wie • Wandel- oder Optionsdarlehen • Mitarbeiterbeteiligungsprogrammen
Beschränkung im Volumen	Keine	Max. 50 % des Aktienkapitals	Max. 50 % des Aktienkapitals
Zeitliche Beschränkungen	3 Monate	2 Jahre	Gemäss Wandel- oder Optionsvereinbarung
Prüfungspflicht	Sofern qualifizierende Tatbestände vorliegen		Ja, spätestens 3 Monate nach Ende des Geschäftsjahrs, in welchem Konversionsrechte ausgeübt wurden (auf Wunsch des VR auch schon früher)
Qualifikation des Prüfers	Zugelassener Revisor bzw. Revisionsexperte bei Gesellschaften, die zur ordentlichen Revision verpflichtet sind		Zugelassener Revisionsexperte
Prüfberichtsadressat	Verwaltungsrat		

Die wesentlichen Punkte bei der Durchführung einer ordentlichen Kapitalerhöhung präsentieren sich im Zeitverlauf folgendermassen:

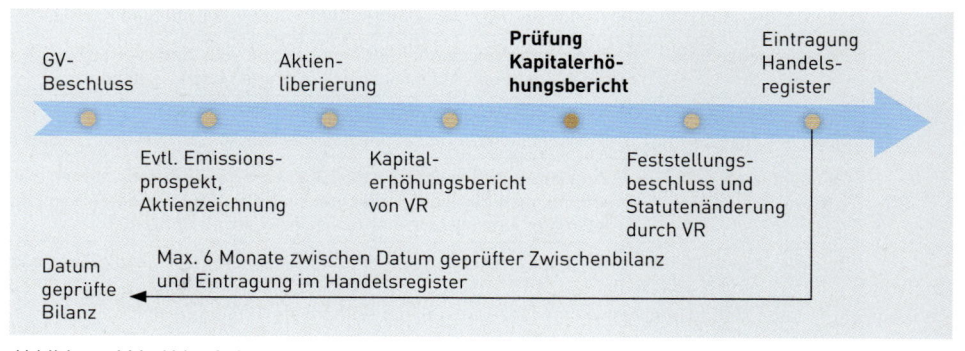

Abbildung 111: Ablauf einer ordentlichen Kapitalerhöhung

Eine ordentliche und genehmigte Kapitalerhöhung muss lediglich geprüft werden, sofern es dazu qualifizierende Tatbestände gibt (HWP 3, S. 36 ff., S. 41):

23. Übrige gesetzliche Pflichtprüfungen

- Sacheinlage
- Sachübernahme
- Liberierung durch Verrechnung
- Gewährung von besonderen Vorteilen an Aktionäre oder andere Personen
- Umwandlung von frei verwendbarem Eigenkapital in Nominalkapital
- Einschränkung oder Aufhebung der Bezugsrechte bisheriger Aktionäre

Wird die Kapitalerhöhung in mehreren Schritten durchgeführt, so muss bei jeder Teilerhöhung eine Prüfung durchgeführt werden, sofern dazu qualifizierende Tatbestände vorliegen. Diese sind weitgehend dieselben wie bei der Gründung. Die beiden zusätzlichen Kapitalerhöhungsarten sind folgende:

23.5.2.1 Umwandlung von frei verwendbarem Eigenkapital in Nominalkapital

Der Hintergrund dieser «Kapitalerhöhung aus eigenen Mitteln» ist die Erhöhung der Kreditwürdigkeit ohne Kapitalzuführung durch die Aktionäre. Die Kreditwürdigkeit steigt, weil die Aktionäre bewusst eine Ausschüttungssperre für zunächst frei verfügbares Eigenkapital durch die Umwandlung in Nominalkapital in Kauf nehmen (HWP 3, S. 38).

Das frei verfügbare Eigenkapital wird aufgrund einer von den Aktionären genehmigten Jahresrechnung festgestellt, sofern der Bilanzstichtag nicht länger als 6 Monate zurückliegt. Andernfalls ist eine geprüfte Zwischenbilanz notwendig (ebd.).

Folgende Eigenkapitalpositionen sind *kein* frei verfügbares Eigenkapital (ebd.):
- Allgemeine gesetzliche Reserve (bis zu den Quoten gemäss Art. 671 Abs. 3 und 4 OR)
- Gesetzliche Reserve für eigene Aktien
- Reserven mit ausdrücklicher statutarischer Zweckbestimmung

23.5.2.2 Einschränkung oder Aufhebung des Bezugsrechts

Bei einem wichtigen Grund kann durch Generalversammlungsbeschluss das Bezugsrecht eines Aktionärs eingeschränkt oder aufgehoben werden. In einem solchen Fall muss der Verwaltungsrat im Kapitalerhöhungsbericht über die Einschränkung oder Aufhebung des Bezugsrechts und die Zuweisung nicht ausgeübter oder entzogener Bezugsrechte Rechenschaft ablegen (HWP 3, S. 39). In der Praxis ist das zum Beispiel der Fall, wenn die bisherigen Aktionäre zugunsten von neuen Aktionären auf ihr Bezugsrecht verzichten.

23.5.3 Durchführung der Kapitalerhöhungsprüfung und Berichterstattung

Die Durchführung der Prüfung von ordentlichen und genehmigten Kapitalerhöhungen unterscheidet sich wesentlich von jener bei der bedingten Kapitalerhöhung.

23.5.3.1 Ordentliche und genehmigte Kapitalerhöhungen

Für die Prüfung einer ordentlichen und genehmigten Kapitalerhöhung kommen im Wesentlichen dieselben Grundsätze wie bei der Gründungsprüfung zum Tragen. Anstatt des Gründungsberichts ist der Kapitalerhöhungsbericht zu prüfen. Die folgenden ergänzenden Besonderheiten sind zu berücksichtigen:

23. Übrige gesetzliche Pflichtprüfungen

- Freie Verwendbarkeit von umzuwandelndem Eigenkapital: Es ist zu prüfen, ob die frei verfügbaren Reserven tatsächlich vorhanden sind. Diese müssen
  - nominell ausgewiesen werden und
  - wirtschaftlich tatsächlich in voller Höhe existieren (HWP 3, S. 43).

Dementsprechend muss eine geprüfte Jahresrechnung bzw. Zwischenbilanz zur Prüfung vorliegen.

- Einschränkung bzw. Aufhebung von Bezugsrechten: Es wird geprüft, ob die durch den Entzug des Bezugsrechts oder die Nichtausübung des Bezugsrechts frei gewordenen Aktien bestimmungsgemäss verwendet worden sind (Art. 652e Ziff. 4 OR).

Der Inhalt der Erklärung zum Kapitalerhöhungsbericht sowie die Prüfungsbestätigungen sind aus den entsprechenden Vorlagen ersichtlich:

- Erklärung zum Kapitalerhöhungsbericht: Kapitel 23.11.2

Ein Muster für die Prüfungsbestätigung bei der Kapitalerhöhung aus PH 10 kann aus politischen Gründen nicht abgedruckt werden. Die Kernaussage im Prüfbericht zur Kapitalerhöhung lautet wie folgt:

> Nach unserer Beurteilung ist Kapitalerhöhungsbericht] der [Name der Gesellschaft] gemäss den gesetzlichen Vorschriften vollständig und richtig.

23.5.3.2 Bedingte Kapitalerhöhung

Der Verwaltungsrat verfasst bei der bedingten Kapitalerhöhung keinen Kapitalerhöhungsbericht. Der zugelassene Revisionsexperte prüft einzig, ob die Ausgabe der neuen Aktien dem Gesetz, den Statuten und dem Emissionsprospekt (sofern vorhanden) entspricht. Insbesondere prüft er, ob (HWP 3, S. 43 f.)

- Nennwert und Art der ausgegebenen Aktien den Statuten entsprechen,
- die Aktienbezüger zum Kreis der Wandel- oder Optionsberechtigten gehören (Art. 653b Abs. 1 Ziff. 3 OR),
- die Voraussetzungen gemäss den Statuten für die Ausübung der Wandel- oder Optionsrechte erfüllt sind (Art. 653b Abs. 2 Ziff. 1 OR),
- die geleistete Einlage mindestens dem Nennwert der ausgegebenen Aktien entspricht (Art. 653a Abs. 2 OR) und ob die richtige Liberierungsart gewählt worden ist (Art. 653e OR).

Sollten die Konversionsrechte ohne Ausübung erlöschen, prüft und bestätigt der zugelassene Revisionsexperte dies (HWP 3, S. 47).

Ein Muster für die Prüfbestätigung betreffend die bedingte Kapitalerhöhung aus PH 10 kann aus politischen Gründen nicht abgedruckt werden. Die Prüfbestätigung lautet wie folgt:

> Nach unserer Beurteilung entspricht die Ausgabe von [Anzahl] [Namenaktien/Inhaberaktien] im Nennwert von CHF [Betrag] dem schweizerischen Gesetz und den Statuten *sowie dem Emissionsprospekt vom [Datum]*.

23. Übrige gesetzliche Pflichtprüfungen

23.6 Kapitalherabsetzungsprüfung

23.6.1 Allgemeines zur Kapitalherabsetzungsprüfung

Massgebende Gesetzesartikel	Art. 732 ff. OR
Zweck der Prüfung	• Prüfung, dass die Forderungen der Gläubiger auch nach erfolgter Kapitalherabsetzung voll gedeckt sind (keine Überschuldung besteht). • Bei einer Kapitalherabsetzung zur Beseitigung der Unterbilanz ist ebenfalls zu bestätigen, dass die Unterbilanz auf Verluste zurückzuführen ist (HWP 3, S. 64).
Prüfungsgegenstand	Bilanz vor und nach Kapitalherabsetzung
Prüfungsaussage/ (Grad der Zusicherung)	Positiv formulierte Prüfungsurteile (Reasonable assurance, Urteilssicherheit 90–95% bei ordentlicher Revision)
Qualifikation des Prüfers	Zugelassener Revisionsexperte
Bestellung des Prüfers	Der Kapitalherabsetzungsprüfer kann ein anderer sein als die Revisionsstelle.
Anzuwendende Prüfungsstandards	Schweizerische Prüfungsstandards bei ordentlicher Revision
Haftung des Prüfers	Organhaftung Art. 755 OR
Prüfungsstichtag	Möglichst nahe am Kapitalherabsetzungsdatum (Eintrag im Handelsregister)
Berichtsadressat	Generalversammlung (inkl. Pflicht des Prüfers zur Teilnahme)

23.6.2 Allgemeines zur Kapitalherabsetzung

23.6.2.1 Gründe für eine Kapitalherabsetzung

Die Gründe für eine Kapitalherabsetzung sind vielfältig (HWP 3, S. 54 f.):
- Kapital wird im Unternehmen nicht mehr benötigt und wird an Aktionäre zurückbezahlt.
- Nennwertrückzahlung (für natürliche Personen in der Schweiz steuerlich privilegiert)
- Vernichtung von zurückgekauften Aktien
- Beseitigung einer Unterbilanz
- Verzicht auf die Einforderung von nicht einbezahltem Aktienkapital
- Verminderung von Kapitalsteuern
- Abgeltung eines Aktionärs bei dessen Austritt

23.6.2.2 Arten und Formen von Kapitalherabsetzungen

Folgende Arten von Kapitalherabsetzungen werden unterschieden (HWP 3, S. 54 ff.):

Konstitutive Kapitalherabsetzung	Deklarative Kapitalherabsetzung	
Mit Mittelfreigabe	Ohne Mittelfreigabe	
Rückzahlung Aktienkapital	Teilweise oder vollständige Beseitigung einer Unterbilanz	«Harmonika» (Herabsetzung mit gleichzeitiger Wiedererhöhung durch Einbringung von Barmitteln, Sacheinlagen oder Verrechnung von Forderungen)

23. Übrige gesetzliche Pflichtprüfungen

In der Form sind drei verschiedene Kapitalherabsetzungen denkbar (HWP 3, S. 56 f.):
- Verminderung des Nennwertes pro Aktie («Herabstempelung»)
- Verminderung der Anzahl der Aktien
- Kombination der beiden vorstehenden Formen

23.6.2.3 Ablauf einer Kapitalherabsetzung und Prüfungspflicht

Für die Frage des Ablaufs oder der Prüfungspflicht bei einer Kapitalherabsetzung ist die Art von entscheidender Bedeutung (HWP 3, S. 57 ff.):

	Prüfungspflicht	1. öffentliche Urkunde über Herabsetzungsbeschluss GV	Schuldenruf (3 Mal)	2. öffentliche Urkunde über Einhaltung der Vorschriften über das Kapitalherabsetzungsverfahren	HR und SHAB
Konstitutive Kapitalherabsetzung	Ja	Ja	Ja	Ja	Ja
Deklarative Kapitalherabsetzung (Beseitigung Unterbilanz)	Ja	Ja	Nein (Gläubiger sind nicht schlechter gestellt als vorher)	Nein	Ja
Harmonika	Nein (wenn neue Mittel in bar)	Ja	Nein (vgl. oben)	Nein	Ja (Herabsetzung und Erhöhung)

23.6.2.4 Durchführung der Kapitalherabsetzungsprüfung

a) Prüfungszeitpunkt

Gemäss Art. 732 OR hat der Kapitalherabsetzungsprüfer zu beurteilen, ob «die Forderungen der Gläubiger trotz der Herabsetzung des Aktienkapitals voll gedeckt sind». Diese Beurteilung basiert in der Praxis auf einer Jahresrechnung oder einer Zwischenbilanz, wobei die Zeitspanne zwischen Bilanzstichtag bzw. Zwischenbilanzstichtag und Kapitalherabsetzungseintrag nicht länger als 6 Monate sein sollte (andernfalls könnte das Handelsregister die Eintragung der Kapitalherabsetzung verweigern, wenn von wesentlichen Veränderungen ausgegangen werden muss). Im Zeitverlauf können dementsprechend folgende Perioden unterschieden werden (HWP 3, S. 65 f.):

Aufgrund des Schuldenrufs wird der Zeitpunkt der Beendigung des Kapitalherabsetzungsverfahrens leicht 3 Monate oder mehr nach dem Kapitalherabsetzungsbeschluss liegen. Es stellt sich die Frage, ob der Kapitalherabsetzungsprüfer nach dem Wortlaut von Art. 732 OR auch für unvorhersehbare Ereignisse in dieser Periode verantwortlich gemacht werden kann. Die Praxis verneint dies (HWP 3, S. 65 f.).

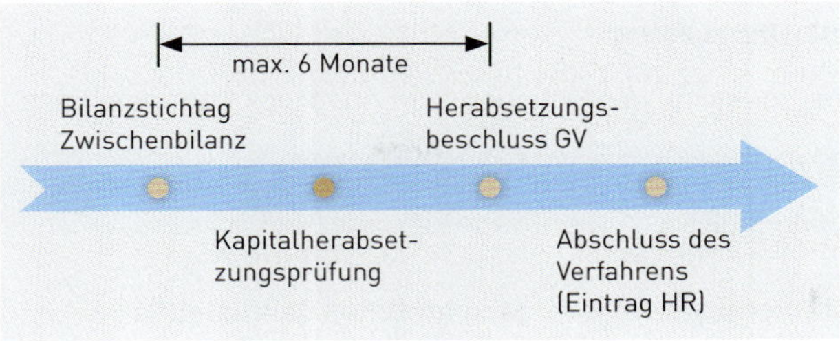

23. Übrige gesetzliche Pflichtprüfungen

Abbildung 112: 6-Monats-Frist bei der Kapitalherabsetzung

Zusammenfassend ist Folgendes zu sagen:
- Die Kapitalherabsetzungsprüfung sollte möglichst nahe am Kapitalherabsetzungsbeschluss der GV durchgeführt werden.
- Wesentliche negative Ereignisse zwischen dem letzten Bilanzstichtag und dem Herabsetzungsbeschluss sind zu berücksichtigen.
- Ereignisse zwischen dem Herabsetzungsbeschluss und dem Abschluss des Verfahrens sind nur zu berücksichtigen, wenn wesentliche negative Veränderungen bereits im Zeitpunkt der Prüfung bekannt waren.

b) Bewertungsprinzip

Die Bewertung richtet sich hauptsächlich nach den allgemeinen aktienrechtlichen Bewertungsprinzipien (HWP 3, S. 65 ff.):
- Ist die Unternehmensfortführung nach einer Kapitalherabsetzung weiterhin gewollt und möglich, sind Fortführungswerte anzusetzen. Dementsprechend
  - gelten die aktienrechtlichen Höchstbewertungsvorschriften,
  - sind bei betrieblichen Aktiven ebenfalls Nutzwertüberlegungen anzustellen. Der Substanzwert (zu Fortführungswerten) ist nur dann vollwertig, wenn er einen Ertrag abwirft (HWP 3, S. 66)
- Ist die Fortführung des Unternehmens nach der Kapitalherabsetzung nicht mehr gewollt oder substantiell gefährdet, so ist die Beurteilung sowohl nach aktienrechtlichen Fortführungswerten als auch nach Veräusserungswerten vorzunehmen. Nur wenn bei *beiden* Kriterien die Gläubigerforderungen *gedeckt* sind, kann die Kapitalherabsetzung erfolgen. Bei den Veräusserungswerten sind kurzfristig realisierbare Nettoveräusserungswerte anzusetzen. Dementsprechend sind auch Liquidations- sowie Verkaufskosten zu berücksichtigen.

c) Berücksichtigung der Liquidität

Ein Unternehmen gerät meistens zuerst aufgrund von Liquiditätsengpässen und nicht von Substanzproblemen in finanzielle Schwierigkeiten. Deshalb sind insbesondere bei konstitutiven Kapitalherabsetzungen die Liquiditätsverhältnisse zu prüfen (HWP 3, S. 67). Dies kann insbesondere aufgrund der Prüfung des Finanzplans erfolgen.

d) Vollständigkeitserklärung

Eine Vorlage für eine Vollständigkeitserklärung bei einer Kapitalherabsetzung enthält Kapitel 23.11.3.

23. Übrige gesetzliche Pflichtprüfungen

23.6.2.5 Berichterstattung Kapitalherabsetzungsprüfung

Bei der Berichterstattung muss im Wesentlichen zum Ausdruck kommen, dass

> «die Forderungen der Gläubiger trotz der Herabsetzung des Aktienkapitals voll gedeckt sind» (Art. 723 Abs. 2 OR).

Ausserdem ist der Kapitalherabsetzungsvorgang im Detail darzustellen:

> Beispiel: Kapitalherabsetzung mit Mittelfreigabe:
>
> Der Verwaltungsrat beantragt, das Aktienkapital von bisher CHF [Betrag], eingeteilt in [Anzahl] *[Namenaktien/Inhaberaktien]* zu nominell CHF [Betrag], durch Rückzahlung von CHF [Betrag] je Aktie oder total CHF [Betrag] auf CHF [Betrag] herabzusetzen.
>
> Nach der Herabsetzung ist das Aktienkapital in [Anzahl] Aktien zu CHF [Betrag] nominell eingeteilt.
>
> Die Rückzahlung im Betrage von CHF [Betrag] erfolgt [in bar/durch Gutschrift auf den Aktionärsdarlehen/usw.].

> Beispiel: Kapitalherabsetzung zur Beseitigung Unterbilanz:
>
> Die Bilanz der Gesellschaft per [Datum] weist bei einem Aktienkapital von CHF [Betrag] einen Bilanzverlust von CHF [Betrag] aus. Der Verwaltungsrat beantragt, diesen Bilanzverlust durch Herabsetzung des Aktienkapitals, eingeteilt in [Anzahl] *[Namenaktien/Inhaberaktien]* zu CHF [Betrag], um CHF [Betrag] auf CHF [Betrag] zu beseitigen. Die Aktiennennwerte sollen dementsprechend herabsetzt werden, so dass das Aktienkapital neu in [Anzahl] *[Namenaktien/Inhaberaktien]* zu CHF [Betrag] eingeteilt ist.

23.7 Aufwertungsprüfung

23.7.1 Allgemeines zur Aufwertungsprüfung

Massgebender Gesetzesartikel	Art. 670 OR
Zweck der Prüfung	Sicherstellung einer gesetzeskonformen Aufwertung im Sinne von Art. 670 OR zur Beseitigung einer Unterbilanz bis zum wirklichen Wert
Prüfungsgegenstand	Die Aufwertung von Grundstücken und Beteiligungen über die Anschaffungs- und Herstellungskosten im Fall eines hälftigen Kapitalverlusts
Prüfungsaussage/ (Grad der Zusicherung)	Positiv formulierte Prüfungsurteile (Reasonable assurance, Urteilssicherheit 90–95 % bei ordentlicher Revision)
Anzuwendende Prüfungsstandards	Schweizerische Prüfungsstandards bei ordentlicher Revision
Bestellung des Prüfers	Der Aufwertungsprüfer kann ein anderer sein als die Revisionsstelle.
Qualifikation des Prüfers	Zugelassener Revisor bzw. Revisionsexperte bei Gesellschaften, die zur ordentlichen Revision verpflichtet sind
Haftung des Prüfers	Organhaftung
Prüfungsstichtag	Datum der Aufwertung
Berichtsadressat	Generalversammlung (im Rahmen der jährlichen Berichterstattung an die GV oder in einem separaten Bericht an die GV)

23. Übrige gesetzliche Pflichtprüfungen

23.7.2 Hintergrund für die gesetzliche Aufwertung

Die Bewertungsbestimmungen im Aktienrecht richten sich massgeblich nach dem Prinzip der Bewertung zu historischen Kosten. Das Anlagevermögen (inkl. Grundstücken, Beteiligungen) ist demnach maximal zu Anschaffungs- und Herstellungskosten (nachfolgend vereinfacht «Anschaffungskosten» genannt) in der Bilanz anzusetzen. Ist der Marktwert oder Nutzwert solcher Aktiven tiefer als die Anschaffungskosten, ist eine Wertberichtigung zu erfassen. Demgegenüber darf eine Wertsteigerung bei solchen Aktiven aus Vorsichtsgründen nicht erfasst werden. Es wird diesbezüglich auch vom Realisations- und Imparitätsprinzip gesprochen (HWP 1, S. 10 ff.). Dieses bezweckt letztlich einen erhöhten Gläubigerschutz, indem u. a. verhindert wird, dass nicht realisierte Gewinne in der Erfolgsrechnung ausgewiesen und an die Aktionäre ausbezahlt werden können.

Besteht bei einer Gesellschaft ein hälftiger Kapitalverlust im Sinne von Art. 725 Abs. 1 OR (Vertiefung in Kapitel 10.5 ff.), kann dieser mit einer gesetzlichen Aufwertung von Grundstücken und Beteiligungen kompensiert werden. Die unechte Unterbilanz kann mit der Aufwertung bis zum «wirklichen Wert» dieser Aktiven ganz oder teilweise bereinigt werden.

23.7.3 Gesetzliche Bestimmung

Sowohl die Voraussetzungen für wie auch die Pflichten bei einer Aufwertung ergeben sich direkt aus Art. 670 OR.

> **§ Art. 670 OR: Aufwertung**
>
> [1] Ist die Hälfte des Aktienkapitals und der gesetzlichen Reserven infolge eines Bilanzverlustes nicht mehr gedeckt, so dürfen zur Beseitigung der Unterbilanz Grundstücke oder Beteiligungen, deren wirklicher Wert über die Anschaffungs- oder Herstellungskosten gestiegen ist, bis höchstens zu diesem Wert aufgewertet werden. Der Aufwertungsbetrag ist gesondert als Aufwertungsreserve auszuweisen.
>
> [2] Die Aufwertung ist nur zulässig, wenn ein zugelassener Revisor zuhanden der Generalversammlung schriftlich bestätigt, dass die gesetzlichen Bestimmungen eingehalten sind.

23.7.4 Voraussetzungen für eine Aufwertung

Für eine Aufwertung müssen kumulativ die in den nachfolgenden Kapiteln genannten Anforderungen gemäss Art. 670 OR erfüllt werden.

23.7.5 Aufwertungszweck: Beseitigung der Unterbilanz

Der Zweck der Aufwertung muss die teilweise oder vollständige Beseitigung einer Unterbilanz sein. Eine Aufwertung ist nur dann möglich, wenn ein hälftiger Kapitalverlust im Sinne von Art. 725 Abs. 1 OR vorliegt (Vertiefung in Kapitel 10.5 ff.).

23.7.6 Aufwertungsobjekt: Grundstück oder Beteiligungen

Ausschliesslich Beteiligungen und Grundstücke dürfen über den aktienrechtlichen Höchstwert hinaus aufgewertet werden. Unter den in Art. 670 OR genannten «Grundstücken» wird der sachenrechtliche Begriff von Art. 655 ZGB verstanden. Darunter fallen nebst unbebauten Grundstücken auch aufgrundstücken erstellte dauernde und feste Bauten sowie im Grundbuch eingetragene selbstständige und dauernde Rechte wie Baurechte (HWP 1, S. 491).

23. Übrige gesetzliche Pflichtprüfungen

23.7.7 Maximale Aufwertung bis zum «wirklichen Wert» bzw. bis Aktienkapital und gesetzliche Reserven wiederhergestellt sind

Die Bewertungsobergrenze bildet der wirkliche Wert des aufzuwertenden Grundstücks oder der Beteiligung. Dieser wird im Regelfall aus dem Nettoveräusserungswert oder dem Nutzwert hergeleitet. Unter diesen wird der Wert verstanden, der einem Anlagegut im bestimmten Einzelfall und mit Blick auf die konkrete Nutzung beizumessen ist.

Aufzuwertendes Objekt	Wertobergrenze
Betriebsliegenschaft	*Nutzung der Betriebsliegenschaft weiterhin gewollt und möglich (Regelfall bei Aufwertungen):* Bewertung aufgrund des Nutzwertes der Liegenschaft. Dieser ist anhand der Bewertung des entsprechenden Betriebs als Ganzes zu ermitteln. Anerkannte Methoden dazu sind die Ertragswertmethode oder die Discounted-Cashflow-(DCF-)Methode. Die Betriebsliegenschaft ist aufgrund der aktuellen Gegebenheiten zu bewerten. Potentielle Nutzungsänderungen dürfen nicht berücksichtigt werden. *Verkauf der Betriebsliegenschaft angestrebt und möglich:* Bewertung anhand des Nettoveräusserungswerts. Darunter wird der am Markt zu erzielende Wert verstanden unter Abzug von Verkaufskosten. Der Verkauf der Betriebsliegenschaft muss tatsächlich angestrebt und aus geschäftspolitischen, strategischen und operativen Gesichtspunkten möglich sein (HWP 3, S. 493). Die Bilanzierung dieser Liegenschaft hat in diesem Fall unter dem Umlaufvermögen zu erfolgen.
Anlageliegenschaft	Nutzwert der einzelnen Liegenschaften (Ertragswert- oder DCF-Methode). Bei konkreten Verkaufsbestrebungen ist ebenfalls eine Bewertung zum Nettoverkehrswert einzusetzen.
Beteiligung	Geschäftswert, basierend auf einer Unternehmensbewertung (beispielsweise anhand der Ertragswert-, DCF- oder Dividend-Discount-Methode). Bei Verkaufsbestrebungen sind zudem Verkaufskosten zu berücksichtigen.
Steuern	Allfällige Steuerfolgen inklusive latenter Steuern sind bei allen aufzuwertenden Objekten zu berücksichtigen (HWP 3, S. 492).

Bei den Bewertungen handelt es sich um subjektive Einschätzungen, deren Überprüfung oft schwierig ist. Angesichts des aktienrechtlichen Gläubigerschutzkonzepts ist die Wertobergrenze von der Gesellschaft vorsichtig und fundiert zu ermitteln (HWP 3, S. 492). Die Berechnungen und Annahmen sind ausserdem zu dokumentieren. Dies ist allein schon für die Aufwertungsprüfung erforderlich. Der Aufwertungsprüfer muss sich ein Urteil darüber bilden können, ob der von der Gesellschaft ermittelte geschätzte Wert vertretbar ist.

Die dokumentierten Überlegungen zur Aufwertung ermöglichen zudem, den Eintritt der Annahmen in der Zukunft zu testen («back testing»). Sollte sich nämlich in der Zukunft erweisen, dass die Annahmen und Berechnungen nicht realistisch waren und folglich nicht eingetreten sind, ist eine Abschreibung des dazumal aufgewerteten Objekts auf den tieferen subjektiven Geschäftswert oder Nutzwert notwendig.

Schliesslich ist die Aufwertung bis maximal zu dem Betrag möglich, bei welchem das vollständige Aktienkapital wiederhergestellt ist. Der vom Gesetzgeber verwendete Wortlaut, dass eine Aufwertung nur zur Beseitigung der Unterbilanz vorgenommen werden kann, wird in der Praxis «offensiver» interpretiert: Es wird so weit aufgewertet, bis das Aktienkapital *und* die vorhandenen gesetzlichen Reserven wieder intakt sind (HWP 3, S. 493). Eine Aufwertung zur Beseitigung des hälftigen Kapitalverlustes ist ebenfalls denkbar, aber nicht zweckmässig (Aufwertung bleibt auf «halbem Weg» stehen).

Zu beachten ist, dass die Aufwertung zwischen dem tieferen Buchwert und dem höheren aktienrechtlichen Anschaffungswert als wiedereingebrachte Abschreibungen (Auflösung stiller Reserven) zu betrachten ist und nur die Differenz zum noch höheren wirklichen Wert als Aufwertung im Sinne von Art. 670 OR zu behandeln ist.

23.7.8 Gesonderter Ausweis: gesetzliche Aufwertungsreserve im Eigenkapital/Anhang

Der Aufwertungsbetrag muss in der gesetzlichen Aufwertungsreserve verbucht werden. Diese ist separat im Eigenkapital auszuweisen (Art. 670 Abs. 1 OR).

Für die Aufwertung und die Bildung der Aufwertungsreserve besteht ein Darstellungswahlrecht. Die Aufwertung kann erfolgsneutral über die Erfolgsrechnung erfasst werden. Dabei wird zweckmässigerweise unter dem ausserordentlichen Erfolg die Aufwertung als Ertrag und die Zuweisung an die gesetzliche Aufwertungsreserve als Aufwand erfasst (Bruttodarstellung). Ebenfalls ist es möglich, die Aufwertung über eine direkte Buchung innerhalb der Bilanz (Nettodarstellung) zu erfassen (HWP 3, S. 494). Dies ist auch deshalb vertretbar, weil der Gegenstand und der Betrag von Aufwertungen gemäss Art. 663b Ziff. 9 OR gesondert im Anhang offengelegt werden müssen.

23.7.9 Ausschüttungssperre: Erfassung der Aufwertung über eine gesetzliche Aufwertungsreserve

Indem die gesetzlichen Reserven einer Ausschüttungssperre unterliegen, wird sichergestellt, dass der Aufwertungsbetrag nicht an die Aktionäre ausbezahlt wird. Denn nach Art. 671b OR darf die Aufwertungsreserve nur durch Umwandlung in Aktienkapital (Kapitalerhöhung siehe Kapitel 23.5 bzw. «Harmonika», Kapitel 23.6.2.2 und 23.6.2.3) sowie durch Wiederabschreibung oder Veräusserung der aufgewerteten Aktiven aufgelöst werden.

23.7.10 Bestätigung durch zugelassenen Revisor

Ein zugelassener Revisor bzw. Revisionsexperte bei Gesellschaften, die zur ordentlichen Revision verpflichtet sind, muss die Einhaltung der genannten gesetzlichen Bestimmungen bestätigen (Art. 670 Abs. 2 OR).

Ausserdem kann die Prüfbestätigung auch mit dem ordentlichen Revisionsstellenbericht an die Generalversammlung erfolgen. Der Zusatz nach der Prüfungsaussage kann wie folgt lauten:

> Ferner bestätigen wir, dass gemäss unserer Beurteilung die vorgenommene Aufwertung [Bezeichnung/Betrag] den schweizerischen gesetzlichen Bestimmungen gemäss Art. 670 OR entspricht.

23. Übrige gesetzliche Pflichtprüfungen

23.8 Exkurs: Prüfungen gemäss Fusionsgesetz

Transaktionen im Rahmen des Fusionsgesetzes unterstehen ebenfalls einer Prüfungspflicht. Für KMU kann jedoch auf eine Prüfung verzichtet werden, sofern alle Gesellschafter damit einverstanden sind. Diese Option für KMU wird in der Praxis oft genutzt. Im Weiteren ist die Fusionsprüfung den zugelassenen Revisionsexperten vorbehalten. Die Prüfungspflichten sind umfassend und beinhalten Aspekte aus der Unternehmensbewertung. Nachfolgend sind die Kernelemente der Fusionsprüfungen beschrieben. Für weiterführende Informationen sei insbesondere auf die Prüfungsempfehlung PE 800-1, Prüfungen nach Fusionsgesetz verwiesen.

Massgebende Gesetzesartikel	Fusionsgesetz (FusG), insbesondere Art. 15 FusG (Fusionen), Art. 40 FusG (Spaltungen), Art. 62 FusG (Umwandlungen), Art. 81 FusG (Fusionen von Stiftungen), Art. 92 FusG (Umstrukturierungen von Vorsorgeeinrichtungen)
Gegenstand des Fusionsgesetzes	Fusionen, Spaltungen, Umwandlungen und Vermögensübertragungen von Kapitalgesellschaften, Kollektiv- und Kommanditgesellschaften, Genossenschaften, Vereinen, Stiftungen und Einzelfirmen
Zweck von Fusions-, Spaltungs- und Umwandlungsprüfungen	Gesellschafterschutz: Prüfung, dass die Rechte der Inhaber der Gesellschaft (insbesondere die finanziellen) gewahrt werden. Gläubigerschutz: Sicherstellung, dass bei einem Verzicht auf einen Fusionsschuldenruf ausreichend Mittel zur Befriedigung von Forderungen vorhanden sind oder bei Fusionen unter Beteiligung von Gesellschaften mit Kapitalverlust oder Überschuldung genügend frei verwendbares Eigenkapital oder Rangrücktritte in genügender Höhe vorhanden sind. Sinngemäss sind die Schutzbedürfnisse bei der Spaltung und Umwandlung zu wahren.
Prüfungsgegenstand	Fusionsvertrag und Fusionsbericht oder Spaltungsvertrag bzw. Spaltungsplan und Spaltungsbericht oder Umwandlungsplan und Umwandlungsbericht, jeweils mit den dazugehörigen Bilanzen
Erleichterungen für KMU	KMU (Bilanzsumme: CHF 20 Mio., Umsatz: CHF 40 Mio., 250 Vollzeitstellen – zwei von drei Kriterien sind in den letzten beiden Geschäftsjahren nicht überschritten) können auf eine Prüfung verzichten, sofern alle Gesellschafter zustimmen.
Prüfungsaussage/ (Grad der Zusicherung)	Positiv formulierte Prüfungsurteile (Reasonable assurance, Urteilssicherheit 90–95 % bei ordentlicher Revision)
Qualifikation des Prüfers	Zugelassener Revisionsexperte
Bestellung des Prüfers	Der Prüfer kann ein anderer sein als die Revisionsstelle.
Anzuwendende Prüfungsstandards	Schweizerische Prüfungsstandards bei ordentlicher Revision Prüfungsempfehlung 800-1, Prüfungen nach Fusionsgesetz
Haftung des Prüfers	Organähnliche Haftung gegenüber den Rechtsträgern, den einzelnen Gesellschaftern sowie Gläubigern für den Schaden, der durch absichtliche oder fahrlässige Pflichtverletzung verursacht wurde (Art. 108 Abs. 2 FusG).
Berichtsadressat	Die Unternehmensleitung (bspw. bei einer Aktiengesellschaft der Verwaltungsrat)

23. Übrige gesetzliche Pflichtprüfungen

23.9 Exkurs: Sonderprüfung

Das Aktienrecht sieht mit der Sonderprüfung eine weitere gesetzliche Prüfung vor. Diese dient dem Schutz der Aktionäre und soll die Grundlage für eine spätere Anfechtungs- oder Verantwortlichkeitsklage bilden. In der Praxis kommt die Sonderprüfung aus Kosten-Nutzen-Überlegungen nur selten vor (HWP 3, S. 89). Ein prominentes Beispiel für eine Sonderprüfung ist die SAir Group nach deren Grounding im Jahr 2001.

Allgemeines zur Sonderprüfung

Massgebende Gesetzesartikel	Art. 697a ff. OR
Zweck der Prüfung	Erweiterung des Auskunftsrechts der Aktionäre. Schaffung der Grundlage für eine allfällige spätere Anfechtungs- oder Verantwortlichkeitsklage
Prüfungsgegenstand	Ein vom Richter klar spezifizierter Sachverhalt
Prüfungsaussage/ (Grad der Zusicherung)	Keine. Der Sonderprüfer gibt kein Urteil ab. Er macht lediglich Feststellungen zu Sachverhalten, die im Prüfauftrag festgehalten sind.
Qualifikation des Prüfers	Unabhängiger Sachverständiger (Wirtschaftsprüfer, Rechtsanwälte, Professoren, Ingenieure etc.)
Bestellung des Prüfers	Durch den Richter
Haftung des Prüfers	Nach Auftragsrecht, einzig gegenüber der Gesellschaft
Kostentragung	Nach Art. 697g Abs. 1 OR trägt im Grundsatz die Gesellschaft die Kosten. Wenn besondere Umstände es rechtfertigen, kann der Richter sie ganz oder teilweise den Gesuchstellern auferlegen (HWP 3, S. 105). In der Praxis wird die Sonderprüfung oft erst im Fall eines Konkurses in Betracht gezogen. Weil die Gesellschaft dann de facto die Kosten nicht selber tragen kann, müssten die (teils erheblichen) Aufwendungen durch die Aktionäre getragen werden. Dies ist wohl auch der Hauptgrund, weshalb die Sonderprüfung in der Praxis nur sehr selten anzutreffen ist.

23.9.1 Wichtige Rechte und Pflichten des Sonderprüfers

Wesentliche Rechte des Sonderprüfers sind:
- Ein vom Richter angefragter Sonderprüfer muss den Auftrag nicht annehmen.
- Recht auf Auskunft gegenüber der Gesellschaft
- Die Gesellschaft hat kein Weisungsrecht gegenüber dem Sonderprüfer.

Wesentliche Pflichten sind:
- Treuepflicht (Verschwiegenheit, Unabhängigkeit, Verwendung von Insiderwissen)
- Aktenrückgabepflicht
- Pflicht, die Gesellschaft zu den Ergebnissen der Sonderprüfung anzuhören.
- Pflicht, keine unnötige Störung des Geschäftsganges zu verursachen.

Für weiterführende Informationen sei auf HWP 3, S. 95 ff. verwiesen.

23. Übrige gesetzliche Pflichtprüfungen

23.9.2 Einleitung der Sonderprüfung

Eine Sonderprüfung wird wie folgt eingeleitet:

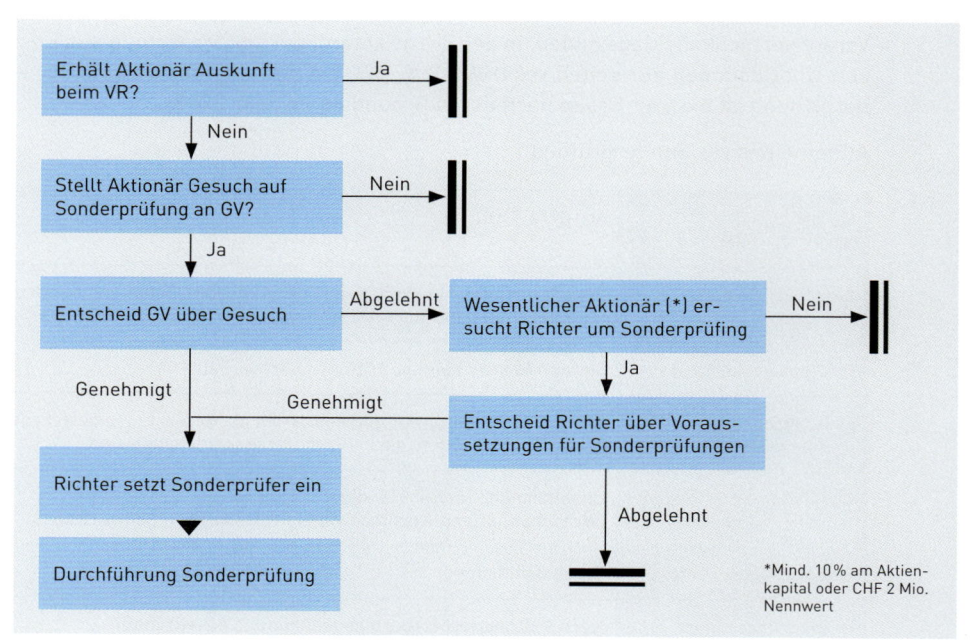

Abbildung 113: Einleitung einer Sonderprüfung gemäss Art. 697a ff. OR

23.9.3 Durchführung und Abschluss einer Sonderprüfung

Die einzelnen Teilschritte zur Durchführung und zum Abschluss einer Sonderprüfung werden auf der folgenden Seite anhand eines praktischen Beispiels, des Projektplans zur SAir Group-Sonderprüfung aus den Jahren 2001–2003, dargestellt. Beim Fall Swissair ist zu beachten, dass die im Jahr 2001 eingeleitete Sonderprüfung nach Einigung von Gesuchsteller und Liquidationssachverwalter nicht weitergeführt wurde. Dafür wurde vom Sachverwalter mit Ermächtigung des Nachlassrichters eine Untersuchung der Verantwortlichkeiten durchgeführt, womit der damalige Sonderprüfer beauftragt wurde (vgl. Wüthrich 2002, S. 1 f.).

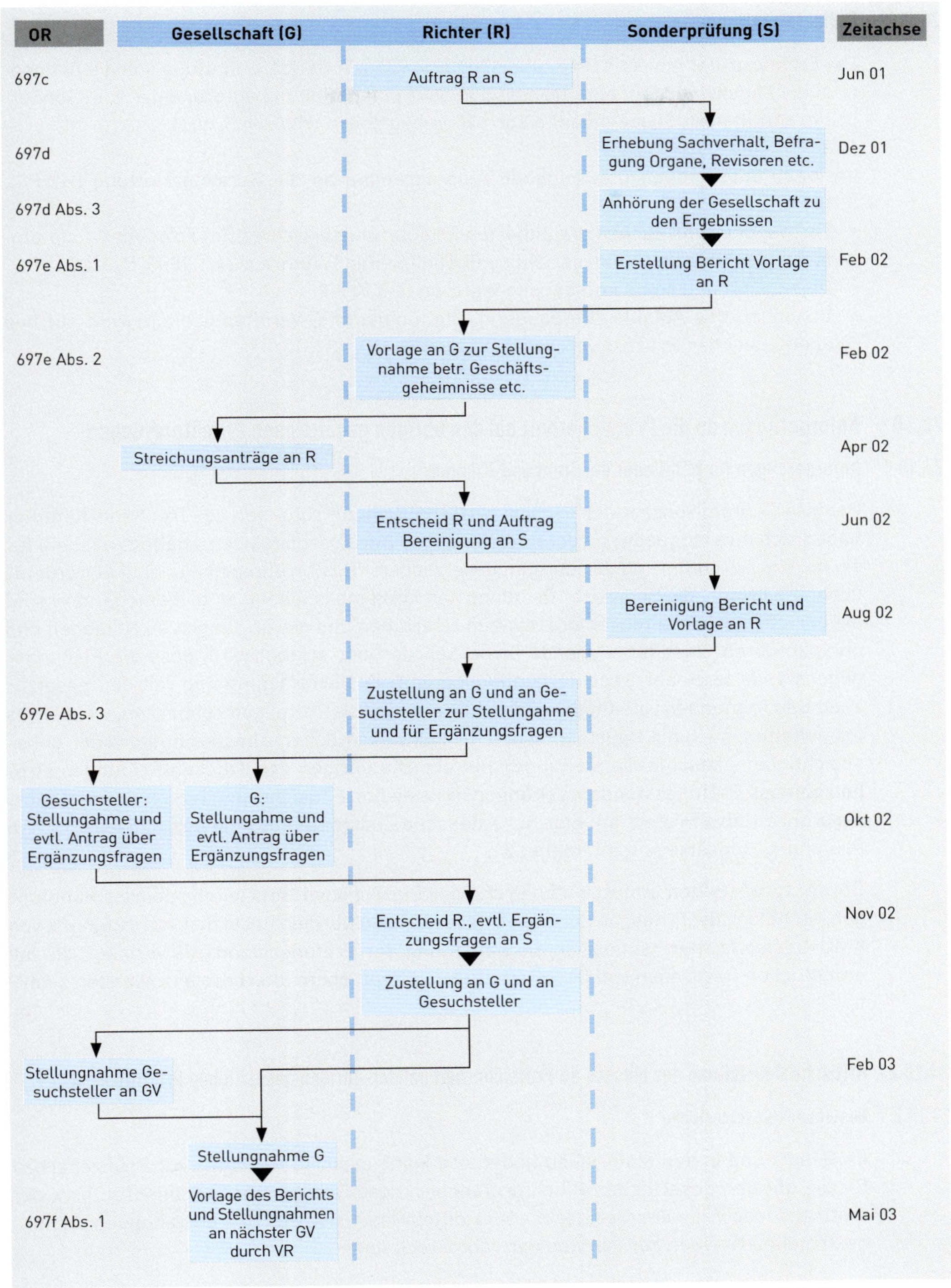

23. Übrige gesetzliche Pflichtprüfungen

OR	Gesellschaft (G)	Richter (R)	Sonderprüfung (S)	Zeitachse
697c		Auftrag R an S		Jun 01
697d			Erhebung Sachverhalt, Befragung Organe, Revisoren etc.	Dez 01
697d Abs. 3			Anhörung der Gesellschaft zu den Ergebnissen	
697e Abs. 1			Erstellung Bericht Vorlage an R	Feb 02
697e Abs. 2	Vorlage an G zur Stellungnahme betr. Geschäftsgeheimnisse etc.			Feb 02
	Streichungsanträge an R			Apr 02
		Entscheid R und Auftrag Bereinigung an S		Jun 02
			Bereinigung Bericht und Vorlage an R	Aug 02
697e Abs. 3		Zustellung an G und an Gesuchsteller zur Stellungnahme und für Ergänzungsfragen		
	Gesuchsteller: Stellungnahme und evtl. Antrag über Ergänzungsfragen / G: Stellungnahme und evtl. Antrag über Ergänzungsfragen			Okt 02
		Entscheid R., evtl. Ergänzungsfragen an S		Nov 02
		Zustellung an G und an Gesuchsteller		
	Stellungnahme Gesuchsteller an GV			Feb 03
	Stellungnahme G			
697f Abs. 1	Vorlage des Berichts und Stellungnahmen an nächster GV durch VR			Mai 03

Abbildung 114: Beispiel Ablauf einer Sonderprüfung anhand Projektplan Sonderprüfung SAir Group (in Anlehnung an Wüthrich 2001, S. 1 f.)

23.9.4 Berichterstattung

Der Sonderprüfer gibt *kein Urteil* ab (HWP 3, S. 92). Die Berichterstattung soll die Aktionäre in die Lage versetzen, eine Transaktion oder eine Handlung aufgrund der vom Sonderprüfer ermittelten Gegebenheiten korrekt zu beurteilen (HWP 3, S. 101).

Im Weiteren bestehen u. a. folgende Anforderungen an die Berichterstattung (HWP 3, S. 101 ff.):
- Form eines schriftlichen, detaillierten Erläuterungsberichtes (im Fall SAir Group umfasste der Untersuchungsbericht rund 2 800 Seiten [Wüthrich 24.1.2003, S. 1])
- Objektivität und keine persönliche Wertung und Kritik
- Bezüglich des Ablaufs (Bereinigung, Stellungnahme, Veröffentlichung) wird auf den obenstehenden Prozess verwiesen.

23.10 Anforderungen an die Prüfsicherheit bei den übrigen gesetzlichen Pflichtprüfungen

23.10.1 Anforderungen für Mitglieder der Treuhand-Kammer

Gemäss Rahmenkonzept der betriebswirtschaftlichen Prüfungen der Treuhand-Kammer haben sich ihre Mitglieder an deren verbindliche Berufsgrundsätze zu halten, weshalb für sie bei der Durchführung der übrigen gesetzlichen Pflichtprüfungen – analog der ordentlichen Revision – die Schweizer Prüfungsstandards massgebend sind. Ihnen gemäss sind die beruflichen Verhaltensanforderungen zu erfüllen und die Prüfungen so zu planen und durchzuführen, dass hinreichende Sicherheit darüber erlangt wird, dass die Prüfungsgegenstände (z. B. der Kapitalerhöhungsbericht) in Übereinstimmung mit den gesetzlichen Bestimmungen vollständig und richtig sind. Diese Prüfungen schliessen, wie bereits festgehalten, auch die Beurteilung des Risikos wesentlicher – beabsichtigter oder unbeabsichtigter – falscher Darstellungen mit ein. Die übrigen gesetzlichen Prüfungen streben gemäss Prüfungsstandards (Kapitel 1.9) eine hohe Zusicherung («high or reasonable assurance») des Prüfers an. Eine schematische Zusammenfassung der schweizerischen Prüfungsgrundsätze enthält Kapitel 24.

Bei der vorgestellten umfassenden Prüfung, inklusive einer Beurteilung doloser Handlungen, stellt sich die Frage, ob der Gesetzgeber bei den übrigen gesetzlichen Prüfungen von KMU-Gesellschaften tatsächlich die Einhaltung der Prüfungsstandards verlangt, die bei ordentlichen Revisionen von Gesellschaften in öffentlichem Interesse anzuwenden sind.

23.10.2 Kritische Beurteilung des Masses an Prüfsicherheit bei den übrigen gesetzlichen Prüfpflichten

23.10.2.1 Bestehende Gesetzeslücke

Im Gesetz und in den Materialien findet sich keine explizite Regelung zur Prüfsicherheit für die übrigen gesetzlichen Pflichtprüfungen. Diese Gesetzeslücke schliessen bzw. der mutmassliche Wille des Gesetzgebers ermitteln lässt sich aus den bestehenden und unbestrittenen Normen zur Prüfung der Jahresrechnung.

23. Übrige gesetzliche Pflichtprüfungen

23.10.2.2 Prüfungsvorschriften bei der Jahresrechnung als Auslegungsmassstab

Für die vorgeschriebene Prüfsicherheit bei der Jahresrevision besteht eine solide gesetzliche Grundlage. Es ist unbestritten, dass das Gesetz für die Prüfung der Jahresrechnung zwei verschiedene Niveaus der Prüfsicherheit eingeführt hat. Die Bestimmungen zur ordentlichen Revision haben eine hohe Prüfsicherheit zum Ziel (Art. 728a f. OR, Anwendung der Berufsgrundsätze der Prüfungsstandards), jene zur eingeschränkten Revision eine deutlich tiefere Prüfsicherheit (Art. 729a OR, Anwendung des SER). Es erscheint in der Logik der Sache begründet, dass die Prüfsicherheit bei den übrigen gesetzlichen Pflichtprüfungen sich nach der Prüfsicherheit bei der Jahresbilanz richten muss, in welche die entsprechende Transaktion auch einfliesst. Das bedeutet, dass bei einer ordentlich revidierten Gesellschaft die übrigen gesetzlichen Pflichtprüfungen auf der Basis einer hohen Prüfsicherheit (PS) erfolgen müssen, bei eingeschränkter Revision der Jahresrechnung hingegen mit einer tieferen Prüfsicherheit (wobei natürlich die Möglichkeit zum Opting-up gemäss Art. 727 Abs. 2 und 3 OR besteht).

Der Sinn einer solchen Regelung ergibt sich aus der Prüfung der Jahresrechnung selber. Diese gibt in Bilanz, Erfolgsrechnung und Anhang Auskunft über die wichtigste buchhalterische Komponente der betreffenden Unternehmung: Sie zeigt in umfassender Weise deren prüferisch bestätigte finanzielle Lage. Keiner der übrigen gesetzlichen Pflichtprüfungen kommt diese Bedeutung zu. Diese Transaktionen und die dazugehörige Prüfung betreffen regelmässig nur einzelne Bilanzpositionen, was heisst, dass eine ganze Bilanz kaum je davon betroffen ist, Erfolgsrechnung oder Anhang nie Gegenstand der übrigen gesetzlichen Pflichtprüfungen sind.

Die Prüfung der Jahresrechnung stellt ferner auch in zeitlicher Hinsicht die wichtigste aller Prüfungen dar: Sie muss in einem jährlichen Rhythmus erfolgen, während die übrigen gesetzlichen Pflichtprüfungen – wenn überhaupt – eher zufällig anfallen. Viele Gesellschaften führen während der ganzen Dauer ihres Bestehens keine dieser übrigen gesetzlichen Pflichtprüfungen durch.

Wenn der Gesetzgeber für die wichtigste Prüfung eine klare gesetzliche Grundlage für unterschiedliche Prüfungsintensitäten geschaffen hat, so erscheint es naheliegend, dass diese unterschiedlichen Prüfungsintensitäten entsprechend auch für die übrigen gesetzlichen Pflichtprüfungen gelten müssen.

Diese Ansicht wird e contrario auch durch die Bestimmung von Art. 4 Abs. 1 ASV-RAB bestätigt. Demnach müssen staatlich beaufsichtigte Revisionsunternehmen alle Spezialprüfungen nach den PS erbringen. Ist demnach ein staatlich beaufsichtigtes Revisionsunternehmen Revisionsstelle einer eingeschränkt revidierten Gesellschaft, muss sie Spezialprüfungen nach den PS durchführen.

23.10.2.3 Harmonie mit Verfahrensweisen und Gesetzeszweck

Diese Auslegung führt auch zu einer einheitlichen Verfahrensweise. Würde nämlich bei den übrigen gesetzlichen Pflichtprüfungen generell die höhere Prüfintensität (PS) verlangt, müsste z.B. eine Sacheinlage bei einer Kapitalerhöhung am 30. Dezember mit der hohen Prüfintensität verifiziert werden, wohingegen dasselbe Aktivum schon am nächsten Tag in der Jahresbilanz wieder mit der niedrigen Prüfintensität geprüft werden dürfte.

Für eine solche «Sprunghaftigkeit» der Prüfungsanforderungen, die für eingeschränkt geprüfte Gesellschaften zudem eine erhebliche Erschwerung bedeutete, müsste es eine ausdrückliche gesetzliche Grundlage geben.

Das Ziel der Gesetzesrevision von 2008 war aber unbestrittenermassen eine umfassende Erleichterung für KMU. Die hier vertretene Auffassung entspricht diesem gesetzgeberischen Anliegen.

23.10.2.4 Form der Prüfungsbestätigung

Der Gesetzeswortlaut erweckt bei den meisten übrigen gesetzlichen Pflichtprüfungen den Anschein, dass eine positive Prüfungsbestätigung nötig sei. Der Wortlaut wurde aber im Jahr 2008 nicht angepasst, d. h., er stammt aus der Zeit der alten Einheitsrevision, bei der eine positive Prüfungsbestätigung die einzige Möglichkeit bildete.

Die Frage der Berichtsform wird vom Gesetz ebenfalls nicht beantwortet. Entscheidend ist jedoch nicht die richtige Berichterstattungsform, sondern die richtige Prüfungsintensität. Für die Jahresrechnung gilt bei der eingeschränkten Revision aufgrund der ausdrücklichen Norm von Art. 729a OR eine negative Prüfungsbestätigung. Aufgrund der beschriebenen klaren Ausgangslage bezüglich der Prüfungsintensität erscheint es gerechtfertigt, für die gesetzlichen Spezialprüfungen ebenfalls Berichte mit negativer Prüfungsbestätigung vorzusehen. Der Punkt ist jedoch von untergeordneter Bedeutung. Denn auch bei einer positiven Prüfungsbestätigung lässt sich im Bericht klar aufzeigen, dass die Prüfung nach den reduzierten Prüfungsanforderungen erfolgt ist.

23.10.2.5 Schlussfolgerungen

Die heutige Praxis, dass alle übrigen gesetzlichen Pflichtprüfungen von KMU nach einem rund 980 Seiten umfassenden, für Gesellschaften von öffentlichem Interesse gedachten Standard durchzuführen sind, erscheint höchst fragwürdig. Die oben angeführten Argumente zeigen, dass ein ähnliches Konzept wie bei der eingeschränkten Revision mit einer negativen Zusicherung auch hier denkbar ist. Zumindest wäre eine Mittellösung mit einer Prüfungsintensität und Berichterstattung im Sinne der alten Einheitsrevision sinnvoll. In jedem Fall braucht es einen eigenen, durch einen Berufsverband festgelegten Standard und auch Berichterstattungsmuster, die mit den Handelsregisterämtern abgesprochen sind. Treuhand Suisse bereitet derzeit eine entsprechende Arbeitshilfe vor.

23. Übrige gesetzliche Pflichtprüfungen

23.11 Vorlagen

23.11.1 Erklärung zum Gründungsbericht

Quelle: HWP 3, S. 20

> An den
> [Gründungsprüfer]
>
> Die vorliegende Erklärung geben wir Ihnen im Zusammenhang mit Ihrer Prüfung des Ihnen von uns vorgelegten Gründungsberichtes. Deren Ziel ist, ein Urteil darüber abzugeben, ob der Gründungsbericht vollständig und richtig ist.
>
> Gemäss Art. 635 OR müssen die Gründer in einem schriftlichen Bericht Rechenschaft abgeben betreffend Sacheinlagen/Sachübernahmen, Liberierung durch Verrechnung und die Gewährung von Gründervorteilen.
>
> Wir anerkennen die Verantwortung der Gründer für diesen Gründungsbericht.
>
> In diesem Zusammenhang erklären wir als unterzeichnende Gründer der [Firmenbezeichnung] mit Sitz in [Domizil] nach bestem Wissen Folgendes:
>
> 1. Das Aktienkapital der Gesellschaft wird durch keine anderen Sachwerte (z.B. Grundstücke, bewegliche Sachen, Wertpapiere, Patente, Geschäfte oder Vermögen mit Aktiven und Passiven) und keine Verrechnung von Forderungen liberiert als die im Gründungsbericht aufgeführten.
>
> 2. Die Gründer sowie die Gesellschaft in Gründung haben nicht die Absicht und haben sich auch nicht dazu verpflichtet, andere als im Gründungsbericht aufgeführte Sachwerte von wesentlicher wirtschaftlicher Bedeutung zu übernehmen.
>
> 3. Die Gesellschaft in Gründung hat – abgesehen von den im Gründungsbericht ausdrücklich erwähnten Vorteilen – weder Gründern noch anderen Personen besondere Vorteile gewährt oder zugesichert (z.B. eine Beteiligung am Reingewinn oder Liquidationserlös über die Anteile hinaus, die den Aktionären als solchen zukommen, oder Begünstigungen hinsichtlich des Geschäftsverkehrs mit der Gesellschaft).
>
> 4. Wir haben Ihnen alle Belege und Unterlagen sowie Protokolle zur Verfügung gestellt. Über Beschlüsse, die eine wesentliche Auswirkung auf die im Gründungsbericht aufgeführten Sachwerte haben könnten, zu denen aber noch kein Protokoll vorliegt, haben wir Sie informiert.
>
> 5. Die zu gründende [Firmenbezeichnung] ist nachweislich Verfügungsberechtigte über alle im Gründungsbericht erwähnten Vermögenswerte. Auf diesen liegen keine anderen Belastungen oder Sicherheiten als jene, die wir im Gründungsbericht offengelegt haben. →

23. Übrige gesetzliche Pflichtprüfungen

6. Die Identität nahestehender Parteien, auf nahestehende Parteien entfallende Bestände und Transaktionen mit nahestehenden Parteien sind im Gründungsbericht angemessen offengelegt.

7. Die wesentlichen Annahmen, welche wir bei der Bewertung der Vermögensgegenstände sowie allfällig drohender Verluste aus Verkaufs- oder Kaufverpflichtungen (Commitments) aller Art getroffen haben, sind vernünftig und angemessen.

8. Wir haben keine Pläne oder Absichten, durch die sich die Bilanzierung, Bewertung oder Darstellung von Vermögenswerten oder Verbindlichkeiten im Gründungsbericht wesentlich ändern könnte. Insbesondere sind keine Vermögensgegenstände höher als mit dem erzielbaren Betrag (Nutzungswert oder Nettoveräusserungspreis) bewertet.

9. Es gibt keine weiteren Kreditvereinbarungen und formellen oder informellen Abmachungen zur Verrechnung als jene, die im Gründungsbericht offengelegt sind.

10. Über die offengelegten Ereignisse hinaus sind keine weiteren Ereignisse eingetreten, die eine Korrektur der Bewertung oder eine weitere Offenlegung erfordern.

[Ort und Datum]   [Unterschrift der Gründer]

Beilage: Gründungsbericht

23. Übrige gesetzliche Pflichtprüfungen

23.11.2 Erklärung zum Kapitalerhöhungsbericht

Quelle: HWP 3, S. 44

An den
[Kapitalerhöhungsprüfer]

Die vorliegende Erklärung geben wir Ihnen im Zusammenhang mit Ihrer Prüfung des Ihnen von uns vorgelegten Kapitalerhöhungsberichtes. Deren Ziel ist, ein Urteil darüber abzugeben, ob der Kapitalerhöhungsbericht vollständig und richtig ist und dem Generalversammlungsbeschluss vom [Datum] entspricht.

Gemäss Art. 652e OR legt der Verwaltungsrat in einem schriftlichen Bericht Rechenschaft über Sacheinlagen/Sachübernahmen, Liberierung durch Verrechnung, Gewährung von besonderen Vorteilen, Aufhebung oder Beschränkung des Bezugsrechts und Kapitalerhöhung aus Eigenkapital ab.

Wir anerkennen die Verantwortung des Verwaltungsrats für diesen Kapitalerhöhungsbericht. In diesem Zusammenhang erklären wir als Verwaltungsrat der [Firmenbezeichnung] mit Sitz in [Ort] nach bestem Wissen Folgendes:

1. Das Aktienkapital der Gesellschaft wird durch keine anderen Sachwerte (z.B. Grundstücke, bewegliche Sachen, Wertpapiere, Patente, Geschäfte oder Vermögen mit Aktiven und Passiven) und keine Verrechnung von Forderungen liberiert werden als die im Kapitalerhöhungsbericht aufgeführten. Das Aktienkapital wird auch nicht – oder nur in dem im Kapitalerhöhungsbericht erwähnten Umfang – aus eigenen Mitteln erhöht.

2. Die Gesellschaft hat nicht die Absicht und hat sich auch nicht dazu verpflichtet, andere als im Kapitalerhöhungsbericht aufgeführte Sachwerte von wesentlicher wirtschaftlicher Bedeutung zu übernehmen.

3. Die Gesellschaft hat – abgesehen von den im Kapitalerhöhungsbericht ausdrücklich erwähnten Vorteilen – weder Aktionären noch anderen Personen besondere Vorteile gewährt oder zugesichert (z.B. eine Beteiligung am Reingewinn oder Liquidationserlös über die Anteile hinaus, die den Aktionären als solchen zukommen, oder Begünstigungen hinsichtlich des Geschäftsverkehrs mit der Gesellschaft).

4. Das Bezugsrecht der Aktionäre wird – ausser in der im Kapitalerhöhungsbericht erwähnten Weise – nicht eingeschränkt.

5. Wir haben Ihnen alle Belege und Geschäftskorrespondenzen sowie die Protokolle aller Generalversammlungen, Sitzungen des Verwaltungsrats zur Verfügung gestellt. Über Beschlüsse, die eine wesentliche Auswirkung auf die im Kapitalerhöhungsbericht aufgeführten Sachwerte haben könnten, zu denen aber noch kein Protokoll vorliegt, haben wir Sie informiert.

23. Übrige gesetzliche Pflichtprüfungen

6. Die [Firmenbezeichnung] ist nachweislich Verfügungsberechtigte über alle im Kapitalerhöhungsbericht erwähnten Vermögenswerte. Auf diesen liegen keine anderen Belastungen oder Sicherheiten als jene, die wir im Kapitalerhöhungsbericht offengelegt haben.

7. Die Identität nahestehender Parteien, auf nahestehende Parteien entfallende Bestände und Transaktionen mit nahestehenden Parteien sind im Kapitalerhöhungsbericht angemessen offengelegt.

8. Die wesentlichen Annahmen, welche wir bei der Bewertung der Vermögensgegenstände sowie allfällig drohender Verluste aus Verkaufs- oder Kaufverpflichtungen (Commitments) aller Art getroffen haben, sind vernünftig und angemessen.

9. Wir haben keine Pläne oder Absichten, durch die sich die Bilanzierung, Bewertung oder Darstellung von Vermögenswerten oder Verbindlichkeiten im Kapitalerhöhungsbericht wesentlich ändern könnte. Insbesondere sind keine Vermögensgegenstände höher als mit dem erzielbaren Betrag (Nutzungswert oder Nettoveräusserungspreis) bewertet.

10. Es gibt keine weiteren Kreditvereinbarungen und formellen oder informellen Abmachungen zur Verrechnung als jene, die im Kapitalerhöhungsbericht offengelegt sind.

11. Über die offengelegten Ereignisse hinaus sind keine weiteren Ereignisse eingetreten, die eine Korrektur der Bewertung der Vermögenswerte oder eine weitere Offenlegung erfordern.

[Ort und Datum]   [Unterschrift der Gesellschaft]

Beilage: Kapitalerhöhungsbericht

23. Übrige gesetzliche Pflichtprüfungen

23.11.3 Vollständigkeitserklärung Kapitalherabsetzung

An den
[Kapitalherabsetzungsprüfer]

Im Zusammenhang mit Ihrer Prüfung der Kapitalherabsetzung der [Firmenbezeichnung] vom [Datum] im Sinne von Art. 732 Abs. 2 OR geben wir Ihnen die folgende Vollständigkeitserklärung ab. Ziel Ihrer Prüfung ist die Abgabe eines Urteils darüber, ob die [Bilanz/Zwischenbilanz] für Zwecke der Kapitalherabsetzung vollständig und richtig ist.

1. Die [Bilanz/Zwischenbilanz] entspricht dem schweizerischen Gesetz und den Statuten und ist in diesem Sinne frei von wesentlichen Fehlaussagen (z. B. fehlerhafte Erfassung, Bewertung, Darstellung und Offenlegung von Geschäftsvorfällen oder unvollständige bzw. fehlende Angaben).

2. Wir haben Ihnen alle Aufzeichnungen der Buchhaltung, Belege und Geschäftskorrespondenzen sowie die Protokolle aller Generalversammlungen, Sitzungen des Verwaltungsrats und Sitzungen der Ausschüsse des Verwaltungsrats zur Verfügung gestellt. Es gibt keine Beschlüsse, die eine wesentliche Auswirkung auf die [Bilanz/Zwischenbilanz] haben könnten, über die wir Sie nicht informiert hätten.

3. In der Ihnen vorgelegten und von uns unterzeichneten [Bilanz/Zwischenbilanz] sind alle Geschäftsvorfälle erfasst, die per [Datum] buchungspflichtig sind, und alle bilanzierungspflichtigen Vermögenswerte und Verpflichtungen berücksichtigt. Über die stillen Reserven und deren Veränderungen ist Ihnen im Sinne von Art. 669 Abs. 4 OR Aufschluss gegeben worden. In der [Bilanz/Zwischenbilanz] wurden insbesondere vollständig und richtig erfasst und wenn notwendig offengelegt:
   a) Aktiven, welche mit Pfand oder anderen Lasten belastet sind; die Gesellschaft hat einen ausreichenden Rechtsanspruch auf alle Vermögensgegenstände, und es bestehen keine Pfandrechte oder Belastungen hinsichtlich der Vermögensgegenstände der Gesellschaft, soweit Ihnen gegenüber nichts anderes angegeben worden ist;
   b) Passiven, insbesondere gegenwärtige Verbindlichkeiten, Wertberichtigungen, Rückstellungen, drohende Verluste aus Kauf- und Verkaufsverpflichtungen, Verbindlichkeiten im Zusammenhang mit der Sanierung möglicher Deckungslücken von Personalvorsorgeeinrichtungen, Garantien, Bürgschaften oder andere Eventualverpflichtungen sowie vergleichbare Erklärungen gegenüber Dritten.

4. Verträge, Kreditvereinbarungen, Rechtsstreitigkeiten oder Auseinandersetzungen, die nicht in der [Bilanz/Zwischenbilanz] offengelegt worden sind, für die Beurteilung der [Bilanz/Zwischenbilanz] des Unternehmens aber von wesentlicher Bedeutung sind, bestehen nicht/sind in der Beilage angeführt.

5. Wir bestätigen Ihnen, dass es keine Verstösse gegen gesetzliche oder andere Vorschriften (z. B. betreffend direkte Steuern, Mehrwertsteuern, Sozialversicherungen,

23. Übrige gesetzliche Pflichtprüfungen

Umweltschutz) gegeben hat bzw. wir Ihnen alle uns bekannten Verstösse gegen Gesetze oder andere Vorschriften mitgeteilt haben. Die Gesellschaft hat alle vertraglichen Vereinbarungen und gesetzlichen Auflagen, die bei Nichterfüllung eine wesentliche Auswirkung auf die [Bilanz/Zwischenbilanz] gehabt hätten, erfüllt.

6. Die Forderungen der Gläubiger sind auch nach erfolgter Herabsetzung des Kapitals vollständig gedeckt.

7. Wir haben keine Pläne oder Absichten,
   a) und es sind uns keine Ereignisse bekannt, die erhebliche Zweifel an der Fähigkeit der [Firmenbezeichnung] zur Fortführung ihrer Tätigkeit (Going Concern) aufwerfen könnten;
   b) welche den Buchwert oder den Ausweis von Aktiven oder Verpflichtungen in der [Bilanz/Zwischenbilanz] wesentlich beeinflussen könnten;
   c) die zu Überbeständen oder zur Entwertung von Vorräten oder von Anlagevermögen führen könnten. Kein Vorrat ist höher als mit dem netto realisierbaren Wert und keine Anlage höher als mit dem Nutzungswert oder Nettoveräusserungspreis bewertet.

8. Alle bis zum Zeitpunkt der Beendigung Ihrer Prüfung bekannt gewordenen und bilanzierungspflichtigen Ereignisse sind in der vorliegenden [Bilanz/Zwischenbilanz] angemessen berücksichtigt.

Freundliche Grüsse
[Gesellschaft]

[Unterschrift]
[Name]

Beilage: unterzeichnete [Bilanz/Zwischenbilanz]

24.

Übersicht Prüfungsstandards 2013

24.1 Einleitung
24.2 Gesamtübersicht zu den PS
24.3 Übersicht QS 1 Qualitätssicherungsstandard
24.4 Übersicht Allgemeine Grundsätze und Verantwortlichkeiten
24.5 Ablauf der Prüfung

24. Übersicht Prüfungsstandards 2013

24.1 Einleitung

Die nachfolgenden grafischen Darstellungen fassen die Schweizer Prüfungsstandards 2013, die u.a. für die Durchführung der ordentlichen Revision sowie für die übrigen gesetzlichen Prüfungen wie etwa die Gründungsprüfung anwendbar sind, systematisch zusammen. Die Prüfungsstandards für besondere Bereiche und weitere Dienstleistungen sind darin nicht abgebildet.

Die Zusammenfassung ersetzt für Anwender der Schweizer Prüfungsstandards 2013 das detaillierte Studium der rund 980 Seiten des Originalwortlauts nicht.

24. Übersicht Prüfungsstandards 2013

24.2 Gesamtübersicht zu den PS

	Aktivität	Zweck	Quelle in PS 2013
Allgemeine Prüfungsgrundsätze	**Prüfungsvorbereitung** Führungsverantwortliche richten Qualitätssicherungssystem ein	Betrieb eines wirksamen QS für die Praxis und das einzelne Mandat	QS 1 Qualitätssicherung Praxis PS 220 Qualitätssicherung Auftrag
	Fachliche Verlautbarungen & PS werden geschult und eingeführt	Berufsgrundsätze werden konsequent eingehalten	PS 200–299 Allgemeine Grundsätze und Verantwortlichkeiten
	Prüfungsvorbereitung für das einzelne Mandat	Entscheid über Mandatsannahme und -weiterführung	Gesetzliche Bestimmungen, PS 210 & QS-Richtlinie der Praxis
Risikobeurteilung und Reaktion auf Risiken	**Prüfungsplanung** Planung der ordentliche Revision bzw. Abschlussprüfung	Entwicklung Prüfungsstrategie und Prüfungsprogramm sowie während der Prüfung vorgenommene bedeutsame Änderungen der Strategie aufgrund neuer Umstände	PS 300 Planung der Prüfung PS 315 Beurteilung Risiken PS 320 Wesentlichkeit PS 330 Reaktion auf Risiken PS 402 Outsourcing PS 450 Festgestellte falsche Darstellungen
	Verstehen der Einheit & ihr Umfeld zur Beurteilung der Fehlerrisiken		
	Bestimmen der Wesentlichkeit bei Planung & Durchführung		
	Reaktion auf die identifizierten & beurteilten Risiken		
Prüfungsnachweise	**Prüfungsdurchführung** Erarbeitung ausreichend geeigneter Prüfungsnachweise	Prüfungshandlungen sind so zu planen und durchzuführen, um ausreichende, angemessene Nachweise und Schlussfolgerungen zu erlangen, die ein verlässliches Prüfungsurteil ermöglichen.	PS 500 Prüfungsnachweise PS 501 Besondere Überlegungen PS 505 Externe Bestätigungen PS 510 Erstprüfungen PS 520 Analytische Prüfungen PS 530 Stichproben PS 540 Prüfung Schätzungen PS 550 Nahestehende PS 560 Ereignisse nach Bilanzstichtag PS 570 Fortführung PS 580 Schriftliche Erklärungen PS 600 ff. Verwendung Arbeiten anderer
	Bestätigungen, Erstaufträge, analytische Prüfungen, Stichproben, geschätzte Werte, Nahestehende, Ereignisse nach dem Bilanzstichtag und Fortführung	Funktionsprüfungen zur Abstützung auf wirksame Kontrollen der Unternehmensleitung	
	Schriftliche Erklärungen (z. B. Vollständigkeitserklärung)		
	Verwendung der Arbeit anderer Prüfer und Sachverständiger	Zusätzliche – aussagebezogene – Prüfungshandlungen zur Erlangung ausreichender Prüfungssicherheit	
Schlussfolgerung	**Beendigung und Abgabe Vermerk** Prüfungsurteil bilden und Bericht erstatten	Aufgrund der Prüfungsnachweise und der Schlussfolgerungen ist das Prüfungsurteil zu bilden und darüber ein Prüfungsvermerk abzugeben – bei falschen Darstellungen ist ein Vermerk mit modifiziertem Prüfungsurteil abzugeben – bestimmte Sachverhalte sind hervorzuheben	PS 700 Bildung Prüfungsurteil PS 701 Ordentliche Revision PS 705 Modifizierung Prüfungsurteil PS 706 Hervorhebung Sachverhalt PS 710 Vergleichsinformationen PS 720 Prüfung sonstiger Informationen
	Modifizierung Prüfungsurteil und Sachverhalte hervorheben		
	Beurteilung Vergleichsinformationen und andere Dokumente		

24. Übersicht Prüfungsstandards 2013

24.3 Übersicht QS 1 Qualitätssicherungsstandard

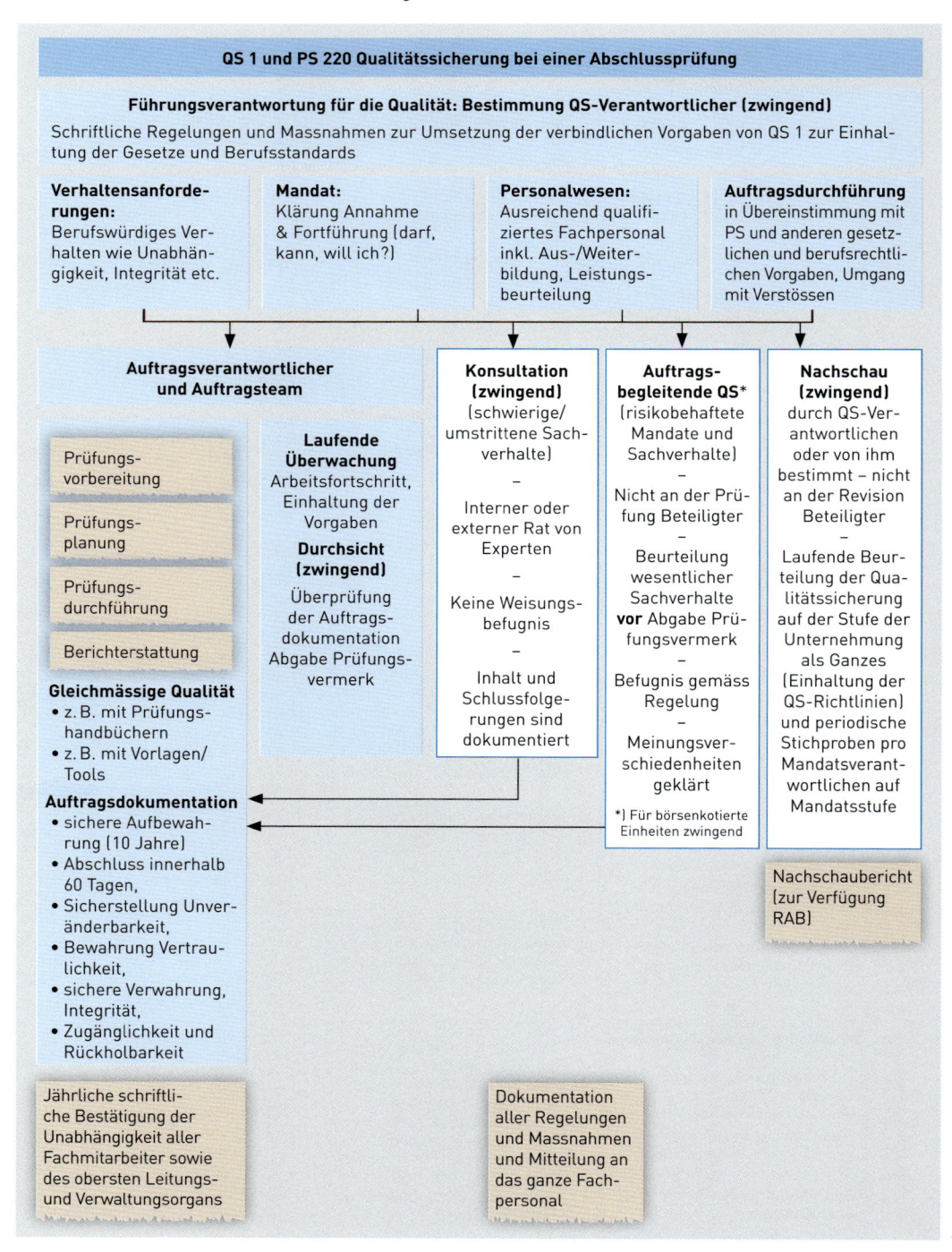

QS 1 und PS 220 Qualitätssicherung bei einer Abschlussprüfung

Führungsverantwortung für die Qualität: Bestimmung QS-Verantwortlicher (zwingend)
Schriftliche Regelungen und Massnahmen zur Umsetzung der verbindlichen Vorgaben von QS 1 zur Einhaltung der Gesetze und Berufsstandards

Verhaltensanforderungen:
Berufswürdiges Verhalten wie Unabhängigkeit, Integrität etc.

Mandat:
Klärung Annahme & Fortführung (darf, kann, will ich?)

Personalwesen:
Ausreichend qualifiziertes Fachpersonal inkl. Aus-/Weiterbildung, Leistungsbeurteilung

Auftragsdurchführung
in Übereinstimmung mit PS und anderen gesetzlichen und berufsrechtlichen Vorgaben, Umgang mit Verstössen

---

Auftragsverantwortlicher und Auftragsteam

- Prüfungsvorbereitung
- Prüfungsplanung
- Prüfungsdurchführung
- Berichterstattung

Gleichmässige Qualität
- z. B. mit Prüfungshandbüchern
- z. B. mit Vorlagen/Tools

Auftragsdokumentation
- sichere Aufbewahrung (10 Jahre)
- Abschluss innerhalb 60 Tagen,
- Sicherstellung Unveränderbarkeit,
- Bewahrung Vertraulichkeit,
- sichere Verwahrung, Integrität,
- Zugänglichkeit und Rückholbarkeit

Laufende Überwachung
Arbeitsfortschritt, Einhaltung der Vorgaben

Durchsicht (zwingend)
Überprüfung der Auftragsdokumentation
Abgabe Prüfungsvermerk

Konsultation (zwingend)
(schwierige/umstrittene Sachverhalte)
–
Interner oder externer Rat von Experten
–
Keine Weisungsbefugnis
–
Inhalt und Schlussfolgerungen sind dokumentiert

Auftragsbegleitende QS*
(risikobehaftete Mandate und Sachverhalte)
–
Nicht an der Prüfung Beteiligter
–
Beurteilung wesentlicher Sachverhalte **vor** Abgabe Prüfungsvermerk
–
Befugnis gemäss Regelung
–
Meinungsverschiedenheiten geklärt

*) Für börsenkotierte Einheiten zwingend

Nachschau (zwingend)
durch QS-Verantwortlichen oder von ihm bestimmt – nicht an der Revision Beteiligter
–
Laufende Beurteilung der Qualitätssicherung auf der Stufe der Unternehmung als Ganzes (Einhaltung der QS-Richtlinien) und periodische Stichproben pro Mandatsverantwortlichen auf Mandatsstufe

Nachschaubericht (zur Verfügung RAB)

Jährliche schriftliche Bestätigung der Unabhängigkeit aller Fachmitarbeiter sowie des obersten Leitungs- und Verwaltungsorgans

Dokumentation aller Regelungen und Massnahmen und Mitteilung an das ganze Fachpersonal

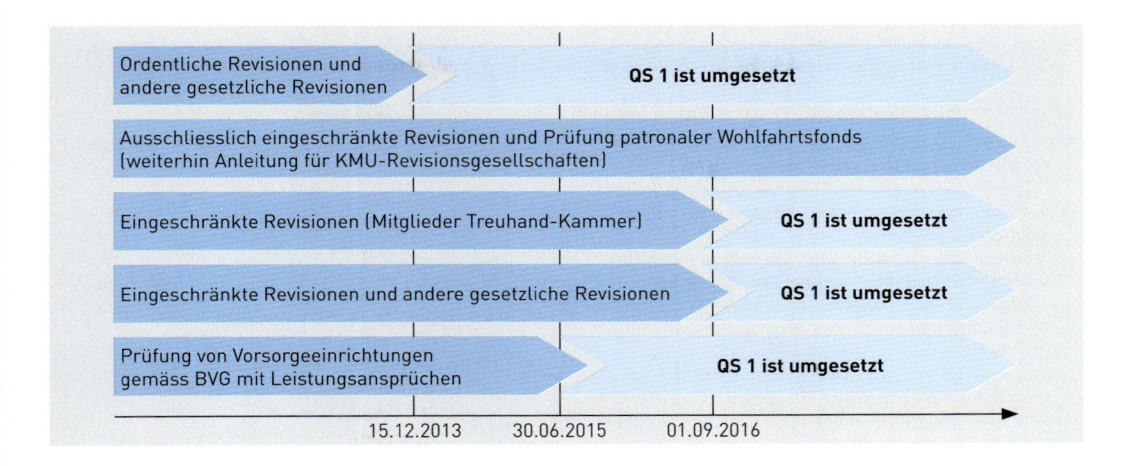

24. Übersicht Prüfungsstandards 2013

Ordentliche Revisionen und andere gesetzliche Revisionen	QS 1 ist umgesetzt
Ausschliesslich eingeschränkte Revisionen und Prüfung patronaler Wohlfahrtsfonds (weiterhin Anleitung für KMU-Revisionsgesellschaften)	
Eingeschränkte Revisionen (Mitglieder Treuhand-Kammer)	QS 1 ist umgesetzt
Eingeschränkte Revisionen und andere gesetzliche Revisionen	QS 1 ist umgesetzt
Prüfung von Vorsorgeeinrichtungen gemäss BVG mit Leistungsansprüchen	QS 1 ist umgesetzt

15.12.2013   30.06.2015   01.09.2016

24. Übersicht Prüfungsstandards 2013

24.4 Übersicht Allgemeine Grundsätze und Verantwortlichkeiten

Übergreifende Zielsetzung und Grundsätze, die bei der Durchführung der Prüfung zu beachten sind

PS 200 Grundsätze einer Prüfung nach PS
Erlangen ausreichender Sicherheit, dass Abschluss frei von wesentlichen beabsichtigten und unbeabsichtigten Fehlern ist
⇨ Berufliche Verhaltensanforderungen einhalten
⇨ Kritische Grundhaltung bei der Planung & Durchführung der Revision bewahren
⇨ Pflichtgemässes Ermessen ausüben und dokumentieren
⇨ Ausreichende geeignete Prüfungsnachweise erlangen und niedriges Prüfungsrisiko eingehen
⇨ Einhaltung der relevanten PS nach den Umständen

- Einhaltung der PS, Berufsgrundsätze und Gesetze
- Integrität, Objektivität, Kompetenz & Sorgfalt, Verschwiegenheit & berufswürdiges Verhalten, innere & äussere Unabhängigkeit
- Es gilt der Grundsatz von Treu & Glauben; Widersprüche müssen infrage gestellt werden (kritische Grundhaltung)
- Ermessen stützt sich auf Wesentlichkeit und bekannte Tatsachen und Umstände
- Kein Prüfungsurteil ohne vertretbare Schlussfolgerungen und ausreichend geeignete Prüfungsnachweise
- Erlangung hinreichender Sicherheit (absolute Sicherheit ist aufgrund der Grenzen der Abschlussprüfung unmöglich)

Prüfungsrisiko (Risiko eines falschen Prüfungsurteils auf Gesamtabschlussebene oder Aussageebene) = **Inhärentes Risiko** (Anfälligkeit einer falschen Aussage oder Darstellung vor Berücksichtigung von IKS-Massnahmen) × **Kontrollrisiko** (Falsche Aussage oder Darstellung nicht durch IKS verhindert, aufgedeckt oder rechtzeitig korrigiert) × **Entdeckungsrisiko** (Risiko nicht genügender Prüfungshandlungen und nicht ausreichender Prüfungsnachweise)

PS 210 Vereinbarung Auftragsbedingungen
Prüfungsauftrag darf nur dann angenommen werden, wenn
⇨ Vorbedingungen erfüllt sind und
⇨ Mandat mit VR (oder entsprechendem Organ) und CFO geklärt ist

- Siehe Details in 24.5.1 Prüfungsvorbereitung

PS 220 Qualitätssicherung bei einer Abschlussprüfung
Sicherstellung der Qualitätssicherungsmassnahmen auf Stufe Auftragsebene durch
⇨ Einhaltung der PS, weiterer Vorschriften und Gesetze bis zur Abgabe des Vermerks

- Siehe Details in 24.3 QS 1 Qualitätssicherungsstandard

PS 230 Prüfungsdokumentation
Umfassender Nachweis als Grundlage für die Schlussfolgerungen und Prüfungsurteil
→ vgl. Art. 730c OR
⇨ Zeitgerechte Erstellung der Dokumentation
⇨ Dokumentation der durchgeführten Prüfungen und der erlangten Prüfungsnachweise
⇨ Zusammenstellung/Aufbewahrung endgültige Prüfungsakte

- Nachweis, dass Prüfung in Übereinstimmung mit PS erfolgte
- Ausreichende und geeignete Dokumentation zum Nachvollzug der Schlussfolgerungen (Durchsicht)
- Form, Inhalt und Umfang muss von unabhängigem Dritten nachvollziehbar sein (Nachschau)
- Abschluss Akten innerhalb 60 Tage (keine neuen Prüfungshandlungen/Schlussfolgerungen; nur redaktioneller Prozess)
- Abweichungen von Vorgaben sind zu begründen

24. Übersicht Prüfungsstandards 2013

Übergreifende Zielsetzung und Grundsätze, die bei der Durchführung der Prüfung zu beachten sind

PS 240 Verantwortung Prüfer bei dolosen Handlungen
Risiken wesentlicher falscher Darstellungen aufgrund von dolosen Handlungen müssen identifiziert, beurteilt und darauf angemessen reagiert werden.

- Siehe Details in 24.5.1 Prüfungsvorbereitung

PS 250 Berücksichtigung von Gesetzen und Vorschriften
Ausreichende Nachweise, dass die Rechtsvorschriften mit wesentlichen Auswirkungen auf die JR eingehalten sind
⇨ Erwägungen der Prüfer zur Einhaltung von Gesetzen
⇨ Prüfungen von festgestellten oder vermuteten Verstössen
⇨ Berichterstattung über festgestellte oder vermutete Verstösse

- Abklärung, ob Prüfer ausdrücklich bestimmte Rechtsvorschriften zu prüfen und zu bestätigen hat
- Die Einhaltung von Rechtsvorschriften liegt grundsätzlich beim Verwaltungsrat und Management
- Rechtsvorschriften mit unmittelbarem Einfluss auf die Jahresrechnung sind, abhängig von der Risikobeurteilung, zu prüfen

PS 260 Kommunikation mit dem VR
Definition Kommunikationsprozess mit VR und Management
⇨ Klare Kommunikation über Pflichten des Prüfers
⇨ Erlangen prüfungsrelevanter Informationen
⇨ Zu kommunizierende Sachverhalte werden vereinbart
⇨ Rechtzeitige Kommunikation über Ergebnisse der Prüfung

- Bestimmung der Personen für die Kommunikation
- Bestimmung der zu kommunizierenden Sachverhalten
- Sachverhalte gemäss Art. 728c OR; bedeutsame Prüfungsergebnisse; fehlende Unterlagen, Beschränkungen etc.
- Form, Zeitpunkt und Dokumentation der Kommunikation
- Wesentliche Punkte schriftlich mitteilen/bestätigen lassen

PS 265 Mitteilung Mängel im IKS
Festgestellte Mängel müssen schriftlich dem VR mitgeteilt werden. Bei ordentlichen Revisionen ist Art. 728a OR zu beachten.

- Siehe Details in 24.5.4 Berichterstattung

24. Übersicht Prüfungsstandards 2013

24.5 Ablauf der Prüfung
24.5.1 Prüfungsvorbereitungen

Prüfungsvorbereitung QS 1, PS 200, PS 210

Grundsätzliche Anforderungen: (darf ich?, kann ich? will ich?)
Anwendung und Einhaltung der QS-Vorgaben zur Annahme und Fortführung des Mandates (Wählbarkeit, Unabhängigkeit und Zulassung), Bestimmung Prüfungsteam, Überwachung Mandat

Allgemeine Informationsbeschaffung:
Externe und interne Informationen sowie Angaben über die Firma, Ziele, Strategie, Produkte, Organisation mit IKS, Markt, Branche, Stakeholder etc.

- I-1 Kurzbeschrieb Unternehmung
- I-2 Mandatsannahme-/Weiterführung
- I-3 Auftragsbestätigung
- I-4 Honorarbudget/Stundenerfassung
- I-5 Zusammensetzung Revisionsteam

Erstellen/aktualisieren Dauerakten

PS 210 Vereinbarung der Auftragsbedingungen
⇨ Vorbedingungen für Prüfung klären
- Einvernehmen mit dem VR und Management betreffend Regelwerk und Verantwortung

⇨ Vereinbarung der Auftragsbedingungen, Erinnerung oder Änderungen bei Folgeprüfung
- Ziel/Umfang der Prüfung; Verwantwortlichkeiten; Berichterstattung; Honorar

⇨ Annahme einer Änderung der Auftragsbedingungen und sonstige Vorschriften
- Klärung der Umstände und Begründung der Änderung der Auftragsbedingungen

PS 240 Verantwortung des Prüfers bei dolosen Handlungen
⇨ Dolose Handlungen im Sinne der PS sind
- Manipulationen in der Jahresrechnung
- Vermögensschäden (Veruntreuung)

⇨ Gewöhnliche Umstände/Merkmale doloser Handlungen

Dreieck: Druck, Anreiz (oben) — Rechtfertigung (links) — Gelegenheit (rechts)

⇨ Verantwortung zur Aufdeckung von dolosen Handlungen
- Liegt primär bei VR/Management

⇨ Anforderungen an Prüfer
- Erlangung hinreichender Sicherheit, dass der Abschluss als Ganzes frei von einer wesentlichen – beabsichtigten oder unbeabsichtigten – falschen Darstellung ist
- Kritische Grundhaltung
- Angemessene Reaktion auf entdeckte oder vermutete dolose Handlungen

⇨ Risikobeurteilung und Identifikation sowie Beurteilung von Fehlern aufgrund von Verstössen
- Befragung Management
  → ob dolose Prüfungshandlungen festgestellt wurden
  → Prozess zur Risikobeurteilung befragen
  → Die Risikobeurteilung des Managements zu dolosen Handlungen einholen
  → Befragung Unternehmensleitung (sofern nicht alle im Management)
  → Aufsicht über die Prozesse des Managements zur Risikoidentifizierung und Gestaltung der Massnahmen daraus
- Besprechungen im Prüfungsteam zu Risiken für dolose Handlungen
- Beurteilung ungewöhnlicher Geschäftsvorfälle
- Es sind grundsätzlich dolose Handlungen bei der Erlöserfassung zu vermuten.

⇨ Reaktion auf identifizierte Risiken
- **Siehe 24.5.3 Durchführung der Prüfung**

24. Übersicht Prüfungsstandards 2013

24.5.2 Prüfungsplanung

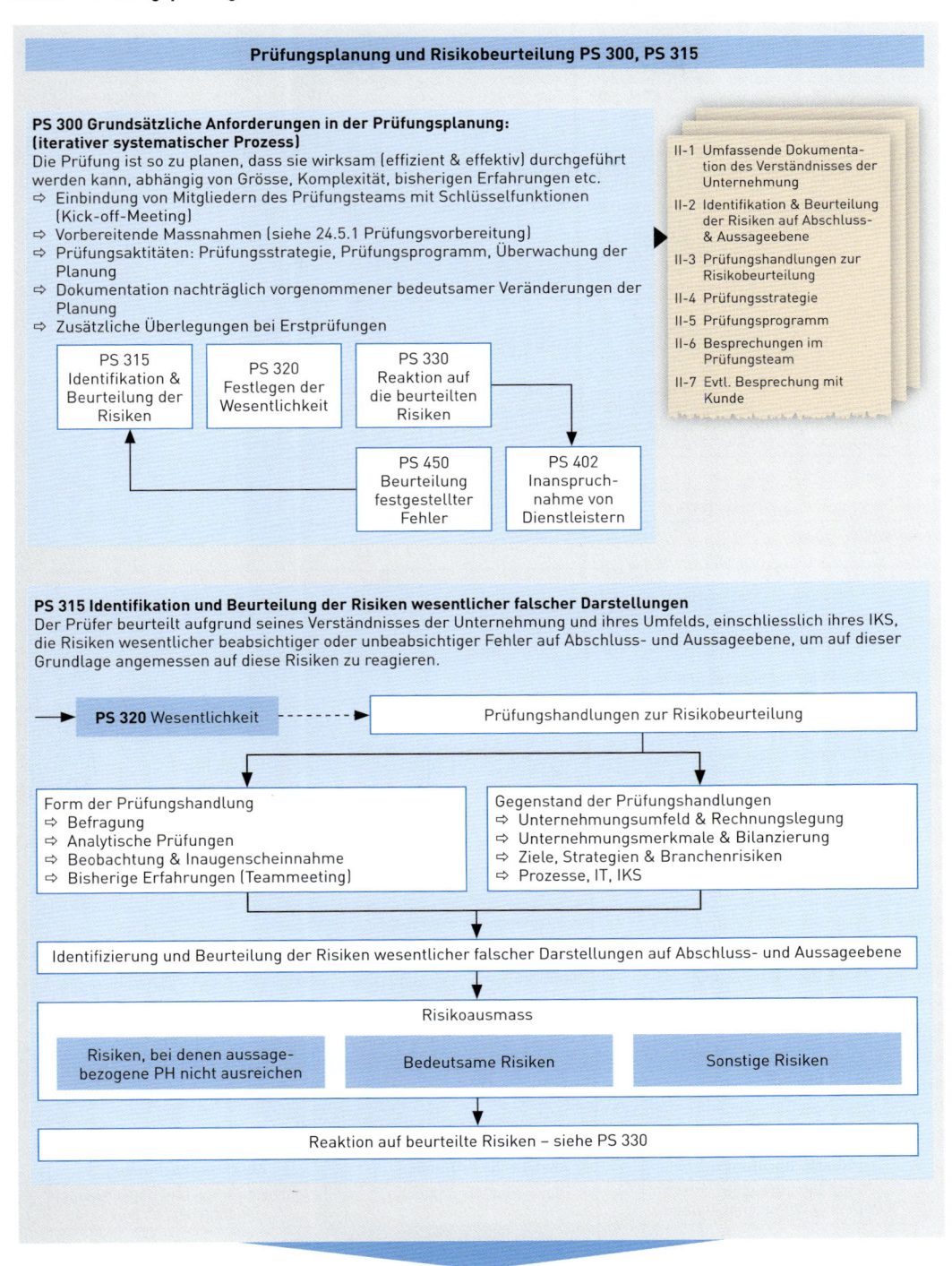

Prüfungsplanung und Risikobeurteilung PS 300, PS 315

PS 300 Grundsätzliche Anforderungen in der Prüfungsplanung:
(iterativer systematischer Prozess)
Die Prüfung ist so zu planen, dass sie wirksam (effizient & effektiv) durchgeführt werden kann, abhängig von Grösse, Komplexität, bisherigen Erfahrungen etc.
⇨ Einbindung von Mitgliedern des Prüfungsteams mit Schlüsselfunktionen (Kick-off-Meeting)
⇨ Vorbereitende Massnahmen (siehe 24.5.1 Prüfungsvorbereitung)
⇨ Prüfungsaktivitäten: Prüfungsstrategie, Prüfungsprogramm, Überwachung der Planung
⇨ Dokumentation nachträglich vorgenommener bedeutsamer Veränderungen der Planung
⇨ Zusätzliche Überlegungen bei Erstprüfungen

- II-1 Umfassende Dokumentation des Verständnisses der Unternehmung
- II-2 Identifikation & Beurteilung der Risiken auf Abschluss- & Aussageebene
- II-3 Prüfungshandlungen zur Risikobeurteilung
- II-4 Prüfungsstrategie
- II-5 Prüfungsprogramm
- II-6 Besprechungen im Prüfungsteam
- II-7 Evtl. Besprechung mit Kunde

- PS 315 Identifikation & Beurteilung der Risiken
- PS 320 Festlegen der Wesentlichkeit
- PS 330 Reaktion auf die beurteilten Risiken
- PS 450 Beurteilung festgestellter Fehler
- PS 402 Inanspruchnahme von Dienstleistern

PS 315 Identifikation und Beurteilung der Risiken wesentlicher falscher Darstellungen
Der Prüfer beurteilt aufgrund seines Verständnisses der Unternehmung und ihres Umfelds, einschliesslich ihres IKS, die Risiken wesentlicher beabsichtiger oder unbeabsichtigter Fehler auf Abschluss- und Aussageebene, um auf dieser Grundlage angemessen auf diese Risiken zu reagieren.

PS 320 Wesentlichkeit ---→ Prüfungshandlungen zur Risikobeurteilung

Form der Prüfungshandlung
⇨ Befragung
⇨ Analytische Prüfungen
⇨ Beobachtung & Inaugenscheinnahme
⇨ Bisherige Erfahrungen (Teammeeting)

Gegenstand der Prüfungshandlungen
⇨ Unternehmungsumfeld & Rechnungslegung
⇨ Unternehmungsmerkmale & Bilanzierung
⇨ Ziele, Strategien & Branchenrisiken
⇨ Prozesse, IT, IKS

Identifizierung und Beurteilung der Risiken wesentlicher falscher Darstellungen auf Abschluss- und Aussageebene

Risikoausmass

| Risiken, bei denen aussagebezogene PH nicht ausreichen | Bedeutsame Risiken | Sonstige Risiken |

Reaktion auf beurteilte Risiken – siehe PS 330

24. Übersicht Prüfungsstandards 2013

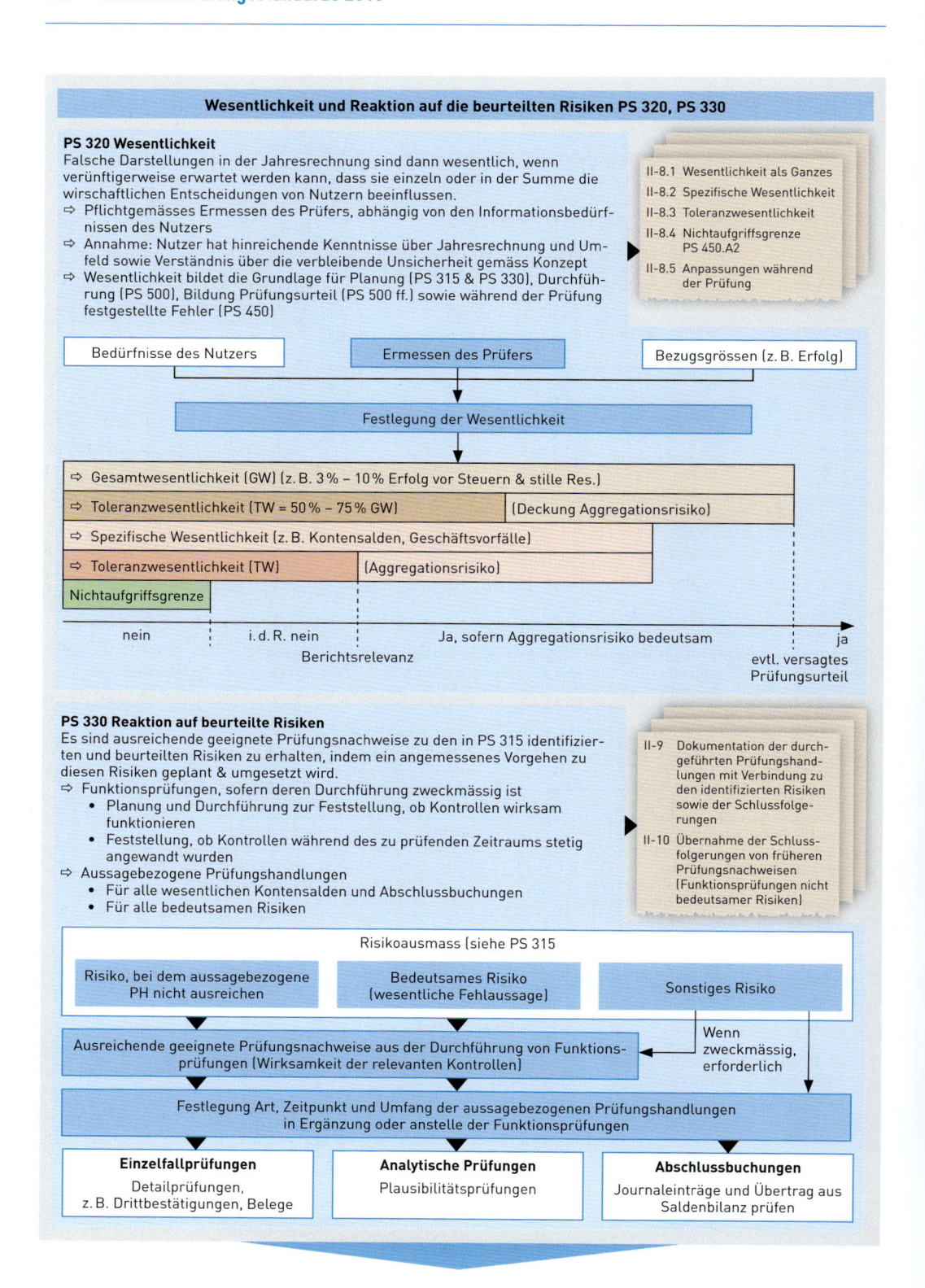

Wesentlichkeit und Reaktion auf die beurteilten Risiken PS 320, PS 330

PS 320 Wesentlichkeit
Falsche Darstellungen in der Jahresrechnung sind dann wesentlich, wenn verünftigerweise erwartet werden kann, dass sie einzeln oder in der Summe die wirschaftlichen Entscheidungen von Nutzern beeinflussen.
⇨ Pflichtgemässes Ermessen des Prüfers, abhängig von den Informationsbedürfnissen des Nutzers
⇨ Annahme: Nutzer hat hinreichende Kenntnisse über Jahresrechnung und Umfeld sowie Verständnis über die verbleibende Unsicherheit gemäss Konzept
⇨ Wesentlichkeit bildet die Grundlage für Planung (PS 315 & PS 330), Durchführung (PS 500), Bildung Prüfungsurteil (PS 500 ff.) sowie während der Prüfung festgestellte Fehler (PS 450)

- II-8.1 Wesentlichkeit als Ganzes
- II-8.2 Spezifische Wesentlichkeit
- II-8.3 Toleranzwesentlichkeit
- II-8.4 Nichtaufgriffsgrenze PS 450.A2
- II-8.5 Anpassungen während der Prüfung

Bedürfnisse des Nutzers → Ermessen des Prüfers → Bezugsgrössen (z. B. Erfolg)
↓
Festlegung der Wesentlichkeit

⇨ Gesamtwesentlichkeit (GW) (z. B. 3% – 10% Erfolg vor Steuern & stille Res.)
⇨ Toleranzwesentlichkeit (TW = 50% – 75% GW)   (Deckung Aggregationsrisiko)
⇨ Spezifische Wesentlichkeit (z. B. Kontensalden, Geschäftsvorfälle)
⇨ Toleranzwesentlichkeit (TW)   (Aggregationsrisiko)
⇨ Nichtaufgriffsgrenze

nein | i.d.R. nein | Ja, sofern Aggregationsrisiko bedeutsam | ja
Berichtsrelevanz — evtl. versagtes Prüfungsurteil

PS 330 Reaktion auf beurteilte Risiken
Es sind ausreichende geeignete Prüfungsnachweise zu den in PS 315 identifizierten und beurteilten Risiken zu erhalten, indem ein angemessenes Vorgehen zu diesen Risiken geplant & umgesetzt wird.
⇨ Funktionsprüfungen, sofern deren Durchführung zweckmässig ist
  • Planung und Durchführung zur Feststellung, ob Kontrollen wirksam funktionieren
  • Feststellung, ob Kontrollen während des zu prüfenden Zeitraums stetig angewandt wurden
⇨ Aussagebezogene Prüfungshandlungen
  • Für alle wesentlichen Kontensalden und Abschlussbuchungen
  • Für alle bedeutsamen Risiken

- II-9 Dokumentation der durchgeführten Prüfungshandlungen mit Verbindung zu den identifizierten Risiken sowie der Schlussfolgerungen
- II-10 Übernahme der Schlussfolgerungen von früheren Prüfungsnachweisen (Funktionsprüfungen nicht bedeutsamer Risiken)

Risikoausmass (siehe PS 315)

| Risiko, bei dem aussagebezogene PH nicht ausreichen | Bedeutsames Risiko (wesentliche Fehlaussage) | Sonstiges Risiko |

Ausreichende geeignete Prüfungsnachweise aus der Durchführung von Funktionsprüfungen (Wirksamkeit der relevanten Kontrollen) ← Wenn zweckmässig, erforderlich

Festlegung Art, Zeitpunkt und Umfang der aussagebezogenen Prüfungshandlungen in Ergänzung oder anstelle der Funktionsprüfungen

| **Einzelfallprüfungen** | **Analytische Prüfungen** | **Abschlussbuchungen** |
| Detailprüfungen, z.B. Drittbestätigungen, Belege | Plausibilitätsprüfungen | Journaleinträge und Übertrag aus Saldenbilanz prüfen |

24. Übersicht Prüfungsstandards 2013

Überlegungen bei t und Beurteilung falscher Darstellungen PS 402, PS 450

PS 402 Überlegungen bei Einheiten, die Dienstleister in Anspruch nehmen
Die Prüfung ist so zu planen, dass auf Risiken wesentlicher Fehler aus ausgelagerten Tätigkeiten angemessen reagiert werden kann.
⇨ Erlangen Verständnis von extern erbrachten Dienstleistungen inklusive IKS
- Verstehen der Dienstleistungen in Bezug auf Art, Wesentlichkeit und Wechselwirkung
- Verstehen der IKS-Massnahmen und Beurteilung der Risiken beim auslagernden Unternehmen
- Wenn die Kontrollen beim geprüften Unternehmen aufgrund der Risikosituation nicht ausreichen: Weitere Prüfungshandlungen beim Dienstleister durchführen lassen, z. B. Einholen Berichte Typ 1 oder 2
   - Typ 1: Beschreibung System, Kontrollziele und Kontrollen; Urteil des Prüfers des DL über die vorgenannten Punkte sowie die Eignung der Ausgestaltung der Kontrollen für das Erreichen der festgelegten Kontrollziele (Zweckmässig Ausgestaltung des IKS)
   - Typ 2: Analog 1 mit zusätzlicher Aussage über die Wirksamkeit des IKS
⇨ Reaktion auf die beurteilten Risiken wesentlicher Fehler: Analoge Überlegungen wie in PS 330 – allenfalls mit Bericht Typ 1 oder 2
⇨ Befragung Management über dolose Handlungen, Gesetzes- und andere Verstösse oder nicht korrigierte Fehler beim Dienstleister
⇨ Ist der Prüfer nicht in der Lage, ausreichende Prüfungsnachweise zu erlangen, ist das Prüfungsurteil zu modifizieren (siehe PS 705).

- II-11 Dokumentation durchgeführter Prüfungshandlungen mit Verbindung zu den identifizierten Risiken
- II-12 Beschreibung des System des Dienstleisters
- II-13 Bericht des Prüfers des Dienstleisters (Typ1 oder 2)

PS 450 Beurteilung der während der Prüfung festgestellter falscher Darstellungen
Der Prüfer muss bei einer festgestellten falschen Darstellung – ausser diese ist zweifelsfrei unbeachtlich (siehe Nichtaufgriffsgrenze PS 320) – beurteilen, ob diese für den weiteren Verlauf der Prüfung relevant ist.
⇨ Berücksichtigung der falschen Darstellung für das weitere Vorgehen
- Abklären, ob Umstände vorliegen, die auf weitere Fehler hindeuten könnten
- Bei mehreren Fehlern ist die Kumulierung der festgestellten Fehler notwendig
- Anpassung Prüfungsstrategie und Prüfungsprogramm, wenn kumulierte Fehler sich der Wesentlichkeitsgrenze nähern
⇨ Rechtzeitige Kommunikation der Fehler mit dem Management
- Aufforderung Management zur Korrektur
- Bei Weigerung der Korrektur sind entsprechende Schlussfolgerungen zu ziehen (siehe Berichterstattung)
⇨ Beurteilung der Auswirkung nicht korrigierter Fehler
- Neubeurteilung der Wesentlickeit
- Kommunikation mit dem VR (siehe PS 260)
⇨ Schriftliche Erklärung vom VR verlangen, ob nicht korrigierte Fehler unwesentlich sind (z. B. in der Vollständigkeitserklärung integrieren)

- II-14 Liste der festgestellten zu korrigierenden Fehler
- II-15 Schlussfolgerung, ob nicht korrigierte Fehler einzeln oder in der Summe wesentlich sind

24. Übersicht Prüfungsstandards 2013

24.5.3 Prüfungsnachweise

Prüfungsnachweise und Prüfungsdurchführung PS 500, PS 501

PS 500 Prüfungsnachweise
Die Prüfungshandlungen sind so zu planen/durchzuführen, um ausreichende geeignete Prüfungsnachweise zu erlangen und um begründete Schlussfolgerungen für das Prüfungsurteil zu ziehen.
⇨ Erarbeitung ausreichend geeigneter Prüfungsnachweise
- Befragen, beobachten, nachvollziehen, nachrechnen, berechnen, analysieren etc.

⇨ Qualität der Prüfungsnachweise (Verlässlichkeit/Relevanz) beurteilen
- Interne vs. externe Dokumente, direkt erhaltene vs. vom Management erhaltene Infos, mündlich vs. schriftlich, Original vs. Kopie, Unstimmigkeiten zu anderen Informationen

⇨ Auswahl der zu prüfenden Elemente
- Vollerhebung, Auswahl bestimmter Elemente oder Stichprobenverfahren

⇨ Unstimmigkeit oder Zweifel an der Verlässlichkeit der Prüfungsnachweise
- Prüfungshandlungen sind anzupassen oder zu ergänzen

III-1 Die Prüfungsnachweise sind gemäss **Art. 730c Abs. 2 OR** so zu dokumentieren, dass die Einhaltung der gesetzlichen Vorschriften in effizienter Weise geprüft werden kann.

PS 501 Besondere Überlegungen	PS 505 Externe Bestätigungen	PS 510 Eröffnungsbilanz bei Erstprüfung	PS 520 Analytische Prüfungshandlungen	PS 530 Stichproben
PS 540 Prüfung von Schätzungen	PS 550 Nahestehende Parteien	PS 560 Ereignisse nach dem Bilanzstichtag	PS 570 Fortführung der Unternehmung	PS 580 Schriftliche Erklärung

PS 240 Prüfungen i. Z. m. dolosen Handlungen	PS 890 Prüfung Existenz IKS

PS 501 Prüfungsnachweise – besondere Überlegungen
Die Prüfungshandlungen sind so zu planen und durchzuführen, um ausreichende Prüfungsnachweise zum Vorhandensein und Beschaffenheit der **Vorräte,** zur Vollständigkeit der **Rechtsstreitigkeiten** sowie zur Darstellung von **Segmentinformationen** zu erlangen.

Vorräte (wenn wesentlich)
⇨ Teilnahme an der Inventur verbindlich, sofern praktikabel (sonst alternative Prüfungen vorsehen)
- Beurteilung der Inventuranweisungen und des Verfahrens zur Aufzeichnung und Kontrolle
- Beobachten des Zählverfahrens des Managements
- Inaugenscheinnahme Vorräte zur Beurteilung des Vorhandenseins und des Zustandes
- Testzählung vornehmen durch Nachzählen bereits inventierter Vorräte
- Abstimmung der Inventuraufzeichnungen zur Feststellung, ob die Inventurergebnisse mit dem Inventar übereinstimmen

Rechtsstreitigkeiten und Ansprüche
⇨ Prüfung der Rechtsstreitigkeiten und daraus entstehender Ansprüche durch
- Befragung des Managements und hausinterner Rechtsberater
- Durchsicht VR-Protokolle und Einsicht in Korrespondenz mit externem Rechtsberater
- Durchsicht der Aufwandkonten für Rechtsberatung
- Bei Hinweisen auf Rechtsstreitigkeiten direkte Kommunikation mit externem Rechtsberater suchen (schriftliche Anfrage des Managements an Rechtsberater versandt durch Prüfer)
- Schriftliche Erklärung des Managements einholen, dass alle bekannten und möglichen Rechtsstreitigkeiten/Ansprüche in der Jahresrechnung berücksichtigt sind

Segmentinformation (in Rechnungslegungsvorschriften des OR nicht vorgesehen)
⇨ Prüfung, ob Segmentinformationen den Rechnungslegungsvorschriften entsprechen
- Beurteilung, ob die angewandten Methoden dem massgebenden Regelwerk entsprechen
- Durchführung analytischer und anderer angemessener Prüfungen

24. Übersicht Prüfungsstandards 2013

Externe Bestätigungen und Erstprüfungen PS 505, PS 510

PS 505 Externe Bestätigungen
Die Anwendung von externen Bestätigungen ermöglicht relevante und verlässliche Prüfungsnachweise. Der Prüfer bewahrt die Kontrolle über:
- ⇨ Festlegung der zu bestätigenden Informationen (z. B. Bankbeziehungen, Debitoren, Kreditoren)
- ⇨ Auswahl der geeigneten Parteien (z. B. Banken, Debitoren, Kreditoren, Steuerbehörden usw.)
- ⇨ Formulierung der Bestätigungsanfragen (wird von Prüfungskunden auf seinem Papier erstellt)
- ⇨ Versenden der Anfragen durch den Prüfer
- ⇨ Direkte Rücksendung an den Prüfer
- ⇨ Bei Weigerung des Prüfungskunden
  - Klärung der Gründe – Verweis auf Konsequenzen – Auswirkung auf Prüfungsurteil?
  - Alternative Prüfungshandlungen

III-1 Die Prüfungsnachweise sind gemäss **Art. 730c Abs. 2 OR** so zu dokumentieren, dass die Einhaltung der gesetzlichen Vorschriften in effizienter Weise geprüft werden kann.

Positive Bestätigungsanfragen
- ⇨ Partei wird aufgefordert, Information zuhanden des Prüfers zu bestätigen oder die geforderte Information zu liefern (z. B. Debitor bestätigt den Saldo CHF X)
- ⇨ Abweichungen sind zu untersuchen und die erforderliche Anpassung der Darstellung zu beurteilen
- ⇨ Bei Nichtbeantwortung sind alternative Prüfungshandlungen erforderlich (z. B. Lieferscheine prüfen, nachträgliche Zahlung einsehen)
- ⇨ Sind keine alternativen Prüfungshandlungen möglich, sind die Auswirkungen auf das Prüfungsurteil zu beurteilen

Negative Bestätigungsanfragen
- ⇨ Partei wird aufgefordert, dem Prüfer nur dann zu antworten, wenn er mit der Information nicht einverstanden ist (zweckmässig bei grosser Anzahl von kleinen Beträgen und geringen Risiken)
- ⇨ Negative Bestätigungen liefern weniger überzeugende Prüfungsnachweise. Bei bedeutsamen Risiken reichen deshalb negative Bestätigungen alleine nicht als Prüfungsnachweise aus.

PS 510 Erstprüfungsaufträge
Es sind ausreichende geeignete Prüfungsnachweise zu erlangen, ob die Eröffnungsbilanzwerte falsche Darstellungen enthalten und ob die Eröffnungsbilanzwerte mit dem stetig angewandten Regelwerk übereinstimmen.

Prüfungshandlungen
- ⇨ Prüfung der Eröffnungsbilanzwerte in Bezug auf
  - korrekte Übertrag der Schlussbilanz auf neue Rechnung,
  - stetige und korrekte Anwendung der Rechnungslegungsmethoden (allfällige formelle oder materielle Änderungen sind in Übereinstimmung mit dem Regelwerk offenzulegen).
  - Eine oder mehrere der folgenden Prüfungshandlungen:
    - Durchsicht Arbeitspapiere des vorherigen Abschlussprüfers (Achtung: Ausdrückliche Einwilligung des Kunden wegen Verschwiegenheitspflicht nötig)
    - Beurteilung, ob Prüfungsnachweise des laufenden Jahres auch für Eröffnungsbilanzwerte relevante Nachweise liefern
    - Durchführung von spezifischen Prüfungshandlungen zu den Eröffnungsbilanzwerten (z. B. Abstimmung des Debitorenbestandes per 01.01. mit den effektiven Rechnungen)
- ⇨ Der Prüfer muss den letzten Abschluss und Vermerk lesen, sofern dieser verfügbar ist.

Auswirkungen festgestellter falscher Darstellungen
- ⇨ Liegen keine ausreichenden Prüfungsnachweise vor, muss ein eingeschränktes Prüfungsurteil abgegeben oder die Nichtabgabe eines Urteils erklärt werden (Prüfungshemmnis).
- ⇨ Stellt der Prüfer falsche Darstellungen in den Eröffnungsbilanzwerten fest, gibt er ein eingeschränktes oder ein versagtes Prüfungsurteil ab (Meinungsverschiedenheit).
- ⇨ Stellt der Prüfer fest, dass in der aktuellen Periode die Stetigkeit der Rechnungslegung nicht gegeben ist, gibt er ein eingeschränktes oder ein versagtes Prüfungsurteil ab (Meinungsverschiedenheit).
- ⇨ Wurde im vorherigen Abschluss ein modifiziertes Prüfungsurteil abgegeben und der Grund für die Einschränkung besteht immer noch, muss auch für die laufende Rechnung ein modifiziertes Prüfungsurteil abgegeben werden.

24. Übersicht Prüfungsstandards 2013

Analytische Prüfungshandlungen und Stichproben PS 520, PS 530

PS 520 Analytische Prüfungshandlungen
Analytische Prüfungshandlungen dienen der Beurteilung von Finanzinformationen mittels Vergleich mit früheren, erwarteten oder budgetierten Ergebnissen oder Kennzahlen, mit ähnlichen Informationen in der Branche oder in Bezug auf nicht finanzielle Informationen.
⇨ Relevante und verlässliche Prüfungsnachweise können durch aussagebezogene analytische Prüfungshandlungen gewonnen werden (Voraussetzung: Verlässliche Erwartung/Daten).
⇨ Analytische Prüfungshandlungen gegen Ende der Prüfung helfen bei der Bildung einer Gesamtbeurteilung auf Abschlussebene.
⇨ Analytische Prüfungshandlungen zur Risikobeurteilung sind in PS 315 behandelt.

III-1 Die Prüfungsnachweise sind gemäss **Art. 730c Abs. 2 OR** so zu dokumentieren, dass die Einhaltung der gesetzlichen Vorschriften in effizienter Weise geprüft werden kann.

Aussagebezogene analytische Prüfungshandlungen (aPH)
⇨ Festlegung der Eignung aPH und Beurteilung der Verlässlichkeit der Daten
⇨ Der Prozess einer aPH läuft in fünf Schritten ab:

| Erwarteter Betrag oder Kennzahl | Definition tolerierte Abweichung | Abweichung zwischen Soll & Ist | Beurteilung vertretbare Abweichung | Schlussfolgerung |

⇨ Abweichungen oder Schwankungen, die über der tolerierbaren Abweichung liegen, sind zu untersuchen.

Analytische Prüfungshandlungen zur Gesamtbeurteilung
⇨ Mittels analytischer Prüfungen sollen die bisher erarbeiteten Prüfungsnachweise und die daraus gezogenen Schlussfolgerungen untermauert werden.
⇨ Entsprechen diese Schlussfolgerungen nicht den Erwartungen, muss die Beurteilung der Risiken falscher Darstellungen (siehe PS 315) geändert und weitere Prüfungshandlungen durchgeführt werden.

PS 530 Stichproben
Der Prüfer wählt aus einer Grundgesamtheit eine bestimmte Anzahl von Stichproben aus, mit dem Ziel, eine verlässliche Schlussfolgerung über die Grundgesamtheit zu ziehen.
⇨ Der Prüfer wählt die Art, den Umfang und das Element der Stichprobe aus.
⇨ Stichproben können sowohl für Funktionsprüfungen als auch für aussagebezogene Prüfungen verwendet werden.
⇨ Der Prüfer muss die geeignete Prüfungshandlung für die ausgewählte Stichprobe bestimmen.
⇨ Der Prüfer muss die Art und Ursache der festgestellten Abweichung beurteilen.
⇨ Bei Einzelfallprüfungen muss der festgestellte Fehler auf die Grundgesamtheit hochgerechnet werden.
⇨ Die Auswertung der Ergebnisse der Stichprobe beinhaltet die Schlussfolgerung über die geprüfte Grundgesamtheit.

Faktoren, die den Stichprobenumfang für Einzelfallprüfungen beeinflussen
⇨ Einschätzung hohes Risiko falscher Darstellungen = erfordert einen hohen Stichprobenumfang
⇨ Andere, auf die gleiche Aussage ausgerichtete Prüfungshandlungen = reduziert den Stichprobenumfang
⇨ Zunahme des Grades an Prüfungssicherheit = erhöht den Stichprobenumfang
⇨ Zunahme der tolerierbaren falschen Darstellung (TW) = reduziert den Stichprobenumfang
⇨ Zunahme der erwarteten Fehler in der Grundgesamtheit = erhöht den Stichprobenumfang

Stichprobenverfahren
⇨ Nicht statistisches Verfahren (z. B. willkürliche Auswahl bei Funktionsprüfungen)
⇨ Statistische Verfahren (z. B. Stichproben bei aussagebezogenen Prüfungen)
  • Zufallsgesteuerte Auswahl der Stichprobenelemente und
  • Anwendung der Wahrscheinlichkeitstheorie bei der Auswertung der Stichproben

24. Übersicht Prüfungsstandards 2013

Prüfung geschätzte Werte und Nahestehende Personen PS 540, PS 550

PS 540 Prüfung geschätzter Werte, Zeitwerte und entsprechende Abschlussangaben
Es sind ausreichende geeignete Prüfungsnachweise zu erlangen, ob die geschätzten Werte und die damit zusammenhängenden Angaben im Abschluss vertretbar sind. Es ist dabei zu beachten, dass Schätzungen von aktuellen Annahmen abhängig sind, die möglicherweise in der Zukunft nicht zutreffen werden.

⇨ Prüfungshandlungen zur Risikobeurteilung
- Verständnis erlangen, wie das Management geschätzte Werte und darauf basierende Geschäftsvorfälle und Grunddaten inkl. Annahmen ermittelt
- Beurteilung der Realisierung der Schätzungen aus dem Vorjahr («Backtesting»)

⇨ Identifizierung & Beurteilung der Risiken wesentlicher falscher Darstellungen von Schätzungen
- Beurteilung, ob Grad der Schätzungsunsicherheit ein bedeutsames Risiko darstellt
- Verständnis erlangen von Kontrollen in den Schätzprozessen

⇨ Reaktion auf die beurteilten Risiken und weitere aussagebezogene Prüfungshandlungen
- Feststellung, ob die Methoden zur Ermittlung von Schätzungen stetig und geeignet sind
- Feststellung, ob wesentliche Annahmen vertretbar sind (Sensitivitätsanalysen als Hilfe)

⇨ Beurteilung der Vertretbarkeit der geschätzten Werte und Angaben dazu
- Beurteilung, ob Schätzung & Angaben zur Bewertungsunsicherheit der RL-Norm entsprechen
- Prüfungsnachweise über die geschätzten Werte & Angaben im Abschluss

III-1 Die Prüfungsnachweise sind gemäss **Art. 730c Abs. 2 OR** so zu dokumentieren, dass die Einhaltung der gesetzlichen Vorschriften in effizienter Weise geprüft werden kann. Dokumentation, dass geschätzte Werte vertretbar sind und keine Anzeichen für Einseitigkeit aufweisen. Namen der identifizierten nahestehenden Personen und die Art der Beziehungen sind zu dokumentieren.

Schriftliche Erklärung
⇨ Das Management erklärt schriftlich, dass die getroffenen Annahmen & Schätzungen vertretbar sind.

PS 550 Nahestehende Parteien
Der Prüfer muss ausreichendes Verständnis von nahestehnden Parteien haben, um in der Lage zu sein, Risikofaktoren für dolose Handlungen und Risiken für wesentlich falsche Darstellungen im Zusammenhang mit nahestehenden Parteien zu erkennen.

Begriffe
⇨ Risikofaktoren: Transaktionen erfolgen nicht zu marktüblichen Bedingungen (Drittvergleich), unvollständige Verbuchung und Ausweis von Transaktionen
⇨ Nahestehend gemäss Definition der Rechnungslegungsnorm:
- Person oder Einheit, die direkt oder indirekt massgeblichen Einfluss ausüben kann

⇨ Prüfungshandlungen zur Risikobeurteilung
- Befragung des Managements:
  - Identität der nahestehenden Person
  - Art der Beziehung der nahestehenden Person
  - Transaktionen mit nahestehenden Personen
  - Kontrollen über Transaktionen mit nahestehenden Personen
- Bestätigung der Ergebnisse der Befragung, z. B. mit Einsichtnahme in Dokumente
- Relevante Informationen mit dem Prüfungsteam austauschen

⇨ Identifizierung & Beurteilung der Risiken
- Beurteilung, ob bedeutsame Risiken vorliegen inkl. aus Transaktionen ausserhalb des gewöhnlichen Geschäftsverlaufs und beabsichtigter falscher Darstellungen
- Kontinuierliche Wachsamkeit (z. B. festgestellte ungewöhnliche Konditionen)

⇨ Reaktionen auf die Risiken wesentlicher Fehler
- Durchführung von Prüfungshandlung nach den allgemeinen Grundsätzen (PS 315/330)
- Bei Transaktionen ausserhalb des gewöhnlichen Geschäftsverlaufs mit nahestehende Personen
  - Einsicht in Vertrag und Beurteilung des wirtschaftlichen Hintergrunds, Bedingungen der Transaktionen, zutreffender Ausweis im Abschluss
  - Beurteilung, ob Transaktionen ordnungsgemäss autorisiert und genehmigt wurden
- Aussagebezogene Prüfungen zum Nachweis, ob Transaktionen marktüblich sind

⇨ Beurteilung von Ausweis & Angaben in Übereinstimmung mit RL-Norm (z. B. Art. 959a Abs. 4OR)
- Beurteilung, ob die Auswirkungen der Transaktionen und Beziehungen eine sachgerechte Gesamtdarstellung vermitteln
⇨ Bei Bedarf: Kommunikation mit VR (siehe PS 260)

Schriftliche Erklärung (in der Regel im Rahmen der Vollständigkeitserklärung)
⇨ Das Management erklärt schriftlich die Identität und regelkonformen Ausweis der Transaktionen.

24. Übersicht Prüfungsstandards 2013

Ereignisse nach dem Bilanzstichtag und Fortführungsfähigkeit PS 560, PS 570

PS 560 Ereignisse nach dem Bilanzstichtag
Es sind ausreichende geeignete Prüfungsnachweise zu erlangen, ob Ereignisse und Tatsachen
⇨ zwischen dem Bilanzstichtag und dem Datum des Vermerks berücksichtigt sind und
⇨ nach dem Datum des Vermerks angemessen behandelt werden.

III-1 Die Prüfungsnachweise sind gemäss **Art. 730c Abs. 2 OR** so zu dokumentieren, dass die Einhaltung der gesetzlichen Vorschriften in effizienter Weise geprüft werden kann.

Berichtsjahr	Neues Geschäftsjahr		
	Ereignisse **zwischen** Bilanzstichtag und Datum des Vermerks	Tatsachen nach Datum Vermerk, aber **vor Herausgabe** Abschluss	Tatsachen **nach Herausgabe** Abschluss (vor GV)
	⇨ Befragung und Prüfung der Ereignisse nach den Bilanzstichtag ⇨ Schriftliche Erklärung verlangen (Vollständigkeitserklärung)	⇨ Keine Prüfungspflicht ⇨ Wenn Tatsachen bekannt, legt Prüfer fest, ob Änderung von Abschluss erforderlich ist ⇨ Neue Prüfung = neuer Vermerk	⇨ Wenn Tatsachen bekannt, wie vorstehend ⇨ Andernfalls sicherstellen, dass nicht korrigiertem Vermerk nicht vertraut wird

Bilanzstichtag — Datum Vermerk — Datum Herausgabe (Publikation)

Definition
⇨ Ereignisse, die zwischen dem Bilanzstichtag und dem Datum des Vermerks eintreten, sowie Tatsachen, die dem Prüfer nach dem Datum des Vermerks bekannt werden.
⇨ Ereignisse, die substanzielle Hinweise zu negativen Gegebenheiten liefern, die bereits am Bilanzstichtag vorgelegen haben (berücksichtigungspflichtige Ereignisse nach dem Bilanzstichtag).

PS 570 Fortführung der Unternehmungstätigkeit
Es sind ausreichende geeignete Prüfungsnachweise zu erlangen, ob die Annahme der Fortführung der Unternehmungstätigkeit gegeben ist oder ob eine Unsicherheit besteht, die erhebliche Zweifel an der Fähigkeit zur Fortführung der Unternehmungstätigkeit aufwirft.
⇨ Die Einschätzung der Fortführung der Geschäftstätigkeit auf absehbare Zukunft liegt in der Verantwortung des Managements und des VR.

⇨ Bei der Risikobeurteilung schätzt der Prüfer ein, ob Ereignisse vorliegen, die Zweifel an der Fortführungsfähigkeit aufwerfen.
⇨ Feststellung, ob das Management eine Einschätzung vorgenommen hat

↓

Management hat die Fähigkeit der Fortführung eingeschätzt

Es bestehen Zweifel an der Fortführungsfähigkeit	Es bestehen keine Zweifel an der Fortführungsfähigkeit	Management verweigert Einschätzung der Unternehmungsfähigkeit
Durch zusätzliche Prüfungen erlangt der Prüfer ausreichende geeignete Prüfungsnachweise	Prüfer beurteilt die Fortführung als vertretbar	Verweigerung Prüfungsurteil (Nicht Abgabe eines Prüfungsurteils)
Prüfer beurteilt die Fortführungsannahme und die Pläne als angemessen für mindestens 12 Monate nach dem Bilanzstichtag sowie die entsprechende Offenlegung als ausreichend	Prüfer beurteilt die Fortführungsannahme als nicht angemessen	
Hervorhebung Sachverhalt (Zusatz)	Versagtes Prüfungsurteil	

24. Übersicht Prüfungsstandards 2013

Schriftliche Erklärungen PS 580

PS 580 Schriftliche Erklärungen
Der Prüfer verlangt von den Verantwortlichen für den Abschluss (VR und CFO) eine schriftliche Erklärung darüber, ob
- die Verantwortung und die Vollständigkeit für den Abschluss anerkannt wird und ob
- allenfalls ergänzende Erklärungen die Prüfungsnachweise unterstützen.

Der Prüfer ist sich bewusst, dass die Erklärungen der Verantwortlichen sonstige Prüfungsnachweise nicht ersetzen.

III-2 Schriftliche Vollständigkeitserklärung sowie weitere schriftliche Erklärungen des Managements

Vollständigkeitserklärung
- Die Vollständigkeitserklärung wird i. d. R. durch dieselben Personen unterzeichnet wie die Jahresrechnung (d. h. VR-Präsident und die intern für die Jahresrechnung verantwortliche Person).
- Das Management erklärt, alle Informationen und Zugangsberichtigungen zur Verfügung zu stellen sowie dass alle Geschäftsvorfälle erfasst und im Abschluss wiedergegeben sind.
- Weitere Erklärungen wie dolose Handlungen, nahestehende Personen, Fortführungsfähigkeit etc.
- Das Datum ist identisch oder liegt unmittelbar vor dem Datum des Vermerk, nicht aber danach.
- Die Vollständigkeitserklärung ist an den Prüfer zu adressieren.
- Eine formale Stellungnahme, dass die Rechtsvorschriften eingehalten sind, reicht nicht aus.

Der Prüfer muss die Auswirkungen auf die Prüfungsnachweise beurteilen, wenn
- er Zweifel an der Verlässlichkeit der schriftlichen Erklärung hat (z. B. wegen fehlender Sorgfalt, Integrität oder Kompetenz) oder
- das Management die schriftliche Erklärung auch nach der Erörterung des Sachverhalts verweigert (der Prüfer wird die Modifizierung des Prüfungsurteils in Erwägung ziehen).

24. Übersicht Prüfungsstandards 2013

Prüfungen im Zusammenhang mit dolosen Handlungen PS 240

PS 240 Die Verantwortung des Abschlussprüfers bei dolosen Handlungen
Der Prüfer identifiziert und beurteilt die Risiken von dolosen Handlungen. Er reagiert angemessen auf die beurteilten Risiken durch
⇨ Planung und Umsetzung geeigneter Prüfungshandlungen sowie auf
⇨ entdeckte oder **vermutete** Manipulationen der Rechnungslegung oder Vermögensschädigungen.

| Kritische Grundhaltung – Ist sich der Prüfer der Anfälligkeit bewusst? | Besprechung im Prüfungsteam – welche Aspekte sind anfällig? | Bisherige Erfahrungen – Integrität des Managements? |

↓

Prüfungshandlungen zur Risikobeurteilung
Identifizierung und Beurteilung der Risiken

↓

Vermutete Risiken aufgrund doloser Handlungen, ausser sie werden widerlegt:
- Manipulierte Erlöserfassungen (zu hoch, zu tief, verschoben)
- Ausserkraftsetzung von Kontrollen durch das Management
- Unangemessene Journaleinträge im Hauptbuch am Jahresende und das ganzes Jahr über
- Geschätzte Werte auf Einseitigkeit

↓

Reaktion auf die vermuteten und beurteilten Risiken doloser Handlungen
- Auf Abschlussebene:
  - Zuteilung der Prüfung an erfahrene Prüfer oder Spezialisten
  - Beurteilung der angewandten Rechnungslegungsmethoden, besonders im Hinblick auf subjektive Bewertungen und komplexe Geschäftsvorfälle
  - Einbau eines Überraschungsmoments
  - Vollständigkeitserklärung (Anerkennung Verantwortung, Vollständigkeit usw.)
- Auf Aussageebene:
  - Allgemeine Prüfungsnachweise zu identifizierten Risiken doloser Handlungen
  - Prüfen von Journalbuchungen
  - Geschätzte Werte auf Einseitigkeit durchsehen
  - Bedeutsame ausserordentliche Transaktionen beurteilen
  - Evtl. weitere Risiken hinsichtlich der Ausserkraftsetzung von Kontrollen durch das Management

24. Übersicht Prüfungsstandards 2013

Existenz IKS PS 890

PS 890 Prüfung des Existenz des internen Kontrollsystems
Gemäss Art. 728a Abs. 1 Ziff. 3 OR hat der Prüfer die Existenz des IKS zu prüfen. Das bei der Durchführung der Prüfung zu berücksichtigende IKS (im Sinne von PS 315 und 330) ist davon abzugrenzen. Stützt sich der Prüfer auf das IKS, wird die Prüfung der Existenz i.d.R. nicht zu einem grossen Mehraufwand führen.

Voraussetzungen für die Existenz des IKS
- IKS ist dokumentiert und überprüfbar
- IKS ist den Geschäftsrisiken angepasst
- IKS ist den Mitarbeitern bekannt
- Definiertes IKS wird angewandt
- Kontrollbewusstsein ist vorhanden

Prüfung und Beurteilung der 5 Kontrollkomponenten

1 Kontrollumfeld
⇨ Durchsicht der Dokumentation (Weisungen, Abläufe etc.) und Befragungen

2 Risikobeurteilungsprozess
⇨ Einsichtnahme in Risikomatrix (Inventar und Bewertung der Risiken)

3 Rechnungslegungsrelevante Information und Kommunikation
⇨ Durchsicht der Dokumentation (RW-Systeme, Abläufe etc.) und Befragungen

4 Kontrollaktivitäten
⇨ Wurzelstichproben der Schlüssel-Kontrollen

5 Überwachung der Kontrollen
⇨ Durchsicht der Dokumentation (Berichte, Protokolle usw. und Befragungen)

Beurteilung der erhaltenen Prüfungsnachweise – Ziehen der Schlussfolgerungen → Prüfungsvermerk (Existenz wird bejaht, mit Einschränkung bejaht oder verneint)

24. Übersicht Prüfungsstandards 2013

Verwertung der Arbeit der internen Revision und Sachverständiger PS 610, PS 620

PS 610 Verwertung der Arbeit interner Prüfer

Festlegung, ob und in welchem Umfang die Arbeit interner Prüfer verwertet werden soll:
- ⇨ Zur Festlegung, ob die Arbeit der internen Revision für die Zwecke des Abschlussprüfers angemessen ist, muss der Prüfer Folgendes beurteilen:
  - Objektivität der internen Revision (inkl. Stellung der Revision, direkte Berichterstattung an den VR ist in diesem Zusammenhang wichtig)
  - Fachliche Kompetenz der internen Prüfer (Ausbildung/Befähigung)
  - Ob die Arbeit voraussichtlich sorgfältig ausgeführt wird
  - Ob eine wirksame Kommunikation zwischen den internen Prüfern und dem Abschlussprüfer möglich sein wird
  - Qualitätssicherungsmassnahmen der internen Revision
- ⇨ Zur Verwendung der von der internen Revision durchgeführten Arbeit muss er diese beurteilen und Prüfungshandlungen darüber durchführen:
  - Lesen der Berichte/Arbeitspapiere
  - Beurteilung der Angemessenheit von Schlussfolgerungen
  - (Teil-)Arbeiten der internen Revision selber nochmals durchführen
  - Untersuchung anderer ähnlicher Sachverhalte
  - Beobachtung der von den internen Prüfern durchgeführten Handlungen
  - Falls interne Arbeiten verwendet werden, sind die daraus gezogenen Schlussfolgerungen zu dokumentieren.

> III-1 Die Prüfungsnachweise sind gemäss **Art. 730c Abs. 2 OR** so zu dokumentieren, dass die Einhaltung der gesetzlichen Vorschriften in effizienter Weise geprüft werden kann.

PS 620 Verwertung der Arbeit eines Sachverständigen des Abschlussprüfers

Festlegung, ob und in welchem Umfang die Arbeit eines Sachverständigen verwertet werden soll:

> **Unter was fällt ein «Sachverständiger»?**
> - ⇨ Person oder Organisation mit Fachkenntnissen auf einem anderen Gebiet als der Rechnungslegung oder Prüfung (z. B. Architekt, Wissenschaftler, Immobilienbewerter usw.)
> - ⇨ Entweder ein interner oder ein externer Sachverständiger (siehe auch 24.3 Konsulent)

- ⇨ Verantwortung: Die Verantwortung zur Beurteilung eines Sachverhalts bleibt immer beim Abschlussprüfer. Er kann seine Verantwortung nicht «abdelegieren».
- ⇨ Entscheid über die Notwendigkeit eines Sachverständigen
  - Sofern ohne ihn nicht ausreichend geeignete Prüfungsnachweise erlangt werden können
- ⇨ Voraussetzende Eigenschaften des Sachverständigen, dass die Arbeit verwendet werden kann
  - Ausreichende Kompetenz/Fähigkeiten (z. B. Zulassung, Zugehörigkeit Berufsstand)
  - Objektivität (zwingende Befragung des Sachverständigen notwendig)
- ⇨ Der Abschlussprüfer muss ein (Mindest-)Verständnis von dem Fachgebiet des Sachverständigen erlangen (z. B. durch Befragung des Sachverständigen)
- ⇨ Vereinbarung mit dem Sachverständigen über
  - Art, Umfang und Ziele der Arbeit
  - Rollen des Abschlussprüfers und des Sachverständigen
  - Berichterstattung (Art, Umfang, Zeitpunkt)
  - Einhaltung der Verschwiegenheitspflicht (Art. 730b Abs. 2 OR)
  - Aussagebezogene Prüfungen zum Nachweis, ob Transaktionen marktüblich sind
- ⇨ Beurteilung der Angemessenheit der Arbeit des Sachverständigen
  - Relevanz und Vertretbarkeit der Feststellungen oder Schlussfolgerungen
  - Relevanz und Vertretbarkeit der Annahmen und Methoden
  - Relevanz, Richtigkeit und Vollständigkeit der Ausgangsdaten

24. Übersicht Prüfungsstandards 2013

24.5.4 Berichterstattung

Berichterstattung an Generalversammlung PS 700, PS 701 PS 705, PS 706 und Verwaltungsrat PS 260

PS 700 Bildung eines Prüfungsurteils und Erteilung Vermerk
⇨ Standardwortlaut einer freiwilligen Abschlussprüfung

PS 701 Ordentliche Revision
⇨ Standardwortlaut einer gesetzlichen Revision nach Art. 728b Abs. 2 OR

PS 705 Modifizierungen des Prüfungsurteils im Vermerk des unabhängigen Prüfers
⇨ Abweichungen für Einschränkungen

PS 706 Hervorhebung eines Sachverhalts und Hinweise auf sonstige Sachverhalte
⇨ Abweichungen für Zusätze und Hiweise

PS 260 Kommunikation mit den für die Überwachung Veranwortlichen (VR)
⇨ Umfassender Bericht an den VR nach Art. 728b Abs. 1 OR

24. Übersicht Prüfungsstandards 2013

Vermerk an die Generalversammlung

↓

| Sachverhalte, die das Prüfungsurteil nicht beeinflussen, jedoch für den Nutzer wesentlich und wichtig sind | Berichterstattung zur Existenz IKS gemäss PS 890 |

Linker Zweig: Sachverhalte, die das Prüfungsurteil nicht beeinflussen

Hervorhebung eines im Abschluss dargestellten Sachverhalts
- z. B. Unsicherheit künftiger Entwicklungen, Auswirkungen ausserordentlicher Ereignisse u. dgl. Es liegen ausreichende Prüfungsnachweise vor.

Hervorhebung eines Sachverhalts
Wir machen auf die Anmerkung im Anhang X aufmerksam [...] Unser Prüfungsurteil ist im Hinblick auf diesen Sachverhalt nicht eingeschränkt.

Zusätze bei «unechter» objektiver Unüberprüfbarkeit sind nicht zulässig (ausser Katastrophen, Ausgang aussergewöhnlicher Rechtsstreitigkeiten mit völlig offenem Ausgang).
Folge: eingeschränktes Prüfungsurteil

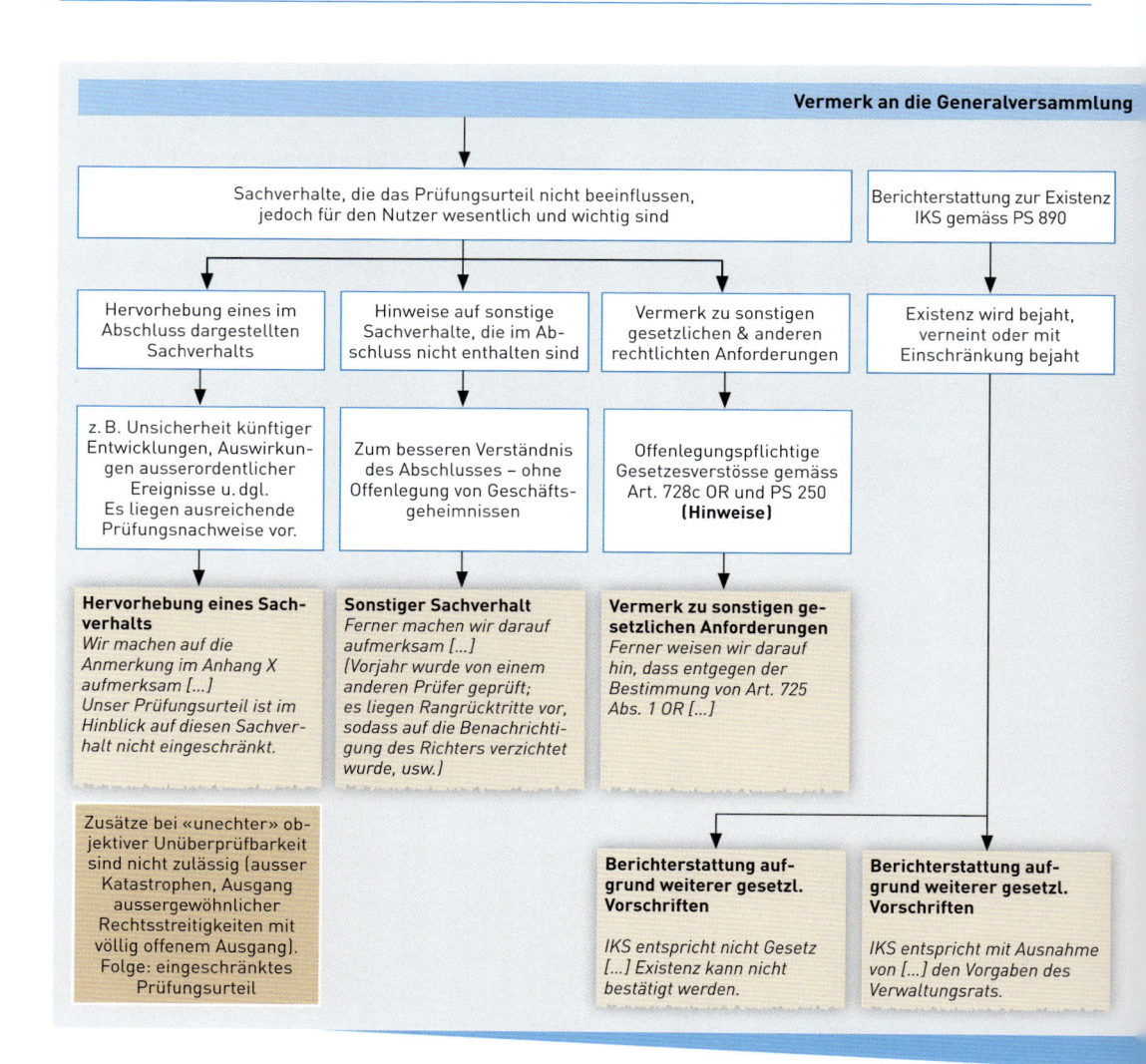

Hinweise auf sonstige Sachverhalte, die im Abschluss nicht enthalten sind
- Zum besseren Verständnis des Abschlusses – ohne Offenlegung von Geschäftsgeheimnissen

Sonstiger Sachverhalt
Ferner machen wir darauf aufmerksam [...] (Vorjahr wurde von einem anderen Prüfer geprüft; es liegen Rangrücktritte vor, sodass auf die Benachrichtigung des Richters verzichtet wurde, usw.)

Vermerk zu sonstigen gesetzlichen & anderen rechtlichen Anforderungen
- Offenlegungspflichtige Gesetzesverstösse gemäss Art. 728c OR und PS 250 **(Hinweise)**

Vermerk zu sonstigen gesetzlichen Anforderungen
Ferner weisen wir darauf hin, dass entgegen der Bestimmung von Art. 725 Abs. 1 OR [...]

Rechter Zweig: Berichterstattung IKS

Existenz wird bejaht, verneint oder mit Einschränkung bejaht

Berichterstattung aufgrund weiterer gesetzl. Vorschriften
IKS entspricht nicht Gesetz [...] Existenz kann nicht bestätigt werden.

Berichterstattung aufgrund weiterer gesetzl. Vorschriften
IKS entspricht mit Ausnahme von [...] den Vorgaben des Verwaltungsrats.

24. Übersicht Prüfungsstandards 2013

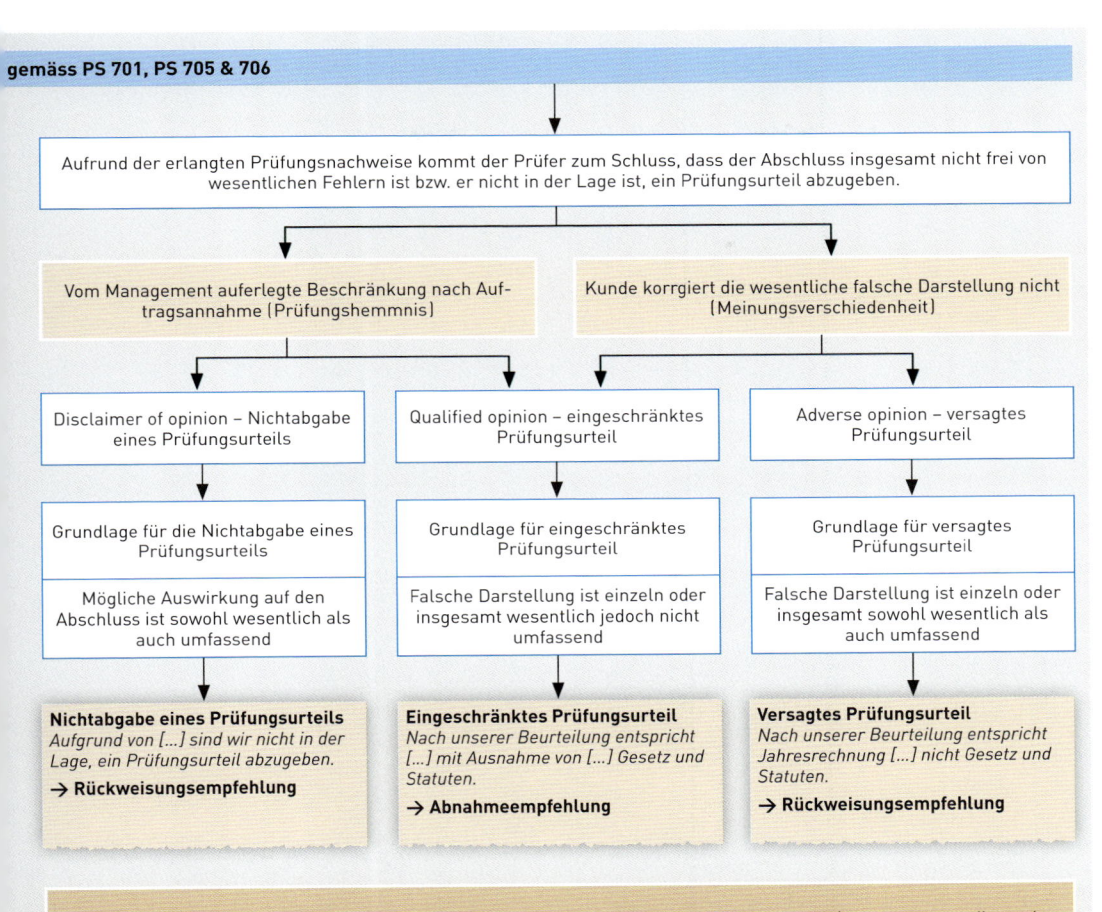

gemäss PS 701, PS 705 & 706

Aufgrund der erlangten Prüfungsnachweise kommt der Prüfer zum Schluss, dass der Abschluss insgesamt nicht frei von wesentlichen Fehlern ist bzw. er nicht in der Lage ist, ein Prüfungsurteil abzugeben.

| Vom Management auferlegte Beschränkung nach Auftragsannahme (Prüfungshemmnis) | Kunde korrigiert die wesentliche falsche Darstellung nicht (Meinungsverschiedenheit) |

Disclaimer of opinion – Nichtabgabe eines Prüfungsurteils	Qualified opinion – eingeschränktes Prüfungsurteil	Adverse opinion – versagtes Prüfungsurteil
Grundlage für die Nichtabgabe eines Prüfungsurteils	Grundlage für eingeschränktes Prüfungsurteil	Grundlage für versagtes Prüfungsurteil
Mögliche Auswirkung auf den Abschluss ist sowohl wesentlich als auch umfassend	Falsche Darstellung ist einzeln oder insgesamt wesentlich jedoch nicht umfassend	Falsche Darstellung ist einzeln oder insgesamt sowohl wesentlich als auch umfassend
Nichtabgabe eines Prüfungsurteils *Aufgrund von [...] sind wir nicht in der Lage, ein Prüfungsurteil abzugeben.* → **Rückweisungsempfehlung**	**Eingeschränktes Prüfungsurteil** *Nach unserer Beurteilung entspricht [...] mit Ausnahme von [...] Gesetz und Statuten.* → **Abnahmeempfehlung**	**Versagtes Prüfungsurteil** *Nach unserer Beurteilung entspricht Jahresrechnung [...] nicht Gesetz und Statuten.* → **Rückweisungsempfehlung**

In Erwägung zu ziehen: Rückweisung, wenn Mangel zu Rechtsfolgen führt (OR 725 oder 675) und wenn grundlegend falsche Darstellung in der Jahresrechnung korrigiert werden kann.

Umfassender Bericht an den Verwaltungsrat PS 260/265 & PS 250

PS 260 Kommunikation mit den für die Überwachung Verantwortlichen (VR)
⇨ Umfassender Bericht an den VR nach Art. 728b Abs. 1 OR
  - Feststellungen über die Rechnungslegung
  - Feststellungen über das IKS (siehe PS 265 Mitteilungen über Mängel im IKS)
    - Beurteilung, ob Mängel in Zukunft zu wesentlichen Fehlern führen können
    - Beurteilung, ob Anfälligkeit für dolose Handlungen bestehen
  - Feststellungen über die Durchführung der Revision
  - Feststellungen über das Ergebnis der Revision
⇨ Berücksichtigung von **PS 250 Gesetzesverstösse** i. Z. m. Art. 728c Abs. 1 OR

25. Erstellungsbericht für Jahresrechnungen

- 25.1 Inhalt des Kapitels
- 25.2 Grafische Übersicht
- 25.3 Gesetzliche und berufsrechtliche Rahmenbedingungen
- 25.4 Berufsrechtliche Bestimmungen für die Erstellung von Abschlüssen in Deutschland
- 25.5 Der an schweizerische Verhältnisse angepasste Erstellungsbericht
- 25.6 Möglicher Stellenwert des Erstellungsberichts im schweizerischen KMU-Umfeld
- 25.7 Kosten-Nutzen-Überlegungen
- 25.8 Muster

25. Erstellungsbericht für Jahresrechnungen

25.1 Inhalt des Kapitels

- Gesetzliche und berufsrechtliche Bestimmungen
- Auftrag des Verwaltungsrats an den Treuhänder oder Wirtschaftsprüfer zur Erstellung der Jahresrechnung
- Bestätigung der Plausibilität der Buchführung und der Jahresrechnung durch den mit der Erstellung der Jahresrechnung beauftragten Treuhänder oder Wirtschaftsprüfer

25.2 Grafische Übersicht

PS 930	PS 920	Gemäss Auftrag	PS 910 – SER	Alle PS
Estellung von Finanzinformationen (Compilation)	Vereinbarte Prüfungshandlung	Erstellungsbericht für Jahresabschlüsse	Review – eingeschränkte Revision	Ordentliche Revision

Grad der Zusicherung →

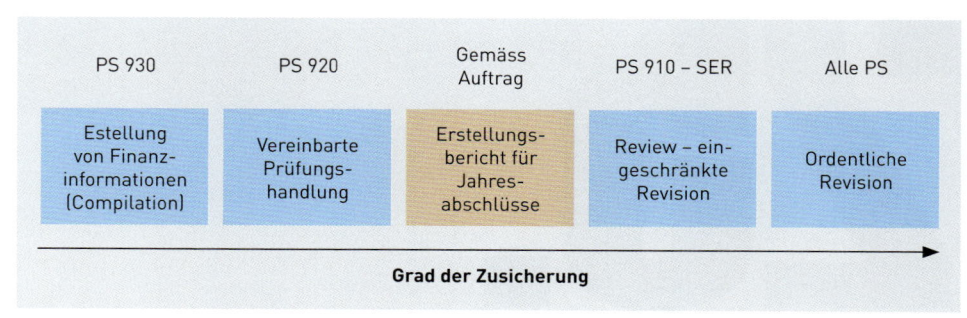

Abbildung 115: Prüfungen und verwandte Dienstleistungen

25.3 Gesetzliche und berufsrechtliche Rahmenbedingungen

Die gesetzlichen Bestimmungen zur eingeschränkten Revision gemäss Art. 727a Abs. 2 und 3 OR erlauben auf eine eingeschränkte Revision zu verzichten, wenn die Gesellschaft im Jahresdurchschnitt nicht mehr als zehn Vollzeitstellen hat und sämtliche Aktionäre damit einverstanden sind (Opting-out).

In den Schweizer Prüfungsstandards (PS) sind alternative Prüfungen oder verwandte Dienstleistungen für KMU vorgesehen für den Fall, dass die Generalversammlung oder die Statuten ein Opting-up vorsehen (anstelle der eingeschränkten Revision soll eine ordentliche durchgeführt werden) oder dass nach einem Opting-out (Verzicht auf die eingeschränkte Revision) der Verwaltungsrat eine aussergesetzliche freiwillige Prüfung in Auftrag gibt (Opting-down).

Mit dem PS 930, *Erstellung von Finanzinformationen (Compilation)*, ist eine verwandte Dienstleistung vorgesehen, die keine Prüfung oder Review der Jahresrechnung darstellt und deshalb auch mit keinem Prüfungsurteil oder keiner Prüfungsaussage verbunden ist, aber die Fachkompetenz des Beauftragten nutzt, um eine professionelle und gesetzeskonforme Jahresrechnung zu erstellen. Gemäss Standard PS 930 ist die Unabhängigkeit für die Erstellung der Jahresrechnung nicht verlangt. Das heisst, der Beauftragte kann bei der Buchführung mitwirken, ohne dass die bei der eingeschränkten Revision zwingenden organisatorischen und personellen Massnahmen getroffen werden müssten.

25. Erstellungsbericht für Jahresrechnungen

Der Standard PS 930 sieht eine Auftragsvereinbarung vor, dass
- der Erstellungsauftrag weder eine Prüfung noch eine Review darstellt und deshalb keine Zusicherung abgegeben wird,
- keinerlei Gewähr dafür besteht, dass wesentliche Fehlaussagen, Rechtsverstösse und sonstige Unregelmässigkeiten aufgedeckt werden,
- die Informationen für die Erstellung der Jahresrechnung vom Kunden zur Verfügung gestellt werden,
- die Unternehmungsleitung die Verantwortung für die Genauigkeit und Vollständigkeit der zur Verfügung gestellten Informationen trägt,
- die Erstellung der Jahresrechnung gemäss den angegebenen Rechnungslegungsnormen erfolgt,
- der Verwendungszweck und Empfängerkreis bekannt ist und dass
- die Form des Erstellungsberichts geklärt ist, falls der Name des Beauftragten mit diesem bzw. der Jahresrechnung in Verbindung gebracht wird.

Der Musterbericht gemäss PS 930 bringt das Ergebnis der Erstellung der Jahresrechnung wie folgt zum Ausdruck:

> **Bericht über eine Abschlusserstellung**
>
> Auf der Grundlage von Informationen des Verwaltungsrats der [Firmenbezeichnung] haben wir die Jahresrechnung der [Firmenbezeichnung] für das am [Bilanzstichtag] abgeschlossene Geschäftsjahr in Übereinstimmung mit dem Gesetz und den Statuten erstellt. Unseren Auftrag haben wir nach dem Schweizer Prüfungsstandard 930, «Erstellung von Finanzinformationen (Compilation)», ausgeführt. Für den Abschluss ist der Verwaltungsrat verantwortlich. Wir haben weder eine Prüfung noch eine Review des Abschlusses in Übereinstimmung mit den Schweizer Prüfungsstandards (PS) vorgenommen und geben deswegen über dessen Richtigkeit keine Zusicherung ab.
>
> [Datum, Beauftragter, Domizil, Unterschrift(en)]

Dieser Bericht bringt möglicherweise das Bedürfnis des Auftraggebers nicht angemessen zum Ausdruck, deutlich zu machen, dass sein sachkompetenter Treuhänder oder Wirtschaftsprüfer die Jahresrechnung erstellt hat und diesem dabei keine Umstände bekannt wurden, die gegen die Ordnungsmässigkeit der Buchführung und der Jahresrechnung sprächen.

So haben z.B. die deutschen Wirtschaftsprüfer/Steuerberater/Wirtschaftstreuhänder in Ergänzung zum PS 930 (bzw. ISRS 4410, Engagements to Compile Financial Information) weitergehende Grundsätze für die Erstellung von Jahresabschlüssen erlassen, die es ihnen ermöglichen, Aussagen zur Plausibilität der Jahresrechnung und zur Ordnungsmässigkeit der Buchführung zu machen.

Die Autoren dieses Buchs sind der Auffassung, dass dieses erweiterte Instrument des Erstellungsberichts eine nützliche Zusatzdienstleistung darstellt, wenn der Kunde vom Opting-out Gebrauch machen möchte. Der höhere Wert entsteht dadurch, dass der Ersteller der Jahresrechnung in einem separaten Bericht eine Aussage zur Qualität der Buchführung und der Jahresrechnung macht.

25. Erstellungsbericht für Jahresrechnungen

25.4 Berufsrechtliche Bestimmungen für die Erstellung von Abschlüssen in Deutschland

Im Gegensatz zur Schweiz unterstehen in Deutschland – analog zu den übrigen europäischen Ländern – die KMU nicht einer gesetzlichen Prüfpflicht. Daraus entsteht das Bedürfnis der Unternehmungsleitung und der Gesellschafter, eine qualifizierte Aussage eines Sachverständigen über die Plausibilität der Buchführung und der darauf basierenden Jahresrechnung zu erhalten. Der Erstellungsbericht hat deshalb in Deutschland grosse Bedeutung erlangt.

Die folgenden Ausführungen fassen die wesentlichen Grundsätze für die Erstellung von Jahresabschlüssen gemäss IDW S 7 (Institut der Wirtschaftsprüfer) zusammen.

Der mit der Erstellung der Jahresrechnung beauftragte Sachverständige bringt mit seinem Erstellungsbericht zum Ausdruck, was er bei der Erstellung des Abschlusses festgestellt hat. Selbstredend *darf er nicht*

- die von ihm erstellte Jahresrechnung prüfen oder den Anschein erwecken, dass er eine Prüfung oder ein Review vorgenommen hat,
- die erforderlichen Entscheidungen für den materiellen und formellen Inhalt der Jahresrechnung treffen; diese Entscheidungen liegen nicht übertragbar beim Verwaltungsrat,
- an unzulässigen Bewertungen, Darstellungen und Offenlegungen mitwirken; wird das vom Beauftragten verlangt, hat er diese angemessen in seinem Bericht offenzulegen oder vom Mandat zurückzutreten,
- zweifelhafte oder unklare Unterlagen oder Informationen verarbeiten, ohne vom Kunden eine entsprechende Erklärung oder bei Bedarf Korrekturen zu verlangen; verweigert dieser das, ist dies angemessen im Erstellungsbericht zum Ausdruck zu bringen, oder der Beauftragte tritt von seinem Mandat zurück,
- die Jahresrechnung erstellen, wenn die zugrunde liegenden Bücher nicht ordnungsgemäss geführt wurden oder das Rechnungswesen gravierende Mängel aufweist; können die notwendigen Korrekturen nicht erfolgen, darf kein Erstellungsbericht erstattet werden.

Aber *er darf* neben der eigentlichen Erstellungstätigkeit die ihm vorgelegte Buchhaltung, die Belege, Informationen und Bestandesnachweise durch Befragungen und analytische Beurteilungen auf ihre Plausibilität hin beurteilen. Der Beauftragte kann mit einer gewissen Sicherheit die Feststellung machen, dass die Buchführung und die Jahresrechnung plausibel erscheinen.

Auf diesen zentralen Grundsätzen basieren die verschiedenen Varianten von Erstellungsberichten für Jahresabschlüsse im deutschen Berufsstand gemäss den Grundsätzen von IDW S 7, die meist weiter gehen als die vorstehende Grundform gemäss PS 930/ISRS 4410:
- Erstellungsberichte ohne Beurteilungen (analog PS 930)
- Erstellungsberichte mit Plausibilitätsbeurteilungen
- Erstellungsberichte mit Prüfungshandlungen und umfassenden Beurteilungen

Nachfolgend wird in Anlehnung an die deutsche Praxis die fachkundige Erstellung einer Jahresrechnung durch den Treuhänder oder Wirtschaftsprüfer beschrieben, die eine Bestätigung der Plausibilität der Buchführung und Rechnungslegung ermöglicht.

Ein Erstellungsbericht mit Prüfungshandlungen und umfassenden Beurteilungen erscheint für schweizerische Verhältnisse eher nicht zweckmässig, da damit die eingeschränkte Revision konkurrenziert wird.

25. Erstellungsbericht für Jahresrechnungen

Im Gegensatz zu den mit der Erstellung der Jahresrechnung verbundenen Entscheidungen und Rechtsakten, die den leitenden Organen der Gesellschaft vorbehalten sind, können die Vorarbeiten für die Erstellung des Abschlusses (= Erstellung der Jahresrechnung) an Sachverständige übertragen werden.

Damit ein Erstellungsbericht mit Plausibilitätsbeurteilungen überhaupt abgegeben werden kann, hat der Beauftragte verschiedene Abklärungen zu treffen und sich am folgenden Erstellungsprozess zu orientieren:

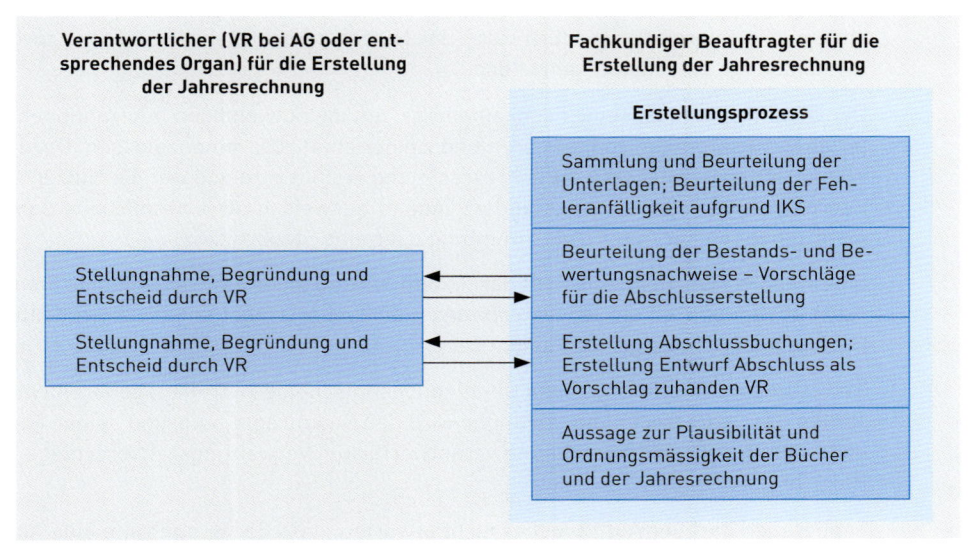

Abbildung 116: Erstellungsprozess

Die fachkundige Unterstützung bei der Abschlusserstellung und die Abgabe eines Erstellungsberichts mit einer Aussage über die Plausibilität der Ordnungsmässigkeit der Buchführung und der darauf basierenden Jahresrechnung geben der Unternehmungsleitung und den Gesellschaftern auch bei einem Opting-out eine gewisse Sicherheit. Eine professionell dargestellte Jahresrechnung macht beim Bilanzleser einen guten Eindruck und beeinflusst die Kredit- und Vertrauenswürdigkeit positiv.

25.5 Der an schweizerische Verhältnisse angepasste Erstellungsbericht

25.5.1 Grundlagen für den Erstellungsbericht

Die Entgegennahme eines Auftrags zur Erstellung einer Jahresrechnung erfolgt nach Auftragsrecht nach den Bestimmungen von Art. 394 ff. OR. Der Beauftragte haftet für die sorgfältige Ausführung des Auftrags. Er erfüllt seinen Auftrag gemäss einer für beide Parteien, Auftraggeber und Beauftragten, verbindlichen und umfassenden Vereinbarung der Auftragsbedingungen.

Der Beauftrage bezieht sich bei der Durchführung des Erstellungsauftrags nicht auf PS 930 Erstellung von Finanzinformationen (Compilation). Er nimmt darin ausschliesslich Bezug auf die gemeinsam vereinbarten Auftragsbedingungen.

25. Erstellungsbericht für Jahresrechnungen

Als Berufsangehöriger verpflichtet sich der Beauftrage dazu, die allgemeinen Grundsätze wie Integrität, Objektivität, professionelle Kompetenz und Sorgfalt, Verschwiegenheit, professionelles Verhalten und Befolgung von gesetzlichen Vorschriften einzuhalten.

25.5.2 Der Erstellungsauftrag

Ziel des Erstellungsauftrags ist, eine Jahresrechnung zu erstellen, die den gesetzlichen Ansprüchen genügt. Die finanzielle Berichterstattung muss auf einer ordnungsgemässen Buchführung basieren und in Übereinstimmung mit den gesetzlichen Bestimmungen stehen, den Informationsbedürfnissen der Nutzer gerecht werden und eine zuverlässige Grundlage für Entscheidungen bilden.

Der Beauftragte nutzt seine Fachkompetenz, um die notwendigen Informationen und Unterlagen zu sammeln, zu klassieren und zielgerichtet zusammenzufassen. Dazu muss er wissen, für welchen Zweck die Jahresrechnung erstellt wird und wer die Nutzer sind. Eine interne Jahresrechnung muss andere Inhalte ausweisen als eine offizielle Jahresrechnung zuhanden der Generalversammlung oder eine Steuerbilanz.

Eine weitere Zielsetzung besteht darin, dem Auftraggeber eine fachkundige Meinung darüber abzugeben, ob die Jahresrechnung plausibel erscheint und die zugrundeliegenden Unterlagen ordnungsgemäss sind.

Bewertungs-, Darstellungs- und Offenlegungsentscheide zu treffen, gehört nicht zum Erstellen der Jahresrechnung. Vielmehr wird der Beauftragte aufgrund seiner Fachkenntnisse dem für die Jahresrechnung verantwortlichen Verwaltungsrat Vorschläge in dieser Hinsicht unterbreiten.

Schliesslich darf der Auftraggeber nicht erwarten, dass der Beauftragte eine Abschlussprüfung oder eine prüferische Durchsicht vornimmt oder dass bei seiner Tätigkeit rechtswidrige Handlungen aufgedeckt werden.

Aufgrund des eingangs erwähnten besonderen, weiter als PS 930 gehenden Auftrags, bei dem sich der Beauftragte nicht auf einen schweizerischen Prüfungsstandard abstützen kann, müssen die Auftragsbedingungen je nach Inhalt und Umfang des Erstellungsauftrags definiert werden.

Die Auftragsbedingungen enthalten im Wesentlichen folgende Elemente:
- Bestimmung der Art der Jahresrechnung (z. B. statutarische Jahresrechnung mit Bilanz, Erfolgsrechnung und Anhang; allenfalls auch weitere Bestandteile wie Geldflussrechnung)
- Bestimmung der für die Erstellung der Jahresrechnung notwendigen Dokumentation (Art [Kontoblätter, Buchungsbelege, Kostenträgerrechnung u. a.], Form [Papier, elektronisch oder kombiniert], Inhalt [Auszüge, Saldobestätigungen, Zusammenfassungen u. a.] und Gliederung [gegliedert nach Datum, in Schuhschachteln u. a.] der vollständig benötigten Unterlagen und Auskünfte)
- Bestimmung der Auftragsart. Der Auftragsumfang ist zu bestimmen als Auftrag mit Plausibilitätsbeurteilungen
- Die Plausibilitätsbeurteilung basiert auf der Kenntnis der rechnungslegungsrelevanten Kontrollmassnahmen (IKS), abhängig von der Wesentlichkeit (gemäss Art. 958c Ziff. 1

Abs. 4 OR) und der generellen Fehleranfälligkeit. Dazu sind folgende Abklärungen zu treffen:
- Befragung zu den angewandten Methoden bei der Erfassung und Verarbeitung der Geschäftsvorfälle
- Befragung zu den wesentlichen Aussagen im Abschluss (Vorhandensein, Rechte und Pflichten, Eintritt, Vollständigkeit, Bewertung, Erfassung und Periodenabgrenzung sowie Darstellung und Offenlegung)
- Analytische Beurteilung einzelner Aussagen (Vergleich mit den Vorjahren, Budgets und Kennzahlen)
- Befragung zu wesentlichen Beschlüssen des Verwaltungsrats und der Generalversammlung
- Analytische Beurteilung des erstellen Abschlusses als Ganzes
- Nicht plausible Sachverhalte müssen geklärt und bei Bedarf korrigiert werden.
- Bestimmung der notwendigen Abschlussdokumentation (Abschlussordner mit allen wesentlichen Abschlussbuchungen und -unterlagen)
- Bestimmung über die Erklärung des Auftraggebers, dass alle Unterlagen und Informationen für eine fachgerechte Erstellung des Abschlusses vorliegen (Vollständigkeitserklärung)
- Bestimmung, dass die Jahresrechnung und die ihr zugrundeliegende Buchhaltung den gesetzlichen Bestimmungen entsprechen.

25.5.3 Der Beauftragte

Der Beauftrage darf den Erstellungsauftrag nur annehmen, wenn er über die notwendigen Fachkenntnisse und zeitlichen Ressourcen verfügt und die einschlägigen gesetzlichen Bestimmungen kennt.

Der Beauftragte muss für die Durchführung des Erstellungsauftrags nicht im Sinne von Art. 728 oder 729 OR unabhängig sein. Es ist nicht hinderlich, wenn er für den Auftraggeber Dienstleistungen im Umfeld der Rechnungslegung erbringt, bei der Buchführung mitwirkt oder die Bücher selber führt. Seine Funktionen sind aber im Erstellungsbericht offenzulegen.

Der Beauftragte gibt bei der Unterzeichnung des Erstellungsberichts zweckmässigerweise seine Berufsbezeichnung bekannt: z. B. dipl. Wirtschaftsprüfer, dipl. Treuhandexperte, Treuhänder mit Fachausweis.

25.5.4 Die Auftragsdurchführung

Wie von einem Berufsangehörigen zu erwarten, führt er diesen Auftrag pflichtbewusst nach den allgemein gültigen Projektüberlegungen und mit der notwendigen Dokumentation seiner Arbeiten durch. Bekanntlich sind dies etwa die folgenden Arbeitsschritte:

1. Auftragsvorbereitung
   - Überlegungen zur Auftragsannahme, Kostenschätzungen
   - Besprechung über Art und Umfang der Erstellung
   - Klärung der Auftragsbedingungen
   - Unterzeichnung der Auftragsbestätigung

25. Erstellungsbericht für Jahresrechnungen

- Beschaffung von allgemeinen Informationen über den Kunden und weitere
- sachdienliche Unterlagen wie Gesetze, Richtlinie Brancheninformationen u. a.

2. Planung des Auftrags
   - Zeitliche und sachliche Planung
   - Beschaffung von Kenntnissen über Tätigkeit und Umfeld der Unternehmung
   - Risikobeurteilung und Bestimmung der Wesentlichkeit zum Erkennen der Fehleranfälligkeit der Jahresrechnung
   - Kenntnisse über interne Kontrollmassnahmen
   - Bestimmen der notwendigen Unterlagen und Informationen u. a.

3. Durchführung des Auftrags
   - Sammeln der benötigten Unterlagen und deren kritische Beurteilung
   - Erklärungen und Ergänzungen für unsichere, unklare Sachverhalte verlangen
   - Klassieren und zuordnen der Unterlagen
   - Vorbereiten der Vorschläge für aussagebezogene Entscheidungen der Unternehmensleitung
   - Kritische Beurteilung aller wesentlichen Bewertungs-, Darstellungs- und Offenlegungsentscheide unter Beachtung der Wesentlichkeit gemäss Art. 958c Abs. 1 Ziff. 4 OR durch Befragungen und Analysen
   - Einholen von Saldobestätigungen, wenn für die ordnungsgemässe Bilanzierung benötigt
   - Erstellen des Inventars mit Bestand und Bewertung der Warenvorräte, der angefangenen Arbeiten, noch nicht fakturierter Dienstleistungen, sofern für die ordnungsgemässe Bilanzierung nötig
   - Erstellen eines Status über die stillen Reserven
   - Erstellen des Abschlusses
   - Abschliessende analytische Beurteilung des Abschlusses als Ganzes
   - Besprechung der Jahresrechnung mit dem Auftraggeber
   - Korrekturen und Anpassungen
   - Erstellen eines umfassenden Abschlussordners mit dem Nachweis aller wesentlichen Jahresabschlussposten

4. Berichterstattung
   - Abgabe des Berichts mit den mit dem Kunden besprochenen Feststellungen und Beurteilungen

Die Auftragsabwicklung hängt entscheidend von der Grösse und Komplexität der zu erstellenden Jahresrechnung und den zugrundeliegenden Unterlagen und deren Qualität ab.

25.5.5 Berichterstattung

Der Beauftragte hat die von ihm erstellte Jahresrechnung mit seinem Erstellungsbericht zu versehen, der Art, Umfang und Ergebnis seines Erstellungsauftrags enthält. Eine Unterzeichnung der Jahresrechnung als Bestätigung ist nicht möglich, weil der Beauftragte nicht für deren Inhalt die Verantwortung tragen kann. Gemäss Art. 958 Abs. 3 OR ist die statutarische Jahresrechnung vom Vorsitzenden des obersten Leitungs- oder Verwal-

25. Erstellungsbericht für Jahresrechnungen

tungsorgans und von der im Unternehmen für die Rechnungslegung zuständigen Person zu unterzeichnen.

Der Erstellungsbericht enthält eine klar formulierte Aussage über die Erstellung der Jahresrechnung; allfällige Einwendungen in Bezug auf die erhaltenen Unterlagen und die erteilten Auskünfte sind im Bericht festzuhalten. Sind die zugrundeliegende Buchführung und die Unterlagen insgesamt mangelhaft und nicht zu beurteilen, darf kein Erstellungsbericht abgegeben werden.

Der Erstellungsbericht ist folgendermassen aufgebaut:
- Überschrift
- Adressat und Auftraggeber
- Art des Erstellungsauftrags und allfällige Ergänzungen
- Abschlussstichtag und das zugrundeliegende Geschäftsjahr
- Verantwortlichkeiten des Verwaltungsrats und des Beauftragten
- Massgebliche Rechtsvorschriften und vorgelegte Unterlagen
- Hinweis auf die Auftragsbedingungen
- Ergebnisse der Tätigkeit des Beauftragten
- Ort, Datum und Unterschrift

Bei einem Erstellungsauftrag mit Plausibilitätsbeurteilung ist die Plausibilität der zugrundeliegenden Unterlagen zu bestätigen bzw. auf allfällige Mängel hinzuweisen. Zur Ordnungsmässigkeit der Rechnungslegung erfolgt keine positiv formulierte Aussage. Im Erstellungsbericht wird lediglich festgehalten, dass keine Umstände bekannt geworden sind, die gegen die Ordnungsmässigkeit der vorgelegten Unterlagen und Bücher und der darauf gründenden Jahresrechnung sprechen.

Hat der Beauftragte bei der Buchführung mitgewirkt oder hat er die Bücher selber geführt, ist im Erstellungsbericht darauf hinzuweisen. Bei selbst erstellten Unterlagen kann deren Ordnungsmässigkeit nicht beurteilt werden.

Im Erstellungsbericht (oder in den Arbeitspapieren) ist festzuhalten, in welcher Form und welchem Umfang Saldobestätigungen verlangt wurden, ebenso besondere Erkenntnisse aus der Beurteilung des internen Kontrollsystems.

Schliesslich erscheint es u. U. zweckmässig und für den Bilanzleser von besonderem Nutzen, im Anhang zum Erstellungsbericht einzelne Jahresabschlussposten zu erläutern. Hierfür braucht es einen entsprechenden Auftrag.

25.6 Möglicher Stellenwert des Erstellungsberichts im schweizerischen KMU-Umfeld

Die eingeschränkte Revision stellt eine schweizerische Besonderheit dar. Nach den in Kapitel 2 beschriebenen politischen Zielsetzungen soll einerseits die Qualität der KMU-Jahresrechnung durch die Mitwirkung der Revisionsstelle bei der Buchführung verbessert werden («alles aus einer Hand»), andererseits sollen, vor allem bei Doppelmandaten, die Kosten und administrativen Aufwendungen für die Prüfung der Jahresrechnung reduziert werden. Letztere Bestrebungen können in den Entscheid münden, auf die Revision ganz zu verzichten (Opting-out), wobei jedoch die Kostenersparnis und eine resultierende Qualitätseinbusse gegeneinander abzuwägen sind.

Da die Mitwirkung bei der Buchführung und die Unterstützung durch einen kompetenten Berufsangehörigen im KMU-Umfeld ohnehin stark verbreitet sind, kann ein zusätzlicher Erstellungsbericht – erstellt durch den mit dem Mandat bestens vertrauten Verantwortlichen – eine anspruchsvolle Qualitätsarbeit bestens abrunden.

25.7 Kosten-Nutzen-Überlegungen

Der **praktische** Nutzen eines Erstellungsberichts ist abhängig vom Anwendungsfall:

1. **Der Treuhänder/Wirtschaftsprüfer erstellt die Jahresrechnung und wirkt bei der Buchführung mit – es wird keine Revision durchgeführt (Opting-out)**
Der Treuhänder/Wirtschaftsprüfung ist an der Buchführung massgeblich beteiligt. In dieser Funktion nutzt er seine Fach- und Sachkenntnisse und erstellt auch die Jahresrechnung.
Der Erstellungsbericht macht für den Auftraggeber und weitere Nutzer der Jahresrechnung (Minderheitsaktionäre, Kreditgeber u. a.) eine Aussage über die Ordnungsmässigkeit der Buchführung und der darauf basierenden Jahresrechnung.
Der praktische Nutzen ist mit wenig Mehraufwand zu erzielen, indem der Ersteller seine ohnehin gewonnenen Erkenntnisse und Beurteilungen in einem zusätzlichen Erstellungsbericht zu Papier bringt. Es fallen geringe zusätzliche Kosten für den Erstellungsbericht an.

2. **Der Treuhänder/Wirtschaftsprüfer erstellt nur die Jahresrechnung (Opting-out)**
Der Auftraggeber ist infolge zeitlicher oder fachlicher Beanspruchung selber nicht in der Lage, die Jahresrechnung zu erstellen. Deren Erstellung basiert auf Unterlagen und Informationen des Kunden.
Der Erstellungsbericht macht für den Auftraggeber und weitere Nutzer der Jahresrechnung (Minderheitsaktionäre, Kreditgeber u. a.) eine Aussage über die Ordnungsmässigkeit der Buchführung und der darauf beruhenden Jahresrechnung.
Der praktische Nutzen ist mit wenig Mehraufwand zu erbringen, indem der Ersteller seine vertiefte Kenntnis und Beurteilung in einem zusätzlichen Erstellungsbericht zu Papier bringt. Die anfallenden zusätzlichen Kosten sind gering. Die Kosten für die Erstellung der Jahresrechnung sind abhängig von der Grösse und Komplexität der Unternehmung, von der Qualität der verfügbaren Unterlagen und Informationen sowie vom Umfang der ergänzenden Abklärungen.

3. **Der Treuhänder/Wirtschaftsprüfer erstellt die Jahresrechnung für eine externe Revisionsstelle (ein Doppelmandat ist nicht gewollt oder nicht möglich)**
Der Auftraggeber oder die externe Revisionsstelle kann infolge zeitlicher oder fachlicher Beanspruchung oder anderer Gründe die Jahresrechnung nicht selber erstellen. Deren Erstellung beruht auf Unterlagen und Informationen des Kunden.
Der Erstellungsbericht macht für den Auftraggeber und die Revisionsstelle eine Aussage über die Ordnungsmässigkeit der Buchführung und der darauf basierenden Jahresrechnung.
Der praktische Nutzen liegt in der Kostenersparnis bei der externen Revisionsstelle, die sich auf eine professionell vorbereitete Jahresrechnung mit umfassenden Abschlussunterlagen stützen kann.

25. Erstellungsbericht für Jahresrechnungen

25.8 Muster

25.8.1 Auftragsbestätigung

(in Anlehnung an die Auftragsbestätigung von PS 930, Erstellung von Finanzinformationen (Compilation))

> **An den Verwaltungsrat der [Firmenbezeichnung]**
>
> Gerne erklären wir die Annahme des nachstehenden Erstellungsauftrags. Dieses Schreiben soll festhalten, wie wir Bedingungen, Ziele, Art und Grenzen unseres Auftrags verstehen.
>
> Auf der Grundlage von Informationen, die Sie uns zur Verfügung stellen, werden wir die statutarische Jahresrechnung (Bilanz, Erfolgsrechnung und Anhang) der [Firmenbezeichnung] für das am [Datum] abgeschlossene Geschäftsjahr erstellen.
>
> Wir werden weder eine Prüfung noch eine Review der Jahresrechnung gemäss den *Schweizer Prüfungsstandards (PS)* vornehmen und deswegen keine Zusicherung über deren Richtigkeit abgeben können.
>
> Für die Genauigkeit und Vollständigkeit der uns zur Verfügung gestellten Informationen und für die von uns erstellten Finanzinformationen sind Sie verantwortlich. Diese Verantwortung umfasst angemessene buchhalterische Aufzeichnungen und interne Kontrollen sowie die Festlegung und Durchsetzung angemessener Rechnungslegungsgrundsätze. Unsere Dienstleistung bietet keinerlei Gewähr dafür, dass deliktische Handlungen, Fehlaussagen oder andere Rechtsverstösse gegebenenfalls aufgedeckt werden. Falls wir solche feststellen, werden wir Sie jedoch informieren.
>
> Die Jahresrechnung ist in Übereinstimmung mit den gesetzlichen Bestimmungen von Art. 959 ff. OR und auf der Grundlage der Buchführungs- und Rechnungslegungsvorschriften von Art. 957ff. OR zu erstellen. Abweichungen davon werden wir, soweit uns bekannt geworden, vermerken und nötigenfalls auch in unserem Bericht über die Erstellung darlegen.
>
> Wir gehen davon aus, dass uns alle Aufzeichnungen, Unterlagen und sonstigen Informationen zur Verfügung stehen werden, die wir für unsere Arbeiten benötigen.
>
> Nach unserem Verständnis wird der Abschluss für den Verwaltungsrat erstellt, als Grundlage für die statutarische Jahresrechnung zuhanden der Generalversammlung. Sollte sich daran Wesentliches ändern, werden Sie uns informieren.
>
> Unser Honorar berechnet sich nach dem Zeitaufwand der Teammitglieder und deren Stundensätzen, die sich nach dem Grad der Verantwortung, der Erfahrung und den Kenntnissen richten. Es wird Ihnen entsprechend dem Stand unserer Arbeiten in Rechnung gestellt. Wir schätzen es auf insgesamt CHF [Betrag], zuzüglich Barauslagen und Mehrwertsteuer.
>
> Dieses Bestätigungsschreiben gilt auch in den Folgejahren, solange es nicht widerrufen, geändert oder durch ein neues Schreiben ersetzt wird.
>
> [Ort] [Datum] [Unterschrift] [Berufsbezeichnung]
>
> Einverständnis des auftraggebenden Organs:
>
> [Ort] [Datum] [Unterschrift/en]

25. Erstellungsbericht für Jahresrechnungen

25.8.2 Berichtsmuster

25.8.2.1 Erstellungsbericht mit Plausibilitätsbeurteilungen

> Erstellungsbericht mit Plausibilitätsbeurteilungen für die Jahresrechnung [Jahr]
>
> an den Verwaltungsrat der [Firmenbezeichnung]
>
> Auftragsgemäss haben wir die Jahresrechnung (Bilanz, Erfolgsrechnung und Anhang) der [Firmenbezeichnung] für das am [Datum] abgeschlossene Geschäftsjahr erstellt.
>
> Grundlage für die Erstellung bildeten die uns vorgelegten Belege, Bücher und Bestandsnachweise, die wir auftragsgemäss nicht geprüft, aber auf deren Plausibilität hin beurteilt haben, sowie die uns erteilten Auskünfte.
>
> Für die Buchführung sowie die Erstellung der Jahresrechnung in Übereinstimmung mit dem Gesetz und den Statuten ist der Verwaltungsrat verantwortlich.
>
> Wir haben unseren Auftrag unter Beachtung der vereinbarten Auftragsbedingungen durchgeführt. Dieser umfasst die Erstellung der Jahresrechnung (Bilanz, Erfolgsrechnung und Anhang) aufgrundlage der Buchführungsvorschriften nach Art. 957 ff. OR sowie der Rechnungslegungsvorschriften nach Art. 959 ff. OR und der Statuten.
>
> Zur Beurteilung der Plausibilität der uns vorgelegten Belege, Bücher und Bestandsnachweise haben wir Befragungen und analytische Beurteilungen vorgenommen, um mit einer gewissen Sicherheit ausschliessen zu können, dass sie nicht ordnungsgemäss sind. Zudem haben wir für die Aktionärsdarlehen Saldo- und Zinsbestätigungen verlangt [1]. Hierbei sind uns [– mit Ausnahme der nachstehenden Feststellungen [2] –] keine Umstände bekannt geworden, die darauf hinweisen würden, dass die uns vorgelegten Unterlagen und die von uns auf dieser Grundlage erstellte Jahresrechnung nicht ordnungsgemäss sind.
>
> [Ort] [Datum] [Unterschrift] [Berufsbezeichnung]
>
> **Mögliche einschränkende Feststellungen:**
>
> [1] Braucht es für eine ordnungsgemässe Bilanzierung (z. B. ein Bestandesnachweis) Saldobestätigungen, sind diese, in Absprache mit dem Auftraggeber, einzuholen und für den Abschluss zu dokumentieren.
>
> [2] Zur Bilanzposition Warenvorräte haben wir festgestellt, dass entgegen den Bestimmung von Art. 958c Abs. 2 OR kein Inventar erstellt wurde. So erfolgte die Bilanzierung aufgrund einer Schätzung, die in ihrer Höhe plausibel erscheint.

25. Erstellungsbericht für Jahresrechnungen

25.8.2.2 Erstellungsbericht mit Plausibilitätsbeurteilung bei Mitwirken bei der Buchführung

> Erstellungsbericht mit Plausibilitätsbeurteilung für die Jahresrechnung [Jahr]
>
> an den Verwaltungsrat der [Firmenbezeichnung]
>
> Auftragsgemäss haben wir die Jahresrechnung (Bilanz, Erfolgsrechnung und Anhang) der [Firmenbezeichnung] für das am [Datum] abgeschlossene Geschäftsjahr erstellt.
>
> Grundlage für die Erstellung bildeten die von uns geführte Lohnbuchhaltung und Debitorenbuchhaltung und die uns darüber hinaus vorgelegten Belege, Bücher und Bestandsnachweise, die wir auftragsgemäss nicht geprüft, aber auf ihre Plausibilität hin beurteilt haben, sowie die uns erteilten Auskünfte.
>
> Für die Buchführung sowie die Aufstellung der Jahresrechnung in Übereinstimmung mit dem Gesetz und den Statuten ist der Verwaltungsrat verantwortlich.
>
> Wir haben unseren Auftrag unter Beachtung der vereinbarten Auftragsbedingungen durchgeführt. Er umfasst die Erstellung der Jahresrechnung (Bilanz, Erfolgsrechnung und Anhang) aufgrundlage der Buchführungsvorschriften nach Art. 957 ff. OR sowie der Rechnungslegungsvorschriften nach Art. 959 ff. OR und der Statuten.
>
> Zur Beurteilung der Plausibilität der uns vorgelegten Belege, Bücher und Bestandsnachweise, an denen wir nicht mitgewirkt haben haben wir Befragungen und analytische Beurteilungen vorgenommen, um mit einer gewissen Sicherheit ausschliessen zu können, dass sie nicht ordnungsgemäss sind. Hierbei sind uns keine Umstände bekannt geworden, die gegen die Ordnungsmäßigkeit der uns vorgelegten Unterlagen und der auf dieser Grundlage von uns erstellten Jahresrechnung sprechen.
>
> [Ort] [Datum] [Unterschrift] [Berufsbezeichnung]

25. Erstellungsbericht für Jahresrechnungen

25.8.2.3 Erstellungsbericht mit Plausibilitätsbeurteilung bei Führung der Buchhaltung

> Erstellungsbericht mit Plausibilitätsbeurteilung für die Jahresrechnung [Jahr]
>
> an den Verwaltungsrat der [Firmenbezeichnung]
>
> Auftragsgemäss haben wir die Jahresrechnung (Bilanz, Erfolgsrechnung und Anhang) [Firmenbezeichnung] für das am [Datum] abgeschlossene Geschäftsjahr erstellt.
>
> Grundlage für die Erstellung bildeten die von uns geführten Bücher und die uns darüber hinaus vorgelegten Belege und Bestandsnachweise, die wir auftragsgemäss nicht geprüft, aber auf ihre Plausibilität hin beurteilt haben, sowie die uns erteilten Auskünfte.
>
> Für die Buchführung sowie die Aufstellung der Jahresrechnung in Übereinstimmung mit dem Gesetz und den Statuten ist der Verwaltungsrat verantwortlich.
>
> Wir haben unseren Auftrag unter Beachtung der vereinbarten Auftragsbedingungen ausgeführt. Dieser umfasst die Erstellung der Jahresrechnung (Bilanz, Erfolgsrechnung und Anhang) aufgrundlage der Buchführungsvorschriften nach Art. 957 ff. OR sowie der Rechnungslegungsvorschriften nach Art. 959 ff. OR und der Statuten.
>
> Zur Würdigung der Plausibilität der uns vorgelegten Belege und Bestandsnachweise, an deren Zustandekommen wir nicht mitgewirkt haben, haben wir Befragungen und analytische Beurteilungen vorgenommen, um mit einer gewissen Sicherheit ausschliessen zu können, dass sie nicht ordnungsgemäss sind. Hierbei sind uns keine Umstände bekannt geworden, die gegen die Ordnungsmässigkeit der uns vorgelegten Unterlagen und der auf dieser Grundlage von uns erstellten Jahresrechnung sprechen.
>
> [Ort] [Datum] [Unterschrift] [Berufsbezeichnung]

26. Gebräuchliche Prüfungshandlungen nach dem neuen Rechnungslegungsrecht

26.1 Allgemeine Prüfungshandlungen
26.2 Flüssige Mittel und kurzfristig gehaltene Aktiven mit Börsenkurs
26.3 Forderungen aus Lieferungen und Leistungen
26.4 Übrige kurzfristige Forderungen
26.5 Vorräte und nicht fakturierte Dienstleistungen
26.6 Aktive Rechnungsabgrenzungen
26.7 Finanzanlagen
26.8 Beteiligungen
26.9 Sachanlagen
26.10 Immaterielle Anlagen
26.11 Nicht einbezahltes Grund-, Gesellschafter oder Stiftungskapital
26.12 Verbindlichkeiten aus Lieferungen und Leistungen
26.13 Kurzfristige und langfristige verzinsliche Verbindlichkeiten
26.14 Übrige kurzfristige und langfristige Verbindlichkeiten
26.15 Passive Rechnungsabgrenzungen
26.16 Rückstellungen sowie vom Gesetz vorgesehene ähnliche Positionen
26.17 Eigenkapital
26.18 Umsatzerlöse, Material- und Warenaufwendungen
26.19 Personalaufwand
26.20 Übriger Aufwand und Ertrag (betrieblich und betriebsfremd sowie ausserordentlich oder einmalig)
26.21 Abschreibungen und Wertberichtigungen auf Positionen des Sachanlagevermögens
26.22 Finanzaufwand- und Finanzertrag
26.23 Direkte Steuern
26.24 Anhang

26. Gebräuchliche Prüfungshandlungen nach dem neuen Rechnungslegungsrecht

Die folgenden Prüfungshandlungen stellen empfohlene sowie weitergehende Prüfungshandlungen für die eingeschränkte Revision dar. Die linke Spalte zeigt die Prüfungshandlungen nach dem Standard zur eingeschränkten Revision aus dem Jahr 2007 (SER). Die rechte Spalte zeigt eine weiterführende Aufstellung mit Prüfungshandlungen zum neuen Rechnungslegungsrecht angereichert und für die Zwecke der Lehre didaktisch angepasst durch die Zuteilung von Prüfzielen mit der konsequenten Aufteilung der Prüfungshandlungen zu den Prüfungsformen Befragungen, analytische Prüfungshandlungen und Detailprüfungen.

Die rechte Spalte ersetzt in keiner Weise den SER und soll eine praktische Hilfestellung für Praktiker und Studierende darstellen.

Wichtige Hinweise zur eingeschränkten Revision und zur Wahl der Prüfungshandlungen finden sich in Kapitel 6:

> **Legende**
> - Grau: Umgliederung (z.B. von empfohlenen zu weitergehenden Prüfungshandlungen, von analytischen Prüfungshandlungen zu Detailprüfungen oder von Positionen der Bilanz und Erfolgsrechnung in den Anhang)
> - Blau: Neu
> - Braun: In der angepassten Aufstellung nicht mehr enthalten.
> - Belassene, um Prüfziele ergänzte oder umformulierte Prüfungshandlungen sind nicht farblich hervorgehoben

26.1 Allgemeine Prüfungshandlungen

SER Anhang D (S. 43 «Allgemeine Prüfungshandlungen»)	Angepasste Aufstellung gemäss Einleitung
Befragungen • Befragung über allfällige Änderungen der Darstellung der Jahresrechnung oder der Bewertungsgrundsätze	**Befragungen** • Befragung über allfällige Änderungen der Darstellung der Jahresrechnung oder der Bewertungsgrundsätze

Analytische Prüfungshandlungen
• Beurteilung der Jahresrechnung als Ganzes gegen Ende der Prüfung
• Entspricht die Jahresrechnung dem Verständnis des Revisors von der Tätigkeit und dem Umfeld des Unternehmens?
• Werden die zuvor aus der Prüfung einzelner Positionen gezogenen Schlüsse erhärtet?
  – Sind die Grundsätze ordnungsmässiger Rechnungslegung gemäss Art. 662a OR eingehalten?
  – Vollständigkeit
  – Klarheit und Wesentlichkeit
  – Vorsicht
  – Fortführung der Unternehmenstätigkeit
	Analytische Prüfungshandlungen
	• Beurteilung der Jahresrechnung als Ganzes gegen Ende der Prüfung
	• Entspricht die Jahresrechnung dem Verständnis des Revisors von der Tätigkeit und dem Umfeld des Unternehmens?
	• Werden die zuvor aus der Prüfung einzelner Positionen gezogenen Schlüsse erhärtet?
	  – Sind die Grundlagen und Grundsätze ordnungsmässiger Rechnungslegung gemäss Art. 958a und 958c OR eingehalten?
	  – Fortführung der Unternehmenstätigkeit
	  – Zeitliche und sachliche Abgrenzung
	  – Klarheit und Verständlichkeit
	  – Vollständigkeit

→

26. Gebräuchliche Prüfungshandlungen nach dem neuen Rechnungslegungsrecht

SER Anhang D (S. 43 «Allgemeine Prüfungshandlungen»)	Angepasste Aufstellung gemäss Einleitung
– Stetigkeit in Darstellung und Bewertung – Unzulässigkeit der Verrechnung – Beurteilung der Auswirkung nicht korrigierter Fehler – sowohl einzeln als auch zusammen genommen. Information der Unternehmensleitung über die Fehler; Feststellung deren Auswirkung auf den Prüfungsbericht	– Verlässlichkeit – Wesentlichkeit – Vorsicht – Stetigkeit in Darstellung und Bewertung – Unzulässigkeit der Verrechnung • Beurteilung der Auswirkung nicht korrigierter Fehler – sowohl einzeln als auch zusammen genommen. Information der Unternehmensleitung über die Fehler; Feststellung deren Auswirkung auf den Prüfungsbericht
Detailprüfungen • Abstimmung des Vortrags der Vorjahresbestände auf neue Rechnung mit Unterlagen des Vorjahres (geprüfte Jahresrechnung, falls vorhanden) • Abstimmung der Saldi der Hauptbuchkonten mit der geprüften Jahresrechnung – GV- und VR-Protokolle lesen und wichtige Sachverhalte im Prüfungsplan berücksichtigen. Weitere mögliche Prüfungsgegenstände: – Genehmigung der letzten Jahresrechnung – Wahl der Revisionsstelle – Beschluss über die Gewinnverwendung – Weitere Beschlüsse mit möglicher Auswirkung auf die Jahresrechnung • Feststellen, ob Jahresrechnung rechtsgültig unterzeichnet wurde	**Detailprüfungen** • (Summarische) Abstimmung des Vortrags der Vorjahresbestände auf neue Rechnung mit Unterlagen des Vorjahrs (geprüfte Jahresrechnung, falls vorhanden) • Abstimmung der Saldi der Hauptbuchkonten mit der geprüften Jahresrechnung – GV- und VR-Protokolle lesen und wichtige Sachverhalte im Prüfungsplan berücksichtigen. Weitere mögliche Prüfungsgegenstände: – Genehmigung der letzten Jahresrechnung – Wahl der Revisionsstelle – Beschluss über die Gewinnverwendung – Weitere Beschlüsse mit möglicher Auswirkung auf die Jahresrechnung • Feststellen, ob Jahresrechnung rechtsgültig unterzeichnet wurde • Feststellen ob die erstmalige Umsetzung korrekt dargestellt wird (ohne Vorjahreszahlen resp. mit Vorjahreszahlen und Offenlegung)

26.2 Flüssige Mittel und kurzfristig gehaltene Aktiven mit Börsenkurs

26.2.1 Empfohlene Prüfungshandlungen

SER Anhang D (S. 44, «Flüssige Mittel»)	Angepasste Aufstellung gemäss Einleitung (inkl. primär adressierte Aussagen/Prüfziele)
Befragungen • Befragung über allfällige Verpfändungen und Verfügungsbeschränkungen	**Befragungen** • Befragung über die vollständige Erfassung aller Geldkonti (Vollständigkeit) • Befragung über Aktiven mit Börsenkurs (Bewertung, Darstellung und Offenlegung)
Detailprüfungen • Abstimmung der Bestände mit Kassenbüchern, Bank- und PC-Auszügen (oder Einsichtnahme in die vom Kunden erstellten Abstimmungen) • Vergleich der für die Fremdwährungsumrechnung angewandten Kurse mit den Jahresendkursen gemäss Unterlagen von Banken usw.	**Detailprüfungen** • Abstimmung der Bestände mit Kassenbüchern, Bank-, Depot- und PC-Auszügen von wesentlichen Guthaben (oder Einsichtnahme in die vom Kunden erstellten Abstimmungen) (Vorhandensein, Rechte und Verpflichtungen, Vollständigkeit) • Vergleich der für die Fremdwährungsumrechnung angewandten Kurse mit den Jahresendkursen gemäss Unterlagen von Banken usw. (Bewertung)

26. Gebräuchliche Prüfungshandlungen nach dem neuen Rechnungslegungsrecht

26.2.2 Weitergehende Prüfungshandlungen

SER Anhang D (S. 44, «Flüssige Mittel»)	Angepasste Aufstellung gemäss Einleitung (inkl. primär adressierte Aussagen/Prüfziele)
Weitergehende Befragungen und analytische Prüfungshandlungen • Befragung zu aussergewöhnlichen Geldtransaktionen	**Weitergehende Befragungen** • Befragung zu aussergewöhnlichen Transaktionen (Rechte und Verpflichtungen, Eintritt, Erfassung und Periodenabgrenzung)
	Weitergehende analytische Prüfungshandlungen • Kritische Durchsicht der Geld- und Depotkonti auf ungewöhnliche Buchungen (Rechte und Verpflichtungen, Eintritt, Erfassung und Periodenabgrenzung) • Bei Liquiditäts- und Fortführungsproblemen sind die Liquiditätskennzahlen sowie die Liquiditätsplanung des Kunden zum Prüfungszeitpunkt zu beurteilen (Jahresrechnung als Ganzes: Risiko der Fortführung der Unternehmenstätigkeit)
Detailprüfungen • Durchsicht der Geldkonti auf ungewöhnliche Buchungen	**Weitergehende Detailprüfungen** • Einsichtnahme ins E-Banking des Kunden am Bildschirm und Abstimmung mit der Buchhaltung, ob alle Konti erfasst sind (Vollständigkeit, Vorhandensein) • Einsichtnahme in Protokolle vorgenommener Bestandsaufnahmen von wesentlichen physischen Beständen (Vorhandensein) • Belegprüfung von spezifischen Transaktionen, welche in der kritischen Durchsicht identifiziert wurden (Rechte und Verpflichtungen, Eintritt, Erfassung und Periodenabgrenzung)

26.2.3 Prüfungshandlungen, welche nicht Bestandteil einer eingeschränkten Revision darstellen (da über die eingeschränkte Revision hinausgehend)

SER Anhang D (S. 44, «Flüssige Mittel»)	Angepasste Aufstellung gemäss Einleitung (inkl. primär adressierte Aussagen/Prüfziele)
• Einholen von Bankbestätigungen	• Einholen von Bankbestätigungen (falls vom Kunden bereits einverlangt, sollten solche zur Prüfung verwendet werden)

26. Gebräuchliche Prüfungshandlungen nach dem neuen Rechnungslegungsrecht

26.3 Forderungen aus Lieferungen und Leistungen
26.3.1 Empfohlene Prüfungshandlungen

SER Anhang D (S. 45 f. «Forderungen aus Lieferungen und Leistungen»)	Angepasste Aufstellung gemäss Einleitung (inkl. primär adressierte Aussagen/Prüfziele)
Befragungen • Durchsicht der Debitoren OP-Liste und Befragung über Gründe für alte, ungewöhnlich hohe Ausstände sowie Habensalden • Befragung, ob Forderungen verpfändet, abgetreten oder zum Inkasso gegeben worden sind • Besprechung wesentlicher Abweichungen einzelner Kontensalden gegenüber früheren Perioden oder gegenüber den Erwartungen	**Befragungen** • Befragung nach der Systematik der Bildung der Wertberichtigung sowie nach der stetigen Anwendung dieser und nach der Angemessenheit der aktuellen Wertberichtigung (Bewertung). • Befragung zu Bestand und Veränderung der stillen Reserven (Bewertung) • Befragung, ob nach dem Bilanzstichtag grosse Nachlässe auf Umsatzerlösen gewährt wurden und, wenn ja, ob diese korrekt erfasst worden sind (Bewertung)
Analytische Prüfungshandlungen • Vergleich des Bestands der Forderungen mit dem Vorjahr • Beurteilung der Altersstruktur der Forderungen • Vergleich der für die Fremdwährungsumrechnung angewandten Kurse mit den Jahresendkursen gemäss Unterlagen von Banken usw. • Feststellung von Forderungen gegenüber Aktionären bzw. Anteilseignern, Mitgliedern der Unternehmensleitung und anderen nahe stehenden Personen	**Analytische Prüfungshandlungen** • Vergleich des Bestands der Forderungen mit dem Vorjahr und Abklärung wesentlicher Abweichungen (Vorhandensein, Rechte und Verpflichtungen) • Kritische Durchsicht der Debitoren OP-Liste nach ungewöhnlich hohen oder alten Ausständen und nötigenfalls Abklärung über Gründe für solche Ausstände (Bewertung, Vorhandensein, Rechte und Verpflichtungen) • Kritische Durchsicht nach Forderungen gegenüber direkt oder indirekt Beteiligten und Organen oder Unternehmen, an denen direkt oder indirekt eine Beteiligung besteht, sowie nach Forderungen gegenüber Sozialversicherungen, Steuerbehörden oder Personal, Habensaldi, die unter den anderen Forderungen oder Verpflichtungen ausgewiesen werden müssten (Darstellung und Offenlegung) • Beurteilung der Angemessenheit der Wertberichtigungen aufgrund der Altersstruktur und der Ergebnisse der Befragungen (Bewertung)
Detailprüfungen • Abstimmung des Totales der Debitoren OP-Liste mit dem Hauptbuch • Beurteilung der Angemessenheit der Wertberichtigungen aufgrund der Erfahrungen in den Vorjahren, der Altersstruktur und der Ergebnisse der Befragungen	**Detailprüfungen** • Abstimmung des Totales der Debitoren OP-Liste mit dem Hauptbuch (Vorhandensein) • Vergleich der für die Fremdwährungsumrechnung angewandten Kurse mit den Jahresendkursen gemäss Unterlagen von Banken usw. (Bewertung)

26. Gebräuchliche Prüfungshandlungen nach dem neuen Rechnungslegungsrecht

26.3.2 Weitergehende Prüfungshandlungen

SER Anhang D (S. 45 f. «Forderungen aus Lieferungen und Leistungen»)	Angepasste Aufstellung gemäss Einleitung (inkl. primär adressierte Aussagen/Prüfziele)
Weitergehende Befragungen und analytische Prüfungshandlungen • Befragung, ob Forderungen Vorräte, die in Konsignation gegeben wurden, betreffen und, wenn ja, ob Korrekturen zum Storno solcher Transaktionen und korrekter Verbuchung der Waren im Inventar vorgenommen worden sind • Befragung, ob nach dem Bilanzstichtag grosse Nachlässe auf Umsatzerlösen gewährt und, wenn ja, ob diese korrekt erfasst worden sind • Vergleich des Verhältnisses von Rabatten und Debitorenverlusten zum Umsatz mit dem Vorjahr • Plausibilisierung von Bestand und Veränderung der stillen Reserven	**Weitergehende Befragungen** • Befragung, ob Forderungen Vorräte, die in Konsignation gegeben wurden, betreffen und, wenn ja, ob Korrekturen zum Storno solcher Transaktionen und korrekter Verbuchung der Waren im Inventar vorgenommen worden sind (Vorhandensein, Rechte und Verpflichtungen) **Weitergehende analytische Prüfungshandlungen** • Kritische Durchsicht der OP-Liste im Prüfungszeitpunkt, ob Forderungen von vor dem Bilanzstichtag weiterhin offen sind (Bewertung) • Vergleich des Verhältnisses von Rabatten und Debitorenverlusten zum Umsatz mit dem Vorjahr (Bewertung) • Kritische Durchsicht von Debitoren-, Erlös-, Warenretouren- und Erlösminderungskonten des Berichtsjahr und/oder des neuen Jahres auf ungewöhnliche Posten (Vorhandensein, Bewertung) • Beurteilung der durchschnittlichen Zahlungsfristen (Bewertung)
Weitergehende Detailprüfungen • Durchsicht von Debitoren-, Erlös-, Warenretouren- und Erlösminderungskonten im Hauptbuch auf ungewöhnliche Posten. Belegprüfung solcher Posten • Durchsicht der Erlös- und Erlösminderungskonten in neuer Rechnung auf auffällige Beträge, die das Vorjahr betreffen • Durchsicht von Versandpapieren, Zahlungen in neuer Rechnung und Verträgen zur Feststellung des Vorhandenseins von Forderungen • Durchsicht des Kontos Debitorenverluste und Feststellung der korrekten Autorisierung von Ausbuchungen • Durchsicht der OP-Liste im Prüfungszeitpunkt und/oder Zahlungen in neuer Rechnung	**Weitergehende Detailprüfungen** • Stichprobenweise Belegprüfung von Versandpapieren und Verträgen (Vorhandensein, Rechte und Verpflichtungen, Erfassung und Periodenabgrenzung). • Belegprüfung von bei der kritischen Durchsicht identifizierten ungewöhnlichen Posten (Vorhandensein, Rechte und Verpflichtungen, Erfassung und Periodenabgrenzung, Darstellung und Offenlegung) • Stichprobenweise Belegprüfung von Zahlungseingängen in neuer Rechnung (Bewertung).

26.3.3 Prüfungshandlungen, welche nicht Bestandteil einer eingeschränkten Revision darstellen (da über die eingeschränkte Revision hinausgehend)

SER Anhang D (S. 45 f. «Forderungen aus Lieferungen und Leistungen»)	Angepasste Aufstellung gemäss Einleitung (inkl. primär adressierte Aussagen/Prüfziele)
• Debitorenbestätigungen	• Debitorenbestätigungen (falls vom Kunden bereits einverlangt, sollten solche zur Prüfung verwendet werden)

26. Gebräuchliche Prüfungshandlungen nach dem neuen Rechnungslegungsrecht

26.4 Übrige kurzfristige Forderungen

26.4.1 Empfohlene Prüfungshandlungen

SER Anhang D (in Anlehnung an S. 51, «[...] andere Aktiven»)	Angepasste Aufstellung gemäss Einleitung (inkl. primär adressierte Aussagen/Prüfziele)
Befragungen • Befragung über die Werthaltigkeit (künftiger Geld- oder Nutzenzugang) der aktivierten Beträge	**Befragungen** • Befragung über die Werthaltigkeit (künftiger Geld- oder Nutzenzugang) der aktivierten wesentlichen Beträge (Bewertung)
Analytische Prüfungshandlungen • Vergleich mit den Beständen des Vorjahres • Vergleich der Salden zugehöriger Ertrags- und Aufwandskonten mit denjenigen vorangegangener Perioden; Besprechung wesentlicher Abweichungen mit der Unternehmensleitung	**Analytische Prüfungshandlungen** • Vergleich mit den Beständen des Vorjahres und Analyse von wesentlichen Abweichungen zwischen Berichts- und Vorjahr. (Vorhandensein, Vollständigkeit) • Kritische Durchsicht der anderen Forderungen gegenüber Dritten nach Forderungen gegenüber direkt oder indirekt Beteiligten und Organen oder Unternehmen, an denen direkt oder indirekt eine Beteiligung besteht sowie nach Forderungen gegenüber Sozialversicherungen, Steuerbehörden oder Personal, Habensaldi, die separat ausgewiesen werden (Darstellung und Offenlegung)
Detailprüfungen • Abstimmung einer Detailaufstellung mit der Jahresrechnung	**Detailprüfungen** • Abstimmung einer Detailaufstellung mit der Jahresrechnung (Vorhandensein)

26.4.2 Weitergehende Prüfungshandlungen

SER Anhang D (in Anlehnung an S. 51, andere Aktiven)	Angepasste Aufstellung gemäss Einleitung (inkl. primär adressierte Aussagen/Prüfziele)
Weitergehende Detailprüfungen • Abstimmung der Bestände mit geeigneten Unterlagen (Verträge usw.) • Kontendurchsicht betreffend die weitere Entwicklung in neuer Rechnung	**Weitergehende Detailprüfungen** • Abstimmung von Detailunterlagen zu wesentlichen Positionen (z.B. Saldonachweise, beim Kunden vorliegende Kontoauszüge der MWST oder Sozialversicherungen, Vorauszahlungs- und Schlussabrechnungen mit einem Guthaben von Sozialversicherungen, Mehrwertsteuerabrechnungen, Verträgen etc.) (Vorhandensein, Rechte und Verpflichtungen)

26.4.3 Prüfungshandlungen, welche nicht Bestandteil einer eingeschränkten Revision darstellen (da über die eingeschränkte Revision hinausgehend)

SER Anhang D (in Anlehnung an S. 51, andere Aktiven)	Angepasste Aufstellung gemäss Einleitung (inkl. primär adressierte Aussagen/Prüfziele)
Keine	• Gegenparteienbestätigungen (falls vom Kunden bereits einverlangt, sollten solche zur Prüfung verwendet werden)

26.5 Vorräte und nicht fakturierte Dienstleistungen
26.5.1 Empfohlene Prüfungshandlungen

SER Anhang D (S. 47f. «Vorräte einschliesslich angefangene Arbeiten»)	Angepasste Aufstellung gemäss Einleitung (inkl. primär adressierte Aussagen/Prüfziele)
Befragungen • Befragung über die Methode der (physischen) Bestandsermittlung • Besprechung von Korrekturen aufgrund der letzten physischen Bestandsaufnahme • Wenn per Bilanzstichtag keine physische Bestandsaufnahme erfolgte: Abklärung, ob ein System der permanenten Inventur eingesetzt wird und ein periodischer Vergleich mit tatsächlich vorhandenen Mengen stattfindet • Befragung über die Art der angefangenen Arbeiten (Arbeiten im Auftrag oder zur Lagerhaltung) • Befragung über das Vorgehen zur Überwachung der zeitlichen Abgrenzung am Ende des Geschäftsjahres • Befragung über die Grundlagen der Bewertung in den einzelnen Vorratskategorien. Feststellung, ob das Niederstwertprinzip befolgt worden ist • Befragung, ob die Bilanzierungs- und Bewertungsgrundsätze, unter Berücksichtigung von Faktoren wie Material, Saläre und Gemeinkosten, stetig angewandt worden sind, und ob ein Kostenrechnungs-system verwendet wird und dieses in der Vergangenheit verlässliche Informationen erbracht hat • Befragung über die angewandte Methode zur Feststellung von Vorräten mit geringem Lagerumschlag und überalterten Vorräten; Feststellung, ob diese Vorräte mit dem netto realisierbaren Wert bewertet sind • Befragung, wie die verlustfreie Bewertung von Produktkategorien mit geringer Marge sichergestellt ist	**Befragungen** • Befragung über die Methode der (physischen) Bestandsermittlung (Vorhandensein) • Besprechung von Korrekturen aufgrund der letzten physischen Bestandsaufnahme (Vorhandensein, Vollständigkeit) • Wenn per Bilanzstichtag keine physische Bestandsaufnahme erfolgte: Abklärung, ob ein System der permanenten Inventur eingesetzt wird und ein periodischer Vergleich mit tatsächlich vorhandenen Mengen stattfindet (Vorhandensein) • Befragung über die Art der nicht fakturierten Dienstleistungen (Arbeiten im Auftrag oder zur Lagerhaltung) (Bewertung) • Befragung über das Vorgehen zur Überwachung der zeitlichen Abgrenzung am Ende des Geschäftsjahres (Erfassung und Periodenabgrenzung) • Befragung über die Grundlagen der Bewertung in den einzelnen Vorratskategorien. Feststellung, ob das Niederstwertprinzip gemäss Art. 960a i. V. m. 960c OR befolgt worden ist (Bewertung) • Befragung, ob die Bilanzierungs- und Bewertungsgrundsätze, unter Berücksichtigung von Faktoren wie Material, Saläre und Gemeinkosten (ohne Verwaltungs- und Vertriebskosten und Gewinnanteile), stetig angewandt worden sind, und ob ein Kostenrechnungs-system verwendet wird und dieses in der Vergangenheit verlässliche Informationen erbracht hat (Bewertung) • Befragung über die angewandte Methode zur Feststellung von Vorräten mit geringem Lagerumschlag und überalterten Vorräten (Bewertung) • Befragung, wie die verlustfreie Bewertung sichergestellt ist (Bewertung) • Befragung zu Bestand und Veränderung der stillen Reserven (Bewertung) • Befragung, ob Warenvorräte zu Marktwerten Art. 960b OR bewertet werden und falls ja, wie die Marktwerte ermittelt werden und ob Schwankungsreserven gebildet und wie diese berechnet werden (Bewertung) • Befragung, ob die Vorräte einzeln oder als Gruppe bewertet werden (insbesondere im Hinblick auf unkurante Waren) (Bewertung)

→

26. Gebräuchliche Prüfungshandlungen nach dem neuen Rechnungslegungsrecht

SER Anhang D (S. 47f. «Vorräte einschliesslich angefangene Arbeiten»)	Angepasste Aufstellung gemäss Einleitung (inkl. primär adressierte Aussagen/Prüfziele)
Analytische Prüfungshandlungen • Vergleich des Lagerbestands und -umschlags einzelner Produktkategorien mit jenem früherer Perioden • Analytischer Vergleich der Margen einzelner Produktkategorien mit dem Vorjahr • Prüfung angefangener Arbeiten anhand des Arbeitsfortschritts und/oder Abrechnungen in neuer Periode • Plausibilisierung von Bestand und Veränderung der stillen Reserven	**Analytische Prüfungshandlungen** • Vergleich des gesamten Lagerbestands und -umschlags sowie wo zweckmässig einzelner Produktkategorien mit jenem früherer Perioden (Vorhandensein)
Detailprüfungen • Abstimmung des Totales der Inventarlisten mit dem Hauptbuch	**Detailprüfungen** • Abstimmung des Totales der Inventarlisten mit dem Hauptbuch (Vollständigkeit, Vorhandensein)

26. Gebräuchliche Prüfungshandlungen nach dem neuen Rechnungslegungsrecht

26.5.2 Weitergehende Prüfungshandlungen

SER Anhang D (S. 47f. «Vorräte einschliesslich angefangene Arbeiten»)	Angepasste Aufstellung gemäss Einleitung (inkl. primär adressierte Aussagen/Prüfziele)
Weitergehende Befragungen und analytische Prüfungshandlungen • Vergleich der mengenmässigen Bestände bedeutender Vorratskategorien mit den Beständen und Abgängen vorangegangener Perioden und den für die laufende Periode erwarteten Bestandsmengen. Befragung über bedeutende Schwankungen und Abweichungen. Gegebenenfalls Berechnung angemessener Wertberichtigungen • Stichprobenweise Prüfung der angefangenen Arbeiten anhand geeigneter Dokumente (Wareneingangsfakturen, Arbeitsfortschrittsaufzeichnungen, Kalkulations- und Kostenrechnungsunterlagen usw.) • Analytische Prüfung, ob in den angefangenen Arbeiten kein Gewinnanteil enthalten ist • Befragung, ob das Unternehmen Vorräte von Dritten in Konsignation besitzt und wie sichergestellt wird, dass solche nicht in das Inventar aufgenommen werden • Befragung, ob Vorräte verpfändet, an anderen Orten eingelagert oder in Konsignation an Dritte gegeben worden sind	**Weitergehende Befragungen** • Befragung, ob das Unternehmen Vorräte von Dritten in Konsignation besitzt und wie sichergestellt wird, dass solche nicht in das Inventar aufgenommen werden (Vorhandensein) • Befragung, ob Vorräte verpfändet oder an anderen Orten eingelagert sind (Vorhandensein) **Weitergehende analytische Prüfungshandlungen** • Analytische Prüfung, ob in den nicht fakturierten Dienstleistungen kein Gewinnanteil enthalten ist (ausser bei Anwendung der PoC-Methode) (Bewertung) • Vergleich der mengenmässigen Bestände bedeutender Vorratskategorien mit den Beständen und Abgängen vorangegangener Perioden und den für die laufende Periode erwarteten Bestandsmengen. Befragung über bedeutende Schwankungen und Abweichungen. Gegebenenfalls Berechnung angemessener Wertberichtigungen (Vorhandensein, Bewertung) • Kritische Durchsicht der Kalkulation der Herstellkosten, ob fälschlicherweise Verwaltungs- und Vertriebsgemeinkosten oder Gewinnanteile enthalten sind (Bewertung) • Analytischer Vergleich der Margen einzelner Produktkategorien mit dem Vorjahr (Bewertung)
Weitergehende Detailprüfungen • Stichprobenmässige Prüfung der Bewertung zu Einstandspreisen (effektiv bezahlte Einstandspreise, FIFO oder gleitende Durchschnittspreise) • Abstimmung der Herstellkostenwerte mit den Unterlagen der Kalkulation und Kostenrechnung (bei Unternehmen, welche im Anlagen- und Projektgeschäft tätig sind) • Nachvollzug der vom Kunden berechneten Wertberichtigungen für die verlustfreie Bewertung von Produktkategorien mit ungenügenden Margen	**Weitergehende Detailprüfungen** • Rechnerische Prüfung der Inventarliste (Vorhandensein, Bewertung) • Belegprüfung der Rechnungsabgrenzung (Einkäufe und Verbindlichkeiten bzw. Verkäufe und Forderungen) (Erfassung und Periodenabgrenzung) • Prüfung der Bewertung zu Einstandspreisen in Stichproben (Abstimmung mit effektiv bezahlten Einstandspreisen, Rechnerische Richtigkeit der Bewertungsmethodik (z. B. FIFO, oder gleitende Durchschnittspreise) (Bewertung) • Abstimmung der Herstellkostenwerte mit den Unterlagen der Kalkulation und Kostenrechnung (bei Unternehmen, welche im Anlagen- und Projektgeschäft tätig sind) (Bewertung) • Aktenstudium der vom Kunden berechneten Wertberichtigungen für die verlustfreie Bewertung von Produktkategorien mit ungenügenden Margen (Bewertung) • Stichprobenweise Belegprüfung der nicht fakturierten Dienstleistungen anhand geeigneter Dokumente (Wareneingangsfakturen, Arbeitsfortschrittsaufzeichnungen, Kalkulations- und Kostenrechnungsunterlagen usw.) (Vorhandensein, Rechte- und Verpflichtungen, Erfassung und Periodenabgrenzung, Bewertung)

26. Gebräuchliche Prüfungshandlungen nach dem neuen Rechnungslegungsrecht

26.5.3 Prüfungshandlungen, welche nicht Bestandteil einer eingeschränkten Revision darstellen (da über die eingeschränkte Revision hinausgehend)

SER Anhang D (S. 47 f.)	Angepasste Aufstellung gemäss Einleitung (inkl. primär adressierte Aussagen/Prüfziele)
• Inventurteilnahme • Vertiefte Prüfungen im Bereich der Kalkulation von Herstellkosten	• Inventurteilnahme • Vertiefte Prüfungen im Bereich der Kalkulation von Herstellkosten

26.6 Aktive Rechnungsabgrenzungen

26.6.1 Empfohlene Prüfungshandlungen

SER Anhang D (S. 51 «Rechnungsabgrenzung [...]»)	Angepasste Aufstellung gemäss Einleitung (inkl. primär adressierte Aussagen/Prüfziele)
Befragungen • Befragung über die Werthaltigkeit (künftiger Geld- oder Nutzenzugang) der aktivierten Beträge	**Befragungen** • Befragung über die Werthaltigkeit (künftiger Geld- oder Nutzenzugang) der aktivierten Beträge (Bewertung)
Analytische Prüfungshandlungen • Vergleich mit den Beständen des Vorjahres • Vergleich der Salden zugehöriger Ertrags- und Aufwandskonten mit denjenigen vorangegangener Perioden; Besprechung wesentlicher Abweichungen mit der Unternehmensleitung	**Analytische Prüfungshandlungen** • Vergleich mit den Beständen des Vorjahres und Analyse wesentlicher Abweichungen (Vorhandensein, Erfassung und Periodenabgrenzung) • Vergleich der Salden zugehöriger Ertrags- und Aufwandskonten mit denjenigen vorangegangener Perioden; Besprechung wesentlicher Abweichungen mit der Unternehmensleitung (Vorhandensein, Erfassung und Periodenabgrenzung)
Detailprüfungen • Abstimmung einer Detailaufstellung mit der Jahresrechnung	**Detailprüfungen** • Abstimmung einer Detailaufstellung mit der Jahresrechnung (Vorhandensein)

26.6.2 Weitergehende Prüfungshandlungen

SER Anhang D (S. 51 «Rechnungsabgrenzung [...]»)	Angepasste Aufstellung gemäss Einleitung (inkl. primär adressierte Aussagen/Prüfziele)
Weitergehende Analytische Prüfungshandlungen Keine	**Weitergehende Analytische Prüfungshandlungen** • Kritische Durchsicht von Ertrags- und Aufwandskonten, welche häufig aktive Rechnungsabgrenzungen enthalten (Erfassung und Periodenabgrenzung, Vollständigkeit) • Kritische Durchsicht von Ertrags- und Aufwandskonten betreffend die weitere Entwicklung in neuer Rechnung (Erfassung und Periodenabgrenzung, Vollständigkeit)
Weitergehende Detailprüfungen • Kritische Durchsicht von Ertrags- und Aufwandskonten, welche häufig aktive Rechnungsabgrenzungen enthalten • Abstimmung der Bestände mit geeigneten Unterlagen (Verträge usw.) • Kontendurchsicht betreffend die weitere Entwicklung in neuer Rechnung	**Weitergehende Detailprüfungen** • Belegprüfung mit geeigneten Unterlagen (Verträge usw.) (Vorhandensein)

26. Gebräuchliche Prüfungshandlungen nach dem neuen Rechnungslegungsrecht

26.6.3 Prüfungshandlungen, welche nicht Bestandteil einer eingeschränkten Revision darstellen (da über die eingeschränkte Revision hinausgehend)

SER Anhang D (S. 51 «Rechnungsabgrenzung [...]»)	Angepasste Aufstellung gemäss Einleitung (inkl. primär adressierte Aussagen/Prüfziele)
Keine	Gegenparteienbestätigungen zu Guthaben/Abgrenzungsposten (falls vom Kunden bereits einverlangt, sollten solche zur Prüfung verwendet werden)

26.7 Finanzanlagen

26.7.1 Empfohlene Prüfungshandlungen

SER Anhang D (S. 50 «Finanzanlagen»)	Angepasste Aufstellung gemäss Einleitung (inkl. primär adressierte Aussagen/Prüfziele)
Befragungen • Befragung über die angewandten Bilanzierungs- und Bewertungsgrundsätze • Besprechung mit der Unternehmensleitung betreffend allfälliger niedriger Marktwerte • Befragung zur Gliederung in langfristige und kurzfristige Finanzanlagen	**Befragungen** • Befragung über die Natur und den Zweck der vorhandenen Finanzanlagen und allfälliger Veränderung der eingesetzten Instrumente im Vergleich zum Vorjahr (Vorhandensein, Vollständigkeit) • Befragung über die angewandten Bilanzierungs- und Bewertungsgrundsätze, insbesondere zur Begründung für Gruppenbewertung und die Begründung zur Bewertung von Finanzanlagen zu einem beobachtbaren Marktwert in einem aktiven Markt (Bewertung, Darstellung und Offenlegung) • Besprechung mit der Unternehmensleitung betreffend allfälliger niedriger Marktwerte oder schlechter Bonität der Schuldner (Bewertung) • Befragung zur Abgrenzung von (langfristigen) Finanzanlagen, Beteiligungen und den unter flüssigen Mitteln und kurzfristig gehaltenen Aktiven mit Börsenkurs ausgewiesenen Finanzinstrumenten (Darstellung und Offenlegung)
Analytische Prüfungshandlungen Keine	**Analytische Prüfungshandlungen** • Vergleich mit den Beständen des Vorjahres und Analyse wesentlicher Abweichungen (Vorhandensein, Vollständigkeit) • Analytische Zusammenhangsprüfung und Plausibilisierung der Bilanzpositionen in Verbindung mit den entsprechenden Positionen der Erfolgskonti (realisierte und unrealisierte Gewinne und Verluste) (Bewertung, Darstellung und Offenlegung, Vollständigkeit)
Detailprüfungen • Abstimmung einer Aufstellung der Finanzanlagen per Bilanzstichtag mit der Jahresrechnung • Feststellen des Bestands an eigenen Aktien und Stammanteilen	**Detailprüfungen** • Abstimmung einer Aufstellung der Finanzanlagen per Bilanzstichtag mit der Jahresrechnung (Vorhandensein, Vollständigkeit) • Bestandsprüfung durch Einsichtnahme in geeignete Unterlagen (Depotauszug, Darlehensverträge u.Ä., Titel, Vermögensausweise etc.) (Vorhandensein, Vollständigkeit, Rechte und Verpflichtungen)

26. Gebräuchliche Prüfungshandlungen nach dem neuen Rechnungslegungsrecht

26.7.2 Weitergehende Prüfungshandlungen

SER Anhang D (S. 50 «Finanzanlagen»)	Angepasste Aufstellung gemäss Einleitung (inkl. primär adressierte Aussagen/Prüfziele)
Weitergehende Befragungen: Keine	**Weitergehende Befragungen** • Befragung zu Natur, Zweck, Einsatz und Risiko von Finanzanlagen mit erhöhtem Risiko (wie z.B. Derivate, strukturierte Produkte etc.) (Bewertung)
Weitergehende Analytische Prüfungshandlungen: Keine	**Weitergehende Analytische Prüfungshandlungen** • Beurteilung der Wertentwicklung der Finanzanlagen im Berichtsjahr durch Vergleich mit extern verfügbaren Informationen (z.B. Börsenkurse, Indexstände etc.) (Bewertung) • Kritische Durchsicht einer Detailaufstellung (z.B. aus dem Nebenbuch) mit Käufen und Verkäufen auf nicht bilanzierte Positionen oder ungewöhnlich hohe Beträge (Vollständigkeit, Vorhandensein) • Kritische Durchsicht von Konten und Belegen, ob Gewinne, Verluste und Erträge ordnungsgemäss erfasst worden sind (Darstellung und Offenlegung, Bewertung, Vollständigkeit)
Weitergehende Detailprüfungen • Prüfung der im Hauptbuch gebuchten Geschäftsfälle und Wertänderungen anhand der Unterlagen und der Gegenbuchungen • Durchsicht von Konten und Belegen, ob Gewinne, Verluste und Erträge ordnungsgemäss erfasst worden sind • Beurteilung der Bonität der Darlehensnehmer anhand deren Jahresabschlüsse oder anderer Informationen (sofern verfügbar) • Vergleich der Buchwerte kotierter Wertpapiere mit den Jahresendkursen • Vergleich der Buchwerte nicht kotierter Wertpapiere mit dem inneren Wert aufgrund der letzten verfügbaren Jahresrechnung	**Weitergehende Detailprüfungen** • Belegprüfung der im Hauptbuch gebuchten Geschäftsfälle und Wertänderungen anhand Bankbelegen oder Verträgen in Stichproben (Eintritt, Erfassung und Periodenabgrenzung, Rechte und Verpflichtungen, Vorhandensein) • Beurteilung der Bonität der Darlehensnehmer anhand deren Jahresabschlüsse oder anderer geeigneter Informationen (Bewertung) • Stichprobenweiser Vergleich der Buchwerte kotierter Wertpapiere mit den Jahresendkursen (Bewertung) • Abstimmung der Buchwerte nicht kotierter Wertpapiere mit Steuerwert oder dem anteiligen Substanzwert verfügbaren Jahresrechnung (Bewertung) • Aktenstudium der Grundlagen über die Anwendung von beobachtbaren Marktwerten in einem Aktiven Markt bei wesentlichen Positionen, insbesondere bei grösserem Ermessen, ob die Kriterien eines «beobachtbaren Marktwerts» und «aktiven Markts» erfüllt sind (Bewertung)

26.7.3 Prüfungshandlungen, welche nicht Bestandteil einer eingeschränkten Revision darstellen (da über die eingeschränkte Revision hinausgehend)

SER Anhang D (S. 50 «Finanzanlagen»)	Angepasste Aufstellung gemäss Einleitung (inkl. primär adressierte Aussagen/Prüfziele)
Keine	• Einholen von Bewertungsgutachten • Einholen von Depotbestätigungen • Erstellen unabhängiger umfassender Verkehrswertbewertungen durch den Abschlussprüfer

26. Gebräuchliche Prüfungshandlungen nach dem neuen Rechnungslegungsrecht

26.8 Beteiligungen
26.8.1 Empfohlene Prüfungshandlungen

SER Anhang D (in Anlehnung an S. 50, «Finanzanlagen»)	Angepasste Aufstellung gemäss Einleitung (inkl. primär adressierte Aussagen/Prüfziele)
Befragungen • Befragung über die angewandten Bilanzierungs- und Bewertungsgrundsätze • Besprechung mit der Unternehmensleitung betreffend allfälliger niedriger Marktwerte • Befragung zur Gliederung in langfristige und kurzfristige Finanzanlagen	**Befragungen** • Befragung über die angewandten Bilanzierungs- und Bewertungsgrundsätze, insbesondere zur Begründung für Gruppenbewertung und die Begründung zur Bewertung von Beteiligungen zu einem beobachtbaren Marktwert in einem aktiven Markt (Bewertung, Darstellung und Offenlegung) • Besprechung mit der Unternehmensleitung betreffend allfälliger niedriger Marktwerte oder notwendiger Wertberichtigungen (Bewertung) • Befragung zur Abgrenzung von (langfristigen) Finanzanlagen, Beteiligungen und den unter flüssigen Mittel und kurzfristig gehaltener Aktiven mit Börsenkurs ausgewiesenen Finanzinstrumenten (Darstellung und Offenlegung)
Analytische Prüfungshandlungen Keine	**Analytische Prüfungshandlungen** • Vergleich mit den Beständen des Vorjahres und Analyse wesentlicher Abweichungen (Vollständigkeit, Vorhandensein) • Analytische Zusammenhangsprüfung der Bilanzpositionen in Verbindung mit den entsprechenden Positionen der Erfolgskonti (realisierte und unrealisierte Gewinne und Verluste) (Bewertung, Darstellung und Offenlegung, Vollständigkeit)
Detailprüfungen • Abstimmung einer Aufstellung der Beteiligungen per Bilanzstichtag mit der Jahresrechnung • Feststellen des Bestands an eigenen Aktien und Stammanteilen	**Detailprüfungen** • Abstimmung einer Aufstellung der Beteiligungen per Bilanzstichtag mit der Jahresrechnung (Vorhandensein, Vollständigkeit) • Bestandsprüfung durch Einsichtnahme in geeignete Unterlagen (Depotauszug, Titel, Vermögensauweise etc.) (Vorhandensein, Vollständigkeit, Rechte und Verpflichtungen) • Bei wesentlichen nicht kotierten Titeln: Abstimmung des Buchwerts mit dem Steuerwert, dem anteiligen Eigenkapital gemäss einer (geprüften) Jahresrechnung oder einer anderen geeigneten durch den Kunden erstellten Bewertung (Bewertung)

26. Gebräuchliche Prüfungshandlungen nach dem neuen Rechnungslegungsrecht

26.8.2 Weitergehende Prüfungshandlungen

SER Anhang D (in Anlehnung an S. 50, «Finanzanlagen»)	Angepasste Aufstellung gemäss Einleitung (inkl. primär adressierte Aussagen/Prüfziele)
Weitergehende Analytische Prüfungshandlungen Keine	**Weitergehende Analytische Prüfungshandlungen** • Kritische Durchsicht von Konten und Belegen, ob Gewinne, Verluste und Erträge ordnungsgemäss erfasst worden sind (Darstellung und Offenlegung, Bewertung, Vollständigkeit)
Weitergehende Detailprüfungen Detailprüfungen • Prüfung der im Hauptbuch gebuchten Geschäftsfälle und Wertänderungen anhand der Unterlagen und der Gegenbuchungen • Durchsicht von Konten und Belegen, ob Gewinne, Verluste und Erträge ordnungsgemäss erfasst worden sind • Beurteilung der Bonität der Darlehensnehmer anhand deren Jahresabschlüsse oder anderer Informationen (sofern verfügbar) • Vergleich der Buchwerte kotierter Wertpapiere mit den Jahresendkursen • Vergleich der Buchwerte nicht kotierter Wertpapiere mit dem inneren Wert aufgrund der letzten verfügbaren Jahresrechnung	**Weitergehende Detailprüfungen** • Belegprüfung der im Hauptbuch gebuchten Geschäftsfälle und Wertänderungen anhand Bankbelegen oder anderen geeigneten Unterlagen (Eintritt, Erfassung und Periodenabgrenzung, Rechte und Verpflichtungen) • Durchsicht von Kaufverträgen, Statuten etc. zur Feststellung allfälliger Verpflichtungen gegenüber Beteiligungsgesellschaften (nicht einbezahlte Quoten, eventuelle Nachschusspflichten, Garantien, Bürgschaften) (Darstellung und Offenlegung, Vollständigkeit, Bewertung) • Stichprobenweiser Vergleich der Buchwerte kotierter Beteiligungen mit den Jahresendkursen (Bewertung) • Abstimmung der Buchwerte nicht kotierter Aktien mit dem Steuerwert oder dem anteiligen Substanzwert aufgrund der letzten verfügbaren (geprüften) Jahresrechnung (Bewertung) • Nachvollzug der rechnerischen Richtigkeit einer Bewertung nicht kotierter Beteiligungen des Kunden sowie der Vertretbarkeit wesentlicher Annahmen und des Bewertungsmodells, sowie der Konsistenz mit historischen Daten (z. B. geprüfte Jahresrechnungen) (Bewertung) • Aktenstudium der Grundlagen über die Anwendung von beobachtbaren Marktwerten in einem Aktiven Markt bei wesentlichen Positionen, insbesondere bei grösserem Ermessen, ob die Kriterien eines «beobachtbaren Marktwerts» und «aktiven Markts» erfüllt sind (Bewertung)

26.8.3 Prüfungshandlungen, welche nicht Bestandteil einer eingeschränkten Revision darstellen (da über die eingeschränkte Revision hinausgehend)

SER Anhang D (in Anlehnung an S. 50, «Finanzanlagen»)	Angepasste Aufstellung gemäss Einleitung (inkl. primär adressierte Aussagen/Prüfziele)
Keine	• Einholen von Bewertungsgutachten • Einholen von Depotbestätigungen • Erstellen unabhängiger umfassender Verkehrswertbewertungen durch den Abschlussprüfer

26. Gebräuchliche Prüfungshandlungen nach dem neuen Rechnungslegungsrecht

26.9 Sachanlagen

26.9.1 Empfohlene Prüfungshandlungen

SER Anhang D (in Anlehnung an S. 49, «Sach- und Immaterielle Anlagen [...]»)	Angepasste Aufstellung gemäss Einleitung (inkl. primär adressierte Aussagen/Prüfziele)
Befragungen • Befragung über Grundlagen der Bewertung der Anlagen (z. B. von Maschinenpark, Immobilien), Abschreibungssätze und -methoden und deren stetige Anwendung • Befragung, wie Unterhaltsaufwendungen von Investitionen (Wertvermehrung) unterschieden werden • Befragung über Anschaffung und Verkäufe von Anlagen und über die Erfassung realisierter Gewinne und Verluste aus Abgängen • Befragung, ob Anlagen eine wesentliche, dauerhafte Wertbeeinträchtigung aufweisen • Befragung, ob Anlagen irgendwelchen Eigentumsbeschränkungen unterliegen	**Befragungen** • Befragung über Grundlagen der Bewertung der Anlagen (z. B. des Maschinenparks oder von Immobilien, insb. zur Thematik beobachtbarer Marktwerte sowie Einzel- oder Gruppenbewertung), Abschreibungssätze und -methoden und deren stetige Anwendung (Bewertung) • Befragung, wie Unterhaltsaufwendungen von Investitionen (Wertvermehrung) unterschieden werden (Bewertung) • Befragung über Anschaffung und Verkäufe von Anlagen und über die Erfassung realisierter Gewinne und Verluste aus Abgängen (Vorhandensein, Eintritt, Erfassung und Periodenabgrenzung) • Befragung, ob Anlagen eine wesentliche, dauerhafte Wertbeeinträchtigung aufweisen (Bewertung) • Befragung zu Miet- und Leasingverträgen (Vollständigkeit, Bewertung, Darstellung und Offenlegung). • Befragung zu Bestand und Veränderung der stillen Reserven (Bewertung)
Analytische Prüfungshandlungen • Vergleich der Bestände, der Anschaffungen, der Verkäufe sowie der Abschreibungssätze mit dem Vorjahr • Plausibilisierung von Bestand und Veränderung der stillen Reserven	**Analytische Prüfungshandlungen** • Vergleich der Bestände, der Anschaffungen, der Verkäufe sowie der Abschreibungssätze mit dem Vorjahr (Vollständigkeit, Vorhandensein, Bewertung) • Analytische Zusammenhangsprüfung des Abschreibungsaufwands mit dem Buchwert der Aktiven vor Abschreibung (Bewertung)
Detailprüfungen • Abstimmung der Inventarliste mit Angabe der Anschaffungs- bzw. Herstellungskosten und der kumulierten Abschreibungen der einzelnen Anlagen bzw. Anlagekategorien mit der Jahresrechnung	**Detailprüfungen** • Abstimmung mit dem Nebenbuch oder der Inventarliste mit Angabe der Anschaffungs- bzw. Herstellungskosten und der kumulierten Abschreibungen der einzelnen Anlagen bzw. Anlagekategorien mit der Jahresrechnung (Vorhandensein)

26. Gebräuchliche Prüfungshandlungen nach dem neuen Rechnungslegungsrecht

26.9.2 Weitergehende Prüfungshandlungen

SER Anhang D (in Anlehnung an S. 49, «Sach- und Immaterielle Anlagen […]»)	Angepasste Aufstellung gemäss Einleitung (inkl. primär adressierte Aussagen/Prüfziele)
Weitergehende Analytische Prüfungshandlungen Keine	**Weitergehende Analytische Prüfungshandlungen** • Kritische Durchsicht relevanter Aufwandskonti auf Aktivierungsfähige Zugänge (Vollständigkeit) • Vergleich der Anlageintensität und des Anlagedeckungsgrades im Vergleich mit dem Vorjahr (Jahresrechnung als Ganzes: Risiko der Fortführung der Unternehmenstätigkeit) • Kritische Durchsicht der Bestands- sowie der Abschreibungskonten im Hauptbuch auf ungewöhnliche Posten. Belegprüfung solcher Posten (Eintritt, Erfassung und Periodenabgrenzung) • Kritische Durchsicht der Bestands- sowie Unterhaltskonten in neuer Rechnung auf auffällige Beträge, die das Berichtsjahr betreffen (Erfassung und Periodenabgrenzung)
Weitergehende Detailprüfungen • Durchsicht der Bestands- sowie der Abschreibungskonten im Hauptbuch auf ungewöhnliche Posten. Belegprüfung solcher Posten • Durchsicht der Bestands- sowie Unterhaltskonten in neuer Rechnung auf auffällige Beträge, die das Berichtsjahr betreffen • Durchsicht von Einkaufsfakturen, Leasingverträgen und weiteren Dokumenten im Zusammenhang mit Anschaffung bzw. Veräusserung von Anlagen zur Feststellung des Vorhandenseins der bilanzierten Anlagen • Physische Bestandsaufnahme	**Weitergehende Detailprüfungen** • Belegprüfung von Rechnungen und/oder Verträgen, Leasingverträgen und weiteren geeigneten Dokumenten im Zusammenhang mit der Anschaffung, Entwicklung bzw. Veräusserung von Anlagen (Vorhandensein, Rechte und Verpflichtungen, Eintritt) • Physische Bestandsaufnahme einzelner Sachanlagen (bei der Abschlussprüfung, nicht im Rahmen einer Inventur), bei welchen ein bedeutsames Risiko der Werthaltigkeit oder des Vorhandenseins identifiziert wurde (Vorhandensein, Bewertung) • Prüfung des Betrags bei Aufwertungen von Liegenschaften anhand geeigneter Unterlagen (Liegenschaftenbewertung etc.) sowie Abstimmung mit der Aufwertungsreserve (Bewertung)

26.9.3 Prüfungshandlungen, welche nicht Bestandteil einer eingeschränkten Revision darstellen (da über die eingeschränkte Revision hinausgehend)

SER Anhang D (in Anlehnung an S. 49, «Sach- und Immaterielle Anlagen […]»)	Angepasste Aufstellung gemäss Einleitung (inkl. primär adressierte Aussagen/Prüfziele)
• Bewertungsgutachten	• Bewertungsgutachten (falls vom Kunden bereits einverlangt, sollten solche zur Prüfung verwendet werden)

26. Gebräuchliche Prüfungshandlungen nach dem neuen Rechnungslegungsrecht

26.10 Immaterielle Anlagen

26.10.1 Empfohlene Prüfungshandlungen

SER Anhang D (in Anlehnung an S. 49, «Sach- und Immaterielle Anlagen [...]»)	Angepasste Aufstellung gemäss Einleitung (inkl. primär adressierte Aussagen/Prüfziele)
Befragungen • Befragung über Grundlagen der Bewertung der Anlagen (z. B. Goodwill), Abschreibungssätze und -methoden und deren stetige Anwendung • Befragung über Anschaffung und Verkäufe von immateriellen Anlagen und über die Erfassung realisierter Gewinne und Verluste aus Abgängen • Befragung, ob Anlagen eine wesentliche, dauerhafte Wertbeeinträchtigung aufweisen • Befragung, ob Anlagen irgendwelchen Eigentumsbeschränkungen unterliegen	**Befragungen** • Befragung über Grundlagen der Bewertung der Anlagen (z. B. von Lizenzen, Goodwill, aktivierte Entwicklungskosten insbesondere im Hinblick auf beobachtbare Marktwerte sowie Einzel- oder Gruppenbewertung), Abschreibungssätze und -methoden und deren stetige Anwendung (Bewertung) • Befragung über Anschaffung und Verkäufe von immateriellen Anlagen und über die Erfassung realisierter Gewinne und Verluste aus Abgängen (Vorhandensein, Eintritt, Erfassung und Periodenabgrenzung) • Befragung, ob immaterielle Anlagen wesentliche, dauerhafte Wertbeeinträchtigungen aufweisen (Bewertung) • Befragung zu Bestand und Veränderung der stillen Reserven (Bewertung)
Analytische Prüfungshandlungen • Vergleich der Bestände, der Anschaffungen, der Verkäufe sowie der Abschreibungssätze mit dem Vorjahr • Plausibilisierung von Bestand und Veränderung der stillen Reserven	**Analytische Prüfungshandlungen** • Vergleich der Bestände, der Anschaffungen, der Verkäufe sowie der Abschreibungssätze mit dem Vorjahr (Vollständigkeit, Vorhandensein, Bewertung) • Analytische Zusammenhangsprüfung des Abschreibungsaufwands mit dem Buchwert der Aktiven vor Abschreibung (Bewertung)
Detailprüfungen • Abstimmung der Inventarliste mit Angabe der Anschaffungs- bzw. Herstellkosten und der kumulierten Abschreibungen der einzelnen Anlagen bzw. Anlagekategorien mit der Jahresrechnung	**Detailprüfungen** • Abstimmung mit dem Nebenbuch oder der Inventarliste mit Angabe der spezifischen Rechte sowie der Anschaffungs- bzw. Herstellungskosten (z. B. bei selbstentwickelter Software) und der kumulierten Abschreibungen der einzelnen immateriellen Anlagen bzw. Anlagekategorien mit der Jahresrechnung (Vorhandensein)

26. Gebräuchliche Prüfungshandlungen nach dem neuen Rechnungslegungsrecht

26.10.2 Weitergehende Prüfungshandlungen

SER Anhang D (in Anlehnung an S. 49, «Sach- und Immaterielle Anlagen [...]»)	Angepasste Aufstellung gemäss Einleitung (inkl. primär adressierte Aussagen/Prüfziele)
Weitergehende Analytische Prüfungshandlungen Keine	**Weitergehende Analytische Prüfungshandlungen** • Kritische Durchsicht der Bestands- sowie der Abschreibungskonten im Hauptbuch auf ungewöhnliche Posten. Belegprüfung solcher Posten (Eintritt, Erfassung und Periodenabgrenzung) • Zusammenhangsprüfung der Erträge aus Immateriellen Anlagen im Vergleich zum Buchwert der Anlagen (Bewertung)
Weitergehende Detailprüfungen • Durchsicht der Bestands- sowie der Abschreibungskonten im Hauptbuch auf ungewöhnliche Posten. Belegprüfung solcher Posten • Durchsicht von Rechnung und weiteren Dokumenten im Zusammenhang mit Anschaffung bzw. Veräusserung von Anlagen zur Feststellung des Vorhandenseins der bilanzierten Anlagen	**Weitergehende Detailprüfungen** • Aktenstudium von Verträgen (z. B. Lizenzverträge, Kaufvertrag eines Geschäfts) oder Belegprüfung von Rechnungen oder weiteren geeigneten Dokumenten (z. B. Auszug aus Patentregister) im Zusammenhang mit der Anschaffung, Entwicklung bzw. Veräusserung von immateriellen Anlagen (Vorhandensein, Rechte und Verpflichtungen, Eintritt) • Nachvollzug der rechnerischen Richtigkeit der Bewertungen des Kunden inkl. der Vertretbarkeit wesentlicher Annahmen und des Bewertungsmodells, sowie der Konsistenz mit den erworbenen Rechten sowie historischen Daten (z. B. Vergleich der tatsächlichen Lizenzeinnahmen in der Vergangenheit mit den geplanten Einnahmen) (Bewertung)

26.10.3 Prüfungshandlungen, welche nicht Bestandteil einer eingeschränkten Revision darstellen (da über die eingeschränkte Revision hinausgehend)

SER Anhang D (in Anlehnung an S. 49, «Sach- und Immaterielle Anlagen [...]»)	Angepasste Aufstellung gemäss Einleitung (inkl. primär adressierte Aussagen/Prüfziele)
• Bewertungsgutachten	• Bewertungsgutachten (falls vom Kunden bereits einverlangt, sollten solche zur Prüfung verwendet werden)

26. Gebräuchliche Prüfungshandlungen nach dem neuen Rechnungslegungsrecht

26.11 Nicht einbezahltes Grund-, Gesellschafter oder Stiftungskapital

26.11.1 Empfohlene Prüfungshandlungen

SER Anhang D (in Anlehnung an S. 51, «andere Aktiven»)	Angepasste Aufstellung gemäss Einleitung (inkl. primär adressierte Aussagen/Prüfziele)
Befragungen • Befragung über die Werthaltigkeit (künftiger Geld- oder Nutzenzugang) der aktivierten Beträge	**Detailprüfungen** • Abstimmung des bilanzierten Betrages mittels geeigneter Unterlagen (z. B. Statuten, Handelsregistereintrag etc.) (Vorhandensein, Vollständigkeit) • Befragung über die Werthaltigkeit (künftiger Geld- oder Nutzenzugang) der aktivierten Beträge (Bewertung)
Analytische Prüfungshandlungen • Vergleich mit den Beständen des Vorjahres	**Analytische Prüfungshandlungen** • Vergleich mit den Beständen des Vorjahres und Belegprüfung von wesentlichen Abweichungen zwischen Berichts- und Vorjahr. (Vorhandensein, Vollständigkeit)
Detailprüfungen Keine	**Detailprüfungen** Keine

26.11.2 Weitergehende Prüfungshandlungen

SER Anhang D (in Anlehnung an S. 51, «andere Aktiven»)	Angepasste Aufstellung gemäss Einleitung (inkl. primär adressierte Aussagen/Prüfziele)
Detailprüfungen • Abstimmung der Bestände mit geeigneten Unterlagen (Verträge usw.)	• Beurteilung der Bonität der Aktionäre anhand geeigneter Unterlagen (z. B. Steuererklärung) (Bewertung)

26.12 Verbindlichkeiten aus Lieferungen und Leistungen

26.12.1 Empfohlene Prüfungshandlungen

SER Anhang D (S. 52, «Verbindlichkeiten aus Lieferungen und Leistungen»)	Angepasste Aufstellung gemäss Einleitung (inkl. primär adressierte Aussagen/Prüfziele)
Befragungen • Kritische Durchsicht der offenen Posten. Befragung über Gründe für alte, ungewöhnlich hohe sowie Soll-Salden • Besprechung wesentlicher Abweichungen einzelner Kontensalden gegenüber früheren Perioden oder gegenüber den Erwartungen • Befragung, wie die vollständige, periodengerechte Erfassung sichergestellt wurde	**Befragungen** • Befragung, wie die vollständige, periodengerechte Erfassung sichergestellt wurde (Vollständigkeit, Erfassung und Periodenabgrenzung) • Befragung über Verbindlichkeiten gegenüber Nahestehenden (Darstellung und Offenlegung) • Befragung, ob Abmachungen über Umsatzrückerstattungen von Lieferanten existieren (Erfassung und Periodenabgrenzung) →

26. Gebräuchliche Prüfungshandlungen nach dem neuen Rechnungslegungsrecht

SER Anhang D (S. 52, «Verbindlichkeiten aus Lieferungen und Leistungen»)	Angepasste Aufstellung gemäss Einleitung (inkl. primär adressierte Aussagen/Prüfziele)
Analytische Prüfungshandlungen • Vergleich des Bestands der Verbindlichkeiten mit dem Vorjahr • Durchsicht der in neuer Rechnung verbuchten bzw. noch nicht verbuchten Kreditoren-Rechnungen und/oder der Kreditoren- und Aufwandskonten auf Rechnungen, die im Prüfungsjahr erhaltene Lieferungen und Leistungen betreffen • Vergleich der für die Fremdwährungsumrechnung angewandten Kurse mit den Jahresendkursen gemäss Unterlagen von Banken usw.	**Analytische Prüfungshandlungen** • Kritische Durchsicht der offenen Posten. Befragung über Gründe für alte, ungewöhnlich hohe sowie Soll-Salden (Vollständigkeit, Vorhandensein, Darstellung und Offenlegung) • Vergleich des Bestands der Verbindlichkeiten mit dem Vorjahr und Abklärung wesentlicher Abweichungen (Vollständigkeit) • Kritische Durchsicht der in neuer Rechnung verbuchten bzw. noch nicht verbuchten Kreditoren-Rechnungen und/oder der Kreditoren- und Aufwandskonten auf Rechnungen, die im Prüfungsjahr erhaltene Lieferungen und Leistungen betreffen (Vollständigkeit, Erfassung und Periodenabgrenzung) • Kritische Durchsicht der Kreditorenliste nach Verbindlichkeiten gegenüber direkt oder indirekt Beteiligten und Organen oder Unternehmen, an denen direkt oder indirekt eine Beteiligung besteht, sowie nach Verbindlichkeiten gegenüber Sozialversicherungen, Steuerbehörden, Personal oder nach Soll-Saldi, welche all unter den anderen Verpflichtungen oder Forderungen ausgewiesen werden müssten (Darstellung und Offenlegung)
Detailprüfungen • Abstimmung des Totales der Kreditoren OP-Liste mit der Jahresrechnung • Feststellung von Verbindlichkeiten gegenüber Konzerngesellschaften und Aktionären	**Detailprüfungen** • Abstimmung des Totales der Kreditoren OP-Liste mit der Jahresrechnung (Vollständigkeit, Vorhandensein) • Abstimmung der für die Fremdwährungsumrechnung angewandten Kurse mit den Jahresendkursen gemäss Unterlagen von Banken usw. (Bewertung) • Rechnerische Prüfung der Saldenliste, wenn sie manuell oder mittels Tabellenkalkulation erstellt wurde (Vollständigkeit, Vorhandensein)

26.12.2 Weitergehende Prüfungshandlungen

SER Anhang D (S. 52, «Verbindlichkeiten aus Lieferungen und Leistungen»)	Angepasste Aufstellung gemäss Einleitung (inkl. primär adressierte Aussagen/Prüfziele)
Detailprüfungen • Durchsicht von Wareneingangsbelegen für erhaltene Lieferungen kurz vor oder nach dem Jahresende	**Weitergehende Detailprüfungen** • Belegprüfung von Wareneingangsbelegen für erhaltene Lieferungen kurz vor oder nach dem Jahresende (Vollständigkeit, Erfassung und Periodenabgrenzung) • Belegprüfung von Rechnungen und Gutschriften nach dem Bilanzstichtag in Stichproben, ob die Leistungen sofern sie das Berichtsjahr betreffen in den Verbindlichkeiten aus Lieferungen und Leistungen oder in den passiven Rechnungsabgrenzungen erfasst sind (Vollständigkeit, Erfassung und Periodenabgrenzung)

26. Gebräuchliche Prüfungshandlungen nach dem neuen Rechnungslegungsrecht

26.12.3 Prüfungshandlungen, welche nicht Bestandteil einer eingeschränkten Revision darstellen (da über die eingeschränkte Revision hinausgehend)

SER Anhang D (S. 52, «Verbindlichkeiten aus Lieferungen und Leistungen»)	Angepasste Aufstellung gemäss Einleitung (inkl. primär adressierte Aussagen/Prüfziele)
• Kreditorenbestätigungen	• Kreditorenbestätigungen (falls vom Kunden bereits einverlangt, sollten solche zur Prüfung verwendet werden)

26.13 Kurzfristige und langfristige verzinsliche Verbindlichkeiten

26.13.1 Empfohlene Prüfungshandlungen

SER Anhang D (S. 52, «Finanzverbindlichkeiten»)	Angepasste Aufstellung gemäss Einleitung (inkl. primär adressierte Aussagen/Prüfziele)
Befragungen • Befragung, ob die Unternehmensleitung Bestimmungen von Darlehensverträgen (zum Beispiel Kennzahlen in Kreditverträgen) nicht eingehalten hat; wenn ja, Besprechung der Massnahmen der Unternehmensleitung und der allfällig erforderlichen Korrekturen in der Jahresrechnung • Befragung über Sicherheiten zugunsten von Darlehensgebern • Befragung zur Gliederung in langfristige und kurzfristige Darlehen • Befragung zu Darlehen an Konzerngesellschaften und Aktionäre	**Befragungen** • Befragung, ob die Unternehmensleitung Bestimmungen von Darlehensverträgen (zum Beispiel Kennzahlen in Kreditverträgen wie Eigen- oder Fremdkapitalquote) nicht eingehalten hat; wenn ja, Besprechung der Massnahmen der Unternehmensleitung und der allfällig erforderlichen Korrekturen in der Jahresrechnung (Jahresrechnung als Ganzes: Risiko der Fortführung der Unternehmenstätigkeit) • Befragung zur Gliederung in langfristige und kurzfristige Darlehen (Darstellung und Offenlegung) • Befragung zu Verbindlichkeiten gegenüber nahestehenden Parteien (Darstellung und Offenlegung).
Analytische Prüfungshandlungen • Beurteilung, ob der Zinsaufwand im Verhältnis zu den Darlehenssalden plausibel erscheint	**Analytische Prüfungshandlungen** • Analytische Zusammenhangsprüfung, ob der Zinsaufwand im Verhältnis zu den durchschnittlichen verzinslichen Verbindlichkeiten plausibel erscheint (Vollständigkeit, Erfassung und Periodenabgrenzung) • Vergleich des Bestands der Verbindlichkeiten mit dem Vorjahr und Abklärung wesentlicher Abweichungen (Vollständigkeit) • Kritische Durchsicht in den verzinslichen Verbindlichkeiten gegenüber Dritten, ob Verbindlichkeiten gegenüber direkt oder indirekt Beteiligten und Organen oder Unternehmen, an denen direkt oder indirekt eine Beteiligung besteht, vorliegen (Darstellung und Offenlegung)
Detailprüfungen • Abstimmung einer Aufstellung der Verbindlichkeiten mit der Jahresrechnung • Einsicht in Kredit- und Darlehensverträge	**Detailprüfungen** • Abstimmung einer Aufstellung der Verbindlichkeiten mit der Jahresrechnung (Vollständigkeit) • Aktenstudium von Kredit- und Darlehensverträgen (Rechte und Verpflichtungen, Vollständigkeit, Darstellung und Offenlegung) • Abstimmung der wesentlichen Positionen mit Saldennachweisen (Bankauszüge, Vermögensauszüge etc.) (Vollständigkeit, Rechte und Verpflichtungen)

26. Gebräuchliche Prüfungshandlungen nach dem neuen Rechnungslegungsrecht

26.13.2 Weitergehende Prüfungshandlungen

SER Anhang D (S. 52, «Finanzverbindlichkeiten»)	Angepasste Aufstellung gemäss Einleitung (inkl. primär adressierte Aussagen/Prüfziele)
Weitergehende Befragungen und analytische Prüfungshandlungen • Befragung zu Rangrücktritten	**Weitergehende Befragungen** • Befragung, ob Rangrücktritte vorliegen (Darstellung und Offenlegung)
Detailprüfungen • Einsicht in Rangrücktrittsvereinbarungen	**Weitergehende Detailprüfungen** • Studium von Rangrücktrittsvereinbarungen (Darstellung und Offenlegung, Jahresrechnung als Ganzes: Risiko der Fortführung der Unternehmenstätigkeit) • Stichprobenweise Belegprüfung von Transaktionen (Erfassung und Periodenabgrenzung, Eintritt).

26.13.3 Prüfungshandlungen, welche nicht Bestandteil einer eingeschränkten Revision darstellen (da über die eingeschränkte Revision hinausgehend)

SER Anhang D (S. 52, «Finanzverbindlichkeiten»)	Angepasste Aufstellung gemäss Einleitung (inkl. primär adressierte Aussagen/Prüfziele)
Keine	• Bank- und Gegenparteienbestätigungen (falls vom Kunden bereits einverlangt, sollten solche zur Prüfung verwendet werden)

26.14 Übrige kurzfristige und langfristige Verbindlichkeiten

26.14.1 Empfohlene Prüfungshandlungen

SER Anhang D (S. 54, «[...] andere Passiven»)	Angepasste Aufstellung gemäss Einleitung (inkl. primär adressierte Aussagen/Prüfziele)
Befragungen • Befragung über pendente Risiken (Rechtsfälle, angedrohte Schadenersatz- und andere Ansprüche usw.), die eine Rückstellung erfordern • Besprechung der Einschätzung des finanziellen Ausmasses solcher Risiken durch die Unternehmensleitung	**Befragungen** • Befragung, ob alle übrigen kurzfristigen Verbindlichkeiten erfasst sind (z. B. alle Schlussrechnungen von Sozialversicherungen) (Vollständigkeit)
Analytische Prüfungshandlungen • Vergleich mit den Beständen des Vorjahres • Vergleich der Salden zugehöriger Aufwands- und Ertragskonten mit denjenigen vorangegangener Perioden; Besprechung wesentlicher Abweichungen mit der Unternehmensleitung	**Analytische Prüfungshandlungen** • Vergleich mit den Beständen des Vorjahres und Abklärung wesentlicher Abweichungen (Vollständigkeit, Vorhandensein) • Kritische Durchsicht der Posten auf korrekten Ausweis oder Sollsaldi (Darstellung und Offenlegung)
Detailprüfungen • Abstimmung einer Detailaufstellung mit der Jahresrechnung und kritische Durchsicht	**Detailprüfungen** • Abstimmung einer Detailaufstellung mit der Jahresrechnung (Vollständigkeit, Vorhandensein) • Rechnerische Prüfung der Saldenliste, wenn sie manuell oder mittels Tabellenkalkulation erstellt wurde (Vollständigkeit, Vorhandensein)

26. Gebräuchliche Prüfungshandlungen nach dem neuen Rechnungslegungsrecht

26.14.2 Weitergehende Prüfungshandlungen

SER Anhang D (S. 54, «[...] andere Passiven»)	Angepasste Aufstellung gemäss Einleitung (inkl. primär adressierte Aussagen/Prüfziele)
	Weitergehende Befragungen • Befragung nach der Art der MWST-Abrechnung (vereinnahmtes oder vereinbartes Entgelt) sowie allfälligen Sonderfällen (ausgenommene Umsätze, Saldosätze usw.) (Vollständigkeit, Vorhandensein) • Befragung der Unternehmensleitung, ob der Privatanteil von Geschäftsaufwendungen und Dienstleistungsbezug aus dem Ausland mit MWST abgerechnet ist (Vollständigkeit, Vorhandensein) • Befragung der Unternehmensleitung nach branchenspezifischen MWST-Eigenheiten und entsprechenden Abklärungen, Unterlagen und Vereinbarungen mit der Steuerverwaltung (Vollständigkeit, Vorhandensein)
Weitergehende Befragungen und analytische Prüfungshandlungen • Plausibilisierung von Bestand und Veränderung der stillen Reserven	**Weitergehende analytische Prüfungshandlungen** • Kritische Durchsicht der Hauptbuchkonten betreffend die weitere Entwicklung in neuer Rechnung (Vollständigkeit, Erfassung und Periodenabgrenzung)
Detailprüfungen • Kritische Durchsicht von Aufwands- und Ertragskonten, welche häufig passive Rechnungsabgrenzungen enthalten (z.B. Mietzinsaufwand, Finanzaufwand oder -ertrag, usw.) • Abstimmung der Bestände mit geeigneten Unterlagen (Verträge usw.) • Kontendurchsicht betreffend die weitere Entwicklung in neuer Rechnung	**Weitergehende Detailprüfungen** • Belegprüfung von Detailunterlagen zu wesentlichen Positionen (Schlussabrechnungen der Sozialversicherungen, Mehrwertsteuerabrechnungen, Verträge etc.) (Vollständigkeit, Erfassung und Periodenabgrenzung, Eintritt) • Abstimmung der MST-Abrechnungen mit den Konti und/oder der Umsatzabstimmung (Vollständigkeit, Vorhandensein)

26.14.3 Prüfungshandlungen, welche nicht Bestandteil einer eingeschränkten Revision darstellen (da über die eingeschränkte Revision hinausgehend)

SER Anhang D (S. 54, «[...] andere Passiven»)	Angepasste Aufstellung gemäss Einleitung (inkl. primär adressierte Aussagen/Prüfziele)
• Einholen von Anwaltsbestätigungen und Experten-Gutachten	• Gegenparteienbestätigungen und Experten-Gutachten (falls vom Kunden bereits einverlangt, sollten solche zur Prüfung verwendet werden)

26. Gebräuchliche Prüfungshandlungen nach dem neuen Rechnungslegungsrecht

26.15 Passive Rechnungsabgrenzungen

26.15.1 Empfohlene Prüfungshandlungen

SER Anhang D (S. 54, «[...], Rechnungsabgrenzung, [...]»)	Angepasste Aufstellung gemäss Einleitung (inkl. primär adressierte Aussagen/Prüfziele)
Befragungen • Befragung über pendente Risiken (Rechtsfälle, angedrohte Schadenersatz- und andere Ansprüche usw.), die eine Rückstellung erfordern • Besprechung der Einschätzung des finanziellen Ausmasses solcher Risiken durch die Unternehmensleitung	**Befragungen** • Befragung, ob alle Erträge, die das Folgejahr betreffen sowie alle Aufwendungen des Berichtsjahres vollständig zeitlich und sachlich in den passiven Rechnungsabgrenzungen abgegrenzt wurden (Vollständigkeit, Erfassung und Periodenabgrenzung).
Analytische Prüfungshandlungen • Vergleich mit den Beständen des Vorjahres • Vergleich der Salden zugehöriger Aufwands- und Ertragskonten mit denjenigen vorangegangener Perioden; Besprechung wesentlicher Abweichungen mit der Unternehmensleitung	**Analytische Prüfungshandlungen** • Vergleich mit den Beständen des Vorjahres und Abklärung wesentlicher Abweichungen (Vollständigkeit, Vorhandensein, Erfassung und Periodenabgrenzung) • Vergleich der Salden zugehöriger Aufwands- und Ertragskonten mit denjenigen vorangegangener Perioden; Besprechung wesentlicher Abweichungen mit der Unternehmensleitung (Vollständigkeit, Erfassung und Periodenabgrenzung)
Detailprüfungen • Abstimmung einer Detailaufstellung mit der Jahresrechnung und kritische Durchsicht	**Detailprüfungen** • Abstimmung einer Detailaufstellung mit der Jahresrechnung (Vollständigkeit)

26.15.2 Weitergehende Prüfungshandlungen

SER Anhang D (S. 54, «[...], Rechnungsabgrenzung, [...]»)	Angepasste Aufstellung gemäss Einleitung (inkl. primär adressierte Aussagen/Prüfziele)
Weitergehende Befragungen und analytische Prüfungshandlungen • Plausibilisierung von Bestand und Veränderung der stillen Reserven	**Weitergehende Befragungen und analytische Prüfungshandlungen** • Kritische Durchsicht von Aufwands- und Ertragskonten, welche häufig passive Rechnungsabgrenzungen enthalten (z. B. Mietzinsaufwand, Finanzaufwand oder -ertrag, usw.) (Vollständigkeit, Erfassung und Periodenabgrenzung) • Kritische Durchsicht der Erfolgsrechnungskonten betreffend die weitere Entwicklung in neuer Rechnung (Vollständigkeit, Vorhandensein)
Detailprüfungen • Kritische Durchsicht von Aufwands- und Ertragskonten, welche häufig passive Rechnungsabgrenzungen enthalten (z. B. Mietzinsaufwand, Finanzaufwand oder -ertrag, usw.) • Abstimmung der Bestände mit geeigneten Unterlagen (Verträge usw.) • Kontendurchsicht betreffend die weitere Entwicklung in neuer Rechnung	**Weitergehende Detailprüfungen** • Abstimmung der Bestände mit geeigneten Unterlagen (Verträge usw.) (Vollständigkeit)

26.15.3 Prüfungshandlungen, welche nicht Bestandteil einer eingeschränkten Revision darstellen (da über die eingeschränkte Revision hinausgehend)

SER Anhang D (S. 54, «[...], Rechnungsabgrenzung, [...]»)	Angepasste Aufstellung gemäss Einleitung (inkl. primär adressierte Aussagen/Prüfziele)
• Einholen von Anwaltsbestätigungen und Experten-Gutachten	Keine

26. Gebräuchliche Prüfungshandlungen nach dem neuen Rechnungslegungsrecht

26.16 Rückstellungen sowie vom Gesetz vorgesehene ähnliche Positionen

26.16.1 Empfohlene Prüfungshandlungen

In Anlehnung an SER Anhang D (S. 54, «Rückstellungen,[...]»)	Angepasste Aufstellung gemäss Einleitung (inkl. primär adressierte Aussagen/Prüfziele)
Befragungen • Befragung über pendente Risiken (Rechtsfälle, angedrohte Schadenersatz- und andere Ansprüche usw.), die eine Rückstellung erfordern • Besprechung der Einschätzung des finanziellen Ausmasses solcher Risiken durch die Unternehmensleitung	**Befragungen** • Befragung über pendente Risiken (Garantien, Rechtsfälle, angedrohte Schadenersatz- und andere Ansprüche usw.), die eine Rückstellung erfordern (Vollständigkeit) • Besprechung der Einschätzung des finanziellen Ausmasses solcher Risiken durch die Unternehmensleitung (Bewertung) • Befragung zu Bestand und Veränderung der stillen Reserven (Bewertung)
Analytische Prüfungshandlungen • Vergleich mit den Beständen des Vorjahres	**Analytische Prüfungshandlungen** • Vergleich mit den Beständen des Vorjahres und Abklärung wesentlicher Abweichungen (Vollständigkeit, Vorhandensein) • Kritische Durchsicht des Rechtsberatungsaufwands und Abklärung der inhaltlichen Fälle, falls Rechnungen an Anwälte bezahlt wurden (Vollständigkeit, Bewertung). • Kritische Durchsicht der MWST-Umsatzabstimmung und Beurteilung allfälliger MWST-Risiken. (Vollständigkeit)
Detailprüfungen • Abstimmung einer Detailaufstellung mit der Jahresrechnung und kritische Durchsicht	**Detailprüfungen** • Abstimmung einer Detailaufstellung mit der Jahresrechnung (Vollständigkeit, Vorhandensein)

26.16.2 Weitergehende Prüfungshandlungen

In Anlehnung an SER Anhang D (S. 54, «Rückstellungen,[...]»)	Angepasste Aufstellung gemäss Einleitung (inkl. primär adressierte Aussagen/Prüfziele)
Weitergehende Befragungen und analytische Prüfungshandlungen • Plausibilisierung von Bestand und Veränderung der stillen Reserven	**Weitergehende analytische Prüfungshandlungen** • Analyse der Entwicklung der einzelnen Rückstellungen und Beurteilung der wesentlichen Veränderungen (Vollständigkeit, Vorhandensein, Bewertung) • Kritische Kontendurchsicht betreffend die weitere Entwicklung in neuer Rechnung (Vollständigkeit, Bewertung)
Detailprüfungen • Abstimmung der Bestände mit geeigneten Unterlagen (Verträge usw.) • Kontendurchsicht betreffend die weitere Entwicklung in neuer Rechnung	**Weitergehende Detailprüfungen** • Abstimmung der Bestände mit geeigneten Unterlagen (Verträge, Klageschriften usw.) und Aktenstudium dieser Dokumente (Vollständigkeit, Vorhandensein) • Abstimmung von Bewegungen mit entsprechenden Detailbelegen (z. B. Urteil oder Vergleichsvereinbarung) (Vollständigkeit, Rechte und Verpflichtungen, Bewertung)

26. Gebräuchliche Prüfungshandlungen nach dem neuen Rechnungslegungsrecht

26.16.3 Prüfungshandlungen, welche nicht Bestandteil einer eingeschränkten Revision darstellen (da über die eingeschränkte Revision hinausgehend)

In Anlehnung an SER Anhang D (S. 54, «Rückstellungen,[...]»)	Angepasste Aufstellung gemäss Einleitung (inkl. primär adressierte Aussagen/Prüfziele)
• Einholen von Anwaltsbestätigungen • Experten-Gutachten	• Einholen von Anwaltsbestätigungen • Experten-Gutachten (falls vom Kunden bereits einverlangt, sollten solche zur Prüfung verwendet werden)

26.17 Eigenkapital

26.17.1 Empfohlene Prüfungshandlungen

SER Anhang D (S. 57, «Eigenkapital»)	Angepasste Aufstellung gemäss Einleitung (inkl. primär adressierte Aussagen/Prüfziele)
Detailprüfungen • Abstimmung des Grundkapitals mit den gültigen Statuten oder dem Handelsregisterauszug • Abstimmung der Reserven und des Bilanzgewinns/-verlusts mit der Jahresrechnung des Vorjahres und dem GV-Protokoll • Beurteilung des Antrags über die Verwendung des Bilanzgewinns	**Detailprüfungen** • Abstimmung des Grundkapitals mit den gültigen Statuten oder dem Handelsregisterauszug (Vorhandensein, Rechte und Verpflichtungen) • Abstimmung der Kapitaleinlagereserven mit der Bestätigung von der ESTV (Vorhandensein, Rechte und Verpflichtungen) • Abstimmung der Reserven und des Bilanzgewinns/-verlusts mit der Jahresrechnung des Vorjahres und dem GV-Protokoll (Vorhandensein, Rechte und Verpflichtungen, Eintritt) • Beurteilung des Antrags über die Verwendung des Bilanzgewinns (Rechte und Verpflichtungen, Vollständigkeit, Vorhandensein, Darstellung und Offenlegung) • Abstimmen des Bestands sowie des korrekten Ausweises von eigenen Kapitalanteilen anhand von Detailbelegen (Darstellung und Offenlegung)

26.17.2 Weitergehende Prüfungshandlungen

SER Anhang D (S. 57, «Eigenkapital»)	Angepasste Aufstellung gemäss Einleitung (inkl. primär adressierte Aussagen/Prüfziele)
Weitergehende Befragungen und analytische Prüfungshandlungen	**Weitergehende Analytische Prüfungshandlungen** • Bei Änderungen im Grundkapital und Ausgabe von Optionen: kritische Durchsicht auf ungewöhnliche Positionen (Vollständigkeit, Vorhandensein, Darstellung und Offenlegung)
Detailprüfungen • Prüfung der richtigen steuerlichen Behandlung von Kapitalerhöhungen (Emissionsabgabe) und -herabsetzungen sowie Gewinnausschüttungen (Verrechnungssteuer) • Bei Änderungen im Grundkapital und Ausgabe von Optionen: kritische Durchsicht	**Weitergehende Detailprüfungen** • Prüfung der richtigen steuerlichen Behandlung von Kapitalerhöhungen (Emissionsabgabe) und -herabsetzungen sowie Gewinnausschüttungen (Verrechnungssteuer) (Rechte und Verpflichtungen, Vollständigkeit) • Prüfung der Veränderung von eigenen Kapitalanteilen anhand von Detailunterlagen (Rechte und Verpflichtungen, Eintritt, Erfassung und Periodenabgrenzung, Darstellung und Offenlegung) • Prüfung, ob Kapitalverlust oder Überschuldung vorliegt gem. Art. 725 OR und Prüfung ob die entsprechenden Bestimmungen eingehalten wurden (siehe Kapitel 10) (Jahresrechnung als Ganzes: Risiko der Fortführung der Unternehmenstätigkeit)

26. Gebräuchliche Prüfungshandlungen nach dem neuen Rechnungslegungsrecht

26.18 Umsatzerlöse, Material- und Warenaufwendungen

26.18.1 Empfohlene Prüfungshandlungen

SER Anhang D (S. 58, «Umsatz und Waren/Materialaufwand»)	Angepasste Aufstellung gemäss Einleitung (inkl. primär adressierte Aussagen/Prüfziele)
Befragungen • Befragung über die Grundsätze und zeitliche Abgrenzung bei der Verbuchung von Umsätzen und Waren-/Materialaufwand	**Befragungen** • Befragung über die Grundsätze und zeitliche Abgrenzung bei der Verbuchung von Umsätzen und Waren-/Materialaufwand (Eintritt, Erfassung und Periodenabgrenzung, Vollständigkeit)
Analytische Prüfungshandlungen • Vergleich von Umsätzen, Warenaufwand und Bruttomargen je Produktkategorie mit dem Vorjahr. Besprechung wesentlicher Abweichungen	**Analytische Prüfungshandlungen** • Vergleich von Umsätzen, Warenaufwand und Bruttomargen je Produktkategorie mit dem Vorjahr. Besprechung wesentlicher Abweichungen (Eintritt, Erfassung und Periodenabgrenzung, Vollständigkeit)

26.18.2 Weitergehende Prüfungshandlungen

SER Anhang D (S. 58, «Umsatz und Waren/Materialaufwand»)	Angepasste Aufstellung gemäss Einleitung (inkl. primär adressierte Aussagen/Prüfziele)
Weitergehende Analytische Prüfungshandlungen Keine	**Weitergehende Analytische Prüfungshandlungen** • Feststellung und Analyse von wesentlichen Abweichungen zum Budget. (Eintritt, Erfassung und Periodenabgrenzung, Vollständigkeit) • Kritische Kontodurchsicht auf ungewöhnliche Positionen (Eintritt, Erfassung und Periodenabgrenzung, Vollständigkeit)
Detailprüfungen • Einsicht in Rechnungen und Lieferpapiere vor und nach dem Periodenende zur Prüfung der richtigen zeitlichen Abgrenzung	**Weitergehende Detailprüfungen** • Einsicht in Rechnungen und Lieferpapiere vor und nach dem Periodenende zur Prüfung der richtigen zeitlichen Abgrenzung (Eintritt, Erfassung und Periodenabgrenzung, Vollständigkeit) • Abstimmung des Umsatzes mit internen Umsatzstatistiken (Eintritt, Erfassung und Periodenabgrenzung, Vollständigkeit)

26.18.3 Prüfungshandlungen, welche nicht Bestandteil einer Eingeschränkten Revision darstellen (da über die Eingeschränkte Revision hinausgehend)

SER Anhang D (S. 58, «Umsatz und Waren/Materialaufwand»)	Angepasste Aufstellung gemäss Einleitung (inkl. primär adressierte Aussagen/Prüfziele)
Keine	• Gegenparteibestätigungen von Dritten oder von nahestehenden Parteien (falls vom Kunden bereits einverlangt, sollten solche zur Prüfung verwendet werden)

26. Gebräuchliche Prüfungshandlungen nach dem neuen Rechnungslegungsrecht

26.19 Personalaufwand

26.19.1 Empfohlene Prüfungshandlungen

SER Anhang D (S. 59, «Personalaufwand»)	Angepasste Aufstellung gemäss Einleitung (inkl. primär adressierte Aussagen/Prüfziele)
Befragungen • Besprechung wesentlicher Abweichungen einzelner Kontensalden gegenüber früheren Perioden oder gegenüber den Erwartungen • Befragung, ob nach dem Bilanzstichtag Leistungs- oder Erfolgsprämien für das vergangene Jahr beschlossen wurden und wenn ja, ob diese korrekt erfasst sind	**Befragungen** • Befragung, ob nach dem Bilanzstichtag Leistungs- oder Erfolgsprämien für das Berichtsjahr beschlossen wurden und wenn ja, ob diese korrekt erfasst sind (Vollständigkeit, Erfassung und Periodenabgrenzung) • Befragung nach der Erfassung von Ferien- und Überzeitguthaben (Vollständigkeit, Erfassung und Periodenabgrenzung)
Analytische Prüfungshandlungen • Vergleich der Relation zwischen Salären und Sozialleistungen mit dem Vorjahr	**Analytische Prüfungshandlungen** • Analyse und Besprechung wesentlicher Abweichungen einzelner Kontensalden gegenüber früheren Perioden oder gegenüber den Erwartungen (Vollständigkeit, Erfassung und Periodenabgrenzung) • Vergleich der Relation zwischen Salären und Sozialleistungen mit dem Vorjahr (Vollständigkeit, Erfassung und Periodenabgrenzung)
Detailprüfungen • Abstimmen der Totale der Lohnbuchhaltung mit den Hauptbuchkonten	**Detailprüfungen** • Abstimmen der Totale der Lohnbuchhaltung mit den Hauptbuchkonten (Vollständigkeit, Erfassung und Periodenabgrenzung)

26.19.2 Weitergehende Prüfungshandlungen

SER Anhang D (S. 59, «Personalaufwand»)	Angepasste Aufstellung gemäss Einleitung (inkl. primär adressierte Aussagen/Prüfziele)
Weitergehende Analytische Prüfungshandlungen Keine	**Weitergehende Analytische Prüfungshandlungen** • Feststellung und Analyse wesentlicher Abweichungen zum Budget (Vollständigkeit, Erfassung und Periodenabgrenzung). • Analyse des durchschnittlichen Personalaufwands pro Mitarbeiter und Vergleich mit dem Vorjahr. Analyse wesentlicher Abweichungen (Vollständigkeit, Erfassung und Periodenabgrenzung) • Kritische Durchsicht von Aufwandskonten im Hauptbuch auf ungewöhnliche Posten mit Personalbezug. Belegprüfung solcher Posten (Eintritt) • Kritische Durchsicht der Aufwandskonten in neuer Rechnung auf auffällige Beträge mit Personalbezug, die das Berichtsjahr betreffen (Vollständigkeit) →

26. Gebräuchliche Prüfungshandlungen nach dem neuen Rechnungslegungsrecht

SER Anhang D (S. 59, «Personalaufwand»)	Angepasste Aufstellung gemäss Einleitung (inkl. primär adressierte Aussagen/Prüfziele)
Weitergehende Detailprüfungen • Abstimmen des ausgewiesenen Aufwands mit geeigneten Jahresaufstellungen und -abrechnungen (AHV-, BVG-Abrechnungen usw.) • Einsichtnahme in Berichte von anderen Prüfern (AHV, SUVA, MWST usw.) • Durchsicht von Aufwandskonten im Hauptbuch auf ungewöhnliche Posten mit Personalbezug. Belegprüfung solcher Posten • Durchsicht der Aufwandskonten in neuer Rechnung auf auffällige Beträge mit Personalbezug, die das Vorjahr betreffen	**Weitergehende Detailprüfungen** • Abstimmen des ausgewiesenen Aufwands mit geeigneten Jahresaufstellungen und -abrechnungen (AHV-, BVG-Abrechnungen usw.) (Vollständigkeit, Erfassung und Periodenabgrenzung) • Einsichtnahme in Berichte von anderen Prüfern (AHV, SUVA, MWST usw.) (Vollständigkeit, Erfassung und Periodenabgrenzung)

26.19.3 Prüfungshandlungen, welche nicht Bestandteil einer Eingeschränkten Revision darstellen (da über die Eingeschränkte Revision hinausgehend)

SER Anhang D (S. 59, «Personalaufwand»)	Angepasste Aufstellung gemäss Einleitung (inkl. primär adressierte Aussagen/Prüfziele)
• Prüfen, ob arbeitsrechtliche und verwaltungsrechtliche Vorgaben eingehalten werden • Anwaltsbestätigung zu Rechtsfällen mit Personalbezug • Einholen von Drittbestätigungen wie MWST, AHV, SUVA, BVG/PK usw.	• Prüfen, ob arbeitsrechtliche und verwaltungsrechtliche Vorgaben eingehalten werden • Anwaltsbestätigung zu Rechtsfällen mit Personalbezug (falls vom Kunden bereits einverlangt, sollten solche zur Prüfung verwendet werden) • Einholen von Drittbestätigungen wie AHV, SUVA, BVG/PK usw. (falls vom Kunden bereits einverlangt, sollten solche zur Prüfung verwendet werden)

26.20 Übriger Aufwand und Ertrag (betrieblich und betriebsfremd sowie ausserordentlich oder einmalig)

26.20.1 Empfohlene Prüfungshandlungen

SER Anhang D (S. 60, «Übriger Aufwand und Ertrag»)	Angepasste Aufstellung gemäss Einleitung (inkl. primär adressierte Aussagen/Prüfziele)
Analytische Prüfungshandlungen • Vergleich mit dem Vorjahr und Befragung über die Gründe für wesentliche Abweichungen	**Analytische Prüfungshandlungen** • Vergleich mit dem Vorjahr und Befragung über die Gründe für wesentliche Abweichungen (Vollständigkeit, Erfassung und Periodenabgrenzung)

26. Gebräuchliche Prüfungshandlungen nach dem neuen Rechnungslegungsrecht

26.20.2 Weitergehende Prüfungshandlungen

SER Anhang D (S. 60, «Übriger Aufwand und Ertrag»)	Angepasste Aufstellung gemäss Einleitung (inkl. primär adressierte Aussagen/Prüfziele)
Weitergehende analytische Prüfungshandlungen Keine	**Weitergehende analytische Prüfungshandlungen** • Kritische Durchsicht der Konten auf hohe oder sonst ungewöhnliche Beträge (Eintritt, Erfassung und Periodenabgrenzung) • Kritische Durchsicht von Konten und/oder Belegen in neuer Rechnung auf Positionen, die das Berichtsjahr betreffen) (Vollständigkeit, Eintritt und Periodenabgrenzung)
Detailprüfungen • Durchsicht der Konten auf hohe oder sonst ungewöhnliche Beträge • Abstimmung der ausgewiesenen Posten mit Belegen und geeigneten Unterlagen • Durchsicht von Konten und/oder Belegen in neuer Rechnung auf Positionen, die das Berichtsjahr betreffen	**Weitergehende Detailprüfungen** • Abstimmung der ausgewiesenen Posten mit Belegen und geeigneten Unterlagen (Eintritt, Erfassung und Periodenabgrenzung)

26.21 Abschreibungen und Wertberichtigungen auf Positionen des Sachanlagevermögens

26.21.1 Empfohlene Prüfungshandlungen

SER Anhang D (in Anlehnung an S. 49, «[...] Abschreibungen»)	Angepasste Aufstellung gemäss Einleitung (inkl. primär adressierte Aussagen/Prüfziele)
Befragungen • Befragung über Grundlagen der Bewertung der Anlagen (z.B. von Maschinenpark, Immobilien, Goodwill), Abschreibungssätze und -methoden und deren stetige Anwendung • Befragung, ob Anlagen eine wesentliche, dauerhafte Wertbeeinträchtigung aufweisen	**Befragungen** • Befragung über Abschreibungssätze und -methoden und deren stetige Anwendung (Eintritt, Darstellung und Offenlegung, Vollständigkeit) • Befragung, ob Anlagen eine wesentliche, dauerhafte Wertbeeinträchtigung aufweisen (Eintritt, Vollständigkeit)
Analytische Prüfungshandlungen • Vergleich der Bestände, der Anschaffungen, der Verkäufe sowie der Abschreibungssätze mit dem Vorjahr	**Analytische Prüfungshandlungen** • Vergleich der Abschreibungssätze mit dem Vorjahr (Eintritt, Vollständigkeit, Darstellung und Offenlegung) • Plausibilisierung der impliziten Restnutzungsdauer der Sachanlagen durch Vergleich mit Vorperioden oder anderen Gesellschaften (Eintritt, Vollständigkeit)
Detailprüfungen • Abstimmung der Inventarliste mit Angabe der Anschaffungs- bzw. Herstellungskosten und der kumulierten Abschreibungen der einzelnen Anlagen bzw. Anlagekategorien mit der Jahresrechnung	**Detailprüfungen** • Abstimmung der Inventarliste mit Angabe der kumulierten Abschreibungen der einzelnen Anlagen bzw. Anlagekategorien mit der Jahresrechnung (Eintritt, Vollständigkeit)

26. Gebräuchliche Prüfungshandlungen nach dem neuen Rechnungslegungsrecht

26.21.2 Weitergehende Prüfungshandlungen

SER Anhang D (in Anlehnung an S. 49, «[...] Abschreibungen»)	Angepasste Aufstellung gemäss Einleitung (inkl. primär adressierte Aussagen/Prüfziele)
Detailprüfungen • Durchsicht der Bestands- sowie der Abschreibungskonten im Hauptbuch auf ungewöhnliche Posten. Belegprüfung solcher Posten	**Detailprüfungen** • Durchsicht der Abschreibungskonten im Hauptbuch auf ungewöhnliche Posten. Belegprüfung solcher Posten (Eintritt, Erfassung und Periodenabgrenzung) • Vergleich der Abschreibungen der Betriebsbuchhaltung mit den Abschreibungen der Finanzbuchhaltung (Vollständigkeit, Erfassung und Periodenabgrenzung)

26.22 Finanzaufwand und Finanzertrag

26.22.1 Empfohlene Prüfungshandlungen

In Anlehnung an SER Anhang D (S. 60, «Übriger Aufwand und Ertrag»)	Angepasste Aufstellung gemäss Einleitung (inkl. primär adressierte Aussagen/Prüfziele)
Analytische Prüfungshandlungen • Vergleich mit dem Vorjahr und Befragung über die Gründe für wesentliche Abweichungen	**Analytische Prüfungshandlungen** • Vergleich mit dem Vorjahr und Befragung über die Gründe für wesentliche Abweichungen (Eintritt, Vollständigkeit, Erfassung und Periodenabgrenzung) • Beurteilung des Zinsaufwands und Zinsertrags im Verhältnis zu den entsprechenden Aktiva und Passiva (Eintritt, Erfassung und Periodenabgrenzung)

26.22.2 Weitergehende Prüfungshandlungen

In Anlehnung an SER Anhang D (S. 60, «Übriger Aufwand und Ertrag»)	Angepasste Aufstellung gemäss Einleitung (inkl. primär adressierte Aussagen/Prüfziele)
Weitergehende Analytische Prüfungshandlungen keine	**Weitergehende analytische Prüfungshandlungen** • Kritische Durchsicht der Konten auf hohe oder sonst ungewöhnliche Beträge (Eintritt, Erfassung und Periodenabgrenzung) • Kritische Durchsicht von Konten und/oder Belegen in neuer Rechnung auf Positionen, die das Berichtsjahr betreffen (Vollständigkeit, Eintritt und Periodenabgrenzung)
Detailprüfungen • Durchsicht der Konten auf hohe oder sonst ungewöhnliche Beträge • Abstimmung der ausgewiesenen Posten mit Belegen und geeigneten Unterlagen • Durchsicht von Konten und/oder Belegen in neuer Rechnung auf Positionen, die das Berichtsjahr betreffen	**Weitergehende Detailprüfungen** • Abstimmung der ausgewiesenen Posten mit Belegen und geeigneten Unterlagen (Zinsabrechnungen, Darlehensverträgen, Zinssätze der ESTV etc.) (Eintritt, Erfassung und Periodenabgrenzung)

26. Gebräuchliche Prüfungshandlungen nach dem neuen Rechnungslegungsrecht

26.23 Direkte Steuern

26.23.1 Empfohlene Prüfungshandlungen

In Anlehnung an SER Anhang D (S. 55, «[...] direkte Steuern)»)	Angepasste Aufstellung gemäss Einleitung (inkl. primär adressierte Aussagen/Prüfziele)
Befragungen • Befragung, ob alle direkten Steuern aus früheren Abschlussperioden bezahlt oder abgegrenzt wurden	**Befragungen** • Befragung, ob alle direkten Steuern aus früheren Abschlussperioden bezahlt oder abgegrenzt wurden (Vollständigkeit, Erfassung und Periodenabgrenzung)
Analytische Prüfungshandlungen • Abstimmung der Berechnung der Steuerabgrenzung mit der Jahresrechnung (inkl. der Parameter, die für die Berechnung verwendet wurden) • Beurteilung des Steueraufwands im Vergleich zum Periodenergebnis und zum Vorjahr	**Analytische Prüfungshandlungen** • Beurteilung des Steueraufwands im Vergleich zum Periodenergebnis und zum Vorjahr (Vollständigkeit, Erfassung und Periodenabgrenzung, Bewertung)
Detailprüfungen • Abstimmung der MWST-Forderungen und Verbindlichkeiten mit den Abrechnungen • Vorhandensein der MWST-Umsatzabstimmung	**Detailprüfungen** • Abstimmung der Berechnung der Steuerabgrenzung mit der Jahresrechnung (inkl. der Parameter, die für die Berechnung verwendet wurden) (Vollständigkeit, Erfassung und Periodenabgrenzung, Bewertung)

26.23.2 Weitergehende Prüfungshandlungen

In Anlehnung an SER Anhang D (S. 55, «[...] direkte Steuern)»)	Angepasste Aufstellung gemäss Einleitung (inkl. primär adressierte Aussagen/Prüfziele)
Befragungen • Befragung, ob eine Steuerrevision, andere Nachforschungen oder Rückfragen seitens der Steuerbehörden stattgefunden haben. Einblick in entsprechende Korrespondenz zur Feststellung allfälliger Nachforderungen • Befragung, inwieweit Steuerveranlagungen definitiv sind • Befragung nach der Art der MWST-Abrechnung (vereinnahmtes oder vereinbartes Entgelt) sowie allfälligen Sonderfällen (ausgenommene Umsätze, Saldosätze usw.) • Befragung der Unternehmensleitung, ob Einsprachen oder Rekurse hängig sind und das allfällige Risiko in der Jahresrechnung berücksichtigt ist • Befragung der Unternehmensleitung, ob der Privatanteil von Geschäftsaufwendungen und Dienstleistungsbezug aus dem Ausland mit MWST abgerechnet ist • Befragung der Unternehmensleitung nach branchenspezifischen MWST-Eigenheiten und entsprechenden Abklärungen, Unterlagen und Vereinbarungen mit der Steuerverwaltung	**Weitergehende Befragungen** • Befragung, ob eine Steuerrevision, andere Nachforschungen oder Rückfragen seitens der Steuerbehörden stattgefunden haben, ob Einsprachen oder Rekurse hängig sind und das allfällige Risiko in der Jahresrechnung berücksichtigt ist. Einblick in entsprechende Korrespondenz zur Feststellung allfälliger Nachforderungen und Beurteilung des Steuerrisikos (Vollständigkeit, Erfassung und Periodenabgrenzung) • Befragung, inwieweit Steuerveranlagungen definitiv sind (Vollständigkeit)

26. Gebräuchliche Prüfungshandlungen nach dem neuen Rechnungslegungsrecht

In Anlehnung an SER Anhang D (S. 55, «[...] direkte Steuern]»)	Angepasste Aufstellung gemäss Einleitung (inkl. primär adressierte Aussagen/Prüfziele)
Detailprüfungen • Abstimmung der Steuererklärung mit der zugrunde liegenden Jahresrechnung • Abstimmung der Entwicklung der Steuerabgrenzung mit der Steuererklärung und den Zahlungen • Nachvollzug der MWST-Umsatzabstimmung • Abstimmung der MWST-Abrechnungen mit den Konti und/oder der Umsatzabstimmung	**Weitergehende Detailprüfungen** • Abstimmung der Steuererklärung mit der zugrunde liegenden Jahresrechnung (Vollständigkeit, Erfassung und Periodenabgrenzung) • Abstimmung der Entwicklung der Steuerabgrenzung mit der Steuererklärung und den Zahlungen (Vollständigkeit, Erfassung und Periodenabgrenzung)

26.24 Anhang

26.24.1 Empfohlene Prüfungshandlungen

SER Anhang D (S. 61 und 62, «Anhang»)	Angepasste Aufstellung gemäss Einleitung insbesondere gemäss Art. 959c OR

Befragungen
• Befragung über Bestand und Veränderungen von Bürgschaften, Garantieverpflichtungen und Pfandbestellungen zugunsten Dritter (nicht für eigene Verpflichtungen)
• Befragung nach finanziellen Risiken aus diesen Eventualverbindlichkeiten
• Befragung über den Gesamtbetrag der zur Sicherung eigener Verpflichtungen verpfändeten oder abgetretenen Aktiven sowie der Aktiven unter Eigentumsvorbehalt
• Befragung über den Gesamtbetrag der nicht bilanzierten Leasingverbindlichkeiten (noch nicht bezahlte Raten bis zum Ablauf des Leasingvertrags, soweit feststellbar ohne Zinsanteil)
• Befragung nach wesentlichen Beteiligungen
• Befragung nach Netto-Auflösung stiller Reserven und Vergleich mit den in den einzelnen Positionen vorgenommenen Plausibilisierungen
• Befragung nach Bestand und Veränderung eigener Aktien
• Befragung nach genehmigten oder bedingten Kapitalerhöhungen
• Befragung zur durchgeführten Risikobeurteilung
• Befragung zu bedeutenden schwebenden Geschäften und anderen Ursachen, die vor dem Bilanzstichtag liegen und welche ein Verlustrisiko beinhalten. Wurden die Ereignisse entsprechend in der Jahresrechnung oder im Anhang offen gelegt?
	Befragungen
	• Abs. 1 Ziff. 1:
	Befragung über die Anwendung von nicht vom Gesetz vorgeschriebenen Grundsätzen (Warendrittel, POC-Methode, Rückstellungspolitik, Einzel- vs. Sammelbewertung etc.)
	• Abs. 2 Ziff. 2
	Befragung über die Anzahl und Berechnungsmethode von Vollzeitstellen
	• Abs. 2 Ziff. 3:
	Befragung, ob die Gesellschaft direkte Beteiligungsrechte mit einem Stimmanteil von mehr als 20 % oder wesentliche indirekte Beteiligungen an anderen Gesellschaften hält.
	• Abs. 1 Ziff. 4:
	Befragung, ob weitere vom Gesetz verlangte Angaben, die noch nicht offengelegt wurden, bestehen (z. B.
	  – Abweichungen vom Prinzip der Stetigkeit, des Bruttoprinzips oder der Unternehmensfortführung,
	  – Erläuterungen zu Positionen, die zu einem Börsenkurs oder einem anderen beobachtbaren Marktpreis bewertet werden,
	  – Schwankungsreserve, sofern sie aus der Bilanz nicht ersichtlich sind,
	  – Positionen, die zur Beurteilung der Vermögens-, Finanzierungslage oder Ertragslage durch Dritte notwendig sind, sofern sie aus der Bilanz oder Erfolgsrechnung nicht ersichtlich sind,
	  – Forderungen und Verbindlichkeiten gegenüber direkt oder indirekt Beteiligten und Organen sowie gegenüber Unternehmen, an denen direkt oder indirekt eine Beteiligung besteht, sofern sie nicht bereits in der Bilanz separat ausgewiesen wurden)
	  – Angaben zu Aufwertungen

→

26. Gebräuchliche Prüfungshandlungen nach dem neuen Rechnungslegungsrecht

SER Anhang D (S. 61 und 62, «Anhang»)	Angepasste Aufstellung gemäss Einleitung insbesondere gemäss Art. 959c OR
	• Abs. 2 Ziff. 4 und 5: Befragung über den Bestand und Transaktionen von eigenen Aktien in der Gesellschaft selbst oder in Unternehmen an denen es beteiligt ist. • Abs. 2 Ziff. 6: Befragung, ob die Gesellschaft nicht bilanzierte, kaufvertragsähnliche Leasinggeschäfte hat, die nicht innert zwölf Monaten nach dem Bilanzstichtag auslaufen oder gekündigt werden können. • Abs. 2 Ziff. 8: Befragung, ob Sicherheiten für Verbindlichkeiten Dritter bestellt wurden. • Abs. 2 Ziff. 9: Befragung über den Gesamtbetrag der zur Sicherung eigener Verpflichtungen verpfändeten oder abgetretenen Aktiven sowie der Aktiven unter Eigentumsvorbehalt • Abs. 2 Ziff. 10: Befragung, ob rechtliche oder tatsächliche Verpflichtungen, bei denen ein Mittelabfluss entweder als unwahrscheinlich erscheint oder in der Höhe nicht verlässlich geschätzt werden kann (Eventualverbindlichkeit) bestehen • Abs. 2 Ziff. 11: Befragung über Beteiligungsrechte oder Optionen zuhanden von Mitarbeitenden oder Organen bestehen • Abs. 2 Ziff. 13 Befragung, ob wesentliche Ereignisse nach dem Bilanzstichtag mit Ursachen, die vor dem Bilanzstichtag liegen und welche ein Verlustrisiko beinhalten, bestehen sowie was die quantitativen Auswirkungen sind
Analytische Prüfungshandlungen • Durchsicht des Anhangs auf vollständige Offenlegung der zutreffenden Positionen gemäss Artikel 663b OR	**Analytische Prüfungshandlungen** • Kritische Durchsicht des Anhangs auf vollständige Offenlegung der zutreffenden Positionen gemäss Artikel 959c OR • Kritische Durchsicht der Jahresrechnung auf wesentliche nicht erläuterte Positionen sowie insbesondere ausserordentliche oder einmalige Positionen
Detailprüfungen • Feststellung der aktuellen Brandversicherungswerte durch Einsicht in Policen, Prämienrechnungen oder entsprechende Aufstellungen des Kunden • Feststellung der Verbindlichkeiten gegenüber Vorsorgeeinrichtungen	**Detailprüfungen** • Abs. 1 Ziff. 2: Abstimmung des Totals der Angaben, Aufschlüsselungen und Erläuterungen zu Positionen der Bilanz und der Erfolgsrechnung im Anhang mit dem Gesamttotal in der Bilanz oder Erfolgsrechnung • Abs. 1 Ziff. 3: Abstimmung der Nettoauflösung der stillen Reserven mit dem Status über die stillen Reserven • Abs. 2 Ziff. 7: Abstimmung der Verbindlichkeiten gegenüber Vorsorgeeinrichtungen mit Detailbelegen (z. B. Kontoauszug BVG) • Abs. 2 Ziff. 14: Abstimmung der Offenlegung über die Gründe bei einen vorzeitigen Rücktritt der Revisionsstelle mit dem Wortlaut im Rücktrittsschreiben

26. Gebräuchliche Prüfungshandlungen nach dem neuen Rechnungslegungsrecht

26.24.2 Weitergehende Prüfungshandlungen

SER Anhang D (S. 61 und 62, «Anhang»)	Angepasste Aufstellung gemäss Einleitung insbesondere gemäss Art. 959c OR
Keine	**Weitergehende Detailprüfungen** • Abs. 1 Ziff. 3: Prüfung rechnerische Richtigkeit des Status stille Reserven, Abstimmungsprüfungen mit den Buchwerten und Belegprüfungen zu den handelsrechtlichen Höchstwerten in Stichproben • Abs. 1 Ziff. 4: Sofern eine andere funktionale Währung als Schweizer Franken gewählt wurde: Beurteilung der für die Währungsumrechnung verwendeten Kurse. • Abs. 1 Ziff. 4: Abstimmung der notwendigen offengelegten Summen Personalaufwand sowie in einer Position Abschreibungen und Wertberichtigungen auf Positionen des Anlagevermögens mit dem Hauptbuch • Abs. 2 Ziff. 3: Prüfung rechnerische Richtigkeit des ausgewiesenen Kapital- und Stimmtrechtsanteils sowie Abstimmung Firma, Rechtsform und Sitz anhand der Jahresrechnung der Beteiligungsgesellschaft oder anderen geeigneten Unterlagen • Abs. 2 Ziff. 5: Beleg- und Abstimmungsprüfung der Transaktionen mit eigenen Aktien • Abs. 2 Ziff. 6: Prüfung rechnerische Richtigkeit des Restbetrags der Verbindlichkeiten aus kaufvertragsähnlichen Leasinggeschäften inkl. Belegprüfung von Leasingverträgen in Stichproben • Abs. 2 Ziff. 9: Prüfung rechnerische Richtigkeit des Gesamtbetrags der zur Sicherung eigener Verbindlichkeiten verwendeten Aktiven sowie der Aktiven unter Eigentumsvorbehalt anhand Abstimmung mit den Buchwerten der entsprechenden Aktiven. • Abs. 2 Ziff. 10: Belegprüfung von wesentlichen Eventualverbindlichkeiten und Beurteilung, ob das vollständige Gefahrenpotenzial offengelegt wird und allenfalls nicht doch eine Rückstellung in Übereinstimmung mit Art. 960e OR gebildet werden müsste. • Abs. 2 Ziff. 11: Belegprüfung der Zuteilung von Beteiligungsrechten oder Optionen auf solche Rechte für alle Leitungs- und Verwaltungsorgane sowie für alle Mitarbeitenden in Stichproben sowie rechnerische Richtigkeit des Wert inkl. Beurteilung wesentlicher Annahmen und des Bewertungsmodells • Abs. 2 Ziff. 12: Belegprüfung wesentlicher Aussagen zu ausserordentlichen, einmaligen oder periodenfremden Positionen • Abs. 2 Ziff. 13: Prüfung wesentlicher Ereignisse nach dem Bilanzstichtag mittels Aktenstudium (z. B. Studium Verträge, Einsichtnahme in Konkursmeldung usw.) oder anderen geeigneten Prüfungshandlungen.

Anhang

Glossar
Literaturverzeichnis
Stichwortverzeichnis
Nachwort

Glossar

Die nachfolgenden Definitionen wurden dem Glossar der Schweizer Prüfungsstandards 2010, Kapitel VIII, entnommen und wo nötig der eingeschränkten Revision angepasst und aktualisiert.

Begriff	Definition
Abschluss	Periodische Darstellung der Vermögens-, Finanz- und Ertragslage (zusammen: wirtschaftliche Lage) von Unternehmen, ausgehend von der Buchführung und bestehend aus Bilanz, Erfolgsrechnung, Anhang und unter Umständen einer Geld- oder Mittelflussrechnung sowie einem Eigenkapitalnachweis.
Abschlussprüfer	Die Person, welche für eine → Abschlussprüfung letztlich verantwortlich ist. Häufig ein Unternehmen, das → Abschlussprüfungen und verwandte Dienstleistungen anbietet.
Abschlussprüfung	Ziel einer Abschlussprüfung ist die Abgabe einer → Prüfungsaussage darüber, ob der → Abschluss in allen → wesentlichen Punkten den anzuwendenden → Rechnungslegungsnormen entspricht.
Abweichung vom Standardwortlaut des Berichts	Einfügung einer → Einschränkung und/oder eines → Hinweises und/oder Zusatzes in den Bericht.
Allgemeine Berufsgrundsätze	Die allgemeinen Grundsätze für die pflichtgemässe Ausübung von Revisionsdienstleistungen beinhalten die folgenden beruflichen Regeln: • Berufliche Verhaltensanforderungen: Dies sind namentlich die Anforderungen bezüglich Unabhängigkeit, Integrität, Objektivität, professionelle Kompetenz und Sorgfalt, Verschwiegenheit, professionelles Verhalten und Befolgung von gesetzlichen Vorschriften. • Kritische Grundhaltung: Der Abschlussprüfer muss während des gesamten Prüfungsprozesses eine kritische Grundhaltung einnehmen. • Pflichtgemässes Ermessen: Da für die Abschlussprüfung nicht alle denkbaren Sachverhalte vorgegeben werden können, muss der Abschlussprüfer pflichtgemässes Ermessen ausüben («professional judgement»). • Ausreichend geeignete Prüfungsnachweise und Prüfungsrisiko: Der Abschlussprüfer muss hinreichende bzw. begrenzte Sicherheit erreichen und ausreichend geeignete Prüfungsnachweise erlangen, um das Prüfungsrisiko auf ein vertretbar niedriges Mass zu reduzieren. • Einhaltung der relevanten Prüfungsstandards: Der Abschlussprüfer muss alle für die Prüfung relevanten Prüfungsstandards (PS, SER oder ggf. andere) einhalten.
Allgemeine Prüfungshandlungen	Prüfungshandlungen gemäss SER, Anhang D, welche grundlegende → inhärente Risiken eines → Abschlusses als Ganzes (wie etwa Übertragungsprüfung zwischen Buchhaltung und Abschluss) abdecken.
Analytische Prüfungshandlungen	Verfahren zur Erlangung von → Prüfungsnachweisen, bestehend in der Analyse wesentlicher Kennzahlen und Trends, einschliesslich der Untersuchung von Veränderung und Relationen, die von anderen relevanten Informationen oder von prognostizierten bzw. erwarteten Beträgen abweichen.
Angemessene Detailprüfungen	Die Prüfungen bei der eingeschränkten Revision beschränken sich nach Art. 729 Abs. 2 auf → Befragungen, → analytische Prüfungshandlungen und → angemessene Detailprüfungen. Die «Angemessenheit» der Detailprüfungen ergibt sich aus dem angestrebten → Sicherheitsgrad von 60–70%. Im Standard zur eingeschränkten Revision ist definiert, dass folgende Prüfungshandlungen einer eingeschränkten Revision nicht angemessen und deshalb nicht vorgesehen sind: Prüfung des → internen Kontrollsystems, Inventurbeobachtung, Prüfungen im Bereich der Kalkulation von Herstellkosten, Drittbestätigungen einfordern, Bewertungsgutachten einfordern, Anwaltsbestätigungen und Expertengutachten einfordern, Saldobestätigungen für MWSt, AHV, Suva, BVG/PK und von Steuerämtern einfordern, gezielte Prüfungen zur Aufdeckung von → deliktischen Handlungen, repräsentative Stichproben.
Angemessene Sicherheit	Konzept, das sich auf die Erlangung der → Prüfungsnachweise bezieht, welche der Wirtschaftsprüfer zur Formulierung seiner → Prüfungsaussage benötigt. Der angestrebte → Sicherheitsgrad bei der eingeschränkten Revision beträgt 60–70%.

Glossar

Begriff	Definition
Annahme der Unternehmensfortführung (Going Concern)	Grundsatz der Abschlusserstellung, nach dem davon ausgegangen wird, dass ein Unternehmen in absehbarer Zukunft (mindestens 12 Monate nach dem Bilanzstichtag) weder die Absicht hat noch gezwungen ist, zu liquidieren, die Geschäftstätigkeit einzustellen, ein Konkurs- oder Nachlassverfahren einzuleiten usw. Daher werden Vermögenswerte und Verbindlichkeiten unter der Annahme bilanziert, bewertet und dargestellt, das Unternehmen werde in der Lage sein, im normalen Geschäftsverlauf seine Aktiven zu nutzen bzw. zu realisieren und seine Verbindlichkeiten zu begleichen.
Anzuwendende Rechnungslegungsnorm	Die für ein Unternehmen geltenden gesetzlichen und/oder statutarischen Vorschriften über den → Abschluss und die Buchführung.
Arbeitspapiere	Aufzeichnungen, die Art, Zeitpunkt und Umfang durchgeführter Prüfungshandlungen sowie deren Ergebnisse und die Schlussfolgerungen aus den erlangten → Prüfungsnachweisen dokumentieren (→ Dokumentation). Es kann sich um Daten in Papierform handeln oder solche, die auf elektronischen, optischen oder anderen Medien gespeichert sind.
Aufdeckungsrisiko	Risiko, dass → aussagebezogene Prüfungshandlungen eine → Fehlaussage einer bestimmten Abschlussposition oder Art von Transaktion nicht aufdecken, die – einzeln oder zusammen mit → Fehlaussagen anderer Abschlusspositionen oder Arten von Transaktionen – → wesentlich sein kann.
Auftragsbestätigung	Bestätigungsschreiben des → Abschlussprüfers, das die Bedingungen seines Auftrags festhält, namentlich die Mandatsannahme, das Ziel und den Umfang der → Abschlussprüfung, die Aufgaben des → Abschlussprüfers sowie die Art der Berichterstattung.
Ausreichende und geeignete Prüfungsnachweise	«Ausreichend» ist das Mass für den Umfang der → Prüfungsnachweise, «geeignet» für ihre Qualität und ihre Relevanz in Bezug auf die Verlässlichkeit einer → Aussage im Abschluss.
Aussagen (im Abschluss)	Explizite oder implizite Aussagen der → Unternehmensleitung, die in den → Abschluss Eingang gefunden haben. Sie lassen sich in folgender Weise kategorisieren: • *Vorhandensein:* Ein Vermögenswert bzw. eine Verpflichtung ist am Stichtag wirklich vorhanden. • *Rechte bzw. Verpflichtungen:* Ein Vermögenswert bzw. eine Verpflichtung ist am Stichtag dem Unternehmen zuzuordnen. • *Eintritt:* Eine Transaktion oder ein (sonstiges) Ereignis hat in der Berichtsperiode stattgefunden und ist dem Unternehmen zuzuordnen. • *Vollständigkeit:* Es gibt keine nicht erfassten Vermögenswerte, Verpflichtungen, Transaktionen und sonstigen Ereignisse oder nicht offengelegten Posten. • *Bewertung:* Ein Vermögenswert bzw. eine Verpflichtung ist mit einem angemessenen Wert bilanziert. • *Erfassung und Periodenabgrenzung:* Eine Transaktion oder ein (sonstiges) Ereignis ist mit dem korrekten Betrag erfasst und der korrekten Periode zugeordnet. • *Darstellung und Offenlegung:* Ein Posten ist in Übereinstimmung mit den → anzuwendenden Rechnungslegungsnormen offengelegt, klassiert und umschrieben.
Aussagenbezogene Prüfungshandlungen	Prüfungshandlungen, mittels deren → Prüfungsnachweise zur Aufdeckung → wesentlicher → Fehlaussagen im Abschluss erlangt werden. Unterschieden wird zwischen Einzelfallprüfungen (bei der eingeschränkten Revision: → angemessenen Detailprüfungen) und → analytischen Prüfungshandlungen. Ergebnisorientierte Prüfungshandlungen werden teilweise als Synonym für aussagebezogene Prüfungshandlungen verwendet.
Bedeutsame Risiken	Ein identifiziertes und beurteiltes Risiko (bei der eingeschränkten Revision: → inhärentes Risiko) wesentlicher falscher Darstellungen, das nach der Beurteilung des → Abschlussprüfers eine besondere Berücksichtigung bei der → Abschlussprüfung erfordert.
Befragung	Verfahren zur Erlangung von → Prüfungsnachweisen. Besteht darin, Informationen bei Personen innerhalb oder ausserhalb des Unternehmens einzuholen.

Glossar

Begriff	Definition
Beobachtung	Verfahren zur Erlangung von → Prüfungsnachweisen. Besteht darin, einen Prozess oder ein Verfahren von anderen Personen in Augenschein zu nehmen.
Berechnung	Verfahren zur Erlangung von → Prüfungsnachweisen. Besteht in der Prüfung der rechnerischen Richtigkeit von Belegen und buchhalterischen Aufzeichnungen oder der Vornahme unabhängiger Berechnungen.
Beschränkung des Prüfungsumfangs	Eine Beschränkung des Umfangs seiner Arbeiten wird dem → Abschlussprüfer mitunter vom Unternehmen auferlegt (z.B. wenn er eine Prüfung nicht vornehmen darf, die er für nötig hält). Sie kann durch die Umstände bedingt sein (z.B. wenn notwendige Informationen, wie etwa ein Vertrag nicht zur Verfügung gestellt werden). Sie kann sich auch ergeben, wenn die Buchführung nach Auffassung des → Abschlussprüfers unzureichend dokumentiert ist und er deshalb nicht in der Lage ist, eine Prüfung wie gewünscht durchzuführen. Sie hat zur Folge, dass der → Abschlussprüfer eine → eingeschränkte Prüfungsaussage abgibt oder die → Unmöglichkeit einer Prüfungsaussage erklärt.
Bewertung	→ Aussagen (im Abschluss)
Deliktische Handlung	→ Verstösse: strafrechtlich relevante Handlung einer oder mehrerer Personen, mit der in Täuschungsabsicht ein ungerechtfertigter oder rechtswidriger Vorteil erlangt werden soll und die zu einer wesentlichen → Fehlaussage im Abschluss führt: • *Deliktische Rechnungslegung:* → Fehlaussage im Abschluss, um Adressaten zu täuschen. • *Veruntreuung von Vermögenswerten:* Abhandenkommen oder Verminderung von Vermögenswerten, die dem Unternehmen zustehen.
Dolose Handlung	Synonym für → deliktische Handlung in den Schweizerischen Prüfungsstandards
Dokumentation	Die Unterlagen (→ Arbeitspapiere), welche im Verlauf der → Abschlussprüfung vom → Abschlussprüfer erstellt, für ihn erstellt oder von ihm zur Aufbewahrung bestimmt worden sind.
Eingeschränkte Revision (Art. 729a Abs. 2 OR)	Gesetzliche → Abschlussprüfung für KMU in der Schweiz, orientiert sich an der → prüferischen Durchsicht, besteht aus → Befragungen, → analytischen Prüfungshandlungen und → angemessenen Detailprüfungen (Art. 729a Abs. 2 OR).
Eintritt	→ Aussagen (im Abschluss)
Einschränkung der Prüfungsaussage	Eine eingeschränkte Prüfungsaussage muss der → Abschlussprüfer abgeben, wenn eine → Meinungsverschiedenheit mit der Unternehmensleitung bezüglich festgestellter oder angenommener → Fehlaussagen bzw. eine → Beschränkung des Prüfungsumfangs besteht, jedoch deren Auswirkung bzw. mögliche Auswirkung das vom → Abschluss vermittelte Gesamtbild nicht grundlegend verändert. Deshalb wäre eine → verneinende Prüfungsaussage nicht angebracht.
Einsichtnahme	Verfahren zur Erlangung von → Prüfungsnachweisen. Besteht in der Überprüfung von Aufzeichnungen, Dokumenten oder physischen Vermögenswerten.
Empfohlene Prüfungshandlungen	Der Abschlussprüfer hat bei der eingeschränkten Revision bei allen → wesentlichen Abschlussposten empfohlene Prüfungshandlungen durchzuführen. Eine Auswahl davon ist im SER in Anhang D aufgeführt. Sie umfassen vor allem → Befragungen, → analytische Prüfungshandlungen und kurze, grundlegende → angemessene Detailprüfungen.
Ereignisse nach dem Bilanzstichtag	Unterschieden werden zwei Arten von Ereignissen, die nach dem Bilanzstichtag eingetreten sind: • solche, deren Ursache für das eingetretene Ereignis vor dem Bilanzstichtag liegt (buchungspflichtige Ereignisse), und • solche, deren Ursache für das eingetretene Ereignis nach dem Bilanzstichtag liegt (offenlegungspflichtige Ereignisse).
Erfassung und Periodenabgrenzung	→ Aussagen (im Abschluss)

Glossar

Begriff	Definition
Ergebnisorientierte Prüfungshandlungen	→ Aussagebezogene Prüfungshandlungen
Eröffnungsbestände	Salden der Bilanzkonten bei Beginn der Berichtsperiode. Sie basieren auf den Schlussbeständen der Vorperiode und reflektieren die Auswirkungen von Transaktionen in Vorperioden und in Vorperioden angewandten Rechnungslegungsgrundsätzen.
Erwartungslücke	Phänomen in der Wirtschaftsprüfung, dass die Erwartung des Auftraggebers oder generell der Öffentlichkeit bezüglich der Leistungen des Prüfers von dessen tatsächlichem gesetzlichen Auftrag abweichen kann.
Experte	Person oder Unternehmen mit speziellen Fähigkeiten, Kenntnissen und Erfahrungen in einem bestimmten Gebiet ausserhalb der Rechnungslegung und der Dienstleistungen von → Wirtschaftsprüfern.
Fehler	→ Irrtümer, unbeabsichtigte → Fehlaussage im Abschluss
Fehlaussage (im Abschluss)	→ Falsche Angabe → Verstoss gegen → anzuwendende Rechnungslegungsnormen. Auch unterlassene Angaben sind Fehlaussagen. Ursache können → deliktische Handlungen oder → Fehler sein. Bei der eingeschränkten Revision wird unterschieden zwischen: • *festgestellten Fehlern:* unbestrittene tatsächliche Fehler, die festgestellt wurden, und • *angenommenen Fehlern:* Fehler, die aufgrund von tatsächlich festgestellten systematischen Fehlern in Kombination mit einem hohen Aggregationsrisiko angenommen werden müssen.
Fortführungsannahme	→ Annahme der Unternehmensfortführung (Going Concern)
Funktionsprüfungen	Prüfungshandlungen, mittels deren → Prüfungsnachweise über die Eignung der Konzeption und die Wirksamkeit von → Rechnungswesen-System und → interner Kontrolle erlangt werden. Funktionsprüfungen sind bei der eingeschränkten Revision – anders als bei der ordentlichen Revision – erklärtermassen nicht durchzuführen.
Geschäftsbericht	Jährlich erstelltes Dokument, das den geprüften → Abschluss mitsamt dem Bericht des → Abschlussprüfers (und möglicherweise andere Informationen) enthält. Rechtlich ist der Bericht der → Revisionsstelle nicht Bestandteil des Geschäftsberichts.
Geschäftsleitung (in Unterscheidung von den Verantwortlichen für die Leitung und Überwachung)	→ Leitung und Überwachung, → Unternehmensleitung
Hälftiger Kapitalverlust (Art. 725 Abs. 1 OR)	Ein «hälftiger Kapitalverlust» besteht, wenn der kumulierte Verlust (bisher «Bilanzverlust») (Art. 959a Abs. 2 Ziff. 3 lit. d) die Summe von Aktien-/Partizipationskapital und gesetzlichen Reserven mindestens zur Hälfte, aber nicht vollständig aufzehrt (qualifizierte Form der Unterbilanz, PS 290.B). Der hälftige Kapitalverlust stellt dementsprechend eine kritische gesetzliche Schwelle dar, bei deren Überschreiten die Aktionäre unverzüglich davon Kenntnis erhalten und über Sanierungsmassnahmen befinden müssen.
Hinweis (auf Gesetzes- oder Statutenverstoss)	Wurde bei einer eingeschränkten Revision ein Verstoss gegen gesetzliche oder statutarische Vorschiften festgestellt, die weder den → Abschluss noch die Buchführung zum Gegenstand haben, allerdings im Umfeld der Jahresrechnung liegen, weist der → Abschlussprüfer in einem besonderen Absatz seines Berichts darauf hin (beschränkte Hinweispflicht bei der eingeschränkten Revision).
Inhärentes Risiko	Risiko, dass eine bestimmte Abschlussposition oder Art von Transaktionen → Fehlaussagen enthält, die – einzeln oder zusammen mit → Fehlaussagen anderer Abschlusspositionen oder Arten von Transaktionen – wesentlich sein können, und zwar ungeachtet des Bestehens diesbezüglicher → interner Kontrollen.

Glossar

Begriff	Definition
Internes Kontrollsystem (IKS)	Gesamtheit der von einer → Unternehmensleitung vorgegebenen Grundsätze und Verfahren (→ interne Kontrollen), die dazu dienen, die ordnungsmässige und effiziente Geschäftsführung (einschliesslich Beachtung der von der → Unternehmensleitung vorgegebenen Grundsätze), die Sicherung der Vermögenswerte, die Verhinderung bzw. Aufdeckung von → deliktischen Handlungen und → Fehlern, die Korrektheit und Vollständigkeit der Aufzeichnungen des Rechnungswesens sowie die rechtzeitige Erstellung verlässlicher Finanzinformationen, soweit praktikabel, zu gewährleisten. Reicht über die Aspekte hinaus, welche direkt mit Funktionen des → Rechnungswesen-Systems zusammenhängen, umfasst das Kontrollumfeld sowie die internen Kontrollen. Das interne Kontrollsystem ist bei der eingeschränkten Revision – anders als bei der ordentlichen Revision – erklärtermassen nicht zu berücksichtigen.
Interne Kontrollen	Grundsätze und Verfahren, welche die Unternehmensleitung über das Kontrollumfeld hinaus geschaffen hat, um die spezifischen Unternehmensziele zu erreichen.
Interne Revision	Eine von Unternehmen als interne Dienstleistung etablierte Beurteilungstätigkeit. Sie beinhaltet unter anderem die Untersuchung, Bewertung und Überwachung von Angemessenheit und Wirksamkeit des → Rechnungswesen-Systems und der → internen Kontrolle.
Irrtümer	→ Fehler
Jahresrechnung	Jahresabschluss (→ Abschluss) einer AG (usw.) nach schweizerischem Recht
Kenntnisse über die Tätigkeit und das Umfeld des Unternehmens	Zu den notwendigen Kenntnissen des Abschlussprüfers gehören generelle Kenntnisse über die gesamtwirtschaftlichen Verhältnisse und über die Verhältnisse in der Branche, der das Unternehmen angehört (Umfelds des Unternehmens), sowie speziellere Kenntnisse über das Unternehmen selbst (Strategie und Ziele, Organisation, finanzielle Eigenschaften und Berichterstattung).
Kontrollen	→ Interne Kontrollen
Kontrollrisiko	Risiko, dass eine → Fehlaussage einer bestimmten Abschlussposition oder Art von Transaktionen, die – einzeln oder zusammen mit → Fehlaussagen anderer Abschlusspositionen oder Arten von Transaktionen – wesentlich sein kann, durch das → Rechnungswesen-System und die → interne Kontrolle nicht verhindert bzw. nicht aufgedeckt und rechtzeitig korrigiert wird. Das Kontrollrisiko ist bei einer eingeschränkten Revision erklärtermassen nicht zu berücksichtigen.
Kontrollumfeld	Allgemeine Einstellung, allgemeines Bewusstsein und Handeln der →Unternehmensleitung in Bezug auf die → interne Kontrolle und deren Bedeutung für das Unternehmen. Beeinflusst die Wirksamkeit der einzelnen → internen Kontrollen.
Leitung und Überwachung	Funktionen jener Personen, die für die Aufsicht, Oberleitung und Kontrolle (Governance) eines Unternehmens verantwortlich sind (z. B. Verwaltungsrat einer AG). Mitglieder der Geschäftsleitung gehören nur zu diesem Personenkreis, wenn sie die genannten Funktionen wahrnehmen.
Meinungsverschiedenheit mit der Unternehmensleitung	Meinungsverschiedenheit mit der Unternehmensleitung bezüglich → Fehlaussagen infolge der Rechnungslegungsgrundsätze, der Methode ihrer Anwendung oder der Angaben im → Abschluss. Sie hat zur Folge, dass der Abschlussprüfer keine → uneingeschränkte Prüfungsaussage abgeben kann, wenn die Auswirkung auf den → Abschluss wesentlich ist.
Nahestehende Parteien	Unternehmen und Personen werden als nahestehend betrachtet, wenn eine der Parteien über die Möglichkeit verfügt, die andere zu beherrschen oder einen massgeblichen Einfluss auf deren Finanz- und Geschäftspolitik auszuüben.
Negative Zusicherung	Ziel einer → eingeschränkten Revision oder → Review (prüferischen Durchsicht). Formulierung, laut welcher der → Wirtschaftsprüfer auf keine Sachverhalte gestossen ist, die ihn zu dem Schluss veranlassen, dass der → Abschluss nicht in allen wesentlichen Punkten den → anzuwendenden Rechnungslegungsnormen entspricht.

Glossar

Begriff	Definition
Objektive Unüberprüfbarkeit	→ Unsicherheit
Ordentliche Revision (Art. 728 ff. OR)	Gesetzliche → Abschlussprüfung für grosse Unternehmen in der Schweiz, orientiert sich an der internationalen → Prüfung, umfasst jedoch weitere gesetzliche Prüf-, Handlungs-, Melde- und Unterlassungspflichten.
Planung	Entwicklung einer allgemeinen Strategie (→ Prüfungsplan) sowie einer im Detail festgelegten Vorgehensweise (→ Prüfungsprogramm) hinsichtlich Art, Zeitpunkt und Umfang der Abschlussprüfung.
Prüfer	→ Abschlussprüfer, → Wirtschaftsprüfer
Prüferische Durchsicht	→ Review (prüferische Durchsicht)
Prüfung	→ Abschlussprüfung oder Prüfung anderer Informationen
Prüfungsaussage	Ziel einer → eingeschränkten Revision mit einer → Zusicherung weniger hohen Grades. → Uneingeschränkte Prüfungsaussage, → Einschränkung der Prüfungsaussage, → Verneinung der Prüfungsaussage, →Unmöglichkeit einer Prüfungsaussage.
Prüfungshemmnis	Wird als Synonym für → Beschränkung des Prüfungsumfangs in den Schweizerischen Prüfungsstandards genannt.
Prüfungsnachweise	Informationen, aus denen der → Abschlussprüfer die Schlussfolgerungen zieht, auf welche sich die → Prüfungsaussage stützt. Sie umfassen Belege und buchhalterische Aufzeichnungen als Grundlage des → Abschlusses sowie Informationen aus anderen Quellen, welche diese erhärten.
Prüfungsplan	Beinhaltet die Prüfungsstrategie (→ Planung) inklusive der → Kenntnisse über die Tätigkeit und das Umfeld des Unternehmens, die Bestimmung der → Wesentlichkeit und Fehlertoleranz, → analytische Prüfungshandlungen in der Planungsphase sowie Beurteilung → inhärenter Risiken.
Prüfungsplanung	→ Planung
Prüfungsprogramm	Umfasst Art, Zeitpunkt und Umfang der zur Umsetzung der Prüfungsstrategie (→ Planung) erforderlichen Prüfungshandlungen: → allgemeine Prüfungshandlungen, → empfohlene Prüfungshandlungen, → weitergehende Prüfungshandlungen.
Prüfungsrisiko	Risiko, dass der Abschluss wesentliche Fehlaussagen enthält und der Abschlussprüfer eine falsche Prüfungsaussage abgibt. Bestandteile: → inhärentes Risiko, → Kontrollrisiko, → Aufdeckungsrisiko.
Prüfungsurteil	Ziel einer →Abschlussprüfung mit einer → Zusicherung hohen Grades: uneingeschränktes Prüfungsurteil, Einschränkung des Prüfungsurteils, Verneinung des Prüfungsurteils, Unmöglichkeit eines Prüfungsurteils.
Qualitätssicherung	Grundsätze und Massnahmen eines Unternehmens, das Wirtschaftsprüferdienstleistungen anbietet, um angemessen zu gewährleisten, dass alle seine →Abschlussprüfungen mit der Zielsetzung des Standards zur eingeschränkten Revision oder den allgemeinen Grundsätzen gemäss den Schweizer Prüfungsstandards (je nach Art der → Prüfung) übereinstimmen.
Rechtsverstoss	Nichteinhaltung gesetzlicher, statutarischer, vertraglicher oder sonstiger Vorschriften, soweit diese nicht den →Abschluss oder die Buchführung regeln.
Rechnungslegungsnormen	→ Anzuwendende Rechnungslegungsnormen
Rechnungswesen-System	Gesamtheit der Vorgänge und Aufzeichnungen eines Unternehmens zum Zweck der buchhalterischen Verarbeitung von Transaktionen. Letztere sowie weitere Ereignisse werden durch dieses System bestimmt, erfasst, analysiert, berechnet, klassiert, aufgezeichnet, zusammengefasst und rapportiert.
Rechte und Verpflichtungen	→ Aussagen (im Abschluss)

Glossar

Begriff	Definition
Regelwerk der Rechnungslegung	Regelwerk, mit dem ein →Abschluss ausdrücklich übereinstimmen muss, dessen Ziel ein den tatsächlichen Verhältnissen entsprechendes Bild der Vermögens-, Finanz- und Ertragslage des Unternehmens ist. Als anerkannte, umfassende Regelwerke gelten: • die International Financial Reporting Standards (IFRS), • die International Financial Reporting Standards für KMU (IFRS-KMU) • die Fachempfehlungen zur Rechnungslegung (Swiss GAAP FER), einschliesslich Kern-FER, • die US Generally Accepted Accounting Principles (US GAAP), • die International Public Sector Accounting Standards (IPSAS) • andere anerkannte Rechnungslegungsnormen im Sinne der Richtlinie Rechnungslegung der SIX Swiss Exchange, • andere anerkannte Standards nach der Verordnung über die anerkannten Standards zur Rechnungslegung (VASR), • Standards und/oder gesetzliche Vorschriften eines anderen Landes, sofern diese die Vermittlung eines den tatsächlichen Verhältnissen entsprechenden Bildes der Vermögens-, Finanz- und Ertragslage von Unternehmen ausdrücklich bezwecken.
Review (prüferische Durchsicht)	Ziel der Review eines → Abschlusses ist eine Aussage darüber, ob der → Wirtschaftsprüfer auf Sachverhalte gestossen ist, die ihn zu dem Schluss veranlassen, dass der →Abschluss nicht in allen wesentlichen Punkten den → anzuwendenden Rechnungslegungsnormen entspricht. Diese Aussage macht der → Wirtschaftsprüfer aufgrund von Prüfungshandlungen, die nicht alle Nachweise liefern, welche von einer → Prüfung verlangt würden (→ Prüfungsnachweise). Eine ähnliche Zielsetzung hat die Review von Finanzinformationen oder anderen Informationen, die gemäss geeigneten Kriterien erstellt sind. An den Anforderungen einer → Review orientiert sich auch die →eingeschränkte Revision für kleine Unternehmen in der Schweiz.
Revisionsstelle	Gesetzlicher → Abschlussprüfer einer Aktiengesellschaft, GmbH, Genossenschaft, Stiftung oder eines Vereins nach schweizerischem Recht.
Revisor	→ Prüfer
Sicherheitsgrad	→ Angemessene Sicherheit
Schätzung (im Abschluss)	Approximative Ermittlung des Betrags eines Postens, für den es kein exaktes Ermittlungsverfahren gibt.
Subjektive Unüberprüfbarkeit	→ Beschränkung des Prüfungsumfangs
Transaktionen mit nahestehenden Parteien	Übertragung von Ressourcen oder Verpflichtungen zwischen wirtschaftlich nahestehenden Unternehmen und Personen (→ nahestehende Parteien), unabhängig davon, ob ein Preis berechnet wird.
Überschuldung	Die Forderungen der Gläubiger werden weder zu Fortführungs- noch zu Veräusserungswerten durch Aktiven der Gesellschaft gedeckt.
Uneingeschränkte Prüfungsaussage	Standardwortlaut der → Prüfungsaussage (→ Abschlussprüfung)
Unmöglichkeit einer Prüfungsaussage	Eine → Prüfungsaussage ist für den → Abschlussprüfer dann nicht möglich, wenn eine → Beschränkung des Prüfungsumfangs oder ein angenommener → Fehler vorliegt und die mögliche Auswirkung das vom → Abschluss vermittelte Gesamtbild grundlegend verändert. Der → Abschlussprüfer ist dann mangels ausreichender und geeigneter Prüfungsnachweise nicht in der Lage, eine → Prüfungsaussage abzugeben.
Unsicherheit	Sachverhalt, dessen Ausgang von zukünftigen Ereignissen abhängt, die das Unternehmen direkt weder herbeiführen noch verhindern kann und die den → Abschluss beeinflussen können.

Glossar

Begriff	Definition
Unterbilanz	Von einer «Unterbilanz» spricht man, wenn das Aktien-/Partizipationskapital nur noch zum Teil gedeckt ist. Das buchmässige Eigenkapital ist kleiner als das nominelle Aktienkapital (PS 290.B)
Unternehmensfortführung	→ Annahme der Unternehmensfortführung
Unternehmensleitung	Personen, die für die Aufsicht, Oberleitung und Kontrolle (Governance) eines Unternehmens verantwortlich sind (z. B. Verwaltungsrat einer AG). Der Begriff wird dort verwendet, wo nicht zwischen den → Verantwortlichen für die Leitung und Überwachung einerseits sowie der → Geschäftsleitung andererseits unterschieden ist.
Verantwortliche für die Leitung und Überwachung (in Unterscheidung von der Geschäftsleitung)	→ Leitung und Überwachung, → Unternehmensleitung
Vereinbarte Prüfungshandlungen	Auftrag an einen →Wirtschaftsprüfer, die Prüfungshandlungen vorzunehmen, welche er mit dem Unternehmen und gegebenenfalls einer Drittpartei (oder Drittparteien) vereinbart hat, und über die Ergebnisse zu berichten. Die Berichtsempfänger müssen ihre eigenen Schlussfolgerungen daraus ziehen. Der Bericht ist nur für die Parteien bestimmt, welche die Prüfungshandlungen vereinbart haben, da andere die Ergebnisse falsch interpretieren könnten.
Verfahrensorientierte Prüfungshandlungen	Synonym für → Funktionsprüfungen
Vergleichsinformationen	Vergleichsinformationen können betragsmässige (Bilanz-, Erfolgs-, Geldflussposten) sowie andere Angaben für mehr als eine Periode beinhalten. Die beiden Konzepte der Darstellung sind: • *Vergleichszahlen:* Die betragsmässigen und anderen Angaben für die Vorperiode bilden einen Bestandteil des →Abschlusses der Berichtsperiode und sollen in Verbindung mit den betragsmässigen und anderen Angaben für die Berichtsperiode («Zahlen der Berichtsperiode») gelesen werden. Die Vergleichszahlen stellen für sich allein keinen integralen →Abschluss dar, sondern sind Teil des Abschlusses der Berichtsperiode und nur in Verbindung mit den Zahlen der Berichtsperiode zu lesen. • *Vergleichsabschluss:* Die betragsmässigen und anderen Angaben für die Vorperiode bezwecken einen Vergleich mit dem →Abschluss der Vorperiode, bilden indessen keinen Bestandteil des →Abschlusses der Berichtsperiode. Den gesetzlichen Vorschriften und gebräuchlichen →Regelwerken der Rechnungslegung in der Schweiz liegt stets das erstgenannte Konzept zugrunde.
Verneinende Prüfungsaussage	Eine verneinende Prüfungsaussage muss der → Abschlussprüfer abgeben, wenn eine → Meinungsverschiedenheit mit der Unternehmensleitung bezüglich festgestellter oder angenommener → Fehlaussagen besteht und deren Auswirkung das vom → Abschluss vermittelte Gesamtbild grundlegend verändert. Der → Abschlussprüfer kommt in diesem Fall zum Schluss, eine → eingeschränkte Prüfungsaussage brächte die irreführende oder unvollständige Natur des → Abschlusses nicht angemessen zum Ausdruck.
Verstösse	→ Deliktische Handlungen
Veruntreuung von Vermögenswerten	→ Deliktische Handlung
Versagtes Prüfungsurteil	Wird als Synonym für eine → verneinende Prüfungsaussage in den Schweizerischen Prüfungsstandards genannt.
Vollständigkeit	→ Aussagen (im Abschluss)
Vollständigkeitserklärung (der Unternehmensleitung)	Übliche schriftliche Form periodisch zu erlangender → Erklärungen der Unternehmensleitung
Vorhandensein	→ Aussagen (im Abschluss)

Glossar

Begriff	Definition
Wesentlichkeit	Informationen sind wesentlich, wenn ihr Weglassen oder ihre fehlerhafte Darstellung die auf der Basis des → Abschlusses getroffenen wirtschaftlichen Entscheidungen der Adressaten beeinflussen könnten. Die Wesentlichkeit ist von der Grösse des Postens oder des → Fehlers abhängig, die sich nach den besonderen Umständen des Weglassens oder der fehlerhaften Darstellung ergibt. Somit ist sie eher eine Schwelle oder ein Grenzwert und weniger eine primäre qualitative Anforderung, die eine Information haben muss, um nützlich zu sein.
Weitergehende Prüfungshandlungen	Weitergehende Prüfungshandlungen sind bei der eingeschränkten Revision bei identifizierten → wesentlichen (bedeutsamen) → inhärenten Risiken durchzuführen. Dabei werden oft zusätzliche → angemessene Detailprüfungen wie vertiefte Belegprüfungen und/oder verlässliche → analytische Prüfungshandlungen durchgeführt.
Wirtschaftsprüfer	Unternehmen oder Person, welches/welche Wirtschafprüfer-Dienstleistungen anbietet.
Zugelassener Revisor (Art. 727b Abs. 2 OR)	Eine natürliche Person oder ein Revisionsunternehmen mit den Voraussetzungen nach Art. 5 bzw. Art 6 RAG und einer entsprechenden Zulassung bei der RAB.
Zugelassener Revisionsexperte (Art. 727b Abs. 2 OR)	Eine natürliche Person oder ein Revisionsunternehmen, die bzw. das die Voraussetzungen nach Art. 4 bzw. Art 6 RAG erfüllt und bei der RAB über eine entsprechende Zulassung verfügt.
Zukunftsinformation	→ Zukunftsorientierte Finanzinformationen
Zukunftsorientierte Finanzinformationen	Finanzinformationen, die sich auf Annahmen über mögliche Ereignisse und mögliche Handlungen des Unternehmens in der Zukunft stützen. Sie sind in hohem Masse subjektiver Natur, und ihre Erstellung beruht beträchtlich auf Ermessen. Zukunftsorientierte Finanzinformationen können die Form einer Vorschaurechnung, einer Prognose oder von beidem annehmen.
Zusatz	Zusätzlicher Absatz im Bericht des →Abschlussprüfers, um einen Sachverhalt hervorzuheben, der die → Prüfungsaussage nicht beeinflusst. Unterschieden werden: Sachverhalte, die den → Abschluss beeinflussen: • wesentliche Sachverhalte betreffend die → Unternehmensfortführung, • andere wesentliche → Unsicherheiten, Sachverhalte, die den → Abschluss nicht beeinflussen, • Hinweise auf Gesetzes- oder Statutenverstösse.
Zusicherung («assurance»)	Bezieht sich auf die Urteilsbildung des → Wirtschaftsprüfers über die Verlässlichkeit des → Prüfungsurteils bzw. der → Prüfungsaussage. Bei einer → Prüfung gibt der Wirtschaftsprüfer eine Zusicherung hohen Grades («high assurance») darüber ab, dass die Informationen keine wesentlichen → Fehlaussagen enthalten. Bei einer eingeschränkten Revision und → Review (prüferische Durchsicht) macht der → Wirtschaftsprüfer eine Zusicherung weniger hohen Grades («moderate assurance») darüber, dass die Informationen keine wesentlichen → Fehlaussagen enthalten.

Literaturverzeichnis

Blätter für Zürcherische Rechtsprechung, Zürich, (zitiert «ZR, Nr. [Jahrgang]»).

Blätter für Schuldbetreibung und Konkurs, Wädenswil, (zitiert «BlSchK, [Jahrgang]»)

Böckli, Peter (2007): Revisionsstelle und Abschlussprüfung, Zürich: Schulthess-Verlag (zitiert «Böckli Revisionsstelle»).

Böckli, Peter (2009): Schweizer Aktienrecht, Zürich: Schulthess-Verlag (zitiert «Böckli Aktienrecht»).

Boehmle, Max (1995): Unternehmensfinanzierung, 11. A., Zürich.

Basler Kommentar (2011): Revisionsrecht, Revisionsaufsichtsgesetz, Art. 727–731a OR, Art. 755 OR, Basel: Helbling-Lichtenhahn-Verlag (zitiert «BSK Revisionsrecht»).

Basler Kommentar (2012): Obligationenrecht II, Art. 530–964 OR, Basel: Helbling-Lichtenhahn-Verlag (zitiert «BSK OR II»).

Blätter für Zürcherische Rechtsprechung (zitiert «ZR»).

Botschaft des Bundesrates vom 23. Juni 2004 zur Änderung des Obligationenrechts (Revisionspflicht im Gesellschaftsrecht) sowie zum Bundesgesetz über die Zulassung und Beaufsichtigung der Revisorinnen und Revisoren (zitiert «Botschaft 2004»).

Botschaft des Bundesrates vom 21. Dezember 2007 zur Änderung des Obligationenrechts (Aktienrecht und Rechnungslegungsrecht sowie Anpassungen im Recht der Kollektiv- und der Kommanditgesellschaft, im GmbH-Recht, Genossenschafts-, Handelsregister- sowie Firmenrecht) (zitiert «Botschaft 2007»).

Bundesgesetz über die Banken und Sparkassen vom 8. November 1934, in der geltenden Fassung (zitiert «BankG»).

Bundesgesetz über die berufliche Alters-, Hinterlassenen- und Invalidenvorsorge vom 25. Juni 1982, in der geltenden Fassung (zitiert «BVG»).

Bundesgesetz über Fusion, Spaltung, Umwandlung und Vermögensübertragung (Fusionsgesetz, FusG) vom 3.10.2003, in der geltenden Fassung (zitiert «FusG»).

Bundesgesetz betreffend die Ergänzung des Schweizerischen Zivilgesetzbuches vom 30. März 1911 (Fünfter Teil: Obligationenrecht, OR), in der geltenden Fassung (zitiert «OR»).

Bundesgesetz über die Zulassung und Beaufsichtigung der Revisorinnen und Revisoren (Revisionsaufsichtsgesetz, RAG) vom 16. Dezember 2005, in der geltenden Fassung (zitiert «RAG»).

Bundesgesetz über Schuldbetreibung und Konkurs vom 11. April 1889, in der geltenden Fassung (zitiert «SchKG»).

Bundesgesetz über das Verwaltungsstrafrecht vom 22. März 1974, in der geltenden Fassung (zitiert «VStrR»).

Bundesgesetz über den Versicherungsvertrag vom 2. April 1908, in der geltenden Fassung (zitiert «VVG»).

Camponovo, Rico A. (2009): Ist der Revisor «Schuldner» und damit strafbar wegen Misswirtschaft?, in: Treuhand-Kammer (Hrsg.): Der Schweizer Treuhänder Jg. 2009, Nr. 10, S. 744 f.

Literaturverzeichnis

Camponovo, Rico A. (2012): Benachrichtigung des Konkursrichters durch die Revisionsstelle – Schaden oder Nutzen für die Gläubiger? Rückblick, praktische Erfahrungen, Probleme, in Andrea Mathis & Rolf Nobs (Hrsg): Jahrbuch zu Treuhand und Revision 2012, Weka Verlag

Camponovo Rico A., Hans Moser (2010): Interimsdividende soll in der Schweiz neu möglich werden, in: Treuhand-Kammer (Hrsg.): Der Schweizer Treuhänder, Jg. 2010, Nr. 1–2, S. 48 ff. (zitiert «Camponovo/Moser»)

Camponovo, Rico A., Camponovo, Sara R. (2014): Anschein der Unabhängigkeit bei eingeschränkter Revision, Der Konkretisierungsauftrag des Gesetzgebers, in: Aktuelle Juristische Praxis, Jg. 2014, Nr. 5, S. 627 ff.

Chapuis, Benjamin (2012): L'expert-comptable face au faux dans les titres, in: Treuhand-Kammer (Hrsg.): Der Schweizer Treuhänder, Jg. 2012, Nr. 4, S. 239 f.

Desax, Barbara, Hans Isler und Dominik Spiess (1999): Zum Verhalten der Revisionsstelle beim Feststellen von verdeckten Gewinnausschüttungen, in: Treuhand-Kammer (Hrsg.): Der Schweizer Treuhänder, Jg. 99, Nr. 6 f., S. 581–587.

Die Praxis des Schweizerischen Bundesgerichtes (zitiert «Pra»).

Eidgenössisches Justiz- und Polizeidepartement (2011): Inkraftsetzung der erhöhten Schwellenwerte des Revisionsrechts auf den 1. Januar 2012, [online] http://www.ejpd.admin.ch/ejpd/de/home/dokumentation/mi/2011/2011-08-310.html [30.08.2014].

Eidgenössische Revisionsaufsichtsbehörde RAB (2013): Tätigkeitsbericht 2013, Bern.

Herzog, Peter (2003): Die Verantwortlichkeit der Revisionsstelle für eine Steuereinschätzung von Amtes wegen, in: Treuhand-Kammer (Hrsg.): Der Schweizer Treuhänder, Jg. 2003, Nr. 4, S. 268 f.

Horat, Lukas (2012): Einsatz von analytischen Prüfungshandlungen durch Wirtschaftsprüfer in der Schweiz — Eine deskriptive Untersuchung, Bachelorarbeit des Instituts für Accounting, Controlling und Auditing der Universität Zürich.

Imark, Lukas (2002): Zur Strafbarkeit der Revisionsstelle wegen leichtsinnigen Konkurses, in: Treuhand-Kammer (Hrsg.): Der Schweizer Treuhänder, Jg. 2002, Nr. 10, S. 901 f.

Institut der Wirtschaftsprüfer in Deutschland e.V. (2009): IDW S 7 – Grundsätze für die Erstellung von Jahresabschlüssen (zitiert «IDW S 7»).

International Federation of Accountants (2010): Guide to Using International Standards on Auditing in the Audits of Small- and Medium-sized Entities, Volume 1. Core Concepts, Second Edition, [online] http://www.ifac.org/publications-resources/guide-using-international-standards-auditing-audits-small-and-medium-sized-en [30.8.2014] (zitiert «IFAC-SME 1»).

International Federation of Accountants (2010): Guide to Using International Standards on Auditing in the Audits of Small- and Medium-sized Entities, Volume 2. Practical Guidance, Second Edition, [online] http://www.ifac.org/publications-resources/guide-using-international-standards-auditing-audits-small-and-medium-sized-en [30.8.2014] (zitiert «IFAC-SME 2»).

Isufi, Shqiponja (2010): Beurteilung der eingeschränkten Revision aus der Sicht der leitenden Revisoren, Eine empirische Untersuchung bei Aktiengesellschaften in der Deutschschweiz, Dissertation der wissenschaftlichen Fakultät der Universität Zürich.

Literaturverzeichnis

Käfer, Karl (1981): Berner Kommentar, Band VIII, 2. Abt., Die kaufmännische Buchführung, Art. 957 – 964 OR, 1. Teilband, Grundlagen und Art. 957 OR, Stämpfli Verlag, Bern.

Keller, Susanne (2012): Das Risiko einer Verantwortlichkeitsklage für Verwaltungsräte, in: Treuhand-Kammer (Hrsg.): Der Schweizer Treuhänder, Jg. 2012, Nr. 3, S. 166 ff.

Luterbacher, Thierry (2000): Ein wegweisendes Bundesgerichtsurteil zur Verantwortlichkeit der Revisionsstelle, in: Treuhand-Kammer (Hrsg.): Der Schweizer Treuhänder, Jg. 2000, Nr. 11.

Müller, Pascal (2009): Umfrage bei den Unternehmen zum neuen Revisionsrecht, in: Schweizerische Eidgenossenschaft, KMU-Forum (Hrsg.): Bericht über die Umfrage bei den Unternehmen zum neuen Revisionsrecht, Bern.

Müssig, Dr. Anke, Dr. Andreas Blumer (2008): Eingeschränkte Revision, Würdigung vor dem Hintergrund der Erwartungslücke, in: Treuhand-Kammer (Hrsg.): Der Schweizer Treuhänder, Jg. 2008, Nr. 11, S. 947–951.

Revue jurassienne de jurisprudence (zitiert «RJJ»).

Sanwald, Reto et Al, Hrsg (2014): Schweizerisches Privatrecht VIII/10, Die Revision, Basel.

Sanwald, Reto, Loris Pellegrini (2010): Revision ohne Zulassung, in: Treuhand-Kammer (Hrsg.): Der Schweizer Treuhänder, Jg. 2010, Nr. 10, S. 640 f.

Schmid, Niklaus (1996): Die strafrechtliche Verantwortlichkeit des Revisors, in: Treuhand-Kammer (Hrsg.): Schriftenreihe der Treuhand-Kammer Band 141.

Schweizerische Zivilprozessordnung vom 19. Dezember 2008, in der geltenden Fassung (zitiert «ZPO»).

Schweizerisches Strafgesetzbuch vom 21. Dezember 1937, in der geltenden Fassung (zitiert «StGB»).

STI Schweizerisches Treuhand-Institut FH, MAS Master of Advanced Studies in Treuhand und Unternehmensberatung, Experteninterviews zur eingeschränkten Revision, Semesterarbeit, Dozent Karl Renggli, Juli 2010.

Schweizerische Zeitschrift für Wirtschafts- und Finanzmarktrecht, Hrsg: P. Nobel, M. Amstutz, J.-L. Chenaux, H.C. von der Crone, S. Emmenegger, M. Giovanoli, C. Huguenin, A. von Planta, H. Peter, A. von Planta, R. Sethe, W. A. Stoffel, L. Thévenoz, R. H. Weber, Zürich (zitiert «SZW (Jahrgang)».

Stiftung für Fachempfehlungen zur Rechnungslegung (2008): Swiss GAAP FER, Fachempfehlung zur Rechnungslegung 2012/13, Zürich.

Treuhand-Kammer (1998): Schweizer Handbuch der Wirtschaftsprüfung, Band 2, Abschlussprüfung, Zürich.

Treuhand-Kammer (2009): Schweizer Handbuch der Wirtschaftsprüfung, Band 1, Buchführung und Rechnungslegung, Zürich (zitiert «HWP 1»).

Treuhand-Kammer (2009): Schweizer Handbuch der Wirtschaftsprüfung, Band 2, Abschlussprüfung, Zürich (zitiert «HWP 2»).

Treuhand-Kammer (2009): Schweizer Handbuch der Wirtschaftsprüfung, Band 3, Andere Prüfungen, Zürich (zitiert «HWP 3»).

Literaturverzeichnis

Treuhand-Kammer (2010): Handbuch der Wirtschaftsprüfung, Ausgabe 2009, Änderung 2 (dt.), Bd. 2, S. 55./S. 77, Oktober 2010.

Treuhand-Kammer (2011): Handbuch der Wirtschaftsprüfung, Ausgabe 2009, Änderung 4 (dt.), Bd. 1, S. 524 ff. (Teil VI, Kapitel 7.4.3) Rangrücktritt (zitiert «HWP 1, Änderung 4»).

Treuhand-Kammer (2010): Schweizer Prüfungsstandard PS, Zürich (zitiert «PS 2010»).

Treuhand-Kammer (2013): Schweizer Prüfungsstandard PS, Zürich (zitiert «PS»).

Treuhand-Kammer (2010): Richtlinie zur Unabhängigkeit 2007 (zuletzt geändert 6. Dezember 2010), [online] http://www.treuhand-kammer.ch/dynasite.cfm?dsmid=105402 [30.8.2014].

Treuhand-Kammer (2011): Eingeschränkte Revision und Mitwirkung bei der Buchführung, Positionspapier der Treuhand-Kammer, [online] http://www.treuhand-kammer.ch/dynasite.cfm?dsmid=105331 [30.8.2014].

Treuhand-Kammer (2011): Muster Rangrücktrittsvereinbarung, [online] http://www.treuhand-kammer.ch/dynasite.cfm?dsmid=105731 [30.8.2014].

Treuhand-Kammer (2012): Ausgewählte Fragen und Antworten zum Revisionsrecht (zuletzt geändert am 24. Januar 2012, [online] http://www.treuhand-kammer.ch/dynasite.cfm?dsmid=105320 [30.8.2014].

Treuhand-Kammer (2013): Ausgewählte Fragen und Antworten zum neuen Rechnungslegungsrecht (zuletzt geändert am 14. Februar 2014, [online] http://www.treuhand-kammer.ch/dynasite.cfm?dsmid=105320 [30.8.2014] (zitiert «Q & A NRLG»).

Treuhand-Kammer (2013): Schweizer Handbuch der Wirtschaftsprüfung, Band «Eingeschränkte Revision», Ausgabe 2014, Zürich (zitiert «HWP ER»).

Treuhand-Kammer (2013): Schweizer Prüfungshinweis 10: Berichterstattung zur Prüfung von besonderen Vorgängen – Stand: 29. Januar 2014, [online] http://www.treuhand-kammer.ch/dynasite.cfm?dsmid=105339 [30.8.2014] (zitiert «Schweizer Prüfungshinweis 10»).

Treuhand-Kammer (2014): Schweizer Handbuch der Wirtschaftsprüfung, Band «Buchführung und Rechnungslegung», Ausgabe 2014, Zürich (zitiert «HWP NRLG»).

Treuhand-Kammer und Treuhand Suisse (2007): Standard zur eingeschränkten Revision, Zürich/Bern (zitiert «SER»).

Treuhand-Kammer und Treuhand Suisse (2008): Anleitung zur Qualitätssicherung bei kleinen und mittelgrossen Revisionsunternehmen, [online] http://www.treuhandsuisse.ch/documents/AnleitungQualitaetssicherungtsd1232974088152.pdf [30.8.2014].

Treuhand-Kammer und Treuhand Suisse (o. J.): Checkliste betreffend Qualitätssicherung bei kleinen und mittelgrossen Revisionsunternehmen, [online] http://www.treuhand-kammer.ch/dynasite.cfm?dsmid=105331 [30.8.2014].

Treuhand-Kammer und Treuhand Suisse (2011): Arbeitshilfen für die eingeschränkte Revision und die freiwillige prüferische Durchsicht, Arbeitshilfe 1 vom 18.3.2011 und ergänzt am 24.11.2011, Normalwortlaute, [online] http://www.treuhandsuisse.ch/documents/Arbeitshilfe_fuer_die_Eingeschraenkte_Revision_Berichtsbeispiele.pdf [30.8.2014].

Literaturverzeichnis

Treuhand-Kammer und Treuhand Suisse (2011): Arbeitshilfen für die eingeschränkte Revision, Arbeitshilfe 2 vom 24.6.2011: Abweichungen vom Normalwortlaut im zusammenfassenden Bericht der Revisionsstelle (Einschränkungen, Hinweise oder Zusätze); Gesetzliche Grundlagen und Vorgaben des Berufsstandes, Übersicht; Berichtsbeispiele mit Abweichungen vom Normalwortlaut, [online] http://www.treuhandsuisse.ch/documents/Arbeitshilfe_fuer_die_Eingeschraenkte_Revision_vom_Berichterstattung.pdf [30.8.2014].

Verordnung über die Zulassung und Beaufsichtigung der Revisorinnen und Revisoren (Revisionsaufsichtsverordnung) vom 22. August 2007, in der geltenden Fassung (zitiert «RAV»).

Watter, Rolf (1995) Die Treuhand im Schweizer Recht, in: Zeitschrift für Schweizerisches Recht, Jg. 1995, Nr. 2, Helbling Lichtenhahn Verlag, Basel.

Wyss, Ott, Kurt Schüle (2010): Moderate Entwicklung der Revisionshonorare in der Schweiz, in: Treuhand-Kammer (Hrsg.): Der Schweizer Treuhänder, Jg. 2010, Nr. 10.

Wüthrich, Karl (2001): Aktienrechtliche Sonderprüfung – Organigramm vom 12.11.2001, [online] http://www.liquidator-swissair.ch/de/archiv/untersuchung-verantwortlichkeit-organe-sairgoup.htm [30.8.2014].

Wüthrich, Karl (2002): Mitteilung des Sachwalters der Swissair-Gruppe an die Gläubiger und die Medien betreffend Gläubigerversammlung der Swissair Schweizerische Luftverkehr AG auf später verschoben – Obligationäre durch Verschiebung nicht betroffen – Gesuch um Durchführung der Sonderprüfung zurückgezogen, vom 19.4.2002, [online] http://www.liquidator-swissair.ch/de/woechentliche-lageberichte-zur-sairgroup-sairlines-flightlease-ag-und-swissair-schweizerische-luftverkehr-ag.htm [30.8.2014].

Wüthrich, Karl (2003): Mitteilung des Sachwalters der Swissair-Gruppe an die Gläubiger und die Medien betreffend Untersuchung über die Verantwortlichkeit der Organe der SAirGroup: Ergebnisse und erste Erkenntnisse – Bestellung des Berichts beim Sachwalter vom 24.1.2003, [online] http://www.liquidator-swissair.ch/de/woechentliche-lageberichte-zur-sairgroup-sairlines-flightlease-ag-und-swissair-schweizerische-luftverkehr-ag.htm [30.8.2014].

Zürcher Hochschule für Angewandte Wissenschaften (ZHAW), School of Management and Law, Institut für Verwaltungs-Management IVM (2013): Regulierungskostenanalyse des Rechnungslegungs- und Revisions(aufsichts)rechts, Schlussbericht, Prof. Dr. Andreas Bergmann, Sandro Fuchs, Andreas Baur, Dr. Iris Rauskala, Sandra Fuhrimann.

Stichwortverzeichnis

A

Abgabe des Revisionsberichts 174
Ablauf einer freiwilligen Liquidation 610
Ablauf einer Überschuldungsanzeige 332
Abschlussstichtage 612
Abschreibungen und Wertberichtigungen auf Positionen des Sachanlagevermögens 731
Abstimmungsprüfung 158
Abweichungen vom Normalwortlaut 177
adäquater Kausalzusammenhang 548, 556, 560
Adressat des Berichts 172
Aggregationsrisiko 108, 140
Agio 397
Akonto-Dividende 424, 426
Aktenstudium 159
Aktive Rechnungsabgrenzungen 711
Allgemeine Prüfungshandlungen 119, 123, 126, 702
Alternativen zum Rangrücktritt 311
alternative Prüfungen 688
Amtsdauer 51
analytische Prüfungshandlungen 101, 112, 125, 148, 165, 376
andere Entscheidfunktion beim Prüfkunden 513
anderer Abschlussprüfer 144
angefangene Arbeiten 129
angemessene Detailprüfungen 157
angenommene Fehler 144
angenommener Sachverhalt 140
Anhang 614, 617, 734
Anhangsangaben 370
Anlagedeckungsgrad 128
Anpassungen in den Passiven 627
Antrag des Verwaltungsrats entspricht nicht Gesetz und Statuten 429
Antrag des Verwaltungsrats über die Verwendung des Bilanzgewinns 396, 422
Anwendbarkeit von Art. 725 OR 621
Anwendungsbereich des Anscheins der Unabhängigkeit 520
Anzeigepflicht 332
Anzeigepflichten 540
Arbeiten Dritter 144
Arbeitspapiere 86, 92, 435

Art. 165 Abs. 1 StGB: Misswirtschaft 581
Art. 251 StGB: Urkundenfälschung (Falschbeurkundung) 583
Aufbewahrung 444
Aufbewahrung der Geschäftsbücher 628
Aufbewahrungspflichten 435
Aufdeckungsrisiko 98, 118
Aufgaben der Liquidatoren 610
Aufgaben der Liquidatoren bei Überschuldung (Art. 743 Abs. 2 OR) 621
Aufgaben der Revisionsstelle 611, 622
Aufhebung des Rangrücktritts 307
Aufschub von zwei oder drei Geschäftsjahren 57
Aufsicht 29
aufsichtsrechtliche Pflichtverletzungen 567
Auftragsbedingungen 692
Auftragsbestätigung 86, 88
Auftragsbestätigung für die Mitwirkung bei der Buchführung 90
Auftragsdurchführung 666
Auftragshaftung 551
Aufwertung 403
Aufwertungsprüfung 646
Ausbildung 81, 83
Ausdehnungsbereich der Vorschriften zur äusseren Unabhängigkeit 488
ausgeschlossene Prüfungshandlungen 47
Auslegungshilfen 492
Auslöser für eine Strafverfolgung 577
Ausmass der Sanierung 303
Ausmasse des Anscheins der Unabhängigkeit 512
Aussagebezogene Prüfungshandlungen 21, 30
Aussagenbezogene Prüfungshandlungen 739
Aussagen zur Jahresrechnung 115
Ausschüttungspotenzial 423
äussere Unabhängigkeit 489
ausserordentliche Dividende 424, 425
Aus- und Weiterbildungsanforderungen 459
Auswahlverfahren 138

B

bedeutsame Risiken 98, 114, 123, 124, 129, 135, 136, 392

Stichwortverzeichnis

Bedingte Kapitalerhöhung   642
Beendigung der Pflicht zur ordentlichen Revision   67
Befragungen   101, 145, 165, 376, 415, 419
Beginn einer eingeschränkten Revision   51
begrenzte Urteilssicherheit   41
Begriff der Veräusserungswerte und deren Ermittlung   626
Begutachtung   31
Belegprüfung   157
Benachrichtigung des Richters   321
Beobachtung   159
Beratung   31
Berechnung der Referenzgrössen   56
Berichterstattung   74, 266, 398, 428, 530, 355 355
Berichterstattung bei freiwilligen Prüfungen   195
Berichterstattung der Revisionsstelle bei einer Überschuldung   317
Berichterstattung der Revisionsstelle bei hälftigem Kapitalverlust   280
Bericht über eine Abschlusserstellung   689
Berufsgeheimnis   587
beschränkte Hinweispflicht   189
beschränkte Regulierungsfähigkeit   487
Beschränkung des Prüfungsumfangs   140, 178, 266
Beschwerde   578
Besichtigung   159
besondere Vorteile   519
Besorgnis einer Überschuldung   625
Bestandsprüfungen   368
Bestandteile des Berichts   172
Bestrafung des Revisors   539
Bestrafung für Übertretungen nach Art. 39 RAG   574
Bestrafung für Vergehen nach Art. 40 RAG   576
Beteiligungen   130, 386, 714
Betreuung   31
Beurteilung der Fortführungsfähigkeit   284
Beweislast   565
Bewertungsfragen bei der Prüfung in der freiwilligen Liquidation   626
Bewertungsmodell   377
Bewertungsprüfungen   373

Bewertungsvorschriften   626
Beziehungen   514
Bezugsrecht   641
bilanzielle Sanierung   405
Botschaft vom 23. Juni 2004   490
Branchenvergleich   150
Bruttogewinnquote   128
Buchführung   493
Buchführungs- und Rechnungslegungsvorschriften   617
Budgetvergleich   149

C

Cash Burn Rate   128
Cashdrain   260
Cashflow Ratio   128
Charakteristik von Pflichtverletzungen   538
Cost/Income Ratio   128
Covenants (Kreditvereinbarungen)   105

D

Darlehen an Aktionär   398
Dauerakten   436
Definition Buchführung   501
Definition der Unabhängigkeit   482
Definition Rechnungswesen   497, 498
Definition «Revisionsstelle»   520
deklarative Kapitalherabsetzung   643
deliktische Handlungen   157, 400
derivative Finanzinstrumente   129
Detailprüfungen   157, 166, 376
direkte Prüfung   137
direkte Steuern   130, 733
Dividende   424
Dividendenausschüttung ohne Revisionsbericht   429
Dividendendurchschüttung im Konzern   426
Dividendenzahlung in fremder Währung   426
Dokumentation   102
Dokumentation der Prüfung   435
dolose Handlungen   118, 669, 680
Doppelmandate   406, 481, 506
Drittbestätigungen   157, 159, 400
Durchführung der freiwilligen Liquidation   610
Durchführung einer Revision im Vergleich zum Mitwirken bei der Buchführung   495

Stichwortverzeichnis

E

eigene Anteile   130, 131, 386
eigene Pflichtverletzungen   543
Eigenfinanzierungsgrad (Eigenkapitalquote)   128
Eigenkapital   130, 727
Eigenkapitalrendite   128
Eigenkreationen von Rangrücktrittsvereinbarungen   309
Eigenschaften des Revisors   28
Einberufung der Generalversammlung durch die Revisionsstelle   280
Einberufung der Generalversammlung und Beantragung von Sanierungsmassnahmen durch den Verwaltungsrat   279
Einbruch in die Wahrung des Anscheins der Unabhängigkeit   485
eingeschränkte Prüfungsaussage   179, 181, 183
Einlagerückgewähr   129, 396, 400
Einschränkung   186
Einschränkungspflicht   547
Einsitz im Verwaltungsrat und Arbeitnehmerstellung   512
Einzelabstimmung   158
Einzelbewertung   377
Elemente des Rechnungswesens   498
empfohlene Prüfungshandlungen   120, 123, 126, 392
enge Beziehungen   514
Entdeckungsrisiko   668
Entstehung der Pflicht zur ordentlichen Revision   54
Entzug der Zulassung   569, 570
Erbringen anderer Dienstleistungen   82, 169, 493, 516
Erbringen anderer Dienstleistungen unter denselben Prämissen bei beiden Revisionsarten   496
Ereignisse nach dem Bilanzstichtag   410, 678
Erfahrungsberichte   595
Erfolgsrechnung   614, 617
ergänzende Berichterstattung   191
Erklärung zum Gründungsbericht   657
Erklärung zum Kapitalerhöhungsbericht   659
Erleichterungen bei der Überschuldungsanzeige   329
Erstattung der Überschuldungsanzeige   335
Erstellung einer Jahresrechnung   690
Erstellungsauftrag   689, 692
Erstellungsbericht   695
Erstellungsbericht mit Plausibilitätsbeurteilungen   698
Erwartungslücke   26
Eventualverbindlichkeiten   131, 416
Existenz IKS   681
externe Bestätigungen   675

F

Fachpraxis   81
faktische oder stille Liquidation   609
Fehlerrisiko   98
Fehlertoleranz   104
FER 21   49
Fertigungsgrad   129
festgestellte oder angenommene Fehler   182
Feststellung der Überschuldung   621
Feststellungen zur Gewinnverwendung   186
fiktive Aktiven   129
fiktive Passiven   130
Finanzanlagen   712
Finanzaufwand und Finanzertrag   732
finanzielle Beziehungen   515
Finanzierungsverhältnis   128
flexibler Rangrücktritt   309
flüssige Mittel   129
Flüssige Mittel und kurzfristig gehaltene Aktiven mit Börsenkurs   703
Forderungen aus Lieferungen und Leistungen   705
Forderungen Darlehensguthaben   129
Form des Hinweises   543
Fortführung der Unternehmungstätigkeit   678
Freigabe der Jahresrechnung   410
Fremdfinanzierungsgrad (Fremdkapitalquote)   128
Fremdwährungsumrechnung   130
Fristen   321
Führungsstruktur   82, 447
Funktionsprüfungen   31
Fusionsprüfung   650

Stichwortverzeichnis

G
gebräuchliche Prüfungshandlungen 122, 701
Gefährdete Unternehmensfortführung 256, 266, 413
Gegenstand der eingeschränkten Revision 39
geldwerte Leistungen 387
Geltungsbereich der Verantwortlichkeit 550
Genehmigung der Liquidationsbilanzen 618
Gerichtsentscheide 276, 580
Gerichtsentscheide zum adäquaten Kausalzusammenhang 548
Gerichtsentscheide zur Einschränkungspflicht 547
Gerichtsentscheide zur Festlegung des Schadenersatzes 548
Gerichtsentscheide zur Gründungsprüfung 550
Gerichtsentscheide zur Hinweispflicht 547
Gerichtsentscheide zur Kapitalerhöhungsprüfung 549
Gerichtsentscheide zur Streitverkündungsklage 550
Gerichtsentscheide zur verspäteten oder unterlassenen Anzeige beim Richter 545
Gerichtsentscheide zu zivilrechtlichen Pflichtverletzungen 544
Gerichtsstand 566
Gesamtabstimmung 158
Gesamtkapitalrendite 128
Gesamtübersicht 665
Gesamturteil bei Prüfungsbeendigung 159
Gesamtwesentlichkeit 106, 110, 141
Geschäftsperioden 612
Geschenke 519
gesetzlichen Anzeigepflichten 540
gesetzliche Pflichten 49
gesetzlich vorgesehene Aufgaben der Revisionsstelle (Art. 745 Abs. 3 OR) 622
gestaffelter Rangrücktritt 309
Gewinnverwendung 105
Gewinnvorwegnahmen 387
Gläubigerschutz 402
Gliederung 441
Going Concern 257

Grad der Zusicherung 26, 688
Grunddividende 424
Gründervorteile 636
Grundgesamtheit 138, 142
Grundlagen der Rangrücktrittsvereinbarung 305
Grundlagen der Unabhängigkeit 484
Grundsätze des Berufsstands 276, 540
Grundsätzliche Vorgaben des Berufsstands 510
Gründungsprüfung 550, 635
Gruppenbewertung 377
Gutachten 157, 400

H
Haftung 82, 86
Haftung als faktisches Organ 551
Haftungsgrundlagen 626
hälftiger Kapitalverlust 276
Herstellungskosten 129
Hinweis auf die eingeschränkte Natur der Revision 169
Hinweise auf Gesetzes- und Statutenverstösse
Hinweispflicht 189, 547
Hinweiszeitpunkt 542
Höhe des Rangrücktritts 307
Honorar 87
Honorarrisiken 326

I
IESBA-Kodex 145
IKS 118
Illiquidität 625
immaterielle Anlagen 130, 718
Imparitätsprinzip 411
independence in appearance 82
independence in fact 82
independence of mind 82
indirekte Prüfung 137
Inhalt der Vorschriften zur äusseren Unabhängigkeit 488
inhärente Risiken 97, 98, 113, 125, 141, 668
innere Unabhängigkeit 486
Insolvenzerklärung 293
Interesse der Revisionsstelle am Prüfergebnis 519

Stichwortverzeichnis

Interimsdividende 424, 425
interne Kontrolle 30
interne Revision 30
Inventur 129
Inventurteilnahme 157
Irrtümer 118
IT-Prüfung 145

J
Jahresakten 436
Joint-Audit 80

K
Kalkulation einer Gewinnverwendung 424
Kapitalerhöhungsprüfung 549, 639
Kapitalerhöungen 414
Kapitalherabsetzung 661
Kapitalherabsetzungsprüfung 643
Kapitalverlust 101, 105, 106, 126, 260, 274, 625
Kenntnisse der Tätigkeit und des Umfelds des Unternehmens 125
Kenntnisse der Tätigkeit und Umfeld des Unternehmens 99
Kennzahlen 128
Kern-FER 48
Konkretisierung bezüglich personeller Beziehungen zum Prüfkunden 512
Konkretisierung der äusseren Unabhängigkeit 489
Konkretisierung des Ausmasses des Anscheins der Unabhängigkeit 512
Konsequenzen bei Pflichtverletzungen 508, 526
Konsolidierungspflicht bei Liquidation einer Konzerngesellschaft 627
Konstitutive Kapitalherabsetzung 643
Kontrollrisiken 97, 118, 668
konzeptioneller Rahmen 40
Konzernrechnung 62
Kosten-Nutzen-Überlegungen 696
Kredit- und Vertrauenswürdigkeit 598
Kreditvereinbarungen 106, 260
kritische Durchsicht 156
kritische Grundhaltung 119, 136, 165

künftiger Rangrücktritt 310
kurzfristige und langfristige verzinsliche Verbindlichkeiten 722

L
langfristige Sanierung 324
latente Steuerschulden 404
Leasing 129
Leumund 81
Liberierung durch Verrechnung 636
Liegenschaften 414
Liquidation 615
Liquidationsbilanzen 617
Liquidations-Eröffnungsbilanz 612
Liquidations-Schlussbilanz 617
Liquidationswerte 259
Liquidations-Zwischenbilanzen 615, 623
Liquiditätsgrad 128
Liquiditätslage 283
Liquiditätsplan 262, 284
Löschung der Gesellschaft 619
Löschung im Handelsregister 628

M
Mandat 82
Mandatsannahme 80
Mandatsbeendigung 326
Mandatsweiterführung 80
Massgeblichkeitsprinzip 402
Materialaufwand 130
Mehraufwand der Revisionsstelle 328
Meinungsverschiedenheiten 178, 301
Meinungsverschiedenheit mit dem Verwaltungsrat bezüglich Wechsel in die ordentliche Revision 70
Meldepflichten 567
Mindestgliederung 130
Misswirtschaft 581
Mitarbeiterbeteiligungsprogramme 386, 400
Mitglieder der Fachverbände 492
mittelhohe Zusicherung 26
mitunterzeichnende Person 176
Mitwirkung in der Buchführung und Erbringen anderer Dienstleistungen 82, 169, 493, 516
Mitwirkungspflichten 569

Stichwortverzeichnis

N

Nachträgliche Liberierung 639
Nachvollziehen 159
Nachvollzieh- und Nachprüfbarkeit 436
Nahestehende der Revisionsstelle 521
nahestehende Parteien 101, 126, 384, 389, 677
Natural-/Sachdividende 427
negativ formulierte Prüfungsaussage 175
neue Geschäftsperiode 613
neues Geschäftsjahr in der Liquidation 615
Nichtaufgriffsgrenze 107, 141
nicht einbezahltes Grund-, Gesellschafter oder Stiftungskapital 720
nicht marktkonformen Bedingungen 519
nicht mögliche Prüfungsaussage 181, 183

O

oberstes Leitungs- oder Verwaltungsorgan 448
objektives Prüfungsurteil 484
objektive Unüberprüfbarkeit 178, 379
offene Fragen 147
offensichtliche Überschuldung 289, 321, 625
Opting-down 46
Opting-in 46
Opting-out 44, 45, 603
Opting-up 44
ordentliche Dividende 424
Organisation 100
Organisationsformen 458
Orientierung des Verwaltungsrats 188
Outsourcing 673

P

passive Rechnungsabgrenzungen 130, 725
Peer Review 569
Personalaufwand 130, 729
Personalwesen 666
personelle Beziehungen des leitenden Revisors zum Prüfkunden 514
personelle Beziehungen zum Prüfkunden 512
personelle und organisatorische Trennung 455, 506
Pflichten aus Haftpflichtversicherungsvertrag 590
Pflichten der Revisionsstelle 625
Pflichten des Verwaltungsrats und der Revisionsstelle 278
Pflichten gemäss Revisionsaufsichtsgesetz 567
Pflichten im Obligationenrecht und im Zivilgesetzbuch 539
Pflichtverletzung 556, 557
Pflichtverletzungen 508, 526, 543
Pflichtverletzungen gemäss Strafgesetzbuch 578
Pflicht zur Erstellung der Liquidations-Schlussbilanz 617
Pflicht zur Erstellung einer Konzernrechnung 63
Planungsbesprechung 123
Plausibilitätsbeurteilungen 691
Politischer Hintergrund der eingeschränkten Revision 38
Praktische Handhabung der Anzeigepflicht 332
Prinzipal-Agent-Beziehung 27
progressive Prüfrichtung 137
Prüfdokumentation 75
prüferische Durchsicht 25
Prüffelder 136
Prüfplan/-programm 141
Prüfprogramm 121, 126
Prüfsicherheit 135
Prüfung der Liquidationsbilanzen 623
Prüfung der Vorjahresangaben 354
Prüfung der Zwischenbilanz 294
Prüfungen bei eingeschränkter Revision 428
Prüfungsansatz 125
Prüfungsdurchführung 134
Prüfungsfeststellungen 440
Prüfungshandlungen 119, 126
Prüfungsnachweise 134, 136, 165, 674
Prüfungspendenzen 170
Prüfungsperioden 624
Prüfungspflicht der Revisionsstelle 427
Prüfungsplan 121, 126
Prüfungsplanung 96, 391
Prüfungsrisiko 31, 98, 107, 668
Prüfungsumfang 138, 178

Stichwortverzeichnis

Prüfungs- und Berichterstattungsart bei Liquidations-Zwischenbilanzen 623
Prüfungsvorbereitung 74
Prüfungsziele 123, 126, 135, 366
Prüfziele 115

Q
qualitative Wesentlichkeit 104
Qualitätskultur 451
Qualitätssicherungsstandard 666
Qualitätssicherungssystem 82, 446
Qualitätssicherungssystem im KMU-Umfeld 450
Qualitätsstandard QS 1 449
quantitative Wesentlichkeit 104

R
Rangrücktritt 305, 307, 309
rechnerische Prüfung 158
reduzierte Haftung bei Eingeschränkter Revision 553
Referenzierung 437
Regulierungsfähigkeit 487
repräsentative Stichproben 139
Reservezuweisung 427
retrograde Prüfrichtung 137
Review (prüferische Durchsicht) 40
Revisionshaftung 550, 556
Revisionsstelle bzw. Prüfkunde je als Konzern 522
Risiken der Selbstprüfung 503
Risikoansatz 97
Risikobegriff 97
Risikobeurteilung 113, 125, 400
Roadmap 74
Rotation bei der eingeschränkten Revision 527
Rotation beim Wechsel in die ordentliche Revision 527
Rückstellungen sowie vom Gesetz vorgesehene ähnliche Positionen 130, 726
Rückwirkung der Sanierungsmassnahmen 279
Rückwirkungsklauseln 414

S
Sachanlagen 129, 716
Sacheinlage 635
Sacheinlagefähigkeit 637
Sachübernahme 636
Sachübernahmefähigkeit 637
Salärbuchhaltung 503
Sanierung 405
Sanierungsdarlehen 317
Sanierungsmassnahmen 279, 281
Schaden 556, 558
Schadenersatz 548
Schadensbemessung 565
Schätzungen 374
Schätzungsvorgänge 374
Schlüsselkontrollen 97
Schlüsselposten 140, 142
Schlussfolgerung 440
Schweigepflicht 587
Solidarität 556, 562
Sonderprüfung 651
spezifische Wesentlichkeit 107
Standeskommission und unabhängiges Schiedsgericht der Treuhand-Kammer 589
Standesregeln von Treuhand Suisse 590
Standes- und Berufsregeln 589
Status der stillen Reserven 403
Stellung der Revisionsstelle 622
Stellungnahme zum Ergebnis der Prüfung 169
Stichproben 138, 676
Stichprobenumfang 140
Stichtag der Liquidations-Eröffnungsbilanz 612
Stichtag der Liquidations-Zwischenbilanz 615
Stichtagsprinzip 411
stille Liquidation 609
stille Reserven 106, 131, 402, 415
Strafbarkeit des Revisionsunternehmens 575, 577
Streitverkündungsklage 550
Struktur der äusseren Unabhängigkeit 487
Struktur der inneren Unabhängigkeit 487
Studien 595
Superdividende 424

Stichwortverzeichnis

Swiss Quality & Peer Review 454
Swot-Analyse 84

T
Tag der Auszahlung 428
Tag des Beschlusses 428
Tätigkeit und Umfeld des Unternehmens 123, 127
Teilnahme an der Generalversammlung 625
Toleranzwesentlichkeit 106, 141
Trendanalyse 150

U
Überbestände im Warenlager 412
überschuldet 105
Überschuldung 101, 106, 126, 168, 260, 261, 273, 274
Überschuldungsanzeige 283
Übertragungsprüfung 158
Überwachung des Mandats 83
Übrige kurzfristige Forderungen 707
übrige kurzfristige und langfristige Verbindlichkeiten 723
übriger Aufwand und Ertrag (betrieblich und betriebsfremd sowie ausserordentlich oder einmalig) 730
umfassender Bericht zuhanden des Verwaltungsrats 171
Umfeld 100
Umsatz 130
Umsatzerlöse, Material- und Warenaufwendungen 728
Umsatzrendite 128
Unabhängigkeit 82, 123, 688
Unabhängigkeit bei der alten ordentlichen Revision bis Ende 2007 491
Unabhängigkeit bei Spezialprüfungen 528
Unabhängigkeit dem Anschein nach 83
unkurante Waren (Ladenhüter) 129
Unternehmensfortführung 101, 126, 130, 256, 413
Unterschiede zwischen innerer und äusserer Unabhängigkeit 487
Unterzeichnung und Berichtsdatum 176
Urkundenfälschung (Falschbeurkundung) 583

V
Varianten von Erstellungsberichten 690
verändertes Geschäftsjahr bzw. neue Geschäftsperiode 613
Veräusserungswerte 259
verbandsrechtliche Pflichtverletzungen und ihre Konsequenzen 589
Verbindlichkeiten aus Lieferungen und Leistungen 720
verdeckte Gewinnausschüttungen 129, 384, 387, 393, 400
Vereinbarte Prüfungshandlungen 25, 745
vereinfachtes Verfahren 300
Verfahren vor dem Konkursrichter 336
Verhalten der Revisionsstelle bei Verletzungen der Vorschriften von Art. 727 OR durch den Prüfkunden 69
Verhaltensanforderungen 451, 666
Verhältnis der Jahresrevision zu Art. 725 Abs. 2 OR 304
Verjährung und Gerichtsstand 566
Verletzungen der Vorschriften von Art. 727 OR durch den Prüfkunden 69
verlustfreie Bewertung 412
Vermögens- und Liquiditätssituation 427
verneinende Prüfungsaussage 181, 183
verpfändete Aktiven 131
Verschulden und Solidarität 556, 562
verspäteten oder unterlassenen Anzeige beim Richter 545
Verteilung der Beweislast 565
Verteilung des Liquidationserlöses 618
Verteilung des Vermögens 618, 619
Verteilung des Vermögens am Ende der Liquidation 618
Verträge zu nicht marktkonformen Bedingungen 519
Vollständigkeitserklärung 160, 163, 392, 400, 410, 416, 419, 679
Voraussetzungen der freiwilligen Liquidation 609
Voraussetzungen für die Revisionshaftung 556
Vorjahresvergleich 149
Vorjahreszahlen 174, 614, 617

Stichwortverzeichnis

Vorräte und nicht fakturierte Dienstleistungen 129, 708
Vorschriften für die Mitglieder der Fachverbände 492
Vorteile 519
vorzeitige Löschung der Gesellschaft 619
vorzeitige Verteilung des Vermögens nach Art. 745 Abs. 3 OR 618
vorzeitige Verteilung des Vermögens während laufender Liquidation 619

W

Wahlannahmeerklärung 87, 93
Wählbarkeit 80
Wechsel in die ordentliche Revision 70
Weiterbildung 83
weitergehende Prüfungshandlungen 117, 120, 123, 126, 166, 392
Wertschriften 129
wertvolle Geschenke 519
Wesentlichkeit 104, 123, 125, 672
Widerruf des Auflösungsbeschlusses 609
Wiederzulassung 448
Willkürreserven 402, 403
Wirkung des Rangrücktritts 307
wirtschaftliche Abhängigkeit 517

Z

Zeitpunkt der Pflicht zur Erstellung der Liquidations-Schlussbilanz 617
Ziel der eingeschränkten Revision 23
Ziel der ordentlichen Revision 23
Ziel einer Abschlussprüfung 20
Zielsetzung der Unabhängigkeit 484
Zinsdeckungskoeffizient 128
zivilrechtliche Pflichtverletzungen 539, 544
Zulassung 81, 446
Zulassung der Revisionsstelle 626
Zulassungsbestimmungen 42
zusammenfassende Berichterstattung 171
Zusammenhangsprüfung 150
Zusatz 181, 267
Zusatzaufträge 195
Zusätze 189
Zwangsreserven 402, 403
Zweckmässigkeitsprüfung 21

Zweck und Definition des Rangrücktritts 305
Zweisäulenkonzept der Unabhängigkeit 485, 486
Zwischenbilanz nach Art. 725 Abs. 2 OR 292

Nachwort

Autoren und Herausgeber

Karl Renggli, dipl. Wirtschaftsprüfer, Partner der AWB Allgemeine Wirtschaftsprüfung und Beratung AG, Aarau, Partner der SRG Schweizerische Revisionsgesellschaft AG, Aarau, Dozent am STI Schweizerisches Treuhand-Institut FH AG, Dozent Hochschule Luzern – Wirtschaft, MAS Economic Crime Investitagation, Referent an der Akademie der Treuhand-Kammer und dem Unternehmer Forum Schweiz. Weitere Informationen unter: www.awb-ag.ch

Raphael Kissling, dipl. Wirtschaftsprüfer; Partner der TreuVision AG, Zürich; Fachbereichsleiter Revision an der STS Schweizerische Treuhänder-Schule; Dozent am STI Schweizerisches Treuhand-Institut FH AG, der Akademie der Treuhand-Kammer, dem Unternehmer Forum Schweiz und weiteren Aus- und Weiterbildungsinstitutionen. Weitere Informationen unter: www.treuvision.ch

Rico A. Camponovo ist freiberuflicher Anwalt mit Schwerpunkt Revisionsrecht und seit 1983 beratend für Wirtschaftsprüfer tätig, bis 1988 bei PWC, bis 1995 bei BDO und bis Herbst 2014 als Leiter des Fachteams Revisionsrecht bei KPMG; seit 1998 als Workshop-Leiter und Ausbilder für Wirtschaftsprüfer an der Akademie der Treuhand-Kammer, dem Unternehmer Forum Schweiz, der ZHAW Winterthur u. a. m. Weitere Informationen unter: www.camponovorevisionsrecht.ch

Die Autoren haben zu diesem Lehrbuch den Anstoss gegeben und es verfasst. Sie konnten dabei auf die wertvolle Unterstützung der nachfolgenden Fachkollegen zählen:

Nachwort

Co-Autoren

Tobias Honold, dipl. Wirtschaftsprüfer; Partner der TreuVision, Zürich; Dozent in den Bereichen Revision, Rechnungswesen und Finanzmanagement. Weitere Informationen unter: www.treuvision.ch

Christian Feller, dipl. Wirtschaftsprüfer; Partner der Merkli & Partner AG, Baden; Mitglied des Schweizerischen Instituts für die eingeschränkte Revision (Sifer) von Treuhand Suisse und Dozent am STI Schweizerisches Treuhand-Institut FH AG sowie der STS Schweizerische Treuhänder-Schule.

Fachlektoren

Roberto Di Nino, dipl. Wirtschaftsprüfer, dipl. Treuhandexperte; Inhaber der Grevag AG, Langenthal; Autor von Lehrmitteln in den Bereichen Rechnungslegung, Rechtsformen und Umstrukturierungen; Mitglied Schweizerisches Institut für die eingeschränkte Revision (Sifer).

Christian Nussbaumer, dipl. Treuhandexperte; Inhaber der Audit Treuhand AG, Horgen; Mitglied Geschäftsausschuss Treuhand Suisse; Mitglied Vorstand Treuhand Suisse Sektion Zürich; Leiter Schweizerisches Institut für die eingeschränkte Revision (Sifer).

Marco Passardi, Prof. Dr. oec. publ.; Professor an der Hochschule Luzern/IFZ Institut für Finanzdienstleistungen Zug. Lehrbeauftragter der Universität Zürich; Dozent und Berater für Accounting & Controlling.

Daniela Salkim, dipl. Wirtschaftsprüferin, dipl. Betriebsökonomin FH, Mitglied der Geschäftsleitung und Leiterin der Wirtschaftsprüfung Audit Treuhand AG, Horgen; Vizedirektorin Swiss Quality & Peer Review AG, Bern.

Christian P. Stritt, dipl. Wirtschaftsprüfer; Partner Cotting Revisions AG.

Sprachlektor

Jürg Burkhard, Dr. phil., Korrektor bei der «Neuen Zürcher Zeitung».

Notizen

Notizen

Notizen

Notizen